중국문화대학(中國文化大學) 화강박물관(華岡博物館) 소장 자사상(子思像)
오승연(吳承硯, Wu Cheng-yen) 선생 작품. 유족 오대유(吳大維) 선생 제공

중(中)과 용(庸)

중용(中庸)의 〈중(中)〉은 심(心)이면서 정(正) · 화(和)를 묶고 있는 자(字)이다. 중용(中庸)의 중(中)은 중심(中心)이고, 중정(中正)이며 중화(中和)이다. 그러니 중(中)은 중앙(中央)이다. 물론 나의 중앙(中央)이고, 그 중앙(中央)이 나의 성(性)이요 뜻[志]의 바탕[質]이다. 중앙(中央)으로 동서남북(東西南北) 상하(上下)가 잡히듯이, 나의 정(情)도 성(性)을 중앙(中央)으로 하여 잡힘이 곧 중(中)이다. 사람은 정(情)은 알면서도 성(性)은 모른다. 그러나 성(性)이 심(心)의 중앙(中央)이다. 그래서 중심(中心)이니 심중(心中)이라 한다.

『중용(中庸)』에서 중용(中庸)의 〈용(庸)〉은 용(用)이면서 선(善) · 상(常) · 대(大) · 화(和)를 묶고 있는 통(通)이기도 하고, 대용(大用) · 항용(恒用) · 상용(常用) · 화용(和用) · 선용(善用)이다. 중용(中庸)의 중(中)을 늘 씀[常用]이 용(庸)이고, 중용(中庸)의 중(中)을 어울리게 씀[和用]이 용(庸)이며, 중용(中庸)의 중(中)을 선하게 씀[善用]이 용(庸)이고, 중용(中庸)의 중(中)을 크게 씀[大用]이 용(庸)이고, 한결같이 늘 씀[恒用]이 용(庸)이다.

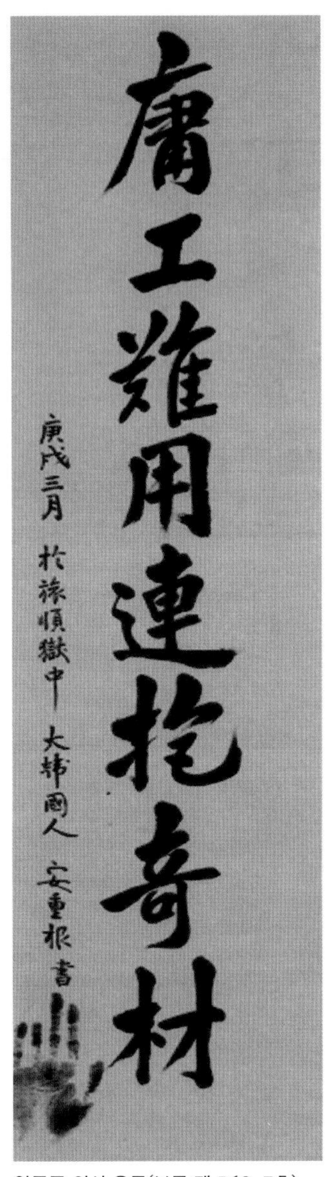

안중근 의사 유묵(보물 제 569-7호)

용공난용연포기재(庸工難用連抱奇材)
"서투른 목수는 아름드리 재목을 쓰기 어렵다"
자사가 위왕(魏王)에게 한 말로『통감(通鑑)』에 전한다

중국 산동성 백위역사문화명인조각전(百位歷史文化名人彫刻展)에 출품된 자사상

전국시대(戰國時代) 자사 인장

자사가 중용을 집필한 장소를 기념하기 위하여 세운 전각

중용 집필 장소 기념비

중국 산동성 공림(孔林)에 있는 자사 묘

마음 중심 세상

중용

마음 중심 세상 중용

윤재근 編

동학사

머리말

『중용(中庸)』은 〈천명(天命)은 성(性)이고, 솔성(率性)은 도(道)이며, 수도(修道)는 교(敎)〉라고 시작한다. 솔성(率性)은 천명(天命)을 따름[率]이다. 그 솔성(率性)의 도(道)가 곧 중용(中庸)의 도(道)이고, 그 도(道)를 닦음[修]이 곧 중용(中庸)의 교(敎)이다. 그러므로 『중용(中庸)』은 천명(天命)인 성(性)을 따라야 하는 까닭[理]을 가르치고[敎], 그 성(性)을 따르게 하는 길잡이[導]가 되어주고, 더불어 따라가는 매무새[方]를 말한다[言]. 중용(中庸)의 도(道)를 익히게 하는 『중용(中庸)』은 공자(孔子)의 심법(心法)을 잘 밝히면서 사람이 중용(中庸)해야 하는 이(理) · 교(敎) · 도(導) · 방(方) 등을 말하는[言] 한 길[道]이다.

지금 우리는 중용(中庸)이란 낱말을 일상(日常)에서 빈번히 쓰고는 있다. 그렇다고 『중용(中庸)』이 밝히는 참뜻을 사무치면서 그 말을 일상(日常)에서 올바로 쓰고 있는 것은 아니란 생각이 앞선다. 중용(中庸)의 참뜻은 천명(天命)을 진실로[誠] 믿는[信] 마음에서 비롯된다. 그런데 20세기 들어 천명(天命)의 성신(誠信)을 저버렸고, 따라서 그 성신(誠信)을 잃었고 잊었다. 『중용(中庸)』이 밝히고 있는 천명(天命)이란 바로 〈무사(無私) · 무욕(無欲)한 나의 성(性)을 외면(外面)하지 말라〉 함

[命]이다. 이러한 명(命)을 솔성(率性)이라 한다. 지금 우리는 이 솔성(率性)의 명(命)을 헌신짝인 양 내버린 꼴이다. 천명(天命) 그것은 우리 모두 다 같이 함께 살아가야 한다는 가르침이고, 우리 본래문화(本來文化)의 바탕이다. 바탕이란 낡거나 없어지지 않는다. 우리는 제정신을 못 차려 덜렁대며 남의 것을 흉내짓하고 있는 것뿐이다. 『중용(中庸)』은 새삼 제정신이 들게 한다.

IT세상이 무르녹아갈수록 솔성(率性)의 명(命)이 일상생활(日常生活)을 심판(審判)하는 벼리[紀]가 되리란 증상(症狀)들이 속속 나타나는 중이다. IT세상은 겪어본 적이 없는 속도(速度)의 소용돌이로 끊임없이 미래를 앞당기며 삶을 경쟁(競爭)의 판 속으로 휘몰아 가려고 한다. 경쟁(競爭)의 판에 심판자(審判者)가 없다면 밀림(密林)의 법칙(法則)만 난무하게 될 것이다. IT세상은 사람들로 하여금 앞다투기[競]와 힘겨루기[爭]를 하면서 미래의 그물질을 하라고 더욱 강요할 것이다. 그곳에는 자신의 심판자(審判者)가 있어야 한다. 세상 속의 내가 경쟁(競爭)의 그물질 탓으로 험악해질 수 있기 때문이다.

심판자(審判者) 없이 경쟁(競爭)을 한사코 부추기는 그물[網]의 벼리를 사욕(私欲)에만 맡겨두면 그 물질은 인간의 탐욕(貪欲)을 부채질하게 된다. 너도나도 제 몫[私欲]만 앞세워 아우성치면 칠수록 우리의 행복지수(幸福指數)는 바닥으로 곤두박질치게 마련이다. 그러므로 경쟁(競爭)의 망(網)일수록 그 벼리[紀]만큼은 무사(無私)의 심판자(審判者)가 잡아야 할 것이다. 『중용(中庸)』이 밝히는 〈군자(君子)〉보다 더 나은 심판자(審判者)는 없다.

『중용(中庸)』은 모든 사람으로 하여금 군자(君子)가 되라고 한다. 군자(君子)란 미래를 맑고 깨끗하며 넉넉히 열고자 무사(無私) · 무욕(無欲)의 길[道]을 스스로 넓혀가는 세상의 심판자(審判者)이다. 『중용(中庸)』은 심판자(審判者)를 선발(選拔)하지 않는다. 모든 사람은 누구나 중용(中庸)하면 군자(君子)이고, 중용(中庸)하지 않으면 소인(小人)이라고 밝힐 뿐이다. 군자(君子)는 너도나도 우리가 되어 서로 과욕(寡欲)하려는 큰 사람이고, 소인(小人)은 우리 몫[公]이 아니라 오로지 내 몫[私]만 크고 많아야 한다며 과욕(過欲)하는 작은 사람이다. 과욕(寡欲) 즉 제 몫을 줄일수록 끝내 부유(富裕)해지고, 과욕(過欲) 즉 제 몫을 더할수록 결국 곤궁(困窮)해지는 틀림없는 길[道]을 『중용(中庸)』은 터주고 있다. 그러므로 경쟁(競爭)으로 치닫는 IT세상일수록 『중용(中庸)』은 참다운 승자(勝者)의 길[道]을 스스로 저마다 심판자(審判者)로서 걸어가라 한다.

뿐만 아니라 『중용(中庸)』을 읽어야 하는 다른 까닭도 있다. 우리가 수천 년에 걸쳐 쌓아온 사유(思惟)의 통어(通語)들을 팽개치고 지금 쓰고 있는 이른바 〈인문용어(人文用語)〉들은 거의가 다 유럽의 문물(文物)을 옮긴[譯] 조어(造語)들이다. 그 조어(造語)들은 우리 자신의 것이 아니라 남이 조어(造語)해온 것을 그대로 얻어 쓰고 있는 꼴이니 참으로 부끄럽기 짝이 없다. 지금 우리가 쓰고 있는 이른바 인문용어(人文用語)들은 그 사유(思惟)의 바탕[質]을 유럽 사고(思考)에 두고 있으니, 우리 본래사유(本來思惟)와는 동떨어지기 마련이다. 말하자면 『중용(中庸)』의 첫째 가르침인 〈성(性)〉을 마주하면 〈천명(天命)〉을 생각해야 하는데, 지금 우리는 대뜸 〈Sex〉를 떠올리는 경우가 생긴다. 이는 유럽 사고(思考)의 바탕[質]을 빌려 생각하는 까닭이다.

우리 본래의 사유(思惟)라면, 〈성(性)〉 하면 곧장 천명(天命)부터 떠올리게 된다. 그리고 천명(天命)은 나로 하여금 무사(無私)하라는 명령(命令)임을 사무치게 한다. 생각의 질(質)을 빌리고 생각하게 하는 낱말[術語]마저 빌린다면, 그야말로 흉내짓이고 꼭두각시 꼴이 되고 판박이 아류(亞流)로 떨어지기 마련이다. 우리는 조술(祖述) 즉 조상으로부터 내려 받은 생각의 바탕과 그 통어(通語)들을 팽개쳐 본래문화(本來文化)를 뒷전에 밀쳐두고 남의 것에 홀려 있는 중이다. 『중용(中庸)』은 이 딱한 지경이 어리석은 짓임을 일깨워 제정신을 차리게 한다. 그 때문에 『중용(中庸)』이 제 본래(本來) 것을 지렛대로 삼아야 미래를 열 수 있는 IT세상에서 그 지렛대를 갈무리해준다.

출판계(出版界)가 불황(不況)을 겪고 있음에도 불구하고 『중용(中庸)』을 선뜻 출판(出版)에 응(應)해준 동학사(東學社) 유재영 사장님께 감사(感謝)드린다.

2014년 10월 15일

有山 尹在根

일러두기

1

『예기(禮記)』의 31번째 「중용(中庸)」편(篇)에는 장(章) 가름이 없다. 지금 우리가 접하고 있는 『중용(中庸)』들은 주자(朱子)의 장(章) 가름을 따르고 있다. 『중용(中庸)』의 33장(章)은 주자(朱子)가 가름한 것이지, 자사(子思)의 것은 아니다. 이번 『중용(中庸)』도 주자(朱子)의 장(章) 가름인 33장(章)을 따르고 있다.

2

『중용(中庸)』의 장(章)을 중심으로 하지 않고 장(章) 속의 단락(段落)을 중심으로 하여 본문(本文)을 먼저 제시하여 옮기고, 그런 다음 단락(段落)을 구성하고 있는 각 행(各行)을 분리하여 〈읽기[讀]〉와 〈풀이[繹]〉로 나누었다. 그리고 각 행(各行)을 독자(讀者) 스스로 살펴[觀] 새기고[玩] 헤아려[擬] 가늠해[斷] 깨달아 터득해갈[覺] 수 있도록 했다.

3

각 행(各行)의 풀이[繹]에서는 〈살펴[觀] 새기고[玩] 헤아려[擬] 가늠한다[斷]〉는 말이 수없이 되풀이될 것이다. 『중용(中庸)』 역시 성현(聖賢)의 말씀으로 이루어져 있기 때문에 오로지 스스로 관완(觀玩)·의단(擬斷)해가야 스스로의 자각(自覺)

을 누릴 수 있다. 『중용(中庸)』은 지식(知識)을 전달하는 서적(書籍)이 아니다. 『중용(中庸)』도 『대학(大學)』과 마찬가지로 스스로[自] 깨닫고 터득하게[覺] 하는 지남(指南) 즉 길잡이와 같다. 길잡이[指南]가 갈 길을 가르쳐주면 그 길을 오로지 제 걸음걸음으로 차근차근 밟아가야 한다. 그래서 〈스스로 관(觀)하여 완(玩)하고 의(擬)하여 단(斷)하라〉를 수없이 되풀이해둔 것이다.

4

『중용(中庸)』의 본문(本文)은 지나칠 만큼 국한문(國漢文) 병용(竝用)을 고집(固執)하고 있다. 요즈음은 순 한글로 된 글만을 읽으려는 독서(讀書)의 시류(時流)를 몰라서 그렇게 한 것은 아니다. 한글로만 되어 있는 문장(文章)을 계속(繼續)해서는 우리 선대(先代)가 우리에게 물려준 깊고 다양한 영험(靈驗)들을 결코 새김질할 수 없다는 것은 분명한 사실이다. 영험(靈驗)이란 요즈음 말로 하자면 〈문화(文化)의 가치(價値)〉를 뜻한다. 한글만의 수사(修辭)로는 수천 년에 걸쳐 익혀온 영험(靈驗)을 팽개치는 잘못을 벗어날 수 없고, 또 그래서는 세계에서 우리 자신의 자리를 잡을 수 없다는 것은 엄연하다. 한글 전용(專用) 어문정책(語文政策)이란 참으로 어처구니없는 단견(短見)일 뿐이다. 한문자(漢文字)의 문화권(文化圈)을 외면하고 외톨이로 살아갈 수 없다는 것은 지정학적(地政學的)으로 보아도 분명하다. 그러니 읽기가 아무리 서걱서걱하더라도 국한문(國漢文) 혼용(混用)의 문장(文章)을 독파(讀破)하는 능력(能力)을 갈고닦지 않고서는 자문화(自文化)의 동력(動力)을 스스로 발굴(發掘)하는 힘을 확보(確保)하기 어렵다고 확신한다.

문화(文化)의 동력(動力)은 문화정신(文化精神)으로부터 생출(生出)되고, 문화정신(文化精神)은 선대(先代)가 대(代)를 이어 켜켜이 쌓아 마련해준 술어(術語) 속에 매장(埋藏)되어 있다. 그 술어(術語)들은 한글로 매장(埋藏)되어 있는 것이 아니라 한문자(漢文字)로 전해졌기 때문에 우리에게 한문자(漢文字)는 중국(中國)의 것이 아니라 바로 우리의 것이다. 따라서 한문자(漢文字)를 한문자(韓文字)로 확신(確信)하고 친밀해져야 앞으로 문화전쟁(文化戰爭)에서 밀리지 않을 것이 분명하다. 그런 까닭으로 이번 『중용(中庸)』의 본문(本文)에서 국한문(國漢文)의 병용(竝用)을 고집(固執)했다.

5

〈독중용법(讀中庸法)〉과 주자(朱子)의 〈중용장구서(中庸章句序)〉 등은 넣지 않았다. 자사(子思)의 『중용(中庸)』을 독자(讀者) 스스로 찾아가 샘물로 여기고 직접 마셔보기를 희망해서이다. 〈소를 물가로 끌고 갈 수 있는 있겠지만 물을 먹고 안 먹고는 소가 한다〉는 말씀이 앞서서였다. 『중용(中庸)』으로 끌려갈 필요가 없다. 스스로 가서 『중용(中庸)』의 한 행(行) 한 행(行)을 스스로 살펴[觀] 새기고[玩] 헤아려[擬] 가늠해[斷] 보게 하고 싶었다. 그런 연유로 관완(觀玩) · 의단(擬斷)이란 술어(術語)를 거듭 되풀이했다.

6

〈읽기[讀]〉는 독자(讀者)들이 『중용(中庸)』의 원문(原文)을 스스로 해독(解讀)할 수 있게 하려는 바람으로 마련된 것이다. 한문자(漢文字)로 된 구문(句文)은 지나치리만큼 생략(省略)해버리는 말버릇이 있는데다, 구문(句文)에서 문자(文字)의 자리가 문법(文法)으로 정해져 있지 않고 전치(前置)와 도치(倒置)가 심한 편이다. 문자(文字)들이 구문(句文) 안에서 거침없이 이동(移動)하면서 구문(句文)의 어세(語勢) · 어조(語調)가 생생하게 살아난다. 이렇듯 저자(著者)의 의도(意度)에 따라 문자(文字)들이 자리바꿈을 하는 편이다. 이런 어투(語套) 때문에 한문(漢文)을 해독(解讀)하기가 몹시 낯설고 어리둥절하게 된다.

그러나 생략된 내용을 보충하여 평서문(平敍文)으로 환원(還元)하게 되면 구문(句文)의 구조(構造)가 영문(英文)의 그것과 매우 흡사함을 발견할 수 있게 된다. 이런 연유(緣由)로 영문법(英文法)의 용어(用語)를 빌려 구문(句文)을 해독(解讀)해볼 수 있도록 도모(圖謀)해보았다. 억지스러울 때도 있지만, 한문(漢文)의 독학(獨學)을 돕고자 몸부림친 것으로 여겨주었으면 한다.

7

한 구문(句文)을 이루는 모든 문자(文字)마다 동의어(同義語)를 병기(倂記)하여 한자(漢字)를 자습(自習)하여 한문(漢文) 해독(解讀)의 능력을 스스로 쌓아갈 수 있게 했다. 수없이 되풀이하여 문자(文字)마다 동의어(同義語)를 나열한 것은 한문자(韓文字) 실력(實力)을 높여 한문장(漢文章)을 낯익게 하고자 한 것이다. 우리 본래문화(本來文化)의 기록(記錄)은 한글이 아닌 한자(漢字)로 되어 있으니 한글만 알아서는 결코 안 될 것이다. 그러므로 지루함을 참고 〈읽기[讀]〉를 끈질기게 매달리기만 하면 누구나 쉽게 한문(漢文) 독학(獨學)을 거둘 수 있도록 했다.

8

〈풀이[譯]〉는 구문(句文)의 내용(內容)을 독자 스스로 살피고 새기고 헤아려 저마다 가늠하게 하는 쪽으로 주역(紬繹)하려고 했다. 주역(紬繹)이란 헝클어진 실꾸리의 실마리를 찾아내 헝클어진 것을 일일이 다스려 밀찰(密察)하고 궁구(窮究)한다는 술어(術語)이다. 지금은 해석(解析)이란 낱말을 자주 쓰는 편이지만, 주역(紬繹)은 스스로 실마리를 찾아내고 스스로 풀어낸다는 뜻을 강조하는 말이다. 특히 스스로 생각해 터득해 가야지, 남의 말 따라 흉내짓해서는 안 되는 것이 다름 아닌 성현(聖賢)의 말씀이다. 『중용(中庸)』의 말씀은 모두 성현(聖賢)의 말씀이다. 『중용(中庸)』의 말씀을 공자(孔子)의 심법(心法)으로만 제한하여 풀이하지 않고, 노장(老莊)의 생각도 포함(包含)하였고, 선가(禪家)의 생각도 포함(包含)하였다. 왜냐하면 중용(中庸)의 〈중(中)〉은 삼가(三家)가 두루 도(道)로 삼기 때문이다. 노장(老莊) 쪽의 〈수중(守中)〉의 중(中)과 불가(佛家) 쪽의 〈중도(中道)〉의 중(中) 등은 유가(儒家)의 〈중용(中庸)〉의 중(中)과 다름없다는 생각이 앞섰기 때문이다. 그리고 우리 조상(祖上)으로부터 쌓여온 우리 본래(本來)의 술어(術語)들과 낯익게 하여 밀착(密着)하게 하고자 시도(試圖)하였다.

9

주(註)는 앞에서 한 번 인용(引用)한 내용일지라도 되풀이해서 거듭거듭 인용(引用)하여 여러 방향에서 스스로 사리(事理)를 따져볼 수 있도록 하였다. 풀이[譯] 본문의 주(註)와 관련된 내용은 알아보기 쉽도록 고딕체로 표시하였다. 이번 『중용(中庸)』을 풀이하는데 유가(儒家)의 사유(思惟)에 얽매이지 않고 도가(道家)와 불가(佛家)의 사유(思惟)와도 교접(交接)하여 중용(中庸)의 사유(思惟)가 유가(儒家)의 것으로만 구속할 수 없음을 독자(讀者) 스스로 확인하여 사유(思惟)의 폭을 넓게 터득할 수 있도록 하고자 했다.

10

저본(底本)은 『대학(大學) · 중용(中庸) 부언해(附諺解)』 (학민문화사(學民文化社) 영인본, 2008년)로 하였다.

차례

마음 중심 세상

중용

1. 『중용(中庸)』

『중용(中庸)』은 『대학(大學)』과 더불어 본래 한 편명(篇名)으로서 『예기(禮記)』 속에 들어 있었다. 『예기(禮記)』의 49편(篇) 중에서 31번째가 「중용(中庸)」이었고, 「대학(大學)」은 42번째였다. 중국(中國) 북송(北宋)의 정이천(程伊川 : AD 1033~1107)이 주목(注目)하였고, 뒤이어 남송(南宋)의 주자(朱子 : AD 1130~1200)가 『예기(禮記)』에서 『중용(中庸)』과 『대학(大學)』을 완전히 독립시키고 『논어(論語)』·『맹자(孟子)』와 더불어 유가(儒家)의 중심이 되는 경전(經典)으로 삼게 되었다. 『중용(中庸)』의 전문(全文)은 3,500여 자(字)이고, 『대학(大學)』의 전문(全文)이 1,700여 자(字)이니 짧은 경전(經典)에 속한다.

33장(章)으로 짜여 있는 『중용(中庸)』이란 경전(經典)은 공자(孔子)의 손자(孫子) 자사(子思 : BC 483?~402?)가 지었다는 것이 정설(定說)로 되어 있다. 1장(章)은 『대학(大學)』의 1장(章)처럼 총론(總論)에 해당한다. 2~33장(章)은 주로 공자(孔子)의 말씀[子曰]과 『시경(詩經)』의 시구(詩句)들을 근거(根據)로 하면서 자사(子思)가 1장(章)에서 제기(提起)한 주제(主題)를 일관(一貫)되게 심사(深思)·숙고(熟考)하게 하여 중용(中庸)의 도(道)를 깨우치게 한다.

『중용(中庸)』은 공자(孔子 : BC 551~BC 479)께서 전수(傳授) 즉 전해준[傳授] 심법(心法)을 담은 경전(經典)이다. 정이천(程伊川)은 이 경전(經典)을 공자(孔子)께서 전수(傳授)한 심법(心法)이라고 밝혔고, 주자(朱子)는 『중용(中庸)』을 〈중용장구(中庸章句)〉라고 했다. 공자(孔子)의 심법(心法)은 요(堯) · 순(舜) · 우(禹)의 심법(心法)을 따른 것이다. 요왕(堯王)이 순왕(舜王)께 내려준[授] 심법(心法)은 『논어(論語)』「요왈(堯曰)」편(篇)에 **윤집기중(允執其中)**으로 나오고, 순왕(舜王)이 우왕(禹王)에게 수(授)한 심법(心法)은 『서경(書經)』「우서(虞書) 대우모(大禹謨)」편(篇)에 **윤집궐중(允執厥中)**이라고 나온다. 이처럼 요(堯) · 순(舜) · 우(禹)로부터 공자(孔子)께서 전수(傳受)한 심법(心法)은 인심(人心) · 도심(道心)의 합일(合一)이다. 이러한 공자(孔子)의 심법(心法)을 자사(子思)가 이어받아 『중용(中庸)』을 지었고, 다시 맹자(孟子 : BC 372?~BC 289?)로 이어져 유가(儒家)의 심법(心法)으로 발전되었다. 이런 까닭으로 유가심법(儒家心法)이 공맹사상(孔孟思想)으로 불리게 된 것이다.

註 "요왈(堯曰) 자(咨) 이순(爾舜) 천지력수재이궁(天之曆數在爾躬) 윤집기중(允執其中) 사해곤궁(四海困窮) 천록영종(天祿永終)." {순(舜)에게 왕위(王位)를 물려주면서} 요임금이[堯] 말했다[曰] : 아[咨]! 여보게[爾] 순[舜] 하늘의[天之] 역수가[曆數] 그대[爾] 자신에게[躬] 있도다[在]. 진실로[允] 그[其] 중을[中] 지키게[執]. 세상이[四海] 옹색하고[困] 궁핍하면[窮] (그대에게) 하늘이 내린 자리는[天祿] 영영[永] 끊어지고 만다네[終].

천지력수(天之曆數)란 하늘이 정해준 임금이 될 차례를 뜻한다. 윤집기중(允執其中)의 윤(允)은 〈진실로 성(誠)〉과 같고, 집(執)은 〈지킬 수(守)〉와 같으며, 기중(其中)은 중용지도(中庸之道)로 새기면 된다. 『논어(論語)』「요왈(堯曰)」편(篇) 1장(章)

註 "인심유위(人心惟危) 도심유미(道心惟微) 유정유일(惟精惟一) 윤집궐중(允執厥中)." 사람의[人] 마음[心]이야말로[惟] 위태롭고[危] 도의[道] 마음[心]이야말로[惟] 미묘하고 미세하니[微], 부디[惟] 꼼꼼하고[精] 부디[惟] 한결같이[一] 그[厥] 중을[中] 진실로[允] 지키시오[執].

유(惟)는 여기서는 어조(語調)를 위한 어조사(語助詞)이니 무시하고 옮겨도[譯] 된다. 유정유일(惟精惟一)의 정(精)은 〈꼼꼼하게〉로 새기고, 일(一)은 〈한결같이〉로 새기면 된다. 윤집궐중(允執厥中)에서 궐중(厥中)은 기중(其中)과 같고, 중(中)은 중용(中庸)과 같다고 여기면 된다. 궐중(厥中)의 궐(厥)은 〈도심여인심지중(道心與人心之中)〉에서 도심여인심지(道心與人心之)를 〈그 궐(厥)〉로 줄인 말투로 여기면 된다. 〈도심(道心)과[與] 인심(人心)의[之] 중(中)〉

『서경(書經)』「우서(虞書) 대우모(大禹謨)」편(篇) 2단락(段落)

2. 『중용(中庸)』의 중(中)과 용(庸)

『중용(中庸)』의 중용(中庸)은 〈용중(庸中)〉으로 읽어 새길 수 있다. 『노자(老子)』에 나오는 〈수중(守中)〉과 『서경(書經)』에 보이는 〈집중(執中)〉을 상기(想起)한다면 용중(庸中)으로 중용(中庸)을 살펴 새기고 헤아려 가늠해갈 수 있다. 중(中)을 집수(執守)하라 즉 지키라[執守]는 말씀은 곧 중(中)을 무사(無私)하게 늘 쓰라[用]는 말씀으로 통한다.

중용(中庸)의 〈중(中)〉은 심(心)이면서 정(正)·화(和)를 묶고 있는 자(字)이다. 중용(中庸)의 중(中)은 중심(中心)이고, 중정(中正)이며 중화(中和)이다. 그러니 중(中)은 중앙(中央)이다. 물론 나의 중앙(中央)이고, 그 중앙(中央)이 나의 성(性)이요 뜻[志]의 바탕[質]이다. 중앙(中央)으로 동서남북(東西南北) 상하(上下)가 잡히듯이, 나의 정(情)도 성(性)을 중앙(中央)으로 하여 잡힘이 곧 중(中)이다. 사람은 정(情)은 알면서도 성(性)은 모른다. 그러나 성(性)이 심(心)의 중앙(中央)이다. 그래서 중심(中心)이니 심중(心中)이라 한다. 정(情)의 어느 쪽으로도 불의(不倚)·불편(不偏)·불편(不偏)·불과(不過)함이 중심(中心)의 중(中)이란 성(性)이다. 그 중[中]을 그대로 따라 무사(無私)·무욕(無欲)·무욕(無欲)·무아(無我)함이 곧 중심(中心)의 중(中)이다. 그러니 여기서 중심(中心)이란 성정지화(性情之和) 즉 성정의[性情之] 어울림[和]이다. 이런 어울림[和]을 두고 기욺이 없고[不偏] 지나침이 없고[不過] 모자람이 없는[不及] 중심(中心)이라 하고, 그 중심(中心)을 부동심(不動心) 즉 욕(欲) 따위로 움직이지 않는[不動] 마음[心]이라 하고 묶어서 함(咸)이라고도 한다. 함(咸)은 감(感)이니, 성(性)과 정(情)을 싸잡은 중(中)이다.

중용(中庸)의 〈용(庸)〉은 용(用)이면서 선(善)·상(常)·대(大)·화(和)를 묶고 있는 통(通)이기도 하고, 대용(大用)·항용(恒用)·상용(常用)·화용(和用)·선용(善用)이다. 중용(中庸)의 중(中)을 늘 씀[常用]이 용(庸)이고, 중용(中庸)의 중(中)을 어울리게 씀[和用]이 용(庸)이며, 중용(中庸)의 중(中)을 선하게 씀[善用]이 용(庸)이고, 중용(中庸)의 중(中)을 크게 씀[大用]이 용(庸)이고, 한결같이 늘 씀[恒用]이 용(庸)이다. 『노자(老子)』에 나오는 〈수중(守中)〉이란 말씀을 보아도 용중(庸中)으로 중용(中庸)을 새길 수 있음을 알 수 있다. 중(中)을 지켜라[守]. 이는 중(中)을 늘 쓰라[庸]는 말씀과 같기 때문이다. 물론 수중(守中)의 중(中)은 공자(孔子)께서 요

(堯) · 순(舜) · 우(禹)를 본받아[法] 밝힌 중(中)은 아니고 천심(天心)의 중(中)이다. 특히 화용(和庸)의 화(和), 선용(善庸)의 선(善), 대용(大用)의 대(大), 항용(恒用)의 항(恒) 등등을 중용(中庸)의 중(中)이 나타내니, 그 중(中)은 공평(公平) · 무사(無私)하여 무욕(無欲)하고, 무욕(無欲)하여 무아(無我)한 중심(中心) 즉 마음을 나타낸다. 그러니 중용(中庸)의 용(庸)은 그 마음을 씀이다. 따라서 중용(中庸)의 용(庸)은 〈무사(無私)하게 쓸 용(用)〉과 같고, 나아가 〈무사(無私)하게 통할 통(通)〉과도 같다. 그러므로 중용(中庸)의 용(庸)은 공평(公平) · 무사(無私)의 씀[用]이다. 따라서 용(庸)은 통(通)〉이라 하여 걸림 없게[通] 한결같이[恒] 크고[大] 선하게[善] 씀[用]이 곧 용(庸)이다. 그러므로 중용(中庸)은 일상(日常)에서 중정(中正) · 중화(中和)란 천지(天地)의 씀[庸]을 법(法)하는 선용(善庸) · 화용(和庸) · 대용(大庸)의 용(庸)이라 하고, 묶어서 항(恒)이라고도 한다. 여기서 항(恒)은 상(常)이며, 선용(善庸) · 화용(和庸) · 대용(大庸)을 싸잡은 용(庸)이다.

3. 『중용(中庸)』의 벼리[紀]

『중용(中庸)』을 하나의 망(網)으로 여긴다면 그 그물[網]의 벼리[紀]는 삼승(三繩)의 것이라고 말할 수 있다. 『중용(中庸)』은 마치 세 가닥[三繩]이 하나로 꼬인 기(紀)를 갖춘 그물[網] 같다. 『중용(中庸)』의 그 삼승(三繩)을 〈성(性)↔성(誠)↔성(聖)〉이라 말할 수 있다. 『중용(中庸)』은 성(性)↔성(誠)↔성(聖)의 벼리[紀]로 천명(天命)을 좇게[率] 하는 천도(天道)를 그냥 그대로 본받아[效] 군자(君子)가 되도록 그침 없이 수기(修己)하여 치인(治人)하게 한다.

> 군자(君子)는 IT 세상과 동떨어진 낡은 인간상(人間像)이 아니다. 오히려 IT 세상이므로 군자(君子)를 부른다. 왜냐하면 지변화지도자(知變化之道者) 즉 변화의[變化之] 이치를[道] 아는[知] 사람[者]이 곧 군자(君子)인 까닭이다. 바야흐로 IT 세상은 군자(君子)를 요구한다.

『중용(中庸)』은 성(性)을 천명(天命)이라고 밝힌다. 천명(天命)의 명(命)은 천(天)의 명령(命令) 즉 하늘[天]이 내린 목숨이고 명령이고 가르침의 명(命)이다. 그래서 만물(萬物)은 솔성(率性)하는 것이다. 솔성(率性)하라. 성(性)을 우러러 따르라[率]. 이것이 중용(中庸)하기의 첫발[始]이다. 『중용(中庸)』이 밝히는 수기(修己) · 치인

(治人)은 이 솔성(率性)에서 시작(始作)한다. 그러므로 『중용(中庸)』에서는 천명(天命)인 성(誠)이 벼리[紀]로서 관종(貫綜)한다.

『중용(中庸)』은 성(誠)을 천도(天道)라고 밝힌다. 천도(天道)의 도(道)는 행어만물자(行於萬物者)의 도(道)이다. 『중용(中庸)』에서 도(道)는 도행(道行)이다. 그 도행(道行)은 만물(萬物)로 하여금 골고루 성성(成性)하게 한다. 그래서 **성성존존(成性存存) 도의지문(道義之門)**이라고 하는 것이다. 만물(萬物)이 천명(天命)인 본성을[性] 갖추고[成] 제 존재를[存] 간직함[存]을 명호선(明乎善)하라 함이 성(誠)이다. 선에[乎善] 밝지 않다면[不明] 불성(不誠) 즉 성(誠)하지 못함[不誠]이라고 『중용(中庸)』은 밝힌다. 선(善)이란 천지(天地)를 따라 계승함을 말하고, 이를 풀이하여 무사(無私)·무욕(無欲)·무아(無我)라고 한다. 그러므로 『중용(中庸)』에서는 진실로 거짓 없이 성성(成性)하는 성(誠)이 벼리[紀]로서 관종(貫綜)한다.

『중용(中庸)』은 성자(誠者)를 성인(聖人)이라고 밝힌다. 성자(誠者)는 천도(天道)이므로 천도(天道)와 태어나면서 곧장 통하는 분을 성인(聖人)이라고 한다. 조금도 애쓰지 않고서도 솔성(率性)하고, 생각하지 않아도 솔성(率性)하고, 그냥 그대로가 솔성(率性)이라 늘 정기(正己)하여 무기(無己)한 분이 성인(聖人)이다. 정기(正己)란 중정지기(中正之己)의 줄임으로 중정한[中正之] 자기[己]라는 말이다. 중정(中正)이란 천도(天道) 즉 천행(天行)을 풀이한 말씀으로, 지극히 공평(公平)하여 무사(無私)함이다. 『중용(中庸)』은 이러한 공평무사(公平無私)를 한 자(字)로 〈성(誠)〉이라 하고, 이러한 성(誠)을 갖추고 태어난 분을 한 자(字)로 〈성(聖)〉이라 한다. 그러므로 『중용(中庸)』에서는 태어나면서부터 오로지 지극하게 성성(成誠)하는 성(聖)이 벼리[紀]로서 관종(貫綜)한다.

이처럼 『중용(中庸)』은 성(性)↔성(誠)↔성(聖)이 중용지도(中庸之道)의 벼리[紀]로서 관종(貫綜)한다. 그리하여 『중용(中庸)』은 인간(人間)으로 하여금 수기(修己)·치인(治人)하여 온 세상을 평안(平安)하게 하는 군자(君子)가 되라고 한다.

註 성명(性命)이란 산 것[生物]의 목숨[命]인 성(性)을 하늘[天]이 주었다가[稟] 받아가는[受] 것[所]이다. 이러한 성(性)을 정(靜) 즉 고요[靜]라고 밝히기도 한다. 그 정(靜)을 풀이하여 귀근(歸根)이라 한다. 뿌리[根]로 돌아감[歸]이 정(靜)이다. 귀근(歸根)의 근(根)은 자연[天地]을 말한다. 이런 까닭으로 〈고요 정(靜)〉을 복명(復命) 즉 귀명(歸命)이라 한다. 성(性)을 점지한[稟] 뿌리[根]

로 돌아감[歸]을 일러 상(常) 즉 한결같음[常]이라 한다. 그래서 지상(知常)하면 밝다[明]고 하는 것이다. 지상(知常)의 상(常)은 한결같은 성(性)의 모습을 말함이고, 그 상(常)을 알면 욕(欲)에 막히지 않아 밝다[明] 하는 것이다.

註 관종(貫綜)은 관통종리(貫通綜理)의 줄임말이다. 관종(貫綜)은 처음부터 끝까지[貫] 통하는[通] 벼리[綜理]이다. 종리(綜理)란 강기(綱紀)와 같은 말로 〈벼리〉란 뜻이다.

註 "지숭(知崇) 예비(禮卑) 숭효천(崇效天) 비법지(卑法地) 천지설위(天地設位) 이역행호기중의(而易行乎其中矣) 성성존존(成性存存) 도의지문(道義之門)." {성인(聖人)의} 앎은[知] {하늘[天]을 본받아[法] 온갖 것을} 받듦이고[崇], {성인(聖人)의} 예는[禮] {땅[地]을 본받아[法] 자기(自己)를} 낮춤이다[卑]. {성인(聖人)의} 받듦은[崇] {성인(聖人)이} 하늘을[天] 본받음이다[效]. {성인(聖人)의} 낮춤은[卑] 땅을[地] 본받음이다[法]. 하늘과[天] 땅이[地] 자리를[位] 잡아서[設而] 역은[易] 그[其] 안[中]에서[乎] 행해지는 것[行]이다[矣]. {만물(萬物)이} 제 본성을[性] 갖추고[成] 제 존재를[存] 간직함은[存] 도덕이란[道] 이치[義]의[之] 문이다[門].

『주역(周易)』은 성성존존(成性存存)을 역지도(易之道)라 하고, 『중용(中庸)』은 중용지도(中庸之道)라 한 편이지만, 성성존존(成性存存)은 천도(天道)이고 그 도(道)를 한 자(字)로 성(誠)이라 한 것이다. 『주역(周易)』「계사전(繫辭傳) 상(上)」 7단락(段落)

4. 『중용(中庸)』의 인(仁)·지(知)

왜 중용(中庸)의 중(中)을 용(庸)해야 하는가? 중용(中庸)의 중(中)은 중정(中正)이고 중화(中和)이다. 중정(中正)의 정(正)이란 천도(天道)가 지공(至公)하여 무사(無私)·무욕(無欲)·무아(無我)함을 받은[稟] 성(性)이고, 중화(中和)의 화(和)란 성지욕(性之欲)의 인심(人心)인 정(情)이 드러날[旣發]지라도 그 정(情)이 성(性)을 따라[節] 어울림[和]이다. 그러므로 중화(中和)는 중정(中正)으로 돌아가[歸] 솔성(率性)·수도(修道)함이다.

『중용(中庸)』은 천명(天命)을 〈성(性)〉이라 하고, 천도(天道)를 〈성(誠)〉이라 한다. 천도(天道)란 천명(天命)을 행(行)하게 함이다. 그래서 천도(天道)의 도(道)를 행어만물(行於萬物)이라고 하는 것이다. 천명(天命)이 온갖 것에[於萬物] 미침[行]이 천도(天道)의 행(行)이다. 그 행(行)을 성(誠)이라 하고, 오로지 성(誠)이라야 성성(成性)하여 존존(存存)한다는 것이다. 성성(成性)은 성(誠)이라야 천명(天命)을 갖춤[成]이 지공(至公)하여 무사(無私)함이고, 존존(存存) 역시 성(誠)이라야 그 목숨의 삶[存]을 이어감[存]이 지공(至公)하여 무사(無私)함이다.

성성(成性)의 성(誠) 즉 지성(至誠)으로 목숨[性]을 갖춤[成]으로 말미암아 성기(成己)하고, 존존(存存)의 성(誠) 즉 지성(至誠)으로 목숨[性]의 삶[存]을 이어감[存]으로 말미암아 성물(成物)한다. 『중용(中庸)』은 성기(成己)를 〈인(仁)〉이라 하고, 성물(成物)을 〈지(知)〉라 하며, 그 인(仁) · 지(知)를 일컬어 성지덕(性之德) 즉 성덕(性德)이라 한다. 왜 솔성(率性) · 수도(修道)하는 수기(修己)를 불가수유리(不可須臾離)의 것이라고 하는가? 그 수기(修己)를 잠시도[須臾] 떠나지 못함[不離]은 성기(成己)로써 인자(仁者)가 되고, 성물(成物)로써 지자(知者)가 되어야 하는 까닭이다.

성기(成己)는 자신[己]을 이루어 갖춤[成]이다. 『중용(中庸)』은 자기[己]를 이루어 갖춤[成]을 인(仁)이라고 밝힌다. 그러므로 성기(成己)는 곧 인자(仁者)를 일컬음이다. 성물(成物)은 사물[物]을 이루어 갖춤[成]이다. 『중용(中庸)』은 사물[物]을 이루어 갖춤[成]을 지(知)라고 밝힌다. 그러므로 성물(成物)은 곧 지자(知者)를 일컬음이다. 『중용(中庸)』이 밝히는 군자(君子)의 사덕(四德)이란 성기(成己)의 인자(仁者)와 성물(成物)의 지자(知者)를 하나 되게 하는 통(通)임을 깨우치게 된다. 군자(君子)의 사덕(四德)은 군자(君子)를 인자(仁者)이면서 지자(知者)로서 하나 되게 한다.

군자(君子)의 사덕(四德)은 성인(聖人)의 생지(生知) 즉 타고난[生] 명지(明知)인 총명예지(聰明叡知)를 오로지 지성(至誠)으로 본받아야[法] 이루어 갖출[成] 수 있는 덕(德)이다. 군자(君子)는 쉼 없이 솔성(率性) · 수도(修道)로써 성정(性情)이 사덕(四德)을 누리도록 수기(修己)한다. 그 사덕(四德)의 수기(修己)는 **관유온유(寬裕溫柔)**의 인(仁)을 닦음[修]이고, **발강강의(發强剛毅)**의 의(義)를 닦음이며, **제장중정(齊莊中正)**의 예(禮)를 닦음이고, **문리밀찰(文理密察)**의 지(智)를 닦음이다. 여기서 『중용(中庸)』이 군자(君子)의 사덕(四德)을 인의예지(仁義禮智)라고 밝히고 있음을 알 수 있다. 성기(成己)로써 인자(仁者)가 됨도 이 사덕(四德)으로 말미암음이고, 성물(成物)로써 지자(智者)가 됨도 이 사덕(四德)으로 말미암음이다. 물론 군자(君子)가 인자(仁者)이면서 지자(知者)가 될 수 있는 것도 성인(聖人)의 총명예지(聰明叡知)를 지성(至誠)으로 본받아서[法] 사덕(四德)의 닦음[修]을 멈추지 않기 때문이다.

註 "관유온유족이유용야(寬裕溫柔足以有容也) 발강강의족이유집야(發强剛毅足以有執也) 제장중정족이유경야(齊莊中正足以有敬也) 문리밀찰족이유별야(文理密察足以有別也)." {성인(聖人)께는} 너그럽고[寬] 넉넉하고[裕] 따뜻하고[溫] 부드러움[柔]으로[以] 족히[足] 기꺼이 품어줌이[容] 있는 것[有]이고[也], 힘차고[發强] 굳셈[剛毅]으로[以] 족히[足] 집수(執守)함이[執] 있는 것[有]이며[也], 한결같이[齊] 엄숙하고[莊] 바름[正]의 적중[中]으로[以] 족히[足] 공경(恭敬)함이[敬] 있는 것[有]이고[也], 덕(德)이 드러나는 문장과[文] 덕(德)이 내재(內在)하는 조리를[理] 세밀히[密] 살핌[察]으로[以] 족히 변별(辨別)함이[別] 있는 것[有]이다[也]. 『중용(中庸)』 31장(章)

5. 『중용(中庸)』의 심법(心法)

『중용(中庸)』이 밝히고 있는 중용(中庸)을 공자(孔子)의 심법(心法)이라 한다. 그 심법(心法)의 심(心)은 도심(道心)과 인심(人心)을 묶음이고, 심법(心法)의 법(法)은 인심(人心)이 도심(道心)과 화합(和合)하게 되는 다스림[治]이다. 심법(心法)은 치심(治心)과 같다. 물론 『중용(中庸)』에서는 도심(道心)·인심(人心)이란 말씀은 보이지 않는다. 다만 주자(朱子)가 밝힌 「중용장구서(中庸章句書)」에서 인용(引用)되고 있을 뿐이다. 인심(人心)과 도심(道心)이란 술어(術語)는 당(唐)의 요왕(堯王)으로부터 받은[受] 〈윤집궐중(允執厥中)하라〉를 우(虞)의 순왕(舜王)이 우(禹)에게 내리면서 〈인심유위(人心惟危) 도심유미(道心惟微)〉를 덧붙여 내린 말씀이고, 『논어(論語)』에 나오는 〈중용지위덕(中庸之爲德)〉의 시원(始原)이고 공자심법(孔子心法)의 발원(發源)이다.

『중용(中庸)』이 밝히는 천명(天命)의 성(性)도 순왕(舜王)이 밝힌 도심(道心)에서 발원(發源)하고, 천도(天道)의 성(誠) 또한 그 도심(道心)에서 발원한다. 그리하여 『중용(中庸)』의 심법(心法) 즉 치심(治心)이란 인심(人心)이 도심(道心)을 본받게[法] 하여 **유욕(有欲)의 인심(人心)을 무욕(無欲)의 도심(道心)**으로 복귀(復歸)하게 함이다. 그래서 군자지도(君子之道)는 〈담이불염(淡而不厭)·간이문(簡而文)·온이리(溫而理)〉하다고 하는 것이다. 군자지도(君子之道)는 중용지도(中庸之道)이고, 중용지도(中庸之道)란 곧 인심(人心)을 도심(道心)으로 복귀(復歸)하게 하는 심법(心法)의 길[道]이다.

『중용(中庸)』의 심법(心法)은 인심(人心)인 심정(心情)을 도심(道心)인 심성(心性)으로 돌아가게[歸] 함이다. 그래서 중용(中庸)의 심법(心法)은 인심(人心)이 도심

(道心)의 안[中]으로 들어가 나[我]를 무겁게 하는 욕(欲)을 내려놓고, 나[我]를 가볍게 하는 덕(德)에 안겨 더없이 안거(安居)하게 하는 치심(治心)이다. 중용지도(中庸之道)란 그런 치심(治心)의 수기(修己)를 거쳐 누리는 담이불염(淡而不厭)의 삶을 누림이고, 간이문(簡而文)의 삶을 누림이며, 온이리(溫而理)의 삶을 누림이다. 그래서 군자(君子)는 지성(至誠)으로 군자(君子)를 본받아[效] 안거(安居)한다. 안거(安居) 그것은 안평태(安平泰)의 삶을 말한다. 안평태(安平泰) 그것은 마음이 동(動)으로부터 정(靜)으로 복귀(復歸)함이다. 이는 곧 유욕(有欲)의 사(私)를 다스려[治] 무욕(無欲)의 공(公)으로 돌아가 안주(安住)함이다.

심정(心情)의 정(情)은 동(動)이고 그 움직임(動)이란 유욕(有欲)이며, 그 유욕(有欲)이 사(私)이고 그 사(私)가 불선(不善)이며, 그 불선(不善)이 사(邪)로 이어져 난세(亂世) 즉 세상을 어지럽힌다. 난세(亂世)란 인욕(人欲)으로 말미암아 일어나는 고생(苦生)이다. 사(私) · 사(邪)란 나[我]에게 이로우면 선(善)이고, 나[我]에게 해로우면 악(惡)이라고 고집(固執)하는 속셈이다. 『중용(中庸)』은 『논어(論語)』를 좇아 이런 속셈의 인간을 소인(小人)이라 한다. 그래서 소인반중용(小人反中庸)이라 한다. 중용(中庸)을 어김[反]이란 심정(心情)의 동(動) 즉 사(私)를 심성(心性)의 정(靜) 즉 공(公)으로 복귀(復歸)하기를 뿌리침이다. 그래서 소인(小人)이 반중용(反中庸)하는 심정(心情)은 불길[炎] 같고, 군자(君子)가 중용(中庸)하는 심정(心情)은 꺼진 불[淡] 같다고 한다. 염(炎)을 소(消)함이 담(淡)이다. 심정(心情)의 염(炎)을 끄고[消] 담(淡)을 누림이 중용(中庸)이란 심법(心法)의 치심(治心)이다. 이것이 중용(中庸)이란 입대본(立大本)의 수기(修己)이다. 입대본(立大本) 그것은 대본(大本) 즉 성지전체(性之全體)를 세움[立]이다. 성지전체(性之全體)란 성정(性情)이 둘[二]이 아니라 하나[一]가 됨이다. 그러니 중용(中庸)의 심법(心法)이란 중정(中正)의 중화(中和) 즉 인심(人心)의 정(情)이 천심(天心)의 성(性)으로 돌아와[歸] 성전체(性全體)를 세워[立] 솔성(率性)하고 수도(修道)하는 수기(修己)의 길[道]을 넓힌다. 그래서 『논어(論語)』에 〈인능홍도(人能弘道)〉란 자왈(子曰)이 나온다. 사람이[人] 길을[道] 넓힐[弘] 수 있다[能]. 그 길은 성정(性情)을 하나이게 하는 중용(中庸)이란 심법(心法)의 길[道]이다.

註 "악자음지소유생(樂者音之所由生) 기본재인심지감어물야(其本在人心之感於物也) …… 육자비성야(六者非性也) 감어물이후동(感於物而后動)." 악이란[樂] 것은[者] 마음소리를[音之] 통해서[由] 생기는[生] 것이고[所], 그[其] 근본은[本] 사람의 마음이[人心之] 바깥 것을[於物] 느낌에[感] 있는 것[在]이다[也]. …… 여섯[六] 가지는[者] 본성이[性] 아닌 것[非]이다[也]. {성(性)이} 바깥 것을[於物] 느낀[感] 뒤에[而后] {육자(六者)가} 움직인다[動].

육자(六者)는 희로애락애경(喜怒哀樂愛敬)을 말한다. 『중용(中庸)』이 밝히는 희로애락(喜怒哀樂)은 천성(天性)이 아니라 인정(人情)이며, 인정(人情)은 곧 인심(人心)이다.

『예기(禮記)』「악기(樂記)」편(篇) 2단락(段落)

註 "인생이정천지성야(人生而靜天之性也) 감어물이동성지욕야(感於物而動性之欲也)." 사람이[人] 태어나서[生而] 고요함은[靜] 하늘의[天之] 본성[性]이고[也], 바깥 것을[於物] 느껴서[感而] 동함은[動] 본성의[性之] 욕(欲)이다[也].

여기서 정(靜)은 무욕(無欲)을 뜻하고, 동(動)은 유욕(有欲)을 뜻한다.

『예기(禮記)』「악기(樂記)」편(篇) 8단락(段落)

【중용(中庸)】

중용(中庸)의 도(道)

『중용(中庸)』의 1장은 중용(中庸)의 벼리[綱]를 밝혀 중용(中庸)의 중(中)이 〈중화(中和)〉 즉 중(中)과 화(和)를 아우르고 있음을 밝힌다. 중용(中庸)이란 곧 중(中)·화(和)를 씀[庸]이다. 중화(中和)는 성(性)·성(誠)·성(成)·성(聖)을 하나로 묶음이라고 여기면 된다. 용(庸)은 곧 대용(大用)·공용(公用)·무위지용(無爲之用)이니 중용(中庸)을 〈용중(庸中)〉으로 여기고 심문(審問)하고 명변(明辨)하여 독행(篤行)할 길[道]로 살펴 새기고 헤아려 가늠해가야 한다. 그 길을 어김없이 걸어가라 함이 〈치중화(致中和)〉이다. 이 때문에 『논어(論語)』「위령공(衛靈公)」편(篇)에 인능홍도(人能弘道)하라는 말씀[子曰]이 나온다고 가늠해도 될 것이다. 인간이 넓힐[弘] 수 있다[能]는 그 길[道]이란 모름지기 중용지도(中庸之道) 즉 중용(中庸)의 도(道)인 까닭이다.

【1단락(段落) 전문(全文)】

天命之謂性이고 率性之謂道이며 修道之謂敎이다
천 명 지 위 성 솔 성 지 위 도 수 도 지 위 교

하늘이 내린 시킴을 성(性)이라 하고, 성(性)을 따름을 도(道)라 하며, 도(道)를 닦음을 교(敎)라 한다.

天命之謂性(천명지위성)

▶ 하늘이[天] 내린 시킴[命]을[之] 본성[性]이라 한다[謂].

하늘 천(天), 품수(稟受) 명(命), 조사(~을) 지(之), 이를 위(謂), 본성(本性) 성(性)

【읽기(讀)】

천명지위성(天命之謂性)은 〈위천명성(謂天命性)〉에서 천명(天命)을 강조하고자 조사 노릇하는 〈~을 지(之)〉를 더하여 천명지(天命之)로 전치(前置)한 말투로 여기면 문의(文意)가 드러난다. 천명지위성(天命之謂性)에서 천명지(天命之)는 위(謂)의 목적어 노릇하고, 지(之)는 조사(助詞 : ~을) 노릇하며, 성(性)은 목적보어 노릇한다. 〈A지위(之謂)B〉로 암기해두면 편하다. 〈A를[之] B라고 한다[謂]〉

【풀이(繹)】

천명(天命)이란 천지명(天之命)의 줄임이다. 천지명(天之命)의 명(命)을 풀이하여 천지소품수(天之所稟受)라 한다. 하늘이[天之] 주었다가[稟] 받아가는[受] 것[所]을 명(命)이라 한다. 그래서 명(命)을 목숨이라고도 한다.

천명(天命)의 명(命)은 〈시킬 령(令)〉과 같아 천명(天命)은 하늘[天]의 시킴[命]이 된다. 천명(天命)의 명(命)은 〈가르칠 교(敎)〉와 같아 천명(天命)은 하늘의 가르침[敎]도 된다. 천명(天命)의 명(命)은 〈알릴 고(告)〉와 같아 하늘의 알림[告]도 된다. 그러므로 천명(天命)은 천령(天令)이고 천교(天敎)이며 천고(天告)를 하나로 묶어 둔 말씀인 셈이다.

천명(天命)을 한 자(字)로 〈성(性)〉이라 한다. 성(性)은 곧 하늘의 시킴이고 가르침이며 알림이다. 그래서 성(性)을 〈인지본성소수어천(人之本性所受於天)〉이라고 하는 것이다. 사람의[人之] 본성은[本性] 하늘로부터[於天] 받은[受] 것[所]이다. 그러므로 성(性)은 승천자(承天者) 즉 하늘[天]을 잇는[承] 것[者]이다. 물론 하늘[天]이 사람한테만 성(性)을 점지한[稟] 것은 아니다. 목숨이 있는 것이면 무엇에든 모두 저마다 하늘로부터 점지받은 성(性)이 있다.

하늘[天]이 낳아준[生] 본성(本性)을 사람의 것 · 조수(鳥獸)의 것 · 초목(草木)의 것 등으로 나누어 귀천(貴賤)을 따질 수 있다고 보는 것이 유가(儒家)의 천명(天命)이요 성(性)이다. 그러나 천지(天地)가 낳아준[生] 본성을 귀천(貴賤)으로 나누어 사람의 목숨[命]은 귀(貴)하고 풀벌레의 목숨[命]은 천(賤)하다고 보는 것은 사람의 짓일 뿐, 천지(天地)는 온갖 목숨을 다 같이 본다고 주장하는 것이 도가(道家)의 천명(天命)이요 성(性)이다.

그러나 양가(兩家)는 사람의 목숨[命]은 사람의 것이 아니라는 데에는 서로 뜻을 같이한다. 내 목숨은 내 것이 아니고 하늘이 낳아준 것이니 하늘의 것이다. 내가 태어남[生]은 내가 하늘로부터 목숨을 받음[受]이고, 내 죽음[死]은 나에게 하늘이 준[稟] 목숨을 하늘이 거두어감이다. 그러므로 천명지위성(天命之謂性)은 우리 문화권(文化圈)이 일구어온 생사관(生死觀)의 시원(始原)이 된다.

註 명(命)과 성(性)은 사람의 것이 아니라 하늘의[天之]의 것이다. 이러한 사유(思惟)는 구미(歐美)의 사고(思考 : thinking)에는 없는 것이다.

率性之謂道(솔성지위도)

▶ 성을[性] 따라 좇음[率]을[之] 도(道)라 한다[謂].

좇을 솔(率), 본성(本性) 성(性), 조사(~을) 지(之), 이를 위(謂), 이치 도(道)

【읽기(讀)】

솔성지위도(率性之謂道)는 〈위솔성도(謂率性道)〉에서 솔성(率性)을 강조하고자 조사 노릇하는 〈~을 지(之)〉를 더하여 솔성지(率性之)로 전치(前置)한 말투로 여기면 문의(文意)가 드러난다. 솔성지위도(率性之謂道)에서 솔성지(率性之)는 위(謂)

의 목적어 노릇하고, 지(之)는 조사(助詞：~을) 노릇하며, 도(道)는 목적보어 노릇한다. 〈A지위(之謂)B〉로 암기해두면 편하다. 〈A를[之] B라고 한다[謂]〉

【풀이(繹)】

솔성(率性)이란 성(性)을 의지해 따름이다. 성(性)을 어기지 않음이 곧 솔성(率性)이다. 따라서 천명(天命)을 어기지 않음이 곧 솔성(率性)이다. 솔성(率性)의 성(性)은 사물[物]을 만나면 반드시 그것을 느끼고[感] 움직인다[動]. 성(性)의 감동(感動)을 한마디로 〈욕(欲)〉이라 한다. 성(性)은 목숨[命]의 체(體)이고, 욕(欲)은 목숨의 용[用]이다. 그러므로 성(性)은 목숨의 본(本)이고, 욕(欲)은 목숨의 말(末)이다. 공자(孔子)께서 밝힌 군자무본(君子務本)의 본(本)을 솔성(率性)의 성(性)으로 여기고 살펴 새기고 헤아리게 된다. 그리고 『예기(禮記)』「악기(樂記)」편(篇)이 밝히는 육자비성야(六者非性也) 감어물이후동(感於物而后動)을 상기(想起)하면서 성(性)의 동(感動)인 욕(欲)을 또한 살펴 새기고 헤아리게 된다. 육자비성(六者非性)의 육자(六者)는 성(性)의 감어물이동(感於物而動)으로 나타나는 〈희로애락애경(喜怒哀樂愛敬)〉을 말한다. 여기서 육자(六者)는 비성(非性) 즉 성(性)이 아닌 것[非]임을 알 수 있게 된다.

사람이 솔성(率性)하기를 잊고 비성(非性)인 육자(六者)를 좇기만 하면 사람은 궁인욕자(窮人欲者)로 드러나기 때문에 솔성(率性)하라고 한다. 사람이 욕심[欲]을 한없게 하는[窮] 것[者]은 사람이 물건에 매달리게 되어 인화물(人化物) 즉 사람[人]이 물건[物]이 되어버리는[化] 까닭에 솔성(率性)하라는 것이다. 수기(修己)·수기(守己)·극기(克己)·사기(舍己)하라. 이 모두는 솔성(率性)하여 강자(剛者)가 되라는 말씀이다.

강자(剛者)란 욕(欲)에 사로잡히지 않고 솔성(率性)을 굳건히 함이다. 나[己]를 닦음[修]이란 욕(欲)에 치우친 나를 다스려 솔성(率性)하는 나로 고쳐[修] 나는 강자(剛者)가 되는 것이다. 나[己]를 지킴[守]은 욕(欲)으로부터 솔성(率性)하는 나를 지켜[守] 나는 강자(剛者)가 되는 것이다. 나[己]를 이김[克]이란 욕(欲)의 종이 된 나를 내치고 솔성(率性)하는 나로 복귀(復歸)하여 내가 다시 강자(剛者)가 되는 것이다. 나[己]를 버림[舍] 또한 욕(欲)의 포로가 된 나를 버리고[舍] 솔성(率性)하는 나로 되돌아와[歸] 내가 다시 강자(剛者)가 되는 것이다. 솔성(率性)의 도(道)란 공자(孔子)께서 밝힌 인능홍도(人能弘道)의 바로 그 도(道)이다. 그러므로 솔성(率性)의 도(道)란 곧 큰 사람[君子]이 되는 길[道]을 쉼 없이 좇아 따르라[率] 함이다.

註 "육자비성야(六者非性也) 감어물이후동(感於物而后動)." {희로애락애경(喜怒哀樂愛敬)이란} 육자는[六者] 성이[性] 아닌 것[非]이다[也]. {그 여섯 가지는 성(性)이} 사물[物]을[於] 느낀[感] 뒤에[而后] 움직임이다[動].

이 말은 욕(欲)이란 곧 성(性)이 감어물이동(感於物而動)함을 뜻한다.

『예기(禮記)』「악기(樂記)」편(篇) 2단락(段落)

註 사람[人]이 욕(欲)의 종이 되어버림을 〈인화물(人化物)〉이라 한다. 인화물(人化物)이란 말은 『예기(禮記)』「악기(樂記)」편(篇) 8단락(段落)에 나온다.

"인화물야자멸천리이궁인욕자야(人化物也者滅天理而窮人欲者也) 어시유패역사위지심(於是有悖逆詐僞之心) 유음일작란지사(有淫佚作亂之事) 시고(是故) 강자협약(强者脅弱) 중자포과(衆者暴寡) 지자사우(知者詐愚) 용자고겁(勇者苦怯) …… 차대란지도야(此大亂之道也)." 인화물(人化物)이란[也] 것은[者] 천리를[天理] 없애면서[滅而] 인욕을[人欲] 한없게 하는[窮] 것[者]이다[也]. 여기서[於是] 도리를 어기고[悖] 거슬러 어지럽히며[逆] 속이고[詐] 속이는[僞之] 마음이[心] 생기고[有], 음탕하고[淫佚] 어지럽히는[作亂之] 짓들이[事] 생긴다[有]. 이[是] 때문에[故] 강한 자가[强者] 약한 자를[弱] 짓밟고[脅], 다수가[衆者] 소수를[寡] 억누르고[暴], 아는 자가[知者] 모르는 이를[愚] 속이고[詐], 사나운 자가[勇者] 겁쟁이를[怯] 괴롭힌다[苦]. …… 이런 것들이[此] 온 세상이 혼란스러워지는[大亂之] 이치[道]이다[也].

인화물(人化物)은 인간[人]이 물건[物]으로 되어버림[化]을 뜻한다. 요샛말로 인간의 물질화(物質化)가 곧 인화물(人化物)이다.

註 솔성(率性)의 도(道)는 솔성(率性)의 이치[理]를 나타내는 길[道]이 되기도 하고, 솔성(率性)의 가르침[敎]을 나타내는 길[道]이 되기도 하며, 솔성(率性)의 이끎[導]을 나타내는 길[道]이 되기도 하고, 솔성(率性)의 방편[方]을 나타내는 길[道]이 되기도 하고, 솔성(率性)을 말하는[言] 길[道]이 되기도 한다.

註 "인능홍도(人能弘道) 비도홍인(非道弘人)." 사람이[人] 도를[道] 넓힐[弘] 수 있지[能] 도가[道] 사람을[人] 넓히는 것은[弘] 아니다[非]. 『논어(論語)』「위령공(衛靈公)」편(篇) 28장(章)

修道之謂敎(수도지위교)

▶ 도를[道] 닦음[修]을[之] 교(敎)라 한다[謂].

닦을 수(修), 길 도(道), 조사(~을) 지(之), 이를 위(謂), 가르칠 교(敎)

【읽기(讀)】

수도지위교(修道之謂敎)는 〈위수도교(謂修道敎)〉에서 수도(修道)를 강조하고자 어조사 노릇하는 〈~을 지(之)〉를 더하여 수도지(修道之)로 전치(前置)한 구문이다. 수도지위교(修道之謂敎)에서 수도지(修道之)는 위(謂)의 목적어 노릇하고, 지(之)는 조사(助詞: ~을) 노릇하며, 교(敎)는 목적보어 노릇한다. 〈A지위(之謂)B〉로 암기해두면 편하다. 이는 상용구문(常用句文) 노릇하기 때문이다. 〈A를[之] B라고 한다[謂]〉

【풀이(繹)】

수도지위교(修道之謂敎)에서 수도(修道)의 수(修)는 습(習)·학(學)·문(問) 등의 뜻을 간직하고, 수도(修道)의 도(道)는 솔성지도(率性之道)의 줄임이다. 그러므로 수도(修道)란 솔성(率性)의 도(道)를 익힘[習]과 배움[學]과 물음[問]을 묶어 수도(修道)의 교(敎)라 한 셈이다. 이러한 수도(修道)를 한 자(字)로 〈교(敎)〉라 한 것이다.

『논어(論語)』를 열면 맨 처음 나오는 말씀이 **학이시습지불역열호(學而時習之不亦說乎)**란 자왈(子曰)이다. 맨 먼저 무엇을 배워야[學習] 즐겁다[說之]는 말씀일까? 그 열지(說之)란 분명 솔성(率性)의 도(道) 닦기[修]를 배우고[學] 익히며[習] 묻는[問] 즐거움[說]일 것이다. 그 즐거움이란 솔성(率性)에서 비롯되는 선(善)한 마음의 누림이다. 그 누림을 화이(和易)라 한다. 솔성(率性)하면 하염없이 편안하다. 이 편안함이 선심(善心)의 화이(和易)이다. 솔성(率性)하여 누리는 선심(善心)의 화이(和易)를 배우고 본받음이 수도(修道)의 교(敎)이다.

수도(修道)의 교(敎)는 솔성(率性)하기를 배우고[學] 익히고[習] 본받음[效]이다. 그래서 수도(修道)의 교(敎)를 예악(禮樂)이라 하는 것이다. 수도(修道)의 도(道)가 성(性)을 좇아 따르는[率] 도(道)이고, 사람의 도(道)는 종천(從天)·종지(從地)의 도(道)로 말미암기 때문에 수도(修道)의 교(敎)는 곧 예악(禮樂)으로 통한다. 솔성(率性)의 도(道)를 닦는[修] 지극한 교령(敎令)이 곧 예악(禮樂)인 까닭이다. 그러므로 수도(修道)의 교(敎)는 무엇보다 먼저 **악자돈화솔신이종천(樂者敦和率神而從天) 예자별의거귀이종지(禮者別宜居鬼而從地)**를 배우고[學] 익히고[習] 본받게[效] 하는 것이다.

수도(修道)의 교(敎)를 악교(樂敎)·예교(禮敎)의 줄임으로 여기고 살펴[觀] 새기고[玩] 헤아려[擬] 가늠해도[斷] 된다. 악교(樂敎)란 돈화(敦和)·솔신(率神)·종천(從天)을 배우고[學] 익히고[習] 본받게[效] 하는 가르침[誨]이며, 예교(禮敎)란 별의(別宜)·거귀(居鬼)·종지(從地)를 배우고[學] 익히고[習] 본받게[效] 하는 가르침[誨]이다.

돈화(敦和)는 어울림[和]을 도탑게[敦] 함이고, 솔신(率神)은 하늘[天]이 변화(變化)하게 하는 짓[神]을 우러러 따르게[率] 함이다. 이러한 돈화(敦和)·솔신(率神)으로 종천(從天) 즉 하늘[天]을 따르게[從] 함을 배우고[學] 익히고[習] 본받게[效] 함이 곧 수도지위교(修道之謂敎)의 교(敎)이다. 별의(別宜)는 마땅함[宜]을 분별케[別] 함이고, 거귀(居鬼)는 땅[地]이 변화(變化)하게 하는 짓[鬼]을 엎드려 따르게[居] 함이다. 이러한 별의(別宜)·거귀(居鬼)로 종지(從地) 즉 땅[地]을 따르게[從] 함을 배우고[學] 익히고[習] 본받게[效] 함이 곧 수도지위교(修道之謂敎)의 교(敎)이다.

그러므로 수도(修道)의 교(敎)는 솔성(率性)의 도(道)를 넓혀[弘] 인화물(人化物)로 끌어가는 욕장(慾障)을 저마다 제거하도록 스스로 돈화(敦和)·별의(別宜)를 닦고[修] 익히고[習] 배우고[學] 묻게[問] 하는 가르침[誨]이며, 그 욕장(慾障)을 저마다 제거하도록 스스로 솔신(率神)·거귀(居鬼)를 닦고[修] 익히고[習] 배우고[學] 묻게[問] 하는 회(誨)이다. 이러한 수도(修道)의 교(敎)는 종천(從天)의 악(樂)과 종지(從地)의 예(禮)로써 솔성(率性)하게 하여 선심(善心)의 화이(和易)를 누리게 하는 가르침[誨]이다.

註 "학이시습지불역열호(學而時習之不亦說乎)." 배우면서[學而] 때때로[時] 익히니[習] 또한[亦] 즐겁지[說] 아니한가[不乎]! 『논어(論語)』「학이(學而)」편(篇) 1장(章)

註 "천고지하(天高地下) 만물산수(萬物散殊) 이례제행의(而禮制行矣) 유이불식(流而不息) 합동이화(合同而化) 이악흥언(而樂興焉) 춘작하장인야(春作夏長仁也) 추렴동장의야(秋斂冬藏義也) 인근어악(仁近於樂) 의근어례(義近於禮) 악자돈화솔신이종천(樂者敦和率神而從天) 예자별의거귀이종지(禮者別宜居鬼而從地)." 하늘은[天] 높고[高] 땅은[地] 낮고[下], 온갖 것은[萬物] 흩어져[散] (끼리끼리) 모습을 달리한다[殊]. 그래서[而] 예를[禮] 제정해[制] 행한 것[行]이다[矣]. {음양(陰陽)이} 유행해서[流而] 쉬지 않고[不息], (음양이) 합쳐져서[合同而] 변화가 일어난다[化]. 그래서[而] 악을[樂] 일으킨 것[興]이다[焉]. 봄에[春] 싹터[作] 여름에[夏] 자람은[長] 어짊[仁]이고[也], 가을에[秋] 거두어[斂] 겨울에[冬] 간직함은[藏] 옳음[義]이다[也]. 어짊은[仁] 악[樂]에[於] 가깝고[近], 옳음은[義] 예[禮]에[於] 가깝다[近]. 악이란[樂] 것은[者] 어울림을[和] 도탑게 하고[敦] 하늘이

변화하게 하는 짓을[神] 우러러 좇아서[率而] 하늘을[天] 따른다[從]. 예란[禮] 것은[者] 마땅함을 [宜] 가름하고[別] 땅이 변화하게 하는 짓을[鬼] 엎드려 좇아서[居而] 땅을[地] 따른다[從].

솔신(率神)의 솔(率)은 〈우러러 따름〉을 뜻하고, 신(神)은 하늘이 변화하게 하는 힘의 짓 즉 양기(陽氣)를 뜻한다. 거귀(居鬼)의 거(居)는 여기선 〈엎드려 따름〉을 뜻하고, 귀(鬼)는 땅이 변화하게 하는 힘의 짓 즉 음기(陰氣)를 뜻한다. 『예기(禮記)』「악기(樂記)」편(篇) 18단락(段落)

【2단락(段落) 전문(全文)】

道也者란 不可須臾離也이니 可離면 非道也이다 是故로
도야자 불가수유리야 가리 비도야 시고

君子는 戒愼乎其所不睹하고 恐懼乎其所不聞한다
군자 계신호기소부도 공구호기소불문

도(道)라는 것은 잠시도 떠날 수 없는 것이다. 떠날 수 있는 것이면 (그것은) 도(道)가 아니다. 이렇기 때문에 군자는 자신이 보이지 않는 곳에서도 조심해 삼가고, 자신이 들리지 않는 곳에서도 두려워한다.

道也者不可須臾離也(도야자불가수유리야)

▶{중용(中庸)의} 도(道)라는[也] 것은[者] 모름지기[須] 잠깐이라도[臾] (그것에서) 떠날[離] 수 없는 것[不可]이다[也].

솔성(率性)의 도(道), ~이다 야(也), 것 자(者), 아니 불(不), 할 가(可), 모름지기 수(須), 잠깐 유(臾), 멀리할 리(離)

【읽기(讀)】

도야자불가수유리야(道也者不可須臾離也)는 〈인불가수유리도야(人不可須臾離道也)〉에서 일반주어 노릇할 인(人)을 생략하고, 도(道)에 어조(語調)를 더하여 강조하고자 도야자(道也者)로 하여 전치(前置)한 구문이다.

도야자불가수유리야(道也者不可須臾離也)의 도야자(道也者)는 이(離)의 목적어, 불(不)은 이(離)의 부정사(否定辭), 가(可)는 이(離)의 조동사, 수(須)와 유(臾)는 이(離)를 꾸미는 부사(副詞), 야(也)는 종결어미로 조사(助詞 : ~이다) 노릇한다.

【풀이(繹)】

도야자불가수유리야(道也者不可須臾離也)에서 도야자(道也者)의 도(道)는 솔성지도(率性之道)를 말한다. 솔성(率性)의 도(道)를 생존(生存)의 도(道)로 새겨도 된다. 사람이 사람으로서 사람답게 살고 있음[生存]이 곧 인간의 솔성(率性)이기 때문에 솔성(率性)의 도(道)를 잠깐이라도 떠나 살 수는 없다. 솔성(率性)의 도(道)를 떠나서 살 수 없음을 일러 〈불가수유리(不可須臾離)〉라고 단언한 것이다.

솔성(率性)의 도(道)를 잠시라도 떠날 수 없고[不可離] 잠시라도 어길 수 없음[不可違]을 군자(君子)는 사무치면서 살고, 소인(小人)은 그런 줄 모르고 산다. 그런 까닭으로 군자(君子)는 천명(天命)을 두려워해[畏] 회덕(懷德)하고, 소인(小人)은 천명(天命)을 알지 못해[不知] 회토(懷土)한다. 군자(君子)가 심중(心中)에 덕(德)을 품음[懷]은 곧 모름지기 잠시라도 솔성(率性)의 도(道)를 떠나지 않아[不離] 솔성(率性)의 삶을 누리기 위해서이다. 그러나 소인(小人)이 심중에 땅[土]을 품고[懷] 사는 것은 솔성(率性)의 도(道)를 업신여기고 탐욕(貪欲)의 삶을 한사코 고집하기 때문이다. 군자(君子)가 천명(天命)을 두려워함[畏]은 솔성(率性)의 도(道)를 떠나 멀리할세라 천명(天命)을 외(畏)함이고, 소인(小人)이 천명(天命)을 업신여김[侮]은 솔성(率性)의 도(道)를 떠나 탐욕을 좇아 살아서 천지(天地)의 시킴과 가르침[命]을 몰라 천명(天命)을 모(侮)함이다.

可離(가리) 非道也(비도야)

▶{도(道)에서} 떠날 수 있다면[可離] {그러한[其] 도는[道] 솔성(率性)의} 도가[道] 아닌 것[非]이다[也].

할 가(可), 멀리할 리(離), 아닐 비(非), 솔성(率性)의 도(道), ~이다 야(也)

【읽기(讀)】

가리(可離) 비도야(非道也)는 〈인가리도(人可離道) 기도비솔성지도야(其道非率性之道也)〉에서 앞 문맥(文脈)으로 보충할 수 있는 인가리도(人可離道)를 가리(可離)로 줄이고, 기도비솔성지도야(其道非率性之道也)를 비도야(非道也)로 줄인 구문이다. 〈사람이[人] 도를[道] 떠날[離] 수 있다면[可] 그러한[其] 도는[道] 솔성의[率性之] 도가[道] 아닌 것[非]이다[也]〉 이를 〈떠날[離] 수 있다면[可] 도가[道] 아닌 것[非]이다[也]〉로 줄인 말투가 가리(可離) 비도야(非道也)이다.

가리(可離) 비도야(非道也)에서 가리(可離)는 부사절 노릇하고, 비도야(非道也)는 주절 노릇한다. 〈A비(非)B야(也)〉로 암기해두면 편하다. 이는 상용구문(常用句文)에 속하기 때문이다. 〈A는 B가 아닌 것[非]이다[也]〉

【풀이(繹)】

가리(可離) 비도야(非道也)는 솔성(率性)의 도(道)가 권도(權道)가 아니라 상도(常道)임을 밝히고 있다. 권도(權道)란 때에 따라 취할[取] 수도 있고 멀리하며[離] 버릴[捨] 수도 있지만, 상도(常道)는 잠시도[須臾] 멀리할 수 없음을 거듭해 강조한 말씀이 〈가리(可離) 비도야(非道也)〉이다. 솔성(率性)은 곧 순명(順命)이다. 순명(順命)은 곧 순천(順天) · 사천(事天) · 사천(師天)이니 모름지기 상도(常道)이고 정도(正道)이다. 인지도(人之道)란 솔성지도(率性之道)로 말미암아 비롯됨을 여기서 알 수 있다. 유가(儒家)가 밝히는 인의(仁義)도 솔성지도(率性之道)를 따름[順從]이고, 예악(禮樂) 또한 솔성지도(率性之道)를 순종(順從)함이다. 왜냐하면 인의(仁義) · 예악(禮樂)이란 천명(天命)을 따름이고, 그 따름이란 곧 솔성(率性)의 따름이기 때문이다.

是故(시고)

▶ 이렇기[是] 때문에[故]

> 이것 시(是), 때문에 고(故)

【읽기(讀)】

시고(是故)는 〈도야자불가수유리고(道也者不可須臾離故)〉에서 도야자불가수유리(道也者不可須臾離)를 지시어 시(是)로 줄인 원인의 부사구로 여기면 된다. 시고(是故)의 시(是)를 생략하는 경우가 빈번하다. 시고(是故)를 시이(是以)로 쓰기도 한다. 물론 시고(是故)를 〈이렇기[是] 때문에[故]〉라고 옮기지 않고, 〈도(道)라는[也] 것은[者] 모름지기[須] 잠깐이라도[臾] 멀리할 수 없기[不可離] 때문에[故]〉라고 할 수도 있다.

君子戒愼乎其所不睹(군자계신호기소부도)

▶군자는[君子] {남들에 의해서[於人]} 그 자신이[其] 눈에 뜨이지 않는[不睹] 곳[所]에서도[乎] {솔성(率性)하려고} 조심하고[戒] {솔성(率性)하려고} 삼간다[愼].

크나큰 군(君), 존칭 자(子), 조심할 계(戒), 삼갈 신(愼), ~에서 호(乎), 그 기(其), 곳 소(所), 아니 부(不), 보일 도(睹)

【읽기(讀)】

군자계신호기소부도(君子戒愼乎其所不睹)는 〈군자계위솔성호기소부도어인(君子戒爲率性乎其所不睹於人) 이군자신위솔성호기소부도어인(而君子愼爲率性乎其所不睹於人)〉에서 앞 문맥(文脈)으로 보충할 수 있는 위솔성(爲率性)과 어인(於人) 그리고 되풀이되는 군자(君子)와 기소부도(其所不睹) 한쪽을 생략하고 하나로 묶은 구문이다. 〈군자는[君子] 남들에[人] 의해서[於] 그 자신이[其] 보이지 않는[不睹] 곳[所]에서도[乎] 솔성을[率性] 위하여[爲] 조심한다[戒]. 그리고[而] 군자는[君子] 남들에[人] 의해서[於] 그 자신이[其] 보이지 않는[不睹] 곳[所]에서도[乎] 솔성을[率性] 위하여[爲] 삼간다[愼]〉 이를 〈군자는[君子] 자신이[其] 보이지 않는[不睹] 곳[所]에서도[乎] 조심하고[戒] 삼간다[愼]〉로 줄인 것이다.

군자계신호기소부도(君子戒愼乎其所不睹)에서 군자(君子)는 주어 노릇하고, 계(戒)와 신(愼)은 자동사 노릇하며, 호소기부도(乎其所不睹)는 장소의 부사구로 〈군자(君子)는 기소부도(其所不睹)에서[乎] 계(戒)하고 신(愼)한다〉고 새기면 문맥(文脈)이 잡힌다. 호(乎)는 〈~에서 어(於)〉와 같다.

호기소부도(乎其所不睹)는 〈호소기부도(乎所其不睹)〉에서 도(睹)의 주어 노릇하는 기(其)를 소(所) 앞으로 전치(前置)한 말투이고, 도(睹)는 여기선 수동태 노릇해 〈볼 도(睹)〉가 아니라 〈보일 도(睹)〉로 옮겨야 문맥(文脈)에 걸맞는 문의(文意)

가 잡힌다.

【풀이(繹)】

군자계신호기소부도(君子戒愼乎其所不睹)는 군자(君子)가 지성(至誠)으로 솔성의[率性之] 도(道)와 수도(修道)의 교(敎)를 닦고 지킴을 밝히고 있다. 여기서 수기(修己)·수기(守己)·극기(克己)·사기(舍己) 등이 모두 솔성(率性)의 도(道)와 수도(修道)의 교(敎)를 더없이 닦고 지키기 위함임을 간파(看破)하게 된다. 남의 눈이 무서워 솔성(率性)하고 수도(修道)한다면, 그것은 본성(本性)을 따르지[率] 않음이라 이는 곧 자기(自欺)이고 위선(僞善)이다. 그러므로 군자(君子)가 스스로 계신(戒愼)함이란 스스로 순명(順命)함에 정성됨[誠之]을 뜻한다. 남의 눈이 무서워 솔성(率性)하는 척하고 수도(修道)하는 척한다면 수도(修道)의 교(敎)를 닦아[修] 지키지[守] 않음이다. 따라서 군자(君子)의 계(戒)와 신(愼)이란 어디서나 스스로 솔성(率性)의 도(道)를 정성껏 익힘[習]이고, 정성껏 배움[學]이며, 정성껏 물음[問]을 다함이다. 군자(君子)는 남들에 의해서[於人] 그 자신이[其] 눈에 뜨이지 않는[不睹] 곳[所]에서도[乎] 조심하고[戒] 삼간다[愼]고 밝힌 것이다.

이러한 밝힘은 『대학(大學)』에 나오는 **군자필신기독야(君子必愼其獨也)**란 말씀을 떠올리게 한다. 솔성의[率性之] 도(道)와 수도(修道)의 교(敎)를 닦고 지킴은 자신의 뜻[意]을 정성스럽게 해야 하기 때문이다. 따라서 군자(君子)의 계신(戒愼)이란 정기심(正其心) 즉 제[其] 마음[心]을 바르게[正] 하여 솔성(率性)하고 수도(修道)하기 위함이다.

註 "소위성기의자무자기야(所謂誠其意者毋自欺也) 여오오취(如惡惡臭) 여호호색(如好好色) 차지위자겸(此之謂自謙) 고(故) 군자필신기독야(君子必愼其獨也)." 이른바[所謂] 제[其] 뜻을[意] 정성스럽게 한다는[誠] 것은[者] 자신을[自] 속임이[欺] 없음[毋]이다[也]. 싫은[惡] 냄새를[臭] 싫어함과[惡] 같고[如], 좋은[好] 색깔을[色] 좋아함과[好] 같다[與]. 이를[此之] 스스로[自] 기꺼워함이라[謙] 한다[謂]. 그러므로[故] 군자는[君子] 반드시[必] 제[其] 자신을[獨] 삼가는 것[愼]이다[也].

대학(大學) 전문(傳文) 6장(章)

恐懼乎其所不聞(공구호기소불문)

▶ (군자는 남들에 의해서) 그 자신이[其] (남들의 귀에) 들리지 않는[不

聞] 곳[所]에서도[乎] {불솔성(不率性)을} 무서워하고[恐] {불솔성(不率性)을} 두려워한다[懼].

두려워할 공(恐), 두려워할 구(懼), ~에서 호(乎), 그 기(其), 곳 소(所), 아니 불(不), 들릴 문(聞)

【읽기(讀)】

공구호기소불문(恐懼乎其所不聞)은 〈군자공불솔성호기소불문어인(君子恐不率性乎其所不聞於人) 이군자구불솔성호기소불문어인(而君子懼不率性乎其所不聞於人)〉에서 주어 노릇할 군자(君子)와 불솔성(不率性) 그리고 어인(於人)을 생략하고, 되풀이되는 호기소불문(乎其所不聞) 한쪽을 줄이고 하나로 묶은 구문이다. 〈군자는[君子] 남들에[人] 의해서[於] 그 자신이[其] 들리지 않는[不聞] 곳[所]에서도[乎] 솔성하지 못할까[不率性] 무서워한다[恐]. 그리고[而] 군자는[君子] 남들에[人] 의해서[於] 그 자신이[其] 들리지 않는[不聞] 곳[所]에서도[乎] 솔성하지 못할까[不率性] 두려워한다[懼]〉 이를 〈자신이[其] 들리지 않는[不聞] 곳[所]에서도[乎] 무서워하고[恐] 두려워한다[懼]〉로 줄인 것이다.

공구호기소불문(恐懼乎其所不聞)에서 공(恐)과 구(懼)는 타동사 노릇하고, 호기소불문(乎其所不聞)은 장소의 부사구로 〈기소불문(其所不聞)에서도[乎] 공(恐)하고 구(懼)한다〉고 새기면 문맥(文脈)이 잡힌다. 호(乎)는 〈~에서 어(於)〉와 같다. 호기소불문(乎其所不聞)은 〈호소기불문(乎所其不聞)〉에서 문(聞)의 주어 노릇하는 기(其)를 소(所) 앞으로 전치(前置)한 말투이고, 문(聞)은 수동태 노릇해 〈들을 문(聞)〉이 아니라 〈들릴 문(聞)〉으로 옮겨야 문맥(文脈)에 걸맞는 문의(文意)가 잡힌다.

【풀이(繹)】

공구호기소불문(恐懼乎其所不聞) 역시 군자(君子)가 지성(至誠)으로 솔성의[率性之] 도(道)와 수도(修道)의 교(敎)를 닦고 지킴을 밝히고 있다. 여기서도 수기(修己) · 수기(守己) · 극기(克己) · 사기(舍己) 등이 모두 솔성(率性)의 도(道)와 수도(修道)의 교(敎)를 더없이 닦고 지키기 위함임을 거듭해 밝히고 있음을 간파(看破)하게 된다. 남의 귀가 무서워 솔성(率性)하고 수도(修道)한다면, 그 또한 본성(本

性)을 따르지[率] 않음이라 이는 곧 자신을[自] 속이는[欺] 위선(僞善)이다. 그러므로 군자(君子)의 공구(恐懼)도 계신(戒愼)과 마찬가지로 스스로 순명(順命)함에 정성됨[誠之]을 뜻한다. 남의 귀가 무서워 솔성(率性)하는 척하고 수도(修道)하는 척한다면 수도(修道)의 교(敎)를 닦아[修] 지키지[守] 않음이다. 따라서 군자(君子)의 공(恐)과 구(懼)란 어디서나 스스로 솔성(率性)의 도(道)를 정성껏 익히고[習] 정성껏 배우고[學] 정성껏 묻기[問]를 다하지 못할까봐 무서워하고[恐] 두려워함[懼]이다. 군자(君子)는 남들에 의해서[於人] 그 자신이[其] 남의 귀에 들리지 않는[不聞] 곳[所]에서도[乎] 공구(恐懼)한다고 밝힌 것이다.

군자(君子)의 공구(恐懼) 또한 『대학(大學)』에 나오는 〈군자필신기독야(君子必愼其獨也)〉란 말씀을 상기(想起)시키고, 동시에 『주역(周易)』의 진괘(震卦) 상사(象辭) 첫머리에 나오는 **천뢰(洊雷) 진(震) 군자이공구수성(君子以恐懼修省)**이란 말씀을 떠올리게 한다[想起]. 군자(君子)의 공구(恐懼) 역시 군자(君子)의 계신(戒愼)과 마찬가지로 제[其] 마음[心]을 바르게[正] 하여 솔성(率性)하고 수도(修道)하기 위함이다.

註 "천뢰(洊雷) 진(震) 군자이공구수성(君子以恐懼修省)." 거듭해 오는[洊] 우레가[雷] 진괘이다[震]. 그 진괘로[以] 군자는[君子] 무서워하고[恐] 두려워하며[懼] 수양하고[修] 반성한다[省].

이는 진괘(震卦 : ☳) 초구(初九)의 효사(爻辭) 첫마디인 "진래혁혁(震來虩虩) 후(後) 소언아아(笑言啞啞) 길(吉)"을 풀이한 진괘(震卦)의 상사(象辭)이다. 우렛소리가[震] 들려옴에[來] 두려워한[虩虩] 뒤라야[後] 웃는[笑] 말이[言] 웃는 소리가 된다[啞啞]. 좋으리라[吉].

〈거듭 이를 천(洊)〉, 〈두려워할 혁(虩)〉, 〈웃음소리낼 아(啞)〉이다. 진괘(震卦)는 64괘(卦) 중에서 51번째 괘(卦)이다.

【3단락(段落) 전문(全文)】

莫見乎隱이고 莫顯乎微이다 故로 君子愼其獨也이다
막현호은 막현호미 고 군자신기독야

은밀한 것보다 더 잘 드러나는 것은 없고, 미세한 것보다 더 잘 드러나는 것은 없다. 그러므로 군자는 제 스스로를 삼가는 것이다.

莫見乎隱(막현호은)

▶ 은밀한 것[隱]보다 더 잘[乎] 드러나는 것은[見] 없다[莫].

없을 막(莫), 드러날 현(見), ~보다 더 호(乎), 숨을 은(隱)

【읽기(讀)】

막현호은(莫見乎隱)은 〈A막(莫)B호(乎)C〉로 암기해두면 편한 상용구문(常用句文)이다. 〈A에서 C보다 더한[乎] B는 없다[莫]〉 막현호은(莫見乎隱)에서 막(莫)은 자동사 노릇하고, 현(見)은 막(莫)의 주어 노릇하며, 호은(乎隱)은 현(見)을 비교해주는 형용사구 노릇해 〈은(隱)보다 더 잘[乎] 드러나는 것은[見] 없다[莫]〉고 새기면 문맥(文脈)이 잡힌다.

막현호은(莫見乎隱)에서 막(莫)은 여기선 〈없을 무(無)〉와 같고, 현(見)은 〈드러날 현(顯)〉과 같으며, 호(乎)는 조사로 〈~보다 더 잘 어(於) · 우(于)〉 등과 같이 쓰였다. 은(隱)은 〈숨길 장(藏) · 폐(蔽) · 익(匿)〉 등과 통하며, 〈작을 미(微)〉와도 같아 불현자(不見者) 즉 드러나지 않는[不見] 것[者]으로 보아 은장(隱藏) · 은닉(隱匿) · 은미(隱微) 등의 줄임말로 새기면 문의(文意)가 드러난다.

【풀이(繹)】

막현호은(莫見乎隱)은 왜 필신기독(必愼其獨)해야 하는지를 밝히고 있다. 막현호은(莫見乎隱)의 은(隱)은 〈은자(隱者)〉이다. 은자(隱者)란 드러나지 않아 보이지 않는 것을 말한다. 막현호은(莫見乎隱)의 은(隱)이 기소부도(其所不睹) · 기소불문(其所不聞) 즉 기독(其獨) 저[其] 홀로 있음[獨]을 뜻한다고 보면, 남을 속일 수는 있어도 그 자신을 속일 수 없음을 살펴 새기고 헤아리게 한다. 말하자면 솔성(率性)하지 않는 자신을 남에게는 숨기고 감출 수 있다 할지라도, 그 자신에게는 숨길 수도 없고 감출 수도 없음을 막현호은(莫見乎隱)의 은(隱)이 환기(喚起)시켜준다.

막현호은(莫見乎隱)의 은(隱)은 『노자(老子)』 14장(章)에 나오는 이희미(夷希微)의 이희(夷希) 바로 그것이다. 보려도 보이지 않고[夷] 들으려도 들리지 않으며[希] 잡으려도 잡히지 않는[微] 것이 곧 숨은 것[隱]이다. 바로 천명(天命)의 성(性)

이 은(隱)이고, 그 성(性)의 욕(欲)인 정(情)이 은(隱)이고, 따라서 사람의 성(性) · 정(情)은 곧 은(隱)이다. 즉 사람의 마음[心]이야말로 꼭꼭 숨은 것[隱]이다.

그런데 왜 그 숨은 것[隱]보다 더 잘[乎] 드러나는 것[見]은 없다[莫]고 하는가? 성(性) · 정(情)의 심(心)은 남에게는 숨은 것[隱]이지만, 자신에게는 현(見) 즉 숨김없이 드러나는[見] 바로 그것이다. 마음[心]은 늘 언제나 자신의 현전(見前) 즉 숨김없이 드러나는[見前] 것이다. 현저기(見諸己), 자신[己]에게 온갖 것을[諸] 드러내는[見] 그것이 곧 마음[心]이다. 그러므로 은밀(隱密)할수록 더욱 더 계신(戒愼)하고 공구(恐懼)하는 마음과 몸가짐을 다하라 함이 곧 막현호은(莫見乎隱)이다. 자신의 심성(心性) · 심정(心情)을 늘 살펴[觀] 새기고[玩] 헤아려[擬] 가늠하면서[斷] 자신[其獨]을 계신(戒愼)하고 공구(恐懼)하여 솔성(率性) · 수도(修道)함을 잠시도 떠나지 않음을 밝힌 말씀이 〈막현호은(莫見乎隱)〉이다.

註 "시지불견명왈이(視之不見名曰夷) 청지불문명왈희(聽之不聞名曰希) 박지부득명왈미(搏之不得名曰微) 차삼자불가치힐(此三者不可致詰)." 보려 해도[視之] 보이지 않음을[不見] 일러[名] 이(夷)라 하고[曰], 들으려도[聽之] 들리지 않음을[不聞] 일러[曰] 희(希)라 하며[曰], 잡아도[搏之] 잡히지 않음을[不得] 일러[曰] 미(微)라 한다[曰]. 이[此] 셋은[三者] 캐묻고 캐물어도[詰] 다할[致] 수 없다[不可].

무색왈이(無色曰夷) 즉 빛깔[色]이 없음[無]을 이(夷)라 하고[曰], 무성왈희(無聲曰希) 즉 소리[聲]가 없음[無]을 희(希)라 하며[曰], 무형왈미(無形曰微) 즉 모습[形]이 없음[無]을 미(微)라 한다[曰].

『노자(老子)』 14장(章)

莫顯乎微(막현호미)

▶ 미세한 것[微]보다 더[乎] 잘 드러나는 것은[顯] 없다[莫].

없을 막(莫), 드러날 현(顯), ~보다 더 호(乎), 작을 미(微)

【읽기(讀)】

막현호미(莫顯乎微)는 〈A막(莫)B호(乎)C〉로 암기해두면 편한 상용구문(常用句文)이다. 〈A에서 C보다 더한[乎] B는 없다[莫]〉 막현호미(莫顯乎微)에서 막(莫)은 자동사, 현(顯)은 막(莫)의 주어 노릇하며, 호미(乎微)는 현(顯)을 비교해주는 형용사구로 〈미(微)보다 더 잘[乎] 드러나는 것은[顯] 없다[莫]〉고 새기면 된다.

막현호미(莫顯乎微)에서 막(莫)은 〈없을 무(無)〉와 같고, 현(顯)은 〈드러날 현(見) · 현(現)〉 등과 통한다. 호(乎)는 비교해주는 조사로 〈~보다 더 잘 어(於) · 우(于)〉 등과 같고, 미(微)는 〈숨길 은(隱) · 작을 세(細)〉 등과 같아 불현자(不見者) 즉 드러나지 않는[不見] 것[者]으로 보아 은미(隱微) · 미세(微細) 등의 줄임말로 새긴다.

【풀이(繹)】

막현호미(莫顯乎微)는 앞의 말씀인 〈막현호은(莫見乎隱)〉과 같다. 막현호미(莫顯乎微)와 막현호은(莫見乎隱)에서 현(顯)과 현(見)은 뜻이 같아 현현(顯見)이라 하기도 하고, 미(微)와 은(隱) 또한 뜻이 같아 은미(隱微)라 말하기도 한다. 막현호미(莫顯乎微)의 미(微) 역시 『노자(老子)』 14장(章)에 나오는 〈이희미(夷希微)〉의 미(微) 바로 그것이다. 미(微)는 작디작아 잡히지 않는 것[微]이다. 그 미(微) 또한 보려도 보이지 않고[夷] 들으려도 들리지 않아[希] 숨은 것[隱]과 같아 은미(隱微)라 한다. 바로 천명(天命)의 성(性)이 미(微)이고, 그 성(性)의 욕(欲)인 정(情)도 미(微)이고, 따라서 사람의 성(性) · 정(情)은 곧 미(微) 그것이다. 즉, 사람의 마음[心]이야말로 바깥으로 드러나지 않아 잡히지 않는 것[微]이다.

그런데 왜 그 작은 것[微]보다 더 잘[乎] 드러나는 것[顯]은 없다[莫]고 하는가? 성(性) · 정(情)의 심(心)은 남에게는 잡히지 않는 것[微]이라 드러나지 않지만, 자신에게는 현(顯) 즉 숨김없이 드러나는[顯] 바로 그것이다. 마음[心]은 늘 언제나 자신의 현전(顯前) 즉 숨김없이 드러나는[顯前] 것이다. 이 역시 솔성(率性)하여 수도(修道)하지 않는 자신을 남에게는 숨기고 감출 수 있다 할지라도, 그 자신에게는 숨기거나 감출 수 없음을 말해준다. 그러므로 자신의 심성(心性) · 심정(心情)을 늘 살펴[觀] 새기고[玩] 헤아려[擬] 가늠하면서[斷] 자신[其獨]을 계신(戒愼)하고 공구(恐懼)하여 솔성(率性) · 수도(修道)함을 잠시도 떠나지 않음을 밝힌 말씀이 〈막현호미(莫顯乎微)〉이다.

故(고)

▶ 그러므로[故]

그러므로(때문에) 고(故)

【읽기(讀)】

고(故)는 시고(是故)의 줄임이다. 〈막현호은고(莫見乎隱故) 이막현호미고(而莫顯乎微故)〉에서 되풀이되는 내용이므로 막현호은(莫見乎隱)과 막현호미(莫顯乎微)를 생략하고 고(故)만 남긴 말투임을 새기면[玩] 문의(文意)가 드러난다.

君子愼其獨也(군자신기독야)

▶ 군자는[君子] 저[其] 홀로를[獨] 삼가는 것[愼]이다[也].

클 군(君), 존칭 자(子), 삼갈 신(愼), 그 기(其), 홀로 독(獨), ~이다 야(也)

【읽기(讀)】

군자신기독야(君子愼其獨也)는 〈군자신기신지독야(君子愼其身之獨也)〉에서 기신지(其身之)를 기(其)로 줄인 말투의 구문임을 새기면[玩] 문맥(文脈)이 잡힌다.

【풀이(繹)】

군자신기독야(君子愼其獨也)는 군자계신호기소부도(君子戒愼乎其所不睹)·공구호기소불문(恐懼乎其所不聞)·막현호은(莫見乎隱)·막현호미(莫顯乎微)를 〈신기독(愼其獨)〉으로 묶어 밝힌 말씀이다. 군자(君子)의 신기독(愼其獨)은 『맹자(孟子)』에 나오는 **성자천지도야(誠者天之道也) 사성자인지도야(思誠者人之道也)**란 말씀을 상기(想起)시킨다. 군자[君子]는 홀로 있을 때일수록 그 자신을 삼간다[愼]고 함은 곧 사성(思誠)하기를 멈추지 않음을 뜻하기 때문이다. 신기독(愼其獨)의 신(愼)은 사성자(思誠者) 바로 그것으로 풀이할 수 있다. 정성을[誠] 생각하는[思] 것[者]이 곧 군자(君子)의 계신(戒愼)이며, 군자(君子)의 공구(恐懼)이고, 군자(君子)가 명지(明知)하고 있는 막현호은(莫見乎隱)·막현호미(莫顯乎微)인 것이다. 나아가 무자기(毋自欺) 즉 스스로를[自] 속임이[欺] 없게[毋] 하려고 성기의(誠其意) 즉 자신의[其] 마음가짐[意]을 정성스럽게[誠] 함이 곧 군자(君子)의 신기독(愼其獨)이다.

註 "성신유도(誠身有道) 불명호선(不明乎善) 불성기신의(不誠其身矣) 시고(是故) 성자천지도야(誠者天之道也) 사성자인지도야(思誠者人之道也)." 자신을[身] 정성스럽게 함에[誠] 방편이[道] 있다[有]. 선[善]을[乎] 밝히지 못한다면[不明] 제[其] 자신을[身] 성실히 못하는 것[不誠]이다[矣]. 그러므로[是故] 정성이란[誠] 것은[者] 하늘 땅의[天之] 도[道]이고[也], 정성스럽기를[誠] 생각하는[思] 것은[者] 사람의[人之] 도[道]이다[也].

사성자(思誠者)의 성(誠)은 성지(誠之)의 줄임이고, 성지(誠之)는 정성됨[誠之]이다.

『맹자(孟子)』「이루장구(離婁章句) 상(上)」편(篇) 12장(章)

【4단락(段落) 전문(全文)】

喜怒哀樂之未發을 謂之中이고 發而皆中節을 謂之和이다
희 로 애 락 지 미 발 위 지 중 발 이 개 중 절 위 지 화

中也者는 天下之大本也이고 和也者는 天下之達道也이다
중 야 자 천 하 지 대 본 야 화 야 자 천 하 지 달 도 야

기쁨과 노여움 슬픔과 즐거움이 아직 드러나지 않음 그것을 맞아듦[中]이라 하고, 드러나되 모두 절조(節操)와 맞아듦 그것을 화(和)라 한다. 중(中)이란 것은 온 세상의 대본(大本)이고, 화(和)란 것은 온 세상의 달도(達道)이다.

喜怒哀樂之未發謂之中(희로애락지미발위지중)

▶희로애락(喜怒哀樂)의[之] 아직 드러나지 않음을[未發] {본성(本性)과} 맞아듦이라[中] 한다[謂].

기쁠 희(喜), 성날 노(怒), 슬플 애(哀), 즐거울 락(樂), 조사(~의) 지(之), 아닐 미(未), 드러날 발(發), 일컬을 위(謂), 그것 지(之), 어울림 중(中)

【읽기(讀)】

희로애락지미발위지중(喜怒哀樂之未發謂之中)은 〈A위지(謂之)B〉로 암기해두면 편한 상용구문(常用句文)이다. 〈A 그것[之]을 B라 한다[謂]〉 희로애락지미발위지중(喜怒哀樂之未發謂之中)에서 희로애락지미발(喜怒哀樂之未發)은 위(謂)의 목적구로 전치(前置)한 것이고, 위(謂)는 타동사 노릇하고, 지(之)는 아무런 뜻이 없

는 허사(虛詞)이다. 중(中)은 목적보어 노릇해 〈희로애락지미발(喜怒哀樂之未發)을 중(中)이라 한다[謂]〉고 옮겨 새기면 문의(文意)가 드러난다. 물론 허사(虛詞) 노릇하는 지(之)를 살려 〈희로애락지미발(喜怒哀樂之未發)이란 그것을[之] 중(中)이라 한다[謂]〉고 옮겨도 된다.

희로애락지미발(喜怒哀樂之未發)은 〈희로애락미발(喜怒哀樂未發)〉의 문장을 주부(主部)와 술부(述部) 사이에 허사(虛詞)인 지(之)를 삽입하여 구(句)가 되게 한 말투라고 암기해두면 편하다. 〈희로애락(喜怒哀樂)이 아직 발하지 않았다[未發]〉는 문장을 〈희로애락(喜怒哀樂)이[之] 아직 발하지 않음[未發]〉이란 구(句)가 되게 한 말투이다. 희로애락지미발(喜怒哀樂之未發)에서 중(中)은 〈어울릴 화(和) · 곧을 정(正)〉 등과 같아 중화(中和) · 중정(中正)의 줄임말로 여기면 된다.

【풀이(繹)】

희로애락지미발위지중(喜怒哀樂之未發謂之中)에서 희로애락(喜怒哀樂)의 미발(未發)과 중(中)은 『예기(禮記)』「악기(樂記)」편(篇)에 나오는 **인생이정천지성야(人生而靜天之性也) 감어물이동성지욕야(感於物而動性之欲也)**를 상기(想起)시킨다. 따라서 기쁨[喜] · 노여움[怒] · 슬픔[哀] · 즐거움[樂] 등이 곧 성(性)의 욕(欲)임을 알 수 있고, 욕(欲)의 미발(未發)은 인생이정(人生而靜)의 정(靜)임을 알아 그 미발(未發)의 고요[靜]를 중(中)이라 함도 간파(看破)할 수 있고, 희(喜) · 노(怒) · 애(哀) · 낙(樂)의 미발(未發)이란 곧 천명(天命)의 성(性) 그대로를 뜻함을 또한 알 수 있다.

천지성(天之性) 즉 천성(天性)은 천지소품(天之所稟) 즉 자연이[天地] 점지한[稟] 것[所]이지만, 희(喜) · 노(怒) · 애(哀) · 낙(樂)은 성(性)이 사물(事物)을 만나 일어난[發] 것들이고 이것을 정(情)이라 한다. 그래서 **희(喜)·노(怒)·애(哀)·낙(樂)·애(愛)·경(敬)** 등을 비성(非性) 즉 성(性)이 아닌 것[非]이라고 하는 것이다. 여기서 비성(非性)이라 함은 인간의 것임을 뜻하는 셈이다. 따라서 희(喜) · 노(怒) · 애(哀) · 낙(樂)이 아직 드러나지 않음[未發]이란 사람의 마음[人心]이 아닌[非] 자연의 마음[天心]인 성(性) 바로 그것을 말한다.

성(性)의 미발(未發)이란 외물(外物)을 아직 느끼지 못했음이다. 『노자(老子)』에 **복귀어영아(復歸於嬰兒)**란 말씀이 나오는데, 그 영아(嬰兒)를 성(性)의 상(象)으로 삼은 셈이다. 갓난애[嬰兒]란 무지(無知) · 무욕(無欲)하고, 무사(無思) · 무려

(無慮)한 목숨이다. 이런 갓난아기의 마음[心]이야말로 희(喜) · 노(怒) · 애(哀) · 낙(樂)이 아직 드러나지 않은 청정(淸淨) 즉 맑고[淸] 깨끗하여[淨] 고요[靜]의 마음[心性] 바로 그것이다. 그러므로 희(喜) · 노(怒) · 애(哀) · 낙(樂)의 미발(未發)을 중(中)이라고 할 때, 그 중(中)은 〈천명지위성(天命之謂性)〉을 한 자(字)로 밝힌 뜻으로 살펴 새기고 헤아릴 수 있다.

註 "인생이정천지성야(人生而靜天之性也) 감어물이동성지욕야(感於物而動性之欲也) 물지지지연후호오형언(物至知知然後好惡形焉) 호오무절어내(好惡無節於內) 지유어외(知誘於外) 불능반궁(不能反躬) 천리멸의(天理滅矣)." 사람이[人] 태어나서[生而] 고요함은[靜] 자연이 낸[天之] 본성[性]이고[也], (그 본성이 바깥의) 온갖 것을[物] 느껴서[感而] 움직임은[動] 본성의[性之] 바람[欲]이다[也]. 온갖 것이[物] 이르러[至] 앎이[知] 알려진[知] 뒤에는[然後] 좋고[好] 싫음이[惡] 드러나는 것[形]이다[焉]. 좋고[好] 싫음이[惡] 마음[內]에서[於] 절제가[節] 없으면[無] {물지(物至)의} 앎이[知] 바깥 것[外]에[於] 끌려서[誘] 본성으로[躬] 돌아올[反] 수 없게 되어[不能] 자연의 이치가[天理] 없어지는 것[滅]이다[矣].

물지지지(物至知知)에서 물지지(物至知)의 지(知)는 명사(名詞)로서 〈앎[知]〉이고, 물지지지(物至知知)에서 끝의 지(知)는 동사(動詞)로서 〈안다[知]〉이니, 물지지지(物至知知)를 지물지지(知物至知)로 여기고 옮기면 된다. 〈물지지(物至知)를 안다[知]〉

『예기(禮記)』「악기(樂記)」편(篇) 19단락(段落)

註 『예기(禮記)』「악기(樂記)」편(篇) 2단락(段落)에 "육자비성야(六者非性也)"란 말씀이 나온다. 육자비성(六者非性)의 육자(六者)는 희로애락애경(喜怒哀樂愛敬)을 말한다.

註 "상덕불리(常德不離) 복귀어영아(復歸於嬰兒)." 변함없는[常] 덕이[德] 떠나지 않아[不離] 갓난애로[嬰兒於] 되돌아온다[復歸].

여기서 갓난애[嬰兒]는 요즘 말로 하면 천성(天性)이 미발(未發)한 이미지(image)인 셈이다.

『노자(老子)』 28장(章)

發而皆中節謂之和(발이개중절위지화)

▶ {희로애락(喜怒哀樂)이} 드러나되[發而] {그 희로애락(喜怒哀樂)이} 모두[皆] 절조와[節] 맞아듦[中] 그것을[之] 어울림이라[和] 한다[謂].

드러날 발(發), 그래서 이(而), 모두 개(皆), 어울릴 중(中), 절개 절(節), 일컬을 위(謂), 그것 지(之), 어울릴 화(和)

【읽기(讀)】

발이개중절위지화(發而皆中節謂之和) 또한 〈A위지(謂之)B〉로 암기해두면 편한 상용구문(常用句文)이다. 〈A 그것[之]을 B라 한다[謂]〉 발이개중절위지화(發而皆中節謂之和)에서 발이개중절(發而皆中節)은 위(謂)의 목적구 노릇으로 전치(前置)한 것이고, 위(謂)는 타동사, 지(之)는 아무런 뜻이 없는 허사(虛詞)이며, 화(和)는 목적보어 노릇해 〈발이개중절(發而皆中節)을 화(和)라 한다[謂]〉고 옮기면 된다. 물론 허사(虛詞) 노릇하는 지(之)를 살려 〈발이개중절(發而皆中節)이란 그것을[之] 화(和)라 한다[謂]〉고 옮겨도 된다.

발이개중절(發而皆中節)은 〈희로애락지발이희로애락지개중절(喜怒哀樂之發而喜怒哀樂之皆中節)〉에서 앞 문맥(文脈)으로 보충할 수 있는 희로애락지(喜怒哀樂之)를 생략하여 구(句)가 되게 한 말투이다. 그러므로 발이개중절(發而皆中節)을 〈희로애락(喜怒哀樂)이 드러나되[發而] 모두[皆] 절조와[節] 어우러짐[中]〉이라고 옮기면 문의(文意)가 잡힌다.

【풀이(繹)】

발이개중절위지화(發而皆中節謂之和)의 발(發)은 희(喜)·노(怒)·애(哀)·낙(樂)의 정(情)이 드러남[發]이고, 이 발(發)은 성지욕(性之欲)의 발현(發顯)이다. 성지욕(性之欲)의 드러남[發顯]이란 성(性)이 감어물이동(感於物而動)하였음을 말한다. 성(性)이 외물을[於物] 느껴서[感而] 움직였음[動]을 일러 발(發)이라 한 것이다. 그러므로 발(發)은 성(性)의 미발(未發)인 정(靜) 즉 고요[靜]가 발(發)인 동(動) 즉 움직임[動]으로 변화(變化)하였음이다. 결국 발이개중절위지화(發而皆中節謂之和)의 발(發)이란 성(性)이 온갖 것[物]을[於] 느껴서[感而] 움직여[動] 희(喜)·노(怒)·애(哀)·낙(樂) 등의 뜻[情]이 드러남이다.

발이개중절위지화(發而皆中節謂之和)에서 중절(中節)의 중(中)이란 합당(合當)하고 적중(適中)하여 알맞음이고, 중절(中節)의 절(節)이란 규율(規律)을 지켜 어김이 없음이다. 이는 곧 희(喜)·노(怒)·애(哀)·낙(樂)의 정(情)이 솔성(率性) 즉 성(性)을 따라 좇음[率]에 어김이 없음이다. 말하자면 인심(人心)이 천심(天心)인 성(性)을 따라 좇음[率]이 중절(中節)이고, 이를 한마디로 〈화(和)〉라 한다. 그러므로 중절(中節)의 화(和)는 〈정화호성(情和乎性)〉을 한마디로 밝힘이다. 희(喜)·노

(怒) · 애(哀) · 낙(樂)의 정(情)이 성과[乎性] 어울림[合]이 곧 중절(中節)의 화(和)이다.

註 중절(中節)의 화(和)는『주역(周易)』건괘(蹇卦)의 상사(象辭)에 나오는 "대건붕래이중절(大蹇朋來以中節)"을 상기(想起)시킨다. 중절(中節)을 중정지절조(中正之節操)의 줄임으로 여기고 살펴 새기고 헤아리게 하는 까닭이다. 중정(中正)이란 무사(無邪)함이다. 마음 다잡기[節操]가 사악(邪惡)하지 않음이 중정(中正)의 절조(節操)여야 한다. 인심(人心)이 중절(中節)을 버리면 사악(邪惡)해진다. 사악(邪惡)이란 성지욕(性之欲)인 정(情)이 귀근(歸根) 즉 성(性)을 좇기를 저버리고, 감어물(感於物)의 동(動)에 함몰(陷沒)되어 성(性)과의 어울림[和]을 저버림이다. 이렇기 때문에 인심(人心)이 오로지 중절(中節)을 떠나지 말아야 무사무욕(無私無欲)하여 중절(中節)의 화(和)를 누려 선(善)할 수 있다.

註 "대건붕래이중절야(大蹇朋來以中節也)." 크게[大] 어려움에도[蹇] 벗이[朋] 찾아옴은[來] 사악하지 않은 마음잡기를[節] 적중했기[中] 때문[以]이다[也].

대건붕래이중절야(大蹇朋來以中節也)에서 이중절(以中節)은『주역(周易)』64괘(卦) 중에서 39번째 수산건괘(水山蹇卦) 구오(九五)의 효상(爻象)을 밝힌 구오(九五)의 효사(爻辭)인 〈대건붕래(大蹇朋來)〉를 풀이한 것이다.

中也者天下之大本也(중야자천하지대본야)

▶중[中]이란[也] 것은[者] 온 세상의[天下之] 크나큰[大] 근본[本]이다[也].

어울릴 중(中), ~이란 야(也), 것 자(者), 하늘 천(天), 아래 하(下), ~의 지(之), 큰 대(大), 근본 본(本), ~이다 야(也)

【읽기(讀)】

중야자천하지대본야(中也者天下之大本也)는 〈중시천하지대본(中是天下之大本)〉에서 주어(主語)인 중(中)을 강조한 구문이다. 〈중(中)은 천하의[天下之] 대본(大本)이다[是]〉 이를 〈중(中)이란[也] 것은[者] 천하의[天下之] 대본(大本)이다[也]〉로 하여 중(中)을 강조한 것이다. 중야자(中也者)의 중(中)은 〈어울릴 화(和) · 곧을 정(正)〉 등과 같아 중화(中和) · 중정(中正)의 줄임말로 여기면 된다.

【풀이(繹)】

중야자천하지대본야(中也者天下之大本也)는 희로애락지미발(喜怒哀樂之未發)을 다시 강조하고자 〈중야자(中也者)〉라고 밝힌 것이다. 중(中)을 온 세상[天下]의 대본(大本)이라 함은 그 중(中)이 성(性)·성(誠)·성(成)·성(聖)을 묶어서 말하기 때문이다. 『중용(中庸)』은 이러한 묶음의 중(中)을 성(性)을 시작으로 하여 해설해 가는 경서(經書)이다. 여기서 중(中)은 천명(天命)인 성(性)을 받들어 좇아 떠나지 않고 성(性)과 어울림[和]이기 때문에 그 어울림의 〈함(咸)〉이라고 한다. 물론 중(中)을 함(咸)이라고 함은 성(性)·성(誠)·성(成)·성(聖)을 묶어서 말함이다. 그러한 중(中)이므로 중(中)을 일컬어 천하지대본(天下之大本)이라고 하는 것이다.

천하지대본(天下之大本)이란 만물지대본(萬物之大本)과 같다. 온 세상[天下]이란 온갖 것[萬物]을 싣고 있는 까닭이다. 천하지대본(天下之大本)의 대본(大本)은 기초(基礎) 즉 바탕을 말한다. 그러므로 중(中)이란 인간과 만물이 엮이는 바탕이 된다. 이는 곧 성(性)을 좇아[率] 적중(適中)하여 무사(無私)·무욕(無欲)을 떠나지 않은 것이니, 온 세상·온갖 것과 두루 통하는 믿음[忠]의 바탕[本]을 중(中)이라 한 것이다. 그래서 천하지대본(天下之大本)의 중(中)을 중정지도(中正之道)라고 한다. 이를 줄여 정도(正道)라 하기도 하고, 그냥 중(中)이라 일컫는다. 물론 여기서 말하는 중(中)은 곧 중정지도(中正之道)의 중정(中正) 바로 그것이며, 무사(無邪) 그것이 중정(中正)이어서 중(中)은 곧 충(忠)으로 통한다.

『논어(論語)』「요왈(堯曰)」편(篇)에 나오는 **윤집기중(允執其中)**을 떠올리면 중정(中正)의 중(中)이 만물(萬物)이 태어나 자라며 사는[育] 온 세상[天下]의 바탕[大本]이 됨을 헤아릴 수 있다. 대본(大本)은 대근(大根)이다. 잔뿌리는 잘려도 살아남지만, 큰 뿌리가 잘리면 살아남지 못한다. 이처럼 화육(化育)의 바탕을 일러 대본(大本)이라 한다. 천명(天命)의 성(性)에 오로지 적중(適中)하는 중(中)이 온 세상[天下]·온갖 것[萬物]의 바탕[大本]임을 〈중야자(中也者) 천하지대본야(天下之大本也)〉라고 밝힌 것이다.

註 "요왈(堯曰) 자(咨) 이순(爾舜) 천지력수재이궁(天之曆數在爾躬) 윤집기중(允執其中) 사해곤궁(四海困窮) 천록영종(天祿永終)." 요임금이[堯] 말했다[曰]: 아[咨]! 여보게[爾] 순[舜]! 하

늘의[天之] 역수가[曆數] 자네[爾] 자신에게[躬] 있도다[在]. 지성으로[允] 그[其] 중을[中] 지키게[執]. 온 세상[四海] (백성이) 곤궁하면[困窮] (그대에게 내린) 하늘의 봉록도[天祿] 영원히[永] 끊기고 만다네[終].

천지력수(天之曆數)는 하늘이 정해준 임금이 될 차례를 뜻한다. 집중(執中)은 중용(中庸)을 고수(固守)하라 함이다.

『논어(論語)』「요왈(堯曰)」편(篇) 1장(章)

和也者天下之達道也(화야자천하지달도야)

▶화(和)란[也] 것은[者] 온 세상의[天下之] 두루 통하는[達] 길[道]이다[也].

어울릴 화(和), ~이란 야(也), 것 자(者), 하늘 천(天), 아래 하(下), ~의 지(之), 통할 달(達), 길 도(道), ~이다 야(也)

【읽기(讀)】

화야자천하지달도야(和也者天下之達道也)는 〈화시천하지달도(和是天下之達道)〉에서 주어(主語)인 화(和)을 강조한 구문이다. 〈화는[和] 천하의[天下之] 달도(達道)이다[是]〉 이를 〈화(和)란[也] 것은[者] 천하의[天下之] 달도(達道)이다[也]〉로 하여 화(和)를 강조한 것이다.

【풀이(繹)】

화야자천하지달도야(和也者天下之達道也)는 〈발이개중절(發而皆中節)〉의 화(和)를 온 세상[天下]의 달도(達道)라고 풀이한다. 발이개중절(發而皆中節)을 화(和)라 할 때, 그 화(和)는 사람의 정(情)이 천명(天命)의 성(性)을 떠나지[離] 않음이다. 이는 곧 육자(六者)의 비성(非性)을 범하지 않아 사람의 마음이 강(剛) · 유(柔)의 득중(得中) 즉 굳셈[剛]과 부드러움[柔]이 알맞음[中]을 얻음[得]을 뜻한다. 그래서 발이중절(發而中節)의 화(和)를 강유득중(剛柔得中)이라 하는 것이다. 육자(六者)는 희(喜) · 노(怒) · 애(哀) · 낙(樂) · 애(愛) · 경(敬)을 말하며, 사람의 것[欲]이지 성(性)이 아니다[非]. 그 육자(六者)는 한사코 무사(無私) · 무욕(無欲)을 버리고 사(私) · 욕(欲)으로 기울어지려 한다. 그러면 인간의 성(性) · 정(情)은 서로 불화(不和)하게 되고 인간은 탐욕(貪欲)하게 되어 중정지도(中正之道)의 열락(說樂)을 누리지 못해 강유(剛柔)의 득중(得中)이 이지러진다.

중정지도(中正之道)의 중정(中正)은 무사(無邪) · 무사(無私)를 뜻한다. 무사(無邪)의 사(邪)는 사악(邪惡)함의 줄임이며, 사악(邪惡)함은 사(私) · 욕(欲)으로부터 비롯된다. 그러므로 무사(無私) · 무욕(無欲)이란 천명(天命)을 본받는[法] 성인(聖人)의 무기(無己) · 무공(無功) · 무명(無名)을 본받음[效]이니, 곧 발이중절(發而中節)의 화(和)이다. 내 몸[己]이 없고[無] 내 공치사가[功] 없고[無] 내 명성이[名] 없게[無] 규율[節]에 맞춘다[中]면, 절로 사람의 정(情)이 천명(天命)의 성(性)과 어울림[和]을 이루어 누린다. 그래서 화(和)를 천하지달도(天下之達道) 즉 온 세상이[天下之] 통행하는[達] 길[道]이라 한다. 달도(達道)란 온 세상 사람들[世人]이 통행하는 길[道]을 말한다. 이러한 화(和)의 달도(達道)야말로 무사(無私) · 무욕(無欲)하여 이룩하는 **무사(無思) · 무위(無爲)**의 길[道]이다.

註 달도(達道)란 세인소통행지도(世人所通行之道)이다. 온 사람들이[世人] 통행하는[通行] 바의[所之] 길[道]을 달도(達道)라 한다. 그 도(道)를 떠나서는[離] 선덕(善德)의 삶을 누릴 수 없음을 일러 또한 달도(達道)라 한다.

註 무사(無思)란 말씀은 그냥 〈생각[思]이 없다[無]〉는 말씀이 아니다. 무사기(無思己) · 무사공(無思功) · 무사명(無思名)을 줄여 한 말씀이라고 새기면 무사(無思)의 참뜻을 가늠할 수 있다. 내 몸[己]을 생각함[思]이 없고[無], 공(功)을 생각함[思]이 없고[無], 명성[名]을 생각함[思]이 없음[無]을 줄여 한 말씀이 무사(無思)라고 여기면 무사(無思)의 참뜻을 저마다 나름대로 헤아려 가늠할 수 있다.

註 무위(無爲)란 말씀도 그냥 〈함(爲)이 없다[無]〉는 말씀은 아니다. 무위기(無爲己) · 무위공(無爲功) · 무위명(無爲名)을 줄여 한 말씀이라고 새기면 무위(無爲)의 참뜻을 가늠할 수 있다. 내 몸[己]을 탐함[爲]이 없고[無], 공치사[功]를 탐함[爲]이 없고[無], 명성[名]을 탐함[爲]이 없음[無]을 줄여한 말씀이 무위(無爲)라고 여기면 무위(無爲)의 참뜻을 저마다 나름대로 헤아려 가늠할 수 있다.

【5단락(段落) 전문(全文)】

致中和면 天地位焉하고 萬物育焉한다
치중화 천지위언 만물육언

중(中)과 화(和)를 지극히 다함에 하늘 땅이 자리잡히는 것이고, 온갖 것이 자라나는 것이다.

致中和(치중화)

▶ 어울리고[中] 어울림을[和] 지극히 다한다[致].

지극할 치(致), 어울림 중(中), 어울림 화(和)

【읽기(讀)】

치중화(致中和)는 〈세인치중(世人致中) 이세인치화(而世人致和)〉에서 일반주어 노릇할 세인(世人)과 되풀이되는 내용인 치(致)를 생략하고 하나로 묶은 구문이다. 〈세상[世] 사람들이[人] 중을[中] 지극히 다하고[致] 그리고[而] 세상[世] 사람들이[人] 화를[和] 지극히 다한다[致]〉 이를 〈중화를[中和] 지극히 다한다[致]〉로 줄인 것이다. 치중화(致中和)에서 치(致)는 〈다할 극(極) · 진(盡), 이를 지(至)〉 등과 같아 극치(極致)의 줄임말로 여기면 된다.

【풀이(繹)】

치중화(致中和)는 온 세상의 대본(大本)인 중(中)을 지극히 다하고[致], 온 세상의 달도(達道)인 화(和)를 지극히 다하라[致] 함이다. 치중(致中)이란 중정지도(中正之道)를 극진(極盡)히 함이며, 치화(致和)란 강유(剛柔)의 득중(得中)을 더없이 다함[極盡]이다. 굳셈[剛]에 치우치거나[過] 모자라도[不及] 안 되고, 부드러움[柔]에 과(過)하거나 불급(不及)해도 안 됨을 강유(剛柔)의 득중(得中)이라 한다. 중정(中正)의 중(中)과 강유(剛柔)의 화(和)를 더없이 다함[致]을 치중화(致中和)라고 밝힌 것이다. 치중화(致中和)란 결국 솔성(率性)의 도(道)를 극진(極盡)히 하라 함이며, 수도(修道)의 교(敎)를 지극히 다하라[極盡] 함이다. 이는 곧 천명(天命) 즉 천지(天地)의 시킴 · 가르침[命]을 떠나지[離] 말라 함이고, 나아가 솔성(率性) · 수도(修道)하기를 다하는 것이다.

天地位焉(천지위언)

▶ 중(中)과 화(和)의 지극함[致]에서[焉] 하늘 땅이[天地] 자리잡는다[位].

하늘 천(天), 땅 지(地), 자리 위(位), 이에 언(焉)

【읽기(讀)】

천지위언(天地位焉)은 〈천지위어중화지치(天地位於中和之致)〉에서 어중화지치(於中和之致)를 〈이에 언(焉)〉으로 축약한 구문이다. 천지위언(天地位焉)에서 위(位)는 〈정할 정(定)〉과 같아 정위(定位)의 줄임말로 여기면 된다. 언(焉)은 〈어시(於是) 언(焉)〉으로 종결어미(終結語尾) 노릇하므로, 천지위언(天地位焉)의 언(焉)을 어시(於是: 그것에서)라고 옮기는 쪽보다 어중화지치(於中和之致)로 여겨 〈중과[中] 화의[和之] 지극함[致]에서[焉]〉라고 하면 문의(文意)가 분명해진다.

【풀이(繹)】

천지위언(天地位焉)은 중화(中和)를 극진(極盡)히 하여 인간과 천지(天地)가 서로 자리잡힘을 밝히고 있다. 천지위언(天地位焉)은 『서경(書經)』「우서(虞書) 순전(舜典)」편(篇)에 나오는 **팔음극해(八音克諧) 신인이화(神人以和)**를 상기(想起)하고, 나아가 『주역(周易)』「계사전(繫辭傳) 상(上)」 첫머리에 나오는 **천존지비(天尊地卑) 건곤정의(乾坤定矣)**를 떠올리면 치중화(致中和)가 곧 천지위언(天地位焉)으로 이어짐을 새기고[玩] 헤아려[擬] 따져[議] 가늠할[斷] 수 있을 것이다.

중정(中正)의 중(中)을 지극히 다하고[致] 득중(得中)의 화(和)를 지극히 다하여[盡] 솔성(率性) · 수도(修道)함에 따라 인간이 천지(天地)를 본받아[法] 변화(變化)하게 됨을 밝힌 말씀이 천지위언(天地位焉)이다. 이는 곧 중화(中和)로 자리잡히는[位] 천지(天地)를 본받아[法] 사람의 마음도 동정(動靜)의 강유(剛柔)로 자리잡게 되어 팔음(八音)의 극해(克諧)로써[以] 천지(天地)가 변화(變化)하게 하는 짓[神]과 인간[人]이 어울려[和] 낮은 것[卑]과 높은 것[高]이 베풀어짐[陳]을 누리고, 귀한 것[貴]과 천한 것[賤]이 자리잡힘[位]을 천지(天地)와 함께 누리게 됨을 밝힌 말씀인 셈이다.

註 "팔음극해(八音克諧) 무상탈륜(無相奪倫) 신인이화(神人以和)." 팔음이[八音] 더없이[克] 골고루 어울리고[諧] 저마다의 무리를[倫] 서로[相] 빼앗음이[奪] 없다면[無], 그리하여[以] 자연이 변화하게 하는 짓과[神] 인간이[人] 어울린다[和].

팔음(八音)은 쇠·돌·실·대·박·흙·가죽·나무를 말해 천지(天地)를 사물(事物)의 소리로 밝히고 동시에 만물(萬物)의 윤(倫)을 소리[聲]로 나타냄이며, 윤(倫)은 여기선 〈무리 류(類)〉와 같고, 신(神)은 천지(天地) 즉 자연(自然)이 변화하게 하는 짓을 말하고, 신인(神人)은 신여인(神與

人) 즉 사람[人]과[與] 자연[神]을 뜻한다. 물론 신(神)은 귀신(鬼神)의 줄임말로 천지(天地)를 말하기도 한다. 『서경(書經)』「우서(虞書) 순전(舜典)」편(篇) 9단락(段落)

註 "천존지비(天尊地卑) 건곤정의(乾坤定矣) 비고이진(卑高以陳) 귀천위의(貴賤位矣) 동정유상(動靜有常) 강유단의(剛柔斷矣)." 하늘은[天] 높고[尊] 땅은[地] 낮아[卑] 건괘와[乾] 곤괘가[坤] 정해진 것[定]이다[矣]. 건곤(乾坤)으로[以] 높은 것과[尊] 낮은 것이[卑] 베풀어져[陳] 귀한 것과[貴] 천한 것이[賤] 자리잡힌 것[位]이다[矣]. 움직이는 것과[動] 고요한 것에[靜] 한결같음이[常] 있어서[有] 굳센 것과[剛] 부드러운 것이[柔] 가늠되는 것[斷]이다[矣].

『주역(周易)』「계사전(繫辭傳) 상(上)」 1단락(段落)

萬物育焉(만물육언)

▶ 중(中)과 화(和)의 지극함[致]에서[焉] 온갖 것이[萬物] 자라난다[育].

온갖 만(萬), 사물 물(物), 자랄 육(育), 이에 언(焉)

【읽기(讀)】

만물육언(萬物育焉)은 〈만물육어중화지치(萬物育於中和之致)〉에서 어중화지치(於中和之致)를 〈이에 언(焉)〉으로 축약한 구문이다. 만물육언(萬物育焉)에서 육(育)은 〈날 생(生) · 기를 양(養)〉 등과 같아 생육(生育) · 양육(養育) 등의 줄임이고, 언(焉)은 〈어시(於是) 언(焉)〉으로 종결어미(終結語尾) 노릇하므로 만물육언(萬物育焉)의 언(焉)을 어시(於是 : 그것에서)라고 옮기기보다 어중화지치(於中和之致)로 여기고 〈중과[中] 화의[和之] 지극함[致]에서[焉]〉라고 옮기면 문의(文意)가 분명해진다.

【풀이(繹)】

만물육언(萬物育焉)도 중화(中和)를 극진(極盡)히 하여 천지(天地)에서 만물이 생육(生育)되고 양육(養育)될 수 있음을 밝히고 있다. 만물육언(萬物育焉) 또한『서경(書經)』「우서(虞書) 순전(舜典)」편(篇)에 나오는 〈팔음극해(八音克諧) 신인이화(神人以和)〉를 상기(想起)하고, 나아가『주역(周易)』「계사전(繫辭傳) 상(上)」에 나오는 〈방이류취(方以類聚) 물이군분(物以羣分) 길흉생의(吉凶生矣)〉를 떠올리면, 치중화(致中和)가 곧 만물육언(萬物育焉)으로 이어짐을 새기고[玩] 헤아려[擬] 따져[議] 가늠할[斷] 수 있게 된다.

중정(中正)의 중(中)을 지극히 하고[致] 득중(得中)의 화(和)를 지극히 다하여[盡] 만물(萬物) 역시 솔성(率性)하므로 천지(天地)를 본받아[法] 변화(變化)하게 됨을 밝힌 말씀이 〈만물육언(萬物育焉)〉이다. 만물(萬物) 중에서 솔성(率性)을 어기는 목숨은 사람밖에 없음이니, 인간을 제외한 만물은 어김없이 솔성(率性)하여 순명(順命)할 뿐이라 오로지 천지(天地)가 변화하게 하는 짓[神]을 따라 저마다 생육(生育)하고 양육(養育)한다. 인간 이외 모든 만물(萬物)은 중화(中和)를 좇아 저마다 생육(生育)의 방편[方]을 이용하여[以] 끼리끼리[類] 모여[聚] 물건[物]으로[以] 무리[群]가 나뉘어[分] 좋고[吉] 나쁨[凶]이 생긴다. 만물(萬物) 또한 중(中)을 지극히 다하고[致] 따라서 화(和)를 지극히 다하여 저마다 끼리끼리 생존함을 밝혀 치중화(致中和)의 중화(中和)가 인간뿐만 아니라 삼라만상(森羅萬象)의 대본(大本)이며 달도(達道)임을 밝힌 말씀이다.

중용(中庸)과 군자(君子)

2장(章)은 자사(子思)가 부자(夫子) 즉 공자(孔子)의 말씀[言]을 인용하여 중용(中庸)의 뜻[義]을 밝히는 장(章)이다. 공자(孔子)께서 군자(君子)의 중용(中庸)과 소인(小人)의 중용(中庸)을 대비(對比)하여 군자(君子)의 중용(中庸)은 〈시중(時中)〉이고, 소인(小人)의 중용(中庸)은 〈무기탄(無忌憚)〉이라고 간명(簡明)하게 밝히고 있다.

【1단락(段落) 전문(全文)】

中尼曰 君子中庸이고 **小人反中庸**이다
중 니 왈 군 자 중 용 소 인 반 중 용

중니(仲尼)께서 가로되: 군자는 중정(中正)을 늘 행하고, 소인은 중용(中庸)을 어긴다.

仲尼曰(중니왈)

▶ 중니께서[仲尼] 가로되[曰]

버금 중(仲), 여승 니(尼), 가로되 왈(曰)

【읽기(讀)】

중니왈(仲尼曰)의 왈(曰)은 발어지단(發語之端) 즉 말머리 노릇하는 〈가로되 왈(曰)〉 또는 〈가라사대 왈(曰)〉이다.

【풀이(繹)】

중니왈(仲尼曰)의 중니(仲尼)는 공자(孔子)의 자(字)이다. 공자는 춘추시대(春秋時代) 노(魯)나라 사람으로, 유가(儒家)의 개조(開祖)로서 성인(聖人)으로 일컬어진다. 공자의 탄생지(誕生地)는 노(魯)나라 창평향(昌平鄕) 추읍(掫邑), 지금의 산동성(山東省) 곡부현(曲阜縣) 남쪽에 있는 추현(鄒縣)이다. 탄생년도는 사마천(司馬遷)의 『사기(史記)』에는 BC 551년이란 설(說)이 있고, 『춘추공양전(春秋公羊傳)』에는 BC 552년이란 설(說)이 있다. 공자는 아버지 숙량흘(叔梁紇)의 나이 60세가 넘어 젊은 어머니 안징재(顔徵在)와의 사이에서 태어났다고 한다. 공자의 어머니는 공자를 낳기 위해 니구산(尼丘山)에서 기도를 드렸다고 전해진다. 공자(孔子)의 명(名)은 구(丘)이고, 자(字)가 중니(仲尼)인 것도 이 니구산(尼丘山)과 관계가 있다고 한다.

공자(孔子)의 발어(發語)로서 보편적인 것은 〈자왈(子曰)〉이다. 때로는 여기에서처럼 자(字)를 써서 〈중니왈(仲尼曰)〉이라 할 때도 있고, 존칭(尊稱)을 써서 〈공자왈(孔子曰)〉이라 할 때도 있다. 특히 중니왈(仲尼曰) 또는 공자왈(孔子曰)이라고 어단(語端)하게 되면 공자(孔子)의 말머리[語端]임이 분명해진다.

君子中庸(군자중용)

▶ 군자는[君子] 중정을[中] 늘 쓴다[庸].

클 군(君), 존칭 자(子), 어울릴 중(中), 쓸 용(庸)

【읽기(讀)】

군자중용(君子中庸)에서 군자(君子)는 주어 노릇하고, 중(中)이 목적어 노릇하며 용(庸)을 타동사로 여겨 〈군자는[君子] 중(中)을 용[庸]한다〉고 문맥(文脈)을 잡으면 문의(文意)가 통한다. 물론 용중(庸中)의 중(中)을 강조하고자 도치(倒置)한 말투로 여길 수도 있다. 중용(中庸)의 중(中)은 〈어울릴 화(和) · 곧을 정(正)〉 등과 같아 중화(中和) · 중정(中正)의 줄임말로 여기면 되고, 용(庸)은 〈쓸 용(用)〉과 같다. 물론 중용(中庸)을 중용지도(中庸之道)의 줄임말로 여겨도 되고, 나아가 중화지도(中和之道) · 중정지도(中正之道)로 살펴 헤아려도 된다.

【풀이(繹)】

군자중용(君子中庸)은 『논어(論語)』「옹야(雍也)」편(篇)에 나오는 **중용지위덕야(中庸之爲德也)**와 「이인(里仁)」편(篇)에 나오는 **군자회덕(君子懷德)** 그리고 「계씨(季氏)」편(篇)의 **군자유삼외(君子有三畏)**를 상기(想起)시킨다. 중용(中庸)은 곧 덕행(德行)으로 드러난다. 지성껏 덕(德)을 행(行)한다면 그것이 곧 중용(中庸) 즉 〈중(中)을 용(庸)함〉이다. 중용(中庸)의 중(中)은 성(性) · 성(誠) · 성(成) · 성(聖)의 사자(四者)가 상화(相和) 즉 서로[相] 어울림[和]이다. 그러므로 중용(中庸)은 이 사자(四者)의 중(中)을 용(庸)함이다. 용(庸)은 대용(大用)이다. 대용(大用)은 무위지용(無爲之用) 즉 무위의[無爲之] 씀[用]이다. 무위지용(無爲之用) 즉 대용(大用)이란 무사(無私)하게 씀[用]이고, 무욕(無欲)하게 씀[用]이고, 무아(無我)하게 씀[用]이다. 그러므로 중용(中庸)은 천명(天命)인 성(性)의 보존(保存)을 다하여[盡] 천지지도(天地之道)를 따르게 하는 성(誠)의 진(盡)을 이룸[成]인 것을 늘 명심(銘心)하고 유념(留念)하면서 『중용(中庸)』 33장(章)의 말씀을 일관(一貫)되게 살펴[觀] 새기고[玩] 헤아려[擬] 가늠하면서[斷] 자오(自悟) 즉 스스로[自] 깨우쳐[悟] 가야 한다.

따라서 중용(中庸)의 중(中)을 온 세상[天下]의 대본(大本)이고 정도(正道)라 함은 그 중(中)이 불편(不偏) · 불의(不倚) · 무과(無過) · 무불급(無不及)하기 때문이다. 중(中)이란 희(喜) · 노(怒) · 애(哀) · 낙(樂) · 애(愛) · 경(敬) 등 비성(非性)의 육자(六者)에 치우치지 않음[不偏]이고, 인연하지 않음[不倚]이며, 그 비성(非性)으로 지나침도 없고[無過], 모자람도 없음[無不及]이다. 성(性)을 좇아[率] 오로지 그 성(性)에 적중(適中)하여 무사(無私) · 무욕(無欲)을 떠나지 않으므로 군자(君子)는 온 세상 · 온갖 것과 두루 통하는 믿음[忠]을 늘 행(行)하고, 나아가 육자(六者)의 비성(非性)을 범하지 않아 강(剛) · 유(柔)의 득중(得中) 즉 굳셈[剛]과 부드러움[柔]이 알맞음[中]을 얻는다[得] 함이 곧 〈군자중용(君子中傭)〉이다. 중용(中庸)을 『장자(莊子)』로 밝힌다면 **성수반덕(性脩反德)**인 것이다. 이러함이 곧 군자중용(君子中庸) 즉 군자(君子)가 중(中)을 늘 씀[庸]이다. 군자(君子)가 천명(天命)을 본받고자[法] 솔성(率性)의 길[道]과 수도(修道)의 교(敎)를 넓혀 언제 어디서나 늘 씀이 중용(中庸)의 용(庸)이다.

중용(中庸)은 용중(庸中)의 중(中)을 강조하고자 용(庸) 앞으로 전치(前置)한 말씀으로 용중정지도(庸中正之道)의 줄임이며, 중정지용(中正之庸)의 술어(術語)로 이어질 수도 있다. 중용(中庸)은 중정지도(中正之道)를 언제 어디서나 늘 무사(無私)하게 쓰라[庸] 함이다. 중용(中庸)의 중(中)은 중정(中正)이고, 중정(中正)은 무기(無己) · 무사(無私) · 무아(無我)의 극치(極致)이다. 『서경(書經))』「우서(虞書) 대우모(大禹謨)」편(篇)에 **윤집궐중(允執厥中)**이란 말이 있고, 『논어(論語)』「요왈(堯曰)」편(篇)에는 **윤집기중(允執其中)**이란 말이 나오며, 나아가『노자(老子)』5장(章)에도 **불여수중(不如守中)**이란 말이 나온다. 그래서 중용(中庸)을 용중(庸中)으로 여기고 〈중(中)을 씀[庸]〉이라고 살펴[觀] 새기고[玩] 헤아려[擬] 가늠하게[斷] 된다. 중용(中庸)이란 말씀을 집중(執中) · 수중(守中) · 용중(庸中)으로 관완(觀玩) · 의단(擬斷)할 수 있는 것이다.

물론 중용(中庸)의 중(中)이 유가(儒家)의 것만은 아니다. 그 중(中)은 유도불(儒道佛) 삼가(三家)에 두루 통하는 중도(中道)이다. 『주역(周易)』 대성괘(大成卦)에서 내외괘(內外卦)의 중효(中爻)가 정위(正位)에 있을 때, 이를 중정(中正)이라 하여 길(吉)함을 나타냈음을 상기(想起)해보아도 공자(孔子) 이전부터 내내 중도(中道) 즉 중용지도(中庸之道)가 펼쳐져 있었음을 알 수 있다. 거듭 밝히지만, 중(中)을 통(通)하게 함이 곧 용(庸)이다. 『장자(莊子)』「제물론(齊物論)」편(篇)에 나오는 **용야자용야(庸也者用也) 용야자통야(用也者通也)**를 떠올리면 중용(中庸)이란 중(中)의 용(用)이고 통(通)이라 정리할 수 있다. 그러므로 솔성(率性)하여 수도(修道)하는 군자(君子)는 중용(中庸) 즉 중정(中正)의 도(道)를 무사(無私) · 무욕(無欲) · 무아(無我)로 쓰고자[庸] 『노자(老子)』의 **삼거(三去)**와 『논어(論語)』의 **자절사(子絶四)**를 정성으로 본받아[法] 성(性) · 정(情)을 돈화(敦和)하게 하여 **성덕(性德)**을 지극하게 다함을 밝힌 말씀이 〈군자중용(君子中庸)〉이다.

註 "중용지위덕야(中庸之爲德也) 기지의호(其至矣乎) 민선구의(民鮮久矣)." 중용(中庸)이란[之] 덕이[德] 됨[爲]이다[也]. 그것은[其] 지극함[至]이로다[矣乎]! 사람들이[民] {중용(中庸)을} 소홀히 한 지[鮮] 오래[久]이다[矣]. 『논어(論語)』「옹야(雍也)」편(篇) 27장(章)

註 "군자회덕(君子懷德) 소인회토(小人懷土) 군자회형(君子懷刑) 소인회혜(小人懷惠)." 군자는[君子] 덕을[德] 생각하고[懷], 소인은[小人] 땅을[土] 생각한다[懷]. 군자는[君子] 법을[刑] 생각하고[懷], 소인은[小人] 혜택을[惠] 생각한다[懷].

여기서 덕(德)은 온 세상을 두루 통하게 하는 선덕(善德)이고, 형(刑) 또한 세상을 안전하게 하는 선법(善法)이다. 토(土)는 사욕(私欲)·탐욕(貪欲)을 말하고, 혜(惠)는 저만 누리려는 혜택(惠澤)을 말한다. 『논어(論語)』「이인(里仁)」편(篇) 11장(章)

註 "군자유삼외(君子有三畏) 외천명(畏天命) 외대인(畏大人) 외성인지언(畏聖人之言) 소인부지천명이불외야(小人不知天命而不畏也) 압대인(狎大人) 모성인지언(侮聖人之言)." 군자한테는[君子] 세 가지[三] 두려움이[畏] 있다[有]. 천명을[天命] 두려워하고[畏], 대인을[大人] 두려워하고,[畏] 성인의[聖人之] 말씀을[言] 두려워한다[畏]. 소인은[小人] 천명을[天命] 몰라서[不知而] {천명(天命)을} 두려워하지 않는 것[不畏]이고[也], 대인을[大人] 얕보고[狎] 성인의[聖人之] 말씀을[言] 업신여긴다[侮]. 『논어(論語)』「계씨(季氏)」편(篇) 8장(章)

註 "성수반덕(性脩反德) 덕지동어초(德至同於初)." 본성이[性] 닦이면[修] 덕으로[德] 돌아가고[反], 덕이[德] 지극하면[至] 도와[於初] 같아진다[同].

『장자(莊子)』「천지(天地)」편(篇) 9단락(段落)

註 "인심유위(人心惟危) 도심유미(道心惟微) 유정유일(惟精惟一) 윤집궐중(允執厥中) 무계지언(無稽之言) 물청(勿聽) 불순지모(弗詢之謀) 물용(勿庸)." 사람의 마음은[人心] 오직[惟] 위태롭고[危] 도의 마음은[道心] 오직[惟] 미세하니[微], 부디[惟] 꼼꼼하고[精] 부디[惟] 한결같이[一] 그[厥] 중정을[中] 진실로[允] 지켜라[執]. 근거가[稽] 없는[無之] 말을[言] 듣지 말고[勿聽], 상의하지 않은[不詢之] 계략은[謀] 쓰지 말라[勿庸].

유(惟)는 여기선 조사(助詞)로 〈오직 유(唯)〉와 같다고 여기면 된다.

『서경(書經)』「우서(虞書) 대우모(大禹謨)」편(篇) 2단락(段落)

註 "요왈(堯曰) 자(咨) 이순(爾舜) 천지력수재이궁(天之曆數在爾躬) 윤집기중(允執其中)." 요임금이[堯] 가로되[曰]: 아[咨] 여보게[爾] 순[舜] 하늘의[天之] 역수가[曆數] 자네[爾] 자신에게[躬] 있다네[在]. 진실로[允] 그[其] 중을[中] 지켜야 하네[執].

역수(曆數)는 하늘이 정해준 임금이 될 차례를 뜻한다.

『논어(論語)』「요왈(堯曰)」편(篇) 1장(章)

註 "다언삭궁(多言數窮) 불여수중(不如守中)." 말이[言] 많으면[多] 빨리[數] 궁해지니[窮] {다언(多言)은} 중도를[中] 지키는 것만[守] 못하다[不如]. 『노자(老子)』 5장(章)

註 "용야자용야(庸也者用也) 용야자통야(用也者通也) 통야자득야(通也者得也) 적득이기의(適得而幾矣)." 용(庸)이란[也] 것은[者] 씀[用]이다[也]. 용(用)이란[也] 것은[者] 통(通)이다[也]. 통(通)이란[也] 것은[者] 얻음[得]이다[也]. 그 얻음을[得] 따르면[適而] {도(道)에} 가까운 것[幾]이다[矣]. 『장자(莊子)』「제물론(齊物論)」편(篇) 12단락(段落)

註 삼거(三去)는 『노자(老子)』 29장(章)에 나오는 거심(去甚)·거사(去奢)·거태(去泰)를 말한다. 〈지나침을[甚] 버리고[去], 꾸밈을[奢] 버리고[去], 태만함을[泰] 버린다[去]〉 이와 같이 삼거(三去)한다면 중용(中庸)은 절로 이루어진다.

註 자절사(子絶四)는 『논어(論語)』「자한(子罕)」편(篇) 4장(章)에 나오는 무의(毋意)·무필(毋必)·무고(毋固)·무아(毋我)를 말한다. 〈공자께서[子] 넷을[四] 끊었다[絶]. 자의(恣意)가[意] 없고[毋], 기필(期必)이[必] 없고[毋], 고집(固執)이[固] 없고[毋], 독존(獨尊)이[我] 없다[毋]〉 이와 같이 절사(絶四)한다면 중용(中庸)은 절로 이루어진다.

註 유가(儒家)에서 성덕(性德)이란 성기(成己)의 인(仁)·성물(成物)의 지(知)를 말한다. 성지덕(性之德)은 『중용(中庸)』 25장(章) 2단락(段落)에 나온다.

小人反中庸(소인반중용)

▶ 소인은[小人] 중화를[中] 늘 쓰기를[庸] 어긴다[反].

작을 소(小), 사람 인(人), 어길 반(反), 중정(中正) 중(中), 쓸 용(庸)

【읽기(讀)】

소인반중용(小人反中庸)에서 소인(小人)이 주어 노릇하고, 용(庸)이 타동사 노릇하며, 중용(中庸)이 목적어 노릇하여 〈소인이[小人] 중용을[中庸] 반(反)한다〉고 문맥(文脈)을 옮기면 문의(文意)가 잡힌다. 소인반중용(小人反中傭)에서 반(反)은 〈어길 위(違)〉와 같아 위반(違反)의 줄임이고, 중(中)은 중정지도(中正之道)의 줄임이며, 용(庸)은 〈쓸 용(用)〉과 같은 뜻이다.

【풀이(繹)】

『논어(論語)』에서는 줄곧 군자(君子)와 소인(小人)이 대비(對比)된다. 그 까닭이 군자(君子)는 중용(中庸)을 행하고, 소인(小人)은 중용(中庸)을 거역(拒逆)함에 있음을 살펴 새기고 헤아려 가늠해보게 한다. 군자회덕(君子懷德)이 군자(君子)의 중용(中庸)이고 소인회토(小人懷土)가 소인(小人)의 반중용(反中庸)임을 알게 하고, 군자회형(君子懷刑)이 군자(君子)의 중용(中庸)이고 소인회혜(小人懷惠)가 소인의 반중용(反中庸)임을 말한다. **군자유어의(君子喩於義)**가 군자(君子)의 중용(中庸)이고, **소인유어리(小人喩於利)**가 소인의 반중용(反中庸)인 것이다.

소인반중용(小人反中庸)의 반(反)은 『서경(書經)』「우서(虞書) 대우모(大禹謨)」편(篇)에 나오는 **모만자현(侮慢自賢) 반도패덕(反道敗德)**을 상기(想起)시킨다. 반중용(反中庸)의 반(反)은 반도패덕(反道敗德)의 반(反)과 같아 위반(違反) · 배반(背反)을 뜻한다. 중용(中庸)하기를 어기고[違] 저버림[背]이 반중용(反中庸)이다. 소인(小人)이 중용(中庸)하기를 어김[反]이란 소인(小人)은 중정지도(中正之道)를 어기고[違] 저버림[背]을 밝힘이며, 나아가 천명(天命)을 몰라[不知] 천령(天令)을 반(反)함이다. 따라서 소인(小人)은 무사(無私)하기를 저버리고[背], 사리(私利)에 치우쳐[偏] 견주어[比] 다투기[爭]를 마다하지 않는다. 『논어(論語)』「위정(爲政)」편(篇)에서 〈군자주이불비(君子周而不比) 소인비이부주(小人比而不周)〉라고 왜 공자(孔子)께서 단언(斷言)했겠는가? 군자(君子)는 중용(中庸)하기 때문에 불편부당(不偏不黨)해 두루 통하되[周而], 사리(私利)에 따라 견주지 않는다[不比]. 그러나 소인(小人)은 반중용(反中庸) 즉 중용(中庸)을 위반(違反)하고 배반(背反)하기 때문에, 편당(偏黨) 즉 패거리를 짓고 사리(私利)를 좇아 견주면서[比而] 두루 통하기를 마다해[不周] 중정지도(中正之道)의 중(中)을 모압(侮狎) 즉 얕보고[狎] 업신여긴다[侮].

註 "군자유어의(君子喩於義) 소인유어리(小人喩於利)." 군자는[君子] 대의(義)를[於] 밝히고[喩], 소인은[小人] 사리[利]를[於] 밝힌다[喩].

여기서 의(義)는 세상을 위하려는 의리(義理) 즉 대의(大義) · 도의(道義)를 말하고, 이(利)는 저만을 위하려는 사리(私利) · 사욕(私欲)을 말한다.

『논어(論語)』「이인(里仁)」편(篇) 16장(章)

註 "준자유묘(蠢玆有苗) 혼미불공(昏迷不恭) 모만자현(侮慢自賢) 반도패덕(反道敗德)." 어리석기로는[蠢玆] 묘족(苗族)의 우두머리가[苗] 있다[有]. (그 우두머리는) 사리를 몰라[昏] 분별하지 못해[迷] 건방지고[不恭], 세상을 업신여기고[侮] 오만하면서[慢] 스스로[自] 현명한 척하고[賢], 도를[道] 어기고[反] 덕을[德] 무너뜨리고 있다[敗].

준자유묘(蠢玆有苗)의 묘(苗)는 묘족지수장(苗族之守長) 즉 묘(苗) 부족 족장(族長)의 줄임으로 보고 옮기면 문의가 드러난다.

『서경(書經)』「우서(虞書) 대우모(大禹謨)」편(篇) 3단락(段落)

註 중용(中庸)의 중(中)은 천하지대본(天下之大本)의 중(中)이다. 희로애락지미발(喜怒哀樂之未發)을 중(中)이라고 할 때 그 중(中)이 천명지위성(天命之謂性)을 한 자(字)로 밝힌 것임을 상기(想起)한다면, 여기서 중용(中庸)의 중(中)이란 천명(天命)인 성(性)을 떠날 수 없음을 알 수 있다. 천명(天命)은 오로지 무사(無思)·무위(無爲)하고, 천성(天性) 또한 무사(無思)·무위(無爲)하다. 천성(天性)을 뜻하는 중(中) 역시 무사(無思)·무위(無爲)하다. 그래서 천성(天性)의 중(中)을 일컬어 〈중정지도(中正之道)〉라 한다. 이를 줄여 〈정도(正道)〉라 하기도 하고, 그냥 〈중(中)〉이라 일컫는 것이다.

【2단락(段落) 전문(全文)】

君子之中庸也는 君子而時中이고 小人之中庸也는
군자지중용야 군자이시중 소인지중용야
小人而無忌憚이다
소인이무기탄

군자의 중용함이란 군자로서 때맞춰 중용(中庸)하고, 소인의 중용(中庸)함이란 소인으로 거리낌이 없다.

君子之中庸也(군자지중용야) 君子而時中(군자이시중)

▶ 군자의[君子之] 중용[中庸]이란[也] 군자로서[君子而] 언제나[時] 중용한다[中].

클 군(君), 존칭 자(子), 조사(~의) 지(之), 정도(正道) 중(中),
늘 그대로 쓸 용(庸), 조사(~이란) 야(也), 조사(~로서) 이(而),
때 시(時), 중정(中正) 중(中)·알맞게 할 중(中)

【읽기(讀)】

군자지중용야군자이시중(君子之中庸也君子而時中)에서 군자지중용야(君子之中庸也)는 주부(主部) 노릇하고, 군자이(君子而)와 시(時)는 중(中)을 꾸미는 부사 노릇하며, 중(中)은 술부(述部)로 보어 노릇하는 구문이다. 군자지중용야(君子之中庸也)는 조사(助詞: ~이란) 야(也)를 더해 군자지중용(君子之中庸)을 강조한 말투로 여기면 된다. 군자이시중(君子而時中)은 군자지시중(君子之時中)으로 옮겨도 된다. 군자지(君子之)를 되풀이하지 않기 위해 군자이(君子而)로 한 것으로 보아도 되기 때문이다.

중용야(中庸也)에서 중(中)은 〈정도(正道) 중(中)〉으로 새기면 된다. 물론 중(中)이란 자(字)는 정신(精神) · 심지(心志)의 뜻을 포함해서 〈고를 평(平) · 균(均), 어울릴 화(和) · 합(合), 마땅할 의(宜) · 당(當), 거짓 없는 충(忠) · 충(衷)〉 등의 뜻을 묶어서 나타내는 자(字)라는 것을 늘 유념하면서 중용(中庸)의 중(中)을 새겨야 하지만, 특히 중용(中庸)의 중(中)을 중정(中正) · 중화(中和) 등의 줄임으로 보아도 된다.

중용야(中庸也)의 용(庸)은 〈쓸 용(用) · 이(以) · 사(使), 일한 보람 공(功), 애쓸 로(勞), 늘 상(常), 본받을 법(法), 착할 선(善), 어울릴 화(和), 어리석을 우(愚), 크나큰 대(大)〉 등의 뜻을 묶어서 나타내는 자(字)임을 늘 유념하여 중용(中庸)의 용(庸)을 새겨야 하지만, 특히 상용(常傭) · 화용(和庸) · 선용(善庸) · 대용(大庸) 등의 줄임으로 여겨도 된다. 그래서 중용(中庸)의 용(庸)은 대용(大用)이며, 대용(大用)은 무사지용(無私之用)이다.

군자이시중(君子而時中)에서 이(而)는 여기선 조사(助詞 : ~로서) 노릇하고, 시(時)는 〈늘 상(常)〉과 같아 상시(常時)의 줄임말이며, 중(中)은 중용(中庸)을 나타낸다.

【풀이(繹)】

군자지중용야군자이시중(君子之中庸也君子而時中)은 군자(君子)에게 중용(中庸)의 용(庸)이란 솔성(率性)하고자 모름지기 잠깐이라도 떠날 수 없는[不可須臾離] 씀[庸]이고, 사람들의 눈에 뜨이지 않는 곳에서도 솔성(率性)하고자 조심하고 삼가는[戒愼乎其所不睹] 씀[庸]이며, 사람들의 귀에 들리지 않는 곳에서도 솔성(率性)하지 못할까봐 무서워하고 두려워하는[恐懼乎其所不聞] 씀[庸]임을 시중(時中)이라고 밝히고 있다.

시중(時中)을 상시중정(常時中正) 또는 상시중화(常時中和)의 줄임으로 가늠해야 1장(章)에서 불가수유리(不可須臾離) · 계신호기소부도(戒愼乎其所不睹) · 공구호기소불문(恐懼乎其所不聞)이라 밝힌 연유를 깨우칠 수 있다. 군자(君子)는 특별

(特別)하게 중(中) 즉 중정(中正) · 중화(中和)함을 용(庸)하지 않는다. 군자(君子)에게 중용(中庸)은 다반사(茶飯事)이다. 늘 언제 어디서나 한결같이 처중(處中) 즉 중정(中正) · 중화(中和)에 머물러[處] 대명(待命)하며 산다. 이러한 중용(中庸)의 삶이 곧 군자중용(君子中傭)의 시중(時中)이다. 그러므로 군자(君子)는 상시(常時)로 중용(中庸)하고, 평상(平常)으로, 평시(平時)로, 평거(平居)로 중용(中庸)의 중(中)을 무사(無私)하게 그냥 그대로 씀[庸]이 시중(時中)이다. 『논어(論語)』에 78회에 걸쳐 나오는 군자(君子)에 관한 말씀을 하나로 묶어 밝히면 〈군자이시중(君子而時中)〉이 될 것이다. 그러므로 군자이시중(君子而時中)하지 않는다면 비군자(非君子) 즉 군자(君子)가 아님[非]을 밝힌 말씀이 〈군자지중용야군자이시중(君子之中庸也君子而時中)〉이다.

註 시중(時中)의 시(時)는 『맹자(孟子)』「만장장구(萬章章句) 하(下)」편(篇)에 나오는 〈공자성지시자야(孔子聖之時者也)〉를 상기(想起)해보아도 새겨 헤아릴 수 있다. 맹자(孟子)는 공자(孔子)를 성인(聖人)으로 칭송(稱頌)하여 〈시자(時者)〉로 일컫고 있다. 시자(時者)란 합시의자(合時宜者)를 말한다. 때의[時] 마땅함[宜]을 맞추어[合] 공평무사(公平無私)로 만사(萬事)를 해 나가는 사람[者]을 시자(時者)라고 한다. 이러한 시자(時者)의 시(時)를 환기(喚起)한다면 시중(時中)의 시(時)와 중(中)을 스스로 새겨[玩] 헤아릴[擬] 수 있다.

註 "백이성지청자야(伯夷聖之淸者也) 이윤성지임자야(伊尹聖之任者也) 유하혜성지화자야(柳下惠聖之和者也) 공자성지시자야(孔子聖之詩者也) 공자지위집대성(孔子之謂集大成) 집대성야자(集大成也者) 금성이옥진지야(金聲而玉振之也)." 백이는[伯夷] 성인으로서[聖之] 깨끗한[淸] 분[者]이시고[也], 이윤은[伊尹] 성인으로서[聖之] 사명을 자임한[任] 분[者]이시며[也], 유하혜는[柳下惠] 성인으로서[聖之] 온화한[和] 분[者]이시고[也], 공자는[孔子] 성인으로서[聖之] 때를 따라 응해간[時] 분[者]이시다[也]. 공자 같은 분[孔子]을[之] 집대성했다고[集大成] 일컫는다[謂]. 집대성(集大成)이란[也] 것은[者] 쇠가[金] 소리내면[聲而] 옥이[玉] 소리를[之] 떨치는 것[振]이다[也].

금성(金聲)이란 조리(條理) 있게 시작함을 뜻하고, 옥성(玉聲)의 떨침[振]이란 조리(條理) 있게 끝맺음을 뜻한다. 『맹자(孟子)』「만장장구(萬章章句) 하(下)」편(篇) 1장(章)

註 시중(時中)을 수시처중(隨時處中)으로 여기고 새기고 헤아려도 된다. 수시(隨時)란 합호시의(合乎時宜) 즉 때의[時] 마땅함에[宜乎] 맞춤[合]이다. 처중(處中)이란 무과이무불급(無過而無不及) 즉 지나침도[過] 없거니와[無而] 모자람도[不及] 없음[無]이다. 이러한 중용(中庸)의 시중(時中)에는 규정(規定)된 준칙(準則)이 있는 것이 아니라 만사(萬事)를 통변(通變)하게 하는 위순(委順) 즉 순리(順理)에 맡길[委] 뿐이다. 『논어(論語)』「이인(里仁)」편(篇)에 나오는 〈군자지어천하

야(君子之於天下也) 무적야(無適也) 무막야(無莫也) 의지여비(義之與比)〉란 자왈(子曰)과, 『논어(論語)』「자한(子罕)」편(篇)에 나오는 〈무의(毋意) 무필(毋必) 무고(毋固) 무아(毋我)〉란 자절사(子絶四) 역시 군자이시중(君子而時中)을 가르치고 있다.

註 "군자지어천하야(君子之於天下也) 무적야(無適也) 무막야(無莫也) 의지여비(義之與比)." 군자가[君子之] 온 세상에[天下] 나아가서는[於也] 어느 한 가지만을 옳다고 주장함도[適] 없는 것[無]이고[也], 어느 것을 안 된다고 주장함도[莫] 없는 것[無]이다[也]. {군자(君子)는} 옳고 바름[義]을[之] 더불어[與] 좇는다[比].

어천하(於天下)는 세상에 나아가 만사(萬事)에 임(臨)함을 뜻하고, 적(適)은 오직 한 가지만을 좋다고 고집함을 뜻하고, 막(莫)은 불가(不可)하다며 반대하고 배척함을 뜻한다. 의지여비(義之與比)는 비여의(比與義)에서 여의(與義)를 강조하고자 의지여(義之與)로 도치(倒置)한 말투이고, 비(比)는 여기선 〈좇을 종(從)〉과 같다. 『논어(論語)』「이인(里仁)」편(篇) 10장(章)

註 "자절사(子絶四) 무의(毋意) 무필(毋必) 무고(毋固) 무아(毋我)." 공자께서는[子] 네 가지를[四] 끊었다[絶]. {그래서 공자(孔子)께는} 사의(私意)가[意] 없었고[毋], 기필(期必)이[必] 없었으며[毋], 고집(固執)이[固] 없었고[毋], 독존(獨尊)이[我] 없었다[毋].

무의(毋意)에서 무(毋)는 〈없을 무(無)〉와 같고, 의(意)는 사의(私意)·자의(恣意) 등을 뜻하고, 무필(毋必)에서 필(必)은 기필(期必)을 뜻하며, 무고(毋固)에서 고(固)는 고집(固執)을 뜻하고, 무아(毋我)에서 아(我)는 주아(主我)·독존(獨尊) 등을 뜻한다.

『논어(論語)』「자한(子罕)」편(篇) 4장(章)

小人之中庸也小人而無忌憚(소인지중용야소인이무기탄)

▶ 소인의[小人之] 중용[中庸]이란[也] 소인(小人)으로[而] 거리낌이[忌憚] 없다[無].

작을 소(小), 사람 인(人), 조사(~의) 지(之), 중정(中正) 중(中), 쓸 용(庸), 조사(~이란) 야(也), 조사(~로서) 이(而), 없을 무(無), 거리낄 기(忌), 거리낄 탄(憚)

【읽기(讀)】

소인지중용야소인이무기탄(小人之中庸也小人而無忌憚)에서 소인지중용야(小人之中庸也)는 주부(主部) 노릇하고, 소인이무기탄(小人而無忌憚)에서 소인이(小人而)는 무(無)를 꾸미는 부사로 무(無)는 마치 동명사(動名詞)같이 노릇하고, 기탄

(忌憚)은 무(無)의 주어로 술부(述部)의 보어절 노릇하는 구문이다.

소인지중용야(小人之中庸也)는 조사(助詞 : ~이란) 야(也)를 더해 소인지중용(小人之中庸)을 강조한 말투로 옮기면 된다. 소인이무기탄(小人而無忌憚)은 소인지무기탄(小人之無忌憚)으로 여겨도 된다. 소인지(小人之)를 되풀이하지 않기 위해 소인이(小人而)로 한 말투이기 때문이다. 소인이무기탄(小人而無已憚)에서 이(而)는 조사(助詞 : ~로서) 노릇하고, 무(無)는 〈~없을 무(無)〉이고, 기(忌)는 〈꺼리고 싫어할 탄(憚)〉과 같아 기탄(忌憚)은 같은 뜻을 거듭해 강조하는 술어(術語)이다.

【풀이(繹)】

소인지중용야(小人之中庸也)는 소인지반중용야(小人之反中庸也)로 살펴 새기고 헤아려 가늠하는 편이 합당하다. 군자(君子)는 순천명(順天命)하고 소인(小人)은 부지천명(不知天命)하므로 군자(君子)와 소인(小人)은 서로 달라진다. 소인(小人)은 천명(天命)을 모르기[不知] 때문에 천지(天地)의 중정(中正) · 중화(中和)를 알지 못한다. 그러므로 소인지중용(小人之中庸)은 비군자지중용(非君子之中庸) 즉 군자의[君子之] 중용(中庸)이 아닌 것[非]을 뜻한다.

천지(天地)의 중정(中正) · 중화(中和)란 음(陰)과 양(陽)이 서로 정위(正位)에 있으면서 만물(萬物)에 미치는 변화(變化)가 서로 어울림[和]이다. 이를 본받아[法] 군자(君子)는 성정(性情)의 정(情)을 절제(節制)하여 성(性)과 어울리게[和] 하지만, 소인(小人)은 정(情)에 치우쳐 성(性)과 어울리기를 마다한다. 성(性)은 심지(心志)를 무사(無私)하게 하지만, 정(情)은 심지(心志)를 사욕(私欲)으로 이끌어간다. 군자(君子)는 성정(性情)의 중화(中和)를 사무쳐 알고, 소인(小人)은 그 중화(中和)를 모르기 때문에 천지(天地)에 치우침이 없음을 모른다. 천지(天地)는 결코 음(陰) 즉 음기(陰氣)의 유(柔)에 치우치지 않고, 양(陽) 즉 양기(陽氣)의 강(剛)에 치우치지 않으며, 음양(陰陽)의 중화(中和)로 일음일양(一陰一陽) · 생생(生生)의 변화(變化)를 쉬지 않는다[不息]. 소인(小人)은 천지(天地)의 이러한 불식(不息)을 모른다. 그러므로 소인(小人)은 천지(天地)의 가르침[命]을 얕보고 중용(中庸)을 어기는[反] 삶을 거리낌 없이[無忌憚] 범한다.

『논어(論語)』「양화(陽貨)」편(篇)에 나오는 할계(割鷄) 언용우도(焉用牛刀)를 상기(想起)한다면, 소인(小人)의 반중용(反中庸)을 군자(君子)의 중용(中庸)으로 교화

(敎化)하려는 숨은 뜻이 있음을 살펴 새기고 헤아려 가늠할 수 있다. 특히『논어(論語)』에 나오는 **소인교이불태**(小人驕而不泰)·**소인구저인**(小人求諸人)·**소인동이불화**(小人同而不和)·**소인비이부주**(小人比而不周)·**소인유어리**(小人喩於利)·**소인회토**(小人懷土)·**소인회혜**(小人懷惠) 등등의 말씀을 상기한다면, 소인(小人)이 반중용(反中庸)함이 왜 거리낌 없는[無忌憚] 짓인지 그 까닭을 또한 살펴 새기고 헤아려 가늠할 수 있다. 소인(小人)은 거리낌 없이 교만(驕慢)하고 거리낌 없이 남을 탓하며 거리낌 없이 남들과 불화(不和)한다. 또한 거리낌 없이 제 몫[私利]을 크게 하고자 얽히기[比]를 마다 않고 사리(私利)를 밝히고, 거리낌 없이 탐욕(貪欲)을 밝히며, 거리낌 없이 탐욕을 품고, 거리낌 없이 남들로부터 일방적인 혜택을 받고자 한다. 소인(小人)의 이러한 반중용(反中庸)은 천명(天命)이 뜻하는 바를 모르고 모압(侮狎) 즉 업신여겨[侮] 얕보기[狎] 때문이다.

그러나 이러한 소인(小人)을 방기(放棄)하라는 것은 아니다. 성인(聖人)은 소인(小人)이 군자(君子)가 되기를 바라고 말할 뿐이어서 성인(聖人)은 상선구인(常善救人) 즉 언제나[常] 사람[人]을 잘[善] 구제한다[救]. 다만 공자(孔子)는 천명(天命)인 인의(仁義)를 말하여[言] 사람[民]의 반중용(反中庸)을 중용(中庸)으로 이끌어 구제하고자 하고, 노자(老子)는 자연(自然)인 무위(無爲)를 말하여[言] 사람들의 탐욕(貪欲)을 과욕(寡欲)으로 이끌어 구제하고자 한다. 어느 성인(聖人)이든 무기인(無棄人) 즉 사람[人]을 버리는 일[棄]이란 없다[無]. 그러므로 소인지반중용(小人之反中庸)이란 말씀에는 소인(小人)을 방기(放棄)해두라 함이 아니라, 소인(小人)을 벗어나 군자(君子)가 되라는 뜻이 숨어 있다. 나아가『논어(論語)』에서 15회에 걸쳐 군자(君子)와 소인(小人)을 대비(對比)시킨 자왈(子曰)들에는 군자(君子)를 사고 소인(小人)을 내침이 아니라 소인(小人)을 군자(君子)가 되게 하려는 뜻이 담겨 있다.

註 "문현가지성(聞弦歌之聲) 자완이이소왈(子莞爾而笑曰) 할계(割鷄) 언용우도(焉用牛刀) 자유대왈(子游對曰) 석자언야(昔者偃也) 문저부자(聞諸夫子) 왈(曰) 군자학도즉애인(君子學道則愛人) 소인학도즉이사야(小人學道則易使也) 자왈(子曰) 이삼자(二三子) 언지언시야(偃之言是也) 전언희지이(前言戲之耳)." 기악에 실어 노래하는[弦歌之] 소리를[聲] 듣고[聞] 공자께서[子] 빙그레[莞爾] 웃으시며[笑] 가로되[曰]: 닭을[鷄] 잡으면서[割] 어찌[焉] 소 잡는 칼을[牛刀] 쓰는가

[用]? 자유가[子游] 대하여[對] 올리되[曰]: 옛적에[昔者] 제가[偃也] 선생님께서[夫子] 해주신 말씀을[諸] 들었습니다[聞]. (그때 선생님께서) 말씀하셨습니다[曰]: 군자가[君子] 도를[道] 배우면[學] 곧[則] 사람을[人] 아끼고[愛], 소인이[小人] 도를[道] 배우면[學] 곧[則] 부리기가[使] 쉬운 것[易]이다[也]. 공자께서[子] 가로되[曰]: 자네들[二三子] 언의[偃之] 말이[言] 옳음[是]일세[也]. 아까 한 말은[前言] 농담일[戲之] 뿐이야[耳].

언(偃)은 공자의 제자인 자유(子游)의 이름이다.

『논어(論語)』「양화(陽貨)」편(篇) 4장(章)

註 "군자태이불교(君子泰而不驕) 소인교이불태(小人驕而不泰)." 군자는[君子] 태연하되[泰而] 교만하지 않고[不驕], 소인은[小人] 교만하되[驕而] 태연하지 못하다[不泰].

『논어(論語)』「자로(子路)」편(篇) 26장(章)

註 "군자구저기(君子求諸己) 소인구저인(小人求諸人)." 군자는[君子] 자신[己]에게서 잘못을[諸] 찾고[求], 소인은[小人] 남[人]에게서 잘못을[諸] 찾는다[求].

저(諸)는 여기선 〈지어(之於) 저(諸)〉로 〈~에서 그것을[諸]〉로 옮기면 된다.

『논어(論語)』「위령공(衛靈公)」편(篇) 20장(章)

註 "군자화이부동(君子和而不同) 소인동이불화(小人同而不和)." 군자는[君子] 서로 어울리되[和而] 패거리를 짓지 않고[不同], 소인은[小人] 패거리를 짓되[同而] 서로 어울리지 않는다[不和].

『논어(論語)』「자로(子路)」편(篇) 23장(章)

註 "군자주이불비(君子周而不比) 소인비이부주(小人比而不周)." 군자는[君子] 두루 하되[周而] 제 몫 따라 얽히지 않고[不比], 소인은[小人] 제 몫 따라 얽히되[比而] 두루 하지 않는다[不周].

주(周)는 〈두루 통하려 한다〉는 뜻이고, 비(比)는 사리(私利) 즉 〈제 몫 따라 얽힌다〉는 뜻이다.

『논어(論語)』「위정(爲政)」편(篇) 14장(章)

註 "군자유어의(君子喩於義) 소인유어리(小人喩於利)." 군자는[君子] 대의[義]를[於] 밝히고[喩], 소인은[小人] 사리[利]를[於] 밝힌다[喩].

여기서 의(義)는 세상을 위하려는 의리(義理) 즉 대의(大義)·도의(道義)를 말하고, 이(利)는 저만을 위하려는 사리(私利)·사욕(私欲)을 말한다.

『논어(論語)』「이인(里仁)」편(篇) 16장(章)

註 "군자회덕(君子懷德) 소인회토(小人懷土) 군자회형(君子懷刑) 소인회혜(小人懷惠)." 군자는[君子] 덕을[德] 생각하고[懷], 소인은[小人] 땅을[土] 생각한다[懷]. 군자는[君子] 법을[刑] 생각하고[懷], 소인은[小人] 혜택을[惠] 생각한다[懷].

여기서 덕(德)은 온 세상을 두루 통하게 하는 선덕(善德)이고, 형(刑) 또한 세상을 안전하게 하는 선법(善法)이다. 토(土)는 사욕(私欲)·탐욕(貪欲)을 말하고, 혜(惠)는 저만 누리려는 혜택(惠澤)을 말한다.

『논어(論語)』「이인(里仁)」 11장(章)

註 소인지중용야소인이무기탄(小人之中庸也小人而無忌憚)은 공자(孔子)의 말씀인 〈소인지반중용(小人之反中庸)〉을 주역(紬繹)한 것이다. 그런데 『십삼경주소본(十三經注疏本)』의 「중용편(中庸篇)」에는 〈소인지중용야(小人之中庸也)〉로 되어 있지만, 한대(漢代) 사람인 왕숙(王肅)의 『왕숙본(王肅本)』에는 〈소인지반중용야(小人之反中庸也)〉로 되어 있다.

정자(程子)·주희(朱熹) 모두가 〈반(反)〉 자(字)가 있는 것이 옳다고 하여 이에 따라 풀이한 것이 통설(通說)로 이어져왔다. 앞 문맥(文脈)으로 본다면 소인지중용야(小人之中庸也)에서 반(反) 한 자(字)가 탈각(脫刻)된 것으로 볼 수 있다. 그러므로 소인지중용야(小人之中庸也)를 소인지반중용야(小人之反中庸也)로 여기고 옮겨야[譯] 문맥(文脈)과 걸맞은 문의(文意)를 건질 수 있다.

중용(中庸)과 민(民)

3장(章) 역시 자사(子思)가 부자(夫子) 즉 공자(孔子)의 말씀[言]을 인용하여 중용(中庸)과 민(民)을 밝히는 장(章)이다. 공자(孔子)께서 중용(中庸)이 지극(至極)함을 밝히면서, 세상 사람들 즉 민(民)이 중용(中庸)을 행하지 않음을 지적하고 있다.

【전문(全文)】

子曰 中庸其至矣乎인저 民鮮能久矣이다
자 왈 중 용 기 지 의 호 민 선 능 구 의

공자께서 가로되: 중용 그것은 지극함이로다! 사람들이 {중용(中庸)을} 소홀히 함이 능히 오래이다.

中庸其至矣乎(중용기지의호)

▶ 중용(中庸) 그것은[其] 지극함[至]이로다[矣乎]!

중정(中正) 중(中), 쓸 용(庸), 그것 기(其), 지극할 지(至),
조사(~이다) 의(矣), 조사(~로다) 호(乎)

【읽기(讀)】

중용기지의호(中庸其至矣乎)는 〈중용지의(中庸至矣)〉를 강조하는 구문이다. 〈중용은[中庸] 지극한 것[至]이다[矣]〉를 〈중용(中庸) 그것은[其] 지극한 것[至]이로다[矣乎]〉로 강조한 것이다. 중용기지의호(中庸其至矣乎)에서 기(其)는 중용(中庸)을 나타내는 동격(同格)으로 중용기(中庸其)는 주어 노릇하고, 지(至)는 보어이며, 의호(矣乎)는 감탄조사 노릇한다. 중용기지의호(中庸其至矣乎)에서 지(至)는 〈더없이 지극할 극(極)〉과 같아 지극(至極)의 줄임말로 여기면 된다.

【풀이(繹)】

중용기지의호(中庸其至矣乎)는 『논어(論語)』 「옹야(雍也)」편(篇)에 나오는 **중용지위덕야(中庸之爲德也) 기지의호(其至矣乎)**와 같은 말씀이다. 『논어(論語)』에 중용(中庸)이란 말씀은 한 번밖에 나오지 않지만, 군자(君子)와 소인(小人)을 대비(對備)하여 군자지도(君子之道)와 소인지도(小人之道)를 밝힌 자왈(子曰)은 모두 중용(中庸) 즉 중정(中正)의 용(庸)으로 통하고 있다. 이를 떠올리면 중용(中庸)의 덕(德)이 얼마나 지극한지를 알 수 있다. 중용(中庸)을 행함은 곧 솔성(率性)의 수도(修道)이고, 그 수도(修道)는 곧 천명(天命) 즉 자연[天地]의 시킴과 가르침[命]을 따름이기 때문에 지극하게 덕(德)을 행하는 것이다. 그러므로 군자(君子)의 중용(中庸)이 군자(君子)에게 다반사(茶飯事)와 같은 시중(時中)이라 하여 일상(日常)의 상투(常套)인 것은 결코 아니다. 이렇듯 중용(中庸)의 중(中)을 일러 중정지도(中正之道)라고 할 때 중용(中庸)이란 곧 상덕(常德)을 지극히 행(行)함임을 밝힌 말씀이 〈중용기지의호(中庸其至矣乎)〉이다.

註 "중용지위덕야(中庸之爲德也) 기지의호(其至矣乎) 민선구의(民鮮久矣)." 중용(中庸)이란 덕이[德] 됨[爲]이다[也]. 그것은[其] 지극함[至]이로다[矣乎]! 사람들이[民] {중용(中庸)을} 소홀히 한 지[鮮] 오래[久]이다[矣]. 『논어(論語)』 「옹야(雍也)」편(篇) 27장(章)

民鮮能久矣(민선능구의)

▶ 사람들이[民] 거의 {중용(中庸)을 행하지} 않음이[鮮能] 오래[久]이다[矣].

백성 민(民), 소홀히 할 선(鮮), 이를 능(能), 오래 구(久), 조사(~이다)의(矣)

【읽기(讀)】

민선능구의(民鮮能久矣)는 〈민선능중용(民鮮能中庸) 기구의(其久矣)〉에서 앞 문맥(文脈)으로 보충할 수 있는 내용이므로 중용(中庸)과 기(其)를 생략하고 두 구문을 하나로 묶은 구문이다. 〈사람들이[民] 거의 중용을 행하지[中庸] 않는다[鮮能]. 그것은[其] 오래[久]이다[矣]〉 이를 〈사람들이[民] 거의 않은 지[鮮能] 오래[久]이다[矣]〉로 줄인 말투이다.

민선능구의(民鮮能久矣)에서 선(鮮)은 〈적을 과(寡) · 소(少)〉 등과 같지만, 선능(鮮能)은 부분부정(部分否定)의 상용구 노릇해 〈거의 ~하지 않는다〉고 옮기면 문의(文意)가 잡히고, 구(久)는 〈길 영(永)〉과 같아 영구(永久)의 줄임말로 여기면 되고, 의(矣)는 조사(助詞)로 종결어미(~이다) 노릇한다.

【풀이(繹)】

민선능구의(民鮮能久矣)는 『논어(論語)』「옹야(雍也)」편(篇)에 나오는 〈민선구의(民鮮久矣)〉의 자왈(子曰)에 능(能) 한 자(字)가 더해져 있다. 이 능(能)은 자사(子思)가 자왈(子曰)을 인용하면서 구(久)를 강하게 드러내고자 삽입한 것으로 짐작할 수 있다. 그리고 『논어(論語)』「학이(學而)」편(篇)에 나오는 호범상자선의(好犯上者鮮矣)를 상기(想起)하면 민선(民鮮)을 〈호중용지민선(好中庸之民鮮)〉으로 살펴 새기고 헤아려 가늠할 수 있고, 그러면 〈중용(中庸)을 좋아하는[好之] 사람들[民]이 적다[寡]〉로 민선구(民鮮久)를 가늠해볼 수 있다. 민선(民鮮)의 선(鮮)을 과소(寡少) 즉 적다는 뜻으로 새기게 되면 민선구(民鮮久)가 중용(中庸)을 거의 행하지 않음을 뜻하고 있음을 깨우칠 수 있다는 말이다.

이는 사람들[民]이 일상(日常)에서 중용(中庸) 즉 중정(中正)의 중(中)을 쓰기[庸]를 멀리함을 뜻한다. 다시 말하면 일상(日常)에서 불편(不偏) · 불의(不倚) · 무과

(無過) · 무불급(無不及)하기를 싫어한다는 의미이다. 비성(非性)인 정(情)의 욕(欲)에 치우치지 않기[不偏]를 싫어하고, 그 욕(欲)에 인연하지 않기[不倚]를 싫어하며, 그 욕(欲)이 넘치기[過]를 좋아하면서 작아짐[寡]을 싫어하는 사람들이 많다는 것이다. 이미 공자께서 사람들[民]이 중용(中庸)을 멀리하는 세태(世態)를 개탄했으니, 중용(中庸)을 멀리한 지가 참으로 오래[久]임을 〈민선능구의(民鮮能久矣)〉가 일깨워준다.

註 "기위인야효제(其爲人也孝弟) 이호범상자선의(而好犯上者鮮矣)." 사람됨[其爲人]이[也] 효제하면서[孝弟而] 웃어른을[上] 범하기[犯] 좋아하는[好] 사람은[者] 거의 없는 것[鮮]이다[矣].

효제(孝弟)의 효(孝)는 어버이를 잘 섬김이고, 제(弟)는 형장(兄長)을 아끼고 공경하면서 따름이다. 여기서 제(弟)는 제(悌)와 같다. 『논어(論語)』「학이(學而)」편(篇) 2장(章)

중용(中庸)의 과(過)·불급(不及)

4장(章) 역시 자사(子思)가 부자(夫子) 즉 공자(孔子)의 말씀[言]을 인용하여 중용(中庸)이 올바르게 행해지지 않고[不行] 올바르게 밝혀지지 않는[不明] 까닭을 지자(知者)와 현자(賢者)의 〈과지(過之)〉를 들어 지적하며, 우자(愚者)와 불초자(不肖者)의 〈불급(不及)〉을 들어 또한 그 불행(不行)과 불명(不明)을 말하고 있다.

【1단락(段落) 전문(全文)】

子曰(자왈) 道之不行也(도지불행야)를 我知之矣(아지지의)이다 知者過之矣(지자과지의)이고 愚者不及也(우자불급야)이다

공자께서 가로되: 도가 행해지지 않는 바이다. 나는 그런 줄을 알고 있는 것이다. 안다는 자들이 지나친 것이고, 어리석은 사람들은 이르지 못하는 것이다.

道之不行也(도지불행야) 我知之矣(아지지의)

▶ 도(道)를[之] 시행하지 않는 것[不行]이다[也]. 나는[我] 그런 줄[之] 알고 있는 것[知]이다[矣].

도리 도(道), 조사(~를) 지(之), ~않을 불(不), 행할 행(行), 조사(~이다) 야(也), 나 아(我), 알 지(知), 그것 지(之), 조사(~이다) 의(矣)

【읽기(讀)】

도지불행야(道之不行也)는 〈민불행중용지도야(民不行中庸之道也)〉에서 앞 문맥(文脈)으로 보충할 수 있으므로 일반주어 민(民)을 생략하고, 중용지도(中庸之道)에서 중용지(中庸之)를 생략했으며, 불행(不行)의 목적어 노릇하는 도(道)를 강조하고자 도지(道之)로 전치(前置)한 구문이다. 그러므로 도지불행야(道之不行也)를 민불행중용지도야(民不行中庸之道也)로 여기고 옮기면 문의(文意)가 분명하게 드러난다. 〈사람들이[民] 중용의[中庸之] 도를[道] 행하지 않는 것[不行]이다[也]〉를 〈도(道)를[之] 행하지 않는 것[不行]이다[也]〉로 줄인 말투가 도지불행야(道之不行也)이다. 도지불행야(道之不行也)에서 지(之)는 목적격 조사(~를) 노릇하고, 행(行)은 여기선 〈베풀어 행할 시(施)〉와 같아 시행(施行)의 줄임말로 여기면 된다.

아지지의(我知之矣)는 〈아지민지불행도의(我知民之不行道矣)〉에서 지(知)의 목적구 노릇하는 민지불행도(民之不行道)를 지시대명사 노릇하는 〈그것 지(之)〉로 대신한 구문으로 여기면 문의(文意)가 잡힌다. 〈나는[我] 사람들이[民之] 중용의[中庸之] 도를[道] 시행하지 않음을[不行] 알고 있는 것[知]이다[也]〉를 〈나는[我] 그것을[之] 알고 있는 것[知]이다[也]〉로 줄인 말투가 아지지의(我知之矣)이다.

【풀이(繹)】

도지불행야(道之不行也) 아지지의(我知之矣)는 앞 장(章)에서 살핀 〈민선구(民鮮久)〉를 공자께서 알고 있는 연유(緣由)를 밝히고 있다. 공자께서 사람들이[民] 거의 중용(中庸)을 행하지 않는[鮮能] 연유(緣由)를 다시 거듭해 단언(斷言)한 것이다. 이런 단언은 『논어(論語)』「위령공(衛靈公)」편(篇)에 나오는 이의호(已矣乎) 오미견호덕여호색자야(吾未見好德如好色者也)와 함께 인능홍도(人能弘道) 비도홍인(非道弘人)을 떠올리게 한다. 미견호덕자(未見好德者)를 미견호중용자(未見好中庸者)로 여겨도 되고, 인능홍도(人能弘道)의 도(道)를 중용지도(中庸之道)로 살펴 새기고 헤아려 깨우쳐도 된다.

왜 일상(日常)에서 중정(中正) 쓰기[庸]를 좋아하는[好] 사람[者]을 만나지 못한다[未見]고 하는가? 이는 세상 사람들이 외천명(畏天命)하지 않고 압천명(狎天命)하는 쪽으로 치우쳐 있기 때문이다. 중용(中庸)이란 곧 자연[天地]의 시킴 · 가르침[命]을 두려워함[畏]으로 말미암아 이루어지는 성덕(盛德)이다. 그러나 반중용(反中庸)은 자연[天地]의 시킴 · 가르침[命]을 업신여겨[狎] 빚어지는 부덕(不德)이라 인간세(人間世)는 늘 부덕(不德)한 현실을 면하기 어렵게 된다. 덕(德)을 갖춤[成]은 소사과욕(少私寡欲) 즉 제 몫[私]을 줄이고[少] 바람[欲]을 줄이게[寡] 하지만, 덕 짓지 않음[不德]은 다사과욕(多私過欲) 즉 제 몫[私]을 늘리고[多] 바람[欲]을 넘치게[過] 하여 중용(中庸)의 도(道)가 넓혀지지 못한다. 따라서 민선구(民鮮久)의 세상이 빚어지고 만다. 따라서 세상 사람들은 외천명(畏天命)하지 않고 압천명(狎天命)하는 쪽으로 치우쳐버린다. 중용(中庸)이란 곧 자연[天地]의 시킴 · 가르침[命]을 두려워하여[畏] 이루어지는 성덕(盛德)인 까닭이다. 그러나 반중용(反中庸)이란 자연[天地]의 시킴 · 가르침[命]을 업신여겨[狎] 빚어지는 부덕(不德)이다. 말하자면 사람들이 불편(不偏) · 무사(無邪)의 중정(中正)을 행하지 않아 중용지도(中庸之道)가 넓혀지지 못하고, 무과(無過)하게 행하지 않아 중용(中庸)의 도(道)가 넓혀지지 못하며, 무불급(無不及)하게 행하지 않아 중용(中庸)의 도(道)가 넓혀지지 못함을 일깨우는 말씀이 곧 〈도지불행야(道之不行也) 아지지의(我知之矣)〉이다.

註 "이의호(已矣乎) 오미견호덕여호색자야(吾未見好德如好色者也)." 안타깝구나[已矣乎]! 나는[吾] 여색을[色] 좋아[好]하듯이[如] 덕을[德] 좋아하는[好] 사람을[者] 여태껏 보지 못한 것[未見]이야[也].

여기서 덕(德)을 중용지덕(中庸之德)으로 새겨도 된다.

『논어(論語)』「위령공(衛靈公)」편(篇) 12장(章)

註 "인능홍도(人能弘道) 비도홍인(非道弘人)." 사람이[人] 도를[道] 넓힐[弘] 수 있지[能] 도가

[道] 사람을[人] 넓히는 것은[弘] 아니다[非].

여기서 도(道)를 중용지도(中庸之道)로 여겨도 된다.

『논어(論語)』「위령공(衛靈公)」편(篇) 28장(章)

知者過之矣(지자과지의)

▶ 안다는[知] 사람들이[者] 지나친 것[過之]이다[矣].

알 지(知), 사람 자(者), 넘을 과(過), 조사 지(之), 조사(~이다) 의(矣)

【읽기(讀)】

지자과지의(知者過之矣)는 〈지자과지(知者過之)〉에 어세(語勢)를 더하고자 종결어미 조사(助詞) 노릇하는 〈~이다 의(矣)〉를 더한 구문이다. 〈지자는[知者] 지나치게 한다[過之]〉를 〈지자는[知者] 지나치게 하는 것[過之]이다[矣]〉로 어세(語勢)를 더한 말투로 새기면 문의(文意)가 잡힌다.

지자과지의(知者過之矣)에서 지자(知者)는 〈지기도자(知其道者)〉에서 앞 문맥(文脈)으로 보충할 수 있는 기도(其道)를 생략한 말투이다. 〈그[其] 도를[道] 아는[知] 사람[者]〉을 〈아는[知] 사람[者]〉으로 줄인 것이다. 지자과지의(知者過之矣)에서 과(過)는 〈넘을 월(越)〉과 같아 과월(過越)의 줄임말로 여기면 되고, 과지(過之)는 과(過)에 허사(虛詞) 지(之)를 붙여 과(過)를 강조하는 말투로 〈심히 지나치게 한다[過之]〉로 옮기면 된다.

【풀이(繹)】

지자과지의(知者過之矣)는 앞서 살핀 〈민선구(民鮮久)〉 즉 사람들이[民] 거의 중용(中庸)을 행하지 않는[鮮能] 까닭을 밝힌다. 공자께서는 그 까닭을 지자(知者)의 치우침[過之]에 있다고 지적하고 있다. 여기서 지자(知者)는 성인(聖人)을 본받는[法] 지자(知者)가 아니다. 오히려 『노자(老子)』에 나오는 언자부지(言者不知)의 언자(言者)에 속하며, 『예기(禮記)』「악기(樂記)」편(篇)에 나오는 지자사우(知者詐愚)의 지자(知者)에 속할 것이다. 혹세무민(惑世誣民) 즉 세상[世]을 헷갈리게 하고[惑] 세상 사람들[民]을 얕보는[誣] 식자(識者)의 무리이다. 이러한 무리는 언제 어디서나 있기 마련으로, 솔성(率性)의 도(道)와 수도(修道)의 교(敎)를 멸시하고 인욕(人欲)을 충동하고 유혹하는 식자(識者)의 무리가 있다. 이런 부류에 속하는 소인배의 지자(知者)가 범하는 지나침[過之]을 살펴[觀] 새기고[玩] 헤아려[擬] 가늠하게[斷] 한다.

이런 까닭에 『논어(論語)』「이인(里仁)」편(篇)에 나오는 **무적야(無適也) 무막야(無莫也) 의지여비(義之與比)**란 자왈(子曰)을 상기(想起)하게 된다. 소인배(小人輩)의 지자(知者)는 적(適)과 막(莫)이 있음을 분변(分辨)하여 시비(是非)·논란(論難)을 일삼는다. 이것은 적(適) 즉 전주(專主)이고, 저것은 막(莫) 즉 불긍(不肯)이란 궤변(詭辯)으로 온 세상을 치우치게 하는 무리가 있어 중용(中庸)이 행해지기 어려운 것이다. 어느 것만을 옳다고 고집(固執)하는 〈적(適)〉과 어느 것만은 부정(否定)하고 배척(排斥)하는 〈막(莫)〉을 시비(是非)로 삼아 논란(論難)하는 그런 세상에서는 군자이시중(君子而時中)이 불가능해 중용(中庸)의 도(道)가 소홀하게 됨을 살펴 새기고 헤아려 가늠하게 하는 말씀이 〈지자과지의(知者過之矣)〉이다.

註 "지자불언(知者不言) 언자부지(言者不知)." 아는[知] 사람은[者] 말하지 않고[不言], 말하는[言] 사람은[者] 알지 못한다[不知]. 『노자(老子)』 56장(章)

註 "인화물야자(人化物也者) 멸천리이궁인욕자야(滅天理而窮人欲者也) 어시유패역사위지심(於是有悖逆詐僞之心) 유음일작란지사(有淫佚作亂之事) 시고(是故) 강자협약(强者脅弱) 중자포과(衆者暴寡) 지자사우(知者詐愚) 용자고겁(勇者苦怯) …… 차대란지도야(此大亂之道也)." 사람이[人] 물건으로[物] 되어버림[化]이란[也] 것은[者] 자연의 이치를[天理] 없애면서[滅而] 사람의 욕심을[人欲] 한없게 하는[窮] 것[者]이다[也]. 이에[於是] 어긋나고[悖] 반역하는[逆之] 마음이[心] 생기고[有], 음탕하고[淫] 게으르고[佚] 속이는[詐僞之] 일이[事] 생긴다[有]. 이래서[是故] 강한 자가[强者] 약한 자를[弱] 협박하고[脅], 다수가[衆者] 소수를[寡] 짓밟고[暴], 식자가[知者] 무식자를[愚] 속이고[詐], 사나운 자가[勇者] 겁쟁이를[怯] 괴롭힌다[怯]. …… 이런 것이[此] 온 세상이 혼란스러워지는[大亂之] 이치[道]이다[也]. 『예기(禮記)』「악기(樂記)」편(篇) 8단락(段落)

註 "군자지어천하야(君子之於天下也) 무적야(無適也) 무막야(無莫也) 의지여비(義之與比)." 군자가[君子之] 세상에[天下] 나아감[於]에는[也] 어느 것을 옳다고 고집함도[適] 없고[無], 어느 것을 안 된다고 주장함도[莫] 없다[無]. (세상에 나간 군자는) 옳음만을[義之] 더불어[與] 따른다[比].

여기서 적(適)은 전주(專主) 즉 어느 것을 옳다고 고집함을 뜻하고, 막(莫)은 불긍(不肯) 즉 어느 것을 부정(否定)·배척(排斥)함이다. 의지여비(義之與比)는 여의비(與義比)를 강조하려는 말투로, 비(比)는 여기선 〈따를 종(從)〉과 같다. 『논어(論語)』「이인(里仁)」편(篇)10장(章)

愚者不及也(우자불급야)

▶ 중정지도(中正之道)를 모르는[愚] 사람들은[者] {그 도(道)에} 이르지 못하는 것[不及]이다[也].

어리석을 우(愚), 사람 자(者), 아닐 불(不), 미칠 급(及), 조사(~이다) 야(也)

【읽기(讀)】

우자불급야(愚者不及也)는 〈우자불급(愚者不及)〉에 어세(語勢)를 더하고자 종결어미 조사(助詞) 노릇하는 〈~이다 야(也)〉를 더한 구문이다. 〈우자는[愚者] 미치지 못한다[不及]〉를 〈우자는[愚者] 미치지 못하는 것[不及]이다[也]〉로 어세(語勢)를 더해놓은 말투로 여기면 문의(文意)가 잡힌다.

우자불급야(愚者不及也)에서 우자(愚者)는 〈부지중용지우자(不知中庸之愚者)〉에서 앞 문맥(文脈)으로 보충할 수 있는 부지중용지(不知中庸之)를 생략한 말투로 보면 된다. 〈중용을[中庸] 알지 못하는[不知之] 어리석은[愚] 사람[者]〉을 〈어리석은[愚] 사람[者]〉으로 줄인 것이다. 우자불급야(愚者不及也)에서 우(愚)는 〈어리석을 치(癡)〉와 같아 우치(愚癡)의 줄임말로 여기면 되고, 급(及)은 〈이를 지(至)〉와 같다.

【풀이(繹)】

우자불급야(愚者不及也) 역시 앞서 살핀 〈민선구(民鮮久)〉 즉 사람들이[民] 거의 중용(中庸)을 행하지 않는[鮮能] 까닭을 밝힌다. 여기서 우자(愚者)는 『논어(論語)』 「계씨(季氏)」편(篇)에 나오는 **소인부지천명이불외야(小人不知天命而不畏也)**를 상기(想起)시킨다. 천명(天命)이란 천지(天地)가 인간으로 하여금 소사(少私)하고 과욕(寡欲)하게 시킴이고[令] 가르침(敎)이다. 천명(天命)이란 제 몫[私]을 적게 줄여[少] 바람[欲]을 줄이라는[寡] 명령(命令)이고 교명(敎命)이다. 이러한 천명(天命)을 알고 따르면 절로 솔성(率性)하게 된다. 우자(愚者)는 이런 천명(天命)을 몰라 얕보고[狎] 업신여기며[侮] 솔성(率性)을 외면한다.

솔성(率性)을 외면하는 것이 곧 반중용(反中庸)이다. 우자(愚者) 즉 어리석은[愚] 사람[者]이란 천명(天命)을 몰라 솔성(率性)을 모르고, 솔성(率性)을 몰라 수도

(修道)하지 않는 자(者)이다. 이런 자(者)를 일러 소인(小人)이라 하고, 우자(愚者)라 한다. 그러므로 우자(愚者)란 반중용(反中庸)하기 때문에 중용(中庸)에 이르지 못해[不及] 사리사욕(私利私慾)에만 치우쳐[過] 불선(不善) · 부덕(不德)을 범하는 것이다. 우자(愚者)의 우(愚) 즉 어리석음[愚]이란 일상(日常)에서 불선(不善)을 범하고 부덕(不德)을 범함이다. 불선(不善)도 솔성(率性)을 어김이고, 부덕(不德)도 성(性)을 따름[率]을 어기는 것이다. 그러므로 불선(不善) · 부덕(不德)을 범하는 우자(愚者)가 중용(中庸)에 이르지 못해[不及] 중용(中庸)을 소홀히 하게 됨을 밝힌 말씀이 〈우자불급야(愚者不及也)〉이다.

註 "군자유삼외(君子有三畏) 외천명(畏天命) 외대인(畏大人) 외성인지언(畏聖人之言) 소인부지천명이불외야(小人不知天命而不畏也) 압대인(狎大人) 모성인지언(侮聖人之言)." 군자한테는[君子] 세 가지[三] 두려움이[畏] 있다[有]. 천명을[天命] 두려워하고[畏], 대인을[大人] 두려워하고[畏], 성인의[聖人之] 말씀을[言] 두려워한다[畏]. 소인은[小人] 천명을[天命] 몰라서[不知而] {천명(天命)을} 두려워하지 않는 것[不畏]이고[也], 대인을[大人] 얕보고[狎], 성인의[聖人之] 말씀을[言] 업신여긴다[侮]. 『논어(論語)』「계씨(季氏)」편(篇) 8장(章)

【2단락(段落) 전문(全文)】

道之不明也를 我知之矣이다 賢者過之矣이고 不肖者不及也이다
(도지불명야 아지지의 현자과지의 불초자불급야)

{중용(中庸)의} 도(道)가 밝혀지지 못함이란 그것을 나는 알고 있는 것이다. {중용(中庸)의 도(道)를} 밝히는 사람들이 지나친 것이고, {중용(中庸)의 도(道)를} 이어받지 못하는 사람들은 이르지 못하는 것이다.

道之不明也 我知之矣(도지불명야 아지지의)

▶{중용(中庸)의} 도가[道之] 밝혀지지 못함[不明]이란[也] 그것을[之] 나는[我] 알고 있는 것[知]이다[矣].

도리 도(道), 조사(~가) 지(之), 아니 불(不), 밝힐 명(明), 나 아(我), 알 지(知), 조사 지(之), 조사(~이다) 의(矣)

【읽기(讀)】

도지불명야(道之不明也) 아지지의(我知之矣)는 〈아지도지불명의(我知道之不明矣)〉에서 지(知)의 목적구 노릇하는 도지불명(道之不明)을 강조하고자 전치(前置)하면서 뜻 없는 조사(助詞:~이란) 야(也)를 더하고, 목적구가 나간 자리에 허사(虛詞) 노릇하는 지(之)를 두어 어세(語勢)를 강하게 한 말투의 구문이다.

도지불명야(道之不明也)에서 야(也)는 조사(助詞:~이란) 노릇한다고 여기면 되고, 아지지의(我知之矣)에서 지(之)는 뜻 없는 허사(虛詞)이지만 도지불명야(道之不明也)를 받는 지시어(指示語) 〈그것 지(之)〉로 뜻을 주어 옮겨도[譯] 된다. 그러므로 도지불명야(道之不明也)에서 도지(道之)는 주어 노릇하고, 불명(不明)은 보어 노릇하며, 야(也)는 조사(助詞)로 종결어미(~이다) 노릇한다.

아지지의(我知之矣)에서 아(我)는 주어 노릇하고, 지지(知之)는 술부(述部)로 보어 노릇하며, 의(矣)는 조사(助詞)로 종결어미(~이다) 노릇한다고 여기고 문맥(文脈)을 잡으면 문의(文意)가 드러난다.

【풀이(繹)】

도지불명야(道之不明也) 아지지의(我知之矣)는 앞 장(章)에서 살핀 〈민선구(民鮮久)〉를 공자께서 알고 있는 연유(緣由)를 밝히고 있다. 공자께서 사람들이[民] 거의 중용(中庸)을 행하지 않는[鮮能] 연유(緣由)를 다시 거듭해 단언(斷言)하고 있다. 도지불명(道之不明)의 불명(不明)은 의지여비(義之與比) 즉 올바름[義]을 따르는[比] 밝힘[明]이 아님을 말한다. 『논어(論語)』「안연(顔淵)」편(篇)에 나오는 **침윤지참(浸潤之譖) 부수지소(膚受之愬) 불행언(不行焉) 가위명야이의(可謂明也已矣)**를 상기(想起)한다면 옳지 않은 밝힘이 어떤 것인지 살펴 새기고 헤아려 가늠할 수 있다. 중용(中庸)의 도(道)는 일상(日常)을 떠날 수 없는 다반사(茶飯事) 같은 상도(常道)이기 때문에 간이(簡易)하여 명백(明白)하다. 그러나 중용(中庸)의 도(道)가 온갖 말장난 탓으로 불명(不明) 즉 명백(明白)하고 간명(簡明)하게 밝혀지지 않고 있음을 공자(孔子)께서 개탄한 말씀이 〈도지불명야(道之不明也) 아지지의(我知之矣)〉이다.

註 "침윤지참(浸潤之譖) 부수지소(膚受之愬) 불행언(不行焉) 가위명야이의(可謂明也已矣) 침윤지참(浸潤之譖) 부수지소(膚受之愬) 불행언(不行焉) 가위원야이의(可謂遠也已矣)." (물이) 스며들어[浸] 적시는 듯한[潤之] 참언이나[譖] 피부로[膚] 느껴질 듯한[受之] 하소연을[愬] 행하지 않는다[不行]면[焉] 밝힘이라고[明] 말할 수 있을[可謂] 뿐이고[也已矣], 스며들어[浸] 적실 듯한[潤之] 참언이나[譖] 피부로[膚] 느껴질 듯한[受之] 하소연을[愬] 행하지 않는다[不行]면[焉] 멀리 내다본다고[遠] 말할 수 있을[可謂] 뿐이다[也已矣].

참(譖)은 참언(譖言)의 줄임말로 마음 속에 스며들게 호소하는 달콤한 말이며, 소(愬)는 소소(愬訴)의 줄임말로 속은 없고 겉만 번지르르한 달콤한 말이다.

『논어(論語)』「안연(顔淵)」편(篇) 6장(章)

賢者過之矣(현자과지의)

▶{중용(中庸)의 도(道)를} 밝히는[賢] 자들은[者] 그 밝힘을[之] 지나치게 하는 것[過]이다[矣].

밝을 현(賢), 사람 자(者), 지나칠 과(過), 그것 지(之), 조사(~이다) 의(矣)

【읽기(讀)】

현자과지의(賢者過之矣)는 〈현자과지(賢者過之)〉에 어세(語勢)를 더하고자 종결어미 조사 노릇하는 〈~이다 의(矣)〉를 더한 구문이다. 〈현자는[賢者] 지나치게 한다[過之]〉를 〈현자는[賢者] 지나치게 하는 것[過之]이다[矣]〉로 어세(語勢)를 더해놓은 말투로 여기면 문의(文意)가 잡힌다.

현자과지의(賢者過之矣)에서 현자(賢者)는 〈현기도자(賢其道者)〉에서 앞 문맥(文脈)으로 보충할 수 있는 기도(其道)를 생략한 말투이다. 〈그[其] 도를[道] 밝히는[賢] 사람[者]〉을 〈밝히는[賢] 사람[者]〉으로 줄인 것이다. 현자과지의(賢者過之矣)에서 현(賢)은 여기선 〈밝힐 명(明)〉과 같아 현명(賢明)의 줄임말로 새기면 되고, 과(過)는 〈넘을 월(越)〉과 같아 과월(過越)의 줄임말이며, 과지(過之)는 과(過)에 허사(虛詞) 지(之)를 붙여 과(過)를 강조하는 말투로 〈심히 지나치게 한다[過之]〉고 옮겨 새기면 된다.

【풀이(繹)】

현자과지의(賢者過之矣)도 역시 앞서 살핀 〈민선구(民鮮久)〉 즉 사람들이[民]

거의 중용(中庸)을 행하지 않는[鮮能] 까닭을 거듭 밝힌다. 공자께서 그 까닭을 사이비 지자(知者)만이 아니라 사이비 현자(賢者)의 치우침[過之]에 있다고 지적한 것이다. 여기서 현자(賢者) 또한 사이비 지자(知者)와 마찬가지로 성인(聖人)을 본받는[法] 현자(賢者)가 아니다. 오히려 『노자(老子)』에 나오는 **언자부지(言者不知)**의 언자(言者)에 속할 것이며, 『서경(書經)』「우서(虞書) 대우모(大禹謨)」편(篇)에 나오는 **모만자현(侮慢自賢)**의 사이비(似而非) 현자(賢者)에 가까울 것이다.

여기서 현자(賢者)란 또한 세상을 얕보고[侮慢] 자칭해서[自] 현자(賢者)라며 혹세무민(惑世誣民)하는 식자(識者)에 불과할 뿐이다. 솔성(率性)의 도(道)와 수도(修道)의 교(敎)를 업신여기고[侮] 얕보면서[慢] 자신의 야욕(野慾)을 채우고자 감언이설(甘言利說)을 앞세우고 스스로 사리(事理)에 밝다고 자처하는 자칭 현자(賢者)의 무리가 어느 세상에나 늘 나타난다. 이런 부류에 속하는 현자(賢者)란 소인배(小人輩)에 불과하다. 이런 사이비 현자(賢者)가 중용(中庸)의 도(道)를 자의(恣意)로 짓밟게 되면 결과적으로 중용(中庸)의 도(道)가 밝혀지지 못하고 만다. 도지불명(道之不明)의 불명(不明)이란 사이비 현자(賢者)가 자행(恣行)하는 온갖 궤변(詭辯) 때문에 중용(中庸)의 도(道)가 세상 사람들로부터 멀어진 것이다.

사이비 현자(賢者)의 논란(論難)에서 벗어나기 위해서도 『논어(論語)』「이인(里仁)」편(篇)에 나오는 **무적야(無適也) 무막야(無莫也) 의지여비(義之與比)**란 자왈(子曰)이 더없는 가르침이 된다. 소인배(小人輩) 현자(賢者)도 소인배 지자(知者)와 같이 〈적(適)〉과 〈막(莫)〉을 둘로 분변(分辨)하여 시비(是非)·논란(論難)을 일삼는다. 이것은 적(適) 즉 전주(專主)이고, 저것은 막(莫) 즉 불긍(不肯)이란 궤변(詭辯)으로 온 세상을 치우치게 하는 무리 때문에 중용(中庸)은 행해지기 어렵게 된다. 적(適)과 막(莫)을 나누어 시비(是非)로 삼아 논란(論難)이 인다면 그런 세상에서는 군자이시중(君子而時中)이 불가능해 중용(中庸)의 도(道)가 소홀하게 됨을 살펴 새기고 헤아려 가늠하게 하는 말씀이 〈현자과지의(賢者過之矣)〉이다.

註 "지자불언(知者不言) 언자부지(言者不知)." 아는[知] 사람은[者] 말하지 않고[不言], 말하는[言] 사람은[者] 알지 못한다[不知]. 『노자(老子)』 56장(章)

註 "준자유묘(蠢玆有苗) 혼미불공(昏迷不恭) 모만자현(侮慢自賢) 반도패덕(反道敗德)." 어리

석기로는[蠢茲] 묘족(苗族)의 우두머리가[苗] 있다[有]. (그 우두머리는) 사리를 몰라[昏] 분별하지 못해[迷] 건방지고[不恭], 세상을 업신여기고[侮] 오만하면서[慢] 스스로[自] 현명한 척하고[賢], 도를[道] 어기고[反] 덕을[德] 무너뜨리고 있다[敗].

준자유묘(蠢茲有苗)의 묘(苗)는 묘족지수장(苗族之守長) 즉 묘(苗) 부족 족장(族長)의 줄임으로 보면 문의가 드러난다. 『서경(書經)』「우서(虞書) 대우모(大禹謨)」편(篇) 3단락(段落)

註 "군자지어천하야(君子之於天下也) 무적야(無適也) 무막야(無莫也) 의지여비(義之與比)." 군자가[君子之] 세상에[天下] 나아감[於]에는[也] 어느 것을 옳다고 고집함도[適] 없고[無], 어느 것을 안 된다고 주장함도[莫] 없다[無]. (세상에 나간 군자는) 옳음만을[義之] 더불어[與] 따른다[比].

『논어(論語)』「이인(里仁)」편(篇)10장(章)

不肖者不及也(불초자불급야)

▶ {중용(中庸)의 도(道)를} 이어받지 못하는[不肖] 사람들은[者] {중용(中庸)의 도(道)에} 미치지 못하는 것[不及]이다[也].

아니 불(不), 닮을 초(肖), 사람 자(者), 이를 급(及), 조사(~이다) 야(也)

【읽기(讀)】

불초자불급야(不肖者不及也)는 〈불초자불급(不肖者不及)〉에 어세(語勢)를 더하고자 종결어미 조사(助詞) 노릇하는 〈~이다 야(也)〉를 더한 구문이다. 〈불초자는[不肖者] 미치지 못한다[不及]〉를 〈불초자는[不肖者] 미치지 못하는 것[不及]이다[也]〉로 어세(語勢)를 더해놓은 말투로 새기면 문의(文意)가 잡힌다.

불초자불급야(不肖者不及也)에서 불초자(不肖者)는 불사인자(不似人者) 또는 불여인자(不如人者)로 여겨 〈사람답지 않은[不肖] 사람[者]〉으로 새기면 된다. 불초자불급야(不肖者不及也)에서 초(肖)는 여기선 〈같을 사(似) · 같을 여(如) · 선할 선(善)〉 등과 같고, 급(及)은 〈이를 지(至)〉와 같다.

【풀이(繹)】

불초자불급야(不肖者不及也) 역시 앞서 살핀 〈민선구(民鮮久)〉 즉 사람들이[民] 거의 중용(中庸)을 행하지 않는[鮮能] 까닭을 거듭해 밝히고 있다. 불초자(不肖者) 역시 앞서의 우자(愚者)와 마찬가지로 『논어(論語)』「계씨(季氏)」편(篇)에 나오는 **소인부지천명이불외(小人不知天命而不畏)**를 상기(想起)시킨다. 천명(天命)이란 천지

(天地)가 인간으로 하여금 소사(少私)하고 과욕(寡欲)하게 시킴이고[令] 가르침[教]이다. 천명(天命)이란 제 몫[私]을 적게 줄여[少] 바람[欲]을 적게 하라는[寡] 명령(命令)이고 교명(教命)이다. 이러한 천명(天命)을 알고 따르면 절로 솔성(率性)하고 수도(修道)하여 사람이 된다.

불초자(不肖者)란 이런 천명(天命)을 몰라 얕보고[狎] 업신여기며[侮] 솔성(率性)을 외면하여 사람답게 되지 못한 것이다. 솔성(率性)을 외면하는 것이 곧 반중용(反中庸)이다. 중용(中庸)을 반(反)하는 인간이 곧 불초자(不肖者)이다. 여기서 불초자(不肖者)란 불초인자(不肖人者)이다. 불초자(不肖者)는 사람 같지 않은[不肖] 소인배(小人輩)로서 인화물(人化物)의 인간을 말한다. 이러한 불초자(不肖者)는 반중용(反中庸)하기 때문에 중용(中庸)에 이르지 못해[不及] 불선(不善)·부덕(不德)을 범하는 것이다. 불초자(不肖者)의 불초(不肖)란 불사인(不似人)이니 불선(不善)과 같다. 불초(不肖)란 불선(不善)을 범하고 부덕(不德)을 범함이다. 불선(不善)도 솔성(率性)을 어김이고, 부덕(不德)도 성(性)의 따름[率]을 어기는 것이다. 그러므로 불선(不善)·부덕(不德)을 범하는 불초자(不肖者)는 중용(中庸)에 이르지 못해[不及] 중용(中庸)을 소홀히 하게 됨을 밝힌 말씀이 〈불초자불급야(不肖者不及也)〉이다.

註 "소인부지천명이불외야(小人不知天命而不畏也) 압대인(狎大人) 모성인지언(侮聖人之言)." 소인은[小人] 천명을[天命] 몰라서[不知而] (천명을) 두려워하지 않는 것[不畏]이고[也], 대인을[大人] 얕보고[狎], 성인의[聖人之] 말씀을[言] 업신여긴다[侮].

『논어(論語)』「계씨(季氏)」편(篇) 8장(章)

【3단락(段落) 전문(全文)】

人莫不飲食也이나 鮮能知味也이다
인막불음식야 선능지미야

사람들은 마시고 먹지 않을 수 없는 것이나, 능히 맛을 알아봄을 소홀히 하는 것이다.

人莫不飮食也(인막불음식야) 鮮能知味也(선능지미야)

▶사람은[人] 마시고 먹지 않을 수[不飮食] 없는 것[莫]이다[也]. (그러나 사람들은 음식의) 맛을[味] 거의 알지 못하는 것[鮮能知]이다[也].

사람 인(人), 없을 막(莫), 아니 불(不), 마실 음(飮), 먹을 식(食), 조사(~이다) 야(也), 드물 선(鮮), 잘할 능(能), 알 지(知), 맛 미(味)

【읽기(讀)】

인막불음식야(人莫不飮食也)는 〈인막불음야(人莫不飮也) 이인막불식야(而人莫不食也)〉에서 되풀이되는 인막불(人莫不)과 야(也) 등을 생략하고 두 구문을 하나로 묶은 구문이다. 〈사람은[人] 마시지[飮] 않을 수 없는 것[莫不]이다[也]. 그리고[而] 사람은[人] 먹지[食] 않을 수 없는 것[莫不]이다[也]〉를 〈사람은[人] 마시고[飮] 먹지[食] 않을 수 없는 것[莫不]이다[也]〉로 줄인 것이다. 물론 인막불음식야(人莫不飮食也)는 〈인막불음식(人莫不飮食)〉에 조사(助詞)로 종결어미 노릇하는 〈~이다 야(也)〉를 더하여 어세(語勢)를 더한 말투로 새기면 문의(文意)가 잡힌다. 인막불음식야(人莫不飮食也)에서 막(莫)은 〈~없을 무(無)〉와 같지만, 막불(莫不)인 경우는 이중부정(二重否定)처럼 여기고 〈~하지 않을 수 없다[莫不]〉고 옮기면 문의(文意)가 드러난다.

선능지미야(鮮能知味也)는 〈인선능지음식지미야(人鮮能知飮食之味也)〉에서 앞 문맥(文脈)으로 보충할 수 있는 주어 인(人)과 음식지미(飮食之味)에서 음식지(飮食之)를 생략한 구문이다. 〈사람들은[人] 거의 음식의[飮食之] 맛을[味] 알지 못하는 것[鮮能知]이다[也]〉를 〈거의 맛을[味] 알지 못하는 것[鮮能知]이다[也]〉로 줄인 말투가 선능지미야(鮮能知味也)이다. 선능지미야(鮮能知味也)에서 선(鮮)은 〈적을 과(寡)·소(少)〉 등과 같지만, 선능(鮮能)은 부분부정(部分否定)의 상용구 노릇해 〈거의 ~하지 않는다〉고 옮기면 문의(文意)가 잡힌다.

【풀이(繹)】

인막불음식야(人莫不飮食也) 선능지미야(鮮能知味也) 역시 앞서 살핀 〈민선구(民鮮久)〉 즉 사람들이[民] 거의 중용(中庸)을 행하지 않아[鮮能] 중용(中庸)의 진미

(珍味)를 깨우치지 못하고 있음을 밝히고 있다. 중용(中庸)은 일상(日常)의 삶이 솔성(率性)·수도(修道)로 이어지게 하여 살맛나게 함을 선능지미(鮮能知味)로 깨우칠 수 있다. 음식(飮食)과 그 맛[味]을 비유(比喩)로 들어 성(性)·정(情)의 관계를 밝히고 있기 때문이다.

성(性)·정(情)의 관계는 일즉다(一卽多) 즉 하나이면서[一] 곧[卽] 여럿[多]으로 드러난다. 여기서 하나[一]는 성(性)이고, 여럿[多]은 정(情)이다. 성(性)이 하나[一]라고 함은 사람의 성(性)은 모두 다 같아 하나[一]인 것이다. 사람은 사람으로서 모두 다 한 가지 본성(本性)을 갖추고 있음을 뜻한다. 내 성(性)과 네 성(性)은 다 같아 하나[一]이지 다르지 않음을 일컬어 〈천명지위성(天命之謂性)〉이라고 『중용(中庸)』 첫머리에 밝혀져 있다. 그러나 정(情)은 외물(外物) 즉 바깥[外] 것[物]들로 말미암아 드러나기 때문에 사람마다 달리 드러난다. 정(情)의 드러남[發]이 사람마다 다를 수 있기 때문에 중용(中庸)하라는 것이다. 그러므로 중용(中庸)을 치정(治情)이라고 풀이해도 된다. 정(情)을 잘 다스림[治]으로써 중정(中正)의 씀[庸]이 일상화된다.

위와 같은 성(性)·정(情)을 음식(飮食)에 비유(比喩)하고, 중용(中庸)을 그 음식(飮食)의 맛[味]에 비유하여 성(性)·정(情)과 중용(中庸)의 관계를 음미(吟味)하자면, 1장(章)에서 살핀 바 있는 〈희로애락지미발위지중(喜怒哀樂之未發謂之中)〉과 〈발이개중절위지화(發而皆中節謂之和)〉를 떠올려야 한다. 왜냐하면 미발(未發)의 중(中)은 음식(飮食)을 비유로 들어 살피고 새겨 헤아릴 수 있고, 발(發)의 화(和)는 맛[味]을 비유로 들어 살피고 새겨 헤아릴 수 있기 때문이다.

미발(未發)의 중(中)이란 성(性)에 정(情)이 안겨져 있음이다. 이는 동중정(動中靜)을 말한다. 정(情)은 동(動)이고, 성(性)은 정(靜)이다. 고요[靜]에 움직임[動]이 안겨 있음[中]을 일러 미발(未發)이라 하고, 이를 한 자(字)로 중(中)이라 한 것이다. 성(性)이 정(情)을 품고 있음을 일러 중(中)이라 하고, 그 중(中)을 음식(飮食)으로 비유하고 있는 것이다. 마시고[飮] 먹지[食] 않으면 살 수 없듯이, 성(性)을 떠나서는 살 수 없음을 밝힌 것이다. 그래서 불가수유리(不可須臾離) 즉 잠시도[須臾] 떠날 수 없는 것[不可離]이 바로 성(性)·정(情)이다.

발(發)의 화(和)란 성(性)이 정(情)을 드러냄이다. 여기서 정(情)이란 희로애락(喜

怒哀樂) 즉 기쁨[喜]과 노여움[怒], 슬픔[哀]과 즐거움[樂] 등을 한 자(字)로 묶어둔 말이다. 발(發)의 화(和)는 동발어정(動發於靜)을 말한다. 고요[靜]에서[於] 움직임이[動] 드러남[發]이다. 정(情)의 드러남[發]을 감어물이동(感於物而動)이라 하고, 그냥 줄여 기발(旣發)이라 한다. 성(性)이 품고 있던 미발(未發)의 정(情)이 바깥 것을[於物] 느껴서[感而] 움직이게 됨(動)을 기발(旣發)이라 한다. 기발(旣發)의 정(情)이 성(性)을 벗어나지 않아 외물(外物)에 꺼둘리지 않음을 발(發)의 화(和)라고 한 것이다. 정(情)이 감어물(感於物)하되 바깥 것[外物]에 치우치지[傾] 않고 성(性)과 어울림[和]이 곧 발(發)의 화(和)이다. 이러한 발(發)의 화(和)를 누리면 성(性) · 정(情)의 진미(珍味)를 아는 것이고, 발(發)의 화(和)를 누리지 못하면 참맛[珍味]을 모르는 것이다.

발(發)의 화(和)를 누리지 못함을 바깥 것[外物]에 기울어지고 치우쳐 유혹(誘惑)됨이라 한다. 중용(中庸)하라 함은 정(情)이 외물(外物)로 이끌림[誘惑]을 당하여 인화물(人化物)로 추락하지 말라 함이다. 요즘 말로 하자면 인간의 물질화(物質化)를 물리침이 중용(中庸)의 행(行)이다. 중용(中庸)이란 인간이 인화물(人化物) 즉 인간이 물건으로 됨이 아니라, 인간화(人間化) 즉 인간이 인간으로 되어 일상의 삶을 누리는 것이다. 따라서 살 수 있게 해주는 음식(飮食)과 같은 성(性) · 정(情)의 참다운 맛[味]을 몰라서 사람들은 본성(本性)과 불화(不和)하고 바깥 것[外物]들의 유혹(誘惑)에 치우쳐 중용(中庸)을 일상(日常)에서 소홀히[鮮] 함을 개탄한 말씀이 〈인막불음식야(人莫不飮食也) 선능지미야(鮮能知味也)〉이다.

註 성(性)에 관해서는 양가(兩家)가 서로 다른 관점을 보인다. 유가(儒家)는 만물(萬物)의 성(性)이 유(類) 따라 저마다 다르다 하고, 도가(道家)는 만물(萬物)의 성(性)은 다 같다고 한다. 유가(儒家)는 인수지변(人獸之辯) 즉 사람[人]과 짐승의[獸之] 분변(分辨)을 주장하여 유(類)에 따라 성(性)이 다름을 주장하지만, 도가(道家)는 이만물위추구(以萬物爲芻狗) 즉 {천지(天地)는} 만물을[以萬物] 풀강아지로[芻狗] 여긴다[爲]고 하면서 자연[天地]의 입장에서 본다면 인성(人性)이나 수성(獸性)이나 충성(蟲性)이나 목성(木性)이나 초성(草性)이나 다를 바가 없다고 주장한다. 천지의 입장에서 본다면 사람도 풀강아지[芻狗]와 다를 바 없다는 것이 도가(道家)의 성론(性論)인 셈이다. 만물(萬物)의 본성(本性)이 서로 다르기 때문에 유가(儒家)는 치천하(治天下)를 주장하고, 만물(萬物)의 본성(本性)이 서로 같기 때문에 도가(道家)는 세상을 다스릴 것[治天下] 없이 그대로 두면 된다고 주장한다.

註 "인화물야자(人化物也者) 멸천리이궁인욕자야(滅天理而窮人欲者也) 어시유패역사위지심(於是有悖逆詐僞之心) 유음일작란지사(有淫佚作亂之事) 시고(是故) 강자협약(强者脅弱) 중자포과(衆者暴寡) 지자사우(知者詐愚) 용자고겁(勇者苦怯) …… 차대란지도야(此大亂之道也)." 사람이[人] 물건으로[物] 되어버림[化]이란[也] 것은[者] 자연의 이치를[天理] 없애면서[滅而] 사람의 욕심을[人欲] 한없게 하는[窮] 것[者]이다[也]. 이에[於是] 어긋나고[悖] 반역하는[逆之] 마음이[心] 생기고[有], 음탕하고[淫] 게으르고[佚] 속이는[詐僞之] 일이[事] 생긴다[有]. 이래서[是故] 강한 자가[强者] 약한 자를[弱] 협박하고[脅], 다수가[衆者] 소수를[寡] 짓밟고[暴], 식자가[知者] 무식자를[愚] 속이고[詐], 사나운 자가[勇者] 겁쟁이를[怯] 괴롭힌다[怯]. …… 이런 것이[此] 온 세상이 혼란스러워지는[大亂之] 이치[道]이다[也].

인화물(人化物)은 인간[人]이 물건[物]으로 되어버림[化]을 뜻한다. 요즘 말로 인간의 물질화(物質化)가 곧 인화물(人化物)이다. 『예기(禮記)』「악기(樂記)」편(篇) 8단락(段落)

중용(中庸)의 불행(不行)

5장(章) 역시 자사(子思)가 부자(夫子) 즉 공자(孔子)의 말씀[言]을 인용하여 중용(中庸)이 올바르게 행해지지 않음[不行]을 밝힌다. 즉, 4장(章)에서 밝힌 현자(賢者)와 지자(知者)가 범하는 중용(中庸)의 과(過)와, 불초자(不肖者) · 우자(愚者)가 범하는 중용(中庸)의 불급(不及)을 〈불행(不行)〉이란 한마디로 묶어 거듭해 밝히는 장(章)이다.

【전문(全文)】

子曰 道之不行矣夫로다
자 왈 도 지 불 행 의 부

공자께서 가로되: 도를 시행하지 않는 것이로다.

道之不行矣夫(도지불행의부)

▶ (사람들이) 도(道)를[之] 시행하지 않는 것[不行]이로다[矣夫].

도리 도(道), 조사(~을) 지(之), ~않을 불(不), 행할 행(行),
조사(~이다) 의(矣), 조사(~로다) 부(夫)

【읽기(讀)】

도지불행의부(道之不行矣夫)는 〈민불행중용지도의부(民不行中庸之道矣夫)〉에서 앞 문맥(文脈)으로 보충할 수 있는 민(民)을 생략하고, 중용지도(中庸之道)에서 중용지(中庸之)를 생략한 후, 불행(不行)의 목적어 노릇하는 도(道)를 강조하고자 도지(道之)로 전치(前置)한 구문이다. 그러므로 도지불행의부(道之不行矣夫)를 민불행중용지도의부(民不行中庸之道矣夫)로 여기고 옮겨[譯] 새기면 문의(文意)가 분명하게 드러난다. 〈사람들이[民] 중용의[中庸之] 도를[道] 시행하지 않는 것[不行]이로다[矣夫]〉를 〈도(道)를[之] 시행하지 않는 것[不行]이로다[矣夫]〉로 줄인 말투가 도지불행의부(道之不行矣夫)이다. 물론 도지불행의부(道之不行矣夫)에서 도지불행(道之不行)의 지(之)를 목적격 조사(助詞) 노릇하는 〈~을 지(之)〉로 보지 않고 주격 조사(助詞) 노릇하는 〈~가 지(之)〉로 여기고, 행(行)을 수동태로 새겨 〈도(道)가[之] 시행되지 않음[不行]이로다[矣夫]〉로 옮겨도 된다.

도지불행의부(道之不行矣夫)에서 지(之)는 목적격 조사(~를) 노릇하고, 행(行)은 여기선 〈베풀어 행할 시(施)〉와 같아 시행(施行)의 줄임말로 여기면 되며, 의부(矣夫)는 강조하면서 추측을 나타내는 조사(助詞) 노릇한다.

【풀이(繹)】

도지불행의부(道之不行矣夫)는 앞 4장(章)에서 밝힌 중용(中庸)의 도(道)를 모르기[不知] 때문에 그 도(道)를 행하지 못함[不行]을 묶어놓은 자왈(子曰)이다. 자왈(子曰)은 성인지언(聖人之言)으로 여기고 헤아릴 수 있다. 성인(聖人)의 말씀[言]은 간결(簡潔)해서 그 전함이 간명(簡明)하다. 『노자(老子)』 2장(章)에 나오는 말씀인 **난이상성(難易相成)**은 어렵기도[難] 하고 쉽기도[易] 하다는 말이다. 성인(聖人)의 말씀[言]이 바로 그러하다.

성인(聖人)의 말씀을 남의 뜻을 빌려 알아보려고 하면 그 말씀은 어렵게 들리고, 스스로 살펴 새기고 헤아려 가늠하면 쉽게 들린다. 쉽사리 들으면 어렵고[難] 어렵사리 들으면 쉬운[易] 말이 성인(聖人)의 말씀[言]이다. 성인지언(聖人之言)을 지성껏 골똘히 스스로 생각하며 들어야 하는 것이 곧 〈도지불행의부(道之不行矣夫)〉이다. 그러면 도지불행(道之不行)이란 자왈(子曰)이 몹시 간결하고 간명하게 다가와 사람들로 하여금 도지불행(道之不行)의 도(道)를 천명(天命)의 성(性)으로 받들어 생각해보게 하고, 솔성(率性)의 도(道)로 받들어 생각해보게 하며, 수도(修道)의 교(敎)로 받들어 생각해보게 하고, 중정(中正)의 도(道)로 받들어 생각해보게 하여 성(性)·정(情)의 중정(中正)이 왜 일상(日常)에서 불가수유리(不可須臾離)의 도(道)이면서 덕(德)인가를 저마다 스스로 깊이 살피고 새겨 헤아리고 가늠해보게 하는 것이다. 이처럼 성인지언(聖人之言)은 스스로 깊이 생각해보라는 말씀이다.

성인의 말씀을 듣고 스스로 깊고 널리 생각해볼수록 성인(聖人)의 말씀은 우리로 하여금 나름대로 깨우쳐보게 한다. 이처럼 이끌어 깨우치게 해주는 말씀을 두고 간결하다, 간명하다 하는 것이다. 만약에 도지불행(道之不行)의 자왈(子曰)을 학자(學者)들이 밝히는 이론(理論)을 읽듯이 한다면 어렵게 들린다. 그러나 도지불행(道之不行)을 읽고 〈오행중정지도호(吾行中正之道乎)〉 하고 자문(自問)하게 되면 공자(孔子)의 말씀인 도지불행(道之不行)은 아주 쉽게 들린다. 〈나는[吾] 중정의[中正之] 도를[道] 시행하고 있는 것[行]인가[乎]〉라고 자문(自問)해보면 도지불행(道之不行)은 간명(簡明)하고 명백(明白)해지고 쉽게 들리는 것이다. 왜냐하면 조금도 숨길 수 없는 물음[問]이 자신이 자신에게 물어보는 자문(自問)이다. 숨김없이 드러남은 명백(明白)한 것이고, 명백(明白)하면 간명(簡明)하고, 간명(簡明)하면 쉽다[易]. 자신의 마음 속은 그 자신에게만은 명백하여 간명해 쉬운 것이다. 성인지언(聖人之言)은 자문(自問)하게 하는 말씀이므로 명백(明白)하고 간명(簡明)하여 간이(簡易)하다. 성인(聖人)의 말씀[言]이란 정성껏 자문(自問)해보라는 말씀[言]이지, 결코 논란(論難)해보라는 말씀[語]이 아니어서 간결하고 간명하여 쉬운 말씀인 것이다.

그러므로 앞에서 살핀 민선구(民鮮久)는 〈나 자신을 향해서 말하는 말씀〉이라고 살펴[觀] 새기고[玩] 헤아려[擬] 가늠해[斷] 들어야 한다. 공자께서 밝힌 〈사람들이[民] 거의 중용(中庸)을 행하지 않은 지[鮮] 오래되었다[久]〉는 연유(緣由)가 내 자신에게 있다고 관완(觀玩)하고 의단(擬斷)해보게 되면 도지불행(道之不行)도 쉽게 들려온다. 따라서 공자께서 『논어(論語)』에 밝혀둔 인능홍도(人能弘道) 비도홍인(非道弘人) · 군자구저기(君子求諸己) 소인구저인(小人求諸人) · 군자중용(君子中庸) 소인반중용(小人反中庸)이란 말씀들이 도지불행(道之不行)의 자왈(子曰) 등과 왜 겹쳐서 들리는지 깨닫게 되고, 나아가 『노자(老子)』에 나오는 소사과욕(少私寡欲)이란 말씀까지도 떠올려주는지 깨닫게 되는 것이다. 그리하여 저마다 도지불행(道之不行)의 자왈(子曰)로 중용(中庸)을 행하지 않는 까닭이 성(性) · 정(情)의 어울림[和]을 이루지 않고 정(情)에 치우쳐[過] 성(性) · 정(情)의 화(和)가 모자라기[不及] 때문임을 사무치게 하는 말씀이 〈도지불행의부(道之不行矣夫)〉이다.

註 "난이상성(難易相成)." 어려움과[難] 쉬움은[易] 서로[相] 이루어진다[成].

『노자(老子)』 2장(章)

註 "인능홍도(人能弘道) 비도홍인(非道弘人)." 사람이[人] 도를[道] 넓힐[弘] 수 있지[能] 도가[道] 사람을[人] 넓히는 것은[弘] 아니다[非].

여기서 도(道)를 중용지도(中庸之道)로 여겨도 된다.

『논어(論語)』「위령공(衛靈公)」편(篇) 28장(章)

註 "군자구저기(君子求諸己) 소인구저인(小人求諸人)." 군자는[君子] 자기[己]에게서 잘못을[諸] 찾고[求], 소인은[小人] 남[人]에게서 잘못을[諸] 찾는다[求].

『논어(論語)』「위령공(衛靈公)」편(篇) 20장(章)

註 "군자중용(君子中庸) 소인반중용(小人反中庸)." 군자는[君子] 중용을 행하고[中庸], 소인은[小人] 중용을 행하기를[中庸] 어긴다[反]. 『중용(中庸)』 2장(章)

註 "견소포박(見素抱樸) 소사과욕(少私寡欲)." 소박을[素樸] 밝혀[見] 품고[抱], 사욕을[私欲] 작게 하고[少] 줄인다[寡]. 『노자(老子)』 19장(章)

순(舜)의 대지(大知)

6장(章)은 순(舜)임금을 들어 중용(中庸)의 앎[知]과 행(行)함이 어떠한지를 밝혀 왜 중용(中庸)이 일상(日常)의 시중(時中)인지를 살펴 새기고 헤아려 가늠하게 하는 장(章)이다.

【전문(全文)】

子曰 舜其大知也與인저 舜好問而好察邇言하였고
자 왈 순 기 대 지 야 여 순 호 문 이 호 찰 이 언

隱惡而揚善하였다 執其兩端하여 用其中於民하니
은 악 이 양 선 집 기 양 단 용 기 중 어 민

其斯以爲舜乎인저
기 사 이 위 순 호

공자께서 가로되: 순(舜) 그분께서는 크나큼을 안 것이로다! 순(舜)께서는 묻기를 좋아하고, 하찮은 말까지도 살피기를 좋아하였으며, 악한 것을 숨겨주면서도 선한 것을 발양하였다. 그 양쪽을 지켰고, 모든 사람들에게 그 중정을 사용하였다. 바로 이것이 순(舜)이 된 까닭이로다!

舜其大知也與(순기대지야여)

▶공자께서 가로되: 순(舜) 그분께서는[其] 크나큼을[大] 아셨던 것[知]이로다[也與]!

순임금 순(舜), 그 기(其), 크나큼 대(大), 알 지(知), 조사(~이다) 야(也), 조사(~로다) 여(與)

【읽기(讀)】

순기대지야여(舜其大知也與)는 〈순시대지지인(舜是大知之人)〉을 〈순시대지자(舜是大知者)〉로 줄이고, 다시 〈순대지(舜大知)〉로 줄여 어세(語勢)와 어조(語調)를 더해 강조한 것으로 여기면, 순(舜)을 찬송(讚頌)하고 있는 공자(孔子)의 뜻을 느낄 수 있는 구문이다. 즉 〈순은[舜] 대지의[大知之] 인물[人]이다[是]〉를 〈순은[舜] 대지자(大知者)이다[是]〉로 줄이고, 다시 〈순은[舜] 대지이다[大知]〉로 줄일 수 있다. 순대지(舜大知)에 어세(語勢)를 더하고자 동격(同格) 노릇하는 기(其)를 더하고, 어조(語調)를 더하고자 종결어미로 감탄조사(~로다) 야여(也與)를 더해 강조한 말투가 순기대지야여(舜其大知也與)이다. 〈순은[舜] 대지이다[大知]〉를 〈순[舜] 그는[其] 대지[大知]이로다[也與]〉처럼 감탄문(感歎文)으로 바꾼 말투가 순기대지야여(舜其大知也與)이다.

【풀이(繹)】

순기대지야여(舜其大知也與)는 앞 4장(章)에서 살핀 〈도지불행야(道之不行也) 아지지의(我知之矣) 도지불명야(道之不明也) 아지지의(我知之矣)〉를 환기(喚起)시키는 자왈(子曰)이다. 그러면 순기대지야여(舜其大知也與)는 순행중정지도(舜行中正之道) · 순명중정지도(舜明中正之道)를 공자께서 알아 찬송(讚頌)하는 말씀임을 알 수 있게 된다. 이에 따라 순기대지야여(舜其大知也與)에서 대지(大知)의 대(大)를 스스로 살펴 새기고 헤아려 가늠할 수 있게 된다.

대지(大知)란 지대(知大)이다. 대(大)를 앎[知]이 곧 대지(大知)이다. 순(舜)은 알았다[知]고 공자가 찬탄한 대(大) 즉 크나큼[大]이란 무엇인가? 그것은 곧 행중정지도(行中正之道) 즉 행도(行道)와, 명중정지도(明中正之道) 즉 명도(明道)이다.

그러므로 순(舜)의 행도(行道)와 명도(明道)를 공자께서 찬탄한 것을 밝힌 말씀이 〈순기대지야여(舜其大知也與)〉이다.

註 대지(大知)를 일반적으로 새기자면 〈크나큰[大] 지혜[知]〉라고 옮긴다. 대지(大知)의 지(知)는 〈슬기 지(智)〉와 같다. 그러므로 순(舜)의 대지(大知)를 순(舜)의 크나큰 지혜[大知]라고 새겨도 된다. 그러나 여기서 순(舜)의 대지(大知)를 구체적으로 살펴 새기고 헤아려야 순(舜)을 찬탄하는 까닭을 구체적으로 깨우칠 수 있게 된다.

註 순(舜)은 옛 우(虞)나라 임금이다. 성(姓)은 우(虞) 씨이고, 이름은 중화(重華)이다. 요(堯)로부터 임금의 자리[位]를 물려받아 BC 2255~BC 2207년경까지 재위(在位)하였고, 우(禹)에게 양위(讓位)하였다. 특히 유가(儒家) 쪽에서 요순우(堯舜禹)를 성군(聖君)으로 받든다. 『서경(書經)』「우서(虞書) 요전(堯典)」편(篇)에 나오는 다음과 같은 내용을 보면 순(舜)을 살펴 새기고 헤아려 가늠할 수 있다.

"사석제왈(師錫帝曰) 유환재하(有鰥在下) 왈우순(曰虞舜) 제왈(帝曰) 유(兪) 여문(予聞) 여하(如何) 악왈(岳曰) 고자(瞽子) 부완(父頑) 모은(母嚚) 상오(象傲) 극해이효(克諧以孝) 증증예(烝烝乂) 불격간(不格姦)." 여러 사람들이[師] 더불어[錫] 황제께[帝] 아뢰었다[曰]: 초야에[下] 한 홀아비가[鰥] 있습니다[在]. 우순이라고[虞舜] 합니다[曰]. 황제께서[帝] 말했다[曰]: 좋소[兪]. 나도[予] 들었소[聞]. 어떤 사람이오[如何]? 사악이[岳] 아뢰었다[曰]: 장님의[瞽] 자식으로[子] 아비는[父] 어리석고[頑] 계모는[母] 간악하고[嚚] 이복동생은[象] 오만하지만[傲], 효(孝)로써[以] 더없이[克] 화해시켜[諧] 두텁고 아름답게[烝烝] 다스려[乂] (가족의) 간악함을[姦] 크게[不] 감화시켰다고 합니다[格].

사(師)는 여럿을 나타내는 〈뭇 사(師)〉이고, 석(錫)은 〈더불어 여(與)〉와 같다. 재하(在下)는 재야(在野)와 같고, 여기서 하(下)는 초야(草野)의 뜻이다. 유(兪)는 긍정을 나타내는 〈대답할 유(兪)〉, 악(岳)은 요(堯)의 신하 사악(四岳)이다. 고자(瞽子)의 고(瞽)는 순(舜)의 아버지를 나타내는 말로 〈장님 고(瞽)〉이지만, 순(舜)의 아버지가 실제로 장님이란 뜻이 아니라 눈을 뜨고서도 선악(善惡)을 분별하지 못해 장님과 같다는 뜻으로 순(舜)의 부(父)를 고(瞽)라고 칭했다고 한다. 부완(父頑)의 완(頑)은 여기선 〈어리석을 우(愚)〉와 같고, 모은(母嚚)의 은(嚚)은 〈사악(邪惡)할 은(嚚)〉이며, 상오(象傲)의 상(象)은 순(舜)의 이복동생 이름이다. 예(乂)는 〈다스릴 치(治)〉와 같고, 불격간(不格姦)에서 불(不)은 클 비(丕)와 통하고, 격(格)은 여기에서는 〈감응할 격(格)〉이다.

舜好問而好察邇言(순호문이호찰이언)

▶ 순께서는[舜] 묻기를[問] 좋아하시면서[好而] 하찮은 말까지도[邇言] 살피기를[察] 좋아하셨다[好].

순임금 순(舜), 좋아할 호(好), 물을 문(問), 그리고 이(而), 좋아할 호(好), 살필 찰(察), 가까울 이(邇), 말씀 언(言)

【읽기(讀)】

순호문이호찰이언(舜好問而好察邇言)은 〈순호문(舜好問) 이순호찰이언(而舜好察邇言)〉에서 되풀이되는 순(舜) 한쪽을 생략하고 두 구문을 하나로 묶은 구문이다. 순호문이호찰이언(舜好問而好察邇言)에서 호(好)는 〈좋아할 선(善)〉과 같아 선호(善好)의 줄임말로 여기면 되고, 문(問)은 〈물을 신(訊)〉과 같아 신문(訊問)의 줄임말이며, 찰(察)은 〈살필 관(觀)〉과 같아 관찰(觀察)의 줄임말이고, 이(邇)는 〈가까울 근(近)〉과 같고, 이언(邇言)은 천근지언(淺近之言)을 뜻하므로 〈소견이 좁고 얕아 하찮고 사소한 말〉로 여기면 된다.

【풀이(繹)】

순호문이호찰이언(舜好問而好察邇言)은 순(舜)의 행중용(行中庸)과 명중용(明中庸)을 밝히고 있다. 순(舜)이 어떻게 중용(中庸)을 시행하고[行] 밝혔는가[明]? 호문(好問)하고 호찰이언(好察邇言)하여 중용(中庸)을 시행하고[行] 밝혔다는[明] 것이다. 순(舜)은 세상 사람들의 뜻을 취하고자 탐문(探問)하기를 좋아하였고[好], 일상(日常)에서 서로 주고받는 하찮은 말[邇言]까지 경청(傾聽)하기를 좋아했음을 밝혀 중용(中庸)이 잠시도 떠날 수 없는[不可須臾離] 시중(時中)의 도(道)임을 풀이하고 있다.

물론『서경(書經)』「우서(虞書) 대우모(大禹謨)」편(篇)에 나오는 **인심유위(人心惟危) 도심유미(道心惟微) 유정유일(惟精惟一) 윤집궐중(允執厥中)**을 상기(想起)한다면 공자가 순(舜)에 관해 밝힌 호문(好問) · 호찰이언(好察邇言)을 더 잘 살펴 새기고 헤아려 가늠해볼 수 있다. 왜 호문(好問)하고 호찰이언(好察邇言)해야 하는가? 세상 인심은 변덕스러워 위태롭고[危], 도를 닦아 지키려는 마음은[道心] 오직[惟] 미미하기[微] 때문이다. 과불급(過不及)의 독단(獨斷) · 독선(獨善)에 빠지지 않기 위해선 호문(好問) · 호찰(好察)해야 한다. 따라서『논어(論語)』「자한(子罕)」편(篇)에 나오는 **자절사(子絶四)** 또한 순(舜)의 호문(好問) · 호찰이언(好察邇言)을 본받는[法] 대지(大知)와 통하고, 중용(中庸)을 일상(日常)에서 시행(施行)하는 시중(時中)임을 여기서 알 수 있게 된다. 중정(中正)의 도(道)를 행(行)하고 명(明)함이란 일상(日常)을 떠날 수 없음을 밝힌 말씀이 〈순호문이호찰이언(舜好問而好察邇言)〉이다.

註 "인심유위(人心惟危) 도심유미(道心惟微) 유정유일(惟精惟一) 윤집궐중(允執厥中)." 사람의 마음은[人心] 오직[惟] 위태롭고[危] 도를 닦아 지키려는 마음은[道心] 오직[惟] 희미하니[微], 부디[惟] 꼼꼼하고[精] 부디[惟] 한결같이[一] 그[厥] 중정을[中] 진실로[允] 지켜라[執].

유(惟)는 여기선 조사(助詞)로 〈오직 유(唯)〉와 같다고 여기면 된다.

『서경(書經)』「우서(虞書) 대우모(大禹謨)」편(篇) 2단락(段落)

註 "자절사(子絶四) 무의(毋意) 무필(毋必) 무고(毋固) 무아(毋我)." 공자(孔子)께서는[子] 네 가지를[四] 끊었다[絶]. (그래서 공자께는) 사의(私意)가[意] 없었고[毋], 기필(期必)이[必] 없었으며[毋], 고집(固執)이[固] 없었고[毋], 독존(獨尊)이[我] 없었다[毋].

무의(毋意)의 무(毋)는 〈없을 무(無)〉와 같고, 의(意)는 사의(私意) · 자의(恣意) 등을 뜻하고, 무필(毋必)의 필(必)은 기필(期必)을 뜻하며, 무고(毋固)에서 고(固)는 고집(固執)을 뜻하고, 무아(毋我)에서 아(我)는 주아(主我) · 독존(獨尊) 등을 뜻한다. 『논어(論語)』「자한(子罕)」편(篇) 4장

隱惡而揚善(은악이양선)

▶좋지 않은 것을[惡] 숨겨주면서도[隱而] 선한 것을[善] 선양하셨다[揚].

숨길 은(隱), 악할 악(惡), 그러나 이(而), 나타낼 양(揚), 착할 선(善)

【읽기(讀)】

은악이양선(隱惡而揚善)은 〈순은악(舜隱惡) 이순양선(而舜楊善)〉에서 앞 문맥(文脈)으로 보충할 수 있는 순(舜)을 생략하고 두 구문을 하나로 묶은 구문이다. 은악(隱惡)에서 은(隱)은 〈숨길 폐(蔽)〉와 같아 은폐(隱蔽)의 줄임말로 여기면 되고, 악(惡)은 여기선 〈사악할 악(惡)〉이 아니라 〈불선(不善)한 악(惡)〉으로 옮기면 문의(文意)가 잡힌다. 이양선(而揚善)에서 이(而)는 역접(逆接)의 조사(助詞)로 〈그러나 이(而)〉 노릇하고, 양(揚)은 〈드러낼 현(顯)〉과 같아 앞의 은(隱)과 반대말로 여기면 문의(文意)가 잡히며, 선(善)은 비악(非惡) 즉 악(惡)의 반대말로 새기면 된다.

【풀이(繹)】

은악이양선(隱惡而揚善) 또한 순(舜)이 어떻게 행중용(行中庸)하고 명중용(明中庸)했는지를 말한다. 순(舜)은 은악(隱惡)하고 양선(楊善)하여 중용(中庸)을 시행[行]하고 밝혔다는[明] 것이다. 이는 순(舜)이 선(善)과 악(惡)을 양단(兩端)으로 차별(差別)하여 악(惡)을 배척하고 선(善)만을 취하지 않았음을 말한다. 은악(隱惡)의 악(惡)이란 성(性) · 정(情)에서 정(情)에 치우쳐[過] 성(性)에 이르지 못함[不及]으로 말미암아 비롯되는 불선(不善)이다. 여기서 선(善) · 악(惡)은 성(性) · 정(情)을 말하고 있다. 그래서 선(善)이란 천명(天命)을 계승(繼承)한 성(性) · 정(情)의 중화(中和)이고, 악(惡)이란 정(情)에 치우쳐[過] 그 중화(中和)를 어김이다.

은악(隱惡)은 악(惡)을 악(惡)으로 단정(斷定)하고 묵인(黙認)함이 아니라, 악(惡)이란 정(情) 즉 사사로운 희로애락(喜怒哀樂)에 치우쳐 벌어지는 잘못임을 깨닫고 천선(遷善) 즉 선(善)으로 돌아오기를 기다려줌을 뜻한다. 순(舜)의 은악이양선(隱惡而揚善)은 인간은 누구나 부지천명(不知天命)으로부터 지천명(知天命)으로 복귀(復歸)할 수 있다는 믿음을 살펴 새기고 헤아려 가늠하게 하고, 따라서 반중용(反中庸)으로부터 중용(中庸)으로 되돌아올[復歸] 수 있음을 일깨워 깨우치게 한다. 이런 까닭으로 순(舜)의 은악이양선(隱惡而揚善)은 『논어(論語)』「안연(顔淵)」편(篇)에 나오는 **불가즉지(不可則止) 무자욕언(無自辱焉)**을 떠올려 헤아리게 한다. 악(惡)을 선(善)으로 옮기게[遷] 할 수 없다면 숨겨주다가, 천선(遷善)하면 발양(發揚)했음을 가늠하게 하는 말씀이 〈은악이양선(隱惡而揚善)〉이다.

註 "자공문우(子貢問友) 자왈(子曰) 충고이선도지(忠告而善道之) 불가즉지(不可則止) 무자욕언(無自辱焉)." 자공이[子貢] 벗에 관해[友] 물었다[問]. 공자께서[子] 말씀하셨다[曰]: 충고해서[忠告而] 벗을[之] 잘[善] 이끌어주되[道], 그럴 수 없다면[不可] 곧[則] 그만두어라[止]. 선도하겠다고 고집해[焉] 스스로[自] 욕보지[辱] 말라[無].

선도지(善道之)에서 도(道)는 〈이끌 도(導)〉와 같고, 지(之)는 〈벗 우(友)〉를 나타낸다고 여기면 된다.

『논어(論語)』「안연(顔淵)」편(篇) 23장(章)

執其兩端(집기양단)

▶ 그[其] 본말을[兩端] 지켰다[執].

잡을 집(執), 그 기(其), 양쪽 양(兩), 본말 단(端)

【읽기(讀)】

집기양단(執其兩端)은 〈순집선악지양단(舜執善惡之兩端)〉에서 앞 문맥(文脈)으로 보충할 수 있는 순(舜)을 생략하고, 선악지(善惡之)를 관형사 〈그 기(其)〉로 대신한 구문이다. 집기양단(執其兩端)에서 집(執)은 〈지킬 수(守)〉와 같아 집수(執守)의 줄임말로 여기면 되고, 단(端)은 여기선 〈실마리 서(緖)〉와 같아 단서(端緖)의 줄임말로 여겨도 되겠지만 양단(兩端)을 〈본말(本末)〉로 옮기면 문의(文意)가 더 분명해진다.

【풀이(繹)】

집기양단(執其兩端)은 바로 앞의 〈은악이양선(隱惡而揚善)〉을 풀이하고 있다. 선(善)을 취하고 악(惡)을 버린다면 집기양단(執其兩端)이 아니라 집선(執善)이면 된다. 양단(兩端)의 양(兩)이란 본(本)과 말(末)이고, 단(端)이란 실마리를 말한다. 은악(隱惡)으로 미루어 악(惡) 즉 치우친 정(情)을 말단(末端)으로 삼고, 양선(楊善)으로 미루어 선(善) 즉 성(性)을 본원(本源)으로 삼고 있음이다. 이는 곧 희로애락(喜怒哀樂)의 정(情)을 말단(末端)으로 지킴[執]이고, 천명(天命)의 성(性)을 본원(本源)으로 지킴[執]이다. 따라서 〈집기양단(執其兩端)〉 역시 성(性)·정(情)을 두루 받아들여 순(舜)이 중용(中庸)을 시행(行)하고 밝혔음[明]을 헤아려 가늠하게 하는 말씀이다.

用其中於民(용기중어민)

▶ 세상 사람들[民]에게[於] 그[其] 중화를[中] 시행했다[用].

쓸 용(用), 그 기(其), 어울릴 중(中), 조사(~에게) 어(於), 백성 민(民)

【읽기(讀)】

용기중어민(用其中於民)은 〈순용양단지중어민(舜用兩端之中於民)〉에서 앞 문맥(文脈)으로 보충할 수 있는 순(舜)을 생략하고, 양단지(兩端之)를 관형사 〈그 기

(其)〉로 대신한 구문이다. 용기중어민(用其中於民)에서 용(用)은 〈쓸 시(施)〉와 같아 시용(施用)의 줄임말로 여기면 되고, 중(中)은 여기선 〈어울릴 화(和), 고를 균(均)·평(平), 따를 순(順)〉 등의 뜻을 묶어둔 자(字)이고, 어(於)는 조사(助詞) 〈~에게 어(於)〉이다.

【풀이(繹)】

용기중어민(用其中於民)은 순(舜)이 행한 집기양단(執其兩端)을 풀이하고 있다. 따라서 순(舜)은 성(性)·정(情)의 중화(中和)를 모든 사람들에게 시행(施行)하여 중용(中庸)을 밝혔던 셈이다. 물론 용기중어민(用其中於民)의 중(中)은 정(情)이 성(性)을 따라 어울림[和]을 말한다. 여기서 왜 공자께서 〈순기대지야여(舜其大知也與)〉라고 찬송(讚頌)했는지 그 까닭을 구체적으로 알 수 있게 된다. 순(舜)의 대지(大知)란 곧 용기중어민(用其中於民) 즉 세상 사람들[民]에게[於] 성(性)·정(情)의 중화(中和)를 시용할[用] 줄 알았던[知] 것이므로 공자께서 순(舜)을 찬송(讚頌)한 것이다. 순(舜)이 모든 사람들에게 중화(中和)와 중정(中正)을 행(行)하고 밝혀[明] 인화물(人化物)의 대란(大亂)을 제거하는 치인(治人)·치세(治世)를 실현할 수 있었음을 살펴 새기고 헤아려 가늠하게 하는 말씀이 〈용기중어민(用其中於民)〉이다.

其斯以爲舜乎(기사이위순호)

▶ 바로[其] 이것이[斯] 순이[舜] 된[爲] 까닭이로다[以乎]!

바로 기(其), 이 사(斯), 때문에 이(以), 될 위(爲), 순임금 순(舜), 조사(~로다) 호(乎)

【읽기(讀)】

기사이위순호(其斯以爲舜乎)는 〈기사소이위순호(其斯所以爲舜乎)〉에서 〈바 소(所)〉가 생략된 구문으로 여기면 문의(文意)가 드러난다. 〈사소이위(斯所以爲)A〉 또는 〈사이위(斯以爲)A〉를 상용구로 암기해두면 편하다. 〈이것은[斯] A가 되는[爲] 까닭이다[所以]〉 또는 〈이것은[斯] A를 하는[爲] 까닭이다[所以]〉 위(爲)는 영어의 〈do〉처럼 자동사·타동사·피동사 노릇을 두루 하는 자(字)라고 보면 된다.

기사이위순호(其斯以爲舜乎)에서 기(其)는 감탄의 어조를 더하는 조사(助詞)로 〈바로 기(其)〉 노릇하고, 사(斯)는 여기선 지시어로 〈이 또는 그 시(是)〉와 같고, 이(以)는 〈까닭 인(因)〉과 같으며, 위(爲)는 자동사로 〈될 위(爲)〉 노릇하고, 호(乎)는 감탄조사 〈~로다 호(乎)〉로 종결어미 노릇한다.

물론 기사이위순호(其斯以爲舜乎)에서 기(其)를 순(舜)을 나타내는 지시대명사로 여기고, 사이(斯以)를 시이(是以)와 같은 부사구로 보고, 순(舜)을 자동사 위(爲)의 보어(補語)로 여기고 기사이위순호(其斯以爲舜乎)의 문맥(文脈)을 잡아 〈그분은[其] 이[斯] 때문에[以] 순이[舜] 된 것[爲]이로다[乎]〉로 역(譯)해도 문의(文意)가 달라지지는 않는다.

【풀이(繹)】

기사이위순호(其斯以爲舜乎)는 순(舜)이 중용(中庸)을 밝히고[明] 베푼[行] 것을 정리해주고 있다. 여기서 위순(爲舜)은 농부(農夫) · 어부(漁夫) · 도공(陶工) 등등 여러 노릇을 했던 한 홀아비[鰥子] 범부(凡夫)인 순(舜)이 순(舜)임금으로서의 순(舜), 성인(聖人)으로서의 순(舜), 도덕(道德)을 더없이 본받아 갖춘 순(舜)이 된 것을 뜻한다고 보아도 될 것이다. 그러나 한 환자(鰥子)로서의 순(舜)이 성인(聖人) · 제왕(帝王)이 되고자 행중용(行中庸)하고 명중용(明中庸)한 것이 아니라, 순(舜)이 된 것을 본성(本性)이 본래(本來) 그러했기 때문이라고 공자께서 찬송한 말씀으로 여기는 편이 앞 문맥(文脈)과 걸맞는다고 본다.

기사이위순호(其斯以爲舜乎)에서 사(斯)는 호문(好問) · 호찰이언(好察邇言)하고 은악이양선(隱惡而揚善)하며 집기양단(執其兩端)하고 용기중어민(用其中於民)하였음을 나타내는 지시어(指示語)이고, 이런[斯] 까닭으로 요(堯)로부터 제왕(帝王)의 자리[位]를 물려받게 되었음을 아울러 살펴 새기고 헤아려 가늠하게 하는 말씀이 〈기사이위순호(其斯以爲舜乎)〉이다.

소인(小人)의 소지(小知)

7장(章)은 범인(凡人)의 교만(驕慢)을 들어 반중용(反中庸)을 소인(小人)의 소지(小知)에서 비롯되는 어리석음[愚]으로 살펴 새기고 헤아려 가늠하는 장(章)이다.

【전문(全文)】

子曰 人皆曰予知로되 驅而納諸罟擭陷穽之中而莫之
자왈 인개왈여지 구이납저고획함정지중이막지
知辟也라 人皆曰予知로되 擇乎中庸而不能期月守也라
지벽야 인개왈여지 택호중용이불능기월수야

공자께서 가로되: 사람들은 모두 나는 슬기롭다고 이르지만, 그물로 자신들을 몰아넣고 함정 속에 붙잡혀도 그것을 피할 줄 모르는 것이다. 사람들은 모두 나는 슬기롭다고 이르지만, 중용을 택하여 채 한 달도 지키지 못하는 것이다.

人皆曰予知(인개왈여지)

▶ 사람들은[人] 모두[皆] 나는[予] 슬기롭다고[知] 이른다[曰].

모두 개(皆), 이를 왈(曰), 나 여(予), 슬기로울 지(知)

【읽기(讀)】

인개왈여지(人皆曰予知)에서 인(人)은 주어 노릇하고, 개(皆)는 왈(曰)을 꾸미는 부사 노릇하며, 왈(曰)은 타동사 노릇하고, 여지(予知)는 왈(曰)의 목적절로 여기면 문의(文意)가 드러난다. 인개왈여지(人皆曰予知)에서 개(皆)는 〈한 가지 동(同)〉과 같고, 왈(曰)은 여기선 〈이를 위(謂)〉와 같으며, 여(予)는 〈나 아(我)〉와 같고, 지(知)는 〈슬기 지(智)〉와 같다.

【풀이(繹)】

인개왈여지(人皆曰予知)는 『논어(論語)』「자로(子路)」편(篇)에 나오는 **소인교이불태(小人驕而不泰)**를 상기(想起)시키고, 『노자(老子)』 24장(章)에 나오는 **자현자(自見者)** · **자시자(自是者)** · **자벌자(自伐者)** · **자긍자(自矜者)**를 떠올린다[想起]. 인개왈여지(人皆曰予知)의 여지(予知)는 자칭(自稱)해서 스스로 슬기롭다고 함이다. 이러한 여지(予知)의 지(知)는 공자(孔子)께서 밝히는 〈지혜로운 지(知)〉가 아니다. 공자(孔子)께서 말하는 지혜로운 지(知)란 극기(克己)하고 복례(復禮)하여 진기성(盡其性)의 슬기로움[知]이고, 치인(治人)의 슬기로움[知]이며, 인인(仁人)의 슬기로움[知]이고, 애물(愛物)의 슬기로움[知]이다. 말하자면 무사(無私) · 무욕(無欲) · 무아(無我)를 깨우친 지(知)이며, 자비(自卑) 즉 자신을 낮추고[卑] 남[人]을 높이는[尊] 슬기로움[知]이 공자(孔子)께서 밝히는 호학(好學)의 지(知)이다. 여기서 여지(予知)의 지(知)란 자신을 과시하는 자[自見者]의 욕(欲)이고, 자신이 옳다고만 주장하는 자[自是者]의 욕(欲)이며, 제 자랑을 일삼는 자[自伐者]의 욕(欲)이고, 스스로 뽐내는 자[自矜者]의 욕(欲)이다. 이런 지욕자(知欲者)를 일컬어 소인(小人)이라 한다. 소인(小人)의 교만(驕慢) · 자만(自慢) · 오만(傲慢)으로 말미암아 비롯되는 반중용(反中庸)을 에둘러 밝힌 말씀이 〈인개왈여지(人皆曰予知)〉이다.

註 "군자태이불교(君子泰而不驕) 소인교이불태(小人驕而不泰)." 군자는[君子] 태연하되[泰而] 교만하지 않고[不驕], 소인은[小人] 교만하되[驕而] 태연하지 못하다[不泰].

『논어(論語)』「자로(子路)」편(篇) 26장(章)

註 "자현자불명(自見者不明) 자시자불창(自是者不彰) 자벌자무공(自伐者無功) 자긍자부장(自矜者不長)." 스스로[自] 슬기롭다고 하는[見] 자는[者] 현명하지 못하고[不明], 스스로[自] 옳다고 주장하는[是] 자는[者] 남이 받아주지 않으며[不彰], 스스로[自] 자랑하는[伐] 자는[者] 공이[功] 없어지고[無], 스스로[自] 뽐내는[矜] 자는[者] 오래가지 못한다[不長]. 『노자(老子)』 24장(章)

驅而納諸罟(구이납저고) 擭陷穽之中而莫之知辟也(획함정지중이막지지벽야)

▶ 그물[罟]로 자신들을[諸] 몰아[驅而] 집어넣고[納] 함정의[陷穽之] 속에[中] 붙들려서도[擭而] 그 함정을[之] 피할 줄[辟] 모르는 것[莫知]이다[也].

몰아갈 구(驅), 그래서 이(而), 들어갈 납(納), 지어(之於) 저(諸),
그물 고(罟), 잡힐(걸릴) 획(擭), 빠질 함(陷), 허방다리 정(穽),
조사(~의) 지(之), 속 중(中), 그러나 이(而), 못할 막(莫), 그것 지(之),
알 지(知), 피할 벽(辟), 조사(~이다) 야(也)

【읽기(讀)】

구이납저고(驅而納諸罟)는 〈인구지어고(人驅之於罟) 이인납지어고(而人納之於罟)에서 앞 문맥(文脈)으로 보충할 수 있는 인(人)과 되풀이되는 지어고(之於罟)를 생략하고, 지어(之於)를 저(諸)로 축약(縮約)하여 묶은 구문으로 여기면 문의(文意)가 드러난다. 〈사람들은[人] 그물[罟]로[於] 자신을[之] 몰아간다[驅]. 그리고[而] 사람들은[人] 그물[罟]로[於] 자신을[之] 집어넣는다[納]〉를 〈그물[罟]로 자신을[諸] 몰아넣고[驅而] 집어넣는다[納]〉로 줄인 말투가 구이납저고(驅而納諸罟)이다.

구이납저고(驅而納諸罟)에서 구(驅)는 〈몰 치(馳)〉와 같고, 납(納)은 〈바칠 공(貢)〉과 같아 공납(貢納)의 줄임말로 여기면 되고, 저(諸)는 여기선 〈지어(之於) 저(諸)〉이며, 고(罟)는 물고기를 잡는 그물을 뜻하지만 그물을 총칭하기도 한다.

획함정지중이막지지벽야(擭陷穽之中而莫之知辟也)는 〈인획함정지중야(人擭陷穽之中也) 이인막지지벽야(而人莫之知辟也)〉에서 앞 문맥(文脈)으로 보충할 수 있는 인(人)과 종결어미 조사(助詞)인 〈~이다 야(也)〉를 생략하여 하나로 묶은 구문이다. 〈사람들은[人] 함정의[陷穽之] 속에[中] 붙들리는 것[擭]이다[也]. 그러나[而] 사람들은[人] 그 붙들림을[之] 피할 줄[辟] 모르는 것[莫知]이다[也]〉를 〈함정의[陷穽之] 속에[中] 붙들리면서도[而] 그 붙들림을[之] 피할 줄[辟] 모르는 것[莫知]이다[也]〉로 줄인 말투가 획함정지중이막지지벽야(擭陷穽之中而莫之知辟也)이다.

획함정지중(擭陷穽之中)에서 획(擭)은 여기선 수동태(受動態)로 새겨야 하고 〈붙들릴 포(捕)〉와 같아 포획(捕獲)의 줄임말로 여기면 되며, 함(陷)은 〈빠질 몰(沒)〉과 같아 함몰(陷沒)의 줄임말로 보고, 정(穽)은 〈구덩이 갱(坑)〉과 같고, 중(中)은 여기선 〈안 내(內)〉와 같다. 이막지지벽야(而莫之知辟也)에서 이(而)는 역접조사(逆接助詞) 〈그러나 이(而)〉 노릇하고, 막(莫)은 〈못할 불(不)〉과 같아 막지(莫知)를 부지(不知)로 여기면 되며, 지(之)는 지시대명사로 획함정지중(擭陷穽之中)을 나타내는 〈그것 지(之)〉로 벽(辟)의 목적어 노릇하고, 벽(辟)은 〈피할 벽(僻)〉과 같다.

【풀이(繹)】

구이납저고(驅而納諸罟) 획함정지중이막지지벽야(擭陷穽之中而莫之知辟也)는 『중용(中庸)』 2장(章)에서 살핀 〈소인반중용(小人反中庸) 소인이무기탄(小人而無忌憚)〉을 비유하여 밝힌 것이다. 반중용(反中庸)은 중용(中庸)을 어김이다[反]. 중용(中庸)의 반(反)이란 정(情)이 성(性)과 어울림[中和]을 어기고 버림이다. 여기서 정(情)이란 희로애락애경(喜怒哀樂愛敬) 등의 욕(欲)이고, 이런 욕(欲)을 비성(非性)이라 하고, 비성(非性)이란 인욕(人欲)의 아집(我執)이다. 한편, 성(性)이란 천명(天命)이고, 천명(天命)이란 무욕(無欲)의 무아(無我)이다. 그러므로 반중용(反中庸)이란 무욕(無欲)·무아(無我)를 버리고, 인욕(人欲)·아집(我執)을 좇아 인화(人和) 즉 나와 남의 어울림[人和]을 저버리고, 아집(我執) 즉 나[我]만을 지킴[執]이다. 그래서 반중용(反中庸)은 무기탄(無忌憚)으로 이어져 드러나는 것이다. 거리낌[忌憚]이 없음[無]은 염치(廉恥)가 없음[無]이다. 염(廉)이란 검소하여 맑아 곧음이고, 치(恥)란 도(道)에 어긋남을 부끄러워함이다. 그러므로 반중용(反中庸)의 무기탄(無忌憚)이란 중용(中庸)의 도(道)를 어기고도 부끄러워할 줄 몰라 뻔뻔스럽고 남의 눈치 따위는 아랑곳없이 제 욕심대로 질주하는 것이다. 이를 비유하여 밝힌 말씀이 〈구이납저고(驅而納諸罟) 획함정지중이막지지벽야(擭陷穽之中而莫之知辟也)〉이다.

擇乎中庸而不能期月守也(택호중용이불능기월수야)

▶ 중용(中庸)을[乎] 택한다지만[擇而] 채 한 달도[期月] 제대로[能] 지키지 못하는 것[不守]이다[也].

가릴 택(擇), 조사(~을) 호(乎), 어울릴 중(中), 쓸 용(庸), 그러나 이(而), 돌 기(期), 달 월(月), 지킬 수(守), 조사(~이다) 야(也)

【읽기(讀)】

택호중용이불능기월수야(擇乎中庸而不能期月守也)는 〈인택호중용야(人擇乎中庸也) 이인불능기월수중용야(而人不能期月守中庸也)〉에서 앞 문맥(文脈)으로 보충할 수 있는 인(人), 그리고 되풀이되는 중용(中庸)과 야(也)를 생략하여 하나로 묶은 구문이다. 〈사람들은[人] 중용(中庸)을[乎] 선택한다는 것[擇]이다[也]. 그러나[而] 사람들은[人] 만[期] 한 달도[月] 중용을[中庸] 잘[能] 지키지 못하는 것[不守]이다[也]〉를 〈중용(中庸)을[乎] 선택한다지만[擇而] 만[期] 한 달도[月] 잘[能] 지키지 못하는 것[不守]이다[也]〉로 줄인 말투가 택호중용이불능기월수야(擇乎中庸而不能期月守也)이다.

택호중용(擇乎中庸)에서 택(擇)은 〈가릴 선(選)〉과 같아 선택(選擇)의 줄임말로 여기면 되고, 호(乎)는 목적격 조사(助詞) 〈~을 어(於)〉와 같으며, 중(中)은 〈어울릴 화(和) · 곧을 정(正)〉 등과 같아 중화(中和) · 중정(中正)의 줄임말로 여기면 되고, 용(庸)은 〈쓸 용(用)〉과 같다.

이불능기월수야(而不能期月守也)에서 이(而)는 역접(逆接)의 접속사 〈그러나 이(而)〉이고, 능(能)은 여기선 〈잘할 선(善)〉과 같으며, 기(期)는 〈찰 만(滿)〉과 같아 만기(滿期)로 보고, 수(守)는 〈지킬 집(執)〉과 같아 집수(執守)의 줄임말로 여기면 된다.

【풀이(繹)】

택호중용이불능기월수야(擇乎中庸而不能期月守也)는 『중용(中庸)』 5장(章)에서 살핀 〈도지불행의부(道之不行矣夫)〉 즉 중용(中庸)의 도(道)를 사람들이 시행하지 않음[不行]을 거듭하여 밝힌 것이다. 택호중용(擇乎中庸)은 중용(中庸)을 시행하겠다고 스스로 다짐함을 뜻한다. 불능기월수야(不能期月守也)는 성(性) · 정(情)의 어울림[中]을 일상(日常)에서 쓰겠다고[庸] 다짐한 것이 한 달이 채 가기도 전에 정(情)에 치우쳐[過] 성(性)에 이르지 못하고[不及] 마는 것을 뜻한다. 과불급(過不及) 역시 반중용(反中庸)하여 무기탄(無忌憚)함을 말하는 것으로, 반중용(反中庸)은 수기(修己) · 수기(守己) · 극기(克己)를 버리고 사욕(私欲)의 그물[罟] 속으로 스스로를 몰아넣어 붙들려 있기를 마다하지 않음이다. 여기서 나를 닦음[修己]도 반중용(反中庸)을 벗어나 중용(中庸)의 행(行)으로 복귀(復歸)함이고, 나를 지킴[守己]도 반중용(反中庸)을 벗어나 중용(中庸)의 행(行)으로 복귀(復歸)함이며, 나를 이겨냄[克己]도 반중용(反中庸)을 벗어나 중용(中庸)의 행(行)으로 복귀(復歸)함임을 살펴 새기고 헤아려 가늠할 수 있게 된다. 따라서 공자께서 안연(顔淵)에게 밝힌 〈극기복례위인(克己復禮爲仁)〉은 중용(中庸)을 쉼없이 행함을 말한 〈택호중용이불능기월수야(擇乎中庸而不能期月守也)〉와 통한다.

안회(顔回)의 중용(中庸)

8장(章)은 안연(顔淵)을 들어 군자중용(君子中庸)의 시중(時中)에서 비롯되는 어진[仁] 삶의 누림을 살펴 새기고 헤아려 가늠하게 하는 장(章)이다.

【전문(全文)】

子曰 回之爲人也는 擇乎中庸하여 得一善則拳拳服膺而弗失之矣라
자왈 회지위인야 택호중용 득일선즉권권복응이불실지의

공자께서 가로되: 안회(顔回)의 사람됨이란 중용을 택하여 한번 선을 취했으면 곧 {그 선(善) 즉 중용(中庸)을} 받들어 가슴 속에 품고서 그것을 잃지 않았던 것이다.

回之爲人也擇乎中庸(회지위인야택호중용)

▶안회[回]의[之] 사람됨[爲人]이란[也] 중용(中庸)을[乎] 택한 것이다[擇].

돌아올 회(回), 조사(~의) 지(之), 될 위(爲), 조사(~이란) 야(也),
가릴 택(擇), 조사(~을) 호(乎), 어울릴 중(中), 쓸 용(庸)

【읽기(讀)】

회지위인야택호중용(回之爲人也擇乎中庸)에서 회지위인야(回之爲人也)는 주부(主部) 노릇하고, 택호중용(擇乎中庸)은 술부(述部)로 보어 노릇하는 구문이다. 〈회지위인(回之爲人)이란[也] 택호중용(擇乎中庸)한 것이다〉로 문맥(文脈)을 잡으면 된다.

회지위인야(回之爲人也)에서 회(回)는 공자의 애제자 안회(顔回)의 줄임이고, 지(之)는 소유격 조사(~의)이며, 위(爲)는 〈될 화(化)〉와 같고, 야(也)는 여기선 주부(主部)의 종결어미 노릇하는 조사(~이란)이다.

택호중용(擇乎中庸)에서 택(擇)은 〈가릴 선(選)〉과 같아 선택(選擇)의 줄임말로 여기면 되고, 호(乎)는 목적격 조사(助詞) 〈~을 어(於)〉와 같으며, 중(中)은 〈어울릴 화(和) · 곧을 정(正)〉 등과 같아 중화(中和) · 중정(中正)의 줄임말로 여기면 되고, 용(庸)은 〈쓸 용(用)〉과 같다.

【풀이(繹)】

회지위인야택호중용(回之爲人也擇乎中庸)은 안회(顔回)가 중용(中庸)을 택(擇)했기 때문에 군자(君子) · 현자(賢者)가 되었음을 밝히고 있다. 택호중용(擇乎中庸)이란 중용(中庸)의 중(中)을 언제 어디서나 썼음[庸]을 말하고, 이는 곧 시중(時中) 즉 일상(日常)에서 성(性) · 정(情)의 어울림[中]을 행했음[行]을 뜻한다. 안회(顔回)의 위인(爲人) 즉 사람됨[爲人]은 『논어(論語)』 「공야장(公冶長)」편(篇)에 나오는 불여야(弗如也) 오여여불여야(吾與女弗如也)를 상기(想起)하게 한다. 안회(顔回)가 중용(中庸)을 행(行)함에 공자 당신도 따르지 못한다고 실토하고 있으니, 안회(顔回)의 사람됨[爲人]은 성인(聖人)에 버금갔음을 알 수 있는 말씀이다.

註 "자위자공왈(子謂子貢曰) 여여회야숙유(女與回也孰愈) 대왈(對曰) 사야(賜也) 하감망회(何敢望回) 회야(回也) 문일이지십(聞一以知十) 사야(賜也) 문일이지이(聞一以知二) 자왈(子曰) 불여야(弗如也) 오여여불여야(吾與女弗如也)." 공자가[子] 자공을[子貢] 불러[謂] 말했다[曰]: 너와[女與] 안회가[回也] 누가[孰] 더 나으냐[愈]? {자공(子貢)이 이 말씀에} 대하여[對] 아뢰었다[曰]:

저 사가[賜也] 어찌[何] 감히[敢] 안회를[回] 바라보겠습니까[望]. 안회는[回也] (스승으로부터) 하나를[一] 들으면[聞] (그 하나를) 가지고[以] 열을[十] 알지만[知], 저 사는[賜也] (스승으로부터) 하나를[一] 들으면[聞] (그 하나를) 가지고[以] 둘을[二] 압니다[知]. 공자가[子] 말했다[曰]: {안회(顔回)만} 못하리라[弗如也]. 나와[吾與] 너는[女] {안회(顔回)만} 못하리라[弗如也].

여(女)는 〈너 여(汝)〉와 같고, 회(回)는 공자의 애제자 안회(顔回) 즉 안연(顔淵)이며, 사(賜)는 공자의 제자 자공(子貢)의 이름이다. 불(弗)은 불(不)과 같지만 더 강한 부정사(否定辭)이다.

『논어(論語)』「공야장(公冶長)」편(篇) 9장(章)

得一善則拳拳服膺而弗失之矣(득일선즉권권복응이불실지의)

▶ {회(回)는} 한번[一] 선을[善] 이룩하면[得] 곧[則] {그 선(善)을} 받들어[拳拳] 가슴 속에[膺] 품고서[服而] 그것을[之] 잃지 않았던 것[弗失]이다[矣].

이룰 득(得), 착할 선(善), 곧 즉(則), 쥘 권(拳), 지닐 복(服), 가슴 응(膺), 그리고 이(而), 아니 불(弗), 잃을 실(失), 그것 지(之), 조사(~이다) 의(矣)

【읽기(讀)】

득일선즉권권복응이불실지의(得一善則拳拳服膺而弗失之矣)는 〈회득일선(回得一善) 즉회권권복응의(則回拳拳服膺矣) 이회불실지의(而回弗失之矣)〉에서 앞 문맥(文脈)으로 보충할 수 있는 회(回)와 되풀이되는 종결어미 조사(~이다) 의(矣)를 생략하고, 세 구문을 하나로 묶은 말투이다. 〈회가[回] 한번[一] 선을[善] 이루면[得] 곧[則] 회는[回] 받들어[拳拳] 가슴에[膺] 간직하는 것[服]이다[矣]. 그리고[而] 회는[回] 그것을[之] 결코 잃지 않았던 것[弗失]이다[矣]〉 이를 〈한번[一] 선을[善] 이루면[得] 곧[則] 받들어[拳拳] 가슴에[膺] 간직하고서[服而] 그것을[之] 결코 잃지 않았던 것[弗失]이다[矣]〉로 줄인 것이다.

득일선(得一善)에서 득(得)은 〈이룰 성(成)〉과 같고, 선(善)은 신행애경(身行愛敬) 즉 자신이[身] 사랑과[愛] 공경을[敬] 행[行]함을 뜻한다. 권권복응(拳拳服膺)에서 권권(拳拳)은 받들어[奉] 지니는[持] 모습이고, 복(服)은 〈붙을 착(着)〉과 같아 착복(着服)의 줄임말로 여기면 된다. 불실지의(弗失之矣)에서 불(弗)은 불(不)과 같지만 더 강한 부정사(否定辭)이고, 실(失)은 〈잃을 망(亡)〉과 같아 망실(亡失)의 줄임말로 여기면 되며, 지(之)는 여기선 지시대명사 노릇해 〈그것 지(之)〉이다.

【풀이(繹)】

득일선즉권권복응이불실지의(得一善則拳拳服膺而弗失之矣)는 안회(顔回)가 중용(中庸)을 택(擇)하여 선(善)을 쉼없이 이루어갔음을 밝히고 있다. 득일선(得一善)은 중용(中庸)을 행한다면 선(善)을 이룸[得]을 뜻한다. 성(性) · 정(情)이 어울려[和] 선득(善得) 즉 선(善)이 이루어진다[得]. 이는 마치 〈음양화이만물득(陰陽和而萬物得)〉과 같다. 중용(中庸)을 행하여 이룬 선(善)이란 언제 어디서든 누구에게나 도움이 되는 평범한 것으로 사람을 편안하게[恬] 하고 즐겁게[愉] 한다. 그래서 득일선(得一善)을 득일덕(得一德)으로 새기고 헤아려 가늠해도 된다.

중용(中庸)으로 이룬 선(善)이란 곧 덕(德)이다. 안회(顔回)가 득일선(得一善)의 선(善)을 권권(拳拳)하고 복응(服膺)하여 그 선행(善行)을 잃지 않았다고 밝힌 자왈(子曰)은 『논어(論語)』「안연(顔淵)」편(篇)에서 안회(顔回)가 공자께 분부하신 대로[請] 이[斯] 말씀을[語] 받들 것[事]입니다[矣]라고 아뢴 말씀을 떠올리게 한다. 안회(顔回)가 받은 말씀[斯語]이란 〈예가[禮] 아니면[非] 쳐다보지 말고[勿視], 예가[禮] 아니면[非] 듣지도 말고[勿聽], 예가[禮] 아니면[非] 말하지도 말고[勿言], 예가[禮] 아니면[非] 거동하지도 말라[勿動]〉이다. 비례(非禮)라면 소인(小人)의 반중용(反中庸)이고 무기탄(無忌憚)이다. 안회(顔回)가 반중용(反中庸)의 언행(言行)이면 물시(勿視)하고 물청(勿聽)하고 물언(勿言)하며 물동(勿動)한 것처럼 중용(中庸)이란 잠시도 떠날 수 없는 도(道)임을 살펴 새기고 헤아려 가늠하게 하는 말씀이 〈득일선즉권권복응이불실지의(得一善則拳拳服膺而弗失之矣)〉이다.

註 "안연문인(顔淵問仁) 자왈(子曰) 극기복례위인(克己復禮爲仁) 일일극기복례(一日克己復禮) 천하귀인언(天下歸仁焉) 위인유기(爲仁由己) 이유인호재(而由人乎哉) 안연왈(顔淵曰) 청문기목(請問其目) 자왈(子曰) 비례물시(非禮勿視) 비례물청(非禮勿聽) 비례물언(非禮勿言) 비례물동(非禮勿動) 안연왈(顔淵曰) 회수불민(回雖不敏) 청사사어의(請事斯語矣)." 안연이[顔淵] 어짊을[仁] 물었다[問]. 공자가[子] 말했다[曰]: 나를[己] 이겨[克] 예로[禮] 되돌아감이[復] 어짊[仁]이다[爲]. 하루라도[一日] 나를[己] 이겨[克] 예로[禮] 되돌아간다면[復] 온 세상이[天下] 어짊으로[仁] 돌아갈 것[歸]이다[焉]. 어짊은[爲仁] 나로부터[己] 비롯되지[由] 어찌[而] 남들로부터[人] 비

롯되는 것[由]이겠는가[乎哉]! 안회가[顔回] 아뢰었다[曰]: 청컨대[請] 그[其] 조목을[目] 여쭙니다[問]. 공자가[子] 말했다[曰]: 예가[禮] 아니면[非] 쳐다보지 말고[勿視], 예가[禮] 아니면[非] 듣지도 말고[勿聽], 예가[禮] 아니면[非] 말하지도 말고[勿言], 예가[禮] 아니면[非] 거동하지도 말라[勿動]. 안회가[顔回] 아뢰었다[曰]: 저[回] 비록[雖] 영민하지 못하지만[不敏], 분부하신 대로[請] 이[斯] 말씀을[語] 받들 것[事]입니다[矣].

『논어(論語)』「안연(顔淵)」편(篇) 1장(章)

중용(中庸)의 실행(實行)

9장(章)은 사람이라면 저마다 일상(日常)에서 중용(中庸)을 밝히지 않으면 안 되고, 지키지 않으면 안 되며, 이행하지 않으면 안 되는 까닭을 사무치게 밝히고 있는 장(章)이다.

【전문(全文)】

子曰 天下國家도 **可均也**이고 **爵祿**도 **可辭也**이며 **白刃**도 **可蹈也**라도 **中庸**은 **不可能也**이다

(자왈 천하국가 가균야 작록 가사야 백인 가도야 중용 불가능야)

공자께서 가로되: 온 세상 나라도 골고루 할 수 있는 것이고 벼슬의 녹봉도 사양할 수 있는 것이며 시퍼런 칼날도 밟을 수 있는 것이지만, 중용은 (그렇게) 할 수 없는 것이다.

天下國家可均也(천하국가가균야)

▶ 온 세상[天下] 나라를[國家] 고르게 할 수 있는 것[可均]이다[也].

하늘 천(天), 아래 하(下), 나라 국(國), 집 가(家), 가할 가(可), 고를 균(均), 조사(~이다) 야(也)

【읽기(讀)】

천하국가가균야(天下國家可均也)는 〈천자가균천하국가야(天子可均天下國家也) 이천자불가능균중용야(而天子不可能均中庸也)〉에서 이천자불가능균중용야(而天子不可能均中庸也)를 생략하고, 천자가균천하국가야(天子可均天下國家也)에서 문맥으로 보충할 수 있는 천자(天子)를 생략하고, 균(均)의 목적구인 천하국가(天下國家)를 강조하고자 전치(前置)한 구문으로 여기면 문의(文意)가 드러난다. 〈천자는[天子] 천하의[天下] 나라를[國家] 고르게 할 수 있는 것[可均]이다[也]. 그러나[而] 천자라도[天子] 중용을[中庸] 능히[能] 고르게 할 수 없는 것[不可均]이다[也]〉 이를 〈천하의[天下] 나라를[國家] 고르게 할 수 있는 것[可均]이다[也]〉로 줄여 함축한 말투가 천하국가가균야(天下國家可均也)이다.

천하국가가균야(天下國家可均也)에서 가(可)는 〈가할 능(能)〉과 같고, 균(均)은 〈고를 평(平) · 등(等)〉 등과 같아 평균(平均) · 균등(均等) · 균일(均一) 등등의 줄임말로 여기면 된다.

【풀이(繹)】

천하국가가균야(天下國家可均也)는 중용(中庸)을 알고[知] 밝혀[明] 행(行)함은 사람에 따라 다를 수밖에 없는 선덕(善德)임을 강하게 밝힌 자왈(子曰)이다. 온 세상 모든 나라를 균등(均等)하고 균일(均一)하게 다스릴 수 있을지언정, 중용(中庸)은 평균(平均)하여 모든 사람에게 균등(均等)하고 균일(均一)하게 알리고[知] 밝혀[明] 행(行)하라고는 할 수 없는 유유기(唯由己)의 도(道) 즉 오로지[唯] 자기[己]로부터 비롯되는[由] 도(道)임을 밝힌 것이다. 위인유기(爲仁由己) 즉 어짊이[爲仁] 나로부터[己] 비롯되듯[由], 중용(中庸) 또한 오로지 나로부터[己] 비롯되는[由] 선(善)이고 덕(德)이다. 그래서 군자중용(君子中庸) · 소인반중용(小人反中庸)이라고 단언(斷言)한 것이며, 민선구(民鮮久) 즉 사람들[民]이 중용(中庸)을 소홀히 한 지[鮮] 오래되었다[久]고 천명(闡明)한 것이다. 중용(中庸)이란 스스로 밝혀 행하는 선덕(善德)이지 억지로 시켜서 되는 것이 아님을 강하게 밝힌 말씀이 〈천하국가가균야(天下國家可均也)〉이다.

爵祿可辭也(작록가사야)

▶ 벼슬의 녹봉도[爵祿] 사양할 수 있는 것[可辭]이다[也].

벼슬 작(爵), 녹봉 록(祿), 할 수 있을 가(可), 사양할 사(辭), 조사(~이다) 야(也)

【읽기(讀)】

작록가사야(爵祿可辭也)는 〈인가사작록야(人可辭爵祿也) 이인불가능사중용야(而人不可能辭中庸也)〉에서 이인불가능사중용야(而人不可能辭中庸也)를 생략하고, 인가사작록야(人可辭爵祿也)에서도 문맥으로 보충할 수 있는 인(人)을 생략하고 사(辭)의 목적어인 작록(爵祿)을 강조하고자 전치(前置)하여 강조한 구문이다. 〈사람은[人] 벼슬의 봉록을[爵祿] 사양할 수 있는 것[可辭]이다[也]. 그러나[而] 사람이[人] 중용을[中庸] 능히[能] 사양할 수는 없는 것[不可辭]이다[也]〉 이를 〈벼슬의 봉록을[爵祿] 사양할 수 있는 것[可辭]이다[也]〉만으로 줄여 함축한 말투가 작록가사야(爵祿可辭也)라고 새기면 문의(文意)가 드러난다.

작록가사야(爵祿可辭也)에서 가(可)는 〈가할 능(能)〉과 같고, 사(辭)는 여기선 〈고사할 양(讓)〉과 같아 사양(辭讓)의 줄임말로 여기면 된다.

【풀이(繹)】

작록가사야(爵祿可辭也)는 중용(中庸)을 알고[知] 밝혀[明] 행(行)함은 결코 사양(辭讓)할 수 없는 선덕(善德)임을 강하게 밝힌 자왈(子曰)이다. 사람들이 바라는 작록(爵祿)은 사양할 수 있을지언정, 중용(中庸)은 결코 저버릴 수 없는 유유기(唯由己)의 도(道) 즉 오로지[唯] 자기[己]로부터 비롯되는[由] 도(道)임을 밝힌 것이다. 위인유기(爲仁由己) 즉 어짊이[爲仁] 나로부터[己] 비롯되듯[由]이, 중용(中庸) 또한 오로지 나로부터[己] 비롯되는[由] 선(善)이고 덕(德)이다. 그래서 군자중용(君子中庸) · 소인반중용(小人反中庸)이라고 단언(斷言)한 것이며, 민선구(民鮮久) 즉 사람들[民]이 중용(中庸)을 소홀히 한 지[鮮] 오래되었다[久]고 천명(闡明)한 것이다. 중용(中庸)이란 스스로 반드시 밝히고 행해야 하는 선덕(善德)이지 사양(辭讓)할 수 있는 선덕(善德)이 아님을 밝힌 말씀이 〈작록가사야(爵祿可辭也)〉이다.

白刃可蹈也(백인가도야)

▶ 시퍼런 칼날도[白刃] 밟을 수 있는 것[可蹈]이다[也]

흰 백(白), 칼날 인(刃), 알 수 있을 가(可), 밟을 도(蹈), 조사(~이다) 야(也)

【읽기(讀)】

백인가도야(白刃可蹈也)는 〈인가도백인야(人可蹈白刃也) 이인불가능도중용야(而人不可能蹈中庸也)〉에서 이인불가능도중용야(而人不可能蹈中庸也)를 생략하고, 인가도백인야(人可蹈白刃也)에서 보충할 수 있는 인(人)을 생략하고 도(蹈)의 목적어인 백인(白刃)을 강조하고자 전치(前置)하여 강조한 구문이다. 〈사람이[人] 시퍼런 칼날을[白刃] 밟을 수 있는 것[可蹈]이다[也]. 그러나[而] 사람이[人] 중용을[中庸] 능히[能] 밟을 수는 없는 것[不可蹈]이다[也]〉 이를 〈시퍼런 칼날을[白刃] 밟을 수 있는 것[可蹈]이다[也]〉로 줄여 함축한 말투가 백인가도야(白刃可蹈也)라고 새기면 문의(文意)가 드러난다.

백인가도야(白刃可蹈也)에서 백(白)은 〈흰 소(素)〉와 같고, 도(蹈)는 〈밟을 답(踏)〉과 같다.

【풀이(繹)】

백인가도야(白刃可蹈也) 또한 중용(中庸)을 알고[知] 밝혀[明] 행(行)함은 결코 사양(辭讓)할 수 없는 선덕(善德)임을 강하게 밝힌 자왈(子曰)이다. 사람들이 결코 밟지 못하는 서슬 퍼런 칼날[白刃]을 밟을 수는 있을지라도, 중용(中庸)은 감히 짓밟을 수 없는 유유기(唯由己)의 도(道) 즉 오로지[唯] 자기[己]로부터 비롯되는[由] 도(道)임을 밝힌 것이다. 위인유기(爲仁由己) 즉 어짊이[爲仁] 나로부터[己] 비롯되듯[由]이, 중용(中庸) 또한 오로지 나로부터[己] 비롯되는[由] 선(善)이고 덕(德)임을 거듭 밝힌 말씀이 백인가도야(白刃可蹈也)이다. 그래서 군자중용(君子中庸)·소인반중용(小人反中庸)이라고 단언(斷言)한 것이며, 민선구(民鮮久) 즉 사람들[民]이 중용(中庸)을 소홀히 한 지[鮮] 오래되었다[久]고 천명(闡明)한 것이다. 중용(中庸)이란 스스로 반드시 밝히고 행해야 하는 선덕(善德)이며 저버릴 수 없는 것임을 밝힌 말씀이 〈백인가도야(白刃可蹈也)〉이다.

中庸不可能也(중용불가능야)

▶ 중용은[中庸] (그렇게) 할 수 없는 것[不可能]이다[也].

어울릴 중(中), 쓸 용(庸), 아니 불(不), 할 수있을 가(可), 할 수있을 능(能), 조사(~이다) 야(也)

【읽기(讀)】

중용불가능야(中庸不可能也)는 〈인불가능균중용야(人不可能均中庸也) 이인불가능사중용야(而人不可能辭中庸也) 이인불가능도중용야(而人不可能蹈中庸也)〉에서 일반주어 노릇할 인(人)을 생략하고, 앞 문맥(文脈)으로 보충할 수 있는 균(均)과 사(辭)와 도(蹈) 등을 생략하고, 중용(中庸)을 강조하고자 전치(前置)하여 강조한 구문이다. 〈사람이[人] 중용을[中庸] 균일하게 할[均] 수는 없는 것[不可能]이다[也]. 그리고[而] 사람이[人] 중용을[中庸] 사양할[辭] 수는 없는 것[不可能]이다[也]. 그리고[而] 사람이[人] 중용을[中庸] 밟을[蹈] 수는 없는 것[不可能]이다[也]〉 이를 〈중용은[中庸] 할 수 없는 것[不可能]이다[也]〉로 줄인 말투가 중용불가능야(中庸不可能也)이다.

【풀이(繹)】

중용불가능야(中庸不可能也)는 사람이라면 누구든 중용(中庸)을 저마다 알아야[知] 하고, 저마다 밝혀야[明] 하며, 저마다 이행해야[行] 함을 묶어 밝히고 있다. 이는 곧 중용(中庸)이란 성(性)·정(情)의 중화(中和)를 이루어 천명(天命) 즉 천지(天地)가 시키고 가르치는 바를 받들어 살아가야 한다는 뜻이다. 따라서 중용(中

庸)의 도(道) 역시 유유기(唯由己)의 도(道) 즉 오로지[唯] 자기[己]로부터 비롯되는 [由] 도(道)임을 거듭 강조하고 있다. 위인유기(爲仁由己) 즉 어짊이[爲仁] 나로부터[己] 비롯되듯[由]이, 중용(中庸) 또한 오로지 나로부터[己] 비롯되는[由] 선(善)이고 덕(德)임을 거듭 강조한 말씀이 〈중용불가능야(中庸不可能也)〉이다.

중용(中庸)의 강(强)

10장(章)은 남방지강(南方之强)을 빌려 군자(君子)의 강(强)함을 밝히고, 군자(君子)의 강(强)함을 빌려 중용(中庸)의 강(强)함을 밝힌다. 동시에 북방지강(北方之强)을 빌려 소인(小人)의 강(强)함을 밝히고, 소인(小人)의 강(强)함을 빌려 반중용(反中庸)의 강(强)함을 밝힌다. 남방지강(南方之强)은 『노자(老子)』에 나오는 〈자승자강(自勝者强)〉을 환기(喚起)시키고, 북방지강(北方之强)은 〈승인자유력(勝人者有力)〉을 떠올려 살펴 새기고 헤아려 가늠하게 한다.

【전문(全文)】

子路問强하니 子曰 南方之强與아 北方之强與아
자 로 문 강 자 왈 남 방 지 강 여 북 방 지 강 여

抑而强與이 寬柔以敎하고 不報無道함은 南方之强也
억 이 강 여 관 유 이 교 불 보 무 도 남 방 지 강 야

니 君子居之니라 衽金革하야 死而不厭은 北方之强也니
군 자 거 지 임 금 혁 사 이 불 염 북 방 지 강 야

而强者居之니라 故로 君子는 和而不流하나니 强哉矯
이 강 자 거 지 고 군 자 화 이 불 류 강 재 교

여 中立而不倚하나니 强哉矯여 國有道면 不變塞焉
중 립 이 불 의 강 재 교 국 유 도 불 변 색 언

하나니 强哉矯여 國無道면 至死不變하나니 强哉矯여
강 재 교 국 무 도 지 사 불 변 강 재 교

자로가 {부자(夫子)께} 강함을 여쭈었다. 공자께서 가로되: 남방의 강함인가? 북방의 강함인가? 아니라면 너의 강함인가? 너그럽고 부드러움으로 가르치고 무도를 보복하지 않음이 남방의 강함이니 군자는 그것에 산다. 무기와 갑옷을 깔고 죽어도 싫어하지 않음은 북방의 강함이니 그래서 강폭한 자가 그것에 산다. 그러므로 군자는 어울리되 휩쓸리지 않으니 꿋꿋하여 강하도다! 중용에 서서 기울지 않으니 꿋꿋하여 강하도다! 나라에 도가 있으면 궁색함을 변치 않으니 꿋꿋하여 강하도다! 나라에 도가 없으면 죽음에 이르러도 변치 않으니 꿋꿋하여 강하도다!

子路問强(자로문강)

▶ 자로가[子路] 강함을[强] (공자께) 여쭈었다[問].

호칭 자(子), 길 로(路), 물을 문(問), 굳셀 강(强)

【읽기(讀)】

자로문강(子路問强)은 〈자로문강어부자(子路問强於夫子)〉에서 어부자(於夫子)를 생략한 구문이다. 〈자로가[子路] 스승께[於夫子] 강함을[强] 여쭈었다[問]〉를

〈자로가[子路] 강함을[强] 여쭈었다[問]〉로 생략한 말투이며, 강(强)은 〈굳셀 강(剛) · 퍅(愎)〉 등과 같다.

【풀이(繹)】

자로문강(子路問强)의 자로(子路)는 공자(孔子)의 제자 중유(仲由)이다. 자로(子路)는 호용(好勇) 즉 용맹을[勇] 좋아했다[好]. 그래서 스승께 〈강(强)〉을 물었다. 강(强)은 굳셈[剛]이다. 강(强)은 유(柔) · 약(弱)의 상대(相對)가 되고, 역(力)과도 상대(相對)가 된다. 물론 『논어(論語)』나 『중용(中庸)』에서는 강(强)과 역(力)을 분명하게 대(對) 짓지 않지만, 『노자(老子)』에서는 **승인자유력(勝人者有力) 자승자강(自勝者强)**이라 하여 강(强) · 역(力)의 뜻을 나누고 있다. 호용(好勇) 즉 용맹을 좋아하는 자로(子路)가 묻는 강(强)이란 승인자유력(勝人者有力)의 역(力)을 뜻하는 〈힘[力]〉으로 새기고 헤아려 가늠하게 한다.

註 "지인자지(知人者智) 자지자명(自知者明) 승인자유력(勝人者有力) 자승자강(自勝者强)." 남을[人] 아는[知] 자는[者] 슬기롭고[智], 자신을[自] 아는[知] 자는[者] 밝다[明]. 남을[人] 이기는[勝] 자한테는[者] 힘이[力] 있고[有], 자신을[自] 이기는[勝] 자는[者] 강하다[强].

『노자(老子)』 33장(章)

南方之强與(남방지강여) 北方之强與(북방지강여) 抑而强與(억이강여)

▶ 남방의[南方之] 강함[强]인가[與]? 북방의[北方之] 강함[强]인가[與]? 아니면[抑] 자네의[而] 강함[强]인가[與]?

남녘 남(南), 곳 방(方), 조사(~의) 지(之), 굳셀 강(强),
조사(~인가) 여(與), 북녘 북(北), 아니면 억(抑), 너의 이(而)

【읽기(讀)】

남방지강여(南方之强與)는 〈기강남방지강여(其强南方之强與)〉에서 주어 노릇할 기강(其强)을 생략한 구문이다. 〈그[其] 강함은[强] 남방의[南方之] 강함[强]인가[與]?〉 이를 〈남방의[南方之] 강함[强]인가[與]?〉로 줄인 말투이다. 남방지강여

(南方之强與)에서 남방(南方)은 중국의 양자강 이남(以南)을 말하고, 강(强)은 〈굳셀 강(剛)·퍅(愎)〉 등과 같고, 여(與)는 어조사로 부드러운 반어법의 종결어미 노릇한다.

북방지강여(北方之强與)는 〈기강북방지강여(其强北方之强與)〉에서 주어 노릇할 기강(其强)을 생략한 구문이다. 〈그[其] 강함은[强] 북방의[北方之] 강함[强]인가[與]?〉 이를 〈북방의[北方之] 강함[强]인가[與]?〉로 줄인 말투이다. 북방지강여(北方之强與)에서 북방(北方)은 중국의 양자강 이북(以北)을 말하고, 강(强)은 〈굳셀 강(剛)·퍅(愎)〉 등과 같으며, 여(與)는 역시 어조사로 부드러운 반어법의 종결어미 노릇한다.

억이강여(抑而强與)는 〈억기강이강여(抑其强而强與)〉에서 기강(其强)을 생략한 구문이다. 〈또는[抑] 그[其] 강함은[强] 너의[而] 강함[强]인가[與]?〉 이를 〈또는[抑] 너의[而] 강함[强]인가[與]?〉로 줄인 말투이다. 억이강여(抑而强與)에서 억(抑)은 전어사(傳語辭) 노릇하는 〈또한(아니면) 억(抑)〉이고, 이(而)는 〈너 여(汝)〉와 같아 여기선 소유격 노릇해 〈너의 이(而)〉이며, 강(强)은 〈굳셀 강(剛)·퍅(愎)〉 등과 같으며, 여(與)는 또한 어조사로 부드러운 반어법(反語法)의 종결어미 노릇한다.

【풀이(繹)】

자로(子路)가 강함[强]을 묻자, 공자(孔子)께서 남방(南方)의 강(强)과 북방(北方)의 강(强)을 반문(反問)한 다음 너의 강(强)은 어떤 강함[强]이냐고 되묻고 있다. 그 연유는 『논어(論語)』「공야장(公冶長)」편(篇)에 나오는 **유야호용과아(由也好勇過我) 무소취재(無所取材)**를 상기(想起)한다면 새겨 헤아릴 수 있을 것이다. 자로(子路)가 용맹만 앞서고 사리(事理)를 분별(分別)함이 없다고 밝힌 자왈(子曰)로, 자로(子路)의 강(强)함이 중용(中庸)을 잃고 있음을 알 수 있다.

호용(好勇)하는 자로(子路)에게 남방(南方)의 강(强)함과 북방(北方)의 강(强)함을 대비(對比)시킴은 중용(中庸)의 강(强)함과 반중용(反中庸)의 강(强)함이 있음을 알려주기 위해서이다. 자로(子路)는 공자(孔子)께서 아꼈던 제자이다. 그런 자로(子路)에게 남방(南方)의 강(强)함과 북방(北方)의 강(强)함이 어떻게 다른지를 알려주려는 공자(孔子)의 뜻이 〈억이강여(抑而强與)〉에 서려 있어서 『논어(論語)』「위정(爲政)」편(篇)에 나오는 **유(由) 회여지지호(誨女知之乎) 지지위지지(知之爲知之)**

부지위부지(不知爲不知) 시지야(是知也)를 새삼 상기(想起)시켜준다.

註 "자왈(子曰) 도불행(道不行) 승부(乘桴) 부우해(浮于海) 종아자(從我者) 기유여(其由與) 자로문지(子路聞之) 희(喜) 자왈(子曰) 유야(由也) 호용과아(好勇過我) 무소취재(無所取材)." 공자께서[子] 가로되[曰]: 도가[道] 행해지지 않으니[不行] 뗏목을[桴] 타고[乘] 바다로[于海] 떠나가련다[浮]. 나를[我] 따를[終] 사람[者] 그라면[其] 자로[由]일지어라[與]. 자로가[子路] 그 말을[之] 듣고[聞] 기뻐했다[喜]. 공자께서[子] 가로되[曰]: 자로[由]는[也] 용맹을[勇] 좋아하기는[好] 나를[我] 뛰어넘지만[過], 사리를[材] 분별해 취하는[取] 바가[所] 없다[無].

『논어(論語)』「공야장(公冶長)」편(篇) 7장(章)

註 "자왈(子曰) 유(由) 회여지지호(誨女知之乎) 지지위지지(知之爲知之) 부지위부지(不知爲不知) 시지야(是知也)." 공자께서[子] 가로되[曰]: 자로야[由] 안다는 것을[知之] 너에게[女] 가르쳐주마[誨乎]. 아는 것은[知之] 아는 것이라[知之] 하고[爲], 모르는 것은[不知] 모르는 것이라[不知] 한다[爲]. 이러함이[是] 앎[知]이다[也]. 『논어(論語)』「위정(爲政)」편(篇) 17장 (章)

寬柔以教(관유이교) 不報無道(불보무도) 南方之强也(남방지강야)

▶ 너그러움과[寬] 부드러움을[柔] 이용해[以] (강함을) 가르치고[教] {강(强)함을 이용하여} 무도함을[無道] 보복하지 않음이[不報] 남방의[南方之] 강함[强]이다[也].

너그러울 관(寬), 부드러울 유(柔), 써 이(以), 가르칠 교(教), 아니 불(不), 갚을 보(報), 없을 무(無), 도리 도(道), 남녘 남(南), 곳 방(方), 조사(~의) 지(之), 굳셀 강(强), 조사(~이다) 야(也)

【읽기(讀)】

관유이교(寬柔以教) 불보무도(不報無道) 남방지강야(南方之强也)는 〈관유이교강남방지강야(寬柔以教强南方之强也) 이이강불보무도남방지강야(而以强不報無道南方之强也)〉에서 앞 문맥(文脈)으로 보충할 수 있는 교강(教强)의 강(强)과 이강(以强)을 생략하고, 되풀이되는 남방지강야(南方之强也)를 생략하여 하나로 묶은 구문이다. 〈관유를[寬柔] 써서[以] 강함을[强] 가르침이[教] 남방의[南方之] 강함[强]이다[也]. 그리고[而] 강함을[强] 써[以] 무도를[無道] 보복하지 않음이[不報] 남방의[南方之] 강함[强]이다[也]〉 이를 〈관유를[寬柔] 써서[以] 가르치고[教] 무도를[無道] 보복하지 않음이[不報] 남방의[南方之] 강함[强]이다[也]〉로 줄인 말투이다. 관유이교(寬柔以教) 불보무도(不報無道) 남방지강야(南方之强也)에서 관유이교(寬柔以教)와 불보무도(不報無道)는 주부(主部) 노릇하고, 남방지강(南方之强)은 술부(述部)로 보어(補語) 노릇하며, 야(也)는 조사(助詞:~이다)로서 종결어미 노릇한다.

관유이교(寬柔以教)에서 관유이(寬柔以)는 교(教)를 꾸미는 부사구 노릇하고, 교(教)는 영어에서 주어(主語) 노릇하는 동명사(動名詞)처럼 〈관유를[寬柔] 이용하여[以] {강함[强]을} 가르침[教]〉이라고 옮기면[譯] 관유이교(寬柔以教)의 문의(文意)를 알 수 있다. 불보무도(不報無道)에서 불(不)은 보(報)를 부정(否定)하는 노릇하고, 보(報)는 영어의 주어 노릇하는 동명사(動名詞) 같으며, 무도(無道)는 보(報)의 목적구(目的句) 노릇해 〈무도를[無道] 보복하지 않음[不報]〉이라고 역(譯)하면 불보무도(不報無道)의 문맥(文脈)을 잡을 수 있다.

관유이교(寬柔以教)의 관(寬)은 〈너그러울 유(裕)〉와 같고, 유(柔)는 〈굳셀 강(剛)〉의 반대말로 〈부드러울 유(柔)〉이며, 이(以)는 여기선 〈써 용(用)〉과 같고, 교(教)는 〈가르칠 훈(訓)〉과 같다. 불보무도(不報無道)에서 보(報)는 〈갚을 복(復)〉과 같아 보복(報復)의 줄임말로 여기면 되고, 무(無)는 〈없을 무(无)〉와 같고, 도(道)는 〈이치 리(理)〉와 같아 도리(道理)의 줄임말로 여기면 된다.

【풀이(繹)】

관유이교(寬柔以教) 불보무도(不報無道)는 남방(南方)의 강(强)함을 주역(紬繹)하고 있다. 관(寬)과 유(柔)를 이용하여[以] 강(强)함을 가르침[教]이란 곧 관(寬)·유(柔)가 곧 강(强)함으로 이어짐을 가르치는 것[教]과 같은 말이 된다. 이런 까닭으로 관유이교(寬柔以教) 불보무도(不報無道)가 자왈(子曰)임에도 불구하고 『노자(老子)』에 나오는 **장욕약지(將欲弱之) 필고강지(必固强之)**와 **유약승강강(柔弱勝剛强)**을 먼저 떠올리게 된다. 내 자신이 강강(强剛)하려면 먼저 관유(寬柔)하라는 것이다. 관(寬)이란 유(裕)하고 유(宥)하며 서(恕)함이다. 남이 아니라 내가 먼저 너그러움[裕]이 관(寬)이고, 남이 아니라 내가 먼저 도와줌[宥]이 관(寬)이며, 남이 아니라 내가 먼저 용서함[恕]이 관(寬)이다. 그래서 관(寬)을 일컬어 유(裕) · 유(宥) · 서(恕)이니 크다[大] 하여 관대(寬大)라고 하는 것이다.

관대(寬大)함은 곧 유(柔)로 통한다. 남이 아니라 내가 먼저 따름[順]이 유(柔)이고, 남이 아니라 내가 먼저 남을 편안케 함[安]이 유(柔)이며, 남이 아니라 내가 먼저 연약함[弱]이 유(柔)이다. 참으로 관유(寬柔)란 미명(微明)과 같다. 희미하게[微] 밝아옴[明]처럼 유약(柔弱)하나 강강(剛强)함이 곧 중용지강(中庸之强) 즉 중용의[中庸之] 강(强)함이다. 강유(强柔)가 무사(無邪)함으로 어울림[和]이 곧 중용(中庸)의 강(强)함이다. 그러므로 불보무도(不報無道)라 한다. 이러한 남방(南方)의 강(强)함을 들어 호용(好勇)하여 강(强)함에만 치우치려는 자로(子路)에게 중용(中庸)의 강(强)함이란 수기(修己)의 강(强)함이지 승인(勝人)의 힘[力]이 아님을 밝혀주고 있다. 또한 『노자(老子)』에 나오는 **승인자유력(勝人者有力) 자승자강(自勝者强)**을 상기(想起)시켜 살펴 새기고 헤아려 가늠하게 하는 말씀이 〈관유이교(寬柔以敎) 불보무도(不報無道)〉이다.

註 "장욕흡지(將欲歙之) 필고장지(必固張之) 장욕약지(將欲弱之) 필고강지(必固强之) 장욕폐지(將欲廢之) 필고흥지(必固興之) 장욕탈지(將欲奪之) 필고여지(必固與之) 시위미명(是謂微明) 유약승강강(柔弱勝剛强)." 그것을[之] 접고[歙] 싶다면[將欲] 반드시[必] 미리[固] 그것을[之] 펴주고[張], 그것을[之] 약하게 하고[弱] 싶다면[將欲] 반드시[必] 미리[固] 그것을[之] 강하게 하며[强], 그것을[之] 폐하고[廢] 싶다면[將欲] 반드시[必] 미리[固] 그것을[之] 흥하게 하고[興], 그것을[之] 빼앗고[奪] 싶다면[將欲] 반드시[必] 미리[固] 그것을[之] 주어라[與]. 이를[是] 희미하나[微] 밝아옴이라[明] 한다[謂]. (이렇기 때문에) 부드러워[柔] 나약함이[弱] 굳세어[剛] 강함을[强] 이긴다[勝]. 『노자(老子)』 36장(章)

註 "승인자유력(勝人者有力) 자승자강(自勝者强)." 남을[人] 이기는[勝] 자한테는[者] 힘이[力] 있고[有], 자신을[自] 이기는[勝] 자한테는[者] 강함이 있다[强]. 『노자(老子)』 33장(章)

君子居之(군자거지)

▶ 군자는[君子] 그것[南方之强]으로[之] 산다[居].

클 군(君), 존칭 자(子), 살 거(居), 그것 지(之)

【읽기(讀)】

군자거지(君子居之)는 〈군자거어남방지강(君子居於南方之强)〉에서 앞 문맥(文脈)으로 보충할 수 있는 어남방지강(於南方之强)을 지시어 노릇하는 〈그것 지(之)〉로 대신한 구문이다. 군자거지(君子居之)에서 거(居)는 〈머물러 살 처(處)〉와 같아 거처(居處)의 줄임말로 여기면 되고, 지(之)는 거(居)를 꾸미는 지시어로 보면 된다.

【풀이(繹)】

군자(君子)는 남방(南方)의 강(强)함으로 산다[居]고 함은 군자(君子)는 유(柔)로 말미암은 강(强)을 취함을 말한다. 군자(君子)가 취하는 이러한 강(强)함은 『논어(論語)』「헌문(憲問)」편(篇)에 나오는 자로문군자(子路問君子)를 상기(想起)시킨다. 끊임없이 수기(修己)하여 늘 경인(敬人) 즉 남[人]을 공경하는[敬] 이가 곧 군자(君子)이다. 한결같이 경인(敬人)함이란 안인(安人)하고 안백성(安百姓)함으로 통한다. 군자(君子)를 두고 강(强)한 치자(治者)라 함은 몇 사람[人]만을 편안케[安] 함이 아니라 세상 모든 사람들[百姓]을 편안하게 하는 까닭이다. 안백성(安百姓)의 강(强)함을 군자(君子)가 행하는 까닭은 유(柔)함에서 강(强)함을 취해야 온 사람[百姓]을 편안하게[安] 할 수 있기 때문이다. 안(安)은 몸과 마음이 맑고 밝은 하늘[晏] 같아 서로 어울려[和] 기쁠[喜] 뿐 두려워할[怖] 것이 없음이다. 말하자면 안안(晏晏)의 안(安)은 군자(君子)가 수기(修己)로 행하는 안인(安人)·안백성(安百姓)의 안(安)이다. 군자(君子)의 이러한 안(安)은 『맹자(孟子)』「이루장구(離婁章句) 하(下)」편(篇)에 나오는 애인자(愛人者)와 경인자(敬人者)를 상기(想起)시킨다

지성으로 공경하는 마음가짐은 부드럽고[柔] 너그럽다[寬]. 관유(寬柔)하므로 인자(仁者)가 되고, 어진[仁] 자(者)이므로 애인자(愛人者)가 된다. 남[人]을 사랑하는[愛] 자(者)가 곧 유례자(有禮者)이다. 예(禮)를 갖춘[有] 자(者)는 자비(自卑)한다. 스스로[自]를 낮추는[卑] 사람이라야 남을 진실로 공경한다[敬]. 여기서 누가 무엇을 관유이교(寬柔以敎)하는지 스스로 가늠하여 깨달을 수 있다. 군자(君子)라야 관(寬)·유(柔)로써[以] 인(仁)을 강하게[强] 가르치고[敎] 애인자(愛人者)가 되게 함을 깨닫는다. 이어서 애인자(愛人者)가 되어야 유례자(有禮者)가 되게 함을 깨닫게 된다. 인자(仁者)로서 애인자(愛人者)가 되고 유례자(有禮者)로서 경인자

(敬人者)가 되면, 무도(無道)한들 관유(寬柔)로 용서(容恕)하여 불보(不報) 즉 갚음하지 않는다[不報]. 이러한 불보(不報)야말로 관유(寬柔)의 강(强)을 행하는 인자(仁者)이고 왕자(王者)임을 군자(君子)를 예(例)로 들어 밝힌 말씀이 곧 〈군자거지(君子居之)〉이다.

註 "자로문군자(子路問君子) 자왈(子曰) 수기이경(修己以敬) 왈(曰) 여사이이호(如斯而已乎) 왈(曰) 수기이안인(修己以安人) 왈(曰) 여사이이호(如斯而已乎) 왈(曰) 수기이안백성(修己以安百姓) 수기이안백성(修己以安百姓) 요순기유병저(堯舜其猶病諸)." 자로가[子路] 군자(君子)에 관해 여쭈었다[問]. 공자께서[子] 가로되[曰]: (군자는) 자신을[己] 닦음[修]으로[以] (사람을) 공경한다[敬]. 자로가 아뢰었다[曰]: 그와[斯] 같이 하면 되는 것[如]입니까[而已乎]? {공자께서[子]} 가로되[曰]: 자신을[己] 닦음[修]으로[以] 사람을[人] 편안히 한다[安]. 자로가 아뢰었다[曰]: 그와[斯] 같이 하면 되는 것[如]입니까[而已乎]? {공자께서[子]} 가로되[曰]: 자신을[己] 닦음[修]으로[以] 백성을[百姓] 편안케 한다[安]. 자신을[己] 닦음[修]으로[以] 백성을[百姓] 편안케 함이란[安] 요순(堯舜) 그분들께서도[其] 오히려[猶] 수기(修己)로써 안백성(安百姓)을[諸] 애태웠다[病].

요순기유병저(堯舜其猶病諸)에서 기(其)는 요순(堯舜)을 대신하는 가주어 노릇하고, 유(猶)는 여기선 〈오히려 상(尙)〉과 같으며, 병(病)은 〈애쓸 로(勞)〉와 같고, 저(諸)는 〈지어(之於) 저(諸)〉로 안백성어수기(安百姓於修己)를 한 글자로 대신한 것이다. 안백성(安百姓)을 애태웠다[病]는 것은 안백성(安百姓)을 실현하기 어려워 고생했다는 뜻이다.

『논어(論語)』「헌문(憲問)」편(篇) 44장(章)

註 "맹자왈(孟子曰) 군자소이이어인자(君子所以異於人者) 이기존심야(以其存心也) 군자이인존심(君子以仁存心) 이례존심(以禮存心) 인자애인(仁者愛人) 유례자경인(有禮者敬人) 애인자(愛人者) 인항애지(人恒愛之) 경인자(敬人者) 인항경지(人恒敬之)." 맹자께서[孟子] 가로되[曰]: 군자가[君子] 범인[人]과[於] 다른[異] 까닭이란[所以] 것은[者] 군자가[其] 본심을[心] 간직하기[存] 때문[以]이다[也]. 군자는[君子] 어짊[仁]으로[以] 본심을[心] 간직하고[存], 예(禮)로[以] 본심을[心] 간직한다[存]. 어진[人] 사람은[者] 사람을[人] 사랑하고[愛], 예를[禮] 갖춘[有] 사람은[者] 사람을[人] 공경한다[敬]. 사람을[人] 사랑하는[愛] 자는[者] 사람들이[人] 그를[之] 늘[恒] 사랑하고[愛], 사람을[人] 공경하는[敬] 자는[者] 사람들이[人] 그를[之] 늘[恒] 공경한다[敬].

존심(存心)은 본심(本心) 즉 선심(善心)을 늘 닦아 간직함[存]이고, 맹자(孟子)는 존심(存心)의 반대말로 방심(放心)이란 말을 쓴다. 군자이어인(君子異於人)의 인(人)은 선심(善心)을 닦아 간직하지 않는 범인(凡人)을 말한다.

『맹자(孟子)』「이루장구(離婁章句) 하(下)」편(篇) 28장(章)

袵金革(임금혁) 死而不厭(사이불염) 北方之强也(북방지강야)

▶ 무기와[金] 갑옷을[革] (누울 자리로) 깔기를[袵] 죽어도[死而] 싫어하지 않음이[不厭] 북방의[北方之] 강함[强]이다[也].

깔아놓을 임(袵), 쇠붙이 금(金), 갑옷 혁(革), 죽을 사(死), 조사(~도) 이(而), 않을 불(不), 싫어할 염(厭), 북녘 북(北), 곳 방(方), 조사(~의) 지(之), 굳셀 강(强), 조사(~이다) 야(也)

【읽기(讀)】

임금혁(袵金革) 사이불염(死而不厭) 북방지강야(北方之强也)는 〈사이불염임금혁(死而不厭袵金革)〉에서 불염(不厭)의 목적구 노릇하는 임금혁(袵金革)을 강조하고자 앞으로 전치한 구문이다. 그러므로 임금혁(袵金革) 사이불염(死而不厭) 북방지강야(北方之强也)에서 임금혁(袵金革)은 불염(不厭)의 목적구 노릇하고, 사이(死而)는 불염(不厭)을 꾸미는 부사구(副詞句) 노릇하고, 불염(不厭)은 마치 영어의 동명사처럼 주어 노릇하며, 북방지강(北方之强)은 술부(述部)로 보어 노릇하는 말투로 여기면 문의(文意)가 드러난다.

임금혁(袵金革)에서 임(袵)은 〈자리 깔 석(席)〉과 같고, 금(金)은 〈구리 금(金)〉으로 창검(槍劍)을 뜻해 무기(武器)를 나타내며, 혁(革)은 여기선 갑주(甲冑) 즉 갑옷을 나타낸다. 사이불염(死而不厭)에서 염(厭)은 〈싫어할 오(惡)〉와 같아 염오(厭惡)의 줄임말로 여기면 된다.

【풀이(繹)】

임금혁(袵金革) 사이불염(死而不厭)은 북방(北方)의 강(强)함을 주역(紬繹)하고 있다. 임금혁(袵金革)에서 금(金)은 쇠붙이로 된 무기(武器)를 뜻하고, 혁(革)은 갑옷인 갑주(甲冑)를 뜻하므로, 임(袵)은 적(敵)을 공격할 창검(槍劍)과 적(敵)의 공격(攻擊)을 막아줄 방패(防牌)로 삼음을 뜻한다. 그러니 금(金)과 혁(革)으로 자리를 깐다[袵]고 함은 무력(武力)을 이용하여 강(强)함을 과시하는 것이다. 이러한 과시(誇示)는 무력(武力)으로 쟁탈(爭奪)함을 말한다. 무력(武力)으로 쟁탈(爭奪)함에 관유(寬柔)란 없다. 오로지 무력(武力)으로 적(敵)을 제압(制壓)하고자 한다. 무력(武力)으로 적(敵)을 제압하여 쟁탈(爭奪)하기를 목숨을 걸고 포기하지 않음을 일러 〈사이불염(死而不厭)〉이라 밝힌 것이다.

북방지강(北方之强)은 임금혁(衽金革)의 강(强)이고, 남방지강(南方之强)은 관유이교(寬柔以教)의 강(强)이라고 할 때, 그 두 갈래의 강(强)함은 결코 같은 강(强)이 아니다. 임금혁(衽金革)의 강(强)은 패자(霸者)의 역(力)이고, 관유이교(寬柔以教)의 강(强)은 왕자(王者)의 강(强)이기 때문이다. **이력가인(以力假仁)** 즉 힘[力]을 써서[以] 어짊[仁]을 가장함[假]이 패자(霸者)의 강(强)함이고, **이덕행인(以德行仁)** 즉 덕(德)을 써서[以] 어짊[仁]을 행하는[行] 것이 왕자(王者)의 강(强)함이다. 그러므로 〈임금혁(衽金革) 사이불염(死而不厭)〉 또한 『노자(老子)』에 나오는 **승인자유력(勝人者有力) 자승자강(自勝者强)**을 상기(想起)하게 하는 말씀이다.

註 "이력가인자패(以力假仁者霸) 패필유대국(霸必有大國) 이덕행인자왕(以德行仁者王) 왕부대대(王不待大) …… 이력복인자비심복야(以力服人者非心服也) 역불섬야(力不贍也) 이덕복인자중심열이성복야(以德服人者中心說而誠服也)." 힘으로[以力] 어짊을[仁] 가장하는[假] 것은[者] 패이고[霸], 패는[霸] 반드시[必] 대국을[大國] 갖는다[有]. 덕으로[以德] 어짊을[仁] 행하는[行] 것은[者] 왕이다[王]. 왕은[王] 큰 것을[大] 바라지 않는다[不待]. …… 힘으로[以力] 사람을[人] 복종시키는[服] 것은[者] 마음의[心] 복종이[服] 아닌 것[非]이고[也] 힘이[力] 모자람[不贍]이다[也]. 덕으로[以德] 사람을[人] 복종시키는[服] 것은[者] 마음 속이[中心] 기뻐서[說而] 진실로[誠] 복종함[服]이다[也]. 『맹자(孟子)』「공손추장구(公孫丑章句) 상(上)」편(篇) 3장(章)

註 "승인자유력(勝人者有力) 자승자강(自勝者强)." 남을[人] 이기는[勝] 자한테는[者] 힘이[力] 있고[有], 자신을[自] 이기는[勝] 자한테는[者] 강함이 있다[强]. 『노자(老子)』 33장(章)

而强者居之(이강자거지)

▶ 그래서[而] 강자는[强子] 그것[北方之强]으로[之] 산다[居].

그래서 이(而), 굳셀 강(强), 사람 자(者), 살 거(居), 그것 지(之)

【읽기(讀)】

강자거지(强子居之)는 〈강자거어북방지강(强者居於北方之强)〉에서 앞 문맥(文

脈)으로 보충할 수 있는 어북방지강(於北方之强)을 지시어 노릇하는 〈그것 지(之)〉로 대신한 구문이다. 강자거지(强者居之)에서 거(居)는 〈머물러 살 처(處)〉와 같아 거처(居處)의 줄임말로 여기면 되고, 지(之)는 거(居)를 꾸미는 부사구 노릇하는 지시어로 보면 된다.

【풀이(繹)】

강자(强者)가 북방(北方)의 강(强)함으로 산다[居]고 함은 강자(强者)는 역(力)으로 말미암은 강(强)을 취함을 말한다. 여기서 강자(强者)는 곧 유력자(有力者)이다. 강자(强者)가 취하는 이러한 강(强)함은 반중용(反中庸)의 것으로, 관유(寬柔)를 부정(否定)하고 오로지 힘[力] 하나만을 추구하면서 쟁탈(爭奪)하려는 소인(小人)의 위력(威力)이다. 이러한 패자(霸者)의 강(强)함은 인의(仁義)를 비웃기 때문에 『맹자(孟子)』「등문공장구(藤文公章句) 하(下)」편(篇)에 나오는 **인의충색(仁義充塞) 즉솔수식인(則率獸食人)**을 상기(想起)시킨다. 인의(仁義)가 꽉[充] 막히면[塞] 애인(愛人)·경인(敬人)의 치세(治世)는 사라지고 짐승[獸]을 몰아다[率] 사람[人]을 잡아먹는[食] 난세(亂世) 즉 어지러운[亂] 세상[世]을 빚어낸다.

난세(亂世)를 일컬어 인화물(人化物)의 세상이라고 한다. 북방지강(北方之强)은 쟁탈(爭奪)의 힘[力]을 죽어도 싫어하지 않기[死而不厭] 때문에 강자(强者)가 약자(弱者)를 협박(脅迫)하고, 다수(多數)가 소수(小數)를 겁박(劫迫)하게 된다. 인화물(人化物)의 물(物)은 비인(非人) 즉 인간[人]이 아닌 것[非]을 말한다. 불인(不仁)하여 불의(不義)함을 일러 비인(非人)이라 한다. 어질지 못하고[不仁] 의롭지 못한[不義] 사람[人]은 힘[力] 하나만으로 군림하려고 한다. 그래서 『예기(禮記)』「악기(樂記)」편(篇)에 나오는 **인화물야자멸천리이궁인욕자야(人化物也者滅天理而窮人欲者也)**를 떠올려 인의충색(仁義充塞)을 살펴 새기고 헤아려 가늠하게 하는 말씀이 〈강자거지(强者居之)〉이다.

註 "인의충색(仁義充塞) 즉솔수식인(則率獸食人) 인장상식(人將相食)." 어짊과[仁] 옳음이[義] 꽉[充] 막히면[塞] 곧장[則] 짐승을[獸] 거느리고[率] 사람을[人] 잡아먹고[食], 또한[將] 사람들이[人] 서로[相] 잡아먹는다[食]. 『맹자(孟子)』「등문공장구(藤文公章句) 하(下)」편(篇) 9장(章)

註 "인화물야자멸천리이궁인욕자야(人化物也者滅天理而窮人欲者也) 어시유패역사위지심(於是有悖逆詐僞之心) 유음일작란지사(有淫佚作亂之事) 시고(是故) 강자협약(强者脅弱) 중자포과

(衆者暴寡) 지자사우(知者詐愚) 용자고겁(勇者苦怯) 질병불양(疾病不養) 노유고독부득기소(老幼孤獨不得其所) 차대란지도야(此大亂之道也).” 사람이[人] 물건으로[物] 되어버림[化]이란[也] 것은[者] 천지의[天] 이치를[理] 없애고서[滅而] 사람의[人] 욕심을[欲] 한없게 하는[窮] 것[者]이다[也]. 이에[於是] 부모를 어기고[悖] 나라를 어기며[逆] 속이려는[詐僞之] 마음이[心] 생기고[有], 음탕하고[淫] 게으르며[佚] 어지럽히는[作亂之] 일들이[事] 생긴다[有]. 이렇기[是] 때문에[故] 강자가[强者] 약자를[弱] 협박하고[脅], 다수가[衆者] 소수를[寡] 짓밟고[暴], 배운 자가[知者] 배우지 못한 자를[愚] 속이고[詐], 용맹한 자가[勇者] 겁쟁이를[怯] 괴롭히고[苦], 질병을[疾病] 치료받지 못하고[不養], 늙은이와 어린이[老幼] 외로운 자들은[孤獨] 살 곳을[其所] 얻지 못한다[不得]. 이것이[此] 온 세상이 혼란스러워지는[大亂之] 이치[道]이다[也]. 『예기(禮記)』「악기(樂記)」편(篇) 8단락(段落)

故(고) 君子和而不流(군자화이불류) 强哉矯(강재교)

▶ 그러므로[故] 군자는[君子] 부드럽되[和而] 분수에 넘치지 않으니[不流] 꿋꿋하고도[矯] 강하도다[强哉]!

그러므로 고(故), 클 군(君), 존칭 자(子), 부드러울 화(和), 그리고 이(而), 변할 류(流), 강할 강(强), 감탄조사(~이로다) 재(哉), 꿋꿋할 교(矯)

【읽기(讀)】

고(故)는 〈시고(是故)〉에서 앞에 나온 내용을 나타내는 지시어 시(是)를 생략한 말투이다. 군자화이불류(君子和而不流) 강재교(强哉矯)는 〈군자화(君子和) 이군자불류(而君子不流) 이군자교강재(而君子矯强哉)〉에서 되풀이되는 군자(君子)를 하나만 남기고, 교강재(矯强哉)에서 강재(强哉)를 강조하고자 전치(前置)하여 세 구문을 둘로 줄인 구문이다. 〈군자는[君子] 부드럽다[和]. 그리고[而] 군자는[君子] 분수에 넘치지 않는다[不流]. 그래서[而] 군자는[君子] 꿋꿋하고[矯] 강하도다[强哉]!〉 이를 〈군자는[君子] 부드럽되[和而] 분수에 넘치지 않으니[不流] 꿋꿋하고[矯] 강하도다[强哉]!〉로 줄인 말투이다.

군자화이불류(君子和而不流)에서 화(和)는 〈부드러울 유(柔)〉와 같아 화유(和柔)의 줄임말로 여기면 되고, 유(流)는 〈분수에 넘칠 치(侈)〉와 같아 유치(流侈)의 줄임말로 보면 된다. 강재교(强哉矯)에서 강(强)과 교(矯)는 서로 같은 뜻으로 〈강할 강(强) · 강할 교(矯)〉로 여기면 되고, 재(哉)는 종결어미로 감탄사(~이로다) 노릇한다.

【풀이(繹)】

군자화이불류(君子和而不流)는 군자(君子)의 수기(修己)를 살펴 새기고 헤아려 가늠하게 한다. 그러므로 군자(君子)의 화이불류(和而不流)는 특히 『논어(論語)』「학이(學而)」편(篇)에 나오는 **군자부중즉불위(君子不重則不威)**를 떠올리게 한다. 군자(君子)가 부쟁(不爭)하고 눌언(訥言)함은 군자(君子)의 생각이 깊고 무겁기 때문이다. 군자(君子)의 부드러움[和]이란 나약(懦弱)함이 아니라 강인(强忍)함에서 비롯되는 유화(宥和) 즉 용서해주려는[宥] 부드러움[和]이다. 그러므로 군자(君子)는 남들과 다투지 않고[不爭] 말을 아껴[訥言] 불류(不流)한다. 불류(不流)란 음방(淫放)하지 않음이고 사치(邪侈)하지 않음이라 결코 과(過)하지 않음이다. 군자(君子)가 부드럽되[和] 강(强)함은 스스로 불류(不流)하고자 수기(修己)하기 때문이다. 군자(君子)의 수기(修己)를 〈불류기(不流己)〉라 해도 된다. 자신[己]을 방음(放淫)하지 않게 하고 사특하게[邪] 하지 않게 하고 분에 넘치지[侈] 않게 하여 허물 짓지[過] 않고자 끊임없이 스스로 자기[己]를 닦아[修] 무게를 얻고 위엄을 얻어 부드러우면서도[柔] 강(强)하게 함이 곧 군자(君子)의 교(矯)이다. 교(矯)란 유전정곡(揉箭正曲) 즉 화살[箭]을 주물러[揉] 화살의 휘어짐[曲]을 바로잡아[正] 적중(的中)하게 함이다. 화살이 뒤틀려 적중하지 못한다면 그것은 바로 화살의 유(流) 때문이다. 그러니 군자(君子)의 화이불류(和而不流)는 곧 군자(君子)의 교(矯)와 같음을 감동적으로 밝힌 말씀이 〈군자화이불류(君子和而不流) 강재교(强哉矯)〉이다.

註 "군자부중즉불위(君子不重則不威) 학즉불고(學則不固) 주충신(主忠信) 무우불여기자(無友不如己者) 과즉물탄개(過則勿憚改)." 군자는[君子] 무게가[重] 없으면[不] 곧[則] 위엄이[威] 없다[不]. 배우기 때문에[學] 곧[則] 고루함이[固] 없다[不]. 성심과[忠] 믿음을[信] 지키고[主], 자신과[己] 같지 않은[不如] 자와는[者] 벗하지[友] 말고[無], 잘못했으면[過] 곧장[則] 거리낌[憚] 없이[勿] 고쳐라[改].

『논어(論語)』「학이(學而)」편(篇) 8장(章)

中立而不倚(중립이불의) 强哉矯(강재교)

▶ (군자는) 중화를[中] 튼튼히 해서[立而] 치우치지 않으니[不倚] 꿋꿋하고도[矯] 강하도다[强哉]!

어울릴 중(中), 튼튼히 할 립(立), 그리고 이(而), 않을 불(不), 기울어질 의(倚), 강할 강(强), 감탄조사(~이로다) 재(哉), 꿋꿋할 교(矯)

【읽기(讀)】

중립이불의(中立而不倚) 강재교(强哉矯)는 〈군자립중(君子立中) 이군자불의(而君子不倚) 이군자교강재(而君子矯强哉)〉에서 되풀이되는 군자(君子)를 모두 삭제하고, 입중(立中)의 중(中)을 강조하고자 전치(前置)하고, 강재(强哉) 또한 강조하고자 교(矯) 앞으로 전치(前置)하여 세 구문을 둘로 줄인 구문이다. 〈군자는[君子] 중화를[中] 튼튼히 한다[立]. 그리고[而] 군자는[君子] 치우치지 않는다[不倚]. 그래서[而] 군자는[君子] 꿋꿋하고[矯] 강하도다[强哉]!〉 이를 〈중화를[中] 튼튼히 해서[立而] 치우치지 않으니[不倚] 꿋꿋하고[矯] 강하도다[强哉]!〉로 줄인 것이다.

중립이불의(中立而不倚)에서 중(中)은 〈어울릴 화(和)〉와 같아 중화(中和)의 줄임말로 여기면 되고, 입(立)은 〈튼튼할 견(堅) · 확(確)〉 등과 같아 확립(確立) · 견립(堅立)의 줄임말로 보면 되고, 의(倚)는 〈치우칠 편(偏)〉과 같다. 강재교(强哉矯)에서 강(强)과 교(矯)는 같은 뜻으로 〈강할 강(强) · 강할 교(矯)〉로 여기면 되고, 재(哉)는 종결어미로 감탄사(~이로다) 노릇한다.

【풀이(繹)】

중립이불의(中立而不倚) 또한 군자(君子)의 수기(修己)를 살펴 새기고 헤아려 가늠하게 한다. 그래서 군자(君子)의 중립이불의(中立而不倚) 역시 『논어(論語)』「학이(學而)」편(篇)에 나오는 〈군자부중즉불위(君子不重則不威)〉를 떠올리게 한다. 군자(君子)가 화이부동(和而不同)하고 주이불비(周而不比)함은 군자(君子)의 생각이 깊고 무겁기 때문이다. 여기서 군자중립(君子中立)이란 곧 군자립중용(君子立中庸)을 말한다. 이는 곧 군자(君子)가 중용(中庸)을 확립하고 견고(堅固)하게 하여 실행(實行)함을 의미한다. 군자중립(君子中立)의 입(立)은 견정불이(堅定不移)함을 뜻한다. 군자(君子)는 중용(中庸)하기를 굳게[堅] 정하여[定] 바꾸지 아니함[不移]이다. 중화(中和) 즉 중정(中正)의 어울림[和]인 중용(中庸)을 견고(堅固)하게 살면서[居] 관유이교(寬柔以教) · 불보무도(不報無道)하기 때문에 군자(君子)를 〈강재교(强哉矯)〉라고 감탄하는 것이다.

군자(君子)의 불의(不倚)함은 군자(君子)가 남들과 어울리되[和而] 패거리를 짓지 않고[不同], 두루 통하되[周而] 견주어 다투지 않고[不比], 무본(務本)하기 때문이다. 불의(不倚)란 편당(偏黨)하지 않아 부동(不同)함이고, 경쟁(競爭)하지 않아 불비(不比)함이다. 그래서 군자(君子)의 수기(修己)를 〈불의기(不倚己)〉라 해도 된다. 자신[己]을 치우치지 않게[不倚] 하고자 중립(中立)하여 군자(君子)는 끊임없이 스스로 자기[己]를 닦아[修] 무게를 얻고 위엄을 얻어 치우치지 않아 강(强)하게 함이 곧 군자(君子)의 교(矯)이다. 교(矯)란 유전정곡(揉箭正曲) 즉 화살[箭]을 주물러[揉] 화살의 휘어짐[曲]을 바로잡아[正] 적중(的中)하게 함이다. 화살이 치우치고 뒤틀려 적중하지 못한다면 그 역시 화살의 의(倚)이다. 그러니 군자(君子)의 중립이불의(中立而不倚) 또한 군자(君子)의 교(矯)와 같음을 감동적으로 밝힌 말씀이 〈중립이불의(中立而不倚) 강재교(强哉矯)〉이다.

國有道(국유도) 不變塞焉(불변색언) 强哉矯(강재교)

▶ 나라에[國] 도가[道] 있어도[有] (군자는) 궁색했음을[塞] 바꾸지 않는 것[不變]이다[焉]. 꿋꿋하고[矯] 강하도다[强哉]!

나라 국(國), 있을 유(有), 도리 도(道), 바꿀 변(變), 막힐 색(塞), 조사(~이다) 언(焉), 강할 강(强), 감탄조사(~이로다) 재(哉), 꿋꿋할 교(矯)

【읽기(讀)】

국유도(國有道) 불변색언(不變塞焉) 강재교(强哉矯)는 〈국유도(國有道) 군자불변색언(君子不變塞焉) 이군자교강재(而君子矯强哉)〉에서 되풀이되는 군자(君子)를 모두 생략하고, 교강재(矯强哉)에서 강재(强哉) 또한 강조하고자 교(矯) 앞으로 전치(前置)한 말투이다. 〈나라에[國] 도가[道] 있어도[有] 군자는[君子] 궁색했음을[塞] 바꾸지 않는 것[不變]이다[焉]. 그래서[而] 군자는[君子] 꿋꿋하고[矯] 강하도다[强哉]!〉 이를 〈나라에[國] 도가[道] 있어도[有] 궁색했음을[塞] 바꾸지 않는 것[不變]이다[焉]. 꿋꿋하고[矯] 강하도다[强哉]!〉라고 줄인 말투이다. 국유도(國有道) 불변색언(不變塞焉)에서 국유도(國有道)를 양보의 부사절로 여기고, 불변색언

(不變塞焉)을 주절로 옮기면 문의(文意)가 드러난다.

불변색언(不變塞焉)에서 변(變)은 〈바꿀 역(易)〉과 같아 변역(變易)의 줄임말로 여기면 되고, 색(塞)은 〈막힐 궁(窮)〉과 같아 궁색(窮塞)의 줄임말로 여기면 되며, 언(焉)은 종결어미 조사(~뿐이다) 노릇한다. 강재교(强哉矯)에서 강(强)과 교(矯)는 다 같은 뜻으로 〈강할 강(强) · 강할 교(矯)〉로 새기면 되고, 재(哉)는 종결어미로 감탄사(~이로다) 노릇한다.

【풀이(繹)】

국유도(國有道)의 도(道)는 『맹자(孟子)』「진심장구(盡心章句) 하(下)」편(篇)에 나오는 **인야자인야(仁也者人也) 합이언지도야(合而言之道也)**의 도(道)를 살펴 새기고 헤아려 가늠해보게 한다. 나라[國]가 인인(仁人) 즉 어진 사람[仁人]이 사는 세상이 되면 그런 나라를 곧 국유도(國有道)라 하고, 그 도(道)를 일컬어 정도(正道)라 한다. 국유도(國有道)라면 애인(愛人)하고 경인(敬人)하는 세상이 열려 안인(安人) · 안백성(安百姓)의 세상을 누리게 되어 천하유도(天下有道)라고 하는 것이다. 그러므로 국유도(國有道)는 『맹자(孟子)』「이루장구(離婁章句) 상(上)」편(篇)에 나오는 **소덕역대덕(小德役大德) 소현역대현(小賢役大賢)**을 상기(想起)시킨다. 세상에 정도(正道)가 살아 있으면 덕(德)이 작은 사람은 덕(德)이 큰 사람한테 부림을 받고, 현량(賢良)한 도량(度量)이 작은 사람은 도량이 큰 사람으로부터 부림을 받아 온갖 문물(文物)이 어긋남이 없는 세상을 누리게 된다. 군자(君子)는 정도(正道)가 살아 있는 세상일지라도 관유이교(寬柔以敎)의 중립(中立)을 소홀히 하지 않고, 뜻을 이루지 못했던 때[塞]에 지켰던 중용(中庸)의 도(道)를 뜻을 이루었다 하여 방심(放心)하지 않는다. 군자불변색(君子不變塞)의 색(塞)이란 군자(君子)가 수기(修己)하여 안인(安人) · 안백성(安百姓)하려는 뜻을 이루지 못했을 때를 말한다. 곤궁(困窮)할지라도 군자(君子)는 중용(中庸)의 도(道)를 넓히려는 뜻을 바꾸지 않는다. 그러므로 『논어(論語)』「위령공(衛靈公)」편(篇)에 나오는 **군자고궁(君子固窮) 소인궁사람의(小人窮斯濫矣)**란 자왈(子曰)을 환기(喚起)시켜주는 말씀이 〈군자불변색언(君子不變塞焉) 강재교(强哉矯)〉이다.

註 "인야자인야(仁也者人也) 합이언지도야(合而言之道也)." 어짊[仁]이란[也] 것은[者] 사람

[人]이다[也]. {인(人)과 인(仁)을} 합쳐서[合而] 말함이[言之] 도(道)이다[也].

『맹자(孟子)』「진심장구(盡心章句) 하(下)」편(篇) 16장(章)

註 "천하유도(天下有道) 소덕역대덕(小德役大德) 소현역대현(小賢役大賢) 천하무도(天下無道) 소역대(小役大) 약역강(弱役强) 사이자천야(斯二者天也) 순천자존(順天者存) 역천자망(逆天者亡)." 세상에[天下] 정도가[道] 있으면[有] 작은[小] 덕이[德] 큰[大] 덕(德)으로부터 부려지고[役], 작은[小] 현량이[賢] 큰[大] 현량[賢]으로부터 부려진다[役]. 세상에[天下] 정도가[道] 없으면[無] 작은 나라가[小] 큰 나라[大]로부터 부려지고[役], 약한 나라가[弱] 강한 나라[强]로부터 부려진다[役]. 이[斯] 두[二] 가지가[者] 하늘[天]이다[也]. 하늘을[天] 따르는[順] 자는[者] 살고[存], 하늘을[天] 어기는[逆] 자는[者] 죽는다[亡].

소덕역대덕(小德役大德)·소현역대현(小賢役大賢)·소역대(小役大)·약역강(弱役强)에서 역(役)은 수동태(受動態) 노릇한다. 소덕위역어대덕(小德爲役於大德)처럼 〈위역어(爲役於)〉로 동사(動詞)의 수동(受動)을 밝힐 수 있지만, 전후 문맥(文脈)을 따져 동사(動詞)의 능동(能動)·수동(受動)을 가리게 함이 자주 나타난다.

『맹자(孟子)』「이루장구(離婁章句) 상(上)」편(篇) 7장(章)

註 "재진절량(在陳絶糧) 종자병(從者病) 막능흥(莫能興) 자로온(子路慍) 견왈(見曰) 군자역유궁호(君子亦有窮乎) 자왈(子曰) 군자고궁(君子固窮) 소인궁사람의(小人窮斯濫矣)." 진나라에[陳] 있을 때[在] 양식이[糧] 떨어져[絶] 따르던 하인이[從者] 병들어[病] 일어날[興] 수 없었다[莫能]. 자로가[子路] 화가 나[慍] 뵙고[見] 여쭈었다[曰]: 군자한테[君子]도[亦] 쪼들림이[窮] 있는 것[有]입니까[乎]? 공자께서[子] 말했다[曰]: 자는[君子] 본래[固] 쪼들린다[窮]. 소인이[小人] 쪼들리면[窮] 그 쪼들림을[斯] 피해보려고 함부로 하는 것[濫]이다[矣].

『논어(論語)』「위령공(衛靈公)」편(篇) 1장(章)

國無道(국무도) 至死不變(지사불변) 强哉矯(강재교)

▶나라에[國] 도가[道] 없어서[有] (군자는) 죽음에[死] 이르러도[至] (뜻을) 바꾸지 않는다[不變]. 꿋꿋하고도[矯] 강하도다[强哉]!

나라 국(國), 없을 무(無), 도리 도(道), 이를 지(至), 죽을 사(死), 않을 불(不), 바꿀 변(變), 강할 강(强), 감탄조사(~이로다) 재(哉), 꿋꿋할 교(矯)

【읽기(讀)】

국무도(國無道) 지사불변(至死不變) 강재교(强哉矯)는 〈국무도(國無道) 군자지사(君子至死) 이군자불변기지(而君子不變其志) 이군자교강재(而君子矯强哉)〉에서 되풀이되는 군자(君子)를 모두 생략하고, 문맥(文脈)으로 보충할 수 있는 내용이므로 기지(其志)를 생략하고, 교강재(矯强哉)에서 강재(强哉) 또한 강조하고자 교(矯) 앞으로 전치(前置)하여 네 구문을 둘로 줄인 말투이다. 〈나라에[國] 도가[道] 없어서[無] 군자는[君子] 죽음에[死] 이른다[至]. 그래도[而] 군자는[君子] 제[其] 뜻을[志] 바꾸지 않는다[不變]. 그래서[而] 군자는[君子] 꿋꿋하고[矯] 강하도다[强哉]!〉 이를 〈나라에[國] 도가[道] 없어서[無] 죽음에[死] 이르러도[至] 바꾸지 않는다[不變]. 꿋꿋하고[矯] 강하도다[强哉]!〉로 줄인 말투이다. 국무도(國無道) 지사불변(至死不變)에서 국무도(國無道)를 원인의 부사절로 여기고, 지사불변(至死不變)을 주절로 옮기면 문의(文意)가 드러난다.

지사불변(至死不變)에서 지(至)는 〈이를 도(到)〉와 같고, 사(死)는 〈죽을 망(亡)〉과 같아 사망(死亡)의 줄임말로 여기면 되고, 변(變)은 〈바꿀 역(易)〉과 같아 변역(變易)의 줄임말로 보면 된다. 강재교(强哉矯)에서 강(强)과 교(矯)는 같은 뜻으로 〈강할 강(强) · 강할 교(矯)〉로 새기면 되고, 재(哉)는 종결어미로 감탄사(~이로다) 노릇한다.

【풀이(繹)】

국무도(國無道)의 도(道) 또한 『맹자(孟子)』「진심장구(盡心章句) 하(下)」편(篇)에 나오는 **인야자인야(仁也者人也) 합이언지도야(合而言之道也)**를 떠올려 도(道)를 살펴 새기고 헤아려 가늠해보게 한다. 국무도(國無道)는 나라에서 애인(愛人) · 경인(敬人)의 정도(正道)가 행해지지 않음을 말한다. 그래서 세상 사람들이 안인(安人) · 안백성(安百姓)의 삶을 누리지 못하게 됨을 천하무도(天下無道)라고 하는 것이다.

국무도(國無道)는 또한 『맹자(孟子)』「이루장구(離婁章句) 상(上)」편(篇)에 나오는 **소역대(小役大) 약역강(弱役强)**을 상기(想起)시킨다. 세상에 정도(正道)가 없으면 난세(亂世)가 드러나고, 난세(亂世)에는 패도(霸道)가 득세(得勢)하여 작은 나라는 큰 나라로부터 부림을 당하고, 약한 나라는 강한 나라로부터 부림을 당한다. 따라서 솔수식인(率獸食人)의 천하가 펼쳐져 학정(虐政)이 이어지니 이를 난세(亂世)라 한다. 이에 온갖 문물(文物)이 어긋나고 군자(君子)가 고수하는 관유이교(寬柔以敎)의 중립(中立)이 짓밟혀 중용(中庸)의 도(道)를 넓힐 수 없게 된다.

그러나 군자(君子)는 패도(霸道) 즉 쟁탈(爭奪)의 힘[力]이 난무하는 난세(亂世)일수록 수기이경(修己以敬) · 수기이안인(修己以安人) · 수기이안백성(修己以安百姓)의 길[道]을 벗어나지 않고 중용(中庸)의 도(道)를 고수(固守)하여 넓히는 뜻을 바꾸지 않는다. 그러므로 『논어(論語)』「위령공(衛靈公)」편(篇)에 나오는 **군자고궁(君子固窮) 소인궁사람의(小人窮斯濫矣)**란 자왈(子曰)을 환기(喚起)시켜 살펴 새기고 헤아려 가늠하게 하는 말씀이 〈군자지사불변(君子至死不變) 강재교(强哉矯)〉이다.

註 "인야자인야(仁也者人也) 합이언지도야(合而言之道也)." 어짊[仁]이란[也] 것은[者] 사람[人]이다[也]. {인(人)과 인(仁)을} 합쳐서[合而] 말함이[言之] 도(道)이다[也].

『맹자(孟子)』「진심장구(盡心章句) 하(下)」편(篇) 16장(章)

註 "천하무도(天下無道) 소역대(小役大) 약역강(弱役强) 사이자천야(斯二者天也) 순천자존(順天者存) 역천자망(逆天者亡)." 세상에[天下] 정도가[道] 없으면[無] 작은 나라가[小] 큰 나라[大]로부터 부려지고[役], 약한 나라가[弱] 강한 나라[强]로부터 부려진다[役]. 이[斯] 두[二] 가지가[者] 하늘[天]이다[也]. 하늘을[天] 따르는[順] 자는[者] 살고[存], 하늘을[天] 어기는[逆] 자는[者] 죽는다[亡].

『맹자(孟子)』「이루장구(離婁章句) 상(上)」편(篇) 7장 (章)

註 "자왈(子曰) 군자고궁(君子固窮) 소인궁사람의(小人窮斯濫矣)." 공자께서[子] 말했다[曰]: 군자는[君子] 본래[固] 쪼들린다[窮]. 소인이[小人] 쪼들리면[窮] 그 쪼들림을[斯] 피해보려고 함부로 하는 것[濫]이다[矣].

『논어(論)語』「위령공(衛靈公)」편(篇) 1장(章)

군자(君子)와 성(聖)

11장(章)은 중용(中庸)의 도(道)를 준수(遵守)하지 않으면 군자(君子)일 수 없음을 밝히고 있다. 상도(常道)인 중용(中庸)을 벗어나 비상도(非常道) 즉 상도(常道)가 아닌 것[非]인 은(隱)·괴(怪)를 탐(貪)한다면 이미 군자(君子)일 수 없음을 돌이켜 살펴보게 한다. 특히 군자(君子)라면 〈성(聖)〉 즉 성인(聖人)을 지성(至誠)으로 본받는[法] 까닭을 살펴[觀] 새기고[玩] 헤아려[擬] 가늠하게[斷] 하여 군자(君子)가 왜 성인(聖人)을 두려워해야[畏] 하는지 그 까닭을 관완(觀玩)하고 의단(擬斷)케 하는 장(章)이다.

【전문(全文)】

子曰 素隱行怪를 後世有述焉이나 吾弗爲之矣니라
자왈 소은행괴 후세유술언 오불위지의

君子遵道而行타가 半途而廢하나 吾弗能已矣니라 君子는
군자준도이행 반도이폐 오불능이의 군자

依乎中庸하여 遯世不見知而不悔하나니 唯聖者能之니라
의호중용 둔세불견지이불회 유성자능지

공자께서 가로되: 뒷날에 은밀한 것을 찾아내거나 남다른 짓을 행함을 좇아서 드러내는 짓이 있을 것이다. 나는 그런 짓을 행하지 않는 것이다.

군자는 중도를 지켜서 행하다가 중도에서 중도(中道)를 행하기를 그만둔다. 나는 중용지도(中庸之道)를 지키고 행하기를 결코 그만 둘 수 없는 것이다.

군자는 중용에 의지한다. 군자가 세상에서 물러나 알려지지 않아도 군자는 그것을 한탄하지 않는다. 오로지 성스러운 자만이 그 일을 잘할 수 있다.

素隱行怪(소은행괴) 後世有述焉(후세유술언)

▶뒷날에[後世] 은밀한 것을[隱] 찾아내거나[素] 남다른 짓을[怪] 행함을[行] 좇아서 드러내는 짓이[述] 있을 것[有]이다[焉].

찾아낼 소(素), 숨을 은(隱), 행할 행(行), 괴이할 괴(怪), 뒤 후(後), 세상 세(世), 있을 유(有), 좇아 드러낼 술(述), 조사(~이다) 언(焉)

【읽기(讀)】

소은행괴(素隱行怪) 후세유술언(後世有述焉)은 〈후세유술소은언(後世有述素隱焉) 이후세유술행괴언(而後世有述行怪焉)〉에서 되풀이되는 후세유술언(後世有述焉) 한쪽을 생략하고, 술(述)의 목적구 노릇하는 소은행괴(素隱行怪)를 강조하고자 전치(前置)하여 하나로 묶은 구문이다. 〈뒷날에[後世] 숨은 것을[隱] 찾아내기를[素] 좋아하여 밝히는 일이[述] 있을 것[有]이다[焉]. 그리고[而] 뒷날에[後世] 남다른 짓을[怪] 행하기를[行] 좋아하여 밝히는 일이[述] 있을 것[有]이다[焉]〉 이를 〈뒷날에[後世] 숨은 것을[隱] 찾아내고[素] 남다른 짓을[怪] 행하기를[行] 좋아하여 밝히는 일이[述] 있을 것[有]이다[焉]〉로 줄인 말투이다.

소은행괴(素隱行怪)에서 소(素)는 〈찾아낼 색(索)〉과 같고, 은(隱)은 〈숨을 폐(蔽)〉와 같아 은폐(隱蔽)의 줄임말로 여기면 되고, 괴(怪)는 〈다를 이(異)〉와 같아 괴이(怪異)의 줄임말로 새기면 된다.

후세유술언(後世有述焉)에서 유(有)는 〈있을 유(有)〉로 자동사 노릇하며 주어를 뒤에 두고, 술(述)은 여기선 〈따를 순(循) · 드러낼 저(著)〉 등과 같아 술순(述循) · 저술(著述) 등의 줄임말로 새기면 되고, 언(焉)은 종결어미 조사(~이다) 노릇한다.

【풀이(繹)】

소은행괴(素隱行怪) 후세유술언(後世有述焉)은 반중용(反中庸)을 경계(警戒)하여 밝힌 말씀이다. 소은(素隱) · 행괴(行怪)를 술(述)함이란 은밀(隱密)한 것[隱]을 찾아내고[素] 괴상함[怪]을 드러냄[行]이다. 소은(素隱)의 소(素)는 색은(索隱)의 색(索)과 같으며, 소은(素隱)의 은(隱)은 숨겨진 것[隱]이라 찾아내기 힘들어 비범(非凡)한 것이다. 비범(非凡)함을 좋아하여 추구함이 곧 소은(素隱) · 행괴(行怪)이다. 행괴(行怪)의 괴(怪)는 이상(異常)한 것[怪]이라 알기 힘들어 이 역시 비범(非凡)한 것이다.

비범(非凡)한 짓이면 반중용(反中庸)으로 이어진다. 왜냐하면 중용(中庸)의 도(道)란 매우 평범(平凡)해 쉬운 길이기 때문이다. 일상생활 속에서 부드럽고 너그럽게 살 수 있게 하는 상도(常道) 즉 늘 낯익은[常] 길[道]이 곧 중용(中庸)의 도(道)이다. 소은(素隱)과 행괴(行怪)를 좋아하고 좇아 드러냄[述]은 반중용(反中庸)을 부추기는 쪽으로 기울게 된다. 그러므로 후세유술언(後世有述焉)의 술(述)은 중용(中庸)을 멀리하고 반중용(反中庸)을 좋아하게 될 미래를 공자(孔子)께서 예언(豫言)해둔 말씀으로 들린다.

술(述)은 좋아 좇으면서[循] 드러내는[著] 것을 말한다. 그래서 소은행괴(素隱行怪) 후세유술언(後世有述焉)은 『논어(論語)』「술이(述而)」편(篇)에 나오는 **자불어괴력란신(子不語怪力亂神)**을 떠올리게 한다. 괴(怪) · 역(力) · 난(亂) · 신(神) 등등은 반중용(反中庸)의 것들이다. 공자(孔子)의 이러한 걱정은 『장자(莊子)』「천하(天下)」편(篇)에 더 구체적으로 나와 있다. **백가왕이불반(百家往而不反) 필불합의(必不合矣) 후세지학자불행(後世之學者不幸) 불견천지지순(不見天地之純) 고인지대체(古人**

之大體) 도술장위천하열(道術將爲天下裂). 이처럼 중용(中庸)의 도(道)를 멀리하고 반중용(反中庸)의 길[道]을 좋아하게 될 미래를 걱정한 말씀이 〈소은행괴(素隱行怪) 후세유술언(後世有述焉)〉이다.

註 "자불어괴력란신(子不語怪力亂神)." 공자께서는[子] 괴변[怪], 폭력[力], 난동[亂], 귀신[神]을 말하지 않았다[不語].

여기서 신(神)은 음양불측(陰陽不測)을 뜻하는 신(神)을 말함이 아니라, 인간을 현혹(眩惑)시키는 것들을 빗댄 말이다. 『논어(論語)』「술이(述而)」편(篇) 20장(章)

註 "천하지인각위기소욕언(天下之人各爲其所欲焉) 이자위방(以自爲方) 비부(悲夫) 백가왕이불반(百家往而不反) 필불합의(必不合矣) 후세지학자불행(後世之學者不幸) 불견천지지순(不見天地之純) 고인지대체(古人之大體) 도술장위천하열(道術將爲天下裂)." 온 세상[天下之] 사람들은[人] 저마다[各] 자신이[其] 하고자 하는[欲] 바를[所] 하려는 것[爲]이다[焉]. 저마다 하고자 하는 바를 가지고[以] 스스로[自] 방편으로[方] 삼는다[爲]. 슬픈 일이다[悲夫]. 온갖 학자들은[百家] (저마다 하고자 하는 바로) 가면서도[往而] {상도(常道)로} 돌아오지 않아[不反] {상도(常道)와} 필히[必] 합치지 못하는 것[不合]이다[矣]. 미래의[後世之] 학자들은[學者] 불행하리라[不幸]. (미래의 학자들은) 자연이[天地之] 무위와[純] 옛사람의[古人之] 소박함을[大體] 살피지 않을 것이니[不見], 세상에서[天下] 상도의 활용은[道術] 갈가리 찢어질 것이다[裂].

『장자(莊子)』「천하(天下)」편(篇)에서는 후세지학자(後世之學者)를 일곡지사(一曲之士) 즉 한 가지만 전문으로 하는 박사[一曲之士]라고 불렀고, 천지지순(天地之純)의 순(純)은 무위(無爲)를 한 글자로 밝힌 것이며, 고인지대체(古人之大體)의 대체(大體)는 자연[天地]을 좇는 소박(素樸)함을 뜻한다. 『장자(莊子)』「천하(天下)」편(篇) 3장(章)

吾弗爲之矣(오불위지의)

▶ 나는[吾] 그런 짓을[之] 행하지 않는 것[弗爲]이다[矣].

나 오(吾), 아니할 불(弗), 행할 위(爲), 그것 지(之), 조사(~이다) 의(矣)

【읽기(讀)】

오불위지의(吾弗爲之矣)는 〈오불위아지소은의(吾弗爲我之素隱矣) 이오불위아지행괴의(而吾弗爲我之行怪矣)〉에서 되풀이되는 오불위(吾弗爲)와 아지(我之)를 생략하고, 소은(素隱)과 행괴(行怪)를 지시대명사 노릇하는 〈그것 지(之)〉로 대신하여 두 구문을 하나로 묶은 구문이다. 〈나는[吾] 내가[我之] 은밀한 것을[隱] 찾아 내기를[素] 행하지 않는 것[弗爲]이다[矣]. 그리고[而] 나는[吾] 내가[我之] 남다른 짓을[怪] 행함을[行] 행하지 않는 것[弗爲]이다[矣]〉 이를 〈나는[吾] 그런 짓을[之] 행하지 않는 것[弗爲]이다[矣]〉로 줄인 말투이다.

오불위지의(吾弗爲之矣)에서 불(弗)은 〈아니 불(不)〉과 같고, 위(爲)는 〈행할 행(行)〉과 같아 행위(行爲)의 줄임말로 여기면 되며, 지(之)는 소은행괴(素隱行怪)를 나타내는 지시대명사 노릇하고, 의(矣)는 종결어미 조사(~이다) 노릇한다.

【풀이(繹)】

오불위지의(吾弗爲之矣)는 공자(孔子)께서 반중용(反中庸)을 단호하게 배척(排斥)함을 밝히고 있다. 이 말씀은 『논어(論語)』「자한(子罕)」편(篇)에 나오는 **무의(毋意)·무필(毋必)·무고(毋固)·무아(毋我)**의 **자절사(子絶四)**를 떠올리게 한다. 자의(恣意)를 범하지 않음[毋]도 중용(中庸)을 지키기 위함이며, 기필(期必)을 범하지 않음[毋]도 중용(中庸)을 지키기 위함이고, 고집(固執)을 범하지 않음[毋]도 중용(中庸)을 지키기 위함이고, 내 주장[我執]을 범하지 않음[毋]도 중용(中庸)을 지키기 위하려는 것임을 살펴[觀] 새기고[玩] 헤아려[擬] 가늠해[斷] 깨우칠[曉] 수 있다. 나아가 『논어(論語)』「자로(子路)」편(篇)에 나오는 **부득중행이여지(不得中行而與之) 필야광견호(必也狂狷乎)** 또한 중용(中庸)을 지키기 위한 것임을 관완(觀玩)하고 의단(擬斷)하여 효(曉)할 수 있다. 중용(中庸)을 행하지 않는다면 회인(誨人)할 수 없음이니 모름지기 중용(中庸)을 행할 수밖에 없음을 밝힌 말씀이 〈오불위지의(吾弗爲之矣)〉이다.

註 "자절사(子絶四) 무의(毋意) 무필(毋必) 무고(毋固) 무아(毋我)." 공자께서는[子] 네 가지를[四] 끊었다[絶]. (공자께는) 자의가[意] 없고[毋], 기필이[必] 없고[毋], 고집이[固] 없고[毋], 아집이[我] 없다[毋].
『논어(論語)』「자한(子罕)」편(篇) 4장(章)

註 "자왈(子曰) 부득중행이여지(不得中行而與之) 필야광견호(必也狂狷乎) 광자진취(狂者進取) 견자유소불위야(狷者有所不爲也)." 공자께서[子] 말했다[曰]: 중도를 행하는 자를[中行] 얻어서[得而] 그와[之] 함께하지 못한다면[不與] 반드시[必也] 과격한 자나[狂] 고집 센 자와[狷] (함께하리라.) 과격한[狂] 자는[者] 앞으로 나아가고[進取], 고집 센[狷] 자는[者] 범하지 않는[不爲] 바가[所] 있는 것[有]이다[也].

중행(中行)은 중도(中道)와 같고, 광자(狂者)는 과격파(過激派)를 말하며, 견자(狷者)는 불선(不善)을 범하지 않는 자(者)를 말한다. 『논어(論語)』「자로(子路)」편(篇) 21장(章)

君子遵道而行(군자준도이행) 半途而廢(반도이폐)

▶ 군자는[君子] 중도를[道] 지켜서[遵而] 행하다가[行] 중도에서[半途而] {중도(中道)를 행(行)하기를} 그만둔다[廢].

클 군(君), 존칭 자(子), 지킬 준(遵), 도리 도(道), 그리고 이(而), 행할 행(行), 절반 반(半), 길 도(途), 그만둘 폐(廢)

【읽기(讀)】

군자준도이행(君子遵道而行) 반도이폐(半途而廢)는 〈군자준중용지도(君子遵中庸之道) 이군자행중용지도(而君子行中庸之道) 이군자반도이폐행중용지도(而君子半途而廢行中庸之道)〉에서 주어 노릇할 군자(君子), 준(遵)과 행(行)의 목적어 노릇하는 중용지도(中庸之道), 그리고 폐(廢)의 목적어 노릇할 행중용지도(行中庸之道)를 생략하고, 세 구문을 두 구문으로 묶은 구문이다. 〈군자는[君子] 중용지도를[中庸之道] 지킨다[遵]. 그리고[而] 군자는[君子] 중용지도를[中庸之道] 행한다[行]. 그러나[而] 군자가[君子] 중도에서[半途而] 중용지도를[中庸之道] 행함을[行] 그만둔다[廢]〉 이를 〈군자는[君子] 도를[道] 지켜서[遵而] 행하다[行] 중도에서[半途而] 그만둔다[廢]〉로 줄인 말투이다.

군자준도이행(君子遵道而行)에서 준(遵)은 〈지킬 수(守)〉와 같아 준수(遵守)의 줄임말로 여기면 되고, 도(道)는 여기선 중용지도(中庸之道)의 줄임이며, 행(行)은 〈베풀 시(施)〉와 같아 시행(施行)의 줄임말로 보면 된다.

반도이폐(半途而廢)에서 반도(半途)는 도중(途中)과 같고, 폐(廢)는 〈멈출 지(止)·버릴 기(棄)〉 등과 같아 폐지(廢止)·폐기(廢棄) 등의 줄임말로 여기면 된다.

【풀이(繹)】

군자준도이행(君子遵道而行) 반도이폐(半途而廢)〉는 앞 4장(章)에서 밝힌 〈도지불행야(道之不行也) 아지지의(我知之矣)〉의 자왈(子曰)과, 이어서 5장(章)에서 밝힌 〈도지불행의부(道之不行矣夫)〉란 자왈(子曰)을 떠올리게 한다. 중용지도(中庸

之道)가 시행되지 않음을 나는[我] 안다[知]고 토로하면서 중용지도(中庸之道)가 후세(後世)에 시행되지 않으리라고 추측했던 자왈(子曰)은 억측(臆測)이 아니었음을 우리 자신이 분명하게 확인할 수 있다. 우리는 지금 지극한 반중용(反中庸)의 시대를 살고 있는 까닭이다. 이른바 우리가 겪어오고 있는 이념(理念 : ideology)의 시대가 바로 중용지도(中庸之道)가 불행(不行)됨을 말해주고 있다. 제 생각 제 주장만 옳고, 다른 생각 다른 주장은 틀렸다고 고집하는 것보다 더한 반중용(反中庸)은 없다. 군자(君子)마저도 결국 준도(遵道) 즉 중용지도(中庸之道)의 준수(遵守)를 그만두고 소은행괴(素隱行怪)를 좋아하고 좇는[述] 시류(時流)는 이미 공자(孔子) 이전부터 시작되었던 셈이다.

여기서 준도(遵道)란 『논어(論語)』「요왈(堯曰)」편(篇)에 나오는 **윤집기중(允執其中)**과 『서경(書經)』「우서(虞書) 대우모(大禹謨)」편(篇)에 나오는 **윤집궐중(允執厥中)** 등의 집중(執中)과 같은 뜻의 말씀이며, 『노자(老子)』 5장(章)에 나오는 **불여수중(不如守中)**의 수중(守中)과 같은 말씀으로 볼 수 있다. 군자(君子)에게도 준도(遵道) · 집중(執中) · 수중(守中)이 어려운 길[道]인데, 하물며 범인(凡人)은 더 말할 것이 없다. 이렇듯 앞 3장(章)에서 〈민선능구의(民鮮能久矣)〉 즉 사람들이[民] {중용지도(中庸之道)를 행하지} 않음이[鮮能] 오래[久]라고 안타까워한 자왈(子曰)을 떠올려 중용(中庸)과 반중용(反中庸)을 함께 새기고 헤아려 가늠하게 하는 말씀이 〈군자준도이행(君子遵道而行)〉 반도이폐(半途而廢)이다.

註 "요왈(堯曰) 자(咨) 이순(爾舜) 천지력수재이궁(天之曆數在爾躬) 윤집기중(允執其中) 사해곤궁(四海困窮) 천록영종(天祿永終)." {순(舜)에게 왕위(王位)를 물려주면서} 요임금이[堯] 말했다[曰]: 아[咨]! 여보게[爾] 순[舜] 하늘의[天之] 역수가[曆數] 그대[爾] 자신에게[躬] 있다[在]. 진실로[允] 그[其] 중을[中] 지키게[執]. 세상이[四海] 옹색하고[困] 궁핍하면[窮] (그대에게) 하늘이 내린 자리는[天祿] 영영[永] 끊어지고 만다네[終]. 『논어(論語)』「요왈(堯曰)」편(篇) 1장(章)

註 "인심유위(人心惟危) 도심유미(道心惟微) 유정유일(惟精惟一) 윤집궐중(允執厥中)." 사람의[人] 마음[心]이야말로[惟] 위태롭고[危] 도의[道] 마음[心]이야말로[惟] 미묘하고 미세하니[微], 부디[惟] 꼼꼼하고[精] 부디[惟] 한결같이[一] 그[厥] 중을[中] 진실로[允] 지키시오[執].

『서경(書經)』「우서(虞書) 대우모(大禹謨)」편(篇) 2단락(段落)

註 "다언삭궁(多言數窮) 불여수중(不如守中)." 말이[言] 많으면[多] 빨리[數] 궁해지니[窮] {다언

(多言)은} 중도를[中] 지키는 것만[守] 못하다[不如]. 『노자(老子)』 5장(章)

吾弗能已矣(오불능이의)

▶ 나는[吾] {중용지도(中庸之道)를 지키고 행하기를} 결코 그만둘 수 없는 것[弗能已]이다[矣].

나 오(吾), 아닐 불(弗), 가할 능(能), 그칠 이(已), 조사(~이다) 의(矣)

【읽기(讀)】

오불능이의(吾弗能已矣)는 〈오불능이준이행중용지도의(吾弗能已遵而行中庸之道矣)〉에서 앞 문맥(文脈)으로 보충할 수 있는 〈그칠 이(已)〉의 목적구 노릇할 준이행중용지도(遵而行中庸之道)를 생략한 구문이다. 〈나는[吾] 중용지도를[中庸之道] 지켜서[遵而] 행하기를[行] 그칠 수 없는 것[弗能已]이다[矣]〉 이를 〈나는[吾] 그칠 수 없는 것[弗能已]이다[矣]〉로 줄인 말투이다.

오불능이의(吾弗能已矣)에서 불(弗)은 이(已)의 부정사(否定辭)로 〈아니 불(不)〉과 같고, 능(能)은 이(已)의 조동사로 〈가할 가(可)〉와 같으며, 이(已)는 〈그칠 지(止)〉와 같고, 의(矣)는 조사(~이다) 노릇한다.

【풀이(繹)】

오불능이의(吾弗能已矣)는 중용지도(中庸之道)를 준수(遵守)하여 시행(施行)하기를 결코 멈출 수 없음을 단언(斷言)하고 있는 자왈(子曰)이다. 그리고 공자(孔子)의 이러한 단언(斷言)은 다시금 『논어(論語)』「자로(子路)」편(篇)에서 〈중용지도(中庸之道)를 행하는 자를 얻어서 그와 함께하지 못한다면 반드시 과격한 자나 고집 센 자와 함께하리라. 과격한 자는 앞으로 나아가고 고집 센 자는 범하지 않는 바가 있는 것이다〉라고 단언한 자왈(子曰)을 떠올리게 한다.

君子依乎中庸(군자의호중용)

▶ 군자는[君子] 중용(中庸)에[乎] 의지한다[依].

클 군(君), 존칭 자(子), 의지할 의(依), 조사(~에) 호(乎), 중정 중(中), 써 용(庸)

【읽기(讀)】

군자의호중용(君子依乎中庸)에서 의(依)는 〈기댈 의(倚)·뢰(賴)〉 등과 같아 의뢰(依賴)의 줄임말로 여기면 되고, 호(乎)는 조사(助詞)로 〈~에 어(於)〉와 같으며, 중용(中庸)은 중용지도(中庸之道)로 새기면 된다.

【풀이(繹)】

군자의호중용(君子依乎中庸)은 중용(中庸)을 떠나서는 군자지도(君子之道)가 이루어질 수 없음을 밝히고 있다. 군자(君子)는 무본(務本)한다. 군자(君子)가 근본을 애씀[務]은 중용(中庸)을 의지(依支)함이다. 군자(君子)는 화이부동(和而不同)한다. 군자(君子)가 어울리되[和而] 패거리를 짓지 않음[不同]도 중용(中庸)을 의지(依支)함이다. 군자(君子)는 주이불비(周而不比)한다. 군자(君子)가 두루 통하되[周而] 한쪽으로 기울지 않음[不比]도 중용(中庸)을 의지(依支)함이다. 군자(君子)는 부쟁(不爭)한다. 군자(君子)가 다투지 않음[不爭]도 중용(中庸)을 의지(依支)함이다. 군자(君子)는 정이불량(貞而不諒)한다. 군자(君子)가 곧고 바르되[貞而] 잘못된 약속이라면 고쳐 지키지 않음[不諒]도 중용(中庸)을 의지(依支)함이다. 군자(君子)는 회덕(懷德)한다. 군자(君子)가 덕(德)을 품음[懷]도 중용(中庸)을 의지(依支)함이다. 이처럼 군자(君子)의 도(道)는 중용(中庸)을 벗어날 수 없음을 밝힌 말씀이 〈군자의호중용(君子依乎中庸)〉이다.

遯世(둔세) 不見知(불견지) 而不悔(이불회)

▶{군자(君子)가} 세상에서[世] 물러나[遯] 알려지지 않아도[不見知而] (군자는 그것을) 한탄하지 않는다[不悔].

물러날 둔(遯), 세상 세(世), 아니 불(不), 보일 견(見), 알려질 지(知), 그래도 이(而), 안타까워할 회(悔)

【읽기(讀)】

둔세(遯世) 불견지(不見知) 이불회(而不悔)는 〈군자둔세(君子遯世) 군자불견지어세(君子不見知於世) 이군자불회둔세(而君子不悔遯世)〉에서 앞 문맥(文脈)으로 보충할 수 있는 둔(遯)·지(知)·회(悔)의 주어 노릇할 군자(君子), 지(知)를 꾸며 부사구 노릇할 어세(於世), 그리고 회(悔)의 목적구 노릇할 둔세(遯世)를 생략하고 줄인 구문이다. 〈군자가[君子] 세상에서[世] 물러나[遯] 세상에[世] 의해서[於] 알려지지 않아도[不見知而] 군자는[君子] 둔세를[遯世] 안타까워하지 않는다[不悔]〉 이를 〈세상에서[世] 물러나[遯] 알려지지 않아도[不見知而] 안타까워하지 않는다[不悔]〉로 줄인 말투이다.

둔세(遯世)의 둔(遯)은 〈피할 둔(遁)〉과 같아 둔세(遯世)·둔세(遁世)는 같은 말이다. 불견지(不見知)에서 견(見)은 지(知)를 수동태(受動態)가 되게 해 〈알 지(知)〉로 옮기지 않고 〈알려질 지(知)〉로 옮기면 된다. 불견지(不見知)·불위지(不爲知)처럼 동사(動詞) 앞에 놓인 견(見)·위(爲) 등은 수동태를 이끈다고 여기면 될 것이다. 불회(不悔)의 회(悔)는 〈한탄할 한(恨)〉과 같아 회한(悔恨)의 줄임말로 여기면 된다.

【풀이(繹)】

둔세(遯世) 불견지(不見知) 이불회(而不悔)는 『논어(論語)』「학이(學而)」편(篇) 첫머리에 나오는 **인부지이불온(人不知而不慍) 불역군자호(不亦君子乎)**란 자왈(子曰)을 상기(想起)시켜 살펴[觀] 새기고[玩] 헤아려[擬] 가늠하게[斷] 하고, 『맹자(孟子)』「진심장구(盡心章句) 하(下)」편(篇)에 나오는 **군자행법(君子行法) 이사명이이의(以俟命而已矣)**란 맹자왈(孟子曰)을 떠올려(想起) 관완(觀玩)하고 의단(擬斷)하게 한다.

군자(君子)는 출세(出世)하여 저명(著名)하자고 학도(學道)하는 것이 아니고, 세상의 이목(耳目)을 사로잡고자 덕(德)을 닦는 척하는 것도 아니다. 오로지 군자(君子)는 성인(聖人)을 본받아[法] 사명(俟命) 즉 천명[命]을 받잡는 것[俟]이다. 사명(俟命)은 대명(待命)이고 종천(從天)·종지(從地)함이다. 오로지 군자(君子)는 성인(聖人)을 법(法)하여 날마다[日] 새로[新] 덕(德)을 지어[盛] 거이(居易)할 뿐이다. 거이(居易)란 중용(中庸)을 벗어나지 않고 평상심(平常心)으로 살아감[居]이다. 거이(居易)의 이(易)는 곧 어중용(於中庸) 즉 중용(中庸)으로[於] 살아감[居]을 뜻한다. 이처럼 군자(君子)는 오로지 사명(俟命)하고자 스스로 중용(中庸)함을 밝힌 말쓰이 〈둔세(遯世) 불견지(不見知) 이불회(而不悔)〉이다.

註 "자왈(子曰) 학이시습지(學而時習之) 불역열호(不亦說乎) 유붕(有朋) 자원방래(自遠方來) 불역락호(不亦樂乎) 인부지이불온(人不知而不慍) 불역군자호(不亦君子乎)." 공자께서[子] 가로되[曰]: 배워서[學而] 때때로[時] 배운 것을[之] 익히니[習] 역시[亦] 즐겁지 않느냐[不說乎]! 벗들이[朋] 있어[有] 멀리[遠]로부터[自] 이리로[方] 찾아오니[來] 역시[亦] 즐겁지 않느냐[不樂乎]! 남들이[人] 알아주지 않아도[不知而] 성내지 않으니[不慍] 역시[亦] 군자가 아니냐[不君子乎]!

『논어(論語)』「학이(學而)」편(篇) 1장

註 "맹자왈(孟子曰) 요순성자야(堯舜性者也) 탕무반지자야(湯武反之者也) 동용주선중례자성덕지지야(動容周旋中禮者盛德之至也) 곡사이애비위생자야(哭死而哀非爲生者也) 경덕불회비이간록야(經德不回非以干祿也) 언어필신비이정행야(言語必信非以正行也) 군자행법(君子行法) 이사명이이의(以俟命而已矣)." 맹자가[孟子] 가로되[曰]: 요임금과[堯] 순임금은[舜] 본성대로 산[性] 분[者]이고[也], 탕왕과[湯] 무왕은[武] 본성으로[之] 돌아온[反] 분[者]이다[也]. 몸가짐과[動容] 행동거지가[周旋] 예에[禮] 적중하는[中] 것은[者] 덕을[德] 쌓음이[盛之] 지극함[至]이다[也]. 죽은 이를[死] 호곡해서[哭而] 슬퍼함은[哀] 유족을[生] 위하는[爲] 짓이[者] 아닌 것이고[非], 덕을[德] 행하되[經] 악을 범하지 않음은[不回] 그렇게 하여[以] 벼슬을[祿] 구하고자 함이[干] 아닌 것이며[非], 주고받는 말이[言語] 반드시[必] 미더워야 함은[信] 그렇게 하여[以] 행위를[行] 정당화함이[正] 아닌 것이다[非]. 군자는[君子] 법도대로[法] 행하여[行] 천명을[命] 기다릴[俟] 뿐이다[而已矣].

경덕불회(經德不回)에서 경(經)은 〈행할 행(行)〉과 같고, 회(回)는 〈악할 사(邪)〉와 같으며, 간록(干祿)의 간(干)은 〈구할 구(求)〉와 같고, 행법(行法)의 법(法)은 천지(天地)·성인(聖人)을 본받는[法] 법도(法度)로 새기면 되고, 사명(俟命)의 사(俟)는 〈기다릴 대(待)〉와 같다.

『맹자(孟子)』「진심장구(盡心章句) 하(下)」편(篇) 33장(章)

唯聖者能之(유성자능지)

▶ 오로지[唯] 성스러운[聖] 자만이[者] 그 일을[之] 잘할 수 있다[能].

오직 유(唯), 성스러울 성(聖), 사람 자(者), 잘할 능(能), 그것 지(之)

【읽기(讀)】

유성자능지(唯聖者能之)는 〈유성자능둔세(唯聖者能遯世) 이유성자능불견지(而唯聖者能不見知) 이유성자능불회불견지(而唯聖者能不悔不見知)〉에서 능(能)

의 주어 노릇할 되풀이되는 유성자(唯聖者)와 동사 노릇할 능(能)을 생략하고, 앞 문맥(文脈)으로 보충할 수 있는 능(能)의 목적구 노릇할 둔세(遯世)와 불견지(不見知), 그리고 불회불견지(不悔不見知)를 〈그것 지(之)〉로 대신하여 세 구문을 하나의 구문으로 줄인 말투이다. 〈오로지[唯] 성스러운[聖] 자만[者] 세상을[世] 피할[遯] 수 있다[能]. 그리고[而] 오로지[唯] 성스러운[聖] 자만[者] 알려지지 않을[不見知] 수 있다[能]. 그래도[而] 오로지[唯] 성스러운[聖] 자만[者] 알려지지 않음을[不見知] 한탄하지 않을[不悔] 수 있다[能]〉 이를 〈오로지[唯] 성스러운[聖] 자만이[者] 그 일을[之] 잘할 수 있다[能]〉로 줄인 구문이다.

유성자능지(唯聖者能之)에서 유(唯)는 〈오직 독(獨)〉과 같아 유독(唯獨)의 줄임말로 여기면 되고, 성(聖)은 여기서 〈통할 통(通) · 밝을 예(叡) · 낳을 생(生) · 베풀 설(設)〉 등등의 뜻을 묶고 있는 자(字)로 보아 법성인자(法聖人者) 즉 〈성인을[聖人] 본받는[法] 자[者]〉로 옮기면 된다.

【풀이(繹)】

유성자능지(唯聖者能之)라는 말씀은 특히 성자(聖者)를 지성(至誠)으로 살펴[觀] 새기고[玩] 헤아려[擬] 그 깊은 뜻을 가늠하게(斷) 하는 말씀이다. 따라서 유성자능지(唯聖者能之)의 성자(聖者)는 『논어(論語)』「계씨(季氏)」편(篇)에 나오는 **외천명(畏天命)**을 상기(想起)하게 하며, 『서경(書經)』「주서(周書) 홍범(洪範)」편(篇)에 나오는 **예작성(睿作聖)**을 떠올리게[想起]도 하고, 나아가 『서경(書經)』「우서(虞書) 대우모(大禹謨)」편(篇)의 **내성내신(乃聖乃神)**과 『예기(禮記)』「악기(樂記)」편(篇)의 **명성자(明聖者)** 그리고 『맹자(孟子)』「진심장구(盡心章句) 하(下)」편(篇)의 **대이화지지위성(大而化之之謂聖)**을 상기(想起)시킨다. 물론 이러한 말씀은 주로 유가(儒家) 쪽의 성자(聖者)를 살펴[觀] 새기고[玩] 헤아려[擬] 가늠하게[斷] 한다. 유성자능지(唯聖者能之)의 성자(聖者)는 『노자(老子)』 27장(章)에 나오는 **습명(襲明)**과 더불어 『장자(莊子)』「덕충부(德充符)」편(篇)에 나오는 **사자천죽(四者天鬻)**을 상기하면, 성자(聖者)의 성(聖)을 양가(兩家)의 생각으로 두루 관완(觀玩)하여 의단(擬斷)해볼 수 있게 된다.

성자(聖者)의 성(聖)은 걸림 없는 통함이다. 성자(聖者)의 성(聖)은 천지(天地)를 본받아[法] 무사(無私) · 무욕(無欲) · 무아(無我)를 누리기 때문에 걸림이 없다.

그래서 내성내신(乃聖乃神)이라 한다. 성(聖)은 곧[乃] 신(神)인 것이다. 여기서 신(神)이란 곧 천지(天地)가 만물(萬物)에 행하고 변화하게 함이니 무소불통(無所不通) 즉 막힘이란 없음[無所不通]인 신통(神通)이다. 그러므로 성(聖) · 신(神) · 통(通)이다. 여기서 막힘 없는 생각 즉 예(叡)가 비롯되므로 예작성(睿作聖)이라 하는 것이다. 밝은 생각[睿]이 성스러움[聖]을 이루는[作] 까닭은 사욕(私欲)으로 도모하지 않고[不謀], 다듬지도 않고[不斲], 잃을 것도 없고[無喪], 거래도 않는[不貨] 천죽(天鬻)의 생각[思]이기 때문이다. 그래서 성자(聖者) 즉 성인(聖人)을 본받는[效] 사람[者]은 중용(中庸)의 도(道)를 늘 언제 어디서나 준수(遵守)할 수 있고, 세상을 물러나 사람들이 알아주지 않아도 한스러워하지 않음을 살펴 새기고 헤아려 가늠하게 하는 말씀이 〈유성자능지(唯聖者能之)〉이다.

註 "공자왈(孔子曰) 군자유삼외(君子有三畏) 외천명(畏天命) 외대인(畏大人) 외성인지언(畏聖人之言) 소인부지천명이불외야(小人不知天命而不畏也) 압대인(狎大人) 모성인지언(侮聖人之言)." 공자께서[孔子] 가로되[曰]: 군자한테는[君子] 세 가지[三] 두려움이[畏] 있다[有]. 천명을[天命] 두려워하고[畏], 대인을[大人] 두려워하며[畏], 성인의[聖人之] 말씀을[言] 두려워한다[畏]. 소인은[小人] 천명을[天命] 몰라서[不知而] (천명을) 두려워하지 않는 것[不畏]이고[也], 대인을[大人] 얕보고[狎] 성인의[聖人之] 말씀을[言] 업신여긴다[侮].

대인(大人)은 성인(聖人)을 말한다. 『논어(論語)』「계씨(季氏)」편(篇) 8장

註 "오사(五事) 일왈모(一曰貌) 이왈언(二曰言) 삼왈시(三曰視) 사왈청(四曰聽) 오왈사(五曰思) 모왈공(貌曰恭) 언왈종(言曰從) 시왈명(視曰明) 청왈총(聽曰聰) 사왈예(思曰睿) 공작숙(恭作肅) 종작예(從作乂) 명작철(明作哲) 총작모(聰作謀) 예작성(睿作聖)." 다섯 가지 일이란[五事] 첫째가[一] 몸가짐[貌]이고[曰], 둘째는[二] 말하기[言]이며[曰], 셋째가[三] 보기[視]이고[曰], 넷째가[四] 듣기[聽]이며[曰], 다섯째가[五] 생각하기[思]이다[曰]. 몸가짐은[貌] 공손함[恭]이고[曰], 말하기는[言] 따름[從]이며[曰], 보기는[視] 밝음[明]이고[曰], 듣기는[聽] 귀 밝기[聰]이고[曰], 생각하기는[思] 막힘 없이 깊고 밝음[睿]이다[曰]. 공손함은[恭] 엄숙함을[肅] 짓고[作], 따름은[從] 다스림을[乂] 짓고[作], 밝음은[明] 분명한 앎을[哲] 짓고[作], 귀 밝기는[聰] 헤아림을[謀] 짓고[作], 막힘 없이 깊고 밝음은[睿] 성스러움을[聖] 짓는다[作].

종작예(從作乂)는 종인작예인(從人作乂人)의 줄임이며, 〈남의 의견을[人] 따라줌은[從] 남을[人] 어질게 하는 일을[乂] 짓는다[作]〉고 새기면 된다.

『서경(書經)』「주서(周書) 홍범(洪範)」편(篇) 2단락(段落)

註 "제덕광운(帝德廣運) 내성내신(乃聖乃神) 내무내문(乃武乃文) 황천권명(皇天眷命) 엄유사

해(奄有四海) 위천하군(爲天下君).” 임금의[帝] 덕이[德] 널리[廣] 퍼져[運] 성스럽기도[聖] 하고[乃] 신통하기도[神] 하며[乃], 무용(武勇)으로 역란(逆亂)을 제압하기도[武] 하고[乃] 예악(禮樂)으로 다스리기도[文] 하며[乃], 하늘이[皇天] 돌보아[眷] 명을 내려[命] 온 세상을[四海] 모두[奄] 간직하고[有] 온 세상의[天下] 군주가[君] 된다[爲].

내(乃)는 〈이에 내(乃)〉로 조사(助詞)이고, 무(武)는 무용(武勇)으로 역란(逆亂)을 진압함이며, 문(文)은 예악(禮樂)으로 다스림을 뜻하고, 황천(皇天)은 하늘[天]을 높이는 말이고, 엄(奄)은 여기선 〈모두 진(盡)〉과 같다. 『서경(書經)』「우서(虞書) 대우모(大禹謨)」편(篇) 1단락(段落)

註 “지례악지정자능작(知禮樂之情者能作) 식례악지문자능술(識禮樂之文者能術) 작자지위성(作者之謂聖) 술자지위명(述者之謂明) 명성자술작지위야(明聖者述作之謂也).” 예악의[禮樂之] 참뜻을[情] 받드는[知] 분이[者] 맨 처음 지을 수 있고[能作], 예악의[禮樂之] 드러냄을[文] 아는[識] 분이[者] 따라 드러낼 수 있다[能述]. 맨 처음 짓는[作] 것을[者之] 성스러움이라[聖] 하고[謂], (맨 처음 지어낸 것을) 좇아 드러내는[述] 것을[者之] 밝힘이라[明] 한다[謂]. 밝히고[明] 성스러운[聖] 것을[者] 좇아 드러내고[述] 맨 처음 지음이라고[作之] 하는 것[謂]이다[也].

예악지정(禮樂之情)의 정(情)은 천지지정(天地之情)의 줄임이고, 예악지문(禮樂之文)의 문(文)은 천지의[天地之] 참뜻[情]을 성인(聖人)이 밝혀 드러낸 것을 뜻한다. 명성자술작지위야(明聖者述作之謂也)는 명자술지위야(明者述之謂也)와 성자작지위야(聖者作之謂也)를 하나로 묶은 구문이다. 〈밝히는[明] 것을[者] 좇아 드러냄이라고[述之] 말하는 것[謂]이고[也], 성스러운[聖] 것을[者] 맨 처음 지음이라고[作之] 말하는 것[謂]이다[也]〉

『예기(禮記)』「악기(樂記)」편(篇) 14단락(段落)

註 “가욕지위선(可欲之謂善) 유저기지위신(有諸己之謂信) 충실지위미(充實之謂美) 충실이유광휘지위대(充實而有光輝之謂大) 대이화지지위성(大而化之之謂聖).” {천명(天命)을 따르고} 싶게 할 수 있는 것을[可欲之] 착함이라[善] 하고[謂], 자기[己]에게 그 선함이[諸] 있는[有] 그것을[之] 믿음이라[信] 하며[謂], {그 선(善)과 신(信)}이 가득함을[充實之] 아름다움이라[美] 하고[謂], 그 가득함을[充實而] 빛나게 함이[光輝] 있음을[有之] 크나큼이라[大] 한다[謂]. 크나큼으로[大而] 되게 함을[化之之] 성스러움이라[聖] 한다[謂].

가욕지위선(可欲之謂善)에서 가욕(可欲)은 가욕순명(可欲順命)으로 새기면 되고, 유저기지위신(有諸己之謂信)의 유저기(有諸己)는 유선어기(有善於己)로 여기면 되며, 충실지위미(充實之謂美)는 충실선여신지위미(充實善與信之謂美)로 여기면 된다. 충실이유광휘지위대(充實而有光輝之謂大)는 유광휘충실지위대(有光輝充實之謂大)에서 광휘(光輝)의 목적어 노릇하는 충실(充實)을 강조하고자 충실이(充實而)로 하여 전치한 말투로 여기면 되고, 대이화지지위성(大而化之之謂聖)은 화대지위성(化大之謂聖)에서 화대(化大)의 대(大)를 강조하고자 대이(大而)로 전치하고 허사(虛詞) 지(之)를 더한 구문으로 새기면 된다.

『맹자(孟子)』「진심장구(盡心章句) 하(下)」편(篇) 25장(章)

註 "선행무철적(善行無轍迹) 선언무하적(善言無瑕讁) 선수불용주책(善數不用籌策) 선폐무관건이불개(善閉無關楗而不開) …… 시이성인상선구인(是以聖人常善救人) 고(故) 무기인(無棄人) 상선구물(常善救物) 고(故) 무기물(無棄物) 시위습명(是謂襲明)." 천지(天地)를 이어받아[善] 행함에는[行] 남긴 자국이[轍迹] 없고[無], 천지(天地)를 이어받는[善] 말에는[言] 흠집이[瑕跡] 없으며[無], 천지(天地)를 이어받는[善] 셈에는[數] 주판이[籌策] 필요[用] 없고[無], 천지(天地)를 이어받는[善] 닫음에는[閉] 빗장이[關楗] 없어도[無而] 열리지 않는다[不開]. …… 이렇기[是] 때문에[而] 성인은[聖人] 늘[常] 천지(天地)를 이어받아[善] 사람을[人] 구제한다[救]. 그래서[故] 사람을[人] 버림이[棄] 없다[無]. 늘[常] 천지(天地)를 이어받아[善] 사물을[物] 구제한다[救]. 그래서[故] 사물을[物] 버림이[棄] 없다[無]. 이를[是] 밝음을[明] 물려받음이라[襲] 한다[謂].

습명(襲明)은 밝음[明]을 내는 등(燈)과 같이 사암자명(使暗者明) 즉 어두운[暗] 것으로[者] 하여금[使] 밝게 함[明]을 뜻한다. 『노자(老子)』 27장(章)

註 "성인불모(聖人不謀) 오용지(惡用知) 불착(不斲) 오용교(惡用膠) 무상(無喪) 오용덕(惡用德) 불화(不貨) 오용상(惡用商) 사자천죽야(四者天鬻也) 천죽야자천사야(天鬻也者天食也) 기수사어천(旣受食於天) 우오용인(又惡用人)." 성인은[聖人] 꾀하지 않는데[不謀] 어찌[惡] 사람의 지식을[知] 쓰겠는가[用]? {성인(聖人)은} 깎고 다듬지 않는데[不斲] 어찌[惡] 아교풀을[膠] 쓰겠는가[用]? {성인(聖人)은} 잃을 것이[喪] 없는데[無] 어찌[惡] 인덕을[德] 쓰겠는가[用]? {성인(聖人)은} 사고 팔지 않는데[不貨] 어찌[惡] 상술을[膠] 쓰겠는가[用]? 네[四] 가지는[者] 자연의[天] 길러냄[鬻]이다[也]. 천죽(天鬻)이란[也] 것은[者] 자연이 준[天] 먹거리[食]이다[也]. 이미[旣] 자연[天]으로부터[於] 먹거리를[食] 받았는데[受] 어찌[惡] 인간의 짓을[人] 쓰겠는가[用]?

오용교(惡用膠)의 교(膠)는 인위적으로 덧붙이는 접착제를 뜻하고, 오용덕(惡用德)의 덕(德)은 인덕(人德)을 앞세워 교제(交際)함을 뜻하며, 천국(天鬻)으로 읽지 않고 천죽(天鬻)으로 발음한다. 〈죽 죽(鬻)〉은 죽(粥)과 같고, 〈길러낼 국(鬻)〉은 양(養)과 같다. 천사(天食)의 사(食)는 〈먹을 식(食)〉이 아니라 〈먹거리 사(食)〉이다.

『장자(莊子)』 「덕충부(德充符)」편(篇) 19단락(段落)

중용(中庸)의 지(知) · 행(行)

세 단락(段落)으로 이루어져 있는 12장(章)은 군자지도(君子之道)가 곧 중용지도(中庸之道)임을 일러 지중용지도(知中庸之道)와 행중용지도(行中庸之道)를 밝히고 있다. 그 지(知) · 행(行)을 중용(中庸)의 체(體) · 용(用)으로 밝힌다. 따라서 중용지도(中庸之道)를 알고 받들어[知] 스스로 행(行)해야 군자(君子)의 도(道)가 이루어짐을 살펴[觀] 새기고[玩] 헤아려[擬] 가늠하게[斷] 한다. 군자지도(君子之道)란 곧 중용지도(中庸之道)와 다름이 없음을 깨우쳐주는 장(章)이다.

【1단락(段落) 전문(全文)】

君子之道는 費而隱이니라 夫婦之愚로도 可以與知焉
군자지도 비이은 부부지우 가이여지언

이지만 及其至也는 雖聖人이라도 亦有所不知焉이라
급기지야 수성인 역유소부지언

군자의 도는 쓰임이 넓으면서도 그윽이 드러나지 않는다. 필부필부의 어리석음으로도 더불어 {군자(君子)의 도(道)를} 알 수 있는 것이다. (하지만) 그 도(道)의 지극함에 이르러서는 성인일지라도 그것을 알지 못하는 바가 있는 것이다.

君子之道費而隱(군자지도비이은)

▶ 군자의[君子之] 도는[道] 쓰임이 넓으면서도[費而] 그윽이 드러나지 않는다[隱].

클 군(君), 존칭 자(子), 조사(~의) 지(之), 길 도(道), 널리 쓰일 비(費), 조사(그러나) 이(而), 숨어 있는 은(隱)

【읽기(讀)】

군자지도비이은(君子之道費而隱)은 〈군자지도비(君子之道費) 이군자지도은(而君子之道隱)〉에서 되풀이되는 군자지도(君子之道)를 생략하여 하나로 묶은 구문이다. 〈군자의[君子之] 도는[道] 널리 쓰인다[費]. 그러나[而] 군자의[君子之] 도는[道] 드러나지 않는다[隱]〉 이를 〈군자의[君子之] 도는[道] 널리 쓰이면서도[費而] 드러나지 않는다[隱]〉로 줄인 말투이다.

군자지도비이은(君子之道費而隱)에서 도(道)는 〈이치 리(理) · 가르쳐 본받게 할 교(教) · 이끌어갈 도(導) · 방편 방(方) · 말씀 언(言)〉 등을 묶고 있는 자(字)로 여기면 되고, 비(費)는 여기선 〈쓰일 용(用)〉과 같아 용지광(用之廣)의 줄임말이며, 은(隱)은 〈그윽할 유(幽)〉와 같아 유은(幽隱)의 줄임말로 보면 된다.

【풀이(繹)】

군자지도비이은(君子之道費而隱)은 군자지도(君子之道)가 곧 중용지도(中庸之道)임을 살펴[觀] 새기고[玩] 헤아려[擬] 가늠하게[斷] 한다. 천지지도(天地之道)인 중용지도(中庸之道)가 천지(天地)의 생성(生成)과 변화(變化)에 두루 적용(適用)되고 언제 어디서나 온 세상 온갖 일에 두루 미치고 쓰임을 비이은(費而隱) 즉 〈비이면서[費而] 은(隱)이다〉로 밝힌 것이다. 군자지도비이은(君子之道費而隱)에서 비이은(費而隱)은 비내은(費乃隱) 즉 〈비(費)는 곧[乃] 은(隱)이다〉라는 말이다. 중용지도(中庸之道)란 일상(日常)에서 천지지도(天地之道) 즉 하늘 땅[天地]의 이치[理] · 가르침[教] · 이끌어줌[導] · 방편[方] · 말씀[言]을 좇는[順] 상도(常道)일 뿐이다.

군자지도비(君子之道費)는 군자(君子)의 길[道]이 곧 중용(中庸)의 길[道]임을 일깨워준다. 중용(中庸)의 도(道)가 상용(常用)의 것이므로 군자(君子)의 도(道) 역시 상용(常用)의 것이다. 이를 군자지도비(君子之道費)라 한 것이다. 여기서 비(費)는 용지광(用之廣) 즉 쓰임이[用之] 넓음[廣]이다. 비(費)는 용(用)·용(庸)이다. 군자지도(君子之道)의 비(費)는 곧 중용(中庸)과 같아 군자(君子)의 도(道)가 대용(大用)의 상도(常道)임을 말해준다. 그러므로 군자지도비(君子之道費)란 중용지도비(中庸之道費)란 말씀이다. 군자지도비(君子之道費)란 말씀은 『논어(論語)』「안연(顔淵)」편(篇)에 나오는 **군자지덕풍(君子之德風)**을 상기(想起)시킨다. 군자(君子)의 덕(德)이란 바람[風]이라 함은 중용(中庸)의 도(道)를 씀[用]이란 말씀으로 이어진다. 언제 어디에나 있는 바람[風]과 같이 중용지도(中庸之道)는 우주(宇宙) 삼라만상(森羅萬象) 어디에나 있다. 군자(君子)의 도(道)가 비(費)함은 중용(中庸)의 중(中)을 널리 쓰는[庸] 도(道)이기 때문이다.

군자지도은(君子之道隱) 또한 군자(君子)의 도(道)가 곧 중용(中庸)의 도(道)임을 일깨워준다. 중용(中庸)의 도(道)가 은미(隱微)한 것이므로 군자(君子)의 도(道) 역시 은미(隱微)한 것이다. 이를 군자지도은(君子之道隱)이라고 한 것이다. 중용지도(中庸之道)의 은(隱)은 이미 『중용(中庸)』 1장(章)에 **막현호은(莫見乎隱) 막현호미(莫顯乎微) 고(故) 군자신기독야(君子愼其獨也)**라 밝혀져 있다. 중용(中庸)의 길[道]은 과시(誇示)하는 것이 아니라 신독(愼獨)해야 하는 도(道)이다. 신독(愼獨)이란 은미(隱微)함이다. 따라서 군자지도(君子之道)의 본래(本來) 역시 드러내는 것이 아니라 은미(隱微)한 것이다. 그러므로 군자지도(君子之道)의 은(隱) 또한 중용(中庸)의 은미(隱微)와 같다. 은미(隱微)함은 숨어 드러나지 않음이다. 은(隱)은 『주역(周易)』「계사전(繫辭傳) 상(上)」에 나오는 **탐색색은(探賾索隱)**의 은(隱)을 떠올리게 한다. 은미함[隱]을 찾아냄[探索]은 지성(至誠)으로 이루어지는 탐색(探索)이다. 중용지도(中庸之道)의 근원(根源)이 천지지도(天地之道)이므로 중용지도(中庸之道)의 근본(根本)을 은(隱)이라 밝힌 말씀이 〈중용지도비이은(中庸之道費而隱)〉이다.

註 "계강자문정어공자왈(季康子問政於孔子曰) 여살무도(如殺無道) 이취유도(以就有道) 여하(如何) 공자대왈(孔子對曰) 자위정(子爲政) 언용살(焉用殺) 자욕선(子欲善) 이민선의(而民善矣) 군자지덕풍(君子之德風) 소인지덕초(小人之德草) 초상지풍필언(草尙之風必偃)." 계강자가[季康子] 공자께[於孔子] 정치를[政] 물어[問] 여쭈었다[曰]: 무도한 자를[無道] 죽이고[殺] 그리하

여[以] 유도한 자를[有道] 취한다면[就] 어떨지요[如何]? 공자께서[孔子] 대하여[對] 가로되[曰]: 당신이[子] 정치를[政] 한다면서[爲] 어찌[焉] 죽임을[殺] 쓴다는 것이오[用]. 당신이[子] 선하기를[善] 바라고[欲] 그래서[而] 백성은[民] 선하게 되는 것[善]이오[矣]. 군자의[君子之] 덕은[德] 바람이고[風], 소인의[小人之] 덕은[德] 풀이오[草]. 풀은[草] 더해지는[尙之] 바람에[風] 반드시[必] 따르오[偃].

상지풍(尙之風)의 상(尙)은 〈더할 가(加)〉와 같고, 필언(必偃)의 언(偃)은 여기선 〈따를 종(從)〉과 같다. 『논어(論語)』「안연(顔淵)」편(篇) 19장(章)

註 "막현호은(莫見乎隱) 막현호미(莫顯乎微) 고(故) 군자신기독야(君子愼其獨也)." 은미한 것[隱]보다 더 잘[乎] 드러나는 것은[見] 없다[莫]. 미세한 것[微]보다 더[乎] 잘 드러나는 것은[顯] 없다[莫]. 그러므로[故] 군자는[君子] 저[其] 홀로[獨] 삼가는 것[愼]이다[也]. 『중용(中庸)』 1장(章)

註 "탐색색은(探賾索隱) 구심치원(鉤深致遠) 이정천하지길흉(以定天下之吉凶) 성천하지미미(成天下之亹亹) 막대호시귀(莫大乎蓍龜)." 깊고 그윽해 찾아내기 어려운 것을[賾] 찾아내[探], 즉 색은하고[索隱] 깊은 뜻을[深] 낚아내[鉤] 원대함을[遠] 더없이 깨침[致]으로[以] 온 세상의[天下之] 길흉을[吉凶] 결정하고[定] 온 세상의[天下之] 근면함을[亹亹] 이루는[成] 것은[者] 시귀(蓍龜)보다 더[乎] 좋은 것이[大] 없다[莫]. 『주역(周易)』「계사전(繫辭傳) 상(上)」편(篇) 18단락(段落)

夫婦之愚可以與知焉(부부지우가이여지언)

▶ (누구나) 필부[夫] 필부의[婦之] 어리석음[愚]으로도[以] 더불어[與] {군자(君子)의 도(道)를} 알 수 있는 것[可知]이다[焉].

사내 부(夫), 아낙 부(婦), 조사(~의) 지(之), 어리석을 우(愚), 써 이(以), 더불어 여(與), 알 지(知), 이에 언(焉)

【읽기(讀)】

부부지우가이여지언(夫婦之愚可以與知焉)은 〈범인가여지어군자지도이부부지우(凡人可與知於君子之道以夫婦之愚)〉에서 일반주어 노릇하는 범인(凡人)을 생략하고, 부사구 노릇하는 이부부지우(以夫婦之愚)에서 부부지우(夫婦之愚)를 강조하고자 전치(前置)했으며, 이(以)를 조동사 노릇하는 가(可) 뒤에 두고, 어군자지도(於君子之道)를 〈어시(於是) 언(焉)〉으로 줄인 구문이다. 〈무릇[凡] 사람들이[人] 부부의[夫婦之] 어리석음[愚]으로도[以] 군자지도(君子之道)를[於] 더불어[與] 알 수 있다[可知]〉 이를 〈부부의[夫婦之] 어리석음[愚]으로도[以] 더불어[與] 알 수 있는 것[可知]이다[焉]〉로 줄인 말투이다.

부부지우가이여지언(夫婦之愚可以與知焉)에서 우(愚)는 〈어리석을 매(昧)〉와 같아 우매(愚昧)의 줄임말로 여기면 되고, 가(可)는 〈잘할 능(能)〉과 같이 조동사 노릇하며, 이(以)는 여기선 〈써 용(用)〉과 같다. 부사 노릇하는 여(與)는 〈더불어 이(以)〉와 같고, 타동사 노릇하는 지(知)는 여기선 〈깨우칠 각(覺) · 유(喩)〉 등과 같고, 언(焉)은 어군자지도(於君子之道)를 대신하는 〈어시(於是) 언(焉)〉 종결어미로 조사(助詞) 노릇도 한다.

【풀이(繹)】

부부지우가이여지언(夫婦之愚可以與知焉)은 군자지도(君子之道)가 곧 중용지도(中庸之道)이고, 군자(君子)의 중용지도(中庸之道)란 일상생활(日常生活)의 도(道)임을 살펴[觀] 새기고[玩] 헤아려[擬] 가늠하게[斷] 한다. 중용지도(中庸之道)가 난해(難解)한 도(道)가 아니라 일상지도(日常之道)임을 부부지우(夫婦之愚)란 말씀으로 밝히고 있다. 부부지우(夫婦之愚)의 우(愚)는 문자(文字)를 해독(解讀)해야 얻을 수 있는 지식(知識)이 아니라 날마다 살아가면서 터득할 수 있는 지혜(智慧)로서의 우(愚)이다. 염화취실(斂華就實) 즉 화려함[華]을 거두고[斂] 실박함[實]을 택하는[就] 슬기로운 어리석음[愚]이 있는 것이다. 수박환순(守樸還淳) 즉 질박함[樸]을 지켜[守] 순박함[淳]으로 돌아가는[還] 어리석음[愚]이 있는 것이다. 부부지우(夫婦之愚)의 우(愚)는 그처럼 슬기로운 어리석음[愚]이다. 이러한 어리석음[愚]은 무식(無識)하다 할지라도 질박(質朴)의 슬기로움[智]으로 드러난다.

여기서 부부지우(夫婦之愚)는 식자(識者)가 범하는 어리석음[愚]이 아니라 식자(識者)가 아닐지라도 오히려 중용지도(中庸之道)를 터득할 수 있는 질박(質朴)함의 우(愚)이다. 질박(質朴)함의 우(愚)는 군자지도(君子之道)의 미(微) 즉 미세함[微]은 모를지라도, 군자지도(君子之道)의 비(費) 즉 쓰임[費]만큼은 알 수 있다. 그러므로 여기 부부지우(夫婦之愚)의 우(愚)는 『노자(老子)』 38장(章)에 나오는 우지시(愚之始)의 우(愚)가 아니다. 중용지도(中庸之道)를 배우지 않고서도, 일상(日常)의 삶으로 실행하는 부부지우(夫婦之愚)의 우(愚)로도 중용지도(中庸之道) 즉 군자지도(君子之道)를 알[知] 수 있음을 나타내는 말씀이 곧 〈부부지우가이여지언(夫婦之愚可以與知焉)〉이다.

註 "전식자(前識者) 도지화(道之華) 이우지시(而愚之始) 시이대장부처기후(是以大丈夫處其厚) 불거기박(不居其薄) 처기실(處其實) 불거기화(不居其華) 고(故) 거피취차(去彼取此)." 앎을[識] 앞세우는[前] 것은[者] 도의[道之] 꾸밈이어서[華而] 어리석음의[愚之] 시작이다[始]. 이렇기[是] 때문에[以] 대장부는[大丈夫] 그[其] 두터움으로[厚] 살지[處] 그[其] 엷음으로[薄] 살지 않고[不居], 그[其] 실박함으로[實] 살지[處] 그[其] 꾸밈으로[華] 살지 않는다[不居]. 그러므로[故] {대장부(大丈夫)는} 저것을[彼] 버리고[去] 이것을[此] 취한다[取].

기후(其厚)·기박(其薄)·기실(其實)·기화(其華)의 기(其)는 도지(道之)를 대신하는 관형사(冠形詞)이다. 도(道)의 두터움[厚]과 실박함[實]은 도(道)의 본래(本來)를 따르는 무위(無爲)를 뜻하고, 도(道)의 엷음[薄]과 꾸밈[華]은 도(道)의 본래(本來)를 멀리하는 인위(人爲)를 말한다. 거피취차(去彼取此)의 피(彼)는 도지박(道之薄)·도지화(道之華)를 나타내고, 차(此)는 도지후(道之厚)·도지실(道之實)을 나타낸다. 『노자(老子)』 38장(章)

及其至也(급기지야) 雖聖人(수성인) 亦有所不知焉(역유소부지언)

▶ (하지만) 그 도(道)의[其] 지극함에[至] 이르러서는[及也] 성인일(聖人)지라도[雖] 그것을 알지 못하는[不知] 바가[所] 있는 것[有]이다[焉].

이를 급(及), 그 기(其), 지극할 지(至), 조사 야(也), 비록 수(雖), 성스러울 성(聖), 또 역(亦), 있을 유(有), 바 소(所), 못할 부(不), 알 지(知), 이에 언(焉)

【읽기(讀)】

급기지야수성인역유소부지언(及其至也雖聖人亦有所不知焉)에서 〈있을 유(有)〉가 자동사 노릇할 때 그 주어가 유(有) 뒤에 있음을 간파하면 문맥(文脈)을 잡을 수 있는 구문이다. 급기지야수성인역유소부지언(及其至也雖聖人亦有所不知焉)에서 소부지언(所不知焉)이 유(有)의 주부(主部)이고, 급기지야(及其至也)는 조건의 부사절 노릇하고, 수성인(雖聖人)은 양보의 부사절 노릇함을 파악하면 〈급기지야(及其至也)면 수성인(雖聖人)이라도 소부지언(所不知焉)이 또한[亦] 있는 것이다[有]〉로 옮길 수 있다.

급기지야(及其至也)에서 급(及)은 〈이를 지(至)〉와 같아 급지(及至)의 줄임말로 여기면 되고, 기(其)는 군자지도지(君子之道之)를 대신하는 관형사(冠形詞) 노릇하고, 지(至)는 〈지극할 극(極)〉과 같아 지극(至極)의 줄임말이다. 수성인(雖聖人)에서 수(雖)는 〈비록 ~일지라도 수(雖)〉로 가령(假令)을 나타내고, 역유소부지언(亦有所不知焉)에서 역(亦)은 〈또 우(又)〉와 같고, 소부지언(所不知焉)은 〈성인지소부지어군자지도지은(聖人之所不知於君子之道之隱)〉에서 되풀이되는 성인지(聖人之)를 생략하고 앞 문맥(文脈)으로 보충할 수 있는 어군자지도지은(於君子之道之隱)을 〈어시(於是) 언(焉)〉으로 대신한 구문이다. 그러므로 소부지언(所不知焉)을 〈그것을[焉] 알지 못하는[不知] 바[所]〉라고 옮기는[譯] 쪽보다 〈성인이[聖人之] 군자지도(君子之道)의[之] 은미함[隱]을[於] 알지 못하는[不知] 바[所]〉라고 역(譯)하면 문의(文意)가 분명해진다.

【풀이(繹)】

급기지야수성인역유소부지언(及其至也雖聖人亦有所不知焉)은 군자지도(君子之道)·중용지도(中庸之道)의 비(費)와 은(隱)이 지극함[至]에 이르러서는[及] 성인(聖人)도 모르는 바가 있음을 밝히고 있다. 설령 도지은(道之隱) 즉 도지체(道之體)를 모른다 할지라도 도지비(道之費) 즉 도지용(道之用)만큼은 필부필부(匹夫匹婦)도 일상생활(日常生活) 속에서 활용(活用)할 수 있는 것이 중용(中庸)의 도(道)이고 군자(君子)의 도(道)이지만, 그 지극함[至] 만큼은 알 수 없다 함이다. 인간은 다만 군자지도비이은(君子之道費而隱) 즉 도지비(道之費)와 도지은(道之隱)을 본받는[法] 것을 알 뿐, 그 비(費)·은(隱)의 지극함[至] 그 자체는 알 수 없다는 것이다.

급기지야수성인역유소부지언(及其至也雖聖人亦有所不知焉)에서 급기지(及其至)의 지(至)는 군자지도비이은(君子之道費而隱)의 비이은(費而隱)이 지극함[至]에 다다름[及]을 뜻한다. 군자지도(君子之道)의 비(費)는 중용지도(中庸之道)의 용(用)이고, 군자지도(君子之道)의 은(隱)은 중용지도(中庸之道)의 체(體)이다. 따라서 군자지도(君子之道)의 비(費)는 중용지도(中庸之道)의 용(用)을 법(法)함이고, 군자지도(君子之道)의 은(隱)은 중용지도(中庸之道)의 체(體)를 본받음[法]일 뿐이다. 이처럼 군자지도(君子之道)의 비이은(費而隱)이란 곧 중용지도(中庸之道)의 체용(體用)이 아니라 그 체용(體用)을 본받음[法]일 뿐이다.

중용지도(中庸之道)의 체용(體用)을 본받기[法]는 부부지우(夫婦之愚)로도 알 수 있지만, 중용지도(中庸之道)의 체용(體用) 그 자체 즉 지극함[至]은 성인(聖人)도 알 수 없다는 말씀은 『노자(老子)』 16장(章)에 나오는 **치허극(致虛極) 수정독(守靜篤) 만물병작(萬物竝作)**을 상기(想起)시킨다. 천(天)은 허극(虛極) 즉 양기(陽氣)를 다하고[致], 지(地)는 정독(靜篤) 즉 음기(陰氣)를 지켜[守] 만물(萬物)을 아울러[竝] 만들어냄[作]이 곧 천지(天地)의 지극한[至] 수명(授命)인데, 중용지도(中庸之道)의 지극함[至] 역시 그 수명(授命)일 뿐이다. 성인(聖人)도 수명(受命) 즉 천지(天地)의 시킴[命]을 받을[受] 뿐이지, 수명(授命) 즉 천지(天地)의 시킴[命]을 내릴[受] 수는 없음을 살펴 새기고 헤아려 가늠하게 하는 말씀이 〈급기지야수성인역유소부지언(及其至也雖聖人亦有所不知焉)〉이다.

註 "치허극(致虛極) 수정독(守靜篤) 만물병작(萬物竝作)." {천(天)은} 허(虛)의 극(極)을 다하고[致], {지(地)는} 정(靜)의 독(篤)을 지켜[守] 온갖 것이[萬物] 아울러[竝] 생긴다[作].

허극(虛極)은 천기(天氣) 즉 양기(陽氣)를 뜻하고, 정독(靜篤)은 지기(地氣) 즉 음기(陰氣)를 뜻한다. 치허극(致虛極)·수정독(守靜篤)은 수명(授命) 즉 천지(天地)가 명령[命]을 내림[授]을 살펴 새기고 헤아려 가늠하게 하는 말씀이다. 『노자(老子)』 16장(章)

【2단락(段落) 전문(全文)】

夫婦之不肖로도 可以能行焉이지만 及其至也는 雖聖人이라도 亦有所不能焉이라 天地之大也도 人猶有所憾이라 故로 君子語大면 天下莫能載焉하고 語小면 天下莫能破焉이다
(부부지불초 가이능행언 급기지야 수성인 역유소불능언 천지지대야 인유유소감 고 군자어대 천하막능재언 어소 천하막능파언)

필부필부의 불초로도 {군자(君子)의 도(道)를} 능히 행할 수 있는 것이다. (하지만) 그 도(道)의 지극함에 이르러서는 성인일지라도 그것을 할 수 없는 바가 역시 있는 것이다. 천지가 크나크지만 인간에게는 오히려 한스러운 바가 있다. 그러므로 군자가 (천지의) 크나큼을 말해주지만 세상이 그것을 능히 행함이 없는 것이고, (군자가 천지의) 작음을 말해주지만 세상이 그것을 능히 다함이 없는 것이다.

夫婦之不肖可以能行焉(부부지불초가이능행언)

▶ (누구나) 필부[夫] 필부의[婦之] 불초(不肖)로도[以] {군자(君子)의 도(道)를} 능히[能] 행할 수 있는 것[可行]이다[焉].

> 사내 부(夫), 아낙 부(婦), 조사(~의) 지(之), 닮을 초(肖), 써 이(以), 능할 능(能), 행할 행(行), 이에 언(焉)

【읽기(讀)】

부부지불초가이능행언(夫婦之不肖可以能行焉)은 〈범인가능행어군자지도이부부지불초(凡人可能行於君子之道以夫婦之不肖)〉에서 일반주어인 범인(凡人)을 생략하고, 부사구 노릇하는 이부부지불초(以夫婦之不肖)에서 부부지불초(夫婦之不肖)를 강조하고자 전치(前置)하고 이(以)를 조동사 노릇하는 가(可) 뒤에 두고, 어군자지도(於君子之道)를 〈어시(於是) 언(焉)〉으로 하여 줄인 구문이다. 〈무릇[凡] 사람들이[人] 부부의[夫婦之] 불초(不肖)로도[以] 군자지도(君子之道)를[於] 능히[能] 행할 수 있다[可行]〉 이를 〈부부의[夫婦之] 불초[愚]로도[以] 능히[能] 행할 수 있는 것[可行]이다[焉]〉로 줄인 말투이다.

부부지불초가이능행언(夫婦之不肖可以能行焉)에서 초(肖)는 〈닮을 사(似)〉와 같고, 가(可)는 〈가할 능(能)〉과 같아 조동사 노릇하며, 이(以)는 여기선 〈써 용(用)〉과 같고, 부사 노릇하는 능(能)은 여기선 〈잘할 선(善)〉과 같다. 타동사 노릇하는 행(行)은 〈베풀 시(施)〉와 같아 시행(施行)의 줄임말이며, 언(焉)은 어군자지도(於君子之道)를 대신하는 〈어시(於是) 언(焉)〉으로 종결어미로서 조사(助詞) 노릇도 한다.

【풀이(繹)】

부부지불초가이능행언(夫婦之不肖可以能行焉)은 군자지도(君子之道)를 시행(施行)함은 곧 중용지도(中庸之道)를 시행함이고, 군자(君子)의 중용지도(中庸之道)를 행함은 일상생활(日常生活) 바로 그것임을 살펴[觀] 새기고[玩] 헤아려[擬] 가늠하게[斷] 한다. 중용지도(中庸之道)는 일상지도(日常之道)이므로 일상(日常)의 삶이 곧 중용(中庸)이란 뜻이다. 중용지도(中庸之道)가 행(行)하기 어려운 도(道)

가 아님을 부부지불초(夫婦之不肖)란 말씀으로 밝히고 있다. 부부지불초(夫婦之不肖)의 초(肖)는 조부(祖父) 즉 할아버지[祖]와 아버지[父]로부터 물려 배워야 행할 수 있는 길이 아니라 날마다 살아가면서 스스로 행할 수 있는 길이 곧 중용지도(中庸之道)임을 말한다. 스스로 화려함[華]을 거두고[斂] 스스로 실박함[實]을 택함[就]이 일상(日常)에서 이루어지면 그것이 곧 중용(中庸)의 행(行)으로 이어지고, 스스로 질박함[樸]을 지키고[守] 스스로 순박함[淳]으로 돌아감[還]이 일상(日常)에서 이루어지면 그것이 곧 중용(中庸)의 행(行)으로 이루어짐을 부부지불초(夫婦之不肖)가 가늠하게 한다.

불초(不肖)는 단순한 불효(不孝)가 아니다. 불초(不肖)란 불효(不孝)이고 비례(非禮)이다. 그러나 스스로 중용(中庸)을 행하는 불초(不肖)란 『논어(論語)』의 **윤집기중(允執其中)**을 상기(想起)시키며, 나아가 『노자(老子)』의 **수중(守中)**을 떠올리게 한다. 왜냐하면 부부지불초가이능행언(夫婦之不肖可以能行焉)의 불초(不肖)란 스스로 중용(中庸)을 행하여 군자(君子)의 삶을 이룩함을 뜻하기 때문이다. 여기서 부부지불초(夫婦之不肖)는 불효(不孝)를 범하는 불초(不肖)가 아니라 선대(先代)를 떳떳하게 하는 불초(不肖)이다. 중용(中庸)을 행하는 불초(不肖)야말로 군자지도(君子之道)의 비(費)가 왜 용지광(用之廣) 즉 쓰임이[用] 넓음[廣]을 뜻하는지 헤아려 가늠하게 한다. 중용지도(中庸之道)의 행(行)을 선대(先代)로부터 배우지 않고서도 일상(日常)의 삶으로 스스로 행(行)할 수 있음을 나타내는 말씀이 곧 〈부부지불초가이능행언(夫婦之不肖可以能行焉)〉이다.

註 "천지력수재이궁(天之曆數在爾躬) 윤집기중(允執其中)." (임금이 되라는) 하늘의[天之] 역수가[曆數] 그대에게[爾躬] 있다[在]. 진실로[允] 그[其] 중정을[中] 지켜라[執].

집중(執中)의 중(中)을 중용(中庸)의 중(中) 즉 중정(中正)으로 여겨도 된다. 천지력수(天之曆數)란 하늘이 정해준 임금이 될 수 있는 차례를 말한다.

『논어(論語)』「요왈(堯曰)」편(篇) 1장(章)

註 "다언삭궁(多言數窮) 불여수중(不如守中)." 말을[言] 많이 함은[多] 빨리[數] 궁해진다[窮]. (그런 짓은) 중정을[中] 지킴만[守] 못하다[不如].

수중(守中)의 중(中)은 중용(中庸)의 중(中)과 같다. 『노자(老子)』 5장(章)

及其至也(급기지야) 雖聖人(수성인) 亦有所不能焉(역유소불능언)

▶ (하지만) 그 도(道)의[其] 지극함에[至] 이르러서는[及也] 성인일[聖人]지라도[雖] 그것을 할 수 없는[不能] 바가[所] 있는 것[有]이다[焉].

이를 급(及), 그 기(其), 지극할 지(至), 조사 야(也), 비록 수(雖), 성스러울 성(聖), 또 역(亦), 있을 유(有), 바 소(所), 못할 불(不), 할 능(能), 이에 언(焉)

【읽기(讀)】

급기지야수성인역유소불능언(及其至也雖聖人亦有所不能焉)은 역시 〈있을 유(有)〉가 자동사 노릇할 때는 그 뒤에 주어가 있음을 알면 문맥(文脈)이 잡히는 구문이다. 급기지야수성인역유소불능언(及其至也雖聖人亦有所不能焉)에서 소불능언(所不能焉)이 유(有)의 주부(主部)이고, 급기지야(及其至也)는 조건의 부사절 노릇하고, 수성인(雖聖人)은 양보의 부사절 노릇함을 간파하면 〈급기지야(及其至也)면 수성인(雖聖人)이라도 소불능언(所不能焉)이 또한[亦] 있는 것이다[有]〉로 문맥(文脈)을 잡을 수 있다.

급기지야(及其至也)에서 급(及)은 〈이를 지(至)〉와 같아 급지(及至)의 줄임말이며, 기(其)는 군자지도지(君子之道之)를 대신하는 관형사(冠形詞) 노릇하고, 지(至)는 〈지극할 극(極)〉과 같아 지극(至極)의 줄임말로 여기면 된다. 수성인(雖聖人)에서 수(雖)는 〈비록 ~일지라도 수(雖)〉로 가령(假令)을 나타내고, 역유소불능언(亦有所不能焉)에서 역(亦)은 〈또 우(又)〉와 같고, 소불능언(所不能焉)은 〈성인지소불능어군자지도지은(聖人之所不能於君子之道之隱)〉에서 되풀이되는 성인지(聖人之)를 생략하고 앞 문맥(文脈)으로 보충할 수 있는 어군자지도지은(於君子之道之隱)을 〈어시(於是) 언(焉)〉으로 대신한 말투이다. 그러므로 소불능언(所不能焉)을 〈그것을[焉] 할 수 없는[不能] 바[所]〉라고 옮기는[譯] 쪽보다 〈성인이[聖人之] 군자지도(君子之道)의[之] 은미함[隱]을[於] 할 수 없는[不能] 바[所]〉라고 역(譯)하는 것이 문맥을 잡기 편하다.

【풀이(繹)】

급기지야수성인역유소불능언(及其至也雖聖人亦有所不能焉)은 군자지도(君子之道) · 중용지도(中庸之道)의 비(費)와 은(隱)이 지극함[至]에 이르러서는[及] 성인(聖人)도 행(行)할 수 없는 바가 있음을 밝히고 있다. 설령 도지은(道之隱) 즉 도지체(道之體)를 모른다 해도 도지비(道之費) 즉 도지용(道之用)만큼은 필부필부(匹夫匹婦)라도 일상생활(日常生活) 속에서 행(行)할 수 있지만, 그 지극함[至] 만큼은 인간이 행(行)할 수 없다. 인간은 군자지도비이은(君子之道費而隱) 즉 도지비(道之費)와 도지은(道之隱)을 본받기[法]를 행(行)할 뿐, 비(費) · 은(隱)의 지극함[至] 그 자체를 행(行)할 수는 없는 것이다.

급기지야수성인역유소불능언(及其至也雖聖人亦有所不能焉)에서 급기지(及其至)의 지(至)는 군자지도비이은(君子之道費而隱)의 비이은(費而隱)이 지극함[至]에 다다름[及]을 뜻한다. 군자지도(君子之道)의 비(費)는 중용지도(中庸之道)의 용(用)이고, 군자지도(君子之道)의 은(隱)은 중용지도(中庸之道)의 체(體)이다. 따라서 군자지도(君子之道)의 비(費)는 중용지도(中庸之道)의 용(用)을 효(效)함이고, 군자지도(君子之道)의 은(隱)은 중용지도(中庸之道)의 체(體)를 본받음[效]이다. 이처럼 군자지도(君子之道)의 비이은(費而隱)은 곧 중용지도(中庸之道)의 체용(體用)이 아니라 그 체용(體用)을 본받음[法]일 뿐이다. 중용지도(中庸之道)의 체용(體用)을 법(法)함은 부부지우(夫婦之愚)로도 알 수 있지만, 중용지도(中庸之道)의 체용(體用) 자체 즉 지극함[至]은 성인(聖人)도 행(行)할 수 없다는 말씀은 『노자(老子)』 16장(章)에 나오는 **치허극(致虛極) 수정독(守靜篤) 만물병작(萬物竝作)**을 상기(想起)시킨다. 성인(聖人)도 수명(受命) 즉 천지(天地)의 시킴[命]을 받을[受] 뿐, 수명(授命) 즉 천지(天地)의 시킴[命]을 내릴[受] 수는 없음을 살펴 새기고 헤아려 가늠하게 하는 말씀이 〈급기지야수성인역유소불능언(及其至也雖聖人亦有所不能焉)〉이다.

註 "치허극(致虛極) 수정독(守靜篤) 만물병작(萬物竝作)." {천(天)은} 허(虛)의 극(極)을 다하고[致], {지(地)는} 정(靜)의 독(篤)을 지켜[守] 온갖 것이[萬物] 아울러[竝] 생긴다[作].

『노자(老子)』 16장(章)

天地之大也(천지지대야) 人猶有所憾(인유유소감)

▶ 천지가[天地之] 크나크지만[大也] 인간에게는[人] 오히려[猶] 한스러운[憾] 바가[所] 있다[有].

오히려 유(猶), 있을 유(有), 바 소(所), (부족하여) 한스러워할 감(憾)

【읽기(讀)】

천지지대야(天地之大也)는 〈천지대(天地大)〉에 주격조사 노릇하는 허사 지(之)를 더하고, 종결어미 조사(助詞: ~지만) 야(也)를 더하여 어세(語勢)를 더한 구문이다. 〈천지는[天地] 크나크다[大]〉 이를 〈천지[天地]란[之] 크나큰 것[大]이다[也]〉로 강조한 말투이다. 천지지대야(天地之大也)와 인유유소감(人猶有所憾)의 관계를 따져 천지지대야(天地之大也)를 양보의 부사절로 여기고, 인유유소감(人猶有所憾)을 주절로 옮기면[譯] 두 구문 사이의 문맥(文脈)이 이어진다.

인유유소감(人猶有所憾)에서 인(人)과 유(猶)는 유(有)를 꾸며주는 부사(副詞) 노릇하고, 유(有)는 〈~있을 유(有)〉로 자동사 노릇하며, 소감(所憾)은 유(有)의 주어 노릇한다. 인유유소감(人猶有所憾)에서 유(猶)는 여기선 〈오히려 상(尙)〉과 같고, 감(憾)은 〈한할 한(恨)〉과 같아 감한(憾恨)의 줄임말로 여기면 된다.

【풀이(繹)】

천지지대야인유유소감(天地之大也人猶有所憾)은 인간이 중용지도(中庸之道)를 알지 못해[不知] 행하지 못함[不行]을 밝히고 있다. 천지지대(天地之大)의 대(大)는 넓음[廣]이고 두루 함[徧]이고 통함[通]이며, 또한 선함[善]이고 아름다움[美]이며 장함[壯]이고 아득함[遠]을 묶어서 나타낸다. 천명(天命)이란 이러한 천지(天地)의 대(大)를 따르게[順] 함임을 살펴 새기고 헤아려 가늠할 수 있다. 그러나 인간이 법천지(法天地), 즉 천지(天地) 본받기[法]를 멀리하려는 것을 인유유소감(人猶有所憾)이라 밝히고 있다. 그래서 인유소감(人有所憾)의 소감(所憾)은 『논어(論語)』에 나오는 삼외(三畏)를 상기(想起)시키고, 『노자(老子)』의 삼거(三去)를 떠올리게 한다.

법천지(法天地)의 부족(不足)함 때문에 중용지도(中庸之道)를 깨우쳐[知] 행(行)

하기를 인간은 멀리한다. 이러한 인유소감(人有所憾)의 감(憾)을 뉘우쳐 깨우치면 솔성(率性) · 수도(修道)를 지성(至誠)으로 지행(知行)하게 된다. 그러므로 천지지대(天地之大)의 대(大)는 중용지도(中庸之道)의 광(廣) · 편(徧) · 통(通) · 선(善) · 미(美) · 장(壯) · 원(遠) 등등을 살펴 새기고 헤아려 가늠하게 함을 밝힌 말씀이 〈천지지대야인유유소감(天地之大也人猶有所憾)〉이다.

註 "군자유삼외(君子有三畏) 외천명(畏天命) 외대인(畏大人) 외성인지언(畏聖人之言) 소인부지천명이불외(小人不知天命而不畏) 압대인(狎大人) 모성인지언(侮聖人之言)." 군자한테는[君子] 세 가지[三] 두려워함이[畏] 있다[有]. (군자는) 천명을[天命] 두려워하고[畏], 대인을[大人] 두려워하며[畏], 성인의[聖人之] 말씀을[言] 두려워한다[畏]. 소인은[小人] 천명을[天命] 몰라서[不知而] (천명을) 두려워하지 않고[不畏], 대인을[大人] 얕보고[狎] 성인의[聖人之] 말씀을[言] 업신여긴다[侮].

대인(大人)은 성인(聖人)을 뜻한다. 『논어(論語)』「계씨(季氏)」편(篇) 8장(章)

註 "위자패지(爲者敗之) 집자실지(執者失之) 고물혹행혹수(故物或行或隨) 혹허혹취(或歔或吹) 혹강혹영(或强或羸) 혹재혹휴(或載或隳) 시이(是以) 성인거심(聖人去甚) 거사(去奢) 거태(去泰)." (제 욕심대로) 해보려는[爲] 자는[者] 그 짓을[之] 실패하고[敗], (제 욕심대로) 잡아보려는[執] 자는[者] 그것을[之] 잃는다[失]. 그러므로[故] 물은[物] 앞서나가기도 하고[或行] 뒤따르기도 하며[或隨], 들이쉬기도 하고[或歔] 내쉬기도 하며[或吹], 세기도 하고[或强] 약하기도 하며[或羸], 실리기도 하고[或載] 무너지기도 한다[或隳]. 이렇기[是] 때문에[以] 성인은[聖人] 지나침을[甚] 버리고[去], 사치하기를[奢] 버리고[去], 태만하기를[泰] 버린다[去].

허(歔)는 숨을 들이쉼이고, 취(吹)는 숨을 내쉼이며, 영(羸)은 〈약할 약(弱)〉과 같고, 휴(隳)는 〈무너질 괴(壞)〉와 같다. 『노자(老子)』 29장(章)

故(고) 君子語大(군자어대) 天下莫能載焉(천하막능재언)

▶ 그러므로[故] 군자는[君子] {천지(天地)의} 크나큼을[大] 말하지만[語], 세상이[天下] 그것을 능히[能] 행함이[載] 없는 것[莫]이다[焉].

그러므로 고(故), 클 군(君), 존칭 자(子), 말해줄 어(語), 없을 막(莫), 능할 능(能), 행할 재(載), 이에 언(焉)

【읽기(讀)】

고(故)는 시고(是故)의 시(是)를 생략하여 줄임이다. 〈이렇기[是] 때문에[故]〉

군자어대(君子語大)는 〈군자어천지지대어천하(君子語天地之大於天下)〉에서 되풀이되는 천지지(天地之)와 어천하(於天下)를 생략하여 줄인 구문이다. 〈군자가[君子] 세상에[於天下] 천지의[天地之] 크나큼을[大] 말한다[語]〉 이를 〈군자가[君子] 크나큼을[大] 말한다[語]〉로 줄인 말투이다. 군자어대(君子語大)와 천하막능재언(天下莫能載焉)의 관계를 따져 군자어대(君子語大)를 양보의 부사절로, 천하막능재언(天下莫能載焉)을 주절로 옮기면(譯) 두 구문 사이의 문맥(文脈)이 이어진다. 군자어대(君子語大)에서 어(語)는 〈말할(알려줄) 고(告)〉와 같고, 대(大)는 앞의 군자지도비이은(君子之道費而隱)의 비(費)를 뜻한다.

천하막능재언(天下莫能載焉)은 〈천하막능재어기대(天下莫能載於其大〉에서 어기대(於其大)를 〈어시(於是) 언(焉)〉으로 하여 어세(語勢)를 더한 구문이다. 〈세상이[天下] 그[其] 크나큼을[大] 능히[能] 행함이[載] 없다[莫]〉 이를 〈세상이[天下] 그것을 능히[能] 행함이[載] 없는 것[莫]뿐이다[焉]〉로 강조한 말투이다. 천하막능재언(天下莫能載焉)은 주절 노릇한다. 천하막능재언(天下莫能載焉)의 막(莫)은 〈없을 무(無)〉와 같고, 능(能)은 〈가할 가(可)〉와 같으며, 재(載)는 〈행할 행(行) · 할 위(爲)〉 등과 같다.

【풀이(繹)】

군자어대(君子語大) 천하막능재언(天下莫能載焉)에서 군자어대(君子語大)의 대(大)는 앞의 중용지도비이은(中庸之道費而隱)의 비(費)를 살펴 새기고 헤아려 가늠하게 한다. 여기서 비(費)는 중용지도(中庸之道)의 용지광(用之廣) 즉 중용(中庸)의 도(道)가 쓰임이[用之] 넓음[廣]이니 대용(大用)을 뜻한다. 그 비(費)를 대(大)라고 밝혀, 군자(君子)는 중용지도(中庸之道)가 크게[大] 쓰이는[用] 천지(天地)의 상도(常道)임을 천하지민(天下之民) 즉 온 세상 사람들에게 말함[語]을 깨닫게 한다. 중용지도(中庸之道)의 크고 넓은 쓰임이란 솔성(率性)의 도(道) 즉 천명(天命)을 따라 좇는[率] 도(道)를 일상(日常)에서 알아 행(行)하게 함이다. 일상(日常)에서 솔성(率性)의 도(道)를 닦게[修] 하여 천명(天命)을 본받게[法] 가르침[敎]이 곧 군자(君子)의 어대(語大)이다. 그러므로 군자어대(君子語大)는 천명(天命) · 솔성(率性) ·

수도(修道)를 널리 알려[知] 행(行)하게 하는 말씀이라고 가늠할 수 있다.

그러나 세상 사람들이 군자(君子)가 말하는[語] 대(大) 즉 중용지도(中庸之道)의 대용(大用) 즉 비(費)를 멀리함을 천하막능재언(天下莫能載焉)이라 밝히고 있다. 천하막능재언(天下莫能載焉)에서 막능재언(莫能載焉)은 막능행중용지도(莫能行中庸之道)이다. 중용의[中庸之] 도(道)를 잘[能] 행[行]함이 없다[莫]고 함은 이미 살펴본 앞 7장(章)의 〈인개왈여지(人皆曰予知) 택호중용이불능기월수야(擇乎中庸而不能期月守也)〉와 11장(章)의 〈군자준도이반도이폐(君子遵道而半途而廢)〉를 상기(想起)하면 저마다 살펴 새기고 헤아려 가늠할 수 있다. 사람들은[人] 모두[皆] 자기는[予] 슬기롭다고[知] 말하며[曰] 중용을[乎中庸] 선택해서[擇而] 한 달도[期月] 잘[能] 지키지 못함[不守]이 곧 천하막능재언(天下莫能載焉)의 막능재언(莫能載焉)이고, 군자(君子)가 중용(中庸)의 도(道)를 지킨다면서[遵而] 도중에[半途] 그만두어버림[廢]이 천하막능재언(天下莫能載焉)의 막능재언(莫能載焉)이다.

세상 사람들이 막능재중용지도(莫能載中庸之道)함은 부지천명(不知天命) 즉 천명(天命)을 알지 못하기[不知] 때문이다. 천명(天命) 즉 천지(天地)가 내린 시킴의 본받기[命]를 알지 못해[不知] 법천명(法天命)을 저버리게 되는 까닭은 『예기(禮記)』「공자한거(孔子閒居)」편(篇)의 **삼무사(三無私)**를 상기(想起)하면 가늠해볼 수 있다. 무사(無私) · 무욕(無欲) · 무아(無我)하기를 저버리기 때문에 수도(修道) 즉 중용지도(中庸之道)를 닦아[修] 솔성(率性) 즉 본성[性]을 따라 좇기[率]를 일상(日常)에서 지키지 못함[不守]을 밝힌 말씀이 〈군자어대(君子語大) 천하막능재언(天下莫能載焉)〉이다.

註 "자하왈(子夏曰) 감문하위삼무사(敢問何謂三無私) 공자왈(孔子曰) 천무사복(天無私覆) 지무사재(地無私載) 일월무사조(日月無私照) 봉사삼자이로천하(奉斯三者而勞天下) 차지위삼무사(此之謂三無私)." 자하가[子夏] 여쭈었다[曰]: 무엇을[何] 삼무사라[三無私] 하는지[謂] 감히[敢] 여쭙니다[問]. 공자께서[孔子] 말씀하셨다[曰]: 하늘에는[天] 저만을 위한[私] 덮어줌이[覆] 없고[無], 땅에는[地] 저만을 위한[私] 실어줌이[載] 없으며[無], 해와 달에는[日月] 저만을 위한[私] 비춰줌이[照] 없다[無]. 이[斯] 세[三] 가지를[者] 받듦[奉]으로[以] 세상에서[天下] 애쓰는[勞] 이것을[此之] 삼무사라[三無私] 한다[謂]. 『예기(禮記)』「공자한거(孔子閒居)」편(篇) 7단락(段落)

語小(어소) 天下莫能破焉(천하막능파언)

▶{군자가 천지(天地)의} 작음을[小] 말해주지만[語], 세상이[天下] 그것을 능히[能] 다함이[破] 없는 것[莫]이다[焉].

말해줄 어(語), 작을 소(小), 없을 막(莫), 잘할 능(能), 다할 파(破), 이에 언(焉)

【읽기(讀)】

어소(語小)는 〈군자어천지지소어천하(君子語天地之小於天下)〉에서 되풀이되는 군자(君子)와 천지지(天地之) 그리고 어천하(於天下)를 생략해 줄인 구문이다. 〈군자가[君子] 세상에[於天下] 천지의[天地之] 작음을[小] 말한다[語]〉 이를 〈작음을[小] 말한다[語]〉로 줄인 말투이다. 어소(語小)와 천하막능파언(天下莫能破焉)의 관계를 따져 어소(語小)를 양보의 부사절로, 천하막능파언(天下莫能破焉)을 주절로 옮기면[譯] 두 구문 사이의 문맥(文脈)이 이어진다. 어소(語小)에서 어(語)는 〈말할(알려줄) 고(告)〉와 같고, 소(小)는 군자지도비이은(君子之道費而隱)의 은(隱)을 뜻한다.

천하막능파언(天下莫能破焉)은 〈천하막능파어기소(天下莫能破於其小)〉에서 어기소(於其小)를 〈어시(於是) 언(焉)〉으로 하여 어세(語勢)를 더한 구문이다. 〈세상이[天下] 그[其] 작음을[小] 능히[能] 다함이[破] 없다[莫]〉 이를 〈세상이[天下] 그것을 능히[能] 다함이[破] 없는 것[莫]뿐이다[焉]〉로 강조한 말투이다. 천하막능파언(天下莫能破焉)은 주절 노릇한다. 천하막능파언(天下莫能破焉)에서 막(莫)은 여기선 〈없을 무(無)〉와 같고, 능(能)은 〈가할 가(可)〉와 같고, 파(破)는 〈다할 진(盡)〉과 같다.

【풀이(繹)】

어소(語小) 천하막능파언(天下莫能破焉)에서 어소(語小)의 〈소(小)〉는 앞의 중용지도비이은(中庸之道費而隱)의 은(隱)을 되살펴 되새기고 되헤아려 가늠하게 한다. 여기서 어소(語小)의 소(小)는 중용지도(中庸之道)의 은(隱)을 작은 것[小]이라고 비유(比喩)한 것이다. 이미 『중용(中庸)』 1장(章)에서 〈막현호은(莫見乎隱) 막현호미(莫顯乎微) 고(故) 군자신기독야(君子愼其獨也)〉라고 밝힌 바로 그 은(隱)·

미(微)를 묶어 소(小)라 한 것이다. 은미(隱微)의 소(小)는 유심(幽深)하여 드러나지 않기 때문에 색(賾)이라 한다. 중용(中庸)의 도(道)는 천지(天地)의 도(道)이기 때문에 대(大)와 소(小)는 같다. 군자어소(君子語小)의 소(小)는 오히려 군자(君子)의 대지(大知)로 말미암아 은밀(隱密)해진다. 군자(君子)는 중용지도(中庸之道)의 대(大)를 알고[知] 행하기[行] 때문에 중용지도(中庸之道)의 소(小)를 지(知) · 행(行)하여 중용지도(中庸之道)의 은(隱) 즉 은미(隱微)함을 천하(天下)에 말한다[語]. 군자지도비이은(君子之道費而隱)의 은(隱) 즉 은미(隱微)함을 군자(君子)가 밝힘을 일러 군자어소(君子語小)라 한 것이다. 그래서 어소(語小)의 소(小) 또한 『주역(周易)』 「계사전(繫辭傳) 상(上)」에 나오는 〈탐색색은(探賾索隱)〉의 은(隱)을 떠올리게 한다. 은미함[隱]을 찾아냄[探索]은 지성(至誠)으로 이루어지는 탐색(探索)임을 어소(語小)의 소(小)가 상기(想起)시킨다. 따라서 천지지도(天地之道) · 중용지도(中庸之道)를 본받는[法] 군자(君子)는 군자지도비이은(君子之道費而隱)의 은(隱)을 천하(天下)에 알리지만, 세상 사람들이 따르기[率]를 다하지 못함을 밝힌 말씀이 〈어소(語小) 천하막능파언(天下莫能破焉)〉이다.

【3단락(段落) 전문(全文)】

詩云 鳶飛戾天이고 魚躍于淵이라 하니 言其上下察也이다
시운 연비려천 어약우연 언기상하찰야

君子之道는 造端乎夫婦이나 及其至也하여는 察乎天地니라
군자지도 조단호부부 급기지야 찰호천지

{『시경(詩經)』의} 시(詩)가 말한다: 솔개는 날아 하늘에 이르고, 고기는 연못에서 뛴다. 그것은 위와 아래를 살펴 밝힘을 말하는 것이다. 군자의 도는 필부필부에서 실마리를 내지만, 군자의 도가 지극함에 이르러서는 천지를 살펴 밝힌다.

詩云(시운) 鳶飛戾天(연비려천) 魚躍于淵(어약우연)

▶ 『시경(詩經)』이[詩] 이르기를[云]: 솔개는[鳶] 날아[飛] 하늘에[天] 이르고[戾], 고기는[魚] 연못에서[于淵] 뛴다[躍].

시경(詩經) 시(詩), 이를 운(云), 솔개 연(鳶), 날 비(飛), 이를 려(戾), 물고기 어(魚), 뛸 약(躍), 조사(~에서) 우(于), 못 연(淵)

【읽기(讀)】

시운(詩云)은 〈시경운(詩經云)〉에서 시경(詩經)을 시(詩)로 줄인 구문이다. 시운(詩云)에서 운(云)은 〈이를 왈(曰)〉과 같다.

연비려천(鳶飛戾天)은 시구(詩句)이지만 〈연비(鳶飛) 이연려천(而鳶戾天)〉으로 옮기면[譯] 시의(詩意)가 잡힌다. 〈솔개는[鳶] 날아서[飛而] 솔개가[鳶] 하늘에[天] 이른다[戾]〉 연비려천(鳶飛戾天)에서 비(飛)는 〈날아오를 상(翔)〉과 같아 비상(飛翔)의 줄임말이며, 여(戾)는 여기선 〈이를 지(至)〉와 같다.

어약우연(魚躍于淵)의 약(躍)은 〈뛸 도(跳)〉와 같아 조약(躁躍)의 줄임말로 보면 되고, 우(于)는 조사(助詞)로 〈~에서 어(於)〉와 같고, 연(淵)은 〈못 지(池)〉와 같아 연지(淵池)의 줄임말로 새기면 된다.

【풀이(繹)】

시운(詩云)의 시(詩)는 『시경(詩經)』「대아(大雅)」에 나오는 〈한록(旱麓)〉이다. 한록(旱麓)의 한(旱)은 중국(中國) 협서성(陝西省) 한중성남(漢中城南) 부근에 있는 산(山) 이름으로, 한록(旱麓)은 한산(旱山) 기슭[麓]이니 주(周)나라의 덕(德)을 표취(表趣)한 아(雅) 즉 시가(詩歌)이다.

〈한록(旱麓)〉의 3장(章) 첫 행(行)인 〈연비려천(鳶飛戾天) 어약우연(魚躍于淵)〉은 하늘[天]에 떠 있는 솔개[鳶]와 못[淵]에서 도약(跳躍)하는 고기[魚]를 들어 천지지도(天地之道)를 본받는[法] 중용지도(中庸之道)와 중용지도(中庸之道)를 지성(至誠)으로 따라 좇는[率] 군자지도(君子之道)의 비이은(費而隱)을 저마다 나름대로 취의(趣意)하게 표상(表象)해준다. 하늘로 날아오르는[飛戾天] 솔개[鳶]와 연못에서 도약하는[躍於淵] 고기[魚]로 표상(表象)하여 중용지도(中庸之道)·군자지도(君子之道)의 비이은(費而隱)을 살펴 새기고 헤아려 가늠하게 하는 것이다.

言其上下察也(언기상하찰야)

▶ 그 시행(詩行)은[其] 위와[上] 아래를[下] 살펴 밝힘을[察] 말하는

것[言]이다[也].

말할 언(言), 그것 기(其), 살펴 밝힐 찰(察), 조사(~이다) 야(也)

【읽기(讀)】

언기상하찰야(言其上下察也)는 〈기언상하찰야(其言上下察也)〉에서 기(其)를 언(言) 뒤로 후치(後置)한 말투이다. 언기상하찰야(言其上下察也)의 기(其)는 〈연비려천(鳶飛戾天) 어약우연(魚躍于淵)〉이란 시행(詩行)을 나타내는 지시어이며, 상하(上下)는 찰(察)의 목적어로서 찰(察)을 꾸며주는 부사구 노릇한다고 문맥(文脈)을 잡으면 될 것이고, 찰(察)은 언(言)의 목적어 노릇한다. 여기서 찰(察)은 〈살펴 밝힐 저(著)·소(昭)〉 등과 같다.

【풀이(繹)】

언기상하찰야(言其上下察也)는 〈연비려천(鳶飛戾天) 어약우연(魚躍于淵)〉이란 시행(詩行)이 위의 것[上]과 아래의 것[下]을 살펴[察] 새기고 헤아려 가늠하게 함을 밝히고 있다. 여기서 상(上)은 천(天)으로 살펴 새길 수 있고, 하(下)는 지(地)로 볼 수 있다. 그러나 언기상하찰야(言其上下察也)의 상(上)은 연비려천(鳶飛戾天)의 연(鳶)으로 표상(表象)하여 중용지도(中庸之道)·군자지도(君子之道)의 비이은(費而隱) 즉 대이소(大而小)로 동시에 가늠할 수 있게 하고, 언기상하찰야(言其上下察也)의 하(下)는 어약우연(魚躍于淵)의 어(魚)로 표상(表象)하여 중용지도(中庸之道)·군자지도(君子之道)의 비이은(費而隱) 즉 대이소(大而小)로 가늠할 수 있다. 여기서 중용지도(中庸之道)·군자지도(君子之道)의 비이은(費而隱)이 이분(二分) 즉 둘로 나누어지는 것[二分]이 아니라 위일(爲一) 즉 하나임[爲一]을 알 수 있다.

중용지도(中庸之道)·군자지도(君子之道)의 도(道)는 더없이 분명하게 드러나기도 하고 드러나지 않기도 한다. 중용지도(中庸之道)·군자지도(君子之道)의 드러남을 〈비(費)〉라 하고, 드러나지 않음을 〈은(隱)〉이라 함을 〈한록(旱麓)〉의 시행(詩行)에 나오는 연(鳶)과 어(魚)로 간파(看破)할 수 있다. 하늘[天]로 날아오르는[飛] 솔개[鳶]는 드러나지만 하늘[天]에 이른[戾] 연(鳶)은 드러나지 않으니, 연(鳶)으로 표상(表象)되는 상(上)은 중용지도(中庸之道)·군자지도(君子之道)의 비이은(費而隱)·대이소(大而小)를 살펴 새기고 헤아려 가늠하게 한다. 못[淵]에서 뛰어

오르는[躍] 고기[魚]는 드러나지만 못[淵]으로 뛰어든 어(魚)는 드러나지 않으니, 어(魚)로 표상(表象)되는 하(下) 역시 중용지도(中庸之道) · 군자지도(君子之道)의 비이은(費而隱) · 대이소(大而小)를 살펴 새기고 헤아려 가늠하게 한다. 그러므로 군자지도비이은(君子之道費而隱)의 비이은(費而隱)이 둘로 나누어지는 것이 아니며, 군자(君子)의 어대(語大)와 어소(語小) 역시 둘로 나누어지는 것이 아님을 밝힌 말씀이 〈언기상하찰야(言其上下察也)〉이다.

君子之道造端乎夫婦(군자지도조단호부부)

▶군자의[君子之] 도는[道] 필부필부에서[乎夫婦] 실마리를[端] 낸다[造].

클 군(君), 존칭 자(子), 조사(~의) 지(之), 길 도(道), 지을 조(造), 실마리 단(端), 조사(~에서) 호(乎), 사내 부(夫), 아낙 부(婦)

【읽기(讀)】

군자지도조단호부부(君子之道造端乎夫婦)에서 군자지도(君子之道)는 주부(主部) 노릇하고, 조(造)는 타동사 노릇하며, 단(端)은 조(造)의 목적어 노릇하고, 호부부(乎夫婦)는 조(造)를 꾸며주는 부사구 노릇한다.

군자지도조단호부부(君子之道造端乎夫婦)에서 조(造)는 〈지을 작(作)〉과 같아 조작(造作)의 줄임말이며, 단(端)은 〈실마리 서(緖)〉와 같아 단서(端緖)의 줄임말로 새기면 되고, 호(乎)는 조사(助詞)로 〈~에서 어(於)〉와 같다.

【풀이(繹)】

군자지도조단호부부(君子之道造端乎夫婦)는 군자지도비이은(君子之道費而隱)의 비(費)를 거듭 강조하고 있다. 그 비(費)는 용지광(用之廣) 즉 쓰임이[用之] 넓음[廣]을 뜻한다. 군자지도(君子之道) 즉 중용지도(中庸之道)는 일상(日常)의 상도(常道)이기 때문에 그 쓰임이 넓다[費]. 중용지도(中庸之道)는 아는 것[知]으로 그치는 도(道)가 아니다. 무엇보다 먼저 일상(日常)의 모든 생활(生活)에서 실천(實踐)해야 하는 상도(常道)가 곧 중용지도(中庸之道)이므로 조단호부부(造端乎夫婦)라고 한 것이다. 조단(造端) 즉 실마리[端]를 만든다[造]고 함은 발단(發端) 즉 시작이고 비롯됨이다. 중용지도(中庸之道) · 군자지도(君子之道)의 대용(大用)은 부부(夫婦)로부터 발단(發端)되어야 한다는 것이다. 여기서 부부(夫婦)는 필부(匹夫)와 필부(匹婦)로 범인(凡人) 즉 모든 사람을 말한다. 그러므로 중용지도(中庸之道)는 언제 어디서나 모든 사람들[夫婦]이 일상(日常)에서 시행(施行)해야 하는 상도(常道)임을 밝힌 말씀이 〈군자지도조단호부부(君子之道造端乎夫婦)〉이다.

及其至也(급기지야) 察乎天地(찰호천지)

▶ 군자의 도가[其] 지극함에[至] 이르러서는[及也] 천지를[乎天地] 살펴 밝힌다[察].

이를 급(及), 그 기(其), 지극할 지(至), 조사 야(也), 살필 찰(察), 조사(~을) 호(乎)

【읽기(讀)】

급기지야(及其至也) 찰호천지(察乎天地)는 〈군자지도급기지야(君子之道及其至也) 군자찰호천지(君子察乎天地)〉에서 앞 문맥(文脈)으로 보충할 수 있는 군자지도(君子之道)와 군자(君子)를 생략하여 줄인 구문이다. 〈군자지도가[君子之道] 그[其] 지극함에[至] 이르면[及也] 군자는[君子] 천지를[乎天地] 살핀다[察]〉 이를 〈그[其] 지극함에[至] 이르면[及也] 천지를[乎天地] 살핀다[察]〉로 줄인 말투이다. 급기지야(及其至也) 찰호천지(察乎天地)에서 급기지야(及其至也)는 조건의 부사절 노릇하고, 찰호천지(察乎天地)는 주절 노릇함을 파악하면 〈급기지야(及其至也)이면 찰호천지(察乎天地)한다〉로 문맥(文脈)을 잡을 수 있다.

급기지야(及其至也)에서 급(及)은 〈이를 지(至)〉와 같아 급지(及至)의 줄임말이며, 기(其)는 군자지도지(君子之道之)를 대신하는 관형사(冠形詞) 노릇하고, 지(至)는 〈지극할 극(極)〉과 같아 지극(至極)의 줄임말로 새기면 된다. 찰호천지(察乎天地)에서 찰(察)은 〈살필 관(觀)〉과 같아 관찰(觀察)의 줄임말로 여기면 되고, 호(乎)는 조사(助詞)로 목적격 토씨 노릇한다.

【풀이(繹)】

급기지야(及其至也) 찰호천지(察乎天地)는 군자지도(君子之道)가 곧 중용지도(中庸之道)이므로 천지지도(天地之道)를 오로지 본받는[法] 도(道)임을 밝혀 『중용

(中庸)』 2장(章) 첫머리에 나오는 〈군자중용(君子中庸) 소인반중용(小人反中庸)〉이란 말씀을 상기(想起)시킨다. 여기서 군자(君子)는 찰호천지(察乎天地)하기 때문에 중용(中庸) 즉 중정(中正)을 널리 쓰고[庸], 소인(小人)은 찰호천지(察乎天地)하지 않기 때문에 중용(中庸)의 중(中) 즉 중정(中正)을 어김[反]을 알 수 있다. 중용(中庸)의 중(中)을 중정(中正)이라 함은 천지(天地)가 오로지 무사(無私)함을 본받는[法] 도(道)가 중용(中庸)이기 때문이다. 그러므로 급기지(及其至)란 군자(君子)의 도(道)가 중용지도(中庸之道)와 하나 됨[爲一]이고, 나아가 중용지도(中庸之道)는 천지지도(天地之道)와 하나 됨[爲一]이다.

천지지도(天地之道)를 더없이 지성(至誠)으로 본받아[法] 중용지도(中庸之道)·군자지도(君子之道)가 천지지도(天地之道)와 하나 됨[爲一]은 수성인(雖聖人) 즉 성인일지라도[雖聖人] 알지 못하고[不知] 행할 수 없는[不能] 지극(至極)함이다. 그 지극(至極)함이란 **내성외왕지도(內聖外王之道)**의 무사(無私)함이다. 천지(天地)의 이러한 무사(無私) 때문에 군자(君子)는 천명(天命)을 두려워할[畏] 줄 알아 중용(中庸)하고, 소인(小人)은 그 두려움[畏]을 몰라 반중용(反中庸)함을 살펴 새기고 헤아려 가늠하게 하는 말씀이 〈급기지야(及其至也) 찰호천지(察乎天地)〉이다.

註 "내성외왕지도(內聖外王之道)." 안으로도[內] 두루 통하고[聖] 밖으로도[外] 두루 통하는[王之] 도[道].

내성외왕(內聖外王)의 성(聖)과 왕(王)은 여기선 〈통할 통(通)〉과 같아 지극한 무사(無私)를 뜻한다.

『장자(莊子)』「천하(天下)」편(篇) 3단락(段落)

중용(中庸)의 불원(不遠)

네 단락(段落)으로 나누어지는 13장(章)은 중용지도(中庸之道)가 일상(日常)의 상도(常道)임을 모르고 사람들이 중용지도(中庸之道)를 멀리하는 것을 군자지도사(君子之道四)로 밝히고 있다. 중용지도(中庸之道)를 떠나서는 충서(忠恕)의 효(孝) · 충서(忠恕)의 의(義) · 충서(忠恕)의 서(序) · 충서(忠恕)의 신(信)인 군자지도(君子之道)의 사덕(四德)도 이루어질 수 없음을 말한 것이다. 군자지도사(君子之道四) 즉 군자(君子)의 사덕(四德)을 언고행(言顧行) · 행고언(行顧言)하여 잠시도 떠나지 않도록 중용지도(中庸之道)의 용덕(庸德)을 행(行)하고 중용지도(中庸之道)의 용언(庸言)을 삼가는 것[謹]을 불감불면(不敢不勉) 즉 감히 힘쓰지[勉] 않으면 안 됨[不敢不]을 밝힌다.

【1단락(段落) 전문(全文)】

子曰 道不遠人하니 人之爲道而遠人이면 不可以爲道이다
자왈 도불원인 인지위도이원인 불가이위도

詩云 伐柯伐柯여 其則不遠이라 執柯以伐柯이되 睨而視之
시운 벌가벌가 기칙불원 집가이벌가 예이시지

하고 猶以爲遠이라 故로 君子는 以人治人하다가 改而止한다
유이위원 고 군자 이인치인 개이지

공자께서 가로되: {군자(君子)의} 도는 사람을 멀리하지 않으니 사람이 {군자(君子)의} 도를 행하면서 사람을 멀리한다면 그 까닭에 {그 도(道)는 군자(君子)의} 도가 될 수 없다.

『시경(詩經)』이 이르기를: 도끼자루를 베고 또 (도끼자루를) 베니 그 본보기는 멀지 않도다. 도끼자루를 잡고 도끼자루를 베면서 곁눈질해 도끼자루를 보면서도, 오히려 도끼자루 만드는 본보기를 멀다고 여긴다. 그러므로 군자는 사람으로 사람을 다스리되 (다스림을 받은 자가) 고쳐져야 (그 다스림을) 그만둔다.

道不遠人(도불원인)

▶ {군자(君子)의} 도는[道] 사람을[人] 멀리하지 않는다[不遠].

이치 도(道), 아니 불(不), 멀리할 원(遠)

【읽기(讀)】

도불원인(道不遠人)은 〈군자지도불원인(君子之道不遠人)〉에서 앞 문맥(文脈)으로 보충할 수 있는 군자지(君子之)를 생략한 구문이다. 〈군자의[君子之] 도는[道] 사람에게서[人] 멀지 않다[不遠]〉 이를 〈도는[道] 멀지 않다[不遠]〉로 줄인 말투이다. 도불원인(道不遠人)에서 도(道)는 군자지도(君子之道)의 줄임이고, 원(遠)은 〈멀리할 리(離)〉와 같아 이원(離遠)의 줄임으로 여기면 된다.

【풀이(繹)】

도불원인(道不遠人)은 『중용(中庸)』 1장(章) 도야자불가수유리야(道也者不可須臾離也) 가리(可離) 비도야(非道也)를 상기(想起)하면 가늠할 수 있으며, 『논어(論語)』

에 나오는 인능홍도(人能弘道) 또한 떠올리게 하는 말씀이다. 도불원인(道不遠人)의 도(道)는 군자지도(君子之道)이고 나아가 중용지도(中庸之道)를 뜻하며, 군자지도(君子之道)의 〈이치 리(理) · 가르쳐 본받게 할 교(教) · 이끌어갈 도(導) · 방편 방(方) · 말씀 언(言)〉 등을 가늠하게 한다. 사람은 군자지도(君子之道)의 이치[理]를 잠시라도[須臾] 떠날 수 없음[不可離]을 뜻함이 도불원인(道不遠人)의 불원인(不遠人)이며, 군자지도(君子之道)의 가르침[教]을 잠시도[須臾] 떠날 수 없음[不可離]을 뜻함이 도불원인(道不遠人)의 불원인(不遠人)이며, 군자지도(君子之道)가 이끄는 것[導]을 잠시라도[須臾] 떠날 수 없음[不可離]이 도불원인(道不遠人)의 불원인(不遠人)이고, 군자지도(君子之道)의 방편[方]을 잠시도[須臾] 떠날 수 없음[不可離]이 도불원인(道不遠人)의 불원인(不遠人)이며, 군자지도(君子之道)의 말씀[言]을 잠시라도[須臾] 떠날 수 없음[不可離]이 또한 도불원인(道不遠人)의 불원인(不遠人)이다. 따라서 천지지도(天地之道)를 본받는[法] 중용지도(中庸之道)를 지성(至誠)으로 좇는[順] 군자지도(君子之道)가 사람을 멀리하는 것이 아니라 사람이 그 도(道)를 멀리함을 밝힌 말씀이 〈도불원인(道不遠人)〉이다.

註 "도야자불가수유리야(道也者不可須臾離也) 가리(可離) 비도야(非道也)." 도(道)라는[也] 것은[者] 모름지기[須] 잠깐이라도[臾] (그것에서) 떠날[離] 수 없는 것[不可]이다[也]. {도(道)에서} 떠날 수 있다면[可離] {그러한[其] 도는[道] 솔성(率性)의} 도가[道] 아닌 것[非]이다[也].

『중용(中庸)』 1장(章)

註 "인능홍도(人能弘道) 비도홍인(非道弘人)." 사람이[人] 도를[道] 넓힐 수 있지[能弘] 도가[道] 사람을[人] 넓힘은[弘] 아니다[非]. 『논어(論語)』「위령공(衛靈公)」편(篇) 28장(章)

人之爲道而遠人(인지위도이원인) 不可以爲道(불가이위도)

▶사람이[人之] {군자(君子)의} 도를[道] 행하면서[爲而] 사람을[人] 멀리한다면[遠], 그 까닭에[以] {그 도(道)는 군자(君子)의} 도가[道] 될[爲] 수 없다[不可].

조사(~이) 지(之), 행할 위(爲), 도리 도(道), 그래서 이(而),
멀리할 원(遠), 가할 가(可), 까닭 이(以), 될 위(爲)

【읽기(讀)】

인지위도이원인(人之爲道而遠人)은 〈인위도(人爲道) 이기도원인(而其道遠人)〉인 두 구문을 하나의 구문으로 묶어 어세(語勢)와 어조(語調)를 더한 말투의 구문이다. 〈사람이[人] 도를[道] 행한다[爲]. 그래서[而] 그[其] 도가[道] 사람을[人] 멀리한다[遠]〉 이를 〈사람[人]이[之] 도를[道] 행하면서[爲而] 사람을[人] 멀리한다[遠]〉로 줄인 말투이다. 인지위도이원인(人之爲道而遠人)에서 지(之)는 주격 조사(助詞)로 여기면 되고, 위(爲)는 〈실행할 행(行)〉과 같아 행위(行爲)의 줄임말이며, 이(而)는 접속사(接續詞)로 〈그래서 이(而)〉, 원(遠)은 여기선 〈멀리할 리(離)〉와 같아 이원(離遠)의 줄임말로 새기면 된다.

불가이위도(不可以爲道)는 〈시이기도불가위도(是以其道不可爲道)〉에서 시이(是以)의 시(是)를 생략하고 남은 이(以)를 자동사 노릇하는 위(爲)의 앞으로 옮기고, 앞 문맥(文脈)으로 보충할 수 있는 내용이므로 주어 노릇할 기도(其道)를 생략한 구문이다. 〈그렇기[是] 때문에[以] 그[其] 도는[道] 도가[道] 될[爲] 수 없다[不可]〉 이를 〈그 때문에[以] 도가[道] 될[爲] 수 없다[不可]〉로 줄인 말투이다. 불가이위도(不可以爲道)에서 이(以)는 여기선 〈까닭 인(因)〉과 같고, 위(爲)는 〈이룰 성(成)〉과 같다.

【풀이(繹)】

인지위도이원인(人之爲道而遠人) 불가이위도(不可以爲道) 역시 『중용(中庸)』 1장(章)에 나오는 〈도야자불가수유리야(道也者不可須臾離也) 가리(可離) 비도야(非道也)〉를 상기(想起)하면 살펴 새기고 헤아려 가늠할 수 있으며, 『논어(論語)』에 나오는 **군자주이불비(君子周而不比)·군자화이부동(君子和而不同)·군자회덕(君子懷德)** 등과 **덕불고(德不孤) 필유린(必有鄰)**을 떠올리게 하는 말씀이다. 중용지도(中庸之道)를 행하는 사람[人], 그가 곧 군자(君子)이다. 무릇 사람들은 군자(君子)를 멀리하지 않는다. 이는 주로 군자(君子)의 어울림[和] 때문이고, 군자(君子)의 두루함[周] 때문이며, 군자(君子)가 품은[懷] 덕(德) 때문이다. 군자(君子)의 화(和)·군자(君子)의 주(周)는 군자(君子)가 지성(至誠)으로 언제 어디서나 일상(日常)의 삶에서 중용(中庸)을 행(行)함으로 비롯되는 군자(君子)의 덕(德)이다. 원인(遠人)하는 짓은 부덕(不德)함이다. 소인반중용(小人反中庸)이란 곧 소인부덕(小人不德)을 뜻하며, 군자중용(君子中庸)이란 군자회덕(君子懷德)을 뜻한다. 그러므로 덕(德)을 품고[懷] 사는 군자(君子)가 중용(中庸)을 행함은 결코 사람을 멀리할 수 없음을 밝힌 말씀이 〈인지위도이원인(人之爲道而遠人) 불가이위도(不可以爲道)〉이다.

註 "군자주이불비(君子周而不比) 소인비이부주(小人比而不周)." 군자는[君子] 두루 하여[周而] 견주지 않고[不比], 소인은[小人] 견주되[比而] 두루 하지 않는다[不周].

『논어(論語)』「위정(爲政)」편(篇) 14장(章)

註 "군자화이부동(君子和而不同) 소인동이불화(小人同而不和)." 군자는[君子] 어울리되[和而] 패거리를 짓지 않고[不同], 소인은[小人] 패거리를 짓되[同而] 어울리지 않는다[不和].

『논어(論語)』「자로(子路)」편(篇) 23장(章)

註 "군자회덕(君子懷德) 소인회토(小人懷土)." 군자는[君子] 덕을[德] 생각하고[懷], 소인은[小人] 땅을[土] 생각한다[懷]. 『논어(論語)』「이인(里仁)」편(篇) 11장(章)

註 "덕불고(德不孤) 필유린(必有鄰)." 덕은[德] 외롭지 않다[不孤]. (덕에는) 반드시[必] 이웃이[鄰] 있다[有]. 『논어(論語)』「이인(里仁)」편(篇) 25장 (章)

詩云(시운) 伐柯伐柯(벌가벌가) 其則不遠(기칙불원)

▶『시경(詩經)』이 [詩] 이르기를 [云]: 도끼자루를 베고 [伐] 도끼자루를 [柯] 베네 [伐]. 그 [其] 본보기는 [則] 멀지 않도다 [不遠].

시경(詩經) 시(詩), 이를 운(云), 벨 벌(伐), 도끼자루 가(柯), 본보기 칙(則), 않을 불(不), 멀 원(遠)

【읽기(讀)】

시운(詩云)은 〈시경운(詩經云)〉에서 시경(詩經)을 시(詩)로 줄인 말투이다. 시운(詩云)에서 운(云)은 여기선 〈이를 왈(曰)〉과 같다.

벌가벌가(伐柯伐柯)는 시구(詩句)이지만 〈인벌가(人伐柯) 이인벌가(而人伐柯)〉로 여기고 옮기면[譯] 시의(詩意)가 잡힌다. 〈사람이[人] 도끼자루를[柯] 벤다[伐]. 그리고[而] 사람이[人] 도끼자루를[柯] 벤다[伐]〉 벌가벌가(伐柯伐柯)에서 벌(伐)은 〈벨 착(斲)〉과 같다.

기칙불원(其則不遠)은 〈벌가지칙불원어벌가지인(伐柯之則不遠於伐柯之人)〉에서 벌가지(伐柯之)를 관형사 기(其)로 대신하고, 어벌가지인(於伐柯之人)을 생략한 시구(詩句)로 옮기면[譯] 시의(詩意)가 드러난다. 〈도끼자루를[柯] 베는[伐之] 본보기는[則] 도끼자루를[柯] 베는[伐之] 사람에게[於人] 멀지 않다[不遠]〉 이를 〈그[其] 본보기는[則] 멀지 않다[不遠]〉로 줄인 것이다. 기칙불원(其則不遠)에서 칙(則)은 〈본보기 규(規)〉와 같아 규칙(規則)의 줄임말이고, 원(遠)은 여기선 〈멀 요(遙)〉와 같아 요원(遙遠)의 줄임말로 새기면 된다.

【풀이(繹)】

시운(詩云)의 시(詩)는 『시경(詩經)』「빈풍(豳風)」에 나오는 〈벌가(伐柯)〉이다. 벌가벌가(伐柯伐柯) 기칙불원(其則不遠)은 그 〈벌가(伐柯)〉의 2장(章) 첫 행(行)이다. 벌가(伐柯)는 이부벌가(以斧伐柯)로 새기면 시의(詩意)가 드러난다. 즉, 도끼[斧]를 써서[以] 새 도끼자루로 쓸 나뭇가지[柯]를 찍어 베는 것[伐]을 떠올리면 기칙불원(其則不遠)의 기칙(其則)이 뜻하는 바를 헤아려 가늠할 수 있다. 두 손이 쥐고 있는 도끼의 자루가 곧 새 도끼자루의 본보기[則]가 되어줄 터이니, 도끼자루를 고르는 본보기가 자기 손 안에 있음을 기칙불원(其則不遠)의 불원(不遠)이 뜻한다. 이처럼 중용지도(中庸之道) 역시 멀리 있지 않고 바로 자신에게 있음을 살펴 새기고 헤아려 가늠하게 하고자 시행(詩行)을 실례(實例)로 든 것이 〈벌가벌가(伐柯伐柯) 기칙불원(其則不遠)〉이다.

註 "벌가여하(伐柯如何) 비부불극(匪斧不克) 취처여하(娶妻如何) 비매부득(匪媒不得) // 벌가벌가(伐柯伐柯) 기칙불원(其則不遠) 아구지자(我覯之子) 변두유천(籩豆有踐)." 도끼자루[柯] 베자면[伐] 어떻게 하지[如何]. 도끼가[斧] 아니면[匪] 못하지[不克]. 마누라[妻] 얻자면[娶] 어떻게 하지[如何]. 중매쟁이[媒] 아니면[匪] 못 얻지[不得]. // 도끼자루[柯] 베는데[伐] 도끼자루[柯] 베는데[伐] 그[其] 본보기는[則] 멀지 않아[不遠]. 내[我] 그 님을[之子] 맞아[覯] 예를 갖춰[籩豆] 성혼하네[有踐].
『시경(詩經)』「빈풍(豳風)」〈벌가(伐柯)〉

執柯以伐柯(집가이벌가) 睨而視之(예이시지) 猶以爲遠(유이위원)

▶ 도끼자루를[柯] 잡고서[執以] 도끼자루를[柯] 베면서[伐] 곁눈질해[睨而] 도끼자루를[之] 보면서도[視], 오히려[猶] 도끼자루 만드는 본

보기를[以] 멀다고[遠] 여긴다[爲].

잡을 집(執), 도끼자루 가(柯), 써 이(以), 벨 벌(伐), 흘겨볼 예(睨), 그리고 이(而), 볼 시(視), 그것 지(之), 오히려 유(猶), 때문에 이(以), 생각할 위(爲), 멀 원(遠)

【읽기(讀)】

집가이벌가(執柯以伐柯)는 〈인벌가이집가(人伐柯以執柯)〉에서 일반주어 노릇할 인(人)을 생략하고, 이집가(以執柯)의 집가(執柯)를 강조하고자 집가이(執柯以)로 전치(前置)한 구문이다. 집가이벌가(執柯以伐柯)에서 집(執)은 〈잡을 조(操)〉와 같고, 이(以)는 여기선 〈써 용(用)〉과 같으며, 벌(伐)은 〈벨 작(斫)〉과 같다.

예이시지(睨而視之)는 〈인예기가(人睨其柯) 이인시기가(而人視其柯)〉에서 일반주어 노릇할 인(人)을 생략하고, 예(睨)의 목적어 노릇할 기가(其柯)를 생략하고, 시(視)의 목적어인 기가(其柯)를 지시대명사 노릇하는 지(之)로 대신하여 두 구문을 하나로 묶은 구문으로 옮기면[譯] 문의(文意)가 드러난다. 예이시지(睨而視之)에서 예(睨)는 사시(斜視) 즉 흘겨봄을 뜻하고, 지(之)는 가(柯)를 대신하는 지시대명사 노릇한다.

유이위원(猶以爲遠)은 〈인유위원이기칙(人猶爲遠以其則)〉에서 일반주어 인(人)을 생략하고, 이기칙(以其則)에서 앞 문맥(文脈)으로 보충할 수 있는 기칙(其則)을 생략하고 남은 이(以)를 동사 노릇하는 위(爲) 앞으로 전치(前置)한 구문이다. 그러므로 유이위원(猶以爲遠)을 옮길[譯] 때 이(以)를 이기칙(以其則)으로 환원하여 역(譯)하면 문의(文意)가 분명해진다. 특히 〈위(爲)A이(以)B〉는 하나의 상용구문으로 여겨 〈B로써[以] A를 생각한다[爲]〉고 옮기면 좋다. 유이위원(猶以爲遠)에서 유(猶)는 〈오히려 상(尙)〉과 같고, 이(以)는 〈써 용(用)〉과 같으며, 위(爲)는 〈생각할 사(思)〉와 같고, 원(遠)은 〈멀 요(遙)〉와 같아 요원(遙遠)의 줄임말로 여기면 된다.

【풀이(繹)】

집가이벌가(執柯以伐柯) 예이시지(睨而視之) 유이위원(猶以爲遠)은 중용지도(中庸之道)가 왜 불가수유리(不可須臾離)의 상도(常道)인지를 가늠하게 한다. 우리 목숨 자체가 천지(天地)의 중용(中庸)을 잠시도[須臾] 멀리할 수 없음[不可離]을 허취(歔吹) 즉 들숨[歔]과 날숨[吹]으로 보여주고 있다. 도끼자루를 손에 들고서도 도끼자루 본보기[則]를 못 보는[不視] 것처럼, 허취(歔吹)의 중용(中庸)으로 목숨이 이루어짐을 보지 못하는 경우를 살펴 새기고 헤아려 가늠하게 한다.

반중용(反中庸)의 허취(歔吹)로는 어느 목숨도 부지할 수 없다. 들숨[歔]이 치우쳐도[過] 안 되고 날숨[吹]이 과(過)해도 안 되는 것이 목숨이다. 들숨이 모자라도[不及] 안 되고 날숨이 불급(不及)해도 안 되는 것이 또한 목숨이다. 들숨과 날숨[歔吹]이 중화(中和)를 누려야 이루어지기 때문에 무릇 모든 목숨은 허취(歔吹)의 중용(中庸)을 누려야 한다. 이처럼 우리의 목숨이 중용(中庸)의 도(道)를 누리고 있음에도 중용(中庸)의 도(道)를 원자(遠者) 즉 먼[遠] 것[者]처럼 여기고 중용지도(中庸之道)를 행[行]하지 않음을 밝힌 말씀이 〈집가이벌가(執柯以伐柯) 예이시지(睨而視之) 유이위원(猶以爲遠)〉이다.

故(고) 君子以人治人(군자이인치인) 改而止(개이지)

▶ 그러므로[故] 군자는[君子] 사람으로[以人] 사람을[人] 다스리되[治], (다스림을 받은 자가) 고쳐져야[改而] (그 다스림을) 그만둔다[止].

그러므로 고(故), 클 군(君), 존칭 자(子), 써 이(以), 다스릴 치(治),
고칠 개(改), 그리고 이(而), 그칠 지(止)

【읽기(讀)】

고(故)는 〈시고(是故)〉의 줄임이다. 물론 시고(是故)의 시(是)는 집가이벌가(執柯以伐柯)를 가리킨다.

군자이인치인(君子以人治人)은 〈군자치인지반중용이인지중용지도(君子治人之反中庸以人之中庸之道)〉의 줄임으로 여기면 문의(文意)가 잡힌다. 〈군자는[君子] 인간의[人之] 중용지도를[中庸之道] 이용하여[以] 인간의[人之] 반중용을[反中庸] 다스린다[治]〉고 뜻을 더하여 헤아려보면 군자이인치인(君子以人治人)의 문의(文意)가 분명해진다. 군자이인치인(君子以人治人)에서 이(以)는 〈써 용(用)〉과 같고, 치(治)는 〈다스릴 리(理)〉와 같다.

개이지(改而止)는 〈군자개인유반중용전중용(君子改人由反中庸轉中庸) 이군자지치인(而君子止治人)〉에서 개(改)와 지(止)의 주어 노릇할 군자(君子)와 앞 문맥(文脈)으로 보충할 수 있는 유반중용전중용(由反中庸轉中庸)과 치인(治人) 등을 생략하고 두 구문을 하나로 묶은 구문으로 여기면 문의(文意)가 드러난다. 〈군자는[君子] 반중용[反中庸]으로부터[由] 중용(中庸)으로[轉] 인간을[人] 고친다[改]. 그리고[而] 군자는[君子] 사람을[人] 다스리기를[治] 그친다[止]〉 이를 〈고쳐서[改而] 그친다[止]〉로 줄인 것이다. 개이지(改而止)에서 개(改)는 〈고칠 변(變)〉과 같고, 지(止)는 〈멈출 정(停)〉과 같아 정지(停止)의 줄임말로 새기면 된다.

【풀이(繹)】

군자이인치인(君子以人治人) 개이지(改而止)는 군자(君子)의 치인(治人)을 살펴 새기고 헤아려 가늠하게 한다. 군자(君子)의 치인(治人)은 군자(君子)의 수기(修己)로부터 말미암는다. 치인(治人)의 근본(根本)은 수기(修己)이다. 그러므로 군자이인치인(君子以人治人)은 『논어(論語)』「학이(學而)」편(篇)에 나오는 **군자무본(君子務本) 본립이도생(本立而道生) 효제야자기위인지본여(孝弟也者其爲人之本與)**란 말씀을 상기(想起)시킨다. 치인(治人) 즉 남[人]을 다스림[治]이란 본립(本立) 즉 근본[本]이 서지[立] 않고서는 이루어지지 않는다. 인(仁)의 근본(根本)이 효제(孝弟)이다. 효제(孝弟)를 닦음이 곧 수기(修己)의 벼리이다. 효제(孝弟)란 애친(愛親) 즉 피붙이[親]를 사랑함[愛]이다. 군자(君子)는 효제(孝弟)를 벼리로 하여 학도(學道) 즉 중용지도(中庸之道)를 터득하여[學] 애인(愛人) 즉 남들[人]을 사랑함[愛]이 곧 치인(治人)으로 드러난다.

애친(愛親)함으로써 애인(愛人)하고 애인(愛人)함으로 치인(治人)하여 반중용(反中庸)의 소인(小人)을 중용(中庸)의 군자(君子)가 되게 개변(改變)함이니, 곧 인간의 불선(不善)을 인간의 선(善)으로 변화(變化)하게 함이 군자(君子)의 치인(治人)임을 『맹자(孟子)』「공손추장구(公孫丑章句) 상(上)」편(篇)에 나오는 **군자막대호여인위선(君子莫大乎與人爲善)**이란 말씀으로 가늠할 수 있다. 중용지도(中庸之道)를 세상 사람들[人]과 함께[與] 실행(實行)하면 그것이 곧 위선(爲善) 즉 선함[善]을 행하는 것[爲]이고, 따라서 군자(君子)의 치인(治人)이 이루어진다. 군자(君子)는 이러한 치인(治人)이 완수(完遂)될 때까지 사람을 버리지 않고 다스려[治] 고침[改]을 그만두지[止] 않음을 밝힌 말씀이 〈군자이인치인(君子以人治人) 개이지(改而止)〉이다.

註 "군자무본(君子務本) 본립이도생(本立而道生) 효제야자기위인지본여(孝弟也者其爲仁之本與)." 군자는[君子] 근본을[本] 애쓴다[務]. 근본이[本] 서야[立而] 길이[道] 생긴다[生]. 피붙이를 사랑함[孝弟]이란[也] 것[者] 그것이[其] 어짊의[仁之] 근본이[本] 되는 것[爲]이로다[與]!

『논어(論語)』「학이(學而)」편(篇) 2장(章)

註 "취저인이위선(取諸人以爲善) 시여인위선자야(是與人爲善者也) 고(故) 군자막대호여인위선(君子莫大乎與人爲善)." 남[人]에게서 선함을[諸] 취함[取]으로[以] 선함을[善] 행하는[爲] 그것이[是] 남과[人] 함께[與] 선함을[善] 행하는[爲] 것[者]이다[也]. 그러므로[故] 군자에게는[君子] 남과[人] 함께[與] 선함을[善] 행함[爲]보다 더[乎] 큰 일은[大] 없다[莫].

『맹자(孟子)』「공손추장구(公孫丑章句) 상(上)」편(篇) 8장(章)

【2단락(段落) 전문(全文)】

忠恕는 違道不遠이니 施諸己而不願을 亦勿施於人이다
충서 위도불원 시저기이불원 역물시어인

충서의 도를 어기기는 멀지 않은 것이니, 나에게 그것을 베풂을 원하지 않는 것을 또한 남들에게 베풀지 말라.

忠恕違道不遠(충서위도불원)

▶ 충서의[忠恕] 도를[道] 어기기는[違] 멀지 않은 것이다[不遠].

마음을 다할 충(忠), 헤아려 깨달을 서(恕), 어길 위(違), 길 도(道), 아니 불(不), 멀 원(遠)

【읽기(讀)】

충서위도불원(忠恕違道不遠)은 〈위충서지도시불원(違忠恕之道是不遠)〉에서 충서(忠恕)를 강조하고자 전치(前置)하고, 어조사 〈~이다 시(是)〉를 생략한 구문이다. 〈충서의[忠恕之] 도를[道] 어기기는[違] 멀지 않은 것[不遠]이다[是]〉 충서위도불원(忠恕違道不遠)에서 충서위도(忠恕違道)는 주부(主部) 노릇하고, 불원(不遠)은 술부(述部)로 보어(補語) 노릇한다고 여기면 된다.

충서위도불원(忠恕違道不遠)에서 충(忠)은 〈공경할 경(敬) · 바를 정(正) · 곧을

직(直) · 사랑할 애(愛) · 정성 성(誠)〉 등의 뜻을 하나로 담고 있는 자(字)이고, 서(恕)는 〈어질 인(仁) · 마음이 넓을 관(寬) · 마음이 밝을 명(明)〉 등의 뜻을 담고 있는 자(字)이며, 위(違)는 〈어길 배(背) · 반(反)〉 등과 같아 위배(違背) · 위반(違反) 등의 줄임말로 보면 되고, 원(遠)은 〈멀 요(遙)〉와 같아 요원(遙遠)의 줄임말로 새기면 된다.

【풀이(繹)】

충서위도불원(忠恕違道不遠)은 사람들에게 중용(中庸)을 가르쳐 반중용(反中庸)을 벗어나게 다스림이 군자(君子)의 치인(治人)이며, 그 치인(治人)이 왜 어려운 일인지 살펴 새기고 헤아려 가늠하게 한다. 충서(忠恕)로부터 비롯되는 군자(君子)의 치인(治人)은 〈여인위선(與人爲善)〉 즉 사람들[人]과 함께[與] 선(善)을 행함[爲]이다. 충서(忠恕)로서 위선(爲善)의 치인(治人)은 지난(至難)한 일이다. 그래서 충서(忠恕)의 도(道)를 어기기[違]가 멀지 않다[不遠]고 한 것이다. 어기기[違]가 멀지 않다[不遠]고 함은 어기기 가깝다[近]는 말이다. 원(遠)은 어려움[難]으로, 근(近)은 쉬움[易]으로 이어진다. 본래 원근(遠近)이란 난이(難易)로 통한다. 충서(忠恕)를 지(知) · 행(行)하기 위한 끊임없는 수기(修己)란 매우 어려운 수행(修行)이다. 충서(忠恕)는 의(義)를 바탕삼아 예(禮)로 지성껏 행하고 신(信)으로 이루어지는 행덕(行德)이기 때문이다.

그러한 행덕(行德)의 서(恕)는 반드시 충(忠)으로부터 말미암는다. 서(恕)는 곧 충(忠) 바로 그것이다. 따라서 군자지도(君子之道)의 행(行)이 충(忠)의 서(恕)로 이루어짐은『논어(論語)』「위령공(衛靈公)」편(篇)에 나오는 **기서호(其恕乎) 기소불욕(己所不欲) 물시어인(勿施於人)**을 상기(想起)시킨다. 서(恕)란 오로지 충(忠)으로 촌기(忖己)하여 탁우인(度于人)함이다. 나[己]를 헤아려[忖] 남을[于人] 헤아림[度]이 충서(忠恕)의 서(恕)이다. 군자(君子)는 천명을 두려워하고[畏] 성인의 말씀을 외(畏)하기 때문에 중용(中庸)을 오로지 행하고 싶은 것[所欲行]이고, 반중용(反中庸)은 결코 행하고 싶지 않은 것[所不欲行]이다. 그러므로 군자(君子)가 사람들에게 중용지도(中庸之道)를 가르쳐 다스리기를 베풂[施]을 우회해서 밝힌 말씀이 〈충서위도불원(忠恕違道不遠)〉이다.

註 "자공문왈(子貢問曰) 유일언이가이종신행지자호(有一言而可以終身行之者乎) 자왈(子曰) 기서호(其恕乎) 기소불욕(己所不欲) 물시어인(勿施於人)." 자공이[子貢] 물어[問] 여쭈었다[曰]: 평생토록[終身] 한마디의 말씀을[一言] 가지고[以] 그 말씀을[之] 행할 수 있는[可行] 것이[者] 있는 것[有]입니까[乎]? 공자께서[子] 가로되[曰]: 그것은[其] 서(恕)이로다[乎]. 내가[己] 바라지 않는[不欲] 바를[所] 남에게[於人] 행하지[施] 말라[勿].

『논어(論語)』「위령공(衛靈公)」편(篇) 23장(章)

施諸己而不願(시저기이불원) 亦勿施於人(역물시어인)

▶나[己]에게 그것을[諸] 베풂을[施而] 원하지 않는 것을[不願] 또한[亦] 남들에게[於人] 베풀지[施] 말라[勿].

베풀 시(施), 지어 저(諸), 나 기(己), 조사(~을) 이(而), 않을 불(不), 바랄 원(願), 또한 역(亦), ~하지 말 물(勿), 조사(~에게) 어(於), 남들 인(人)

【읽기(讀)】

시저기이불원(施諸己而不願)은 〈아불원시지어기(我不願施之於己)〉에서 원(願)의 주어 노릇할 아(我)를 생략하고, 원(願)의 목적구인 시지어기(施之於己)의 지어(之於)를 저(諸)로 축약해 시저기(施諸己)로 한 다음, 강조하기 위해 조사(助詞) 이(而)를 더하여 시저기이(施諸己而)로 전치(前置)한 구문이다. 〈나는[我] 나[己]에게[於] 그것을[之] 행하기를[施] 바라지 않는다[不願]〉 이를 〈나[己]에게 그것을[諸] 행하기를[施] 바라지 않는다[不願]〉로 줄인 것이다. 물론 시저기이불원(施諸己而不願)은 역물시어인(亦勿施於人)에서 물시(勿施)의 목적절 노릇한다. 시저기이불원(施諸己而不願)에서 시(施)는 〈행할 행(行)〉과 같아 시행(施行)의 줄임말로 여기고, 저(諸)는 〈지어(之於) 저(諸)〉이며, 기(己)는 〈몸 신(身)〉과 같아 자신(自身)을 뜻하고, 이(而)는 여기선 목적격 조사 노릇하고, 원(願)은 〈바랄 망(望)〉과 같아 원망(願望)의 줄임말이다.

역물시어인(亦勿施於人)은 〈역물시불원시저기어인(亦勿施不願施諸己於人)〉에서 시(施)의 목적절 노릇하는 불원시저기(不願施諸己)의 시저기(施諸己)를 강조하고자 시저기이불원(施諸己而不願)으로 전치(前置)한 다음, 바로 앞 구문인 시저기이불원(施諸己而不願)과 중복이므로 생략한 구문이다. 〈나[己]에게 그것을[諸] 행하기를[施] 바라지 않는 것을[不願] 또한[亦] 남[人]에게[於] 행하지[施] 말라[勿]〉 이를 〈또한[亦] 남들에게[於人] 베풀지[施] 말라[勿]〉로 줄인 것이다. 역물시어인(亦勿施於人)에서 역(亦)은 〈또한 우(又)〉와 같고, 물(勿)은 여기선 〈말 금(禁)〉과 같고, 어(於)는 조사(助詞) 노릇한다.

【풀이(繹)】

시저기이불원(施諸己而不願) 역물시어인(亦勿施於人)은 군자(君子)의 치인(治人)이 충서(忠恕)의 서(恕)로 행해져 이루어짐을 살펴 새기고 헤아려 가늠하게 한다. 군자(君子)는 중용(中庸)을 행하기[施]를 원하고, 반중용(反中庸)을 시(施)하기를 바라지 않는다[不願]. 시중용(施中庸)이야말로 군자(君子)에게 수기(修己)의 위선(爲善)이며, 동시에 치인(治人)의 위선(爲善)이다. 그래서 〈군자막대호여인위선(君子莫大乎與人爲善)〉이야말로 중용(中庸)을 행함일 것이다. 군자한테는[君子] 남과[人] 함께[與] 선함을[善] 행함[爲]보다 더[乎] 큰 일은[大] 없다[莫]는 말씀은 반중용(反中庸)의 인간을 중용(中庸)의 인간으로 고쳐가는 일을 연상(聯想)하게 한다. 그러므로 군자(君子)가 중용(中庸)을 사람들과 함께 시행(施行)함은 더없이 크나큰 위선(爲善)의 서(恕)임을 살펴 새기고 헤아려 가늠하게 하는 말씀이 〈시저기이불원(施諸己而不願) 역물시어인(亦勿施於人)〉이다.

【3단락(段落) 전문(全文)】

君子之道四인데 丘未能一焉이다 所求乎子로 以事父를 未能也이고 所求乎臣으로 以事君을 未能也이고 所求乎弟로 以事兄을 未能也이고 所求乎朋友로 先施之를 未能也이다
군자지도사 구미능일언 소구호자 이사부 미능야 소구호신 이사군 미능야 소구호제 이사형 미능야 소구호붕우 선시지 미능야

군자의 도가 넷인데 구(丘)는 하나도 다하지 못한 것뿐이다. 자식에게 요구하는 바로 어버이 섬기기를 다하지 못한 것이고, 신하에게 요구하는 바로 임금 섬기기를 다하지 못한 것이고, 아우에게 요구하는 바로 형 섬기기를 다하지 못한 것이고, 벗에게 요구하는 바를 (내가) 먼저 베풀기를 다하지 못한 것이다.

君子之道四(군자지도사)

▶ 군자의[君子之] 도가[道] 넷이다[四].

클 군(君), 존칭 자(子), 조사(~의) 지(之), 길 도(道)

【읽기(讀)】

군자지도사(君子之道四)는 〈군자지도시사(君子之道是四)〉에서 조사(助詞) 노릇하는 〈~이다 시(是)〉를 생략한 구문으로 〈군자의[君子之] 도는[道] 넷[四]이다[是]〉로 새기면 된다. 물론 군자지도사(君子之道四)를 〈군자지도사야(君子之道四也)〉에서 조사(助詞) 노릇하는 〈~이다 야(也)〉를 생략한 구문으로 여겨 〈군자의[君子之] 도는[道] 넷[四]이다[也]〉로 옮겨도 되고, 〈군자지도유사(君子之道有四)〉에서 〈있을 유(有)〉를 생략한 말로 보아 〈군자의[君子之] 도에는[道] 넷이[四] 있다[有]〉고 옮겨도 군자지도사(君子之道四)의 문의(文意)가 드러난다.

【풀이(繹)】

군자지도사(君子之道四)는 군자무본(君子務本)의 본(本)을 살펴 새기고 헤아려 가늠하게 하는 말씀이다. 『논어(論語)』에서 유자(有子)가 밝힌 **군자무본(君子務本)** 즉 군자(君子)는 근본[本]을 애쓴다[務]는 말씀이 상기(想起)된다. 유자(有子)는 군자(君子)의 무본(務本)은 〈효제(孝弟)〉라고 밝히고 있다. 이렇듯 네 가지 군자지도(君子之道) 중에서 효(孝)·제(弟) 두 가지를 들어 군자지도(君子之道)의 넷[四] 중에서 둘[二]을 밝히고, 나머지 둘[二]은 『맹자(孟子)』「등문공장구(藤文公章句) 상(上)」편(篇)에 나오는 **군신유의(君臣有義) 붕우유신(朋友有信)**이란 말씀으로 미루어 〈의(義)〉와 〈신(信)〉이라고 헤아려 가늠할 수 있다.

군자(君子)의 도(道)는 일상(日常)에서 인(仁)을 구현(具現)함에 있다. 효(孝)도 인지구현(仁之具現)이고, 제(第)도 어짊의[仁之] 구현(具現)이며, 의(義)도 어짊의[仁之] 구현(具現)이고, 신(信) 역시 어짊의[仁之] 구현(具現)이다. 어짊[仁]을 일상(日常)에서 구체적으로 실행(實行)하는 길[道]의 근본(根本)이 효(孝)·제(第)·의(義)·신(信) 등 넷[四]에 있음을 살펴 새기고 헤아려 가늠하게 하는 말씀이 〈군자지도사(君子之道四)〉이다.

註 "유자왈(有子曰) 기위인야효제(其爲人也孝弟) 이호범상자선의(而好犯上者鮮矣) 불호범상(不好犯上) 이호작란자미지유야(而好作亂者未之有也) 군자무본(君子務本) 본립이도생(本立而道生) 효제야자(孝弟也者) 기위인지본여(其爲仁之本與)." 유자가[有子] 말했다[曰]: 그[其] 사람[人]됨[爲]이란[也] 효제이다[孝弟]. 그래서[而] 윗사람을[上] 범하기를[犯] 좋아하는[好] 사람은[者] 드문 것[鮮]이다[矣]. 윗사람을[上] 범하기를[犯] 좋아하지 않으면서[不好而] 어지러움을[亂] 짓기를[作] 좋아하는[好] 사람[者], 그런 자는[之] 여태껏 없는 것[未有]이다[也]. 군자는[君子] 근본을[本] 애쓴다[務]. 근본이[本] 서면서[立而] 나아갈 길이[道] 생긴다[生]. 효제(孝弟)란[也] 것[者] 그것은[其] 어짊의[仁之] 근본이[本] 되는 것[爲]이로다[與].

유자(有子)는 공자(孔子)의 제자로 성(姓)은 유(有)이고 이름은 약(若)이며, 노(魯)나라 사람으로 공자(孔子)보다 13세 연하(年下)였다. 『논어(論語)』「학이(學而)」편(篇) 2장(章)

註 "인지유도야(人之有道也) 포식난의(飽食煖衣) 일거이무교(逸居而無教) 즉근어금수(則近於禽獸) 성인유우지(聖人有憂之) 사설위사도(使契爲司徒) 교이인륜(教以人倫) 부자유친(父子有親) 군신유의(君臣有義) 부부유별(夫婦有別) 장유유서(長幼有序) 붕우유신(朋友有信)." 사람의[人之] 방도란[道也] 배불리[飽] 먹고[食] 따뜻이[煖] 입고[衣] 편히[逸] 살면서도[居而] 가르침이[教] 없다면[無] 곧[則] 금수와[於禽獸] 가깝다[近]. 성인은[聖人] 이를[之] 걱정하여[憂] 설로[契] 하여금[使] 사도가[司徒] 되게 하여[爲] 부자유친(父子有親)·군신유의(君臣有義)·부부유별(夫婦有別)·장유유서(長幼有序)·붕우유신(朋友有信)으로써[以] 사람의 도리를[人倫] 가르치게 했다[教]. 부자에는[父子] 친함이[親] 있고[有], 군신에는[君臣] 의리가[義] 있으며[有], 부부에는[夫婦] 분별이[別] 있고[有], 장유에는[長幼] 순서가[序] 있고, 붕우에는[朋友] 믿음이[信] 있다[有].

인지유도야(人之有道也)와 성인유유지(聖人有憂之)에서 유(有)는 뜻 없이 조사(助詞) 노릇하므로 무시하고 옮겨도 된다. 설(契)은 순(舜)임금 밑에서 교육(教育)을 맡았던 신하이고, 사도(司徒)는 오늘날로 치면 교육부장관에 해당한다.

『맹자(孟子)』「등문공장구(藤文公章句) 상(上)」편(篇) 4장(章)

丘未能一焉(구미능일언)

▶ 구는[丘] 하나도[一] 다하지 못한 것[未能]뿐이다[焉].

언덕 구(丘), 아직~못한 미(未), 잘할(이룰) 능(能), 조사(~뿐이다) 언(焉)

【읽기(讀)】

구미능일언(丘未能一焉)은 〈구미능일어기사(丘未能一於其四)〉에서 앞 문맥(文脈)으로 보충할 수 있는 어기사(於其四)를 〈어시(於是) 언(焉)〉으로 축약(縮約)한 구문이다. 〈나 구는[丘] 그[其] 넷[四]에서[於] 하나도[一] 잘하지 못했다[不能]〉 이를 〈나 구는[丘] 그 넷에서 하나도[一] 잘하지 못한 것[不能]뿐이다[焉]〉로 어세(語勢)를 더한 것이다.

구미능일언(丘未能一焉)에서 구(丘)는 공자(孔子)의 이름[名]이고, 미(未)는 〈못할 불(不)〉과 같으며, 능(能)은 〈잘할 선(善) · 이를 급(及)〉 등과 같고, 언(焉)은 〈어시(於是) 언(焉)〉으로 조사(助詞 : ~뿐이다) 노릇한다.

【풀이(繹)】

구미능일언(丘未能一焉)은 군자지도사(君子之道四)가 지극(至極)함을 헤아려 그에 이르도록 자성(自省)을 멈추지 않게 하는 말씀이다. 공자(孔子)께서도 군자(君子)의 도(道)를 다하지 못함을 밝히고 있으니, 하물며 범인(凡人)이야 더 말할 것이 없다. 미능(未能)은 아직껏 다하지 못했음이다. 군자(君子)의 도(道) 네 가지[四]를 지극하게 다할 때까지 쉼 없이 수기(修己)해야 함을 돌이켜보게 하는 말씀이다.

所求乎子(소구호자) 以事父(이사부) 未能也(미능야)

▶ 자식[子]에게[乎] 요구하는[求] 바대로[所以] 어버이[父] 섬기기를[事] 다하지 못한 것[未能]이다[也].

바 소(所), 요구할 구(求), 조사(~에게) 호(乎), 자식 자(子), 써 이(以), 섬길 사(事), 어버이 부(父), 아직 ~못한 미(未), 잘할(이를) 능(能), 조사(~이다) 야(也)

【읽기(讀)】

소구호자이사부미능야(所求乎子以事父未能也)는 〈구미능사부이소구호자(丘未能事父以所求乎子)〉에서 앞 문맥(文脈)으로 보충할 수 있는 능(能)의 주어 구(丘)를 생략하고, 사부이소구호자(事父以所求乎子)의 이소구호자(以所求乎子)를 강조하고자 소구호자이(所求乎子以)로 도치(倒置)하여 전치(前置)한 구문이다. 〈나 구는[丘] 자식에게[乎子] 요구하는[求] 바[所]로써[以] 어버이[父] 섬기기를[事] 다하지 못한 것[未能]이다[也]〉 이를 〈자식에게[乎子] 요구하는[求] 바를[所] 이용하여[以] 어버이[父] 섬기기를[事] 다하지 못한 것[未能]이다[也]〉로 줄인 것이다. 소구호자이사부미능야(所求乎子以事父未能也)에서 소구호자이(所求乎子以)는 사부(事父)의 사(事)를 꾸미는 부사구 노릇하고, 사부(事父)는 능(能)의 목적어로 여기면 문맥(文脈)이 잡힌다.

소구호자(所求乎子)에서 구(求)는 〈요구할 책(責)〉과 같고, 호(乎)는 조사(助詞) 〈~에게 어(於)〉와 같고, 자(子)는 자식(子息)의 줄임말이다. 사부(事父)에서 사(事)는 〈받들 봉(奉)〉과 같고, 부(父)는 부모(父母)의 줄임말로 여기면 된다. 미능야(未能也)에서 미(未)는 〈못할 불(不)〉과 같고, 능(能)은 〈잘할 선(善) · 이를 급(及)〉 등과 같으며, 야(也)는 조사(助詞: ~이다) 노릇한다.

【풀이(繹)】

소구호자이사부미능야(所求乎子以事父未能也)는 충효(忠孝)를 살펴 새기고 헤아려 가늠하게 한다. 『맹자(孟子)』「등문공장구(藤文公章句) 상(上)」편(篇)에 나오는 〈부자유친(父子有親)〉의 친(親)은 곧 효친(孝親) 그것임을 여기서 간파(看破)할 수 있다. 자식에게 요구하는 바[所求乎子]는 곧 사부(事父) 즉 사부모(事父母)이다. 사부(事父)가 바로 충효(忠孝)이다. 어버이[父母]를 충서(忠恕)로 받듦[事]이 사부(事父)이다. 충효(忠孝)의 충(忠)은 무기(無欺)이다. 부모(父母)께 거짓[欺]이 없다면 그것이 곧 부모(父母)를 받드는 충효(忠孝)이다. 나아가 충효(忠孝)의 충(忠)은 갈성(竭誠)이다. 부모께 정성[誠]을 다하면[竭] 그것이 곧 부모(父母)를 받드는 효(孝)이다. 부모께 거짓 없이 정성을 다했는지 스스로 자신을 살펴 헤아림이 효(孝)의 서(恕)이다. 효(孝)의 서(恕)란 촌기이탁부모(忖己而度父母)이다. 내 스스로를[己] 헤아려서[忖而] 어버이[父母]를 헤아려[度] 어버이를 받듦[事]이 효(孝)의 서(恕)이다. 서(恕)란 충(忠)을 그대로 이어받아[承] 충(忠)과 하나가 된 마음이다. 그래서 서(恕)는 여충심(如忠心)이라고 한다. 충(忠)의 마음[心]과 같음[如]이 서(恕)이다. 이러한 충서(忠恕)의 효(孝)를 아직 다하지 못한 회한(悔恨)을 밝힌 말씀이 〈소구호자이사부미능야(所求乎子以事父未能也)〉이다.

註 "자공문왈(子貢問曰) 유일언이가이종신행지자호(有一言而可以終身行之者乎) 자왈(子曰) 기서호(其恕乎) 기소불욕(己所不欲) 물시어인(勿施於人)." 자공이[子貢] 물어[問] 여쭈었다[曰]: 한마디를[一言而] 가지고[以] 일생 동안[終身] 그 말씀을[之] 행할 수 있는[可行] 것이[者] 있는 것[有]입니까[乎]? 공자께서[子] 가로되[曰]: 그것은[其] 서(恕)이로다[乎]. 나에게[己] 바라지 않는

[不欲] 바를[所] 남에게[於人] 행하지[施] 말라[勿].

『논어(論語)』「위령공(衛靈公)」편(篇) 23장(章)

所求乎臣(소구호신) 以事君(이사군) 未能也(미능야)

▶신하에게[乎臣] 요구하는[求] 바대로[所以] 임금[君] 섬기기를[事] 다하지 못한 것[未能]이다[也].

바 소(所), 요구할 구(求), 조사(~에게) 호(乎), 신하 신(臣), 써 이(以), 섬길 사(事), 임금 군(君), 아직 ~못한 미(未), 잘할(이를) 능(能), 조사(~이다) 야(也)

【읽기(讀)】

소구호신이사군미능야(所求乎臣以事君未能也)는 〈구미능사군이소구호신(丘未能事君以所求乎臣)〉에서 앞 문맥(文脈)으로 보충할 수 있는 능(能)의 주어 구(丘)를 생략하고, 사군이소구호신(事君以所求乎臣)의 이소구호신(以所求乎臣)을 강조하고자 소구호신이(所求乎臣以)로 도치(倒置)하여 전치(前置)한 구문이다. 〈나 구는[丘] 신하에게[乎臣] 요구하는[求] 임금[君] 섬기기를[事] 다하지 못한 것[未能]이다[也]〉 이를 〈신하에게[乎臣] 요구하는[求] 바를[所] 이용하여[以] 임금[君] 섬기기를[事] 다하지 못한 것[未能]이다[也]〉로 줄인 것이다. 소구호신이사군미능야(所求乎臣以事君未能也)에서 소구호신이(所求乎臣以)는 사군(事君)의 사(事)를 꾸미는 부사구 노릇하고, 사군(事君)은 능(能)의 목적어로 여기면 문맥(文脈)이 잡힌다.

소구호신(所求乎臣)에서 구(求)는 〈요구할 책(責)〉과 같고, 호(乎)는 조사(助詞) 〈~에게 어(於)〉와 같고, 신(臣)은 신하(臣下)의 줄임말로 여기면 된다. 사군(事君)에서 사(事)는 〈받들 봉(奉)〉과 같고, 군(君)은 군주(君主)의 줄임말이다. 미능야(未能也)에서 미(未)는 〈못할 불(不)〉과 같고, 능(能)은 〈잘할 선(善) · 이를 급(及)〉 등과 같고, 야(也)는 조사(助詞: ~이다) 노릇한다.

【풀이(繹)】

소구호신이사군미능야(所求乎臣以事君未能也)는 충의(忠義)를 살펴 새기고 헤아려 가늠하게 한다. 『맹자(孟子)』「등문공장구(藤文公章句) 상(上)」편(篇)에 나오는 〈군신유의(君臣有義)〉의 의(義)에서 소구호신(所求乎臣) 즉 신하(臣下)에게 요구하는[求] 바[所]인 그 의(義)란 충의(忠義) 그것임을 여기서 간파(看破)할 수 있다. 신하에게 요구하는 바[所求乎臣]는 곧 사군(事君)이다. 사군(事君)이 바로 충의(忠義)이다. 군주(君主)를 충의(忠義)로 받듦[事]이 사군(事君)이다. 충의(忠義)의 충(忠) 역시 무기(無欺)이다. 군주(君主)께 거짓[欺]이 없다면 그것이 곧 군주(君主)를 받드는 충의(忠義)이다. 나아가 충의(忠義)의 충(忠)은 갈성(竭誠)이다. 군주(君主)께 정성[誠]을 다하면[竭] 그것이 곧 군주(君主)를 받드는 충의(忠義)이다. 군주(君主)께 거짓 없이 정성을 다했는지 스스로 자신을 살펴 헤아림이 또한 충의(忠義)의 서(恕)이다. 물론 지금은 군주시대(君主時代)가 아니기 때문에 군주(君主)란 없다. 그러나 지금 민주시대(民主時代)에는 백성[民]이 있다. 오늘날의 모든 치세자(治世者)란 민지신(民之臣) 즉 백성의 신하(臣下)이기 때문에 여전히 신하(臣下)의 충의(忠義)는 살아 있다. 이러한 충서(忠恕)의 의(義)를 아직 다하지 못한 회한(悔恨)을 밝힌 말씀이 〈소구호신이사군미능야(所求乎臣以事君未能也)〉이다.

所求乎弟(소구호제) 以事兄(이사형) 未能也(미능야)

▶아우에게[乎弟] 요구하는[求] 바대로[所以] 형님[兄] 섬기기를[事] 다하지 못한 것[未能]이다[也].

바 소(所), 요구할 구(求), 조사(~에게) 호(乎), 아우 제(弟), 써 이(以), 섬길 사(事), 형님 형(兄), 아직 ~못한 미(未), 잘할(이를) 능(能), 조사(~이다) 야(也)

【읽기(讀)】

소구호제이사형미능야(所求乎弟以事兄未能也)는 〈구미능사형이소구호제(丘未能事兄以所求乎弟)〉에서 앞 문맥(文脈)으로 보충할 수 있는 능(能)의 주어 구(丘)를 생략하고, 사형이소구호제(事兄以所求乎弟)의 이소구호제(以所求乎弟)를 강조하고자 소구호제이(所求乎弟以)로 도치(倒置)하여 전치(前置)한 구문이다. 〈나 구는[丘] 아우에게[乎弟] 요구하는[求] 바[所]를 이용하여[以] 형님[兄] 섬기기를[事] 다하지 못한 것[未能]이다[也]〉 이를 〈아우에게[乎弟] 요구하는[求] 바를[所] 이용하여[以] 형님[兄] 섬기기를[事] 다하지 못한 것[未能]이다[也]〉로 줄인 것이다. 소구호제이사형미능야(所求乎弟以事兄未能也)에서 소구호제이(所求乎弟以)는 사형(事兄)의 사(事)를 꾸미는 부사구 노릇하고, 사형(事兄)은 능(能)의 목적어 노릇한다고 여기면 된다.

소구호제(所求乎弟)에서 구(求)는 〈요구할 책(責)〉과 같고, 호(乎)는 조사(助詞) 〈~에게 어(於)〉와 같고, 제(弟)는 〈어릴 유(幼)〉를 떠올리게 한다. 사형(事兄)에서 사(事)는 〈받들 봉(奉)〉과 같고, 형(兄)은 〈윗 장(長)〉으로 장형(長兄)을 떠올리면 된다. 미능야(未能也)에서 미(未)는 〈못할 불(不)〉과 같고, 능(能)은 〈잘할 선(善) · 이를 급(及)〉 등과 같고, 야(也)는 조사(助詞 : ~이다) 노릇한다.

【풀이(繹)】

소구호제이사형미능야(所求乎弟以事兄未能也)는 충서(忠序)를 살펴 새기고 헤아려 가늠하게 한다. 『맹자(孟子)』「등문공장구(藤文公章句) 상(上)」편(篇)에 나오는 〈장유유서(長幼有序)〉의 서(序)에서 소구호제(所求乎弟) 즉 아우[弟]에게 요구하는[求] 바[所]인 그 서(序)란 충서(忠序) 그것임을 간파(看破)할 수 있다. 아우에게 요구하는 바[所求乎弟]는 곧 사형(事兄)이다. 사형(事兄)이 바로 충서(忠序)이다. 형님을 충서(忠序)로 받듦[事]이 사형(事兄)이다. 충서(忠序)의 충(忠) 역시 무기(無欺)이다. 형님께 거짓[欺]이 없다면 그것이 곧 형님을 받드는 충서(忠序)이다. 나아가 충서(忠序)의 충(忠) 또한 갈성(竭誠)이다. 형님께 정성[誠]을 다하면[竭] 그것이 곧 형님을 받드는 충서(忠序)이다. 형님께 거짓 없이 정성을 다했는지 스스로 자신을 살펴 헤아림이 또한 충서(忠序)의 서(恕)이다. 이러한 충서(忠恕)의 서(序)를 아직 다하지 못한 회한(悔恨)을 밝힌 말씀이 〈소구호제이사형미능야(所求乎弟以事兄未能也)〉이다.

所求乎朋友(소구호붕우) 先施之(선시지) 未能也(미능야)

▶ 벗에게[乎朋友] 요구하는[求] 바[所] 그것을[之] (내가) 먼저[先] 베풀기를[施] 다하지 못한 것[未能]이다[也].

바 소(所), 요구할 구(求), 조사(~에게) 호(乎), 벗 붕(朋), 벗 우(友), 먼저 선(先), 행할 시(施), 아직 ~못한 미(未), 잘할(이를) 능(能), 조사(~이다) 야(也)

【읽기(讀)】

소구호붕우선시지미능야(所求乎朋友先施之未能也)는 〈구미능선시소구호붕우(丘未能先施所求乎朋友)〉에서 앞 문맥(文脈)으로 보충할 수 있는 능(能)의 주어 구(丘)를 생략하고, 선시소구호붕우(先施所求乎朋友)를 강조하고자 전치(前置)하면서 그 빈 자리에 허사(虛詞) 지(之)를 두어 선시지(先施之)로 하여 미능(未能) 앞으로 도치(倒置)한 구문이다. 〈나 구는[丘] 벗에게[乎朋友] 요구하는[求] 바를[所] 먼저[先] 행하기를[施] 다하지 못한 것[未能]이다[也]〉 이를 〈벗에게[乎朋友] 요구하는[求] 바를[所] 먼저[先] 행하기를[施] 다하지 못한 것[未能]이다[也]〉로 줄인 것이다.

소구호붕우선시지미능야(所求乎朋友先施之未能也)에서 소구호붕우(所求乎朋友)는 시(施)의 목적구 노릇하고, 선시지(先施之)는 능(能)의 목적구이며, 선시지(先施之)에서 선(先)은 시(施)를 꾸미는 부사 노릇하고, 지(之)는 허사(虛詞)로 소구호붕우(所求乎朋友)를 나타내는 가목적어 노릇한다. 소구호붕우(所求乎朋友)에서 구(求)는 〈요구할 책(責)〉과 같고, 호(乎)는 조사(助詞) 〈~에게 어(於)〉와 같다. 선시지(先施之)에서 선(先)은 〈먼저 시(始)〉와 같고, 시(施)는 〈행할 행(行)〉과 같아 시행(施行)의 줄임말로 여기면 된다. 미능야(未能也)에서 미(未)는 〈못할 불(不)〉과 같고, 능(能)은 〈잘할 선(善) · 이를 급(及)〉 등과 같고, 야(也)는 조사(助詞: ~이다) 노릇한다.

【풀이(繹)】

소구호붕우선시지미능야(所求乎朋友先施之未能也)는 충신(忠信)을 살펴 새기고 헤아려 가늠하게 한다. 『맹자(孟子)』「등문공장구(藤文公章句) 상(上)」편(篇)에 나오는 〈붕우유신(朋友有信)〉의 신(信)에서 소구호붕우(所求乎朋友) 즉 벗[朋友]에게 요구하는[求] 바[所]인 그 신(信)이란 충신(忠信) 그것임을 간파(看破)할 수 있다. 벗에게 요구하는 바[所求乎朋友]는 곧 충신(忠信)이다. 충신(忠信)으로 벗을 받듦[事]이

사붕우(事朋友)이다. 충신(忠信)의 충(忠) 또한 무기(無欺)이다. 벗에게 거짓[欺]이 없다면 그것이 곧 벗을 받들어 사귐이다. 나아가 충신(忠信)의 충(忠) 또한 갈성(竭誠)이다. 벗에게 정성[誠]을 다하면[竭] 그것이 곧 벗과 사귀는 충신(忠信)이다. 벗에게 내가 먼저 거짓 없이 정성을 다해 사귀는지 스스로 자신을 살펴 헤아림이 또한 충신(忠信)의 서(恕)이다. 이러한 충서(忠恕)의 신(信)을 아직 다하지 못한 회한(悔恨)을 밝힌 말씀이 〈소구호붕우선시지미능야(所求乎朋友先施之未能也)〉이다.

【4단락(段落) 전문(全文)】

庸德之行하고 庸言之謹하여 有所不足이어든 不敢不勉하고 有餘어든 不敢盡하여 言顧行하고 行顧言이니 君子胡不慥慥爾리오
용덕지행 용언지근 유소부족 불감불면 유여 불감진 언고행 행고언 군자호부조조이

변함없는 덕을 행하고 변함없는 말씀을 삼감에 부족한 바가 있으면 감히 힘쓰지 않으면 안 되고, (변함없는 덕을 행함에) 남음이 있어도 감히 멈추어선 안 된다. 말은 행동을 돌아보고 행동은 말을 돌아보니, 군자가 어찌 {언행(言行)을} 착실히 하지 않을 것인가?

庸德之行(용덕지행) 庸言之謹(용언지근) 有所不足(유소부족) 不敢不勉(불감불면)

▶ 변함없는 덕을[庸德之] 행하고[行] 변함없는 말씀을[庸言之] 삼감에[謹] 부족한[不足] 바가[所] 있으면[有] {용덕(庸德)을 행[行]하고 용언(庸言)을 삼감에[謹]} 감히 힘쓰지[勉] 않으면 안 된다[不敢不].

한결같은 용(庸), 크나큰 덕(德), 조사(~을) 지(之), 삼갈 근(謹), 있을 유(有), 바 소(所), 아니 부(不), 만족할 족(足), 감히 감(敢), 힘쓸 면(勉)

【읽기(讀)】

용덕지행(庸德之行) 용언지근(庸言之謹) 유소부족(有所不足) 불감불면(不敢不勉)은 〈용덕지행유소부족(庸德之行有所不足) 불감불면(不敢不勉) 용언지근유소부족(庸言之謹有所不足) 불감불면(不敢不勉)〉의 두 복문(複文)에서 되풀이되는 앞쪽의 유소부족(有所不足)과 불감불면(不敢不勉)을 생략하고 줄인 구문이다. 용덕지행(庸德之行) 용언지근(庸言之謹) 유소부족(有所不足)을 조건의 부사절로 여기고, 불감불면(不敢不勉)을 주절로 보아 〈용덕지행(庸德之行)에 부족함이[不足] 있고[有] 용언지근(庸言之謹)에 부족함이[不足] 있다면[有] 감히 힘쓰지[勉] 않으면 안 된다[不敢不]〉로 옮기면[譯] 용덕지행(庸德之行) 용언지근(庸言之謹) 유소부족(有所不足) 불감불면(不敢不勉)의 문맥(文脈)을 잡을 수 있다.

용덕지행(庸德之行)은 〈행용덕(行庸德)〉의 용덕(庸德)을 강조하고자 용덕지(庸德之)로 전치(前置)한 말투이고, 용언지근(庸言之謹)은 〈근용언(謹庸言)〉의 용언(庸言)을 강조하고자 전치한 구문이다. 용덕지행(庸德之行) 용언지근(庸言之謹) 유소부족(有所不足)에서 용덕지행(庸德之行)과 용언지근(庸言之謹)은 유(有)를 꾸미는 부사구 노릇하고, 유(有)는 자동사(自動詞) 〈~있을 유(有)〉로 주어(主語)를 뒤에 두며, 소부족(所不足)은 유(有)의 주부(主部)로 〈용덕지행(庸德之行)과 용언지근(庸言之謹)에 소부족(所不足)이 있다[有]〉고 문맥(文脈)을 잡으면 문의가 드러난다. 용덕지행(庸德之行)과 용언지근(庸言之謹)에서 용(庸)은 〈한결같은 상(常)〉과 같아 용덕(容德)은 상덕(常德)과 같고, 용언(庸言)은 상언(常言)과 같다.

불감불면(不敢不勉)은 〈인불감불면용덕지행(人不敢不勉庸德之行)〉에서 일반주어 인(人)과 되풀이되는 면(勉)의 목적구 용덕지행(庸德之行)을 생략하고 줄인 구문이다. 〈사람이[人] 용덕지행(庸德之行)을 감히 애쓰지[勉] 않으면 안 된다[不敢不]〉 이를 〈감히 애쓰지[勉] 않으면 안 된다[不敢不]〉로 줄인 것이다. 불감불면(不敢不勉)에서 불감불(不敢不)은 강력한 이중부정(二重否定)의 말투로 강한 긍정을 나타내는 조동사로 여기고 〈감히 ~하지 않으면 안 된다[不敢不]〉고 옮기면 된다. 불감불면(不敢不勉)에서 감(敢)은 모매(冒昧) 즉 〈어리석음[昧]을 무릅쓴다[冒]〉는 뜻으로 동사(動詞)를 강하게 꾸미는 부사 노릇하고, 면(勉)은 〈힘쓸 근(勤)〉과 같아 근면(勤勉)의 줄임말로 보면 된다.

【풀이(繹)】

용덕지행(庸德之行) 용언지근(庸言之謹) 유소부족(有所不足)에서 용덕지행(庸德之行)은 행용덕(行庸德) 즉 용덕(庸德)을 행(行)함이고, 용언지근(庸言之謹)은 근용언(謹庸言)이다. 용덕(庸德) · 용언(庸言)의 용(庸)은 여기서 상(常)이니, 용덕(庸德)이란 상덕(常德) 즉 한결같은[常] 덕[德]이고, 용언(庸言)은 상언(常言) 즉 한결같은[常] 말[言]이다. 이러한 용덕(庸德) · 용언(庸言)은 앞서 살핀 〈군자지도사(君子之道四)〉를 뜻한다. 군자지도사(君子之道四)는 중용지도(中庸之道)를 지(知) · 행(行)해야 이루어진다. 중용지도(中庸之道)야말로 용덕(庸德)이며 용언(庸言)이다. 그러므로 용덕지행(庸德之行)은 군자지도사(君子之道四) 즉 충효(忠孝) · 충의(忠義) · 충서(忠序) · 충신(忠信)을 몸소 시행(施行)하여 중용지도(中庸之道)를 지(知) · 행(行)함이고, 용언지근(庸言之謹) 또한 군자지도사(君子之道四) 즉 충효(忠孝) · 충의(忠義) · 충서(忠序) · 충신(忠信)을 몸소 시행(施行)하여 중용지도(中庸之道)를 지(知) · 행(行)함을 말함[言]에 삼감[謹]이다. 따라서 용덕지행(庸德之行) 용언지근(庸言之謹) 유소부족(有所不足)이란 용덕(庸德)의 행(行)과 용언(庸言)의 근(謹)을 다하지 못함[未能]을 뜻한다.

말하자면 여기서 유소부족(有所不足)이란 『논어(論語)』「옹야(雍也)」편(篇)에 나오는 **중용지위덕야(中庸之爲德也) …… 민선구의(民鮮久矣)**를 상기(想起)하게 하며, 나아가 『중용(中庸)』 1장(章)에 나오는 **도야자불가수유리야(道也者不可須臾離也)**를 떠올리게 한다. 그러므로 유소부족(有所不足)은 용덕(庸德) · 용언(庸言)인 중용지도(中庸之道)를 이행(履行)하기를 소홀히 하여[鮮] 멀리함[離]을 뜻하고, 군자지도사(君子之道四) 즉 충효(忠孝) · 충의(忠義) · 충서(忠序) · 충신(忠信)을 소홀히 하여 스스로 중정(中正)의 덕(德)인 중용지도(中庸之道)를 멀리함을 뜻한다. 군자지도사(君子之道四)를 끊임없이 행(行)하고 그 말씀을 삼가며 중용지도(中庸之道)의 용덕(庸德)을 행하고 용언(庸言)을 삼감[謹]을 잠시도 게을리해서는 안됨을 밝힌 말씀이 〈용덕지행(庸德之行) 용언지근(庸言之謹) 유소부족(有所不足) 불감불면(不敢不勉)〉이다.

註 "중용지위덕야(中庸之爲德也) 기지의호(其至矣乎) 민선구의(民鮮久矣)." 중용의[中庸之]

덕이[德] 됨[爲]이란[也] 그것은[其] 지극한 것[至]이로다[矣乎]! 사람들이[民] 소홀히 한 지[鮮] 오래[久]이다[矣]. 『논어(論語)』「옹야(雍也)」편(篇) 27장(章)

註 "도야자불가수유리야(道也者不可須臾離也)." {중용(中庸)의} 도(道)라는[[也] 것은[者] 모름지기[須] 잠깐이라도[臾] (그것에서) 떠날[離] 수 없는 것[不可]이다[也]. 『중용(中庸)』 1장(章)

有餘(유여) 不敢盡(불감진)

▶ (변함없는 덕을 행함에) 남음이[餘] 있어도[有] 감히 멈추어선[盡] 안 된다[不敢].

있을 유(有), 남을 여(餘), 아니 불(不), 감히 감(敢), 멈출 진(盡)

【읽기(讀)】

유여(有餘) 불감진(不敢盡) 역시 영어의 복문 같은 구문이다. 유여(有餘)는 양보의 부사절 노릇하고, 불감진(不敢盡)은 주절 노릇하는 것으로 여기고 〈유여(有餘)할지라도 불감진(不敢盡)한다〉고 옮기면 문의(文意)가 드러난다.

유여(有餘)는 〈용덕지행유소여(庸德之行有所餘)〉에서 앞 문맥(文脈)으로 보충할 수 있는 용덕지행(庸德之行)과 소(所)를 생략한 구문이다. 유여(有餘)에서 유(有)는 자동사(自動詞) 〈~있을 유(有)〉로 주어(主語)를 뒤에 두며, 여(餘)는 유(有)의 주어 노릇해 〈여(餘)가 있다[有]〉고 옮기면 된다. 유여(有餘)에서 용(庸)은 〈넉넉할 여(餘)〉와 같아 여유(餘裕)의 줄임말로 보면 된다.

불감진(不敢盡)은 〈인불감진면용덕지행(人不敢盡勉庸德之行)〉에서 일반주어 인(人)과 면(勉)의 목적구인 면용덕지행(勉庸德之行)을 생략한 구문이다. 〈사람이[人] 용덕지행(庸德之行)을 애씀을[勉] 감히 그만두면[盡] 안 된다[不敢]〉 이를 〈감히 그만두면[盡] 안 된다[不敢]〉로 줄인 것이다. 불감진(不敢盡)에서 감(敢)은 모매(冒昧) 즉 어리석음[昧]을 무릅쓴다[冒]는 뜻으로 동사(動詞)를 강하게 꾸미는 부사 노릇하고, 진(盡)은 여기선 〈멈출 지(止)〉와 같다.

【풀이(繹)】

유여(有餘) 불감진(不敢盡)에서 유여(有餘)는 용덕(庸德)을 행(行)함에 부족함이 없음을 말한다. 용덕(庸德)이란 상덕(常德)이다. 한결같은[常] 덕(德)이란 군자지도사(君子之道四)를 말하고, 이는 곧 중용지도(中庸之道)의 지(知) · 행(行)으로 이어진다. 그러므로 용덕지행(庸德之行)은 군자지도사(君子之道四) 즉 충효(忠孝) · 충의(忠義) · 충서(忠序) · 충신(忠信)을 몸소 시행(施行)하여 중용지도(中庸之道)를 지(知) · 행(行)함이며, 이를 더없이 다함이 유여(有餘)이다. 반대로 용덕지행유소부족(庸德之行有所不足)이란 용덕(庸德)의 행(行)을 다하지 못함[未能]을 뜻한다.

말하자면 유여(有餘)는 『중용(中庸)』 1장(章)에 나오는 〈도야자불가수유리야(道也者不可須臾離也)〉를 지성껏 준수(遵守)함이다. 그러니 유여(有餘)는 용덕(庸德) 즉 상덕(常德)인 중용지도(中庸之道) 지(知) · 행(行)하기를 지성으로 가까이함[近]을 뜻하고, 군자지도사(君子之道四) 즉 충효(忠孝) · 충의(忠義) · 충서(忠序) · 충신(忠信)을 친히 하여 스스로 중정(中正)의 덕(德)인 중용지도(中庸之道)를 일상(日常)에서 시행(施行)함을 뜻한다. 그러므로 군자지도사(君子之道四)를 일상(日常)에서 끊임없이 이행(履行)하여 중용지도(中庸之道)의 덕(德)을 아무리 넓혀간다 할지라도 더욱더 면려(勉勵)해야 함을 밝힌 말씀이 〈유여(有餘) 불감진(不敢盡)〉이다.

言顧行(언고행) 行顧言(행고언) 君子胡不慥慥爾(군자호부조조이)

▶ 말은[言] 행동을[行] 돌아보고[顧] 행동은[行] 말을[言] 돌아보니[顧], 군자가[君子] 어찌[胡] {언행(言行)을} 착실히 하지 않을 것[不慥慥]인가[爾]?

말할 언(言), 돌아볼 고(顧), 행할 행(行), 클 군(君), 존칭 자(子), 어찌 호(胡), 독실할 조(慥), 조사(~인가) 이(爾)

【읽기(讀)】

언고행(言顧行) 행고언(行顧言) 군자호부조조이(君子胡不慥慥爾)는 〈언고행(言顧行) 군자호부조조이(君子胡不慥慥爾) 행고언(行顧言) 군자호부조조이(君子胡不慥慥爾)〉 두 복문(複文)에서 되풀이되는 군자호부조조이(君子胡不慥慥爾)를 생략한 구문이다. 언고행(言顧行)과 행고언(行顧言)을 원인의 부사절로, 군자호부조조이(君子胡不慥慥爾)를 주절로 여겨 〈언고행(言顧行)하고 행고언(行顧言)하기 때문에 군자가[君子] 어찌[胡] 조조하지 않을 것[不慥慥]인가[爾]?〉로 옮기면[譯] 언고행(言顧行) 행고언(行顧言) 군자호부조조이(君子胡不慥慥爾)의 문의(文意)를 건질 수 있다.

언고행(言顧行)에서 고(顧)는 선시(旋視) 즉 돌아봄을 뜻해 고려(顧慮)의 줄임말로 보면 된다. 군자호부조조이(君子胡不慥慥爾)에서 호(胡)는 여기선 〈어찌 하(何)〉와 같고, 조조(慥慥)는 여기선 독실(篤實)한 모습[貌]을 뜻하며, 이(爾)는 〈~인가 호(乎)〉와 같다. 특히 〈호불위(胡不爲)A이(爾)〉를 상용구(常用句)로 여기고 암기해두면 편하다. 〈어찌[胡] A를 하지 않을 것[不爲]인가[爾]?〉

【풀이(繹)】

언고행(言顧行) 행고언(行顧言)은 군자지도사(君子之道四)를 지성껏 시행(施行)하여 중용지도(中庸之道)의 지(知)와 행(行)이 상반(相反) 즉 서로[相] 어기지[反] 않게 함을 말한다. 언고행(言顧行)은 행(行)이 언(言)을 따르고, 행고언(行顧言)은 언(言)이 행(行)을 따라, 언여행(言與行)이 상종(相從)하여 상화(相和)함이다. 군자지도사(君子之道四)를 말했다[言]면 그 말[言]이 지성으로 행(行)해졌는지 고려(顧慮) 즉 돌이켜[顧] 생각해봄[慮]이 언고행(言顧行)이고, 군자지도사(君子之道四)를 행했다[行]면 그 행함(行)이 지성으로 말한[言] 것인지 고려(顧慮) 즉 돌이켜[顧] 생각해봄[慮]이 행고언(行顧言)이다. 이처럼 충효(忠孝)는 언효(言孝)와 행효(行孝)가 상수(相隨)하여 상화(相和)함이 효(孝)의 언고행(言顧行) · 행고언(行顧言)이고, 충의(忠義)는 언의(言義)와 행의(行義)가 상수(相隨)하여 상화(相和)함이 의(義)의 언고행(言顧行) · 행고언(行顧言)이며, 충서(忠序)는 언서(言序)와 행서(行序)가 상수(相隨)하여 상화(相和)함이 서(序)의 언고행(言顧行) · 행고언(行顧言)이고, 충신(忠信)은 언신(言信)과 행신(行信)이 상수(相隨)하여 상화(相和)함이 신(信)의 언고행(言顧行) · 행고언(行顧言)이다. 나아가 언고행(言顧行) · 행고언(行顧言)은 언행(言行)의 무기(無欺) 즉 속임[欺]이 없는[無] 충서(忠恕)를 늘리게 함이다. 그러므로 군자지도사(君子之道四)를 언고행(言顧行) · 행고(行苦)하여 일상(日常)에서 끊임없이 이행(履行)하여 중용지도(中庸之道)를 잠시라도 떠나지 않도록 정성을 다해야 함을 〈군자호부조조이(君子胡不慥慥爾)〉의 조조(慥慥)가 밝히고 있다.

사명(俟命)과 요행(徼幸)

세 단락(段落)으로 나누어진 14장(章)은 자사(子思)의 말이다. 군자(君子)의 필신기독(必愼其獨) 즉 군자(君子)가 반드시[必] 제[己] 자신[獨]을 삼감[愼]은 곧 중용(中庸)을 지(知) · 행(行)하기 위함이고, 그 삼감[愼]이 어떻게 일상(日常)에서 이행(已行)되는가를 살펴보게 하는 장(章)이다. 군자(君子)의 거이(居易)와 사명(俟命)이 군자중용(君子中庸)을 밝혀주는 것이고, 소인(小人)의 행험(行險)과 요행(徼幸)이 소인반중용(小人反中庸)을 밝혀주는 것임을 살펴 새기고 헤아려 가늠하게 하는 장(章)이다.

【1단락(段落) 전문(全文)】

君子는 素其位而行이오 不願乎其外니라 素富貴하얀 行乎富貴하고 素貧賤하얀 行乎貧賤하며 素夷狄하얀 行乎夷狄하고 素患難하얀 行乎患難하니 君子는 無入而不自得焉이니라
군자 소기위이행 불원호기외 소부귀 행호부귀 소빈천 행호빈천 소이적 행호이적 소환난 행호환난 군자 무입이부자득언

군자는 현재 지위대로 {중용지도(中庸之道)를} 행(行)하지 그 밖에서 {중용지도(中庸之道)를 행하기를} 바라지 않는다. 현재 부귀(富貴)하다면 부귀한 대로 {중용지도(中庸之道)를} 행하고, 현재 빈천(貧賤)하다면 빈천한 대로 {중용지도(中庸之道)를} 행하며, 현재 이적(夷狄)이라면 이적인 대로 {중용지도(中庸之道)를} 행하고, 현재에 환난(患難)이라면 환난인 대로 {중용지도(中庸之道)를} 행한다. 군자한테는 (어떤 처지에) 있더라도 {중용지도(中庸之道)를 행(行)하기를} 스스로 취하지 못할 것이 없는 것뿐이다.

君子素其位而行(군자소기위이행)

▶ 군자는[君子] 현재 처해 있는[素] 그[其] 지위대로[位而] {중용지도(中庸之道)를} 행한다[行].

클 군(君), 존칭 자(子), 본디 소(素), 그 기(其), 자리 위(位), 조사(그리고) 이(而), 행할 행(行)

【읽기(讀)】

군자소기위이행(君子素其位而行)은 〈군자소기위이행중용지도호기위(君子素其位而行中庸之道乎其位)〉에서 앞 문맥(文脈)으로 보충할 수 있는 중용지도(中庸之道)를 생략하고, 되풀이되는 뒤쪽의 호기위(乎其位)를 생략한 구문이다. 〈군자는[君子] 현재 처한[素] 자기의[其] 지위대로[位而] 그[其] 지위[位]에서[乎] 중용지도(中庸之道)를 행한다[行]〉 이를 〈군자는[君子] 현재 처한[素] 자기의[其] 지위대로[位而] 행한다[行]〉로 줄인 것이다.

군자소기위이행(君子素其位而行)에서 소(素)는 〈본디 원(原)·본(本)·시(始)·구(舊)〉 등과 같지만, 여기에서는 현재소처지지위(現在所處之地位) 즉 〈현재(現在) 처한[處] 바의[所之] 지위[地位]〉로 옮기면 된다.

【풀이(繹)】

군자소기위이행(君子素其位而行)은 『논어(論語)』에 나오는 강의목눌근인(剛毅木訥近仁)을 떠올리게 한다. 군자(君子)는 스스로 강직하고[剛] 과감하며[毅], 소박하고[木] 말없이[訥] 의(義)를 바탕 삼아 예(禮)로 행동하며, 인(仁)으로부터 멀어지지 않고자 자신이 처해 있는 지위(地位)를 그대로 따라 순응(順應)한다. 그냥 그대로 변함없이 자신을 어질고[仁] 의롭게[義] 하고자 중용지도(中庸之道)·군자지도(君子之道)를 행할 뿐, 자신의 지위(地位)를 꾸미고 자신을 돋보이게 하려고 중용지도(中庸之道)를 겉치레로 도모(圖謀)하지 않는다. 이러한 군자(君子)가 의(義)를 바탕으로 하여 예(禮)로 중용지도(中庸之道)를 늘 변함없이 지성으로 행함을 밝힌 말씀이 〈군자소기위이행(君子素其位而行)〉이다.

註 "자왈(子曰) 강의목눌근인(剛毅木訥近仁)." 공자께서[子] 말했다[曰]: 강직하고[剛] 과감하며[毅] 소박하고[木] 어눌함은[訥] 어짊에[仁] 가깝다[近].

목(木)은 여기선 〈순박할 박(樸)·박(朴)〉 등과 같다.

『논어(論語)』「자로(子路)」편(篇) 27장(章)

不願乎其外(불원호기외)

▶ {군자(君子)는} 그[其] 밖[外]에서[乎] {중용지도(中庸之道)를 행(行)하기를} 바라지 않는다[不願].

않을 불(不), 바랄 원(願), 조사(~을) 호(乎), 바깥 외(外)

【읽기(讀)】

불원호기외(不願乎其外)는 〈군자불원행중용지도호기위지외(君子不願行中庸之道乎其位之外)〉에서 앞 문맥(文脈)으로 보충할 수 있는 군자(君子)와 불원(不願)의 목적어 노릇할 행중용지도(行中庸之道)를 생략하고, 기위지(其位之)를 관형사인기(其)로 대신한 구문이다. 〈군자는[君子] 제[其] 지위의[位之] 밖[外]에서[乎] 중용지도(中庸之道)를 행하기를[行] 바라지 않는다[不願]〉 이를 〈그[其] 밖[外]에서[乎] 바라지 않는다[不願]〉로 줄인 말투이다.

불원호기외(不願乎其外)에서 원(願)은 〈바랄 망(望)〉과 같아 원망(願望)의 줄임말로 여기면 되고, 호(乎)는 여기선 조사(助詞)로 〈~에서 어(於)〉와 같다.

【풀이(繹)】

불원호기외(不願乎其外) 또한 〈강의목눌근인(剛毅木訥近仁)〉을 떠올리게 하며, 『논어(論語)』「헌문(憲問)」편(篇)에서 증자(曾子)가 밝힌 **군자사불출기위(君子思不出其位)**를 상기시킨다. 〈군자(君子)는 자신의 지위[其位]를 벗어나지 않기[不出]를 생각한다[思]〉고 증자(曾子)의 말을 새겨도 될 것이고, 〈군자(君子)는 진실로[思] 자신의 지위[其位]를 벗어나지 않는다[不出]〉고 보아도 될 것이다. 군자(君子)는 언제 어디서나 중용지도(中庸之道)를 멀리하지 않고자[不離] 필신기독(必愼其獨) 즉 반드시[必] 제 자신을[其獨] 삼가[愼] 중용(中庸)하기 때문이다.

중용지도(中庸之道)란 과욕(寡欲)하여 소사(少私)하게 하는 충서(忠恕)의 이치[理]이고, 가르침[敎]이며, 이끌어줌[導]이고, 방편[方]이며, 말씀[言]이다. 군자(君子)는 중용(中庸)하여 과욕(寡欲)하지만, 소인(小人)은 반중용(反中庸) 즉 중용(中庸)을 어겨[反] 과욕(過欲) 즉 욕심[欲]이 넘치고[過] 만다. 군자(君子)는 언제 어디서나 늘 중용지도(中庸之道)를 행하여 과욕(寡欲)하고 소사(少私)하여 무사(無私) · 무욕(無欲)하기를 바라지[願] 결코 중용지도(中庸之道)를 떠나 과욕(過欲)하기를 바라지 않음[不願]을 밝힌 말씀이 〈불원호기외(不願乎其外)〉이다.

註 "증자왈(曾子曰) 군자사불출기위(君子思不出其位)." 증자[曾子]가 말했다[曰]: 군자는[君子] 제[其] 지위를[位] 벗어나지 않기를[不出] 생각한다[思].

사(思)를 타동사로 여기고 불출(不出)을 사(思)의 목적어로 여겨 문맥(文脈)을 잡거나, 사(思)를 불출(不出)을 꾸며주는 부사로 여기고 새겨도 말씀의 뜻은 달라지지 않는다.

『논어(論語)』「헌문(憲問)」편(篇) 28장(章)

素富貴(소부귀) 行乎富貴(행호부귀)

▶ 현재[素] 부귀하다면[富貴] 부귀한 대로[乎富貴] {중용지도(中庸之道)를} 행한다[行].

본디 소(素), 부유할 부(富), 귀할 귀(貴), 행할 행(行), 조사(~대로) 호(乎)

【읽기(讀)】

소부귀(素富貴) 행호부귀(行乎富貴)는 〈군자소부귀이행중용지도호부귀(君子素富貴而行中庸之道乎富貴)〉에서 앞 문맥(文脈)으로 보충할 수 있는 군자(君子)와 행(行)의 목적어 노릇할 중용지도(中庸之道)를 생략한 구문이다. 〈군자는[君子] 현재[素] 부귀하다면[富貴] 부귀한[富貴] 대로[乎] 중용지도를[中庸之道] 행한다[行]〉 이를 〈현재[素] 부귀하다면[富貴] 부귀한[富貴] 대로[乎] 행한다[行]〉로 줄인 것이다.

소부귀(素富貴)에서 소(素)는 〈본디 원(原) · 본(本) · 시(始) · 구(舊)〉 등과 같지만, 여기선 현재소처지지위(現在所處之地位) 즉 〈현재(現在) 처한[處] 바의[所之] 지위(地位)〉로 여기면 되고, 호부귀(乎富貴)에서 호(乎)는 조사(~대로) 노릇한다.

【풀이(繹)】

소부귀(素富貴) 행호부귀(行乎富貴)는 부귀(富貴)에 따라 중용지도(中庸之道)의 행(行)함이 달라질 수 없음을 살펴 새기고 헤아려 가늠하게 한다. 중용지도(中庸之道)에 따른 군자지도(君子之道)를 행하는 군자(君子)의 강의목눌(剛毅木訥)에 부귀(富貴)가 영향을 미칠 수 없다. 왜냐하면 **군자(君子)는 지자(知者)로서 불혹(不惑)하고, 인자(仁者)로서 불우(不憂)하며, 용자(勇者)로서 불구(不懼)하기** 때문이다. 부귀(富貴)하다 할지라도 **태이불교(泰而不驕)** 즉 태연하되[泰而] 교만하지 않고[不驕] 충서(忠恕)로 중용지도(中庸之道)를 정성껏 행(行)해야 함을 군자(君子)는 조금도 의심치 않는다. 그러므로 군자(君子)는 부귀(富貴)에 아랑곳 않고 한결같이 중용지도(中庸之道) · 군자지도(君子之道)를 지성껏 충서(忠恕)로 실행함을 밝힌 말씀이 〈소부귀(素富貴) 행호부귀(行乎富貴)〉이다.

註 "자왈(子曰) 지자불혹(知者不惑) 인자불우(仁者不憂) 용자불구(勇者不懼)." 공자께서[子]

말했다[曰]: 지혜로운 자는[知者] 미혹되지 않고[不惑], 어진 자는[仁者] 걱정하지 않고[不憂], 용감한 자는[勇者] 두려워하지 않는다[不懼]. 『논어(論語)』「자한(子罕)」편(篇) 28장(章)

註 "군자태이불교(君子泰而不驕) 소인교이불태(小人驕而不泰)." 군자는[君子] 태연하되[泰而] 교만하지 않고[不驕], 소인은[小人] 교만하되[驕而] 태연하지 못하다[不泰].

『논어(論語)』「자로(子路)」편(篇) 26장(章)

素貧賤(소빈천) 行乎貧賤(행호빈천)

▶ 현재[素] 빈천하다면[貧賤] 빈천한 대로[乎貧賤] {중용지도(中庸之道)를} 행한다[行].

본디 소(素), 가난할 빈(貧), 비천할 천(賤), 행할 행(行), 조사(~대로) 호(乎)

【읽기(讀)】

소빈천(素貧賤) 행호빈천(行乎貧賤)은 〈군자소빈천이행중용지도호빈천(君子素貧賤而行中庸之道乎貧賤)〉에서 앞 문맥(文脈)으로 보충할 수 있는 군자(君子), 그리고 행(行)의 목적어 노릇할 중용지도(中庸之道)를 생략한 구문이다. 〈군자는[君子] 현재[素] 빈천하다면[貧賤] 빈천한[貧賤] 대로[乎] 중용지도를[中庸之道] 행한다[行]〉 이를 〈현재[素] 빈천하다면[貧賤] 빈천한[貧賤] 대로[乎] 행한다[行]〉로 줄인 것이다.

소빈천(素貧賤)에서 소(素)는 〈본디 원(原) · 본(本) · 시(始) · 구(舊)〉 등과 같지만, 여기선 현재소처지지위(現在所處之地位) 즉 〈현재(現在) 처한[處] 바의[所之] 지위(地位)〉로 여기면 되고, 호빈천(乎貧賤)에서 호(乎)는 조사(~대로) 노릇한다.

【풀이(繹)】

소빈천(素貧賤) 행호빈천(行乎貧賤)은 빈천(貧賤)에 따라 중용지도(中庸之道)를 행(行)함이 달라질 수 없음을 가늠하게 한다. 중용지도(中庸之道)에 따른 군자지도(君子之道)를 행하는 군자(君子)의 강의목눌(剛毅木訥)에 빈천(貧賤)이 영향을 미칠 수 없다. 왜냐하면 군자(君子)는 지자(知者)로서 불혹(不惑)하고, 인자(仁者)로서 불우(不憂)하며, 용자(勇者)로서 불구(不懼)하기 때문이다. 빈천(貧賤)하다 할지라도 충서(忠恕)로 중용지도(中庸之道)를 정성껏 행(行)해야 함을 군자(君子)는 조금도 의심하지 않는다. 그러므로 군자(君子)는 빈천(貧賤)에 아랑곳 않고 한결같이 중용지도(中庸之道) · 군자지도(君子之道)를 지성껏 충서(忠恕)로 실행함을 밝힌 말씀이 〈소빈천(素貧賤) 행호빈천(行乎貧賤)〉이다.

素夷狄(소이적) 行乎夷狄(행호이적)

▶ 현재[素] 이적이라면[夷狄] 이적인 대로[乎夷狄] {중용지도(中庸之道)를} 행한다[行].

본디 소(素), 오랑캐 이(夷), 오랑캐 적(狄), 행할 행(行), 조사(~대로) 호(乎)

【읽기(讀)】

소이적(素夷狄) 행호이적(行乎夷狄)은 〈군자소이적이행중용지도호이적(君子素夷狄而行中庸之道乎夷狄)〉에서 앞 문맥(文脈)으로 보충할 수 있는 군자(君子), 그리고 행(行)의 목적어 노릇할 중용지도(中庸之道)를 생략한 구문이다. 〈군자는[君子] 현재[素] 이적이라면[夷狄] 이적인[夷狄] 대로[乎] 중용지도를[中庸之道] 행한다[行]〉 이를 〈현재[素] 이적이라면[夷狄] 이적인[夷狄] 대로[乎] 행한다[行]〉로 줄인 것이다.

소이적(素夷狄)에서 소(素)는 〈본디 원(原) · 본(本) · 시(始) · 구(舊)〉 등과 같지만, 여기선 현재소처지지위(現在所處之地位) 즉 〈현재(現在) 처한[處] 바의[所之] 지위(地位)〉로 여기면 되고, 호이적(乎夷狄)에서 호(乎)는 조사(~대로) 노릇한다.

【풀이(繹)】

소이적(素夷狄) 행호이적(行乎夷狄)은 지역(地域)의 이민(異民)에 따라 중용지도(中庸之道)의 행(行)함이 달라질 수 없음을 살펴 새기고 헤아려 가늠하게 한다. 여기서 이적(夷狄)은 중국(中國)을 벗어난 변방(邊方)의 다른 백성[異民]을 말한다. 중용지도(中庸之道)는 천명(天命)을 본받는[法] 상도(常道)이기 때문에 시처인(時處人)을 따라 달라지지 않는다. 언제 어디서 누구에게나 중용지도(中庸之道)는 한결같다. 중용지도(中庸之道)란 솔성(率性) 즉 천명(天命)을 따라 좇는[率] 천성(天性)을 본받는[法] 중정(中正) · 중화(中和)의 상도(常道)일 뿐이다. 그러므로 이러한 중용지도(中庸之道)를 충서(忠恕)로 행하는 자(者)라면 어디서든 군자(君子)로서 지자(知者)이고 인자(仁者)이며 용자(勇者)이고, 따라서 중용지도(中庸之道)를 행(行)하는 군자(君子)의 강의목눌(剛毅木訥)은 지역(地域)의 이민(異民)에 따라 달라질 수 없다. 언제 어디서든 군자(君子)라면 지자(知者)로서 불혹(不惑)하고, 인자(仁者)로서 불우(不憂)하며, 용자(勇者)로서 불구(不懼)하기 때문에, 중용지도(中庸之道)를 행함에 강직하고[剛] 과감하며[毅] 소박하고[木] 어눌하다[訥]. 어느 나라 백성[民]일지라도 군자(君子)는 조금도 망설이지 않고 한결같이 중용지도(中庸之道)·군자지도(君子之道)를 지성껏 충서(忠恕)로 실행함을 밝힌 말씀이 〈소이적(素夷狄) 행호이적(行乎夷狄)〉이다.

素患難(소환난) 行乎患難(행호환난)

▶현재[素] 환난이라면[患難] 환난인 대로[乎患難] {중용지도(中庸之道)를} 행한다[行].

본디 소(素), 근심할 환(患), 어려울 난(難), 행할 행(行), 조사(~대로) 호(乎)

【읽기(讀)】

소환난(素患難) 행호환난(行乎患難)은 〈군자소환난이행중용지도호환난(君子素患難而行中庸之道乎患難)〉에서 앞 문맥(文脈)으로 보충할 수 있는 군자(君子), 그리고 행(行)의 목적어 노릇할 중용지도(中庸之道)를 생략한 구문이다. 〈군자는[君子] 현재[素] 환난이라면[患難] 환난인[患難] 대로[乎] 중용지도를[中庸之道] 행한다[行]〉 이를 〈현재[素] 환난이라면[患難] 환난인[患難] 대로[乎] 행한다[行]〉로 줄인 것이다.

소환난(素患難)에서 소(素)는 〈본디 원(原)·본(本)·시(始)·구(舊)〉 등과 같지만, 여기선 현재소처지지위(現在所處之地位) 즉 〈현재(現在) 처한[處] 바의[所之] 지위(地位)〉로 여기면 되고, 호환난(乎患難)에서 호(乎)는 조사(~대로)로 새기면 된다.

【풀이(繹)】

소환난(素患難) 행호환난(行乎患難)은 처지(處地)에 따라 중용지도(中庸之道)의 행(行)함이 달라질 수 없음을 살펴 새기고 헤아려 가늠하게 한다. 중용지도(中庸之道)에 따른 군자지도(君子之道)를 행하는 군자(君子)의 강의목눌(剛毅木訥)에 환난(患難)이 영향을 미칠 수 없다. 왜냐하면 군자(君子)는 지자(知者)로서 불혹(不惑)하므로 어려움[患難]에 빠질지라도 중용지도(中庸之道)를 행함을 의심치 않고, 인자(仁者)로서 불우(不憂)하므로 환난(患難)이 속일지라도 중용지도(中庸之道)를 행(行)함을 잊지 않으며, 용자(勇者)로서 불구(不懼)하므로 환난(患難)이 닥쳐도 중용지도(中庸之道)를 행(行)함을 서슴지 않는다. 환난(患難)에 처(處)할지라도 충서(忠恕)로 중용지도(中庸之道)를 정성껏 행(行)하는 데 군자(君子)는 조금도 망설이지 않음을 밝힌 말씀이 〈소환난(素患難) 행호환난(行乎患難)〉이다.

君子無入而不自得焉(군자무입이부자득언)

▶ 군자에게는[君子] (어떤 처지에) 들어서도[入而] {중용지도(中庸之道)를 행(行)하기를} 스스로[自] 취하지 못할 것이[不得] 없을[無] 뿐이다.

클 군(君), 존칭 자(子), 없을 무(無), 들 입(入), 그리고 이(而), 아니 부(不), 스스로 자(自), 취할 득(得), 조사(~뿐이다) 언(焉)

【읽기(讀)】

군자무입이부자득언(君子無入而不自得焉)은 〈군자무입어하처이부자득행중용지도언(君子無入於何處而不自得行中庸之道焉)〉에서 앞 문맥(文脈)으로 보충할 수 있는 입어하처(入於何處)의 어하처(於何處), 그리고 득(得)의 목적구 노릇할 행중용지도(行中庸之道)를 생략한 구문이다. 〈군자에게는[君子] 어느[何] 처지[處]에[於] 들어서도[入而] 중용지도를[中庸之道] 행하기를[行] 스스로[自] 취하지 못할 것이[不得] 없을[無] 뿐이다[焉]〉 이를 〈군자에게는[君子] 들어서도[入而] 스스로[自] 취하지 못할 것이[不得] 없을[無] 뿐이다[焉]〉로 줄인 것이다.

군자무입이부자득언(君子無入而不自得焉)에서 군자(君子)는 〈없을 무(無)〉를 꾸미는 부사(副詞) 노릇하고, 무(無)는 자동사 노릇하며, 입이부자득(入而不自得)은 무(無)의 주부(主部) 노릇하고, 언(焉)은 호하처(乎何處)를 대신하는 조사(助詞)

로 종결어미 노릇도 한다.

【풀이(繹)】

군자무입이부자득언(君子無入而不自得焉)은 다시금 **도야자불가수유리야(道也者不可須臾離也)**를 상기(想起)시켜 살펴 새기고 헤아려 가늠하게 한다. 군자무입이부자득언(君子無入而不自得焉)의 입(入)은 군자(君子)가 언제 어디서 어떤 경우에 처(處)함을 뜻한다. 부귀(富貴)한 처지에 들어서든 빈천(貧賤)한 처지에 들어서든 이적(夷狄)의 처지에서든 환난(患難)의 처지를 당해서든, 군자(君子)라면 강직(剛直)하고 과감(果敢)하며 소박(素樸)하고 어눌(語訥)하게 스스로 중용지도(中庸之道) · 군자지도(君子之道)를 행함이 군자무입이부자득언(君子無入而不自得焉)의 자득(自得)이다. 중용지도(中庸之道) · 군자지도(君子之道)를 충서(忠恕)로 행(行)함은 오로지 스스로[自] 이룩되는[得] 행덕(行德)임을 밝힌 말씀이 〈군자무입이부자득언(君子無入而不自得焉)〉이다.

註 "도야자불가수유리야(道也者不可須臾離也)." {중용(中庸)의} 도(道)라는[也] 것은[者] 모름지기[須] 잠깐이라도[臾] (그것에서) 떠날[離] 수 없는 것[不可]이다[也].

『중용(中庸)』 1장(章)

【2단락(段落) 전문(全文)】

在上位하야 不陵下하고 在下位하야 不援上한다 正己而不求
재상위 불릉하 재하위 불원상 정기이불구
於人이면 則無怨이니 上不怨天하고 下不尤人한다 故로 君子는
어인 즉무원 상불원천 하불우인 고 군자
居易以俟命하고 小人은 行險以徼幸한다
거이이사명 소인 행험이요행

(군자는) 윗자리에 있어서는 아래를 업신여기지 않고, 아랫자리에 있어서는 위에 매달리지 않는다. 나를 바르게 해서 남에게 책임을 묻지 않으면 곧 원망이 없다. 위로는 하늘을 원망하지 않고, 아래로는 남들을 탓하지 않는다. 그러므로 군자는 평이하게 처신하면서 천명을 기다리고, 소인은 모험을 감행하면서 요행을 바란다.

在上位(재상위) 不陵下(불릉하)

▶ 윗자리에[上位] 있어서는[在] 아래를[下] 업신여기지 않는다[不陵].

있을 재(在), 위 상(上), 자리 위(位), 아니 불(不), 업신여길 릉(陵), 아래 하(下)

【읽기(讀)】

재상위(在上位) 불릉하(不陵下)는 〈군자재상위(君子在上位) 군자불릉하위(君子不陵下位)〉에서 앞 문맥(文脈)으로 보충할 수 있는 군자(君子)와 하위(下位)의 위(位)를 생략한 구문으로, 재상위(在上位)를 시간의 부사절로 여기고 불릉하(不陵下)를 주절로 여겨 복문(複文)으로 문맥(文脈)을 잡으면 문의가 드러난다. 〈군자가[君子] 윗자리에[上位] 있을 때[在] 군자는[君子] 아랫자리를[下位] 업신여기지 않는다[不陵]〉 이를 〈윗자리에[上位] 있을 때[在] 아랫자리를[下] 업신여기지 않는다[不陵]〉로 줄인 것이다.

재상위(在上位)에서 재(在)는 〈있을 존(存)〉과 같고, 위(位)는 〈자리 치(置)〉와 같아 위치(位置)의 줄임말로 여기면 된다. 불릉하(不陵下)에서 능(陵)은 〈업신여길 릉(凌) · 멸(蔑)〉 등과 같아 능멸(陵蔑)의 줄임말로 새기면 된다.

【풀이(繹)】

재상위(在上位) 불릉하(不陵下)는 언제 어디서나 군자(君子)는 반중용(反中庸)을 범하지 않음을 살펴 새기고 헤아려 가늠하게 한다. 능지지(陵之志) 즉 업신여기는[陵之] 뜻[志]을 낸다면, 그것은 바로 반중용(反中庸) 즉 중용(中庸)을 어김[反]이다. 그러므로 불릉하(不陵下)는『논어(論語)』에 나오는 **여기불손야녕고(與其不孫也寧固)**를 떠올리게 한다. 불릉(不陵)은 능멸(陵蔑)을 멀리함[遠]이다. 능멸(陵蔑)이란 불손(不孫)이고, 불손(不孫)은 비례(非禮)이다. 비례(非禮)면 그것은 중용(中庸)을 어김[反]으로 드러나고 만다. 군자(君子)는 자비(自卑)를 늘 가까이하고[近] 자만(自慢)을 멀리하여[遠] 언제나 중용지도(中庸之道)를 충서(忠恕)로 이행(履行)함을 밝힌 말씀이 〈재상위(在上位) 불릉하(不陵下)〉이다.

註 "자왈(子曰) 사즉불손(奢則不孫) 검즉고(儉則固) 여기불손야녕고(與其不孫也寧固)." 공자

께서[子] 말했다[曰]: 사치하면[奢] 곧[則] 겸손치 못하고[不孫], 검박하면[儉] 곧[則] 고루하다[固]. 하나 불손함[不孫]보다는 차라리[與其也] 고루함이[固] 낫다[寧].

〈여기(與其) ~ 녕(寧)〉은 〈~하느니보다는 차라리 ~하라〉는 상용구(常用句)로 새기면 된다.

『논어(論語)』「술이(述而)」편(篇) 35장(章)

在下位(재하위) 不援上(불원상)

▶ 아랫자리에[下位] 있어도[在] 위에[上] 매달리지 않는다[不援].

있을 재(在), 아래 하(下), 자리 위(位), 아니 불(不), 매달릴 원(援), 위 상(上)

【읽기(讀)】

재하위(在下位) 불원상(不援上)은 〈군자재하위(君子在下位) 군자불원상위(君子不援上位)〉에서 앞 문맥(文脈)으로 보충할 수 있는 군자(君子)와 상위(上位)의 위(位)를 생략한 구문으로, 재하위(在下位)를 시간의 부사절로 여기고 불원상(不援上)을 주절로 여겨 복문(複文)으로 문맥(文脈)을 잡으면 문의가 드러난다. 〈군자가[君子] 아랫자리에[下位] 있을 때[在] 군자는[君子] 윗자리에[上位] 매달리지 않는다[不援]〉 이를 〈아랫자리에[下位] 있을 때[在] 윗자리에[上] 매달리지 않는다[不援]〉로 줄인 것이다.

재하위(在下位)에서 재(在)는 〈있을 존(存)〉과 같고, 위(位)는 〈자리 치(置)〉와 같아 위치(位置)의 줄임말로 여기면 된다. 불원상(不援上)에서 원(援)은 〈매달릴 반(攀)〉과 같고 반원(攀援)의 줄임말로 새기면 된다.

【풀이(繹)】

재하위(在下位) 불원상(不援上) 역시 언제 어디서나 군자(君子)는 반중용(反中庸)을 범하지 않음을 살펴 새기고 헤아려 가늠하게 한다. 원지지(援之志) 즉 도움을 청하는[援之] 뜻[志]을 낸다면, 그것은 바로 사욕(私欲)을 부림이다. 사욕(私欲)은 자신의 이득(利得)만을 노리기 때문에 반중용(反中庸) 즉 중용(中庸)을 어김[反]으로 드러난다. 그러므로 불원상(不援上)은 『논어(論語)』에 나오는 **군자병무능언(君子病無能焉)**을 떠올리게 하고, **군자구저기(君子求諸己)**를 상기(想起)시킨다. 불원(不援)은 자신을 위해서 남으로부터 도움받기[援助]를 멀리함[遠]이다. 그러한 원조(援助)는 사욕(私欲)에서 비롯한다. 사욕(私欲)이란 불의(不義)이다. 불의(不義)면 의(義)로 이루어지는 군자지도(君子之道)를 어김[反]으로 드러나고 만다. 군자지도(君子之道)를 어김[反]은 곧 반중용(反中庸)이니, 군자(君子)는 자신의 무능(無能)을 걱정하며 자신에게 책임을 물을 뿐이다. 무능(無能)할까 늘 자책(自責)하면서 자만(自慢)을 멀리하여[遠] 언제나 중용지도(中庸之道)를 충서(忠恕)로 이행(履行)함을 밝힌 말씀이 〈재하위(在下位) 불원상(不援上)〉이다.

註 "군자병무능언(君子病無能焉) 불병인지불기지야(不病人之不己知也)." 군자는[君子] 자기의[焉] 무능함을[無能] 걱정하지[病], 남들이[人之] 자기를[己] 알아주지 않을까[不知] 걱정하지 않는 것[不病]이다[也].

『논어(論語)』「위령공(衛靈公)」편(篇) 18장(章)

註 "군자구저기(君子求諸己) 소인구저인(小人求諸人)." 군자는[君子] 자신[己]에게서 잘못을[諸] 찾아 책하고[求], 소인은[小人] 남[人]에게서 잘못을[諸] 찾아 책한다[求].

여기서 저(諸)는 〈지어(之於) 저(諸)〉로 〈~에서[於] 그것[之] 저(諸)〉로 새기면 된다.

『논어(論語)』「위령공(衛靈公)」편(篇) 20장(章)

正己而不求於人(정기이불구어인) 則無怨(즉무원)

▶ {군자(君子)는} 나를[己] 바르게 해서[正而] 남에게[於人] 책하지 않으면[不求] 곧[則] {군자(君子)에게는 남들을} 원망함이[怨] 없다[無].

바를 정(正), 나 기(己), 그리고 이(而), 아닐 불(不), 책할 구(求),
조사(~에게) 어(於), 곧 즉(則), 없을 무(無), 원망할 원(怨)

【읽기(讀)】

정기이불구어인(正己而不求於人) 즉무원(則無怨)은 〈군자정기(君子正己) 이군자불구어인(而君子不求於人) 즉군자무원(則君子無怨)〉에서 앞 문맥(文脈)으로 보충할 수 있는 군자(君子)를 생략한 구문으로, 정기이불구어인(正己而不求於人)을 조건의 부사절로 여기고 즉무원(則無怨)을 주절로 여겨 복문(複文)으로 보면 문맥이 잡힌다. 〈군자는[君子] 자기를[己] 바르게 한다[正]. 그리고[而] 군자는[君子] 남[人]에게[於] 책하지 않는다[不求]. 곧[則] 군자에게는[君子] 원망이[怨] 없다[無]〉 이를 〈자기를[己] 바르게 하면서[正而] 남[人]에게[於] 책하지 않으면[不求] 곧[則]

원망이[怨] 없다[無]〉로 줄인 것이다.

정기이불구어인(正己而不求於人)에서 정(正)은 〈바를 직(直)〉과 같아 정직(正直)의 줄임말로 여기면 되고, 구(求)는 〈따질 책(責)〉과 같아 구책(求責)의 줄임말로 새기면 된다. 즉무원(則無怨)에서 무(無)는 〈없을 불(不)〉과 같고, 원(怨)은 〈한탄할 한(恨)〉과 같아 원한(怨恨)의 줄임말로 본다.

【풀이(繹)】

정기이불구어인(正己而不求於人) 즉무원(則無怨) 역시 언제 어디서나 군자(君子)는 반중용(反中庸)을 범하지 않음을 살펴 새기고 헤아려 가늠하게 한다. 정기(正己)란 곧 나[己]로 하여금 중용지도(中庸之道)를 고수(固守)하게 함이다. 아무경사(我無傾邪) 즉 〈나[我]에게 사악함[邪]이 없다[無]〉는 것이 곧 정기(正己)이다. 이는 곧 중용지기(中庸之己)를 뜻한다. 중정(中正) · 중화(中和)를 늘 활용하는[庸之]나 자신[己]을 이루려 함이 곧 정기(正己)이다. 그러므로 정기(正己)란 나[己]를 선(善)하게 함이요, 나[己]를 마땅하게[當] 함이요, 나[己]를 반중용(反中庸)에서 벗어나 중용(中庸)을 행하게 고쳐감[改]이다. 그러므로 정기(正己)는 중기(中己)이고, 선기(善己)이며, 당기(當己)이고, 개기(改己)로 이어져 잠시도 중용(中庸)을 멀리하지 않게 한다. 군자(君子)는 정기(正己)하고자 필신기독(必愼其獨) 즉 제 자신[其獨]을 반드시[必] 삼가고[愼], 결코 남을 탓하지 않는다[不求人]. 그러므로 군자(君子)는 항상 정기(正己)하면서 중용지도(中庸之道)를 충서(忠恕)로 이행(履行)함을 밝힌 말씀이 〈정기이불구어인(正己而不求於人) 즉무원(則無怨)〉이다.

上不怨天(상불원천) 下不尤人(하불우인)

▶<u>위로는[上] 하늘을[天] 원망하지 않고[不怨], 아래로는[下] 남들을[人] 탓하지 않는다[不尤].</u>

> 위 상(上), 아니 불(不), 원망할 원(怨), 하늘 천(天), 아래 하(下), 탓할 우(尤)

【읽기(讀)】

상불원천(上不怨天) 하불우인(下不尤人)은 〈군자상불원천(君子上不怨天) 이군자하불우인(而君子下不尤人)〉에서 앞 문맥(文脈)으로 보충할 수 있는 군자(君子)를 생략한 구문이다. 〈군자는[君子] 위로는[上] 하늘을[天] 원망하지 않는다[不怨]. 그리고[而] 군자는[君子] 아래로는[下] 사람을[人] 탓하지 않는다[不尤]〉 이를 〈위로는[上] 하늘을[天] 원망하지 않고[不怨], 아래로는[下] 사람을[人] 탓하지 않는다[不尤]〉로 줄인 것이다.

상불원천(上不怨天)에서 원(怨)은 〈한탄할 한(恨)〉과 같고, 하불우인(下不尤人)에서 우(尤)는 〈탓할 구(咎)〉와 같아 우구(尤咎)의 줄임말로 여기면 된다.

【풀이(繹)】

상불원천(上不怨天) 하불우인(下不尤人) 역시 언제 어디서나 군자(君子)는 반중용(反中庸)을 범하지 않음을 살펴 새기고 헤아려 가늠하게 한다. 불원천(不怨天)·불우인(不尤人)함이란 오로지 정기(正己)하여 나[己]로 하여금 중용지도(中庸之道)를 고수(固守)하게 함이다. 『논어(論語)』에도 〈불원천(不怨天) 불우인(不尤人)〉이란 자왈(子曰)이 나온다. 한 점 부끄러움 없는 삶이라야 하늘[天]을 원망치 않고[不怨] 남[人] 탓하지 않을[不尤] 수 있다. 그러한 삶이란 오로지 중용지도(中庸之道)의 지(知)·행(行)으로 일상(日常)에서 이루어질수록 지극할 수 있다. 이처럼 아무경사(我無傾邪)의 정기(正己)로 말미암아 불원천(不怨天)·불우인(不尤人)하여 오로지 구저기(求諸己)해야 함을 군자(君子)는 알아[知] 행(行)하고, 소인(小人)은 몰라 반중용(反中庸)하면서 원천(怨天)·우인(尤人)하여 구저인(求諸人)한다. 그러므로 군자(君子)는 중용지도(中庸之道)를 지성(至誠)으로 지(知)·행(行)하여 세상을 원망하지 않고[不怨天] 남을 탓하지도 않음[不尤人]을 살펴 새기고 헤아려 가늠하게 하는 말씀이 〈상불원천(上不怨天) 하불우인(下不尤人)〉이다.

故(고) 君子居易以俟命(군자거이이사명)

▶ 그러므로[故] 군자는[君子] 평이하게[易] 거처함[居]으로[以] 천명을[命] 기다린다[俟].

그러므로 고(故), 클 군(君), 존칭 자(子), 살 거(居), 평이할 이(易), 써 이(以), 기다릴 사(俟), 천명 명(命)

【읽기(讀)】

고(故)는 〈시고(是故)〉의 줄임이다. 여기서 고(故)는 앞서 나온 모든 내용을 묶어 나타내는 지시어 시(是)를 시고(是故)에서 생략한 것이다. 고(故)는 시이(是以)의 이(以)와 같아 〈~ 때문에 고(故)〉이다.

군자거이이사명(君子居易以俟命)은 〈군자사명이거이(君子俟命以居易)〉에서 거이(居易)를 강조하고자 거이이(居易以)로 도치(倒置)하여 타동사 노릇하는 사(俟) 앞에 둔 구문이다. 군자거이이사명(君子居易以俟命)에서 거(居)는 〈머물 처(處)〉와 같고, 이(易)는 〈쉬울 평(平)·편안할 안(安)〉 등과 통하여 거이(居易)는 거안(居安)과 같다. 군자거이이사명(君子居易以俟命)에서 사(俟)는 〈기다릴 대(待)〉와 같고, 명(命)은 천명(天命)의 줄임으로 여기면 된다. 사명(俟命)은 대천명(待天命) 즉 〈천명(天命)을 기다림[俟]〉이다.

【풀이(繹)】

군자거이이사명(君子居易以俟命)은 군자(君子)가 일상(日常)에서 중용(中庸)하기 때문에 평이(平易)한 가운데 살 수 있음을 살펴 새기고 헤아려 가늠하게 한다. 거이(居易)는 거어평이지중(居於平易之中) 즉 평이한[平易之] 가운데[中]에서[於]의 삶[居]을 뜻한다. 평이지중(平易之中)이란 안정(安貞)하여 불우불구(不憂不懼)함이다. 마음이 곧고 발라[貞] 편안하여[安] 세상사(世上事)를 걱정할 것도 없고[不憂] 두려워할 것도 없이[不懼] 오로지 천명(天命)과 성인(聖人) 그리고 성인(聖人)의 말씀[言]을 두려워할[畏] 뿐이다. 이는 곧 천명(天命) 즉 자연[天]의 시킴과 가르침[命]을 지성(至誠)으로 좇아 삶을 누림으로 이어진다. 이러한 누림을 일러 사명(俟命)이라 한다. 거이(居易) 즉 거안(居安)은 곧 사명(俟命)으로 이어지게 마련이다. 그러므로 군자(君子)가 처안락지경(處安樂之境) 즉 안락한[安樂之] 경지에[境] 머물러[處] 산다는 것은 필신기독(必愼其獨)으로 정기(正己)하여 중용(中庸)함으로써 무경사(無傾邪) 즉 사(邪)에 치우침[傾]이 없는[無] 까닭임을 밝힌 말씀이 〈군자거이이사명(君子居易以俟命)〉이다.

小人行險以徼幸(소인행험이요행)

▶ 소인은[小人] 모험을[險] 감행하면서[行以] 행운을[幸] 구한다[徼].

작을 소(小), 감행할 행(行), 위태로울 험(險), 써 이(以), 구할(흠칠) 요(徼), 운이 좋을 행(幸)

【읽기(讀)】

소인행험이요행(小人行險以徼幸)은 〈소인요행이행험(小人徼幸以行險)〉에서 행험(行險)을 강조하고자 행험이(行險以)로 도치(倒置)하여 타동사 노릇하는 요(徼) 앞에 둔 구문이다. 소인행험이요행(小人行險以徼幸)에서 행험(行險)은 〈위험할 위(危)〉와 같아 행위(行危)와 같고, 이(以)는 여기선 〈써 용(用)〉과 같으며, 요(徼)는 〈구할 요(要) · 구(求), 바랄 요(僥)〉 등과 같고, 행(幸)은 〈요행 행(倖)〉과 같아 요행(徼幸)은 요행(徼倖)과 같다.

【풀이(繹)】

소인행험이요행(小人行險以徼幸)은 소인(小人)이 일상(日常)에서 반중용(反中庸) 즉 중용(中庸)을 어기기[反] 때문에 행험(行險) 즉 위험(危險)을 무릅쓰면서 살아갈 수밖에 없음을 살펴 새기고 헤아려 가늠하게 한다. 행험(行險)은 거어위험지중(居於危險之中) 즉 위험한[危險之] 가운데[中]에서[於]의 삶[居]을 뜻한다. 위험지중(危險之中)이란 불안(不安) · 부정(不貞)하여 우구(憂懼)함이다. 마음이 곧고 바르지 못해[不貞] 불안하여[不安] 세상사(世上事)를 늘 걱정하고[憂] 두려워하면서도[懼] 천명(天命)과 성인(聖人) 그리고 성인(聖人)의 말씀[言]을 모압(侮狎)할 뿐이다. 이는 소인(小人)이 부지천명(不知天命) 즉 자연[天]의 시킴과 가르침[命]을 몰라[不知] 천명(天命)을 오로지 본받는[法] 성인(聖人)을 얕보고[狎], 성인(聖人)의 말씀[言]을 업신여기면서[侮] 저만을 위한 행운[幸]을 탐욕(貪欲)하는 것이다. 이러한 탐욕(貪欲)의 삶을 감행(敢行)함을 일러 요행(徼幸)이라 한다. 행험(行險) 즉 행위(行危)는 곧 원천(怨天)하고 우인(尤人)으로 이어지기 마련이다. 그러므로 소인(小人)이 처위험지경(處危險之境) 즉 위태로운[安樂之] 지경에[境] 머물러[處] 산다는 것은 필신기독(必愼其獨)을 뿌리치고 왕기(枉己) 즉 자신[己]을 굽혀[枉] 반중용(反中庸)함으로써 유경사(有傾邪) 즉 사(邪)에 치우침[傾]이 있는[有] 까닭임을 밝힌 말씀이 〈소인행험이요행(小人行險以徼幸)〉이다.

【3단락(段落) 전문(全文)】

子曰 射有似乎君子하다 失諸正鵠하면 反求諸其身한다
자 왈 사 유 사 호 군 자 실 저 정 곡 반 구 저 기 신

공자 가로되: 활쏘기에는 군자와 같음이 있다. 정곡(正鵠)에서 화살을 잃었다면, (군자는) 반성하고 제 자신에게서 그 잘못을 찾는다.

射有似乎君子(사유사호군자) 失諸正鵠(실저정곡) 反求諸其身(반구저기신)

▶활쏘기에는[射] 군자와[乎君子] 같음이[似] 있다[有]. 과녁 중앙[正鵠]에서 화살을[諸] 잃었다면[失], 반성하고[反] 제[其] 자신[身]에게서 그 잘못을[諸] 찾는다[求]

활을 쏠 사(射), 있을 유(有), 같을 사(似), 조사(~와) 호(乎), 잃을 실(失), 지어(之於) 저(諸), 바를 정(正), 흰빛 곡(鵠), 돌이켜볼 반(反), 찾을 구(求), 그 기(其), 몸 신(身)

【읽기(讀)】

사유사호군자(射有似乎君子)에서 유(有)는 〈~있을 유(有)〉로 자동사 노릇하고, 사(射)는 유(有)를 꾸며주는 부사(副詞) 노릇하며, 사(似)는 유(有)의 주어 노릇하고, 호군자(乎君子)는 사(似)를 꾸며주는 형용사구 노릇을 한다고 문맥(文脈)을 잡으면 된다. 그러면 〈활쏘기에는[射] 군자(君子)와[乎] 같음이[似] 있다[有]〉고 옮길 수 있다.

사유사호군자(射有似乎君子)에서 사(射)는 〈쏠 발(發)〉과 같아 발시(發矢) 즉 화살[矢]을 쏜다[發]는 뜻으로 발사(發射)의 줄임말로 보고, 사(似)는 〈같을 약(若)〉과 같다. 특히 사호(似乎)는 약호(若乎)와 통해 〈약호(若乎)A〉같이 상용구문으로 암기해두면 편하다. 〈A와[乎] 같다[似]〉

실저정곡(失諸正鵠)은 〈군자실지어정곡(君子失之於正鵠)〉에서 앞 문맥(文脈)으로 보충할 수 있는 군자(君子)를 생략하고, 지어(之於)를 저(諸)로 축약(縮約)

한 구문이다. 〈군자가[君子] 과녁의 중앙[正鵠]에서[於] 그것을[之] 잃었다[失]〉 이를 〈과녁의 중앙[正鵠]에서 그것을[諸] 잃었다[失]〉로 줄인 것이다. 실저정곡(失諸正鵠)에서 실(失)은 〈잃을 상(喪)〉과 같아 상실(喪失)의 줄임말로 여기면 되고, 저(諸)는 〈지어(之於) 저(諸)〉이고 물론 제(諸)로 발음해도 되며, 정곡(正鵠)은 과녁의 한가운데를 나타내주는 백색(白色)의 원(圓)을 말한다. 곡(鵠)은 〈흰빛 백(白)〉과 같다.

반구저기신(反求諸其身)은 〈군자반기사(君子反其射) 이군자구지어기신(而君子求之於其身)〉에서 앞 문맥(文脈)으로 보충할 수 있는 군자(君子)와 반(反)의 목적어 노릇할 기사(其射)를 생략하고, 지어(之於)를 저(諸)로 축약(縮約)한 말투이다. 〈군자는[君子] 제[其] 활쏘기를[射] 반성한다[反]. 그리고[而] 군자는[君子] 그[其] 자신[身]에게서[於] 그것을[之] 찾는다[求]〉 이를 〈돌이켜보고[反] 그[其] 자신[身]에게서 그것을[諸] 찾는다[求]〉로 줄인 것이다.

반구저기신(反求諸其身)에서 반(反)은 〈살필 성(省) · 뉘우칠 회(悔)〉 등과 같아 여기서는 반성(反省)의 줄임말로 보고, 구(求)는 〈찾을 탐(探)〉과 같아 탐구(探求)의 줄임말로 여기면 되고, 저(諸)는 여기서도 〈지어(之於) 저(諸)〉이고 물론 제(諸)로 발음해도 되며, 기신(其身)은 기신(己身)과 같아 〈제[己] 자신[身]〉을 뜻한다.

【풀이(繹)】

사유사호군자(射有似乎君子) 실저정곡(失諸正鵠) 반구저기신(反求諸其身)은 자왈(子曰) 즉 공자(孔子)의 말씀으로 자사(子思)가 인용(引用)한 것이다. 이 자왈(子曰)은 『논어(論語)』에 나오는 **군자구저기(君子求諸己)**를 상기(想起)시키고, 『맹자(孟子)』에 나오는 **인자여사(仁者如射) 사자정기이후발(射者正己而後發)**을 떠올리게[想起] 한다. 군자(君子)는 곧 인자(仁者)이다. 군자(君子)의 지(志)와 기(氣)는 오로지 정기(正己)를 바탕으로 움직인다. 정기(正己)란 무욕(無欲) · 무사(無私) · 무아(無我)의 진심(盡心)이다. 과녁에 적중(的中)하겠다고 욕심을 내면서 발사(發射)하는 사수(射手)라면 결코 살을 날려 적중하지 못한다. 적중(的中)을 결코 탐하지 않는 사자(射者)에 비유하여, 군자(君子)가 중용지도(中庸之道)를 지성껏 따라 행한다면 군자지도(君子之道)는 절로 적중(的中)됨을 밝힌 말씀이 〈사유사호군자(射有似乎君子) 실저정곡(失諸正鵠) 반구저기신(反求諸其身)〉이다.

註 "군자구저기(君子求諸己) 소인구저인(小人求諸人)." 군자는[君子] 자신[己]에게서 잘못을[諸] 찾아 책하고[求], 소인은[小人] 남[人]에게서 잘못을[諸] 찾아 책한다[求].

『논어(論語)』「위령공(衛靈公)」편(篇) 20장(章)

註 "인자여사(仁者如射) 사자정기이후발(射者正己而後發) 발이부중(發而不中) 불원승기자(不怨勝己者) 반구저기이이의(反求諸己而已矣)." 인자는[仁者] 활 쏘는 것과[射] 같다[如]. 활 쏘는[射] 사람은[者] 자신을[己] 바르게 한[正] 뒤에야[而後] 쏜다[發]. 쏘았으나[發而] 적중하지 못하면[不中] 자기를[己] 이긴[勝] 사람을[者] 원망하지 않고[不怨], (자신의 발사를) 반성하고[反] 자기[己]에게서 그 잘못을[諸] 찾아 책하는 것[求]뿐이다[而已矣].

『맹자(孟子)』「공손추장구(公孫丑章句) 상(上)」편(篇) 7장(章)

군자지도(君子之道)의 소선(所先)

세 단락(段落)으로 나누어지는 15장(章)은 자사(子思)의 말이다. 군자지도(君子之道)의 소선(所先) 즉 먼저 할[先] 바[所]의 시(始) 즉 처음[始]을 살펴 새기고 헤아려 가늠하게 하여 부모(父母)가 누리는 안락(安樂)이 곧 중용지도(中庸之道)를 지(知)·행(行)하는 군자지도(君子之道)의 시작(始作)임을 관완(觀玩)·의단(擬斷)케 하는 장(章)이다.

【1단락(段落) 전문(全文)】

君子之道는 辟如行遠必自邇하고 辟如登高必自卑하다
군자지도 비여행원필자이 비여등고필자비

군자의 도는 비유컨대 반드시 가까운 데서부터 먼 데로 가는 것과 같고, 비유컨대 반드시 낮은 데서부터 높은 데로 오르는 것과 같다.

君子之道辟如行遠必自邇(군자지도비여행원필자이) 辟如登高必自卑(비여등고필자비)

▶ 군자의[君子之] 도는[道] 비유컨대[辟] 반드시[必] 가까운 데[邇]서부터[自] 먼 데로[遠] 가는 것과[行] 같고[如], 비유컨대[辟] 반드시[必] 낮은 데[卑]서부터[自] 높은 데로[高] 오르는 것과[登] 같다[如].

클 군(君), 존칭 자(子), ~의 지(之), 길 도(道), 비유할 비(辟), 같을 여(如), 갈 행(行), 멀 원(遠), 반드시 필(必), ~으로부터 자(自), 가까울 이(邇), 오를 등(登), 높을 고(高), 낮을 비(卑)

【읽기(讀)】

군자지도비여행원필자이(君子之道辟如行遠必自邇)는 〈A여(如)B〉 즉 〈A는 B와 같다[如]〉의 상용구문(常用句文)을 상기(想起)하면 문맥(文脈)이 잡힌다. 군자지도비여행원필자이(君子之道辟如行遠必自邇)에서 군자지도(君子之道)는 여(如)의 주어 노릇하고, 비(辟)는 여(如)를 꾸미는 부사(副詞) 노릇하며, 여(如)는 자동사로, 행원(行遠)은 여(如)의 보어(補語)로 보고, 필자이(必自邇)는 행(行)을 꾸미는 부사구(副詞句) 노릇한다고 여기면 된다. 〈군자지도는[君子之道] 비유컨대[辟] 필히[必] 가까운 데[邇]서부터[自] 먼 데로[遠] 행함과[行] 같다[如]〉고 옮기면[譯] 문의(文意)가 드러난다.

군자지도비여행원필자이(君子之道辟如行遠必自邇)에서 비(辟)는 〈비유할 비(譬)〉와 같다. 그러나 이외에도 피할 피(辟)=피(避), 임금 벽(辟)=군(君), 부를 벽(辟)=징(徵), 간사할 벽(辟)=사(邪), 치우칠 벽(辟)=편(偏), 열릴 벽(辟)=개(開) 등처럼 다양한 뜻을 내는 자(字)이다.

행원필자이(行遠必自邇)는 행필자이지원(行必自邇至遠)으로 옮겨 새기면 된다. 〈자(自)A지(至)B〉는 〈A로부터[自] B까지[至]〉를 뜻하는 상용구(常用句)로 암기해 두면 편할 것이다. 〈반드시[必] 가까운 데[邇]서부터[自] 먼 데[遠]까지[至] 행한다[行]〉고 보면 행원필자이(行遠必自邇)를 새길 수 있다. 행원필자이(行遠必自邇)에서 행(行)은 〈갈 왕(往)〉과 같고, 원(遠)은 〈멀 요(遙)〉와 같으며, 자(自)는 〈~부터 유(由)·종(從)〉 등과 같고, 이(邇)는 〈가까울 근(近)〉과 같다.

비여등고필자비(辟如登高必自卑)는 〈군자지도비여등고필자비(君子之道辟如登高必自卑)〉에서 앞 문맥(文脈)으로 보충할 수 있는 군자지도(君子之道)를 생략한 구문이다. 비여등고필자비(辟如登高必自卑)에서 비(辟)는 여(如)를 꾸미는 부사(副詞) 노릇하며, 여(如)는 자동사, 등고(登高)는 여(如)의 보어(補語), 필자비(必自卑)는 등(登)을 꾸미는 부사구(副詞句) 노릇한다고 여기면 문의(文意)가 드러난다. 〈{군자지도(君子之道)는} 비유컨대[辟] 필히[必] 낮은 데[卑]서부터[自] 높은 데로[高] 오름과[登] 같다[如]〉고 옮기면[譯] 된다.

등고필자비(登高必自卑)는 등필자비지고(登必自卑至高)로 여기고 옮기면 된다. 〈자(自)A지(至)B〉는 〈A로부터[自] B까지[至]〉를 뜻하는 상용구(常用句)로 암기해두면 편하다. 〈반드시[必] 낮은 데[卑]서부터[自] 높은 데[高]까지[至] 오른다[登]〉고 새기면 등고필자비(登高必自卑)를 알 수 있다. 등고필자비(登高必自卑)에서 등(登)은 〈오를 승(昇)〉과 같고, 자(自)는 〈~부터 유(由)·종(從)〉 등과 같고, 비(卑)는 〈낮을 하(下)〉와 같다.

【풀이(繹)】

군자지도비여행원필자이(君子之道辟如行遠必自邇) 비여등고필자비(辟如登高必自卑)는 군자지도(君子之道)가 중용지도(中庸之道)의 지(知)·행(行)으로 이루어짐을 살펴[觀] 새기고[玩] 헤아려[擬] 가늠하게[斷] 한다. 특히 행원필자이(行遠必自邇)·등고필자비(登高必自卑)는 『대학(大學)』에 나오는 **대학지도(大學之道)와 지소선후(知所先後) 즉근도의(則近道矣)**를 상기(想起)시킨다.

군자지도(君子之道)는 대학지도(大學之道) 바로 그것을 중용(中庸)으로 지성껏 행(行)함이다. 중용지도(中庸之道)의 지(知)·행(行)을 떠나 지어지선(止於至善)·친민(親民)·명명덕(明明德)을 이룰 수 없는 것이 대학(大學)의 길[道]이다. 물론 대학(大學)은 〈학대(學大)〉 즉 대(大)를 학(學)함이다. 대학(大學)의 대(大)는 천지(天地)·천명(天命)·음양(陰陽)·강유(剛柔)·인의(仁義)·성인(聖人) 등을 묶어 나타낸 말씀으로 여기고, 학(學)은 천지(天地)·천명(天命)·음양(陰陽)·강유(剛柔)·인의(仁義)·성인(聖人) 등을 지성껏 효각(效覺) 즉 본받아[效] 터득함[覺]이다. 이러한 대(大)와 학(學)을 중용지도(中庸之道)의 지(知)·행(行)으로 일상(日常)

에서 이루어질 수 있는 사유종시(事有終始)의 지소선후(知所先後)에 비유하여 행원필자이(行遠必自邇)·등고필자비(登高必自卑)라고 밝힌 것이다. 행원필자이(行遠必自邇)·등고필자비(登高必自卑)에서 필자이(必自邇)의 이(邇) 즉 가까운 것[邇]과 필자비(必自卑)의 비(卑) 즉 낮은 것[卑]은 군자지도(君子之道)의 시(始) 즉 먼저 할 바[所先]이고, 행원(行遠)의 원(遠) 즉 먼 것[遠]과 등고(登高)의 고(高) 즉 높은 데[高]는 군자지도(君子之道)의 종(終) 즉 뒤에 할 바[所後]임을 살펴 새기고 헤아려 가늠하게 한다.

여기서 군자지도(君子之道)의 소선후(所先後) 즉 먼저 할 바[所先]와 뒤에 할 바[所後]를 비유하여 밝힌 행원필자이(行遠必自邇)의 원(遠)·이(邇)와 등고필자비(登高必自卑)의 고(高)·비(卑)는 『논어(論語)』에 나오는 **수기이경(修己以敬)·수기이안인(修己以安人)·수기이안백성(修己以安百姓)**을 상기(想起)하여 천착(穿鑿)하게 한다. 이(邇)·비(卑)로 비유된 군자지도(君子之道)의 소선(所先)인 시(始)는 수기(修己)이고, 원(遠)·고(高)로서 비유된 군자지도(君子之道)의 소후(所後)인 종(終)은 경(敬)·안인(安人)·안백성(安百姓)임을 깨우치게 한다. 그러므로 군자지도(君子之道)의 본말(本末)과 종시(終始)를 소선후(所先後)에 비유해서 밝힌 말씀이 〈군자지도비여행원필자이(君子之道辟如行遠必自邇) 비여등고필자비(辟如登高必自卑)〉이다.

註 "대학지도재명명덕(大學之道在明明德) 재친민(在親民) 재지어지선(在止於至善)." 크나큼을[大] 배워 터득하는[學之] 길은[道] 밝은[明] 덕을[德] 밝힘에[明] 있고[在], 백성을[民] 친애함에[親] 있고[在], 지극한[之] 선(善)에[於] 머무는 것에[止] 있다[在].

『대학(大學)』「경문(經文)」1장(章)

註 "물유본말(物有本末) 사유종시(事有終始) 지소선후(知所先後) 즉근도의(則近道矣)." 온갖 것에는[物] 근본과[本] 말단이[末] 있고[有], 일에는[事] 끝과[終] 처음이[始] 있다[有]. 먼저 하고[先] 뒤에 할[後] 바를[所] 안다면[知] 곧[則] 도에[道] 가까운 것[近]이다[矣].

『대학(大學)』「경문(經文)」1장(章)

註 "자로문군자(子路問君子) 자왈(子曰) 수기이경(修己以敬) 왈(曰) 여사이이호(如斯而已乎) 왈(曰) 수기이안인(修己以安人) 왈(曰) 여사이이호(如斯而已乎) 왈(曰) 수기이안백성(修己以安百姓) 수기이안백성(修己以安百姓) 요순기유병저(堯舜其猶病諸)." 자로가[子路] 군자를(君子)를 여쭈었다[問]. 공자께서[子] 가로되[曰]: 자기를[己] 수양하여[修以] 경건하고 성실해야 한다[敬].

{자로(子路)가} 여쭈었다[曰]: 그와[斯] 같이 하는 것[如]뿐인지요[而已乎]? {공자(孔子)께서} 가로되[曰]: 자기를[己] 수양하여[修以] 사람을[人] 편안케 함이다[安]. {자로(子路)가} 여쭈었다[曰]: 그와[斯] 같이 하는 것[如]뿐인지요[而已乎]? {공자(孔子)께서} 가로되[曰]: 자기를[己] 수양하여[修以] 백성을[百姓] 편안케 함이다[安]. 자기를[己] 수양하여[修以] 백성을[百姓] 편안케 함이란[安] 요순(堯舜) 그분들께서도[其] 오히려[猶] 그 일을[諸] 고심했다[病].

『논어(論語)』「헌문(憲問)」편(篇) 44장(章)

【2단락(段落) 전문 (全文)】

詩曰 妻子好合이 如鼓瑟琴하고 兄弟旣翕하니 和樂且耽하다 宜爾室家하니 樂爾妻帑하다
시왈 처자호합 여고슬금 형제기흡 화락차탐 의이실가 낙이처노

『시경(詩經)』이 이르되: 아내와 자식이 잘 어울림이 금슬을 타는 것과 같으며, 형제가 더없이 화합해 서로 화락하면서 또 오래도록 즐기고 좋아하고, 너의 집안을 마땅히 하여 너의 처자식을 즐겁게 한다.

詩曰(시왈) 妻子好合(처자호합) 如鼓瑟琴(여고슬금)

▶『시경(詩經)』이 이르되[曰]: 아내와[妻] 자식이[子] 잘[好] 어울림이[合] 금슬을[瑟琴] 타는 것과[鼓] 같다[如].

시경 시(詩), 가로 왈(曰), 아내 처(妻), 자식 자(子), 잘할 호(好), 어울릴 합(合), 같을 여(如), 탈 고(鼓), 거문고 슬(瑟), 거문고 금(琴)

【읽기(讀)】

시왈(詩曰)은 〈시경왈(詩經曰)〉에서 시경(詩經)을 시(詩)로 줄인 것이다. 시왈(詩曰)에서 왈(曰)은 여기선 〈이를 운(云)〉과 같다.

처자호합(妻子好合) 여고슬금(如鼓瑟琴)은 시행(詩行)이어서 4자(字)로 나누어놓은 시구(詩句)이지만, 한 구문으로 묶어 〈처자호합여고슬금(妻子好合如鼓瑟琴)〉으로 여겨 〈A여(如)B〉 즉 〈A는 B와 같다[如]〉는 상용구문(常用句文)을 상기

(想起)하면 문맥(文脈)이 잡힐 것이다. 처자호합여고슬금(妻子好合如鼓瑟琴)에서 처자호합(妻子好合)은 여(如)의 주부(主部) 노릇하고, 여(如)는 자동사 노릇하며, 고슬금(鼓瑟琴)은 여(如)의 술부(述部)로 보어(補語) 노릇한다고 여기면 된다. 〈처자호합은[妻子好合] 슬금을[瑟琴] 탐과[鼓] 같다[如]〉고 옮기면[譯] 문의(文意)가 드러난다.

처자호합여고슬금(妻子好合如鼓瑟琴)에서 호(好)는 〈잘할 선(善)〉과 같고, 합(合)은 〈어울릴 화(和)〉와 같아 화합(和合)의 줄임말로 여기면 되며, 여(如)는 〈같을 약(若) · 사(似)〉 등과 같고, 고(鼓)는 〈뜯어 소리낼 명(鳴)〉과 같아 고명(鼓鳴)의 줄임말로 새기면 된다.

【풀이(繹)】

처자호합(妻子好合) 여고슬금(如鼓瑟琴)은 『시경(詩經)』「소아(小雅)」에 나오는 〈상체(常棣)〉의 7장(章) 1~2행(行)이다. 상체(常棣)의 상(常)은 〈아가위 당(棠)〉의 차자(借字)로, 상체(常棣)란 당체(棠棣) 즉 아가위나무[棠棣]를 말한다. 처자호합(妻子好合) 여고슬금(如鼓瑟琴)에서 고슬금(鼓瑟琴)은 처자(妻子)의 호합(好合)을 비유한 것이고, 호합(好合)은 군자지도(君子之道)를 지(知) · 행(行)함에 소선(所先) 즉 먼저 할[先] 바[所]를 뜻하는 행원필자이(行遠必自邇)의 이(邇)와 등고필자비(登高必自卑)의 비(卑)를 나타낸다.

여기서 처자(妻子)의 호합(好合)은 군자지도(君子之道)의 소선(所先)인 수신(修身)으로부터 비롯되는 제가(齊家)를 살펴 새기고 헤아려 가늠하게 한다. 처자(妻子)의 호합(好合)은 제가(齊家)가 이루어진 것이다. 제가(齊家)란 가장(家長)의 수신(修身) 즉 수기(修己)로부터 비롯되기 때문이다. 제가(齊家)는 가장(家長)이 격물치지(格物致知) 즉 온갖 일[物]을 더없이 살펴[格] 슬기로움에[知] 이름[致]을 게을리하지 말아야 이룩되는 가장(家長)의 의성(意誠)으로 가능하다. 의성(意誠)해야 마음[心]이 바르게[正] 되고, 심정(心正)해야 스스로[身]를 수양하게[修] 된다. 수신(修身)해야 제가(齊家) 즉 집안[家]이 가지런히 제대로[齊] 될 것이다. 이처럼 제가(齊家)하자면 중용지도(中庸之道)의 지(知) · 행(行)으로 수기(修己) 즉 수신(修身)을 맨 먼저 해야 한다.

행원필자이(行遠必自邇)의 이(邇)와 등고필자비(登高必自卑)의 비(卑)로 비유(譬

喩)한 군자지도(君子之道)의 소선(所先)의 시(始)는 수기(修己)가 된다. 이러한 수기(修己)로부터 제가(齊家)로 이어지니, 제가(齊家)는 수기(修己)의 소후(所後) 즉 종(終)이다. 그리고 제가(齊家)로부터 치국(治國)으로 이어지니 치국(治國)은 제가(齊家)의 소후(所後)인 종(終)이며, 치국(治國)은 평천하(平天下)로 이어지니 평천하(平天下)는 치국(治國)의 소후(所後)인 종(終) 즉 결과이다. 그러므로 군자지도(君子之道)의 소선(所先)인 시(始)가 수기(修己) 즉 수신(修身)을 지성으로 다해야 함을 살펴 새기고 헤아려 가늠하게 하고자 〈처자호합(妻子好合) 여고슬금(如鼓瑟琴)〉이라는 시행(詩行)을 인용(引用)한 것이다.

兄弟旣翕(형제기흡) 和樂且耽(화락차탐)

▶ 형제가[兄弟] 더없이[旣] 화합해[翕] 서로 화락하면서[和樂] 또[且] 오래도록 즐기고 좋아한다[耽].

맏이 형(兄), 아우 제(弟), 다할 기(旣), 화합할 흡(翕), 어울릴 화(和), 즐길 락(樂), 또 차(且), 오래 즐길 탐(耽)

【읽기(讀)】

형제기흡(兄弟旣翕) 화락차탐(和樂且耽)은 시행(詩行)이어서 4자(字)로 나누어 놓은 시구(詩句)이지만, 〈형제기흡(兄弟旣翕) 이형제화락(而兄弟和樂) 이형제차탐(而兄弟且耽)〉에서 되풀이되는 형제(兄弟)를 생략한 구문이다. 〈형제가[兄弟] 원래부터[旣] 화합해왔다[翕]. 그리고[而] 형제는[兄弟] 서로 화락한다[和樂]. 그리고[而] 형제는[兄弟] 또[且] 서로 즐기고 좋아한다[耽]〉 이를 〈형제가[兄弟] 원래부터[旣] 화합해[翕] 서로 화락하면서[和樂] 또한[且] 서로 즐기고 좋아한다[耽]〉로 옮기면 시의(詩意)가 드러난다.

형제기흡(兄弟旣翕)에서 기(旣)는 흡(翕)을 꾸미는 부사 노릇하며 〈다할 진(盡)〉과 같고, 흡(翕)은 〈화합할 합(合)〉과 같다. 화락차탐(和樂且耽)에서 화(和)는 〈즐길 락(樂)〉과 같고, 낙(樂) 또한 여기선 〈즐길 화(和)〉와 같아 즐기고[和] 즐긴다[樂]는 뜻을 중복하여 강조한 말투이다. 차(且)는 조사(助詞)로 〈또 우(又)〉와 같고, 탐(耽)은 〈좋아하고 오래 즐길 담(湛)〉과 같다. 『시경(詩經)』「소아(小雅)」〈상체(常

棣)〉의 시행(詩行)은 〈화락차담(和樂且湛)〉으로 되어 있고, 「소아(小雅)」〈녹명(鹿鳴)〉에서도 〈화락차담(和樂且湛)〉이란 시행(詩行)이 보인다.

【풀이(繹)】

형제기흡(兄弟旣翕) 화락차탐(和樂且耽)은 『시경(詩經)』「소아(小雅)」에 나오는 〈상체(常棣)〉의 7장(章) 3~4행(行)이다. 형제기흡(兄弟旣翕)에서 흡(翕) 역시 군자지도(君子之道)를 지(知)·행(行)함에 소선(所先) 즉 먼저 할[先] 바[所]를 뜻하는 행원필자이(行遠必自邇)의 이(邇)와 등고필자비(登高必自卑)의 비(卑)를 나타낸다.

여기서 형제(兄弟)의 흡(翕) 또한 군자지도(君子之道)의 소선(所先)인 수신(修身)으로부터 비롯되는 제가(齊家)를 살펴 새기고 헤아려 가늠하게 한다. 형제(兄弟)의 흡(翕) 즉 화합(和合)은 제가(齊家)가 이루어졌음을 가늠하게 한다. 제가(齊家)는 가장(家長)이 격물치지(格物致知)를 게을리하지 말아야 이룩되는 가장(家長)의 의성(意誠)으로 가능한 것이다. 의성(意誠)해야 정심(正心)하고, 심정(心正)해야 수신(修身)하며, 수신(修身)해야 제가(齊家)를 이룰 수 있다. 이처럼 제가(齊家)하자면 중용지도(中庸之道)의 지(知)·행(行)으로 수기(修己) 즉 수신(修身)을 맨 먼저 해야 한다.

행원필자이(行遠必自邇)의 이(邇)와 등고필자비(登高必自卑)의 비(卑)에 비유(譬喩)한 군자지도(君子之道)의 소선(所先)의 시(始)는 수기(修己)가 된다. 이러한 수기(修己)로부터 제가(齊家)로 이어지니, 제가(齊家)는 수기(修己)의 소후(所後) 즉 종(終)이다. 이러한 제가(齊家)로부터 치국(治國)으로 이어지니 치국(治國)은 제가(齊家)의 소후(所後)인 종(終)이며, 치국(治國)은 평천하(平天下)로 이어지니 평천하(平天下)는 치국(治國)의 소후(所後)인 종(終) 즉 결과[終]이다. 그러므로 군자지도(君子之道)의 소선(所先)인 수기(修己)를 잠시도 게을리하지 않으려면 군자지도(君子之道)의 소선(所先)인 시(始)가 수기(修己) 즉 수신(修身)을 지성으로 다해야 함을 살펴 새기고 헤아려 가늠하게 하고자 〈형제기흡(兄弟旣翕) 화락차탐(和樂且耽)〉이라는 시행(詩行)을 인용(引用)한 것이다.

宜爾室家(의이실가) 樂爾妻帑(낙이처노)

▶너의[爾] 집안을[室家] 마땅히 하여[宜] 너의[爾] 처자식을[妻孥] 즐겁게 한다[樂].

마땅할 의(宜), 너의 이(爾), 방 실(室), 집 가(家), 즐거워할 락(樂), 아내 처(妻), 자식 노(帑)

【읽기(讀)】

의이실가(宜爾室家) 낙이처노(樂爾妻帑) 역시 시행(詩行)이어서 4자(字)로 나누어놓은 시구(詩句)이지만, 〈여의이실가(汝宜爾室家) 이여낙이처노(而汝樂爾妻帑)〉에서 문맥(文脈)으로 보충할 수 있는 여(汝)를 생략한 구문이다. 〈네가[汝] 너의[爾] 집안을[室家] 마땅히 한다[宜]. 그래서[而] 너는[汝] 너의[爾] 처자식을[妻帑] 즐겁게 한다[樂]〉 이를 〈너의[爾] 집안을[室家] 마땅히 해서[宜] 너의[爾] 처자식을[妻帑] 즐겁게 한다[樂]〉고 옮기면 시의(詩意)가 드러난다.

의이실가(宜爾室家)에서 의(宜)는 〈마땅할 당(當)〉과 같고, 이(爾)는 여기선 소유격으로 〈너의 이(爾)〉 노릇하고, 실가(室家)는 가내(家內) 즉 집안[家內]과 같은 말이다. 낙이처노(樂爾妻帑)에서 낙(樂)은 〈즐길 화(和)〉와 같고, 처노(妻帑)와 처자식(妻子息)은 같은 말이다.

【풀이(繹)】

의이실가(宜爾室家) 낙이처노(樂爾妻帑)는 『시경(詩經)』 「소아(小雅)」에 나오는 〈상체(常棣)〉의 8장(章) 1~2행(行)이다. 의이실가(宜爾室家) 낙이처노(樂爾妻帑)에서 의(宜)와 낙(樂) 또한 군자지도(君子之道)를 지(知)·행(行)함에 소선(所先) 즉 먼저 할[先] 바[所]를 뜻하는 행원필자이(行遠必自邇)의 이(邇)와 등고필자비(登高必自卑)의 비(卑)를 나타낸다. 실가(室家)의 의(宜)와 처노(妻帑)의 낙(樂) 역시 군자지도(君子之道)의 소선(所先)인 수신(修身)으로부터 비롯되는 제가(齊家)를 살펴 새기고 헤아려 가늠하게 한다.

집안[室家]의 의(宜)도 친친(親親)의 화합(和合)으로 말미암은 제가(齊家)로 이루어진다. 이러한 실가(室家)의 의(宜) 역시 가장(家長)이 격물치지(格物致知)를 게을리하지 말아야 이룩되는 가장(家長)의 의성(意誠)으로 가능하다. 의성(意誠)해야 정심(正心)하고, 심정(心正)해야 수신(修身)하며, 수신(修身)해야 제가(齊家)를 이룰 수 있고, 제가(齊家)하자면 중용지도(中庸之道)의 지(知) · 행(行)으로 수기(修己) 즉 수신(修身)을 맨 먼저 해야 한다.

이처럼 행원필자이(行遠必自邇)의 이(邇)와 등고필자비(登高必自卑)의 비(卑)에 비유(譬喩)한 군자지도(君子之道)의 소선(所先)의 시(始)는 수기(修己)가 된다. 이러한 수기(修己)로부터 제가(齊家)로 이어지니, 제가(齊家)는 수기(修己)의 소후(所後) 즉 종(終)이다. 그리고 제가(齊家)로부터 치국(治國)으로 이어지니 치국(治國)은 제가(齊家)의 소후(所後)인 종(終)이며, 치국(治國)은 평천하(平天下)로 이어지니 평천하(平天下)는 치국(治國)의 소후(所後)인 종(終) 즉 결과인 것이다. 그러므로 군자지도(君子之道)의 소선(所先)인 수기(修己)를 잠시도 게을리하지 않자면 군자지도(君子之道)의 소선(所先)인 시(始)가 수기(修己) 즉 수신(修身)을 지성으로 다해야 함을 살펴 새기고 헤아려 가늠하게 하고자 〈의이실가(宜爾室家) 낙이처노(樂爾妻帑)〉라는 시행(詩行)을 인용(引用)한 것이다.

【3단락(段落) 전문(全文)】

子曰 父母順矣乎라
자 왈 부 모 순 의 호

공자 가로되 : 부모가 편안하고 즐거운 것이로다!

子曰父母順矣乎(자왈부모순의호)

▶공자[子] 가로되[曰]: 부모가[父母] 편안하고 즐거운 것[順]이로다[矣乎]!

존칭 자(子), 가로 왈(曰), 아버지 부(父), 어머니 모(母),
편안하여 즐거울 순(順), 조사(~이다) 의(矣), 조사(~인가) 호(乎)

【읽기(讀)】

부모순의호(父母順矣乎)는 〈부모순(父母順)〉에 감탄(感歎)의 종결어미 노릇하는 조사(助詞) 의호(矣乎)를 더하여 어조(語調)와 어세(語勢)를 감탄문으로 바꾼 구문이다. 〈부모는[父母] 순하다[順]〉 이를 〈부모는[父母] 순(順)하도다[矣乎]!〉로 말투를 바꾼 셈이다. 부모순의호(父母順矣乎)에서 순(順)은 여기선 〈편안할 안(安) · 즐거울 락(樂)〉을 뜻하는 〈안락할 순(順)〉이다. 그러므로 부모순의호(父母順矣乎)를 부모기안락지의(父母其安樂之矣)로 여기면 부모순의호(父母順矣乎)가 뜻하는 바를 건질 수 있다. 〈어버이[父母] 그분들께서[其] 편안하고 즐거운 것[安樂]이다[矣]〉

【풀이(繹)】

부모순의호(父母順矣乎)는 자왈(子曰) 즉 공자(孔子)의 말씀으로 자사(子思)가 인용(引用)한 것이다. 이 자왈(子曰)은 『논어(論語)』에 나오는 **군자무본(君子務本) 본립이도생(本立而道生) 효제야자(孝弟也者) 기위인지본여(其爲仁之本與)**란 유자(有子)의 말을 상기시킨다. 군자(君子)가 잠시도 쉬지 않고 근본(本)을 애씀[務]이란 수기(修己)로부터 비롯되고, 그 수기(修己)는 맨 먼저 솔성(率性)으로 드러나며, 솔성(率性)은 수도(修道) 즉 중용지도(中庸之道)를 닦음[修]으로 이어지고, 솔성(率性)은 곧 순명(順命) 즉 천명(天命)을 따라 좇음[順]으로 이어짐을 상기(想起)한다면, 부모순의호(父母順矣乎)의 순(順)이 왜 안락(安樂)을 뜻하는지 살펴 새기고 헤아려 가늠할 수 있게 된다.

순명(順命) 즉 천명(天命)의 순종(順從)을 맨 먼저 실행함이 효제(孝弟)이다. 그래서 효제(孝弟)가 군자지도(君子之道)의 소선(所先) 즉 먼저 할[先] 바[所]인 수기(修己)의 시(始)가 되는 것이다. 『시경(詩經)』「소아(小雅)」〈상체(常棣)〉로 노래한 처자호합(妻子好合)의 호합(好合)과 형제기흡(兄弟旣翕)의 기흡(旣翕)은 효제(孝弟)로 말미암아 누리는 화락(和樂)이다. 효제(孝弟)의 화락(和樂)은 곧 행인(行仁)으로 말미암은 중용지도(中庸之道)의 실현(實現)이다. 이러한 실현(實現)에서 부모(父母)가 누리는 안락(安樂)을 한 자(字)로 밝힌 말씀이 〈부모순의호(父母順矣乎)〉의 순(順)이다.

註 "유자왈(有子曰) 기위인야효제(其爲人也孝弟) 이호범상자선의(而好犯上者鮮矣) 불호범상(不好犯上) 이호작란자미지유야(而好作亂者未之有也) 군자무본(君子務本) 본립이도생(本立而道生) 효제야자(孝弟也者) 기위인지본여(其爲仁之本與)." 유자가[有子] 말했다[曰]: 그[其] 사람[人]됨[爲]이란[也] 효제이다[孝弟]. 그래서[而] 윗사람을[上] 범하기를[犯] 좋아하는[好] 사람은[者] 드문 것[鮮]이다[矣]. 윗사람을[上] 범하기를[犯] 좋아하지 않으면서[不好而] 어지러움을[亂] 짓기를[作] 좋아하는[好] 사람[者], 그런 자는[之] 여태껏 없는 것[未有]이다[也]. 군자는[君子] 근본을[本] 애쓴다[務]. 근본이[本] 서면서[立而] 나갈 길이[道] 생긴다[生]. 효제(孝弟)란[也] 것[者] 그것은[其] 어짊의[仁之] 근본이[本] 되는 것[爲]이로다[與].

유자(有子)는 공자(孔子)의 제자로 성(姓)은 유(有)이고 이름은 약(若)이며, 노(魯)나라 사람으로 공자(孔子)보다 13세 연하(年下)였다.

『논어(論語)』「학이(學而)」편(篇) 2장(章)

귀신(鬼神)의 성신(誠信)

네 단락(段落)으로 나누어진 16장(章)은 자왈(子曰)로 시작한다. 군자지도(君子之道)가 중용지도(中庸之道)를 떠날 수 없고 중용지도(中庸之道)가 천명(天命)을 지성(至誠)으로 따르는 것[順]이 귀신(鬼神)의 성신(誠信)임을 살펴 새기고 헤아리게 하고, 그 성신(誠信)이 미지현(微之顯) 즉 무형(無形)의 드러남[顯]임을 깨우치게 하는 장(章)이다.

【1단락(段落) 전문(全文)】

子曰 鬼神之爲德은 其盛矣乎이도다 視之而弗見하고
자왈 귀신지위덕 기성의호 시지이불견

聽之而不聞하되 體物而不可遺이다
청지이불문 체물이불가유

공자께서 가로되 : 귀신의 덕됨 그것은 성대하도다! 그것을 보려 해도 보이지 않고 그것을 들으려 해도 들리지 않지만, (그 귀신이) 온갖 것에 형상의 특성을 이루어주고 {온갖 것은 그 특성(特性)을} 버릴 수 없다.

鬼神之爲德其盛矣乎(귀신지위덕기성의호)

▶ 귀신의[鬼神之] 덕(德)됨[爲] 그것은[其] 성대한 것[盛]이로다[矣乎]!

귀신 귀(鬼), 귀신 신(神), 조사(~의) 지(之), 될 위(爲), 큰 덕(德), 그 기(其), 크나클 성(盛), 조사(~이다) 의(矣), 조사(~인가) 호(乎)

【읽기(讀)】

귀신지위덕기성의호(鬼神之爲德其盛矣乎)는 〈귀신지위덕성의(鬼神之爲德盛矣)〉에서 가주어 노릇하는 기(其)를 더하고, 주부(主部) 노릇하는 귀신지위덕(鬼神之爲德)을 강조하고자 기(其) 앞으로 전치(前置)하고, 감탄어조사 노릇하는 호(乎)를 더하여 어조(語調)와 어세(語勢)를 더한 말투이다. 귀신지위덕기성의호(鬼神之爲德其盛矣乎)에서 성(盛)은 〈크나큰 대(大)〉와 같아 성대(盛大)의 줄임말로 여기면 된다.

【풀이(繹)】

귀신지위덕기성의호(鬼神之爲德其盛矣乎)는 『논어(論語)』에 나오는 **중용지위덕야(中庸之爲德也)**를 상기(想起)시킨다. 여기서 중용(中庸)을 왜 지극한 덕(德)이라 일컫는지 그 까닭을 살펴 새기고 헤아려 가늠해볼 수 있기 때문이다. 중용(中庸)이란 중(中)의 용(庸)이다. 중용(中庸)의 중(中)은 중정(中正)이고, 중정(中正)의 중(中)은 내심(內心)이며, 정(正)은 무사벽(無邪僻) 즉 치우침[邪僻]이 없음[無]이다. 이러한 중정(中正)을 불역(不易) 즉 변함없이[不易] 씀[用]이 용(庸)이다. 그래서 중용(中庸)의 용(庸)은 무사(無私)·무사(無思)한 평상(平常)의 용(用)이다. 그러므로 중용(中庸)은 중정불역지도(中正不易之道)라고 한다. 변함없이[不易] 중정(中正)의 도(道)가 통함[通]이 곧 중용(中庸)의 덕(德)이다.

중용(中庸)의 덕(德)이 지극함은 귀신(鬼神)의 덕(德)을 본받기[法] 때문임을 귀신지위덕(鬼神之爲德)으로 깨우칠 수 있다. 본래 상덕(常德)이란 음양(陰陽)의 교통(交通)을 일컬음이다. 귀신지위덕(鬼神之爲德)의 귀(鬼)는 지기(地氣) 즉 음기(陰氣)가 변화(變化)하게 하는 짓[象]이고, 신(神)은 천기(天氣) 즉 양기(陽氣)가 변화(變化)하게 하는 짓[象]이다. 이러한 귀신(鬼神)을 덕(德)이라 함은 귀신(鬼神)이 곧 음양(陰陽)의 교통(交通)인 까닭이다. 음양(陰陽)의 교통(交通)을 풀이하여 일컫기를 성대(盛大)함이라 한다. 『주역(周易)』「계사전(繫辭傳)」에서도 덕언성(德言盛)이란 말씀이 나온다. 성대(盛大)함이란 곧 천지(天地)가 만물(萬物)을 변화(變化)하게 하는 짓[象]을 찬탄(讚嘆)함이다. 중용(中庸)이 귀신지덕(鬼神之德)의 성대(盛大)함을 본받기[法] 함을 살펴 새기고 헤아려 가늠하여 깨우치게 밝혀둔 말씀이 〈귀신지위덕기성의호(鬼神之爲德其盛矣乎)〉이다.

註 "중용지위덕야(中庸之爲德也) 기지의호(其至矣乎) 민선구의(民鮮久矣)." 중용의[中庸之] 덕(德)이란[也] 그것은[其] 지극한 것[至]이로다[矣乎]! 사람들이[民] {그 도(道)를} 소홀히 한 지[鮮] 오래인 것[久]이다[矣]. 『논어(論語)』「옹야(雍也)」편(篇) 27장(章)

註 "덕언성(德言盛) 예언공(禮言恭) 겸야자치공(謙也者致恭) 이존기위자야(以存其位者也)." 덕은[德] 성대한 것을[盛] 말하고[言], 예는[禮] 공경하는 것을[恭] 말한다[言]. 겸손[謙]이란[也] 것은[者] 공경함에[恭] 이름이다[致]. 그리하여[以] 제[其] 자리를[位] 보존하는[存] 것[者]이다[也]. 『주역(周易)』「십익(十翼) 계사전(繫辭傳) 상(上)」 12단락(段落)

視之而弗見(시지이불견)

▶ (우리가) 그것을[之] 보려 해도[視而] (그것은 우리에게) 보이지 않는다[弗見].

볼 시(視), 그것 지(之), 그러나 이(而), 아닐 불(弗), 보일 견(見)

【읽기(讀)】

시지이불견(視之而弗見)은 〈아시귀신(我視鬼神) 이귀신불견호아(而鬼神不見乎我)〉에서 일반주어 노릇하는 〈우리 아(我)〉와 부사구 노릇하는 호아(乎我)를 생략하고, 귀신(鬼神)을 지(之)로 대신한 구문이다. 〈우리가[我] 귀신을[鬼神] 보려 한다[視]. 그러나[而] 귀신은[鬼神] 우리[我]에게[乎] 보이지 않는다[不見]〉 이를 〈그것을[之] 보려 해도[視而] 보이지 않는다[不見]〉로 줄여놓은 것이다.

시지이불견(視之而不見)에서 시(視)는 〈볼 견(見) · 도(覩)〉 등과 같고, 지(之)는 〈그것 지(之)〉로 귀신(鬼神)을 나타내는 지시대명사 노릇하며, 견(見)은 여기선 수동태(受動態)로 〈보일 견(見)〉으로 새길 수 있다.

【풀이(繹)】

시지이불견(視之而不見)은 『중용(中庸)』 1장(章)에서 살핀 **막현호은(莫見乎隱)**의 은(隱)과 **막현호미(莫顯乎微)**의 미(微)를 되살펴 새기고 헤아려보게 한다. 만물(萬物)이 모두 수명(受命) 즉 천명(天命)을 받아[受] 생사(生死)를 누리지만, 그 천명(天命)이 변화하게 하는 기운(氣運) 즉 힘돌기[氣運]는 드러나지 않고 다만 오로지 상(象) 즉 짓[象]만으로 드러날 뿐이다. 그래서 형상(形象)이란 술어(述語)가 있고, 만물(萬物)을 일컬어 만상(萬象)이라 하는 것이다.

천명(天命)을 줄여 〈도(道)〉라 하고 그 도(道)가 드러남[形]을 일러 〈기(器)〉라 한다. 그러므로 드러나지 않는 천명(天命) · 역(易)의 도(道)를 **형이상자(形而上者)**라 하고, 드러나는 천명(天命) · 역(易)의 짓[象] 즉 기(器)를 **형이하자(形而下者)**라 하며, 형이상자(形而上者)의 도(道)와 형이하자(形而下者)의 기(器)를 둘로 보지 않고 혼이위일(混而爲一) 즉 섞여서[混而] 하나가 되어 있음[爲一]이 만물(萬物)의 만상(萬象)인 것이다. 『노자(老子)』에 나오는 **이(夷) · 희(希) · 미(微)**를 상기(想起)하면서, 천명(天命) · 역(易)의 형이상자(形而上者) 즉 도(道)와 형이하자(形而下者)인 기(器)를 살펴 새기고 헤아려 가늠해 중용(中庸)의 지덕(至德)을 깨우치게 하는 말씀이 〈시지이불견(視之而不見)〉이다.

註 "막현호은(莫見乎隱) 막현호미(莫顯乎微)." 은미한 것[隱]보다 더 잘[乎] 드러나는 것은[見] 없고[莫], 미세한 것[微]보다 더[乎] 잘 드러나는 것은[顯] 없다[莫]. 『중용(中庸)』 1장(章)

註 "건곤기역지온야(乾坤其易之蘊也) 건곤성렬이역립호기중의(乾坤成列而易立乎其中矣) 건곤훼즉무이견역(乾坤毁則無以見易) 역불가견(易不可見) 즉건곤혹기호식의(則乾坤或幾乎息矣) 시고(是故) 형이상자위지도(形而上者謂之道) 형이하자위지기(形而下者謂之器)." 건과[乾] 곤[坤] 그것은[其] 역(易)의[之] 쌓음이[蘊] 아닌가[也]. 건과[乾] 곤이[坤] 열을[列] 이루면서[成而] 그 이룸의[其] 안[中]에서[乎] 역이[易] 베풀어지는 것[立]이다[矣]. 건과[乾] 곤이[坤] 허물어지면[毁] 바로[則] 그로써[以] 역을[易] 살필 수[見] 없다[無]. 역을[易] 살필[見] 수 없다면[不可] 바로[則] 건과[乾] 곤은[坤] 그만[或] (변화를) 그치고[息乎] 마는 것[幾]이다[矣]. 이렇기[是] 때문에[故] 몸으로 드러나지 않는[形而上] 것[者] 그것을[之] 도리라[道] 하고[謂], 몸으로 드러나는[形而下] 것[者] 그것을[之] 기구라[器] 한다[謂]. 『주역(周易)』 「십익(十翼) 계사전(繫辭傳) 상(上)」 19단락(段落)

註 "시지불견명왈이(視之不見名曰夷) 청지불문명왈희(聽之不聞名曰希) 박지부득명왈미(搏

之不得名曰微) 차삼자불가치힐(此三者不可致詰) 고(故) 혼이위일(混而爲一) 기상불교(其上不皦) 기하불매(其下不昧) 승승불가명(繩繩不可名) 복귀어무물(復歸於無物) 시위무상지상(是謂無狀之狀) 무상지상(無象之象) 시위황홀(是謂恍惚).” 그것을[之] 보려 해도[視] 보이지 않음을[不見] 일컬어[名] 색깔 없음이라[夷] 하고[曰], 그것을[之] 들으려도[聽] 들리지 않음을[不聞] 일컬어[名] 소리 없음이라[希] 하며[曰], 그것을[之] 잡으려도[搏] 잡히지 않음을[不得] 일컬어[名] 모습 없음이라[微] 한다[曰]. 이[此] 세[三] 가지를[者] 따져 묻기를[詰] 아무리 해도 다할[致] 수 없다[不可]. 그러므로[故] (이 셋은) 섞이지만[混而] (셋으로 나뉘지 않고) 하나가[一] 된다[爲]. 그[其] 위는[上] 밝지 않고[不皦], 그[其] 아래는[下] 어둡지 않다[不昧]. (그 위아래는) 줄줄이 이어져 있구나[繩繩]! (그 줄줄이 이어짐을) 이름 지을[名] 수 없다[不可]. 없는 것[無物]으로[於] 되돌아옴[復歸] 이것을[是] 꼴이[狀] 없는[無之] 꼴이고[狀] 짓이[象] 없는[無之] 짓[象]이라 한다[謂]. 이를[是] 황홀이라[恍惚] 한다[謂].

기상불교(其上不皦)의 무물(無物)은 형이상자(形而上者)의 도(道)를 말하고, 상(上)은 형이상자(形而上者)를 떠올리면 되며, 기하불매(其下不昧)의 하(下)는 형이하자(形而下者)를 상기하면 된다. 황홀(恍惚)의 황(恍)은 있으나 없는 듯함[恍]이고, 홀(惚)은 있으나 없는 듯함[惚]이다.

『노자(老子)』 14장(章)

聽之而不聞(청지이불문)

▶ (우리가) 그것을[之] 들으려 해도[聽而] (그것은 우리에게) 들리지 않는다[不聞].

들을 청(聽), 그것 지(之), 그러나 이(而), 아닐 불(不), 들릴 문(聞)

【읽기(讀)】

청지이불문(聽之而不聞)은 〈아청귀신(我聽鬼神) 이귀신불문어아(而鬼神不聞於我)〉에서 〈우리 아(我)〉를 생략하고, 귀신(鬼神)을 지(之)로 대신하고, 부사구 노릇하는 어아(於我)를 생략한 구문이다. 〈우리가[我] 귀신을[鬼神] 귀로 들으려 한다[視]. 그러나[而] 귀신은[鬼神] 우리[我]에게[於] 들리지 않는다[不聞]〉 이를 〈그것을[之] 들으려 해도[聽而] 들리지 않는다[不聞]〉로 줄여놓은 것이다.

청지이불문(聽之而不聞)에서 청(聽)은 〈들을 문(聞)〉과 같고, 지(之)는 〈그것 지(之)〉로 귀신(鬼神)을 나타내는 지시대명사 노릇하며, 문(聞)은 여기서 수동태(受動態)로 〈들릴 문(聞)〉으로 새기면 된다.

【풀이(繹)】

청지이불문(聽之而不聞) 역시 『중용(中庸)』 1장(章)에서 살핀 〈막현호은(莫見乎隱)〉의 은(隱)과 〈막현호미(莫顯乎微)〉의 미(微)를 되살펴 새기고 헤아려보게 한다. 만물(萬物)이 모두 수명(受命) 즉 천명(天命)을 받아[受] 생사(生死)를 누리게 되지만, 그 천명(天命)이 변화하게 하는 기운(氣運) 즉 힘돌기[氣運]는 드러나지 않고 다만 오로지 상(象) 즉 짓[象]만으로 드러날 뿐이다. 그래서 드러나지 않는 천명(天命) · 역(易)의 도(道)를 형이상자(形而上者)라 하고, 드러나는 천명(天命) · 역(易)의 짓[象] 즉 기(器)를 형이하자(形而下者)라 하며, 형이상자(形而上者)의 도(道)와 형이하자(形而下者)의 기(器)를 둘로 보지 않고 혼이위일(混而爲一) 즉 섞여서[混而] 하나가 되어 있음[爲一]이 만물(萬物)의 만상(萬象)이다. 여기서도 『노자(老子)』에 나오는 이(夷) · 희(希) · 미(微)를 상기(想起)시켜 천명(天命) · 역(易)의 형이상자(形而上者) 즉 도(道)와 형이하자(形而下者)인 기(器)를 살펴 새기고 헤아려 가늠해 중용(中庸)의 지덕(至德)을 깨우치게 하는 말씀이 〈청지이불문(聽之而不聞)〉이다.

體物而不可遺 (체물이불가유)

▶{그 귀신(鬼神)이} 온갖 것의[物] 형상(形象)을 이루어주고[體而], {온갖 것[萬物]은 그 형상(形象)을} 버릴[遺] 수 없다[不可].

몸을 이루어줄 체(體), 온갖 것 물(物), 그리고 이(而), 아니 불(不), 가할 가(可), 버릴 유(遺)

【읽기(讀)】

체물이불가유(體物而不可遺)는 〈귀신체물(鬼神體物) 이물불가유기체(而物不可遺其體)〉에서 타동사 노릇하는 체(體)의 주어 노릇할 귀신(鬼神)과 유(遺)의 주어 노릇할 물(物)과 목적어 노릇할 기체(其體)을 생략한 구문이다. 〈귀신이[鬼神] 온갖 것의[物] 형상을 이루어준다[體]. 그리고[而] 온갖 것은[物] 그[其] 형상을[體] 버릴[遺] 수 없다[不可]〉 이를 〈온갖 것의[物] 형상을 이루어주고[體而] 버릴[遺] 수 없다[不可]〉로 줄여놓은 것이다.

체무이불가유(體物而不可遺)에서 체(體)는 〈몸을 이루어줄 체(體)〉로 동사 노릇하지만 체물(體物)을 성물지체(成物之體) 즉 〈온갖 것의[物之] 몸을[體] 이루어준다[成]〉로 여기면 되고, 유(遺)는 〈버릴 기(棄)〉와 같아 유기(遺棄)의 줄임말로 새기면 된다.

【풀이(繹)】

체물이불가유(體物而不可遺)는 앞서 살핀 귀신지위덕(鬼神之爲德)의 덕(德)을 살펴 새기고 헤아려 깨우치게 하여 귀신(鬼神)의 체물(體物)이 곧 귀신(鬼神)의 덕(德)임을 가늠할 수 있다. 이러한 귀신(鬼神)의 덕(德)은 『주역(周易)』「십익(十翼) 계사전(繫辭傳) 상(上)」에 나오는 **행귀신(行鬼神)**을 상기(想起)시킨다. 물론 행귀신(行鬼神)의 행(行)은 왕래(往來)의 뜻을 지닌다. 귀(鬼)는 굽혀[屈] 가기도[往] 하고 오기도[來] 하는 지기(地氣) 즉 음기(陰氣)의 짓[行]이고, 신(神)은 펼쳐[伸] 왕래(往來)하는 천기(天氣) 즉 양기(陽氣)의 짓[行]이다. 이러한 귀신(鬼神)의 행(行)으로 성변화(成變化) 즉 변화(變化)를 이루어내는 것이 곧 귀신(鬼神)의 체물(體物)이다. 귀신(鬼神)의 체물(體物)을 수명(受命)으로 보아도 된다. 온갖 것이 저마다 형상(形象)을 누림이 곧 천명(天命)을 품수(稟受)함이기 때문이다. 귀신(鬼神)의 체물(體物)로 생사(生死)를 누리는 온갖 것 즉 만물(萬物)이 곧 도기(道器)를 하나 되게(爲一) 하는 무상지상(無狀之狀)·무상지상(無象之象)이고, 따라서 삼라만상(森羅萬象)이 곧 황홀(恍惚)함을 살펴 새기고 헤아려 가늠해 중용(中庸)의 지덕(至德)을 깨우치게 하는 말씀이 또한 〈체물이불가유(體物而不可遺)〉이다.

註 "범천지지수오십유오(凡天地之數五十有五) 차소이성변화이행귀신야(此所以成變化而行鬼神也)." 무릇[凡] 천지(天地)의[之] 수(數) 55는[五十有五] 이것을[此] 써서[以] 변하여[變] 새로됨을[化] 이루고[成] 변화하게 하는 기운을[鬼神] 행하는[行] 것[所]이다[也].

『주역(周易)』「십익(十翼) 계사전(繫辭傳) 상(上)」 16단락(段落)

【2단락(段落) 전문(全文)】

使天下之人으로 齋明盛服하여 以承祭祀하고 洋洋乎如在其上하여 如在其左右이다
사천하지인 재명성복 이승제사 양양호여 재기상 여재기좌우

{귀신(鬼神)은} 온 세상의 사람들로 하여금 재계하여 밝고 깨끗이 하고, 복식을 엄히 갖추어 차려입게 하고, 그리하여 제사를 받들게 한다. {신(神)은 바람이} 그득히 넘쳐나 흐르는 듯하구나! {신(神)은} 그 위에 있는 듯하고, {귀(鬼)는 물이 그득히 넘쳐나 흐르는 듯하구나!} 그 좌우에 있는 듯하다.

使天下之人齋明盛服以承祭祀(사천하지인재명성복이승제사)

▶{귀신(鬼神)은} 온 세상의[天下之] 사람들로[人] 하여금[使] 심신을 깨끗이 하고[齋明] 복식을[服] 엄히 갖추어 입고[盛]서[以] 제사를[祭祀] 받들게 한다[承].

하여금 사(使), 가지런히 할 재(齋), 밝고 깨끗할 명(明), 갖추게 할 성(盛), 옷가지 복(服)

【읽기(讀)】

사천하지인재명성복이승제사(使天下之人齋明盛服以承祭祀)는 〈귀신사천하지인승제사이재명성복(鬼神使天下之人承祭祀以齋明盛服)〉에서 주부(主部) 노릇하는 귀신(鬼神)을 생략하고, 승(承)을 꾸며주는 부사구 노릇하는 이재명성복(以齋明盛服)의 재명성복(齋明盛服)을 강조하고자 재명성복이(齋明盛服以)로 도치(倒置)시켜 전치(前置)한 구문이다. 말하자면 사천하지인재명성복이승제사(使天下之人齋明盛服以承祭祀)를 〈A사(使)B위(爲)C〉의 상용구문으로 문맥(文脈)을 잡으면 된다. 〈A는 B로 하여금[使] C를 하게 한다[爲]〉

사천하지인재명성복이승제사(使天下之人齋明盛服以承祭祀)에서 사(使)는 사역

동사 노릇하고, 천하지인(天下之人)은 사(使)의 목적구 노릇하며, 승(承)은 목적보어 노릇하고, 재명성복이(齋明盛服以)는 승(承)을 꾸미는 부사구 노릇한다고 문맥(文脈)을 잡으면 된다. 그러면 다음처럼 옮길 수 있다. 〈{귀신(鬼神)은} 온 세상의[天下之] 사람들로[人] 하여금[使] 심신을 깨끗이 하고[齋明] 복식을[服] 엄히 갖추어 입고[盛]서[以] 제사를[祭祀] 받들게 한다[承]〉

사천하지인재명성복(使天下之人齋明盛服)에서 사(使)는 〈하여금 령(令)〉과 같고, 재(齋)는 〈가지런히 할 정(整)〉과 같아 정재(整齋)의 줄임말로 여기면 되고, 명(明)은 여기선 〈깨끗할 결(潔)〉과 같아 명결(明潔)의 줄임말로, 성(盛)은 〈가지런히 할 정(整)〉과 같아 성정(盛整)의 줄임말로, 복(服)은 복식(服飾)의 줄임말로 새기면 된다.

이승제사(以承祭祀)에서 이(以)는 여기선 〈써 용(用)〉과 같고, 제(祭)는 지지(地祇) 즉 지신(地神)을 일컫고[稱], 사(祀)는 천신(天神)을 칭(稱)한다.

【풀이(繹)】

사천하지인재명성복이승제사(使天下之人齋明盛服以承祭祀)는 『논어(論語)』에 나오는 **외천명(畏天命)**을 상기(想起)시킨다. 귀신(鬼神)의 행(行)이 사람들로 하여금 재명(齋明)하게 하고 성복(盛服)해서[以] 제사(祭祀)를 받들게[承] 함은 천명(天命)을 두려워하게[畏] 함이다. 재명(齋明)은 재계(齋戒)함이니, 심신(心身)을 가지런하게[齋] 하여 밝고 깨끗이[明] 하며 하늘[天]의 시킴[命]을 받들어 좇아 두려워함[畏]이 곧 심신을 삼가 깨끗이 하고[齋明] 엄정하게 제복(祭服)을 갖추어 입고[盛服] 천신(天神)을 받들어[承] 모시고[祀] 지신(地神)을 받들어[承] 모심[祭]이다. 이것이 곧 천명(天命)을 외(畏)함이다.

제사(祭祀)의 제(祭)는 지지(地祇) 즉 지신(地神)과 인귀(人鬼)를 받듦[承]이고, 사(祀)는 천신(天神)을 받듦[承]이다. 승제사(承祭祀)를 위하여 성인(聖人)이 예악(禮樂)을 만들었다[作]. 『예기(禮記)』「악기(樂記)」편(篇)에 나오는 **돈화솔신이종천(敦和率神而從天)**을 상기(想起)한다면 승사(承祀)를 살펴 새기고 헤아려 가늠할 수 있고, **별의거귀이종지(別宜居鬼而從地)**를 떠올린다면 승제(承祭)를 관완(觀玩)·의단(擬斷)할 수 있다. 그러므로 군자(君子)가 군자지도(君子之道)를 따라 좇아 지성(至誠)으로 중용지도(中庸之道)를 지(知)·행(行)함은 천명(天命)을 외(畏)함으로부터 비롯되는 천명(天命)을 받들어[承] 본받기[法]임을 살펴 새기고 헤아려 깨우치게 하는 말씀이 〈사천하지인재명성복이승제사(使天下之人齋明盛服以承祭祀)〉이다.

註 "공자왈(孔子曰) 군자유삼외(君子有三畏) 외천명(畏天命) 외대인(畏大人) 외성인지언(畏聖人之言) 소인부지천명이불외야(小人不知天命而不畏也) 압대인(狎大人) 모성인지언(侮聖人之言)." 공자께서[孔子] 가로되[曰]: 군자한테는[君子] 세 가지[三] 두려워함이[畏] 있다[有]. 천명을[天命] 두려워하고[畏], 대인을[大人] 두려워하며[畏], 성인의[聖人之] 말씀을[言] 두려워한다[畏]. 소인은[小人] 천명을[天命] 몰라서[不知而] (천명을) 두려워하지 않는 것[不畏]이고[也], 대인을[大人] 얕보고[狎] 성인의[聖人之] 말씀을[言] 업신여긴다[侮].

대인(大人)은 성인(聖人)을 말한다. 『논어(論語)』「계씨(季氏)」편(篇) 8장(章)

註 "춘작하장인야(春作夏長仁也) 추렴동장의야(秋斂冬藏義也) 인근어악(仁近於樂) 의근어례(義近於禮) 악자돈화솔신이종천(樂者敦和率神而從天) 예자별의거귀이종지(禮者別宜居鬼而從地) 고(故) 성인작악이응천(聖人作樂以應天) 제례이배지(制禮以配地) 예악명비(禮樂明備) 천지관의(天地官矣)." 봄에는[春] 싹트게 하여[作] 여름에[夏] 자라게 함은[長] 인(仁)이고[也], 가을에는[秋] 거두어들여[斂] 겨울에[冬] 간직하게 함은[藏] 의(義)이다[也]. 어짊은[仁] 악에[於樂] 가깝고[近], 옳음은[義] 예에[於禮] 가깝다[近]. 악이란[樂] 것은[者] {천지(天地)의} 어울림을[和] 도탑게 하고[敦] 하늘이 변화하게 하는 짓을[神] 우러러 좇아서[率而] 하늘을[天] 따름이고[從], 예란[禮] 것은[者] {천지(天地)의} 마땅함을[宜] 가름하고[別] 땅이 변화하게 하는 짓을[鬼] 엎드려 좇아서[居而] 땅을[地] 따름이다[從]. 그러므로[故] 성인은[聖人] 하늘을[天] 따름을[應] 써서[以] 악을[樂] 지었고[作], 땅을[地] 짝함을[配] 써서[以] 예를[禮] 지어[制], 예악이[禮樂] 밝게[明] 갖추어지고[備], 천지가[天地] 지극히 공평한 것[官]이다[矣].

솔신(率神)의 솔(率)은 앙천(仰天)하여 따름[順]이고 신(神)은 양기(陽氣)의 짓을 뜻하며, 거귀(居鬼)의 거(居)는 부지(俯地)하여 따름[順]이고 귀(鬼)는 음기(陰氣)의 짓을 뜻한다. 천지관의(天地官矣)의 관(官)은 『중용(中庸)』에 나오는 〈천지위언(天地位焉) 만물육언(萬物育焉)〉의 위(位)·육(育)이 지극히 공평하여 무사(無私)함을 나타낸다. 천지가[天地] 자리를 잡고[位] 온갖 것이[萬物] 자라는 것[育]을 천지(天地)는 공평(公平)하게 하고 무사(無私)하게 한다는 뜻이다.

『예기(禮記)』「악기(樂記)」편(篇) 18단락(段落)

洋洋乎(양양호) 如在其上(여재기상)

▶{신(神)은 바람이} 그득히 넘쳐나 흐르는 듯[洋洋]하구나[乎]! {신(神)은} 그[其] 위에[上] 있는[在] 듯하다[如].

그득 차 넘칠 양(洋), 조사(~듯한) 호(乎), 같을 여(如), 있을 재(在), 그 기(其), 위 상(上)

【읽기(讀)】

양양호(洋洋乎) 여재기상(如在其上)은 〈신양양호(神洋洋乎) 신여재인지상(神如在人之上)〉에서 주어 노릇할 신(神)을 생략하고, 인지상(人之上)을 기상(其上)으로 줄인 구문이다. 〈천신은[神] 그득히 넘쳐나 흐르는 듯[洋洋]하구나[乎]! 신은[神] 인간의[人之] 위에[上] 있는[在] 듯하다[如]〉 이를 〈그득히 넘쳐나 흐르는 듯[洋洋]하구나[乎]! 그[其] 위에[上] 있는[在] 듯하다[如]〉로 줄인 것이다.

양양호(洋洋乎)는 양양지연(洋洋之然)과 같아 양양한[洋洋之] 모습[然]으로 새길 수 있다. 여재기상(如在其上)의 여(如)는 여기선 〈같을 약(若)〉과 같아 여재(如在)는 약재(若在)와 같고, 재(在)는 〈있을 존(存)〉과 같고, 기상(其上)의 상(上)을 천(天)으로 여겨도 된다.

【풀이(繹)】

양양호(洋洋乎) 여재기상(如在其上)에서 양양호(洋洋乎)는 제사(祭祀)의 사(祀) 즉 천신(天神) · 천기(天氣) · 양기(陽氣)를 비유(比喩)하여 찬탄(讚嘆)함이다. 여재기상(如在其上)의 여재(如在)는 귀신(鬼神)의 신(神)을 보려 해도[視而] 보이지 않고[不見] 들으려 해도[聽而] 들리지 않지만[不聞], 인간의 위[上] 즉 하늘에[於天] 있음을 살펴 새기고 헤아려 가늠하게 한다. 『노자(老子)』의 말씀으로 새긴다면 여재(如在) 즉 있는[在] 듯함[在]이란 이(夷) · 희(希) · 미(微)로 있음[在]이다. 군자(君子)는 천명(天命)이 여재(如在)함을 알므로 중용(中庸)을 받들어 행하지만, 소인(小人)은 그 여재(如在)를 몰라 반중용(反中庸) 즉 중용(中庸)을 어겨[反] 천명(天命)을 얕보고 나아가 승사(承祀)의 종천(從天)을 얕보고 업신여김을 살펴 새기고 헤아려 깨우치게 하는 말씀이 〈양양호(洋洋乎) 여재기상(如在其上)〉이다.

如在其左右(여재기좌우)

▶ {귀(鬼)는 물이 그득히 넘쳐나 흐르는 듯하구나!} 그[其] 좌우에[左右] 있는[在] 듯하다[如].

갈을 여(如), 있을 재(在), 그 기(其), 왼쪽 좌(左), 오른쪽 우(右)

【읽기(讀)】

여재기좌우(如在其左右)는 〈귀양양호(鬼洋洋乎) 귀여재인지좌우(鬼如在人之左右)〉에서 주어 노릇할 귀(鬼)를 생략하고, 또한 앞 문맥으로 유추할 수 있는 양양호(洋洋乎)를 생략하고, 인지좌우(人之左右)를 기좌우(其左右)로 줄인 구문이다. 〈귀는[鬼] 흐르는 듯[洋洋]하구나[乎]! 귀는[鬼] 인간의[人之] 좌우에[左右] 있는[在] 듯하다[如]〉 이를 〈그[其] 좌우에[左右] 있는[在] 듯하다[如]〉로 줄인 말투이다.

여재기좌우(如在其左右)의 여(如)는 여기선 〈같을 약(若)〉과 같아 여재(如在)는 약재(若在)와 같고, 재(在)는 〈있을 존(存)〉과 같으며, 기좌우(其左右)의 좌우(左右)를 지(地)로 여기고 새겨도 된다.

【풀이(繹)】

여재기좌우(如在其左右) 역시 양양호(洋洋乎)가 생략되어 있지만, 제사(祭祀)의 제(祭) 즉 지신(地神) · 지기(地氣) · 음기(陰氣)를 비유(比喩)하여 찬탄(讚嘆)하는 말씀이다. 그리고 여재기좌우(如在其左右)의 여재(如在) 또한 귀신(鬼神)의 귀(鬼)를 보려 해도[視而] 보이지 않고[不見] 들으려 해도[聽而] 들리지 않지만[不聞], 인간의 좌우(左右)에 즉 땅에[於地] 있음을 살펴 새기고 헤아려 가늠하게 하는 말씀이다. 물론 여기서도 『노자(老子)』의 말씀으로 새긴다면 여재(如在) 즉 있는[在] 듯함[在]이란 이(夷) · 희(希) · 미(微)로 있음[在]이다. 군자(君子)는 지명(地命)이 여재(如在)함을 알기[知] 때문에 중용(中庸)을 받들어 행하지만, 소인(小人)은 그 여재(如在)를 알지 못하기 때문에 반중용(反中庸) 즉 중용(中庸)을 어겨[反] 지명(地命)을 얕보고, 나아가 승제(承祭)의 종지(從地)를 얕보고 업신여김을 살펴 새기고 헤아려 깨우치게 하는 말씀이 〈여재기좌우(如在其左右)〉이다.

【3단락(段落) 전문(全文)】

詩曰 神之格思를 不可度思어늘 矧可射思아
시 왈 신 지 격 사 불 가 탁 사 신 가 역 사

『시경(詩經)』이 이르되: 신의 강림을 헤아릴 수 없거늘 하물며 싫어할 수 있겠는가.

詩曰(시왈) 神之格思(신지격사) 不可度思(불가탁사) 矧可射思(신가역사)

▶『시경(詩經)』이[詩] 이르되[曰]: 신의[神之] 강림을[格思] 헤아릴[度] 수 없거늘[不可思] 하물며[矧] 싫어할[射] 수 있겠는가[可思].

시경 시(詩), 가로 왈(曰), 귀신 신(神), 조사(~의) 지(之), 올 격(格), 조사 사(思), 헤아릴 탁(度), 하물며 신(矧), 싫어할 역(射)

【읽기(讀)】

시왈(詩曰)의 시(詩)는 『시경(詩經)』「대아(大雅) 탕지습(湯之什)」에 들어 있는 〈억(抑)〉을 말한다. 왈(曰)은 〈이를 운(云)〉과 같다. 그러므로 시왈(詩曰)은 시운(詩云)과 같다. 〈시경(詩經)의 시가[詩] 이르기를[云]〉이라고 옮기면[譯] 될 것이다.

신지격사(神之格思) 불가탁사(不可度思) 신가역사(矧可射思)는 시행(詩行)으로, 4자(四字)로 나누어놓은 시구(詩句)이다. 사(思)는 어조사(語助詞) 노릇할 뿐 아무런 뜻이 없으며, 〈불가탁신지격(不可度神之格) 신아가역신지격(矧我可射神之格)〉으로 새기면 시의(詩意)가 드러난다.

먼저 신지격사(神之格思) 불가탁사(不可度思)에서 어조사(語助詞) 노릇하는 사(思)를 제하고 〈신지격(神之格) 불가탁(不可度)〉으로 바꾼 것을 〈불가탁신지격(不可度神之格)〉에서 탁(度)의 목적구 노릇하는 신지격(神之格)을 강조하고자 전치(前置)한 말투로 보고 〈신의[神之] 내림을[格] 헤아릴[度] 수 없다[不可]〉고 옮기면 된다. 신지격사(神之格思)에서 격(格)은 〈올 래(來)〉와 같아 여기선 강림(降臨)의 뜻으로 새기면 되고, 불가탁사(不可度思)에서 탁(度)은 〈헤아릴 의(擬)〉와 같아 의 탁(擬度)의 줄임말로 여기면 된다.

신가역사(矧可射思)는 뜻 없는 어조사 사(思)를 제하고, 〈신아가역신지격(矧我可射神之格)〉에서 역(射)의 주어 노릇할 아(我)와 역(射)의 목적구 노릇할 신지격(神之格)을 생략한 구문이다. 〈하물며[矧] 우리가[我] 신의[神之] 내림을[格] 싫어할[射] 수 있겠나[可]?〉 신가역사(矧可射思)에서 신(矧)은 〈하물며 황(況)〉과 같고, 역(射)은 〈싫어할 염(厭)〉과 같다.

【풀이(繹)】

신지격사(神之格思) 불가탁사(不可度思) 신가역사(矧可射思)는『시경(詩經)』「대아(大雅)」에 나오는 〈억(抑)〉의 7장(章) 8~10행(行)이다. 억(抑)은 빈틈없음을 뜻하고, 〈억억(抑抑)〉이라 하여 빈틈없음을 강조하기도 한다. 〈억(抑)〉이란 시(詩)는 1장(章)이 10행(行)인 모두 12장(章)으로 되어 있는 장시(長詩)이며, 스스로를 깨우치기 위한 시(詩)로 알려져 있다.

신지격(神之格)은 앞서 살핀 〈여재기상(如在其上) 여재기좌우(如在其左右)〉가 뜻하는 바를 다시금 살펴 새기고 헤아려 가늠하게 하고, 불가탁신지격(不可度神之格) 즉 신의[神] 강림[格]을 헤아릴 수 없음[不可度]은 이(夷)·희(希)·미(微)의 귀신(鬼神)은 불가치힐(不可致詰) 즉 따져 묻기를[詰] 아무리 해도 다할[致] 수 없는[不可] 형이상자(形而上者)임을 거듭 밝힌 말씀이다. 신지격(神之格)을 헤아릴 수 없다고 하여 싫어할[射] 수 없음이란 신의[神之] 강림[格]이 곧 불가수유리(不可須臾離) 즉 잠시도[須臾] 떠날 수 없는[不可離] 도(道)와 다름 아닌 것이기 때문이다. 물론 중용지도(中庸之道) 역시 신지격(神之格)을 본받기[法]이다. 왜냐하면 중용(中庸)의 도(道)란 종천(從天) · 종지(從地)로 말미암은 중정(中正) · 중화(中和)의 이치이고 가르침이기 때문이다. 이러한 중용지도(中庸之道)를 잠시도 멀리하지 않고 삼가 정성껏 행함이 곧 군자지도(君子之道)이다. 신지격(神之格)을 싫어할 수 없음[不可射]이란 곧 천명(天命)을 두려워하면서[畏] 중용지도(中庸之道)를 지성으로 행해야 하는 까닭임을 스스로 살펴 새기고 헤아려 깨우치게 하고자「대아(大雅)」〈억(抑)〉의 시구(詩句)를 인용한 것이다.

註 "시이우군자(視爾友君子) / 즙유이안(輯柔爾顔) / 불하유건(不遐有愆) / 상재이실(相在爾

室) / 상불괴우옥루(尙不愧于屋漏) / 무일불현(無日不顯) / 막여운구(莫予云覯) / 신지격사(神之格思) / 불가탁사(不可度思) / 신가역사(矧可射思).” 그대와[爾] 벗[友] 군자에게[君子] 알리니[視], 그대[爾] 안색을[顔] 온화하고[輯] 부드럽게 하면[柔] 허물[愆] 있음에[有] 멀지 않으랴[不遐]. 그대의[爾] 방에[室] 있음을[在] 보니[相] 또한[尙] 방 윗구석[屋漏]에도[于] 부끄럽지 않네[不愧]. 어두우니[無日] 드러나지 않아[不顯] 그냥[云] 나를[予] 바라봄이[覯] 없겠는가[莫]. 천지신의[神之] 강림을[格思] 헤아릴[度] 수 없거늘[不可思], 하물며[矧] 싫어할[射] 수 있겠는가[可思].

시(視)는 여기선 〈보여줄 시(示) · 알릴 고(告)〉 등과 같고, 즙(輯)은 〈어울릴 화(和)〉와 같고, 상(相)은 〈볼 시(視)〉와 같으며, 상(尙)은 여기선 〈또 역(亦)〉과 같고, 막여운구(莫予云覯)에서 운(云)은 어조(語調)를 위해 넣어둔 조사(助詞)이니 막구여(莫覯予)로 여기고 〈나를[予] 바라봄이[覯] 없다[莫]〉고 새기면 된다. 격사(格思) · 탁사(度思) · 역사(射思)에서 사(思)는 뜻 없는 조사(助詞) 노릇하고, 〈내릴 격(格) · 헤아릴 탁(度) · 싫어할 역(射)〉의 의미이다.

『시경(詩經)』「대아(大雅) 탕지습(蕩之什)」〈억(抑)〉 7장(章)

註 “시지불견명왈이(視之不見名曰夷) 청지불문명왈희(聽之不聞名曰希) 박지부득명왈미(搏之不得名曰微) 차삼자불가치힐(此三者不可致詰).” 그것을[之] 보려 해도[視] 보이지 않음을[不見] 일컬어[名] 색깔 없음이라[夷] 하고[曰], 그것을[之] 들으려도[聽] 들리지 않음을[不聞] 일컬어[名] 소리 없음이라[希] 하며[曰], 그것을[之] 잡으려도[搏] 잡히지 않음을[不得] 일컬어[名] 모습 없음이라[微] 한다[曰]. 이[此] 세[三] 가지를[者] 따져 묻기를[詰] 아무리 해도 다할[致] 수 없다[不可].

『노자(老子)』 14장(章)

【4단락(段落) 전문(全文)】

夫微之顯이니 誠之不可揜이 如此夫인저
부미지현 성지불가엄 여차부

무릇 무형의 드러남인 귀신의 성신을 가릴 수 없음은 이와 같음이로다!

夫微之顯(부미지현) 誠之不可揜(성지불가엄) 如此夫(여차부)

▶ 무릇[夫] 무형의[微之] 드러남인[顯] 귀신의 성신을[誠之] 가릴[揜] 수 없음은[不可] 이와[此] 같음[如]이로다[夫]!

무릇 부(夫), 무형(無形) 미(微), 조사(~의) 지(之), 드러날 현(顯), 정성 성(誠), 조사(~을) 지(之), 가릴 엄(揜), 같을 여(如), 이 차(此), 감탄조사(~이로다) 부(夫)

【읽기(讀)】

부미지현(夫微之顯) 성지불가엄(誠之不可揜) 여차부(如此夫)에서 부미지현(夫微之顯)은 성지불가엄(誠之不可揜)의 성(誠)과 동격(同格)이기 때문에 〈불가엄성(不可揜誠)〉에서 엄(揜)의 목적어 노릇하는 성(誠)을 성지(誠之)로 하여 전치(前置)한 말투이다. 성지불가엄(誠之不可揜)은 여(如)의 주부(主部) 노릇해 〈A여(如)B〉 즉 〈A는 B와 같다[如]〉는 상용구문을 상기하면 부미지현(夫微之顯) 성지불가엄(誠之不可揜) 여차부(如此夫)의 문맥(文脈)이 잡힐 것이다.

부미지현(夫微之顯)에서 부(夫)는 〈무릇 범(凡)〉과 같고, 미(微)는 〈드러나지 않을 은(隱)〉과 같아 은미(隱微)의 줄임말로 여기면 되고, 현(顯)은 〈드러날 현(現)〉과 같다. 성지불가엄(誠之不可揜)에서 성(誠)은 여기선 귀신지행(鬼神之行)을 뜻하는 귀신(鬼神)의 성신(誠信)으로 보면 되고, 엄(揜)은 〈덮어 숨길 폐(蔽)〉와 같아 엄폐(揜蔽)의 줄임말로 여기면 되며, 여차부(如此夫)에서 여(如)는 〈같을 약(若)〉과 같고, 부(夫)는 구문 끝에 붙어 감탄어조사 노릇한다.

【풀이(繹)】

성지불가엄(誠之不可揜) 즉 〈성(誠)을 엄(揜)할 수 없음[不可]〉은 인간이 성(誠)을 덮어 숨길[揜] 수 없음이다. 엄(揜) 즉 손으로 가림[揜]이란 인간이 짓고 범하는 은폐(隱蔽)를 말한다. 천지(天地)는 무엇 하나 은폐(陰蔽)하지 않는다. 무사(無私) · 무사(無邪) · 무욕(無欲)한 천지(天地)는 무기물(無棄物) 즉 무엇 하나[物] 버리지[棄] 않고[無] 성신(誠信)한다. 천지(天地)의 성신(誠信)은 귀신(鬼神)의 작용(作用)이다. 말하자면 선(善)하면 복(福)을 내리고, 불선(不善)하면 화(禍)를 내림이 귀신(鬼神)의 성신(誠信)이다. 귀(鬼)는 지기(地氣) · 음기(陰氣)로 돌이켜 돌아감이고, 신(神)은 천기(天氣) · 양기(陽氣)로서 펼쳐 일으킴이니, 음양(陰陽)의 양능(良能)이다. 여기서 양능(良能)이란 선(善)의 능력(能力)을 말한다. 일음일양(一陰一陽)의 역지도(易之道)를 계승(繼承)함이 선(善)의 능력(能力)이고, 나아가 귀신(鬼

神)의 능력(能力)이 된다. 이러한 귀신(鬼神)의 능력(能力)을 〈성지불가엄(誠之不可揜)〉이라고 한 것이다.

『중용(中庸)』 20장(章) 14단락(段落)에 나오는 〈성자천지도(誠者天之道)〉 즉 성(誠)이란 것[者]은 자연의[天地] 도(道)라는 말을 상기(想起)하면 성지불가엄(誠之不可揜)의 성(誠)이 귀신(鬼神)의 양능(良能)인 성신(誠信)임을 살펴 새기고 헤아려 가늠할 수 있게 된다. 성인(聖人)은 이런 성신(誠信)을 본받아[法] 무기인(無棄人)하고 무기물(無棄物)하며 천지(天地)의 미지현(微之顯)을 살펴 찾아낼 뿐이다. 미지현(微之顯) 즉 무형(無形)의[微之] 드러남[顯]을 성인(聖人)은 본받고자 지성으로 살펴 찾는다. 이를 성인(聖人)의 견색(見賾)이라 한다. 성인(聖人)이 살펴 찾는 색(賾)이 곧 신지격(神之格) · 미지현(微之顯) · 성(誠)임을 살펴 새기고 헤아려 깨우치게 하는 말씀이 〈부미지현(夫微之顯) 성지불가엄(誠之不可揜)〉이다.

대효(大孝)와 대덕(大德)

네 단락(段落)으로 나누어진 17장(章)은 자왈(子曰)로 시작한다. 중용지도(中庸之道) · 군자지도(君子之道)의 지(知) · 행(行)이 효(孝)에서 시작됨을 살펴 새기고 헤아리게 하며, 대효(大孝)는 곧 대덕(大德)으로 이어지고 대덕자(大德者)라야 오로지 수명(受命)하게 되는 까닭을 지성(至誠)으로 관완(觀玩)하여 의단(擬斷)하게 하는 장(章)이다.

【1단락(段落) 전문(全文)】

子曰 舜其大孝與라 德爲聖人이고 尊爲天子이고 富有四海之內하여 宗廟饗之하고 子孫保之하니라
(자왈 순기대효여 덕위성인 존위천자 부유사해지내 종묘향지 자손보지)

공자께서 가로되: 순(舜) 그분은 크나큰 효자로다! {순(舜) 그분은} 덕으로는 성인(聖人)이고, 존귀로는 천자(天子)이고, 부유로는 온 세상을 차지하고, 종묘에서 제사를 올렸고, 자손을 보양하였다.

舜其大孝與(순기대효여)

▶ 순(舜) 그분은[其] 크나큰[大] 효자[孝]로다[與]!

순임금 순(舜), 그 기(其), 효도 효(孝), 감탄조사(~로다) 여(與)

【읽기(讀)】

순기대효여(舜其大孝與)는 서술문(敍述文)인 〈순위대효(舜爲大孝)〉에 순(舜)을 강조하고자 가주어 노릇하는 기(其)를 더하고, 〈~이다 위(爲)〉 노릇할 위(爲)를 생략하고, 감탄어조사 여(與)를 종결어미로 더하여 감탄문(感歎文)으로 바꾸었다고 여기면 문맥(文脈)이 잡힌다. 〈순은[舜] 크나큰[大] 효자[孝]이다[爲]〉 이를 〈순(舜) 그분은[其] 크나큰[大] 효자[孝]로다[與]〉로 바꾼 말투이다.

【풀이(繹)】

순기대효여(舜其大孝與)는 순(舜)임금을 빌려서 효(孝)의 극치(極致)를 살펴 새기고 헤아려 깨우치게 한다. 여기서 대효(大孝)를 대효제(大孝弟)로 여겨도 된다. 성인(聖人)은 천지(天地)를 본받고[法] 군자(君子)는 성인(聖人)을 법(法)하여 천명(天命)을 두려워한다[畏]고 함은 곧 군자(君子)의 수기이경(修己以敬) 즉 수기(修己)로써[以] 공경하여[敬] 사람들[人]을 편안케[安] 하고, 나아가 안백성(安百姓) 즉 온 사람들[百姓]을 평안(平安)하게 하는 중용지도(中庸之道) · 군자지도(君子之道)의 지(知) · 행(行) 역시 대효(大孝)로부터 시작된다는 것을 깨닫게 한다. 불효(不孝)의 경인(敬人)이란 없고, 불경인(不敬人)의 효제(孝弟) 또한 없다. 그러므로 효(孝)는 경인(敬人)의 시(始)이며 본(本)이다. 이러한 효(孝)를 대효(大孝)라고 함은 부모(父母)를 천지(天地) 그것으로 받들어 모시고 따르기를 지성(至誠)으로 다한다는 말이다. 그러므로 대효(大孝)란 부모(父母)를 천지(天地) 그것으로 받들어 모시고 따르기를 더없이 지성으로 다하는 것이다. 따라서 『논어(論語)』「학이(學而)」편(篇)에 나오는 **군자무본(君子務本)**을 떠올리게 한다. 효(孝)로부터 본립(本立)하여 도생(道生)함을 살펴 새기고 헤아려 깨우치게 하는 말씀이 〈순기대효여(舜其大孝與)〉이다.

註 "군자무본(君子務本) 본립이도생(本立而道生) 효제야자(孝弟也者) 기위인지본여(其爲仁

之本與).” 군자는[君子] 근본을[本] 애쓴다[務]. 근본이[本] 서야[立而] 길이[道] 생긴다[生]. 피붙이를 사랑함[孝弟]이란[也] 것[者] 그것이[其] 어짊의[仁之] 근본이[本] 되는 것[爲]이로다[與]!

『논어(論語)』「학이(學而)」편 2장(章)

德爲聖人(덕위성인)

▶ {순(舜) 그분은} 덕으로는[德] 성인(聖人)이다[爲].

큰 덕(德), ~이다 위(爲), 슬기롭고 통할 성(聖)

【읽기(讀)】

덕위성인(德爲聖人)은 〈순기위성인어덕(舜其爲聖人於德)〉에서 앞 문맥(文脈)으로 보충할 수 있는 순기(舜其)를 생략하고, 어덕(於德)의 덕(德)을 강조하고자 덕(德)만을 전치(前置)한 말투로 보면 문맥(文脈)이 잡힌다. 〈덕(德)에서는[於] 순(舜) 그분은[其] 성인(聖人)이다[爲]〉 이를 〈덕으로는[德] 성인(聖人)이다[爲]〉로 줄인 말투이다.

덕위성인(德爲聖人)에서 위(爲)는 〈~이다 시(是)〉와 같고, 〈A위(爲)B=A시(是)B〉 상용구문으로 암기해두면 편하다. 〈A는 B이다[爲]=A는 B이다[是]〉

【풀이(繹)】

덕위성인(德爲聖人)은 〈거덕순위성인(據德舜爲聖人)〉이란 말씀이다. 덕(德)을 근거로[據] 한다면 순(舜)임금은 성인(聖人)이라는[爲] 것이다. 이는 순(舜)임금이 덕(德)을 두려워하고[畏], 덕(德)을 지성(至誠)으로 따라[順] 본받아[法] 지(知)·행(行)하였음을 뜻한다. 오로지 외덕(畏德)하고 순덕(順德)하는 성인(聖人)께는 무소불통(無所不通) 즉 통하지 않는[不通] 바[所]가 없다[無]. 통어천지자(通於天地者) 즉 자연에[於天地] 통함[通]이 덕(德)이고, 음양교통(陰陽交通) 즉 음양(陰陽)이 서로[交] 통함[通]이 덕(德)이므로 귀신(鬼神)이 곧 덕(德)이다. 그래서 『주역(周易)』「계사전(繫辭傳) 하(下)」에 〈통신명지덕(通神明之德)〉이란 말씀이 나온다. 천지(天地)가 변화(變化)하게 하는 짓[神]을 통해[通] 밝히는[明之] 덕(德)을 순(舜)임금은 두려워하고[畏] 좇아[順] 지성으로 본받았기[法] 때문에 성인임[爲聖人]을 밝힌 말씀이 〈덕위성인(德爲聖人)〉이다.

尊爲天子(존위천자)

▶ {순(舜) 그분은} 존귀로는[尊] 천자(天子)이다[爲].

존귀할 존(尊), ~이다 위(爲), 하늘 천(天), 아들 자(子)

【읽기(讀)】

존위천자(尊爲天子)는 〈순기위천자어존(舜其爲天子於尊)〉에서 순기(舜其)를 생략하고, 어존(於尊)의 존(尊)을 강조하고자 존(尊)만을 전치(前置)한 구문이다. 〈존귀[尊]에서[於] 순(舜) 그분은[其] 천자(天子)이다[爲]〉 이를 〈존귀로는[尊] 천자(天子)이다[爲]〉로 줄인 것이다.

존위천자(尊爲天子)에서 위(爲)는 〈~이다 시(是)〉와 같고, 〈A위(爲)B=A시(是)B〉의 상용구문이다. 〈A는 B이다[爲]=A는 B이다[是]〉

【풀이(繹)】

존위천자(尊爲天子)는 〈거존순위천자(據尊舜爲天子)〉란 말씀이다. 존(尊)을 근거로[據] 한다면 순(舜)임금은 천자(天子)라는[爲] 것이다. 이는 순(舜)임금이 천지(天地)를 본받아[法] 중용지도(中庸之道)를 지성으로 지(知) · 행(行)하고, 대효(大孝)를 지(知) · 행(行)하여 온 세상에서 가장 존귀(尊貴)한 분이 되었음을 뜻한다. 이 또한 오로지 외덕(畏德)하고 순덕(順德)하는 무소불통(無所不通)의 성인(聖人)으로서 수기이안백성(修己以安百姓)을 다하고자 정성(精誠)을 다해 평천하(平天下)했음을 말한다. 이렇기 때문에 존위천자(尊爲天子)는 『논어(論語)』「헌문(憲問)」편(篇)에 나오는 수기이안백성(修己以安百姓) 요순기유병저(堯舜其猶病諸)란 자왈(子曰)을 상기(想起)시킨다. 대효(大孝)로 이미 수기이경(修己以敬)의 경(敬)과 수기이안인(修己以安人)의 안인(安人)을 지(知) · 행(行)하며, 따라서 더없이 중용지도(中庸之道)를 지(知) · 행(行)하여 수기이안백성(修己以安百姓)의 평천하(平天下)로 이어지게 하고자 천지(天地)가 변화(變化)하게 하는 짓[神]을 통해서[通] 밝히는[明之] 덕(德)을 순(舜)임금은 두려워하고[畏] 좇아[順] 지성(至誠)으로 본받는[法] 천자(天子)가 되었음[爲]을 밝힌 말씀이 〈존위천자(尊爲天子)〉이다.

註 "수기이안백성(修己以安百姓) 요순기유병저(堯舜其猶病諸)." 자기를[己] 수양하여[修以] 백성을[百姓] 편안케 함이란[安] 요순(堯舜) 그분들께서도[其] 오히려[猶] 그 일을[諸] 고심했다[病]. 『논어(論語)』「헌문(憲問)」편(篇) 44장(章)

富有四海之內(부유사해지내)

▶ {순(舜) 그분은} 부유로는[富] 온 세상을[四海之內] 차지했다[有].

부유할 부(富), 차지할 유(有), 바다 해(海), 조사(~의) 지(之), 안 내(內)

【읽기(讀)】

부유사해지내(富有四海之內)는 〈순기유사해지내어부(舜其有四海之內於富)〉에서 앞 문맥(文脈)으로 보충할 수 있는 순기(舜其)를 생략하고, 어부(於富)의 부(富)를 강조하고자 부(富)만을 전치(前置)한 구문이다. 〈부유[富]에서는[於] 순(舜) 그분은[其] 온 세상을[四海之內] 가졌다[有]〉 이를 〈부유로는[富] 온 세상을[四海之內] 가졌다[有]〉로 줄인 말투이다.

부유사해지내(富有四海之內)에서 부(富)는 여기선 〈많을 성(盛) · 다(多)〉 등과 같아 부성(富盛)의 줄임말로 여기면 되고, 유(有)는 〈차지할 취(取)〉와 같고, 사해지내(四海之內)는 천하(天下)와 같다.

【풀이(繹)】

부유사해지내(富有四海之內)는 〈거부순유사해지내(據富舜有四海之內)〉란 말씀이다. 부(富)를 근거로[據] 한다면 순(舜)임금은 온 세상[四海之內]을 차지했다[有]는 것이다. 이는 순(舜)임금이 천지(天地)를 본받아[法] 중용지도(中庸之道)를 지성으로 지(知) · 행(行)하고 대효(大孝)를 지(知) · 행(行)하여 온 세상에서 가장 부성(富盛)한 분이 되었음을 뜻한다. 이 또한 오로지 외덕(畏德)하고 순덕(順德)하는 무소불통(無所不通)의 성인(聖人)으로서 수기이안백성(修己以安百姓)을 다하고자 정성(精誠)을 다해 부성(富盛)했음을 말한다.

『논어(論語)』「안연(顔淵)」편(篇)에 나오는 부재(富哉) 언호(言乎)를 상기(想起)하면 부유사해지내(富有四海之內)에서 부(富)가 뜻하는 바를 살펴 새기고 헤아려 가늠할 수 있게 된다. 대효(大孝)로 이미 수기이경(修己以敬)의 경(敬)과 수기이안인

(修己以安人)의 안인(安人)을 지(知)·행(行)하고, 더없이 중용지도(中庸之道)를 지(知)·행(行)하며 수기이안백성(修己以安百姓)의 평천하(平天下)로 이어지게 하고자 천하(天下)를 얻은 순(舜)임금은 부성(富盛)하게 된 것이다. 여기서 부(富)는 고요(皐陶) 같은 인자(仁者)를 신하(臣下)로 등용하여 순제(舜帝)가 평천하(平天下)를 이룬 것을 뜻한다. 이 역시 순(舜)임금이 천지(天地)가 변화(變化)하게 하는 짓[神]을 통해서[通] 밝히는[明之] 덕(德)을 두려워하고[畏] 좇아[順] 지성(至誠)으로 본받는[法] 천자(天子)가 된[爲] 것이니, 이를 밝힌 말씀이 〈부유사해지내(富有四海之內)〉이다.

註 "자왈(子曰) 거직조제왕(擧直措諸枉) 능사왕자직(能使枉者直) 하위야(何謂也) 자하왈(子夏曰) 부재(富哉) 언호(言乎) 순유천하(舜有天下) 선어중(選於衆) 거고요(擧皐陶) 불인자원의(不仁者遠矣)." {번지(樊遲)가 물었다} 스승께서[子] 말씀하시기를[曰]: 곧음을[直] 들어[擧] 굽음을[枉] 곧음으로[諸] 바꾸면[措] 굽은 것으로[枉者] 하여금[使] 곧게[直] 할 수 있다는데[能] 무엇을[何] 말씀한 것[謂]인지요[也]? 자하가[子夏] 말했다[曰]: 풍부하도다[富哉] 그 말씀[言]이란[乎]! 순임금이[舜] 천하를[天下] 차지하여[有] 무리[衆]에서[於] 골라서[選] 고요를[皐陶] 등용하자[擧], 어질지 못한[不仁] 자들이[者] {순(舜)임금을} 떠났던 것[遠]이다[矣].

번지(樊遲)가 공자(孔子)께 인[仁]을 묻자 〈애인(愛人)〉이라 답해주고, 지(知)를 묻자 〈지인(知人)〉이라고 답했지만, 번지(樊遲)가 알아듣지 못하자 〈거직조제왕(擧直措諸枉) 능사왕자직(能使枉者直)〉이라고 밝혔다. 이 또한 알아들을 수 없어서 자하(子夏)에게 무슨 뜻이냐고 묻자 자하(子夏)가 위와 같이 말해주었다.

고요(皐陶)는 유우씨(有虞氏)로, 자(字)는 현정(賢廷)이다. 순제(舜帝) 밑에서 형법(刑法)을 바르게 다스렸다. 『논어(論語)』「안연(顔淵)」편(篇) 22장(章)

宗廟饗之(종묘향지)

▶ {순(舜) 그분은} 종묘에서[宗廟] 제사를 올렸다[饗].

마루 종(宗), 모습 묘(廟), 제사지낼 향(饗), 조사 지(之)

【읽기(讀)】

종묘향지(宗廟饗之)는 〈순기향종묘(舜其饗宗廟)〉에서 주어 노릇할 순기(舜其)를 생략하고, 종묘(宗廟)를 강조하고자 전치(前置)하면서 아무런 뜻이 없는 조사

(助詞) 지(之)를 빈 자리에 둔 구문이다. 〈순(舜) 그분은[其] 종묘에서[宗廟] 제사를 올렸다[饗]〉 이를 〈종묘에서[宗廟] 제사를 올렸다[饗]〉로 줄인 것이다.

종묘향지(宗廟饗之)에서 묘(廟)는 〈모습 모(貌)〉와 같아 조상(祖上)의 모습[貌]을 신주(神主)로 모신 곳을 말하고, 향(饗)은 여기선 흠향(歆饗)의 줄임말로 제사지내는 것을 신(神)이 흠향(歆饗) 즉 제사 음식을 귀신(鬼神)과 조상(祖上)의 귀(鬼)가 잘 받아먹음을 뜻한다.

【풀이(繹)】

종묘향지(宗廟饗之)는 순(舜)이 순제(舜帝)가 되어 묘(廟) 즉 사당(祠堂)에서 향(饗) 즉 제사(祭祀)를 지내 대효(大孝)를 다하였음을 말한다. 향(饗)은 흠향(歆饗)이다. 신(神)이나 조상(祖上)의 귀(鬼)가 제사(祭祀) 음식을 기쁘게 받아먹는 곳이 곧 묘(廟)이고, 동시에 조상(祖上)의 모습[貌]을 나타내는 신주(神主)를 모신 곳이다. 순제(舜帝)가 종묘(宗廟)에서 흠향(歆饗)하였다고 하여 제례(祭禮)를 순제(舜帝)가 지어[制] 지켰음[遵]을 살펴 새기고 헤아려 가늠하게 하는 말씀이 〈종묘향지(宗廟饗之)〉이다.

子孫保之(자손보지)

▶ {순(舜) 그분은} 자손을[子孫] 보양하였다[保].

아들 자(子), 자손 손(孫), 간직할 보(保), 뜻 없는 조사 지(之)

【읽기(讀)】

자손보지(子孫保之)는 〈순기보자손(舜其保子孫)〉에서 순기(舜其)를 생략하고, 자손(子孫)을 강조하고자 전치(前置)하면서 조사(助詞) 지(之)를 빈 자리에 둔 것으로 보면 문의(文意)가 드러난다. 〈순(舜) 그분은[其] 자손을[子孫] 보전했다[保]〉 이를 〈자손을[子孫] 보전했다[保]〉로 줄인 말투이다.

자손보지(子孫保之)에서 보(保)는 〈기를 양(養)·육(育)〉 등과 같아 보양(保養)·보육(保育)의 줄임말로 새기면 된다.

【풀이(繹)】

자손보지(子孫保之)는 순(舜)이 순제(舜帝)가 되어서도 대효(大孝)를 이어서 제가(齊家)를 다하였음을 말한다. 보(保)는 여기선 양(養) · 육(育)이니, 자손(子孫)을 예(禮)에 어긋남이 없게 보양(保養) · 보육(保育)하여 가례(家禮)를 확립(確立)하고 제가(齊家)를 다하였음을 살펴 새기고 헤아려 가늠하게 하는 말씀이 〈자손보지(子孫保之)〉이다.

【2단락(段落) 전문(全文)】

故 大德必得其位하고 必得其祿하고 必得其名하고 必得其壽
고 대덕필득기위 필득기록 필득기명 필득기수
한다 故로 天之生物은 必因其材而篤焉이라 故로 栽者培之하
고 천지생물 필인기재이독언 고 재자배지
고 傾者覆之한다
경자부지

그러므로 대덕은 반드시 제 자리를 얻고, 반드시 그 복록을 받으며, 반드시 그 명성을 이루고, 반드시 그 천수를 누린다. 그러므로 하늘이 온갖 것을 낳음은 반드시 그 재질로 말미암아서 그것을 도탑게 한다. 그러므로 심은 것은 기르고, 다한 것은 덮는다.

大德必得其位(대덕필득기위)

▶ 대덕은[大德] 반드시[必] 제[其] 자리를[位] 얻는다[得].

큰 대(大), 큰 덕(德) 반드시 필(必), 얻을 득(得), 그 기(其), 자리 위(位)

【읽기(讀)】

대덕필득기위(大德必得其位)는 〈대덕지인필득기위(大德之人必得其位)〉에서 앞 문맥(文脈)으로 보충할 수 있는 대덕지인(大德之人)의 지인(之人)을 생략한 구문이다. 그리고 필득기위(必得其位)는 〈A필득(必得)B〉의 상용구문으로 보아 〈A는 반

드시[必] B를 얻는다[得]〉고 암기해두면 편하다.

필득기위(必得其位)에서 필(必)은 〈반드시 고(固)〉와 같아 필고(必固)의 줄임으로 여기면 되고, 득(得)은 여기선 〈얻을 획(獲)〉과 같아 획득(獲得)의 줄임말로 여기면 되며, 위(位)는 〈자리 치(置)〉와 같아 위치(位置)의 줄임말로 새기면 된다.

【풀이(繹)】

대덕필득기위(大德必得其位)는 성인(聖人)이 존귀(尊貴)한 자리[位]를 획득할 수밖에 없음을 살펴 새기고 헤아려 가늠하게 한다. 대덕(大德)이란 천지지덕(天地之德)을 말하며, 천지지덕(天地之德)은 상덕(常德)·상덕(上德)·대덕(大德)이라고도 한다. 대덕(大德)을 본받기[法] 함은 천지(天地)·성인(聖人)을 법(法)함과 같다. 왜냐하면 성인(聖人)은 바로 천지(天地)와 같아 화신(化神) 즉 천지(天地)가 변화(變化)하게 하는 짓[神]으로 된[化] 분이기 때문이다.

화신(化神)이란 중용지도(中庸之道) 즉 무사(無私)·무사(無邪)·무아(無我)로 이끌어주는 중정(中正)·중화(中和)의 도를 지(知)·행(行)하는 극치(極致)이다. 『논어(論語)』「계씨(季氏)」편(篇)에 나오는 **군자유삼외(君子有三畏)**가 이러한 극치(極致)를 살펴 새기고 헤아려 가늠해 터득하게 한다. 천명(天命)을 두려워하고[畏] 성인(聖人)을 외[畏]하며 성인(聖人)의 말씀[言]을 외(畏)하라 함은 대덕(大德)을 본받아 중용지도(中庸之道)를 지성(至誠)으로 준수(遵守)하여 행(行)하라는 뜻이다. 그러므로 천명(天命)·성인(聖人)의 대덕(大德)을 지성(至誠)으로 본받는 군자(君子)는 지성(至誠)으로 순명(順命)하면서 수기이경(修己以敬)으로 중용지도(中庸之道)를 지(知)·행(行)하여 존귀(尊貴)한 자리[位]를 획득(獲得)하게 됨을 밝힌 말씀이 〈대덕필득기위(大德必得其位)〉이다.

註 "공자왈(孔子曰) 군자유삼외(君子有三畏) 외천명(畏天命) 외대인(畏大人) 외성인지언(畏聖人之言) 소인부지천명이불외야(小人不知天命而不畏也) 압대인(狎大人) 모성인지언(侮聖人之言)." 공자께서[孔子] 가로되[曰] : 군자에게는[君子] 세 가지[三] 두려워함이[畏] 있다[有]. 천명을[天命] 두려워하고[畏], 대인을[大人] 두려워하며[畏], 성인의[聖人之] 말씀을[言] 두려워한다[畏]. 소인은[小人] 천명을[天命] 몰라서[不知而] (천명을) 두려워하지 않는 것[不畏]이고[也], 대인을[大人] 얕보고[狎], 성인의[聖人之] 말씀을[言] 업신여긴다[侮].

대인(大人)은 성인(聖人)을 말한다. 『논어(論語)』「계씨(季氏)」편(篇) 8장(章)

必得其祿(필득기록)

▶ 반드시[必] 제[其] 녹봉을[祿] 받는다[得].

반드시 필(必), 받을 득(得), 그 기(其), 봉록 록(祿)

【읽기(讀)】

필득기록(必得其祿)은 〈대덕지인필득기록(大德之人必得其祿)〉에서 앞 문맥(文脈)으로 보충할 수 있는 대덕지인(大德之人)을 생략한 말투로 문맥(文脈)을 잡아 새기면 문의(文意)가 드러난다. 그리고 필득기록(必得其祿) 역시 〈A필득(必得)B〉의 상용구문으로 〈A는 반드시[必] B를 받는다[得]〉고 암기해두면 편하다.

필득기록(必得其祿)에서 필(必)은 〈반드시 고(固)〉와 같아 필고(必固)의 줄임으로 여기면 되며, 득(得)은 여기선 〈받을 수(受)〉와 같아 수득(受得)의 줄임말로 여기면 되고, 녹(祿)은 녹봉(祿俸)으로 직무(職務)에 따른 봉급(俸給)을 말한다.

【풀이(繹)】

필득기록(必得其祿) 역시 대덕(大德)을 법(法)하는 성인(聖人)을 지성(至誠)으로 본받아[法] 성인(聖人)을 두려워하고[畏] 지성(至誠)으로 따라서[順] 무사(無私)·무욕(無欲)·무아(無我)의 군자지도(君子之道) 즉 군자(君子)의 길[道]을 벗어나지 않고 걸으면, 누구나 언제 어디서든 군자(君子)가 되어 기꺼이 봉록(俸祿)을 반드시[必] 받음[得]을 밝힌 말씀이다.

必得其名(필득기명)

▶ 반드시[必] 제[其] 명성을[名] 이룬다[得].

반드시 필(必), 이룰 득(得), 그 기(其), 이름 명(名)

【읽기(讀)】

필득기명(必得其名)은 〈대덕지인필득기명(大德之人必得其名)〉에서 앞 문맥(文脈)으로 보충할 수 있는 대덕지인(大德之人)을 생략한 구문이다. 필득기명(必得其

名) 역시 〈A필득(必得)B〉의 상용구문으로 〈A는 반드시[必] B를 이룬다[得]〉고 암기해두면 편하다.

필득기명(必得其名)에서 필(必)은 〈반드시 고(固)〉와 같아 필고(必固)의 줄임으로 여기면 되고, 득(得)은 여기선 〈이룰 성(成)〉과 같고, 명(名)은 명성(名聲)의 줄임말로 새기면 된다.

【풀이(繹)】

필득기명(必得其名) 역시 대덕(大德)을 법(法)하는 성인(聖人)을 지성(至誠)으로 본받아[法] 성인(聖人)을 두려워하고[畏] 지성(至誠)으로 따라서[順] 무사(無私)·무욕(無欲)·무아(無我)의 군자지도(君子之道) 즉 군자(君子)의 길[道]을 벗어나지 않고 걷는다면, 누구나 언제 어디서든 군자(君子)가 되어 온 세상 온 사람들이 높이 받들어주는 명성(名聲)을 반드시[必] 이룸[得]을 밝힌 말씀이다.

必得其壽(필득기수)

▶ 반드시[必] 제[其] 천수를[壽] 누린다[得].

반드시 필(必), 누릴 득(得), 그 기(其), 목숨 수(壽)

【읽기(讀)】

필득기수(必得其壽)는 〈대덕지인필득기수(大德之人必得其壽)〉에서 대덕지인(大德之人)을 생략한 구문이다. 필득기수(必得其壽) 역시 〈A필득(必得)B〉의 상용구문으로 〈A는 반드시[必] B를 누린다[得]〉는 것이다.

필득기명(必得其名)에서 필(必)은 〈반드시 고(固)〉와 같아 필고(必固)의 줄임으로 여기면 되고, 득(得)은 여기선 〈누릴 족(足)〉과 같다. 수(壽)는 천수(天壽)의 줄임말로 새기면 된다.

【풀이(繹)】

필득기수(必得其壽) 역시 대덕(大德)을 법(法)하는 성인(聖人)을 지성(至誠)으로 본받아[法] 성인(聖人)을 두려워하고[畏] 지성(至誠)으로 따라서[順] 무사(無私)·무욕(無欲)·무아(無我)의 군자지도(君子之道) 즉 군자(君子)의 길[道]을 벗어나지 않고 걷는다면, 누구나 언제 어디서든 군자(君子)가 되어 수명(受命)한 대로 순명(順命)하여 탈 없이 천수(天數)를 반드시[必] 누림[得]을 밝힌 말씀이다.

天之生物必因其材而篤焉(천지생물필인기재이독언)

▶ 하늘이[天之] 온갖 것을[物] 낳음은[生] 반드시[必] 그[其] 재질로[材] 말미암아서[因而] 그 재질을 돈독히 하는 것[篤]이다[焉].

하늘 천(天), 조사(~가) 지(之), 낳을 생(生), 온갖 것 물(物), 반드시 필(必), 말미암을 인(因), 재질 재(材), 그리고 이(而), 도타울 독(篤), 어시(於是) 언(焉)

【읽기(讀)】

천지생물필인기재이독언(天之生物必因其材而篤焉)은 〈천지생물필인기재(天之生物必因其材) 이천지생물독어기재(而天之生物篤於其材)〉에서 되풀이되는 천지생물(天之生物)을 생략하고, 어기재(於其材)를 언(焉)으로 축약(縮約)한 구문이다. 천지생물필인기재이독언(天之生物必因其材而篤焉)에서 천지생물(天之生物)은 인(因)의 주부(主部) 노릇하고, 필(必)은 인(因)을 꾸미는 부사(副詞) 노릇하며, 기재(其材)는 인(因)의 목적어 노릇하고, 독(篤)은 타동사 노릇함을 알면 문의(文意)를 건질 수 있다. 〈천지생물은[天之生物] 반드시[必] 기재를[其材] 말미암는다[因]. 그리고[而] 천지생물은[天之生物] 기재(其材)를[於] 도탑게 한다[篤]〉 이를 〈천지생물은[天之生物] 반드시[必] 기재를[其材] 말미암아서[因而] 그것을 도탑게 하는 것[篤]이다[焉]〉로 줄인 말투이다.

천지생물(天之生物)은 하나의 문장(文章)인 〈천생물(天生物)〉을 구(句)로 만든 말투로 암기해두면 편하다. 〈하늘이[天] 만물을[物] 낳는다[生]〉란 문장이 〈하늘이[天之] 만물을[物] 낳음[生]〉이란 구(句)가 되어 주부(主部) 노릇하는 셈이다. 물론 천지생물(天之生物)의 지(之)를 주격 조사(~가)가 아니라 소유격 조사(~의)로 하여 〈하늘이[天之] 만물을[物] 낳음[生]〉으로 옮겨도 문의(文意)가 달라지지 않는다.

필인기재이독언(必因其材而篤焉)에서 필(必)은 〈반드시 고(固)〉와 같아 필고(必固)의 줄임으로 여기면 되고, 인(因)은 여기선 〈말미암을 유(由)〉와 같고, 기

(其)는 물지(物之)를 대신하는 관형사이며, 재(材)는 〈질성(質性) 재(材)〉이고, 독(篤)은 〈도타울 후(厚)〉와 같아 독후(篤厚)의 줄임말로 여기면 되고, 언(焉)은 어기재(於其材)를 축약(縮約)한 〈어시(於是) 언(焉)〉으로 종결어미 노릇까지 한다.

【풀이(繹)】

천지생물필인기재이독언(天之生物必因其材而篤焉)은 범물(凡物) 즉 어떤[凡] 것[物]이든 명(命) 아닌 것이란 없다는 우리 본래의 생명관(生命觀)이다. 이는 『장자(莊子)』「달생(達生)」편(篇)에 나오는 **천지자만물지부모야(天地者萬物之父母也)** 즉 천지란[天地] 것은[者] 만물의[萬物之] 어버이[父母]라는 말을 상기(想起)시킨다. 그러면 천지생물(天之生物)이 천지지생만물(天地之生萬物)을 줄인 말씀임을 알 수 있다.

천지(天地)가 만물(萬物)을 어떻게 낳는가? 인기재(因其材) 즉 만물 저마다의[其] 질성으로[材] 말미암아[因] 만물(萬物)이 태어난다. 생물(生物)이라면 모두 저마다 체질을 갖고 태어남을 인기재(因其材)라 하고, 기재(其材)의 재(材)는 천지(天地)가 만물(萬物) 각각에 수여(授與)한 질성(質性)을 말한다. 그래서 『주역(周易)』「계사전(繫辭傳) 상(上)」에 나오는 〈일음일양지위도(一陰一陽之謂道) 계지자선야(繼之者善也) 성지자성야(成之者性也)〉란 말씀을 천지생물(天之生物)이 환기(喚起)시킨다. 일음일양(一陰一陽)은 천지가 만물로 하여금 변화하게 하는 짓[行]이다. 이러한 짓을 생생(生生)의 도(道) 즉 역(易)이라 한다. 여기서 음양(陰陽)의 합(合)을 생(生)이라 하고, 그 생(生)을 풀이하여 성체(成體)라 하고, 음양(陰陽)의 산(散)을 사(死)라 하고, 그 사(死)를 성시(成始)라 한다.

만물의 목숨[命]은 다 같다고 보는 생명관(生命觀)이 도가(道家) 쪽의 것이다. 그러나 인명(人命)과 다른 것들의 명(命)은 서로 다르다고 보는 쪽은 **사람의 명(命)은 돌아가 귀(鬼)가 되지만, 온갖 다른 목숨[命]은 돌아갈 곳이 없어 절(折)이라 한다.** 이처럼 명재(命材) 즉 목숨[命]의 질성[材]을 사람과 달리 보는 생명관(生命觀)이 유가(儒家) 쪽의 것이다. 이러한 양가(兩家)의 생명관(生命觀)을 상기(想起)하면서 천지생물필인기재이독언(天之生物必因其材而篤焉)의 독(篤)을 살펴 새기고 헤아려 가늠하면 『중용(中庸)』 1장(章) 끝에 나오는 〈만물육언(萬物育焉)〉의 육(育)을 더 깊게 살필 수 있다. 이를 깨우치게 하는 말씀이 〈천지생물필인기재이독언(天之生

物必因其材而篤焉)〉이다.

註 "천지자만물지부모야(天地者萬物之父母也) 합즉성체(合則成體) 산즉성시(散則成始) 형정불휴(形精不虧) 시위능이(是謂能移)." 천지란[天地] 것은[者] 만물의[萬物之] 어버이[父母]이다[也]. 모아지면[合而] 몸을[體] 이루고[成] 흩어지면[散而] 처음을[始] 이루지만[成], 형체의[形] 정수는[精] 이지러지지 않는다[不虧]. 이를[是] 능이라[能移] 한다[謂].

능이(能移)는 자연의 변화(變化)에 순응(順應)하여 추이(推移) 즉 좇아 따름[推移]을 말한다.

『장자(莊子)』「달생(達生)」편(篇) 1단락(段落)

註 "대범생어천지지간자개왈명(大凡生於天地之間者皆曰命) 기만물사개왈절(其萬物死皆曰折) 인사왈귀(人死曰鬼)." 무릇[大凡] 천지의[天地之] 사이에서[於間] 사는[生] 것을[者] 모두[皆] 명이라[命] 한다[曰]. 그[其] 온갖 것의[萬物] 죽음을[死] 모두[皆] 단절이라[折] 하고[曰], 사람의[人] 죽음을[死] 귀라[鬼] 한다[曰].

절(折)은 〈끊을 단(斷)〉과 같아 단절(斷折)을 의미하고 사람을 제외한 다른 목숨[命]은 돌아갈 곳이 없음을 뜻하며, 사람의 죽음[死]을 귀(鬼)라 함은 돌아갈 곳이 있음을 말한다. 귀(鬼)는 귀(歸)이다.

『예기(禮記)』「제법(祭法)」편(篇) 5단락(段落)

栽者培之(재자배지)

▶ 심은[栽] 것은[者] 북돋아준다[培].

심을 재(栽), 것 자(者), 북돋을 배(培), 조사 지(之)

【읽기(讀)】

재자배지(栽者培之)는 〈천배천지재자(天培天之栽者)〉에서 배(培)의 주어 노릇할 천(天)과 천지재자(天地栽者)의 천지(天之) 등을 생략하고, 배(培)의 목적어 노릇하는 재자(栽者)를 강조하고자 전치(前置)하면서 그 자리에 뜻 없는 허사(虛詞) 지(之)를 더한 구문이다. 〈하늘은[天] 하늘이[天之] 심은[栽] 것을[者] 북돋아준다[培]〉 이를 〈심은[栽] 것을[者] 북돋아준다[培]〉로 줄인 것이다.

재자배지(栽者培之)에서 재(栽)는 〈심을 식(植)〉과 같아 식재(植栽)의 줄임말로 여기면 되고, 배(培)는 〈북돋을 조(助)·양(養)〉 등과 같다.

【풀이(繹)】

재자배지(栽者培之)는 『중용(中庸)』 1장(章)에 나오는 〈만물육언(萬物育焉)〉의 육(育)을 살펴 새기고 헤아려 가늠하게 한다. 만물(萬物) 즉 모든 명(命)은 천지지재자(天地之栽者)이다. 물론 천지가[天地之] 심은[栽] 것[者]이란 천지지육자(天地之育者) 즉 천지가[天地之] 길러주는[生] 것[者]을 말한다. 천지(天地)가 북돋움[培]이란 천지(天地)가 길러서[育] 살게[生] 함이다. 여기서 천지재자(天之栽者)의 재자(栽者)란 순명(順命)임을 살펴 새기고 헤아려 가늠하게 한다. 그 순명(順命)이란 천지(天地)가 내린 목숨[命]으로서 천지(天地)의 시킴 · 가르침(敎)을 따름[順]이다. 그러므로 사람이 순명(順命)하면 천지(天地)가 북돋아주는 것[培]이다. 앞서 살핀 대덕(大德)의 성인(聖人)도 천지(天地)의 북돋아줌[培]이고, 성인(聖人)을 본받아[法] 중용지도(中庸之道)를 정성(精誠)으로 지(知) · 행(行)하여 군자(君子)가 득(得)하는 위(位) · 녹(祿) · 명(名) · 수(壽) 등이 모두 천지(天地)가 북돋아줌[培]으로 말미암아[因] 도타워진[篤] 것임을 깨우치게 하는 말씀이 〈재자배지(栽者培之)〉이다.

傾者覆之(경자부지)

▶ 다한[傾] 것은[者] 덮는다[覆].

다할(멸할) 경(傾), 것 자(者), 덮을 부(覆), 조사(助詞) 지(之)

【읽기(讀)】

경자부지(傾者覆之)는 〈천부천지경자(天覆天之傾者)〉에서 부(覆)의 주어 노릇할 천(天)과 천지경자(天地傾者)의 천지(天之) 등을 생략하고, 부(覆)의 목적어 노릇하는 경자(傾者)를 강조하고자 전치(前置)하면서 그 자리에 뜻 없는 허사(虛詞) 지(之)를 더한 구문이다. 〈하늘은[天] 하늘이[天之] 다한[傾] 것을[者] 덮는다[覆]〉 이를 〈다한[傾] 것을[者] 덮는다[覆]〉로 줄인 것이다.

경자부지(傾者覆之)에서 경(傾)은 여기선 〈다할 진(盡)〉과 같아 경진(傾盡)의 줄임말로 새기고, 부(覆)는 〈엎칠 패(敗)〉와 같이 패부(敗覆)의 줄임말로 새기면 된다.

【풀이(繹)】

경자부지(傾者覆之)는 『중용(中庸)』 1장(章)에 나오는 〈만물육언(萬物育焉)〉의 육(育)이 다 되었음[傾]을 살펴 새기고 헤아려 가늠하게 한다. 만물(萬物) 즉 모든 명(命)은 천지지재자(天地之栽者)이면서 동시에 천지지경자(天地之傾者)이다. 물론 천지가[天地之] 심은[栽] 것[者]이란 천지지육자(天地之育者) 즉 천지가[天地之] 길러줌[育]을 계속함이고 그것은 생(生)을 말함이며, 천지(天地)가 다한[傾] 것[者]이란 길러줌[育]을 그침이고 그것은 사(死)를 말한다. 천지(天地)의 다함[傾]이란 천지(天地)가 길러줌[育]을 그쳐 죽게[死] 함이다. 여기서 천지경자(天之傾者)의 경자(傾者) 또한 순명(順命)임을 살펴 새기고 헤아려 가늠하게 한다. 따라서 경자(傾者)의 순명(順命) 역시 천지(天地)가 내린 목숨[命]으로서 천지(天地)의 시킴 · 가르침(敎)을 따름[順]이다. 그러므로 사람이 순명(順命)하면 천지(天地)가 북돋아주다가[培] 다하면 덮어줌[覆] 역시 앞서 살핀 대덕(大德)의 성인(聖人)도 피할 수 없고, 성인(聖人)을 본받아[法] 중용지도(中庸之道)를 정성(精誠)으로 지(知) · 행(行)하여 군자(君子)가 득(得)하는 위(位) · 녹(祿) · 명(名) · 수(壽) 등도 피할 수 없음이 모두 천지(天地)가 북돋아줌[培]을 다함[傾]으로 말미암아[因] 되돌아오는 것임을 깨우치게 하는 말씀이 〈경자부지(傾者覆之)〉이다.

【3단락(段落) 전문(全文)】

詩曰 嘉樂君子의 憲憲令德이여 宜民宜人이라 受祿于天이라 保佑命之하시고 自天申之하시리라
(시왈 가락군자 헌헌령덕 의민의인 수록우천 보우명지 자천신지)

『시경(詩經)』에 이르되: 아름답고 즐겁게 하는 군자의 흥성해 고운 덕이여! 백성에게 마땅하고 사람들한테 마땅해 하늘로부터 복록을 받으리! 보호하고 도우시어 그에게 명하시고, 하늘로부터 보호하고 도우시어 그에게 명하시기를 거듭하리.

詩曰(시왈) 嘉樂君子(가락군자) 憲憲令德(헌헌령덕)

▶『시경(詩經)』이[詩] 이르되[曰]: 아름답고[嘉] 즐겁게 하는[樂] 군자의[君子] 흥성해[憲憲] 고운[令] 덕이여[德]!

시경 시(詩), 가로 왈(曰), 아름다울 가(嘉), 즐겁게 할 락(樂), 흥성할 헌(憲), 고을 령(令), 큰 덕(德)

【읽기(讀)】

시왈(詩曰)은 〈시경왈(詩經曰)〉에서 시경(詩經)을 시(詩)로 줄인 구문이다. 시왈(詩曰)에서 왈(曰)은 〈이를 운(云)〉과 같다.

가락군자(嘉樂君子) 헌헌령덕(憲憲令德)은 시행(詩行)으로 4자(字)로 나누어놓은 시구(詩句)이지만, 가락군자(嘉樂君子)를 〈가민지군자(嘉民之君子) 이락민지군자(而樂民之君子)〉의 서술문(敍述文)으로 일단 풀어보면 시의(詩意)를 나름대로 알 수 있다. 〈백성을[民] 아름답게 하는[嘉之] 군자(君子) 그리고[而] 백성을[民] 즐겁게 하는[樂之] 군자(君子)〉라고 옮기면[譯] 가락군자(嘉樂君子)의 시의(詩意)가 잡힌다.

헌헌령덕(憲憲令德)도 〈군자지헌헌덕(君子之憲憲德) 이군자지령덕(而君子之令德)의 서술문(敍述文)으로 보면 그 시의(詩意)를 알 수 있다. 〈군자의[君子之] 흥성한[憲憲] 덕(德) 그리고[而] 군자의[君子之] 고운[令] 덕(德)〉으로 옮기면 될 것이다.

가락군자(嘉樂君子)에서 가(嘉)는 〈아름다울 미(美)〉와 같고, 낙(樂)은 〈즐거울 열(悅)〉과 같아 열락(悅樂)의 줄임말로 여기면 된다. 헌헌령덕(憲憲令德)에서 헌헌(憲憲)은 흥성지모(興盛之貌) 즉 흥하여[興] 왕성한[盛之] 모습[貌]을 뜻하고, 영(令)은 여기선 〈선할 선(善)〉과 같다.

【풀이(繹)】

가락군자(嘉樂君子) 헌헌령덕(憲憲令德)은 『시경(詩經)』「대아(大雅)」에 나오는 〈가락(假樂)〉 1장(章)의 1~2행(行)이다. 〈가락(假樂)〉은 사언(四言) 구행(九行)을 시장(詩章)으로 하여 4장(章)으로 이루어져 있다. 주(周)나라의 어느 임금을 기린 시(詩)이다. 그러므로 가락군자(假樂君子)의 군자(君子)는 왕(王)을 말하는 셈이다. 『시경(詩經)』에는 〈가락군자(假樂君子)〉로 되어 있지만, 『중용(中庸)』과 『좌전(左傳)』에는 〈가락군자(嘉樂君子)〉로 되어 있으니 〈가(嘉)〉가 옳은 듯하다고 『모전(毛傳)』이 전하고 있다.

가락(嘉樂)의 군자(君子)란 수기이경(修己以敬)으로 말미암아 수기이안인(修己以安人)하고, 그 안인(安人)으로 말미암아 수기이안백성(修己以安百姓)을 다하고자 지성으로 군자(君子)의 길(道)을 지(知)·행(行)하는 지변화지도자(知變化之道者) 즉 변화의[變化之] 도(道)를 아는[知] 분[者]이다. 그러므로 가민(嘉民)의 군자(君子)이며, 낙민(樂民)의 군자(君子)가 될 수 있다.

가(嘉)는 미(美)이다. 미(美)란 선지충실(善之充實) 즉 착함이[善之] (마음 속에) 그윽함[充實]이니 곧 아름다움[美]이다. 그러므로 가민(嘉民)의 군자(君子)는 백성[民]을 아름답게[嘉] 하는 군자(君子)이며, 백성의 심중(心中)에 선(善)이 충실(充實)하게 하는 대덕지인(大德之人)이다. 심중(心中)에 선(善)이 충실(充實)하게 누림을 낙(樂) 즉 즐거움[樂]이라 한다. 이처럼 가민(嘉民)하면 낙민(樂民)하는 것이다. 백성의 마음 속에 선(善)이 충실하게 함이 가민(嘉民)이고, 가민(嘉民)으로 말미암아 백성[民]을 즐겁게[樂] 함이 낙민(樂民)이다. 이처럼 가민(嘉民)하여 낙민(樂民)하게 하는 군자(君子)는 곧 대덕(大德)을 지성(至誠)으로 본받아[法] 흥성(興盛)한 모습[憲憲]이고, 그 모습이 곧 영덕(令德) 즉 백성을 곱게[令] 하는 대덕(大德)임을 살펴 새기고 헤아려 터득해 깨우치게 하는 말씀이 〈가락군자(嘉樂君子) 헌헌령덕(憲憲令德)〉이다.

宜民宜人(의민의인) 受祿于天(수록우천)

▶ 백성에게[民] 마땅하고[宜] 사람한테[人] 마땅해[宜] 하늘[天]로부터[于] 복록을[祿] 받으리[受]!

마땅할 의(宜), 백성 민(民), 받을 수(受), 녹봉 록(祿), 조사(~부터) 우(于), 하늘 천(天)

【읽기(讀)】

의민의인(宜民宜人) 수록우천(受祿于天)은 시행(詩行)으로 나누어놓은 시구(詩句)이지만, 의민의인(宜民宜人)을 〈군자위의어민(君子爲宜於民) 이군자위의어인(而君子爲宜於人)〉의 서술문(敍述文)으로 일단 풀어보면 그 시의(詩意)를 나름대로 알 수 있다. 〈군자는[君子] 백성[民]에게[於] 편안한 곳[宜]이다[爲]. 그리고[而] 군자는[君子] 사람[人]에게[於] 편안한 곳[宜]이다[爲]〉로 옮기면 된다.

수록우천(受祿于天)은 〈군자수록우천(君子受祿于天)〉으로 여기면 그 시의(詩意)가 드러난다. 〈군자가[君子] 하늘[天]부터[于] 복록을[祿] 받는다[受]〉

의민의인(宜民宜人)에서 의(宜)는 소안(所安)과 같고, 수록우천(受祿于天)에서 수(受)는 〈얻을 득(得)〉과 같아 수득(受得)의 줄임말로 보면 되며, 녹(祿)은 〈복 복(福)〉과 같아 복록(福祿)의 줄임말로 여기면 되고, 우(于)는 조사(助詞)로 〈~에서 어(於)〉와 같다.

【풀이(繹)】

의민의인(宜民宜人) 수록우천(受祿于天)은 『시경(詩經)』「대아(大雅)」에 나오는 〈가락(假樂)〉 1장(章)의 3~4행(行)이다. 가락(嘉樂)의 군자(君子)가 왜 헌헌지령(憲憲之令) 즉 흥성한 모습의[憲憲之] 고움[令]인지 그 까닭을 살펴 새기고 헤아려 가늠해 깨우치게 한다. 가민(嘉民)하고 낙민(樂民)하는 군자(君子)는 백성[民]에게 소안(所安) 즉 편안한[安] 곳[所]과 같으니 의민(宜民)이라 말하고, 백성(百姓) 한 사람 한 사람 모두에게 골고루 소안(所安)과 같으니 의인(宜人)이라 말한 것이다.

이런 군자(君子)는 모름지기 왕자(王者)가 된다. 패자(霸者)는 결코 의민(宜民)하여 의인(宜人)하지 못한다. 그래서 의민의인(宜民宜人) 수록우천(受祿于天)은 『맹자(孟子)』「공손추장구(公孫丑章句 상(上)」편(篇)에 나오는 **이력가인자패(以力假仁者霸) 이덕행인자왕(以德行仁者王)**을 상기(想起)시킨다. 가민(嘉民)하여 낙민(樂民)하는 군자(君子)는 덕으로[以德] 어진 정치를[仁] 베풀기[行] 때문에 왕(王) 노릇할 수 있는 것이고, 군자(君子)가 왕(王) 노릇하면 그 군자(君子)는 곧 백성의 의(宜) 즉 소안(所安)이 되고 백성 한 사람 한 사람 모두에게 안식처(安息處)가 되므로, 온 세상이 그런 군자(君子)로 하여금 천복(天福)을 누리게 함을 일깨워 깨우치게 하는 말씀이 〈의민의인(宜民宜人) 수록우천(受祿于天)〉이다.

註 "이력가인자패(以力假仁者霸) 패필유대국(霸必有大國) 이덕행인자왕(以德行仁者王) 왕부대대(王不待大)." 힘으로[以力] 어짊을[仁] 가장하는[假] 것은[者] 패이고[霸], 패는[霸] 반드시[必] 대국을[大國] 차지한다[有]. 덕으로[以德] 어짊을[仁] 베푸는[行] 것은[者] 왕이고[王], 왕은[王] 대국을[大] 바라지 않는다[不待]. 『맹자(孟子)』「공손추장구(公孫丑章句) 상(上)」편(篇) 3장(章)

保佑命之(보우명지) 自天申之(자천신지)

▶ 보호하고[保] 도우시어[佑] 그에게[之] 명하시고[命] 하늘로부터[自天] 그에게 명하시기를[之] 거듭하리[申].

보호할 보(保), 도와줄 우(佑), 시킬 명(命), 대명사(그) 지(之), ~부터 자(自), 거듭 신(申), 지시어(그것) 지(之)

【읽기(讀)】

보우명지(保佑命之) 자천신지(自天申之)는 시행(詩行)으로 나누어놓은 시구(詩句)이지만, 이를 〈천보군자(天保君子) 이천우군자(而天佑君子) 이자천군자신보우(而自天君子申保佑)〉와 같이 서술문(敍述文)으로 풀어보면 보우명지(保佑命之) 자천신지(自天申之)의 시의(詩意)를 헤아려볼 수 있다. 〈하늘이[天] 군자를[君子] 보호한다[保]. 그리고[而] 하늘이[天] 군자를[君子] 돕는다[佑]. 그리고[而] 하늘로부터[自天] 군자는[君子] 거듭[申] 보호받고[保] 도움받는다[佑]〉

보우명지(保佑命之)에서 보(保)는 〈보호할 호(護)〉와 같아 보호(保護)의 줄임말로 여기면 되고, 우(佑)는 〈도울 조(助)〉와 같고, 명(命)은 〈시킬 령(令)〉과 같아 명령(命令)의 줄임말로 새기며, 지(之)는 지시대명사 노릇해 군자(君子)를 대신한다.

자천신지(自天申之)에서 자(自)는 〈~부터 유(由) · 종(從)〉 등과 같고, 신(申)은 〈거듭 중(重)〉과 같고, 지(之)는 수동태의 보우(保佑)를 나타내는 지시어로 여겨 〈보호받고 도움받는다〉고 새기면 된다.

【풀이(繹)】

보우명지(保佑命之) 자천신지(自天申之)는 『시경(詩經)』「대아(大雅)」에 나오는 〈가락(假樂)〉 1장(章)의 5~6행(行)이다. 군자(君子)는 가민(嘉民)하고 낙민(樂民)하여 백성[民]의 의(宜) 즉 소안(所安)이 되어주기 때문에 그 군자(君子)가 하늘로부터 거듭거듭 보우(保佑)받을 수 있음을 살펴 새기고 헤아려 가늠해 깨우치게 한다. 군자(君子)가 가민(嘉民)·낙민(樂民)하여 의민(宜民)함은 천명(天命)·성인(聖人)을 지성(至誠)으로 본받아[法] 중용지도(中庸之道) 즉 중정(中正)·중화(中和)의 도(道)를 지(知)·행(行)함이고, 중용지도(中庸之道)를 지(知)·행(行)하여 군자지도(君子之道)로 인정(仁政)을 베풀어 왕 노릇하기 때문이다. 이런 까닭에 보우명지(保佑命之) 자천신지(自天申之)의 시구(詩句)는『맹자(孟子)』「공손추장구(公孫丑章句) 상(上)」편(篇)에 나오는 **이덕복인자(以德服人者) 중심열이성복야(中心悅而誠服也)**란 말씀을 떠올리게 한다. 백성의 마음을 즐겁게[悅] 하여 진실로[誠] 백성을 감복하게[服] 하면 온 세상 모든 사람들이 그 왕자(王者)를 기꺼이 따르게 된다. 이러한 백성의 따름이 곧 천지보우(天之保佑) 즉 하늘의[天之] 보호[保]와 도움[佑]인 것을 밝힌 말씀이 〈보우명지(保佑命之) 자천신지(自天申之)〉이다.

註 "이력가인자패(以力假仁者霸) 패필유대국(霸必有大國) 이덕행인자왕(以德行仁者王) 왕부대대(王不待大) 탕이칠십리(湯以七十里) 문왕이백리(文王以百里) 이력복인자비심복야(以力服人者非心服也) 역불섬야(力不贍也) 이덕복인자심열이성복야(以德服人者心悅而誠服也)." 힘으로[以力] 어짊을[仁] 가장하는[假] 것은[者] 패이고[霸], 패는[霸] 반드시[必] 큰[大] 나라를[國] 차지한다[有]. 덕으로[以德] 어짊을[仁] 베푸는[行] 것은[者] 왕이고[王], 왕은[王] 큰 것을[大] 바라지 않는다[不待]. 탕은[湯] 칠십 리로[以七十里] (나라를 삼았고), 문왕은[文王] 백 리로[以百里] (나라를 삼았다). 힘으로[以力] 사람을[人] 복종시키는[服] 것은[者] 마음으로[心] 복종함이[服] 아닌 것[非]이고[也], 힘이[力] 모자라서인 것[不贍]이다[也]. 덕으로[以德] 사람을[人] 복종시키는[服] 것은[者] 마음 속으로[心中] 즐거워서[悅而] 진실로[誠] 복종하는 것[服]이다[也].

『맹자(孟子)』「공손추장구(公孫丑章句) 상(上)」편(篇) 3장

【4단락(段落) 전문(全文)】

故로 大德者는 必受命이니라
고 대덕자 필수명

그러므로 큰 덕을 행하는 자는 반드시 하늘의 시킴을 받는다.

故(고) 大德者必受命(대덕자필수명)

▶ 그러므로[故] 큰[大] 덕을 행하는[德] 자는[者] 반드시[必] 하늘의 시킴을[命] 받는다[受].

그러므로 고(故), 크나큰 덕(德), 지인(之人) 자(者), 반드시 필(必), 받을 수(受), 시킬 명(命)

【읽기(讀)】

고(故)는 〈시고(是故)〉의 줄임이다. 시고(是故)는 시이(是以) 즉 〈이[是] 때문에[以]〉와 같다. 여기서 고(故)는 〈그러므로 고(故)〉이다.

대덕자필수명(大德者必受命)은 〈대덕지인필수천지명어천(大德之人必受天之命於天)〉에서 대덕지인(大德之人)의 지인(之人)을 자(者)로 줄이고, 수천지명어천(受天之命於天)을 수명(受命)으로 줄인 말투이다. 〈대덕자는[大德者] 반드시[必] 하늘로부터[於天] 하늘의[天之] 시킴을[命] 받는다[受]〉 이를 〈대덕자는[大德者] 반드시[必] 시킴을[命] 받는다[受]〉로 줄인 것이다.

대덕자필수명(大德者必受命)에서 대덕자(大德者)는 주부(主部) 노릇하고, 필(必)은 수(受)를 꾸며주는 부사(副詞) 노릇하며, 수(受)는 〈얻을 득(得)〉과 같아 수득(受得)의 줄임말이며, 명(命)은 천지명(天之命) 즉 천명(天命)의 줄임으로 여기면 된다.

【풀이(繹)】

대덕자필수명(大德者必受命)은 『시경(詩經)』「대아(大雅)」에 나오는 〈가락(假樂)〉이 군자(君子)의 수명(受命)을 노래하고 있음을 거듭 살펴 새기고 헤아려 깨우치게 하는 자왈(子曰)이다. 대덕자(大德者)는 계명자(繼命者)이고 성명자(成命者)이다. 천명(天命)을 계승하기[繼] 때문에 대덕자(大德者)는 선자(善者)이고, 천명(天命)을 이루기[成] 때문에 대덕자(大德者)는 성자(性者)이다. 그래서 대덕자(大德者)는 지변화지도자(知變化之道者)가 되어 행인(行仁)하여 왕자(王者)가 된다. 변화의[變化之] 도(道)를 알아[知] 천명(天命)을 두루 통하게 하는 대덕자(大德者)의 맨 처음 수명(受命)이 대효(大孝)이고, 그 대효(大孝)로부터 위성인(爲聖人) · 위천자(爲天子)가 될 수 있음을 살펴 새기고 헤아리게 하여 대효(大孝)의 순(舜)이 아니었다면 순(舜)이 천자(天子)의 위(位)를 얻지 못했을 것이며, 천자(天子)의 복록(復祿)을 얻지 못했을 것이고, 천자(天子)의 명성(名聲)과 천수(天壽)를 누리지 못했을 것임을 깨우치게 한다. 그리하여 왜 군자(君子)가 천명(天命)을 두려워하고[畏] 성인(聖人)과 성인(聖人)의 말씀[言]을 외(畏)하는지 그 까닭을 살펴 새기고 헤아려 가늠하게 하는 말씀이 〈대덕자필수명(大德者必受命)〉이다.

문왕(文王)의 덕(德)과 주공(周公)의 예(禮)

다섯 단락(段落)으로 나누어진 18장(章)은 자왈(子曰)로 시작한다. 중용지도(中庸之道) · 군자지도(君子之道)의 지(知) · 행(行)이 성덕(盛德)으로 이루어지고, 그 성덕(盛德)은 효(孝)의 예(禮)로 드러나며, 그 예(禮)는 상례(喪禮)로 끝맺음을 살펴[觀] 새기고[玩] 헤아려[擬] 가늠하게[斷] 한다. 그리하여 주공(周公)의 예악(禮樂)이 어떻게 창시(創始)되어 주례(周禮)로 기틀을 잡았고, 유가사상(儒家思想)의 뿌리가 주례(周禮)에 근거(根據)하고 있는지를 관완(觀玩)하여 의단(擬斷)하게 하는 장(章)이다.

【1단락(段落) 전문(全文)】

子曰 無憂者其惟文王乎인저 以王季爲父하고 以武王爲子하고 父作之하고 子述之하다
자왈 무우자기유문왕호 이왕계위부 이무왕위자 부작지 자술지

공자께 가로되: 걱정 없는 이 그런 분이라면 문왕이로다! 왕계(王季)를 아버지로 삼았고, 무왕으로 아들을 삼았으며, 아버지는 대업을 일으켰고, 아들은 그것을 이어 좇았다.

無憂者其惟文王乎(무우자기유문왕호) 以王季爲父(이왕계위부) 以武王爲子(이무왕위자)

▸걱정이[憂] 없는[無] 이[者] 그런 분이라면[其惟] 문왕(文王)이로다[乎]! 왕계(王季)로서[以] 아버지를[父] 삼았고[爲], 무왕(武王)으로서[以] 아들을[子] 삼았다[爲].

없을 무(無), 걱정 우(憂), 지인(之人) 자(者), 그 기(其), 오직 유(惟), ~인저 호(乎), 써 이(以), 삼을 위(爲)

【읽기(讀)】

무우자기유문왕호(無憂者其惟文王乎)는 평서문(平敍文)으로 〈무우자문왕야(無憂者文王也)〉의 무우자(無憂者)를 강조하고자 기유(其惟)로 어세(語勢)를 더하고, 조사(助詞)로 종결어미 노릇하는 〈~이다 야(也)〉를 감탄조사(感歎助詞) 〈~이로다 호(乎)〉로 바꾸어 어조(語調)를 더한 구문이다. 〈무우자는[無憂者] 문왕(文王)이다[也]〉 이를 〈무우자(無憂者) 그분은[其] 오로지[惟] 문왕(文王)이로다[乎]〉로 어세(語勢)와 어조(語調)를 바꾼 것이다.

무우자기유문왕호(無憂者其惟文王乎)에서 무우자(無憂者)는 무우지인(無憂之人) 즉 〈걱정이[憂] 없는[無之] 사람[人]〉을 줄인 말투이고, 우(憂)는 여기선 〈걱정 환(患)〉과 같아 우환(憂患)의 줄임말로 여기면 된다. 유(惟)는 뜻없는 조사(助詞)

노릇하며, 유(惟)를 〈오직 독(獨)〉과 같이 보고 유독(惟獨)의 줄임말로 새겨도 문의(文意)가 달라지지 않는다.

이왕계위부(以王季爲父)는 〈문왕위부이왕계(文王爲父以王季)〉에서 주어 노릇할 문왕(文王)을 생략하고, 이왕계(以王季)를 강조하고자 전치(前置)한 구문이다. 〈위(爲)A이(以)B〉는 상용구문(常用句文)으로 〈B로[以] A를 삼는다[爲]〉이다.

이무왕위자(以武王爲子)도 〈문왕위자이무왕(文王爲子以武王)〉에서 문왕(文王)을 생략하고, 이무왕(以武王)을 강조하고자 전치(前置)한 것이다.

【풀이(繹)】

무우자기유문왕호(無憂者其惟文王乎) 이왕계위부(以王季爲父) 이무왕위자(以武王爲子)는 『논어(論語)』에 나오는 주감어이대(周監於二代)와 인자불우(仁者不憂)를 떠올리게 한다. 주왕조(周王朝)의 기틀을 마련한 문왕(文王)은 요순(堯舜)을 지성으로 살펴 본뜨고[監], 의민(宜民)의 왕자(王者)였던 우(禹) · 탕(湯)을 거울로 삼았다[監]. 의민(宜民)의 군자(君子)로 가민(嘉民) · 낙민(樂民)하여 대덕자(大德者)의 주왕조(周王朝)를 열었으니, 이를 밝힌 말씀이 〈무우자기유문왕호(無憂者其惟文王乎) 이왕계위부(以王季爲父) 이무왕위자(以武王爲子)〉이다.

註 "주감어이대(周監於二代) 욱욱호문재(郁郁乎文哉) 오종주(吾從周)." 주나라는[周] {하(夏)나라와 은(殷)나라의} 이대를[於二代] 살펴 본떠[監] 문물제도가[文哉] 빛나고 빛나도다[郁郁乎]! 나는[吾] 주를[周] 따른다[從]. 『논어(論語)』「팔일(八佾)」편(篇) 14장(章)

註 "지자불혹(知者不惑) 인자불우(仁者不憂) 용자불구(勇者不懼)." 지혜로운[知] 자는[者] 미혹되지 않고[不惑], 어진[仁] 자는[者] 걱정하지 않으며[不憂], 용감한[勇] 자는[者] 두려워하지 않는다[不懼]. 『논어(論語)』「자한(子罕)」편(篇) 28(章)

父作之(부작지) 子述之(자술지)

▶아버지는[父] 대업을[之] 일으켰고[作], 아들은[子] 그것을[之] 이어 좇았다[述].

아버지 부(父), 일으킬 작(作), 그것 지(之), 아들 자(子), 이어받을 술(述)

【읽기(讀)】

부작지(父作之)는 〈문왕지부작주(文王之父作周)〉에서 앞 문맥으로 보충할 수 있는 문왕지(文王之)를 생략하고, 주(周)를 〈그것 지(之)〉로 대신한 구문이다. 〈문왕의[文王之] 아버지는[父] 주나라를[周] 일으켰다[作]〉 이를 〈아버지는[父] 그것을[之] 일으켰다[作]〉로 줄인 것이다. 부작지(父作之)의 작(作)은 〈일으킬 흥(興)〉과 같아 흥작(興作)의 줄임말로 여기면 된다.

자술지(子述之) 역시 〈문왕지자술주(文王之子述周)〉에서 문왕지(文王之)를 생략하고, 주(周)를 〈그것 지(之)〉로 대신한 말투이다. 〈문왕의[文王之] 아들은[子] 주나라를[周] 이었다[述]〉 이를 〈아들은[子] 그것을[之] 이었다[述]〉로 줄인 것이다. 자술지(子述之)의 술(述)은 〈이어 좇을 계(繼)〉와 같아 계술(繼述)의 줄임말로 새기면 된다.

【풀이(繹)】

부작지(父作之)는 주왕조(周王朝)가 문왕(文王)의 아버지인 왕계(王季)로부터 시작되었음을 살펴 새기고 헤아려 가늠하게 한다. 주왕조(周王朝)는 유가사상(儒家思想)의 발원(發源)이다. 그래서 공자(孔子)께서 〈오종주(吾從周)〉라고 한 것이다. 여기서 부작지(父作之)의 작(作)은 주왕조(周王朝)를 일으킨[興作] 것만이 아니라 주(周)나라의 문물제도(文物制度)를 이루어 시작(始作)한 것을 뜻하기도 한다. 왕계(王季)가 하(夏)·은(殷) 왕조(王朝)의 문물(文物)을 살피고 악사선취(惡捨善取)하여 하(夏)·은(殷) 문물(文物)에서 나쁜[惡] 점은 버리고[捨] 좋은[善] 점은 취하여[取] 주(周)의 문물(文物)을 정통문화(正統文化)로 이루어지게 했음이다. 그러므로 부작지(父作之)의 〈작(作)〉은 창작(創作)과 시작(始作)의 뜻을 두루 갖추고 있는 것이다.

이러한 왕계(王季)의 작(作)을 이어받아 좇았음을 자술지(子述之) 즉 무왕(武王)의 〈술(述)〉은 뜻한다. 따라서 무왕(武王)의 술(述)은 『논어(論語)』에서 밝힌 공자(孔子)의 술이부작(述而不作)과 온고이지신(溫故而知新)이 〈오종주(吾從周)〉로 말미암아 비롯된 문화(文化)·학문(學文)의 정신임을 살펴 새기고 헤아려 가늠하게 한다.

그러므로 문왕(文王)의 부(父) 왕계(王季)가 주왕조(周王朝)를 일으켰음[興作]을 뜻하기도 하고 하(夏)·우(禹)의 문물(文物)을 이어받기 시작했음[始作]을 밝힌 말씀이 〈부작지(父作之)〉이고, 문왕(文王)의 아들 무왕(武王)이 선대(先代)의 유업(遺業)을 지성(至誠)으로 이어받아 좇았음을 밝힌 것이 〈자술지(子述之)〉이다.

註 "술이부작(述而不作) 신이호고(信而好古) 절비어아노팽(竊比於我老彭)." 이어받아 좇았지[述而] 창작하지 않았고[不作], 옛 것을[古] 믿고[信而] 좋아함을[好] 나는[我] 노팽과[於老彭] 겨루고자 한다[比].

절(竊)은 겸손을 표현하는 말로 여기서는 사(私)와 마찬가지로 몰래 그윽이 속으로 말함을 뜻한다.

『논어(論語)』「술이(述而)」편(篇) 1장(章)

註 "온고이지신(溫故而知新) 가이위사의(可以爲師矣)." 옛 것을[故] 충분히 알고[溫而] 새 것을[新] 앎[知]으로써[以] 스승이[師] 될 수 있는 것[可爲]이다[矣].

『논어(論語)』「위정(爲政)」편(篇) 11장(章)

【2단락(段落) 전문(全文)】

武王纘大王王季文王之緒하고 壹戎衣而有天下하되
무 왕 찬 대 왕 왕 계 문 왕 지 서 　 일 융 의 이 유 천 하

身不失天下之顯名하고 尊爲天子이고 富有四海之内하고
신 불 실 천 하 지 현 명 　 존 위 천 자 　 부 유 사 해 지 내

宗廟饗之하고 子孫保之하다
종 묘 향 지 　 자 손 보 지

무왕은 대왕과 왕계와 문왕의 유서를 이어 한 번 갑옷을 입자 천하를 얻었고, (무왕은) 몸소 천하에 드러난 명성을 잃지 않았다. 존귀로는 천자(天子)이고, 부유로는 온 세상을 얻었고, 종묘에서 제사를 올렸고, 자손을 보양하였다.

武王纘大王王季文王之緒(무왕찬대왕왕계문왕지서)

▶ 무왕은[武王] 대왕과[大王] 왕계와[王季] 문왕의[文王之] 유서를[緖] 이었다[纘].

무력 무(武), 이을 찬(纘), 기틀 서(緖)

【읽기(讀)】

무왕찬대왕왕계문왕지서(武王纘大王王季文王之緒)는 〈무왕찬대왕지서(武王纘大王之緒) 이무왕찬왕계지서(而武王纘王季之緒) 이무왕찬문왕지서(而武王纘文王之緒)〉에서 되풀이되는 무왕찬(武王纘)과 지서(之緒)를 생략하고 세 구문을 하나로 묶은 것이다. 〈무왕은[武王] 대왕의[大王之] 유서를[緒] 이었다[纘]. 그리고[而] 무왕은[武王] 왕계의[王季之] 유서를[緒] 이었다[纘]. 그리고[而] 무왕은[武王] 문왕의[文王之] 유서를[緒] 이었다[纘]〉 이를 〈무왕은[武王] 대왕과[大王] 왕계와[王季] 문왕의[文王之] 유서를[緒] 이었다[纘]〉로 줄인 말투이다.

무왕찬대왕왕계문왕지서(武王纘大王王季文王之緒)에서 찬(纘)은 〈이을 계(繼)〉와 같고, 서(緒)는 〈사업 기(基)〉와 같아 기서(基緒)의 줄임말로 여기고 유업(遺業) 즉 넘겨준 사업[事業]으로 새기면 된다.

【풀이(繹)】

무왕찬대왕왕계문왕지서(武王纘大王王季文王之緒)는 앞서 살핀 〈자술지(子述之)〉의 술(述)을 거듭 밝혀 무왕(武王)의 일[事]을 헤아려보게 하면서, 선대(先代)의 대덕(大德)을 본받고 문물(文物)을 물려받았음을 〈찬(纘)〉이라고 밝힌 것이다. 찬(纘)은 곧 〈계(繼)〉이다. 찬(纘)·계(繼)·술(述) 등은 다 〈물려 이어받음〉을 뜻한다. 여기서 대왕(大王)은 문왕(文王)의 할아버지가 되는 고공단보(古公亶父)를 말하고, 왕계(王季)는 문왕(文王)의 아버지인 계역(季歷)을 말한다. 그리하여 무왕(武王)이 선대(先代)의 대덕(大德)을 물려받아 가민(嘉民)·낙민(樂民)·의민(宜民)의 군자(君子)로서 왕자(王者)가 되었음을 밝힌 말씀이 〈무왕찬대왕왕계문왕지서(武王纘大王王季文王之緒)〉이다.

壹戎衣而有天下(일융의이유천하)

▶한 번[壹] 갑옷을 입자[戎衣而] (하늘로부터) 천하를[天下] 얻었다[有].

한 번 일(壹), 병장기 융(戎), 입을 의(衣), 얻을 유(有)

【읽기(讀)】

일융의이유천하(壹戎衣而有天下)는 〈무왕일융의(武王壹戎衣) 이무왕유천하어천(而武王有天下於天)〉에서 주어 노릇할 무왕(武王)과 어천(於天)을 생략하고 두 구문을 하나로 묶은 것이다. 〈무왕은[武王] 한 번[壹] 갑옷을 입었다[戎衣]. 그리고[而] 무왕은[武王] 하늘로부터[於天] 천하를[天下] 얻었다[有]〉 이를 〈한 번[壹] 갑옷을 입고서[戎衣而] 천하를[天下] 얻었다[有]〉로 줄인 말투이다.

일융의이유천하(壹戎衣而有天下)에서 일(壹)은 〈한번 일(壹)〉로 부사(副詞) 노릇하고, 융(戎)은 여기선 갑주(甲冑) 즉 갑옷을 뜻하며, 의(衣)는 〈옷 입을 의(衣)〉로 동사 노릇하고, 유(有)는 〈얻을 득(得)〉과 같이 새기면 된다.

【풀이(繹)】

일융의이유천하(壹戎衣而有天下)는 무왕(武王)이 은(殷)나라의 마지막 천자(天子)였던 폭군(暴君) 주(紂)를 축출(逐出)한 무력혁명(武力革命)을 말한다. 여기서 일융의(壹戎衣)는 한 번[壹] 갑옷을 입었음이니, 무력(武力)을 한 번밖에 쓰지 않았음을 뜻한다. 무왕(武王)이 무력(武力)으로 주(紂)를 토벌(討伐)해야 했던 뜻을 가늠하게 하는 일융의(壹戎衣)는『서경(書經)』「주서(周書) 태서(泰誓) 상(上)」편(篇)에 나오는 **금상왕수(今商王受) 불경상천(弗敬上天) 강재하민(降災下民)**이란 말(書)을 상기(想起)하게 한다. 상왕(商王) 수(受)는 폭군(暴君) 주(紂)의 이름이다. 위로[上] 하늘[天]을 공경해야[敬] 하는 까닭을 무왕(武王)은 다음처럼 **유천지만물부모(惟天地萬物父母) 유인만물지령(惟人萬物之靈) 단총명(亶聰明) 작원후(作元后) 원후작민부모(元后作民父母)**라고 밝혀 무력혁명(武力革命)을 할 수밖에 없음을 서(誓)했다. 서(誓)란 전쟁(戰爭)을 앞두고 임금이나 장수가 전장병에게 내리는 훈시(訓示)이다. 이러한 서(誓)로 무왕(武王)은 패자(霸者)가 아니라 왕자(王者)로 융의(戎衣)하였음을 살펴 새기고 헤아려 가늠하게 한다.

무왕(武王)은 왕자(王者)로서 은(殷)나라 폭군(暴君) 주(紂)를 징벌(懲罰)하기 위해 한 번 융의(戎衣)한 것이지, 대국(大國)을 차지하여 패자(霸者)가 되고자 백성[民]을 몰아[率] 병복(兵服)을 입힌 것은 결코 아님을 밝힌 말씀이 〈일융의이유천하(壹戎衣而有天下)〉이다.

註 "유천지만물부모(惟天地萬物父母) 유인만물지령(惟人萬物之靈) 단총명(亶聰明) 작원후(作元后) 원후작민부모(元后作民父母) 금상왕수(今商王受) 불경상천(弗敬上天) 강재하민(降災下民) …… 동력탁덕(同力度德) 동덕탁의(同德度義) 수유신억만(受有臣億萬) 유억만심(惟億萬心) 여유신삼천(予有臣三千) 유일심(惟一心)." 오직[惟] 천지는[天地] 만물의[萬物] 부모이고[父母], 오직[惟] 인간은[人] 만물의[萬物之] 영장이다[靈]. 진실로[亶] 총명하다면[聰明] 천자가[元后] 되고[作], 천자가[元后] 되면[作] 백성의[民] 부모이다[父母]. 그런데 지금[今] 상왕인[商王] 수가[受] 위로는[上] 하늘을[天] 받들지 않고[弗敬], 아래로는[下] 백성에게[民] 재앙을[災] 내린다[降]. …… 힘이[力] 같다면[同] 덕을[德] 헤아리고[度], 덕이[德] 같다면[同] 의를[義] 헤아린다[度]. 수한테는[受] 억만의[億萬] 신하가[臣] 있지만[有], 오직[惟] 억만의[億萬] 마음들이다[心]. 나에게는[予] 삼천의[三千] 신하가[臣] 있지만[有], 오직[惟] 한마음이다[一心].

유(惟)는 어조사이니 무시하고 새겨도 되고, 수(受)는 상왕(商王) 주(紂)의 이름이고, 주(紂)가 은(殷)나라를 상(商)나라로 바꾸었다. 『서경(書經)』「주서(周書) 태서(泰誓) 상(上)」편(篇)

身不失天下之顯名(신불실천하지현명)

▶ (무왕은) 몸소[身] 온 세상에[天下之] 드러난[顯] 명성을[名] 잃지 않았다[不失].

몸 신(身), 아니 불(不), 잃을 실(失), 드러날 현(顯), 이름 명(名)

【읽기(讀)】

신불실천하지현명(身不失天下之顯名)은 〈무왕신불실천하지현명(武王身不失天下之顯名)〉에서 무왕(武王)을 생략한 구문이다. 신불실천하지현명(身不失天下之顯名)에서 신(身)은 부사(副詞)로 〈스스로 자(自)〉와 같아 자신(自身)의 줄임말로 여기면 되고, 실(失)은 여기선 〈잃을 손(損)〉과 같아 손실(損失)의 줄임말이며, 현(顯)은 〈드러날 저(著)〉와 같아 현명(顯名)은 저명(著名)과 같다.

【풀이(繹)】

신불실천하지현명(身不失天下之顯名)은 무왕(武王) 자신이 가민(嘉民) · 낙민(樂民)하여 의민(宜民)하게 한 헌헌령덕(憲憲令德)의 군자(君子)로 온 세상에 두루 알려진 명성(名聲) 그대로 왕자(王者)였음을 살펴 새기고 헤아려 가늠하게 한다. 무왕(武王)은 폭군(暴君) 주(紂)를 징벌(懲罰)했을 뿐, 순천자(順天者)의 왕자(王者)

로 행인정(行仁政) 즉 어진[仁] 정치[政]를 베풀어[行] 대덕지인(大德之人)의 명성(名聲)을 온 세상에 떨쳤음을 밝힌 말씀이 〈신불실천하지현명(身不失天下之顯名)〉이다.

尊爲天子(존위천자)

▶{무왕(武王)은} 존귀로는[尊] 천자(天子)이다[爲].

존귀할 존(尊), ~이다 위(爲), 하늘 천(天), 아들 자(子)

【읽기(讀)】

존위천자(尊爲天子)는 〈무왕위천자어존(武王爲天子於尊)〉에서 주어 노릇할 무왕(武王)을 생략하고, 어존(於尊)의 존(尊)을 강조하고자 존(尊)만을 전치(前置)한 말투이다. 〈존귀[尊]에서[於] 무왕은[武王] 천자(天子)이다[爲]〉 이를 〈존귀로는[尊] 천자(天子)이다[爲]〉로 줄인 것이다.

존위천자(尊爲天子)에서 위(爲)는 〈~이다 시(是)〉와 같고, 〈A위(爲)B=A시(是)B〉 즉 〈A는 B이다[爲]=A는 B이다[是]〉의 상용구문이다.

【풀이(繹)】

존위천자(尊爲天子)는 〈거존무왕위천자(據尊武王爲天子)〉란 말씀으로, 존(尊)을 근거로[據] 한다면 무왕(武王)은 천자(天子)라는[爲] 것이다. 이는 무왕(武王)이 천지(天地)를 본받아[法] 이덕행인(以德行仁) 즉 덕으로[以德] 인정을 베풀어[行] 온 세상에서 가장 존귀(尊貴)한 분이 되었음을 뜻한다. 이 또한 오로지 외덕(畏德)하고 순덕(順德)하는 무소불통(無所不通)의 성인(聖人)으로 수기이안백성(修己以安百姓)을 하고자 정성(精誠)을 다해 평천하(平天下)했음을 말한다. 그러므로 〈존위천자(尊爲天子)〉는 『논어(論語)』「헌문(憲問)」편(篇)에 나오는 **수기이안백성(修己以安百姓) 요순기병저(堯舜其猶病諸)**란 자왈(子曰)을 상기(想起)시켜 천명(天命)을 두려워하고[畏] 좇아[順] 지성(至誠)으로 본받는[法] 천자(天子)가 되었음[爲]을 밝힌 말씀이다.

註 "수기이안백성(修己以安百姓) 요순기유병저(堯舜其猶病諸)." 자기를[己] 수양하여[修以] 백성을[百姓] 편안케 함이란[安] 요순(堯舜) 그분들께서도[其] 오히려[猶] 그 일을[諸] 고심했다[病]. 『논어(論語)』「헌문(憲問)」편(篇) 44장(章)

富有四海之內(부유사해지내)

▶ {무왕(武王)은} 부유로는[富] 온 세상을[四海之內] 차지했다[有].

부유할 부(富), 차지할 유(有), 바다 해(海), 조사(~의) 지(之), 안 내(內)

【읽기(讀)】

부유사해지내(富有四海之內)는 〈무왕유사해지내어부(武王有四海之內於富)〉에서 무왕(武王)을 생략하고, 어부(於富)의 부(富)를 강조하고자 부(富)만을 전치(前置)한 구문이다. 〈유[富]에서[於] 무왕은[武王] 온 세상을[四海之內] 가졌다[有]〉 이를 〈부유로는[富] 온 세상을[四海之內] 가졌다[有]〉로 줄인 말투이다.

부유사해지내(富有四海之內)에서 부(富)는 〈많을 성(盛) · 다(多)〉 등과 같아 부성(富盛)의 줄임말로 여기면 되고, 유(有)는 〈차지할 취(取)〉와 같고, 사해지내(四海之內)는 천하(天下)와 같다.

【풀이(繹)】

부유사해지내(富有四海之內)는 〈거부무왕유사해지내(據富武王有四海之內)〉란 말씀이다. 부(富)를 근거로[據] 한다면 무왕(武王)은 온 세상[四海之內]을 차지했다[有]는 것이다. 이는 무왕(武王)이 아버지 문왕(文王)의 대덕(大德)을 지성으로 지(知) · 행(行)하여 온 세상에서 가장 부성(富盛)한 분이 되었음을 뜻한다. 이 또한 무왕(武王)이 오로지 외덕(畏德)하고 순덕(順德)하는 무소불통(無所不通)으로 수기이안백성(修己以安百姓)을 다하고자 선왕(先王)의 성덕(聖德)을 두려워하고[畏] 좇아[順] 지성(至誠)으로 본받는[法] 천자(天子)가 되었음[爲]을 밝힌 말씀이다.

宗廟饗之(종묘향지)

▶ {무왕(武王)은} 종묘에서[宗廟] 제사를 올렸다[饗].

마루 종(宗), 모습 묘(廟), 제사지낼 향(饗), 조사 지(之)

【읽기(讀)】

종묘향지(宗廟饗之)는 〈무왕향종묘(武王饗宗廟)〉에서 무왕(武王)을 생략하고, 종묘(宗廟)를 강조하고자 전치(前置)하면서 아무런 뜻 없는 조사(助詞) 지(之)를 빈 자리에 둔 구문이다. 〈무왕은[武王] 종묘에서[宗廟] 제사를 올렸다[饗]〉 이를 〈종묘에서[宗廟] 제사를 올렸다[饗]〉로 줄인 것이다.

종묘향지(宗廟饗之)에서 묘(廟)는 〈모습 모(貌)〉와 같고 조상(祖上)의 모습[貌]을 신주(神主)로 모신 곳을 말하며, 향(饗)은 여기선 흠향(歆饗)의 줄임말로 제사지내는 것을 신(神)이 흠향(歆饗) 즉 제사 음식을 귀신(鬼神)과 조상(祖上)의 귀(鬼)가 잘 받아먹음을 뜻한다.

【풀이(繹)】

종묘향지(宗廟饗之)는 무왕(武王)이 천자(天子)가 되어 묘(廟) 즉 사당(祠堂)에서 향(饗) 즉 제사(祭祀)를 지내 제례(祭禮)를 다하였음을 말한다. 향(饗)은 흠향(歆饗)이다. 신(神)이나 조상(祖上)의 귀(鬼)가 제사(祭祀) 음식을 기쁘게 받아먹는 곳이 곧 묘(廟)이며, 동시에 조상(祖上)의 모습[貌]을 나타내는 신주(神主)를 모신 곳이다. 무왕(武王)이 종묘(宗廟)에서 흠향(歆饗)하였다고 하여 순제(舜帝) 때부터 내려왔던 제례(祭禮)를 지켰음[遵]을 살펴 새기고 헤아려 가늠하게 하는 말씀이 〈종묘향지(宗廟饗之)〉이다.

子孫保之(자손보지)

▶ {무왕(武王)은} 자손을[子孫] 보양하였다[保].

아들 자(子), 자손 손(孫), 간직할 보(保), 조사 지(之)

【읽기(讀)】

자손보지(子孫保之)는 〈무왕보자손(武王保子孫)〉에서 무왕(武王)을 생략하고, 자손(子孫)을 강조하고자 전치(前置)하면서 조사(助詞) 지(之)를 빈 자리에 둔 말투이다. 〈무왕은[武王] 자손을[子孫] 보전했다[保]〉 이를 〈자손을[子孫] 보전했다[保]〉로 줄인 것이다.

자손보지(子孫保之)에서 보(保)는 〈기를 양(養)·육(育)〉 등과 같아 보양(保養)·보육(保育)의 줄임말로 새기면 된다.

【풀이(繹)】

자손보지(子孫保之)는 무왕(武王)이 천자(天子)가 되어서도 대효(大孝)를 이어서 제가(齊家)를 다하였음을 말한다. 보(保)는 여기선 양(養)·육(育)이니, 자손(子孫)을 예(禮)에 어긋남이 없게 보양(保養)·보육(保育)하여 가례(家禮)를 확립(確立)하고 제가(齊家)를 다하여 세손(世孫)들이 면면히 융성(隆盛)하였음을 살펴 새기고 헤아려 가늠하게 하는 말씀이 〈자손보지(子孫保之)〉이다.

【3단락(段落) 전문(全文)】

武王末受命이니 周公成文武之德하여 追王大王王季하고 上祀先公以天子之禮하다 斯禮也達乎諸侯大夫하고 及士庶人하다

무왕말수명 주공성문무지덕 추왕대왕왕계 상사선공이천자지례 사례야달호제후대부 급사서인

무왕이 말년에 천명을 받으니, 주공이 문왕과 무왕의 덕을 이루었고, 대왕과 왕계를 왕으로 추존하였고, 위로는 선공들을 천자의 예로 제사지냈다. 이러한 예의가 제후(諸侯)와 대부(大夫)에서 사(士)와 서인(庶人)에까지 통용되었다.

武王末受命(무왕말수명)

▶ 무왕이[武王] 말년에[末] 천명을[命] 받았다[受].

무력 무(武), 임금 왕(王), 끝 말(末), 받을 수(受), 천명 명(命)

【읽기(讀)】

무왕말수명(武王末受命)은 〈무왕수천명어말년(武王受天命於末年)〉에서 수천명

(受天命)을 수명(受命)으로 줄이고, 어말년(於末年)을 말(末)로 줄여 동사 노릇하는 수(受) 앞으로 전치(前置)한 구문이다. 〈무왕은[武王] 말년에[於末年] 천명을[天命] 받았다[受]〉 이를 〈무왕은[武王] 늙어서[末] 천명을[命] 받았다[受]〉로 줄인 것이다. 여기서 수(受)는 〈얻을 득(得)〉과 같다.

【풀이(繹)】

무왕말수명(武王末受命)은 상왕(商王) 주(紂)를 토벌(討伐)하여 곧장 무왕(武王)이 천자(天子)가 될 수는 없었음을 암시하는 말로, 『서경(書經)』「주서(周書) 홍범(洪範)」편(篇)에 나오는 **유십유삼사방우기자(惟十有三祀訪于箕子)**를 상기(想起)시킨다. 무왕(武王)이 주(紂)를 토벌했지만, 그 후 13년 동안 민심(民心)을 얻지 못해 나라 정사[政事]가 안정되지 못하자, 무왕(武王)은 기자(箕子)를 찾아가 백성의 마음을 얻는 이치[由]를 모른다고 실토하고 도움을 청했다. 기자(箕子)가 창생(蒼生) 즉 온 백성을 위해 홍범구주(洪範九疇)를 알려주는 내용이 「주서(周書) 홍범(洪範)」편(篇)에 나온다. 이로 미루어 무왕(武王)이 일융의(壹戎衣)로 원후(元后) 즉 천자(天子)가 된 것이 아님을 알려준다. 즉 무왕(武王)이 수기이경(修己以敬) · 수기이안인(修己以安人)하여 수기이안백성(修己以安百姓)을 지(知) · 행(行)하는 대덕(大德)의 왕자(王者)로서 천자(天子)의 위(位)를 받은 것은 말년(末年)이고, 이 때문에 무왕(武王)이 손수 주(周)나라의 문물제도(文物制度)를 완성(完成)하지 못했음을 암시하는 말씀이 〈무왕말수명(武王末受命)〉이다.

註 "유십유삼사왕방우기자(惟十有三祀王訪于箕子) 왕내언왈(王乃言曰) 명호(嗚乎) 기자(箕子) 유천음즐하민(惟天陰騭下民) 상협궐거(相協厥居) 아부지기이륜유서(我不知其彝倫攸敍) …… 우내사흥(禹乃嗣興) 천내석우홍범구주(天乃錫禹洪範九疇) 이륜유서(彝倫攸敍)." {주(紂)를 토벌한 지} 13년에[十有三祀] 무왕이[王] 기자를[于箕子] 찾아가[訪] 무왕이[王] 이어[乃] 말하여[言] 가로되[曰]: 오오[嗚乎] 기자여[箕子]! 오직[惟] 하늘이[天] 몰래[陰] 백성을[下民] 정해두고[騭] 그들의[厥] 삶을[居] 도와주고[相] 어울리게 하는데[協], 나는[我] 일정한[彝] 윤리가[倫] 베풀어지는[敍] 바를[攸] 모르오[不知]. …… (기자가 말하여 가로되) 이에[乃] 우왕이[禹] 이어서[嗣] 일어나니[興] 하늘이[天] 이에[乃] 우왕에게[禹] 홍범구주를[洪範九疇] 내리시어[錫] (백성에게) 일정한[彝] 윤리가[倫] 베풀어지는[敍] 바를[攸] {우왕(禹王)은 알게 되었다}

『서경(書經)』「주서(周書) 홍범(洪範)」편(篇) 1단락(段落)

周公成文武之德(주공성문무지덕)

▶ 주공이[周公] 문왕과[文] 무왕의[武之] 덕을[德] 완성했다[成].

두루 주(周), 다 공(公), 이룰 성(成), 굳셀 무(武), 큰 덕(德)

【읽기(讀)】

주공성문무지덕(周公成文武之德)은 〈주공성문왕지덕(周公成文王之德) 이주공성무왕지덕(而周公成武王之德)〉에서 주어 노릇하는 주공(周公)과 동사 노릇하는 성(成)이 되풀이되는 것을 생략하고, 문왕지덕(文王之德)과 무왕지덕(武王之德)을 문무지덕(文武之德)으로 줄여 두 구문을 하나로 묶은 것으로 새기면 문의가 드러난다. 〈주공이[周公] 문왕의[文王之] 덕을[德] 이루었다[成]. 그리고[而] 주공이[周公] 무왕의[武王之] 덕을[德] 이루었다[成]〉 이를 〈주공이[周公] 문왕과 무왕의[文武之] 덕을[德] 이루었다[成]〉로 줄인 말투이다.

주공성문무지덕(周公成文武之德)에서 성(成)은 〈왕성할 완(完)〉과 같아 완성(完成)의 줄임말로 새기면 된다.

【풀이(繹)】

주공성문무지덕(周公成文武之德)은 주공(周公)이 문왕(文王)과 무왕(武王)의 성덕(盛德)을 이어받아 주(周)나라의 문물(文物)로 완성(完成)하였음을 살펴 새기고 헤아려 가늠하게 한다. 주공(周公)은 무왕(武王)을 이은 성왕(成王)을 도와 섭정(攝政)하였다. 이에 주공(周公)은 문왕(文王)과 무왕(武王)의 성덕(盛德)을 이어받아 중용지도(中庸之道)·군자지도(君子之道)를 지(知)·행(行)하여 주(周)나라 문물(文物)의 근간(根幹)인 주례(周禮)를 다졌고 유가사상(儒家思想)의 시원(始源)을 마련해준 셈이니, 〈오종주(吾從周)〉라는 자왈(子曰)을 〈오종주공(吾從周公)〉으로 가늠해도 될 것이다. 이러한 연유(緣由)로, 『논어(論語)』「술이(述而)」편(篇)에 나오는 **오불복몽견주공(吾不復夢見周公)**이란 자왈(子曰)로도 공자(孔子)께서 주공(周公)을 흠모(欽慕)했음을 알 수 있다. 주공(周公)이 문왕(文王)과 무왕(武王)의 대덕(大德)을 이어받아 왕업(王業)을 튼튼히 계승(繼承)하게 하여 주(周)나라 문물제도(文物制度)를 완성(完成)했음을 밝힌 말씀이 〈주공성문무지덕(周公成文武之德)〉이다.

註 주례(周禮)를 창시(創始)한 주공(周公)은 문왕(文王)의 넷째 아들이고, 무왕(武王)의 아우이며, 휘(諱)는 단(旦)이다. 무왕(武王)을 이은 성왕(成王)을 도와 섭정(攝政)하였고, 『서경(書經)』「주서(周書)」편(篇)은 거의가 주공(周公)의 치세관(治世觀)이라고 말할 수 있다. 유가(儒家)에서는 주공(周公)을 예악제도(禮樂制度)의 창시자(創始者)로서 성인(聖人)으로 받든다.

註 "심의(甚矣) 오쇠야(吾衰也) 구의(久矣) 오불복몽견주공(吾不復夢見周公)." 심히[甚矣] 내가[吾] 늙었구나[衰也]. 오래구나[久矣]. 내가[吾] 주공을[周公] 다시[復] 꿈에서[夢] 뵙지 못한 지[不見].

『논어(論語)』「술이(述而)」편(篇) 5장(章)

追王大王王季(추왕대왕왕계)

▶ (주공은) 대왕과[大王] 왕계를[王季] 왕으로[王] 추존하였다[追].

좇을 추(追), 큰 대(大), 끝 계(季)

【읽기(讀)】

추왕대왕왕계(追王大王王季)는 〈주공추왕대왕(周公追王大王) 이주공추왕왕계(而周公追王王季)〉에서 주공(周公)을 생략하고, 되풀이되는 추왕(追王)을 줄여 두 구문을 하나로 묶은 것이다. 〈주공이[周公] 대왕을[大王] 왕으로[王] 추존했다[追]. 그리고[而] 주공이[周公] 왕계를[王季] 왕으로[王] 추존했다[追]〉 이를 〈대왕과[大王] 왕계를[王季] 왕으로[王] 추존했다[追]〉로 줄인 말투이다.

추왕대왕왕계(追王大王王季)에서 추(追)는 〈좇아 따를 축(逐)〉과 같아 추축(追逐)의 줄임말로 새기면 된다.

【풀이(繹)】

추왕대왕왕계(追王大王王季) 역시 주공(周公)의 업적(業績)을 말해준다. 이는 『논어(論語)』「학이(學而)」편(篇)에 나오는 **신종추원(愼終追遠)**에서 추원(追遠)을 살펴 새기고 헤아려 가늠하게 한다. 신종(愼終)은 부모(父母)의 상(喪)을 진실로 슬퍼하고 정성(精誠)을 다해 치름을 뜻하고, 추원(追遠)은 선조(先祖)의 영(靈)을 충심으로 추모(追慕)하여 지성(至誠)으로 제사(祭祀)의 예(禮)를 다함이다. 추왕대왕왕계(追王大王王季)에서 대왕(大王)은 주공(周公)에게 증조부(曾祖父)인 고공단보(古公亶父)이고, 왕계(王季)는 주공(周公)에게 조부(祖父)인 계역(季歷)이다. 주공(周

公)이 대왕(大王)과 왕계(王季)를 왕(王)으로 추존(追尊)했음은 추원(追遠)의 예(禮)를 이룬 것이다. 추원(追遠)의 추(追)는 〈제선이영사불망(祭先而永思不忘)〉을 뜻하고, 추원(追遠)의 원(遠)은 선조(先祖)를 말한다. 선대를[先] 제사지내어[祭而] 영원히[永] 생각하면서[思] 잊지 않음[不忘]이 곧 추원(追遠)이다. 왕(王)이 아닌 고공단보(古公亶父)와 계역(季歷)을 왕(王)의 위(位)로 추존(追尊)하여 주공(周公)이 추원(追遠)의 예(禮)를 다하였음을 밝힌 말씀이 〈추왕대왕왕계(追王大王王季)〉이다.

註 "신종추원(愼終追遠) 민덕귀후의(民德歸厚矣)." 부모의 상을[終] 신중하게 모시고[愼] 선조의 영을[遠] 지성으로 추모한다면[追] 백성의[民] 덕행이[德] 더욱[歸] 두터워지는 것[厚]이다[矣].

『논어(論語)』「학이(學而)」편(篇) 9장(章)

上祀先公以天子之禮(상사선공이천자지례)

▶ (주공은) 위로[上] 선대의 임금을[先公] 천자의[天子之] 예(禮)로써[以] 제사지냈다[祭].

위 상(上), 제사지낼 사(祀), 앞 선(先), 임금 공(公), 써 이(以), 예도 례(禮)

【읽기(讀)】

상사선공이천자지례(上祀先公以天子之禮)는 〈주공상사선공이천자지례(周公上祀先公以天子之禮)〉에서 주공(周公)을 생략한 구문이다. 〈주공은[周公] 위로[上] 선대의 임금을[先公] 천자의[天子之] 예(禮)로써[以] 제사지냈다[祀]〉 이를 〈위로[上] 선대의 임금을[先公] 천자의[天子之] 예(禮)로써[以] 제사지냈다[祀]〉로 줄인 것이다.

상사선공이천자지례(上祀先公以天子之禮)에서 사(祀)는 〈제사지낼 제(祭)〉와 같아 제사(祭祀)의 줄임말로 여기면 되고, 공(公)은 여기선 〈임금 군(君)〉과 같고, 이(以)는 〈써 용(用)〉과 같다.

【풀이(繹)】

상사선공이천자지례(上祀先公以天子之禮)는 무왕(武王)이 천자(天子)로서 수명(受命)했음을 말해준다. 여기서 선공(先公)이란 무왕(武王)의 시조(始祖)인 후직(后

稷)에서부터 고조(高祖)인 조감(組紺)에 이르는 13대(代) 주왕실(周王室)의 종통(宗統)을 말한다. 그 후손인 무왕(武王)이 천자(天子)이므로 무왕(武王)의 선공(先公)은 모두 천자(天子)의 예(禮)로 제사(祭祀)를 지내게 되는 예의(禮儀)를 주공(周公)이 완성(完成)했음을 밝힌 말씀이다.

斯禮也達乎諸侯大夫及士庶人(사례야달호제후대부급사서인)

▶이러한[斯] 예의가[禮也] 제후와[諸侯] 대부(大夫)에서[乎] 사와[士] 서인(庶人)에까지[及] 통용되었다[達].

이 사(斯), 예의 례(禮), 조사(~이란) 야(也), 통할 달(達), 조사(~에서) 호(乎), 모두 제(諸), 임금 후(侯), 조사(~까지) 급(及), 선비 사(士), 많을 서(庶)

【읽기(讀)】

사례야달호제후대부급사서인(斯禮也達乎諸侯大夫及士庶人)은 〈사례야달호제후(斯禮也達乎諸侯) 이사례야달호대부(而斯禮也達乎大夫) 이사례야달호사(而斯禮也達乎士) 이사례야달호서인(而斯禮也達乎庶人)〉에서 되풀이되는 내용인 사례야달호(斯禮也達乎)를 생략하고 네 구문을 하나로 묶은 것이다. 〈이러한[斯] 예의가[禮也] 제후에[乎諸侯] 통용되었다[達]. 그리고[而] 이러한[斯] 예의가[禮也] 대부에[乎大夫] 통용되었다[達]. 그리고[而] 이러한[斯] 예의가[禮也] 사에[乎士] 통용되었다[達]. 그리고[而] 이러한[斯] 예의가[禮也] 서인에[乎庶人] 통용되었다[達]〉 이를 〈이러한[斯] 예의가[禮也] 제후와[諸侯] 대부(大夫)에서[乎] 사와[士] 서인(庶人)에까지[及] 통용되었다[達]〉로 줄인 말투이다.

사례야달호제후대부급사서인(斯禮也達乎諸侯大夫及士庶人)에서 사(斯)는 〈이 차(此)〉와 같고, 달(達)은 〈통할 통(通)〉과 같아 통달(通達)의 줄임말로 여기면 되며, 호(乎)는 여기선 조사(助詞)로 〈~에서 어(於)〉와 같고, 급(及) 역시 조사(助詞)로 〈~까지 지(至)〉와 같으며, 서(庶)는 〈무리 중(衆)〉과 같아 서인(庶人)은 중인(衆人)으로 새기면 된다.

【풀이(繹)】

사례야달호제후대부급사서인(斯禮也達乎諸侯大夫及士庶人)은 장제(葬祭)의 명례(明禮)가 이로부터 시작되었음을 살펴 새기고 헤아려 가늠하게 한다. 드디어 주공(周公)이 행한 성문무지덕(成文武之德)·추왕대왕왕계(追王大王王季)·상사선공이천자지례(上祀先公以天子之禮)로써 이루어진 예의(禮儀)가 장제(葬祭)의 예(禮)로 온 세상에 두루 통용되기 시작한 시원(始源)이 되었음을 밝힌 말씀이 〈사례야달호제후대부급사서인(斯禮也達乎諸侯大夫及士庶人)〉이다.

【4단락(段落) 전문(全文)】

父爲大夫(부위대부)이고 子爲士(자위사)면 葬以大夫(장이대부)하고 祭以士(제이사)하며 父爲士(부위사)이고 子爲大夫(자위대부)면 葬以士(장이사)하고 祭以大夫(제이대부)하다

아버지가 대부이고 아들이 사라면 대부로 장례지내고 사로 제사지내며, 아버지가 사이고 아들이 대부라면 사로 장례지내고 대부로 제사를 지낸다.

父爲大夫(부위대부) 子爲士(자위사) 葬以大夫(장이대부) 祭以士(제이사) 父爲士(부위사) 子爲大夫(자위대부) 葬以士(장이사) 祭以大夫(제이대부)

▶아버지가[父] 대부(大夫)이고[爲] 아들이[子] 사(士)라면[爲] 대부(大夫)로써[以] 장례지내고[葬] 사(士)로써[以] 제사지내며[祭], 아버지가[父] 사(士)이고[爲] 아들이[子] 대부(大夫)면[爲] 사(士)로써[以] 장례지내고[葬] 대부(大夫)로써[以] 제사지낸다[祭].

아비 부(父), ~이다 위(爲), 사내 부(夫), 아들 자(子), 장사지낼 장(葬), 써 이(以), 제사지낼 제(祭)

【읽기(讀)】

부위대부(父爲大夫)와 자위사(子爲士)에서 위(爲)는 자동사로 〈~이다 시(是)〉와 같다. 〈아버지는[父] 대부(大夫)이고[爲] 아들은[子] 사(士)이다[爲]〉 〈A위(爲)B=A시(是)B〉를 상용구문으로 암기해두면 편하다. 〈A는 B이다[爲]=A는 B이다[是]〉

장이대부(葬以大夫)는 〈자장부이대부지례(子葬父以大夫之禮)〉에서 주어 노릇하는 자(子)와 목적어 노릇하는 부(父)를 생략하고, 대부지례(大夫之禮)를 대부(大夫)로 줄인 구문이다. 〈자식은[子] 대부의[大夫之] 예(禮)로써[以] 아버지를[父] 장사지낸다[葬]〉 이를 〈대부(大夫)로써[以] 장사지낸다[葬]〉로 줄인 말투이다.

제이사(祭以士)는 〈자제부이사지례(子祭父以士之禮)〉에서 자(子)와 부(父)를 생략하고 사지례(士之禮)를 사(士)로 줄인 구문이다. 〈자식은[子] 사의[士之] 예(禮)로써[以] 아버지를[父] 제사지낸다[祭]〉 이를 〈사(士)로써[以] 제사지낸다[祭]〉로 줄인 말투이다.

뒤에 이어지는 부위사(父爲士) 자위대부(子爲大夫) 장이사(葬以士) 제이대부(祭以大夫)는 앞서의 설명에서 사(士)와 대부(大夫)를 서로 바꾸어 읽으면 된다.

【풀이(繹)】

부위대부(父爲大夫) 자위사(子爲士) 장이대부(葬以大夫) 제이사(祭以士) 부위사(父爲士) 자위대부(子爲大夫) 장이사(葬以士) 제이대부(祭以大夫)는 장례(葬禮)는 사자(死者) 즉 아버지의 신분(身分)에 따라 행해지고, 제례(制禮)는 사자(死者)의 후사(後嗣) 즉 아들의 신분(身分)에 따라 행해짐을 밝힌 말씀이다.

【5단락(段落) 전문(全文)】

期之喪은 達乎大夫하고 三年之喪은 達乎天子하나 父母之喪은 無貴賤一也이다
(기지상 달호대부 삼년지상 달호천자 부모지상 무귀천일야)

일년상은 대부에 통용되고 삼년상은 천자까지 통용되나, 부모의 상은 귀천 없이 (삼년상으로) 한 가지인 것이다.

期之喪達乎大夫(기지상달호대부)

▶ 일년의[期之] 상은[喪] 대부(大夫)에[乎] 통용된다[達].

돌 기(期), 조사(~의) 지(之), 상제 노릇할 상(喪), 통할 달(達),
조사(~에) 호(乎)

【읽기(讀)】

기지상달호대부(期之喪達乎大夫)는 〈기지상복달호대부(期之喪服達乎大夫)〉에서 상복(喪服)을 상(喪)으로 줄인 말투이다. 기지상달호대부(期之喪達乎大夫)에서 기(期)는 〈돌 기(期)〉 즉 일년(一年)을 뜻하며, 상(喪)은 〈상제 노릇할 복(服)〉과 같아 상복(喪服)의 줄임말로 여기면 되고, 달(達)은 〈통할 통(通)〉과 같아 통달(通達)의 줄임말이며, 호(乎)는 〈~에 어(於)〉와 같다.

【풀이(繹)】

기지상달호대부(期之喪達乎大夫)는 대부(大夫)의 복상(服喪)을 말하고 있다. 이 또한 대효(大孝)를 말한다. 대효(大孝)는 중용지도(中庸之道)의 바탕이므로 상복(喪服)의 예의(禮儀)가 중용지도(中庸之道)의 조건이 되는 것이다. 그러므로 『예기(禮記)』「곡례(曲禮) 상(上)」편(篇)에 〈도덕인의(道德仁義) 비례불성(非禮不成)〉이란 말씀이 있다. 도덕인의(道德仁義)는 중용지도(中庸之道)로 일상화(日常化)되고, 예(禮)로 그 일상화(日常化)는 이지러지지 않는다. 예(禮)가 아닌 것[非]이면 중용지도(中庸之道)가 이루어지지 못한다[不成].

상례(喪禮)야말로 신종(愼終)의 예(禮)이다. 다만 제후(諸侯)와 대부(大夫)는 치세(治世)하는 공인(公人)이므로 기지상(期之喪)으로 상례(喪禮)를 다한다. 기지상(期之喪)이란 기년복(朞年服)을 뜻한다. 기년(朞年)은 일주년(一週年)을 말하니, 일년(一年) 동안 내내 상복(喪服)을 입음을 뜻한다. 다만, 제후(諸侯)와 대부(大夫)는 치세(治世)의 공인(公人)이기 때문에 실제로 상복(喪服)을 입지 않아도 됨을 밝힌 말씀이 〈기지상달호대부(期之喪達乎大夫)〉이다.

三年之喪達乎天子(삼년지상달호천자) 父母之喪無貴賤一也(부모지상무귀천일야)

▶삼년의[三年之] 상은[喪] 천자(天子)까지[乎] 통용되고[達], 부모의[父母之] 상은[喪] 귀천(貴賤) 없이[無] (삼년상으로) 한 가지인 것[一]이다[也].

상제 노릇할 상(喪), 통할 달(達), 조사(~에) 호(乎), 없을 무(無), 귀할 귀(貴), 천할 천(賤), 한 가지 일(一)

【읽기(讀)】

삼년지상달호천자(三年之喪達乎天子)는 〈삼년지상복달호천자(三年之喪服達乎天子)〉에서 앞 문맥으로 알 수 있는 내용이므로 삼년지상복(三年之喪服)을 삼년지상(三年之喪)으로 줄인 말투이다. 삼년지상달호천자(三年之喪達乎天子)에서 상(喪)은 〈상제 노릇할 복(服)〉과 같아 상복(喪服)의 줄임말로 여기면 되고, 달(達)은 〈통할 통(通)〉과 같아 통달(通達)의 줄임말이며, 호(乎)는 〈~에 어(於)〉와 같다.

부모지상무귀천일야(父母之喪無貴賤一也)는 〈부모지상무귀천삼년지상야(父母之喪無貴賤三年之喪也)〉에서 삼년지상(三年之喪)을 〈한 가지 일(一)〉로 대신한 것이다. 〈부모의[父母之] 상복은[喪] 귀천이[貴賤] 없이[無] 삼년의[三年之] 상복[喪]이다[也]〉 이를 〈부모의[父母之] 상은[喪] 귀천(貴賤) 없이[無] 한 가지인 것[一]이다[也]〉로 줄인 말투이다.

【풀이(繹)】

삼년지상달호천자(三年之喪達乎天子)는 온 세상을 다스리는 치자(治者)로서 천자(天子)일지라도, 부자(父子)의 천륜(天倫)으로 보면 범인(凡人)과 다를 바 없다 함이다. 선고(先考)를 삼년지상(三年之喪)으로 예(禮)를 다해야 한다. 그렇다고 천자(天子)로 하여금 굴건제복(屈巾祭服)을 하라는 것은 아니다. 삼년(三年)을 상복(喪服)한다면 공무(公務)에 막대한 지장이 있으므로 상복(喪服)하지 않아도 비례(非禮)가 아니란 뜻일 것이다.

그러나 부모지상무귀천일야(父母之喪無貴賤一也)는 『논어(論語)』「양화(陽貨)」

편(篇)에 나오는 자생삼년연후(子生三年然後) 면어부모지회(免於父母之懷)를 상기(想起)시켜 살펴 새기고 헤아려 가늠하게 한다. 태어난 자식은 삼년 동안 어버이의 품에 안겨 자란 은혜(恩惠)에 보답해야 하기 때문이다. 효(孝)란 어버이[父母]가 베풀어준 자애(慈愛)에 지성(至誠)으로 보답(報答)함이고, 상례(喪禮)와 제례(祭禮)는 그 보답(報答)을 불망(不忘) 즉 잊지 않음[不忘]이다. 이러한 효(孝)의 예(禮)가 주공(周公)의 예법(禮法) 즉 주례(周禮)로부터 말미암았음을 살펴 새기고 헤아려 가늠하게 하는 말씀이 〈삼년지상달호천자(三年之喪達乎天子) 부모지상무귀천일야(父母之喪無貴賤一也)〉이다.

註 삼년지상(三年之喪)이란 소상(小祥) 1년(年), 대상(大祥) 1년(年), 담사(禫祀) 3개월(個月)을 합친 27개월(個月) 간의 복상(服喪)을 말한다. 담사(禫祀)란 대상(大祥)을 마친 만 3개월(個月)째에 올리는 탈상(脫喪)의 제(祭)를 말한다.

註 "자왈(子曰) …… 부군자지거상(夫君子之居喪) 식지불감(食旨不甘) 문악불락(聞樂不樂) 거처불안(居處不安) 고(故) 불위야(不爲也) 금여안(今女安) 즉위지(則爲之) 재아출(宰我出) 자왈(子曰) 여지불인야(予之不仁也) 자생삼년연후(子生三年然後) 면어부모지회(免於父母之懷) 부삼년지상천하지통상야(夫三年之喪天下之通喪也) 여야유삼년지애어기부모호(予也有三年之愛於其父母乎)." 공자께서[子] 이르되[曰]: …… 무릇[夫] 군자의[君子之] 상중이라면[居喪] 맛있는 것을[旨] 먹어도[食] (그것이) 달지 않고[不甘], 악을[樂] 들어도[聞] 즐겁지 않으며[不樂], 편안한 거처라도[居處] 편안치 못하다[不安]. 그래서[故] (군자는) 일년상을 못한다[不爲也]. 그러나[今] 네가[女] (일년상으로도) 마음이 편하다면[安] 곧[則] 그렇게[之] 해라[爲]. (스승의 말을 듣고) 재아가[宰我] (선생님 앞에서) 떠나자[出] 공자께서[子] 이르되[曰]: 자아는[予之] 어질지 못한 것[不仁]이다[也]. 자식이[子] 태어나면[生] 삼년(三年) 뒤라야[然後] 부모의[父母之] 품안을[於懷] 면한다[免]. 무릇[夫] 삼년의[三年之] 복상은[喪] 천하에[天下之] 통하는[通] 복상[喪]이다[也]. 재아한테도[予也] 제[其] 부모(父母)한테서[於] 삼년의[三年之] 사랑이[愛] 있지 않았나[有乎].

재아(宰我)는 공자(孔子)의 제자로, 여(予)는 재아(宰我)의 자(字)이다. 재아(宰我)가 공자(孔子)께 삼년상(三年喪)은 너무 기니 일년(一年)으로 복상(服喪)하면 되지 않느냐고 묻자 공자(孔子)께서 마음이 편하다면 그렇게 하라고 답한 다음, 위와 같이 안타까워하셨다.

『논어(論語)』「양화(陽貨)」편(篇) 21장(章)

中庸
제19장
마음 중심 세상

효(孝)와 제례(祭禮)

다섯 단락(段落)으로 나누어지는 19장(章)은 자왈(子曰)로 시작한다. 효지지(孝之至) 즉 효(孝)의 지극함[至]은 조선(祖先)의 뜻[志]을 선(善)하게 이어받음[繼]이고 조선(祖先)의 일[事]을 선(善)하게 따름임[述]을 관완(觀玩)하여 의단(擬斷)하게 하고, 지극한 효(孝)를 다함은 제례(祭禮)로 이루어짐을 살펴[觀] 새기고[玩] 헤아려[擬] 가늠하게[斷] 하는 장(章)이다.

【1단락(段落) 전문(全文)】

子曰 武王周公其達孝矣乎인저 夫孝者善繼人之志하고
자왈 무왕주공기달효의호 부효자선계인지지
善述人之事者也이다
선술인지사자야

공자께서 가로되: 무왕과 주공 그분들은 효를 통달하였도다. 무릇 효라는 것은 선인의 뜻을 선하게 계승함이고, 선인의 일을 선하게 좇아 따름이다.

武王周公其達孝矣乎(무왕주공기달효의호)

▶ 무왕과[武王] 주공(周公) 그분은[其] 효를[孝] 통달한 것[達]이로다[矣乎]!

굳셀 무(武), 두루 주(周), 다 공(公), 그 기(其), 통달할 달(達), 효도 효(孝), 조사(~이다) 의(矣), 조사(~인저) 호(乎)

【읽기(讀)】

무왕주공기달효의호(武王周公其達孝矣乎)는 〈무왕기달효의호(武王其達孝矣乎) 이주공기달효의호(而周公其達孝矣乎)〉에서 되풀이되는 기달효의호(其達孝矣乎) 한쪽을 생략하고 두 구문을 하나로 묶은 말투이다. 〈무왕(武王) 그분은[其] 효에[孝] 통달한 것[達]이로다[矣乎]! 그리고[而] 주공(周公) 그분도[其] 효를[孝] 통달한 것[達]이로다[矣乎]〉 이를 〈무왕과[武王] 주공(周公) 그분은[其] 효를[孝] 통달한 것[達]이로다[矣]〉로 줄인 것이다.

무왕주공기달효의호(武王周公其達孝矣乎)에서 기(其)는 무왕(武王)과 주공(周公)을 나타내는 가주어(假主語) 노릇해 어세(語勢)를 더해주고, 효(孝)는 달(達)의 목적어 노릇하며, 의호(矣乎)는 종결어미로 감탄조사(感歎助詞 : ~이로다) 노릇한다.

【풀이(繹)】

무왕주공기달효의호(武王周公其達孝矣乎)는 무왕(武王)과 주공(周公)이 문왕(文王)을 지성(至誠)으로 모셨음을 말해준다. 효(孝)란 선사부모(善事父母)이다. 어버이[父母]를 선(善)하게 받들어 모심[事]이 곧 효(孝)이다. 선사부모(善事父母)의 효(孝)는 부모(父母)를 천지(天地)로 여기고 받든다. 선사(善事)란 사천(事天) · 순천(順天)으로 이어지는 받듦[事]이다. 천지(天地)의 시킴과 가르침[命]을 계승(繼承)함이 선(善)인 까닭이다. 그러므로 선사(善事)의 선(善)이란 중용지도(中庸之道)의 지(知) · 행(行)을 드러내 대덕(大德)으로 이어진다. 부모(父母)를 선(善)하게 받듦[事]이란 부모(父母)의 은덕(恩德)을 잊지 않고 보은(報恩)함이다. 무왕(武王)과 주공(周公)이 문왕(文王)의 성덕(盛德)을 선(善)하게 받듦[事]을 지극하게 다하고,

나아가 지극한 거상(居喪)으로 문왕(文王)을 받들었음을 밝힌 말씀이 〈무왕주공기달효의호(武王周公其達孝矣乎)〉이다.

夫孝者善繼人之志(부효자선계인지지)

▶무릇[夫] 효라는[孝] 것은[者] 선인의[人之] 뜻을[志] 잘[善] 계승함이다[繼].

무릇 부(夫), 효도 효(孝), 것 자(者), 선할 선(善), 이을 계(繼), 뜻 지(志)

【읽기(讀)】

부효자선계인지지(夫孝者善繼人之志)는 〈효선계선인지지(孝善繼先人之志)〉에서 효(孝)를 강조하고자 부효자(夫孝者)로 어세(語勢)를 더하고, 앞 문맥으로 보충할 수 있는 선인지지(先人之志)를 인지지(人之志)로 줄인 구문이다. 〈효는[孝] 조상의[先人之] 뜻을[志] 선하게[善] 계승함이다[繼]〉 이를 〈무릇[夫] 효라는[孝] 것은[者] 선인의[人之] 뜻을[志] 선하게[善] 계승함이다[繼]〉로 어세(語勢)를 더한 것이다.

부효자선계인지지(夫孝者善繼人之志)에서 계(繼)는 〈이을 승(承)〉과 같아 계승(繼承)의 줄임말로 새기면 된다.

【풀이(繹)】

부효자선계인지지(夫孝者善繼人之志)는 효자(孝者) 즉 효(孝)라는 것[者]을 풀이한다. 여기서 인지지(人之志)는 멀리 보면 선조지지(先祖之志)이겠지만, 가까이 보면 부친지지(父親之志)이다. 무왕(武王)과 주공(周公)은 아버지[父] 문왕(文王)의 뜻[志]을 선계(善繼)하였으므로 그들을 달효자(達孝者)라고 공자(孔子)가 예찬(禮讚)한 것이다.

효(孝)를 통달(通達)한 사람[者]이란 무엇보다 아버지의 뜻[志]을 지극하게 선계(善繼)하는 자(者)이다. 여기서 선계(善繼)의 선(善)을 주목하게 된다. 선(善)이란 계명(繼命) 즉 천명(天命)을 이음[繼]이니, 선(善)하게 이음[繼]이란 천명(天命)을 따르는[順] 계승(繼承)이다. 이러한 선계(善繼)란 곧 중용지도(中庸之道)를 지(知)·행(行)하여 군자지도(君子之道)로 이어진다. 그러므로 선계인지지(善繼人之

志)란 부친(父親)의 중용지도(中庸之道) · 군자지도(君子之道)를 계승(繼承)함이다. 선계(善繼)의 효(孝)는 또 『논어(論語)』「학이(學而)」편(篇)에 나오는 **부재(父在) 관기지(觀其志)**란 말씀을 상기(想起)시킨다. 부재(父在) 즉 아버지[父]가 살아계실[在] 때에 부친(父親)의 뜻[志]을 살펴[觀] 받듦[事]이 부재(父在)의 효성(孝誠)임을 밝힌 말씀이 〈부효자선계인지지(夫孝者善繼人之志)〉이다.

註 "부재(父在) 관기지(觀其志) 부몰(父沒) 관기행(觀其行) 삼년무개어부지도(三年無改於父之道) 가위효의(可謂孝矣)." 부친이[父] 계시면[在] 부친의[其] 뜻을[志] 살피고[觀], 부친이[父] 돌아가셨으면[沒] 부친의[其] 일을[行] 살핀다[觀]. 삼년 동안[三年] 부친의[父之] 도를[道] 고치지 않는다면[無改] 효라[孝] 할 수 있는 것[可謂]이다[矣]. 『논어(論語)』「학이(學而)」편(篇) 11장(章)

善述人之事者也(선술인지사자야)

▶ {무릇 효(孝)라는 것은} 선인의[人之] 일을[事] 선하게[善] 좇아 따름[述]이다[也].

선할 선(善), 좇을 술(述), 일 사(事), 것 자(者), 조사(~이다) 야(也)

【읽기(讀)】

선술인지사자야(善述人之事者也)는 〈부효자선술인지사자야(夫孝者善述人之事者也)〉에서 앞 문맥으로 보충할 수 있는 주부(主部) 노릇할 부효자(夫孝者)를 생략한 구문으로 보면 문의(文意)가 드러난다. 선술인지사자야(善述人之事者也)를 〈A자(者)B자야(者也)〉의 상용구문(常用句文)에서 주부(主部) 노릇하는 A자(者)를 생략한 것으로 여기면 된다. 〈A라는 것은[者] B라는 것[者]이다[也]〉.

술(述)은 여기선 〈좇을 순(循)〉과 같아 순술(循述)의 줄임말로 여기면 되고, 사(事)는 〈일 업(業)〉과 같아 사업(事業)의 줄임말로 새기면 된다.

【풀이(繹)】

선술인지사자야(善述人之事者也) 역시 효자(孝者) 즉 효(孝)라는 것[者]을 풀이한다. 여기서 인지사(人之事)란 멀리 보면 선조지사(先祖之事)이지만, 가까이 보면 부친지사(父親之事)이다. 무왕(武王)과 주공(周公)은 아버지[父] 문왕(文王)의 일

[事]을 선술(善述)하였기 때문에 무왕(武王) · 주공(周公)을 달효자(達孝者)라고 공자(孔子)가 예찬(禮讚)한 것이다.

효(孝)를 통달(通達)한 사람[者]이란 무엇보다 아버지의 사업(事業)을 지극하게 선술(善述)하는 자(者)이다. 여기서도 선술(善述)의 선(善)을 주목하게 된다. 선(善)이란 계명(繼命) 즉 천명(天命)을 이음[繼]이니, 선(善)하게 이음[繼]이란 천명(天命)을 따르는[順] 순술(循述)이다. 이러한 순술(循述) 또한 중용지도(中庸之道)를 지(知) · 행(行)하여 군자지도(君子之道)를 좇음이다. 그러므로 선술인지사(善述人之事)는 부친(父親)의 중용지도(中庸之道) · 군자지도(君子之道)를 좇아 따름[述]이다. 선술(善述)의 효(孝)는 『논어(論語)』「학이(學而)」편(篇)에 나오는 **부몰(父沒) 관기행(觀其行)**이란 말씀을 상기(想起)시킨다. 설령 부친(父親)의 유업(遺業)에서 개선(改善)할 점이 있다 하더라도 복상(服喪) 중인 삼년 동안에는 고치지 말아야 함이 부몰(父沒) 시의 효행(孝行)이다. 부몰(父沒) 즉 아버지[父]가 돌아가셨다면[在] 부친(父親)의 일[事] 즉 유업(遺業)을 살펴[觀] 받듦[事]이 부몰(父沒)의 효성(孝誠)임을 밝힌 말씀이 〈선술인지사자야(善述人之事者也)〉이다.

註 "부몰(父沒) 관기행(觀其行) 삼년무개어부지도(三年無改於父之道) 가위효의(可謂孝矣)." 부친이[父] 돌아가셨으면[沒] 부친의[其] 일을[行] 살핀다[觀]. 삼년 동안[三年] 부친의[父之] 도를[道] 고치지 않는다면[無改] 효라[孝] 할 수 있는 것[可謂]이다[矣].

『논어(論語)』「학이(學而)」편(篇) 11장(章)

【2단락(段落) 전문(全文)】

春秋脩其祖廟 陳其宗器 設其裳衣하고 薦其時食한다
춘 추 수 기 조 묘 진 기 종 기 설 기 상 의 천 기 시 사

봄가을로 그 종묘(宗廟)를 닦고 그 종기(宗器)를 진열하며, 그 상의(裳衣)를 진설하고 그 제철 음식을 올렸다.

春秋脩其祖廟(춘추수기조묘)

▶ 봄가을로[春秋] 그[其] 종묘를[祖廟] 쓸고 닦았다[脩].

봄 춘(春), 가을 추(秋), 닦을 수(脩), 조상 조(祖), 사당 묘(廟)

【읽기(讀)】

춘추수기조묘(春秋脩其祖廟)는 〈무왕주공수왕실지조묘어춘추(武王周公脩王室之祖廟於春秋)〉에서 앞 문맥으로 보충할 수 있는 주부(主部) 인무왕주공(武王周公)을 생략하고, 왕실지(王室之)를 관형사 기(其)로 대신하고, 어춘추(於春秋)에서 〈~에 어(於)〉를 생략하여 전치(前置)한 구문이다. 〈춘추(春秋)로[於] 무왕과[武王] 조공은[周公] 왕실의[王室之] 종묘를[祖廟] 쓸고 닦았다[脩]〉 이를 〈춘추로[春秋] 그[其] 종묘를[祖廟] 쓸고 닦았다[脩]〉로 줄인 것이다.

춘추수기조묘(春秋脩其祖廟)에서 수(脩)는 〈닦을 수(修)〉와 같고, 조묘(祖廟)는 조상(祖上)의 신주(神主)를 모셔둔 곳을 말한다.

【풀이(繹)】

춘추수기조묘(春秋脩其祖廟)는 무왕(武王)과 주공(周公)이 효(孝)에 통달하였고, 따라서 조상(祖上)에 대한 효성(孝誠)이 지극하여 사직(社稷)과 조묘(祖廟)에까지 이어졌음을 살펴 새기고 헤아려 가늠하게 하며, 『서경(書經)』「태갑(太甲) 상(上)」편(篇)에 나오는 **사직종묘(社稷宗廟) 망불지숙(罔不祗肅)**이란 말씀을 상기(想起)시킨다. 〈[탕(湯)임금은] 나라와[社稷] 종묘를[宗廟] 공경하지 않음이[不祗肅] 없었다[罔]〉 그리하여 종묘(宗廟)의 제례(祭禮)는 봄가을[春秋]로 이루어짐을 헤아려 가늠하게 한다. 수기조묘(脩其祖廟)라 함은 〈체(禘)〉 즉 봄[春] 제사[祭]와 〈상(嘗)〉 즉 가을[秋] 제(祭)에 앞서 조상(祖上)의 신주(神主)들을 모신 종묘(宗廟)를 쓸고 닦음이니, 재계(齋戒)하고 세심(洗心)하는 예(禮)를 베풀어 조상(祖上)의 은덕(恩德)을 지극하게 영원히 사모하며[永思] 잊지 않고[不忘] 효(孝)를 다함을 밝힌 말씀이 〈춘추수기조묘(春秋脩其祖廟)〉이다.

註 조묘(祖廟)는 곧 종묘(宗廟)를 뜻한다. 종묘(宗廟)란 사선인지궁실(祀先人之宮室)을 말한다. 왕가(王家)의 조상(祖上)을 제사(祭祀)지내는 궁실(宮室)을 종묘(宗廟)라 하고, 대부(大夫)·사(士)가 조상을 제사지내는 실(室)을 종사(宗祠) 또는 가묘(家廟)라 하며, 서인(庶人)은 침실(寢室)에서 제사를 지냈다.

註 "유사왕불혜우아형(惟嗣王不惠于阿衡) 이윤작서(伊尹作書) 왈(曰) 선왕고시천지명명(先王

顧諟天之明命) 이승상하신지(以承上下神祇) 사직종묘망불지숙(社稷宗廟罔不祗肅).” 뒤를 이은 왕이[嗣王] 이윤(伊尹)의 뜻[阿衡]을[于] 따르지 않자[不惠] 이윤이[伊尹] 글을[書] 지어[作] 이르되[曰]: 선왕께서는[先王] 이[諟] 하늘의[天之] 밝은[明] 명령을[命] 돌보셨고[顧], 그로써[以] 하늘의 신과[上神] 땅의 신을[下祇] 이었고[承], 나라와[社稷] 종묘를[宗廟] 공경하지 않음이[不祗肅] 없었다[罔].

혜(惠)는 여기선 〈따를 순(順)〉과 같고, 아형(阿衡)은 이윤(伊尹)이 맡았던 벼슬 이름이며, 이윤(伊尹)은 탕왕(湯王) 아래에서 재상(宰相)을 지냈고, 지숙(祗肅)은 경경(敬敬)과 같다.

『서경(書經)』「태갑(太甲) 상(上)」편(篇) 1단락(段落)

陳其宗器(진기종기)

▶ 그[其] 종기를[宗器] 진열하였다[陳].

펼칠 진(陳), 마루 종(宗), 기물 기(器)

【읽기(讀)】

진기종기(陳其宗器)는 〈무왕주공진조상지종기(武王周公陳祖上之宗器)〉에서 무왕주공(武王周公)을 생략하고, 조상지(祖上之)를 관형사 기(其)로 대신한 구문이다. 〈무왕과[武王] 주공은[周公] 그[其] 종기를[宗器] 진열했다[陳]〉 이를 〈그[其] 종기를[宗器] 진열했다[陳〉로 줄인 것이다.

진기종기(陳其宗器)에서 진(陳)은 〈가지런히 놓을 열(列)〉과 같아 진열(陳列)의 줄임말로 여기면 되고, 종기(宗器)는 제기(祭器)와 같은 말인 동시에 조상(祖上)이 손수 썼던 기물(器物)을 말하기도 한다.

【풀이(繹)】

진기종기(陳其宗器) 역시 무왕(武王)과 주공(周公)이 효(孝)에 통달했고, 따라서 조상(祖上)에 대한 효성(孝誠)이 지극했음을 살펴 새기고 헤아려 가늠하게 한다. 체상(禘嘗) 때마다 조상(祖上)이 남긴 기물(器物)들을 진열(陳列)하고 추원(追遠) 즉 조상(祖上)이나 선친(先親)을 추모(追慕)하고 조상(祖上)과 선친(先親)의 은덕(恩德)을 영원히 사모하며[永思] 잊지 않는[不忘] 효(孝)를 다함을 밝힌 말씀이 〈진기종기(陳其宗器)〉이다.

設其裳衣(설기상의)

▶ {그 종기(宗器)를 진설하며} 그[其] 상의를[裳衣] 진설했다[設].

진설할 설(設), 치마 상(裳), 옷 의(衣)

【읽기(讀)】

설기상의(設其裳衣)는 〈무왕주공설조상지상의(武王周公設祖上之裳衣)〉에서 앞 문맥으로 보충할 수 있는 무왕주공(武王周公)을 생략하고, 조상지(祖上之)를 관형사 기(其)로 대신한 말투이다. 〈무왕과[武王] 조공은[周公] 그[其] 상의를[裳衣] 진설했다[設]〉 이를 〈그[其] 상의를[裳衣] 진설했다[設]〉로 줄인 말투이다.

설기상의(設其裳衣)에서 설(設)은 〈가지런히 놓을 진(陳)〉과 같아 진설(陳設)의 줄임말로 여기면 되고, 상(裳)은 하의(下衣 : 치마바지)를 뜻하며, 의(衣)는 상의(上衣 : 저고리)를 말한다.

【풀이(繹)】

설기상의(設其裳衣) 역시 무왕(武王)과 주공(周公)이 효(孝)에 통달했고, 따라서 조상(祖上)에 대한 효성(孝誠)이 지극했음을 살펴 새기고 헤아려 가늠하게 한다. 체상(禘嘗) 때마다 선조지유의복(先祖之遺倚伏) 즉 선조(先祖)가 남긴[遺] 의복(衣服)들을 진설(陳設)하고, 추원(追遠) 즉 조상(祖上)이나 선친(先親)을 추모(追慕)하고 조상(祖上)과 선친(先親)의 은덕(恩德)을 지극하게 영원히 사모하며[永思] 잊지 않는[不忘] 효(孝)를 다함을 밝힌 말씀이 〈설기상의(設其裳衣)〉이다.

薦其時食(천기시사)

▶ 그[其] 제철[時] 음식을[食] 올렸다[薦].

올릴 천(薦), 제철 시(時), 먹거리 사(食)

【읽기(讀)】

천기시사(薦其時食)도 〈무왕주공천조상지시사(武王周公薦祖上之時食)〉에서 무왕주공(武王周公)을 생략하고, 조상지(祖上之)를 관형사 기(其)로 대신한 구문이다. 〈무왕과[武王] 주공은[周公] 조상께[祖上之] 제철음식을[時食] 올렸다[薦]〉 이를 〈그[其] 제철음식을[時食] 올렸다[薦]〉로 줄인 것이다.

천기시사(薦其時食)에서 천(薦)은 〈올릴 공(供)〉과 같고, 시사(時食)의 시(時)는 제철을 뜻하며, 사(食)는 먹거리를 말한다. 〈먹을 식(食) · 먹거리 사(食)〉이므로 독음을 주의해야 한다.

【풀이(繹)】

천기시사(薦其時食) 또한 무왕(武王)과 주공(周公)이 효(孝)에 통달하여 조상(祖上)에 대한 효성(孝誠)이 지극했음을 살펴 새기고 헤아려 가늠하게 한다. 체(禘) 즉 가을[秋] 제사(祭祀) 때는 가을철 음식을 제상(祭床)에 올리고[薦], 상(嘗) 즉 봄[春] 제사(祭祀) 때는 봄철 음식을 제상(祭床)에 올리고[薦], 추원(追遠) 즉 조상(祖上)이나 선친(先親)을 추모(追慕)하고 조상(祖上)과 선친(先親)의 은덕(恩德)을 지극하게 영원히 사모하며[永思] 잊지 않는[不忘] 효(孝)를 다함을 밝힌 말씀이 〈천기시사(薦其時食)〉이다.

【3단락(段落) 전문(全文)】

宗廟之禮는 所以序昭穆也이고 序爵은 所以辨貴賤也이고
종묘지례 소이서소목야 서작 소이변귀천야
序事는 所以辨賢也이고 旅酬에 下爲上은 所以逮賤也이고
서사 소이변현야 여수 하위상 소이체천야
燕毛는 所以序齒也이다
연모 소이서치야

종묘의 예는 그로써 소목(昭穆)을 차서하는 바이고, 작위(爵位)를 차서함은 그로써 (작위의) 높고 낮음을 분변하는 바이며, 일을 차서함은 그로써 현명함을 분변하는 바이고, 무리로 술을 권함은 아랫사람이 윗사람을 위하면서 그로써 낮은 지위의 사람에게도 {제주(祭酒) 등이} 미치게 하는 바이며, 연모(燕毛)는 그로써 나이로 차서를 세우는 바이다.

宗廟之禮所以序昭穆也(종묘지례소이서소목야)

▶종묘의[宗廟之] 예는[禮] 그로써[以] 소목을[昭穆] 차서하는[序] 바[所]이다[也].

마루 종(宗), 사당 묘(廟), 조사(~의) 지(之), 예도 례(禮), 바 소(所), 써 이(以), 차례 서(序), 아비[父] 소(昭), 아들[子] 목(穆), 조사(~이다) 야(也)

【읽기(讀)】

종묘지례소이서소목야(宗廟之禮所以序昭穆也)는 〈종묘지례소서소목이기례야(宗廟之禮所序昭穆以其禮也)〉에서 이기례(以其禮)의 기례(其禮)를 생략하고, 남은 이(以)를 동사(動詞) 노릇하는 서(序) 앞에다 둔 구문이다. 〈종묘의[宗廟之] 예는[禮] 그[其] 예를[禮] 이용하여[以] 소목을[昭穆] 차서하는[序] 바[所]이다[也]〉 이를 〈종묘의[宗廟之] 예는[禮] 그로써[以] 소목을[昭穆] 차서하는[序] 바[所]이다[也]〉로 줄인 것이다.

종묘지례소이서소목야(宗廟之禮所以序昭穆也)에서 소(所)는 여기선 〈바 유(攸)〉와 같고, 이(以)는 〈써 용(用)〉과 같으며, 서(序)는 〈차례 차(次)〉와 같아 차서(次序)의 줄임말로 여기면 되고, 소(昭)와 목(穆)은 종묘제사(宗廟祭祀)의 명위(名位)를 말한다.

【풀이(繹)】

종묘지례소이서소목야(宗廟之禮所以序昭穆也)는 종묘(宗廟)에서 모시는 제사(祭祀)의 제례(祭禮)는 그 시작(始作)이 서소목(序昭穆) 즉 소목(昭穆)을 차례로 배향(配享)함에 있음을 밝히고 있다. 소목(昭穆)은 좌소우목(左昭右穆)의 줄임말이다. 제주(祭主)를 중심으로 일세(一世) 좌(左), 이세(二世) 우(右), 삼세(三世) 좌(左), 사세(四世) 우(右) 식으로 차례를 정하여 신위(神位)의 차례를 따름이 서소목(序昭穆)의 서(序)이다.

그리고 소목(昭穆)은 〈부위소(父爲昭) 자위목(子爲穆)〉 즉 아버지는[父] 소(昭)이고[爲], 아들은[子] 목(穆)임[爲]을 줄여 쓰는 술어(述語)이다. 그러므로 종묘지례(宗廟之禮)는 핏줄의 친소(親疎)를 따져 신위(神位)를 배향(配享)함으로부터 시작됨을 밝힌 말씀이 〈종묘지례소이서소목야(宗廟之禮所以序昭穆也)〉이다.

序爵所以辨貴賤也(서작소이변귀천야)

▶작위를[爵] 차서함은[序] 그로써[以] (작위의) 높고[貴] 낮음을[賤] 분변하는[辨] 바[所]이다[也].

차례 서(序), 벼슬 작(爵), 바 소(所), 써 이(以), 분변할 변(辨), 높을 귀(貴), 낮을 천(賤), 조사(~이다) 야(也)

【읽기(讀)】

서작소이변귀천야(序爵所以辨貴賤也)는 〈서작소변귀천이기서야(序爵所辨貴賤以其序也)〉에서 이기서(以其序)의 기서(其序)를 생략하고, 남은 이(以)를 동사(動詞) 노릇하는 변(辨) 앞에다 놓은 말투이다. 〈작위를[爵] 차서함은[序] 그[其] 차서를[序] 이용하여[以] (작위의) 높고[貴] 낮음을[賤] 분변하는[辨] 바[所]이다[也]〉 이를 〈작위를[爵] 차서함은[序] 그로써[以] (작위의) 높고[貴] 낮음을[賤] 분변하는[辨] 바[所]이다[也]〉로 줄인 것이다.

서작소이변귀천야(序爵所以辨貴賤也)에서 서(序)는 〈차례 차(次)〉와 같아 차서(次序)의 줄임말로 여기면 되고, 작(爵)은 〈벼슬 위(位)〉와 같아 작위(爵位)의 줄임말이며, 소(所)는 여기선 〈바 유(攸)〉와 같고, 이(以)는 〈써 용(用)〉과 같으며, 귀(貴)는 〈높을 고(高)〉와 같고, 천(賤)은 〈아래 하(下)〉와 같다.

【풀이(繹)】

서작소이변귀천야(序爵所以辨貴賤也)는 종묘(宗廟)에서 모시는 제사(祭祀)의 제례(祭禮)는 작위(爵位)의 귀천(貴賤) 즉 고하(高下)에 따라 달리 제사(祭祀)가 모셔졌음을 변귀천(辨貴賤) 즉 작위(爵位)의 고하(高下)를 분변함[辨]이라고 밝히고 있다. 그러므로 종묘지례(宗廟之禮)는 종묘(宗廟)에 배향(配享)된 신위(神位)를 생시(生時)에 누린 작위(爵位)에 따라 제사(祭祀)를 차별하여 올렸음을 밝힌 말씀이 〈서작소이변귀천야(序爵所以辨貴賤也)〉이다.

序事所以辨賢也(서사소이변현야)

▶ 일을[事] 차서함은[序] 현명함을[賢] 분변하는[辨] 바[所]이다[也].

차례 서(序), 일 사(事), 바 소(所), 써 이(以), 분변할 변(辨), 밝을 현(賢), 조사(~이다) 야(也)

【읽기(讀)】

서사소이변현야(序事所以辨賢也)는 〈서사소변현이기서야(序事所辨賢以其序也)〉에서 이기서(以其序)의 기서(其序)를 생략하고, 남은 이(以)를 동사(動詞) 노릇하는 변(辨) 앞에다 둔 구문이다. 〈일을[事] 차서함은[序] 그[其] 차서를[序] 이용하여[以] 현명함을[賢] 분변하는[辨] 바[所]이다[也]〉 이를 〈일을[事] 차서함은[序] 그로써[以] 현명함을[賢] 분변하는[辨] 바[所]이다[也]〉로 줄인 것이다.

서사소이변현야(序事所以辨賢也)에서 서(序)는 〈차례 차(次)〉와 같아 차서(次序)의 줄임말로 여기면 되고, 사(事)는 〈일 업(業)〉과 같아 사업(事業)의 줄임말로 여기면 되며, 소(所)는 〈바 유(攸)〉와 같고, 이(以)는 〈써 용(用)〉과 같고, 현(賢)은 덕행(德行)을 뜻한다.

【풀이(繹)】

서사소이변현야(序事所以辨賢也)는 종묘(宗廟)에서 모시는 제사(祭祀)의 제례(祭禮)는 덕행(德行)의 업적(業績)에 따라 달리 모셔졌음을 변현(辨賢) 즉 현명함[賢]을 분변함[辨]이라 밝히고 있다. 그러므로 종묘지례(宗廟之禮)는 종묘(宗廟)에 배향(配享)된 신위(神位)를 생시(生時)에 이룬 덕행(德行)에 따라 제사(祭祀)를 차별하여 올렸음을 밝힌 말씀이 〈서사소이변현야(序事所以辨賢也)〉이다.

旅酬(여수) 下爲上(하위상) 所以逮賤也(소이체천야)

▶ 무리로[旅] 술을 권함은[酬] 아랫사람이[下] 윗사람을[上] 위하고[爲] 그로써[以] 낮은 지위의 사람에게도[賤] {제주(祭酒) 등이} 미치게 하는[逮] 바[所]이다[也].

무리 여(旅), 서로 주고받을 수(酬), 아래 하(下), 위할 위(爲), 위 상(上), 바 소(所), 써 이(以), 이를 체(逮), 낮을 천(賤), 조사(~이다) 야(也)

【읽기(讀)】

여수(旅酬) 하위상(下爲上) 소이체천야(所以逮賤也)는 〈여수(旅酬) 하위상(下爲上) 제주지소체천이여수야(祭酒之所逮賤以旅酬也)〉에서 제주지(祭酒之)와 이여수(以旅酬)의 여수(旅酬)를 생략하고, 남은 이(以)를 동사(動詞) 노릇하는 체(逮) 앞에 놓은 구문이다. 〈무리로[旅] 술을 권함은[酬] 아랫사람이[下] 윗사람을[上] 위하면서[爲] 여수를[旅酬] 이용하여[以] 제삿술이[祭酒之] 낮은 지위의 사람에게도[賤] 미치게 하는[逮] 바[所]이다[也]〉 이를 〈무리로[旅] 술을 권함은[酬] 아랫사람이[下] 윗사람을[上] 위하면서[爲] 그로써[以] 낮은 지위의 사람에게도[賤] 미치게 하는[逮] 바[所]이다[也]〉로 줄인 것이다.

여수(旅酬)에서 여(旅)는 〈무리 중(衆)〉과 같고, 수(酬)는 권주(勸酒) 즉 술을 권한다는 뜻이며, 주부(主部) 노릇한다. 하위상(下爲上)에서 하(下)는 하인(下人)의 줄임말로 나이가 낮은 이를 말하고, 위(爲)는 〈섬길 봉(奉)〉과 같다. 상(上)은 상인(上人)의 줄임말로 나이가 높은 이를 말하며, 하위상(下爲上)은 삽입절(插入節) 노릇한다. 소이체천야(所以逮賤也)에서 소(所)는 〈바 유(攸)〉와 같고, 이(以)는 〈써 용(用)〉과 같고, 체(逮)는 〈미칠 급(及)〉과 같고, 천(賤)은 〈낮을 비(卑)〉와 같다.

【풀이(繹)】

종묘(宗廟)에서 제사(祭祀)를 마친 다음 제주(祭酒)를 나누어 마시게 하여 음복(飮福)함이 여수(旅酬)이다. 제사(祭祀)에 참석(參席)한 모든 사람들이 다 함께 조상(祖上)의 은덕(恩德)을 영사(永思) · 불망(不忘)하면서 음복(飮福)함을 밝힌 말씀이 〈여수(旅酬) 하위상(下爲上) 소이체천야(所以逮賤也)〉이다.

燕毛所以序齒也(연모소이서치야)

▶ 연모는[燕毛] 그로써[以] 나이로[齒] 차서를 세우는[序] 바[所]이다[也].

잔치 연(燕), 털 모(毛), 바 소(所), 써 이(以), 차서할 서(序), 나이 치(齒), 조사(~이다) 야(也)

【읽기(讀)】

연모소이서치야(燕毛所以序齒也)는 〈연모소서치이연모야(燕毛所序齒以燕毛也)〉에서 이연모(以燕毛)의 연모(燕毛)를 생략하고, 남은 이(以)를 동사(動詞) 노릇하는 서(序) 앞에 놓은 구문이다. 〈연모는[燕毛] 연모를[燕毛] 이용하여[以] 나이를[齒] 차서하는[序] 바[所]이다[也]〉 이를 〈연모는[燕毛] 그로써[以] 나이를[齒] 차서하는[序] 바[所]이다[也]〉로 줄인 것이다.

연모(燕毛)는 제사(祭祀)를 마치고 이성(異姓)의 사람들은 물러가고 동성(同姓)의 집안사람들끼리 연회(宴會)를 베풂이고, 서치(序齒)는 나이 차이에 따라 앉는 자리를 정하게 됨을 말한다.

【풀이(繹)】

연모소이서치야(燕毛所以序齒也)는 제사(祭祀)를 마친 다음 제사(祭祀)에 참석(參席)했던 이성(異姓)의 사람들은 물러가고 동성(同姓)의 집안사람들끼리 연회(宴會)를 베풀면서 나이 차례로 자리의 순서(順序)를 정하여 존친(尊親)의 예(禮)를 돈독(敦篤)히 함을 밝힌 말씀이다.

【4단락(段落) 전문(全文)】

踐其位하여 行其禮하고 奏其樂하고 敬其所尊하고 愛其所親하고 事死如事生하고 事亡如事存함이 孝之至也이다
(천기위 행기례 주기악 경기소존 애기소친 사사여사생 사망여사존 효지지야)

저마다 제 자리를 밟고, 그 예를 행하고, 그 악을 연주하고, 그 높였던 바를 공경하고, 그 친애했던 바를 사모하고, 죽은 이를 섬김이 살아 있는 이를 섬김과 같고, 없는 이를 섬김이 있는 이를 섬김과 같음이 효(孝)의 지극함이다.

踐其位(천기위) 行其禮(행기례)

▶ 제[其] 자리를[位] 밟고 서서[踐] 그[其] 예를[禮] 행함이[行] {효(孝)의 지극함이다.}

밟을 천(踐), 그 기(其), 자리 위(位), 행할 행(行), 예도 례(禮)

【읽기(讀)】

천기위(踐其位) 행기례(行其禮)는 〈천기위(踐其位) 행기례효지지야(行其禮孝之至也)〉에서 되풀이되는 효지지야(孝之至也)를 생략한 구문이다. 〈그[其] 자리를[位] 밟고 서서[踐] 그[其] 예를[禮] 행함이[行] 효의[孝之] 지극함[至]이다[也]〉 이를 〈그[其] 자리를[位] 밟고 서서[踐] 그[其] 예를[禮] 행한다[行]〉로 줄인 것이다.

천기위(踐其位)에서 천(踐)은 〈밟을 답(踏)〉과 같고, 기위(其位)의 기(其)는 각자지(各自之)를 대신하는 관형사(冠形詞)로 여겨 기위(其位)를 〈제 자리〉로 새기고, 행기례(行其禮)에서 행(行)은 〈이행할 이(履)〉와 같으니 이행(履行)의 줄임말로 여기면 된다. 기례(其禮)의 기(其)는 제지(祭之)를 대신하는 관형사(冠形詞)로 여기고 기례(其禮)를 〈제사의[祭之] 예(禮)〉로 새기면 된다.

【풀이(繹)】

천기위(踐其位)는 제사(祭祀)를 올릴 때 제주(祭主)를 중심으로 맡은 일에 따라 설 자리가 정해져 있음을 밝힌 것이고, 행기례(行其禮)는 제례(祭禮)의 의식(儀式)에 따라 참례(參禮)한 모든 이가 제의(祭儀)를 이행(履行)함을 밝힌 것이다. 제례(祭禮)의 의식(儀式)은 더없이 엄숙(嚴肅)하게 추원(追遠)함이니, 조상(祖上)을 추모(追慕)하는 공경(恭敬)의 정성(精誠)을 밝힌 말씀이 〈천기위(踐其位) 행기례(行其禮)〉이다.

奏其樂(주기악)

▶ 그[其] 악을[樂] 연주함이[奏] {효(孝)의 지극함이다.}

연주할 주(奏), 그 기(其), 음악 악(樂)

【읽기(讀)】

주기악(奏其樂)은 〈악사주제례지악효지지야(樂師奏祭禮之樂孝之至也)〉에서 문맥으로 보충할 수 있는 악사(樂師)를 생략하고, 되풀이되는 효지지야(孝之至也)도 생략하고, 제례지악(祭禮之樂)의 제례지(祭禮之)를 관형사(冠形詞) 노릇하는 기(其)로 대신한 구문이다. 〈악사들이[樂師] 제례의[制禮之] 악을[樂] 연주함이[奏] 효의[孝之] 지극함[至]이다[也]〉 이를 〈그[其] 악을[樂] 연주함이다[奏]〉로 줄인 것이다.

주기악(奏其樂)에서 주(奏)는 〈연주할 연(演)〉과 같아 연주(演奏)의 줄임말로 여기면 되고, 기악(其樂)의 기(其)는 제례지(祭禮之)를 대신하는 관형사(冠形詞) 정도로 여기고 기악(其樂)을 〈제례의[祭禮之] 악(樂)〉으로 새기면 된다.

【풀이(繹)】

주기악(奏其樂)은 무왕(武王)과 주공(周公)이 종묘(宗廟)에서 제사(祭祀)를 올리면서 조상(祖上)의 은덕(恩德)을 악(樂)을 연주(演奏)하여 흠모(欽慕)하였음을 살펴[觀] 새기고[玩] 헤아려[擬] 가늠하게[斷] 한다. 『예기(禮記)』「악기(樂記)」편(篇)에 나오는 악행이륜청(樂行而倫淸)을 상기(想起)하면 제사(祭祀)에서 악(樂)을 연주(演奏)하는 까닭을 관완(觀玩)하여 의단(擬斷)할 수 있다. 악(樂)이 행해지면[行] 온 사람들이[倫] 맑아지므로[淸] 종묘(宗廟)의 제사(祭祀)에서 악(樂)을 연주(演奏)하여 조상(祖上)의 은덕(恩德)을 칭송(稱頌)하고 불망(不忘)함을 밝힌 말씀이 〈주기악(奏其樂)〉이다.

註 "악행이륜청(樂行而倫淸) 이목총명(耳目聰明) 혈기화평(血氣和平) 이풍이속(移風易俗) 천하개령(天下皆寧)." 악이[樂] 연주되면[行而] 온갖 것이[倫] 맑아지고[淸], 이목이[耳目] 총명해지며[聰明], 혈기가[血氣] 화평하여[和平] 풍속이[風俗] 순화하고[移] 화이해져[易] 온 세상이[天下] 모두[皆] 편안해진다[寧].

윤청(倫淸)의 윤(倫)은 〈무리 류(類)〉를 뜻하며 인류(人類)를 뜻한다고 보아도 되고, 이풍이속(移風易俗)의 이풍(移風)은 풍속(風俗)이 변화(變化)함이고, 이속(易俗)은 풍속(風俗)이 화이(和易)해짐을 뜻한다. 『예기(禮樂)』「악기(樂記)」편(篇) 34단락(段落)

敬其所尊(경기소존)

▶ 그[其] 높았던[尊] 바를[所] 공경함이[敬] {효(孝)의 지극함이다.}

공경할 경(敬), 그 기(其), 바 소(所), 높을 존(尊)

【읽기(讀)】

경기소존(敬其所尊)은 〈경조상지소존효지지야(敬祖上之所尊孝之至也)〉에서 효지지야(孝之至也)는 되풀이되는 내용이므로 생략하고, 조상지(祖上之)를 관형사(冠形詞) 기(其)로 대신한 구문이다. 〈조상이[祖上之] 높였던[尊] 바를[所] 공경함이[敬] 효의[孝之] 지극함[至]이다[也]〉 이를 〈그[其] 높였던[尊] 바를[所] 공경함이다[敬]〉로 줄인 것이다.

경기소존(敬其所尊)에서 경(敬)은 〈공경할 공(恭)〉과 같아 공경(恭敬)의 줄임말로 여기면 되고, 기(其)는 조상지(祖上之)의 줄임이며, 소(所)는 〈바 유(攸)〉와 같고, 존(尊)은 〈높을 고(高)〉와 같아 고존(高尊)의 줄임말로 새기면 된다.

【풀이(繹)】

경기소존(敬其所尊)은 무왕(武王)과 주공(周公)이 종묘(宗廟)에서 제사(祭祀)를 올리면서 조상(祖上)이 높였던 바를 영사(永思)하고 불망(不忘)하며 흠모(欽慕)하였음을 살펴[觀] 새기고[玩] 헤아려[擬] 가늠하게[斷] 한다. 여기서 소존(所尊)이란 고공단보(古公亶父)·왕계(王季)·문왕(文王)으로 이어져 내려온 행인정이왕(行仁政而王)의 성덕(盛德)을 늘 생각하고[永思] 잊지 않게[不忘] 하는 조상(祖上)의 유지(遺志)로 관완(觀玩)하여 의단(擬斷)할 수 있다. 종묘(宗廟)의 제사(祭祀)로 조상(祖上)의 숭고(崇高)한 은덕(恩德)을 공경(恭敬)하여 불망(不忘)함을 밝힌 말씀이 〈경기소존(敬其所尊)〉이다.

愛其所親(애기소친)

▶ 그[其] 친애했던[親] 바를[所] 사모함이[愛] {효(孝)의 지극함이다.}

사랑하여 아낄 애(愛), 그 기(其), 바 소(所), 친밀할 친(親)

【읽기(讀)】

애기소친(愛其所親)은 〈애조상지소친효지지야(愛祖上之所親孝之至也)〉에서 효지지야(孝之至也)는 되풀이되는 내용이기 때문에 생략하고, 조상지(祖上之)를 관형사(冠形詞) 기(其)로 대신한 말투이다. 〈조상이[祖上之] 친밀히 했던[尊] 바를[所] 사랑하여 아낌이[敬] 효의[孝之] 지극함[至]이다[也]〉 이를 〈그[其] 친밀히 했던[親] 바를[所] 사랑하여 아낌이다[愛]〉로 줄인 말투이다.

애기소친(愛其所親)에서 애(愛)는 〈사모할 모(慕)〉와 같아 애모(愛慕)의 줄임말로 여기면 되고, 기(其)는 조상지(祖上之)의 줄임이며, 소(所)는 여기선 〈바 유(攸)〉와 같고, 친(親)은 〈사랑하여 아낄 애(愛)〉와 같아 친애(親愛)의 줄임말로 새기면 된다.

【풀이(繹)】

애기소친(愛其所親)은 무왕(武王)과 주공(周公)이 종묘(宗廟)에서 제사(祭祀)를 올리면서 조상(祖上)이 친애(親愛)했던 바를 영사(永思)하고 불망(不忘)하면서 조상(祖上)의 지(志) · 행(行)을 흠모(欽慕)하였음을 살펴[觀] 새기고[玩] 헤아려[擬] 가늠하게[斷] 한다. 여기서 소친(所親)이란 고공단보(古公亶父) · 왕계(王季) · 문왕(文王)으로 이어져 내려온 행인정이왕(行仁政而王)의 성덕(盛德)을 늘 생각하여[永思] 잊지 않고[不忘] 애모(愛慕)하였음을 관완(觀玩)하여 의단(擬斷)할 수 있다. 종묘(宗廟)의 제사(祭祀)로 조상(祖上)이 친애(親愛)했던 바를 그대로 물려받아 사모(思慕)함을 밝힌 말씀이 〈애기소친(愛其所親)〉이다.

事死如事生(사사여사생) 事亡如事存孝之至也(사망여사존효지지야)

▶ 죽은 이를[死] 섬김이[事] 살아 있는 이를[生] 섬김과[事] 같고[如], 없는 이를[亡] 섬김이[事] (함께) 있는 이를[存] 섬김과[事] 같음이[如] 효의[孝之] 지극함[至]이다[也].

섬길 사(事), 죽음 사(死), 같을 여(如), 살 생(生), 없을 망(亡), 있을 존(存), 효도 효(孝), 조사(~의) 지(之), 지극할 지(至), 조사(~이다) 야(也)

【읽기(讀)】

사사여사생(事死如事生) 사망여사존효지지야(事亡如事存孝之至也)는 〈사사여사생효지지야(事死如事生孝之至也) 이사망여사존효지지야(而事亡如事存孝之至也)〉에서 되풀이되는 효지지야(孝之至也)를 생략하고 두 구문을 하나로 묶은 것이다. 〈사사가[事死] 사생과[事生] 같게 함이[如] 효의[孝之] 지극함[至]이다[也]. 그리고[而] 사망이[事亡] 사존과[事存] 같게 함이[如] 효의[孝之] 지극함[至]이다[也]〉 이를 〈사사가[事死] 사생과[事生] 같게 하고[如], 사망이[事亡] 사존과[事存] 같게 함이[如] 효의[孝之] 지극함[至]이다[也]〉로 줄인 말투이다.

사사여사생(事死如事生)에서 사사(事死)의 사(事)는 〈받들 봉(奉)〉과 같고, 사(死)는 사자(死者) 즉 〈죽은 사람〉으로 새기면 되고, 여(如)는 〈같을 약(若) · 사(似)〉 등과 같고, 사생(事生)의 생(生)은 생자(生者) 즉 〈살아 있는 사람〉으로 새기면 된다.

사망여사존효지지야(事亡如事存孝之至也)에서 사(事)도 〈받들 봉(奉)〉과 같고, 사망(事亡)의 망(亡)은 망자(亡者)의 줄임으로 사자(死者)와 같아 〈죽은 사람〉으로 새기면 되고, 사존(事存)의 존(存)은 존자(存者)의 줄임으로 생자(生者)와 같아 〈살아 있는 사람〉으로 새긴다. 효지지(孝之至)에서 효(孝)는 효친(孝親)의 줄임말이고, 지(至)는 〈지극할 극(極)〉과 같아 지극(至極)의 줄임말로 여기면 된다.

【풀이(繹)】

사사여사생(事死如事生) 사망여사존효지지야(事亡如事存孝之至也)는 무왕(武王)과 주공(周公)이 종묘(宗廟)에서 제사(祭祀)를 올림이 지극한 존친(尊親)의 효성(孝誠)임을 살펴[觀] 새기고[玩] 헤아려[擬] 가늠하게[斷] 한다. 여기서 사사(事死) · 사생(事生)과 사망(事亡) · 사존(事存)을 통해서 후직(后稷)으로부터 고공단보(古公亶父) · 왕계(王季) · 문왕(文王)까지 이어지는 조상(祖上)을 지극하게 존친(尊親)하고 있음을 관완(觀玩)하여 의단(擬斷)할 수 있다.

존친(尊親)의 효(孝)는 『맹자(孟子)』 「만장장구(萬章章句) 상(上)」편(篇)에 나오는 **효자지지막대호존친(孝子之至莫大乎尊親) 존친지지막대호이천하양(尊親之至莫大乎以天下養)**이란 말씀을 상기(想起)하면 그 효(孝)가 왜 지극한 효성(孝誠)인지 살펴[觀] 새기고[玩] 헤아려[擬] 가늠할[斷] 수 있게 된다. 존친(尊親)의 효(孝)가 지극하다고 함은 존친(尊親)이 효(孝)를 다하면 그 효자(孝子)의 지극(至極)함은 피붙이[親]를 높여 받듦[尊]으로 그치는 효성(孝誠)이 아니라, 천하를[天下] 가지고[以] 봉양하는[養] 효성(孝誠)으로 이어지는 까닭이다. 지극한 존친(尊親)의 효(孝)는 온 세상에 두루 통하는 대효(大孝)가 되는 것이다. 종묘(宗廟)의 제사(祭祀)로 조상(祖上)께 존친(尊親)의 효(孝)를 지극히 다하여 대효(大孝)를 행(行)하였음을 밝힌 말씀이 〈사사여사생(事死如事生) 사망여사존효지지야(事亡如事存孝之至也)〉이다.

註 "효자지지막대호존친(孝子之至莫大乎尊親) 존친지지막대호이천하양(尊親之至莫大乎以天下養) 위천자부존지지야(爲天子父尊之至也) 이천하양양지지야(以天下養養之至也)." 효자의[孝子之] 지극함은[至] 피붙이를[親] 높여 받듦[尊]보다 더[乎] 큰 일은[大] 없고[莫], 존친의[尊親之] 지극함은[至] 천하를[天下] 가지고[以] 봉양함[養]보다 더[乎] 큰 일은[大] 없다[莫]. 천자의[天子] 아버지가[父] 됨은[爲] 존귀함의[尊之] 지극함[至]이고[也], 천하를[天下] 가지고[以] 봉양함은[養] 봉양의[養之] 지극함[至]이다[也].

『맹자(孟子)』「만장장구(萬章章句) 상(上)」편(篇) 4장(章)

【5단락(段落) 전문(全文)】

郊社之禮는 所以事上帝也이고 宗廟之禮는 所以祀乎其先也이다 明乎郊社之禮와 禘嘗之義면 治國은 其如示諸掌乎이라
교사지례 소이사상제야 종묘지례 소이사호기선야 명호교사지례 체상지의 치국 기여시저장호

교사(郊社)의 예는 그로써 상제(象帝)를 섬기는 바이고, 종묘(宗廟)의 예는 그로써 그 조선을 제사지내는 바이며, 교사(郊社)의 예와 체상(禘嘗)의 뜻을 밝힌다면 나라를 다스림 그것은 손바닥에 두고 내보이는 것과 같음이로다.

郊社之禮所以事上帝也(교사지례소이사상제야)

▶ 교사의[郊社之] 예는[禮] 그로써[以] 상제를[象帝] 섬기는[事] 바[所]이다[也].

들 교(郊), 제사 사(社), 조사(~의) 지(之), 예도 례(禮), 써 이(以), 섬길 사(事), 위 상(上), 임금 제(帝), 조사(~이다) 야(也)

【읽기(讀)】

교사지례소이사상제야(郊社之禮所以事上帝也)는 〈교사지례소사상제이교사지례야(郊社之禮所事上帝以郊社之禮也)〉에서 이교사지례(以郊社之禮)의 교사지례(郊社之禮)를 생략하고, 남은 이(以)를 동사 노릇하는 사(事) 앞으로 전치(前置)한 구문이다. 〈교사의[郊社之] 예는[禮] 교사의[郊社之] 예를[禮] 이용하여[以] 상제를[上帝] 섬기는[事] 바[所]이다[也]〉 이를 〈교사의[郊社之] 예는[禮] 그로써[以] 상제를[上帝] 섬기는[事] 바[所]이다[也]〉로 줄인 말투이다.

교사지례(郊社之禮)에서 교(郊)는 성(城) 밖 산천(山川)을 뜻하고, 사(社)는 여기선 〈제사 사(祀)〉와 같아 교사(郊社)는 교사(郊祀)와 같다. 소이사상제야(所以事上帝也)에서 소(所)는 〈바 유(攸)〉와 같고, 이(以)는 〈써 용(用)〉과 같으며, 사(事)는 〈받들 봉(奉)〉과 같고, 상제(上帝)는 천신(天神)을 말한다.

【풀이(繹)】

교사지례소이사상제야(郊社之禮所以事上帝也)는 『예기(禮記)』「제법(祭法)」편(篇)에 나오는 **주인체곡이교직(周人禘嚳而郊稷)**을 상기(想起)시킨다. 교사지례(郊社之禮)는 유우씨(有虞氏)로부터 시작된 예(禮)이다. 즉, 순(舜)임금 때부터 비롯된 왕실(王室)의 제법(祭法)이 이어져왔음을 가늠하게 한다.

교(郊)는 〈제사지낼 사(祀)〉와 같은 뜻이 되기도 하지만, 교사(郊祀)라고 할 때는 성(城) 밖 남쪽에 마련한 원구(圓丘) 즉 둥근[圓] 언덕[丘]으로 만들어진 제천단(祭天壇)을 말한다. 그 제천단(祭天壇)에서 이루어지는 제례(祭禮)는 사황제(事黃帝), 즉 황제(黃帝)를 모시는[事] 예의(禮儀)를 말한다. 사황제(事黃帝)를 구체적으로 말할 때는 체황제(禘黃帝)라 한다. 여기서 황제(黃帝)란 호천상제(昊天上帝), 즉 가장 높은 천신(天神)을 말한다. 그러므로 호천상제(昊天上帝)란 성외(城外)의 남쪽에 마련한 천제단(天祭壇)인 원구(圓丘)에서 천제(天祭)를 올리는 제례(祭禮)임을 밝히는 말씀이 〈교사지례소이사상제야(郊社之禮所以事上帝也)〉이다.

註 "유우씨체황제이교곡(有虞氏禘黃帝而郊嚳) 조전욱이종요(祖顓頊而宗堯) 하후씨역체황제이교곤(夏后氏亦禘黃帝而郊鯀) 조전욱이종우(祖顓頊而宗禹) 은인체곡이교명(殷人禘嚳而郊冥) 조설이종탕(祖契而宗湯) 주인체곡이교직(周人禘嚳而郊稷) 조문왕이종무왕(祖文王而宗武王)." 유우씨가[有虞氏] 원구(圓丘)에서 황제를[黃帝] 제사지내고[禘而] 남교(南郊) 원구(圓丘)에서 조(祖) 곡(嚳)을 제사할 때는[郊嚳] 전욱(顓頊)을 조(祖)로 삼고[祖顓頊而], 요(堯)를 종(宗)으로 삼아 제사했다[宗堯]. 하후씨(夏后氏) 또한[亦] 원구(圓丘)에서 황제를[黃帝] 제사지내고[禘而] 남교(南郊) 원구(圓丘)에서 조(祖) 곤(鯀)을 제사할 때는[郊鯀] 전욱(顓頊)을 조(祖)로 삼고[祖顓頊而], 우(禹)를 종(宗)으로 삼아 제사했다[宗禹]. 은인이[殷人] 원구(圓丘)에서 황제(黃帝)를 제사지내고[禘而] 남교(南郊) 원구(圓丘)에서 조(祖) 명(冥)을 제사할 때는[郊冥] 설(契)을 조(祖)로 삼고[祖契而] 탕(湯)을 종(宗)으로 삼아 제사했다[宗湯]. 주인이[周人] 원구(圓丘)에서 황제(黃帝)를 제사지내고[禘而], 남교(南郊) 원구(圓丘)에서 조(祖) 직(稷)을 제사할 때는[郊稷] 문왕(文王)을 조(祖)로 삼고[祖文王而], 무왕(武王)을 종(宗)으로 삼아 제사했다[宗武王].

유우씨(有虞氏)의 우(虞)는 순(舜)임금의 국명(國名)이다. 체황제(禘黃帝)는 호천상제(昊天上帝) 즉 최고의 황제(黃帝)를 원구(圓丘)에서 배제(配祭) 즉 제사지냄[禘]을 뜻한다. 원구(圓丘)란 성(城) 밖 남교(南郊)에 만들어둔 둥근[圓] 언덕[丘]의 제천단(祭天壇)이다. 교곡(郊嚳)의 교(郊)는 성(城) 밖[外] 남쪽의 원구(圓丘)에서 제사(祭祀)지냄을 뜻한다. 조종(祖宗)은 오제(五帝) 즉 오행(五行)의 신(神)을 다 같이 제사지냄을 뜻하는데, 조(祖)는 도덕(道德)의 처음이란 뜻이고 종(宗)은 덕(德)을 갖춘 이를 받든다는 뜻이다. 조종(祖宗)은 같은 뜻이지만 조(祖)를 위로, 종(宗)을 아래로 배치함을 뜻한다. 하후씨(夏后氏)의 후(后)는 임금(王)을 뜻하고 제왕(帝王)으로부터 왕위(王位)를 물려받았기에 하후(夏后)라 하고, 백성들이 귀복(歸服)하여 왕(王)이 되었기에 은인(殷人)·주인(周人)이라 한다. 『예기(禮記)』「제법(祭法)」편(篇) 1단락(段落)

宗廟之禮所以祀乎其先也(종묘지례소이사호기선야)

▶ 종묘의[宗廟之] 예는[禮] 그로써[以] 그[其] 조종(祖宗)을[先] 제사지내는[祀] 바[所]이다[也].

> 마루 종(宗), 사당 묘(廟), 조사(~의) 지(之), 예도 례(禮), 바 소(所), 써 이(以), 제사올릴 사(祀), 조사(~을) 호(乎), 조종(祖宗) 선(先), 조사(~이다) 야(也)

【읽기(讀)】

종묘지례소이사호기선야(宗廟之禮所以祀乎其先也)는 〈종묘지례소사호기선이종묘지례야(宗廟之禮所祀乎其先以宗廟之禮也)〉에서 이종묘지례(以宗廟之禮)의 종묘지례(宗廟之禮)를 생략하고, 남은 이(以)를 동사 노릇하는 사(祀) 앞으로 전치(前置)한 구문이다. 〈종묘의[宗廟之] 예는[禮] 종묘의[宗廟之] 예를[禮] 이용하여[以] 제[其] 조종을[乎先] 제사지내는[祀] 바[所]이다[也]〉 이를 〈종묘의[宗廟之] 예는[禮] 그로써[以] 제[其] 조종을[乎先] 제사지내는[祀] 바[所]이다[也]〉로 줄인 것이다.

종묘지례(宗廟之禮)에서 종묘(宗廟)는 사당(祠堂)을 뜻한다. 소이사호기선야(所以祀乎其先也)에서 소(所)는 〈바 유(攸)〉와 같고, 이(以)는 〈써 용(用)〉과 같으며, 사(祀)는 〈제사지낼 제(祭)〉와 같아 제사(祭祀)의 줄임말로 여기면 되고, 선(先)은 조선(祖先) 즉 조종(祖宗) 또는 조상(祖上)을 뜻한다.

【풀이(繹)】

종묘지례소이사호기선야(宗廟之禮所以祀乎其先也) 또한 『예기(禮記)』 「제법(祭法)」편(篇)에 나오는 **조문왕이종무왕(祖文王而宗武王)**을 상기(想起)시킨다. 종묘지례(宗廟之禮) 역시 유우씨(有虞氏)로부터 시작된 예(禮)이다. 즉, 순(舜)임금 때부터 왕실(王室)의 제법(祭法)이 이어져왔음을 가늠하게 한다.

종묘(宗廟)는 조종(祖宗)의 신위(神位)를 모시고 제사를 올리는 왕실(王室)의 사당(祠堂)을 뜻한다. 종묘(宗廟)에서 오제(五帝) 즉 오행(五行)의 신(神)들과 함께 조종(祖宗)의 신위(神位)를 모시고 배제(配祭) 즉 제사를 올린다. 그러므로 조종(祖宗)의 조(祖)는 덕시어조(德始於祖) 즉 조상(祖上)의 은덕(恩德)은 조에서[於祖] 시작됨[始]이고, 종(宗)은 덕후어종(德厚於宗) 즉 조상(祖上)의 은덕(恩德)은 종에서[於宗] 두터워짐[后]임을 영사(永思) · 불망(不忘)하면서 배제(配祭)함을 밝힌 말씀이 〈종묘지례소이사호기선야(宗廟之禮所以祀乎其先也)〉이다.

註 "조문왕이종무왕(祖文王而宗武王)." 문왕(文王)을 조(祖)로 삼고[祖文王而], 무왕(武王)을 종(宗)으로 삼아 제사했다[宗武王]. 『예기(禮記)』 「제법(祭法)」편(篇) 1단락(段落)

明乎郊社之禮(명호교사지례) 禘嘗之義(체상지의) 治國其如示諸掌乎(치국기여시저장호)

▶ 교사의[郊社之] 예(禮)를[乎] 밝히고[明] 체상의[禘嘗之] 뜻[義]을

[乎] 밝힌다면[明], 나라를[國] 다스림[治] 그것은[其] 손바닥[掌]에서 그것을[諸] 내보이는 것과[示] 같음[如]이로다[乎].

밝힐 명(明), 조사(~을) 호(乎), 들 교(郊), 제사지낼 사(社), 조사(~의) 지(之), 예도 례(禮), 제사올릴 체(禘), 제사올릴 상(嘗), 뜻 의(義), 다스릴 치(治), 나라 국(國), 그것 기(其), 같을 여(如), 보일 시(示), 지어(之於) 저(諸), 손바닥 장(掌), 조사(~인저) 호(乎)

【읽기(讀)】

명호교사지례(明乎郊社之禮) 체상지의(禘嘗之義) 치국기여시저장호(治國其如示諸掌乎)는 〈명호교사지례(明乎郊社之禮) 치국기여시저장호(治國其如示諸掌乎) 이명체상지의(而明禘嘗之義) 치국기여시저장호(治國其如示諸掌乎)〉에서 되풀이되는 치국기여시저장호(治國其如示諸掌乎)를 생략하고, 이명체상지의(而明禘嘗之義)에서도 이명(而明)을 생략하여 두 구문을 하나로 묶은 것이다. 〈교사의[郊社之] 예(禮)를[乎] 밝히면[明] 나라를[國] 다스림[治] 그것은[其] 손바닥[掌]에서 그것을[諸] 내보이는 것과[示] 같음[如]이로다[乎]. 그리고[而] 체상의[禘嘗之] 뜻[義]을[乎] 밝힌다면[明] 나라를[國] 다스림[治] 그것은[其] 손바닥[掌]에서 그것을[諸] 내보이는 것과[示] 같음[如]이로다[乎]〉 이를 〈교사의[郊社之] 예(禮)를[乎] 밝히고[明] 체상의[禘嘗之] 뜻[義]을[乎] 밝힌다면[明], 나라를[國] 다스림[治] 그것은[其] 손바닥[掌]에서 그것을[諸] 내보이는 것과[示] 같음[如]이로다[乎]〉로 줄인 말투이다. 명호교사지례(明乎郊社之禮) 체상지의(禘嘗之義)는 조건의 부사절(副詞節) 노릇하고, 치국기여시저장호(治國其如示諸掌乎)는 감탄문으로 주절 노릇한다.

명호교사지례(明乎郊社之禮)에서 명(明)은 〈분명히 할 변(辨)〉과 같아 명변(明辨)의 줄임말로 여기면 되고, 호(乎)는 조사(助詞)로 목적격 토씨 〈~을 호(乎)〉이며, 예(禮)는 예법(禮法)의 줄임말로 새기면 된다.

체상지의(禘嘗之義)에서 체상(禘嘗)은 춘체추상(春禘秋嘗)의 줄임말이고, 체(禘)는 천제단(天祭壇)에서 올리는 춘제(春祭)를 뜻하며, 상(嘗)은 천제단(天祭壇)에서 올리는 추제(秋祭)를 뜻한다.

치국기여시저장호(治國其如示諸掌乎)에서 기(其)는 〈그것 기(其)〉로 가주어(假

主語) 노릇하고, 여(如)는 〈같을 사(似) · 약(若)〉 등과 같고, 시(示)는 〈들어 보일 수(垂)〉와 같아 수시(垂示)의 줄임말이며, 저(諸)는 〈지어(之於) 저(諸)〉 노릇한다.

【풀이(繹)】

명호교사지례(明乎郊社之禮) 체상지의(禘嘗之義) 치국기여시저장호(治國其如示諸掌乎)는 교사(郊祀)의 예(禮)를 밝힘[明]은 체상(禘嘗)의 뜻[意]을 밝힘[明]과 같음을 말해준다. 봄에 지내는 교사(郊祀)는 〈체(禘)〉이고, 가을에 지내는 교사(郊祀)가 〈상(嘗)〉이다. 체상(體狀)의 교사(郊祀)란 천지신명(天地神明)뿐만 아니라 조종(祖宗)의 은덕(恩德)을 빌어 치국(治國)으로 이어짐을 살펴 새기고 헤아려 가늠하게 한다. 그래서 교사(郊祀)의 예(禮)를 밝히고 체상(禘嘗)의 뜻을 밝히면 대효(大孝)가 중용지도(中庸之道) · 군자지도(君子之道)로 이어지고, 따라서 이덕보덕(以德報德)의 행인정(行仁政)으로써 치국(治國)을 이룰 수 있음을 밝힌 말씀이 〈명호교사지례(明乎郊社之禮) 체상지의(禘嘗之義) 치국기여시저장호(治國其如示諸掌乎)〉이다.

註 "혹왈(或曰) 이덕보원(以德報怨) 하여(何如) 자왈(子曰) 하이보덕(何以報德) 이직보원(以直報怨) 이덕보덕(以德報德)." 어떤 자가[或] 여쭙되[曰] : 덕으로[以德] 원한을[怨] 갚는다면[報] 어떻겠습니까[何如]? 공자께서[子] 가로되[曰] : (그렇다면) 무엇으로[何以] 덕을[德] 갚겠는가[報]? 강직함으로[以直] 원한을[怨] 갚고[報], 은덕으로[以德] 덕행을[德] 갚는다[報].

『논어(論語)』「헌문(憲問)」편(篇) 36장(章)

중용(中庸)과 성자(誠者)

네 단락(段落)으로 이루어진 20장(章)은 『중용(中庸)』에서 가장 긴 장(章)이다. 1단락(段落)에서는 인(仁)과 정치(政治)의 관계를 밝히고, 2단락(段落)에서는 도(道)와 덕(德)의 관계, 3단락(段落)에서는 구경(九經)과 정치(政治), 4단락(段落)에서는 성(誠)과 도(道)의 관계를 순차(順次)로 밝혀, 중용(中庸)과 성(誠)의 상관(相關)을 살펴 새기고 헤아려 가늠하게 하는 장(章)이다.

【1단락(段落) 전문(全文)】

哀公問政하니 子曰 文武之政이 布在方策하니 其人存則其
애공문정 자왈 문무지정 포재방책 기인존즉기
政擧하고 其人亡則其政息이니이다
정거 기인망즉기정식
人道는 敏政하고 地道는 敏樹하니 夫政也者는 蒲盧也니라 故
인도 민정 지도 민수 부정야자 포로야 고
로 爲政在人하니 取人以身이오 修身以道요 修道以仁이니
위정재인 취인이신 수신이도 수도이인
라 仁者는 人也니 親親爲大하고 義者는 宜也니 尊賢爲大
인자 인야 친친위대 의자 의야 존현위대
하니라 親親之殺와 尊賢之等은 禮所生也니라 故로 君子는
친친지쇄 존현지등 예소생야 고 군자
不可以不修身이라 思修身이면 不可以不事親이오 思事親이면
불가이불수신 사수신 불가이불사친 사사친
不可以不知人이오 思知人이면 不可以不知天이니라
불가이부지인 사지인 불가이부지천

애공(哀公)이 (공자께) 다스림을 물었다. 공자께서 가로되: 문왕과 무왕의 다스림이 나무쪽과 대쪽에 기록되어 있습니다. 그분들이 계셨을 때는 곧 그 다스림이 거행되었지만, 그분들이 돌아가시자 곧 그 다스림은 그쳤습니다.

사람의 도는 다스림에 애쓰고 땅의 도는 심기에 애쓰니, 무릇 다스림이란 것은 창포와 갈대 같은 것이다. 그러므로 다스림을 행함은 사람에게 있으니 (사람이) 사람됨을 이룩함은 자신을 닦음으로 하고, (사람이) 자신을 닦음은 도를 닦음으로 하며, (사람이) 도를 닦음은 어짊으로 한다. 어짊이란 것은 사람됨이니 친족과 친애함이 큰 것이고, 옳음이란 것은 마땅함이니 어진 이를 존경함이 큰 것이다. 친족과 친애함의 감쇄와 어짊을 받듦의 차등이 예절이 생겨나는 바이다. 그러므로 군자는 자신을 인의로써 다스려 닦지 않을 수 없다. (사람이) 자신을 닦으려 생각한다면 그로써 피붙이들을 받들지 않을 수 없고, 피붙이들을 받듦을 생각한다면 그로써 남들을 (받들어야 함을) 알지 않을 수 없으며, 남들을 (받들어야 함을) 알기를 생각한다면 그로써 하늘을 (받들어야 함을) 알지 않을 수 없다.

哀公問政(애공문정) 子曰(자왈) 文武之政布在方策(문무지정포재방책)

▶애공(哀公)이 {공자(孔子)께} 다스림을[政] 물었다[問]. 공자께서[子] 가로되[曰]: 문왕과[文] 무왕의[武之] 정사가[政] 나무쪽과[方] 대쪽에[策] 기록되어[布] 있다[在].

슬플 애(哀), 임금 공(公), 물을 문(問), 다스릴 정(政), 존칭 자(子), 가로 왈(曰), 펼(기록될) 포(布), 있을 재(在), 목간(木簡) 방(方), 죽간(竹簡) 책(策)

【읽기(讀)】

애공문정(哀公問政)은 〈애공문정어공자(哀公問政於孔子)〉에서 뒤이은 문맥으로 보충할 수 있는 어공자(於孔子)를 생략한 말투이다. 〈애공이[哀公] 공자(孔子)께[於] 정사를[政] 물었다[問]〉 이를 〈애공이[哀公] 정사를[政] 물었다[問]〉로 줄인 것이다. 애공(哀公)은 BC 494~BC 468년까지 재위한 노(魯)나라 임금으로 성(姓)은 희(姬)이고, 이름은 장(蔣)이다. 문(問)은 〈물어볼 신(訊)〉과 같아 신문(訊問)의 줄임말로 보면 되고, 정(政)은 〈다스릴 치(治)〉와 같아 정치(政治)의 줄임말로 여기면 된다.

문무지정포재방책(文武之政布在方策)은 〈문무지정포방책(文武之政布方策) 이 문무지정재방책(而文武之政在方策)〉에서 되풀이되는 문무지정(文武之政)과 방책(方策)의 한쪽을 생략하고, 두 구문을 하나로 묶은 구문이다. 〈문무지정(文武之政)은 방책에[方策] 기록되었다[布]. 그래서[而] 문무지정(文武之政)은 방책에[方策] 있다[在]〉 이를 〈문무지정(文武之政)은 방책(方策)에 기록되어[布] 있다[在]〉로 줄인 것이다.

문무지정(文武之政)에서 문(文)은 주(周)나라 문왕(文王)의 줄임이고, 무(武)는 주(周)나라 무왕(武王)의 줄임이며, 정(政)은 〈다스릴 치(治)〉나 〈일 사(事)〉와 같으니 정치(政治)·정사(政事)의 줄임말로 여기면 된다. 포재방책(布在方策)의 포(布)는 여기선 〈기록할 기(記)〉와 같고, 재(在)는 〈있을 존(存)〉과 같으며, 방(方)은 나무쪽[木簡]을 말하고, 책(策)은 대쪽[竹簡]을 말한다.

【풀이(繹)】

문무지정포재방책(文武之政布在方策)은 애공(哀公)이 정사(政事) 즉 다스림[政]의 일[事]을 묻자, 공자(孔子)께서 응(應)해 답(答)한 것이다. 이로써 애공(哀公)에게 주(周)나라 문왕(文王)과 무왕(武王)이 베풀었던 덕치(德治)가 포재방책(布在方策) 즉 나무쪽[方]과 대쪽[策]에 기록되어[布] 있으니[在] 살펴 새기고 헤아려 가늠해보기를 권하고 있음을 알 수 있다.

공자(孔子)가 애공(哀公)에게 문무지정(文武之政)을 권(勸)한 것은 문무지도(文武之道)의 정사(政事)였기 때문이다. 문무지도(文武之道)란 치세(治世) 즉 백성을 다스림[治世]을 예악(禮樂)으로 거행(擧行)하여, 의민(宜民) 즉 백성[民]에게 천하(天下)를 소안(所安) 즉 편안히 사는[安] 곳[所]으로 만들어주었던 덕치(德治)를 밝힌 것이다. 이러한 덕치(德治)의 덕(德)은 예악(禮樂)의 문물(文物)로 드러날 수 있기 때문에 덕치(德治)는 군자(君子)의 도(道)로 이루어지게 된다. 그것이 곧 예악(禮樂)의 치도(治道)임은『예기(禮記)』「악기(樂記)」편(篇)에 나오는 **지악즉기어례의(知樂則幾於禮矣) 예악개득위지유덕(禮樂皆得謂之有德) 덕자득야(德者得也)**란 말을 상기(想起)하면 된다. 즉 공자(孔子)께서 밝힌 〈문무지정포재방책(文武之政布在方策)〉이란 말씀이 덕치(德治)가 바로 예악(禮樂)의 치도(治道)임을 살펴 새기고 헤아려 가늠할 수 있게 한다. 악(樂)을 안다면[知] 곧[則] 예에[於禮] 가까운 것[幾]이고, 예(禮)와 악(樂)을 모두[皆] 갖춤[得]이란 유덕(有德) 즉 덕(德)이 있음[有]이니, 본래 덕치(德治)의 덕(德)이란 예(禮)·악(樂)을 모두 갖춤[得]을 뜻한다. 득례여악(得禮與樂) 즉 예(禮)와 악(樂)을 갖춤[得]으로써 덕치(德治)의 도(道)가 이루어질 수 있음을 밝히고자 한 공자(孔子)의 말씀이 〈문무지정포재방책(文武之政布在方策)〉이다.

註 "범음자생어인심자야(凡音者生於人心者也) 악자통륜리자야(樂者通倫理者也) 시고(是故) 지성이부지음자금수시야(知聲而不知音者禽獸是也) 지음이부지악자중서시야(知音而不知樂者衆庶是也) 유군자위능지악(唯君子爲能知樂) 시고(是故) 심성이지음(審聲以知音) 심음이지악(審音以知樂) 심악이지정(審樂以知政) 이치도비의(而治道備矣) 시고(是故) 부지성자(不知聲者) 불가여언음(不可與言音) 부지음자(不知音者) 불가여언악(不可與言樂) 지악즉기어례의(知樂則幾於禮矣) 예악개득위지유덕(禮樂皆得謂之有德) 덕자득야(德者得也)." 무릇[凡] 음이란[音] 것은

[者] 사람의 마음에서[於人心] 생기는[生] 것[者]이다[也]. 악이란[樂] 것은[者] 온갖 목숨의[倫] 이치와[理] 통하는[通] 것[者]이다[也]. 이렇기[是] 때문에[故] 귀에 들리는 소리를[聲] 알면서도[知而] 마음에서 입으로 나오는 소리를[音] 모르는[不知] 것은[者] 짐승[禽獸] 그것[是]이고[也], 음을[音] 알면서도[知而] 악을[樂] 모르는[不知] 것은[者] 뭇사람들[衆庶] 그것[是]이다[也]. 오로지[唯] 군자만이[君子] 악을[樂] 알 수 있는 것[能知]이다[爲]. 그렇기[是] 때문에[故] 성을[聲] 살핌[審]으로[以] 음을[音] 알고[知], 음을[音] 살핌[審]으로[以] 악을[樂] 알며[知], 악을[樂] 살핌[審]으로[以] 정사를[政] 안다[知]. 그래서[而] 치도가[治道] 갖추어지는 것[備]이다[矣]. 이렇기[是] 때문에[故] 소리를[聲] 모르는[不知] 자[者]와 더불어[與] 음(音)에 대해 말하는 것은[言] 당치 않고[不可], 음을[音] 모르는[不知] 자[者]와 더불어[與] 악(樂)에 대해 말하는 것은[言] 당치 않다[不可]. 악(樂)을 안다면[知] 곧[則] 예에[於禮] 가까운 것[幾]이다[矣]. 예악을[禮樂] 모두[皆] 갖추는[得] 그것을[之] 덕이[德] 있음이라[有] 한다[爲]. 덕이란[德] 것은[者] {예악(禮樂)을 모두} 갖춘 것[得]이다[也].

악(樂)이란 천지지화(天地之和) 즉 천지의[天地之] 화평(和平)을 말하고, 예(禮)란 천지지서(天地之序) 즉 천지의[天地之] 질서(秩序)를 말한다. 여기서 악(樂)은 예악형정(禮樂刑政)을 한데 묶고 있는 자(字)로 여기면 된다. 『예기(禮記)』「악기(樂記)」편(篇) 6단락(段落)

其人存則其政擧(기인존즉기정거) 其人亡則其政息(기인망즉기정식)

▶ 그분들이[其人] 계셨을 때는[存] 곧[則] 그[其] 다스림이[政] 거행되었지만[擧], 그분들이 [其人] 돌아가시자[亡] 곧[則] 그[其] 다스림은[政] 그쳤다[息].

그 기(其), 있을 존(存), 곧 즉(則), 다스릴 정(政), 들 거(擧), 없을(죽을) 망(亡), 그칠 식(息)

【읽기(讀)】

기인존즉기정거(其人存則其政擧)에서 기인(其人)은 문왕(文王)과 무왕(武王)을 말하고, 존(存)은 여기선 〈살아 있는 생(生)〉과 같아 생존(生存)의 줄임말이다. 즉(則)은 조사(助詞)로 앞뒤의 문맥을 이어주며, 기정(其政)은 문무지정(文武之政)의 줄임이고, 거(擧)는 〈행할 행(行)〉과 같아 거행(擧行)의 줄임말로 새기면 된다.

기인망즉기정식(其人亡則其政息)의 기인(其人) 역시 문왕(文王)과 무왕(武王)을 말하고, 망(亡)은 여기선 〈죽을 사(死)〉와 같아 사망(死亡)의 줄임말로 여기면 되고, 즉(則)은 조사(助詞)로 앞뒤의 문맥을 이어주며, 기정(其政)은 문무지정(文武之政)의 줄임이고, 식(息)은 〈그칠 지(止)〉와 같아 식지(息止)의 줄임말로 새기면 된다.

【풀이(繹)】

기인존즉기정거(其人存則其政擧) 기인망즉기정식(其人亡則其政息)은 애공(哀公)에게 주(周)나라 문왕(文王)과 무왕(武王)의 덕치(德治)가 그 생시(生時)에는 이루어졌지만, 그 사후(死後)에는 멈춰지고[息] 말았음을 알려주는 자왈(子曰)이다. 이렇게 말한 공자(孔子)의 속마음을 살펴[觀] 새기고[玩] 헤아려[擬] 가늠해보려면[斷], 『논어(論語)』「옹야(雍也)」편(篇)에서 애공(哀公)이 공자(孔子)께 호학(好學) 즉 {예악(禮樂)을} 배우기[學]를 좋아하는[好] 제자가 있느냐고 묻는 일화(逸話)를 상기(想起)해보는 편이 좋을 것이다. 거기서 **유안회자호학(有顏回者好學) …… 불행단명사의(不幸短命死矣) 금야즉망(今也則亡) 미문호학자야(未聞好學者也)**라고 밝힌 공자(孔子)의 심회(心懷) 즉 속마음을 떠올린다면, 왜 애공(哀公)께 문왕(文王)과 무왕(武王)의 생(生)·사(死)를 들어 덕치(德治)의 존(存)·망(亡)을 밝혔는지 그 심회(心懷)를 간파(看破)할 수 있다. 안회(顏回)가 죽어버리자 호학(好學)하는 제자가 없어지고 말았음을 한탄(恨歎)했던 것처럼, 주(周)나라 문왕(文王)·무왕(武王)의 사후(死後)에 무수한 군왕(君王)들이 치세(治世)를 펼쳤건만 군자(君子)의 덕치(德治)를 행한 왕자(王者)가 없었음을 밝힌 말씀이 〈기인존즉기정거(其人存則其政擧) 기인망즉기정식(其人亡則其政息)〉이다.

註 "애공문(哀公問) 제자숙위호학(弟子孰爲好學) 공자대왈(孔子對曰) 유안회자호학(有顏回者好學) 불천노(不遷怒) 불이과(不貳過) 불행단명사의(不幸短命死矣) 금야즉망(今也則亡) 미문호학자야(未聞好學者也)." 애공이[哀公] 물었다[問]: 제자 중에[弟子] 누가[孰] 배우기를[學] 좋아합니까[爲好]? 공자께서[孔子] 이에[對] 가로되[曰]: 안회라는[顏回] 자가[者] 있었는데[有] (예악을) 배우기를[學] 좋아했습니다[好]. 노여움을[怒] 옮기지 않았고[不遷], 잘못을[過] 되풀이하지 않았습니다[不貳]. 불행히도[不幸] 단명하여[短命] 죽었습니다[死矣]. 지금인[今也]즉[則] {제자 중에 호학(好學)하는 자는} 없습니다[亡]. 호학하는[好學] 제자를[者] 듣지 못했습니다[未聞].

『논어(論語)』「옹야(雍也)」편(篇) 2장(章)

人道敏政(인도민정) 地道敏樹(지도민수)

▶사람의[人] 도는[道] 정사에[政] 애쓰고[敏], 땅의[地] 도는[道] 심기에[樹] 애쓴다[敏].

길 도(道), 애쓸 민(敏), 정사 정(政), 땅 지(地), 심을 수(樹)

【읽기(讀)】

인도민정(人道敏政)은 〈인지도민인지정(人之道敏人之政)〉에서 인지도(人之道)를 인도(人道)로 줄이고, 인지(人之)는 되풀이되기 때문에 생략한 것이다. 지도민수(地道敏樹) 역시 〈지지도민지지수(地之道敏地之樹)〉에서 지지도(地之道)를 지도(地道)로 줄이고, 지지(地之)는 생략한 구문이다.

민(敏)은 〈애쓸 면(勉)〉과 같아 민면(敏勉)의 줄임말로 여기면 되고, 정(政)은 〈다스릴 치(治)〉와 같아 정치(政治)의 줄임말로 여겨도 되지만 〈다스리는[政] 일[事]〉로 보아 정사(政事)의 줄임말로 새기는 편이 문맥에 걸맞을 것이다. 수(樹)는 여기선 〈심을 식(植)〉과 같아 식수(植樹)의 줄임말로 여기고 〈나무 심기 수(樹)〉로 새기면 된다.

【풀이(繹)】

인도민정(人道敏政) 지도민수(地道敏樹)에서 지도(地道)를 통해 인도(人道)를 밝히는 것은 인도(人道)란 곧 인의지도(仁義之道) 바로 그것이기 때문이다. 인의(仁義)의 인(仁)은 하늘[天]을 본받는[法] 덕(德)이고, 의(義)는 땅[地]을 법(法)하는 덕(德)이다. 그러므로 인도(人道)는 사람으로 하여금 천지(天地)를 본받게[法] 하는 이치[理]이고 가르침[教]이며 이끎[導]이고 방편[方]이고 말씀[言]이다. 이 땅에 있는 만물(萬物)치고 그 이(理)·교(教)와 도(導)·방(方)의 언(言)이 아닌 것은 없다. 천지(天地)를 본받기[法] 하는 인도(人道)의 정사(政事) 즉 다스리는[政] 일[事]은 지도(地道)가 만물(萬物)을 심어 길러줌[樹]과 같음이다. 지도(地道)가 만물(萬物)을 심어 살아가게 하듯이, 인도(人道) 역시 온 세상 사람들이 인의(仁義)를 실천하는 예악(禮樂)으로써 서로 어울려 편안히 살아가게 함이 그 정사(政事)임을 밝히고 있는 말씀이 〈인도민정(人道敏政) 지도민수(地道敏樹)〉이다.

夫政也者蒲盧也(부정야자포로야)

▶ 무릇[夫] 다스림이란[政也] 것은[者] 창포와[蒲] 갈대[盧] (같은 것)이다[也].

무릇 부(夫), 다스릴 정(政), 조사(~이란) 야(也), 것 자(者), 창포 포(蒲), 갈대 로(盧), 조사(~이다) 야(也)

【읽기(讀)】

부정야자포로야(夫政也者蒲盧也)는 〈문무지정시포로(文武之政是蒲盧)〉에서 주어 노릇하는 문무지정(文武之政)은 앞 문맥으로 보충할 수 있기 때문에 문무지(文武之)를 생략하고, 남은 정(政)을 강조하고자 부정야자(夫政也者)로 하여 어세(語勢)와 어조(語調)를 더한 말투로 여기면 문의(文意)가 드러난다. 〈문왕과[文] 무왕의[武之] 정사는[政] 포로(蒲盧)이다[是]〉 이를 〈무릇[夫] 정사[政]란[也] 것은[者] 포로(蒲盧)이다[也]〉로 주어(主語)를 강조한 것이다.

부정야자포로야(夫政也者蒲盧也)에서 부(夫)는 〈무릇 범(凡)〉과 같고, 정(政)은 〈다스릴 치(治) · 사(事)〉와 같아 정치(政治) 또는 정사(政事)의 줄임말로 여기면 문맥과 맞으며, 야자(也者)는 〈~이란[也] 것[者]〉으로 새기고, 포(蒲)는 〈부들 창(菖)〉과 같아 창포(菖蒲)의 줄임말로 여기면 되며, 노(盧)는 〈갈대 로(蘆)〉와 같다.

【풀이(繹)】

부정야자포로야(夫政也者蒲盧也)는 주(周)나라 문왕(文王)과 무왕(武王)의 덕치(德治)는 천지지도(天地之道)로 말미암아 이루어지는 인도(人道)임을 살펴[觀] 새기고[玩] 헤아려[擬] 가늠하게[斷] 한다. 따라서 부정야자포로야(夫政也者蒲盧也)에서 정(政)을 〈포로(蒲盧)〉라고 비유한 것은 『예기(禮記)』「악기(樂記)」편(篇)에 나오는 성인작악이응천(聖人作樂以應天) 제례이배지(制禮以配地)란 말씀을 상기(想起)시킨다. 이 말씀은 앞서 『중용(中庸)』 16장(章) 2단락(段落)에서 이미 인용하여 살핀 바 있다. 〈천도를[天] 따라서[以應] 악을[樂] 지었고[作], 땅을[地] 짝해서[以配] 예를[禮] 지었다[制]〉고 함은 예악(禮樂)이 곧 천지(天地)의 정사(政事)임을 돌이켜 숙려(熟慮)하게 한다.

덕치(德治)란 군자(君子)가 천지(天地)의 덕(德)을 지성(至誠)으로 본받는[法] 정사(政事)이기 때문에, 군자(君子)의 덕치(德治)는 곧 천지(天地)의 덕치(德治) 바로 그것이다. 천지(天地)의 도(道)를 법(法)하는 인도(人道)를 인의(仁義)라 하고, 그 인의(仁義)로 다스림[政]을 일러 예악(禮樂)이라 한다. 그러므로 부정야자포로야(夫政也者蒲盧也)의 포로(蒲盧)는 인의(仁義)·예악(禮樂)을 비유(比喩)하는 말이다. 물론 부들[蒲]과 갈대[盧]는 온갖 생명(生命)의 것[物]들을 비유(譬喩)하는 것이다. 그 포로(蒲盧)는 춘작하장(春作夏長)의 인(仁)을 짓하는[象之] 것[物]이고, 동시에 추렴동장(秋斂冬藏)의 의(義)를 상지(象之)하는 물(物)이다. 따라서 포로(蒲盧)는 천지(天地)가 인(仁)·의(義)를 일깨워 본받게 하면서 예(禮)·악(樂)을 법(法)하게 한다. 왜냐하면 인근어악(仁近於樂) 즉 어짊[仁]은 악에[於樂] 가깝고[近], 의근어례(義近於禮) 즉 옳음[義]은 예에[於禮] 가깝기[近] 때문이다. 말하자면 성인(聖人)이 포로(蒲盧) 같은 초개(草芥)에서도 천지지도(天地之道)를 읽어내고 인의(仁義)·예악(禮樂)을 살펴 찾아내 덕치(德治)의 정사(政事)를 시행(施行)해야 하는 이치[理]와 가르침[教] 그리고 방편[方]과 말씀[言]을 일깨워 살피고[觀] 새겨[玩] 헤아려[擬] 가늠하게[斷] 하는 말씀이 〈부정야자포로야(夫政也者蒲盧也)〉이다.

註 "춘작하장인야(春作夏長仁也) 추렴동장의야(秋斂冬藏義也) 인근어악(仁近於樂) 의근어례(義近於禮) 악자돈화솔신이종천(樂者敦和率神而從天) 예자별의거귀이종지(禮者別宜居鬼而從地) 고(故) 성인작악이응천(聖人作樂以應天) 제례이배지(制禮以配地) 예악명비(禮樂明備) 천지관의(天地官矣)." 봄에는[春] 싹트게 하여[作] 여름에[夏] 자라게 함은[長] 인(仁)이고[也], 가을에는[秋] 거두어들여[斂] 겨울에[冬] 간직하게 함은[藏] 의(義)이다[也]. 어짊은[仁] 악에[於樂] 가깝고[近], 옳음은[義] 예에[於禮] 가깝다[近]. 악이란[樂] 것은[者] {천지(天地)의} 어울림을[和] 도탑게 하고[敦] 하늘이 변화하게 하는 짓을[神] 우러러 좇아서[率而] 하늘을[天] 따름이고[從], 예란[禮] 것은[者] {천지(天地)의} 마땅함을[宜] 가름하고[別] 땅이 변화하게 하는 짓을[鬼] 엎드려 좇아서[居而] 땅을[地] 따름이다[從]. 그러므로[故] 성인은[聖人] 하늘을[天] 따름을[應] 써서[以] 악을[樂] 지었고[作], 땅을[地] 짝함을[配] 써서[以] 예를[禮] 지어[制], 예악이[禮樂] 밝게[明] 갖추어지고[備], 천지가[天地] 지극히 공평한 것[官]이다[矣].

솔신(率神)의 솔(率)은 앙천(仰天)하여 따름[順]이고 신(神)은 양기(陽氣)의 짓을 뜻하며, 거귀(居鬼)의 거(居)는 부지(俯地)하여 따름[順]이고 귀(鬼)는 음기(陰氣)의 짓을 뜻한다. 천지관의(天地官矣)의 관(官)은 『중용(中庸)』에 나오는 〈천지위언(天地位焉) 만물육언(萬物育焉)〉의 위

(位)·육(育)이 지극히 공평하여 무사(無私)함을 나타낸다. 천지가[天地] 자리를 잡고[位] 온갖 것이[萬物] 자라는 것[育]을 천지(天地)는 공평(公平)하게 하고 무사(無私)하게 한다는 뜻이다.

『예기(禮記)』「악기(樂記)」편(篇) 18단락(段落)

故(고) 爲政在人(위정재인)

▶ 그러므로[故] 다스림을[政] 행함은[爲] 사람에게[人] 있다[在].

그러므로 고(故), 행할 위(爲), 다스릴 정(政), 있을 재(在)

【읽기(讀)】

고(故)는 여기선 〈시고(是故)〉의 줄임이다. 시고(是故)의 시(是)는 앞에서 진술된 내용을 나타내는 지시어로 여겨 고(故)를 시고(是故) 즉 〈이렇기[是] 때문에[故]〉로 새기면 된다. 시고(是故)를 시이(是以)라 하기도 한다.

위정재인(爲政在人)은 〈A재(在)B〉의 상용구문으로 암기해두면 편하다. 〈A는 B에 있다[在]〉 위정재인(爲政在人)에서 위정(爲政)은 주부(主部) 노릇하고, 재(在)는 자동사로 〈있을 존(存)〉과 같으며, 인(人)은 재(在)를 꾸며주는 부사(副詞)로 새기면 문의(文意)가 드러난다.

【풀이(繹)】

위정재인(爲政在人)에서 위정(爲政)의 정(政)은 수기(修己)하여 치인(治人)하고, 치인(治人)하여 안인(安人)하며, 나아가 안백성(安百姓)의 치천하(治天下)를 한 자(字)로 밝힌 것이다. 이러한 위정(爲政) 즉 다스림[政]을 행함[爲]은 『대학(大學)』「경문(經文)」 1장(章)에 나오는 **고지욕명명덕어천하자(古之欲明明德於天下者) ~ 치지재격물(致知在格物)**이란 말씀을 상기(想起)하면 수신(修身)으로부터 시작됨을 알 수 있다. 수신(修身)하고자 하면 먼저 정기심(正其心)해야 하고, 정기심(正其心)하고자 하면 먼저 성기의(誠其意)해야 하며, 성기의(誠其意)하고자 하면 먼저 치기지(致其知)하게 하는 수신(修身)으로부터 위정(爲政)은 가능하다. 그러므로 정기심(正其心) 즉 제[其] 마음[心]부터 정직(正直)함을 누릴 수 있어야 수신(修身)이 비롯된다.

정기심(正其心)의 정(正)은 수일(守一) 즉 하나[一]를 지킴에[守] 머물[止] 뿐임을 뜻한다. 그 하나[一]란 중정(中正) 즉 중용(中庸)의 중(中)이다. 중정(中正)의 중(中)은 무경사(無傾邪) 즉 삿됨에[邪] 기울어짐[傾]이 없음[無]이니, 무사(無私) · 무욕(無欲) · 무아(無我)를 오로지 지킴[守]이 정(正) 바로 그것이다. 그래서 정(正)은 선(善)으로 통하여 천명(天命)을 계승(繼承)함이다. 선정(善正)의 선(善)이란 계천명(繼天命) 즉 천명(天命)을 계승함(繼)이다. 그러므로 정기심(正其心)한다고 함은 내 마음이 무사(無私) · 무욕(無欲) · 무아(無我)를 지켜[守] 천지(天地)의 명(命)을 따라 좇음이다. 수신(修身)은 무사(無私) · 무욕(無欲) · 무아(無我)로부터 시작되기 때문에 위정(爲政)의 시작(始作)인 수신(修身)은 타인(他人)에 의해서가 아니라 오로지 몸소 나[我] 자신[身]으로부터 행해질 수밖에 없음을 밝힌 말씀이 〈위정재인(爲政在人)〉이다.

註 "고지욕명명덕어천하자(古之欲明明德於天下者) 선치기국(先治其國) 욕치기국자(欲治其國者) 선제기가(先齊其家) 욕제기가자(欲齊其家者) 선수기신(先修其身) 욕수기신자(欲修其身者) 선정기심(先正其心) 욕정기심자(欲正其心者) 선성기의(先誠其意) 욕성기의자(欲誠其意者) 선치기지(先致其知) 치지재격물(致知在格物)." 옛날에[古之] 온 세상에[於天下] 밝은[明] 덕을[德] 밝히고자 한[欲明] 이는[者] 먼저[先] 제[其] 나라를[國] 다스렸고[治], 제[其] 나라를[國] 다스리고자 한[欲治] 이는[者] 먼저[先] 제[其] 가정을[家] 다스렸으며[齊], 제[其] 가정을[家] 다스리고자 한[欲齊] 이는[者] 먼저[先] 제[其] 자신을[身] 닦았고[修], 자신을[身] 닦고자 한[欲修] 이는[者] 먼저[先] 제[其] 마음을[心] 바르게 했으며[正], 제[其] 마음을[心] 바르게 하고자 한[正] 이는[者] 먼저[先] 제[其] 속뜻을[意] 성실히 했고[誠], 제[其] 마음 속을[意] 성실히 하고자 한[欲誠] 이는[者] 먼저[先] 제[其] 앎을[知] 더없이 하였다[致]. 앎을[知] 더없이 함은[致] 온갖 사물을[物] 더없이 궁구함에[格] 있다[在]. 『대학(大學)』「경문(經文)」1장(章)

取人以身(취인이신)

▶ (사람이) 사람됨을[人] 이룩함은[取] 자신을 닦음[身]으로 한다[以].

취할 취(取), ~으로 할 이(以), 자신 신(身)

【읽기(讀)】

취인이신(取人以身)은 〈인지취인이수신(人之取人以修身)〉에서 인지(人之)를 생략하고, 수신(修身)의 수(修)를 바로 뒤의 구문에서 보충할 수 있으므로 생략한 말투이다. 〈사람이[人之] 취인함은[取人] 신(身)으로 한다[以]〉 이를 〈취인함은[取人] 신(身)으로 한다[以]〉로 줄인 것이다.

취인이신(取人以身)에서 취(取)는 〈이룩할 성(成)〉과 같아 성취(成就)의 줄임말로 새기면 되고, 이(以)는 여기선 〈행할 행(行)〉과 같으며, 신(身)은 수신(修身)의 줄임으로 여겨 〈자신을 닦음[身]〉으로 옮기면 문의(文意)가 분명해진다.

【풀이(繹)】

취인이신(取人以身)은 위정재인(爲政在人)의 재인(在人)을 거듭 풀이하고 있다. 재인(在人)이란 곧 재취인(在取人) 즉 사람[人]을 이룸[取]임을 살펴 새기고 헤아려 가늠하게 한다. 취인(取人)은 곧 성인(成人)이다. 성인(成人)은 곧 성위인(成爲人) 즉 사람[人]됨[爲]을 이룩함[成]이다. 그러니 취인(取人)이란 사람됨[爲人]을 성취함[取]이다. 따라서 군자(君子)가 되는 것이 취인이신(取人以身)의 취인(取人)이다. 이러한 취인(取人)은 이신(以身) 즉 몸소[身] 하는 것[以]이다. 여기서 이신(以身)이 곧 이수신(以修身)임을 간파(看破)할 수 있게 된다.

왜 이수신(以修身) 즉 수신(修身)을 함[以]인가? 군자(君子)가 되고자 함이다. 군자(君子)가 되고자 함이란 곧 인자(仁者) 즉 어진[仁] 사람[者]이 되고자 하는 것이다. 인자(仁者)가 아니라면 군자(君子)일 수 없다. 군자(君子)가 되고자 이신(以身) 즉 이수신(以修身)하는 것이다. 이수신(以修身)의 수신(修身) 즉 자신[身]을 닦음[修]이란 먼저[先] 제[其] 마음을[心] 바르게 하고[正], 제[其] 마음을[心] 바르게 하고자[正] 하는 이는[者] 먼저[先] 제[其] 속뜻을[意] 성실히 하고[誠], 제[其] 마음속을[意] 성실히 하고자[欲誠] 하는 이는[者] 먼저[先] 제[其] 앎을[知] 더없이 하여[致] 온갖 사물을[物] 남김없이 궁구해[格] 무경사(無傾邪) 즉 삿됨에[邪] 기울어짐[傾]이 없어야[無] 수신(修身)하여 취인(取人) 즉 인자(仁者)를 성취해[取] 위정(爲政)할 수 있음을 밝힌 말씀이 〈취인이신(取人以身)〉이다.

修身以道(수신이도)

▶ (사람이) 자신을[身] 닦음은[修] 도를 닦음[道]으로 한다[以].

닦을 수(修), 자신 신(身), ~으로 할 이(以), 자신 신(身), 길 도(道)

【읽기(讀)】

수신이도(修身以道)는 〈인지수신이수도(人之修身以修道)〉에서 인지(人之)를 생략하고, 수(修)가 되풀이되므로 생략한 구문이다. 〈사람이[人之] 수신함은[修身] 도[道]로 한다[以]〉 이를 〈수신함은[修身] 도(道)로 한다[以]〉로 줄인 것이다.

수신이도(修身以道)에서 수(修)는 〈닦을 수(脩)〉와 같고, 이(以)는 여기선 〈행할 행(行)〉과 같으며, 도(道)는 여기선 수도(修道)의 줄임으로 여겨 〈도를 닦음[道]〉으로 옮기면 문의(文意)가 분명하게 잡힌다.

【풀이(繹)】

수신이도(修身以道)는 수도(修道)로 수신(修身)이 이루어짐을 살펴 새기고 헤아려 가늠하게 한다. 수신(修身)은 수기신심(修己身心)의 줄임이다. 나의[己] 몸과[身] 마음[心]을 닦음[修]이다. 그래서 수신(修身) · 수기(修己) · 수심(修心) 등은 같은 말씀이다. 덕성(德性) 즉 천지(天地)의 명(命)을 끊임없이 길러내[涵養] 나의 심신(心身)을 숙선(淑善) 즉 맑게 하고[淑] 선하게 함[善]을 일러 수신(修身)이라 한다. 다스리고[治] 다듬고[飭] 쓸어냄[掃]을 중습(重習) 즉 거듭해[重] 익힘[習]을 한 자(字)로 밝힘이 수신(修身)의 〈수(修)〉이다. 나 스스로 솔성(率性)함이 치기(治己) 즉 솔성(率性)의 나[己]로 다스리는[治] 수(修)이고, 나 스스로 솔성(率性)을 다듬어감[飭]이 식기(飭己) 즉 솔성(率性)의 나[己]로 다듬어가는[飭] 수(修)이며, 나 스스로 솔성(率性)을 익혀감[習]이 습기(習己) 즉 솔성(率性)의 나[己]로 익혀가는[習] 수(修)이다. 그래서 『대학(大學)』에 **자천자이지어서인(自天子以至於庶人) 일시개이수신위본(壹是皆以修身爲本)**이란 말씀이 나오는 것이다. 이러한 수신(修身)은 오로지 솔성(率性) 즉 천명(天命)인 성(性)을 따름[率]을 쉼 없이 닦아가야[修] 이루어질 수 있음을 밝힌 말씀이 〈수신이도(修身以道)〉이다.

註 "자천자이지어서인(自天子以至於庶人) 일시개이수신위본(壹是皆以修身爲本) 기본란이말치자부의(其本亂而末治者否矣) 기소후자박이소박자후(其所厚者薄而所薄者厚) 미지유야(未之有也) 차위지본야(此謂知本也) 차위지지지야(此謂知之至也)." 천자(天子)로부터[自] 서인에[於庶人] 이르기[至]까지[以] 한결같이[壹是] 모두[皆] 수신[修身]으로[以] 근본을[本] 삼는다[爲]. 그

[其] 근본이[本] 문란하면서[亂而] 말단이[末] 다스려지는[治] 것은[者] 안 되는 것[否]이다[矣]. 그것을[其] 두텁게 할[厚] 바의[所] 것을[者] 엷게 하면서[薄而] 엷게 할[薄] 바의[所] 것을[者] 두텁게 함은[厚] 여태껏 없었던 것[未之有]이다[也]. 이를[此] 앎의[知] 근본이라[本] 하고[謂], 이를[此] 앎의[知之] 지극함이라[至] 한다[謂].

『대학(大學)』「경문(經文)」1장(章)

修道以仁(수도이인)

▶ (사람이) 도를[道] 닦음은[修] 어짊[仁]으로 한다[以].

닦을 수(修), 길 도(道), ~으로 할 이(以), 어짊 인(仁)

【읽기(讀)】

수도이인(修道以仁)은 〈인지수도이인의(人之修道以仁義)〉에서 인지(人之)를 생략하고, 이인의(以仁義)를 이인(以仁)으로 줄인 말투이다. 〈사람이[人之] 수도함은[修道] 인의(仁義)로 한다[以]〉 이를 〈수도함은[修道] 인(仁)으로 한다[以]〉로 줄인 것이다.

수도이인(修道以仁)에서 수(修)는 〈익힐 습(習)〉과 같고, 이(以)는 여기선 〈행할 행(行) · 베풀 시(施)〉 등과 같다.

【풀이(繹)】

수도이인(修道以仁)은 이인(以仁) 즉 이인의(以仁義)로 수도(修道)가 이루어짐을 살펴 새기고 헤아려 가늠하게 한다. 수도(修道)는 수솔성지도(修率性之道)를 줄인 것이다. 천명을[性] 따르는[率之] 도(道)를 닦음[修]을 수도(修道)라 한다. 그래서 『중용(中庸)』 첫머리에 〈수도지위교(修道之謂教)〉라는 말씀이 나오는 것이다. 수도(修道) 즉 도(道)를 닦음[修]이란 가르침[教]이다. 교(教)란 상소시(上所施)하여 하소효(下所效)함이다. 말하자면 스승[上]이 베풀어주는[施] 바[所]를 제자[下]가 본받는[效] 바[所]가 교(教) 즉 가르침[教]이다. 그러므로 교(教)란 스승이 베풀어주는 바를 제자가 본받아[效] 익힘[習]이기 때문에 수도(修道)는 곧 효도(效道)이고 습도(習道)이다.

솔성(率性)의 도(道) 즉 천명(天命)을 따르는[率之] 도(道)를 본받아[效] 익히게

[習] 함이 예악(禮樂)이다. 『예기(禮記)』「악기(樂記)」편(篇)에 나오는 **교자민지한서야(教者民之寒暑也)**란 말씀을 상기(想起)하면 〈천지지소시(天地之所施) 민지소효습(民之所效習)〉 즉 천지가[天地之] 베풀어주는[施] 바[所]를 백성이[民之] 본받아[效] 익히는[習] 바[所]가 곧 수도지위교(修道之謂教)의 교(教)임을 간파(看破)할 수 있게 된다. 그래서 〈{천지(天地)가} 가르쳐주는[教] 것[者]이란 백성이[民之] (겨울이면) 추워하고[寒], (여름이면) 더워하는 것[暑]이다[也]〉라고 밝힌 것이다. 그러므로 수도(修道)는 수솔성지도(修率性之道)의 줄임이다.

솔성(率性)의 성(性)은 천명(天命) 바로 그것이다. 천명(天命)이란 천지(天地)의 교명(教命) 즉 천지(天地)의 가르침[命]이다. 그러므로 수도(修道)란 곧 수법천명(修法天命) 즉 천명(天命)의 도(道)를 익히고[修] 본받음[法]이다. 이러한 수도(修道)를 왜 이인의(以仁義) 즉 인의(仁義)로 하는 것[以]인가? 인(仁)은 천지지화(天地之和)를 본받아[效] 익혀[習] 행함이고, 의(義)는 천지지서(天地之序)를 본받아 익혀 행함이다. 그래서 〈인근어악(仁近於樂) 의근어례(義近於禮)〉라 하는 것이다. **수도(修道)는 이인의(以仁義) 즉 인의(仁義)로 하고[以], 나아가 이례악(以禮樂) 즉 예악(禮樂)으로 함[以]**을 살펴 새기고 헤아려 가늠하게 하는 말씀이 〈수도이인(修道以仁)〉이다.

註 "천지지도(天地之道) 한서불시즉질(寒暑不時則疾) 풍우부절즉기(風雨不節則饑) 교자민지한서야(教者民之寒暑也)." 천지의[天地之] 도가[道] 추위와[寒] 더위를[暑] 때맞춰주지 않으면[不時] 곧[則] (온갖 것이) 병들고[疾], 바람과[風] 비를[雨] 철 맞게 않으면[不節] 곧[則] (온갖 것이) 굶는다[饑]. {천지(天地)가} 가르쳐주는[教] 것이란[者] 백성이[民之] (겨울이면) 추워하고[寒], (여름이면) 더워하는 것[暑]이다[也]. 『예기(禮記)』「악기(樂記)」편(篇) 26단락(段落)

註 "부례악지극호천이반호지(夫禮樂之極乎天而蟠乎地) 행호음양이통호귀신(行乎陰陽而通乎鬼神) 궁고극원이측심후(窮高極遠而測深厚) 악저대시(樂著大始) 예거성물(禮居成物) 저불식자천야(著不息者天也) 저부동자지야(著不動者地也) 일동일정자천지지간야(一動一靜者天地之間也) 고(故) 성인왈(聖人曰) 예악운(禮樂云)." 무릇[夫] 예악은[禮樂] 하늘을[乎天] 더없이 다하면서[極而] 땅을[乎地] 두루 하는 것[蟠]이고[也], 음양을[乎陰陽] 행한다[行]. 그러니[而] 귀신을[乎鬼神] 통한다[通]. {예악(禮樂)은} 높고 먼 것을[高遠] 궁극하면서[窮極] 깊고 두터움을[深厚] 끝까지 헤아린다[測]. 악은[樂] 천지(天地)의 원시(元始)를[大始] 나타내고[著], 예는[禮] 만물을[成物] 본을 삼아 따른다[居]. 쉬지 않음을[不息] 나타내는[著] 것이[者] 하늘의 기운[天]이고[也], 움직이지 않음을[不動] 나타내는[著] 것이[者] 땅의 기운[地]이다[也]. 움직이기도 하고[一動] 고요하기도 한

[一靜] 것이[者] 천지의[天地之] 사이[間]이다[也]. 그래서[故] 성인이[聖人] 가로되[曰] 예악이라[禮樂] 했다[云].

음양(陰陽)·귀신(鬼神)은 같은 뜻의 말이니 행호음양(行乎陰陽)·통호귀신(通乎鬼神)은 같은 뜻을 달리 말함이고, 귀(鬼)는 순수한 음기(陰氣)를 말하며, 신(神)은 순수한 양기(陽氣)를 말한다. 대시(大始)는 천지(天地)의 원시(元始)를 뜻하고, 거성물(居成物)의 거(居)는 〈본으로 삼아 따를 법(法)〉과 같고, 성물(成物)·성형(成形)·만물(萬物) 등은 같은 뜻이다.

『예기(禮記)』「악기(樂記)」편(篇) 22단락(段落)

仁者人也(인자인야) 親親爲大(친친위대)

▶어짊이란[仁] 것은[者] 사람됨[人]이니[也] 친족과[親] 친애함이[親] 큰 것이다[大].

어짊 인(仁), 것 자(者), 사람됨 인(人), 조사(~이니) 야(也), 친애할 친(親), 친족 친(親), 조사(~이다) 위(爲), 큰 대(大)

【읽기(讀)】

인자인야(仁者人也) 친친위대(親親爲大)는 〈인자인야(仁者人也) 친친위대야(親親爲大也)〉에서 되풀이되는 뒤의 야(也)를 생략한 구문이다. 친친위대(親親爲大)에서 친친(親親)의 앞 친(親)은 〈친애할 친(親)〉이고, 뒤의 친(親)은 〈피붙이 친(親)〉이며, 위(爲)는 여기선 조사(助詞)로 〈~이다 시(是)〉와 같고, 대(大)는 〈근본 본(本)〉과 같아 대본(大本)의 줄임말로 여기면 된다.

【풀이(繹)】

인자인야(仁者人也) 친친위대(親親爲大)는 인자(仁者)가 친친(親親)으로부터 시작됨을 살펴 새기고 헤아려 가늠하게 한다. 인자(仁者) 즉 어짊이란[仁] 것[者]은 사람[人]을 사람이게[爲人] 하는 천지지화(天地之和)를 천지(天地)가 사람으로 하여금 본받아 따르고 누리게 함이다. 어짊[仁] 그것은 곧 사람이 두려워하고[畏], 받들고[事], 본받아[法] 따라야[順] 하는 천명(天命) 바로 그것이다. 그러므로 인자인야(仁者人也)는 『논어(論語)』「팔일(八佾)」편(篇)에 나오는 인이불인(人而不仁) 여례하(如禮何) 인이불인(人而不仁) 여악하(如樂何)라고 한 자왈(子曰)을 떠올리게 한다.

사람이 불인(不仁)하면 예악(禮樂)이 무슨 소용인가. 인간이 불인(不仁) 즉 어질지 못하다면 그런 인간(人間)은 비인(非人) 즉 사람[人]이 아닌 것[非]이다. 그러므로 인(仁)이란 것은 사람을 사람되게 하는 천명(天命) 즉 천지(天地)의 시킴[命]이요 가르침[命]이다. 그 명(命)을 따름이 수신(修身)이고, 그 수신(修身)이란 먼저[先] 제[其] 마음을[心] 바르게 하면서[正] 제[其] 속뜻을[意] 성실히 함[誠]이니, 따라서 천명(天命)의 뜻은 무사(無私)·무아(無我)의 앎을[知] 더없이 하여[致] 지어지선(止於至善) 즉 지극한[至] 선(善)에 머물러[止] 삶이다. 이처럼 사람을 사람되게 하는 그 어짊[仁]은 친친(親親)으로부터 시작되고, 그 친친(親親)이 어짊[仁]의 대본(大本) 즉 바탕이 된다는 말씀이 친친위대(親親爲大)이다. 친친(親親)이란 부모(父母)·자녀(子女)가 상화(相和)함이고, 이는 곧 천지지화서(天地之和序)를 본받아 따라 누리는 자효(慈孝)의 삶 바로 그것이다. 이러한 친친(親親)이야말로 천명(天命)인 어짊[仁]을 본받아 따라 행함이며, 그 친친(親親)이 곧 어짊[仁]의 대시(大始)임을 밝힌 말씀이 〈친친위대(親親爲大)〉이다.

註 "인이불인(人而不仁) 여례하(如禮何) 인이불인(人而不仁) 여악하(如樂何)." 사람이면서[人而] 어질지 못하면[不仁] 예가[禮] 무엇과[何] 같고[如], 사람이면서[人而] 어질지 못하면[不仁] 악이[樂] 무엇과[何] 같겠는가[如]? 『논어(論語)』「팔일(八佾)」편(篇) 3장(章)

義者宜也(의자의야) 尊賢爲大(존현위대)

▶옳음이란[義] 것은[者] 마땅함[宜]이니[也] 현명한 이를[賢] 존경함이[尊] 큰 것이다[大].

옳음 의(義), 것 자(者), 마땅함 의(宜), 조사(~이니) 야(也), 받들 존(尊), 어질 현(賢), 조사(~이다) 위(爲), 큰 대(大)

【읽기(讀)】

의자의야(義者宜也) 존현위대(尊賢爲大)는 〈의자의야(義者宜也) 존현위대야(尊賢爲大也)〉에서 되풀이되는 뒤의 야(也)를 생략한 말투이다. 의자의야(義者宜也)에서 의(宜)는 〈마땅할 당(當)·선할 선(善)·아름다울 미(美)〉 등의 뜻을 포함한다.

존현위대(尊賢爲大)에서 존(尊)은 〈공경할 경(敬) · 높일 고(高) · 귀할 귀(貴)〉 등과 같아 존경(尊敬) · 존귀(尊貴) · 존고(尊高)의 줄임말로 여기면 되고, 현(賢)은 여기선 유덕행자(有德行者) · 시인자(施仁者) 즉 덕(德)을 행(行)하는 자(者) · 어짊[仁]을 베푸는[施] 자(者)를 뜻한다. 위(爲)는 조사(助詞)로 〈~이다 시(是)〉와 같고, 대(大)는 〈근본 본(本)〉과 같아 대본(大本)의 줄임말로 새기면 된다.

【풀이(繹)】

의자의야(義者宜也) 존현위대(尊賢爲大)는 의자(義者)가 존현(尊賢)으로부터 시작됨을 살펴 새기고 헤아려 가늠하게 한다. 의자(義者) 즉 옳음이란[義] 것[者]은 현인(賢人)을 우러러 받들게[尊] 하는 천지지서(天地之序)를 천지(天地)가 사람으로 하여금 본받아 따르고 누리게 함이다. 옳음[義] 역시 사람이 두려워하고[畏], 받들고[事], 본받아[法] 따라야[順] 하는 천명(天命) 바로 그것이다. 그래서 의자의야(義者宜也)는 『논어(論語)』「이인(里仁)」편(篇)에 나오는 의지여비(義之與比)라고 단언하는 자왈(子曰)을 떠올리게 한다.

의(義) 즉 옳음[義]을 의(宜) 즉 마땅함[宜]이라 함은 늘 선미(善美)하여 편안한 바[所安]를 말함이다. 불의(不義)하면 이는 곧 불인(不仁) 바로 그것일 뿐이다. 그러므로 의(義)롭다면 못할 것도 없고 안 할 것도 없으니 다 할 수 있다. 의자의야(義者宜也)의 의(宜)는 곧 비여의(比與義) 즉 옳음을[與義] 따름[比]인 것이다. 의(義)를 따름[比]은 물론 시인(施仁) 즉 어짊[仁]의 베풂[施]을 따라 비롯되는 순응(順應)이므로 의(義) 역시 사람을 사람되게 하는 천명(天命) 즉 천지(天地)의 시킴[命]이요 가르침[命]이다. 그 옳음[義]이 존현(尊賢)으로 시작되며 의(義)의 근본임을 밝히는 말씀이 존현위대(尊賢爲大)이다.

존현(尊賢)이란 존경현자(尊敬賢者)의 줄임으로 보아도 되고, 존귀현인(尊貴賢人)으로 새겨도 되며, 나아가 존중현명(尊重賢明)으로 보아도 된다. 아성인(亞聖人) 즉 성인(聖人)에 버금가는[亞] 사람[人]을 현자(賢者) · 현인(賢人)이라 한다. 성인(聖人)이란 천지인(天地人)과 같다. 천지(天地)와 같은 사람을 일러 성인(聖人)이라 한다. 그러한 성인(聖人)에 버금가는 현자(賢者)란 존덕락의(尊德樂義)의 화신(化身)이기 때문에 정기심(正其心)하여 성기의(誠其意)하고 치기지(致其知)하여 지어지선(止於至善)하는 밝은[賢] 사람[人]이니, 존현(尊賢)을 일삼는 이를 선비(士)

라 하는 것이다. 이러한 현인(賢人)을 존경함[尊]이야말로 천명(天命)인 옳음[義]을 본받아 따라 행함, 곧 옳음(義)의 대시(大始)임을 밝힌 말씀이 〈존현위대(尊賢爲大)〉이다.

註 "군자지어천하야(君子之於天下也) 무적야(無適也) 무막야(無莫也) 의지여비(義之與比)." 군자가[君子之] 온 세상을[天下] 마주함이란[於也] 좋아하여 꼭 해야 하는 것도[適] 없는 것[無]이고[也], 결코 하면 안 되는 것도[莫] 없는 것[無]이다[也]. 오로지 옳음만을[義之與] 따른다[比].

의지여비(義之與比)에서 비(比)는 〈따를 종(從)〉과 같다.

『논어(論語)』「이인(里仁)」편(篇) 10장(章)

註 "존덕락의(尊德樂義) 즉가이효효의(則可以囂囂矣) 고(故) 사궁부실의(士窮不失義) 달불리도(達不離道) 궁불실의고(窮不失義故) 사득기언(士得己焉)." 덕을[德] 받들어[尊] 옳음을[義] 즐거워하면[樂] 곧[則] 그로써[以] 태연할 수 있는 것[可囂囂]이다[矣]. 그래서[故] 선비는[士] 궁해도[窮] 옳음을[義] 잃지 않고[不失], 이루어도[達] 정도를[道] 멀리하지 않는다[不離]. 궁해도[窮] 옳음을[義] 잃지 않기[不失] 때문에[故] 선비는[士] 자신을[己] 얻는 것[得]이다[焉].

효효(囂囂)는 태연(泰然)하고 자신을 잃지 않는 모습이다.

『맹자(孟子)』「진심장구(盡心章句) 상(上)」편(篇) 9장(章)

親親之殺(친친지쇄) 尊賢之等(존현지등) 禮所生也(예소생야)

▶ 친족과[親] 친애함의[親之] 감쇄와[殺] 현명한 이를[賢] 받듦의[尊之] 차등이[等] 예절이[禮] 생겨나는[生] 바[所]이다[也].

친애할 친(親), 친족 친(親), 조사(~의) 지(之), 감할(줄어들) 쇄(殺), 받들 존(尊), 어질 현(賢), 등급 등(等), 예도 례(禮), 바 소(所), 생겨날 생(生), 조사(~이다) 야(也)

【읽기(讀)】

친친지쇄(親親之殺) 존현지등(尊賢之等) 예소생야(禮所生也)는 〈친친지쇄례소생야(親親之殺禮所生也) 이존현지등례소생야(而尊賢之等禮所生也)〉에서 되풀이되는 예소생야(禮所生也) 앞쪽을 생략한 말투이다.

친친지쇄(親親之殺)에서 친친(親親)의 앞 친(親)은 〈친애할 친(親)〉이고, 뒤의 친

(親)은 〈피붙이 친(親)〉이며, 쇄(殺)는 〈줄일 감(減)〉과 같아 감쇄(減殺)의 줄임말로 새기면 된다.

존현지등(尊賢之等)에서 존(尊)은 〈공경할 경(敬) · 높일 고(高) · 귀할 귀(貴)〉 등과 같아 존경(尊敬) · 존귀(尊貴) · 존고(尊高)의 줄임말로 여기면 되고, 현(賢)은 유덕행자(有德行者) · 시인자(施仁者) 즉 덕(德)을 행(行)하는 자[者] · 어짊[仁]을 베푸는[施] 자[者]를 뜻하며, 등(等)은 〈구분할 급(級)〉과 같아 등급(等級)의 줄임말로 여기면 된다.

예소생야(禮所生也)는 예절지소생야(禮節之所生也)로 새기면 문의(文意)가 분명하게 드러난다. 〈예절이[禮節之] 생겨나는[生] 바[所]이다[也]〉 예소생야(禮所生也)에서 예(禮)는 예절(禮節) · 예의(禮儀) 등의 줄임이며, 생(生)은 〈이루어질 성(成)〉과 같아 생성(生成)의 줄임말로 새기면 된다.

【풀이(繹)】

친친지쇄(親親之殺)는 친친(親親)의 촌수(寸數)를 상기(想起)시킨다. 부모(父母)와 자녀(子女) 사이의 친친(親親)과 삼촌(三寸) · 사촌(四寸) 등으로 친친(親親)의 혈연(血緣)이 멀어질수록 친친(親親)의 효성(孝誠)이 감쇄(減殺)하게 마련이다. 부모(父母)를 부모(父母)로 섬김이 효(孝)이고, 삼촌(三寸)은 삼촌(三寸)으로 섬김이 또한 효(孝)이다. 어버이를 섬기는 효심(孝心)과 삼촌(三寸)을 삼촌(三寸)으로 섬기는 효심(孝心)이 같을 수 없는 것이 올바른 효성(孝誠)임을 말해 예(禮)에는 예절(禮節) · 예의(禮義)의 감쇄(減殺)가 있음을 밝힌 말씀이 〈친친지쇄(親親之殺) 예소생야(禮所生也)〉이다.

존현지등(尊賢之等)은 현자(賢者)를 섬기고 받듦에 등차(等差)가 있음을 상기(想起)시킨다. 성인(聖人)을 공경(恭敬)하는 마음과, 아성(亞聖)을 받들어 섬기는 마음과, 선비[士]를 섬기는 마음가짐이 같을 수 없다. 말하자면 공자(孔子)와 맹자(孟子)를 존경하는 마음가짐에는 등차(等差)가 있음이다. 공자(孔子)와 맹자(孟子)를 받드는 예절(禮節)이 같을 수 없으니, 존현(尊賢)에도 예절(禮節) · 예의(禮義)의 등차(等差)가 있음을 밝힌 말씀이 〈존현지등(尊賢之等) 예소생야(禮所生也)〉이다.

故(고) 君子不可以不修身(군자불가이불수신)

▶ 그러므로[故] 군자는[君子] 자신을[身] 인의로써[以] 다스려 닦지[修] 않을 수[不可] 없다[不].

그러므로 고(故), 클 군(君), 존칭 자(子), 아니 불(不), 가할 가(可), 써 이(以), 닦을 수(修), 자신 신(身)

【읽기(讀)】

고(故)는 〈시고(是故)〉의 줄임이고, 여기서 시(是)는 존현지등(尊賢之等)을 나타내는 지시어 노릇하므로 존현지등고(尊賢之等故)로 새기면 문의(文意)가 분명해진다. 〈현자를[賢] 받듦의[尊之] 등차[等] 때문에[故]〉

군자불가이불수신(君子不可以不修身)은 〈군자불가불수신이인의(君子不可不修身以仁義)〉에서 이인의(以仁義)를 이(以)로 줄여 불(不) 앞으로 전치(前置)한 말투이다. 〈군자는[君子] 자신을[身] 인의로써[以仁義] 다스려 닦지[修] 않을 수[不可] 없다[不]〉 이를 〈군자는[君子] 자신을[身] 써[以] 다스려 닦지[修] 않을 수[不可] 없다[不]〉로 줄인 것이다.

군자불가이불수신(君子不可以不修身)에서 불가불(不可不)은 이중(二重)의 부정사(否定辭)로 강한 긍정을 나타내며, 이(以)는 여기선 〈써 용(用)〉과 같고, 수(修)는 〈닦을 수(脩)〉와 같고, 신(身)은 자신(自身)의 줄임말로 여기면 된다.

【풀이(繹)】

군자불가이불수신(君子不可以不修身)은 군자(君子)란 지어지선(止於至善) 즉 지극한[至] 선(善)에 머물러[止] 끊임없이 수신(修身)하여 현자(賢者)가 되어야 함을 살펴 새기고 헤아려 가늠하게 한다. 천명(天命)을 더없이 이어 받듦이 지선(至善)이니, 지선(至善)이란 곧 존인락의(尊仁樂義)함이다. 정기심(正其心)하여 성기의(誠其意)하고 치기지(致其知)하여 수신(修身)함이란 인(仁)을 받들고[尊] 의(義)를 즐김[樂]을 떠나서는 친친(親親)을 지극하게 다하는 현자(賢者)가 될 수 없고, 그런 현자(賢者)가 아니라면 군자(君子)일 수 없기 때문이다.

효제(孝弟)를 멀리하는 군자(君子)란 없다. 군자(君子)가 안인(安人)하여 안백성

(安百姓)하는 치자(治者)가 되는 것은 오로지 수신(修身)으로부터 가능하다. 그래서 군자(君子)는 오로지 수신(修身)함으로써 『논어(論語)』「공야장(公冶長)」편(篇)에 나오는 **군자지도사(君子之道四)**를 성취(成就)할 수 있음을 상기(想起)시킨다. 군자(君子)가 안인(安人)하고 안백성(安百姓)함은 몸가짐이 늘 공겸(恭謙)하고 윗사람을 모심이 늘 경건(敬虔)하며 양민(養民)함을 늘 은혜(恩惠)롭게 하는 것이고, 사민(使民) 즉 백성을 부림을 정의(正義)롭게 하는 현자(賢者)가 됨은 오로지 수신(修身)으로 이루어질 수 있음을 밝힌 말씀이 〈군자불가이불수신(君子不可以不修身)〉이다.

註 "자위자산(子謂子産) 유군자지도사언(有君子之道四焉) 기행기야공(其行己也恭) 기사상야경(其事上也敬) 기양민야혜(其養民也惠) 기사민야의(其使民也義)" 공자께서[子] 자산을[子産] 평해[謂] 말했다[曰]: 자산한테는[焉] 군자의 도로서[君子之道] 네 가지가[四] 있었다[有]. 자산의[其] 몸가짐은[行己] 공손하였다[恭]. 자산이[其] 윗사람을[上] 섬김에는[事] 삼가 충성을 다했다[敬]. 자산이[其] 백성을[民] 잘살게 함에는[養] 어질었다[惠]. 자산이[其] 백성을[民] 부림에는[使] 의로웠다[義].

자산(子産)은 정(鄭)나라의 현명한 재상이었다. 본래 이름은 공손교(公孫僑)이며, 자산은 자(字)이다. 공자가 자산(子産)을 들어서 군자의 길을 공(恭)·경(敬)·혜(惠)·의(義)의 4가지로 나누어 평하고 있다. 『논어(論語)』「공야장(公冶長)」편(篇) 16장(章)

思修身(사수신) 不可以不事親(불가이불사친)

▶ (사람이) 자신을[身] 다스려 닦음을[修] 생각한다면[思] 그로써[以] 피붙이를[親] 받들지[事] 않을 수[不可] 없다[不].

생각할 사(思), 닦을 수(修), 자신 신(身), 아니 불(不), 가할 가(可), 써 이(以), 섬길 사(事), 친족 친(親)

【읽기(讀)】

사수신(思修身)은 〈인사수신(人思修身)〉에서 일반주어 노릇할 인(人)을 생략한 말투이다. 사수신(思修身)에서 사(思)를 타동사로 여겨 〈수신을[修身] 생각한다[思]〉고 옮겨도 되고, 조사(助詞) 노릇하는 〈진실로 사(思)〉로 여겨 〈진실로[思] 수신한다[修身]〉고 옮겨도 문의(文意)가 달라지지 않는다.

불가이불사친(不可以不事親)은 〈인불가불사친이수신(人不可不事親以修身)〉에서 일반주어 인(人)을 생략하고, 이수신(以修身)을 이(以)로 줄여 불(不) 앞으로 전치(前置)한 구문이다. 〈사람은[人] 수신함[修身]으로써[以] 사친하지[事親] 않을 수 없다[不可不]〉 이를 〈써[以] 사친하지[事親] 않을 수 없다[不可不]〉로 줄인 것이다.

불가이불사친(不可以不事親)에서 이(以)는 여기선 〈써 용(用)〉과 같고, 사(事)는 〈섬길 봉(奉)〉과 같으며, 친(親)은 친족(親族)의 줄임으로 새기면 된다.

【풀이(繹)】

사수신(思修身) 불가이불사친(不可以不事親)은 수신(修身) 즉 자신[身]을 다스려 닦음[修]이란 사친(事親)을 떠날 수 없음을 살펴 새기고 헤아려 가늠하게 한다. 정기심(正其心)하여 성기의(誠其意)하고 치기지(致其知)하는 수신(修身)의 대본(大本)은 사친(事親) 즉 친친(親親)에 있다. 사친(事親)은 곧 효제(孝弟)로 드러난다. 효제(孝弟)는 어짊[仁]의 근본이다. 어짊[仁]의 근본인 효제(孝弟)를 알고[知] 행[行]함이 곧 사친(事親)이다. 사친(事親) 즉 효제(孝弟)를 떠나 정기심(正其心)하여 성기의(誠其意)하고 치기지(致其知)하여 지어지선(止於至善)하는 수신(修身)이란 불가능함을 밝힌 말씀이 〈불가이불사친(不可以不事親)〉이다.

思事親(사사친) 不可以不知人(불가이부지인)

▶ (사람이) 피붙이들을[親] 받듦을[事] 생각한다면[思] 그로써[以] 남을[人] (받듦을) 알지[知] 않을 수[不可] 없다[不].

생각할 사(思), 섬길 사(事), 친족 친(親), 아니 불(不), 가할 가(可), 써 이(以), 알 지(知), 남 인(人)

【읽기(讀)】

사사친(思事親)은 〈인사사친(人思事親)〉에서 인(人)을 생략한 말투이다. 사사친(思事親)에서 사(思)를 타동사로 여겨 〈사친을[事親] 생각한다[思]〉고 옮겨도 되고,

조사(助詞) 노릇하는 〈진실로 사(思)〉로 여겨 〈진실로[思] 사친한다[事親]〉고 해도 문의(文意)가 달라지지 않는다.

불가이부지인(不可以不知人)은 〈인불가부지사인이사친(人不可不知事人以事親)〉에서 일반주어 노릇할 인(人)을 생략하고, 지사인(知事人)을 지인(知人)으로 줄이고, 이사친(以事親)을 이(以)로 줄여 불(不) 앞으로 전치(前置)한 구문이다. 〈사람은[人] 사친함[事親]으로써[以] 사인함을[事人] 알지[知] 않을 수 없다[不可不]〉 이를 〈써[以] 지인하지[知人] 않을 수 없다[不可不]〉고 줄인 것이다.

불가이부지인(不可以不知人)에서 이(以)는 여기선 〈써 용(用)〉과 같고, 지(知)는 〈알 식(識)〉과 같으며, 인(人)은 타인(他人)의 줄임말로 새기면 된다.

【풀이(繹)】

사사친(思事親) 불가이부지인(不可以不知人)은 사친(事親) 즉 피붙이[親]를 섬김[事]을 생각하게[思] 되면 지인(知人) 즉 남[人]을 섬겨야[事] 함을 알[知] 수 있다는 말이다. 정기심(正其心)하여 성기의(誠其意)하고 치기지(致其知)하는 수신(修身)의 대본(大本)은 효제(孝弟)로, 피붙이[親]를 섬김[事]이 피붙이가 아닌 남[人]도 섬겨야[事] 함을 알려준다는 것이다. 사친(事親)이 곧 지인(知人)으로 이어짐은 수신(修身) · 제가(齊家)의 사친(事親)이 안인(安人) · 안백성(安百姓)의 지인(知人)으로 이어짐을 일깨워준다. 그와 마찬가지로 어짊[仁]의 근본인 효제(孝弟)로부터 비롯하는 사친(事親)이 지인(知人)임을 밝힌 말씀이 〈불가이부지인(不可以不知人)〉이다.

思知人(사지인) 不可以不知天(불가이부지천)

▶ (사람이) 남들을(人) (받들어야 함을) 알기를[知] 생각한다면[思] 그로써[以] 하늘을[天] (받들어야 함을) 알지[知] 않을 수[不可] 없다[不].

생각할 사(思), 알 지(之), 남 인(人), 아니 불(不), 가할 가(可), 써 이(以), 하늘 천(天)

【읽기(讀)】

사지인(思知人)은 〈인사지인(人思知人)〉에서 일반주어 인(人)을 생략한 말투이다. 사지인(思知人)에서 사(思)를 타동사로 여겨 〈지인을[知人] 생각한다[思]〉고 옮겨도 되고, 조사(助詞) 노릇하는 〈진실로 사(思)〉로 여겨 〈진실로[思] 지인한다[知人]〉고 해도 문의(文意)가 달라지지 않는다.

불가이부지천(不可以不知天)은 〈인불가부지사천이지인(人不可不知事天以知人)〉에서 일반주어 노릇할 인(人)을 생략하고, 지사천(知事天)을 지천(知天)으로 줄이고, 이지인(以知人)을 이(以)로 줄여 부(不) 앞으로 전치(前置)한 구문이다. 〈사람은[人] 지인함[知人]으로써[以] 사천함을[事天] 알지[知] 않을 수 없다[不可不]〉 이를 〈써[以] 지천하지[知天] 않을 수 없다[不可不]〉로 줄인 것이다.

불가이부지천(不可以不知天)에서 이(以)는 여기선 〈써 용(用)〉과 같으며, 지(知)는 〈알 식(識)〉과 같고, 천(天)은 사천(事天)의 줄임말로 보면 된다.

【풀이(繹)】

사지인(思知人) 불가이부지천(不可以不知天)은 지인(知人) 즉 남[人]을 (받들어야 함을) 알기를[知] 생각하면[思] 지천(知天) 즉 하늘[天]을 섬겨야[事] 하는 것을 알게[知] 됨을 살펴 새기고 헤아려 가늠하게 한다. 지천(知天)은 지사천(知事天)이고 지천명(知天命)이다. 하늘을 섬김을 아는 것이란 곧 하늘의 명(命)을 앎[知]이며, 그 지천(知天)을 소홀히 할세라 외천명(畏天命)하게 하는 것이다. 효제(孝弟)로 비롯되는 사친(事親)이 지인(知人)으로 이어지고, 지인(知人)이 지천(知天)으로 이어짐이란 수신(修身)으로부터 시작된다. 그러므로 사친(事親) · 지인(知人) · 지천(知天)은 인의(仁義)로써 일관(一貫)되어 있음을 일깨워준다. 어짊[仁]의 근본인 효제(孝弟)로부터 비롯하는 사친(事親)이 지인(知人)을 일깨워주고, 나아가 그 지인(知人)이 지천(知天)으로 이어짐을 밝힌 말씀이 〈불가이부지천(不可以不知天)〉이다.

【2단락(段落) 전문(全文)】

天下之達道五에 所以行之者는 三이다 曰 君臣也와 父子
천하지달도오 소이행지자 삼 왈 군신야 부자
也와 夫婦也와 昆弟也와 朋友之交也의 五者는 天下之
야 부부야 곤제야 붕우지교야 오자 천하지

達道也니라 知仁勇三者는 天下之達德也니 所以行之者는
달도야 지인용삼자 천하지달덕야 소이행지자

一也니라
일야

或生而知之하고 或學而知之하며 或困而知之하나
혹생이지지 혹학이지지 혹곤이지지

及其知之하여는 一也니라 或安而行之하고 或利而行之하며
급기지지 일야 혹안이행지 혹리이행지

或勉强而行之하나 及其成功하여는 一也이니라
혹면강이행지 급기성공 일야

子曰 好學은 近乎知하고 力行은 近乎仁하며 知恥는
자왈 호학 근호지 역행 근호인 지치

近乎勇하니라
근호용

知斯三者면 則知所以修身이고 知所以修身이면 則知
지사삼자 즉지소이수신 지소이수신 즉지

所以治人이며 知所以治人이면 則知所以治天下國家矣니라
소이치인 지소이치인 즉지소이치천하국가의

온 세상의 (사람이) 늘 통행하는 길은 다섯이다. (사람이) 그 길[道]을 따라 그 도(道)를 실행하는 바의 것은 셋이다. 군신이고, 부자이며, 부부이고, 곤제이며, 붕우의 사귐이란 다섯 가지가 온 세상의 변함없는 도[達道]이다. 지인용(知仁勇) 세 가지는 온 세상의 변함없는 덕[達德]이다. 지인용(知仁勇)의 달덕(達德)을 따라 그 지인용(知仁勇)을 쓰는 바의 것은 (세 갈래가 아니라) 하나이다.

혹은 태어나면서 그 지인용(知仁勇)이 하나임을 알고, 혹은 배워서 그 지인용(知仁勇)이 하나임을 알며, 혹은 애써서 그 지인용(知仁勇)을 하나로 알지만, 저마다 그 지인용(知仁勇)이 하나임을 아는 것에 미쳐서는 다 같은 것이다. 혹은 편안히 그 지인용(知仁勇)을 하나로 행하고, 혹은 이롭다니 그 지인용(知仁勇)을 하나로 행하고, 혹은 열심히 힘들여서 그 지인용(知仁勇)을 하나로 행하지만, 저마다 그 지인용(知仁勇)이 하나인 보람을 이룸에 미쳐서는 다 같은 것이다.

공자께서 가로되: 배우기를 좋아함은 지(知)에 가깝고, {그 지(知)를} 행함은

인(仁)에 가깝고, 부끄러움을 앎은 용(勇)에 가깝다.
이 세 가지를 알면 곧 그 세 가지로써 수신(修身)하는 바를 알고, 그 세 가지로 수신하는 바를 알면 곧 그 앎으로써 치인(治人)하는 바를 알며, 수신으로 치인하는 바를 알며, 곧 그 치인으로써 온 세상의 나라와 집안을 다스리는 바를 안다.

天下之達道五(천하지달도오)

▶ 온 세상의[天下之] (사람이) 통행하는[達] 길이[道] 다섯이다[五].

하늘 천(天), 아래 하(下), 조사(~의) 지(之), 통달할 달(達), 길 도(道)

【읽기(讀)】

천하지달도오(天下之達道五)는 〈천하지인달도시오(天下之人達道是五)〉에서 천하지인(天下之人)을 천하지(天下之)로 줄이고, 조사(助詞: ~이다) 노릇하는 시(是)를 생략한 구문이다. 〈천하지달도는[天下之達道] 다섯[五]이다[是]〉 이를 〈천하지달도는[天下之達道] 다섯[五]〉이라고 줄인 것이다. 천하지달도오(天下之達道五)에서 천하지달도(天下之達道)는 주부(主部) 노릇하고, 오(五)는 보어(補語) 노릇하는 셈이다. 달도(達道)의 달(達)은 〈늘 상(常)〉과 같아 달도(達道)는 상도(常道)와 같다.

【풀이(繹)】

천하지달도오(天下之達道五)는 위인(爲人) 즉 인간[人]이 되는[爲] 길[道]이 다섯[五]임을 살펴 새기고 헤아려 가늠하게 한다. 여기서 달도(達道)는 세인소통행지도(世人所通行之道)·천하상통지도(天下常通之道)를 뜻한다. 온 세상 사람이[世人] 통행하는[通行] 바의[所之] 길[道]이 달도(達道)이며, 온 세상에[天下] 변함없이[常] 통하는[通之] 도(道)가 달도(達道) 즉 상도(常道)이고, 이 달도(達道)는 곧 인수지변(人獸之辨)의 길[道]이다. 왜 사람[人]과 짐승[獸]이 분변(分辨)되는가? 그것은 인간에게만 있는 오도(五道) 때문이다. 인간은 이 다섯[五] 가지 도(道)를 배우고 익히고 더없이 알아 애써 행함으로써 인간으로서 거듭날 수 있다. 그러므로 달도

(達道)의 도(道)를 벗어나지 않고 걸어가야 사람이 사람으로서 살 수 있음을 밝힌 말씀이 〈천하지달도오(天下之達道五)〉이다.

所以行之者三(소이행지자삼)

▶ (사람이) 그 도(道)를 따라[以] 그것을[之] 실행하는[行] 바의[所] 것은[者] 셋이다[三].

바 소(所), 써 이(以), 행할 행(行), 그것 지(之), 것 자(者)

【읽기(讀)】

소이행지자삼(所以行之者三)은 〈인지소행오도이오도자시삼(人之所行五道以五道者是三)〉에서 행(行)의 주어 노릇할 인지(人之)와 조사 노릇하는 시(是)를 생략하고, 되풀이되는 이오도(以五道)의 오도(五道)을 생략하여 이(以)를 행(行) 앞으로 전치(前置)하고, 행오도(行五道)의 오도(五道)를 지시어 지(之)로 대신한 구문이다. 〈사람이[人之] 오도를[五道] 써[以] 오도를[五道] 실행하는[行] 바의[所] 것은[者] 셋[三]이다[是]〉 이를 〈써[以] 그것을[之] 실행하는[行] 바의[所] 것은[者] 셋[三]〉이라고 줄인 것이다.

소이행지자삼(所以行之者三)에서 소(所)는 어사(語辭)로 〈것 소(所) · 바 소(所)〉 노릇하고, 이(以)는 여기선 〈따를 종(從)〉으로 여기거나 혹은 어조사(語助詞)로 여겨 무시해도 되며, 행(行)은 〈할 위(爲)〉와 같다. 〈A지소위(之所爲)B자(者)〉는 상용구문으로 〈A가 B를 하는[爲] 바의[所] 것[者]〉이다. 소이행지자삼(所以行之者三)에서 소이행지자(所以行之者)는 주부(主部) 노릇하고, 삼(三)은 보어(補語) 노릇한다.

【풀이(繹)】

소이행지자삼(所以行之者三)은 온 세상 사람이 통행(通行)해야 하는 오도(五道)를 따라 통행하는 방편은 세 가지가 있음을 살펴 새기고 헤아려 가늠하게 한다. 행지(行之)는 〈행달도지오(行達道之五)〉를 뜻한다. 사람이 되게 하는 그 오도(五道)를 따라 밟아감이 삼(三)이란 말은 곧 달덕(達德)이 셋[三]임을 뜻한다. 도(道)는 행어만인(行於萬人)이고, 덕(德)은 통어만인(通於萬人)이다. 온 사람에게[於萬人]

미치는[行] 도(道)를 온 사람에게 통(通)하게 하는 덕(德)은 도(道)를 실천하는 지선(知善) 즉 지극한[至] 선(善)이다. 오도(五道)를 실천하게 하는 달덕(達德)이 셋임을 밝힌 말씀이 〈소이행지자삼(所以行之者三)〉이다.

君臣也(군신야) 父子也(부자야) 夫婦也(부부야) 昆弟也(곤제야) 朋友之交也(붕우지교야) 五者(오자) 天下之達道也(천하지달도야)

▶ 군신(君臣)이고[也] 부자(父子)이며[也] 부부(夫婦)이고[也] 곤제(昆弟)이며[也] 붕우의[朋友之] 사귐[交]이란[也] 다섯[五] 가지가[者] 온 세상의[天下之] 변함없는 도[達道]이다[也].

임금 군(君), 신하 신(臣), 조사 야(也), 아버지 부(父), 아들 자(子), 사내 부(夫), 아내 부(婦), 형 곤(昆), 아우 제(弟), 벗 붕(朋), 벗 우(友), 조사(~의) 지(之), 사귈 교(交), 조사(~에서) 지(之), 통달할 달(達), 길 도(道), 조사(~이다) 야(也)

【읽기(讀)】

군신야(君臣也)는 〈군신지교천하지달도야(君臣之交天下之達道也)〉에서 되풀이되는 지교(之交)와 천하지달도(天下之達道)를 생략하여 줄인 구문이다. 〈군신의[君臣之] 사귐은[交] 천하지달도(天下之達道)이다[也]〉 이를 〈군신(君臣)이다[也]〉로 줄인 것이다.

부자야(父子也)는 〈부자지교천하지달도야(父子之交天下之達道也)〉에서 지교(之交)와 천하지달도(天下之達道)를 생략한 것으로 〈부자의[父子之] 사귐은[交] 천하지달도(天下之達道)이다[也]〉 이를 〈부자(父子)이다[也]〉로 줄인 말투이다.

부부야(夫婦也)는 〈부부지교천하지달도야(夫婦之交天下之達道也)〉에서 지교(之交)와 천하지달도(天下之達道)를 생략한 말투로 〈부부의[夫婦之] 사귐은[交] 천하지달도(天下之達道)이다[也]〉 이를 〈부부(夫婦)이다[也]〉로 줄인 것이다.

곤제야(昆弟也)도 〈곤제지교천하지달도야(昆弟之交天下之達道也)〉에서 지교(之交)와 천하지달도(天下之達道)를 생략하여 〈곤제의[昆弟之] 사귐은[交] 천하지

달도(天下之達道)이다[也]〉 이를 〈곤제(昆弟)이다[也]〉로 줄인 것이다. 곤제(昆弟)의 곤(昆)은 〈형님 형(兄)〉과 같아 형제(兄弟) 즉 형[昆]과 아우[弟]를 뜻한다.

붕우지교야(朋友之交也) 또한 〈붕우지교천하지달도야(朋友之交天下之達道也)〉에서 천하지달도(天下之達道)를 생략하여 〈붕우의[朋友之] 사귐은[交] 천하지달도(天下之達道)이다[也]〉 이를 〈붕우의[朋友之] 사귐[交]이다[也]〉로 줄인 것이다.

오자천하지달도야(五者天下之達道也)의 오자(五者)는 군신지교(君臣之交) · 부자지교(父子之交) · 부부지교(夫婦之交) · 곤제지교(昆弟之交) · 붕우지교(朋友之交)를 하나로 묶어 나타내는 말로 주부(主部) 노릇하고, 천하지달도(天下之達道)는 보어 노릇하는 술부(述部)이며, 야(也)는 조사(助詞 : ~이다)로 종결어미 노릇한다.

【풀이(繹)】

군신야(君臣也) 부자야(父子也) 부부야(夫婦也) 곤제야(昆弟也) 붕우지교야(朋友之交也)는 천하지달도(天下之達道)의 다섯[五]을 밝히고 있다. 달도(達道)의 오(五)를 오전(五典) · 오상(五常) · 오륜(五倫)이라 부르기도 한다. 달도(達道)의 오(五)는 이미 『서경(書經)』「순전(舜典)」편(篇)의 **신휘오전(愼徽五典) 오전극종(五典克從)**이란 말로 미루어 순제(舜帝) 때에 행해졌음을 알 수 있다. 오전(五典)을 삼가[愼] 아름답게 하니[徽] 오전을[五典] 잘[克] 따랐다[從]고 한 것에서 오도(五道) 즉 오륜(五倫)이 천하지달도(天下之達道)가 되었음을 알 수 있다.

또한 그 달도(達道)의 오(五)를 오전(五典)으로서 신휘(愼徽) 즉 삼가[愼] 아름답게 했다[徽]고 함은 『맹자(孟子)』「등문공장구(藤文公章句) 상(上)」편(篇)에 나오는 **부자유친(父子有親) 군신유의(君臣有義) 부부유별(夫婦有別) 장유유서(長幼有序) 붕우유신(朋友有信)**을 상기하면 간파(看破)할 수 있다. 여기서 군신(君臣)의 사귐[交]은 〈의(義)〉로 풀이되고, 부자(父子)의 사귐[交]은 〈친(親)〉으로 풀이되며, 부부(夫婦)의 사귐[交]은 〈별(別)〉로 풀이되고, 곤제(昆弟) 즉 장유(長幼)의 사귐[交]은 〈서(序)〉로 풀이되고, 붕우(朋友)의 사귐[交]은 〈신(信)〉으로 풀이됨을 알 수 있다. 그러므로 천하지달도오(天下之達道五)가 오전(五典) 즉 오륜(五倫)임을 살펴 새기고 헤아려 가늠하게 하는 말씀이 〈군신야(君臣也) 부자야(父子也) 부부야(夫婦也) 곤제야(昆弟也) 붕우지교야(朋友之交也)〉이다.

註 "신휘오전(愼徽五典) 오전극종(五典克從)." 오전(五典)을 삼가[愼] 아름답게 하니[徽] 오전을[五典] 잘[克] 따랐다[從]. 『서경(書經)』「순전(舜典)」편 2단락(段落)

註 "인지유도야(人之有道也) 포식난의(飽食煖衣) 일거이무교(逸居而無教) 즉근어금수(則近於禽獸) 성인유우지(聖人有憂之) 사설위사도(使契爲司徒) 교이인륜(教以人倫) 부자유친(父子有親) 군신유의(君臣有義) 부부유별(夫婦有別) 장유유서(長幼有序) 붕우유신(朋友有信)." 사람의[人之] 방도란[道也] 배불리[飽] 먹고[食] 따뜻이[煖] 입고[衣] 편히[逸] 살면서도[居而] 가르침이[教] 없다면[無], 곧[則] 금수에[於禽獸] 가깝다[近]. 성인은[聖人] 이를[之] 걱정하여[憂] 설로[契] 하여금[使] 사도가[司徒] 되게 하여[爲] 부자유친(父子有親)·군신유의(君臣有義)·부부유별(夫婦有別)·장유유서(長幼有序)·붕우유신(朋友有信)으로써[以] 사람의 도리를[人倫] 가르치게 했다[教]. 부자에는[父子] 친함이[親] 있고[有], 군신에는[君臣] 의리가[義] 있으며[有], 부부에는[夫婦] 분별이[別] 있고[有], 장유에는[長幼] 순서가[序] 있고, 붕우에는[朋友] 믿음이[信] 있다[有].

인지유도야(人之有道也)·성인유우지(聖人有憂之)에서 유(有)는 뜻 없는 조사(助詞) 노릇하므로 무시하고 옮겨도 된다. 설(契)은 순(舜)임금 밑에서 교육(教育)을 맡았던 신하이고, 사도(司徒)는 오늘날로 치면 교육부장관에 해당한다.

『맹자(孟子)』「등문공장구(藤文公章句) 상(上)」편(篇) 4장(章)

知仁勇三者天下之達德也(지인용삼자천하지달덕야)

▶ 지인용(知仁勇) 세 가지가[三者] 온 세상의[天下之] 변함없는 덕[達德]이다[也].

알 지(知), 어질 인(仁), 굳셀 용(勇), 가지 자(者), 조사(~에서) 지(之), 통달할 달(達), 큰 덕(德), 조사(~이다) 야(也)

【읽기(讀)】

지인용삼자천하지달덕야(知仁勇三者天下之達德也)는 〈지자천하지달덕야(知者天下之達德也) 이인자천하지달덕야(而仁者天下之達德也) 이용자천하지달덕야(而勇者天下之達德也)〉에서 되풀이되는 자천하지달덕야(者天下之達德也)를 생략하여 하나만 남기고, 지인용(知仁勇)을 삼자(三者)로 묶어 강조하여 세 구문을 하나로 줄인 구문이다. 〈지자는[知者] 천하지달덕(天下之達德)이다[也]. 그리고[而] 인자도[仁者] 천하지달덕(天下之達德)이다[也]. 그리고[而] 용자도(勇者) 천하지달덕(天下之達德)이다[也]〉 이를 〈지인용(知仁勇) 세 가지가[三者] 천하지달덕(天下之

達德)이다[也]〉로 줄인 것이다.

달덕(達德)의 달(達)은 〈늘 상(常)〉과 같아 달덕(達德)은 상덕(常德)과 같으니, 달덕(達德)은 천하상용지덕(天下常用之德)을 말한다.

【풀이(繹)】

지인용삼자천하지달덕야(知仁勇三者天下之達德也)는 앞서 살핀 〈소이행지자삼(所以行之者三)〉의 삼(三)을 지(知) · 인(仁) · 용(勇)이라고 밝히고 있다. 그리고 지(知) · 인(仁) · 용(勇) 삼자(三者)가 달덕(達德)임을 밝히니, 그 삼자(三者)가 달도(達道) 즉 상도(常道)를 온 세상에 상통(常通)하게 함을 여기서 알 수 있다. 물론 지(知) · 인(仁) · 용(勇)의 달덕(達德) 역시 인수지변(人獸之辨)의 상덕(常德)임을 살펴 새기고 헤아려 가늠하게 하는 말씀이 〈지인용삼자천하지달덕야(知仁勇三者天下之達德也)〉이다.

所以行之者一也(소이행지자일야)

▶ 지인용(知仁勇)의 달덕(達德)을 따라[以] 그 지인용(知仁勇)을[之] 행하는[行] 바의[所] 것은[者] (세 갈래가 아니라) 하나인 것[一]이다[也].

바 소(所), 써 이(以), 행할 행(行), 그것 지(之), 것 자(者), 하나 같을 일(一), 조사(~이다) 야(也)

【읽기(讀)】

소이행지자일야(所以行之者一也)는 〈세인지소행지인용이지인용자일야(世人之所行知仁勇以知仁勇者一也)〉에서 일반주어인 세인지(世人之)와 이지인용(以知仁勇)에서 되풀이되는 지인용(知仁勇)을 생략하고, 이(以)를 행(行) 앞으로 전치(前置)하고, 행지인용(行知仁勇)의 지인용(知仁勇)을 지시어 노릇하는 지(之)를 써서 행지(行之)로 줄인 구문이다. 〈세상 사람이[世人之] 지인용을[知仁勇] 따라[以] 지인용을[知仁勇] 행하는[行] 바의[所] 것은[者] 하나[一]이다[也]〉 이를 〈따라[以] 그것을[之] 행하는[行] 바의[所] 것은[者] 하나[一]이다[也]〉로 줄인 것이다.

소이행지자일야(所以行之者一也)에서 소(所)는 어사(語辭)로 〈것 소(所) · 바 소

(所)〉 노릇하고, 이(以)는 여기선 〈따를 종(從)〉과 같으며, 행(行)은 〈쓸 용(用)〉과 같아 행용(行用)의 줄임말이고, 일(一)은 〈같을 동(同)〉과 같아 동일(同一)의 줄임말로 새기면 된다.

【풀이(繹)】

소이행지자일야(所以行之者一也)는 이지(以知) 즉 앎[知]을 따라[以] 그 지(知)를 씀[行]이 다르고, 이인(以仁) 즉 어짊[仁]을 따라[以] 그 인(仁)을 씀[行]이 다르고, 이용(以勇) 즉 굳셈[勇]을 따라[以] 그 씀[行]이 다르지 않다는 뜻이다. 지(知)를 따라 지(知)가 행(行)해지면 인(仁)·용(勇)이 같이 행(行)해지고, 인(仁)을 따라 인(仁)이 행(行)해지면 지(知)·용(勇)이 같이 행(行)해지며, 용(勇)을 따라 용(勇)이 행(行)해지면 인(仁)·지(知)가 같이 행(行)해져, 지(知)·인(仁)·용(勇)이 셋[三]이 아니라 하나[一]가 되어 온 세상 사람들의 달덕(達德) 즉 온 세상 사람들이 늘 변함없이 쓰는 상덕(常德)이 됨을 밝힌 말씀이 〈소이행지자일야(所以行之者一也)〉의 일(一)이다.

或生而知之(혹생이지지)

▶ 혹은[或] 태어나면서[生而] 그 지인용(知仁勇)의 쓰임이 하나임을[之] 안다[知].

어떤 혹(或), 날 생(生), 조사 이(而), 알 지(知), 그것 지(之)

【읽기(讀)】

혹생이지지(或生而知之)는 〈혹인생이지기일(或人生而知其一)〉에서 혹인(或人)의 인(人)을 생략하고, 지인용지일(知仁勇之一)을 나타내는 기일(其一)을 지시어 노릇하는 지(之)로 대신한 구문이다. 〈어떤[或] 사람은[人] 태어나면서[生而] 그[其] 하나임을[一] 안다[知]〉 이를 〈혹은[或] 태어나면서[生而] 그것을[之] 안다[知]〉로 줄인 것이다.

혹생이지지(或生而知之)에서 혹(或)은 미정사(未定辭) 노릇하고, 이(而)는 〈이에 내(乃)〉와 같고, 지(知)는 〈알 식(識)·득(得)〉이지만 〈깨우칠 각(覺)·유(喩)〉와 같다고 보면 된다. 지지(知之)의 지(之)는 여기선 지인용지일(知仁勇之一) 즉 〈지인용의[知仁勇之] 하나[一]〉를 나타내는 지시어 노릇한다.

【풀이(繹)】

혹생이지지(或生而知之)는 『논어(論語)』「계씨(季氏)」편(篇)에 나오는 **생이지지자상야(生而知之者上也)**라는 공자왈(孔子曰)을 상기(上記)시킨다. 생이지지자(生而知之者)란 남으로부터 배우고 익혀 아는 것이 아니라 스스로 천명(天命) 즉 자연[天]의 가르침[命]을 받들고[事] 따라[順] 천하지달도(天下之達道)를 깨우치고[喩] 나아가 천하(天下)의 달덕(達德)을 유(喩)하여 달도(達道)·달덕(達德)을 아는[知] 자[者]이니, 곧 윗분[上者]이다. 그 상자(上者)란 성인(聖人)을 말한다. 성인(聖人)은 사천(師天)하고 순천(順天)하여 자연[天]이 가르쳐준[命] 달도(達道)와 달덕(達德)을 스스로 터득한 앎[知]을 역행(力行) 즉 열심히[力] 쓰는[行] 분이니, 이것이 곧 어짊[仁]이고 그 인(仁)을 굳세게 실행(實行)함이 용(勇)임을 스스로 깨우치는 전식자(前識者) 즉 사람으로부터 배우지 않고도[前] 아는[識] 분[者]의 성지(聖知)임을 밝힌 말씀이 〈혹생이지지(或生而知之)〉의 지지(知之)이다.

註 "공자왈(孔子曰) 생이지지자상야(生而知之者上也) 학이지지자차야(學而知之者次也) 곤이학지자우기차야(困而學之者又其次也) 곤이불학(困而不學) 민사위하의(民斯爲下矣)." 공자께서[孔子] 가로되[曰]: 태어나면서[生而] 아는[知之] 분은[者] 위[上]이고[也], 배워서[學而] 아는[知之] 분은[者] 다음[次]이며[也], 애써서[困而] 배우는[學之] 자는[者] 또[又] 그[其] 다음[次]이다[也]. 애써서[困而] 배우지 않으면[不學] 사람들은[民] 그것을[斯] 하치로[下] 여기는 것[爲]이다[矣].

『논어(論語)』「계씨(季氏)」편(篇) 9장(章)

或學而知之(혹학이지지)

▶ 혹은[或] 배워서[學而] 그 지인용(知仁勇)의 쓰임이 하나임을[之] 안다[知].

어떤 혹(或), 배울 학(學), 조사 이(而), 알 지(知), 그것 지(之)

【읽기(讀)】

혹학이지지(或學而知之)는 〈혹인학이지기일(或人學而知其一)〉에서 문맥으로 보충할 수 있는 혹인(或人)의 인(人)을 생략하고, 지인용지일(知仁勇之一)을 나타내는 기일(其一)을 지시어 노릇하는 지(之)로 대신한 구문이다. 〈어떤[或] 사람은[人] 배워서[學而] 그[其] 하나임을[一] 안다[知]〉 이를 〈혹은[或] 배워서[學而] 그것을[之] 안다[知]〉로 줄인 것이다.

혹학이지지(或學而知之)에서 혹(或)은 미정사(未定辭) 노릇하고, 학(學)은 〈본받을 효(效) · 익힐 습(習)〉과 같아 학습(學習)의 줄임말로 여기면 되며, 이(而)는 여기선 〈이에 내(乃)〉와 같고, 지(知)는 〈알 식(識) · 득(得)〉과 같으며, 지지(知之)의 지(之)는 지인용지일(知仁勇之一) 즉 〈지인용의[知仁勇之] 하나[一]〉를 나타내는 지시어 노릇한다.

【풀이(繹)】

혹학이지지(或學而知之)는 『논어(論語)』「계씨(季氏)」편(篇)에 나오는 〈학이지지자차야(學而知之者次也)〉라는 공자왈(孔子曰)을 상기(上記)시킨다. 학이지지자(學而知之者)란 성인(聖人)으로부터 배우고 익혀 아는 것으로 천명(天命) 즉 자연[天]의 가르침[命]을 받들고[事] 따라[順] 천하지달도(天下之達道)를 배우고[學] 익혀서[習] 천하(天下)의 달도(達道) · 달덕(達德)을 효습(效習)하여 알아가는[知] 자[者]이니, 곧 다음 분[次者]이다. 그 차자(次者)란 곧 현인(賢人) · 군자(君子)를 말한다. 현인(賢人) · 군자(君子)는 성인(聖人)을 본받아[法] 사천(師天)하고 순천(順天)하여 자연[天]이 가르쳐준[命] 달도(達道)와 달덕(達德)을 배우고[學] 익힌[習] 앎[知]을 역행(力行) 즉 열심히[力] 쓰는[行] 자이니, 그것이 어짊[仁]이고 그 인(仁)을 굳세게 실행(實行)함이 용(勇)임을 배워서 깨우친 호학자(好學者) 즉 성인(聖人)으로부터 배우기[學]를 좋아하는[好] 분[者]의 현지(賢知)를 밝힌 말씀이 〈혹학이지지(或學而知之)〉의 지지(知之)이다.

或困而知之(혹곤이지지)

▶ 혹은[或] 애써서[困而] 그 지인용(知仁勇)의 쓰임이 하나임을[之] 안다[知].

어떤 혹(或), 애쓸 곤(困), 조사 이(而), 알 지(知), 그것 지(之)

【읽기(讀)】

혹곤이지지(或困而知之)는 〈혹인곤이지기일(或人困而知其一)〉에서 혹인(或人)의 인(人)을 생략하고, 지인용지일(知仁勇之一)을 나타내는 기일(其一)을 지시어 노릇하는 지(之)로 대신한 구문이다. 〈어떤[或] 사람은[人] 애써서[困而] 그[其] 하나임을[一] 안다[知]〉 이를 〈혹은[或] 애써서[困而] 그것을[之] 안다[知]〉로 줄인 것이다.

혹곤이지지(或困而知之)에서 혹(或)은 미정사(未定辭) 노릇하고, 곤(困)은 〈막힐 궁(窮)〉과 같아 곤궁(困窮)의 줄임말이다. 이(而)는 여기선 〈이에 내(乃)〉와 같고, 지(知)는 〈알 식(識) · 득(得)〉과 같으며, 지지(知之)의 지(之)는 지인용지일(知仁勇之一) 즉 〈지인용의[知仁勇之] 하나[一]〉를 나타내는 지시어 노릇한다.

【풀이(繹)】

혹곤이지지(或困而知之)는 『논어(論語)』「계씨(季氏)」편(篇)에 나오는 〈곤이학지자우기차야(困而學之者又其次也)〉라는 공자왈(孔子曰)을 상기(上記)시킨다. 곤이지지자(困而知之者)란 성교(聖敎) 즉 성인(聖人)의 가르침을 받들어 익힌 것이 막힌다 해도 더더욱 애써서 배우고 익혀 천명(天命) 즉 자연[天]의 가르침[命]을 받들고[事] 따라[順] 천하지달도(天下之達道)를 배우고[學] 익혀서[習] 천하(天下)의 달도(達道) · 달덕(達德)을 애써 효습(效習)하여 알아가는[知] 자[者]이니, 곧 다음다음 분[其次者]이다. 그 기차자(其次者)란 곧 학인(學人)을 말하며, 학인(學人)은 천명(天命)을 두려워하고[畏], 성인(聖人)을 외(畏)하며, 성인(聖人)의 말씀[言]을 외(畏)한다. 학인(學人)은 군자(君子)를 본받아[效] 사천(師天)하고 순천(順天)하여 자연[天]이 가르쳐준[命] 달도(達道)와 달덕(達德)을 배우고[學] 익힌[習] 앎[知]을 역행(力行) 즉 열심히[力] 쓰니[行], 이것이 어짊[仁]이고 그 인(仁)을 굳세게 실행(實行)함이 용(勇)이다. 용맹정진(勇猛精進)하여 성인(聖人)의 말씀[言]을 알게 됨을 밝힌 말씀이 〈혹곤이지지(或困而知之)〉의 지지(知之)이다.

及其知之一也(급기지지일야)

▶ 저마다[其] 그 지인용(知仁勇)이 하나임을[之] 앎에[知] 미쳐서는[及] 다 같은 것[一]이다[也].

미칠 급(及), 그 기(其), 알 지(知), 그것 지(之), 하나 같을 일(一), 조사(~이다) 야(也)

【읽기(讀)】

급기지지일야(及其知之一也)는 〈세인지소급기지지자일야(世人之所及其知之者一也)〉에서 세인지소급기지지자(世人之所及其知之者)를 급기지지(及其知之)로 줄인 구문이다. 〈세상 사람이[世人之] 그[其] 앎에[知之] 미치는[及] 바의[所] 것은[者] 하나[一]이다[也]〉 이를 〈그[其] 앎에[知之] 미침은[及] 하나[一]이다[也]〉로 줄인 것이다.

급기지지일야(及其知之一也)에서 급(及)은 〈미칠 지(至)〉와 같아 급지(及至)의 줄임으로 여기면 되고, 지지(知之)의 지(知)는 〈알 식(識)〉과 같고 지(之)는 지인용지일(知仁勇之一)을 나타내는 지시어 노릇한다.

【풀이(繹)】

급기지지일야(及其知之一也)는 성인(聖人)이 행하는 지인용(知仁勇)의 하나[一]와, 현인(賢人)·군자(君子)가 행하는 지인용(知仁勇)의 하나[一]와, 학인(學人)이 행하는 지인용(知仁勇)의 하나[一]가 서로 다르지 않음을 살펴 새기고 헤아려 가늠하게 한다.

성인(聖人)이 천명(天命)을 아는[知] 것과 군자(君子)가 천명(天命)을 아는[知] 것이 다르지 않고, 동시에 학인(學人)이 천명(天命)을 아는 것이 또한 다르지 않음이다. 천명(天命)은 달도(達道)이므로 그 달도(達道)를 아는 것은 누구에게나 동일하다. 성인(聖人)이 천명(天命)을 따라 행하는 인(仁)과 군자(君子)가 천명(天命)을 따라 행하는 어짊[仁]이 다르지 않고, 동시에 학인(學人)이 천명(天命)을 따라 행하는 인(仁)도 다르지 않음이다. 천명(天命)은 달도(達道)이므로 그 달도(達道)를 행하는 인(仁)은 누구에게나 동일하다. 성인(聖人)이 천명(天命)을 따라 굳세게 인(仁)을 행하는 용(勇)과 군자(君子)가 천명(天命)을 따라 굳세게 인(仁)을 행하는 용(勇)이 다르지 않으며, 동시에 학인(學人)이 천명(天命)을 따라 굳세게 인(仁)을 행하는 용(勇)이 다르지 않음이다. 천명(天命)을 따라 비롯되는 인(仁)과 그 달덕(達德)의 인(仁)을 행하는 용(勇)은 누구에게나 동일하다. 그러므로 지인용(知仁勇)의 달덕(達

德)을 행(行)함에 미치게[及] 된다면 누구에게나 다 같이 동일(同一)한 달덕(達德)임을 밝힌 말씀이 〈급기지지일야(及其知之一也)〉의 일(一)이다.

或安而行之(혹안이행지)

▶ 혹은[或] 편안히[安而] 그 지인용(知仁勇)을 하나로[之] 행한다[行].

어떤 혹(或), 편안할 안(安), 조사 이(而), 행할 행(行), 그것 지(之)

【읽기(讀)】

혹안이행지(或安而行之)는 〈혹인안이행기일(或人安而行其一)〉에서 혹인(或人)의 인(人)을 생략하고, 지인용지일(知仁勇之一)을 나타내는 기일(其一)을 지시어 노릇하는 지(之)로 대신한 구문이다. 〈어떤[或] 사람은[人] 편안히[安而] 그[其] 하나를[一] 행한다[行]〉 이를 〈혹은[或] 편안히[安而] 그것을[之] 행한다[行]〉로 줄인 것이다.

혹안이행지(或安而行之)에서 혹(或)은 미정사(未定辭) 노릇하고, 안(安)은 〈편안할 편(便)〉과 같아 편안(便安)의 줄임말로 보면 된다. 이(而)는 여기선 〈이에 내(乃)〉와 같고, 행(行)은 〈행할 위(爲)〉와 같아 행위(行爲)의 줄임말이면서 〈쓸 용(用)〉과도 같으니 행용(行用)의 줄임말로 새겨도 되고, 행지(行之)의 지(之)는 지인용지일(知仁勇之一) 즉 〈지인용의[知仁勇之] 하나[一]〉를 나타내는 지시어 노릇한다.

【풀이(繹)】

혹안이행지(或安而行之)는 생이지지자(生而知之者) 즉 성인(聖人)이 천명(天命)을 알고[知] 자연[天]의 가르침[命]을 열심히[力] 베풂[行]이 어짊[仁]이고, 그 인(仁)을 쉼 없이 굳세게 행(行)하는 용(勇)을 힘들이지 않고 걸림 없이 편안하게 실행(實行)하는 성인(聖人)의 지인용(知仁勇)을 살펴 새기고 헤아려 가늠하게 한다. 이러한 성인(聖人)의 행지(行之)를 다음 4단락(段落)에서 성자(誠者)를 들어 풀이하고 있다.

성인(聖人)은 곧 성자(誠者)이다. 성자(誠者)는 천지도(天之道) 즉 자연의[天之] 이치[理]이고 가르침[教]이며 이끌어감[導]이고 방편이며[方] 말씀[言]이니, 이를 더없이 받들고[事] 따르고[順] 응하여[應] 천지(天地)가 되어버린 화신(化神) 즉 신인(神人)을 말한다. 천지(天地) · 성자(誠者) · 성인(聖人)은 하나[一] 바로 그것이다. 이러한 성인(聖人)은 지인용(知仁勇)의 하나[一]를 숨쉬듯이 행(行)함을 밝힌 말씀이 〈혹안이행지(或安而行之)〉이다.

或利而行之(혹리이행지)

▶ 혹은[或] 이롭다니[利而] 그 지인용(知仁勇)을 하나로[之] 행한다[行].

어떤 혹(或), 이로울 리(利), 조사 이(而), 행할 행(行), 그것 지(之)

【읽기(讀)】

혹리이행지(或利而行之)는 〈혹인리이행기일(或人利而行其一)〉에서 혹인(或人)의 인(人)을 생략하고, 지인용지일(知仁勇之一)을 나타내는 기일(其一)을 지시어 노릇하는 지(之)로 대신한 구문이다. 〈어떤[或] 사람은[人] 이롭다니[利而] 그[其] 하나를[一] 행한다[行]〉 이를 〈혹은[或] 이롭다니[利而] 그것을[之] 행한다[行]〉로 줄인 것이다.

혹리이행지(或利而行之)에서 혹(或)은 미정사(未定辭) 노릇하고, 이(利)는 〈이로울 익(益)〉과 같아 이익(利益)의 줄임말로 여기면 되며, 이(而)는 〈이에 내(乃)〉와 같고, 행(行)은 〈행할 위(爲)〉와 같아 행위(行爲)의 줄임말이나 〈쓸 용(用)〉과 같으니 행용(行用)의 줄임말로 새겨도 되고, 행지(行之)의 지(之)는 여기선 지인용지일(知仁勇之一) 즉 〈지인용의[知仁勇之] 하나[一]〉를 나타내는 지시어 노릇한다.

【풀이(繹)】

혹리이행지(或利而行之)는 학이지지자(學而知之者)인 성인(聖人)으로부터 배우고 익혀 아는 천명(天命) 즉 자연[天]의 가르침[命]을 받들고[事] 따르는[順] 군자중용(君子中庸)을 밝힌 것이다. 천하지달도(天下之達道)를 배우고[學] 익혀서[習] 온 세상에 두루 통하는 덕(德)을 효습(效習)하고 깨우침[知]이란 이롭기[利] 때문에 그 이(利)를 행하는 것이다. 그래서 현인(賢人) · 군자(君子)가 세상에 두루 통하는 덕(達德)을 실행(實行)함이 곧 지인용(知仁勇)임을 살펴 새기고 헤아려 가늠하게 한다. 자연[天]의 가르침[命]을 열심히[力] 베풂[行]이 어짊[仁]이고, 그 인(仁)을 쉼없이 군세게 행(行)함이 용(勇)이라면, 인간에게 달덕(達德)의 이로움[利]을 행(行)하는 자가 바로 현인(賢人)·군자(君子)이다. 물론 현인(賢人)·군자(君子)가 밝히는 이(利)는 무사(無私)·무욕(無欲)·무아(無我)로 말미암은 이로움[利]일 뿐임을 밝힌 말씀이 〈혹리이행지(或利而行之)〉이다.

或勉强而行之(혹면강이행지)

▶ 혹은[或] 애쓰고[勉] 힘들여서[强而] 그 지인용(知仁勇)을 하나로[之] 행한다[行].

어떤 혹(或), 애쓸 면(勉), 힘들 강(强), 조사 이(而), 행할 행(行), 그것 지(之)

【읽기(讀)】

혹면강이행지(或勉强而行之)는 〈혹인면강이행기일(或人勉强而行其一)〉에서 혹인(或人)의 인(人)을 생략하고, 지인용지일(知仁勇之一)을 나타내는 기일(其一)을 지시어 노릇하는 지(之)로 대신한 구문이다. 〈어떤[或] 사람은[人] 열심히[勉] 힘들여서[强而] 그[其] 하나를[一] 행한다[行]〉 이를 〈혹은[或] 열심히[勉] 힘들여서[强而] 그것을[之] 행한다[行]〉로 줄인 것이다.

혹면강이행지(或勉强而行之)에서 혹(或)은 미정사(未定辭) 노릇하고, 면(勉)과 강(强)은 행(行)을 꾸며주는 부사 노릇하고, 이(而)는 여기선 〈이에 내(乃)〉와 같고, 행(行)은 〈행할 위(爲)〉와 같아 행위(行爲)의 줄임말로 보거나 〈쓸 용(用)〉과 같이 여겨 행용(行用)의 줄임말로 새겨도 된다. 행지(行之)의 지(之)는 지인용지일(知仁勇之一) 즉 〈지인용의[知仁勇之] 하나[一]〉를 나타내는 지시어 노릇한다.

【풀이(繹)】

혹면강이행지(或勉强而行之)는 곤이지지자(困而知之者) 즉 성인(聖人)을 지극하게 본받는 현인(賢人)·군자(君子)로부터 배우고 익혀 천명(天命) 즉 자연[天]의 가르침[命]을 받들고[事] 따라[順] 천하지달도(天下之達道)를 익히니 천하(天下)의 달덕(達德)을 효습(效習)하여 애써서 알아채고[知] 이를 실행(實行)하는 학인(學人)

의 지인용(知仁勇)을 살펴 새기고 헤아려 가늠하게 한다. 자연[天]의 가르침[命]을 열심히[力] 베풂[行]이 어짊[仁]이고, 그 인(仁)을 쉼 없이 굳세게 행(行)하는 용(勇)이라면 열심히[勉] 애써야 함[强]을 알고 행(行)하는 자가 곧 학인(學人)이다. 그리고 학인(學人)이 밝히는 면강(勉强) 역시 무사(無私) · 무아(無我)로 말미암은 면강(勉强)일 뿐임을 밝힌 말씀이 〈혹면강이행지(或勉强而行之)〉이다.

及其成功一也(급기성공일야)

▶ 저마다[其] 그 지인용(知仁勇)이 하나인 보람을[功] 이룸에[成] 미쳐서는[及] 다 같은 것[一]이다[也].

미칠 급(及), 그 기(其), 이룰 성(成), 보람 공(功), 그것 지(之), 하나 같을 일(一), 조사(~이다) 야(也)

【읽기(讀)】

급기성공일야(及其成功一也)는 〈세인지소급기성공자일야(世人之所及其成功者一也)〉에서 세인지소급기성공자(世人之所及其成功者)를 급기성공(及其成功)으로 줄인 구문이다. 〈세상 사람이[世人之] 그[其] 성공에[成功] 미치는[及] 바의[所] 것은[者] 하나[一]이다[也]〉 이를 〈그[其] 성공에[成功] 미침은[及] 하나[一]이다[也]〉로 줄인 것이다.

급기성공일야(及其成功一也)에서 급(及)은 〈미칠 지(至)〉와 같아 급지(及至)의 줄임말로 여기면 되고, 성공(成功)의 공(功)은 〈공로 적(績)〉과 같아 공적(功績)의 줄임말이며, 일(一)은 〈같을 동(同)〉과 통하니 동일(同一)의 줄임말로 새기면 된다.

【풀이(繹)】

급기성공일야(及其成功一也)는 성인(聖人)이 행하는 지인용(知仁勇)을 하나[一]로 실행하여 이룬 공적(功績)이나, 현인(賢人) · 군자(君子)가 그 하나[一]를 실행하여 이룬 공적(功績)이나, 학인(學人)이 그것을 실행한 공적(功績)이 서로 다르지 않음을 살펴 새기고 헤아려 가늠하게 한다. 천명(天命)을 따라 실행하여 이룬 공적(功績)이라면, 모두 온 세상의 달도(達道)를 지인용(知仁勇)의 달덕(達德)으로 실행하여 이루어진 공적(功績)이니 누구에 의해 이루어지든 다를 바 없다는 것이다.

천명(天命)은 달도(達道)이므로 그 달도(達道)를 좇아 달덕(達德)의 지인용(知仁勇)을 지성(至誠)으로 실행(實行)한다면, 그 실행(實行)으로 이루어진 공적(功績)은 누구의 것이든 무사(無私) · 무사(無邪) · 무아(無我)의 공적(功績)일 터이니 동일(同一)할 뿐이다. 말하자면 성인(聖人)이 천명(天命)을 따라 행인(行仁)함과 군자(君子)가 천명(天命)을 따라 행인(行仁)함이 다르지 않고, 동시에 학인(學人)이 천명(天命)을 따라 행인(行仁)함 또한 다르지 않음이다. 천명(天命)은 달도(達道)이므로 그 달도(達道)를 지인용(知仁勇)의 달덕(達德)으로 이루어낸 공적(功績)은 그 누구의 것이든 동일함을 밝힌 말씀이 〈급기성공일야(及其成功一也)〉의 일(一)이다.

好學近乎知(호학근호지)

▶ 배우기를[學] 좋아함은[好] 지에[乎知] 가깝다[近].

좋아할 호(好), 배울 학(學), 가까울 근(近), 조사(~에) 호(乎), 알 지(知)

【읽기(讀)】

호학근호지(好學近乎知)는 〈호학문근호지인(好學問近乎知仁)〉의 줄임으로 여기면 문의(文意)가 분명하게 드러난다. 〈학문을[學問] 좋아함은[好] 어짊을[仁] 앎에[乎知] 가깝다[近]〉 이를 〈배우기를[學] 좋아함은[好] 앎에[乎知] 가깝다[近]〉로 줄인 것이다.

호학근호지(好學近乎知)에서 호(好)는 〈좋아할 애(愛)〉와 같아 애호(愛好)의 줄임말로 보면 되고, 근(近)은 〈가까울 접(接)〉과 같아 근접(近接)의 줄임이며, 호(乎)는 조사(助詞) 노릇하는 〈~에 어(於)〉와 같고, 지(知)는 〈알 식(識) · 깨우칠 유(喩) · 깨달을 각(覺)〉 등과 같다.

【풀이(繹)】

호학근호지(好學近乎知)는 자왈(子曰)이다. 공자(孔子)가 노자(老子)와 다른 점은 호학(好學)을 강조함에 있다. 『노자(老子)』 20장(章)에 절학무우(絶學無憂)라는 말이 나온다. 여기서 절학(絶學)의 학(學)은 공자(孔子)가 주장하는 호학(好學)의 바로 그 학(學)이다. 노자(老子)는 무학(無學) 즉 배우기[學]를 없애라[無] 주장하고, 공자(孔子)는 호학(好學) 즉 배우기[學]를 좋아하라[好]고 주장한다. 호학(好學)하라. 이는 지애학문(至愛學問) 즉 학문(學問)을 지극하게[至] 아끼고 좋아하라[愛] 함이다. 그러자면 무엇보다 호독서(好讀書) 즉 글[書] 읽기[讀]를 좋아하라[好]한다. 여기서 호독서(好讀書)의 서(書)는 주로『시경(詩經)』,『서경(書經)』,『역경(易經)』 등의 삼서(三書) 즉 삼경(三經)을 가리킨다. 그 삼경(三經)에서 인도(仁道)를 넓히는 성인(聖人)을 본받게 하는 지식(知識)을 구할 수 있다고 공자는 믿었던 것이다. 그러므로 호학근호지(好學近乎知)의 지(知)는 오늘날 말하는 지식(知識 : knowledge)과는 다르다.

공자(孔子)가 호학(好學)으로 주장하는 지(知) 즉 앎[知]이란 인도(仁道)를 터득하게 하는 지(知)이다. 호학근호지(好學近乎知)의 지(知)는 인도지지(仁道之知) 즉 인도(仁道)의 앎[知] 바로 그것이다. 그런 인도(仁道)의 지(知)란 어짊[仁]의 이치[理]를 터득하게 하는 지(知)이고, 어짊[仁]의 가르침[教]을 터득하게 하는 지(知)이며, 어짊[仁]의 이끎[導]을 터득하게 하는 지(知)이고, 어짊[仁]의 방편[方]을 터득하게 하는 지(知)이며, 어짊[仁]의 말씀[言]을 터득하게 하는 앎[知]이다. 인도(仁道)란 인지리(仁之理) · 인지교(仁之教) · 인지도(仁之導) · 인지방(仁之方) · 인지언(仁之言) 등을 하나로 묶은 말씀이다. 이처럼 공자(孔子)는 인(仁)에 이르는 지(知)를 얻어 갖추게 하는 틀림없는 길[道]이 호학(好學)이라고 믿었다.『논어(論語)』에는 세 번에 걸쳐 호학(好學)을 밝히는 자왈(子曰)이 나온다. 물론 공자(孔子)의 제자인 자하(子夏)도 스승의 온고이지신(溫故而知新)을 지극하게 좇아 호학(好學)을 밝혀『논어(論語)』에 네 번에 걸쳐 호학(好學) 즉 학문(學問)을 좋아하고[好], 글[書] 읽기[讀]를 좋아하라[好]는 말씀이 나온다. 호학(好學)해야 인(仁)에 관한 앎[知]이 쌓여 선(善)하게 태어난 천성(天性)을 저마다 인간이 지킬 수 있음을 밝힌 말씀이 〈호학근호지(好學近乎知)〉이다.

註 "절학무우(絶學無憂) 유지여아상거기하(唯之與阿相去幾何)." 배우기를[學] 끊어[絶] 걱정이[憂] 없다[無]. 예 하는 대답[唯]과[與] 응 하는 대답[阿]이 서로[相] 떨어짐이[去] 얼마이겠나[幾何]?

유지여아(唯之與阿)에서 유(唯)는 물음에 공손하게 대답하는 예를 뜻하는 〈예 유(唯)〉이고,

아(阿)는 물음에 버릇없이 대답하는 응을 뜻하는 〈응 아(阿)〉이다. 예(唯)냐 응(阿)이냐 따지지만 긍정하는 내용에는 차이가 없음을 뜻한다. 『노자(老子)』 20장(章)

註 "군자식무구포(君子食無求飽) 거무구안(居無求安) 민어사이신어언(敏於事而愼於言) 취유도이정언(取有道而正焉) 가위호학야이(可謂好學也已)." 군자가[君子] 먹는데[食] 배부르기를[飽] 구하지 않고[無求], 사는데[居] 편하기를[安] 구하지 않으며[無求], 일에는[於事] 미천하면서도[敏而] 말함에는[於言] 신중하고[愼], 도를[道] 취하면서[取而] 그것에[焉] 올바르다면[正], 학문을[學] 좋아한다고[好] 말할 수 있을[可謂] 뿐이다[也已].

취유도(取有道)에서 유(有)는 어조사(語助辭) 노릇하므로 무시하고 새겨도 된다.

『논어(論語)』「학이(學而)」편(篇) 14장(章)

註 "자왈(子曰) 십실지읍(十室之邑) 필유충신여구자언(必有忠信如丘者焉) 불여구지호학야(不如丘之好學也)." 열[十] 가구의[室之] 마을에도[邑] 나[丘]같이[如] 충성스럽고[忠] 신의를 갖춘[信] 사람이[者] 반드시[必] 있겠지만[有焉], 내가[丘之] 배우기를[學] 좋아하는 것[好] 같지 않을 것[不如]이다[也]. 『논어(論語)』「공야장(公冶長)」편(篇) 28장(章)

註 "애공문(哀公問) 제자숙위호학(弟子孰爲好學) 공자대왈(孔子對曰) 유안회자호학(有顔回者好學) 불천노(不遷怒) 불이과(不貳過) 불행단명사의(不幸短命死矣) 금야즉망(今也則亡) 미문호학자야(未聞好學者也)." 애공이[哀公] 물었다[問]: 제자 중에[弟子] 누가[孰] 배우기를[學] 좋아합니까[爲好]? 공자께서[孔子] 이에[對] 가로되[曰]: 안회라는[顔回] 자가[者] 있었는데[有] (예악을) 배우기를[學] 좋아했습니다[好]. 노여움을[怒] 옮기지 않았고[不遷], 잘못을[過] 되풀이하지 않았습니다[不貳]. 불행히도[不幸] 단명하여[短命] 죽었습니다[死矣]. 지금인[今也]즉[則] {제자 중에 호학(好學)하는 자는} 없습니다[亡]. 호학하는[好學] 제자를[者] 듣지 못했습니다[未聞].

『논어(論語)』「옹야(雍也)」편(篇) 2장(章)

註 "자하왈(子夏曰) 일지기소망(日知其所亡) 월무망기소능(月無忘其所能) 가위호학야이의(可謂好學也已矣)." 자하가[子夏] 말했다[曰]: 날마다[日] 자기가[其] 모르던[亡] 바를[所] 알고[知] 달마다[月] 자기가[其] 잘하는[能] 바를[所] 잊어버림이[忘] 없다면[無], 배우기를[學] 좋아한다고[好] 말할 수 있는 것[可謂]뿐이다[也已矣].

자하(子夏)는 문학(文學)에 뛰어났던 공자(孔子)의 제자이다.

『논어(論語)』「자장(子張)」편(篇) 5장(章)

力行近乎仁(역행근호인)

▶ {그 지(知)를} 힘들여[力] 행함은[行] 인에[乎仁] 가깝다[近].

힘쓸 력(力), 행할 행(行), 가까울 근(近), 조사(~에) 호(乎), 어질 인(仁)

【읽기(讀)】

역행근호인(力行近乎仁)은 〈역행기지근호인도(力行其知近乎仁道)〉의 줄임으로 문맥을 잡으면 된다. 〈그[其] 앎을[知] 힘들여[力] 행함은[行] 어짊의 길에[乎仁道] 가깝다[近]〉 이를 〈힘들여[力] 행함은[行] 어짊에[乎仁] 가깝다[近]〉로 줄인 것이다.

역행근호인(力行近乎仁)에서 역(力)은 〈힘쓸 로(勞)〉와 같아 노력(勞力)의 줄임말로 여기면 되고, 행(行)은 〈베풀 시(施)〉와 같아 시행(施行)의 줄임이며, 호(乎)는 조사(助詞) 노릇하는 〈~에 어(於)〉와 같고, 인(仁)은 인도(仁道)의 줄임말로 새기면 된다.

【풀이(繹)】

역행근호인(力行近乎仁)은 자왈(子曰)이다. 공자(孔子)가 노자(老子)와 다른 점은 인(仁)의 역행(力行)을 무엇보다 먼저 강조함에 있다. 『노자(老子)』 19장(章)에 〈절인기의(絶仁棄義)〉라는 말이 나온다. 여기서 절인(絶仁)의 인(仁)은 공자(孔子)가 주장하는 인도(仁道)의 바로 그 인(仁)이다. 노자(老子)는 절인(絶仁) 즉 어짊[仁]을 끊으라[絶] 주장하고, 공자(孔子)는 인(仁)을 역행(力行)하라 주장한다. 역행(力行)하라. 이는 어짊[仁]을 힘들여[力] 시행하라[行] 함이니, 그러자면 무엇보다 먼저 호학근호지(好學近乎知)의 지(知)를 쉼 없이 널리 구해야 한다. 그러므로 역행근호인(力行近乎仁)이란 자왈(子曰)은 『논어(論語)』 「자장(子張)」편(篇)에 박학이독지(搏學而篤志)라고 밝힌 자하(子夏)의 말을 상기(想起)시킨다. 이는 널리 호학(好學)함에 뜻을 굳건히 하라 함이니, 널리[搏] 배워[學] 인도(仁道)의 지(知)를 쌓는 뜻[志]을 독실하게 하라[篤] 함이다. 이는 인도(仁道)의 지(知)를 지성으로 역행(力行)하라 함이다.

인도(仁道)의 지(知)를 역행(力行)하면 곧장 달도(達道)를 역행(力行)하는 것이 된다. 왜냐하면 인도(仁道)의 지(知)는 군신지교(君臣之交)가 곧 의(義)라는 이치[理] · 가르침[教] · 이끎[導] · 방편[方] · 말씀[言] 등을 터득하게 하여 역행(力行)하게 하기 때문이고, 부자지교(父子之交)가 친(親)이라는 이(理) · 교(教) · 도(導) · 방(方) · 언(言) 등을 터득하게 하여 역행(力行)하게 하기 때문이며, 부부지교(夫婦之交)가 별(別)이라는 이(理) · 교(教) · 도(導) · 방(方) · 언(言) 등을 터득하게 하여 역행(力行)하게 하기 때문이고, 곤제지교(昆弟之交)가 서(序)라는 이(理) · 교(教) · 도

(導) · 방(方) · 언(言) 등을 터득하게 하여 역행(力行)하게 하기 때문이고, 붕우지교(朋友之交)가 신(信)이라는 이(理) · 교(敎) · 도(導) · 방(方) · 언(言) 등을 터득하게 하여 역행(力行)하게 하기 때문이다. 그래서 안연(顔淵)이 문인(問仁)하자 공자(孔子)께서 **극기복례위인(克己復禮爲仁)**이라고 답해주었던 것이다. 극기복례(克己復禮), 바로 이 말씀이 곧 역행근호인(力行近乎仁)의 역행(力行)을 살펴 새기고 헤아려 가늠하게 한다. 그러므로 인도(仁道)의 지(知)를 역행(力行)한다면 인도(仁道)로써 달도(達道)를 누림을 밝힌 말씀이 〈역행근호인(力行近乎仁)〉이다.

註 "자하왈(子夏曰) 박학이독지(搏學而篤志) 절문이근사(切問而近思) 인재기중의(仁在其中矣)." 자하가[子夏] 말했다[曰]: 널리[搏] 배워서[學而] 뜻을[志] 두텁게 하고[篤], 깊이[切] 묻되[問而] 가까운 것부터[近] 생각하면[思] 어짊은[仁] 그[其] 안에[中] 있는 것[在]이다[矣].

『논어(論語)』「자장(子張)」편(篇) 6장(章)

註 "안연문인(顔淵問仁) 자왈(子曰) 극기복례위인(克己復禮爲仁) 일일극기복례(一日克己復禮) 천하귀인언(天下歸仁焉) 위인유기(爲仁由己) 이유인호재(而由人乎哉) 안연왈(顔淵曰) 청문기목(請問其目) 자왈(子曰) 비례물시(非禮勿視) 비례물청(非禮勿聽) 비례물언(非禮勿言) 비례물동(非禮勿動) 안연왈(顔淵曰) 회수불민(回雖不敏) 청사사어의(請事斯語矣)." 안연이[顔淵] 어짊을[仁] 물었다[問]. 공자가[子] 말했다[曰]: 나를[己] 이겨[克] 예로[禮] 되돌아감이[復] 어짊[仁]이다[爲]. 하루라도[一日] 나를[己] 이겨[克] 예로[禮] 되돌아간다면[復] 온 세상이[天下] 어짊으로[仁] 돌아갈 것[歸]이다[焉]. 어짊은[爲仁] 나로부터[己] 비롯되지[由] 어찌[而] 남들로부터[人] 비롯되는 것[由]이겠나[乎哉]! 안회가[顔回] 아뢰었다[曰]: 청컨대[請] 그[其] 조목을[目] 여쭙니다[問]. 공자가[子] 말했다[曰]: 예가[禮] 아니면[非] 쳐다보지 말고[勿視], 예가[禮] 아니면[非] 듣지도 말고[勿聽], 예가[禮] 아니면[非] 말하지도 말고[勿言], 예가[禮] 아니면[非] 거동하지 말라[勿動]. 안회가[顔回] 아뢰었다[曰]: 저[回] 비록[雖] 영민하지 못하지만[不敏] 분부하신대로[請] 이[斯] 말씀을[語] 받들 것[事]입니다[矣].

『논어(論語)』「안연(顔淵)」편(篇) 1장(章)

知恥近乎勇(지치근호용)

▶ {어질지[仁] 못한} 부끄러움을[恥] 앎은[知] 용에[乎勇] 가깝다[近].

알 지(知), 부끄러워할 치(恥), 가까울 근(近), 조사(~에) 호(乎), 굳셀 용(勇)

【읽기(讀)】

지치근호용(知恥近乎勇)은 〈지불인지치근호용감(知不仁之恥近乎勇敢)〉의 줄임으로 헤아려 문맥을 잡으면 문의(文意)가 드러난다. 〈어질지 못한[不仁之] 부끄러움을[恥] 앎은[知] 용감함에[乎勇敢] 가깝다[近]〉 이를 〈부끄러움을[恥] 앎은[知] 용에[乎勇] 가깝다[近]〉로 줄인 것이다.

지치근호용(知恥近乎勇)에서 치(恥)는 〈부끄러워할 수(羞)〉와 같아 수치(羞恥)의 줄임이며, 근(近)은 〈가까울 접(接)〉과 같아 근접(近接)의 줄임이고, 호(乎)는 조사(助詞) 노릇하는 〈~에 어(於)〉와 같고, 용(勇)은 〈과감할 감(敢)〉과 같아 용감(勇敢)의 줄임말로 새기면 된다.

【풀이(繹)】

지치근호용(知恥近乎勇)은 자왈(子曰)로 『논어(論語)』「헌문(憲問)」편(篇)에 나오는 **인자필유용(仁者必有勇) 용자불필유인(勇者不必有仁)**과 『논어(論語)』「위정(爲政)」편(篇)의 **견의불위(見義不爲) 무용야(無勇也)**를 상기시킨다. 지치근호용(知恥近乎勇)의 치(恥)는 불인(不仁)의 부끄러움[恥]이며, 인자필유용(仁者必有勇)의 용(勇)은 행인(行仁)의 용단(勇斷)임을 살펴 새기고 헤아려 가늠할 수 있다. 인자(仁者)가 간직하는 용(勇)은 유의(有義) 즉 옳음[義]이 실행됨[有義]이니, 따라서 입의(立義) 즉 의(義)가 확립(確立)됨을 뜻한다. 의(義)는 수인(修仁) 즉 수인(守仁)의 덕(德)이다. 인(仁)을 닦고 지키는[修] 용단(勇斷)이 곧 입의(立義)이다. 수인(守仁) 즉 인(仁)을 지키고자[守] 하는 인자(仁者)의 용(勇)은 반드시 의(義)를 세우려는[立] 용단(勇斷)이므로 예(禮)를 결코 떠나지 않는다. 그러므로 지치근호용(知恥近乎勇)의 용(勇)은 『논어(論語)』「양화(陽貨)」편(篇)의 **오용이무례자(惡勇而無禮者) 오과감이질자(惡果敢而窒者)**란 자왈(子曰)을 상기(想起)시킨다.

인자(仁者)는 입의(立義)를 떠나서는 인도(仁道)가 역행(力行)될 수 없음을 알기[知] 때문에 반드시 입의(立義)하고자 용감(勇敢)하고 과감(果敢)하게 용단(勇斷)한다. 그래서 어진 이[仁者]에게는 반드시 용(勇)이 있는 것이다. 인자(仁者)의 용(勇)은 결코 패자(霸者)의 그것[勇]일 수 없다. 패자(霸者)의 용(勇)은 불인(不仁)의 용맹(勇猛)에 불과하기 때문이다. 용자(勇者)에게 반드시 어짊[仁]이 있는 것도 아니다. 인자(仁者)의 용자(勇者)가 있는가 하면, 패자(霸者)의 용자(勇者)가 있는 까닭이다. 인자(仁者)란 수기(修己)하여 안인(安人)하고 안백성(安百姓)하려는 입의(立義)의 용자(勇者)이기 때문에 인자(仁者)로서의 용자(勇者)는 왕자(王者)와 통한다. 그래서 지치근호용(知恥近乎勇)의 용(勇)이 『맹자(孟子)』「공손추장구(公孫丑章句) 상(上)」편(篇)에 나오는 **행인정이왕(行仁政而王) 막지능어야(莫之能禦也)**를 떠올려 관완(觀玩)하게 하고 의단(擬斷)하게 한다. 불인(不仁)의 부끄러움[恥]을 앎[知]은 인자(仁者)의 용감(勇敢)함임을 밝힌 말씀이 〈지치근호용(知恥近乎勇)〉의 용(勇)이다.

註 "유덕자필유언(有德者必有言) 유언자불필유덕(有言者不必有德) 인자필유용(仁者必有勇) 용자불필유인(勇者不必有仁)." 덕이[德] 있는[有] 사람에게는[者] 반드시[必] 말이[言] 있지만[有], 말이[言] 있는[有] 사람에게[者] 반드시[必] 덕이[德] 있는 것은[有] 아니다[不]. 어진[仁] 사람에게는[者] 반드시[必] 용단이[勇] 있지만[有], 용감한[勇] 사람에게[者] 반드시[必] 어짊이[仁] 있는 것은[有] 아니다[不].

불필유(不必有)의 불(不)은 〈아닐 비(非)〉와 같이 새기면 문의(文意)가 분명해진다.

『논어(論語)』「헌문(憲問)」편(篇) 5장(章)

註 "자왈(子曰) 비기귀이제지(非其鬼而祭之) 첨야(諂也) 견의불위(見義不爲) 무용야(無勇也)." 공자[孔子]께서 말했다[曰]: 내가 모셔야 할 귀신도[其鬼] 아닌데[非] 제사를 지내는 것은[祭之] 아첨이다[諂也]. 옳음을[義] 보고[見] 행하지 않는 것은[不爲] 용맹이[勇] 없는 것이다[無].

『논어(論語)』「위정(爲政)」편(篇) 24장(章)

註 "자공왈(子貢曰) 군자역유오호(君子亦有惡乎) 자왈(子曰) 유오(有惡) 오칭인지악자(惡稱人之惡者) 오거하류이산상자(惡居下流而訕上者) 오용이무례자(惡勇而無禮者) 오과감이질자(惡果敢而窒者)." 자공이[子貢] 말했다[曰]: 군자에게도[君子] 또한[亦] 미워함이[惡] 있는 것입니까[有乎]? 공자[子]가 가로되[曰]: (군자에게도) 미워함이[惡] 있다[有]. (군자는) 남의[人之] 잘못을[惡] 떠드는[稱] 사람을[者] 미워하고[惡], 아래에[下流] 있으면서[居而] 윗사람을[上] 해코지하는[訕] 사람을[者] 미워하고[惡], 용감하지만[勇而] 예가[禮] 없는[無] 사람을[者] 미워하고[惡], 거침없지만[果敢而] 막힌[窒] 사람을[者] 미워한다[惡]. 『논어(論語)』「양화(陽貨)」편(篇) 24장(章)

註 "지불개벽의(地不改辟矣) 민불개취의(民不改聚矣) 행인정이왕(行仁政而王) 막지능어야(莫之能禦也)." 땅을[地] 더[改] 넓힐 것도[辟] 없는 것[不]이고[矣], 백성을[民] 더[改] 모을 것도[聚] 없는 것[不]이다[矣]. 어진[仁] 정사를[政] 베풀어서[行而] 왕 노릇하면[王] 그 왕 노릇을[之] 막을 수 있는 것이란[能禦] 없다[莫].

불개벽(不改辟)의 불(不)은 여기선 〈없을 무(無)〉와 같다.

『맹자(孟子)』「공손추장구(公孫丑章句) 상(上)」편(篇) 1장(章)

知斯三者(지사삼자) 則知所以修身(즉지소이수신)

▶이[斯] 세 가지를[三者] 알면[知] 곧[則] 그로써[以] 수신하는[修身] 바를[所] 안다[知].

알 지(知), 이 사(斯), 가지 자(者), 곧 즉(則), 바 소(所), 써 이(以), 닦을 수(修), 자신 신(身)

【읽기(讀)】

지사삼자(知斯三者)는 즉(則) 바로 앞에 있는 구문(句文)이므로 여기서는 조건(條件)의 부사절로 여기고, 〈범인지사삼자(凡人知斯三者)〉에서 범인(凡人)을 생략한 말투이다. 〈무릇[凡] 사람이[人] 이[斯] 세[三] 가지를[者] 안다면[知]〉을 〈이[斯] 세[三] 가지를[者] 안다면[知]〉으로 줄인 것이다.

지사삼자(知斯三者)에서 지(知)는 〈알 식(識) · 깨우칠 유(喩)〉 등과 같고, 소(所)는 어사(語辭)로 〈것 소(所) · 바 소(所)〉 노릇하며, 이(以)는 〈써 용(用)〉과 같고, 사(斯)는 〈이 차(此)〉와 같으며, 삼자(三者)는 앞서 살핀 호학(好學)의 지(知) · 역행(力行)의 인(仁) · 지치(知恥)의 용(勇)을 말한다.

지소이수신(知所以修身)은 즉(則) 바로 뒤에 있는 구문(句文)이므로 주절(主節)로 여기고, 〈범인지소수신이삼자(凡人知所修身以三者)〉에서 범인(凡人)을 생략하고, 이삼자(以三者)의 삼자(三者)를 생략하고 남은 이(以)를 수(修) 앞으로 전치(前置)한 구문이다. 〈무릇[凡] 사람은[人] 삼자를[三者] 써[以] 수신하는[修身] 바를[所] 안다[知]〉 이를 〈써[以] 수신하는[修身] 바를[所] 안다[知]〉로 줄인 것이다.

지소이수신(知所以修身)에서 지(知)는 〈알 식(識) · 깨우칠 유(喩)〉 등과 같고, 소(所)는 어사(語辭)로 〈것 소(所) · 바 소(所)〉 노릇하며, 이(以)는 여기선 〈써 용(用)〉과 같고, 수(修)는 〈닦을 수(脩) · 지킬 수(守) · 다스릴 치(治)〉 등과 같다.

【풀이(繹)】

지사삼자(知斯三者) 즉지소이수신(則知所以修身)은 수신(修身)의 방도(方道)를 살펴[觀] 새기고[玩] 헤아려[擬] 가늠하게[斷] 한다. 따라서 지사삼자(知斯三者)의 지(知)는 『대학(大學)』에 나오는 **치지재격물(致知在格物)**의 치지(致知)를 관완(觀

玩)·의단(擬斷)하게 하고, 지사삼자(知斯三者)의 삼자(三者)는 치지재격물(致知在格物)에서 격물(格物)의 물(物)을 관완(觀玩)·의단(擬斷)하게 한다.

수신(修身)의 방도(方道)를 치지(致知) 즉 그 앎[知]을 지극히 하자면[致], 수신(修身)의 격물(格物) 즉 수신(修身)하게 하는 일[物]을 스스로 모조리 관완(觀玩)·의단(擬斷)해야 한다. 수신(修身)하게 하는 방도(方道)인 호학(好學)의 지(知)·역행(力行)의 인(仁)·지치(知恥)의 용(勇)이란 삼자(三者)를 남김없이 스스로 살펴[觀] 새기고[玩] 헤아려[擬] 가늠해야[斷] 하는 것이다. 이러한 수신(修身)의 삼자(三者)를 격물(格物)하기에 앞서 반드시 정기심(正其心) 즉 제[其] 마음[心]을 무사(無邪)하게 한[正] 다음, 이어서 성기의(誠其意) 즉 제[其] 속뜻[意]을 무사(無邪)하게 해야[誠] 수신(修身)하는 호학(好學)의 지(知)에 이를[致] 수 있고, 역행(力行)의 인(仁)에 이를[致] 수 있으며, 지치(知恥)의 용(勇)에 이를[致] 수 있어서 수신(修身)의 방도(方道)를 지극하게 알 수 있음을 밝힌 말씀이 〈지사삼자(知斯三者) 즉지소이수신(則知所以修身)〉이다.

註 "고지욕명명덕어천하자(古之欲明明德於天下者) 선치기국(先治其國) 욕치기국자(欲治其國者) 선제기가(先齊其家) 욕제기가자(欲齊其家者) 선수기신(先修其身) 욕수기신자(欲修其身者) 선정기심(先正其心) 욕정기심자(欲正其心者) 선성기의(先誠其意) 욕성기의자(欲誠其意者) 선치기지(先致其知) 치지재격물(致知在格物)." 옛날에[古之] 온 세상에[於天下] 밝은[明] 덕을[德] 밝히고자 한[欲明] 이는[者] 먼저[先] 제[其] 나라를[國] 다스렸고[治], 제[其] 나라를[國] 다스리고자 한[欲治] 이는[者] 먼저[先] 제[其] 가정을[家] 다스렸으며[齊], 제[其] 가정을[家] 다스리고자 한[欲齊] 이는[者] 먼저[先] 제[其] 자신을[身] 닦았고[修], 자신을[身] 닦고자 한[欲修] 이는[者] 먼저[先] 제[其] 마음을[心] 바르게 했으며[正], 제[其] 마음을[心] 바르게 하고자 한[正] 이는[者] 먼저[先] 제[其] 속뜻을[意] 성실히 했고[誠], 제[其] 마음 속을[意] 성실히 하고자 한[欲誠] 이는[者] 먼저[先] 제[其] 앎을[知] 더없이 하였다[致]. 앎을[知] 더없이 함은[致] 온갖 사물을[物] 더없이 궁구함에[格] 있다[在]. 『대학(大學)』「경문(經文)」1장(章)

知所以修身(지소이수신) 則知所以治人(즉지소이치인)

▶ 호학(好學)의 지(知)·역행(力行)의 인(仁)·지치(知恥)의 용(勇)으로써[以] 수신하는[修身] 바를[所] 알면[知], 곧[則] 그 수신(修身)으

로써[以] 치인(治人)하는 바를[所] 안다[知].

알 지(知), 바 소(所), 써 이(以), 닦을 수(修), 자신 신(身), 곧 즉(則), 다스릴 치(治), 사람 인(人)

【읽기(讀)】

지소이수신(知所以修身)은 즉(則) 바로 앞에 있는 구문(句文)이므로 조건(條件)의 부사절로 여긴다. 〈범인지소수신이기삼자(凡人知所修身以其三者)〉에서 범인(凡人)을 생략하고, 이기삼자(以其三者)에서는 기삼자(其三者)를 생략하고 남은 이(以)를 수(修) 앞으로 전치한 말투이다. 〈무릇[凡] 사람이[人] 그[其] 삼자를[三者] 써[以] 수신하는[修身] 바를[所] 안다면[知]〉을 〈써[以] 수신하는[修身] 바를[所] 안다면[知]〉으로 줄인 것이다.

지소이수신(知所以修身)에서 지(知)는 〈알 식(識) · 깨우칠 유(喩)〉 등과 같고, 소(所)는 어사(語辭)로 〈것 소(所) · 바 소(所)〉 노릇하며, 이(以)는 여기선 〈써 용(用)〉과 같고, 수(修)는 〈닦을 수(修)〉와 같고, 신(身)은 자신(自身)의 줄임말로 새기면 된다.

지소이치인(知所以治人)은 즉(則) 바로 뒤에 있는 구문(句文)이므로 주절(主節)로 여기고, 〈범인지소치인이수신(凡人知所治人以修身)〉에서 범인(凡人)과 이수신(以修身)의 수신(修身)을 생략하고 남은 이(以)를 치(治) 앞으로 전치(前置)한 말투이다. 〈무릇[凡] 사람은[人] 수신을[修身] 써[以] 치인하는[治人] 바를[所] 안다[知]〉이를 〈써[以] 치인하는[治人] 바를[所] 안다[知]〉로 줄인 것이다.

지소이치인(知所以治人)에서 지(知)는 〈알 식(識) · 깨우칠 유(喩)〉 등과 같고, 소(所)는 어사(語辭)로 〈것 소(所) · 바 소(所)〉 노릇하고, 이(以)는 〈써 용(用)〉과 같으며, 치(治)는 〈편안히 할 안(安)〉과 같아 치안(治安)의 줄임말로 새긴다.

【풀이(繹)】

지소이수신(知所以修身) 즉지소이치인(則知所以治人)은 치인(治人)의 방도(方道)를 살펴[觀] 새기고[玩] 헤아려[擬] 가늠하게[斷] 한다. 따라서 지소이수신(知所以修身)의 지(知) 역시 『대학(大學)』에 나오는 〈치지재격물(致知在格物)〉의 치지(致知)를 관완(觀玩) · 의단(擬斷)하게 하고, 지소이수신(知所以修身)의 수신(修身) 또한 치지재격물(致知在格物)에서 격물(格物)의 물(物)을 관완(觀玩)·의단(擬斷)하게 한다.

치인(治人)의 방도(方道)를 치지(致知) 즉 그 앎[知]을 지극히 하자면[致], 먼저 수신(修身)의 격물(格物) 즉 수신(修身)하게 하는 일[物]을 스스로 모조리 관완(觀玩)·의단(擬斷)해야 한다. 치인(治人)하자면 먼저 수신(修身)하게 하는 방도(方道)를 남김없이 스스로 살펴[觀] 새기고[玩] 헤아려[擬] 가늠해야[斷] 하는 것이다. 이처럼 치인(治人)하게 하는 수신(修身)의 방도(方道)를 격물(格物)함에는 반드시 무사(無邪)해야 치인(治人)하는 방도(方道)를 지극하게[致] 알[知] 수 있게 됨을 밝힌 말씀이 〈지소이수신(知所以修身) 즉지소이치인(則知所以治人)〉이다.

知所以治人(지소이치인) 則知所以治天下國家矣(즉지소이치천하국가의)

▶ 수신(修身)으로써[以] 치인하는[治人] 바를[所] 알면[知], 곧[則] 그 치인(治人)으로써[以] 온 세상의[天下] 나라와[國] 집안을[家] 다스리는[治] 바를[所] 안다[知].

알 지(知), 바 소(所), 써 이(以), 다스릴 치(治), 사람 인(人), 곧 즉(則), 나라 국(國), 집 가(家), 조사(~이다) 의(矣)

【읽기(讀)】

지소이치인(知所以治人)은 부사절(副詞節)로 여긴다. 〈범인지소치인이수신(凡人知所治人以修身)〉에서 주어 노릇할 범인(凡人)을 생략한 다음, 이어서 이수신(以修身)의 수신(修身)을 생략하고 남은 이(以)를 치(治) 앞으로 전치한 구문이다. 〈무릇[凡] 사람이[人] 수신을[修身] 써[以] 치인하는[治人] 바를[所] 안다면[知]〉을 〈써[以] 치인하는[治人] 바를[所] 안다면[知]〉으로 줄인 것이다.

지소이치인(知所以治人)에서 지(知)는 〈알 식(識)·깨우칠 유(喩)〉 등과 같고, 소(所)는 어사(語辭)로 〈것 소(所)·바 소(所)〉 노릇하고, 이(以)는 〈써 용(用)〉과 같으며, 치(治)는 〈편안히 할 안(安)〉과 같아 치안(治安)의 줄임말로 새긴다.

지소이치천하국가의(知所以治天下國家矣)는 즉(則) 바로 뒤에 있는 구문(句文)이므로 주절(主節)로 새기고, 〈범인지소치천하국가이치인(凡人知所治天下國家以治人)〉에서 주어 노릇할 범인(凡人)과 이치인(以治人)의 치인(治人)을 생략하고 남은 이(以)를 치(治) 앞으로 전치(前置)한 구문이다. 〈무릇[凡] 사람은[人] 치인을[治人] 써[以] 천하국가를[天下國家] 다스리는[治] 바를[所] 안다[知]〉 이를 〈써[以] 천하국가를[天下國家] 다스리는[治] 바를[所] 안다[知]〉로 줄인 것이다.

지소이치천하국가의(知所以治天下國家矣)에서 지(知)는 〈알 식(識) · 깨우칠 유(喩)〉 등과 같고, 소(所)는 어사(語辭)로 〈것 소(所) · 바 소(所)〉 노릇하며, 이(以)는 〈써 용(用)〉과 같고, 치(治)는 〈편안히 할 안(安)〉과 같아 치안(治安)의 줄임이고, 의(矣)는 조사(助詞 : ~이다)로 종결어미 노릇한다.

【풀이(繹)】

지소이치인(知所以治人) 즉지소이치천하국가의(則知所以治天下國家矣)는 치천하국가(治天下國家)의 방도(方道)를 살펴[觀] 새기고[玩] 헤아려[擬] 가늠하게[斷] 한다. 따라서 지소이치인(知所以治人)의 지(知) 역시 『대학(大學)』에 나오는 〈치지재격물(致知在格物)〉의 치지(致知)를 관완(觀玩) · 의단(擬斷)하게 하고, 지소이치인(知所以治人)의 치인(治人) 또한 치지재격물(致知在格物)에서 격물(格物)의 물(物)을 관완(觀玩) · 의단(擬斷)하게 한다.

치천하국가(治天下國家)의 방도(方道)를 치지(致知) 즉 그 앎[知]을 지극히 하자면[致] 먼저 치인(治人)의 격물(格物) 즉 치인(治人)하게 하는 일[物]을 스스로 모조리 관완(觀玩) · 의단(擬斷)해야 하니, 치천하국가(治天下國家)하자면 먼저 치인(治人)하게 하는 방도(方道)를 남김없이 스스로 가늠해야[斷] 한다. 이렇게 치천하국가(治天下國家)하게 하는 치인(治人)의 방도(方道)를 격물(格物)함에 반드시 무사(無邪)해야 치천하국가(治天下國家)하는 방도(方道)를 지극하게 알 수 있음을 밝힌 말씀이 〈지소이수신(知所以修身) 즉지소이치인(則知所以治人)〉이다.

【3단락(段落) 전문(全文)】

凡爲天下國家에 有九經이라 曰 修身也와 尊賢也와
범 위 천 하 국 가 유 구 경 왈 수 신 야 존 현 야

親親也와 敬大臣也와 體羣臣也와 子庶民也와 來百工也와
친 친 야 경 대 신 야 체 군 신 야 자 서 민 야 내 백 공 야

柔遠人也와 懷諸侯也니라
유 원 인 야 회 제 후 야

修身則道立하고 尊賢則不惑하고 親親則諸父昆弟不怨하고
수 신 즉 도 립 존 현 즉 불 혹 친 친 즉 제 부 곤 제 불 원

敬大臣則不眩하고 體羣臣則士之報禮重하고 子庶民則百姓勸
경 대 신 즉 불 현 체 군 신 즉 사 지 보 례 중 자 서 민 즉 백 성 권

하고 來百工則財用足하고 柔遠人則四方歸之하고 懷諸侯
내 백 공 즉 재 용 족 유 원 인 즉 사 방 귀 지 회 제 후

則天下畏之니라
즉 천 하 외 지

齋明盛服하여 非禮不動은 所以修身也이라 去讒遠色하
재 명 성 복 비 례 부 동 소 이 수 신 야 거 참 원 색

여 賤貨而貴德은 所以勸賢也이라 尊其位하고 重其祿하며
천 화 이 귀 덕 소 이 권 현 야 존 기 위 중 기 록

同其好惡는 所以勸親親也니라 官盛任使는 所以勸大臣也니
동 기 호 오 소 이 권 친 친 야 관 성 임 사 소 이 권 대 신 야

라 忠信重祿은 所以勸士也니라 時使薄斂은 所以勸百姓也니
충 신 중 록 소 이 권 사 야 시 사 박 렴 소 이 권 백 성 야

라 日省月試하여 旣稟稱事는 所以勸百工也니라 送往迎來하
일 성 월 시 희 름 칭 사 소 이 권 백 공 야 송 왕 영 래

며 嘉善而矜不能은 所以柔遠人也니라 繼絶世하고 擧廢國하
가 선 이 긍 불 능 소 이 유 원 인 야 계 절 세 거 폐 국

며 治亂持危하고 朝聘以時하며 厚往薄來는 所以懷諸侯也니라
치 란 지 위 조 빙 이 시 후 왕 박 래 소 이 회 제 후 야

凡爲天下國家에 有九經이나 所以行之者는 一也니라
범 위 천 하 국 가 유 구 경 소 이 행 지 자 일 야

무릇 {천자(天子)가} 온 세상 나라들을 다스림에는 아홉의 길이 있으니, 말하여 수신(修身)이고 존현(尊賢)이며 친친(親親)이고 경대신(敬大臣)이며 체군신(體羣臣)이고 자서민(子庶民)이고 내백공(來百工)이고 유원인(柔遠人)이며

회제후(懷諸侯)이다.

수신(修身)하면 곧 도(道)가 이루어지고, 존현(尊賢)하면 곧 미혹되지 않고, 친친(親親)하면 곧 아버지 형제들과 곤제(昆弟)들이 원망하지 않고, {천자(天子)가} 대신(大臣)을 공경하면 곧 현혹되지 않고, {천자(天子)가 대신(大臣) 이하의} 여러 신하들을 접견하면 곧 대신(大臣) 아래의 신하들이 {천자(天子)의} 예에 보답함이 더해지고, 백성을 자식같이 아끼고 사랑하면 곧 백성이 부지런해지고, 백공(百工)을 불러들이면 곧 경제가 풍족해지며, 먼 데 사는 사람들과 어울리고 편안히 해주면 곧 온 세상이 천자(天子)한테로 돌아오며, 제후(諸侯)들을 끌어안으면 곧 온 세상이 천자(天子)를 두려워한다.

제상(祭床)에 곡물을 올리고 제의(祭衣)와 제관(祭冠)을 바르게 갖추고 제례(祭禮)가 아닌 것이면 움직이지 않음은 그로써 몸을 닦는 것이다. 모함을 멀리하고 여색을 멀리하며 재물을 천히 여기고 덕을 귀히 함은 그로써 어진 이를 즐겨 따르게 되는 것이다. 그 자리를 받들어 높이고 그 녹봉을 소중히 하며 그 좋고 싫음을 함께함은 그로써 친친함을 좋아하고 따르게 하는 것이다. 관리를 많이 등용하고 일을 맡기고 일을 시킴은 그로써 대신(大臣)을 애쓰게 하는 것이다. 정성을 다하고 믿고 따르며 녹봉을 무겁게 함은 그로써 관리들을 애쓰게 하는 것이다. 때맞춰 부리고 가볍게 거둬들임은 그로써 백성을 부지런히 애쓰게 하는 것이다. 날마다 살피고 달마다 시험하며 급여를 내리고 일거리를 가리켜줌은 그로써 온갖 장인을 부지런히 애쓰게 하는 것이다. 가는 이를 환송하고 오는 이를 맞이하며 우수한 사람을 칭찬하고 재주 없는 사람도 동정함은 그로써 먼 데 사람들을 편안하게 하는 것이다. 끊어진 세계(世系)를 이어주고 망해가는 나라를 일으켜주고 어지러움을 다스리고 위기를 잡아주고 때맞춰 조정으로 예를 갖추어 {제후(諸侯)들을} 부르고 {제후(諸侯)들을} 후하게 보내주고 가볍게 오게 함은 그로써 제후들을 끌어안는 것이다. 무릇 {천자(天子)가} 온 세상을 다스림에는 아홉의 길이 있으니, 그로써 그 구경(九經) 즉 아홉 가지 길을 행하는 바는 하나이다.

凡爲天下國家有九經(범위천하국가유구경) 曰(왈) 修身也(수신야) 尊賢也(존현야) 親親也(친친야) 敬大臣也(경대신야) 體羣臣也(체군신야) 子庶民也(자서민야) 來百工也(내백공야) 柔遠人也(유원인야) 懷諸候也(회제후야)

▶ 무릇[凡] {천자(天子)가} 온 세상[天下] 나라들을[國家] 다스림에는[爲] 아홉의[九] 길이[經] 있으니[有], 말하여[曰] 수신(修身)이고[也] 존현(尊賢)이며[也] 친친(親親)이고 경대신(敬大臣)이며 체군신(體羣臣)이고[也] 자서민(子庶民)이고[也] 내백공(來百工)이고[也] 유원인(柔遠人)이며[也] 회제후(懷諸候)이다[也].

무릇 범(凡), 다스릴 위(爲), 길 경(經), 가로 왈(曰), 닦을 수(修), 자신 신(身), 조사(~이다) 야(也), 받들 존(尊), 어질 현(賢), 친애할 친(親), 피붙이 친(親), 받들 경(敬), 살필 체(體), 무리 군(羣), 자식같이 사랑할 자(子), 많을 서(庶), 백성 민(民), 불러올 래(來), 장인 공(工), 부드러울 유(柔), 먼 곳 원(遠), 품을 회(會), 모두 제(諸), 임금 후(候)

【읽기(讀)】

범위천하국가유구경(凡爲天下國家有九經)은 〈범천자지위천하국가유구경(凡天子之爲天下國家有九經)에서 천자지(天子之)를 생략한 구문이다. 〈무릇[凡] 천자가[天子] 온 세상[天下] 나라들을[國家] 다스림에는[爲] 아홉의[九] 길이[經] 있다[有]〉 이를 〈무릇[凡] 온 세상[天下] 나라들을[國家] 다스림에는[爲] 아홉의[九] 길이[經] 있다[有]〉로 줄인 것이다. 범위천하국가유구경(凡爲天下國家有九經)에서 유(有)는 〈있을 유(有)〉 자동사로 주어를 뒤에 두고 있음에 주목하고, 범위천하국가(凡爲天下國家)는 부사구 노릇한다. 〈범위천하국가(凡爲天下國家)에 구경(九經)이 있다[有]〉고 문맥을 잡으면 된다.

범위천하국가유구경(凡爲天下國家有九經)에서 위(爲)는 〈다스릴 치(治)〉와 같고, 경(經)은 〈항상 상(常)〉과 같아 상도(常道)를 말한 것이다. 왈(曰)은 췌사(贅辭) 즉 삽입(插入)한 말로 무시해도 되고, 수신야(修身也) · 존현야(尊賢也) · 친친야(親

親也) · 경대신야(敬大臣也) · 체군신야(體羣臣也) · 자서민야(子庶民也) · 내백공야(來百工也) · 유원인야(柔遠人也) · 회제후야(懷諸候也)는 구경(九經)의 동격(同格) 노릇한다.

【풀이(繹)】

범위천하국가유구경(凡爲天下國家有九經)은 천자(天子)의 치세지도(治世之道)를 말하고 있다. 여기서 구경(九經)이란 치천하지상도구자(治天下之常道九者) 즉 온 세상[天下]을 다스리는[治之] 상도(常道)가 아홉[九] 가지[者]임을 뜻한다. 치천하자(治天下者) 즉 온 세상[天下]을 다스리는[治] 자(者)로서 천자(天子)가 갖추어야 할 치세(治世)의 상도(常道)는 오로지 수신(修身)으로부터 시작한다. 수신(修身)을 떠나서는 어느 누구도 치인(治人)하여 치세(治世)할 수 없다는 것이 공자(孔子)의 치세관(治世觀)이다. 공자(孔子)의 정사(政事)는 수신(修身)으로부터 시작한다. 그러므로 수신(修身)이 치세(治世)의 대본(大本)이다. 천자(天子)라면 이러한 대본(大本)을 어길 수 없다. 수신(修身)으로부터 시작하여 존현(尊賢) · 친친(親親) · 경대신(敬大臣) · 체군신(體羣臣) · 자서민(子庶民) · 내백공(來百工) · 유원인(柔遠人) · 회제후(懷諸候) 등이 천자(天子)로 하여금 천하(天下)를 다스리게 하는 구경(九經) 즉 상도(常道) 아홉 가지[九]임을 밝힌 말씀이 〈범위천하국가유구경(凡爲天下國家有九經)〉이다.

修身則道立(수신즉도립)

▶ 수신하면[修身] 곧[則] 도(道)가 이루어진다[立].

닦을 수(修), 자신 신(身), 곧 즉(則), 길 도(道), 세울 립(立)

【읽기(讀)】

수신즉도립(修身則道立)은 〈인수신(人修身) 즉인립도(則人立道)〉에서 일반주어 인(人)을 생략하고, 입도(立道)의 도(道)를 도치(倒置)하여 도립(道立)으로 바꾼 구문이다. 수신즉도립(修身則道立) 같은 구문은 즉(則)을 중심으로 앞쪽을 부사절로, 뒤쪽을 주절로 문맥을 잡으면 문의(文意)가 잡힌다. 〈수신하면[修身] 곧[則] 도

립한다[道立]〉고 새긴다. 그리고 입도(立道)는 능동태로, 도립(道立)은 수동태로 여기면 편하다. 〈도를[道] 이룬다[立]〉〈도(道)가 이루어진다[立]〉

수신즉도립(修身則道立)에서 수(修)는 〈닦을 수(脩)·다스릴 치(治)·지킬 수(守)〉 등과 같고, 신(身)은 자신(自身)의 줄임이며, 도(道)는 여기선 치도(治道)의 줄임이고, 입(立)은 〈이룰 성(成)·일어날 기(起)·정할 정(定)·전할 전(傳)·있을 존(存)·견고할 견(堅)·마땅할 당(當)·심을 수(樹)〉 등과 같아 성립(成立)·기립(起立)·정립(定立)·전립(傳立)·존립(存立)·견립(堅立)·당립(當立)·수립(樹立) 등의 줄임말로 보아 문의(文意)를 여러 가지로 볼 수 있다.

【풀이(繹)】

수신즉도립(修身則道立)은 오로지 수신(修身)으로만 달도(達道)·덕(達德)이 성립(成立)되고 기립(起立)되어 정립(定立)되며, 전립(傳立)되어 존립(存立)되고 견립(堅立)되어 당립(當立)되고 수립(樹立)된 뒤라야 치도(治道)가 확립(確立)될 수 있음을 살펴 새기고 헤아려 가늠하게 한다. 수신(修身)은 정기심(正其心)으로부터 시작된다. 제 마음[其心]을 바로잡아[正] 그 마음의 속뜻[意]이 천명(天命)을 따르면서[誠] 달도(達道)·달덕(達德)의 행(行)을 더없이 감행(敢行)해야 수신(修身)으로부터 치도(治道)가 이루어지고[成] 일어나고[起] 결정되고[定] 전파되고[傳] 보존되고[存] 견고해지고[堅] 마땅히[當] 온 세상에 심어질[樹] 수 있음을 밝힌 말씀이 〈수신즉도립(修身則道立)〉의 입(立)이다.

尊賢則不惑(존현즉불혹)

▶ 어진 이를[賢] 받들어 모시면[尊] 곧[則] 미혹되지 않는다[不惑].

받들어 모실 존(尊), 어질고 밝을 현(賢), 곧 즉(則), 아니(없을) 불(不), 헷갈릴 혹(惑)

【읽기(讀)】

존현즉불혹(尊賢則不惑)은 〈인존현(人尊賢) 즉인불혹(則人不惑)〉에서 일반주어 노릇할 인(人)을 생략한 것이다. 존현즉불혹(尊賢則不惑)과 같은 구문(句文)은 즉(則)을 중심으로 앞쪽을 부사절로, 뒤쪽을 주절로 보면 문의(文意)가 잡힌다. 존현(尊賢) 쪽을 조건의 부사절로, 불혹(不惑) 쪽을 주절로 잡아 〈존현하면[尊賢] 곧[則] 불혹한다[不惑]〉고 새기면 된다.

존현즉불혹(尊賢則不惑)에서 존(尊)은 〈받들어 모실 경(敬)〉과 같아 존경(尊敬)의 줄임이며, 현(賢)은 여기선 유덕행자(有德行者) · 유선행자(有善行者)를 뜻하는 현인(賢人)의 줄임말로 여기고, 혹(惑)은 〈헷갈려 모를 미(迷)〉와 같아 미혹(迷惑)의 줄임으로 새기면 된다.

【풀이(繹)】

존현즉불혹(尊賢則不惑)은 오로지 수신(修身)으로 달도(達道) · 달덕(達德)을 누려 유선행자(有善行者) 즉 천명(天命)을 계승(繼承)하기를 성인(聖人)에 버금가는[亞] 현인(賢人)을 받들어 모시면[尊], 누구나 불혹(不惑)을 벗어나 명지(明知)를 누릴 수 있음을 살펴[觀] 새기고[玩] 헤아려[擬] 가늠하게[斷] 한다. 물론 수신(修身) 없는 존현(尊賢)이란 없다. 수신(修身)하면 존현(尊賢)은 따라온다. 정기심(正其心)하고 성기의(誠其意)하여 치기지(致其知), 즉 어짊[仁] 따라[從] 받들어야[事] 함을 알지[知] 못하고선 존현(尊賢)이란 불가능하기 때문이다.

존현(尊賢)은 존현인(尊賢人)이고, 불혹(不惑)의 혹(惑)은 의현(疑賢)하고 모현(侮賢)하여 패현(悖賢)함이다. 현인(賢人)의 선덕(善德)을 의심하고[疑] 업신여겨[侮] 그 선덕(善德)을 어그러지게 함[悖]보다 더한 미혹(迷惑)은 없다. 그래서 미혹(迷惑)의 극치(極致)를 일컬어 상(商)나라 임금 수(受)를 상례(常例)로 삼아 **부현인지심(剖賢人之心)**이라 한다. 현자(賢者)인 비간(比干)의 심장(心臟)을 도려낸[剖] 수(受)를 미혹(迷惑)의 본보기로 본 것이다. 불혹(不惑)이란 달도(達道) · 달덕(達德)을 의심하지 않음이고, 인자(仁者)를 두려워하고 따라 모심을 의심치 않음이다. 존현(尊賢)의 불혹(不惑)으로부터 왕도(王道) 즉 행인정(行仁政)의 어진[仁] 정사(政事)를 베풂[行]이 비롯됨을 밝힌 말씀이 〈존현즉불혹(尊賢則不惑)〉의 불혹(不惑)이다.

註 "부현인지심(剖賢人之心) 작위살륙(作威殺戮) 독부사해(毒痡四海) 숭신간회(崇信姦回) 방출사보(放黜師保)." 현인의[賢人之] 심장을[心] 갈라[剖] 행패를 부려[作威] 죽여[殺戮] 온 세상에[四海] 독을[毒] 뿌리고[痡] 간사한 무리를[姦回] 받들어[崇] 믿고[信] 스승을[師保] 내쳤다[放黜].

주(周)나라 무왕(武王)이 상(商)나라 임금 수(受) 즉 주(紂)를 토벌(討伐)하기에 앞서 군사

(軍師)들에게 수(受)의 미혹(迷惑)함을 밝힌 서(誓) 즉 포고문이다.

『서경(書經)』「주서(周書) 태서(泰誓) 하(下)」편(篇) 3단락[段落]

親親則諸父昆弟不怨(친친즉제부곤제불원)

▶ 친친하면[親親] 곧[則] 아버지 형제들과[諸父] 곤제들이[昆弟] 원망하지 않는다[不怨].

친애할 친(親), 피붙이 친(親), 곧 즉(則), 모두 제(諸), 아버지 부(父), 형님 곤(昆), 아우 제(弟), 안이할(없을) 불(不), 원망할 원(怨)

【읽기(讀)】

친친즉제부곤제불원(親親則諸父昆弟不怨)은 〈인친친(人親親) 즉인지제부여곤제불원(則人之諸父與昆弟不怨)〉에서 일반주어 인(人)을 생략하고, 인지제부여곤제(人之諸父與昆弟)를 제부곤제(諸父昆弟)로 줄인 구문이다. 친친즉제부곤제불원(親親則諸父昆弟不怨)과 같은 구문(句文)은 즉(則)을 중심으로 친친(親親) 쪽을 조건의 부사절로, 제부곤제불원(諸父昆弟不怨) 쪽을 주절로 잡아 〈친친하면[親親] 곧[則] 제부곤제(諸父昆弟)가 불원한다[不怨]〉고 새기면 된다.

친친(親親)에서 앞의 친(親)은 동사 노릇하는 〈사랑할 애(愛)〉와 같고, 뒤의 친(親)은 명사로 〈피붙이 족(族)〉과 같아 친족(親族)의 줄임이다. 제부곤제불원(諸父昆弟不怨)에서 제부(諸父)는 부지형제(父之兄弟) 즉 아버지[父]의 친형제(親兄弟)들을 말하고, 곤제(昆弟)는 형제(兄弟) 즉 형님[昆]과 아우[弟]를 가리키며, 불(不)은 〈아닐 불(弗) · 없을 무(無)〉 등과 같고, 원(怨)은 〈성낼 에(恚) · 미워할 증(憎) · 헐뜯을 자(刺) · 따돌릴 별(別)〉 등과 같다고 여기면 된다.

【풀이(繹)】

친친즉제부곤제불원(親親則諸父昆弟不怨)의 친친(親親)은 수신(修身)을 제가(齊家)로 이어주는 예의(禮義)이다. 친친(親親)은 애친(愛親)이니 피붙이[親]를 사랑함[愛]이 친친(親親)이다. 제부(諸父)는 백부(伯父) · 숙부(叔父) · 중부(仲父) · 계부(季父) 등 아버지의 형제(兄弟)들을 말하고, 곤제(昆弟)는 한 부모(父母) 밑의 형(兄)과 아우[弟]를 말한다. 부모(父母)는 자녀(子女)들을 품어 사랑하고[慈], 자녀

(子女)들은 부모(父母)를 받들어 모심[孝]이 부자(父子)의 친친(親親)이다. 형(兄)은 아우[弟]를 보살피고[保], 아우는 형을 본받음[效]이 형제(兄弟)의 친친(親親)이다.

물론 친친지쇄(親親之殺)의 쇄(殺) 또한 친친(親親)이다. 백부(伯父)가 아버지의 형(兄)이로되 친부(親父)와 똑같이 효(孝)를 할 수 없어 효성(孝誠)이 친부(親父)에 비해 감쇄(減殺)되기 마련이고, 사촌형[兄]이 형(兄)이로되 친형(親兄)을 따르듯이 할 수 없는 것 또한 친친(親親)의 감쇄(減殺)이다. 그러나 친친(親親)하면 부모(父母)와 자녀(子女) 사이가 효자(孝慈)로 이어져 서로 불원(不怨)하고, 형제(兄弟)·자매(姉妹)의 친친(親親)이 두터울수록 서로 불원(不怨)한다. 불원(不怨)은 원에(怨恚) 즉 서로서로 성내지[恚] 않음[不]이고, 원증(怨憎) 즉 서로 미워하지[憎] 않음[不]이며, 원자(怨刺) 즉 서로 헐뜯지[刺] 않음[不]이고, 서로 원망하지[怨] 않아[不] 서로를 탓하지 않음을 밝힌 말씀이 〈친친즉제부곤제불원(親親則諸父昆弟不怨)〉의 불원(不遠)이다.

敬大臣則不眩(경대신즉불현)

▶ {천자(天子)가} 대신을[大臣] 공경하면[敬] 곧[則] 현혹되지 않는다[不眩].

공경할 경(敬), 큰 대(大), 신하 신(臣), 곧 즉(則), 아니 불(不), 어두울 현(眩)

【읽기(讀)】

경대신즉불현(敬大臣則不眩)은 〈천자경대신즉천자불현(天子敬大臣則天子不眩)〉에서 천자(天子)를 생략한 말투이다. 경대신즉불현(敬大臣則不眩)과 같은 구문(句文)은 즉(則)을 중심으로 경대신(敬大臣) 쪽을 조건의 부사절로, 불현(不眩) 쪽을 주절로 잡아 〈경대신하면[敬大臣] 곧[則] 불현한다[不眩]〉고 새긴다.

경대신(敬大臣)에서 경(敬)은 〈받들 공(恭)·신중할 신(愼)·엄숙할 숙(肅)·경계할 경(警)〉 등과 같아 태만하지 않아야[不敢慢] 함을 나타내고, 불현(不眩)에서 현(眩)은 〈미혹할 혹(惑)·미(迷), 어지러울 란(亂)〉 등과 같아 밝게 보지 못함[視不明]을 뜻한다.

【풀이(繹)】

경대신즉불현(敬大臣則不眩)은 수신(修身)하고 친친(親親)하여 제가(齊家)한 다음 천자(天子)가 행(行)하는 치도(治道)의 예의(禮義)를 살펴 새기고 헤아려 가늠하게 한다. 대신(大臣)은 천자(天子)를 보좌(補佐)하는 맨 윗자리의 신하(臣下)이다. 천자(天子)는 대신(大臣)을 대하면서 받들되[恭], 신중하고[愼] 엄숙하며[肅] 경계하여[警] 결코 자만하지 않아야[不敢慢] 함이 경대신(敬大臣)의 경(敬)이다. 경대신(敬大臣)의 경(敬)이 이지러지면 천자(天子)가 현혹(眩惑)되어 정사(政事)가 어지러워지고[亂] 간신(奸臣)들이 우글거리니, 난정(亂政) · 학정(虐政) · 폭정(暴政)이 빚어져 치세(治世)는 사라지고 난세(亂世)를 불러온다. 이러한 대란(大亂)을 미리 막아주는 단서(端緖)가 경대신(敬大臣)이다. 대신(大臣)을 공경(恭敬)하며 대함이 경신(敬愼)하고 경숙(敬肅)하면서 경경(敬警)하면 현명(賢明)한 대신(大臣)을 부릴 수 있게 되고, 따라서 천자(天子)가 현혹(眩惑)되지 않을 수 있음을 밝힌 말씀이 〈경대신즉불현(敬大臣則不眩)〉이다.

體羣臣則士之報禮重(체군신즉사지보례중)

▶{천자(天子)가 대신(大臣) 이하의} 여러[羣] 신하들을[臣] 접견하면[體] 곧[則] 대신(大臣) 아래의 신하들이[士之] {천자(天子)의} 예에[禮] 보답함이[報] 더해진다[重].

접견할 체(體), 무리 군(羣), 신하 신(臣), 곧 즉(則),
대신(大臣) 아래의 신하들 사(士), 조사(~의) 지(之), 보답할 보(報),
예도 례(禮), 더해질 중(重)

【읽기(讀)】

체군신즉사지보례중(體羣臣則士之報禮重)은 〈천자체군신(天子體羣臣) 즉사지보천자지례중(則士之報天子之禮重)〉에서 천자(天子)를 생략하고, 보천자지례(報天子之禮)를 보례(報禮)로 줄인 말투이다. 체군신즉사지보례중(體羣臣則士之報禮重)과 같은 구문은 즉(則)을 중심으로 체군신(體羣臣) 쪽을 조건의 부사절로, 사지보례중(士之報禮重) 쪽을 주절로 잡아 〈체군신하면[體羣臣] 곧[則] 사지보례중한다[士之報禮重]〉고 새긴다.

체군신(體羣臣)의 체(體)는 접납(接納) · 접견(接見) 즉 직접 만나 살핌[察]을 뜻하고, 군(羣)은 〈무리 군(群)〉과 같다. 사지보례중(士之報禮重)에서 보(報)는 〈보답할 답(答)〉과 같아 보답(報答)의 줄임말이고, 중(重)은 〈더해질 가(加)〉와 같아 가중(加重)의 줄임말로 여기면 된다.

【풀이(繹)】

체군신즉사지보례중(體羣臣則士之報禮重)에서 천자(天子)가 대신(大臣)보다 낮은 신하(臣下)들을 대신(大臣)에게만 맡겨두지 않고 몸소 만나서 신하(臣下)들을 정중하게 살펴 임사(任使) 즉 일을 맡기고[任] 부림[使]을 현명(賢明)하게 처리하는 것을 일컬어 체군신(體羣臣)이라 한다. 체군신(體羣臣)의 체(體)는 신중하고[愼] 엄숙하면서[肅] 마땅하게[當] 신하(臣下)들을 손수 다스림을 뜻한다. 그러면 신하(臣下)들은 천자(天子)가 베푸는 예의(禮義)에 보답하고자 맡겨진 임사(任使)를 정성껏 다하여 천자(天子)에 대한 경례(敬禮)를 가중(加重)하게 된다. 위에서 아래로 베푸는 예(禮)가 경신(敬愼)하고 경숙(敬肅)하며 마땅하면, 아래에서 위로 향하는 예의(禮義)가 더욱 돈독하게 경신(敬愼) · 경숙(敬肅)해짐을 밝힌 말씀이 〈체군신즉사지보례중(體羣臣則士之報禮重)〉이다.

子庶民則百姓勸(자서민즉백성권)

▶ {천자(天子)가} 백성을[庶民] 자식같이 아끼고 사랑하면[子] 곧[則] 백성이[百姓] 부지런해진다[勸].

아끼고 사랑할 자(子), 많을 서(庶), 백성 민(民), 곧 즉(則), 많을 백(百), 성씨 성(姓), 부지런할 권(勸)

【읽기(讀)】

자서민즉백성권(子庶民則百姓勸)은 〈천자자서민즉백성권(天子子庶民則百姓勸)〉에서 천자(天子)를 생략한 것이다. 또한 자서민즉백성권(子庶民則百姓勸)은 즉(則)을 중심으로 자서민(子庶民) 쪽을 조건의 부사절로, 백성권(百姓勸) 쪽을 주절로 잡아 〈자서민하면[子庶民] 곧[則] 백성권한다[百姓勸]〉고 옮긴다.

자서민(子庶民)에서 자(子)는 〈아껴 사랑할 자(慈)〉와 같이 타동사 노릇하고, 백성권(百姓勸)에서 권(勸)은 〈부지런할 면(勉)〉과 같아 권면(勸勉)의 줄임으로 여기면 된다.

【풀이(繹)】

자서민즉백성권(子庶民則百姓勸)은 천자(天子)가 힘[力]으로 치민(治民)하는 것이 아니라 부(父)로서 자민(子民) 즉 자민(慈民)하기 때문에, 자민(慈愍)으로 치민(治民)함을 살펴 새기고 헤아려 가늠하게 한다. 치민지인도(治民之仁道) 즉 백성[民]을 다스리는[治之] 어진[仁] 길[道]은 자민[慈愍之仁道] 바로 그 길[道]이다. 자민(慈愍)은 자민이민민(慈民而愍民)의 줄임이다. 백성[民]을 아끼고 사랑하면서[慈而] 백성[民]을 불쌍히 여겨 근심함[愍]이 곧 치민(治民)의 인도(仁道)이다.

자서민(子庶民)의 자(子)가 곧 백성을 다스리는 자민(慈愍)의 인도(仁道)를 말해준다. 자서민(子庶民)의 자(子)는 〈자(慈)〉이고, 어버이가 자식을 아끼고 사랑하는 마음은 〈민(愍)〉 즉 불쌍히 여겨 걱정하는[愍] 마음[心]으로 이어지기 마련이다. 그러므로 자서민(子庶民)의 자(子)와 백성권(百姓勸)의 권(勸)은 『맹자(孟子)』「공손추장구(公孫丑章句) 상(上)」편(篇)에 나오는 이덕복인자(以德服人者) 중심열이성복야(中心悅而誠服也)를 상기(想起)시킨다. 이덕치민(以德治民) 즉 덕으로[以德] 백성[民]을 다스림[治]이 곧 자서민(子庶民)의 자(子)이고, 따라서 성복(心服) 즉 진심으로[誠] 복종함[服]이 곧 백성권(百姓勸)의 권(勸)이다. 그러므로 자서민(子庶民)의 자(子) 즉 자민(慈愍)으로 치민(治民)하면, 백성(百姓)은 치자(治者)에게 친친(親親)의 효(孝)를 다하듯이 인정(仁政) 즉 선정(善政)의 덕치(德治)를 은덕(恩德)으로 여겨 절로 성복(誠服)하여 권면(勸勉)해지는 것이다. 효(孝)란 곧 안부모(安父母) 즉 어버이[父母]를 마음 편하게[安] 함이다. 부모(父母)가 즐겁도록 부지런히 일하듯이 천자(天子)를 즐겁게 해주고자 백성이 스스로 권면(勸勉)해짐을 밝힌 말씀이 〈자서민(子庶民)〉의 자(子)이고, 〈백성권(百姓勸)〉의 권(勸)이다.

註 "이력복인자(以力服人者) 비심복야(非心服也) 역불섬야(力不贍也) 이덕복인자(以德服人者) 중심열이성복야(中心悅而誠服也) 여칠십자지복공자야(如七十子之服孔子也)." 힘으로[以力]

사람을[人] 복종시키는[服] 것은[者] 마음으로[心] 복종함이[服] 아닌 것[非]이고[也], 힘이[力] 모자라서인 것[不贍]이다[也]. 덕으로[以德] 사람을[人] 복종시키는[服] 것은[者] 마음 속으로[心中] 즐거워서[悅而] 진실로[誠] 복종하는 것[服]이다[也]. 칠십의 제자가[七十子之] 공자에게[孔子] 복종함과[服] 같은 것[如]이다[也]. 『맹자(孟子)』「공손추장구(公孫丑章句) 상(上)」편(篇) 3장(章)

來百工則財用足(내백공즉재용족)

▶{천자(天子)가} 온갖[百] 장인들을[工] 불러들이면[來] 곧[則] 경제가[財用] 풍족해진다[足].

불러들일 래(來), 온갖 백(百), 장인 공(工), 곧 즉(則), 재물 재(材), 쓸 용(用), 충분할 족(足)

【읽기(讀)】

내백공즉재용족(來百工則財用足)은 〈천자래백공즉민지재용족(天子來百工則民之財用足)〉에서 주어 노릇할 천자(天子)를 생략하고, 민지재용(民之財用)의 민지(民之) 또한 생략한 말투이다. 내백공즉재용족(來百工則財用足)과 같은 구문(句文)은 즉(則)을 중심으로 내백공(來百工) 쪽을 조건의 부사절로, 재용족(財用足) 쪽을 주절로 잡아 〈내백공하면[來百工] 곧[則] 재용족한다[財用足]〉고 새기면 된다.

내백공(來百工)에서 내(來)는 〈불러올 초(招)〉와 같아 초래(招來)의 줄임이며, 재용족(財用足)의 재용(財用)은 경제(經濟)와 같은 뜻이고, 족(足)은 〈풍족할 풍(豊) · 충(充)〉 등과 같아 충족(充足) · 풍족(豊足)의 줄임말로 여기면 된다.

【풀이(繹)】

내백공즉재용족(來百工則財用足) 역시 천자(天子)가 자서민(子庶民)하기 때문에 자민(慈愍)으로 치민(治民)함을 살펴 새기고 헤아려 가늠하게 한다. 치민지인도(治民之仁道) 즉 백성[民]을 다스리는[治之] 어진[仁] 길[道]이란 백성이 풍족하고 편리한 삶을 누리게 함이다. 백성을 굶주리게 하는 자민(子民)의 자민(慈愍)이란 없다. 천자(天子)가 백공(百工)을 불러들여 온갖 공산품(工産品)을 생산하게 하여 물산(物産)이 풍족(豊足)해지고 백성의 바람이 충족(充足)해져 윤택하고 편리한 생활을 누리게 함이 자서민(子庶民)의 덕치(德治)이고, 그러한 덕치(德治)를 백성으로 하여금 누리게 하는 것이 재용족(財用足)임을 밝힌 말씀이 〈내백공(來百工)〉의 내(來)이고, 〈재용족(財用足)〉의 족(足)이다.

柔遠人則四方歸之 (유원인즉사방귀지)

▶{천자(天子)가} 먼 데 사는[遠] 사람들과[人] 어울리고 편안히 해주면[柔] 곧[則] 온 세상이[四方] 천자(天子)한테로[之] 돌아온다[歸].

어울려 편안할 유(柔), 먼 곳 원(遠), 돌아올 귀(歸), 그에게 지(之)

【읽기(讀)】

유원인즉사방귀지(柔遠人則四方歸之)는 〈천자유원인즉사방지민귀지(天子柔遠人則四方之民歸之)〉에서 천자(天子)를 생략하고, 사방지민(四方之民)의 지민(之民)을 또한 생략한 것이다. 유원인즉사방귀지(柔遠人則四方歸之)에서 유원인(柔遠人)을 조건의 부사절로, 사방귀지(四方歸之)를 주절로 잡아 〈유원인하면[柔遠人] 곧[則] 사방귀지한다[四方歸之]〉고 새긴다.

유원인(柔遠人)에서 유(柔)는 〈어울릴 화(和) · 편안케 할 안(安) · 따를 순(順) · 어질 인(仁)〉 등과 같아 유화(柔和) · 유안(柔安) · 유순(柔順) · 유인(柔仁) 등의 줄임말이며, 원(遠)은 〈먼 데 요(遼)〉와 같아 요원(遼遠)의 줄임말로 새기면 된다. 사방귀지(四方歸之)에서 사방(四方)은 천하(天下)와 같고, 귀(歸)는 〈돌아올 환(還)〉과 같아 귀환(歸還)의 줄임이고, 지(之)는 여기선 천자(天子)를 나타내는 지시대명사 노릇한다.

【풀이(繹)】

유원인즉사방귀지(柔遠人則四方歸之)는 천자(天子)가 자서민(子庶民)의 치세(治世)를 베풀면 원인(遠人)이 스스로 복귀(復歸)하게 됨을 밝힌다. 여기서 원인(遠人)이란 비백성(非百姓) 즉 백성(百姓)이 아닌[非] 유민(流民)을 말한다. 이력치민(以力治民), 즉 힘으로[以力] 백성[民]을 다스리는[治] 패자(霸者)를 피해서 거소(居所)를 찾아 떠도는 무리를 원인(遠人) 또는 유민(流民)이라 한다. 원인(遠人)은 이덕행인(以德行仁) 즉 덕으로[以德] 어짊[仁]을 베푸는[行] 왕자(王者)를 찾아 귀의

(歸依)하고자 한다. 이러한 원인(遠人)을 받아들여 어울리게 하고 편안하게 하고 따르게 하고 어질게 하여 거소(居所) 즉 살 곳[居所]을 주어 저버리지 않게 하므로 온 사방의 유민(流民)들이 자서민(子庶民)의 치세(治世)를 베푸는 천자(天子)에게 귀의(歸依)하게 됨을 밝힌 말씀이 〈유원인(柔遠人)〉의 유(柔)이고, 〈사방귀지(四方歸之)〉의 귀지(歸之)이다.

懷諸侯則天下畏之(회제후즉천하외지)

▶ {천자(天子)가} 제후들을[諸侯] 끌어안으면[懷] 곧[則] 온 세상[天下] {제후(諸侯)들이} 그를[之] 두려워한다[畏].

품어 안을 회(懷), 모두 제(諸), 임금 후(侯), 곧 즉(則), 두려워할 외(畏), 그를 지(之)

【읽기(讀)】

회제후즉천하외지(懷諸侯則天下畏之)는 〈천자회제후즉천하지제후외지(天子懷諸侯則天下之諸侯畏之)〉에서 천자(天子)를 생략하고, 천하지제후(天下之諸侯)의 지제후(之諸侯)를 또한 생략한 구문이다. 회제후즉천하외지(懷諸侯則天下畏之)는 회제후(懷諸侯) 쪽을 조건의 부사절로, 천하외지(天下畏之) 쪽을 주절로 잡아 〈회제후하면[懷諸侯] 곧[則] 천하외지한다[天下畏之]〉고 새긴다.

회제후(懷諸侯)에서 회(懷)는 〈품을 포(抱)〉와 같아 회포(懷抱)의 줄임말이며, 사방외지(四方畏之)의 외(畏)는 〈두려워할 구(懼)〉와 같아 외구(畏懼)의 줄임말로 여기면 된다.

【풀이(繹)】

회제후즉천하외지(懷諸侯則天下畏之)는 수기(修己)하고 제가(齊家)하여 치인(治人)하는 천자(天子)가 어떻게 평천하(平天下)하는가를 살펴 새기고 헤아려 가늠하게 한다. 천자(天子)는 제후(諸侯)를 다스려 온 세상을 다스린다. 천자(天子)가 경대신(敬大臣) · 체군신(體羣臣) · 자서민(子庶民) · 내백공(來百工) · 유원인(柔遠人)하여 치천하(治天下) 즉 온 세상[天下]을 다스림[治]은 제후(諸侯)들이 천자(天

子)의 치도(治道)를 따라 자서민(子庶民)의 치민(治民)으로 치국(治國)하기 때문이다. 패자(霸者)로서 천자(天子)는 제후(諸侯)를 정벌(征伐)하여 힘으로[以力] 굴복(屈服)시키지만, 왕자(王者)로서 천자(天子)는 행인정(行仁政) 즉 어진[仁] 정사[政]를 베풀어[行] 제후(諸侯)를 덕으로[以德] 순복(順服)시킴을 밝힌 말씀이 〈회제후(懷諸侯)〉의 회(懷)이고, 〈사방외지(四方畏之)〉의 외(畏)이다.

齋明盛服(재명성복) 非禮不動(비례부동) 所以修身也(소이수신야)

▶ 제상에 곡물을 올리고[齋明] 제의(祭衣)와 제관(祭冠)을 바르게 갖추고[盛服] 제례(祭禮)가[禮] 아닌 것이면[非] 움직이지 않음은[不動] 그로써[以] 몸을[身] 닦는[修] 바[所]이다[也].

깨끗할 재(齋), 밝을 명(明), 가지런할 성(盛), 옷 복(服), 아닌 것 비(非), 예의 례(禮), 아니 부(不), 움직일 동(動), 바 소(所), 써 이(以), 닦을 수(修), 몸 신(身), 조사(~이다) 야(也)

【읽기(讀)】

재명성복(齋明盛服) 비례부동(非禮不動) 소이수신야(所以修身也)는 〈재명성복소이수신야(齋明盛服所以修身也) 이비례부동소이수신야(而非禮不動所以修身也)〉에서 되풀이되는 소이수신야(所以修身也) 한쪽을 생략하여 하나의 구문으로 줄인 말투이다. 재명성복(齋明盛服)과 비례부동(非禮不動)은 주부(主部) 노릇하고, 소이수신야(所以修身也)는 술부(述部)로 보어 노릇해 〈재명성복(齋明盛服)과 비례부동(非禮不動)은 그것으로[以] 수신하는[修身] 바[所]이다[也]〉로 새긴다.

재명성복(齋明盛服)에서 재명(齋明)은 자성(粢盛)과 같은 말로 제사소공지곡물(祭祀所供之穀物) 즉 제사에[祭祀] 올리는[供] 바의[所之] 곡식(穀物)을 뜻하고, 성복(盛服)은 정기의관(正其衣冠) 즉 제의(祭衣)와 제관(祭冠)을 바르게 함[正]을 말한다. 이로써 비례부동(非禮不動)의 제례(祭禮)를 엄수(嚴守)함을 의미한다.

소이수신야(所以修身也)에서 소(所)는 어사(語辭)로 〈것 소(所) · 바 소(所)〉 노릇하고, 이(以)는 〈써 용(用)〉과 같고, 수(修)는 〈닦을 수(脩) · 다스릴 치(治) · 지킬 수(守)〉 등과 같으며, 신(身)은 자신(自身)의 줄임이고, 야(也)는 종결어미 조사(助詞)로 〈~이다 야(也)〉이다.

【풀이(繹)】

재명성복(齋明盛服) 비례부동(非禮不動) 소이수신야(所以修身也)는 제례(祭禮)야말로 수신(修身)의 전범(典範) 즉 본보기가 됨을 살펴 새기고 헤아려 가늠하게 한다. 재명성복(齋明盛服)이란 제례(祭禮) 즉 제사(祭祀)를 올리는 예의(禮義)가 곧 수신(修身)의 지(知) · 행(行)이다.

재명성복(齋明盛服)의 재명(齋明)은 제사에 올리는[供] 곡물(穀物)을 말한다. 그러므로 재명(齋明)은 자성(粢盛)과 같다. 자성(粢盛)의 자(粢)는 육곡(六穀) 즉 도(稻) · 서(黍) · 직(稷) · 양(粱) · 맥(麥) · 고(苽)를 총칭(總稱)하는 말이지만, 자성(粢盛)의 자(粢)는 서직(黍稷) 즉 기장[黍稷]을 말하고 성(盛)은 제기(祭器)를 뜻해 자성(粢盛)은 제기(祭器)에 서직(黍稷)을 담아 제상(祭床)에 올림[供]을 뜻하게 된다. 이러한 재명(齋明)은 오로지 제주(祭主)의 정심(正心) · 성의(誠意) · 치지(致知)로 이루어지므로, 그 재명(齋明)으로써 수신(修身) 즉 자신을 닦아 지키고 다스려 무사(無邪)함을 지키고 극기(克己)하여 복례(復禮)하는 것이다.

재명성복(齋明盛服)의 성복(誠服)은 정성의관(整盛衣冠)을 말한다. 제복(祭服) · 제관(祭冠)을 제례(祭禮)에 따라 정장(正裝)함이 곧 성복(盛服)이다. 이 또한 오로지 제주(祭主)의 정심(正心) · 성의(誠意) · 치지(致知)로 이루어지므로, 그 성복(盛服)으로써 수신(修身) 즉 자신을 닦아[飾] 지키고[守] 다스려[治] 극기(克己)하고 복례(復禮)하게 된다.

극기(克己) 즉 자신[己]을 다스려[克] 예(禮)로 돌아감[復]이 수신(修身)이다. 수신(修身)이란 자신[身]이 위인(爲仁) 즉 어질어짐[爲仁]이기도 하다. 『논어(論語)』에서 안연(顔淵)이 공자(孔子)께 문인(問仁)하자 **극기복례위인(克己復禮爲仁)**이라고 답한다. 여기서 비례부동(非禮不動)이란 곧 극기(克己)하고 복례(復禮)하여 어질어짐[爲仁]을 뜻함을 간파(看破)하게 된다. 비례부동(非禮不動)의 예(禮)는 제례(祭禮)이고, 제례(祭禮)야말로 극기복례(克己復禮)의 바로 그 예(禮)로서 사람을 어질게 하므로 재명성복(齋明盛服)의 제례(祭禮)로 수신(修身)하는 바[所]를 밝힌 말씀이 〈재명성복(齋明盛服) 비례부동(非禮不動)〉이다.

註 "안연문인(顔淵問仁) 자왈(子曰) 극기복례위인(克己復禮爲仁) 일일극기복례(一日克己復禮) 천하귀인언(天下歸仁焉)." 안연이[顔淵] 어짊을[仁] 물었다[問]. 공자가[子] 말했다[曰]: 나를[己] 이겨[克] 예로[禮] 되돌아감이[復] 어짊[仁]이다[爲]. 하루라도[一日] 나를[己] 이겨[克] 예로[禮] 되돌아간다면[復] 온 세상이[天下] 어짊으로[仁] 돌아갈 것[歸]이다[焉].

『논어(論語)』「안연(顔淵)」편(篇) 1장(章)

去讒遠色(거참원색) 賤貨而貴德(천화이귀덕) 所以勸賢也(소이권현야)

▶ 모함을[讒] 멀리하고[去] 여색을[色] 멀리하며[遠] 재물을[貨] 천히 여기고[賤] 덕을[德] 귀하게 여김은[貴] 그로써[以] 어진 이를[賢] 즐겨 따르게 되는[勸] 바[所]이다[也].

멀리할 거(去), 간사할 참(讒), 멀리할 원(遠), 여색(女色) 색(色), 비천할 천(賤), 재물 화(貨), 조사(~면서) 이(而), 소중히 할 귀(貴), 큰 덕(德), 바 소(所), 써 이(以), 즐겨 따를 권(勸), 어질 현(賢), 조사(~이다) 야(也)

【읽기(讀)】

거참원색(去讒遠色) 천화이귀덕(賤貨而貴德) 소이권현야(所以勸賢也)는 〈거참원색소이권현야(去讒遠色所以勸賢也) 이천화이귀덕소이권현야(而賤貨而貴德所以勸賢也)〉에서 되풀이되는 소이권현야(所以勸賢也)를 생략하여 한 구문으로 줄인 것이다. 거참원색(去讒遠色)과 천화이귀덕(賤貨而貴德)은 주부(主部) 노릇하고, 소이권현야(所以勸賢也)는 술부(述部)로 보어 노릇해 〈거참원색(去讒遠色)과 천화이존덕(賤貨而尊德)은 그로써[以] 권현하는[勸賢] 바[所]이다[也]〉로 새긴다.

거참원색(去讒遠色)에서 거(去)는 〈멀리할 리(離)〉와 같아 거리(去離)의 줄임이며, 참(讒)은 〈아첨할 첨(諂)〉과 같고, 원(遠)은 〈멀리할 소(疎)〉와 같아 소원(疎遠)의 줄임으로 여기고, 색(色)은 여색(女色)의 줄임말로 보면 된다.

천화이귀덕(賤貨而貴德)에서 천(賤)은 〈업신여길 비(卑)〉와 같아 비천(卑賤)의 줄임말로 여기고, 화(貨)는 〈재물 재(財)〉와 같아 재화(財貨)의 줄임이며, 귀(貴)는

〈높을 존(尊)〉과 같아 존귀(尊貴)의 줄임말로 여기면 된다.

소이권현야(所以勸賢也)에서 소(所)는 어사(語辭)로 〈것 소(所) · 바 소(所)〉 노릇하고, 이(以)는 〈써 용(用)〉과 같고, 권(勸)은 〈즐겨할 열(悅) · 락(樂), 따를 종(從)〉 등과 같아 권열(勸悅) · 권종(勸從)의 줄임이고, 현(賢)은 현인(賢人)의 줄임이며, 야(也)는 종결어미 조사(助詞)로 〈~이다 야(也)〉이다.

【풀이(繹)】

거참원색(去讒遠色) 천화이귀덕(賤貨而貴德) 소이권현야(所以勸賢也)는 존현(尊賢)함을 밝혀 수신(修身)의 전범(典範)이 됨을 살펴 새기고 헤아려 가늠하게 한다. 거참원색(去讒遠色)은 수신(修身)하고 존현(尊賢)하여 위인(爲仁)하라 함이다. 참(讒)은 간사(奸邪) 즉 악함[邪]을 범하게[奸] 하여 정심(正心)을 저버리게 하고, 성의(誠意)를 짓밟아 치지(致知)를 저버려 불명(不明)하게 한다. 여색(女色)을 탐닉(耽溺)하면 그 또한 정심(正心) · 성의(誠意) · 치지(致知)를 저버리니 불명(不明)하게 된다. 사리(事理)에 불명(不明) 즉 밝지 못하면 현혹(眩惑)되어 인(仁) · 불인(不仁)을 분변(分辨)하지 못하고, 의(義) · 불의(不義)를 가리지 못하며, 선(善) · 불선(不善)을 구분하지 못해 현자(賢者)를 멀리하고 간사(奸邪)한 무리와 어울리게 되니 존현(尊賢)하지 못하고, 따라서 수신(修身)하지 못한다. 천화이귀덕(賤貨而貴德) 역시 수신(修身)하고 존현(尊賢)하여 위인(爲仁)하라 함이다.

마음 속으로 귀화(貴貨)하고 천덕(賤德)하면 사람은 절로 인화물(人化物)로 돌변(突變)해버린다. 인화물(人化物)은 요즘 말로 물질화(物質化)이다. 인화물(人化物)은 모인(侮仁) 즉 어짊[仁]을 업신여기기[侮] 때문에 압현(狎賢) 즉 현인(賢人)을 얕보고 가벼이[狎] 버린다. 그래서 인화물(人化物)을 멸천리이궁인욕(滅天理而窮人欲)이라고 하는 것이다. 수신(修身)하여 존현(尊賢)하라 함은 인화물(人化物)의 대란(大亂)을 막기 위함임을 살펴 새기고 헤아려 가늠하여, 권현(勸賢) 즉 어진 이[仁者]를 좋아하고 따라야 하는[勸] 까닭을 밝힌 말씀이 〈거참원색(去讒遠色) 천화이귀덕(賤貨而貴德) 소이권현야(所以勸賢也)〉이다.

註 "부물지감인무궁(夫物之感人無窮) 이인지호오무절(而人之好惡無節) 즉시물지이인화물야(則是物至而人化物也) 인화물야자(人化物也者) 멸천리이궁인욕자야(滅天理而窮人欲者也) 어

시유패역사위지심(於是有悖逆詐僞之心) 유음일작란지사(有淫佚作亂之事) 시고(是故) 강자협약(强者脅弱) 중자포과(衆者暴寡) 지자사우(知者詐愚) 용자고겁(勇者苦怯) 질병불양(疾病不養) 노유고독부득기소(老幼孤獨不得其所) 차대란지도야(此大亂之道也).” 무릇[夫] 물건들이[物之] 사람을[人] 유인함은[感] 끝이[窮] 없다[無]. 그래서[而] 사람의[人之] 호오에[好惡] 절도가[節] 없어지면[無] 곧장[則是] 물건들이[物] 지극해져서[至而] 인간이[人] 물건으로[物] 되는 것[化]이다[也]. 인화물(人化物)이란[也] 것은[者] 천리를[天理] 없애면서[滅而] 인간의 욕심을[人欲] 끝없이 하는 것[窮]이다[也]. 여기서[於是] 패륜과[悖] 역적[逆], 속이고[詐] 거짓부렁하는[僞之] 마음이[心] 생기고[有], 음탕하고[淫] 게으르고[佚] 어지러움을[亂] 일삼는[作之] 사건들이[事] 생긴다[有]. 이렇기[是] 때문에[故] 센 놈이[强者] 약자를[弱] 협박하고[脅], 다수가[衆者] 소수를[寡] 짓밟고[暴], 유식한 놈이[知者] 무식한 자를[愚] 속이고[詐], 사나운 놈이[勇者] 겁쟁이를[怯] 괴롭히고[苦], 질병이[疾病] 치료되지 못하고[不養], 늙은이[老] 어린이[幼] 고아와[孤] 홀아비·과부가[獨] 제[其] 살 곳을[所] 얻지 못한다[不得]. 이것들이[此] 대란의[大亂之] 이치[道]이다[也].

『예기(禮記)』「악기(樂記)」편(篇) 8단락(段落)

尊其位(존기위) 重其祿(중기록) 同其好惡(동기호오) 所以勸親親也(소이권친친야)

▶ 그[其] 자리를[位] 받들어 높이고[尊] 그[其] 녹봉을[祿] 소중히 하며[重] 그[其] 좋고 싫음을[好惡] 함께함은[同] 그로써[以] 친친함을[親親] 좋아하고 따르는[勸] 바[所]이다[也].

받들 존(尊), 그 기(其), 자리 위(位), 소중히 할 중(重), 봉록 록(祿), 함께할 동(同), 좋아할 호(好), 싫어할 오(惡), 바 소(所), 써 이(以), 즐겨 따를 권(勸), 친애할 친(親), 피붙이 친(親), 조사(~이다) 야(也)

【읽기(讀)】

존기위(尊其位) 중기록(重其祿) 동기호오(同其好惡) 소이권친친야(所以勸親親也)는 〈존기위소권친친이존기위야(尊其位所勸親親以尊其位也) 이중기록소권친친이중기록야(而重其祿所勸親親以重其祿也) 이동기호오소권친친이동기호오야(而同其好惡所勸親親以同其好惡也)〉에서 이존기위(以尊其位)의 존기위(尊其位), 이중기록(以重其祿)〉의 중기록(重其祿), 이동기호오(以同其好惡)의 동기호오(同其好惡)를 생략하고 남은 이(以)를 권(勸) 앞으로 전치(前置)하고, 되풀이되는 소이권친친야(所以勸親親也)를 생략하여 세 구문을 하나로 줄인 것이다. 말하자면 〈존기위(尊其位)는 존기위(尊其位)를 써[以] 친친(親親)함을 좋아하고 따르는[勸] 바[所]이다[也]〉를 〈존기위(尊其位)는 써[以] 친친(親親)함을 좋아하고 따르는[勸] 바[所]이다[也]〉로 줄인 것이다. 존기위(尊其位)와 중기록(重其祿)과 동기호오(同其好惡)는 주부(主部) 노릇하고, 소이권친친야(所以勸親親也)는 술부(述部)로 보어(補語) 노릇해 〈존기위(尊其位)와 중기록(重其祿)과 동기호오(同其好惡)는 그로써[以] 친친함을[親親] 좋아하고 따르는[勸] 바[所]이다[也]〉로 새기면 문의(文意)가 드러난다.

존기위(尊其位)에서 존(尊)은 〈귀히 여길 귀(貴)〉와 같아 존귀(尊貴)의 줄임이고, 기(其)는 가문지(家門之)를 대신하는 관형사(冠形詞) 노릇하고, 위(位)는 지위(地位)의 줄임으로 여기면 된다.

중기록(重其祿)에서 중(重)은 〈받들 존(尊)〉과 같아 존중(尊重)의 줄임이며, 녹(祿)은 천록(天祿) 즉 하늘이 내린 녹봉(祿俸)을 뜻한다.

동기호오(同其好惡)에서 동(同)은 〈같이할 협(協)〉과 같아 협동(協同)의 줄임말로 여기면 되고, 호(好)는 〈좋아할 애(愛)〉와 같아 애호(愛好)의 줄임이고, 오(惡)는 〈싫어할 염(厭)〉과 같아 염오(厭惡)의 줄임말로 보면 된다.

소이권친친야(所以勸親親也)에서 소(所)는 어사(語辭)로 〈것 소(所) · 바 소(所)〉 노릇하고, 이(以)는 〈써 용(用)〉과 같고, 권(勸)은 〈즐겨할 열(悅) · 따를 종(從)〉과 같아 권열(勸悅) · 권종(勸從)의 줄임이다. 친친(親親)에서 앞의 친(親)은 〈아끼고 사랑할 애(愛)〉와 같아 친애(親愛)의 줄임말로 여기면 되고, 뒤의 친(親)은 〈피붙이 친(親)〉으로 친족(親族)의 줄임이며, 야(也)는 종결어미 조사(助詞)로 〈~이다 야(也)〉이다.

【풀이(繹)】

존기위(尊其位) 중기록(重其祿) 동기호오(同其好惡) 소이권친친야(所以勸親親也)는 비록 천자(天子)의 자리[位]에 있을지라도 한 필부(匹夫)로서 수신(修身)하고 제가(齊家) 즉 집안[家門]을 가지런히 다스려야[齊] 함을 살펴[觀] 새기고[玩] 헤아려[擬] 가늠하게[斷] 한다. 치세(治世)의 도(道)는 오로지 수신(修身) · 제가(齊家)로부터 시작함을 또한 관완(觀玩) · 의단(擬斷)하게 한다.

친친(親親)은 제가(齊家)의 달도(達道)·달덕(達德)이다. 피붙이[親]를 아끼고 사랑함[親]에서 제가(齊家)는 이루어진다. 친친(親親)하여 제가(齊家)하자면 먼저 가문(家門)의 지위(地位)를 받들어 뜻을 사무쳐야 하고, 따라서 가문(家門)의 지위를 더럽히지 말아야 함을 깨닫는 것이 존기위(尊其位)이다. 이어서 친친(親親)하여 제가(齊家)하자면 먼저 가문(家門)의 봉록(俸祿)을 받들어 소중히 해야 하며, 가문(家門)의 녹봉(祿俸)을 부끄럽지 않게 해야 함을 깨닫는 것이 중기록(重其祿)이다. 그리고 가문(家門)의 일족(一族)으로서 좋아함[好]이 무엇이며 싫어함[惡]이 무엇인지 다 같이 함께 살펴 새기면 가문(家門)의 범절(凡節)이 이지러지지 않음을 깨닫는 것이 동기호오(同其好惡)이다. 이와 같이 수신(修身)하고 친친(親親)하여 제가(齊家)함을 권면(勸勉)하게 하여 달도(達道)와 달덕(達德)을 관완(觀玩)·의단(擬斷)하게 하는 말씀이 〈존기위(尊其位) 중기록(重其祿) 동기호오(同其好惡) 소이권친친야(所以勸親親也)〉이다.

官盛任使(관성임사) 所以勸大臣也(소이권대신야)

▶관리를[官] 많이 등용하여[盛] 일을 맡기고[任] 일을 시킴은[使] 그로써[以] 대신을[大臣] 애쓰게 하는[勸] 것[所]이다[也].

벼슬자리 관(官), 많을 성(盛), 맡길 임(任), 시킬 사(使), 바 소(所), 써 이(以), 애쓸 권(勸), 조사(~이다) 야(也)

【읽기(讀)】

관성임사소이권대신야(官盛任使所以勸大臣也)는 〈성관소권대신이성관야(盛官所勸大臣以盛官也) 이임관소권대신이임관야(而任官所勸大臣以任官也) 이사관소권대신이사관야(而使官所勸大臣以使官也)〉에서 성관(盛官)·임관(任官)·사관(使官) 등의 관(官)을 생략하고자 전치(前置)하여 관성임사(官盛任使)로 줄이고, 이성관(以盛官)·이임관(以任官)·이사관(以使官) 등에서 되풀이되는 성관(盛官)·임관(任官)·사관(使官) 등을 생략하고 남은 이(以)를 권(勸) 앞으로 전치(前置)하여 세 구문을 하나로 줄인 말투이다. 말하자면 〈성관(盛官)은 성관(盛官)을 써[以] 대신(大臣)을 애쓰게 하는[勸] 것[所]이다[也]〉를 〈성관(盛官)은 써[以] 대신(大臣)을 애쓰게 하는[勸] 것[所]이다[也]〉로 줄인 것이다. 관성임사(官盛任使)는 주부(主部) 노릇하고, 소이권대신야(所以勸大臣也)는 술부(述部)로 보어(補語) 노릇해 〈관성임사(官盛任使)는 그로써[以] 권대신(勸大臣)하는 것[所]이다[也]〉라고 새기면 문맥이 잡힌다.

관성임사(官盛任使)에서 관(官)은 〈벼슬아치 리(吏)〉와 같아 관리(官吏)의 줄임이고, 성(盛)은 여기선 〈많을 다(多)〉와 같고, 임(任)은 〈맡길 보(保)〉와 같아 보임(保任)의 줄임말로 여기면 되고, 사(使)는 〈부릴 령(令)〉과 같아 사령(使令)의 줄임말이다.

소이권대신야(所以勸大臣也)에서 소(所)는 어사(語辭)로 〈것 소(所)·바 소(所)〉 노릇하고, 이(以)는 〈써 용(用)〉과 같고, 권(勸)은 〈애쓸 면(勉)〉과 같아 권면(勸勉)의 줄임으로 여기면 되고, 야(也)는 종결어미 조사(助詞)로 〈~이다 야(也)〉이다.

【풀이(繹)】

관성임사소이권대신야(官盛任使所以勸大臣也)는 천자(天子)에게 치국(治國)의 도(道)는 권대신(勸大臣)으로부터 시작됨을 관완(觀玩)·의단(擬斷)하게 한다. 천자(天子)는 대신(大臣)을 이덕(以德) 즉 덕(德)으로[以] 다스리고[治], 대신(大臣)은 관리(官吏)를 다스리게[治] 하여 나라[國]를 다스린다[治]. 천자(天子)는 치국(治國)하기 위하여 권대신(勸大臣) 즉 대신(大臣)으로 하여금 관리(官吏)를 다스리는 데 애쓰도록[勸] 성관(盛官) 즉 관리(官吏)를 많이 등용하고[盛], 임관(任官) 즉 관리(官吏)들에게 일을 맡기고[任], 나아가 사관(使官) 즉 관리(官吏)에게 일을 시켜[使] 치국(治國)함을 밝힌 말씀이 〈관성임사소이권대신야(官盛任使所以勸大臣也)〉이다.

忠信重祿(충신중록) 所以勸士也(소이권사야)

▶정성을 다하고[忠] 믿고 따르며[信] 녹봉을[祿] 무겁게 함은[重] 그로써[以] 관리들을[士] 애쓰게 하는[勸] 것[所]이다[也].

정성을 다할 충(忠), 믿고 따를 신(信), 무겁게 여길 중(重), 녹봉 록(祿), 바 소(所), 써 이(以), 애쓸 권(勸), 관리 사(士), 조사(~이다) 야(也)

【읽기(讀)】

충신중록소이권사야(忠信重祿所以勸士也)는 〈사지충소권사이충야(士之忠所勸士以忠也) 이사지신소권사이신야(而士之信所勸士以信也) 이사지중록소권사이중록야(而士之重祿所勸士以重祿也)〉에서 사지충(士之忠) · 사지신(士之信) · 사지중록(士之重祿) 등의 사지(士之)를 생략하여 충신중록(忠信重祿)으로 줄이고, 이충(以忠) · 이신(以信) · 이중록(以重祿) 등에서 되풀이되는 충(忠) · 신(信) · 중록(重祿) 등을 생략하고 남은 이(以)를 권(勸) 앞으로 전치(前置)하여 세 구문을 하나로 줄인 말투이다. 말하자면 〈관리의[士之] 충(忠)은 충(忠)을 써[以] 관리[士]를 애쓰게 하는[勸] 것[所]이다[也]〉를 〈충(忠)은 써[以] 관리[士]를 애쓰게 하는[勸] 것[所]이다[也]〉로 줄인 것이다. 충신중록(忠信重祿)은 주부(主部) 노릇하고, 소이권사야(所以勸士也)는 술부(述部)로 보어(補語) 노릇해 〈충신중록(忠信重祿)은 그로써[以] 권사(勸士)하는 것[所]이다[也]〉로 새기면 된다.

충신중록(忠信重祿)에서 충(忠)은 〈정성들일 성(誠)〉과 같아 충성(忠誠)의 줄임이고, 신(信)은 〈의심치 않고 따를 성(誠)〉과 같아 성신(誠信)의 줄임으로 여기면 된다.

소이권사야(所以勸士也)에서 소(所)는 어사(語辭)로 〈것 소(所) · 바 소(所)〉 노릇하고, 이(以)는 〈써 용(用)〉과 같고, 권(勸)은 〈애쓸 면(勉)〉과 같아 권면(勸勉)의 줄임말로 보고, 야(也)는 종결어미 조사(助詞)로 〈~이다 야(也)〉이다.

【풀이(繹)】

충신중록소이권사야(忠信重祿所以勸士也)는 천자(天子)가 치국(治國)의 도(道)를 펼치기 위해 대신(大臣)을 다스리는[治] 방도(方道)를 관완(觀玩) · 의단(擬斷)하게 한다. 천자(天子)는 대신(大臣)으로 하여금 관리(官吏)들이 천자(天子)를 충(忠) · 신(信)으로 받들어 임사(任事) · 사사(使事)하도록 하여 중록(重祿)하게 한다. 여기서 중록(重祿)이란 설령 박록(薄祿) 즉 적은 봉록(俸祿)이라 할지라도 감은(感恩)하는 충심(衷心)을 버리지 말라 함이다. 대신(大臣)이 관리[士]들로 하여금 충신(忠信)하고 중록(重祿)하게 함은 관리(官吏)들도 천자(天子)를 본받아[效] 이덕(以德) 즉 덕(德)으로[以] 애민(愛民)하도록 권사(勸士) 즉 벼슬아치[士]들을 부지런히 애쓰게[勸] 함이다. 천자(天子)의 덕치(德治)는 대신(大臣)으로 하여금 관리[士]들을 충신(忠信) · 중록(重祿)으로 권면(勸勉)하여 애민(愛民)하게 하여 이루어짐을 밝힌 말씀이 〈충신중록소이권사야(忠信重祿所以勸士也)〉이다.

時使薄斂(시사박렴) 所以勸百姓也(소이권백성야)

▶ 때맞춰[時] 부리고[使] 가볍게[薄] 거둬들임은[斂] 그로써[以] 백성을[百姓] 부지런히 애쓰게 하는[勸] 것[所]이다[也].

때맞출 시(時), 부릴 사(使), 엷을 박(薄), 거둘 렴(斂), 바 소(所), 써 이(以), 애쓸 권(勸), 온갖 백(百), 성씨 성(姓), 조사(~이다) 야(也)

【읽기(讀)】

시사박렴소이권백성야(時使薄斂所以勸百姓也)는 〈시사소권백성이시사야(時使所勸百姓以時使也) 이박렴소권백성이박렴야(而薄斂所勸百姓以薄斂也)〉에서 되풀이되는 소권백성야(所勸百姓也) 한쪽을 생략하고, 이시사(以時使) · 이박렴(以薄斂) 등에서 시사(時使) · 박렴(薄斂) 등을 생략하고 남은 이(以)를 권(勸) 앞으로 전치(前置)하여 두 구문을 하나로 줄인 것이다. 말하자면 〈시사(時使)는 시사(時使)를 써[以] 백성(百姓)을 애쓰게 하는[勸] 것[所]이다[也]〉를 〈시사(時使)는 써[以] 백성(百姓)을 애쓰게 하는[勸] 것[所]이다[也]〉로 줄인 것이다. 시사박렴(時使薄斂)은 주부(主部) 노릇하고, 소이권백성야(所以勸百姓也)는 술부(述部)로 보어(補語) 노릇해 〈시사박렴(時使薄斂)은 그로써[以] 권백성하는[勸百姓] 것[所]이다[也]〉로 새기면 문맥이 잡힌다.

시사박렴(時使薄斂)에서 시(時)는 농한기(農閑期) 즉 농사(農事)를 쉬는[閑] 시기(時期)를 뜻하고, 사(使)는 〈부릴 역(役)〉과 같아 사역(使役)의 줄임이고, 박(薄)은 〈적을 소(少) · 가벼울 경(輕) · 덜 감(減)〉 등과 같아 경박(輕薄)의 줄임말로 여기면 되고, 염(斂)은 〈거두어들일 취(聚) · 취(取)〉 등과 같아 취렴(聚斂)의 줄임이다.

소이권백성야(所以勸百姓也)에서 소(所)는 어사(語辭)로 〈것 소(所) · 바 소(所)〉 노릇하고, 이(以)는 〈써 용(用)〉과 같고, 권(勸)은 〈애쓸 면(勉)〉과 같아 권면(勸勉)

의 줄임말로 여기면 되고, 야(也)는 종결어미 조사(助詞)로 〈~이다 야(也)〉이다.

【풀이(繹)】

시사박렴소이권백성야(時使薄斂所以勸百姓也)는 천자(天子)가 치국(治國)의 도(道)를 펼치기 위해 대신(大臣)과 관리(官吏)들로 하여금 덕(德)으로 치민(治民) 즉 백성[民]을 다스리는[治] 방도(方道)를 관완(觀玩) · 의단(擬斷)하게 한다. 치자(治者)로부터 비롯되는 덕치(德治)란 백성(百姓) 즉 농민(農民)으로 하여금 원하는 대로 농업(農業)에 열중하도록 도와주고, 그 결실(結實)의 소득(所得)을 백성이 만족하도록 누리게 하는 다스림[治]이다. 그래서 시사(時使) 즉 농한기(農閑期)에 맞춘 부역(賦役)은 덕치(德治)로 통하고, 무시(無時) 즉 아무 때나 강요하는 부역(賦役)은 학정(虐政)으로 통한다.

치국(治國)은 예나 지금이나 세수(稅收)로 이루어진다. 세(稅)를 거두어들임[收]이 없는 치국(治國)이란 없다. 박렴(薄斂)은 세(稅)를 가볍게[薄] 거두어들임[斂]이고, 가렴(苛斂)은 세(稅)를 가혹하게[苛] 거두어들임[斂]이다. 천자(天子)나 제후(諸侯)가 관리(官吏)들로 하여금 박렴(薄斂)하게 하면 백성(百姓)은 덕치(德治)를 누리면서 권농(勸農) 즉 농사(農事)를 부지런히 하고자 애쓰고[勸], 그와 달리 천자(天子)나 제후(諸侯)가 관리(官吏)들로 하여금 가렴(苛斂)하도록 내몰아 수탈(收奪)하게 하면 백성(百姓)은 학정(虐政)에 시달려 이농(離農) 즉 농사를 저버리고 유민(流民)이 되어버린다. 그러므로 백성으로 하여금 농사(農事)에 전념(專念)하게 권농(勸農)하는 선정(善政)을 밝힌 말씀이 〈시사박렴소이권백성야(時使薄斂所以勸百姓也)〉이다.

日省月試(일성월시) 旣稟稱事(희름칭사) 所以勸百工也(소이권백공야)

▶날마다[日] 살피고[省] 달마다[月] 시험하며[試] 급여를 내리고[旣稟] 일거리를[事] 가리켜줌은[稱] 그로써[以] 온갖[百] 장인을[工] 부지런히 애쓰게 하는[勸] 것[所]이다[也].

날 일(日), 살필 성(省), 달 월(月), 시험할 시(試), 곳간쌀(먹일) 희(旣), 쌀곳간 름(稟), 가리킬 칭(稱), 할 일 사(事), 바 소(所), 써 이(以), 애쓸 권(勸), 온갖 백(百), 장인 공(工), 조사(~이다) 야(也)

【읽기(讀)】

일성월시(日省月試) 희름칭사(旣稟稱事) 소이권백공야(所以勸百工也)는 〈일성월시소권백공이일성월시야(日省月試所勸百工以日省月試也) 이희름칭사소권백공이희름칭사야(而旣稟稱事所勸百工以旣稟稱事也)〉에서 되풀이되는 소권백공야(所勸百工也)를 생략하고, 이일성월시(以日省月試) · 이희름칭사(以旣稟稱事)에서 일성월시(日省月試) · 희름칭사(旣稟稱事)를 생략하고 남은 이(以)를 권(勸) 앞으로 전치(前置)하여 두 구문을 하나로 묶은 것이다. 말하자면 〈일성월시(日省月試)는 일성월시(日省月試)를 써[以] 백공(百工)을 애쓰게 하는[勸] 것[所]이다[也]〉를 〈일성월시(日省月試)는 써[以] 백공(百工)을 애쓰게 하는[勸] 것[所]이다[也]〉로 줄인 것이다. 일성월시(日省月試) · 희름칭사(旣稟稱事)는 주부(主部) 노릇하고, 소이권백공야(所以勸百工也)는 술부(述部)로 보어(補語) 노릇해 〈일성월시(日省月試)와 희름칭사(旣稟稱事)는 그로써[以] 권백공하는[勸百工] 것[所]이다[也]〉로 새기면 된다.

일성월시(日省月試)에서 일(日)은 매일(每日) 즉 〈날마다〉를 뜻하고, 성(省)은 〈살필 찰(察)〉과 같아 성찰(省察)의 줄임이며, 월(月)은 매월(每月) 즉 〈달마다〉를 뜻하고, 시(試)는 〈증험할 험(驗)〉과 같아 시험(試驗)의 줄임말이다.

희름칭사(旣稟稱事)에서 희(旣)는 〈곳간쌀(먹일) 희(餼)〉와 같고 늠(稟)은 〈쌀곳간 름(廩)〉과 같지만, 여기서 희름(旣稟)은 급여(給與) 즉 봉급(俸給)을 뜻하고, 칭(稱)은 〈가리킬 지(指)〉와 같아 지칭(指稱)의 줄임으로 여기고, 사(事)는 〈할 일 무(務)〉와 같아 사무(事務)의 줄임으로 여기면 된다.

소이권백공야(所以勸百工也)에서 소(所)는 어사(語辭)로 〈것 소(所) · 바 소(所)〉 노릇하고, 이(以)는 〈써 용(用)〉과 같고, 권(勸)은 〈애쓸 면(勉)〉과 같아 권면(勸勉)의 줄임이며, 공(工)은 〈장인 장(匠)〉과 같아 공장(工匠)의 줄임말로 여기면 되고, 야(也)는 종결어미 조사(助詞)로 〈~이다 야(也)〉이다.

【풀이(繹)】

일성월시(日省月試) 희름칭사(旣稟稱事) 소이권백공야(所以勸百工也)는 천자(天子)가 치국(治國)의 도(道)를 펼치기 위해 대신(大臣)과 관리(官吏)들로 하여금 덕(德)으로 치민(治民) 즉 백성[民]을 다스리는[治] 방도(方道)를 관완(觀玩) · 의단(擬斷)하게 한다. 백공(百工) 또한 백성(百姓)이다. 치자(治者)로부터 비롯되는 덕치(德治)란 그 백공(百工)으로 하여금 저마다의 업종(業種)에 열중하도록 도와주고, 그 결실(結實)의 소득(所得)을 백공(百工)이 만족하도록 누리게 하는 다스림[治]이다. 백공(百工)으로 하여금 일성(日省)하도록 독려하고, 나라는 월시(月試)를 통해 백공(百工)의 기능(技能)이 연마되도록 독려하고자 후한 희름(旣稟) 즉 급여(給與)를 내려 백공(百工)이 저마다 기능(技能)을 나아지게 함이 이덕치백공(以德治百工) 즉 덕(德)으로[以] 백공(百工)을 다스림[治]이다. 천자(天子)나 제후(諸侯)가 백공(百工)들로 하여금 저마다의 업종(業種)에 권면(勸勉)하도록 후한 희름(旣稟)을 내려 백공(百工)의 기능(機能)이 정진(精進)되게 덕치(德治)로써 인정(仁政)을 베풀게 함을 밝힌 말씀이 〈일성월시(日省月試) 희름칭사(旣稟稱事) 소이권백공야(所以勸百工也)〉이다.

送往迎來(송왕영래) 嘉善而矜不能(가선이긍불능) 所以柔遠人也(소이유원인야)

▶가는 이를[往] 환송하고[送] 오는 이를[來] 맞이하며[迎] 우수한 사람을[善] 기리고[嘉] 재주 없는 사람도[不能] 아낌은[矜] 그로써[以] 먼 데[遠] 사람들을[人] 편안하게 하는[柔] 것[所]이다[也].

보낼 송(送), 갈 왕(往), 맞이할 영(迎), 올 래(來), 기릴 가(嘉), 잘할 선(善), 그리고 이(而), 아낄 긍(矜), 못할 불(不), 잘할 능(能), 바 소(所), 써 이(以), 편안할 유(柔), 먼 데 원(遠), 조사(~이다) 야(也)

【읽기(讀)】

송왕영래(送往迎來) 가선이긍불능(嘉善而矜不能) 소이유원인야(所以柔遠人也)

는 〈송왕영래소유원인이송왕영래야(送往迎來所柔遠人以送往迎來也) 이가선이긍불능소유원인이가선이긍불능야(而嘉善而矜不能所柔遠人以嘉善而矜不能也)〉에서 되풀이되는 소유원인야(所柔遠人也)를 생략하고, 이송왕영래(以送往迎來) · 이가선이긍불능(以嘉善而矜不能)에서 송왕영래(送往迎來) · 가선이긍불능(嘉善而矜不能)을 생략하고 남은 이(以)를 유(柔) 앞으로 전치(前置)하여 두 구문을 하나로 줄인 것이다. 말하자면 〈송왕영래(送往迎來)는 송왕영래(送往迎來)를 써[以] 원인(遠人)을 편안하게 하는[柔] 것[所]이다[也]〉를 〈송왕영래(送往迎來)는 써[以] 원인(遠人)을 편안하게 하는[柔] 것[所]이다[也]〉로 줄인 말투이다. 송왕영래(送往迎來) · 가선이긍불능(嘉善而矜不能)은 주부(主部) 노릇하고, 소이유원인야(所以柔原因也)는 술부(述部)로 보어(補語) 노릇해 〈송왕영래(送往迎來)와 가선이긍불능(嘉善而矜不能)은 그로써[以] 유원인하는[柔遠人] 것[所]이다[也]〉로 새기면 된다.

송왕영래(送往迎來)에서 송(送)은 〈전별할 전(餞)〉과 같아 전송(餞送)의 줄임이고, 왕(往)은 왕자(往者) 즉 〈갈[往] 사람[者]〉으로 옮기면 되며, 영(迎)은 〈맞이할 접(接)〉과 같아 영접(迎接)의 줄임이고, 내(來)는 내자(來者) 즉 〈오는[來] 사람[者]〉으로 여기면 된다.

가선이긍불능(嘉善而矜不能)에서 가(嘉)는 〈칭찬할 찬(讚)〉과 같아 가찬(嘉讚)의 줄임이고, 선(善)은 여기선 〈재주 재(才)〉와 같아 선재(善才)의 줄임이며, 긍(矜)은 〈가엽게 여길 연(憐) · 민(憫)〉 등과 같고, 능(能)은 〈잘할 선(善)〉과 같아 선능(善能)의 줄임말로 여기면 된다.

소이유원인야(所以柔遠人也)에서 소(所)는 〈바 유(攸)〉와 같고, 이(以)는 〈써 용(用)〉과 같고, 유(柔)는 〈편안히 할 안(安) · 어울릴 화(和) · 어질 인(仁)〉 등과 같아 유안(柔安)의 줄임말로 여기면 되고, 원인(遠人)은 외국지인(外國之人)을 뜻하고, 야(也)는 종결어미 조사(助詞)로 〈~이다 야(也)〉이다.

【풀이(繹)】

송왕영래(送往迎來) 가선이긍불능(嘉善而矜不能) 소이유원인야(所以柔遠人也)는 천자(天子)가 수기(修己)하여 제가(齊家)하고 제가(齊家)하여 치국(治國)한 다음, 천하지민(天下之民) 즉 온 세상의[天下之] 사람들[民]을 다스리는[治] 방도(方道)를 관완(觀玩) · 의단(擬斷)하게 한다.

외지(外地) 즉 먼먼 타국(他國)으로부터 유입(流入)되어 오는 원인(遠人)도 자국(自國)의 백성(百姓)이 될 서민(庶民)이다. 그러므로 그 원인(遠人)을 다스림[治]도 자서민(子庶民)의 자(子)를 벗어날 수 없다. 원인(遠人)도 자서민지치(子庶民之治)로 포용(抱容)해야 행인정(行仁政)하여 왕자(王者)로서 천자(天子)가 될 수 있다. 세상 사람들[庶民]을 모두 자식처럼 아끼고 사랑하는 다스림[治]으로 송왕(送往) 즉 떠나는 사람들[往者]을 자식처럼 여기며[子] 보내고[送], 영래(迎來) 즉 찾아오는 사람들[來者]을 자식처럼 여기며[子] 맞이하고[迎], 원인(遠人) 중에서 가선(嘉善) 즉 선재(善才)만 기리고[嘉] 반기지 않고 긍불능(矜不能) 즉 능력이 모자란 자들[不能]도 불쌍히 여겨 아껴[矜] 끌어안으면 이것이 곧 유원인지치(柔遠人之治) 즉 타국(他國)들에서 흘러들어온 사람들[遠人]을 박해(迫害)하거나 홀대(忽待)하지 않고 편안하게 해주려는[柔之] 다스림[治]이다. 이로써 치천하(治天下) 즉 온 세상[天下]을 다스릴[治] 수 있음을 밝힌 말씀이 〈송왕영래(送往迎來) 가선이긍불능(嘉善而矜不能) 소이유원인야(所以柔遠人也)〉이다.

繼絶世(계절세) 擧廢國(거폐국) 治亂持危(치란지위) 朝聘以時(조빙이시) 厚往薄來(후왕박래) 所以懷諸侯也(소이회제후야)

▶ 끊어진[絶] 세계(世系)를[世] 이어주고[繼], 망해가는[廢] 나라를[國] 일으켜주고[擧], 어지러움을[亂] 다스리고[治] 위기를[危] 잡아주고[持], 때맞춰[以時] 조정으로[朝] 예를 갖추어 {제후(諸侯)들을} 부르고[朝聘], 후하게[厚] 보내주고[往] 가볍게[薄] 오게 함은[來], 그로써[以] 제후들을[諸侯] 끌어안는[懷] 것[所]이다[也].

이을 계(繼), 끊어질 절(絶), 세대 세(世), 들 거(擧), 망할 폐(廢), 나라 국(國), 다스릴 치(治), 어지러울 란(亂), 지킬 지(持), 위태로울 위(危), 조정 조(朝), 찾아갈 빙(聘), 두터울 후(厚), 갈 왕(往), 가벼울 박(薄), 올 래(來), 바 소(所), 써 이(以), 품을 회(懷), 모두 제(諸), 임금 후(侯), 조사(~이다) 야(也)

【읽기(讀)】

계절세(繼絶世)는 〈천자지계절세(天子之繼絶世) 천자지소회제후이계절세야(天子之所懷諸侯以繼絶世也)〉에서 천자지(天子之)를 생략하고, 소회제후이계절세야(所懷諸侯以繼絶世也)는 되풀이되는 내용이므로 맨 끝에 한 번만 남기고 줄인 구문이다. 계절세(繼絶世)에서 계(繼)는 〈이을 승(承)〉과 같아 계승(繼承)의 줄임이고, 절(絶)은 〈끊어질 단(斷)〉과 같아 절단(絶斷)의 줄임이며, 세(世)는 제후(諸侯)의 대(代)를 잇는 세계(世系)를 뜻한다.

거폐국(擧廢國)은 〈천자지거폐국(天子之擧廢國) 천자지소회제후이거폐국야(天子之所懷諸侯以擧廢國也)〉에서 천자지(天子之)는 앞 문맥으로 보충할 수 있으므로 생략하고, 소회제후이거폐국야(所懷諸侯以擧廢國也)는 맨 끝에 한 번만 남기고 줄인 것이다. 거폐국(擧廢國)에서 거(擧)는 〈들어올릴 양(揚)〉과 같아 거양(擧揚)의 줄임이고, 폐(廢)는 〈망할 망(亡)〉과 같아 폐망(廢亡)의 줄임이며, 국(國)은 여기선 제후국(諸侯國)의 줄임이다.

치란지위(治亂持危)는 〈천자지치란지위(天子之治亂持危) 천자지소회제후이치란지위야(天子之所懷諸侯以治亂持危也)〉에서 천자지(天子之)를 생략하고, 소회제후이치란지위야(所懷諸侯以治亂持危也)는 맨 끝에 한 번만 남기고 줄인 말투이다. 치란지위(治亂持危)에서 치(治)는 〈다스릴 정(政) · 위(爲)〉와 같고, 난(亂)은 〈어지러울 문(紊) · 어긋날 음(淫)〉 등과 같아 문란(紊亂) · 음란(淫亂) 등의 줄임이고, 지(持)는 〈버틸 지(支)〉와 같아 지지(支持)의 줄임이며, 위(危)는 〈위태로울 태(殆)〉와 같아 위태(危殆)의 줄임말로 여기면 된다. 특히 난(亂)은 〈다스릴 치(治) · 이(理)〉 등의 뜻도 있으니 주의한다. 『논어(論語)』「태백(泰伯)」편(篇) 20장(章)에 〈여유란신십인(予有亂臣十人)〉 즉 〈나에게[予] 좋은 신하가[亂臣] 열 명이[十人] 있다[有]〉는 난신(亂臣)의 난(亂)은 〈다스릴 치(治) · 이(理)〉 등과 같아 선치지신(善治之臣) 즉 잘[善] 다스리는[治之] 신하[臣]란 뜻이다.

조빙이시(朝聘以時)는 〈천자지조빙제후이시(天子之朝聘諸侯以時) 천자지소회제후이조빙제후이시야(天子之所懷諸侯以朝聘諸侯以時也)〉에서 천자지(天子之)를 생략하고, 조빙제후이시(朝聘諸侯以時)에서 빙(聘)의 목적어 노릇하는 제후(諸侯)를 생략하여 조빙이시(朝聘以時)로 줄이고, 소회제후이조빙제후이시야(所懷諸侯

以朝聘諸侯以時也)는 되풀이되는 내용이므로 맨 끝에 한 번만 남기고 줄인 구문이다. 조빙이시(朝聘以時)에서 조(朝)는 조정(朝廷)의 줄임이고, 빙(聘)은 〈부를 초(招)〉와 같아 초빙(招聘)의 줄임이며, 이(以)는 〈쓸 용(用)〉과 같고, 시(時)는 적시(適時)의 줄임으로 새기면 된다.

후왕박래(厚往薄來) 소이회제후야(所以懷諸侯也)는 〈천자지후왕박래(天子之厚往薄來) 소회제후이후왕박래야(所懷諸侯以厚往薄來也)〉에서 천자지(天子之)를 생략하고, 이후왕박래(以厚往薄來)에서 되풀이되는 후왕박래(厚往薄來)를 생략하고 남은 이(以)를 회(懷) 앞으로 전치(前置)한 구문이다. 후왕박래(厚往薄來)에서 후(厚)는 〈두터울 중(重)〉과 같아 중후(重厚)의 줄임이고, 왕(往)은 여기선 제후지왕(諸侯之往)의 줄임으로 제후(諸侯)가 자신의 제후국(諸侯國)으로 돌아감을 뜻하며, 박(薄)은 〈가벼울 경(輕)〉과 같아 경박(輕薄)의 줄임이고, 내(來)는 제후지래(諸侯之來)의 줄임으로 제후(諸侯)가 자신의 제후국(諸侯國)에서 천자(天子)를 알현(謁見)하려고 내방(來訪)함을 뜻한다. 소이회제후야(所以懷諸侯也)에서 소(所)는 어사(語辭)로 〈것 소(所) · 바 소(所)〉 노릇하고, 이(以)는 〈써 용(用)〉과 같고, 회(懷)는 〈품을 포(抱)〉와 같아 회포(懷抱)의 줄임말로 새기면 된다.

그러므로 계절세(繼絶世) 거폐국(擧廢國) 치란지위(治亂持危) 조빙이시(朝聘以時) 후왕박래(厚往薄來) 소이회제후야(所以懷諸侯也)는 다섯 구문을 줄여놓은 말투이고, 계절세(繼絶世) 거폐국(擧廢國) 치란지위(治亂持危) 조빙이시(朝聘以時) 후왕박래(厚往薄來) 등은 각각 소이회제후야(所以懷諸侯也)의 주부(主部) 노릇하고, 소이회제후야(所以懷諸侯也)는 술부(述部)로 보어(補語) 노릇한다.

【풀이(繹)】

계절세(繼絶世) 거폐국(擧廢國) 치란지위(治亂持危) 조빙이시(朝聘以時) 후왕박래(厚往薄來) 소이회제후야(所以懷諸侯也)는 천자(天子)가 수기(修己)하여 제가(齊家)하고, 제가(齊家)하여 치국(治國)한 다음, 제후국(諸侯國)을 다스리는[治] 방도(方道)를 관완(觀玩) · 의단(擬斷)하게 한다.

천자(天子)는 말하자면 제후국(諸侯國)의 제왕(帝王)이다. 천자(天子)의 나라[國]란 여러 소국(小國)들이 모여 이루어진 대국(大國)이다. 소국(小國)의 군주(君主)를 일컬어 제후(諸侯)라 한다. 그 제후(諸侯)들을 이덕(以德) 즉 덕(德)으로[以]

다스리는[治] 천자(天子) 즉 제왕(帝王)을 왕자(王者)라 하고, 이력(以力) 즉 힘[力]으로[以] 다스리는[治] 제왕(帝王)을 패자(霸者)라 한다. 왕자(王者)로서 제왕(帝王)은 제후(諸侯)들을 심복(心服)시켜 치민(治民)하고, 패자(霸者)로서 제왕(帝王)은 제후(諸侯)를 굴복(屈服)시켜 학민(虐民)한다. 위천하지구경(爲天下之九經) 즉 온 세상[天下]을 다스리는[爲之] 구경(九經)에는 이덕심복(以德心服)의 행인정(行仁政) 즉 어진[仁] 다스림[政]을 행하는[行] 길[經]만 있을 뿐이지, 이력굴복(以力窟服) 즉 힘[力]으로[以] 굴종시키는[屈伏] 학정(虐政)의 길은 없다. 천자(天子)가 덕(德)으로 제후(諸侯)를 심복(心服)시키면, 그 제후(諸侯)는 천자(天子)의 인정(仁政)을 본받아[法] 제 백성에게 어진[仁] 정사(政事)를 베풀게[行] 된다. 이렇게 천자(天子)가 왕자(王者)로서 제후(諸侯)를 심복(心服)하게 하는 치도(治道) 즉 다스리는[治] 방도(方道)가 곧 계절세(繼絶世)·거폐국(擧廢國)·치란지위(治亂持危)·조빙이시(朝聘以時)·후왕박래(厚往薄來) 등이다.

계절세(繼絶世)는 천자지계절세(天子之繼絶世) 즉 천자가[天子之] 절세(絶世)를 잇게[繼] 함이다. 계절세(繼絶世)의 절세(絶世)는 제후(諸侯)의 죽음을 말하고, 계(繼)는 죽은 제후(諸侯)의 나라가 올리는 고명(誥命)을 살펴 대(代)를 잇게 해주는 책봉(冊封)을 말한다. 천자(天子)는 그 책봉(冊封)으로 제후국(諸侯國)의 존속(存續)을 가능하게 하여 천자(天子)의 덕치(德治)를 계승하게 하는 치도(治道)가 계절세(繼絶世)이다.

거폐국(擧廢國)은 천자지거폐국(天子之擧廢國) 즉 천자가[天子之] 폐국(廢國)을 다시 일어서게[擧] 함이다. 거폐국(擧廢國)의 폐국(廢國)은 윤망지국(淪亡之國) 즉 멸망으로 치닫는[淪亡之] 나라[國]를 말한다. 천자(天子)가 망(亡)해가는 제후국(諸侯國)을 돌이켜 부흥(復興)하게 북돋아주어 천자(天子)의 덕치(德治)를 다시 거양(擧揚)하게 하는 치도(治道)가 거폐국(擧廢國)이다.

치란지위(治亂持危)의 치란(治亂)은 천자(天子)가 제후국(諸侯國)의 문란(紊亂)함을 다스림[治]이고, 지위(持危)는 지지위기(支持危機)의 줄임으로, 위기(危機)를 극복하게 하여 제후국(諸侯國)을 부흥(復興)하도록 천자(天子)가 덕치(德治)를 강화(强化)함이 치란지위(治亂持危)이다.

조빙이시(朝聘以時)는 천자(天子)가 제후(諸侯)를 조정(朝廷)으로 예(禮)를 갖추어 불러들여 제후(諸侯)로 하여금 알현(謁見)하게 하여 천자(天子)의 덕치(德治)를 본받아[法] 어진[仁] 정사(政事)로 제후국(諸侯國)의 백성(百姓)을 다스리도록 독려(督勵)함이다.

후왕박래(厚往薄來)에서 후왕(厚往)의 왕(往)은 제후(諸侯)가 천자(天子)를 알현(謁見)하고 제 나라로 복귀(復歸)함이고, 후(厚)는 천자(天子)께 올린 조공(朝貢)보다 더 많은 선물을 수령(受領)함이다. 후왕박래(厚往薄來)에서 박래(薄來)의 내(來)는 제후(諸侯)가 천자(天子)를 알현(謁見)하려고 내방(來訪)함이고, 박(薄)은 천자(天子)에게 바치는 조공(朝貢)이 제후국(諸侯國)의 사정에 맞도록 가볍게 하되 정성껏 올려 천자(天子)와 제후(諸侯)의 친교(親交)를 두텁게 하여 제후(諸侯)가 다 함께 천자(天子)의 덕치(德治)를 시행(施行)하게 독려(督勵)함이다.

위와 같이 제후(諸侯)로 하여금 모든 제후국(諸侯國)의 백성(百姓)이 천자(天子)의 백성(百姓)으로서 천자(天子)의 덕치(德治)를 골고루 누릴 수 있게 밝힌 말씀이 〈계절세(繼絶世) 거폐국(擧廢國) 치란지위(治亂持危) 조빙이시(朝聘以時) 후왕박래(厚往薄來) 소이회제후야(所以懷諸侯也)〉이다.

凡爲天下國家有九經(범위천하국가유구경) 所以行之者一也(소이행지자일야)

▶ 무릇[凡] {천자(天子)가} 온 세상[天下] 나라[國家]들을 다스림에는[爲] 아홉의 길이[九經] 있으니[有], 그로써[以] 그 구경(九經)을[之] 행하는[行] 바의[所] 것은[者] 하나[一]이다[也].

무릇 범(凡), 다스릴 위(爲), 있을 유(有), 길 경(經), 바 소(所), 써 이(以), 행할 행(行), 그것 지(之), 것 자(者), 하나 (같을) 일(一), 조사(~이다) 야(也)

【읽기(讀)】

범위천하국가유구경(凡爲天下國家有九經)은 〈범천자지위천하국가유구경(凡天子之爲天下國家有九經)에서 문맥으로 보충할 있는 천자지(天子之)를 생략한 구문이다. 〈무릇[凡] 천자가[天子] 온 세상[天下] 나라들을[國家] 다스림에는[爲] 아홉의[九] 길이[經] 있다[有]〉 이를 〈무릇[凡] 온 세상[天下] 나라들을[國家] 다스림에는[爲] 아홉의[九] 길이[經] 있다[有]〉로 줄인 것이다. 범위천하국가유구경(凡爲天下國家有九經)에서 유(有)는 〈있을 유(有)〉 자동사로서 주어(主語)를 뒤에 두고 있음을 주목하고, 범위천하국가(凡爲天下國家)는 부사구 노릇하니 〈범위천하국가(凡爲天下國家)에 구경(九經)이 있다[有]〉고 문맥을 잡는다.

범위천하국가유구경(凡爲天下國家有九經)에서 위(爲)는 〈다스릴 치(治)〉와 같고, 경(經)은 〈항상 상(常)〉과 같아 상도(常道)를 한 자(字)로 나타낸 것이다.

소이행지자일야(所以行之者一也)는 〈천자지소행구경이기구경자구경지일야(天子之所行九經以其九經者九經之一也)〉에서 천자지(天子之)를 생략하고, 이기구경(以其九經)에서 기구경(其九經) 역시 생략하고 남은 이(以)를 행(行) 앞으로 전치(前置)하고, 구경(九經)을 지시어 지(之)로 대신하고, 구경지(九經之)를 생략하여 줄인 구문이다. 〈천자가[天子之] 그[其] 구경을[九經] 이용하여[以] 구경을[九經] 베푸는[行] 바의[所] 것은[者] 구경을[九經之] 하나로 한 것[一]이다[也]〉 이를 〈그로써[以] 그것을[之] 베푸는[行] 바의[所] 것은[者] 하나로 한 것[一]이다[也]〉로 줄인 것이다.

소이행지자일야(所以行之者一也)에서 소(所)는 지사지사(指事之辭) 즉 어사(語辭)로서 〈것 소(所)·바 소(所)〉 노릇하고, 이(以)는 〈써 용(用)〉과 같고, 행(行)은 〈베풀 시(施)〉와 같아 시행(施行)의 줄임이며, 지(之)는 구경(九經)을 나타내는 지시어(指示語) 노릇하고, 자(者)는 어사(語辭)로 〈것 자(者)〉 노릇하며, 일(一)은 〈하나로 함〉을 뜻해 동일(同一)의 줄임말로 여기면 되고, 야(也)는 종결어미 조사(助詞) 〈~이다 야(也)〉 노릇한다.

【풀이(繹)】

범위천하국가유구경소이행지자일야(凡爲天下國家有九經所以行之者一也)에서 위천하(爲天下) 즉 치천하(治天下)의 치도(治道)인 수신(修身)·존현(尊賢)·친친(親親)·경대신(敬大臣)·체군신(體羣臣)·자서민(子庶民)·내백공(來百工)·유원인(柔遠人)·회제후(懷諸候)의 구경(九經)은 아홉[九] 개(個)의 경(經) 즉 상도(常道)가 아니다. 이 구경(九經)은 행덕(行德)의 행인정(行仁政)을 수신(修身)·제가(齊家)·치국(治國)·치천하(治天下)의 치민(治民)·치세(治世)를 일륜(一輪)이게 하는 윤폭(輪輻) 즉 바퀴[輪]의 살[輻]이다. 행인정(行仁政)의 치도(治道)에서 살[輻] 하나만 빠져도 그 치도(治道)의 바퀴[輪]는 제 구실을 못한다. 그러므로 도(治道)의 구경(九經)은 불가분(不可分) 즉 나뉠[分] 수 없는[不可] 것으로, 오로지 혼성(混成)의 일도(一道)로 행덕(行德)의 행인정(行仁政)이 이루어질 수 있음을 밝힌 말씀이 〈범위천하국가유구경소이행지자일야(凡爲天下國家有九經所以行之者一也)〉의 일(一)이다.

【4단락(段落) 전문(全文)】

凡事는 豫則立하고 不豫則廢한다 言前定則不跲하고
범 사 예 즉 립 불 예 즉 폐 언 전 정 즉 불 겁

事前定則不困하고 行前定則不疚하며 道前定則不窮한다
사 전 정 즉 불 곤 행 전 정 즉 불 구 도 전 정 즉 불 궁

在下位하여 不獲乎上하면 民不可得而治矣이다 獲乎上有道
재 하 위 불 획 호 상 민 불 가 득 이 치 의 획 호 상 유 도

하니 不信乎朋友면 不獲乎上矣이다 信乎朋友有道하
불 신 호 붕 우 불 획 호 상 의 신 호 붕 우 유 도

니 不順乎親이면 不信乎朋友矣이다 順乎親有道하니
불 순 호 친 불 신 호 붕 우 의 순 호 친 유 도

反諸身不誠이면 不順乎親矣이다 誠身有道하니 不明乎善이면
반 저 신 불 성 불 순 호 친 의 성 신 유 도 불 명 호 선

不誠乎身矣이다
불 성 호 신 의

誠者는 天之道也요 誠之者는 人之道也라 誠者는
성 자 천 지 도 야 성 지 자 인 지 도 야 성 자

不勉而中하고 不思而得하여 從容中道하나니 聖人也이다
불 면 이 중 불 사 이 득 종 용 중 도 성 인 야

誠之者는 擇善而固執之者也니라 博學之하고 審問之하고
성 지 자 택 선 이 고 집 지 자 야 박 학 지 심 문 지

愼思之하고 明辨之하고 篤行之한다
신 사 지 명 변 지 독 행 지

有弗學이언정 學之에 弗能하면 弗措也이다 有弗問이언정
유 불 학 학 지 불 능 불 조 야 유 불 문

問之에 弗知하면 弗措也이다 有弗思이언정 思之에 弗得하
문지 불지 불조야 유불사 사지 불득

면 弗措也이다 有弗辨이언정 辨之에 弗明하면 弗措也이다
불조야 유불변 변지 불명 불조야

有弗行이언정 行之에 弗篤하면 弗措也이다
유불행 행지 불독 불조야

人一能之면 己百之하고 人十能之면 己千之니라 果能此
인일능지 기백지 인십능지 기천지 과능차

道矣면 雖愚必明하고 雖柔必强이니라
도의 수우필명 수유필강

무릇 일을 예측하면 곧 (그 일은) 이루어지고, 예비해두지 않으면 곧 (그 일은) 망가진다. {범사(凡事)를} 말함이 먼저 안정되면 곧 (그 말함은) 엎어지지(실패하지) 않고, {범사(凡事)를} 받듦이 먼저 정해지면 곧 (그 받듦은) 딱해지지 않고, {범사(凡事)의} 베풂이 먼저 정해지면 곧 (그 베풂은) 번거롭지 않고, {범사(凡事)의} 방도가 먼저 정해지면 곧 (그 방도는) 막히지 않는다.

아랫자리에 있으면서 윗자리가 마음을 주지 않으면 백성을 취해서 다스릴 수 없는 것이다. 윗자리가 (아랫자리에게) 마음을 주는 데는 도리가 있지만, 친구들이 믿어주지 않으면 윗자리가 마음을 주지 않는 것이다. 친구가 믿어주는 데 도리가 있지만, 어버이가 편안해 즐거워하지 않으면 친구가 믿어주지 않는 것이다. 어버이가 편안해 즐거워하는 도리가 있지만, 자신에 의해서 어버이가 편안하여 즐거우신지 생각하기를 정성들이지 않는다면 어버이는 편안히 즐겁지 않은 것이다. 자신을 정성되게 하는 데 길이 있지만, 선이 밝지 않다면 자신이 정성되지 않는 것이다.

정성이란 것은 하늘의 도이고, 그것을 정성껏 하는 것은 사람의 도이다. 정성껏 하는 사람은 힘들이지 않고서도 {천지도(天之道)와} 응하고, 생각하지 않아도 {천지도(天之道)를} 터득하고, 하염없이 하늘의 도와 응하니 성인이다. 그것[天道]을 정성껏 하는 사람은 선을 택해서 그 선을 단단히 지키는 사람이다. {성지자(誠之者)는 택선(擇善) · 집선(執善)하는} 그것을 넓게 배우고, {성지자(誠之者)는 택선(擇善) · 집선(執善)하는} 그것을 자상히 묻고, {성지자(誠之者)는 택선(擇善) · 집선(執善)하는} 그것을 삼가 정성껏 생각하며, {성지자(誠之

者)는 택선(擇善) · 집선(執善)하는} 그것을 확실히 가림하고, {성지자(誠之者)는 택선(擇善) · 집선(執善)하는} 그것을 순전하게 시행한다.

{택선(擇善)하여 집선(執善)함을} 배우지 않음이 있을지라도 {택선(擇善)하여 집선(執善)하는} 그것을 배운다면 (배워보았지만) 잘할 수 없다면서 (배우지 않은 채로) 그냥 두지 않을 것이고, {택선(擇善)하여 집선(執善)함을} 묻지 않음이 있을지라도 {택선(擇善)하여 집선(執善)하는} 그것을 자문해본다면 알지 못하면서 (알지 못한 채로) 그냥 두지 않을 것이고, {택선(擇善)하여 집선(執善)함을} 생각하지 않음이 있을지라도 {택선(擇善)하여 집선(執善)하는} 그것을 생각해본다면 터득하지 않으면서 (터득하지 못한 채로) 그냥 두지 않을 것이고, {택선(擇善)하여 집선(執善)함을} 분별하지 않음이 있을지라도 {택선(擇善)하여 집선(執善)하는} 그것을[之] 가림해본다면 확신하지 못한다고 (분별하지 않은 채로) 그냥 두지 않을 것이고, {택선(擇善)하여 집선(執善)함을} 시행하지 않음이 있을지라도 {택선(擇善)하여 집선(執善)하는} 그것을 시행해본다면 순전하지 않으면서 (순전하지 못한 채로) 그냥 두지 않을 것이다.

남들이 한 번 해서 그 선행(善行)을 잘한다면 자기는 백 번 해서 {그 선행(善行)을} 잘한다. 남들이 열 번 해서 그 선행(善行)을 잘한다면 자기는 천 번 해서 그 선행(善行)을 잘한다. 위와 같이 한다면 {서인(庶人)도} 이 도를 잘할 수 있을 것이다. 비록 어리석어도 반드시 명민해지고, 비록 유약해도 반드시 강해진다.

凡事豫則立(범사예즉립) 不豫則廢(불예즉폐)

▶ 무릇[凡] 일을[事] 예측하면[豫] 곧[則] (그 일은) 이루어지고[立], 예측해두지 않으면[不豫] 곧[則] (그 일은) 망가진다[廢].

무릇 범(凡), 일 사(事), 미리 할 예(豫), 곧 즉(則), 이룰 립(立), 아니 불(不), 망할 폐(廢)

【읽기(讀)】

범사예즉립(凡事豫則立)은 〈범예사(凡豫事) 즉범사립(則凡事立)〉에서 사(事)를 강조하기 위해 예(豫) 앞으로 전치(前置)하고, 즉범사립(則凡事立)에서 되풀이되는 범사(凡事)를 생략한 구문이다. 범사예즉립(凡事豫則立)에서 예(豫)는 〈미리 헤아릴 측(測)〉과 같아 예측(豫測)의 줄임이고, 입(立)은 〈이룰 성(成)〉과 같아 성립(成立)의 줄임으로 여기면 된다.

불예즉폐(不豫則廢)는 〈범불예사(凡不豫事) 즉범사폐(則凡事廢)〉에서 범사(凡事)를 생략하고 줄인 것이다. 불예즉폐(不豫則廢)에서 〈예(豫)〉는 〈미리 헤아릴 측(測)〉과 같아 예측(豫測)의 줄임이고, 폐(廢)는 〈망할 망(亡)〉과 같아 폐망(廢亡)의 줄임으로 보면 된다.

【풀이(繹)】

범사예즉립(凡事豫則立) 불예즉폐(不豫則廢)는 달도(達道)·달덕(達德)·구경(九經)을 염념불식(念念不息) 즉 늘 미리미리 생각하고[念] 생각하면서[念] 그치지 않아야[不息] 함을 살펴 새기고 헤아려 가늠하게 한다. 여기서 범사(凡事)란 앞서 살핀 달도(達道) 즉 군신(君臣)의 의(義)·부자(父子)의 친(親)·부부(夫婦)의 별(別)·곤제(昆弟)의 서(序)·붕우(朋友)의 신(信)과, 그 달도(達道)를 행(行)하는 달덕(達德) 즉 호학(好學)의 지(知)·역행(力行)의 인(仁)·지치(至治)의 용(勇), 그리고 구경(九經) 즉 수신(修身)·존현(尊賢)·친친(親親)·경대신(敬大臣)·체군신(體羣臣)·자서민(子庶民)·내백공(來百工)·유원인(柔遠人)·회제후(懷諸侯) 등속(等屬)을 말한다.

이러한 범사(凡事)의 예(豫)는 곧 군자(君子)의 사명(俟命)과 통한다. 『중용(中庸)』 14장(章)에서 살핀 바 있는 **군자거이이사명(君子居易以俟命) 소인행험이요행(小人行險以徼幸)**이란 말씀을 상기(想起)시킨다. 거이(居易)란 정기(正己) 즉 자신[己]을 무사(無邪)하게 함[正]으로 말미암아 군자(君子)가 누리는 삶이니, 편안한 삶[居易]을 말한다. 그래서 군자(君子)는 달도(達道)·삼덕(三德)·구경(九經)을 벗어나지 않고자 사명(俟命)할 줄 안다. 사명(俟命) 즉 천명(天命)을 기다림[俟]이란 사지통변(事之通變) 즉 일이[事之] 통하여[通] 변화함[變]이며, 사람의 뜻대로 되지 않을 수도 있음을 사무치게 알고 있음이다. 일[事]의 통변(通變)은 길흉(吉凶)으로 드러나게 마련이다. 사명(俟命)하는 군자(君子)는 달도(達道)·달덕(達德)·구경(九經)으로 통변(通變)을 미리 살피고 헤아려 성사(成事)되도록 정성을 다한다. 이를 〈범사예(凡事豫)〉라고 밝힌 것이다. 정성껏 예사(豫事)하면 할수록 성사(成事)될 수 있음을 군자(君子)는 알기 때문에 사명(俟命)한다.

일[事]을 예측(豫測)함이란 『대학(大學)』에 나오는 **물유본말(物有本末) 사유종시(事有終始)**를 상기(想起)해 저마다 살펴 새기고 헤아려 가늠해볼 수 있게 한다. 매사(每事)에는 그 일의 본말(本末)이 있으며, 종시(終始)가 있기 마련이다. 매사(每事)의 본(本)·말(末)을 미리미리 자상히[審] 살펴[觀] 새기고[玩] 헤아려[擬] 가늠하고[斷], 매사의 처음[始]·끝[終]을 미리미리 심관(審觀)·심완(審玩)·심의(審擬)하여 심단(審斷)한다면 일마다(每事) 성사(成事)될 수 있을 것이다. 『노자(老子)』에 **예혜(豫兮) 약동섭천(若冬涉川)**이란 말씀도 나온다. 그러므로 정기(正己)하여 코끼리같이[豫兮] 한겨울[冬] 내를[川] 건너는[涉] 듯이[若] 달도(達道)·달덕(達德)·구경(九經)의 통변(通變)을 정성껏 예측(豫測)해 가라고 밝힌 말씀이 〈범사예즉립(凡事豫則立)〉이다.

그러나 소인(小人)은 정기(正己)를 멀리하고, 왕기(枉己) 즉 자신[己]을 굽혀[枉] 즉 제 욕심[慾]에 끌려 매사(每事)의 본(本)·말(末)을 제 뜻대로 단정하고, 일의 시(始)·종(終) 또한 제 욕심대로 되기를 바라고 행험(行險)을 마다하지 않는다. 행험(行險)이란 왕기(枉己) 즉 자신[己]을 굽혀 미혹(迷惑)하게 함[枉]으로 말미암아 소인(小人)이 누리는 삶이니, 모험을 감행함[行險]이다. 소인(小人)은 자신이 맡은 일을 정성껏 다해 사명(俟命)할 줄 모르고 행험(行險)한다. 행험(行險) 즉 모험[險]을 감행함[行]이란 사지통변(事之通變)이 제 욕심대로 되어야 한다고 탐욕(貪欲)하는 것이다. 요행(徼幸)은 행험(行險)을 일삼는 탐욕(貪欲)으로 말미암아 빚어진다. 소인(小人)은 요행(徼幸), 행운(幸運)을 훔치려고[徼] 할 뿐이다. 그러므로 코끼리같이[豫兮] 한겨울[冬] 내를[川] 건너는[涉] 듯이[若] 범사(凡事)를 정성껏 예측(豫測)해 가려 하지 않고 제 욕심대로 살려고 하기 때문에 스스로 범사(凡事) 즉 달도(達道)·달덕(達德)·구경(九經)을 망치면서[廢] 삶을 막 살아감을 밝힌 말씀이 〈불예즉폐(不豫則廢)〉이다.

註 "군자거이이사명(君子居易以俟命) 소인행험이요행(小人行險以徼幸)." 군자는[君子] 평이하게[易] 거처함[居]으로[以] 천명을[命] 기다린다[俟]. 소인은[小人] 모험을[險] 감행하면서[行以] 행운을[幸] 구한다[徼]. 『중용(中庸)』 14장(章)

註 "물유본말(物有本末) 사유종시(事有終始) 지소선후(知所先後) 즉근도의(則近道矣)." 온갖 것에는[物] 근본과[本] 말단이[末] 있고[有], 일에는[事] 끝과[終] 처음이[始] 있다[有]. 먼저 하고[先] 뒤에 할[後] 바를[所] 안다면[知] 곧[則] 도에[道] 가까운 것[近]이다[矣].

『대학(大學)』「경문(經文)」 1장(章)

註 "예혜(豫兮) 약동섭천(若冬涉川) 유혜(猶兮) 약외사린(若畏四隣)." 코끼리구나[豫兮]! 한겨울에[冬] 내를[川] 건너가는[涉] 듯하다[若]. 개로구나[猶兮]! 네[四] 모서리를[隣] 두려워하는[畏] 듯하다[若].

의심이 많아 갈 길을 섣불리 정하지 않고 미리미리 정해둔 다음 조심조심 나아가는 코끼리와, 다리를 건너갈 때 난간으로 떨어질세라 다리 한가운데로만 가는 개를 비유해서 〈유예(猶豫)〉란 낱말이 생겼다. 섣불리 결정하지 않고 두고두고 조심조심 미리 예비해서 흉(凶)을 없애고 길(吉)을 성취하고자 조심하는 뜻으로 유예(猶豫)라 한다. 예(豫)는 본래 코끼리를 말하고, 유(猶)는 본래 개를 말한다. 『노자(老子)』 15장(章)

言前定則不跲(언전정즉불겁)

▶ {범사(凡事)의} 말함이[言] 먼저[前] 안정되면[定] 곧[則] (그 말은) 엎어지지(실패하지) 않는다[不跲].

말할 언(言), 먼저 전(前), 결정될 정(定), 곧 즉(則), 아니 불(不), 엎어질 겁(跲)

【읽기(讀)】

언전정즉불겁(言前定則不跲)은 〈범사지언전정(凡事之言前定) 즉기언불겁(則其言不跲)〉에서 되풀이되는 범사지언전정(凡事之言前定)의 범사지(凡事之)와 기언불겁(其言不跲)의 기언(其言)을 생략한 구문이다. 〈범사의[凡事之] 말함이[言] 미리[前] 안정되면[定] 곧[則] 그[其] 말은[言] 실패하지 않는다[不跲]〉 이를 〈언급함이[言] 미리[前] 안정되면[定] 곧[則] 실패하지 않는다[不跲]〉로 줄인 것이다. 그리고 언전정즉불겁(言前定則不跲)과 같은 구문(句文)은 즉(則)을 중심으로 언전정(言前定) 쪽을 조건의 부사절로, 불겁(不跲) 쪽을 주절로 잡아 〈언전정하면[言前

定] 곧[則] 불겁(不跲)한다〉고 문맥을 잡으면 된다.

언전정즉불겁(言前定則不跲)에서 전(前)은 〈앞 선(先)〉과 같아 정(定)을 꾸미는 부사(副詞) 노릇하고, 정(定)은 〈안정될 안(安)〉과 같아 안정(安定)의 줄임이며, 겁(跲)은 〈엎드러질 지(躓)〉와 같아 겁지(跲躓)의 줄임말로 새기면 된다.

【풀이(繹)】

언전정즉불겁(言前定則不跲)은 **군자욕눌어언(君子欲訥於言)**이란 말씀을 상기(想起)하여 살펴 새기고 헤아려 가늠하게 한다. 눌어언(訥於言) 즉 말함에[於言] 과묵함[訥]이란 말하기[言之]를 가볍게 여기지 않고 말을 아껴 적게 하는 것이다. 군자(君子)는 **다언삭궁(多言數窮)**임을 알고 있기 때문에 달도(達道) · 달덕(達德) · 구경(九經)을 함부로 말하지 않는다. 군자(君子)는 **언사충(言思忠)** 즉 말하기 전에 거짓이 없는지[忠] 자신을 돌이켜 생각해본다[思]. 언전정(言前定)이란 언사충(言思忠)과 같다. 말[言]이 미리[前] 안정됨[定]이란 사충(思忠)으로 말미암기 때문이다. 정성되어 거짓 없는[忠] 심지(心志)라야 달도(達道) · 달덕(達德) · 구경(九經)의 말함[言]이 안정(安定)된다. 전정(前定)의 정(定)은 안정(安定) · 정정(正定) · 결정(決定) · 성정(成定) · 불역(不易)을 묶어서 나타내고 있다. 그러므로 말함[言]이 정성되어 거짓 없이[忠] 미리[前] 예측하여 안정되고[安] 바르고[正] 마무리되고[決] 이루어져[成] 바뀌지 않는다면[不易] 그 말함[言]은 결코 실패하지 않음[不跲]을 밝힌 말씀이 〈언전정즉불겁(言前定則不跲)〉이다.

註 "군자욕눌어언(君子欲訥於言) 이민어행(而敏於行)." 군자는[君子] 말함에[於言] 어눌하고자 한다[欲訥]. 그러나[而] 행동함에는[於行] 재빠르다[敏].

『논어(論語)』「이인(里仁)」편(篇) 24장(章)

註 "다언삭궁(多言數窮) 불여수중(不如守中)." 말을[言] 많이 하면[多] 빨리[數] 궁해진다[窮]. 지나침도 모자람도 없음을[中] 지키는 것만[守] 못하다[不如].

여기서 수중(守中)의 중(中)은 중용(中庸)의 중(中)을 상기(想起)하게 한다.

『노자(老子)』 5장(章)

註 "군자유구사(君子有九思) 시사명(視思明) 청사총(聽思聰) 색사온(色思溫) 모사공(貌思恭) 언사충(言思忠) 사사경(事思敬) 의사문(疑思問) 분사난(忿思難) 견득사의(見得思義)." 군자에게는[君子] 아홉의[九] 생각이[思] 있다[有]. 눈으로 봄은[視] 밝음을[明] 생각하고[思], 귀로 들음은

[聽] 밝음을[聰] 생각하고[思], 얼굴빛은[色] 따듯함을[溫] 생각하고[思], 몸가짐은[貌] 공손함을[恭] 생각하고[思], 말함은[言] 거짓 없음을[忠] 생각하고[思], 받듦은[事] 하늘을 따름(거짓 없음)을[敬] 생각하고[思], 의심남은[疑] 묻기를[問] 생각하고[思], 성남은[忿] 어려운 일을[難] 생각하고[思], 이득을[得] 보면[見] 의로움을[義] 생각한다[思]. 『논어(論語)』「계씨(季氏)」편(篇) 10장(章)

事前定則不困(사전정즉불곤)

▶ 받듦을[事] 먼저[前] 정하면[定] 곧[則] (그 받듦은) 딱해지지 않는다[不困].

일 사(事), 먼저 전(前), 결정될 정(定) 곧 즉(則), 아니 불(不), 막힐 곤(困)

【읽기(讀)】

사전정즉불곤(事前定則不困)은 〈범사지사전정(凡事之事前定) 즉기사불곤(則其事不困)〉에서 되풀이되는 범사지사전정(凡事之事前定)의 범사지(凡事之)와 기사불곤(其事不困)의 기사(其事)를 생략한 구문이다. 〈범사의[凡事之] 일함이[事] 미리[前] 안정되면[定] 곧[則] 그[其] 일함은[事] 막히지 않는다[不困]〉 이를 〈일함이[事] 미리[前] 안정되면[定] 곧[則] 막히지 않는다[不困]〉로 줄인 것이다. 그리고 사전정즉불곤(事前定則不困)은 즉(則)을 중심으로 사전정(事前定) 쪽을 조건의 부사절로, 불곤(不困) 쪽을 주절로 잡아 〈사전정하면[事前定] 곧[則] 불곤(不困)한다〉고 새기면 된다.

사전정즉불곤(事前定則不困)에서 사(事)는 〈받들 봉(奉)〉과 같고, 전(前)은 〈앞 선(先)〉과 같아 〈정(定)〉을 꾸미는 부사(副詞) 노릇하고, 정(定)은 〈안정될 안(安)〉과 같아 안정(安定)의 줄임이고, 곤(困)은 〈막힐 궁(窮)〉과 같아 궁색(窮塞)의 줄임말로 여기면 된다.

【풀이(繹)】

사전정즉불곤(事前定則不困)은 **군자화이부동(君子和而不同)**이란 말씀을 상기(想起)하여 살펴 새기고 헤아려 가늠하게 한다. 화이부동(和而不同) 즉 서로 어울리되[和而] 패를 짓지 않음[不同]이란 달도(達道)·달덕(達德)·구경(九經)을 받듦[事]에 아집(我執) 즉 제[我] 고집[執]을 부리지 않기 때문에 패를 짓지 않고[不同]

서로 어울려야[和] 함을 말한다. 군자(君子)는 **부자현(不自見)·부자시(不自是)**하여 자명(自明)함을 알기 때문에 함부로 달도(達道)·달덕(達德)·구경(九經)을 제멋대로 꾀하지 않는다. 그리고 군자(君子)는 **사사경(事思敬)** 즉 받듦[事]에 무사(無邪)하여 천명(天命)을 따르고 있는지[敬] 자신을 돌이켜 생각해본다[思].

사전정(事前定)의 사(事)는 곧 사사경(事思敬)의 사(事) 즉 받듦[事]으로 통한다. 달도(達道)·달덕(達德)·구경(九經)을 받듦[事]이 미리[前] 안정됨[定]이란 무사(無私)·무사(無邪)의 경(敬)으로 말미암기 때문이다. 경(敬)이란 한 점 거짓 없이 천명(天命)을 받들어 따름이다. 이러한 경(敬)의 심지(心志)라야 그 받듦[事]이 미리 안정(安定)된다. 전정(前定)의 정(定)은 안정(安定)·정정(正定)·결정(決定)·성정(成定)·불역(不易)을 묶음하고 있다. 그러므로 받듦[事]이 정성되어 천명(天命)을 받들어[事] 미리[前] 예측하여 안정되고[安] 바르고[正] 마무리되고[決] 이루어져[成] 바뀌지 않는다면[不易] 달도(達道)·달덕(達德)·구경(九經)의 받듦[事]이 결코 막히지 않음[不困]을 밝힌 말씀이 〈사전정즉불곤(事前定則不困)〉이다.

註 "군자화이부동(君子和而不同) 소인동이불화(小人同而不和)." 군자는[君子] 서로 어울리되[和而] 패거리를 짓지 않고[不同], 소인은[小人] 패거리를 짓되[同而] 서로 어울리지 않는다[不和].

『논어(論語)』「자로(子路)」편(篇) 23장(章)

註 "부자현고명(不自見故明) 부자시고창(不自是故彰) 부자벌고유공(不自伐故有功) 부자긍고장(不自矜故長) 부유부쟁(夫唯不爭)." 자신을[自] 드러내지 않기[不見] 때문에[故] 밝고[明], 자신을[自] 옳다 하지 않기[不是] 때문에[故] 드러나고[彰], 자신을[自] 자랑하지 않기[不伐] 때문에[故] 공이[功] 있고[有], 자신을[自] 아끼지 않기[不矜] 때문에[故] 오래간다[長]. 오로지[夫唯] 다투지 않는다[不爭].

『노자(老子)』 22장(章)

註 "군자유구사(君子有九思) …… 사사경(事思敬)." 군자에게는[君子] 아홉의[九] 생각이[思] 있다[有]. …… 받듦은[事] 하늘을 따름을[敬] 생각한다[思].

『논어(論語)』「계씨(季氏)」편(篇) 10장(章)

行前定則不疚(행전정즉불구)

▶{범사(凡事)의} 베풂이[行] 먼저[前] 정해지면[定] 곧[則] (그 베풂은) 번거롭지 않다[不疚].

베풂 행(行), 먼저 전(前), 결정될 정(定), 곧 즉(則), 꺼림할 구(疚)

【읽기(讀)】

행전정즉불구(行前定則不疚)는 〈범사지행전정(凡事之行前定) 즉기행불구(則其行不疚)〉에서 되풀이되는 범사지행전정(凡事之行前定)의 범사지(凡事之)와 기행불구(其行不疚)의 기행(其行)을 생략한 구문이다. 〈범사의[凡事之] 행함이[行] 미리[前] 안정되면[定] 곧[則] 그[其] 행동은[行] 번거롭지 않다[不疚]〉 이를 〈행함이[行] 미리[前] 안정되면[定] 곧[則] 번거롭지 않다[不疚]〉로 줄인 것이다. 그리고 행전정즉불구(行前定則不疚)는 즉(則)을 중심으로 행전정(行前定) 쪽을 조건의 부사절로, 불구(不疚) 쪽을 주절로 잡아 〈행전정하면[行前定] 곧[則] 불구(不疚)한다〉고 문맥을 잡으면 된다.

행전정즉불구(行前定則不疚)에서 행(行)은 여기선 〈베풂 시(施)〉와 같아 시행(施行)의 줄임이고, 전(前)은 〈앞 선(先)〉과 같아 정(定)을 꾸미는 부사(副詞) 노릇하며, 정(定)은 〈안정될 안(安)〉과 같아 안정(安定)의 줄임이고, 구(疚)는 〈번거로울 번(煩)〉과 같다.

【풀이(繹)】

행전정즉불구(行前定則不疚)는 〈군자화이부동(君子和而不同)〉과 더불어 〈군자주이불비(君子周而不比)〉란 말씀을 상기(想起)하여 살펴 새기고 헤아려 가늠하게 한다. 서로 어울리되[和而] 패거리를 짓지 않고[不同] 두루 해서[周而] 서로 견주지 않아[不比] 베풂[行]이 의당(宜當)하면 그 베풂은[行] 미리[前] 안정된다[定]. 물론 군자(君子)는 부자현(不自見) · 부자시(不自是)하여 자명(自明)함을 알고 있기 때문에 베풂[行]을 삼가 가볍게 하지 않는다. 그리고 군자(君子)는 모사공(貌思恭) 즉 베풂의 모습[貌]이 자비(自卑)하고 존인(尊人)하여 공손한지[恭] 자신을 돌이켜 생각해본다[思].

행전정(行前定)이란 모사공(貌思恭)과 같다. 베풂[行]의 모습이 미리[前] 안정됨[定]이란 사공(思恭)으로 말미암기 때문이다. 자신[自]을 낮추어[卑] 상대[人]를 높이기[尊]를 거짓없이 하는[恭] 심지(心志)라야 그 베풂[行]이 안정(安定)된다. 전정(前定)의 정(定)은 안정(安定) · 정정(正定) · 결정(決定) · 성정(成定) · 불역(不易)을 묶음하고 있다. 그러므로 행함[行]이 정성되어 천명(天命)을 따라[敬] 미리[前] 예측하여 안정되고[安] 바르고[正] 마무리되고[決] 이루어져[成] 바뀌지 않는[不易] 행동[行]은 매사(每事)에 처신(處身)함이 결코 번거롭지 않음[不疚]을 밝힌 말씀이 〈행전정즉불구(行前定則不疚)〉이다.

道前定則不窮(도전정즉불궁)

▶ {범사(凡事)의} 방도가[道] 먼저[前] 정해지면[定] 곧[則] (그 방도는) 막히지 않는다[不窮].

방도 도(道), 먼저 전(前), 결정될 정(定), 곧 즉(則), 막힐 궁(窮)

【읽기(讀)】

도전정즉불궁(道前定則不窮)은 〈범사지도전정(凡事之道前定) 즉기도불궁(則其道行不窮)〉에서 되풀이되는 범사지도전정(凡事之道前定)의 범사지(凡事之)와 기도불궁(其道不窮)의 기도(其道)를 생략한 구문이다. 〈범사의[凡事之] 방도가[道] 미리[前] 정해지면[定] 곧[則] 그[其] 방도는[道] 막히지 않는다[不窮]〉 이를 〈방도가[道] 미리[前] 정해지면[定] 곧[則] 막히지 않는다[不窮]〉로 줄인 것이다. 그리고 도전정즉불궁(道前定則不窮)은 즉(則)을 중심으로 행전정(行前定) 쪽을 조건의 부사절로, 불구(不疚) 쪽을 주절로 잡아 〈도전정하면[道前定] 곧[則] 불궁(不窮)한다〉고 보면 된다.

도전정즉불궁(道前定則不窮)에서 도(道)는 〈방도 방(方)〉과 같아 방도(方道)의 줄임이고, 전(前)은 〈앞 선(先)〉과 같아 정(定)을 꾸미는 부사(副詞) 노릇하며, 정(定)은 〈결정될 결(決)〉과 같아 결정(決定)의 줄임이고, 궁(窮)은 〈막힐 색(塞)〉과 같아 궁색(窮塞)의 줄임말로 여기면 된다.

【풀이(繹)】

도전정즉불궁(道前定則不窮)은 직도이사인(直道而事人) …… 왕도이사인(枉道而事人)이란 말씀을 상기(想起)하여 살펴 새기고 헤아려 가늠하게 한다. 도(道)를 곧게 해서[直而] 사람[人]을 섬기는[事] 방도(方道)도 있고, 도(道)를 굽혀서[枉而] 사람[人]을 섬기는[事] 방도(方道)도 있다. 그러나 직도(直道)의 사인(事人)은 군자(君子)가 취하는 방도(方道)이고, 왕도(枉道)의 사인(事人)은 소인(小人)이 취하는 방도(方道)이다. 직도(直道)는 유어의(喩於義)로써 취하는 방도(方道)이고, 왕도(枉道)는 유어리(喩於利)로써 취하는 방도(方道)이다. 달도(達道) · 달덕(達德) · 구경(九經)을 곧은[直] 방도(方道)로써 취하면 선(善)한 방도(方道)가 되어 달도(達道) · 달덕(達德) · 구경(九經)이 통달(通達)해지기 마련이고, 굽은[枉] 방도(方道)로 취하면 불선(不善)한 방도(方道)가 되어 달도(達道) · 달덕(達德) · 구경(九經)이 궁색(窮塞)해지기 마련이다. 그러므로 선(善)한 방도(方道) 즉 직도(直道)는 달도(達道) · 달덕(達德) · 구경(九經)의 범사(凡事)를 통변(通變)하게 하고, 불선(不善)한 방도(方道) 즉 왕도(枉道)는 달도(達道) · 달덕(達德) · 구경(九經)의 범사(凡事)를 궁색(窮塞)하게 한다.

도전정(道前定)하면 곧 불궁(不窮)한다고 함은 도전정(道前定)의 전정(前定)이 왕도(枉道)가 아니라 직도(直道)로 달도(達道) · 달덕(達德) · 구경(九經)의 범사(凡事)가 미리 결정되었음을 말한다. 이 또한 군자(君子)는 부자현(不自見) · 부자시(不自是)하여 자명(自明)함을 알고 있기 때문에 왕도(枉道)를 버리고 직도(直道)를 택하여 전정(前定) 즉 미리[前] 결정한[定] 것이다. 왕도(枉道)를 뿌리치고 직도(直道)를 전정(前定)했기 때문에 군자(君子)는 불우불구(不憂不懼)의 회덕자(懷德者)가 된다. 덕(德)을 품고[懷] 도(道)를 곧게[直] 하겠다고 미리[前] 결정함[定]으로 말미암아 그 방도(方道)가 정도(正道)가 되고, 정도(正道)를 고수(固守)하면 막힐[窮] 리 없기 때문에 걱정하지 않고[不憂] 두려워하지 않는[不懼] 방도(方道)가 된다. 이를 두고 의당(宜當)하다고 하고, 의지여비(義之與比) 즉 의(義)만을 좇는다[比]고 한다. 여기서 도전정(道前定)의 전정(前定)이 사의(思義) 즉 의로움[義]을 생각하며[思] 미리[前] 결정한[定] 달도(達道) · 달덕(達德) · 구경(九經)의 범사(凡事)임을 밝힌 말씀이 〈도전정즉불궁(道前定則不窮)〉이다.

註 "유하혜위사사(柳下惠爲師士) 삼출(三黜) 인왈(人曰) 자미가이거호(子未可以去乎) 왈(曰) 직도이사인(直道而事人) 언왕이불삼출(焉往而不三黜) 왕도이사인(枉道而事人) 하필거부모지방(何必去父母之邦)." 유하혜가[柳下惠] 사사로[師士] 있다가[爲] 세 번째[三] 쫓겨났다[黜]. 어떤 이가[人] 이르되[曰]: 자네는[子] 그런데도[以] {노(魯)나라를} 떠나지[去] 못한다는 것[未可]인가[乎]?

(유하혜가) 가로되[曰]: 도를[道] 곧게 해서[直而] 사람을[人] 다스린다면[事] 어디로[焉] 간들[往而] 세 번씩[三] 쫓겨나지 않겠는가[不黜]? 도를[道] 굽혀서[往而] 사람을[人] 다스린다면[事] 어찌[何] 어버이의[父母之] 나라를[邦] 떠나야 할[去] 필요가 있겠는가[必]?

『논어(論語)』「미자(微子)」편(篇) 2장(章)

註 "군자유어의(君子喻於義) 소인유어리(小人喻於利)." 군자는[君子] 의로움에[於義] 재빠르고[喻], 소인은[小人] 이익에[於利] 약삭빠르다[喻]. 『논어(論語)』「이인(里仁)」편(篇) 16장(章)

註 "사마우문군자(司馬牛問君子) 자왈(子曰) 군자불우불구(君子不憂不懼) 왈(曰) 불우불구(不憂不懼) 사위지군자의호(斯謂之君子矣乎) 자왈(子曰) 내성불구(內省不疚) 부하우하구(夫何憂何懼)." 사마우가[司馬牛] 군자를[君子] 물었다[問]. 공자가[子] 말했다[曰]: 군자는[君子] 걱정하지 않고[不憂] 두려워하지 않는다[不懼]. 사마우가 말했다[曰]: 걱정하지 않고[不憂] 두려워하지 않는[不懼] 그것을[斯] 군자라고[君子] 하는 것[謂之]입니까[矣乎]? 공자가[子] 말했다[曰]: 안으로[內] 살펴[省] 꺼림칙하지 않은데[不疚] 무릇[夫] 어찌[何] 걱정하고[憂] 어찌[何] 두려워하겠는가[懼].

『논어(論語)』「안연(顔淵)」편(篇) 4장(章)

在下位(재하위) 不獲乎上(불획호상) 民不可得而治矣(민불가득이치의)

▶아랫[下] 자리에[位] 있으면서[在] 위에[上] 의해서[乎] 마음이 맞춰지지 않으면[不獲] 백성을[民] 취해서[得而] 다스릴[治] 수 없는 것[不可]이다[矣].

註 불획호상(不獲乎上)의 피동(被動)을 상불획하위(上不獲下位)로 바꾸어 옮기면 우리말답게 된다. 〈아랫자리에 있으면서 윗자리가 마음을 주지 않으면 백성을 취해서 다스릴 수 없는 것이다〉

있을 재(在), 아래 하(下), 자리 위(位), 아니할 불(不), 합의될 획(獲), 조사(~에 의해서) 호(乎), 위 상(上), 백성 민(民), 가할 가(可), 얻을 득(得), 조사(그리고) 이(而), 다스릴 치(治), 조사(~이다) 의(矣)

【읽기(讀)】

재하위(在下位)는 〈인재하위(人在下位)〉에서 일반주어 인(人)을 생략한 것이다. 재하위(在下位)에서 재(在)는 〈있을 존(存)〉과 같아 존재(存在)의 줄임이고, 하위(下位)는 재(在)를 꾸며주는 장소의 부사구로 여겨 〈하위에[下位] 있다[在]〉고 옮기면 된다.

불획호상(不獲乎上)은 〈인불획호상위(人不獲乎上位)〉에서 인(人)과 앞뒤 문맥으로 보충할 수 있는 상위(上位)의 위(位)를 생략한 피동문(被動文)의 말투이다. 불획호상(不獲乎上)의 호(乎)는 피동문(被動文)의 조사(助詞)로 〈~에 의해서 호(乎)〉이다. 〈상(上)을[乎] 불획(不獲)하다〉가 아니라 〈상(上)에 의해서[乎] 불획(不獲)되다〉로 새겨야 문의(文意)를 얻을 수 있다. 불획호상(不獲乎上)에서 획(獲)은 합의(合意)·중의(中意) 등과 같고, 호(乎)는 피동문(被動文)의 조사(助詞)로 〈~에 의해서 어(於)·우(于)〉 등과 같으며, 상(上)은 상위(上位)의 줄임이다.

민불가득이치의(民不可得而治矣)는 〈기인지불가득이치민의(其人之不可得而治民義)〉에서 의미상 주어 노릇할 기인지(其人之)를 생략하고, 득(得)과 치(治)의 목적격 노릇하는 민(民)을 강조하고자 전치(前置)한 구문이다. 〈그[其] 사람은[人之] 백성을[民] 얻어서[得而] 다스릴[治] 수 없는 것[不可]이다[矣]〉 이를 〈백성을[民] 얻어서[得而] 다스릴[治] 수 없는 것[不可]이다[矣]〉로 줄인 말투이다. 민불가득이치의(民不可得而治矣)에서 득(得)은 〈얻을 획(獲)〉과 같아 획득(獲得)의 줄임이고, 치(治)는 〈다스릴 정(政)〉과 같아 정치(政治)의 줄임말로 여기면 된다.

【풀이(繹)】

재하위(在下位) 불획호상(不獲乎上) 민불가득이치의(民不可得而治矣)는 달도(達道)의 오교(五交)와 그 오교(五交)를 누리게 하는 달덕(達德)인 지(知)·인(仁)·용(勇)을 몸소 실행하지 않고서는 위 뜻[上意]을 얻어 중용(中庸)의 삶을 누릴 수 없음을 살펴 새기고 헤아려 가늠하게 한다. 아랫자리에 있는 사람이 따로 있는 것은 아니다. 온 세상 인간은 누구나 아랫자리에 있다. 위(上)란 천명(天命)의 천(天) 밖에 없고 인간은 누구나 다 그 아래에 있기 때문에 천자(天子)일지라도 천명(天命)을 얻어야 하는 재하위(在下位)의 인간일 뿐이다. 군신(君臣)에서는 군(君)이 상(上)이고 신(臣)이 하(下)이니, 신(臣)이 치민(治民)하자면 임금[君]의 뜻[義]을 얻어[獲] 따라야[順] 한다. 임금은 천명(天命)을 저버리고 치민(治民)할 수 없고, 신하는 임금을 저버리고 백성[民]을 다스릴[治] 수 없음이 군신(君臣)이 좇아야 하는 인의(仁義)인 예악(禮樂)의 치세(治世)이다.

물론 군신(君臣)만 치세(治世)하는 것은 아니다. 누구나 저마다 치세(治世)한다.

왜냐하면 치세(治世)란 수신(修身)하여 제가(齊家)하고, 제가(齊家)하여 치국(治國)하고, 치국(治國)하여 치천하(治天下)하는 지(知) · 행(行)이기 때문이다. 다만 수기(修己) · 제가(齊家) · 치인(治人) · 치국(治國)으로 이어지는 군신(君臣)의 치세(治世)도 있고, 수신(修身) · 제가(齊家) · 치인(治人)으로 만족되는 서인(庶人)의 치세(治世)도 있을 뿐이다. 부자(父子) · 부부(夫婦) · 곤제(昆弟) · 붕우(朋友)의 상교(相交)로 이루어지는 치세(治世) 역시 군신(君臣)의 상교(相交)와 마찬가지로 획호상(獲乎上) 해야 한다.

획호상(獲乎上)은 〈중상의(中上意)〉와 같다. 위의[上] 뜻[意]을 맞춤[中]이니, 곧 위를[乎上] 얻음[獲]이다. 말하자면 윗분의 의중(意中)을 읽고 알아서 그 뜻에 따라 어긋남 없이 치인(治人)하여 치세(治世)함이 곧 획호상(獲乎上)이다. 부자(父子) · 부부(夫婦) · 곤제(昆弟)가 지(知) · 행(行)하는 친친(親親)의 치세(治世)는 위[上]인 아버지[父]의 뜻을 얻어야[獲] 아래[下]인 자(子) · 부부(夫婦) · 형제(兄弟) 등이 치세(治世)할 수 있다. 그러므로 군신(君臣)의 상교(相交)만이 획호상(獲乎上)으로 이루어지는 치세(治世)가 아니라, 사람은 누구나 획호상(獲乎上)의 치세(治世)를 저마다 이루어야 함을 살펴 새기고 헤아려 가늠하게 하는 말씀이 〈재하위(在下位) 불획호상(不獲乎上) 민불가득이치의(民不可得而治矣)〉이다.

獲乎上有道(획호상유도) 不信乎朋友(불신호붕우) 不獲乎上矣(불획호상의)

▶위[上]에 의해서[乎] 마음이 맞춰지는 데[獲] 도리가[道] 있지만[有], 친구[朋友]에 의해서[乎] 믿어지지 않는다면[不信] 위[上]에 의해서[乎] 마음이 맞춰지지 않는 것[不獲]이다[也].

註 획호상유도(獲乎上有道) 불신호붕우(不信乎朋友) 불획호상의(不獲乎上矣)의 피동(被動)을 〈상지획하위유도(上之獲下位有道) 붕우지불신(朋友之不信) 상지불획하위의(上之不獲下位矣)〉로 바꾸어 능동(能動)의 말투로 옮기면 우리말답게 된다. 〈윗자리가 아랫자리에게 마음을 주는 데 도리가 있지만, 친구들이 믿어주지 않으면 윗자리가 아랫자리에게 마음을 주지 않는다〉

합의될 획(獲), 조사(~에 의해서) 호(乎), 있을 유(有), 도리 도(道), 않을 불(不), 믿어질 신(信), 벗 붕(朋), 벗 우(友), 종결어미 조사(~이다) 의(矣)

【읽기(讀)】

획호상유도(獲乎上有道)에서 획호상(獲乎上)은 유(有)를 꾸며주는 부사구(副詞句) 노릇하고, 유(有)는 〈있을 유(有)〉 자동사로 주어를 뒤에 두며, 도(道)는 유(有)의 주어 노릇해 〈획호상(獲乎上)에 도(道)가 있다[有]〉고 새긴다. 획호상유도(獲乎上有道)에서 획(獲)은 합의(合意) · 중의(中意) 등과 같고, 호(乎)는 피동문(被動文)의 조사(助詞)로 〈~에 의해서 어(於) · 우(于)〉 등과 같으며, 상(上)은 상위(上位)의 줄임이고, 도(道)는 〈이치 리(理)〉와 같아 도리(道理)의 줄임이다.

불신호붕우(不信乎朋友)는 〈인불신호붕우(人不信乎朋友)〉에서 일반주어 인(人)을 생략한 구문이다. 불신호붕우(不信乎朋友)의 호(乎)는 피동문(被動文)의 조사(助詞)로 〈~에 의해서 호(乎)〉이다. 이를 능동(能動)의 말투로 바꾸어서 붕우지불신(朋友之不信)으로 여기고 〈벗들이[朋友之] 믿어주지 않음[不信]〉으로 옮기면 문의(文意)가 분명해진다. 불신호붕우(不信乎朋友)에서 신(信)은 〈믿어질 성(誠)〉과 같아 성신(誠信)의 줄임이고, 호(乎)는 피동문(被動文)의 조사(助詞)로 〈~에 의해서 어(於) · 우(于)〉 등과 같다.

불획호상의(不獲乎上矣)는 〈인지불획호상위의(人之不獲乎上位矣)〉에서 의미상 주어 노릇할 인지(人之)와 상위(上位)의 위(位)를 생략한 구문이다. 또한 이를 능동(能動)의 말투인 상지불획(上之不獲)으로 여겨 〈위가[上之] 마음에 들어하지 않음[不獲]〉으로 새기면 된다. 불획호상(不獲乎上)의 호(乎)는 피동문(被動文)의 조사(助詞)로 〈~에 의해서 호(乎)〉이다. 획(獲)은 합의(合意) · 중의(中意) 등과 같고, 호(乎)는 〈~에 의해서 어(於) · 우(于)〉 등과 같으며, 상(上)은 상위(上位)의 줄임이고, 의(矣)는 종결어미 조사(助詞 : ~이다) 노릇한다.

【풀이(繹)】

획호상유도(獲乎上有道) 불신호붕우(不信乎朋友) 불획호상의(不獲乎上矣) 역시 달도(達道)의 오교(五交)와 그 오교(五交)를 누리게 하는 달덕(達德)인 지(知) · 인(仁) · 용(勇)을 몸소 실행하지 않고서는 위 뜻[上意]을 얻어 중용(中庸)의 삶을 누릴 수 없음을 살펴 새기고 헤아려 가늠하게 한다. 획호상유도(獲乎上有道) 불신호붕우(不信乎朋友) 불획호상의(不獲乎上矣)를 가늠해보면 〈획호상지도신호붕우자야(獲乎上之道信乎朋友者也)〉를 밝혀주고 있음을 알 수 있다. 벗들에[朋友] 의해서[乎] 믿어지는[信] 것[者]이 곧 위[上]에 의해서[乎] 마음이 맞춰지는[獲之] 도리[道]가 되는 것이다.

친구[朋友]들에게 신용(信用) 있는 사람으로 인정되고 신의(信義)를 도탑게 하여 신임(信任)을 얻는 인간이 된다면, 그것이 곧 상위(上位)의 마음을 사로잡는 도리(道理)가 된다. 그러므로 획호상(獲乎上)의 도리(道理)를 깨우치자면 불신호민(不信乎民)이 아니라 불신호붕우(不信乎朋友)란 말씀을 주목하게 되며, **익자삼우(益者三友) 손자삼우(損者三友)**란 자왈(子曰)이 먼저 떠오르게 된다. 불신호붕우(不信乎朋友)의 신(信)은 익자삼우(益者三友)의 것이지 손자삼우(損者三友)의 것일 리 없음이 분명하다. 정직(正直)하고 성실(成實)하면서 널리 배워 견문(見聞)이 넓은 벗[朋友]들로부터 신임(信任)받는 사람은 소인(小人)이 아니라 군자(君子)이다. 치자(治者)로서 군자(君子)를 싫어하는 상위(上位)가 있다면, 그런 상위(上位)는 인자(仁者)를 업신여기고 얕보는 소인(小人)일 뿐이다. 그러나 군자(君子)다운 벗들로부터 신임(信任)받는 하위(下位)에 마음을 주는 상위(上位)라면 인자(仁者)이다. 사람됨을 살펴보면 그 사람이 사귀는 친구들을 알 수 있는 이치를 깊이 살펴 새기고 헤아려 가늠하게 하는 말씀이 〈획호상유도(獲乎上有道) 불신호붕우(不信乎朋友) 불획호상의(不獲乎上矣)〉이다.

註 "익자삼우(益者三友) 손자삼우(損者三友) 우직(友直) 우량(友諒) 우다문(友多聞) 익의(益矣) 우편벽(友便辟) 우선유(友善柔) 우편녕(友便佞) 손의(損矣)." 세 가지[三] 벗함이[友] 이로운[益] 것이고[者], 세 가지[三] 벗함이[友] 해로운[損] 것이다[者]. 정직한 이와[直] 벗하고[友], 성실한 이와[諒] 벗하고[友], 견문이 많은 이와[多聞] 벗함은[友] 이로운 것[益]이다[矣]. 치우친 이와[便辟] 벗하거나[友], 굽실거리기 좋아하는 이와[善柔] 벗하거나[友], 빈말 잘하는 이와[便佞] 벗함은[友] 해로운 것[損]이다[矣].

익자삼우(益者三友)는 삼우익자(三友益者)에서 익자(益者)를 강조하고자 도치(倒置)한 말투이다. 『논어(論語)』「계씨(季氏)」편(篇) 4장(章)

信乎朋友有道(신호붕우유도) 不順乎親(불순호친) 不信乎朋友矣(불신호붕우의)

▶친구[朋友]에 의해서[乎] 믿어지는 데[信] 도리가[道] 있지만[有], 어버이[親]에 의해서[乎] 편안해 즐겁지 않으면[不順] 친구[朋友]에 의해서[乎] 믿어지지 않는 것[不信]이다[也].

註 신호붕우유도(信乎朋友有道) 불순호친(不順乎親) 불신호붕우의(不信乎朋友矣)의 피동(被動)을 〈붕우지신유도(朋友之信有道) 친불순(親不順) 붕우지불신의(朋友之不信矣)〉로 옮기면 문의(文意)가 분명해진다. 〈친구가 믿어주는 데 도리가 있지만, 어버이가 편안해 즐거워하지 않으면 친구가 믿어주지 않는 것이다〉

믿을 신(信), 조사(~에 의해서) 호(乎), 벗 붕(朋), 벗 우(友), 있을 유(有), 길(방법) 도(道), 아니할 불(不), 편안해 즐거워질 순(順), 피붙이 친(親), 종결어미 조사(~이다) 의(矣)

【읽기(讀)】

신호붕우유도(信乎朋友有道)에서 신호붕우(信乎朋友)는 유(有)를 꾸며주는 부사구(副詞句) 노릇하고, 유(有)는 〈있을 유(有)〉 자동사로 주어를 뒤에 두며, 도(道)는 유(有)의 주어 노릇해 〈신호붕우(信乎朋友)에 도(道)가 있다[有]〉고 보면 된다. 신호붕우(信乎朋友)는 피동(被動)의 말투이지만, 붕우지신(朋友之信)으로 바꾸어 〈벗들이[朋友之] 믿어줌[信]〉으로 옮기면 의미가 분명해진다.

신호붕우유도(信乎朋友有道)에서 신(信)은 〈믿을 성(誠)〉과 같아 성신(誠信)의 줄임이고, 호(乎)는 피동문(被動文)의 조사(助詞)로 〈~에 의해서 어(於)·우(于)〉 등과 같고, 도(道)는 〈이치 리(理)〉와 같아 도리(道理)의 줄임이다. 신호붕우유도(信乎朋友有道)에서 신호붕우(信乎朋友)를 피동(被動)의 말투를 따라 〈친구[朋友]에 의해서[乎] 믿어지는 데[信] 도리가[道] 있지만[有]〉으로 옮기기보다 〈친구로부터 믿음을 얻는 데 도리가 있다〉고 옮기면 우리말답게 된다.

불순호친(不順乎親)은 〈인불순호친(人不順乎親)〉에서 인(人)을 생략한 구문이다. 불순호친(不順乎親)의 호(乎)는 피동문(被動文)의 조사(助詞)로 〈~에 의해서

호(乎)〉이다. 〈어버이[親]에 의해서[乎] 기뻐하게 되지 않는다[不順]〉로 옮기기보다 자불순친(子不順親)으로 바꿔 〈자식이[子] 어버이를[親] 편안해 즐겁게 하지 않는다[不順]〉고 보면 오히려 문의가 분명해진다.

불순호친(不順乎親)에서 순(順)은 〈편안할 안(安) · 즐거워질 락(樂)〉 등과 같은 〈안락해질 순(順)〉이고, 호(乎)는 피동문(被動文)의 조사(助詞)로 〈~에 의해서 어(於) · 우(于)〉 등과 같고, 친(親)은 여기선 부모(父母)를 뜻한다. 순호친(順乎親) 또한 〈어버이[親]에 의해서[乎] 편안해 즐겁지 않으면[不順]〉보다 〈어버이가 편안히 즐거워하지 않으면〉이라고 능동(能動)의 말투로 옮기면 우리말답게 될 것이다.

불신호붕우의(不信乎朋友矣)는 〈인지불신호붕우의(人之不信乎朋友矣)〉에서 인지(人之)를 생략한 구문이다. 불신호붕우의(不信乎朋友矣)의 신(信)은 〈믿을 성(誠)〉과 같아 성신(誠信)의 줄임이고, 호(乎)는 피동문(被動文)의 조사(助詞)로 〈~에 의해서 어(於) · 우(于)〉 등과 같고, 의(矣)는 종결어미 조사(助詞: ~이다) 노릇한다. 불신호붕우의(不信乎朋友矣)도 〈친구[朋友]에 의해서[乎] 믿어지지 않는 것[不信]이다[也]〉로 옮기기보다 〈친구가 믿지 않는 것이다〉로 바꾸면 문의(文意)가 분명해진다.

【풀이(繹)】

신호붕우유도(信乎朋友有道) 불순호친(不順乎親) 불신호붕우의(不信乎朋友矣) 역시 달도(達道)의 오교(五交)와 그 오교(五交)를 누리게 하는 달덕(達德)인 지(知) · 인(仁) · 용(勇)을 몸소 실행하지 않고서는 붕우(朋友)의 신임(信任)을 받아 중용(中庸)의 삶을 누릴 수 없음을 살펴 새기고 헤아려 가늠하게 한다. 신호붕우유도(信乎朋友有道) 불순호친(不順乎親) 불신호붕우의(不信乎朋友矣)를 가늠해보면 〈신호붕우지도순호친자의(信乎朋友之道順乎親者矣)〉임을 밝히고 있음을 알 것이다. 벗들[朋友]로부터 믿음을 얻는 도리(道理)는 먼저 효제(孝弟)로, 제 어버이[親]의 마음을 편안하게 하여 즐겁게 함이 벗들[朋友]로부터 믿음을 얻는 도리(道理)가 된다. 이는 수기(修己)를 떠나서는 익자삼우(益者三友)의 신임(信任)을 얻을 수 없음을 말해준다.

수기(修己)는 효제(孝悌)로부터 시작된다. 그 효제(孝悌)는 어버이를 섬기고[孝] 형(兄)들을 받드는[悌] 성의(誠意)로부터 자순친(子順親)의 효(孝)와 제경형(弟敬

兄)의 제(悌)가 비롯된다. 제 어버이[親]를 편안하게 하여 즐겁게 하는[順] 효자(孝者)와 제 형(兄)들을 공경하는[敬] 아우[弟]라야 익자삼우(益者三友)의 신임(信任)을 얻을 수 있다. 그러므로 효제(孝弟)의 수기(修己)를 독실하게 해야 붕우(朋友)의 믿음[信]을 얻을 수 있음을 밝힌 말씀이 〈신호붕우유도(信乎朋友有道) 불순호친(不順乎親) 불신호붕우의(不信乎朋友矣)〉이다.

順乎親有道(순호친유도) 反諸身不誠(반저신불성) 不順乎親矣(불순호친의)

▶어버이[親]에 의해서[乎] 편안해 즐거워지는[順] 도리가[道] 있지만[有], 자신[身]에 의해서 어버이를 편안하게 하여 즐겁게 했는지[諸] 돌이켜보기를[反] 정성들이지 않는다면[不誠] 어버이[親]에 의해서[乎] 편안히 즐거워지지 않는 것[不順]이다[也].

註 순호친유도(順乎親有道)와 불순호친의(不順乎親矣)의 피동(被動)을 〈친지순유도(親之順有道)·친지불순의(親之不順矣)〉로 바꾸면 문의(文意)가 분명해진다. 〈어버이가 편안해 즐거워하는 도리가 있지만, 자신에게 어버이를 편안하게 하여 즐겁게 했는지 돌이켜보기를 정성들이지 않는다면 어버이가 편안히 즐겁지 않은 것이다〉

편안히 즐겁게 될 순(順), 조사(~에 의해서) 호(乎), 어버이 친(親), 있을 유(有), 도리 도(道), 돌이켜볼 반(反), 지어(之於) 저(諸), 정성될 성(誠), 종결어미 조사(~이다) 의(矣)

【읽기(讀)】

순호친유도(順乎親有道)에서 순호친(順乎親)은 유(有)를 꾸며주는 부사구(副詞句) 노릇하고, 유(有)는 〈있을 유(有)〉 자동사로 주어를 뒤에 두며, 도(道)는 유(有)의 주어 노릇해 〈순호친(順乎親)에 도(道)가 있다[有]〉고 문맥을 잡으면 된다. 순호친(順乎親)을 친지순(親之順)으로 여겨 〈어버이가[親之] 편안하여 즐거워함[順]〉으로 옮기면 문의(文意)가 분명해진다.

순호친(順乎親)의 순(順)은 〈편안할 안(安)·즐거워질 락(樂)〉 등과 같아 〈안락해질 순(順)〉이고, 호(乎)는 피동문(被動文)의 조사(助詞)로 〈~에 의해서 어(於)·우(于)〉 등과 같고, 친(親)은 여기선 부모(父母)를 뜻한다.

반저신불성(反諸身不誠)은 〈불성반저신(不誠反諸身)〉에서 반저신(反諸身)을 강조하고자 불성(不誠) 앞으로 전치(前置)한 구문이다. 반저신(反諸身)은 반지어신(反之於身)의 줄임이고, 반지어신(反之於身)은 또 반수호친어신(反順乎親於身)을 줄인 것이다. 그러므로 반저신(反諸身)을 〈자신[身]에게 그것을[諸] 돌이켜보기[反]〉로 보는 편보다 〈자신[身]에게 어버이를 편안하게 하여 즐겁게 했는지[諸] 돌이켜보기를[反]〉처럼 옮기면 더 분명해진다.

반저신불성(反諸身不誠)에서 반(反)은 〈생각할 사(思)〉와 같고, 저(諸)는 지어(之於)를 대신하며, 신(身)은 자신(自身)의 줄임이고, 특히 성(誠)은 〈믿을 신(信)·순수할 순(純)·공경할 경(敬)·익을 실(實)·자상할 심(審)〉 등의 뜻을 간직하고 있으니, 천지(天地)가 그렇게 하는 것을 천지지도(天地之道)의 성(誠)이라 함을 늘 유념(留念)하게 한다.

불순호친의(不順乎親矣)는 〈인지불순호친의(人之不順乎親矣)〉에서 인지(人之)를 생략한 구문이다. 불순호친의(不順乎親矣)의 순(順)은 〈따를 순(順)〉을 뜻함이 아니라 〈편안해할 안(安)·즐겁게 될 락(樂)〉 등과 같아 〈편안해 즐거워질 순(順)〉이니 순안(順安)의 줄임이고, 호(乎)는 피동문(被動文)의 조사(助詞)로 〈~에 의해서 어(於)·(于)〉 등과 같고, 친(親)은 부모(父母)를 뜻하고, 의(矣)는 종결어미 조사(助詞:~이다) 노릇한다. 불순호친의(不順乎親矣)를 〈부모[親]에 의해서[乎] 편안해 즐거워지지 않는 것[不順]이다[矣]〉로 옮기기보다 〈부모가 편안해 즐겁지 않은 것이다〉로 보면 우리말답게 된다.

【풀이(繹)】

순호친유도(順乎親有道) 반저신불성(反諸身不誠) 불순호친의(不順乎親矣)는 효제(孝弟)를 지성(至誠)으로 몸소 실행하지 않고서는 어버이[親]가 진실로 편안하고 즐거울 수 없음을 살펴 새기고 헤아려 깨우치게 한다. 순호친유도(順乎親有道) 반저신불성(反諸身不誠) 불순호친의(不順乎親矣)를 가늠해보면 〈순호친지도성반저신자의(順乎親之道誠反諸身者矣)〉임을 밝히고 있음을 알 것이다. 자식이 불효(不孝)하면 부모(父母)가 편안할 리 없고 따라서 즐거울 수 없으며, 형제(兄弟)끼리

불화(不和)하면 또한 부모(父母)가 편안할 리 없고 따라서 즐거울 수 없다. 자성순친(子誠順親) 즉 자식[子]이 어버이[親]를 성실히[誠] 편안하게 하여 즐겁게 함[順]이 효(孝)의 정성됨(誠)이고, 제성경형(弟誠敬兄) 즉 아우[弟]가 형(兄)을 성실히[誠] 받듦[敬]이 제(悌)의 성(誠)이다.

성(誠)을 떠난 자효(慈孝)는 없는 것이며, 성(誠)을 떠난 효제(孝弟)도 없는 것이다. 천지(天地)가 그렇게 하는 것을 천지지도(天地之道)의 성(誠)이라 하고, 천지지도(天地之道)의 성(誠)을 진실로 본받아[法] 인간이 그렇게 함이 인지도(人之道)의 성(誠)임을 늘 유념(留念)하게 한다. 〈성(誠)〉 그것은 자연(自然)이며 태극(太極)이므로 부모(父母)의 〈자(慈)〉도 법성(法誠) 즉 법자연(法自然)이고, 자(子)의 〈효(孝)〉도 성(誠)을 본받음[法]이며, 형(兄)의 〈제(悌)〉 또한 법성(法誠)이다. 물론 성(誠), 그것은 중용지도(中庸之道)의 바탕임을 늘 명심(銘心)하여 중용(中庸)의 중(中)과 용(庸)을 살펴야 할 것이다.

그러므로 반저신불성(反諸身不誠)의 성(誠)은 인지도(人之道)의 성(誠)을 말한다. 인지도(人之道)의 성(誠)은 천지지도(天地之道)의 성(誠)을 본받기[法]를 다하는[盡] 것이다. 그래서 천지지도(天地之道)의 성(誠)을 천지(天地)가 그렇게 하는 것이라 한다. 천지(天地)가 그렇게 하는 것이란 말은『장자(莊子)』「달생(達生)」편(篇)에 나오는 〈천지자만물지부모(天地者萬物之父母)〉라는 말씀을 상기(想起)하면 헤아려 가늠할 수 있다. 천지(天地)가 온갖 것[萬物]의 어버이[父母]로서 그 노릇을 다함이 곧 천지지도(天地之道)의 성(誠)이며, 천지지도(天地之道)의 성(誠)을 인간이 본받음[法]이 곧 인지도(人之道)의 성(誠)이다. 천지(天地)가 그렇게 하는 것을 진실로 법(法)함이 인지도(人之道)의 성(誠)인 것이다.

반저신불성(反諸身不誠)의 불성(不誠)은 천지지도(天地之道)의 성(誠)을 본받지 않음을 말한다. 제 부모를 천지(天地)같이 돌이켜봄[反]이 정성스럽지 않다면[不誠] 부모(父母)를 편히 즐겁게 못함이다. 그러므로 성반효제(誠反孝悌) 즉 정성스럽게[誠] 효제(孝弟)를 돌이켜봄[反]이 곧 순호친(順乎親)의 도리(道)가 되는 것이니, **기위인야효제(其爲人也孝弟)**이고 **효제야자기위인지본여(孝弟也者其爲仁之本與)**라고 한다. 그[其] 사람됨이[爲人也] 효제(孝弟)이고, 효제란[孝弟也] 것[者] 그것이[其] 어짊의[仁之] 근본이[本] 된다[爲]. 효제(孝弟)는 효제(孝悌)와 같은 말이다. 효제(孝悌)를 떠난 인자(仁者)는 없고 인자(仁者)를 벗어난 현자(賢者)도 없으니, 인자(仁者)와 현자(賢者)는 또한 같은 말씀이다. 천지지도(天地之道)의 성(誠)을 그대로 본받는[法] 분이 성인(聖人)이고, 그 성인(聖人)을 진실로 본받는[效] 자(者)가 곧 군자(君子)이다. 자식이 군자(君子)의 길을 가면 그 부모(父母)는 그지없이 안락(安樂) 즉 순(順)하게 마련이다. 그러므로 성반효제이신(誠反孝悌以身) 즉 몸소[以身] 효제(孝悌)를 돌이켜봄[反]이 정성스러워야[誠] 순호친(順乎親)의 인도(人道)를 넓혀 가는 근본(根本)임을 밝힌 말씀이 〈순호친유도(順乎親有道) 반저신불성(反諸身不誠) 불순호친의(不順乎親矣)〉이다.

註 "유자왈(有子曰) 기위인야효제(其爲人也孝弟) 이호범상자선의(而好犯上者鮮矣) 불호범상(不好犯上) 이호작란자미지유야(而好作亂者未之有也) 군자무본(君子務本) 본립이도생(本立而道生) 효제야자(孝弟也者) 기위인지본여(其爲仁之本與)." 유자가[有子] 말했다[曰]: 그[其] 사람[人]됨[爲]이란[也] 효제이다[孝弟]. 그래서[而] 윗사람을[上] 범하기를[犯] 좋아하는[好] 사람은[者] 드문 것[鮮]이다[矣]. 윗사람을[上] 범하기를[犯] 좋아하지 않으면서[不好而] 어지러움을[亂] 짓기를[作] 좋아하는[好] 사람[者] 그런 자는[之] 여태껏 없는 것[未有]이다[也]. 군자는[君子] 근본을[本] 애쓴다[務]. 근본이[本] 서면서[立而] 나갈 길이[道] 생긴다[生]. 효제(孝弟)란[也] 것[者] 그것은[其] 어짊의[仁之] 근본이[本] 되는 것[爲]이로다[與].

유자(有子)는 공자(孔子)의 제자로, 성(姓)은 유(有)이고 이름은 약(若)이며, 노(魯)나라 사람으로 공자(孔子)보다 13세 연하(年下)였다. 『논어(論語)』「학이(學而)」편(篇) 2장(章)

誠身有道(성신유도) 不明乎善(불명호선) 不誠乎身矣(불성호신의)

▶ 자신을[身] 정성되게 하는 데[誠] 길이[道] 있지만[有], 선(善)에 의해서[乎] 밝혀지지 않는다면[不明] 자신[身]에 의해서[乎] 정성되지 않는 것[不誠]이다[也].

註 불명호선(不明乎善)과 불성호신의(不誠乎身矣)의 피동(被動)을 〈선불명기도(善不明其道)·신불성기도의(身不誠其道矣)〉로 바꾸어 옮기면 문의(文意)가 드러난다. 〈자신을 정성되게 하는 데 길이 있지만, 선(善)이 그 도를 밝히지 않는다면 자신이 그 도를 정성스럽게 하지 않는 것이다〉

정성될 성(誠), 자신 신(身), 있을 유(有), 길(방법) 도(道), 아닐 불(不), 밝힐 명(明), 조사(~에 의해서) 호(乎), 착할 선(善), 종결어미 조사(~이다) 의(矣)

【읽기(讀)】

성신유도(誠身有道)에서 성신(誠身)은 유(有)를 꾸며주는 부사구(副詞句) 노릇하고, 유(有)는 〈있을 유(有)〉 자동사로 주어를 뒤에 두고, 도(道)는 유(有)의 주어 노릇해 〈성신(誠身)에 도(道)가 있다[有]〉고 새기면 된다.

성신(誠身)의 성(誠)은 〈믿을 신(信) · 순수할 순(純) · 공경할 경(敬) · 익을 실(實) · 자상할 심(審)〉 등의 뜻을 하나로 간직하고 있는 자(字)이며, 특히 천지(天地)가 그렇게 하는 것을 천지지도(天地之道)의 성(誠)이라 하고, 천지지도(天地之道)의 성(誠)을 진실로 본받아[法] 인간이 그렇게 함은 인지도(人之道)의 성(誠)임을 유념(留念)해야 한다. 신(身)은 자신(自身)의 줄임이고, 도(道)는 〈이치 리(理)〉와 같아 도리(道理)의 줄임으로 여기면 된다.

불명호선(不明乎善)은 〈기도불명호선(其道不明乎善)〉에서 일반주어인 기도(其道)를 생략한 구문이다. 불명호선(不明乎善)의 호(乎)는 피동문(被動文)의 조사(助詞)로 〈~에 의해서 호(乎)〉이니 〈그[其] 도가[道] 선(善)에 의해서[乎] 밝혀지지 않는다[不明]〉로 보기보다 선불명기도(善不明其道)로 바꾸어 〈착함이[善] 그[其] 도를[道] 밝혀주지 않는다[不明]〉라고 옮기면 오히려 문맥이 잘 잡힌다. 본래 우리말은 피동형(被動形)의 말투를 싫어하기 때문이다.

불명호선(不明乎善)에서 명(明)은 〈드러날 저(著) · 이룰 성(成) · 갖출 비(備)〉 등의 뜻을 하나로 간직한 자(字)이고, 선(善)은 여기선 선행(善行)의 줄임으로 여기면 된다. 불명호선(不明乎善)을 〈착함[善]에 의해서[乎] 드러나게 되지 않으면[不明]〉으로 옮기기보다 〈착함이 드러나지 않는다면〉으로 보면 될 것이다.

불성호신의(不誠乎身矣)는 〈기도불성호신의(其道不誠乎身矣)〉에서 기도(其道)를 생략한 구문이다. 불성호신의(不誠乎身矣)의 성(誠)은 〈믿을 신(信) · 순수할 순(純) · 익을 실(實) · 자상할 심(審)〉 등의 뜻을 간직하고, 호(乎)는 피동문(被動文)의 조사(助詞)로 〈~에 의해서 어(於) · 우(于)〉 등과 같으며, 신(身)은 여기선 자신(自身)을 뜻하고, 의(矣)는 종결어미 조사(助詞 : ~이다) 노릇한다. 불성호신의(不誠

乎身矣)도 〈그[其] 도가[道] 자신[身]에 의해서[乎] 정성스러워지지 않는 것[不誠]이다[矣]〉로 옮기기보다 〈자신이[身] 그[其] 도를[道] 정성스럽게 하지 않는 것[不誠]이다[矣]〉로 옮기면 우리말답게 된다.

【풀이(繹)】

성신유도(誠身有道) 불명호선(不明乎善) 불성호신의(不誠乎身矣)는 성신(誠身)이 곧 중용지도(中庸之道)이고, 중용지도(中庸之道)가 명호선(明乎善)으로 이룩됨[成]을 살펴 새기고 헤아려 가늠하게 한다. 성신(誠身), 이 말씀은 천지지도(天地之道)의 성(誠)을 스스로 본받게 함이니, 사천(事天) · 순천(順天) · 응천(應天)의 수신(修身)으로 통한다. 성신(誠身)의 성(誠)은 천지(天地)가 그렇게 하는 것[誠]을 그대로 법(法)함을 뜻하니, 성신(誠身)이란 자신[身]을 천지(天地)가 하는 대로 맡겨둔다는 뜻으로 자신[身]을 인지도(人之道)의 성(誠)에 맡김이다.

자신[身]을 정성되게 함[誠]이란 수신(修身)의 지극함이다. 천도(天道) 즉 성(誠)을 진실로 본받고[法] 따라[順] 응(應)하여 받들어야[事] 명선자(明善者)가 된다. 그래서 성신(誠身)은 『장자(莊子)』「제물론(齊物論)」편(篇)에 나오는 우저용(寓諸庸)이란 말씀을 떠올려 중용(中庸)의 중(中)과 용(庸)을 살펴 새기고 헤아려 가늠하게 한다. 중용(中庸)의 중(中)을 무사(無私)하게(크나크게) 씀[庸]이 중용(中庸)의 용(庸)이고, 그 용(庸)은 중용(中庸)의 중(中)을 통(通)하게 함이고, 그 통(通)은 중용(中庸)의 중(中)을 얻게[得] 함이며, 그 득(得)은 곧 득중용지도(得中庸之道)이니, 중용(中庸)의 용(庸)은 중(中) 즉 중정(中正) · 중화(中和)를 쓰게[用] 하여 그 중(中)을 열리게[通] 하고, 그 중(中)을 통(通)하게 하여 중용지도(中庸之道)를 얻게[得] 하는 것이다. 그러므로 성신(誠身)이란 정성스럽게 하여 중용지도(中庸之道)를 득(得)하여 스스로 다함[盡]이다. 진심(盡心) · 진신(盡身)은 곧 성신(誠身)이다. 그러면 성신(誠身)의 성(誠)이 법자연(法自然) 즉 자연(自然)을 본받아[法] 천지가 그렇게 하는 것에 맡김[寓]이 곧 인지도(人之道)의 성(誠)임을 알 수 있다.

명호선(明乎善)이란 저호선행(著乎善行) · 비호선행(備乎善行) · 계호선행(繼乎善行) 등을 묶어서 뜻함이다. 선행에 의해서[乎善行] 드러나고[著] 갖추어져[備] 이어짐[繼]이 곧 여기 명호선(明乎善)의 명(明) 즉 밝음[明]이고, 이러한 선행(善行)을 거침없이 실행함이 곧 성(誠)이다. 선행(善行)이란 말씀은 『맹자(孟子)』「진심장구

(盡心章句) 상(上)」편(篇)에 나오는 **순지패연**(舜之沛然)이란 말씀을 떠올리게 한다. 성신(誠身)이란 자신(自身)을 진실하게 하여 망념됨이 없게 함이고 공평(公平)하여 스스로 무사(無私)하게 함이라, 중용(中庸)의 도(道)를 한시도 벗어나지 않고자 수신(修身)하여 극기(克己)하고 수기(守己)함이다. 그러면 스스로 **저성거위**(著誠去僞) 즉 정성[誠]을 드러내고[著] 거짓[僞]을 버리는[去] 자신을 밝혀[明] 갖추어[備] 이루어짐[成]을 늘 깊이 살펴 새기고 헤아려 깨우치게 하는 말씀이 〈성신유도(誠身有道) 불명호선(不明乎善) 불성호신의(不誠乎身矣)〉이다.

註 "위시불용(爲是不用) 이우저용(而寓諸庸) 용야자용야(庸也者用也) 용야자통야(用也者通也) 통야자득야(通也者得也) 적득이기의(適得而幾矣) 인시이(因是已) 이이부지기연위지도(已而不知其然謂之道)." 제 주장을[是] 꾀함을[爲] 쓰지 않고[不用] 그래서[而] 늘 그대로 씀[庸]에 사물을[諸] 맡겨둔다[寓]. 늘 그대로 씀이란[庸也] 것도[者] 씀[用]이다[也]. 씀이란[用也] 것은[者] 통함[通]이다[也]. 통함이란[通也] 것은[者] 얻음[得]이다[也]. 걸림 없이 얻는다면[適得而] {천도(天道)에} 가까운 것[幾]이다[矣]. 천도에 맡길[因是] 뿐이다[已]. 그뿐이면서[已而] 그러함을[其然] 의식하지 않음[不知] 그것을[之] 도라고[道] 한다[謂].

위시불용(爲是不用)의 시(是)는 〈제 주장 시(是)〉이고, 위(爲)는 여기선 〈꾀할 모(謀)〉와 같다. 우저용(寓諸庸)은 우지어용(寓之於庸)의 줄임으로, 여기서 저(諸)는 지어(之於)의 축약(縮約)이라 〈늘 그대로 씀[庸]에[於] 그것을[之] 맡긴다[寓]〉고 보면 된다. 인시이(因是已)는 우저용(寓諸庸)을 달리 말한 것이니 인(因)은 여기선 〈맡길 우(寓)〉와 같고, 시(是)는 천도(天道)의 용(庸) 즉 대용(大用)을 뜻한다. 『장자(莊子)』「제물론(齊物論)」편(篇) 12단락(段落)

註 "순지거심산지중(舜之居深山之中) 여목석거(與木石居) 여록시유(與鹿豕遊) 기소이이어심산지야인자기희(其所以異於深山之野人者幾希) 급기문일선언(及其聞一善言) 견일선행(見一善行) 약결강하(若決江河) 패연막지능어야(沛然莫之能禦也)." 순이[瞬之] 깊은[深] 산 속에[山之中] 살 때[居] 목석과[木石] 함께[與] 살았고[居], 노루와[鹿] 돼지와[豕] 함께[與] 놀아[游] 그래서[以] 순이[其] 깊은[深] 산의[山之] 야인들과[野人] 다른[異] 바의[所] 점이란[者] 거의[幾] 없었다[希]. 그러나[及] 순이[其] 한번[一] 선한[善] 말을[言] 듣거나[聞] 한번[一] 선한[善] 행동을[行] 보면[見] {순(舜)은} 강하를[江河] 건너는[決] 듯했고[若] 세찬 물살이 쏟아지듯해[沛然] 그를[之] 막을[禦] 수 없었던 것[莫能]이다[也]. 『맹자(孟子)』「진심장구(盡心章句) 상(上)」편(篇) 16장(章)

註 "궁본지변(窮本知變) 악지정야(樂之情也) 저성거위(著誠去僞) 예지경야(禮之經也) 예악부천지지정(禮樂偩天地之情) 달신명지덕(達神明之德)." 근본을[本] 더없이 밝혀[窮] 변화를[變] 앎이[知] 악의[樂之] 참뜻[情]이고[也], 정성을[誠] 드러내[著] 거짓을[僞] 없앰이[去] 예의[禮之] 길[經]이다[也]. 예악은[禮樂] 자연의[天地之] 참뜻을[情] 본뜨고[偩] 자연이 변화하게 하는 짓을[神]

밝히는[明之] 덕을[德] 통달한다[達]. 『예기(禮記)』「악기(樂記)」편(篇) 40단락(段落)

誠者天之道也(성자천지도야)

▶ 정성이란[誠] 것은[者] 하늘의[天之] 도(道)이다[也].

정성 성(誠), 것 자(者), 하늘 천(天), 조사(~의) 지(之), 이치 도(道), 조사(~이다) 야(也)

【읽기(讀)】

성자천지도야(誠者天之道也)에서 성자(誠者)는 주부(主部) 노릇하고, 천지도(天之道)는 술부(述部)로 보어(補語) 노릇하며, 야(也)는 종결어미 조사(助詞: ~이다) 노릇한다. 성자천지도야(誠者天之道也)에서 성(誠)은 〈믿을 신(信) · 순수할 순(純) · 공경할 경(敬) · 익을 실(實) · 자상할 심(審)〉 등의 뜻을 간직하고 있는 자(字)이며, 성자(誠者)는 성지물(誠之物)의 지물(之物)을 자(者)로 줄인 것이다. 물론 성자(誠者)의 자(者)를 한문법(漢文法)에서 종종 제돈(提頓) 즉 조사(助詞)로 지적하기도 하므로 〈~은 또는 ~을〉을 나타낸다고 보는 경우도 있다. 천지도(天之道)의 도(道)는 〈이치 리(理) · 가르칠 교(敎) · 이끌어갈 도(導) · 방도 방(方) · 말씀 언(言)〉 등의 뜻을 간직하고 있다.

【풀이(繹)】

성자천지도야(誠者天之道也)는 앞서 살핀 〈성신유도(誠身有道)〉의 성신(誠身)을 깊이 살펴 새기고 헤아려 가늠하게 하는 말씀이다. 성(誠)은 천도(天道) 즉 천지지도(天地之道)가 그렇게 하는 것이니, 성자(誠者)는 천지지성(天地之誠)을 말한다. 여기서 인지도(人之道)의 성(誠) 즉 인간의 성(誠)은 법천지지성(法天地之誠) 그것이다. 그러므로 성신(誠身)이란 말씀은 자신이 스스로 순천(順天) · 사천(事天) · 사천(師天) · 종천(從天) · 응천(應天)하게 하는 자연의[天之] 이치[理]이고, 자연의[天之] 가르침[敎]이며, 자연의[天之] 이끌어감[導]이고, 자연의[天之] 방도[方]이고, 자연의[天之] 말씀[言]임을 터득할 수 있다.

성자(誠者)는 자연히 그렇게 하는[誠] 것[者]이니 진실무망(眞實無妄) 즉 진실하여[眞實] 망령됨[妄]이 없음[無]으로 성자(誠者)는 곧 천지도(天之道)이고, 따라서 공평하여[公平] 제 노림[私]이 없는[無] 것이다. 그래서 천도(天道) 즉 성(誠)을 본받기[法]를 일러 사성자(思誠者)라고 한 것이다. 성자천지도(誠者天之道)란 말씀으로부터 시작하여 성(誠)은 중용장구(中庸章句)에서 연이어 나타난다. 그러므로 드디어 성자(誠者)의 성(誠) 즉 자연히 그렇게 하는 것[誠]을 떠나서는 중용(中庸)의 도(道)가 이루어질 수 없음을 깊이 살펴 새기고 헤아려 깨우치게 하는 말씀이 〈성자천지도야(誠者天之道也)〉이다.

誠之者人之道也(성지자인지도야)

▶ 그것을[之] 정성껏 하는[誠] 것은[者] 사람의[人之] 도(道)이다[也].

받들어 믿을 성(誠), 조사 지(之), 것 자(者), 조사(~의) 지(之), 이치 도(道), 조사(~이다) 야(也)

【읽기(讀)】

성지자인지도야(誠之者人之道也)에서 성지자(誠之者)는 주부(主部) 노릇하고, 인지도(人之道)는 술부(述部)로 보어(補語)이고, 야(也)는 종결어미 조사(助詞: ~이다) 노릇한다. 성지자인지도야(誠之者人之道也)는 〈성천지도자인지도야(誠天之道者人之道也)〉에서 천지도(天之道)를 지(之)로 대신한 구문이다. 〈천지도(天之道)를 정성껏 하는[誠] 것은[者] 사람의[人之] 도(道)이다[也]〉 이를 〈그것을[之] 정성껏 하는[誠] 것은[者] 사람의[人之] 도(道)이다[也]〉로 줄인 것이다.

성지자인지도야(誠之者人之道也)에서 성(誠)은 〈믿을 신(信) · 순수할 순(純) · 공경할 경(敬) · 익을 실(實) · 자상할 심(審)〉 등의 뜻을 간직한 〈정성껏 하는 성(誠)〉 즉 자연(自然)히 그렇게 하는 것[誠]으로 여기면 문의(文意)가 잡히고, 지(之)는 천도(天道)인 성(誠)을 나타내는 〈그것 지(之)〉이고, 자(者)는 지물(之物)을 나타내는 〈것 자(者)〉이며, 인지도(人之道)의 도(道) 역시 〈이치 리(理) · 가르칠 교(敎) · 이끌어갈 도(導) · 방도 방(方) · 말씀 언(言)〉 등의 뜻을 간직하고 있다.

【풀이(繹)】

성지자인지도야(誠之者人之道也)는 천지도(天之道)를 정성껏 본받아[法] 거짓 없이 좇고 따라 받드는 까닭을 가늠하게 한다. 성지자(誠之者)는 성천지도자(誠天之道者)의 줄임이고, 성지자(誠之者)의 성(誠)은 『예기(禮記)』「제통(祭統)」편(篇)에 나오는 **성신지위진(誠信之謂盡) 진지위경(盡之謂敬) 경진연후(敬盡然後) 가이사신명(可以事神明)**이란 말씀을 떠올리니, 성지자(誠之者)를 왜 사람의 도(道)라고 하는지 저마다 나름대로 터득할 수 있다. 성지자(誠之者)의 성지(誠之)는 성신(誠信) 즉 진실로 무사(無私)한 믿음[信]이고, 그 성신(誠信)은 곧 경진(敬盡) 즉 성신(誠信)의 받듦[敬]을 다함[盡]을 뜻함을 알 수 있다. 다시 말해, 한 점 거짓[僞] 없이 천지도(天之道)를 진실로 믿고 받들어 따르기를 다함이 성지자(誠之者)이다.

성지자(誠之者)는 성성자(成性者)이다. 본성[性]을 이룸[成]이 곧 성지자(誠之者)이고, 이는 곧 중용(中庸)의 행(行)이다. 그러니 성성자(成性者)는 중용(中庸)을 행(行)함으로써 정성스럽게 사천(事天) · 순천(順天)함이고, 『맹자(孟子)』「이루장구(離婁章句) 상(上)」편(篇)에 나오는 **사성자(思誠者)** 즉 자연히 그렇게 하는 것[誠]을 사모하는[思] 것[者]이 성지자(誠之者)이다. 그러므로 **불명호선(不明乎善) 불성기신의(不誠其身矣)**이라고 하는 것이다. 선(善)이 밝지 않으면[不明] 자신을[身] 정성껏 하지 못함[不誠]이니, 선(善)하지 않으면 성실(誠實)한 자신을 이룰 수 없음이다. 선(善)이란 무엇인가? 선(善)은 계천지도(繼天之道) 즉 천지도(天之道)를 계승(繼承)함이다. 그러니 명호선(明乎善)이란 불리선(不離善) 즉 선(善)을 떠나지 않다는 말[不離]을 말한다. 계천지도(繼天之道) · 불리선(不離善)이 곧 성자(誠者)를 성신(誠信)함이고 경진(敬盡)함이다. 이를 줄여 성지자(誠之者)라고 하는 것이다. 그래서 『맹자(孟子)』「이루장구(離婁章句) 상(上)」편(篇)에서 중용(中庸)의 성지자(誠之者)가 사성자(思誠者)임을 밝히고 있다. 여기서 성지자(誠之者)가 곧 인지도(人之道)라고 하여 인간이 성자(誠者) 즉 천지도(天之道)를 성신(誠信)하고 경진(敬盡)해야 함을 밝힌 말씀이 〈성지자인지도야(誠之者人之道也)〉이다.

註 "신치기성신(身致其誠信) 성신지위진(誠信之謂盡) 진지위경(盡之謂敬) 경진연후(敬盡然後) 가이사신명(可以事神明)." 몸소[身] {신명(神明)을} 진실로[誠] 믿음을[信] 다한다[致]. 성신을[誠信之] 남김없이 다함이라[盡] 하고[謂], 남김없이 다함을[盡之] 우러러 받듦이라[敬] 한다[謂]. {신명(神明)을} 우러러 받들어[敬] 남김없이 다한[盡] 뒤에야[然後] 그로써[以] 신명을[神明] 받들어 모실 수 있는 것[可事]이다[也].

신명(神明)이란 천지가 변화하게 하는 짓[神]을 밝힘이니 명천지도(明天之道)와 같은 말씀이다. 『예기(禮記)』「제통(祭統)」편(篇) 끝 단락(段落)

註 "성신유도(誠身有道) 불명호선(不明乎善) 불성기신의(不誠其身矣) 시고(是故) 성자천지도야(誠者天之道也) 사성자인지도야(思誠者人之道也)." 자신을[身] 정성되게 하는데[誠] 길이[道] 있지만[有], 선(善)에 의해서[乎] 밝혀지지 않는다면[不明] 제[其] 자신을[身] 정성들이지 못함[不誠]이다[矣]. 이렇기[是] 때문에[故] 정성이란[誠] 것은[者] 하늘의[天之] 도(道)이고[也], 정성을[誠] 생각함이란[思] 것은[者] 인간의[人之] 도(道)이다[也].

『맹자(孟子)』「이루장구(離婁章句) 상(上)」편(篇) 12장(章)

誠者(성자) 不勉而中(불면이중) 不思而得(불사이득) 從容中道(종용중도) 聖人也(성인야)

▶ 정성껏 하는[誠] 사람은[者] 힘들이지 않고서도[不勉而] {천지도(天之道)와} 응하고[中], 생각하지 않아도[不思而] {천지도(天之道)를} 터득하고[得], 하염없이[從容] 하늘의 도와[道] 맞으니[中] 성인(聖人)이다[也].

정성된 성(誠), 사람 자(者), 아니 불(不), 애쓸 면(勉), 조사(~서도) 이(而), 응할 중(中), 생각할 사(思), 깨달을 득(得), 따를 종(從), 모습 용(容), 맞을 중(中), 도리 도(道), 밝고 통할 성(聖), 조사(~이다) 야(也)

【읽기(讀)】

성자(誠者)는 〈성지인(誠之人)〉에서 지인(之人)을 자(者)로 줄인 것이다. 물론 성자(誠者)의 자(者)를 한문법(漢文法)에서 종종 제돈(提頓) 즉 토씨로 지적하기도 하므로 〈~은 또는 ~을〉을 나타낸다고 보는 경우도 있다. 성자성인야(誠者聖人也)의 성자(誠者)는 주부(主部) 노릇하고, 성인(聖人)은 술부(述部)로 보어(補語) 노릇하며, 야(也)는 종결어미 조사(助詞 : ~이다) 노릇한다. 성자(誠者)의 성(誠)은 〈믿을 신(信) · 순수할 순(純) · 공경할 경(敬) · 익을 실(實) · 자상할 심(審)〉 등의 뜻을 간직하고, 〈천지(天地)가 그렇게 하는 성(誠)〉임을 유념하여 성자(誠者)를 새겨야 한다. 물론 성자(誠者)가 문맥에 따라 천도(天道)를 뜻하기도 하고, 인도(人道)를 뜻하기도 한다. 특히 인도(人道)를 뜻하는 성자(誠者)는 성지자(誠之者)의 줄임으로 보아야 할 것이고, 성지자(誠之者)의 성(誠)은 〈천지(天地)가 그렇게 함을 본받는[法] 성(誠)〉으로 여겨 〈천도(天道)의 정성(精誠)을 본받아 다할 성(誠)〉으로 옮기면 문의(文意)가 잡힌다.

불면이중(不勉而中)은 〈성자불면이중천지도(誠者不勉而中天之道)〉에서 되풀이되는 성자(誠者)와 중(中)의 목적어 노릇할 천지도(天之道)를 생략한 구문이다. 〈성자는[誠者] 애쓰지 않아도[不勉而] 천지도와[天之道] 적중한다[中]〉 이를 〈애쓰지 않아도[不勉而] 적중한다[中]〉로 줄인 것이다. 불면이중(不勉而中)에서 면(勉)은 〈힘쓸 욱(勖)〉과 같고, 이(而)는 조사(助詞: ~서도) 노릇하고, 중(中)은 〈응할 응(應)〉과 같다.

불사이득(不思而得)은 〈성자불사이득천지도(誠者不思而得天之道)〉에서 성자(誠者)와 득(得)의 목적어 노릇할 천지도(天之道)를 생략한 것이다. 〈성자는[誠者] 생각하지 않아도[不思而] 천지도를[天之道] 얻는다[得]〉 이를 〈생각하지 않아도[不思而] 얻는다[得]〉로 줄인 말투이다. 불사이득(不思而得)에서 사(思)는 〈생각할 념(念)〉과 같아 사념(思念)의 줄임이고, 이(而)는 조사(助詞: ~서도) 노릇하고, 득(得)은 여기선 〈터득할 오(悟)〉와 같아 득오(得悟)의 줄임이다.

종용중도(從容中道)는 〈성자종용중천지도(誠者從容中天之道)〉에서 성자(誠者)와 중(中)의 목적어 노릇할 천지도(天之道)의 천지(天之)를 생략한 구문이다. 〈성자는[誠者] 하염없이[從容] 천지도와[天之道] 맞는다[中]〉 이를 〈하염없이[從容] 맞는다[中]〉로 줄인 것이다. 종용중도(從容中道)의 종용(從容)은 불박(不迫) 즉 다그침 없이[不迫]와 같아 〈하염없는 모습〉으로 새기고, 중(中)은 〈알맞을 합(合)〉과 같아 중도(中道)는 합도(合道)와 같은 말이다.

성인야(聖人也)는 앞 성자(誠者)의 술부(述部)로 보어(補語) 노릇해 〈성자는[誠者] 성인(聖人)이다[也]〉로 문맥을 잡는다. 그러므로 불면이중(不勉而中) · 불사이득(不思而得) · 종용중도(從容中道) 등은 주어 노릇하는 성자(誠者)와 술부 노릇하는 성인야(聖人也) 사이에 삽입된 원인의 부사절처럼 여기면 된다.

【풀이(繹)】

성자(誠者) 불면이중(不勉而中) 불사이득(不思而得) 종용중도(從容中道) 성인야

(聖人也)는 성자(誠者) 즉 천지도(天之道)를 성신(誠信)하고 경진(敬盡)하는 사람이 곧 성인(聖人)임을 살펴 새기고 헤아려 가늠하게 한다. 성자(誠者)는 곧 성인(聖人)이고 성인(聖人)이 곧 성자(誠者)이니, 성인(聖人)이란 천지(天地) 그것과 같음을 말한다.

천지도(天之道)는 천명(天命)을 말하기도 한다. 천지도(天之道)를 진실로 믿고[誠信] 그 받듦을 다함[敬盡]이란 천명(天命)을 두려워하고[畏] 받들고[事] 좇아[從] 응함[應]이다. 성인(聖人)이 이렇게 성신(誠信)·경진(敬盡)함의 두려움[畏]과 받듦[事] 그리고 좇음[從]과 응함[應]은 성인(聖人)의 본성(本性)이지, 천명(天命) 그 자체는 아님을 불면이중(不勉而中)·불사이득(不思而得)·종용중도(從容中道) 등이 거듭 살펴 새기고 헤아려 가늠하게 하므로 『맹자(孟子)』「진심장구(盡心章句) 하(下)」편(篇)에 나오는 〈성인지어천도야명야(聖人之於天道也命也) 유성언(有性焉)〉이란 말씀을 떠올리게 한다. 성인(聖人)이 하늘의 도(道)를 행함은 천명(天命)이기는 하지만, 천명(天命) 바로 그것은 아니고 성인(聖人)의 본성(本性)이 천명(天命)을 본받아[法] 행(行)한다는 것이다. 여기서 불면이중(不勉而中)·불사이득(不思而得)·종용중도(從容中道) 등이 곧 유성언(有性焉) 즉 유성어성인(有性於聖人)을 뜻함을 알 수 있다. 성자(誠者)가 힘들이지 않고서도[不勉而] 천지도(天之道)와 응함[中]은 곧 성인(聖人)의 본성(本性)이고, 생각하지 않아도[不思而] {천지도(天之道)를} 터득함[得] 또한 성인(聖人)의 본성(本性)이며, 하염없이[從容] 하늘의 도와[道] 알맞음[中] 역시 성인(聖人)의 본성(本性)이지, 성인(聖人) 자체가 곧 천명(天命) 그것은 아니다. 그러므로 성자(誠者)로서 성인(聖人)의 본성(本性)은 천지도(天之道)와 걸림 없고 하염없이[從容] 알맞음을 밝힌 말씀이 〈성자(誠者) 불면이중(不勉而中) 불사이득(不思而得) 종용중도(從容中道) 성인야(聖人也)〉이다.

誠之者擇善而固執之者也(성지자택선이고집지자야)

▶ 그것[天道]을[之] 정성껏 하는[誠] 사람은[者] 선을[善] 택해서[擇而] 그 선을[之] 단단히[固] 지키는[執] 사람[者]이다[也].

정성 성(誠), 조사 지(之), 것 자(者), 택할 택(擇), 착한 선(善),
그리고 이(而), 단단히 고(固), 지킬 집(執), 그것 지(之), 조사(~이다) 야(也)

【읽기(讀)】

성지자택선이고집지자야(誠之者擇善而固執之者也)는 〈성지자택선자야(誠之者擇善者也) 이성지자고집지자야(而誠之者固執之者也)〉에서 되풀이되는 앞쪽의 자야(者也)와 뒤쪽의 성지자(誠之者)를 생략하여 두 구문을 하나로 줄인 것이다. 〈성지자(誠之者)는 택선자(擇善者)이다[也]. 그리고[而] 성지자(誠之者)는 그것을[之] 고집하는[固執] 자(者)이다[也]〉 이를 〈선지자(先知者)는 택선해서[擇善而] 그것을[之] 고집하는[固執] 자(者)이다[也]〉라고 줄인 구문이다.

성지자택선이고집지자야(誠之者擇善而固執之者也)에서 성(誠)은 〈믿을 신(信) · 순수할 순(純) · 공경할 경(敬) · 익을 실(實) · 자상할 심(審)〉 등의 뜻을 간직한 〈정성껏 할 성(誠)〉으로 새기면 되고, 지(之)는 천지도(天之道)를 나타내는 〈그것 지(之)〉이며, 자(者)는 지인(之人)을 나타내는 〈사람 자(者)〉이다. 택(擇)은 〈가려낼 선(選)〉과 같아 선택(選擇)의 줄임이고, 선(善)은 〈믿을 신(信) · 아름다울 미(美) · 큰 대(大)〉 등의 뜻을 묶은 〈착할 선(善)〉이며, 이(而)는 조사(助詞: ~면서) 노릇하고, 고(固)는 〈단단할 견(堅)〉과 같아 견고(堅固)의 줄임이다. 집(執)은 〈지킬 수(守)〉와 같아 집수(執守)의 줄임이고, 야(也)는 종결어미 조사(助詞: ~이다) 노릇한다.

【풀이(繹)】

성지자택선이고집지자야(誠之者擇善而固執之者也)는 성인(聖人) · 군자(君子)가 소인(小人)과 다른 위인(爲人)인 까닭을 살펴 새기고 헤아려 가늠하게 한다. 본성(本性)으로 보면 성인(聖人) · 군자(君子)와 소인(小人)이 서로 다를 바 없다. 그러나 성인(聖人) · 군자(君子)와 소인(小人)이 다른 까닭은 곧 택선(擇善)에 있다. 성인(聖人) · 군자(君子)는 〈유어의(喩於義)〉 즉 의(義)를 깨닫고[喩] 택선(擇善)하여 천하지인(天下之人)을 유리(有利)하게 하는 선(善)을 택(擇)해 결코 저버리지 않고 견고(堅固)히 집수(執守)한다. 그러나 소인(小人)은 〈유어리(喩於利)〉 즉 이(利)를 깨닫고[喩] 택선(擇善)하기 때문에 모든 사람에게 유리(有利)한 선(善)이 아니라 자신에게만 유리(有利)한 선(善)을 선택(選擇)한다. 그래서 소인(小人)의 택선(擇善)은 그 집수(執守)가 견고(堅固)할 리 없다. 성인(聖人) · 군자(君子)가 택(擇)하는 선(善)을 천도(天道)의 복(福)이라 하고, 소인(小人)이 택(擇)하는 선(善)을 천도(天道)의 화(禍)라 한다. 천도(天道)란 천지(天地) 즉 자연[天地]이 명(命)하는 중정(中正) · 중화(中和)의 이치[理] · 가르침[教] · 이끎[導] · 방도[方] · 말씀[言]이다. 이는 자신[己]으로 하여금 무사(無私) · 무사(無邪)하게 하여 무아(無我)를 이루게[成] 하는 중정(中正) · 중화(中和)를 지성(至誠)으로 본받게[法] 함이다.

성지자(誠之者)의 택선(擇善)은 『서경(書經)』 「탕고(湯誥)」편(篇)에 나오는 **천도복선화음(天道福善禍淫)**이란 말씀을 떠올리게 한다. 천도(天道)는 천지도(天之道)의 줄임이고, 천지도(天之道)는 천지지치도(天地之治道) 또는 천지지법도(天地之法道)의 줄임이다. 하늘 땅이[天地之] 다스리는[治] 도(道)를 줄여 천도(天道)라고 하니, 성인(聖人)은 이러한 천도(天道)의 법치(法治) 즉 다스림을 『주역(周易)』에 풀이해두었다. 『주역(周易)』의 「계사전(繫辭傳)」은 선(善)을 다음과 같이 풀이한다. **일음일양지위도(一陰一陽之謂道) 계지자선야(繼之者善也)**. 한 번은 음기이고[一陰] 한 번은 양기임[一陽]을 도(道)라 하고, 이 도(道)를 계승하는[繼] 것[者]이 곧 선(善)이라고 한다. 성지자(誠之者)가 택하는 선(善)이란 바로 천도(天道)가 명(命)하는 선(善) 바로 그것이다. 이러한 천명(天命)의 선(善)을 성인(聖人)은 본성(本性)으로 믿어 그대로 본받고[法], 군자(君子)는 그 성인(聖人)을 그대로 본받아[法] 택선(擇善)하여 견고(堅固)하게 지킨다[執]. 이런 까닭으로 성인(聖人) · 군자(君子)가 택선(擇善)하여 집선(執善)함은 『맹자(孟子)』 「진심장구(盡心章句) 하(下)」편(篇)에 나오는 **가욕지위선(可欲之謂善)**이란 말씀을 상기(想起)하면 저마다 살펴 새기고 헤아려 가늠할 수 있게 된다. 천도(天道)를 사랑하고자[欲愛] 함이 성지자(誠之者)가 택(擇)하는 선(善)이고, 그 선(善)을 견고(堅固)하게 지킴[執]이 성지자(誠之者)의 집선(執善)임을 깨닫게 하는 말씀이 〈성지자택선이고집지자야(誠之者擇善而固執之者也)〉이다.

註 “천도복선화음(天道福善禍淫) 강재우하(降災于夏) 이창궐죄(以彰厥罪).” 하늘의[天] 법도는[道] 착한 이에게[善] 복을 내리고[福] 못된 이에게[淫] 화를 내리니[禍], 하나라에[于夏] 재앙을[災] 내렸고[降], 그로써[以] 그[厥] 죄를[罪] 밝혔다[彰].

『서경(書經)』 「상서(商書)」 탕고(湯誥)」편 3단락(段落)

註 "일음일양지위도(一陰一陽之謂道) 계지자선야(繼之者善也) 성지자성야(成之者性也) 인자견지위지인(仁者見之謂之仁) 지자견지위지지(知者見之謂之知)." 한 번은 음기이고[一陰] 한 번은 양기임을[一陽] 도라(道) 하고[謂], 이 도(道)를[之] 계승하는[繼] 것이[者] 선(善)이고[也], 이 도(道)를[之] 이룩하는[成] 것이[者] 성(性)이다[也]. 어진[仁] 이는[者] 선성(善性)을[之] 보고[見] 그것을[之] 어짊이라[仁] 하고[謂], 아는[知] 이는[者] 선성(善性)을[之] 보고[見] 그것을[之] 앎이라[知] 한다[謂].

『주역(周易)』「계사전(繫辭傳) 상(上)」 5장(章)

註 "가욕지위선(可欲之謂善) 유저기지위신(有諸己之謂信) 충실지위미(充實之謂美) 충실이유광휘지위대(充實而有光輝之謂大) 대이화지지위성(大而化之之謂聖) 성이불가지지지위신(聖而不可知之之謂神)." {천도(天道)를} 사랑할 수 있음을[可欲之] 착함이라[善] 하고[謂], 자신[己]에게 그 착함이[諸] 있음을[有之] 믿음이라[信] 하며[謂], {그 신(信)이} 충실함을[充實之] 아름다움이라[美] 하고[謂], {그 미(美)가} 충실해서[充實而] 빛남이[光輝] 있음을[有之] 크나큼이라[大] 하고[謂], 크나크면서[大而] 크나큼을[之] 새롭게 함을[化之] 성스러움이라[聖] 하고[謂], 성스러우면서[聖而] 그 성스러움을[之] 알지 못함을[不知之] 천지가 변화하게 하는 짓이라[神] 한다[謂].

가욕(可欲)의 욕(欲)은 〈탐할 탐(貪)〉을 뜻하는 욕(欲)이 아니라 〈{천도(天道)·도인(道人)을} 사랑할 애(愛)〉를 뜻하는 욕(欲)이다.

『맹자(孟子)』「진심장구(盡心章句) 하(下)」편(篇) 25장(章)

博學之(박학지)

▶ {성지자(誠之者)는 택선(擇善)하여 집선(執善)하는} 그것을[之] 넓게[搏] 배운다[學].

넓게 박(搏), 배울 학(學), 그것 지(之)

【읽기(讀)】

박학지(博學之)는 〈성지자박학택선(誠之者博學擇善) 이성지자박학집선(而誠之者博學執善)〉에서 앞 문맥으로 보충할 수 있는 학(學)의 목적구 노릇할 택선(擇善)과 집선(執善)을 지시어 노릇하는 〈그것 지(之)〉로 대신하여 두 구문을 하나로 묶은 것이다. 〈성지자는[誠之者] 택선을[擇善] 널리[搏] 배운다[學]. 그리고[而] 성지자는[誠之者] 집선을[執善] 널리[搏] 배운다[學]〉 이를 〈그것을[之] 널리[搏] 배운다[學]〉로 줄인 말투이다.

박학지(博學之)에서 〈박(搏)〉은 〈넓을 광(廣)〉과 같아 광박(廣博)의 줄임이고, 학

(學)은 〈배울 효(效) · 터득할 각(覺)〉 등과 같아 학효(學效)의 줄임이며, 지(之)는 지시대명사로 〈그것 지(之)〉 노릇한다.

【풀이(繹)】

박학지(博學之)는 성지자(誠之者)가 천도(天道)의 선(善)을 택(擇)하여 그 선(善)을 고집(固執)함이 고루(固陋)하지 않도록 수신(修身)함을 살펴 새기고 헤아려 가늠하게 한다. 성지자(誠之者)는 곧 군자(君子)로 통하게 마련이다. 군자(君子)는 학즉불고(學則不固) 즉 배우기 때문에[學] 곧[則] 고루함이[固] 없다[不]. 왜냐하면 군자(君子)는 편학(偏學)하지 않고 박학(博學)하기 때문이다. 치우쳐[偏] 배우지[學] 않고 널리[搏] 배워[學] 군자(君子)는 종천(從天)하고 지악(知樂)하여 어짊[仁]을 가까이하며, 종지(從地)하고 지례(知禮)하여 옳음[義]을 가까이해서 고루(固陋)하지 않도록 수신(修身)한다. 그러므로 군자(君子)는 거이(居易) 즉 치우침 없이 평이하게[易] 사는[居] 현자(賢者)가 되는 것이다. 군자(君子)가 천도(天道)에 순응(順應)하고자 선(善)을 택(擇)하여 고집(固執)하는 도리(道理) · 교효(敎效) · 인도(引導) · 방도(方道)의 말씀[言]을 박학(博學)하여 택선(擇善)하고 집선(執善)하는 수신(修身)을 정성껏 다함을 밝힌 말씀이 〈박학지(博學之)〉이다.

註 "군자부중즉불위(君子不重則不威) 학즉불고(學則不固) 주충신(主忠信) 무우불여기자(無友不如己者) 과즉물탄개(過則勿憚改)." 군자는[君子] 무게가[重] 없으면[不] 곧[則] 위엄이[威] 없다[不]. 배우기 때문에[學] 곧[則] 고루함이[固] 없다[不]. 성심과[忠] 믿음을[信] 지키고[主], 자신과[己] 같지 않은[不如] 자와는[者] 벗하지[友] 말고[無], 잘못했으면[過] 곧장[則] 거리낌[憚] 없이[勿] 고쳐라[改]. 『논어(論語)』「학이(學而)」편(篇) 8장(章)

審問之(심문지)

▶ {성지자(誠之者)는 택선(擇善)하여 집선(執善)하는} 그것을[之] 자상히[審] 묻는다[問].

자상히 심(審), 물을 문(問), 그것 지(之)

【읽기(讀)】

심문지(審問之)는 〈성지자심문택선(誠之者審問擇善) 이성지자심문집선(而誠之者審問執善)〉에서 문(問)의 목적구 노릇할 택선(擇善)과 집선(執善)을 지시어 노릇하는 〈그것 지(之)〉로 대신하여 두 구문을 하나로 묶은 것이다. 〈성지자는[誠之者] 택선을[擇善] 자상히[審] 묻는다[問]. 그리고[而] 성지자는[誠之者] 집선을[執善] 자상히[審] 묻는다[問]〉 이를 〈그것을[之] 자상히[審] 묻는다[問]〉로 줄인 말투이다.

심문지(審問之)에서 심(審)은 〈자상할 상(詳)〉과 같아 심상(審詳)의 줄임이고, 문(問)은 〈물을 신(訊)〉과 같아 신문(訊問)의 줄임이며, 지(之)는 지시대명사로 〈그것 지(之)〉 노릇한다.

【풀이(繹)】

심문지(審問之)는 성지자(誠之者)가 천도(天道)의 선(善)을 택(擇)하여 그 선(善)을 고집(固執)함을 쉼 없이 수신(修身)하고 있는지 자문(自問)하는 것을 살펴 새기고 헤아려 가늠하게 한다. 성지자(誠之者)는 곧 군자(君子)이므로 구저기(求諸己)하면서 구사(九思)하여 중정(重靜)하지 경조(輕躁)하지 않는 까닭이 택선(擇善)과 집선(執善)을 심문(審問)하고자 함에 있다. 군자(君子)는 자신[己]에게서 잘잘못을[諸] 찾지[求] 남[人]이나 바깥 것[物]에서 잘잘못을[諸] 구(求)하지 않는다. 그래서 성지자(誠之者)의 심문(審問)은 심자문(審自問)이다. 성지자(誠之者)는 선인(善人)의 도(道)를 택(擇)하여 고집(固執)하는지 자상히[審] 자신[自]에게 묻는다[問]. 그러므로 성지자(誠之者)의 심문지(審問之)는『논어(論語)』「선진(先進)」편(篇)에 나오는 불천적(不踐迹) 역불입어실(亦不入於室)이란 말씀을 상기(想起)시킨다.

여기서 심문지(審問之)는 천명(天命)인 중정(中正)·중화(中和)를 정성껏 다하고자 스스로 수신(修身)하는지 자상히 자문(自問)함이다. 스스로 성인(聖人)을 본받고[法] 있는지 자반(自反)·자비(自比)·자검(自檢)하게 함이 성지자(誠之者)의 심문지(審問之)이다. 따라서 성지자(誠之者)의 심문지(審問之)는 정성껏 자신(自新)·자화(自化)하여 그로 하여금 자전(自全)·자치(自致)하게 한다. 성지자(誠之者)가 천도(天道)에 순응(順應)하고자 선(善)을 택(擇)하여 고집(固執)하는 도리(道理)·교효(教效)·인도(引導)·방도(方道)의 말씀[言]을 심문(審問)하여 택선(擇善)하고 집선(執善)하는 수신(修身)을 정성껏 다함을 밝힌 말씀이 〈심문지(審問

之)〉이다.

註 "자장문선인지도(子張問善人之道) 자왈(子曰) 불천적(不踐迹) 역불입어실(亦不入於室)." 자장이[子張] 선인의[善人之] 길을[道] 여쭈었다[問]. 공자께서[子] 가로되[曰]: {선인(善人)의} 자국을[迹] 밟지 않는다면[不踐] 역시[亦] {선인(善人)의} 방으로[於室] 들지 못한다[不入].

『논어(論語)』「선진(先進)」편(篇) 19장(章)

註 자반(自反)은 스스로 자신을 돌이켜봄이다. 자비(自比)는 스스로 자신을 성인(聖人)·군자(君子)와 견주어봄이다. 자검(自檢)은 스스로 자신의 잘못을 살펴 찾아냄이다. 자신(自新)은 스스로 자신을 새로 태어나게 함이다. 자화(自化)는 스스로 자신을 변화하게 함이다. 자전(自全)은 스스로 자신을 무사(無邪)하게 하여 온전하게 함이다. 자치(自致)는 스스로 자신을 무사(無私)·무사(無邪)하고 무아(無我)하여 스스로를 자유(自由)롭게 함이다.

愼思之(신사지)

▶ {성지자(誠之者)는 택선(擇善)하여 집선(執善)하는} 그것을[之] 삼가 정성껏[愼] 생각한다[思].

삼갈 신(愼), 생각할 사(思), 그것 지(之)

【읽기(讀)】

신사지(愼思之)는 〈성지자신사택선(誠之者愼思擇善) 이성지자신사집선(而誠之者愼思執善)〉에서 사(思)의 목적구 노릇할 택선(擇善)과 집선(執善)을 지시어 노릇하는 〈그것 지(之)〉로 대신하여 두 구문을 하나로 묶은 말투이다. 〈성지자는[誠之者] 택선을[擇善] 삼가[愼] 생각한다[思]. 그리고[而] 성지자는[誠之者] 집선을[執善] 삼가[愼] 생각한다[思]〉 이를 〈그것을[之] 삼가[愼] 생각한다[思]〉라고 줄인 것이다.

신사지(愼思之)에서 신(愼)은 〈삼갈 신(愼) · 정성스러울 성(誠)〉 등과 같고, 사(思)는 〈생각할 념(念)〉과 같아 사념(思念)의 줄임이며, 지(之)는 지시대명사로 〈그것 지(之)〉 노릇한다.

【풀이(繹)】

신사지(愼思之)는 성지자(誠之者)가 천도(天道)의 선(善)을 택(擇)하여 그 선(善)

을 고집(固執)함을 쉼 없이 수신(修身)하고 있는지 신사(愼思)함을 살펴 새기고 헤아려 가늠하게 한다. 성지자(誠之者)는 곧 군자(君子)이므로 구저기(求諸己)하면서 구사(九思)하여 중정(重靜)하지 경조(輕躁)하지 않는 까닭이 택선(擇善)과 집선(執善)을 신사(愼思)하고자 함에 있다.

군자(君子)는 자신[己]에게서 잘잘못을[諸] 찾고자[求] **시사명(視思明)**하여 택선(擇善)과 집선(執善)을 삼가 정성껏[愼] 생각하고[思], **청사총(聽思聰)**하여 택선(擇善)과 집선(執善)을 삼가 정성껏[愼] 생각하고[思], **색사온(色思溫)**하여 택선(擇善)과 집선(執善)을 삼가 정성껏[愼] 생각하고[思], **모사공(貌思恭)**하여 택선(擇善)과 집선(執善)을 삼가 정성껏[愼] 생각하고[思], **언사충(言思忠)**하여 택선(擇善)과 집선(執善)을 삼가 정성껏[愼] 생각하고[思], **사사경(事思敬)**하여 택선(擇善)과 집선(執善)을 삼가 정성껏[愼] 생각하고[思], **의사문(疑思問)**하여 택선(擇善)과 집선(執善)을 삼가 정성껏[愼] 생각하고[思], **분사난(忿思難)**하여 택선(擇善)과 집선(執善)을 삼가 정성껏[愼] 생각하고[思], **견득(見得)**하면 **사의(思義)**하여 택선(擇善)과 집선(執善)을 삼가 정성껏[愼] 생각한다[思]. 또한 성지자(誠之者)의 신사지(愼思之)는 정성껏 자신(自新)·자화(自化)하여 그로 하여금 자전(自全)·자치(自致)하게 한다. 성지자(誠之者)가 천도(天道)에 순응(順應)하고자 선(善)을 택(擇)하여 고집(固執)하는 도리(道理)·교효(敎效)·인도(引導)·방도(方道)의 말씀[言]을 신사(愼思)하여 택선(擇善)하고 집선(執善)하는 수신(修身)을 삼가 정성껏 생각함을 밝힌 말씀이 〈신사지(愼思之)〉이다.

註 "군자유구사(君子有九思) 시사명(視思明) 청사총(聽思聰) 색사온(色思溫) 모사공(貌思恭) 언사충(言思忠) 사사경(事思敬) 의사문(疑思問) 분사난(忿思難) 견득사의(見得思義)." 군자에게는[君子] 아홉의[九] 생각이[思] 있다[有]. 눈으로 봄은[視] 밝음을[明] 생각하고[思], 귀로 들음은[聽] 밝음을[聰] 생각하고[思], 얼굴빛은[色] 따듯함을[溫] 생각하고[思], 몸가짐은[貌] 공손함을[恭] 생각하고[思], 말함은[言] 거짓 없음을[忠] 생각하고[思], 받듦은[事] 하늘을 따름(거짓 없음)을[敬] 생각하고[思], 의심남은[疑] 묻기를[問] 생각하고[思], 성남은[忿] 어려운 일을[難] 생각하고[思], 이득을[得] 보면[見] 의로움을[義] 생각한다[思].

『논어(論語)』「계씨(季氏)」편(篇) 10장(章)

明辨之(명변지)

▶{성지자(誠之者)는 택선(擇善)하여 집선(執善)하는} 그것을[之] 확실히[明] 가림한다[辨].

확실히 할 명(明), 가릴 변(辨), 그것 지(之)

【읽기(讀)】

명변지(明辨之)는 〈성지자명변택선(誠之者明辨擇善) 이성지자명변집선(而誠之者明辨執善)〉에서 변(辨)의 목적구 노릇할 택선(擇善)과 집선(執善)을 지시어 노릇하는 〈그것 지(之)〉로 대신하여 두 구문을 하나로 묶은 말투이다. 〈성지자는[誠之者] 택선을[擇善] 밝게[明] 가림한다[辨]. 그리고[而] 성지자는[誠之者] 집선을[執善] 밝게[明] 가림한다[辨]〉 이를 〈그것을[之] 밝게[明] 가림한다[辨]〉로 줄인 것이다.

명변지(明辨之)에서 명(明)은 〈확실할 확(確)〉과 같아 명확(明確)의 줄임이고, 변(辨)은 〈분별할 별(別)〉과 같아 변별(辨別)의 줄임이며, 지(之)는 〈그것 지(之)〉 노릇한다.

【풀이(繹)】

명변지(明辨之)는 성지자(誠之者)가 천도(天道)의 선(善)을 택(擇)해 그 선(善)을 고집(固執)함에 쉼 없이 수신(修身)하고 있는지 명변(明辨)함을 살펴 새기고 헤아려 가늠하게 한다. 명변(明辨)이란 명확변별(明確辨別)의 줄임이다. 성지자(誠之者)는 곧 군자(君子)이므로 구저기(求諸己)하면서 구사(九思)하여 중정(重靜)하지 경조(輕躁)하지 않는 까닭이 택선(擇善)과 집선(執善)을 명변(明辨)하고자 함에 있다.

군자(君子)는 자신[己]에게서 잘잘못을[諸] 찾고자[求] 시사명(視思明)하여 택선(擇善)과 집선(執善)을 확실히[明] 가림하고[辨], 청사총(聽思聰)하여 택선(擇善)과 집선(執善)을 확실히[明] 가림하고[辨], 색사온(色思溫)하여 택선(擇善)과 집선(執善)을 확실히[明] 가림하고[辨], 모사공(貌思恭)하여 택선(擇善)과 집선(執善)을 확실히[明] 가림하고[辨], 언사충(言思忠)하여 택선(擇善)과 집선(執善)을 확실히[明]

가림하고[辨], 사사경(事思敬)하여 택선(擇善)과 집선(執善)을 확실히[明] 가림하고[辨], 의사문(疑思問)하여 택선(擇善)과 집선(執善)을 확실히[明] 가림하고[辨], 분사난(忿思難)하여 택선(擇善)과 집선(執善)을 확실히[明] 가림하고[辨], 견득(見得)하면 사의(思義)하여 택선(擇善)과 집선(執善)을 확실히[明] 가림한다[辨]. 또한 성지자(誠之者)의 명변지(明辨之)는 정성껏 자신(自新) · 자화(自化)하여 그로 하여금 자전(自全) · 자치(自致)하게 한다. 성지자(誠之者)가 천도(天道)에 순응(順應)하고자 선(善)을 택(擇)하여 고집(固執)하는 도리(道理) · 교효(教效) · 인도(引導) · 방도(方道)의 말씀[言]을 명변(明辨)하여 택선(擇善)하고 집선(執善)하는 수신(修身)을 확실하게 변별(辨別)함을 밝힌 말씀이 〈명변지(明辨之)〉이다.

篤行之(독행지)

▶ {성지자(誠之者)는 택선(擇善)하여 집선(執善)하는} 그것을[之] 독실하게[篤] 시행한다[行].

순전할 독(篤), 실행할 행(行), 그것 지(之)

【읽기(讀)】

독행지(篤行之)는 〈성지자독행택선(誠之者篤行擇善) 이성지자독행집선(而誠之者篤行執善)〉에서 행(行)의 목적구 노릇할 택선(擇善)과 집선(執善)을 지시어 노릇하는 〈그것 지(之)〉로 대신하여 두 구문을 하나로 묶은 말투이다. 〈성지자는[誠之者] 택선을[擇善] 순전하게[篤] 실행한다[行]. 그리고[而] 성지자는[誠之者] 집선을[執善] 순전하게[篤] 시행한다[行]〉 이를 〈그것을[之] 순전하게[篤] 시행한다[行]〉로 줄인 것이다.

독행지(篤行之)에서 독(篤)은 〈순전할 순(純)〉과 같고, 행(行)은 〈베풀 시(施)〉와 같아 시행(施行)의 줄임이며, 지(之)는 〈그것 지(之)〉 노릇한다.

【풀이(繹)】

독행지(篤行之) 또한 성지자(誠之者)가 천도(天道)의 선(善)을 택(擇)하여 그 선(善)을 고집(固執)함에 쉼 없이 수신(修身)을 독행(篤行)하고 있음을 살펴 새기고 헤아려 가늠하게 한다. 독행(篤行)이란 순독시행(純篤施行)의 줄임이다. 순독(純篤)이란 잡것의 섞임이 없어 맑고 깨끗해 순전(純全)함이다. 택선(擇善)하고 집선(執善)함을 순전(純全)하게 베풂[行]이 독행지(篤行之)이다. 성지자(誠之者)는 곧 군자(君子)이므로 구저기(求諸己)하면서 구사(九思)하여 중정(重靜)하지 경조(輕躁)하지 않는 까닭이 택선(擇善)과 집선(執善)을 독행(篤行)하고자 함에 있다.

군자(君子)는 자신[己]에게서 잘잘못을[諸] 찾고자[求] 시사명(視思明)하여 택선(擇善)과 집선(執善)을 순전히[篤] 베풀고[行], 청사총(聽思聰)하여 택선(擇善)과 집선(執善)을 순전히[篤] 베풀고[行], 색사온(色思溫)하여 택선(擇善)과 집선(執善)을 순전히[篤] 베풀고[行], 모사공(貌思恭)하여 택선(擇善)과 집선(執善)을 순전히[篤] 베풀고[行], 언사충(言思忠)하여 택선(擇善)과 집선(執善)을 순전히[篤] 베풀고[行], 사사경(事思敬)하여 택선(擇善)과 집선(執善)을 순전히[篤] 베풀고[行], 의사문(疑思問)하여 택선(擇善)과 집선(執善)을 순전히[篤] 베풀고[行], 분사난(忿思難)하여 택선(擇善)과 집선(執善)을 순전히[篤] 베풀고[行], 견득(見得)하면 사의(思義)하여 택선(擇善)과 집선(執善)을 순전히[篤] 베푼다[行]. 또한 성지자(誠之者)의 독행지(篤行之)는 정성껏 자신(自新) · 자화(自化)하여 그로 하여금 자전(自全) · 자치(自致)하게 한다. 성지자(誠之者)가 천도(天道)에 순응(順應)하고자 선(善)을 택(擇)하여 고집(固執)하는 도리(道理) · 교효(敎效) · 인도(引導) · 방도(方道)의 말씀[言]을 독행(篤行)하여 택선(擇善)하고 집선(執善)하는 수신(修身)을 순전하게 시행(施行)함을 밝힌 말씀이 〈독행지(篤行之)〉이다.

有弗學(유불학) 學之(학지) 弗能弗措也(불능불조야)

▶ {택선(擇善)하여 집선(執善)함을} 배우지 않음이[弗學] 있을지라도[有] {택선(擇善)하여 집선(執善)하는} 그것을[之] 배운다면[學] (배워 보았지만) 잘할 수 없다면서[弗能] (배우지 않은 채로) 그냥 두지 않을 것[弗措]이다[也].

있을 유(有), 않을 불(弗), 배울 학(學), 그것 지(之), 잘할 능(能), 둘 조(措), 조사(~이다) 야(也)

【읽기(讀)】

유불학(有弗學)은 〈인유불학기선(人有弗學其善)〉에서 문맥으로 보충할 수 있고, 되풀이되는 내용을 모두 생략한 구문이다. 〈사람에게[人] 그[其] 선함을[善] 배우지 않음이[不學] 있다[有]〉 이를 〈배우지 않음이[不學] 있다[有]〉로 줄인 것이다. 유불학(有弗學)에서 유(有)는 〈있을 유(有)〉 자동사 노릇하고, 불학(弗學)은 불학(不學)과 같이 유(有)의 주어 노릇하고, 학(學)은 〈본받아 배울 효(效)〉와 같다. 물론 유불학(有弗學)의 유(有)를 뜻 없는 발어사(發語詞)로 여기고 〈그냥[有] 배우지[學] 않는다[弗]〉고 옮겨도 문의(文意)가 달라지지 않는다.

학지(學之)는 〈기인학기선(其人學其善)〉에서 기인(其人)을 생략하고, 기선(其善)을 지시대명사 노릇하는 〈그것 지(之)〉로 대신하여 줄인 것이다. 〈그[其] 사람이[人] 그[其] 선함을[善] 배운다[學]〉 이를 〈그것을[之] 배운다[學]〉로 줄인 것이다. 학지(學之)의 학(學)은 〈본받아 배울 효(效)〉와 같다.

불능(弗能)은 〈기인불능학기선(其人弗能學其善)〉에서 일반주어 기인(其人)을 생략하고, 학기선(學其善)을 생략한 구문이다. 〈그[其] 사람은[人] 그[其] 선함을[善] 배울[學] 수 없다[弗能]〉 이를 〈할 수 없다[弗能]〉로 줄인 것이다. 불능(弗能)에서 불(弗)은 〈않을 불(不)〉과 같고, 능(能)은 〈잘할 가(可)〉와 같다.

불조야(弗措也)는 〈기인불조불학기선야(其人弗措弗學其善也)〉에서 기인(其人)을 생략하고, 불학기선(弗學其善)을 생략한 구문이다. 〈그[其] 선함을[善] 배우지 않은 채로[弗學] 그냥 두지 않을 것[弗措]이다[也]〉 이를 〈그냥 두지 않을 것[弗措]이다[也]〉로 줄인 것이다. 불조야(弗措也)에서 불(弗)은 〈않을 불(不)〉과 같고, 조(措)는 여기선 〈그냥 둘 치(置)〉와 같아 조치(措置)의 줄임이며, 야(也)는 〈~이다 야(也)〉 노릇한다.

유불학(有弗學) 학지(學之) 불능(弗能) 불조야(弗措也)에서 야(也)는 네 구문(句文)이 하나의 문장(文章)으로 짜여 있음을 말한다. 한문(漢文)은 구문(句文)과 구문(句文) 사이를 이어주는 접속사(接續詞)나 조사(助詞)가 거의 없는 말투이다. 그러므로 우리말로 옮길 때는 구문(句文)과 구문(句文) 사이를 잇는 접속사(接續詞)를 보충해주면 문맥이 쉽게 잡힌다. 〈유불학(有弗學)일지라도 학지(學之)면 불능(弗能)한 대로 그냥 두지 않는 것[弗措]이다[也]〉라고 이어주면 문맥을 잡을 수 있다.

【풀이(繹)】

유불학(有弗學) 학지(學之) 불능불조야(弗能弗措也)는 앞서 살핀 〈박학지(博學之)〉를 거듭 강조한다. 군자(君子)로서 성지자(誠之者)는 천도(天道)의 선(善) 즉 중정(中正)하여 자신으로 하여금 무사(無私) · 무사(無邪) · 무아(無我)하게 하는 지선(至善)을 잠시도 쉬지 않고 택(擇)하여 고수(固守)하는지 살펴 새기고자 박학(博學)한다. 군자(君子)로서 성지자(誠之者)는 외천명(畏天命)하고 외대인(畏大人)하며 외성인지언(畏聖人之言)을 진실로 다하기 때문이다. 그래서 성지자(誠之者)는 수신(修身)으로 양심(養心)하여 다욕(多欲)을 과욕(寡欲)으로 옮겨 자신(自新) · 자화(自化)할 줄 안다.

그러나 소인(小人)은 천명(天命)을 몰라서 하늘의 시킴과 가르침[命]을 두려워하지 않고[不畏] 대인을 얕보고[狎] 성인(聖人)의 말씀[言]을 업신여기면서[侮] 수신(修身)하여 양심(養心)할 줄 모른다. 소인(小人)은 수기(修己)하여 양심(養心)할 줄 몰라 결국 부지천명(不知天命)의 망념(妄念)을 버리지 못하고 탐욕(貪欲)의 삶을 이어가면서 달도(達道) · 달덕(達德) · 구경(九經)을 외면하는 탓에 중용(中庸)하지 못하고 반중용(反中庸)을 범한다. 반중용(反中庸)이란 중정(中正)을 어김이다. 중정(中正)은 심중정직(心中正直)의 줄임이고, 이는 마음 속[心中]에 무사벽(無邪僻) 즉 간사함[邪]과 치우침[僻]이 없어(無) 무사(無詐) 즉 거짓[詐]이 없음[無]이다. 중정(中正)하면 누구나 중용(中庸)하여 절로 수기(修己)하고 양심(養心)하게 된다. 중용(中庸)이란 수신(修身)의 양심(養心)으로 말미암아 일상화(日常化)되는 것이다. 소인(小人)은 중용(中庸)의 일상화(日常化)를 멀리하고 탐욕(貪欲)을 과욕(寡欲)으로 옮길 줄 몰라 택선(擇善)하여 집선(執善)하는 중정(中正)을 박학(博學)하지 못하는 것이다.

그러나 소인(小人)이 중용(中庸)의 일상화(日常化)가 곧 택선(擇善)하여 집선(執善)하는 것임을 알아차리고 박학(博學) 즉 널리[搏] 배운다면[學], 설령 소인(小人)이라 할지라도 천선(遷善) 즉 선(善)함으로 옮겨가[遷] 누구나 군자(君子)의 삶을 누릴 수 있음을 강조한 말씀이 〈유불학(有弗學) 학지(學之) 불능불조야(弗能弗措也)〉이다.

註 "공자왈(孔子曰) 군자유삼외(君子有三畏) 외천명(畏天命) 외대인(畏大人) 외성인지언(畏聖人之言) 소인부지천명이불외야(小人不知天命而不畏也) 압대인(狎大人) 모성인지언(侮聖人之言)." 공자께서[孔子] 가로되[曰]: 군자한테는[君子] 세 가지[三] 두려워함이[畏] 있다[有]. 천명을[天命] 두려워하고[畏], 대인을[大人] 두려워하며[畏], 성인의[聖人之] 말씀을[言] 두려워한다[畏]. 소인은[小人] 천명을[天命] 몰라서[不知而] (천명을) 두려워하지 않는 것[不畏]이고[也], 대인을[大人] 얕보고[狎], 성인의[聖人之] 말씀을[言] 업신여긴다[侮].

대인(大人)은 성인(聖人)을 말한다. 『논어(論語)』「계씨(季氏)」편(篇) 8장(章)

註 "양심(養心) 막선어과욕(莫善於寡欲) 기위인야과욕(其爲人也寡欲) 수유부존언자(雖有不存焉者) 과의(寡矣) 기위인야다욕(其爲人也多欲) 수유존언자(雖有存焉者) 과의(寡矣)." 마음을[心] 다스림에는[養] 욕심을[欲] 줄이는 것[寡]보다[於] 더 좋은 것은[善] 없다[莫]. 그[其] 사람됨이[爲人也] 욕심을[欲] 적게 하면[寡] 비록[雖] 그에게 양심(養心)을[焉] 보존하지 않는[不存] 일이[者] 있어도[有] {양심(養心)을 간직하지 않는 일은} 적은 것[寡]이다[矣]. 그[其] 사람됨이[爲人也] 욕심을[欲] 많게 하면[多] 비록[雖] 그에게 양심(養心)을[焉] 보존하는[存] 일이[者] 있어도[有] {양심(養心)을 간직하는 일은} 적은 것[寡]이다[矣]. 『맹자(孟子)』「진심장구(盡心章句) 하(下)」편(篇) 35장(章)

有弗問(유불문) 問之(문지) 弗知弗措也(불지불조야)

▶ {택선(擇善)하여 집선(執善)함을} 묻지 않음이[弗問] 있을지라도[有] {택선(擇善)하여 집선(執善)하는} 그것을[之] (한번이라도) 자문해본다면[問] 알지 못하면서[弗知] (알지 못한 채로) 그냥 두지 않을 것[弗措]이다[也].

있을 유(有), 않을 불(弗), 물을 문(問), 그것 지(之), 알 지(知), 둘 조(措), 조사(~이다) 야(也)

【읽기(讀)】

유불문(有弗問)은 〈인유불문기선(人有弗問其善)〉에서 문맥으로 보충할 수 있는 내용을 모두 생략하여 줄인 구문이다. 〈사람에게[人] 그[其] 선함을[善] 묻지 않음이[不問] 있다[有]〉 이를 〈묻지 않음이[不問] 있다[有]〉로 줄인 것이다. 유불문(有弗問)에서 유(有)는 〈있을 유(有)〉 자동사 노릇하고, 불문(弗問)은 불문(不問)과 같이 유(有)의 주어 노릇하고, 문(問)은 〈물어볼 신(訊)〉와 같다. 물론 유불문(有弗問)의 유(有)를 뜻 없는 발어사(發語詞)로 여겨 〈그냥[有] 묻지[學] 않는다[弗]〉고 새겨도 문의(文意)가 달라지지는 않는다.

문지(問之)는 〈기인문기선(其人問其善)〉에서 기인(其人)을 생략하고, 기선(其善)을 〈그것 지(之)〉로 대신하여 줄인 구문이다. 〈그[其] 사람이[人] 그[其] 선함을[善] 묻는다[問]〉 이를 〈그것을[之] 묻는다[問]〉로 줄인 것이다. 문지(問之)에서 문(問)은 〈물어볼 신(訊)〉과 같다.

불지(弗知)는 〈기인불지문기선(其人弗知問其善)〉에서 기인(其人)을 생략하고, 되풀이되는 문기선(問其善)을 생략한 구문이다. 〈그[其] 사람은[人] 그[其] 선함을[善] 묻기를[問] 알지 못한다[弗知]〉 이를 〈알지 못한다[弗知]〉로 줄인 것이다. 불지(弗知)에서 불(弗)은 〈못할 불(不)〉과 같고, 지(知)는 〈알 식(識)〉과 같다.

불조야(弗措也)는 〈기인불조불문기선야(其人弗措弗問其善也)〉에서 기인(其人)을 생략하고, 불문기선(弗問其善)을 생략한 구문이다. 〈그[其] 선함을[善] 묻지 않은 채로[弗問] 그냥 두지 않을 것[弗措]이다[也]〉 이를 〈그냥 두지 않을 것[弗措]이다[也]〉로 줄인 것이다. 불조야(弗措也)에서 불(弗)은 〈않을 불(不)〉과 같고, 조(措)는 여기선 〈그냥 둘 치(置)〉와 같아 조치(措置)의 줄임이며, 야(也)는 〈~이다 야(也)〉 노릇한다.

유불문(有弗問) 문지(問之) 불지(弗知) 불조야(弗措也)에서 야(也)는 네 구문(句文) 즉 네 절(節)이 하나의 문장(文章)으로 되어 있음을 말해준다. 한문(漢文)에는 구문(句文)과 구문(句文) 사이를 이어주는 접속사(接續詞)나 조사(助詞)가 거의 없다. 그러므로 우리말로 옮길 때 구문(句文)과 구문(句文) 사이의 관계를 살펴 접속사(接續詞)를 보충해주면 문맥이 쉽게 잡힌다. 〈유불문(有弗問)일지라도 문지(問之)면 불지(弗知)한 대로 그냥 두지 않는 것[弗措]이다[也]〉라고 구문 사이를 이어주면 된다.

【풀이(繹)】

유불문(有弗問) 문지(問之) 불지불조야(弗知弗措也)는 앞서 살핀 〈심문지(審問之)〉를 거듭 강조하고 있다. 군자(君子)로서 성지자(誠之者)는 천도(天道)의 선(善) 즉 중정(中正)하여 자신으로 하여금 무사(無私) · 무사(無邪) · 무아(無我)하게 하는 지선(至善)을 잠시도 쉬지 않고 택(擇)하여 고수(固守)하는지 살펴 새기고자 자문(自問)한다. 군자(君子)로서 성지자(誠之者)는 외천명(畏天命)하고 외대인(畏大人)

하며 외성인지언(畏聖人之言)을 진실로 다하기 때문이다. 그래서 성지자(誠之者)는 수신(修身)으로 양심(養心)하여 다욕(多欲)을 과욕(寡欲)으로 옮겨 자신을 새롭게 하고[自新] 자신을 변화시킬[自化] 줄 안다.

그러나 소인(小人)은 천명(天命)을 모르기[不知] 때문에 성인(聖人)을 얕보고[狎] 성인(聖人)의 말씀[言]을 업신여기면서[侮] 수신(修身)하여 양심(養心)할 줄 모른다. 그래서 소인(小人)은 탐욕(貪欲)의 삶을 이어가면서 달도(達道)·달덕(達德)·구경(九經)을 외면하는 탓에 중용(中庸)하지 못하고 반중용(反中庸)을 범하는 것이다. 반중용(反中庸)이란 중정(中正)을 버림이다. 마음 속(心中)에 무사벽(無邪僻) 즉 간사함[邪]과 치우침[僻]이 없음[無]이 중정(中正)이다. 중정(中正)하면 누구나 중용(中庸)하여 절로 수기(修己)하고 양심(養心) 즉 치심(治心)하게 된다. 중용(中庸)이란 수신(修身)의 양심(養心)으로 말미암아 일상화(日常化)되는 것이다. 소인(小人)은 중용(中庸)의 일상화(日常化)를 멀리하여 탐욕(貪欲)을 과욕(寡欲)으로 옮길 줄 몰라 택선(擇善)하여 집선(執善)하는 중정(中正)을 심문(審問)하지 못한다.

그러나 소인(小人)이 중용(中庸)의 일상화(日常化)가 곧 택선(擇善)하여 집선(執善)하는 것임을 알아차리고 심문(審問) 즉 자상히[審] 자문하면[問], 설령 소인(小人)일지라도 천선(遷善) 즉 선(善)함으로 옮겨가[遷] 누구나 군자(君子)의 삶을 누릴 수 있음을 강조한 말씀이 〈유불문(有弗問) 문지(問之) 불지불조야(弗知弗措也)〉이다.

有弗思(유불사) 思之(사지) 弗得弗措也(불득불조야)

▶ {택선(擇善)하여 집선(執善)함을} 생각하지 않음이[弗思] 있을지라도[有] {택선(擇善)하여 집선(執善)하는} 그것을[之] (한번이라도) 생각해본다면[思] 터득하지 않으면서[弗得] (터득하지 못한 채로) 그냥 두지 않을 것[弗措]이다[也].

있을 유(有), 않을 불(弗), 생각할 사(思), 그것 지(之), 터득할 득(得), 둘 조(措), 조사(~이다) 야(也)

【읽기(讀)】

유불사(有弗思)는 〈인유불사기선(人有弗思其善)〉에서 문맥으로 보충할 수 있고 되풀이되는 내용을 모두 생략한 구문이다. 〈사람에게[人] 그[其] 선함을[善] 생각하지 않음이[不思] 있다[有]〉 이를 〈생각하지 않음이[不思] 있다[有]〉로 줄인 것이다. 유불사(有弗思)에서 유(有)는 〈있을 유(有)〉 자동사 노릇하고, 불사(弗思)는 불사(不思)와 같아 유(有)의 주어 노릇하고, 사(思)는 〈생각할 념(念)〉과 같다.

사지(思之)는 〈기인사기선(其人思其善)〉에서 기인(其人)을 생략하고, 기선(其善)을 〈그것 지(之)〉로 대신하여 줄인 것이다. 〈그[其] 사람이[人] 그[其] 선함을[善] 생각한다[思]〉 이를 〈그것을[之] 생각한다[思]〉로 줄인 것이다. 사지(思之)에서 사(思)는 〈생각할 념(念)〉과 같다.

불득(弗得)은 〈기인불득사기선(其人弗得思其善)〉에서 기인(其人)을 생략하고, 사기선(思其善)을 생략한 구문이다. 〈그[其] 사람은[人] 그[其] 선함을[善] 생각하기를[思] 터득하지 못한다[弗得]〉 이를 〈터득하지 못한다[弗得]〉로 줄인 것이다. 불득(弗得)에서 불(弗)은 〈못할 불(不)〉과 같고, 득(得)은 〈터득할 오(悟)〉와 같아 득오(得悟)의 줄임으로 여기면 된다.

불조야(弗措也)는 〈기인불조불사기선야(其人弗措弗思其善也)〉에서 기인(其人)을 생략하고, 불사기선(弗思其善)을 줄인 구문이다. 〈그[其] 선함을[善] 생각하지 않은 채로[弗思] 그냥 두지 않을 것[弗措]이다[也]〉 이를 〈그냥 두지 않을 것[弗措]이다[也]〉로 줄인 것이다. 불조야(弗措也)에서 불(弗)은 〈않을 불(不)〉과 같고, 조(措)는 여기선 〈그냥 둘 치(置)〉와 같아 조치(措置)의 줄임이며, 야(也)는 〈~이다 야(也)〉 노릇한다.

유불사(有弗思) 사지(思之) 불득(弗得) 불조야(弗措也)에서 야(也)는 네 구문(句文) 즉 네 절(節)이 하나의 문장(文章)으로 되어 있음을 말한다. 한문(漢文)에는 구문(句文)과 구문(句文) 사이를 이어주는 접속사(接續詞)나 조사(助詞)가 거의 없다. 그러므로 우리말로 옮길 때 구문(句文) 사이의 관계를 살펴 접속사(接續詞)를 보충하면 문맥이 쉽게 잡힌다. 〈유불사(有弗思)일지라도 사지(思之)면 불득(弗得)한 대로 그냥 두지 않는 것[弗措]이다[也]〉라고 이으면 문맥을 쉽게 잡을 수 있다.

【풀이(繹)】

유불사(有弗思) 사지(思之) 불득불조야(弗得弗措也) 또한 앞서 살핀 〈신사지(愼思之)〉를 거듭 강조하고 있다. 군자(君子)로서 성지자(誠之者)는 천도(天道)의 선(善) 즉 중정(中正)하여 자신으로 하여금 무사(無私) · 무사(無邪) · 무아(無我)하게 하는 지선(至善)을 잠시도 쉬지 않고 택(擇)하여 고수(固守)함을 살펴 새기고자 심사(深思)한다. 군자(君子)로서 성지자(誠之者)는 외천명(畏天命)하고 외대인(畏大人)하며 외성인지언(畏聖人之言)을 진실로 다하기 때문이다. 그래서 성지자(誠之者)는 수신(修身)으로 양심(養心)하여 다욕(多欲)을 과욕(寡欲)으로 옮겨 자신을 새롭게 하고[自新] 자신을 변화시킬[自化] 줄 안다.

그러나 소인(小人)은 천명(天命)을 모르기[不知] 때문에 성인(聖人)을 얕보고[狎] 성인(聖人)의 말씀[言]을 업신여기면서[侮] 수신(修身)하여 양심(養心) 즉 치심(治心)할 줄 모른다. 소인(小人)은 탐욕(貪欲)의 삶을 이어가면서 달도(達道) · 달덕(達德) · 구경(九經)을 외면하는 탓에 중용(中庸)하지 못하고 반중용(反中庸)을 범하고 만다. 반중용(反中庸)이란 중정(中正)을 버림이다. 그러나 중정(中正)하면 누구나 중용(中庸)하여 절로 수기(修己)하고 양심(養心) 즉 치심(治心)하게 된다. 중용(中庸)은 수신(修身)의 양심(養心)으로 말미암아 일상화(日常化)된다. 소인(小人)은 중용(中庸)의 일상화(日常化)를 멀리하여 탐욕(貪欲)을 과욕(寡欲)으로 옮길 줄 몰라 택선(擇善)하여 집선(執善)하는 중정(中正)을 신사(愼思)하지 못하는 것이다.

그러나 소인(小人)이 중용(中庸)의 일상화(日常化)가 곧 택선(擇善)하여 집선(執善)하는 것임을 알아차리고 신사(愼思) 즉 삼가[愼] 생각한다면[思], 소인(小人)일지라도 천선(遷善) 즉 선(善)함으로 옮겨가[遷] 누구나 군자(君子)의 삶을 누릴 수 있음을 강조한 말씀이 〈유불사(有弗思) 사지(思之) 불득불조야(弗得弗措也)〉이다.

有弗辨(유불변) 辨之(변지) 弗明弗措也(불명불조야)

▶ {택선(擇善)하여 집선(執善)함을} 분별하지 않음이[弗辨] 있을지라도[有] {택선(擇善)하여 집선(執善)하는} 그것을[之] (한번이라도) 가림해

본다면[辨] 확신하지 못한다고[弗明] (분별하지 않은 채로) 그냥 두지 않을 것[弗措]이다[也].

있을 유(有), 않을 불(弗), 가림할 변(辨), 그것 지(之), 밝혀낼 명(明), 둘 조(措), 조사(~이다) 야(也)

【읽기(讀)】

유불변(有弗辨)은 〈인유불변기선(人有弗辨其善)〉에서 되풀이되는 내용을 모두 생략하여 줄인 구문이다. 〈사람에게[人] 그[其] 선함을[善] 변별하지 않음이[不辨] 있다[有]〉 이를 〈변별하지 않음이[不辨] 있다[有]〉로 줄인 것이다. 유불변(有弗辨)에서 유(有)는 〈있을 유(有)〉 자동사 노릇하고, 불변(弗辨)은 불변(不辨)과 같아 유(有)의 주어 노릇하고, 변(辨)은 〈가림할 별(別)〉과 같다.

변지(辨之)는 〈기인변기선(其人辨其善)〉에서 기인(其人)을 생략하고, 기선(其善)을 〈그것 지(之)〉로 대신하여 줄인 구문이다. 〈그[其] 사람이[人] 그[其] 선함을[善] 변별한다[辨]〉 이를 〈그것을[之] 변별한다[辨]〉로 줄인 것이다. 변지(辨之)에서 변(辨)은 〈가림할 별(別)〉과 같다.

불명(弗明)은 〈기인불명변기선(其人弗明辨其善)〉에서 기인(其人)을 생략하고, 변기선(辨其善)을 생략한 구문이다. 〈그[其] 사람은[人] 그[其] 선함을[善] 가림하기를[辨] 밝히지 못한다[弗明]〉 이를 〈밝히지 못한다[弗明]〉로 줄인 것이다. 불명(弗明)의 불(弗)은 〈못할 불(不)〉과 같고, 명(明)은 〈확실히 할 확(確)〉와 같아 명확(明確)의 줄임이다.

불조야(弗措也)는 〈기인불조불변기선야(其人弗措弗辨其善也)〉에서 기인(其人)을 생략하고, 불변기선(弗辨其善)을 생략한 구문이다. 〈그[其] 선함을[善] 가림하지 않은 채로[弗辨] 그냥 두지 않을 것[弗措]이다[也]〉 이를 〈그냥 두지 않을 것[弗措]이다[也]〉로 줄인 것이다. 불조야(弗措也)에서 불(弗)은 〈않을 불(不)〉과 같고, 조(措)는 〈그냥 둘 치(置)〉와 같아 조치(措置)의 줄임이며, 야(也)는 〈~이다 야(也)〉 노릇한다.

유불변(有弗辨) 변지(辨之) 불명(弗明) 불조야(弗措也)에서 야(也)는 네 구문(句文) 즉 네 절(節)이 하나의 문장(文章)으로 되어 있음을 말해준다. 한문(漢文)에는 구문(句文)과 구문(句文) 사이를 이어주는 접속사(接續詞)나 조사(助詞)가 거의 없으므로 우리말로 옮길 때 그 사이의 관계를 살펴 접속사(接續詞)를 보충해주면 문맥이 쉽게 잡힌다. 〈유불변(有弗辨)일지라도 변지(辨之)면 불명(弗明)한 대로 그냥 두지 않는 것[弗措]이다[也]〉라고 이어주면 우리말로 문맥을 잡을 수 있다.

【풀이(繹)】

유불변(有弗辨) 변지(辨之) 불명불조야(弗明弗措也)는 앞서 살핀 〈명변지(明辨之)〉를 거듭 강조하고 있다. 군자(君子)로서 성지자(誠之者)는 천도(天道)의 선(善) 즉 중정(中正)하여 자신으로 하여금 무사(無私)·무사(無邪)·무아(無我)하게 하는 지선(至善)을 잠시도 쉬지 않고 택(擇)하여 고수(固守)함을 살펴 새기고자 명변(明辨)한다. 군자(君子)로서 성지자(誠之者)는 외천명(畏天命)하고 외대인(畏大人)하며 외성인지언(畏聖人之言)을 진실로 다하기 때문이다. 그래서 성지자(誠之者)는 수신(修身)으로 양심(養心)하여 다욕(多欲)을 과욕(寡欲)으로 옮겨 자신을 새롭게 하고[自新] 자신을 변화시킬[自化] 줄 안다.

그러나 소인(小人)은 천명(天命)을 모르기[不知] 때문에 성인(聖人)을 얕보고[狎] 성인(聖人)의 말씀[言]을 업신여기면서[侮] 수신(修身)하여 양심(養心) 즉 치심(治心)할 줄 모른다. 소인(小人)은 탐욕(貪欲)의 삶을 이어가면서 달도(達道)·달덕(達德)·구경(九經)을 외면하는 탓에 중용(中庸)하지 못하고 반중용(反中庸)을 범하는 것이다. 반중용(反中庸)이란 중정(中正)을 버림이다. 그러나 중정(中正)하면 누구나 중용(中庸)하여 절로 수기(修己)하고 양심(養心) 즉 치심(治心)하게 된다. 중용(中庸)은 수신(修身)의 양심(養心)으로 말미암아 일상화(日常化)되는 것이다. 소인(小人)은 중용(中庸)의 일상화(日常化)를 멀리하여 탐욕(貪欲)을 과욕(寡欲)으로 옮길 줄 몰라 택선(擇善)하여 집선(執善)하는 중정(中正)을 명변(明辨)하지 못한다.

그러나 소인(小人)이 중용(中庸)의 일상화(日常化)가 곧 택선(擇善)하여 집선(執善)하는 것임을 알아차리고 명변(明辨) 즉 밝고 확실하게[明] 가림한다면[辨], 설령 소인(小人)일지라도 천선(遷善) 즉 선(善)함으로 옮겨가[遷] 누구나 군자(君子)의 삶을 누릴 수 있음을 강조한 말씀이 〈유불변(有弗辨) 변지(辨之) 불명불조야(弗明弗措也)〉이다.

有弗行(유불행) 行之(행지) 弗篤弗措也(불독불조야)

▶{택선(擇善)하여 집선(執善)함을} 시행하지 않음이[弗行] 있을지라도[有] {택선(擇善)하여 집선(執善)하는} 그것을[之] (한번이라도) 시행해본다면[行] 순전하지 않으면서[弗篤] (순전하지 못한 채로) 그냥 두지 않을 것[弗措]이다[也].

있을 유(有), 않을 불(弗), 시행할 행(行), 그것 지(之), 순전할 독(篤), 둘 조(措), 조사(~이다) 야(也)

【읽기(讀)】

유불행(有弗行)은 〈인유불행기선(人有弗行其善)〉에서 문맥으로 보충할 수 있는 내용을 모두 생략한 구문이다. 〈사람에게[人] 그[其] 선함을[善] 시행하지 않음이[不行] 있다[有]〉 이를 〈시행하지 않음이[不行] 있다[有]〉로 줄인 것이다. 유불행(有弗行)에서 유(有)는 〈있을 유(有)〉 자동사 노릇하고, 불행(弗行)은 불행(不行)과 같고 유(有)의 주어 노릇하고, 행(行)은 〈베풀 시(施)〉와 같다.

행지(行之)는 〈기인행기선(其人行其善)〉에서 기인(其人)을 생략하고, 기선(其善)을 〈그것 지(之)〉로 대신한 구문이다. 〈그[其] 사람이[人] 그[其] 선함을[善] 시행한다[行]〉 이를 〈그것을[之] 시행한다[行]〉로 줄인 것이다. 행지(行之)에서 행(行)은 〈베풀 시(施)〉와 같다.

불독(弗篤)은 〈기인불독행기선(其人弗篤行其善)〉에서 기인(其人)을 생략하고, 행기선(行其善)을 생략한 구문이다. 〈그[其] 사람은[人] 그[其] 선함을[善] 시행하기를[辨] 순전하지 못한다[弗篤]〉 이를 〈순전하지 못한다[弗篤]〉로 줄인 것이다. 불독(弗篤)의 불(弗)은 〈못할 불(不)〉과 같고, 독(篤)은 〈순전할 순(純)〉과 같아 순독(純篤)의 줄임이다.

불조야(弗措也)는 〈기인불조불행기선야(其人弗措弗行其善也)〉에서 일반주어 기인(其人)을 생략하고, 불행기선(弗行其善)을 줄인 구문이다. 〈그[其] 선함을[善] 행하지 않은 채로[弗行] 그냥 두지 않을 것[弗措]이다[也]〉 이를 〈그냥 두지 않을 것[弗措]이다[也]〉로 줄인 것이다. 불조야(弗措也)의 불(弗)은 〈않을 불(不)〉과 같고, 조(措)는 〈그냥 둘 치(置)〉와 같아 조치(措置)의 줄임이며, 야(也)는 〈~이다 야(也)〉 노릇한다.

유불행(有弗行) 행지(行之) 불독(弗篤) 불조야(弗措也)에서 야(也)는 네 절(節)이 하나의 문장(文章)으로 되어 있음을 말해준다. 한문(漢文)에는 구문(句文)과 구문(句文) 사이를 이어주는 접속사(接續詞)나 조사(助詞)가 거의 없는 편이다. 그러므로 우리말로 옮길 때는 구문(句文) 사이의 관계를 살펴 접속사(接續詞)를 보충해주면 문맥이 쉽게 잡힌다. 〈유불행(有弗行)일지라도 행지(行之)면 불독(弗篤)한 대로 그냥 두지 않는 것[弗措]이다[也]〉라고 구문 사이를 이어주면 된다.

【풀이(繹)】

유불행(有弗行) 행지(行之) 불독불조야(弗篤弗措也)는 앞서 살핀 〈독행지(篤行之)〉를 거듭하여 강조해주고 있다. 군자(君子)로서 성지자(誠之者)는 천도(天道)의 선(善) 즉 중정(中正)하여 자신으로 하여금 무사(無私) · 무사(無邪) · 무아(無我)하게 하는 지선(至善)을 잠시도 쉬지 않고 택(擇)하여 고수(固守)함을 살펴 새기고자 독행(篤行)한다. 군자(君子)로서 성지자(誠之者)는 외천명(畏天命)하고 외대인(畏大人)하며 외성인지언(畏聖人之言)을 진실로 다하기 때문이다. 그래서 성지자(誠之者)는 수신(修身)으로 양심(養心)하여 다욕(多欲)을 과욕(寡欲)으로 옮겨 자신을 새롭게 하고[自新] 자신을 변화시킬[自化] 줄 안다.

소인(小人)은 천명(天命)을 모르기[不知] 때문에 성인(聖人)을 얕보고[狎] 성인(聖人)의 말씀[言]을 업신여기면서[侮] 수신(修身)하여 양심(養心) 즉 치심(治心)할 줄 모른다. 그래서 소인(小人)은 탐욕(貪欲)의 삶을 이어가면서 달도(達道) · 달덕(達德) · 구경(九經)을 외면하는 탓으로 중용(中庸)하지 못하고 반중용(反中庸)을 범하는 것이다. 반중용(反中庸)이란 중정(中正)을 버림이다. 그러나 중정(中正)하면 누구나 중용(中庸)하여 절로 수기(修己)하고 양심(養心) 즉 치심(治心)하게 될 것이다. 중용(中庸)이란 수신(修身)의 양심(養心)으로 말미암아 일상화(日常化)되는 것이다. 소인(小人)은 중용(中庸)의 일상화(日常化)를 멀리하여 탐욕(貪欲)을 과욕(寡欲)으로 옮겨갈 줄 몰라 택선(擇善)하여 집선(執善)하는 중정(中正)을 독행(篤行)하지 못한다.

그러나 중용(中庸)의 일상화(日常化)가 곧 택선(擇善)하여 집선(執善)하는 것임을 알아차리고 독행(篤行) 즉 순전하게[篤] 시행한다면[行], 설령 소인(小人)일지라도 천선(遷善) 즉 선(善)함으로 옮겨가[遷] 누구나 군자(君子)의 삶을 누릴 수 있음을 강조한 말씀이 〈유불행(有弗行) 변지(行之) 불독불조야(弗篤弗措也)〉이다.

人一能之(인일능지) 己百之(기백지)

▶남들이[人] 한 번으로[一] {성지자(誠之者)에} 이를[之] 수 있다면[能] 자신은[己] 백 번이라도[百] {성지자(誠之者)에} 이를 것이다[之].

남들 인(人), 한 번 일(一), 잘할 능(能), 이를 지(之), 자신 기(己), 백 번 백(白)

【읽기(讀)】

인일능지(人一能之)는 〈인일능지성지자(人一能之誠之者)〉에서 지(之)의 목적격 노릇할 성지자(誠之者)를 생략한 구문이다. 〈남들은[人] 한 번으로[一] 성지자(誠之者)에 이를[之] 수 있다[能]〉 이를 〈남들은[人] 한 번으로[一] 이를[之] 수 있다[能]〉로 줄인 것이다. 인일능지(人一能之)에서 능(能)은 〈할 수 있을 가(可)〉와 같으며, 지(之)는 〈이를 지(至)〉와 같고 동사(動詞) 노릇한다.

기백지(己百之)는 〈기백지성지자(己百之誠之者)〉에서 지(之)의 목적격 노릇할 성지자(誠之者)를 생략한 구문이다. 〈자신은[己] 백 번이라도[百] 성지자에[誠之者] 이를 것이다[之]〉 이를 〈자신은[己] 백 번이라도[百] 이를 것이다[之]〉로 줄인 것이다. 기백지(己百之)에서 기(己)는 〈자신 신(身)〉과 같고, 지(之)는 〈이를 지(至)〉와 같다.

【풀이(繹)】

인일능지(人一能之) 기백지(己百之)는 성지자(誠之者)의 길[道] 걷기를 결코 그만두지 말라는 말씀이다. 성지자(誠之者)는 성자(誠者) 즉 천지도(天之道)를 정성껏 본받아[法] 택선(擇善)하여 집선(執善)하기를 경진(敬盡) 즉 받들어[敬] 다하는[盡] 군자(君子)이다. 군자(君子)는 결코 낡은 인간상(人間像)일 수 없다. 사라질 리 없는 지래자(知來者)이며 자신자(自新者)이고 안인자(安人者)이기 때문이다. 왜 군자(君子)는 쉼 없이 수신(修身)하는가? 그 까닭은 정기심(正其心) · 성기의(誠其意)

하여 새로 다가옴[來]을 알고[知] 자신[自]을 새롭게 해서[新] 남들[人]을 편안케 하려는[安] 사람[者]이 되고자 하기 때문이다. 그래서 군자(君子)는 기백지(己百之)의 성지자(誠之者)가 될 수 있는 것이다.

물론 인일능지(人一能之)의 성지자(誠之者)는 곧 성인(聖人)이다. 그러므로 성인(聖人)을 성자(誠者) 즉 정성껏 다하는[誠] 분[者]이라 한다. 성자(誠者)란 곧 천지(天地) 바로 그것이며, 앞서 살핀 바대로 정성껏 다하는[誠] 사람은[者] 힘들이지 않고서도[不勉而] {천지도(天之道)와} 응하고[中], 생각하지 않아도[不思而] {천지도(天之道)를} 터득하고[得], 하염없이[從容] 하늘의 도와[道] 맞으니[中] 성인(聖人)인 것이다. 이런 성인(聖人)은 단 한 번으로 성지자(誠之者)가 된다. 왜냐하면 성인(聖人)은 오로지 **생이지지자(生而知之者)**이기 때문이다. 그러나 군자(君子)는 정성껏 성인(聖人)을 본받는 **학이지지자(學而知之者)**이다. 그래서 군자(君子)가 **인능홍도(人能弘道)**의 지남(指南) 즉 길잡이가 되는 까닭을 박학지(搏學之)하고 심문지(審問之)하며 신사지(愼思之)하고 명변지(明辨之)하며 독행지(篤行之)해야 함을 살펴 새기고 헤아려 가늠하게 하는 말씀이 〈인일능지(人一能之) 기백지(己百之)〉이다.

註 "공자왈(孔子曰) 생이지지자상야(生而知之者上也) 학이지지자차야(學而知之者次也)." 공자께서[孔子] 가로되[曰]: 태어나면서[生而] 아는[知之] 분은[者] 위[上]이고[也], 배워서[學而] 아는[知之] 분은[者] 다음[次]이다[也]. 『논어(論語)』「계씨(季氏)」편(篇) 9장(章)

註 "인능홍도(人能弘道) 비도홍인(非道弘人)." 사람이[人] 도를[道] 넓힐[弘] 수 있지[能], 도가[道] 사람을[人] 넓히는 것은[弘] 아니다[非]. 『논어(論語)』「위령공(衛靈公)」편(篇) 28장(章)

人十能之(인십능지) 己千之(기천지)

▶ 남들이[人] 열 번으로[十] {성지자(誠之者)에} 이를[之] 수 있다면[能] 자신은[己] 천 번으로[千] {성지자(誠之者)에} 이른다[之].

남들 인(人), 열 번 십(十), 가할 능(能), 이를 지(之), 자신 기(己), 천 번 천(千)

【읽기(讀)】

인십능지(人十能之)는 〈인십능지성지자(人十能之誠之者)〉에서 지(之)의 목적격 노릇할 성지자(誠之者)를 생략한 구문이다. 〈남들은[人] 열 번으로[十] 성지자(誠之者)에 이를[之] 수 있다[能]〉 이를 〈남들은[人] 열 번으로[一] 이를[之] 수 있다[能]〉로 줄인 것이다. 인십능지(人十能之)에서 능(能)은 〈할 수 있을 가(可)〉와 같고, 지(之)는 〈이를 지(至)〉와 같아 동사(動詞) 노릇한다.

기천지(己千之)는 〈기천지성지자(己千之誠之者)〉에서 지(之)의 목적격 노릇할 성지자(誠之者)를 생략한 구문이다. 〈자신은[己] 천 번으로[千] 성지자에[誠之者] 이를 것이다[之]〉 이를 〈자신은[己] 천 번으로[千] 이를 것이다[之]〉로 줄인 것이다. 기천지(己千之)에서 기(己)는 〈자신 신(身)〉과 같고, 지(之)는 여기선 〈이를 지(至)〉와 같다.

【풀이(繹)】

인십능지(人十能之) 기천지(己千之) 역시 성지자(誠之者)의 길[道]을 걷는 것을 무슨 일이 있어도 그만두지 말라는 말씀이다. 성지자(誠之者)는 성자(誠者) 즉 천지도(天之道)를 정성껏 본받아[法] 택선(擇善)하여 집선(執善)하기를 경진(敬盡) 즉 받들어[敬] 다하는[盡] 군자(君子)이다. 성인(聖人)은 천도(天道)를 본받고[法], 군자(君子)는 성인(聖人)을 본받으며[法], 서인(庶人)은 군자(君子)를 법(法)함이 곧 인능홍도(人能弘道)로 이어진다. 서인(庶人) 즉 보통 사람들이 지래자(知來者)·자신자(自新者)·안인자(安人者)를 본받기[法]를 정성껏 하여 누구나 다 정기심(正其心)·성기의(誠其意)하며 새로 다가옴[來]을 알고[知] 자신[自]을 새롭게 해서[新] 남들[人]을 편안케 하니[安], 그 사람들[者]이 온 세상을 일구어갈 수 있다고 확신한 성인(聖人)이 공자(孔子)이다. 공자(孔子)께서 회인불권(誨人不倦) 하유어아재(何有於我哉)라고 밝혔다. 남[人]을 깨우치기[誨]에 지치지 않고[不倦], 회인(誨人) 즉 교인(敎人)함을 피하지 않았다고 단언한 것이다.

기천지(己千之)면 누구나 성지자(誠之者)의 군자(君子)가 될 수 있음이다. 군자(君子)는 십능지(十能之)면 성지자(誠之者)가 되지만, 범인(凡人)은 기천지(己千之)로 성지자(誠之者)가 될 수 있기 때문에 곤이학지자우기차야(困而學之者又其次也)라고 밝혔음을 여기서 간파할 수 있다. 천 번이라도 애써서[困] 택선(擇善)하여 집선(執善)하는 성지자(誠之者)가 되기 위해서는 군자(君子)를 정성껏 본받아[法] 누구나 다 인능홍도(人能弘道)의 길잡이[指南]가 되는 까닭을 박학지(博學之)하고 심문지(審問之)하며 신사지(愼思之)하고 명변지(明辨之)하며 독행지(篤行之)해야 함을 살펴 가늠하게 하는 말씀이 〈인십능지(人十能之) 기천지(己千之)〉이다.

註 "묵이지지(默而識之) 학이불염(學而不厭) 회인불권(誨人不倦) 하유어아재(何有於我哉)." 묵묵히[默而] 새겨두고[識之] 배우기를[學而] 싫어하지 않고[不厭], 남들을[人] 깨우치는 데[誨] 지치지 않는다[不倦]. 나에게[於我] 어려움이 있을 것[何有]인가[哉]?

『논어(論語)』「술이(述而)」편(篇) 2장(章)

註 "공자왈(孔子曰) …… 곤이학지자우기차야(困而學之者又其次也) 곤이불학(困而不學) 민사위하의(民斯爲下矣)." 공자께서[孔子] 가로되[曰] …… 애써서[困而] 배우는[學之] 자는[者] 또[又] 그[其] 다음[次]이다[也]. 애써서[困而] 배우지 않는다면[不學], 사람들은[民] 그것을[斯] 하치로[下] 여기는 것[爲]이다[矣].

『논어(論語)』「계씨(季氏)」편(篇) 9장(章)

果能此道矣(과능차도의)

▶ 위와 같이 한다면[果] {서인(庶人)도} 이[此] 도에[道] 능할 것[能]이다[矣].

과연 과(果), 능할 능(能), 이 차(此), 도리 도(道)

【읽기(讀)】

과능차도의(果能此道矣)는 〈과서인능차도의(果庶人能此道矣)〉에서 능(能)의 주어 노릇할 서인(庶人)을 생략한 구문이다. 〈위와 같이 한다면[果] 서인도[庶人] 이[此] 도를[道] 잘할 수 있을 것[能]이다[矣]〉 이를 〈위와 같이 한다면[果] 이[此] 도를[道] 잘할 수 있을 것[能]이다[矣]〉로 줄인 것이다.

과능차도의(果能此道矣)에서 과(果)는 〈여차(如此) 즉(則)〉을 한 자(字)로 줄인 것이고, 능(能)을 동사(動詞)로 보아 〈잘할 선(善)〉과 같은 조동사로 여기면 〈가할 가(可)〉와 같으며, 차(此)는 지시어로 〈이 사(斯)〉와 같고, 도(道)는 성지지조(誠之之道) 또는 인지도(人之道)의 줄임이고, 의(矣)는 종결어미 조사(助詞)로 〈~이다 의(矣)〉 노릇한다.

【풀이(繹)】

과능차도의(果能此道矣)는 성자(誠者) 즉 천지도(天之道)를 본받아[法] 군자(君子)가 될 수 있는 자(者)가 따로 없음을 살펴[觀] 새기고[玩] 헤아려[擬] 가늠하게[斷] 한다. 기천지(己千之)하면 누구나 군자(君子)가 될 수 있음을 밝힌 것이다. 열 번 해서 안 되면 백 번 하고, 백 번 해서 안 되면 천 번이라도 택선(擇善)하여 집선(執善)하기를 멈추지 않으면 누구나 다 성지자(誠之者)로 거듭날 수 있음이다.

과능차도의(果能此道矣)의 도(道)란 앞서 살핀 달도(達道)를 지(知) · 행(行)하는 이치[理]의 길[道]이고, 가르침[教]의 길[道]이고, 이끌어줌[導]의 길[道]이고, 방도[方]의 길[道]이고, 말씀[言]의 길[道]이다. 그리고 과능차도의(果能此道矣)의 도(道)란 또한 앞서 살핀 달덕(達德)을 지(知) · 행(行)하는 이치[理]의 길[道]이고, 가르침[教]의 길[道]이고, 이끌어줌[導]의 길[道]이고, 방도[方]의 길[道]이고, 말씀[言]의 길[道]이다. 나아가 과능차도의(果能此道矣)의 도(道)란 또한 앞서 살핀 구경(九經)을 지(知) · 행(行)하는 이치[理]의 길[道]이고, 가르침[教]의 길[道]이고, 이끌어줌[導]의 길[道]이고, 방도[方]의 길[道]이고, 말씀[言]의 길[道]이다. 이 길[道]을 걸어가고자 열 번이고 천 번이고 박학(博學) · 심문(審問) · 신사(愼思) · 명변(明辨) · 독행(篤行)한다면 누구나 성지자(誠之者)의 군자(君子)로서 거듭날 수 있음을 깨우치게 하는 말씀이 〈과능차도의(果能此道矣)〉이다.

雖愚(수우) 必明(필명)

▶ 비록[雖] 어리석을지라도[愚] 반드시[必] 현명해진다[明].

비록 수(雖), 어리석을 우(愚), 반드시 필(必), 밝을 명(明)

【읽기(讀)】

수우(雖愚) 필명(必明)은 〈과인능차도(果人能此道) 수기인우(雖其人愚) 기인필명(其人必明)〉에서 되풀이되는 과인능차도(果人能此道)와 일반주어 기인(其人)을 생략한 구문이다. 〈위와 같이 한다면[果] 누구나[人] 이[此] 도에[道] 능할 수 있어서[能] 비록[雖] 그[其] 사람이[人] 어리석어도[愚] 그[其] 사람은[人] 반드시[必] 현명해진다[明]〉 이를 〈비록[雖] 어리석어도[愚] 반드시[必] 현명해진다[明]〉로 줄인 것이다.

수우(雖愚)에서 수(雖)는 가령사(假令辭)로 〈비록 수(雖)〉이고, 우(愚)는 〈어리석을 매(昧)〉와 같아 우매(愚昧)의 줄임이고, 필명(必明)에서 필(必)은 정사(定辭)로 〈반드시 필(必)〉이며, 명(明)은 〈밝을 현(賢)〉과 같아 현명(賢明)의 줄임말로 여기면 된다.

【풀이(繹)】

수우(雖愚) 필명(必明)은 소인(小人)이라도 군자(君子)가 될 수 있음을 단언한 말씀이다. 수우(雖愚)의 우(愚)는 우자(愚者)를 말한다. 우자(愚者)란 부지천명(不知天命)하므로 수신(修身)하여 성지자(誠之者)가 되어야 하는 까닭을 외면하는 소인(小人)이다. 이러한 소인(小人)일지라도 달도(達道) · 달덕(達德) · 구경(九經) 등을 불학(弗學) · 불문(弗問) · 불사(弗思) · 불변(弗辨) · 불행(弗行)하지 않고 박학(博學) · 심문(審問) · 신사(愼思) · 명변(明辨) · 독행(篤行)한다면 반드시 우자(愚者)가 현자(賢者)로 자신(自新)하여 군자(君子)로 거듭날 수 있음을 단언함이 〈필명(必明)〉이다. 그러면 택선(擇善)하여 집선(執善)할 줄 모르는 소인(小人)일지라도 무사(無私) · 무사(無邪) · 무아(無我)의 군자(君子)로서 중용지도(中庸之道)를 일상화(日常化)하는 현자(賢者)가 될 수 있음을 밝힌 말씀이 〈수우(雖愚) 필명(必明)〉이다.

雖柔(수유) 必强(필강)

▶ 비록[雖] 연약할지라도[柔] 반드시[必] 강인해진다[强].

비록 수(雖), 유약할 유(柔), 반드시 필(必), 강인할 강(强)

【읽기(讀)】

수유(雖柔) 필강(必强)은 〈과인능차도(果人能此道) 수기인유(雖其人柔) 기인필강(其人必强)〉에서 되풀이되는 과인능차도(果人能此道)와 기인(其人)을 생략한 구문이다. 〈위와 같이 한다면[果] 누구나[人] 이[此] 도에[道] 능할 수 있어서[能] 비록[雖] 그[其] 사람이[人] 연약해도[柔] 그[其] 사람은[人] 반드시[必] 강인해진다[强]〉 이를 〈비록[雖] 연약해도[柔] 반드시[必] 강인해진다[强]〉로 줄인 것이다.

수유(雖柔)의 수(雖)는 여기서 가령사(假令辭)로 〈비록 수(雖)〉이고, 유(柔)는 〈연약할 약(弱)〉과 같아 유약(柔弱)의 줄임말로 여기면 되고, 필강(必强)에서 필(必)은 여기선 정사(定辭)로 〈반드시 필(必)〉이고, 강(强)은 〈굳셀 강(彊)〉과 같아 강강(强彊)의 줄임말로 여기면 된다.

【풀이(繹)】

수유(雖柔) 필강(必强) 역시 소인(小人)이라도 군자(君子)가 될 수 있음을 단언한 말씀이다. 수유(雖柔)의 유(柔)는 유자(柔者) 즉 약자(弱者)를 말한다. 여기서 유자(柔者)란 우유부단(優柔不斷)하므로 수신(修身)하여 성지자(誠之者)가 되어야 하는 까닭을 알면서도 성지자(誠之者)의 수신(修身)을 감당하지 못해 외면하는 소인(小人)을 말한다. 이러한 소인(小人)일지라도 달도(達道)·달덕(達德)·구경(九經) 등을 불학(弗學)·불문(弗問)·불사(弗思)·불변(弗辨)·불행(弗行)하지 않고 박학(博學)·심문(審問)·신사(愼思)·명변(明辨)·독행(篤行)한다면 반드시 유자(柔者)가 강자(强者)로 자신(自新)하여 군자(君子)로 거듭날 수 있음을 단언함이 〈필강(必强)〉이다. 그러면 택선(擇善)하여 집선(執善)할 줄 모르는 소인(小人)일지라도 무사(無私)·무사(無邪)·무아(無我)의 군자(君子)로 중용지도(中庸之道)를 일상화(日常化)하는 강자(强者)가 될 수 있음을 밝힌 말씀이 〈수유(雖柔) 필강(必强)〉이다.

성(誠)과 명(明)

한 단락(段落)으로 이루어져 있는 21장(章)은 『대학(大學)』의 첫머리 말씀과 『중용(中庸)』의 첫머리 말씀을 살피고 되새겨 천도(天道)와 인도(人道)가 둘이 아니라 하나임을 깊이 사유(思惟)하게 한다. 〈성(誠)〉으로 말미암은 〈명(明)〉이란 천도(天道)로부터 인도(人道)가 비롯됨이고 이것이 곧 〈성(性)〉이며, 〈명(明)〉으로 말미암은 〈성(誠)〉이란 인도(人道)로부터 천도(天道)가 밝혀짐이고 이것이 곧 〈교(教)〉임을 사유(思惟)하게 한다. 성(誠)과 명(明)이 둘이 아니고, 따라서 성(性)과 교(教)가 또한 둘이 아니다. 성(性)을 떠나 교(教)가 이루어질 수 없고, 교(教)를 떠나 성(性)을 깨우칠 수 없는 지어지선(止於至善)을 살펴 새기고 헤아리게 하는 장(章)이다.

【전문(全文)】

自誠明을 謂之性이고 自明誠을 謂之敎이다 誠則明矣이고 明則誠矣이다
자성명 자명성 자명성 위지교 성즉명의 명즉성의

정성으로 말미암아 밝아짐 그것을 천성이라 하고, 밝음으로 말미암은 정성 그것을 가르침이라 하며, 정성이면 곧 밝아짐이고 밝아지면 곧 정성이다.

自誠明謂之性(자성명위지성)

▶정성으로[誠] 말미암아[自] 밝아짐[明] 그것을[之] 천성이라[性] 한다[謂].

~부터 자(自), 정성 성(誠), 밝아진 명(明), 이를 위(謂), 그것 지(之), 천성 성(性)

【읽기(讀)】

자성명위지성(自誠明謂之性)은 〈위자성명성(謂自誠明性)〉에서 위(謂)의 목적구 노릇하는 자성명(自誠明)을 강조하고자 전치(前置)하고, 뜻 없는 허사(虛詞) 지(之)를 둔 구문이다. 위지(謂之)의 지(之)를 무시하고 〈자성명을[自誠明] 성이라[性] 한다[謂]〉고 새겨도 되고, 위지(謂之)의 지(之)를 살려서 〈자성명(自誠明) 그것을[之] 성이라[性] 한다[謂]〉고 해도 된다.

자성명위지성(自誠明謂之性)에서 자(自)는 〈~부터 종(從) · 유(由)〉 등과 같고, 성(誠)은 여기선 성자(誠者)를 뜻하고, 명(明)은 성지자(誠之者)를 뜻한다. 위(謂)는 〈일컬을 위(爲) · 칭(稱)〉 등과 같고, 지(之)는 허사(虛詞) 노릇하고, 성(性)은 천성(天性)을 뜻한다.

【풀이(繹)】

자성명위지성(自誠明謂之性)은 성인(聖人)이 천도(天道)의 성(誠)을 본받아[法] 천명(天命)의 성(性)을 정성껏 다함을 깨우치게 한다. 따라서 『중용(中庸)』의 첫머

리 말씀인 〈천명지위성(天命之謂性)〉을 떠올려 성인(聖人)이 천도(天道)의 성자(誠者)를 본받음[法]을 살펴[觀] 새기고[玩] 헤아려[擬] 가늠하게[斷] 한다.

자성명(自誠明), 이는 천도(天道)를 본받는 성인(聖人)의 인도(人道)를 말한다. 〈성자(誠者)〉 즉 성(誠)이란 것[者]은 천지도(天之道)이고, 〈성자(性者)〉 즉 성(性)이란 것[者]은 천명(天命)이니, 자성명(自誠明) 즉 성(誠) 즉 천지도(天之道)로 말미암아[自] 밝아짐[明]이 성(性)이기 때문에 천지도(天之道) 즉 천도(天道)로 말미암아[自] 천명(天命)이 밝아짐[明]을 깨우칠 수 있는 것이다. 따라서 천명(天命)인 성(性)이란 천도(天道) 즉 성(誠)을 밝힘[明]이고, 성(誠)이란 성(性)을 밝힘[明]이다. 천도(天道)인 성(誠)은 천명(天命)인 성(性)을 밝히고[明], 천명(天命)인 성(性) 또한 천도(天道)인 성(誠)을 밝힌다. 여기서 성성상명(誠性相明)임을 깨우치게 된다.

또한 『논어(論語)』「양화(陽貨)」편(篇)에 나오는 성상근야(性相近也) 습상원야(習相遠也)란 자왈(子曰)을 떠올려준다. 서로 가까운 것[近]이지만, 서로 습성(習性) 따라 멀어지는 것[遠]이 천성(天性)이다. 천품(天稟) 즉 자연[天]이 내려준[稟] 목숨인 천성(天性)은 가까운 것[近]이지만, 습성(習性)에 따라 인성(人性)은 천차만별(千差萬別)로 드러나는 것이다. 20세기부터 구미문물(歐美文物)의 영향을 받아 천성(天性)을 무시하고 인성(人性)만을 중시(重視)해 개성(個性)을 앞세우게 되었다. 인성(人性)은 서로 달라야 한다는 개성(個性)을 존중(尊重)하고, 인성(人性)은 서로 다 같다는 천성(天性)을 경시(輕視)하는 시류(時流)가 주를 이루고 있다. 따라서 인간의 천성(天性)이 인간의 개성(個性)을 다스려야 한다는 수신(修身)의 자신(自新)은 낡은 생각처럼 되어버렸다. 그러면서 중용(中庸)만은 여전히 강조하는 경우가 빈번하다.

천성(天性)을 무시하고 개성(個性)을 앞세우면서 중용(中庸)의 지(知) · 행(行)이란 불가능하다. 자성명(自誠明)을 떠난 중용(中庸)의 지(知) · 행(行)은 불가능할 뿐이다. 자성명(自誠明)의 성(誠)을 천지도(天之道)라 함은 성(誠)이 천성(天性)으로 통함이고, 그 천지도(天之道)로 말미암은[自] 밝음[明]이란 인성(人性)이 천성(天性)으로 복귀(復歸)함이다. 그래서 자성명(自誠明)이란 말씀은 『노자(老子)』에 나오는 복귀어영아(復歸於嬰兒)란 말씀도 상기(想起)시킨다. 갓난애[嬰兒]로 되돌아가라[復歸] 함은 인성(人性)을 천성(天性)으로 복귀(復歸)시키라는 뜻이다. 인성(人

性)이 천성(天性)으로 복귀(復歸)함이 곧 성지자(誠之者)이고, 그 성지자(誠之者)를 한 자(字)로 일러 명(明) 즉 밝아짐[明]이라고 밝혀 깊게 사유(思惟)하게 하고 자문(自問)하게 하는 말씀이 〈자성명위지성(自誠明謂之性)〉이다.

註 "성상근야(性相近也) 습상원야(習相遠也)." 사람의 천성은[性] 서로[相] 가까운 것[近]이고[也], 사람의 습성이[習] 서로[相] 먼 것[遠]이다[也]. 『논어(論語)』「양화(陽貨)」편(篇) 2장(章)

註 "상덕불리(常德不離) 복귀어영아(復歸於嬰兒)." 자연의 덕은[常德] {온갖 것[萬物]에서} 떠나지 않으니[不離] {상덕(常德)은} 갓난애[嬰兒]로[於] 되돌아간다[復歸]. 『노자(老子)』 28장(章)

自明誠謂之教(자명성위지교)

▶ 밝음으로[明] 말미암은[自] 정성[誠] 그것을[之] 가르침이라[教] 한다[謂].

~부터 자(自), 밝아짐 명(明), 정성됨 성(誠), 이를 위(謂), 그것 지(之), 가르침 교(教)

【읽기(讀)】

자명성위지교(自明誠謂之教)는 〈위자명성교(謂自明誠教)〉에서 위(謂)의 목적구 노릇하는 자명성(自明誠)을 강조하고자 전치(前置)하고, 뜻 없는 허사(虛詞) 지(之)를 둔 구문이다. 위지(謂之)의 지(之)를 무시하고 〈자명성을[自明誠] 교라[教] 한다[謂]〉고 새겨도 되고, 위지(謂之)의 지(之)를 살려서 〈자명성(自明誠) 그것을[之] 교라[教] 한다[謂]〉고 해도 될 것이다.

자명성위지교(自明誠謂之教)에서 자(自)는 〈~부터 종(從) · 유(由)〉 등과 같고, 명(明)은 성지자(誠之者)를 뜻하고, 성(誠)은 성자(誠者)를 뜻한다. 위(謂)는 〈일컬을 위(爲) · 칭(稱)〉 등과 같고, 지(之)는 허사(虛詞)이고, 성(性)은 천성(天性)을 뜻한다.

【풀이(繹)】

자명성위지교(自明誠謂之教)는 현자(賢者) 즉 군자(君子)가 성인(聖人)의 가르침[教]을 따라 천도(天道)의 성자(誠者)를 정성껏 다함을 깨우치게 한다. 물론 이 또한 『중용(中庸)』의 첫머리 말씀인 〈수도지위교(修道之謂教)〉를 떠올려 성지자(誠之者)를 닦음이[修] 곧 성자(誠者)이고, 성지자(誠之者)가 곧 성지명(性之明)이며, 그 밝음[明]은 다름 아닌 성자(誠者)의 밝힘[明]임을 살펴[觀] 새기고[玩] 헤아려[擬] 가늠하게[斷] 한다.

자명성(自明誠), 이는 천도(天道)를 본받는 성인(聖人)의 인도(人道)를 군자(君子)가 본받아[效] 천도(天道)의 성(誠)을 정성껏 다함을 말한다. 자성명(自誠明)은 천도(天道)를 성인(聖人)이 본받음[法]을 뜻하고, 자명성(自明誠)은 군자(君子)가 성인(聖人)을 본받아[效] 순천(順天)하고 사천(事天)하게 됨을 말한다. 따라서 자명성(自明誠) 즉 천도(天道)를 효(效)함은, 성인(聖人)의 명(明)으로 말미암은[自] 성자(誠者)의 성(誠) 즉 천도(天道)의 성(誠)을 성인(聖人)의 명(明)을 통해 군자(君子)가 경진(敬盡) 즉 진실로 믿고 따름[敬]을 다하는[盡] 성지자(誠之者)의 성(誠)이다. 이 때문에 성지자(誠之者)인 현자(賢者) · 군자(君子)가 인지도(人之道)를 닦음[修]으로 말미암아[自] 천도(天道)의 성(誠)과 천명(天命)의 성(性)이 밝아짐[明]을 깨우칠 수 있는 것이다. 따라서 자명성(自明誠)의 명(明)은 수도(修道)로 말미암아 성(誠)의 가르침[教]에서 비롯된 밝음[明]이다.

여기서 수도(修道)는 성지도(性之道) 즉 천명(天命)을 닦음이고, 이는 곧 천도(天道)의 성(誠)으로 통한다. 천명(天命)의 명(命)이란 천사(天使) 즉 자연의 시킴[使]이고, 동시에 천교(天教) 즉 천지(天地)의 가르침[教]이다. 그 천명(天命)을 닦음[修]이 수도(修道)이고, 그 수도(修道)는 지성(至誠)으로 이어져 있다. 그러므로 수도(修道)의 교(教)란 자연이 가르치고[教] 인간이 본받는[效] 교효(教效)의 가르침[教]이고, 자연이 가르치고[教] 인간이 익히는[習] 교습(教習)의 가르침(教)이며, 자연이 가르쳐[教] 인간을 이끌어주는[導] 교도(教導)의 가르침[教]이고, 나아가 자연이 가르쳐[教] 인간으로 하여금[使] 익히게 하는[習] 사습(使習)의 가르침(教)이다. 천사(天使) · 천교(天教)는 오로지 성인(聖人)이 맡는 가르침[教]이고, 현자(賢者) · 군자(君子)는 그 교(教)를 받들어 따라 성진(誠盡) 즉 정성[誠]을 다하는[盡] 것이다.

천지(天地)의 가르침[教]은 곧 성인(聖人)의 교(教)이니, 수도지위교(修道之謂教)란 바로 군자유삼외(君子有三畏)의 교(教) 바로 그것이다. 그러므로 수도(修道)의 교(教)란 삼외(三畏)를 떠나서는 이루어질 수 없고, 그 교(教)를 떠나서는 자명성(自明誠)의 명(明)은 이루어질 수 없으며, 그 명(明)을 떠나서는 자명성(自明誠)의 성(誠)으로 돌아갈 수 없다. 여기서 천지도(天之道)를 그냥 그대로 본받는[法] 성인(聖人)의 가르침[教]을 본받아[效] 따르고[導] 익혀[習] 자신으로 하여금[使] 자신의 인성(人性)을 천성(天性)으로 복귀(復歸)하게 함을 밝혀 깊게 사유(思惟)하고 자문(自問)하게 하는 말씀이 〈자명성위지교(自明誠謂之教)〉이다.

註 "군자유삼외(君子有三畏) 외천명(畏天命) 외대인(畏大人) 외성인지언(畏聖人之言)." 군자한테는[君子] 세 가지[三] 두려워함이[畏] 있다[有]. 천명을[天命] 두려워하고[畏], 대인을[大人] 두려워하며[畏], 성인의[聖人之] 말씀을[言] 두려워한다[畏].

대인(大人)은 성인(聖人)을 말한다. 『논어(論語)』「계씨(季氏)」편(篇) 8장(章)

誠則明矣(성즉명의)

▶ 정성이면[誠] 곧[則] 밝아짐[明]이다[矣].

정성 성(誠), 곧 즉(則), 밝아질 명(明), 조사(~이다) 의(矣)

【읽기(讀)】

성즉명의(誠則明矣)에서 성(誠)은 주어 노릇하고, 즉(則)은 조사(助詞 : ~곧) 노릇하며, 명(明)은 보어(補語) 노릇해 〈성은[誠] 곧[則] 명(明)이다[矣]〉라고 옮긴다. 물론 〈곧 즉(則)〉은 어세(語勢)를 더하려는 조사(助詞)이므로 무시하고 〈성은[誠] 명(明)이다[矣]〉로 보아도 될 것이다. 성즉명의(誠則明矣)에서 성(誠)은 천도(天道)의 본연(本然)을 말하고, 명(明)은 〈밝을 현(賢)〉과 같다.

【풀이(繹)】

성즉명의(誠則明矣)는 천도(天道)를 본받는[法] 성인(聖人)의 성지자(誠之者)를 살펴 새기고 헤아려 가늠하게 한다. 성즉명(誠則明)의 명(明)은 성인(聖人)이 천도(天道)의 성(誠)을 본받아[法] 밝힌[明] 인도(人道)이다. 그러므로 성즉명(誠則明)은 자성명(自誠明)을 거듭 밝히는 말씀이다. 성즉명(誠則明)의 성(誠)은 성자(誠者)를 말하고, 성자(誠者)는 곧 천지도(天之道)를 말한다. 성자(誠者)란 진실무망(眞實無

妄)이다. 천지도(天之道)란 참으로[眞] 신실하여[實] 망녕[妄]이 없음[無]을 일러 성자(誠者)라고 한다. 따라서 천도(天道)의 성자(誠者)는 공평하여[公平] 탐욕의 노림[私]이 없다[無]. 이러한 성자(誠者)는 곧 명(明)이다. 물론 명(明)은 앞서 살핀 〈명호선(明乎善)〉의 명(明) 그것이다. 선(善)에 의해서[乎] 밝아짐[明]이 곧 자성명(自誠明)의 명(明)이고, 동시에 성즉명(誠則明)의 명(明)이다. 선자(善者) 즉 선(善)이란 것[者]은 천도(天道)를 계승(繼承)함이니, 천도(天道)의 성자(誠者)를 이어받음[繼承]이 곧 선(善)이므로 자성명(自誠明) · 성즉명(誠則明)의 성(誠)과 명(明)이 둘[二]이 아니라 하나[一]인 것을 경진(敬盡)하게 하는 말씀이 〈성즉명의(誠則明矣)〉이다.

明則誠矣(명즉성의)

▶ 밝아지면[明] 곧[則] 정성[誠]이다[矣].

밝아질 명(明), 곧 즉(則), 정성될 성(誠), 조사(~이다) 의(矣)

【읽기(讀)】

명즉성의(明則誠矣)에서 명(明)은 주어 노릇하고, 즉(則)은 조사(助詞: ~곧) 노릇하며, 성(誠)은 보어(補語) 노릇해 〈명은[明] 곧[則] 성(誠)이다[矣]〉라고 옮긴다. 물론 〈곧 즉(則)〉은 어세(語勢)를 더하려는 조사(助詞) 노릇하므로 무시하고 〈명은[明] 성(誠)이다[矣]〉로 보아도 될 것이다. 명즉성의(明則誠矣)에서 명(明)은 〈밝을 현(賢)〉과 같고, 성(誠)은 천도(天道)의 본연(本然)을 말한다.

【풀이(繹)】

명즉성의(明則誠矣)는 성인(聖人)을 본받는[效] 군자(君子)의 성지자(誠之者)를 살펴 새기고 헤아려 가늠하게 한다. 명즉성(明則誠)의 명(明)은 성인(聖人)이 천도(天道)의 성(誠)을 본받아[法] 밝힌[明] 인도(人道)이다. 그러므로 명즉성(明則誠)은 자명성(自明誠)을 거듭 밝히는 말씀이다. 명즉성(明則誠)의 명(明)은 성신(誠身) 즉 성지자(誠之者)를 말하고, 명즉성(明則誠)의 성(誠)은 성자(誠者)를 말한다. 성지자(誠之者)의 명(明)은 인도(人道)를 말하고, 성자(誠者)의 성(誠)은 천지도(天之道)

즉 천도(天道)를 말한다. 천도(天道)의 성(誠)은 천명(天命)의 천성(天性)으로 통하고, 인도(人道)의 명(明)은 인성(人性)의 선(善)으로 통한다. 인성(人性)의 선(善)이란 천성(天性)을 본받고 따라 천도(天道)를 누림이고, 그 누림을 일러 밝다[明]고 한 것이다. 그러므로 명즉성(明則誠)이란 곧 〈성지즉성(誠之則誠)〉이다. 성지(誠之)는 성천도(誠天道)이다. 성천도(誠天道)는 경천(敬天)하여 진천명(盡天命)함이다. 여기서 명즉성(明則誠)의 명(明)은 천도(天道)를 정성껏 하여[誠] 그 천도(天道)를 받들고[敬], 그 천도(天道)의 교명(教命)을 다함[盡]을 이룩하고자 천도(天道)를 진실로 본받고 따라 수신(修身)함을 한 자(字)로 밝힌 것이다. 여기서 성지자(誠之者) · 성신(誠身)이 명호선(明乎善)으로 밝혀짐을 알 수 있다. 그러므로 성지자(誠之者)의 명(明)은 곧 성자(誠者)로 밝혀짐[明]이니, 자명성(自明誠) · 명즉성(明則誠)의 명(明)과 성(誠) 역시 둘[二]이 아니라 하나[一]인 것을 경진(敬盡)하게 하는 말씀이 〈명즉성의(明則誠矣)〉이다.

자성명(自誠明)과 자명성(自明誠)

22장(章)은 자성명(自誠明) · 자명성(自明誠)을 거듭 환기(喚起)시켜 『대학(大學)』의 첫머리와 『중용(中庸)』의 첫머리 말씀을 살피고 되새겨 〈성(誠)〉과 〈명(明)〉이 서로 떨어질 수 없음을 깊이 사유(思惟)하게 한다. 따라서 인도(人道) 또한 천도(天道)를 경진(敬盡)함으로 말미암아 천명(天命)을 본받아[法] 중용(中庸)의 덕(德)이 일상화(日常化)될 수 있다. 그리하여 천지(天地)의 화육(化育)에 인간이 동참(同參)할 수 있음을 밝혀 인의(仁義)로 인도(人道)를 정성껏 시행(施行)함이 곧 중용(中庸)의 덕(德)임을 깨우치게 한다. 나아가 중용(中庸)의 지(知) · 행(行)으로 천지(天地)와 사람[人]이 하나 되는 것이 중용(中庸)의 덕(德)이다. 천도(天道)의 성(誠)과 그 천도(天道)를 이루는[成] 성(性)을 정성껏 다함이 그 덕(德)이고 지어지선(止於至善)임을 깨우쳐 인간이 천지(天地)의 화육(化育)에 동참(同參)할 수 있는 것도 자성명(自誠明) · 자명성(自明誠)으로 가능함을 살펴 새기고 헤아리게 하는 장(章)이다.

【전문(全文)】

唯天下之誠이라야 爲能盡其性한다 能盡其性이면 則能盡人之性하고 能盡人之性이면 則能盡物之性하고 能盡物之性하면 則可以贊天地之化育하고 可以贊天地之化育하면 可以與天地參矣이다
유천하지성 위능진기성 능진기성 즉능진인지성 능진인지성 즉능진물지성 능진물지성 즉가이찬천지지화육 가이찬천지지화육 가이여천지참의

오로지 온 세상의 정성이라야 제 본성을 다할 수 있는 것이다. (사람이) 그 천성을 다할 수 있으면 곧 (그 사람은) 사람의 본성을 다할 수 있고, 사람의 본성을 다할 수 있으면 곧 사물의 본성을 다할 수 있으며, 사물의 본성을 다할 수 있으면 곧 그로써 천지의 변화와 길러냄을 도울 수 있고, 그로써 천지의 변화와 길러냄을 도울 수 있다면 곧 그로써 천지와 함께 동참할 수 있는 것이다.

唯天下之誠爲能盡其性(유천하지성위능진기성)

▶ 오로지[唯] 온 세상의[天下之] 정성이라야[誠] 제[其] 본성을[性] 다할 수 있는 것[能盡]이다[爲].

오로지 유(唯), 조사(~의) 지(之), 정성 성(誠), ~이다 위(爲), 가할 능(能), 다할 진(盡), 그 기(其), 천성(본성) 성(性)

【읽기(讀)】

유천하지성위능진기성(唯天下之誠爲能盡其性)에서 유천하지성(唯天下之誠)은 주부(主部) 노릇하고, 위(爲)는 자동사로 〈~이다 위(爲)〉 노릇하고, 능진기성(能盡其性)은 술부(述部)로 보어(補語) 노릇한다고 여기고 〈유천하지성(唯天下之誠)이 능진기성(能盡其性)이다[爲]〉로 옮긴다.

유천하지성(唯天下之誠)에서 유(唯)는 〈오직 독(獨)〉과 같아 유독(唯獨)의 줄임이고, 성(誠)은 천도(天道)를 뜻하는 성자(誠者)의 줄임으로 여기면 된다.

능진기성(能盡其性)에서 능(能)은 〈가할 가(可)〉와 같아 가능(可能)의 줄임이며, 진(盡)은 〈다할 극(極)·궁(窮)〉과 같아 극진(極盡)의 줄임이고, 성(性)은 천명(天命)을 뜻하는 천부지성(天賦之性)·천성(天性)·본성(本性)·성품(性品) 등의 줄임으로 여기면 된다.

【풀이(繹)】

유천하지성위능진기성(唯天下之誠爲能盡其性)은 천도(天道)를 경진(敬盡) 즉 진실로 믿고 받들기[敬]를 다해야[盡] 천명(天命)의 본성(本性)을 진(盡)할 수 있음을 일깨워주고 있다. 물론 유천하지성(唯天下之誠)의 성(誠)을 성지자(誠之者) 즉 〈정성을 다하는[誠之] 사람[者]〉의 줄임으로 보아도 될 것이다. 그러나 여기서의 성(誠)은 진실무망(眞實無妄)을 뜻하는 〈성인지덕(聖人之德)의 정성[誠]〉이다. 천도(天道)는 그냥 그대로 참[眞實]이어서 망념(妄念)이란 없고, 성(誠)은 곧 성인(聖人)의 덕(德)으로 드러난다. 그러한 성(誠)은 상선(常善)이고 유선(唯善)일 뿐이므로 무망(無妄)하다고 한다. 이러한 성(誠)을 떠나서 따로 진성(盡性)할 수 없다. 진성(盡性)이란 사람은 사람의 도리(道理)를 다함[盡]이고, 짐승은 짐승대로 도리(道理)를 다함이며, 초목(草木)은 초목대로 도리(道理)를 다함이다. 만물(萬物)은 무엇이든 기성(己性) 즉 제[己] 본성[性]을 품수(稟受)하여 명(命)을 누린다는 것이 천명관(天命觀)이다. 따라서 성(誠)을 떠나 성(性)을 다할 수 없음이 곧 천도(天道)·천명관(天命觀)의 도추(道樞) 즉 지도리가 된다.

물론 지금 우리는 천도관(天道觀)을 무시(無視)하고 성(誠)이란 자의(字意) 그 자체를 성망(誠忘)하였고, 그 결과로 sincerity · integrity · honesty · fidelity 등을 옮긴[譯] 〈성실(誠實)〉이란 조어(造語)만 쓰고 있는 중이다. sincerity · integrity · honesty · fidelity의 성실(誠實)에 천도관(天道觀)이란 없다. 따라서 천명관(天命觀)도 무시(無視)되어 성(性)이란 자의(字意)도 잊었고, 〈nature〉를 옮긴[譯] 〈성질(性質)〉이나 〈sex〉를 옮긴 〈성(性)〉이란 조어(造語)를 쓰고 있는 중이다. nature(性質) · sex(性)에도 천명관(天命觀)이란 없다. 따지고 보면 우리는 천도(天道)의 성(誠)과 천명(天命)의 성(性)을 잊어버린 셈이니, 중용지도(中庸之道)를 지(知)·행(行)하는 중용지덕(中庸之德)을 잊어버린 셈이다. 우리가 잊고 있는 천도(天道)의 성(誠)과 천명(天命)의 성(性)을 다시금 살펴 되새기고 다시 헤아려 가늠하게 하는 말씀이 〈유천하지성위능진기성(唯天下之誠爲能盡其性)〉이다.

能盡其性(능진기성) 則能盡人之性(즉능진인지성)

▶(사람이) 그[其] 천성을[性] 다할 수 있으면[能盡] 곧[則] (그 사람은) 사람의[人之] 본성을[性] 다할 수 있다[能盡].

가할 능(能), 다할 진(盡), 그 기(其), 본성(천성) 성(性), 곧 즉(則), 조사(~의) 지(之)

【읽기(讀)】

능진기성(能盡其性)은 즉(則) 바로 앞에 있는 조건(條件)의 부사절로 〈인능진천명지성(人能盡天命之性)〉에서 일반주어 노릇할 인(人)을 생략하고, 천명지(天命之)를 기(其)로 대신한 구문이다. 〈사람이[人] 천명의[天命之] 본성을[性] 다할 수 있다면[能盡]〉을 〈그[其] 본성을[性] 다할 수 있다면[能盡]〉으로 줄인 것이다.

능진기성(能盡其性)에서 능(能)은 〈가할 가(可)〉와 같고, 진(盡)은 〈다할 극(極)〉과 같아 극진(極盡)의 줄임말로 여기면 되고, 성(性)은 본성(本性) 또는 천성(天性)의 줄임이다.

즉능진인지성(則能盡人之性)은 주절로 여기고, 〈즉기인능진인지성(則其人能盡人之性)〉에서 일반주어 기인(其人)을 생략한 구문으로 여기면 문의(文意)가 드러난다. 〈그[其] 사람은[人] 사람의[人之] 본성을[性] 다할 수 있다[能盡]〉를 〈사람의[人之] 본성을[性] 다할 수 있다[能盡]〉로 줄인 것이다.

능진인지성(能盡人之性)에서 능(能)은 〈가할 가(可)〉와 같고, 진(盡)은 〈다할 극(極)〉과 같고, 성(性)은 본성(本性) 또는 천성(天性)의 줄임이다.

【풀이(繹)】

능진기성(能盡其性) 즉능진인지성(則能盡人之性)은 자성명(自誠明)을 환기(喚起)시켜 사람이 저마다 천명(天命)의 성(性) 즉 천성(天性)을 다하면 누구나 다 제 본성(本性)을 천성(天性)이 되게 할 수 있음을 일깨워주고 있다.

『예기(禮記)』「악기(樂記)」편(篇)에 〈육자비성야(六者非性也)〉란 말씀이 나온다.

여기서 육자(六者)란 〈애(哀)·락(樂)·희(喜)·로(怒)·애(愛)·경(敬)〉 등을 말한다. 이러한 육자(六者)는 사람이 온갖 사물(事物)과 만나 간직하는 정의(情意)이지, 천지(天地)가 주어[稟] 받은[受] 마음[心]의 본래(本來)가 아닌 것이다. 사람이 천명(天命)의 성(性)을 다함[盡]이란 천도(天道)를 받들어[敬] 다하는[盡] 성(誠)으로 이어진다. 그 성(誠)은 그냥 그대로 공평(公平)하여 오로지 무사(無私)·무기(無己)할 뿐이다. 그러나 온갖 사물(事物)이 인간을 움직이게 하는 정의(情意)는 무사(無私)·무기(無己)하지 않아 백인백색(百人百色)으로 드러난다. 그래서 백인백색(百人百色)의 정의(情意)를 본성(本性) 즉 천성(天性)이 아니라 하는 것이다.

육자비성(六者非性)이란 요즘 말로 하면 〈개성(個性 : personality)〉이다. 천명관(天命觀)으로 보면 인간의 육자(六者 : 哀·樂·喜·怒·愛·敬)는 말단(末端)이고, 인간이 천지(天地)로부터 품(稟)한 천성(天性)이 근본(根本)이다. 그래서 **본립이도생(本立而道生)**이라 한다. 근본[本]이 서야[立而] 도(道)가 살아난다[生] 함은 천성(天性)이 확립되어야 인도(人道)가 살아나고[生], 인도(人道)가 살아나야 효제(孝弟)라는 인(仁)의 근본이 살아나고, 중용(中庸)의 일상화(日常化)도 살아난다는 것이다. 천성(天性)을 떠나서는 인도(人道)의 인의(仁義)니 효제(孝弟)니 중용(中庸)은 생겨날 수 없음이다. 그래서 『중용(中庸)』의 1장(章)은 **치중화(致中和) 천지위언(天地位焉) 만물육언(萬物育焉)**이라고 끝맺음한 것이다. 여기서 다시금 능진인지성(能盡人之性)의 능진(能盡)이 중(中)·화(和)를 다함[致]을 뜻하고 있음을 간파(看破)할 수 있다. 그러므로 수신(修身)하여 치중화(致中和)를 누림이 진성(盡性) 즉 천성(天性)을 다하는 것[盡]임을 살펴 새기고 헤아려 가늠해 깨우치게 하는 말씀이 〈능진기성(能盡其性) 즉능진인지성(則能盡人之性)〉이다.

註 "군자무본(君子務本) 본립이도생(本立而道生) 효제야자(孝弟也者) 기위인지본여(其爲仁之本與)." 군자는[君子] 근본을[本] 애쓴다[務]. 근본이[本] 서면서[立而] 나갈 길이[道] 생긴다[生]. 효제(孝弟)란[也] 것[者] 그것은[其] 어짊의[仁之] 근본이[本] 되는 것[爲]이로다[與].

『논어(論語)』「학이(學而)」편(篇) 2장(章)

註 "희로애락지미발위지중(喜怒哀樂之未發謂之中) 발이개중절위지화(發而皆中節謂之和) 중야자천하지대본야(中也者天下之大本也) 화야자천하지달도야(和也者天下之達道也) 치중화(致中和) 천지위언(天地位焉) 만물육언(萬物育焉)." 희로애락(喜怒哀樂)의[之] 미발(未發)을 어울림

이라[中] 하고[謂], {희로애락(喜怒哀樂)이} 드러나되[發而] {그 희로애락(喜怒哀樂)이} 모두[皆] 절조와[節] 어우러짐을[中] 어울림이라[和] 한다[謂]. 중(中)이란[也] 것은[者] 온 세상의[天下之] 크나큰[大] 근본[本]이고[也], 화(和)란[也] 것은[者] 온 세상의[天下之] 두루 통하는[達] 길[道]이다[也]. 어울리고[中] 어울림을[和] 지극히 다한다[致]. 중과(中) 화(和)의 지극함[致]에서[焉] 하늘 땅이[天地] 자리잡는다[位]. 중과(中) 화(和)의 지극함[致]에서[焉] 온갖 것이[萬物] 자라난다[育].

『중용(中庸)』 1장(章)

能盡人之性(능진인지성) 則能盡物之性(즉능진물지성)

▶사람의[人之] 본성을[性] 다할 수 있으면[能盡] 곧[則] 사물의[物之] 본성을[性] 다할 수 있다[能盡].

가할 능(能), 다할 진(盡), 조사(~의) 지(之), 본성(천성) 성(性), 곧 즉(則), 온갖 것(사물) 물(物)

【읽기(讀)】

능진인지성(能盡人之性)은 조건절(條件節)로 〈인능진인지성(人能盡人之性)〉에서 일반주어 노릇할 인(人)을 생략한 구문이다. 〈사람이[人] 사람의[人之] 본성을[性] 다할 수 있다면[能盡]〉을 〈사람의[人之] 본성을[性] 다할 수 있다면[能盡]〉으로 줄인 것이다. 능진인지성(能盡人之性)에서 능(能)은 〈가할 가(可)〉와 같고, 진(盡)은 〈다할 극(極)〉과 같아 극진(極盡)의 줄임이고, 성(性)은 본성(本性) 또는 천성(天性)의 줄임이다.

즉능진물지성(則能盡物之性)은 즉(則) 바로 뒤에 있는 주절(主節)로 〈즉기인능진물지성(則其人能盡物之性)〉에서 기인(其人)을 생략한 구문이다. 〈그[其] 사람은[人] 온갖 것의[物之] 본성을[性] 다할 수 있다[能盡]〉를 〈물건의[物之] 본성을[性] 다할 수 있다[能盡]〉로 줄인 것이다. 능진물지성(能盡物之性)에서 능(能)은 〈가할 가(可)〉와 같고, 진(盡)은 〈다할 극(極)〉과 같고, 물(物)은 물건(物件)의 줄임이고, 성(性)은 본성(本性) 또는 천성(天性)의 줄임이다.

【풀이(繹)】

능진인지성(能盡人之性) 즉능진물지성(則能盡物之性)은 자명성(自明誠)을 환기

(喚起)시켜 사람이 저마다 천명(天命)의 성(性) 즉 천성(天性)을 다하면 인간은 천지(天地)와 함께 온갖 것[物] 즉 사물(事物)의 본성(本性)을 다할 수 있음을 일깨워 주고 있다. 『예기(禮記)』「악기(樂記)」편(篇)이 밝혀주는 〈육자비성(六者非性)〉의 육자(六者)로는 물지성(物之性)을 다할 수 없다. 인간의 육자(六者 : 哀 · 樂 · 喜 · 怒 · 敬 · 愛)는 인간의 것이지, 금수(禽獸) · 초목(草木)의 것은 아니기 때문이다.

그러나 능진인지성(能盡人之性)은 인지성(人之性)이 천부성어인(天賦性於人)이듯 물지성(物之性) 역시 천부성어물(天賦性於物)임을 깨닫게 한다. 자연[天]이 인간에게[於人] 본성[性]을 줌[賦]과 같이 자연[天]이 만물에도[於物] 본성[性]을 준다[賦]고 진실로 믿고 좇음이 곧 능진물지성(能盡物之性)의 능진(能盡)이다. 천부지성(天賦之性) 즉 자연[天]이 준[賦之] 본성[性]은 자연[天]이 사람[人]에게 준 성(性)이 다르고 개[犬]에게 준 성(性)이 다르고 나비[蝶]에게 준 성(性)이 다르고 고기[魚]에게 준 성(性)이 다르고 나무[木]에게 준 성(性)이 다르고 풀[草]에게 준 성(性)이 다를지언정, 그 모든 성(性)들이 천부(天賦) 즉 자연[天]이 준다[賦]는 점에서는 다를 바가 없음을 경진(敬盡) 즉 진실로 받들어 믿고 따름을 다함[敬盡]이 능진물지성(能盡物之性)의 능진(能盡)이다. 『장자(莊子)』「달생(達生)」편(篇)에 **천지자만물지부모야(天地者萬物之父母也)**란 말씀이 나온다. 그러므로 인간이 자명성(自明誠)으로 만물(萬物)과 함께 천지(天地)와 하나 됨[爲一]을 깊이 살펴 새기고 헤아려 깨우치게 하는 말씀이 〈능진인지성(能盡人之性) 즉능진물지성(則能盡物之性)〉이다.

註 "부형전정복(夫形全精復) 여천위일(與天爲一) 천지자만물지부모야(天地者萬物之父母也)." 무릇[夫] 몸이[形] 온전하고[全] 정신이[精] {천지(天地)로} 돌아가[復] {정형(精形)이} 자연과[與天] 하나가[一] 된다[爲]. 천지라는[天地] 것은[者] 만물의[萬物之] 어버이[父母]이다[也].

『장자(莊子)』「달생(達生)」편(篇) 1단락(段落)

能盡物之性(능진물지성) 則可以贊天地之化育(즉가이찬천지지화육)

▶ (사람이) 사물의[物之] 본성을[性] 다할 수 있으면[能盡] 곧[則] 그로써[以] 천지의[天地之] 변화와[化] 길러냄을[育] 도울 수 있다[能贊].

가할 능(能), 다할 진(盡), 온갖 것(사물) 물(物), 조사(~의) 지(之), 본성(천성) 성(性), 곧 즉(則), 가할 가(可), 써 이(以), 도울 찬(贊), 새로 될 화(化), 길러낼 육(育)

【읽기(讀)】

능진물지성(能盡物之性)은 즉(則) 바로 앞에 있는 구문(句文)이므로 조건절(條件節)로 여기고, 〈인능진물지성(人能盡物之性)〉에서 인(人)을 생략한 구문이다. 〈사람이[人] 사물의[物之] 본성을[性] 다할 수 있다면[能盡]〉을 〈사물의[物之] 본성을[性] 다할 수 있다면[能盡]〉으로 줄인 것이다.

능진물지성(能盡物之性)에서 능(能)은 〈가할 가(可)〉와 같고, 진(盡)은 〈다할 극(極)〉과 같아 극진(極盡)의 줄임이고, 물(物)은 사물(事物)의 줄임으로 〈온갖 것〉으로 새기며, 성(性)은 본성(本性) 또는 천성(天性)의 줄임이다.

즉가이찬천지지화육(則可以贊天地之化育)은 즉(則) 바로 뒤에 있으므로 주절(主節)로 여기면 되고, 〈즉기인가찬천지지화육이능진물지성(則其人可贊天地之化育以能盡物之性)〉에서 기인(其人)을 생략하고 이능진물지성(以能盡物之性)에서 되풀이되는 능진물지성(能盡物之性)을 생략하고, 남은 이(以)를 동사(動詞) 노릇하는 찬(贊) 앞으로 전치(前置)한 구문이다. 〈그[其] 사람은[人] 온갖 것의[物之] 본성을[性] 다할 수 있음을[能盡] 이용하여[以] 천지의[天地之] 화육을[化育] 도울 수 있다[可贊]〉 이를 〈그로써[以] 천지의[天地之] 화육을[化育] 도울 수 있다[可贊]〉로 줄인 것이다.

가이찬천지지화육(可以贊天地之化育)에서 가(可)는 〈가할 능(能)〉과 같고, 이(以)는 〈써 용(用)〉과 같고, 찬(贊)은 〈도울 조(助)〉와 같으며, 화(化)는 변화(變化)의 줄임이고, 육(育)은 〈기를 양(養)〉과 같아 양육(養育)의 줄임말로 여기면 된다.

【풀이(繹)】

능진물지성(能盡物之性) 즉가이찬천지지화육(則可以贊天地之化育)은 자명성(自明誠), 즉 왜 명(明)으로 말미암아[自] 성(誠)인지를 살펴 새기고 헤아려 가늠해 깨우치게 한다. 찬천지지화육(贊天地之化育)에서 자명성(自明誠)의 명(明)이 성(誠)으로 돌아가는 것임을 간취(看取)할 수 있다. 자성명(自誠明)의 밝음[明]이란 인지성(人之性)의 성(性)과 물지성(物之性)의 성(性)이 다 같이 천부(天賦)의 본성(本性)임을 깨우쳐 진실로 믿고 따름의 명(明)이고, 그 밝음[明]이란 성(誠)으로의 복귀(復歸)이다. 이는 인지성(人之性) 즉 인성(人性)과, 물지성(物之性) 즉 물성(物性)이 다 같이 천부(天賦)의 것임을 스스로 앎[知]을 일러 명(明)이라 한 것이다. 따라서 『노자(老子)』 33장(章)에 나오는 **자지자명(自知者明)**이란 말씀을 새겨 헤아리면 자명성(自明誠)의 명(明)이 뜻하는 바를 알 수 있다. 자기[自]를 아는[知] 것[者]이 밝음[明]이다.

천지(天地)가 곧 나[我] 자신(自身)의 어버이[父母]임을 깨우쳐 드러남이 자성명(自誠明)의 명(明)이다. 이러한 명(明)으로 천지(天地)의 화육(化育)을 인간이 도울 수 있다. 이러한 찬천지지화육(贊天地之化育)은 『예기(禮記)』 「악기(樂記)」편(篇)에 나오는 **악자천지지화야(樂者天地之和也) 예자천지지서야(禮者天地之序也)**란 말씀을 상기(想起)시킨다. 악(樂)은 자연[天地]의 화합[和]이고, 예(禮)는 자연[天地]의 질서[序]임을 인간이 깨우침으로 말미암아 자연(天地)의 화육(化育)을 도울[贊] 수 있다는 것이다. 인간이 천지(天地)의 화육(化育)을 도울[贊] 수 있음이 곧 성인(聖人)이 천도(天道) · 천명(天命)을 본받아[法] 찾아낸 화서(和序)의 예악(禮樂)이며, 이 예악(禮樂) 또한 자명성(自明誠)의 명(明)으로 말미암은 성(誠)으로의 복귀(復歸)이다. 그러므로 인간이 자명(自明)하여 예악(禮樂)으로 자연(天地)의 화육(化育)을 도울[贊] 수 있음을 깊이 살펴 새기고 헤아려 깨우치게 하는 말씀이 〈능진물지성(能盡物之性) 즉가이찬천지지화육(則可以贊天地之化育)〉이다.

註 "지인자지(知人者智) 자지자명(自知者明) 승인자유력(勝人者有力) 자승자강(自勝者强) 지족자부(知足者富)." 남을[人] 아는[知] 것은[者] 슬기이고[智], 자기를[自] 아는[知] 것은[者] 밝음이다[明]. 남을[人] 이기는[勝] 것은[者] 힘이[力] 있음이고[有], 자기를[自] 이기는[勝] 것은[者] 굳셈이다[强]. 만족할 줄[足] 아는[知] 것은[者] 넉넉하다[富]. 『노자(老子)』 33장(章)

註 "악자천지지화야(樂者天地之和也) 예자천지지서야(禮者天地之序也) 화고(和故) 백물개화(百物皆化) 서고(序故) 백물개별(百物皆別) 악유천작(樂由天作) 예이지제(禮以地制)." 악이란[樂] 것은[者] 자연의[天地之] 화합[和]이고[也], 예란[禮] 것은[者] 자연의[天地之] 질서[序]이다[也]. (자연이) 화합하기[和] 때문에[故] 온갖 것이[百物] 모두[皆] 생사를 누리고[化], (자연이) 질서 있기[序] 때문에[故] 온갖 것이[百物] 모두[皆] 분별된다[別]. 악은[樂] 하늘로[天] 말미암아[由] 지

었고[作], 예는[禮] 땅을[地] 따라[以] 지었다[制]. 『예기(禮記)』「악기(樂記)」15단락(段落)

可以贊天地之化育(가이찬천지지화육) 可以與天地參矣(가이여천지참의)

▶ 그로써[以] 천지의[天地之] 변화와[化] 길러냄을[育] 도울 수 있다면[可贊], 그로써[以] 천지와[天地] 더불어[與] 함께할 수 있는 것[可參]이다[矣].

가할 가(可), 써 이(以), 도울 찬(贊), 조사(~의) 지(之), 새로 될 화(化), 길러낼 육(育), 함께 여(與), 참여할 참(參), 조사(~이다) 의(矣)

【읽기(讀)】

가이찬천지지화육(可以贊天地之化育) 가이여천지참의(可以與天地參矣)에서 종결어미 노릇하는 〈~이다 의(矣)〉에 주목하면, 가이찬천지지화육(可以贊天地之化育)과 가이여천지참의(可以與天地參矣) 두 구문(句文)이 하나의 문장(文章)으로 묶여 있음을 알 수 있다. 가이찬천지지화육(可以贊天地之化育)은 주절(主節)로 주부(主部) 노릇하고, 가이여천지참(可以與天地參)은 술부(述部)로 보어(補語) 노릇하여 〈가이찬천지지화육(可以贊天地之化育)은 가이여천지참(可以與天地參)이다[矣]〉로 문맥이 잡힌다.

주절(主節) 노릇하는 가이찬천지지화육(可以贊天地之化育)은 〈인가찬천지지화육이능진물지성(人可贊天地之化育以能盡物之性)〉의 일반주어 인(人)을 생략하고, 이능진물지성(以能盡物之性)에서 되풀이되는 능진물지성(能盡物之性)을 생략한 후 남은 이(以)를 동사(動詞) 노릇하는 찬(贊) 앞으로 전치(前置)한 구문이다. 〈사람은[人] 온갖 것의[物之] 본성을[性] 다할 수 있음을[能盡] 이용하여[以] 천지의[天地之] 화육을[化育] 도울 수 있음[可贊]〉을 〈그로써[以] 천지의[天地之] 화육을[化育] 도울 수 있음[可贊]〉으로 줄인 것이다.

가이찬천지지화육(可以贊天地之化育)에서 이(以)는 〈써 용(用)〉과 같고, 찬(贊)은 〈도울 조(助)〉와 같으며, 화(化)는 변화(變化)의 줄임이고, 육(育)은 〈기를 양

(養)〉과 같아 양육(養育)의 줄임말로 여기면 된다.

술부(述部) 노릇하는 가이여천지참의(可以與天地參矣)는 〈기인가참여천지이찬천지지화육의(其人可參與天地以贊天地之化育矣)〉의 일반주어 기인(其人)을 생략하고, 이찬천지지화육(以贊天地之化育)에서 되풀이되는 찬천지지화육(贊天地之化育)을 생략하고 남은 이(以)와 여천지(與天地)를 강조하고자 동사(動詞) 노릇하는 참(參) 앞으로 전치(前置)한 구문이다. 〈그[其] 사람은[人] 천지의[天地之] 화육을[化育] 이용하여[以] 천지와[天地之] 더불어[與] 함께할 수 있는 것[可參]이다[矣]〉 이를 〈그로써[以] 천지와[天地之] 더불어[與] 함께할 수 있는 것[可參]이다[矣]〉로 줄인 것이다.

가이여천지참의(可以與天地參矣)에서 가(可)는 〈가능할 능(能)〉과 같고, 이(以)는 〈써 용(用)〉과 같으며, 여(與)는 조사(助詞)로 〈더불어 여(與)〉이고, 참(參)은 〈함께할 동(同)〉과 같아 동참(同參)의 줄임이다.

【풀이(繹)】

가이찬천지지화육(可以贊天地之化育) 가이여천지참의(可以與天地參矣)는 자명성(自明誠)의 명(明)이 자연(天地)의 화육(化育)을 본받아[法] 돕는 것[贊]뿐만 아니라, 그 화육(化育)을 본받아[法] 자연과 함께 동참하는 것[參]임을 살펴 성즉명(誠則明)이 곧 명즉성(明則誠)임을 깨우치게 한다. 인간이 천지(天地)의 화육(化育)을 찬조(贊助)하고 동시에 그 화육(化育)에 동참(同參)한다는 것은 『노자(老子)』에 나오는 **천대(天大) 지대(地大) 인역대(人亦大)**란 말씀과 함께 『예기(禮記)』「악기(樂記)」편(篇)에 나오는 **춘작하장인야(春作夏長仁也) 추렴동장의야(秋斂冬藏義也)**란 말씀을 상기(想起)시킨다.

하늘[天]이 크고[大], 땅[地]이 크고[大], 사람[人] 또한[亦] 크다[大]. 왜 사람[人]이 천지(天地)와 함께 큼[大]인가? 사람이 자명성(自明誠)의 명(明)으로 말미암아 천지의 화육(化育)을 돕고[贊], 그리하여 천지(天地)와 더불어[與] 함께하기[參] 때문에 인역대(人亦大)인 것이다. 나아가 천지(天地)의 춘작(春作)을 본받아[法] 사람도 봄[春]에 곡식을 심고[作], 천지(天地)의 하장(夏長)을 본받아[法] 사람도 여름[夏]에 곡식을 길러[長] 인도(人道)의 〈인(仁)〉으로 천도(天道)의 양기(陽氣)를 본받고[法] 천지(天地)의 육(育)을 찬조(贊助)하여 동참(同參)하며, 천지(天地)의 추렴

(秋斂)을 본받아[法] 가을[秋]에 곡식을 거두고[斂], 천지(天地)의 동장(冬藏)을 본받아[法] 겨울[冬]에 곡식을 간직하여[藏] 인도(人道)의 〈의(義)〉로 지도(地道)의 음기(陰氣)를 본받고[法] 천지(天地)의 〈화(化)〉를 찬조(贊助)하여 동참(同參)한다.

이처럼 사람도 천지(天地)의 화육(化育)을 찬조(贊助)하고 동참(同參)함이 자명성(自明誠)의 명(明)이 곧 성(誠)으로 복귀(復歸)함이니, 그 복귀(復歸)가 솔신(率神) 즉 양기(陽氣)가 변화하게 하는 짓[神]을 정성껏 따르는[率] 종천(從天)이고, 동시에 거귀(居鬼) 즉 음기(陰氣)가 변화하게 하는 짓[鬼]을 우러러 따르는[居] 종지(從地)임을 깊이 사유(思惟)하여 깨우치게 하는 말씀이 〈가이찬천지지화육(可以贊天地之化育) 가이여천지참의(可以與天地參矣)〉이다.

註 "도대(道大) 천대(天大) 지대(地大) 인역대(人亦大) 역중유사대(域中有四大)." 도는[道] 큰 것이고[大], 하늘도[天] 큰 것이며[大], 땅도[地] 큰 것이고[大], 사람[人] 또한[亦] 큰 것이다[大]. 우주에[域中] 사대가[四大] 있다[有]. 『노자(老子)』 25장(章)

註 "춘작하장인야(春作夏長仁也) 추렴동장의야(秋斂冬藏義也) 인근어악(仁近於樂) 의근어례(義近於禮) 악자돈화솔신이종천(樂者敦和率神而從天) 예자별의거귀이종지(禮者別宜居鬼而從地) 고(故) 성인작악이응천(聖人作樂以應天) 제례이배지(制禮以配地) 예악명비(禮樂明備) 천지관의(天地官矣)." 봄에는[春] 싹트게 하여[作] 여름에[夏] 자라게 함은[長] 인(仁)이고[也], 가을에는[秋] 거두어들여[斂] 겨울에[冬] 간직하게 함은[藏] 의(義)이다[也]. 어짊은[仁] 악에[於樂] 가깝고[近], 옳음은[義] 예에[於禮] 가깝다[近]. 악이란[樂] 것은[者] {천지(天地)의} 어울림을[和] 도탑게 하고[敦] 하늘이 변화하게 하는 짓을[神] 우러러 좇아서[率而] 하늘을[天] 따름이고[從], 예란[禮] 것은[者] {천지(天地)의} 마땅함을[宜] 가름하고[別] 땅이 변화하게 하는 짓을[鬼] 엎드려 좇아서[居而] 땅을[地] 따름이다[從]. 그러므로[故] 성인은[聖人] 하늘을[天] 따름을[應] 써서[以] 악을[樂] 지었고[作], 땅을[地] 짝함을[配] 써서[以] 예를[禮] 지어[制], 예악이[禮樂] 밝게[明] 갖추어지고[備], 천지가[天地] 지극히 공평한 것[官]이다[矣].

솔신(率神)의 솔(率)은 앙천(仰天)하여 따름[順]이고 신(神)은 양기(陽氣)의 짓을 뜻하며, 거귀(居鬼)의 거(居)는 부지(俯地)하여 따름[順]이고 귀(鬼)는 음기(陰氣)의 짓을 뜻한다. 천지관의(天地官矣)의 관(官)은 『중용(中庸)』에 나오는 〈천지위언(天地位焉) 만물육언(萬物育焉)〉의 위(位)·육(育)이 지극히 공평하여 무사(無私)함을 나타낸다. 천지가[天地] 자리를 잡고[位] 온갖 것이[萬物] 자라는 것[育]을 천지(天地)는 공평(公平)하게 하고 무사(無私)하게 한다는 뜻이다.

『예기(禮記)』「악기(樂記)」편(篇) 18단락(段落)

치곡(致曲)과 능화(能化)

한 단락(段落)으로 이루어져 있는 23장(章)은 앞서 살핀 자명성(自明誠)의 명(明)을 거듭 살펴 새기고 헤아리게 하여 범인(凡人)으로 하여금 성인(聖人)·군자(君子)를 본받아 인도(人道)를 깨우치게 하는 장(章)이다. 성인(聖人)은 천도(天道)를 본받아[法] 인도(人道)를 밝히고, 성인(聖人)이 밝힌 인도(人道)를 군자(君子)가 본받아[效] 천도(天道)를 따라 받들며, 범인(凡人)은 군자(君子)를 본받아[效] 인도(人道)를 받들게 됨을 밝힌다.

범인(凡人)이 인도(人道)를 따라 받듦 또한 〈치곡(致曲)〉이다. 치곡(致曲)의 곡(曲)은 일편(一偏) 즉 한[一] 부분[偏]을 뜻한다. 부분은 전체보다 작은 것이라 곡(曲)이라 하고, 곡(曲)은 세미(細微)한 것을 말한다. 원형리정(元亨利貞)의 사덕(四德)이 전(全)이라면, 곡(曲)은 그 사덕지일(四德之一)인 셈이라 일편(一偏)이라 하는 것이다. 그러므로 치곡(致曲)이란 일덕(一德)을 정성껏 하여 그 일덕(一德)에 다다라[致] 나머지 삼덕(三德)마저 두루 행하게 됨을 형(形) → 저(著) → 명(明) → 동(動) → 변(變) → 화(化) 등의 과정(過程)을 거쳐 밝히고 있는 장(章)이다.

【전문(全文)】

其次致曲이라 曲能有誠이니 誠則形하고 形則著하며 著則明하고 明則動하며 動則變하고 變則化한다 唯天下至誠이라야 爲能化한다

(기차치곡 곡능유성 성즉형 형즉저 저즉명 명즉동 동즉변 변즉화 유천하지성 위능화)

그 다음은 세미(細微)한 것을 추구(推究)하여 다한다. 세미(細微)한 것에도 능히 정성이 있다. 정성껏 하면 곧 드러나고, 드러나면 곧 뚜렷해지고, 뚜렷해지면 곧 명백해지고, 명백해지면 곧 움직이고, 움직이면 곧 바뀌고, 바뀌면 곧 새로워진다. 오로지 온 세상 {사람들[其次]의} 지성(至誠)이 {사람들[其次]을} 새롭게 할 수 있는 것이다.

其次致曲(기차치곡)

▶ 그[其] 다음은[次] 세미(細微)한 것을[曲] 추구(推究)하여 다한다[致].

그 기(其), 다음 차(次), 이를(다할) 치(致), 간곡할(곡진할) 곡(曲)

【읽기(讀)】

기차치곡(其次致曲)은 〈군자지차치곡(君子之次致曲)〉에서 군자지(君子之)를 관형사(冠形詞) 기(其)로 대신한 구문이다. 〈군자의[君子之] 다음은[次] 곡진함을[曲] 추구하여 다함이다[致]〉 이를 〈그[其] 다음은[次] 곡진함을[曲] 추구하여 다한다[致]〉로 줄인 것이다.

기차치곡(其次致曲)의 기(其)는 군자지(君子之)를 나타내는 관형사(冠形詞)이고, 차(次)는 차서(次序) 즉 다음 차례[次序]의 줄임이며, 치곡(致曲)의 치(致)는 〈다할 극(極)〉과 같아 치(致)는 추구지진(推究至盡) 즉 〈알아내기를[究] 추진하여[推] 다함에[盡] 이른다[至]〉는 뜻이다. 치곡(致曲)의 곡(曲)은 〈작을 세(細) · 미(微)〉 등과 같고, 미미(微微)한 것을 뜻한다.

【풀이(繹)】

기차치곡(其次致曲)은 범인(凡人)이 치성(致誠) 즉 천도(天道)의 성(誠)에 이르는[致] 길[道]이 곡진(曲盡) 즉 미세(微細)한 것[曲]까지 추구(推究)하여 남김없이 다해야[盡] 넓고[廣] 큰[大] 것에 이를[至] 수 있음을 살펴 새기고 헤아려 깨우치게 한다. 자성명(自誠明)은 성인(聖人)께서 천도(天道)의 성(誠)에 이르는[致] 길[道]이고, 자명성(自明誠)은 군자(君子)가 천도(天道)의 성(誠)에 이르는[致] 길[道]로, 모두 치곡(致曲)을 외면하지 않는다. 여기서 기차(其次)의 차(次)는 인도(人道)의 성(誠) 즉 성지자(誠之者)를 말한다. 인간의 정성됨[誠之者]이란 치곡(致曲)으로부터 시작된다. 미미(微微)하고 세소(細小)한 것에서부터 정성(精誠)을 다함이 곧 치곡(致曲)이다. 그러므로 치곡(致曲)은 **극소동대(極小同大)**이고 **극대동소(極大同小)**임을 깨우치게 한다.

치곡(致曲)이란 거듭 밝히지만, 사소(些少)한 사물(事物) 즉 곡(曲)일지라도 궁구(窮究)하여 천지(天地)의 뜻[命]을 살펴내기를 간곡히 하라는 것임을 늘 유념(留念)하고 명심(銘心)해야 한다. 그러니 치곡(致曲)함은 앞서 20장(章) 2단락(段落)에서 살핀 〈혹곤이지지(或困而知之)〉의 혹(或), 즉 혹인(或人)인 우리[凡人]에게는 무엇보다 절실한 가르침이다. 성인(聖人)은 생이지사덕(生而知四德)의 신인(神人)이고 군자(君子)는 학이지사덕(學而知四德)의 현자(賢者)이지만, 범인(凡人)은 사덕(四德)의 하나[一] 즉 일선(一善)이라도 배움[學]에 애써서[困而] 정성을 다해야 성지자(誠之者)가 될 수 있다는 것이 기차치곡(其次致曲)의 치곡(致曲)인 셈이다.

치곡(致曲)의 곡(曲)을 터득하자면 『주역(周易)』 건괘(乾卦)의 괘사(卦辭)를 이루는 사덕(四德)인 **원(元)·형(亨)·이(利)·정(貞)**을 살펴 새기고 헤아리게 된다. 왜냐하면 그 사덕(四德)의 적소(積小)로 천지지도덕(天地之道德)이 이루어지기[所成] 때문이다. 이를테면 천지(天地)의 대덕(大德)에서 보면 원(元) · 형(亨) · 이(利) · 정(貞)은 사곡(四曲)의 덕(德)인 셈이다. 물론 원(元) · 형(亨) · 이(利) · 정(貞)의 사덕(四德)을 그냥 사상선(四常善)으로 여겨도 될 것이고, 치곡(致曲)의 곡(曲)을 사덕지일(四德之一)로 생각해도 될 것이다. 원(元) · 형(亨) · 이(利) · 정(貞) 중에서 하나라도 택(擇)하여 간곡(懇曲)히 지킨다[執]면, 다른 상선(常善)의 덕(德)도 따라서 곡진(曲盡)하여 범인(凡人)도 성지자(誠之者)가 될 수 있음을 밝힌 말씀이 〈기차치곡(其次致曲)〉이다.

註 "극소동대(極小同大) 극대동소(極大同小)." 지극히[極] 작은 것은[小] 큰 것과[大] 같고[同], 지극히[極] 큰 것은[大] 작은 것과[小] 같다[同].

소(小)는 생(生)하며 대(大)가 되고, 대(大)는 사(死)하여 소(小)가 된다. 이는 도지동(道之動)의 반자(反者), 즉 되돌아가는[反] 것[者]이다. 『신심명(信心銘)』 66~67단락(段落)

註 『주역(周易)』의 64괘(卦)를 64치곡자(致曲者)로 불러도 되고, 64괘(卦)의 합효(合爻) 384효(爻)를 또한 치곡자(致曲者)라고 여겨도 된다. 왜냐하면 대성괘(大成卦) 64괘(卦) 각각(各各)이 일음일양(一陰一陽)의 역지도(易之道)를 잇는[繼] 선(善)이고, 동시에 역지도(易之道)를 이루는[性] 성(性)이기 때문이며, 대성괘(大成卦)의 6효(爻) 역시 일음일양(一陰一陽)의 역지도(易之道)를 계(繼)하는 일선(一善)이고 성(成)하는 일성(一性)이기 때문이다.

원(元)·형(亨)·이(利)·정(貞)의 사덕(四德) 즉 사선(四善)을 모두 밝히고 있는 괘(卦)는 건(乾)·곤(坤)의 괘(卦)뿐이고, 나머지 62괘(卦)의 괘사(卦辭)에 사덕(四德) 중에서 어느 하나나 둘이나 셋 정도로 나누어 밝혔다. 하지만 20번째 풍지관괘(風地觀卦:䷓)의 괘사(卦辭)에는 사덕(四德)이 없다. 그 까닭은 관괘(觀卦)는 유부(有孚)의 괘(卦) 즉 지성스러움[孚]이 있는[有] 괘(卦)이므로 어느 효[爻=致曲者]로 들어도 된다는 것이다. 이처럼 『주역(周易)』의 모든 괘(卦)·효(爻)는 사덕(四德:元亨利貞)의 어느 하나를 간곡(懇曲)히 택(擇)하고 집(執)하여 지어지선(止於至善)하게 하므로 치곡자(致曲者)로 여길 수 있다.

註 "원자선지장야(元者善之長也) 형자가지회야(亨者嘉之會也) 이자의지화야(利者義之和也) 정자사지간야(貞者事之幹也) 군자체인(君子體仁) 족이장인(足以長人) 가회(嘉會) 족이합례(足以合禮) 이물(利物) 족이화의(足以和義) 정고(貞固) 족이간사(足以幹事) 군자행차사덕자(君子行此四德者) 고(故) 왈(曰) 건(乾) 원형리정(元亨利貞)." 으뜸이란[元] 것은[者] 선의[善之] 길러냄[長]이고[也], 통함이란[亨] 것은[者] 아름다움의[嘉之] 모임[會]이며[也], 이로움이란[利] 것은[者] 옳음의[義之] 조화[和]이고[也], 곧음이란[貞] 것은[者] 일의[事之] 줄거리[幹]이다[也]. 군자는[君子] 어짊을[仁] 터득하여[體] 그로써[以] 사람을[人] 길러낼 수 있고[足長], 아름다움을[嘉] 모아[會] 그로써[以] 예를[禮] 합치할 수 있으며[足合], 온갖 것을[物] 이롭게 하여[利] 그로써[以] 옳음을[義] 조화할 수 있고[足和], 곧음을[貞] 굳게 하여[固] 그로써[以] 일을[事] 주간할 수 있다[足幹]. 군자는[君子] 이[此] 네 가지[四] 덕을[德] 실행하는[行] 자이다[者]. 그러므로[故] 건괘의 괘사(卦辭)가[乾] 으뜸[元]이요 통함[亨]이요 이로움[利]이요 곧음이라[貞] 말한다[曰].

체인(體仁)은 곧 행사덕(行四德)을 말하고, 치곡(致曲)은 사덕(四德) 중에 하나라도 곡진(曲盡)히 하여 체인(體仁)함이다. 『주역(周易)』「문언전(文言傳)」

曲能有誠(곡능유성)

▶ 세미(細微)한 것에도[曲] 능히[能] 정성이[誠] 있다[有].

간곡할(곡진할) 곡(曲), 능할 능(能), 있을 유(有), 정성될 성(誠)

【읽기(讀)】

곡능유성(曲能有誠)은 〈기차지치곡능유자명성(其次之致曲能有自明誠)〉에서 앞 문맥으로 보충할 수 있는 기차지치곡(其次之致曲)을 곡(曲)으로 줄이고, 자명성(自明誠)을 성(誠)으로 줄인 구문이다. 〈그[其] 다음이[次之] 곡진함에[曲] 이른다면[致] 능히[能] 밝음으로[明] 말미암은[者] 정성이[誠] 있다[有]〉 이를 〈곡진함에[曲] 능히[能] 정성이[誠] 있다[有]〉로 줄인 것이다.

곡능유성(曲能有誠)에서 곡(曲)은 〈간곡(懇曲)할 곡(曲) · 곡진할 곡(曲)〉을 뜻하고, 능(能)은 〈가할 가(可)〉와 같고, 유(有)는 〈있을 유(有)〉로 자동사 노릇하고, 성(誠)은 성지자(誠之者)의 줄임으로 〈믿을 신(信) · 순수할 순(純) · 공경할 경(敬) · 익을 실(實) · 자상할 심(審)〉 등의 뜻을 하나로 간직한 〈정성됨[誠]〉으로 새기면 된다.

【풀이(繹)】

곡능유성(曲能有誠)은 범인(凡人)도 자명성(自明誠)으로 성지자(誠之者)의 인도(人道)를 지(知) · 행(行)하는 군자(君子)를 본받아[效] 택선(擇善)하여 집선(執善)할 수 있음을 살펴 새기고 헤아려 깨우치게 한다. 이는 범인(凡人)도 곡진(曲盡)하면 군자(君子)로 거듭날 수 있음을 말한다. 범인(凡人)도 사덕(四德) · 사단(四端) · 사행(四行) · 사위(四位) 등을 치곡(致曲)한다면 비인(非人)을 벗어나 위인(爲人) 즉 사람[人]이 됨[爲]을 곡능유성(曲能有誠)의 성(誠)이 말해준다.

범인(凡人)이 건지사덕(乾之四德)을 치곡(致曲)한다 함은 원형리정(元亨利貞) 중 그 어느 하나만이라도 택(擇)해 집(執) 즉 지키기[執]를 정성껏 다함이다. 원형리정(元亨利貞)의 원(元)은 사덕(四德)의 하나[一]로서 사덕(四德)의 일곡(一曲)이고, 형(亨) 또한 사덕(四德)의 일곡(一曲)이며, 이(利) 역시 사덕(四德)의 일곡(一曲)이고, 정(貞) 또한 사덕(四德)의 일곡(一曲)이다. 그래서 범인(凡人)이 사덕(四德)의 어느 일곡(一曲)을 곡진(曲盡)한다면 수신(修身)하고 체인(體仁)하여 극기(克己)하고 복례(復禮)할 수 있는 것이다. 그러므로 곡능유성(曲能有誠)이란 말씀은『맹자(孟子)』「공손추장구(公孫丑章句) 상(上)」편(篇)에 나오는 **인지유시사단야(人之有是四端也) 유기유사체야(猶其有四體也) 유시사단이자위불능자(有是四端而自謂不能者) 자적자야(自賊者也)**를 상기(想起)시킨다.

사단(四端)이란 인의예지(仁義禮智)의 단서(端緖)이다. 그 단서(端緖)의 실마리가 되는 꼬투리들은 미세(微細)한 것, 즉 곡자(曲者)이다. 인의예지(仁義禮智)란 사덕(四德)의 꼬투리[端緖]도 곡자(曲者)이다. 그러니 곡자(曲者)를 가벼이 한다면 매사(每事)에 유성(有誠)일 수가 없다. 따라서 인의예지(仁義禮智)란 사덕(四德)의 단서(端緖)도 곡자(曲者)임을 깨우친다면 치곡(致曲)해야 정성(精誠)이 깃들 수 있음을 살펴 새기고 헤아려 깨우치게 하는 말씀이 〈곡능유성(曲能有誠)〉이다.

註 "무측은지심비인야(無惻隱之心非人也) 무수오지심비인야(無羞惡之心非人也) 무사양지심비인야(無辭讓之心非人也) 무시비지심비인야(無是非之心非人也) 측은지심인지단야(惻隱之心仁之端也) 수오지심의지단야(羞惡之心義之端也) 사양지심례지단야(辭讓之心禮之端也) 시비지심지지단야(是非之心智之端也) 인지유시사단야유기유사체야(人之有是四端也猶其有四體也) 유시사단이자위불능자자적자야(有是四端而自謂不能者自賊者也)." (사람에게) 불쌍히 여기는[惻隱之] 마음이[心] 없다면[無] 인간이[人] 아닌 것[非]이고[也], 부끄러움을 싫어하는[羞惡之] 마음이[心] 없다면[無] 인간이[人] 아닌 것[非]이며[也], 사양하는[辭讓之] 마음이[心] 없다면[無] 인간이[人] 아닌 것[非]이고[也], 시비를 가리는[是非之] 마음이[心] 없다면[無] 인간이[人] 아닌 것[非]이다[也]. 불쌍히 여기는[惻隱之] 마음은[心] 어짊의[仁之] 실마리[端]이고[也], 부끄러움을 싫어하는[羞惡之] 마음은[心] 옳음의[義之] 실마리[端]이며[也], 사양하는[辭讓之] 마음은[心] 예의[禮之] 실마리[端]이고[也], 시비를 가리는[是非之] 마음은[心] 지혜의[智之] 실마리[端]이다[也]. 사람이[人之] 이[是] 사단을[四端] 간직한 것[有]이란[也] 그가[其] 사지를[四體] 간직한 것과[有] 같은 것[猶]이다[也]. 이[是] 사단을[四端] 간직하고서도[有而] 행할 수 없다고[不能] 스스로[自] 말하는[謂] 것은[者] 자신을[自] 해치는[賊] 것[者]이다[也].

『맹자(孟子)』「공손추장구(公孫丑章句) 상(上)」편(篇) 6장(章)

誠則形(성즉형)

▶정성되면[誠] 곧[則] {그 성(誠)이} 드러난다[形].

정성될 성(誠), 곧 즉(則), 드러날 형(形)

【읽기(讀)】

성즉형(誠則形)은 〈곡능유성(曲能有誠) 즉기물형(則其物形)〉에서 곡능유성(曲能有誠)을 성(誠)으로 줄이고, 형(形)의 주어(主語) 노릇할 기물(其物)을 생략한 구문이다. 〈{범인(凡人)의} 곡진함에[曲] 능히[能] 정성됨이[誠] 있다면[有] 곧[則] 그[其]것이[物] 드러난다[形]〉 이를 〈정성되면[誠] 곧[則] 드러난다[形]〉로 줄인 것이다.

성즉형(誠則形)의 성(誠)은 〈믿을 신(信) · 순수할 순(純) · 공경할 경(敬) · 익을 실(實) · 자상할 심(審)〉 등의 뜻을 간직한 〈정성됨[誠]〉을 뜻하고, 형(形)은 〈드러날 현(顯) · 현(見) · 현(現)〉 등과 같아 형현(形見)의 줄임말로 여기면 된다.

【풀이(繹)】

성즉형(誠則形)은 불성무물(不誠無物)은 곧 성유물(誠有物)함을 살펴 새기고 헤아려 가늠해 깨우치게 한다. 성(誠)하면 것[物]이 있음[有]이란 곧 성(誠)하면 곧[則] 드러남[形]이란 말이다. 성(誠)은 택선(擇善)하고 집선(執善)하여 성(性)으로 복귀하게 하여 유물(有物)하게 한다. 불성무물(不誠無物)이듯 또한 불성무물(不性無物)이다. 성(誠) 즉 천도(天道) 없이[不] 물(物)이 없음[無]과 같이, 성(性) 없는[不] 물(物)이란 없음[無]이다. 그래서 성무부동(性無不同) 즉 본성에는[性] 같지 않음이[不同] 없다[無]고 하는 것이다. 천명(天命) 즉 성(性)으로 본다면 만물여일(萬物如一)일 뿐이다. 사람[人]은 사람으로서의 성(性)이 있고 개[犬]는 개로서의 성(性)이 있어 사람에게는 달리 보이지만, 천지(天地)의 입장에서는 다름이 없음[如一]이다. 그러므로 지성(至誠) 즉 정성(精誠)을 지극히 하면[至] 할수록 그만큼 더 심중(心中)은 무사(無私) · 무사(無邪) · 무기(無己)해져 무부동(無不同)의 천명(天命 : 性)으로 돌아와 치곡(致曲)의 뜻을 새기고 헤아려 가늠해 깨우칠 수 있게 된다.

치곡(致曲)의 치(致)는 〈작은 것[曲]에도 정성을 다하여 다다름[致]〉이니 온갖 것이 그대로 형현(形見) 즉 드러남[形見]이 성즉형(誠則形)의 형(形)이다. 그러면 사람도 저마다 다른 기질(氣質) 즉 육자비성(六者非性)의 애락희로경애(哀樂喜怒敬愛)등이 중절(中節)되고 중화(中和)돼 본성(本性)이 발외(發外) 즉 밖으로[外] 드러난다[發]. 이 또한 성즉형(誠則形)의 형(形)이다. 정성(精誠)이 밖으로 드러남[形]이란 곧 택선(擇善)하여 행선(行善) 즉 선(善)을 행함[行]이 되기도 한다. 그러므로 범인(凡人)의 곡진함에[曲] 능히[能] 정성이[誠] 있다면[有] 온갖 만물(萬物)과 더불어 그[其] 정성됨이[誠] 행선(行善)으로 드러나기[形]도 함을 밝힌 말씀이 〈성즉형(誠則形)〉이다.

形則著(형즉저)

▶ 드러나면[形] 곧[則] {그 형(形)이} 뚜렷해진다[著].

드러날 형(形), 곧 즉(則), 뚜렷할 저(著)

【읽기(讀)】

형즉저(形則著)는 〈기성형(其誠形) 즉기형저(則其形著)〉에서 형(形)의 주어(主語) 노릇할 기성(其誠)과 저(著)의 주어 노릇할 기형(其形)을 생략한 구문이다. 〈그[其] 정성됨이[誠] 드러나면[形] 곧[則] 그[其] 드러남은[形] 뚜렷해진다[著]〉 이를 〈드러나면[形] 곧[則] 뚜렷해진다[著]〉로 줄인 것이다.

형즉저(形則著)에서 형(形)은 〈드러날 현(顯) · 현(見) · 현(現)〉 등과 같아 형현(形見)의 줄임이고, 저(著)는 〈드러날 현(顯)〉과 같아 현저(顯著)의 줄임말로 여기면 된다.

【풀이(繹)】

형즉저(形則著)는 치곡(致曲)한 성(誠)이 심중(心中)에서 더욱 돈독(敦篤)해져 그 드러남[形] 역시 더욱 뚜렷해짐[著]을 살펴 새기고 헤아려 가늠하게 한다. 형즉저(形則著)의 저(著)는 성즉형(誠則形)의 형(形)보다 더욱 뚜렷이 드러나 현저(顯著)함을 말한다. 여기서 저(著)는 형(形)이 성(誠)을 드러나게 하는 것보다 더욱 더 드러나게 하여 뚜렷하게 함이다.

성(誠)의 드러남[形]보다 성(誠)이 더욱 뚜렷함[著]이라고 함은 치곡(致曲)의 곡(曲)이 일편(一偏) 즉 한 부분[一偏]에만 그치지 않고 다른 한편으로도 뻗쳐감을 말한다. 다시 말해, 치곡(致曲)의 곡(曲), 사덕(四德)의 하나에만 곡진(曲盡)함으로 그치지 않으며, 나아가 사단(四端)의 하나에만 간곡(懇曲)함이 그치지 않음이다. 원(元)의 덕(德)으로 체인(體仁)의 장인(長人)으로만 드러남[形]에 그치지 않고, 이

(利)의 덕(德)으로 이물(利物)의 화의(和義)로 이어져 더욱 뚜렷해짐[著]이고, 측은지심(惻隱之心)의 어짊[仁]으로만 드러남[形]으로 그치지 않고, 수오지심(羞惡之心)의 옳음[義]으로도 이어져 더욱 뚜렷해짐[著]을 살펴 새기고 헤아려 가늠해 깨우치게 하는 말씀이 〈형즉저(形則著)〉이다.

著則明(저즉명)

▶ 뚜렷해지면[著] 곧[則] {그 저(著)가} 명백해진다[明].

뚜렷해질 저(著), 곧 즉(則), 명백해질 명(明)

【읽기(讀)】

저즉명(著則明)은 〈기형저(其形著) 즉기저명(則其著明)〉에서 저(著)의 주어 기형(其形)과 명(明)의 주어 노릇할 기저(其著)를 생략한 구문이다. 〈그[其] 드러남이[形] 뚜렷하면[著] 곧[則] 그[其] 뚜렷함은[著] 명백해진다[明]〉 이를 〈뚜렷하면[著] 곧[則] 명백해진다[明]〉로 줄인 것이다.

저즉명(著則明)에서 저(著)는 〈드러날 현(顯)〉과 같아 현저(顯著)의 줄임이고, 명(明)은 〈명백할 백(白)〉과 같아 명백(明白)의 줄임말로 여기면 된다.

【풀이(繹)】

저즉명(著則明)은 치곡(致曲)한 성(誠)이 심중(心中)에서 더욱 돈독(敦篤)해져 그 뚜렷해짐[著]이 더 명백해짐[明]을 살펴 새기고 헤아려 가늠하게 한다. 저즉명(著則明)의 명(明)은 형즉저(形則著)의 저(著)보다 더욱 뚜렷이 드러나 명백(明白)함을 말하고, 나아가 명(明)이란 치곡(致曲)을 명지(明知) 즉 명백(明白)히 깨달았음을 뜻한다. 여기서 명(明)은 저(著)가 성(誠)을 뚜렷하게 함보다 더욱 더 명명백백(明明白白)하게 함이다.

성(誠)의 뚜렷함[著]이 더욱 더 명백하다[明]고 함은 치곡(致曲)의 곡(曲)이 일편(一偏)에만 그치지 않고 사덕(四德) · 사단(四端)으로 뻗쳐감이다. 말하자면 치곡(致曲)의 곡(曲)이 사덕(四德) · 사단(四端)의 한둘에만 곡진(曲盡)함으로 그치지 않고, 사위(四位) · 사사(四事) 등으로도 두루두루 간곡(懇曲)함이 뻗쳐 나감이다. 범인(凡人)일지라도 군자(君子)를 본받아[效] 자명성(自明誠)의 성(誠)을 곡진(曲盡)하기를 잠시도 떠나지 않고 수신(修身)하면 체인(體仁)으로 장인(長人)하게 되고, 이물(利物)로 화의(和義)하게 되고, 가회(嘉會)로 합례(合禮)하게 되고, 정고(貞固)로 간사(幹事)하여 천선(遷善) 즉 선(善)으로 옮겨감[遷]이 깊게 이어져 치곡(致曲)함이 더욱 더 명명백백(明明白白)해짐을 깨우치게 하는 말씀이 〈저즉명(著則明)〉의 명(明)이다.

明則動(명즉동)

▶ 명백해지면[明] 곧[則] {그 명(明)이} 움직인다[動].

명백해질 명(明), 곧 즉(則), 움직일 동(動)

【읽기(讀)】

명즉동(明則動)은 〈기저명(其著明) 즉기명동(則其明動)〉에서 저(著)의 주어(主語) 노릇할 기저(其著)와 동(動)의 주어 노릇할 기명(其明)을 생략한 구문이다. 〈그[其] 뚜렷함이[著] 명백하면[明] 곧[則] 그[其] 명백함이[明] 움직인다[動]〉 이를 〈명백하면[明] 곧[則] 움직인다[動]〉로 줄인 것이다.

명즉동(明則動)에서 명(明)은 〈명백할 백(白)〉과 같아 명백(明白)의 줄임이고, 동(動)은 〈옮길 이(移)〉와 같아 이동(移動)의 줄임이다.

【풀이(繹)】

명즉동(明則動)은 치곡(致曲)한 성(誠)이 심중(心中)에서 더욱 돈독(敦篤)해져 그 명백함[明]이 지어지선(止於至善) 즉 지극한[至] 선(善)에[於] 머물러[止] 중절(中節)하고 중화(中和)하게 하는 명지(明知)가 선행(善行)으로 옮겨감이다. 명즉동(明則動)의 동(動)은 명지(明知)가 실행(實行)됨이다. 명지(明知) 즉 앎[知]이 명백(明白)하면 증험(曾驗)하고자 실행(實行)으로 옮겨간다. 이러한 옮겨감이 곧 명즉동(明則動)의 동(動)이다. 그래서 명지(明知)는 증험(曾驗)하여 행동(行動)으로 옮겨지고, 지(知)는 행(行)으로 이동(移動)한다. 치곡(致曲)으로 말미암은 명지(明知)의 행실(行實)이야말로 선행(善行)이기 때문에 예지질(禮之質) 즉 예(禮)의 바탕

[質]이 된다. 그러므로 명즉동(明則動)의 동(動)은 군자(君子)의 사물(四勿)을 상기(想起)시킨다.

『논어(論語)』「안연(顏淵)」편(篇)에 **비례물시(非禮勿視) 비례물청(非禮勿聽) 비례물언(非禮勿言) 비례물동(非禮勿動)**이란 자왈(子曰)을 일러 군자(君子)의 사물(四勿)이라고 한다. 예(禮)가 아닌 것[非]이면 보지도[視] 듣지도[聽] 말하지도[言] 행동하지도[言] 말라[勿]. 이러한 사물(四勿)은 선(善) · 불선(不善)의 시비(是非)를 명백히[明白] 알고[知] 행(行)하라 함이다. 명시비(明是非)가 곧 예(禮)의 지(知) · 행(行)이다. 치곡(致曲) 즉 어느 한 선(善)에 곡진(曲盡)함을 다하면 선(善)이 명백(明白)해져 선행(善行)으로 이어진다. 수신(修身)하여 언행(言行)을 마땅하게 함이 곧 선행(善行)이며, 바른 행동이 닦이고 언도(言道) 즉 말[言]이 도덕(道德)에 알맞으면 예(禮)의 질(質) 즉 바탕[質]이 이루어지니, 선행(善行)은 일편(一偏)의 선(善)에만 그치지 않고 선행(善行)이 더욱 더 넓혀져 **도덕인의(道德仁義) 비례불성(非禮不成)**마저 일깨워 깨우치게 하는 말씀이 〈명즉동(明則動)〉의 동(動)이다.

註 "안연왈(顏淵曰) 청문기목(請問其目) 자왈(子曰) 비례물시(非禮勿視) 비례물청(非禮勿聽) 비례물언(非禮勿言) 비례물동(非禮勿動) 안연왈(顏淵曰) 회수불민(回雖不敏) 청사사어의(請事斯語矣)." 안회가[顏回] 아뢰었다[曰]: 청컨대[請] 그[其] 조목을[目] 여쭙니다[問]. 공자가[子] 말해주었다[曰]: 예가[禮] 아니면[非] 쳐다보지 말고[勿視], 예가[禮] 아니면[非] 듣지도 말고[勿聽], 예가[禮] 아니면[非] 말하지도 말고[勿言], 예가[禮] 아니면[非] 거동하지도 말라[勿動]. 안회가[顏回] 아뢰었다[曰]: 저[回] 비록[雖] 영민하지 못하지만[不敏], 분부하신 대로[請] 이[斯] 말씀을[語] 받들 것[事]입니다[矣].
『논어(論語)』「안연(顏淵)」편(篇) 1장(章)

註 "도덕인의(道德仁義) 비례불성(非禮不成) 교훈정속(敎訓正俗) 비례불비(非禮不備) 분쟁변송(分爭辨訟) 비례불결(非禮不決) …… 시이군자공경준절퇴양이명례(是以君子恭敬撙節退讓以明禮)." 도덕인의도[道德仁義] 예가[禮] 아닌 것이면[非] 이루어지지 않고[不成], 교훈정속도[敎訓正俗] 예가[禮] 아닌 것이면[非] 갖추어지지 않으며[不備], 분쟁변송도[分爭辨訟] 예가[禮] 아닌 것이면[非] 결정되지 않는다[不決]. …… 이렇기[是] 때문에[以] 군자는[君子] 공경(恭敬) · 준절(撙節) · 퇴양(退讓)으로[以] 예를[禮] 명백히 한다[明].

준절(撙節)은 사념(邪念) 즉 불선(不善)한 생각을 억제함이고, 퇴양(退讓)은 잘난 척 앞서지 않음이다.
『예기(禮記)』「곡례(曲禮) 상(上)」편 12단락(段落)

動則變(동즉변)

▶ 움직이면[動] 곧[則] {그 동(動)이} 바뀐다[變].

움직일 동(動), 곧 즉(則), 바뀔 변(變)

【읽기(讀)】

동즉변(動則變)은 〈기명동(其明動) 즉기동변(則其動變)〉에서 동(動)의 주어(主語) 노릇할 기명(其明)과 변(變)의 주어 노릇할 기동(其動)을 생략한 구문이다. 〈그[其] 명백함이[明] 움직이면[動] 곧[則] 그[其] 움직임은[動] 바뀐다[變]〉 이를 〈움직이면[動] 곧[則] 바뀐다[變]〉로 줄인 것이다.

동즉변(動則變)에서 동(動)은 〈옮길 이(移)〉와 같아 이동(移動)의 줄임이고, 변(變)은 〈바뀔 역(易)〉과 같아 변역(變易)의 줄임말로 여기면 된다.

【풀이(繹)】

동즉변(動則變)은 치곡(致曲)한 성(誠)이 심중(心中)에서 더욱 돈독(敦篤)해져 선행(善行)으로 옮겨가면, 그 선행(善行)이 일선(一善)으로만 그치는 것이 아님을 살펴 새기고 헤아려 가늠하게 한다. 동즉변(動則變)의 변(變)은 동(動)이 성행(盛行)을 통변(通變)하게 하면서 실행(實行)됨을 뜻한다. 그래서 동즉변(動則變)은 『대학(大學)』 각론(各論)에 나오는 탕지반명(湯之盤銘)인 **구일신(苟日新) 일일신(日日新) 우일신(又日新)**이란 말씀을 상기(想起)시킨다. 여기 동즉변(動則變)의 동(動)이 구일신(苟日新)을 헤아려[擬] 가늠하게[斷] 하고, 동즉변(動則變)의 변(變)은 일일신(日日新)을 의단(擬斷)하게 한다.

선행(善行)의 이동(移動)은 곧 개자명(皆自明) 즉 성인(聖人) · 군자(君子) · 범인(凡人) 등이 모두[皆] 자기를[自] 밝혀[明] 선인(善人)이 되게 하는 것이다. 선행(善行)이란 명덕(明德)을 일상(日常)에서 실행(實行)함이다. 덕(德)을 밝혀[明] 행(行)함이 곧 선행(善行)이고, 그 선행(善行)이 곧 동즉변(動則變)의 동(動)이며, 그 동(動)이란 진실로[苟] 자신의 하루[日]를 새롭게 함[行]이고, 그런 선행(善行)이 곧 명덕(明德)이다. 명덕(明德)은 천도지명(天道之命) 즉 천명(天命)을 밝혀[明] 순종(順從)함이다. 덕(德)이란 천도(天道)를 걸림 없이 통(通)하게 함이니, 인간이 명덕

(明德)함을 무사(無私) · 무사(無邪) · 무아(無我)라 하는 것이다. 그러니 동즉변(動則變)의 동(動)을 구일신(苟日新)으로 의단(擬斷)하게 되면, 곧 선행(善行)의 명덕(明德)은 나날이 새로워져 동즉변(動則變)에서 동(動)의 구일신(苟日新)이 변(變)의 일일신(日日新)으로 변통(變通)하는 것이다. 여기 동즉변(動則變)은 『주역(周易)』「계사전(繫辭傳) 하(下)」에 나오는 〈궁즉변(窮則變)〉과 같다. 선행(善行)의 동(動)이 다하여 그것으로 끝나면 궁(窮)으로 막히지만, 궁(窮)한 동(動)이 곧 변(變)으로 이어져 다시 일일신(日日新)의 치곡(致曲)으로 이어짐을 깨닫게 하는 말씀이 〈동즉변(動則變)〉의 변(變)이다.

註 "탕지반명(湯之盤銘) 왈(曰) 구일신(苟日新) 일일신(日日新) 우일신(又日新) 강고(康誥) 왈(曰) 작신민(作新民)." 탕의[湯之] 반명에[盤銘] 진실로[苟] 하루내[日] 새로워[新] 나날이[日日] 새롭고[新] 또[又] 날마다[日] 새롭다고[新] 말했다[曰]. 『대학(大學)』「전문(傳文)」 2장(章)

變則化(변즉화)

▶ 바뀌면[變] 곧[則] {그 변(變)이} 새롭게 된다[化].

바뀔 변(變), 곧 즉(則), 새롭게 될 화(化)

【읽기(讀)】

변즉화(變則化)는 〈기동변(其動變) 즉기변화(則其變化)〉에서 변(變)의 주어(主語) 노릇할 기동(其動)과 화(化)의 주어 노릇할 기변(其變)을 생략한 구문이다. 〈그[其] 움직임이[動] 변하면[變] 곧[則] 그[其] 변함은[變] 화한다[化]〉 이를 〈변하면[變] 곧[則] 화한다[化]〉로 줄인 것이다.

변즉화(變則化)에서 변(變)은 〈옛 것[舊體]과 새 것[新體]이 함께할 변(變)〉이고, 화(化)는 〈새로 될 신(新) · 생(生)〉 등과 같아 화생(化生)의 줄임말로 여기면 된다.

【풀이(繹)】

변즉화(變則化)는 치곡(致曲)한 성(誠)이 심중(心中)에서 더욱 돈독(敦篤)해져 선행(善行)으로 옮겨가면, 그 선행(善行)이 일음일양(一陰一陽)의 역지도(易之道) 즉 변화(變化)의 도(道)를 벗어나지 않고 선행(善行)을 생생(生生)함을 살펴 새기고 헤아려 가늠하게 한다. 변즉화(變則化)의 변(變)은 궁즉변(窮則變)의 변(變) 그것이고, 변즉화(變則化)의 화(化)는 변즉통(變則通)의 통(通) 그것이다. 물론 변즉화(變則化)의 변(變)은 일일신(日日新)의 변(變)이고, 변즉화(變則化)의 화(化)는 우일신(又日新)의 화(化)이다. 일일신(日日新)의 신(新)을 그대로 답습해 반복함이 아니라, 다시 또 새로움[新]을 택함이 변즉화(變則化)의 화(化) 그것이다. 그래서 변즉화(變則化)의 변(變)은 신구(新舊)가 구유(俱有)함이고, 화(化)는 헌 것[舊]은 물러가고 새 것[新]이 등장함이다. 신구(新舊)는 구왕신래(舊往新來)를 뜻하고, 이를 줄인 왕래(往來)를 강유(剛柔)라고 한다. 갈 것[往者 · 舊]은 퇴장(退藏) 즉 물러가[退] 간직됨[藏]을 〈유(柔)〉 즉 부드러움[柔]이라 하고, 올 것[來者 · 新]이 뻗쳐남[進]을 〈강(剛)〉이라 한다.

변즉화(變則化)의 변(變)에는 신구(新舊)가 굴신(屈伸)한다. 물러갈[往] 것[舊]은 굽혀[屈] 유(柔)하고, 올 것[新]은 펼쳐[伸] 강(剛)하다. 그 신구(新舊) 중에서 구(舊)의 선행(善行)은 물러가고(退) 신(新)의 선행(善行)이 나타남[進]을 일러 〈화(化)〉라고 한다. 그래서 **강유상추(剛柔相推) 이생변화(而生變化)**라 하고, **변화자진퇴지상야(變化者進退之象也)**라 하는 것이다. 변즉화(變則化)는 변(變)에 있는 먼저[舊]의 치곡(致曲)이 새로운[新] 치곡(致曲)으로 이어지게 하는 생변화(生變化) 즉 변화(變化)의 일어남[生]이다. 여기 변즉화(變則化)는 『주역(周易)』 「계사전(繫辭傳) 하(下)」에 나오는 〈변즉통(變則通)〉과 같다. 한 치곡(致曲)의 선행(善行)이 다시 새로운 치곡(致曲)의 선행(善行)으로 통(通)하게 하여 치곡(致曲)의 선행(善行)을 지속하게 거듭하여 다시 우일신(又日新)의 치곡(致曲)으로 지속됨을 깨닫게 하는 말씀이 〈변즉화(變則化)〉의 화(化)이다.

註 "성인설괘(聖人設卦) 관상계사언(觀象繫辭焉) 이명길흉(而明吉凶) 강유상추이생변화(剛柔相推而生變化) 시고(是故) 길흉자실득지상야(吉凶者失得之象也) 회린자우우지상야(悔吝者憂虞之象也) 변화자진퇴지상야(變化者進退之象也) 강유자주야지상야(剛柔者晝夜之象也) 육효지동삼극지도야(六爻之動三極之道也)." 성인이[聖人] 괘를[卦] 베풀[設] 짓을[象] 살피고[觀] 그 괘(卦)에 말씀을[辭] 매어둔 것[繫]이다[焉]. 그리고[而] {성인(聖人)이} 길과[吉] 흉을[凶] 밝혔다[明]. 굳센 양기와[剛] 부드러운 음기가[柔] 서로[相] 추이해서[推而] 변화를[變化] 낳는다[生]. 이렇기[是] 때문에[故] 길흉이란[吉凶] 것은[者] 잃고[失] 얻음의[得之] 짓[象]이고[也], 뉘우치고[悔] 부끄

러움이란[吝] 것은[者] 걱정하고[憂] 염려하는[虞之] 짓[象]이다[也]. 변하여[變] 새로 되는[化] 것은[者] 나아가고[進] 물러가는[退之] 짓[象]이고[也], 굳세고[剛] 부드러운[柔] 것은[者] 밤낮의[晝夜之] 짓[象]이며[也], 여섯[六] 효의[爻之] (위로) 옮겨감은[動] 하늘·땅·사람의[三極之] 길[道]이다[也].

『주역(周易)』「계사전(繫辭傳) 상(上)」 2단락(段落)

註 역(易)은 변화(變化)이다. 그 변화(變化)를 기수(奇數)·우수(偶數)의 수(數)로 나타내 수지변화(數之變化)로 풀기도 하고, 귀신(鬼神)으로 나타내 귀신지변화(鬼神之變化)로 풀기도 한다.

귀신(鬼神)의 변화(變化)란 것은 기수(奇數) 즉 홀수와 우수(偶數) 즉 짝수가 상득(相得)하여 굽히기도[屈] 하고 펴기도[伸] 하며, 가기도[往] 하고 오기도[來] 함을 말한다.

수(數)의 변화(變化)란 1(一)이 변(變)하여 수기(水氣)가 생기면 6(六)이 화(化)하여 이것을 이루어놓고, 2(二)가 변(變)하여 화기(火氣)가 생기면 7(七)은 화(化)하여 이것을 이루어놓고, 3(三)이 변(變)하여 목기(木氣)가 생기면 8(八)은 화(化)하여 이것을 이루어놓고, 4(四)가 변(變)하여 금기(金氣)가 생기면 9(九)는 화(化)하여 이것을 이루어놓고, 5(五)가 변(變)하여 토기(土器)가 생기면 10(十)이 화(化)하여 이것을 이루어놓는다는 것이다.

註 변화(變化)는 하나의 낱말이 아니라 〈변이화(變而化)〉를 줄임이다. 〈변해서[變而] 화함[化]〉을 줄여 변화(變化)라 한다. 변화(變化)를 〈change〉로 생각해서는 안 된다. 왜냐하면 변화(變化)의 변(變)은 재화(裁化)이기 때문이다. 새로 됨[化]을 마름함[裁]이 바뀜[變]이다.

『주역(周易)』「계사전(繫辭傳) 상(上)」에 나오는 〈화이재지위지변(化而裁之謂之變)〉이 곧 변화(變化)이다. 화이재지위지변(化而裁之謂之變)은 변(變)이 화(化)를 헤아려 마름함[裁]을 밝히고 있다. 변(變)이란 갈 것[往者]과 올 것[來者]을 헤아려[裁] 왕자(往者)를 물리고[退] 내자(來者)를 나아가게[進] 함이고, 그리하여 등장한 내자(來者)를 화(化)라 한다. 그래서 변(變)을 〈진퇴지상(進退之象)〉이라고 한다. 물러갈 것[往者]을 물리고[退] 올 것[來者]을 나타나게[進] 함을 변(變)의 재화(裁化)라 한다. 변(變)에는 왕자(往者)·내자(來者)가 공존(共存)하지만, 화(化)에는 내자(來者)만 부상(浮上)한다. 그래서 변하여[變] 새로 됨[化]이 재화(裁化)이다. 이러한 재화(裁化)를 강조하여 〈화이재지(化而裁之)〉라 한 것이고, 여기서 재(裁)는 〈헤아릴 탁(度)〉과 같아 재탁(裁度)의 줄임말로 여기면 된다.

변(變)이 화(化)를 마름함[裁]이 곧 변화(變化)이다. 그러므로 변(變)이란 화(化)를 마름함[裁量]이다. 변화(變化)란 변(變)이 화(化)를 재단(裁斷)함이니, 이는 곧 변화(變化)란 왕자(往者)를 개역(改繹)해 내자(來者)를 일구어냄이다.

唯天下至誠爲能化(유천하지성위능화)

▶ 오로지[唯] 온 세상에서[天下] 지극한[至] 정성이라야[誠] {온갖 것(物)을} 새롭게 할 수 있는 것[能化]이다[爲].

오로지 유(唯), 지극할 지(至), 정성될 성(誠), 할 능(能), 새로울 화(化), 조사(~이다) 위(爲)

【읽기(讀)】

유천하지성위능화(唯天下至誠爲能化)는 〈유천하지극지정성위능화만물(唯天下至極之精誠爲能化萬物)〉에서 지극지정성(至極之精誠)을 지성(至誠)으로 줄이고, 능화만물(能化萬物)에서 만물(萬物)을 생략한 구문이다. 〈오로지[唯] 온 세상에서[天下] 지극한[至極之] 정성이라야[精誠] 온갖 것을[萬物] 새롭게 할 수 있는 것[能化]이다[爲]〉 이를 〈오로지[唯] 온 세상에서[天下] 지성이라야[至誠] 새롭게 할 수 있는 것[能化]이다[爲]〉로 줄인 것이다.

물론 유천하지성위능화(唯天下至誠爲能化)에서 유천하지성(唯天下至誠)은 주부(主部) 노릇하고, 능화(能化)는 술부(述部)로 보어(補語) 노릇하며, 위(爲)는 조사(助詞)로 〈~이다 위(爲)〉 노릇한다. 위능화만물(爲能化萬物)은 능동(能動)의 말투이다. 능화(能化)를 피동(被動)의 말투로 하려면 〈위만물지소화(爲萬物之所化)〉로 하면 된다. 〈온갖 것을[萬物] 새롭게 하는 것[能化]이다[爲]〉 〈온갖 것이[萬物之] 새롭게 되는 것[所化]이다[爲]〉

유천하지성위능화(唯天下至誠爲能化)에서 유(唯)는 〈오로지 독(獨)〉과 같고, 지(至)는 〈다할 극(極)〉과 같아 지극(至極)의 줄임이고, 성(誠)은 성지자(誠之者)의 줄임으로 〈믿을 신(信) · 순수할 순(純) · 공경할 경(敬) · 익을 실(實) · 자상할 심(審)〉 등의 뜻을 간직한 〈정성됨[誠]〉으로 새기면 된다. 능(能)은 〈가할 가(可)〉와 같아 화(化)의 능동(能動)을 나타내는 조사(助詞) 노릇하고, 화(化)는 〈새로 신(新) · 생(生)〉 등과 같이 〈새롭게 할 화(化)〉로 새기면 된다.

【풀이(繹)】

유천하지성위능화(唯天下至誠爲能化)는 앞서 살핀 〈곡능유성(曲能有誠)〉을 다시 되새겨 헤아려보게 한다. 유천하지성위능화(唯天下至誠爲能化)에서 지성(至誠)은 자성명(自誠明)의 성(誠)이 지극(至極)함을 말하기도 하고, 자명성(自明誠)의 성(誠)이 지극(至極)함을 뜻하기도 한다. 자성명(自誠明)의 지성(至誠)은 성인(聖人)의 정성(精誠)이고, 자명성(自明誠)의 지성(至誠)은 군자(君子) · 범인(凡人)

의 정성(精誠)을 말한다. 지성(至誠)이란 그 드러남[形]이 지극하면[至] 그 형(形)이 뚜렷하고[著], 그 저(著)가 지극하면 명백하고[明], 그 명(明)이 지극하면 움직이고[動], 그 동(動)이 지극하면 변[變]하고, 그 변(變)이 지극하면 화생(化生) 즉 새로움[化]을 이루어냄[生]이다. 지성(至誠)이면 감천(感天)한다는 것이다. 감천(感天)이란 자연(自然)을 감동(感動)하게 하여 만물(萬物)을 지어내게 함이니 〈능화만물(能化萬物)〉이라 하는 것이다. 이는 곧 인간이 천지(天地)를 따라[從] 본받아야[法] 인간의 온갖 일[萬事]을 통변(通變)하게 하여 능화만사(能化萬事) 즉 온갖 일[萬事]을 새롭게 할 수 있는 것[能化]을 말한다. 이러한 만사(萬事)의 능화(能化)는 성인(聖人)만 할 수 있음이 아니라 지성(至誠)하면 군자(君子)도 만사(萬事)를 능화(能化)할 수 있음이고, 나아가 범인(凡人)도 군자(君子)를 본받아[效] 치곡(致曲)하면 만사(萬事)를 새롭게[化] 할 수 있음을 밝힌 말씀이 〈유천하지성위능화(唯天下至誠爲能化)〉의 능화(能化)이다.

지성(至誠)과 신(神)

한 단락(段落)으로 이루어져 있는 24장(章)은 지성지도(至誠之道)가 곧 천도(天道) 즉 천지변화지도(天地變化之道)임을 살펴 새기고 헤아려 깨우치게 한다. 지성지도(至誠之道)는 인간으로 하여금 미래(未來)를 전지(前知)하게 하고자 한다. 『주역(周易)』도 그 지성지도(至誠之道)의 산물(産物)이다. 인간은 천수(天數)와 지수(地數)의 상득(相得)·위합(爲合)으로 천지지변화(天地之變化)를 살필 수 있음을 진실로 믿었다. 인간이 지성지도(至誠之道)를 법(法)하여 전지(前知)할 수 있는 방편(方便)은 시귀(蓍龜)로 복문(卜問)하는 것이었다. 지성지도(至誠之道)를 정성껏 본받아[法] 전지(前知)하는 방편(方便)으로 삼아 미래(未來)를 예지(豫知)하고자 했음을 밝힌 장(章)이다.

【전문(全文)】

至誠之道可以前知한다 國家將興에 必有禎祥하고 國家將亡에 必有妖孼하여 見乎蓍龜하고 動乎四體한다 禍福將至엔 善을 必先知之하고 不善을 必先知之한다 故로 至誠은 如神이다

지성지도가이전지 국가장흥 필유정상 국가장망 필유요얼 현호시귀 동호사체 화복장지 선 필선지지 불선 필선지지 고 지성 여신

지극한 정성의 도로 앞을 알 수 있다. 나라가 장차 흥하려 할 때는 반드시 상서로움이 많고, 나라가 장차 망하려 할 때면 반드시 요망하고 괴상함이 많다. {지성(至誠)은} 시초점과 거북점에 나타나고, {지성(至誠)은} 사지에서 움직인다. 화복이 장차 닥치려 할 때면 {시귀(蓍龜)는} 선함 그것을 반드시 먼저 알아보고, 불선함 그것을 반드시 먼저 알아본다. 그래서 지성은 천지가 변화하게 하는 것[神]과 같다.

至誠之道可以前知(지성지도가이전지)

▶ 지극한[至] 정성의[誠之] 도를[道] 써서[以] (사람은 일을) 미리[前] 알 수 있다[可知].

지극할 지(至), 정성 성(誠), 조사(~의) 지(之), 가할 가(可), 써 이(以), 앞 전(前), 알 지(知)

【읽기(讀)】

지성지도가이전지(至誠之道可以前知)는 〈인가전지사물이지성지도(人可前知事物以至誠之道)〉에서 일반주어 인(人)과 전지사물(前知事物)의 사물(事物)을 생략하고, 이지성지도(以至誠之道)에서 지성지도(至誠之道)를 강조하고자 전치(前置)하고 남은 이(以)를 가(可) 뒤에 둔 구문이다. 〈사람은[人] 지성지도를[至誠之道] 써[以] 사물을[事物] 미리[前] 알 수 있다[可知]〉 이를 〈지성지도를[至誠之道] 써

[以] 미리[前] 알 수 있다[可知]〉로 줄인 것이다.

지성지도가이전지(至誠之道可以前知)에서 지(至)는 〈다할 극(極)〉과 같아 지극(至極)의 줄임이고, 성(誠)은 성지자(誠之者)의 줄임으로 〈믿을 신(信)·순수할 순(純)·공경할 경(敬)·익을 실(實)·자상할 심(審)〉 등의 뜻을 간직한 〈정성됨[誠]〉으로 새기면 되며, 이(以)는 〈써 용(用)〉과 같고, 전(前)은 〈미리 예(豫)〉와 같고, 지(知)는 여기선 〈알 식(識)〉과 같다.

【풀이(繹)】

지성지도가이전지(至誠之道可以前知)는 사람이 지성(至誠)의 도(道)를 쓴다면[以] 사물(事物)을 예지(豫知)할 수 있음을 깨우치게 한다. 지성지도(至誠之道)의 도(道)는 이치[理]·가르침[敎]·이끌어줌[導]·방편[方] 등을 묶어서 나타내고 있다. 지극한[至] 정성(精誠)이란 사물(事物)이 지닌 이(理)의 길[道]을 전지(前知) 즉 미리[前] 알려주고[知], 사물(事物)이 가르치는[敎] 길[道]을 미리[前] 알려주며[知], 사물(事物)이 이끌어가는[導] 길[道]을 미리[前] 알려주고[知], 사물(事物)이 밝히는 방법[方]의 길[道]을 미리[前] 알려준다[知]. 이러한 지성(至誠)의 도(道)를 더없이 밝혀주는 말씀이 곧 성인지언(聖人之言)이다. 그러므로 **외성인지언(畏聖人之言)하라고** 공자(孔子)께서 밝힌 것이다.

성인(聖人)의 말씀[言]은 우리로 하여금 사물(事物)을 전지(前知)하게 하므로 삼가 두렵게 경청(傾聽)해야 한다. 사물(事物)이란 『대학(大學)』 첫머리에 나오는 〈물유본말(物有本末) 사유종시(事有終始)〉를 줄인 술어(述語)이다. 모든 사물(事物)은 저마다 본(本)·말(末)과 종(終)·시(始)를 지니고, 그 넷(本·末·終·始)이 그 사물(事物)의 변화(變化)를 만들어낸다[生]. 변(變)은 화(化)의 본(本)·시(始)이고, 화(化)는 변(變)의 말(末)·종(終)이다.

사물(事物)의 본말종시(本末終始)란 곧 사물(事物)의 변화(變化)를 말한다. 그래서 전지사물(前知事物)이란 곧 지사물지변화(知事物之變化)를 말하는 것임을 알 수 있다. 사물(事物)의 변화(變化)를 안다[知]는 것은 그 사물(事物)의 미래(未來)를 앎[知]이니 곧 전지(前知)이다. 전지(前知)란 지래(知來)와 같다. 여기서 지성지도(至誠之道)란 천지(天地)가 짓는 변화지도(變化之道)임을 간파(看破)할 수 있다. 『주역(周易)』 「계사전(繫辭傳) 상(上)」에 나오는 **지변화지도자(知變化之道者)**

기지신지소위호(其知神之所爲乎)란 자왈(子曰)을 상기(想起)시켜 깨우치게 하는 말씀이 〈지성지도가이전지(至誠之道可以前知)〉이다.

註 "공자왈(孔子曰) 군자유삼외(君子有三畏) 외천명(畏天命) 외대인(畏大人) 외성인지언(畏聖人之言)." 공자께서[孔子] 가로되[曰]: 군자에게는[君子] 세 가지[三] 두려워함이[畏] 있다[有]. 천명을[天命] 두려워하고[畏], 대인을[大人] 두려워하며[畏], 성인의[聖人之] 말씀을[言] 두려워한다[畏]. 『논어(論語)』「계씨(季氏)」편(篇) 8장(章)

註 "자왈(子曰) 지변화지도자(知變化之道者) 기지신지소위호(其知神之所爲乎)." 공자께서[子] 가로되[曰]: 변화의[變化之] 도를[道] 아는[知] 사람[者] 그는[其] 귀신이[神之] 하는[爲] 바를[所] 알지로다[知乎]! 『주역(周易)』「계사전(繫辭傳) 상(上)」 16단락(段落)

國家將興(국가장흥) 必有禎祥(필유정상)

▶ 나라가[國家] 장차[將] 흥하려 할 때면[興] 반드시[必] 상서로움이[禎祥] 많다[有].

나라 국(國), 집 가(家), 앞으로 장(將), 흥할 흥(興), 반드시 필(必), 많을 유(有), 상서로울 정(禎), 상서로울 상(祥)

【읽기(讀)】

국가장흥(國家將興) 필유정상(必有禎祥)은 국가장흥(國家將興)이 시간 내지 조건의 부사절 노릇하고, 필유정상(必有禎祥)은 주절 노릇한다고 문맥을 잡으면 문의(文意)가 드러난다. 〈국가장흥(國家將興)할 때면 필유정상(必有禎祥)한다〉

국가장흥(國家將興)에서 장(將)은 미래시제를 나타내는 부사(副詞) 노릇하고, 흥(興)은 〈일어날 기(起)〉와 같아 흥기(興起)의 줄임이다. 필유정상(必有禎祥)의 필(必)은 〈반드시 고(固)〉와 같고, 유(有)는 〈많을 다(多)〉와 같고, 정(禎)과 상(祥)은 복조(福兆) 즉 행복(幸福)이 오는 징조[兆]를 나타낸다.

【풀이(繹)】

국가장흥(國家將興) 필유정상(必有禎祥)은 나라의 장래(將來)를 지성(至誠)으로 회린(悔吝) 즉 뉘우치고[悔] 부끄러워하라[吝] 함이다. 회린(悔吝)하는 심지(心志)라야 지성지도(至誠之道)를 관완(觀玩)하여 의단(擬斷)해 국가(國家) 장래(將來)의 흥망(興亡)이 전지(前知)되기 때문이다.

『주역(周易)』「계사전(繫辭傳) 상(上)」에 회린자우우지상야(悔吝者憂虞之象也)〉란 말씀이 나온다. 필유정상(必有禎祥)은 장차 흥(興)하리란 복조(福兆)가 많이 나타난다 할지라도 경망(輕妄)하지 말고 우우(憂虞)하라 함이다. 복조(福兆)일수록 회린(悔吝)하여 우우(憂虞)하라 함은 지성지도(至誠之道)를 잠시라도 떠나지 말라 함이다. 지성지도(至誠之道)를 경진(敬盡) 즉 진실로 믿고 받들어 따라[敬] 다하지 못했는지 자고(自顧) 즉 스스로를[自] 되돌아보고[顧], 다 못했다면 뉘우치고[悔] 부끄러워하기[吝]를 다하고자 우우(憂虞)하라는 것이다. 그러므로 정상(禎祥)을 마주할수록 회린(悔吝)한다면 그 정상(禎祥)으로 더욱 홍흥지도(弘興之道) 즉 흥(興)해지는[興之] 길[道]을 넓힐[弘] 것이고, 회린(悔吝)하지 않으면 그 도(道)를 넓힐 수 없음을 전지(前知)하고자 우우(憂虞) 즉 걱정하고[憂] 염려하라[虞] 함이다. 우우(憂虞)의 우(虞)는 즐거울수록[樂] 염려하라[虞] 함이다. 나라[國家]가 흥(興)할수록 지성지도(至誠之道)를 정성껏 닦고자 회린(悔吝)하여 우우(憂虞)해야 함을 살펴 새기고 헤아려 가늠하고 깨우치게 하는 말씀이 〈국가장흥(國家將興) 필유정상(必有禎祥)〉이다.

註 "회린자우우지상야(悔吝者憂虞之象也)." 뉘우치고[悔] 부끄러워함이란[吝] 것은[者] 걱정하고[憂] 염려하는[虞之] 짓[象]이다[也]. 『주역(周易)』「계사전(繫辭傳) 상(上)」 2단락(段落)

國家將亡(국가장망) 必有妖孼(필유요얼)

▶나라가[國家] 장차[將] 망하려 할 때면[亡] 반드시[必] 요망하고 괴상함이[妖孼] 많다[有].

나라 국(國), 집 가(家), 앞으로 장(將), 망할 망(亡), 반드시 필(必), 많을 유(有), 요망스런 요(妖), 괴상한 얼(孼)

【읽기(讀)】

국가장망(國家將亡) 필유요얼(必有妖孼)에서 국가장망(國家將亡)은 부사절 노릇하고, 필유요얼(必有妖孼)이 주절 노릇하는 것으로 여기면 문맥이 잡힌다. 〈국

가장망(國家將亡)할 때면 필유요얼(必有妖孼)한다〉

국가장망(國家將亡)에서 장(將)은 미래시제를 나타내는 부사(副詞) 노릇하고, 망(亡)은 〈없어질 멸(滅)〉과 같아 멸망(滅亡)의 줄임으로 여기면 된다. 필유요얼(必有妖孼)의 필(必)은 〈반드시 고(固)〉와 같고, 유(有)는 여기선 〈많을 다(多)〉와 같고, 요(妖)과 얼(孼)은 화조(禍兆) 즉 앙화(殃禍)가 닥치는 징조[兆]를 나타낸다.

【풀이(繹)】

국가장망(國家將亡) 필유요얼(必有妖孼) 역시 나라의 장래(將來)를 지성(至誠)으로 회린(悔吝) 즉 뉘우치고[悔] 부끄러워하라[吝] 함이다. 회린(悔吝)하는 심지(心志)라야 지성지도(至誠之道)를 관완(觀玩)하고 의단(擬斷)해 국가(國家) 장래(將來)의 흥망(興亡)이 전지(前知)되기 때문이다. 지성지도(至誠之道)를 다하지 못하면, 나라 곳곳에서 요얼(妖孼)의 꼬투리[萌兆]가 많이 나타나도 그 앙화(殃禍)의 맹조(萌兆)를 경망(輕妄)히 여기고 우우(憂虞)하지 않아 그 나라는 망(亡)하고 만다. 화조(禍兆)일수록 더욱 회린(悔吝)하여 우우(憂虞)하라 함이며, 망조(亡兆)가 드러날수록 지성지도(至誠之道)를 잠시라도 떠나지 말라 함이다.

지성지도(至誠之道)를 경진(敬盡) 즉 진실로 믿고 받들어 따라[敬] 다하지 못했는지 자고(自顧) 즉 스스로를[自] 되돌아보고[顧], 다 못했다면 뉘우치고[悔] 부끄러워하기[吝]를 다하고자 우우(憂虞)한다면 망조(亡兆)를 그냥 그대로 방치(放置)할 수는 없을 것이다. 그러므로 요얼(妖孼)을 마주할수록 회린(悔吝)한다면 그 요얼(妖孼)로 더욱 극망지도(克亡之道) 즉 망(亡)해가는[亡之] 길[道]을 이겨낼[克] 것이나, 회린(悔吝)하지 않으면 곧 망국(亡國)의 길[道]을 면할 수 없음을 전지(前知)할 수 없을 것이다. 이러한 경망(輕妄)은 회린(悔吝)하지 않아 우우(憂虞)하지 못함이다. 나라(國家)가 망(亡)하려 할수록 더욱 더 지성지도(至誠之道)를 정성껏 닦아 회린(悔吝)하고 우우(憂虞)해야 함을 살펴 새기고 헤아려 가늠해 깨우치게 하는 말씀이 〈국가장망(國家將亡) 필유요얼(必有妖孼)〉이다.

見乎蓍龜(현호시귀)

▶ {정상(禎祥)과 요얼(妖孼)이} 시초점과[蓍] 거북점[龜]에[乎] 나타난다[見].

나타날 현(見), 조사(~에서) 호(乎), 시초(蓍草) 시(蓍), 거북 귀(龜)

【읽기(讀)】

현호시귀(見乎蓍龜)는 〈정상여요얼현호시귀(禎祥與妖孼見乎蓍龜)〉에서 현(見)의 주어 노릇할 정상여요얼(禎祥與妖孼)을 생략한 구문이다. 〈정상(禎祥)과[與] 요얼이[妖孼] 시귀(蓍龜)에서[乎] 드러난다[見]〉 이를 〈시귀(蓍龜)에서[乎] 드러난다[見]〉로 줄인 것이다.

현호시귀(見乎蓍龜)의 현(見)은 〈드러날 현(顯)〉과 같아 현현(顯見)의 줄임이고, 호(乎)는 조사(助詞)로 〈~에서 어(於) · 우(于)〉 등과 같고, 시(蓍)는 시초(蓍草)의 줄임이며, 귀(龜)는 귀복(龜卜)의 줄임말이다.

【풀이(繹)】

현호시귀(見乎蓍龜)는 지성지도(至誠之道)를 경진(敬盡) 즉 진실로 믿고 받들기[敬]를 다하여[盡] 시귀(蓍龜)의 복점(卜占)으로 앞일을 점치면 시귀(蓍龜)에 정상(禎祥)의 징조(徵兆)나 요얼(妖孼)의 낌새[徵兆]가 나타남[見]을 믿었던 시대가 있었음을 상기(想起)시킨다. 현대인(現代人)이 과학(科學)을 믿고 천지(天地)가 인간을 위해 있는 것처럼 과신(過信)하여 주아(主我)로 산다면, 고대(古代)에는 천지(天地)를 믿고 따르면서 겸허(謙虛)하게 무아(無我)로 살았다. 고대인(古代人)이 천도(天道)의 명(命)을 두려워하고[畏] 순종(順從)했음을 헤아리지 못한다면 현호시귀(見乎蓍龜)의 참뜻을 헤아리지 못한다. 시귀(蓍龜)의 시(蓍)는 시초(蓍草)로 만든 50개(五十箇)의 점대를 이용하여 하나의 대성괘(大成卦)를 얻어 흥망(興亡)을 전지(前知)하는 점치기로, 이를 본서법(本筮法)이라고 한다. 시귀(蓍龜)의 귀(龜)는 거북[龜]의 등껍질을 불에 구워 갈라진 징조(徵兆)를 살펴 흥망(興亡)을 점치는 것으로, 이를 귀복(龜卜)이라고 했다. 이러한 고대인(古代人)의 점복(占卜)이 현대인(現代人)에게도 아무런 뜻이 없다고는 할 수 없음을 헤아려야 할 것이다.

현대인(現代人)이 온갖 통계지수(統計指數)를 동원하여 미래(未來)를 예측(豫測)하고자 하는 것처럼, 고대인(古代人)은 천수(天數)와 지수(地數)로 변화(變化)를 알고자 했다. 수치(數値)를 통해 예측(豫測)함은 진실(眞實)이고 천지(天地)의 수(數)를 통하여 시초(蓍草)함은 미신(迷信)이라 한다면, 그런 분별(分別)은 하나의 편견(偏見)일 뿐이다. 현대인(現代人)이 통계지수(統計指數)로 미래를 예측하고자 함과 고대인(古代人)이 시귀(蓍龜)로 미래를 전지(前知)하고자 함은 다른 것이 아니라 서로 같은 인간의 소망(所望)이다. 미래(未來)를 미리 알고자 하는 바람[所望] 때문에 현대인(現代人)은 온갖 통계지수(統計指數)로 미래를 점(占)치고 고대인(古代人)은 시초(蓍草)로 미래(未來)를 점(占)쳤던 것이니, 지래(知來)하고자 하는 인간의 소망(所望)은 예나 지금이나 다를 바가 없다. 그러므로 정상(禎祥)이나 요얼(妖孼)이 시귀(蓍龜)에 나타남[見]을 써서 점쳤던 것을 깊이 살펴 새기고 헤아려 가늠하게 하는 말씀이 〈현호시귀(見乎蓍龜)〉이다.

註 『주역(周易)』「계사전(繫辭傳) 상(上)」 16단락(段落)을 보면 공자(孔子)께서 시초(蓍草) 50개(五十箇)로 대성괘(大成卦) 하나를 얻어내는 과정을 상설(詳說)해두고 있다. 즉, 천수(天數 : 一三五七九)의 25(二十五)와 지수(地數 : 二四六八十)의 30(三十)을 합(合)한 55(五十五)에서 완전수(完全數) 50(五十)을 대연지수(大衍之數)라고 밝히고, 이 대연지수(大衍之數)를 이용하여 〈성변화(成變化)하고 행귀신(行鬼神)한다〉고 밝혀두었다.

변화(變化)를 이루고[成] 귀신(鬼神)을 행한다[行]고 함은 곧 지성지도(至誠之道)가 능화(能化)함을 밝힌 것이다. 행귀신(行鬼神)의 귀신(鬼神)은 음양지변화(陰陽之變化)를 말한 것이다. 귀신(鬼神)의 변화(變化)란 기수(奇數) 즉 홀수와 우수(偶數) 즉 짝수가 상득(相得)하여 굽히기도[屈] 하고, 펴기도[伸] 하며, 가기도[往] 하고, 오기도[來] 함을 말한다.

動乎四體(동호사체)

▶ {정상(禎祥)과 요얼(妖孼)이} 사지[四體]에서[乎] 요동친다[動].

요동(搖動)할 동(動), 조사(~에서) 호(乎), 넷 사(四), 몸뚱이 체(體)

【읽기(讀)】

동호사체(動乎四體)는 〈정상여요얼동호사체(禎祥與妖孼動乎四體)〉에서 동(動)의 주어 노릇할 정상여요얼(禎祥與妖孼)을 생략한 구문이다. 〈정상(禎祥)과[與] 요얼이[妖孼] 사체(四體)에서[乎] 요동친다[動]〉 이를 〈사체(四體)에서[乎] 요동친다[動]〉로 줄인 것이다.

동호사체(動乎四體)에서 동(動)은 〈흔들릴 요(搖)〉와 같아 요동(搖動)의 줄임이고, 호(乎)는 조사(助詞)로 〈~에서 어(於) · 우(于)〉 등과 같고, 사체(四體)는 사지(四肢)와 같다.

【풀이(繹)】

동호사체(動乎四體)는 정상(禎祥)의 징조(徵兆)나 요얼(妖孼)의 맹조(萌兆)가 사람의 몸통을 통해서도 나타날 수 있음을 살펴 새기고 헤아리게 한다. 동호사체(動乎四體)의 동(動)에 담긴 뜻을 터득하려면, 『맹자(孟子)』「이루장구(離婁章句) 상(上)」편(篇)에서 유자(孺子) 즉 한 어린애[孺子]의 노래를 듣고 공자(孔子)께서 제자들에게 밝혀준 말씀[言]을 상기(想起)하면 될 것이다. 그 유자(孺子)가 불렀다는 노래는 이러하다. 〈창랑지수청혜(滄浪之水淸兮) 가이탁아영(可以濯我纓) 창랑지수탁혜(滄浪之水濁兮) 가이탁아족(可以託我足)〉 창랑의 물[滄浪之水]이 맑구나[淸兮]! 그 물로[以] 내 갓끈을[我纓] 씻어도 좋겠네[可濯]! 창랑지수(滄浪之水)가 흐리구나[濁兮]! 그 물로[以] 내 발을[我足] 씻어야겠네[可濯]! 어린아이의 노래를 들은 공자(孔子)께서 **소자청지(小子聽之) 청사탁영(淸斯濯纓) 탁사탁족의(濁斯濯足矣) 자취지야(自取之也)**라고 제자들[小子]을 타일렀다. 자네들[小子] 저 노래[之]를 들어보라[聽]. (물이) 맑다면[淸斯] 갓끈[纓]을 씻고[濯], 더럽다면[濁斯] 발을[足] 씻을 것[濯]이다[矣]. 청탁(淸濁)을 스스로[自] 짓는[取] 것이다[也].

사람은 세상[世]을 깨끗이[淸] 할 수도 있고 더럽힐[濁] 수도 있다. 청세(淸世)면 정상(禎祥)의 징조(徵兆)가 겸허(謙虛)한 모습으로 인간의 사지(四肢)에 드러나고, 탁세(濁世)면 또한 그 요얼(妖孼)의 꼬투리들이 오만(傲慢)한 모습으로 드러난다. 요(妖)는 흉조(凶兆)로 의복(衣服) · 가요(歌謠) 등으로 나타나고, 얼(孼) 역시 흉조(凶兆)로 새나 짐승, 벌레나 물고기 등으로 나타나는 괴변을 말한다. 우리가 빚어내고 있는 세상은 정상(禎祥)의 길조(吉兆)는 사라진 셈이고 요얼(妖孼)의 흉조(凶兆)들이 넘쳐나고 있지만, 이를 두려워할 줄 모르고 오히려 인간이 천지를 지배하는 양 교만(驕慢)과 오만(傲慢)이 출렁이는 탁세(濁世)인 편이다. 청세(淸世)의 사람들은 세상을 두려워할[懼] 줄 알지만, 탁세(濁世)의 사람들은 자기만 앞세우고 남을 아랑곳하지 않아 세상을 얕보는 징후(徵候)를 온몸으로 드러낸다. 현대인(現代人)은 **천작얼유가위(天作孼猶可違) 자작얼불가활(自作孼不可活)**이란 말씀을 전혀 믿지 않기 때문에 모탈인(侮奪人) 즉 남[人]을 업신여기고[侮] 빼앗으려는[奪] 요얼

(妖孼)의 꼬투리들이 겁 없이 온 몸통을 요동쳐 결과적으로 자모(自侮) 즉 스스로 자기를 업신여기는[自侮] 행험(行險)을 범하고 있음을 저마다 자고(自顧) 즉 스스로[自] 돌이켜보게[顧] 하는 말씀이 〈동호사체(動乎四體)〉의 동(動)이다.

註 "공자왈(孔子曰) 소자청지(小子聽之) 청사탁영(淸斯濯纓) 탁사탁족의(濁斯濯足矣) 자취지야(自取之也) 부인필자모연후(夫人必自侮然後) 인모지(人侮之) 가필자훼이후(家必自毁而後) 인훼지(人毁之) 국필자벌이후(國必自伐而後) 인벌지(人伐之) 태갑왈(太甲曰) 천작얼유가위(天作孼猶可違) 자작얼불가활(自作孼不可活)." 공자께서[孔子] 자네들[小子] 저 노래[之]를 들어보라[聽]. (물이) 맑다면[淸斯] 갓끈[纓]을 씻고[濯], 더럽다면[濁斯] 발을[足] 씻을 것[濯]이다[矣]. 청탁(淸濁)은 스스로[自] 짓는 것[取]이라고[也] 말했다[曰]. 무릇[夫] 사람은[人] 반드시[必] 스스로를[自] 업신여긴[侮] 뒤에야[然後] 남들이[人] 그 자신을[之] 업신여기고[侮], 가정도[家] 반드시[必] 제 가정을[自] 파괴한[毁] 뒤에야[而後] 남들이[人] 그 가정을[之] 파괴하며[毁], 나라도[國] 반드시[必] 제 나라를[自] 친[伐] 뒤에야[而後] 남들이[人] 그 나라를[之] 친다[伐]. 태갑이[太甲] 하늘이[天] 재앙을[孼] 지으면[作] 오히려[猶] 어겨볼 수 있겠지만[可違], 스스로[自] 재앙을[孼] 지으면[作] 살아날 수 없다고[不可活] 말했다[曰].

『맹자(孟子)』「이루장구(離婁章句) 상(上)」편(篇) 8장(章)

禍福將至(화복장지) 善必先知之(선필선지지)

▶화복이[禍福] 장차[將] 닥치려 할 때면[至] {시귀(蓍龜)는} 선함[善] 그것을[之] 반드시[必] 먼저[先] 알려준다[知].

불행 화(禍), 행복 복(福), 장차 장(將), 이를 지(至), 착할 선(善), 반드시 필(必), 먼저 선(先), 알려줄 지(知), 조사 지(之)

【읽기(讀)】

화복장지(禍福將至) 선필선지지(善必先知之)에서 화복장지(禍福將至)는 부사절 노릇하고, 선필선지지(善必先知之)는 주절 노릇하는 것으로 여기면 문의(文意)가 드러난다. 선필선지지(善必先知之)는 〈시귀필선지선(蓍龜必先知善)〉에서 앞 문맥으로 보충할 수 있는 지(知)의 주어인 시귀(蓍龜)를 생략하고, 지(知)의 목적어 노릇할 선(善)을 전치(前置)하고 그 빈 자리에 허사(虛詞) 노릇하는 지(之)를 둔 구문이다. 〈시귀는[蓍龜] 선함을[善] 반드시[必] 먼저[先] 고해준다[知]〉 이를 〈선함을

[善] 반드시[必] 먼저[先] 고해준다[知]〉로 줄인 것이다. 물론 선필선지지(善必先知之)의 허사(虛詞) 지(之)를 〈그것 지(之)〉로 여기고 〈선함[善] 그것을[之] 반드시[必] 먼저[先] 고해준다[知]〉고 새겨도 문의(文意)는 달라지지 않는다.

화복장지(禍福將至)에서 화(禍)는 〈재앙 앙(殃)〉과 같아 앙화(殃禍)의 줄임이고, 복(福)은 〈도울 우(祐)·착할 선(善)·상서로울 상(祥)〉 등과 같아 복우(福祐)·복선(福善) 등의 줄임말로 여기면 되며, 장(將)은 〈올 래(來)〉와 같아 장래(將來)의 줄임이고, 지(至)는 여기선 〈이를 도(到)〉와 같다.

선필선지지(善必先知之)의 선(善)은 〈큰 덕(德)〉과 같아 덕선(德善)의 줄임이고, 필(必)은 〈반드시 고(固)〉와 같고, 선(先)은 〈먼저 전(前)〉과 같고, 지(知)는 〈알릴 고(告)·살필 견(見)〉 등과 같아 고지(告知)·지견(知見) 등의 줄임말로 여기면 된다. 지(之)는 〈그것 지(之)〉로 새길 수도 있고, 허사(虛詞)로 여기고 무시해도 된다.

【풀이(繹)】

화복장지(禍福將至) 선필선지지(善必先知之)는 지성지도(至誠之道)를 정성껏 본받게 하는 방편(方便)인 시귀(蓍龜)를 이용하게 된 까닭을 살펴 새기고 헤아려 가늠하게 한다. 시귀(蓍龜)는 사람으로 하여금 더없는 성지자(誠之者)가 되게 한다. 성지자(誠之者)란 사성자(思誠者)를 말한다. 성지자(誠之者)의 지(之)와 사성자(思誠者)의 성(誠)은 천도(天道)를 말한다. 천도(天道)를 정성껏 받들어 따르는 사람이 곧 성지자(誠之者)로서 계선자(繼善者)이다. 그러므로 성지자(誠之者)를 무일호사위류어심자(無一毫私僞留於心者)라 한다. 오로지 무사(無私)·무위(無僞)해야 계선(繼善)하기 때문이다. 그러므로 시귀(蓍龜)가 선지선(先知善) 즉 먼저[先] 선(善)을 알려준다[告] 함은 시귀(蓍龜)가 사람으로 하여금 계선(繼善)하게 함을 뜻한다.

계선(繼善)함이란 일음일양(一陰一陽)의 도(道) 즉 변화지도(變化之道)를 따라 순종함이니, 계선(繼善)이란 순천(順天) 즉 천지지변화(天地之變化)를 순종(順從)함이다. 여기서 시귀(蓍龜)가 선지선(先知善)하게 함이란 순천(順天)하게 함이며, 복(福)이란 순천(順天)으로 말미암아 누리는 천복(天福)이다. 천복(天福)이란 마음에[於心] 한 점의[一毫之] 사욕이나[私] 거짓이[僞] 없는[無] 사람[者]인 성지자(誠之者)만이 누릴 수 있는 행운(幸運)이다. 이는 오로지 성지자(誠之者)라야 시귀(蓍龜)로 점쳐[卜問] 선(善)함을 선지(先知)할 수 있다는 것이다. 따라서 성지자(誠之

者)라야 복문(卜問)할 수 있다.

성지자(誠之者)는 시귀(蓍龜)로 복문(卜問)하여 선함[善]을 먼저[先] 알고[知] 정성껏 지선(知善)한다. 지선(知善)이란 지일음일양지도(知一陰一陽之道)의 줄임이니, 천지(天地)가 짓는 변화(變化)를 받들어 계승(繼承)할 줄 앎[知]이 곧 지선(知善)이다. 그러므로 지선(知善)은 곧 사덕(四德)을 정성껏 계승(繼承)함을 앎[知]이니 정성껏 치곡(致曲)하게 한다. 왜 원형리정(元亨利貞)의 사덕(四德)을 정성껏 다하라고 하는가? 특히 왜 정(貞)은 복문(卜問)이라고 하는가? 무사(無邪) · 무아(無我)의 심중(心中)이 곧 정심(貞心)인 까닭이다. 진실로 성지자(誠之者)라면 그의 심중(心中)은 정고(貞固)할 뿐이다. 정고(貞固) 즉 무사(無邪) · 무아(無我)의 곧음[貞]이 확고해야[固] 시귀(蓍龜)로 선함[善]을 먼저 살펴 새기고 헤아려 가늠할 수 있는 것이다. 복(福)이란 순천(順天)으로 말미암아 비롯되는 평안(平安)이니, 성지자(誠之者)가 이시귀(以蓍龜) 즉 시귀(蓍龜)를 이용하여[以] 선(善)을 선지(先知)하게 된다는 것은 무사(無邪) · 무아(無我)의 치곡(致曲)으로 **솔신(率神) · 거귀(居鬼)** 하는 마음을 더욱 도탑게 함임을 밝힌 말씀이 〈선필선지지(善必先知之)〉의 지선(知善)이다.

註 솔신(率神)은 천(天)의 양기(陽氣)가 뻗쳐 짓는 변화(變化)의 짓인 신(神)을 우러러 순종(順從)함[率]이고, 거귀(居鬼)는 지(地)의 음기(陰氣)가 짓는 변화(變化)의 짓인 귀(鬼)를 굽혀 순종함[居]이다. 귀신(鬼神)이란 지성지도(至誠之道)의 별칭(別稱)이다. 그러므로 솔신(率神) · 거귀(居鬼)란 내가 내 자신으로 하여금 무사(無邪) · 무아(無我)의 내가 되게 함이다. 점(占)을 친다는 것은 무사(無邪) · 무아(無我)한 다음 사물(事物)을 살펴보라 함이다. 그러면 사물의 미래를 전지(前知)할 수 있다는 것이다.

不善必先知之(불선필선지지)

▶ {시귀(蓍龜)는} 불선함[不善] 그것을[之] 반드시[必] 먼저[先] 알려준다[知].

아니 불(不), 착할 선(善), 반드시 필(必), 먼저 선(先), 알려줄 지(知), 조사 지(之)

【읽기(讀)】

불선필선지지(不善必先知之)는 〈화복장지(禍福將至) 불선필선지지(不善必先知之)〉에서 되풀이되는 화복장지(禍福將至)를 생략하고 주절만 남긴 구문이다. 불선필선지지(不善必先知之)는 〈시귀필선지불선(蓍龜必先知不善)〉에서 앞 문맥으로 보충할 수 있는 지(知)의 주어인 시귀(蓍龜)를 생략하고, 지(知)의 목적어 노릇할 불선(不善)을 전치(前置)하고 그 빈 자리에 허사(虛詞) 지(之)를 둔 말투로 새기면 문맥이 잡힌다. 〈시귀는[蓍龜] 불선함을[不善] 반드시[必] 먼저[先] 고해준다[知]〉 이를 〈불선함을[不善] 반드시[必] 먼저[先] 고해준다[知]〉로 줄인 것이다. 물론 불선필선지지(不善必先知之)의 허사(虛詞) 지(之)를 〈그것 지(之)〉로 여기고 〈불선함[不善] 그것을[之] 반드시[必] 먼저[先] 고해준다[知]〉고 새겨도 문의(文意)는 달라지지 않는다.

불선필선지지(不善必先知之)에서 선(善)은 〈큰 덕(德)〉과 같아 덕선(德善)의 줄임이고, 필(必)은 〈반드시 고(固)〉와 같고, 선(先)은 〈먼저 전(前)〉과 같다. 지(知)는 〈알릴 고(告) · 살필 견(見)〉 등과 같아 고지(告知) · 지견(知見) 등의 줄임말로 여기면 되고, 지(之)는 〈그것 지(之)〉로 새길 수도 있고 허사(虛詞)로 여겨도 된다.

【풀이(繹)】

불선필선지지(不善必先知之) 역시 지성지도(至誠之道)를 정성껏 본받게 하는 방편(方便)인 시귀(蓍龜)를 이용하게 된 까닭을 살펴 새기고 헤아려 가늠하게 한다. 성지자(誠之者)라야 선함[善]을 선지(先知)할 수 있듯이, 불선(不善)함 또한 선지(先知)할 수 있다. 천도(天道)를 정성껏 받들어 따르는 성지자(誠之者)라야 불선(不善)함을 범하지 않을 줄 안다. 불선(不善)함이란 무사(無私) · 무위(無僞)의 계선(繼善)을 버림이다. 그러므로 시귀(蓍龜)가 선지불선(先知不善) 즉 먼저[先] 불선(不善)을 알려준다[知]고 함은 시귀(蓍龜)가 사람으로 하여금 계선(繼善)하지 않음을 일깨워 계선(繼善)하게 함을 뜻한다. 계선(繼善)함을 버림[棄]이란 일음일양(一陰一陽)의 도(道) 즉 변화지도(變化之道)를 순종(順從)하지 않음이니, 역천(逆天) 즉 천지지변화(天地之變化)를 거역(拒逆)함이다.

여기서 시귀(蓍龜)가 선지불선(先知不善)하게 함이란 역천(逆天)을 버리고 순천(順天)으로 복귀(復歸)하게 하는 것이다. 그리하여 화(禍)란 역천(逆天)으로 말미암아 겪는 재앙(災殃)임을 깨우치게 되어 마음에[於心] 사욕[私]과 거짓[僞]이 넘치고 있음을 회린(悔吝) 즉 뉘우치고[懷] 부끄러워하게[吝] 되어 화(禍)를 면할 수 있게 된다. 이 역시 오로지 성지자(誠之者)라야 시귀(蓍龜)로 점쳐[卜問] 불선(不善)함을 떠나 천선(遷善)할 수 있다.

성지자(誠之者)는 시귀(蓍龜)로 복문(卜問)하여 불선함[不善]을 먼저[先] 알고[知] 정성껏 천선(遷善)하여 전화위복(轉禍爲福) 즉 화(禍)를 복(福)으로 돌려놓게[轉] 된다. 성지자(誠之者)는 지불선(知不善)하면 곧 지선(知善)으로 돌아와 천지(天地)가 짓는 변화(變化)를 받들어 정성껏 계승(繼承)해야 함을 안다[知]. 그러므로 지불선(知不善) 역시 지선(知善)처럼 사덕(四德)을 정성껏 계승(繼承)해야 함을 앎[知]이다. 진실로 성지자(誠之者)라면 지불선(知不善)의 순간 그의 심중(心中)은 더욱 정고(貞固)할 뿐이다. 정고(貞固) 즉 무사(無邪) · 무아(無我)의 곧음[貞]이 확고해야[固] 시귀(蓍龜)로 선함[善]을 먼저 살펴 새기고 헤아려 가늠할 수 있어 지불선(知不善)을 지선(知善)으로 옮겨놓을 수 있기 때문이다. 화(禍)란 역천(逆天)으로 말미암아 비롯되는 재앙(災殃)임을 깨우치고 시귀(蓍龜)를 이용하여[以] 선(善)을 선지(先知)할 수 있게 되는 것은 무사(無邪) · 무아(無我)의 치곡(致曲)으로 솔신(率神) · 거귀(居鬼)하는 마음을 되찾기 때문임을 밝힌 말씀이 〈불선필선지지(不善必先知之)〉의 지불선(知不善)이다.

故(고) 至誠如神(지성여신)

▶ 그래서[故] 지성은[至誠] 천지가 변화하게 하는 짓과[神] 같다[如].

그러므로 고(故), 지극할 지(至), 정성 성(誠), 같을 여(如),
귀신(천지가 변화하게 하는) 신(神)

【읽기(讀)】

지성여신(至誠如神)은 〈지성지도여귀신(至誠之道如鬼神)〉에서 지성지도(至誠之道)를 지성(至誠)으로, 귀신(鬼神)을 신(神)으로 줄인 구문이다. 〈지성의 도는[至誠之道] 귀신과[鬼神] 같다[如]〉 이를 〈지성은[至誠] 신과[神] 같다[如]〉로 줄인 것이다.

지성여신(至誠如神)에서 지(至)는 〈지극할 극(極)〉과 같아 지극(至極)의 줄임이고, 성(誠)은 성자(誠者)의 줄임으로 〈믿을 신(信)·순수할 순(純)·공경할 경(敬)·익을 실(實)·자상할 심(審)〉 등의 뜻을 간직한 〈정성(精誠) 성(誠)〉으로 새기면 된다. 여(如)는 〈같을 사(似)〉와 같아 여사(如似)의 줄임이고, 신(神)은 〈천지(天地)가 변화(變化)하게 하는 짓인 귀신(鬼神)〉의 줄임말이다.

【풀이(繹)】

지성여신(至誠如神)은 지성(至誠)이 곧 변화지도(變化之道)임을 일깨워주고 있다. 지성(至誠)의 성(誠)은 성자(誠者)의 줄임이고, 성자(誠者)는 곧 천도(天道)이다. 물론 여기서 천도(天道)란 천지변화지도(天地變化之道)의 줄임이다. 그러므로 지성(至誠)은 신(神)과 같다. 신(神)은 귀신(鬼神)의 줄임말로, 『주역(周易)』「계사전(繫辭傳) 상(上)」에 나오는 **범천지지수오십유오차소이성변화이행귀신야(凡天地之數五十有五此所以成變化而行鬼神也)**란 말씀을 반드시 상기(想起)하게 한다. 귀신(鬼神)은 천수(天數)와 지수(地數)의 합(合)인 55(五十五)의 운수(運數)를 말하는 것으로, 음양불측지위신(陰陽不測之謂神) 즉 음양(陰陽)을 헤아릴 수 없음[不測]을 귀신(鬼神)이라 한다. 음(陰)이란 음기(陰氣)·음수(陰數)·귀(鬼) 즉 지수(地數)인 2·4·6·8·10(二四六八十)이고, 양(陽)이란 양기(陽氣)·양수(陽數)·신(神) 즉 천수(天數)인 1·3·5·7·9(一三五七九)이다. 그러므로 신(神) 즉 귀신(鬼神)을 터득해 깨우치자면 성변화(成變化)·행귀신(行鬼神)이란 말씀을 오행설(五行說)을 들어서 천착(穿鑿)하게 된다. 물론 성변화(成變化)는 천지성변화(天地成變化)의 줄임이고, 행귀신(行鬼神) 또한 천지행귀신(天地行鬼神)의 줄임이다. 천지(天地)가 변화(變化)를 이루고[成] 천지(天地)가 귀신(鬼神)을 오고가게[行] 함을 일러 성변화(成變化)·행귀신(行鬼神)이라고 한다.

오행설(五行說)에 따르면, 1(一)이 변(變)하여 수기(水氣)가 생(生)기면 6(六)이 그 수기(水氣)를 이루어놓는다[化]는 것이 1(一)·6(六) 음양(陰陽)의 성변화(成變化)이다. 2(二)가 변(變)하여 화기(火氣)가 생(生)기면 7(七)이 그 화기(火氣)를 이루어놓는다[化]는 것이 2(二)·7(七) 음양(陰陽)의 성변화(成變化)이다. 3(三)이 변(變)하여 목기(木氣)가 생(生)기면 8(八)이 그 목기(木氣)를 이루어놓는다[化]는 것이

3(三) · 8(八) 음양(陰陽)의 성변화(成變化)이다. 4(四)가 변(變)하여 금기(金氣)가 생(生)기면 9(九)가 그 금기(金氣)를 이루어놓는다[化]는 것이 4(四) · 9(九) 음양(陰陽)의 성변화(成變化)이다. 5오(五)가 변(變)하여 토기(土氣)가 생(生)기면 10(十)이 그 토기(土氣)를 이루어놓는다[化]는 것이 5(五) · 10(十) 음양(陰陽)의 성변화(成變化)이다.

천수(天數) · 지수(地數)에서 행귀신(行鬼神)이란 귀(鬼) 즉 굽히는[屈] 기운[氣]을 내기[生]도 하고 이루기[成]도 하며, 신(神) 즉 펼치는[伸] 기운[氣]을 내기[生]도 이루기[成]도 하면서, 귀(鬼) 즉 음기(陰氣) · 음수(陰數)가 가면[往] 양기(陽氣) · 양수(陽數)인 신(神)이 오고[來], 귀(鬼)가 내(來)하면 신(神)이 왕(往)함을 말한다. 그러니 행귀신(行鬼神)의 행(行)은 귀신(鬼神)의 왕래(往來)를 나타낸다. 그러므로 지성(至誠)은 귀신(鬼神)과 같은 천지변화지도(天地變化之道)임을 살펴 새기고 헤아려 깨우치게 하는 말씀이 〈지성여신(至誠如神)〉이다.

註 "범천지지수오십유오차소이성변화이행귀신야(凡天地之數五十有五此所以成變化而行鬼神也)." 무릇[凡] 천지(天地)의[之] 수(數) 55는[五十有五] 이것을[此] 써서[以] 변하여[變] 새로 됨을[化] 이루고[成] 변화하게 하는 기운을[鬼神] 행하는[行] 것[所]이다[也].

『주역(周易)』「계사전(繫辭傳) 상(上)」 16단락(段落)

성자(誠者)와 인도(人道)

두 단락(段落)으로 이루어져 있는 25장(章)은 성자(誠者)가 만물(萬物)을 생성(生成)시키는 것을 통해 인도(人道)를 밝힌다. 인도(人道)는 천도(天道)인 성자(誠者)의 도(道)를 본받는다[法]. 천도(天道)의 자성(自成) · 자도(自道)를 법(法)하는 인도(人道)는 성기(成己) · 성물(成物)의 도(道)임을 살펴 새기고 헤아려 수기(修己)해야 하는 연유(緣由)를 깨우치게 한다. 따라서 성자(誠者)를 떠난 수기(修己)란 없으며, 그 성자(誠者)로 성기(成己)의 인(仁)과 성물(成物)의 지(知)를 자득(自得)하게 된다. 나아가 성자(誠者)가 성지덕(性之德)이며 합내외지도(合內外之道)임을 밝혀 성자(誠者)의 도(道)가 곧 중용지도(中庸之道)의 바탕임을 깨우치게 하는 장(章)이다.

【1단락(段落) 전문(全文)】

誠者는 自成也이고 而道는 自道也이다 誠者는 物之終始이
성자 자성야 이도 자도야 성자 물지종시

니 不誠이면 無物이다 是故로 君子는 誠之爲貴한다
불성 무물 시고 군자 성지위귀

정성이란 것은 스스로 이루게 하는 것이다. 그리고 도는 스스로 가게 하는 것이다. 정성이란 것은 온갖 것의 마침이고 처음이니 정성이 없다면 온갖 것도 없다. 그러므로 군자는 정성을 귀히 여긴다.

誠者自成也(성자자성야)

▶ 정성이란[誠] 것은[者] 스스로[自] 이루게 하는 것[成]이다[也].

정성될 성(誠), 것 자(者), 스스로 자(自), 이룰 성(成), 조사(~이다) 야(也)

【읽기(讀)】

성자자성야(誠者自成也)는 〈성자사아자성기야(誠者使我自成己也)〉의 줄임으로 새기면 문의(文意)가 잡힌다. 〈성자는[誠者] 나로[我] 하여금[使] 스스로[自] 내 자신을[己] 이루게 하는 것[成]이다[也]〉 물론 〈성자사만물자성기야(誠者使萬物自成己也)〉의 줄임으로 여겨도 될 것이다. 〈성자는[誠者] 온갖 것으로[萬物] 하여금[使] 스스로[自] 그 자신을[己] 이루게 하는 것[成]이다[也]〉

성자자성야(誠者自成也)의 성자(誠者)는 주어(主語) 노릇하고, 자성(自成)은 술부(述部)로 보어(補語) 노릇하며, 야(也)는 종결어미 조사(助詞 : ~이다) 노릇한다. 물론 자성(自成)에서 자(自)는 성(成)을 꾸며주는 부사(副詞) 노릇해 〈스스로[自] 이루게 하는 것[成]〉이라 새겨도 된다.

성자자성야(誠者自成也)의 성(誠)은 〈믿을 신(信) · 순수할 순(純) · 공경할 경(敬) · 익을 실(實) · 자상할 심(審)〉 등의 뜻을 간직한 〈정성(精誠) 성(誠)〉으로 보고, 자(者)는 지물(之物)을 나타내는 〈것 자(者)〉이며, 성(成)은 〈이룰 취(取)〉와 같아 성취(成就)의 줄임말로 여기면 된다.

【풀이(繹)】

성자자성야(誠者自成也)는 성자(誠者)란 만물(萬物)이 저마다 스스로[自] 자체를 이루게 하는 것[成]임을 깊이 살펴 새기고 끊임없이 헤아리게 하는 말씀이다. 여기서 다시금 성자(誠者)가 천지(天地)의 본(本)임을 살펴 새기게 한다. 그리고 왜 성자(誠者)가 중용지도(中庸之道)의 질(質) 즉 바탕[質]인지 천착(穿鑿)하게 한다.

성자(誠者)를 천도(天道) 그것이라고 함은 그 성자(誠者)가 무사(無私)·무사(無邪)·무아(無我)의 극치(極致)임을 말한다. 물론 성자(誠者)를 일컬어 〈지성(至誠)〉이라고도 한다. 성자(誠者)란 천지지화(天地之和)와 천지지서(天地之序) 바로 그것이니 성자(誠者)를 천지(天地)의 본(本)으로 삼는 것이다. 그 화(和)는 음양(陰陽)의 화(和)이고, 그 서(序) 역시 음양(陰陽)의 서(序)이다. 그 화(和)로 온갖 것[百物]이 모두 종시(終始)를 누리고, 그서(序)로 백물(百物)이 모두 분별(分別)된다. 여기서 종시(終始)란 삶[生死]을 말한다. 종료(終了)하면 시작(始作)하고, 처음[始作]이면 마침[終了]으로 변화(變化)함이 곧 온갖 것[萬物]이 누리는 삶[生死]이다. 인간도 그 만물(萬物) 중의 하나이니 이러한 천지(天地)의 화(和)·서(序)를 본받아[法] 저마다 성기(成己) 즉 제 자신[己]을 이루게 함[成]이 성자(誠者)임을 깊이깊이 살펴[觀] 새기고[玩] 헤아려[擬] 가늠하게[斷] 하며, 그 성자(誠者)가 왜 중용지도(中庸之道)의 바탕이 되는지 관완(觀玩)·의단(擬斷)하여 깨우치게 하는 말씀이 〈성자자성야(誠者自成也)〉이다.

而道自道也(이도자도야)

▶ 그리고[而] {성자(誠者)의} 도는[道] 스스로[自] 가게 하는 것[道]이다[也].

그리고 이(而), 길 도(道), 스스로 자(自), 갈 도(道), 조사(~이다) 야(也)

【읽기(讀)】

이도자도야(而道自道也)는 〈이성자지도자도야(而誠者之道自道也)〉에서 앞 문맥으로 보충할 수 있으므로 성자지도(誠者之道)에서 성자지(誠者之)를 생략한 구문이다. 〈그리고[而] 성자의[誠者之] 도는[道] 스스로[自] 가게 하는 것[道]이다[也]〉 이를 〈그리고[而] 도는[道] 스스로[自] 가게 하는 것[道]이다[也]〉로 줄인 것이다. 물론 이도자도야(而道自道也)를 〈이도사아자도야(而道使我自道也)〉의 줄임으로 여겨도 된다. 〈그리고[而] 도는[道] 나로[我] 하여금[使] 스스로[自] 가게 하는 것[道]이다[也]〉

이도자도야(而道自道也)에서 이(而)는 연접(連接)의 접속사로 〈그리고 이(而)〉이고, 도(道)는 〈이치 리(理)〉와 같으며, 자도(自道)의 자(自)는 도(道)를 꾸며주는 부사 노릇하고, 도(道)는 여기선 〈갈 도(導) · 행할 행(行)〉 등과 같아 마치 영어의 동명사처럼 여기고 〈가게[行] 하는 것[道]〉으로 새기면 된다.

【풀이(繹)】

이도자도야(而道自道也)는 성자(誠者)가 천지(天地)의 본(本)이라면, 그 성자(誠者)의 도(道)는 행어만물자(行於萬物者)로서의 용(用)임을 깊이 살펴 새기고 끊임없이 헤아리게 하는 말씀이다. 성자(誠者)가 천지(天地)의 근본을 따르는 천지도(天之道) 즉 자연의[天之] 이치[理]이고 가르침[教]이며 이끌어감[導]이고 방편이며[方] 말씀[言]이라는 것을 살펴 새기게 한다. 성자지도(誠者之道)는 곧 천지지도(天地之道)인 까닭이다. 성자(誠者)의 이치[理]를 따라 행(行)함이 성자(誠者)의 도(道)이고, 성자(誠者)의 이끎[導]을 따라 행(行)함이 성자(誠者)의 도(道)이며, 성자(誠者)의 방편[方]을 따라 행(行)함이 성자(誠者)의 도(道)이고, 성자(誠者)를 좇아[從] 본받고[法] 성인(聖人)의 말씀[言]을 따라 행(行)함이 성자(誠者)의 도(道)이다. 그러므로 성자(誠者)를 손수 행(行)하게 함을 일러 성자(誠者)의 도(道)라 하고, 그 도(道)를 자행(自行) 즉 자도(自道)라고 풀이한 것이다.

성자(誠者)도 천지지사(天地之事)이니 일[事]에는 본말(本末)이 있게 마련이다. 그러므로 성자자성(誠者自成)의 자성(自成)이 성자(誠者)의 본(本)이라면, 도자도(道自道)의 자도(自道)는 성자(誠者)의 말(末)인 셈이다. 본(本)은 체(體)이고 말(末)은 용(用)이니, 도자도(道自道)의 자도(自道)는 성자(誠者)의 용(用)이다. 도자도(道自道)의 자도(自道)란 성자자성(誠者自成)의 자성(自成)을 스스로 실행함을 뜻한다. 그러므로 천지(天地)의 화(和) · 서(序)를 본받아[法] 인간으로 하여금 저마다 따라가게 함[道]이 성자지도(誠者之道)임을 깊이깊이 살펴[觀] 새기고[玩] 헤아려

[擬] 가늠하게[斷] 하고, 그 성자지도(誠者之道)가 왜 중용지도(中庸之道)의 행도(行道)인지 관완(觀玩) · 의단(擬斷)하여 깨우치게 하는 말씀이 〈도자도야(道自道也)〉이다.

誠者物之終始(성자물지종시)

▶ 정성이란[誠] 것은[者] 온갖 것의[物之] 마침이고[終] 처음이다[始].

정성될 성(誠), 것 자(者), 온갖 것 물(物), 조사(~의) 지(之), 끝 종(終), 처음 시(始)

【읽기(讀)】

성자물지종시(誠者物之終始)는 〈성자물지종(誠者物之終) 이성자물지시(而誠者物之始)〉에서 되풀이되는 성자(誠者)와 물지(物之)를 생략해 하나로 묶은 구문이다. 〈성자는[誠者] 온갖 것의[物之] 마침이다[終]. 그리고[而] 성자는[誠者] 온갖 것의[物之] 처음이다[始]〉 이를 〈성자는[誠者] 온갖 것의[物之] 마침이고[終] 처음이다[始]〉로 줄인 것이다.

성자물지종시(誠者物之終始)에서 성(誠)은 〈믿을 신(信) · 순수할 순(純) · 공경할 경(敬) · 익을 실(實) · 자상할 심(審)〉 등의 뜻을 간직한 〈정성(精誠) 성(誠)〉으로 새기면 되고, 자(者)는 지물(之物)을 나타내는 〈것 자(者)〉이며, 물(物)은 만물(萬物)의 줄임이고, 종(終)은 〈마칠 요(了)〉와 같아 종료(終了)의 줄임이고, 시(始)는 〈처음 초(初)〉와 같아 시초(始初)의 줄임말로 여기면 된다.

【풀이(繹)】

성자물지종시(誠者物之終始)는 성자(誠者)의 체(體) · 용(用)을 다시금 살펴 새기고 끊임없이 헤아리게 하는 말씀이다. 성자(誠者)가 물지종시(物之終始)라고 함은 성자(誠者)가 만물(萬物)로 하여금 성기(成己)하게 하는 체(體)이고, 동시에 자도(自道)하게 하는 용(用)임을 말한다. 만물(萬物)로 하여금 성기(成己)하게 함도 만물의[萬物之] 종시(終始)이고, 자도(自道)하게 함 또한 만물의[萬物之] 종시(終始)이다. 종시(終始)란 마침[終]과 처음[始]이 둘로 나뉨[分]이 아니라 서로 왕래(往

來)하여 하나[合]가 되는 불이(不二)이다. 시(始)가 가면[往] 종(終)이 오고[來], 종(終)이 가면[往] 시(始)가 온다[來]. 만물(萬物)은 모두 종시(終始)의 왕래(往來)를 누린다. 왕래(往來)함이란 선후(先後)가 상득(相得)하여 상합(相合)함이다. 종(終)이 선(先)을 얻고[得], 시(始)가 후(後)를 득(得)하고, 이어 시(始)가 선(先)을 득(得)하고, 종(終)이 후(後)를 득(得)해 종시(終始)가 서로[相] 하나[合]로서 오고감[往來]이 물지종시(物之終始)의 종시(終始)이다. 그러므로 물지종시(物之終始)의 종시(終始)란 시(始)가 먼저[先]이고 종(終)이 뒤[後]는 아니다. 그 종시(終始)는 선후(先後)가 정해져 있음이 아니라, 종시(終始)가 선후(先後)를 상득(相得) 즉 서로[相] 얻으면서[得] 가고오고[往來] 오고가고[來往] 할 뿐이다.

물지종시(物之終始)의 종시(終始)는 『대학(大學)』 첫머리에 나오는 **물유본말(物有本末) 사유종시(事有終始) 지소선후(知所先後) 즉근도의(則近道矣)**를 상기(想起)시키고, 『노자(老子)』의 **반자도지동(反者道之動)**과 **출생입사(出生入死)**를 떠올린다[想起]. 본말(本末) · 종시(終始) · 선후(先後) · 출입(出入) · 왕래(往來) · 생사(生死) 등은 반자(反者) 즉 서로 돌아오는[反] 것[者]이다. 말하자면 본말(本末) · 종시(終始) · 선후(先後) · 출입(出入) · 왕래(往來) · 생사(生死) 등이 둘[二]이 아니라 하나[一]임을 터득한다면 성자지도(誠者之道)가 중용지도(中庸之道)의 바탕을 이룸을 깨우칠 수 있다. 이(二)면서 일(一)임을 중(中)이라 한다. 둘[二]이면 일편(一偏) 즉 치우침이고, 한쪽은 불급(不及) 즉 처짐이 뒤따른다. 그러면 인간은 중용(中庸)을 버리고 반중용(反中庸)에 떨어져 성자지도(誠者之道)를 어긴다. 성자(誠者)는 물지종시(物之終始)의 체(體 : 成己) · 용(用 : 自道)이므로 중용지도(中庸之道)의 바탕임을 깊이 헤아려 깨우치게 하는 말씀이 〈성자물지종시(誠者物之終始)〉이다.

註 "물유본말(物有本末) 사유종시(事有終始) 지소선후(知所先後) 즉근도의(則近道矣)." 온갖 것에는[物] 근본과[本] 말단이[末] 있고[有], 일에는[事] 끝과[終] 처음이[始] 있다[有]. 먼저 하고[先] 뒤에 할[後] 바를[所] 안다면[知] 곧[則] 도에[道] 가까운 것[近]이다[矣].

『대학(大學)』「경문(經文)」 1장(章)

註 "반자도지동(反者道之動) 약자도지용(弱者道之用) 천하만물생어유(天下萬物生於有) 유생어무(有生於無)." 돌아오는[反] 것은[者] 도의[道之] 움직임이고[動], 부드러운[弱] 것은[者] 도의[道之] 씀이다[用]. 온 세상[天下] 온갖 것은[萬物] 있음에서[於有] 생기고[生], 있음은[有] 없음에서

[於無] 생긴다[生]. 『노자(老子)』 40장(章)

註 "출생입사(出生入死) 생지도십유삼(生之徒十有三) 사지도십유삼(死之徒十有三) 인지생(人之生) 동(動) 지사지(之死地) 역십유삼(亦十有三) 부하고(夫何故) 이기생생지후(以其生生之厚) 개문(蓋聞) 선섭생자(善攝生者) 육행(陸行) 불우시호(不遇兕虎) 입군(入軍) 불피갑병(不被甲兵) …… 이기무사지(以其無死地)." {도(道)가} 내면[出] 태어남이고[生], 들이면[入] 죽음이다[死]. 삶의[生之] 무리도[徒] 열셋이고[十有三], 죽음의[死之] 무리도[徒] 열셋이고[十有三], 인간이[人之] 태어나[生] 움직여[動] 죽는[死] 데로[地] 가는 것도[之] 또한[亦] 열셋이다[十有三]. 무릇[夫] 무엇[何] 때문인가[故]? 인간이[其] 태어남은[生] 살게 함을[生之] 두텁게 하기[厚] 때문이다[以]. 대개[蓋] 듣건대[聞] 섭생을[攝生] 잘하는[善] 자는[者] 땅에서[陸] 걸어가도[行] 외뿔소나[兕] 호랑이를[虎] 만나지 않고[不遇], 군대에[軍] 들어가도[入] 무기로[甲兵] 해를 입지 않는다[不被]. …… 섭생을 잘하는 자에게는[其] 죽을[死] 데가[地] 없기[無] 때문이다[以].

열셋[十有三]이란 칠정(七情)과 육욕(六欲)을 떠올리면 된다. 칠정(七情)은 〈희로애구애오욕(喜怒哀懼愛惡欲)〉이고, 육욕(六欲)은 〈안이비설신의(眼耳鼻舌身意)〉로 비성(非性) 즉 성(性)이 아닌 것[非]을 말한다. 인간이[人之] 태어나[生] 움직여[動] 죽는[死] 데로[地] 가는 것[之]이란 바로 십유삼(十有三)을 쓰면[用] 생(生)이고, 쓰기를 멈추면 사(死)라는 말이다. 섭생(攝生)이란 천지(天地)로부터 받은 생(生)을 지킴[攝]을 말한다. 『노자(老子)』 50장(章)

不誠無物(불성무물)

▶ 정성이[誠] 없다면[不] 온갖 것도[物] 없다[無].

없을 불(不), 정성될 성(誠), 없을 무(無), 온갖 것 물(物)

【읽기(讀)】

불성무물(不誠無物)은 〈불성자무물(不誠者無物)〉에서 불성자(不誠者)를 불성(不誠)으로 줄인 구문이다. 불성무물(不誠無物)의 불성(不誠)은 무(無)를 꾸며주는 부사구 노릇하고, 무(無)는 〈없을 무(無)〉로 자동사 노릇하며, 물(物)은 무(無)의 주어 노릇한다.

불(不)은 여기선 〈없을 무(無)〉와 같고, 성(誠)은 〈믿을 신(信) · 순수할 순(純) · 공경할 경(敬) · 익을 실(實) · 자상할 심(審)〉 등의 뜻을 간직한 〈정성(精誠) 성(誠)〉으로 새기면 되고, 물(物)은 만물(萬物)의 줄임으로 여기면 된다.

【풀이(繹)】

불성무물(不誠無物)은 성자(誠者)가 곧 만물(萬物)의 종시(終始)임을 거듭 살펴 새기고 헤아려 가늠하게 한다. 만물(萬物)의 종시(終始)는 성자(誠者)의 도(道)를 좇아 따름이다. 성자(誠者)는 천도(天道)의 체(體) · 용(用)을 아우름이다. 성자(誠者)는 성기(成己)로 자신[己]이 천도(天道)의 체(體)를 따라 본받게 하고, 자도(自道)로 천도(天道)의 용(用)을 따라 행하게 한다. 그러므로 성자(誠者)는 나와 더불어 만물(萬物)로 하여금 삶[生死]을 누리게 한다. 여기서 물지종시(物之終始)란 물지생사(物之生死)를 밝히는 말씀임을 깨우칠 수 있다. 생(生)은 사(死)의 시(始)이면서 종(終)이고 사(死) 또한 생(生)의 시(始)이면서 종(終)이니 성자(誠者)가 물지종시(物之終始)라 함은 곧 물지생사(物之生死)를 뜻하며, 나아가 물진기성(物盡其性) 즉 만물[物]은 제[其] 본성을[性] 다한다[盡]는 것이다. 이를 터득하면, 왜 불성(不誠) 즉 성자(誠者)가 없으면[不] 물(物) 즉 만물(萬物)도 없음[無]인지 살펴 새기고 헤아려 가늠해 깨우칠 수 있을 것이다.

성자(誠者)의 성(誠)은 천도(天道) 즉 자연(自然)의 도(道)가 그렇게 하는 것으로 체(體) · 용(用)을 하나로 함이니 곧 중(中)이며, 둘[二]을 하나[一]로 하는 불이(不二)이니 곧 중(中)인 것이다. 성자(誠者)는 천도(天道)의 체(體)로서 나[我]로 하여금 성기(成己)의 종시(終始)를 누리게 하고, 용(用)으로서 나[我]로 하여금 자도(自道)의 종시(終始)를 누리게 한다. 이러한 성자(誠者)의 체(體) · 용(用)이 곧 천도(天道)의 행(行)이다. 『장자(莊子)』「천지(天地)」편(篇)에 **통어천지자덕야(通於天地者德也) 행어만물자도야(行於萬物者道也)**란 말이 나온다. 행어만물자(行於萬物者)의 행(行) 그것이 곧 성자(誠者)의 성(誠)이다. 『중용(中庸)』은 천도(天道)가 만물에 미침[行]을 〈성자(誠者)〉라고 밝힌 셈이다. 천도(天道)의 체(體) · 용(用)으로 그렇게 하는 성자(誠者)가 없다면 만물(萬物)이 있을 수 없음을 깊이깊이 살펴 새기고 헤아려 깨우치게 하는 말씀이 〈불성무물(不誠無物)〉이다.

註 "통어천지자덕야(通於天地者德也) 행어만물자도야(行於萬物者道也) 상치인자사야(上治人者事也) 능유소예자기야(能有所藝者技也) 기겸어사(技兼於事) 사겸어의(事兼於義) 의겸어덕(義兼於德) 덕겸어도(德兼於道) 도겸어천(道兼於天) 고왈(故曰) 고지축천하자무욕(古之畜天下者無欲) 이천하족(而天下足) 무위이만물화(無爲而萬物化)." 천지에[於天地] 두루 통하는[通] 것

이[者] 덕(德)이고[也], 만물에[於萬物] 두루 미치는[行] 것이[者] 도(道)이다[也]. 위에서[上] 사람을[人] 다스리는[治] 것은[者] 일[事]이고[也], {치인(治人)의 일[事]을} 마땅히 하는[藝] 바를[所] 잘[能] 갖추는[有] 것은[者] 기능[技]이다[也]. 기능은[技] 일과[於事] 합치고[兼], 일은[事] 옳음과[於義] 합치며[兼], 옳음은[義] 덕과[於德] 합치고[兼], 덕은[德] 도와[於道] 합치고[兼], 도는[道] 자연과[於天] 합친다[兼]. 그래서[故] 말한다[曰]: 옛날에[古之] 세상을[天下] 잘살게 하는[畜] 것에는[者] 욕심이[欲] 없어서[無而] 온 세상이[天下] 자족했다[足]. (인간이 제멋대로) 함이[爲] 없어서[無而] 온갖 것이[萬物] 잘 살아간다[化].

상치인자사야(上治人者事也)에서 사(事)는 예악형정(禮樂刑政)을 한 자(字)로 밝힘이니 정사(政事) 즉 다스리는 일을 뜻하고, 능유소예자기야(能有所藝者技也)에서 예(藝)는 〈마땅할 의(誼)〉와 통하고, 기(技)는 행정(行政)의 기능(技能)을 말한다. 기겸어사(技兼於事)에서 겸(兼)은 〈한곳에 모아 합칠 통(統)〉과 같다. 『장자(莊子)』「천지(天地)」편(篇) 1단락(段落)

是故(시고) 君子誠之爲貴(군자성지위귀)

▶이렇기[是] 때문에[故] 군자는[君子] 정성[誠]을[之] 귀히[貴] 여긴다[爲].

이 시(是), 때문에 고(故), 클 군(君), 존칭 자(子), 정성될 성(誠), 조사(~의) 지(之), 여길(생각할) 위(爲), 귀할 귀(貴)

【읽기(讀)】

시고(是故)는 〈불성무물고(不誠無物故)〉에서 불성무물(不誠無物)을 시(是)로 대신한 것이다. 〈정성이[誠] 없다면[不] 온갖 것도[物] 없기[無] 때문[故]〉을 〈이[是] 때문에[故]〉로 줄인 말투이다. 시고(是故)의 고(故)는 〈때문에 이(以)〉와 같으므로 시고(是故)는 시이(是以)와 같다.

군자성지위귀(君子誠之爲貴)는 〈군자위성귀(君子爲誠貴)〉에서 성(誠)을 강조하고자 성지(誠之)로 하여 동사 노릇하는 위(爲) 앞으로 전치(前置)한 구문이다. 여기서는 〈위(爲)AB〉란 상용구문을 떠올리면 된다. 〈A를 B로 생각한다[爲]〉 군자성지위귀(君子誠之爲貴)에서 지(之)는 허사(虛詞)이고, 위(爲)는 〈생각할 사(思)〉와 같고, 귀(貴)는 〈받들 존(尊)〉과 같아 존귀(尊貴)의 줄임말로 새기면 된다.

【풀이(繹)】

군자성지위귀(君子誠之爲貴)는 군자(君子)가 불성무물(不誠無物)을 깨우쳤음을 말한다. 성자(誠者)가 없다면 온갖 것이 없음[無物]을 군자(君子)가 깨우쳤다고 함은 성자(誠者)의 성기(成己)로 인의예악(仁義禮樂)을 알고[知], 성자(誠者)의 자도(自道)로 그 인의예악(仁義禮樂)을 행(行)함이다. 불성무물(不誠無物)에서 물(物)이란 천지(天地)의 사물(事物)인 삼라만상(森羅萬象)의 외물(外物)뿐만 아니라 인간의 정(情)과 더불어 사물(事物)인 온갖 문물제도(文物制度)를 말한다.

군자(君子)가 왜 성인(聖人)을 두려워하고[畏] 성인(聖人)의 말씀[言]을 외(畏)하는가? 성인(聖人)이 천지(天地)의 성자(誠者)를 본받아[法] 문물(文物)을 견색(見賾)하여 천하인(天下人)에게 물려주기 때문이다. 온갖 문물제도(文物制度)의 근원(根源)인 인의(仁義) · 예악(禮樂)은 성인(聖人)이 자작(自作) 즉 스스로[自] 만든 것[作]이 아니라 천지(天地)의 성자(誠者)를 법(法)하여 작(作)한 것임을 군자(君子)는 알고[知], 소인(小人)은 모른다[不知]. 그러므로 군자(君子)는 천지(天地)의 성자(誠者)가 없다면 천지(天地)도 삼라만상(森羅萬象)의 사물(事物)에 생사(生死)를 이루게[成] 할 수 없고, 성인(聖人)도 천지(天地)의 성자(誠者)를 본받지[法] 않고서는 문물제도(文物制度)의 사물(事物)을 제작(制作)할 수 없음을 깨우친 것이다.

군자(君子)가 성자(誠者)의 성(誠)을 귀(貴)히 여김은 그 성(誠)으로 천명(天命)의 성(性)을 만물(萬物)이 이루게[成] 하기 때문이다. 그리고 성인(聖人)도 이 성(誠)을 본받아[法] 예악(禮樂)을 만들었음[作]을 군자(君子)가 깨달았기 때문이다. 인의예악(仁義禮樂)이 모두 천지(天地)의 성(誠)을 본받아[法] 성인(聖人)이 견색(見賾)한 문물(文物)임을 『예기(禮記)』「악기(樂記)」에 나오는 **성인작악이응천(聖人作樂以應天) 제례이배지(制禮以配地)**란 말씀을 상기(想起)해 가늠한다면 인(仁)은 춘하(春夏)의 성(誠)을 본받아[法] 성인(聖人)이 견색(見賾)했고, 의(義)는 추동(秋冬)의 성(誠)을 법(法)하여 찾아냈음[見賾]을 알 수 있을 것이다. 인간이 누리는 모든 문물제도(文物制度)가 성자(誠者)의 성(誠)을 본받은[法] 성지(聖志)임을 살펴 새기고 헤아려 깨우치게 하는 말씀이 〈군자성지위귀(君子誠之爲貴)〉이다.

註 "춘작하장인야(春作夏長仁也) 추렴동장의야(秋斂冬藏義也) 인근어악(仁近於樂) 의근어례

(義近於禮) 악자돈화솔신이종천(樂者敦和率神而從天) 예자별의거귀이종지(禮者別宜居鬼而從地) 고(故) 성인작악이응천(聖人作樂以應天) 제례이배지(制禮以配地) 예악명비(禮樂明備) 천지관의(天地官矣)." 봄에는[春] 싹트게 하여[作] 여름에[夏] 자라게 함은[長] 인(仁)이고[也], 가을에는[秋] 거두어들여[斂] 겨울에[冬] 간직하게 함은[藏] 의(義)이다[也]. 어짊은[仁] 악에[於樂] 가깝고[近], 옳음은[義] 예에[於禮] 가깝다[近]. 악이란[樂] 것은[者] {천지(天地)의} 어울림을[和] 도탑게 하고[敦] 하늘이 변화하게 하는 짓을[神] 우러러 좇아서[率而] 하늘을[天] 따름이고[從], 예란[禮] 것은[者] {천지(天地)의} 마땅함을[宜] 가름하고[別] 땅이 변화하게 하는 짓을[鬼] 엎드려 좇아서[居而] 땅을[地] 따름이다[從]. 그러므로[故] 성인은[聖人] 하늘을[天] 따름을[應] 써서[以] 악을[樂] 지었고[作], 땅을[地] 짝함을[配] 써서[以] 예를[禮] 지어[制], 예악이[禮樂] 밝게[明] 갖추어지고[備], 천지가[天地] 지극히 공평한 것[官]이다[矣].

솔신(率神)의 솔(率)은 앙천(仰天)하여 따름[順]이고 신(神)은 양기(陽氣)의 짓을 뜻하며, 거귀(居鬼)의 거(居)는 부지(俯地)하여 따름[順]이고 귀(鬼)는 음기(陰氣)의 짓을 뜻한다. 천지관의(天地官矣)의 관(官)은 『중용(中庸)』에 나오는 〈천지위언(天地位焉) 만물육언(萬物育焉)〉의 위(位)·육(育)이 지극히 공평하여 무사(無私)함을 나타낸다. 천지가[天地] 자리를 잡고[位] 온갖 것이[萬物] 자라는 것[育]을 천지(天地)는 공평(公平)하게 하고 무사(無私)하게 한다는 뜻이다.

『예기(禮記)』「악기(樂記)」편(篇) 18단락(段落)

【2단락(段落) 전문(全文)】

誠者는 非自成己而已也이고 所以成物也이다 成己는 仁也이고 成物은 知也이며 性之德也이고 合內外之道也이다 故로 時措之宜也이다

성자 비자성기이이야 소이성물야 성기 인야 성물 지야 성지덕야 합내외지도야 고 시조지의야

정성이란 것은 스스로 나를 완성하게 할 뿐만 아니라 그 완성으로 온갖 것을 갖추게 하는 것이다. {성자(誠者)가} 나를 이루게 함이 어짊이고, {성기(成己)로} 온갖 것을 이루게 함이 앎이며, {성자(誠者)는} 본성의 덕이고 {성자(誠者)는} 안팎을 합치는 도(道)이다. 그러므로 {성정(性情)을 어울리게 하는 도(道)는} 언제 써도 마땅한 것이다.

誠者非自成己而已也(성자비자성기이이야) 所以成物也(소이성물야)

▶정성이란[誠] 것은[者] 스스로[自] 나를[己] 완성하게 할[成] 뿐만 아니라[非~而已也] 그 성기(成己)로[以] 온갖 것을[物] 갖추게 하는[成] 것[所]이다[也].

정성될 성(誠), 것 자(者), 아닐 비(非), 스스로 자(自), 이룰(다할) 성(成), 자신 기(己), 조사 이(而), 조사 이(已), 갖출 성(成), 온갖 것 물(物), 조사(~이다) 야(也)

【읽기(讀)】

성자비자성기이이야(誠者非自成己而已也) 소이성물야(所以成物也)는 〈성자비자성기이이야(誠者非自成己而已也) 성자천지지소성물이성자야(誠者天地之所成物以誠者也)〉에서 문맥으로 보충할 수 있으므로 성(成)의 주어 노릇할 천지지(天地之)를 생략하고, 되풀이되는 쪽의 성자(誠者)를 생략해 남은 이(以)를 성(成) 앞으로 전치(前置)한 구문이다.

물론 성자비자성기이이야(誠者非自成己而已也) 소이성물야(所以成物也)의 문맥을 잡자면 〈A비(非)B이이야(而已也)C야(也)〉의 상용구문(常用句文)을 상기(想起)해야 할 것이다. 〈A는 B일 뿐만 아니라[非~而已也] C이다[也]〉 〈성자는[誠者] 스스로[自 자기를[己] 이루게 할[成] 뿐만[而已也] 아니라[非] 천지가[天地之] 성자를[誠者] 써서[以] 만물을[物] 이루는 것[成]이다[也]〉

성자비자성기이이야(誠者非自成己而已也) 소이성물야(所以成物也)에서 성자(誠者)는 주어(主語) 노릇하고, 비자성기(非自成己)와 소이성물(所以成物)은 술부(述部)로 보어(補語) 노릇하고, 이이야(而已也)는 단언하는 종결어미이며, 야(也) 또한 종결어미 노릇한다. 성기(成己)의 성(成)은 〈다할 완(完) · 진(盡)〉 등과 같아 완성(完成)의 줄임이고, 성물(成物)의 성(成)은 〈갖출 비(備) · 갖출 복(福)〉 등과 같아 성비(成備) · 성복(成福)의 줄임말로 여기면 된다.

【풀이(繹)】

성자비자성기이이야(誠者非自成己而已也) 소이성물야(所以成物也)는 천명(天命)의 성(性)을 다하게[盡] 함이 천도(天道)의 성(誠)임을 살펴 새기고 헤아려 가늠하게 한다. 성자(誠者)는 내[吾]가 천지도(天之道) 즉 천도(天道)를 본받음[法]이다. 그 본받음[法]이 곧 나의 성지자(誠之者)이다. 천도(天道) 즉 천지(天地)의 도리(道理)·교도(敎道)·도인(道引)·도방(道方) 등을 남김없이 본받아[法] 받들어[敬] 따름[順]이 나의 인도(人道)인 성지자(誠之者)이다. 내가 성지자(誠之者)를 완성(完成)하면 그것이 곧 수기지덕(修己之德) 즉 수기의[修己之] 덕(德)을 다함[盡]이다. 이를 〈자성기(自成己)〉라 한다. 스스로[自] 자신[己]을 완성하게[成] 함이 성자(誠者)이고, 나아가 성자(誠者)로 말미암아 이룩한 성기(成己)를 써서[以] 성물(成物) 즉 수기(修己)하여 치인(治人)·인인(仁人)·애물(愛物)의 것[物]을 갖춘[成] 인간으로 거듭날 수 있음을 밝힌 말씀이 〈성자비자성기이이야(誠者非自成己而已也) 소이성물야(所以成物也)〉이다.

註 소이성물(所以成物)에서 성물(成物)의 물(物)은 기물(器物)의 것[物] 즉 어떤 물건(物件)들을 말함이 아니라 수기(修己)의 것[物] 즉 치인(治人)·인인(仁人)·애물(愛物)의 것[物]이며, 나아가 예악형정(禮樂刑政)이란 것[物]으로, 법천지문물(法天之文物) 즉 자연[天]을 본받은[法之] 문물(文物)을 말한다. 그래서 성물(成物)을 지(知)라 하는 것이다.

成己仁也(성기인야)

▶ {성자(誠者)가} 나를[己] 완성하게 함은[成] 어짊[仁]이다[也].

이룰 성(成), 자신 기(己), 어짊 인(仁), 조사(~이다) 야(也)

【읽기(讀)】

성기인야(成己仁也)는 〈성자지자성기인야(誠者之自成己仁也)〉에서 성자지자(誠者之自)를 생략한 구문이다. 〈성자가[誠者之] 나를[己] 스스로[自] 완성하게 함은[成] 인(仁)이다[也]〉 이를 〈나를[己] 완성하게 함은[成] 인(仁)이다[也]〉로 줄인 것이다.

성기인야(成己仁也)의 성(成)은 〈다할 완(完)〉과 같아 완성(完成)의 줄임이고, 기(己)는 〈자신 신(身)〉과 같아 자신(自身)·자기(自己)의 줄임말이며, 인(仁)은 〈사랑할 자(慈)〉와 같아 인자(仁慈)의 줄임말로 여기면 되고, 야(也)는 종결어미로 조사(助詞:~이다) 노릇한다.

【풀이(繹)】

성기인야(成己仁也)는 성자(誠者) 즉 천도(天道)를 진실로 본받아[法] 자신[己]을 이루어 다함[成]이란 자신[己]을 스스로[自] 변화(變化)시켜 인자(仁者)가 되게 하는 것임을 살펴 새기고 헤아리게 한다. 성기(成己)란 나[我]로 하여금 내 본성(本性)을 다하게[盡] 하여 군자(君子)가 되게 함이다. 따라서 성기(成己)는 맨 먼저 『서경(書經)』「대우모(大禹謨)」편(篇)에 나오는 **사기종인(舍己從人)**을 상기(想起)시키고, 『논어(論語)』「안연(顔淵)」편(篇)에 나오는 **극기복례(克己復禮)**를 떠올려 수기(修己) 바로 그것으로 이어진다. 성기(成己)·수기(修己)·치기(治己)·인기(仁己)로 이어지는 것이다. 그러므로 성기(成己)란 극기(克己)를 완성(完成)함이고, 예(禮)로 돌아감[復]이란 성자(誠者)를 본받아[效] 성지자(誠之者) 즉 정성됨[誠之者]을 다함[盡]이다.

복례(復禮)란 곧 사기(舍己)하여 종인(從人)함이다. 나[己]를 버리고[舍] 남[人]을 따른다[從]고 함은 무사(無私)·무욕(無欲)·무아(無我)의 나[己]를 이루게[成] 하는 것이다. 극기(克己) 또한 나(己)의 무사(無私)·무욕(無欲)·무아(無我)를 이룸[成]이고, 복례(復禮)도 나[己]의 무사(無私)·무욕(無欲)·무아(無我)를 이룸[成]이며, 사기(舍己)도 무사(無私)·무욕(無欲)·무아(無我)를 이룸[成]이고, 종인(從人)도 나[己]의 무사(無私)·무욕(無欲)·무아(無我)를 이룸[成]이다. 그러므로 성기(成己)란 성자(誠者)로 말미암아 내 자신[己] 스스로 무사(無私)·무욕(無欲)·무아(無我)를 이루어[成] 나[己]를 완성(完成)하는 것이다.

무사(無私)·무욕(無欲)·무아(無我)란 남김없이 천도(天道) 즉 자연[天]의 이치[理]·가르침[教]·이끎[導]·방법[方] 등을 본받아[法] 실행(實行)함이니, 무사(無私)는 삼무사(三無私)를 밝힌 공자왈(孔子曰)을 떠올리게 한다. **천무사부(天無私覆) 지무사재(地無私載) 일월무사조(日月無私照)**. 무사(無私)란 이 삼무사(三無私)를 정성껏 본받는[法] 것이다. 물론 성기(成己)란 수기지덕(修己之德) 즉 수기의[修己之]

덕(德)을 완성(完成)함이며, 이는 삼무사(三無私)를 법(法)하지 않고서는 이룰 수 없다. 성기(成己)를 떠나서는 군자지도(君子之道)는 불가능하다. 군자의[君子之]도(道)란 예악형정(禮樂刑政)을 무사(無思)하게 알아서[知] 무사(無私)하게 행(行)함이니, 이러한 무사(無私)의 자신[己]을 완성하고자 군자(君子)의 덕(德)을 쉼 없이 역행(力行)함이 인(仁) 즉 어짊[仁]이며, 그 인(仁)은 다름 아닌 오인(吾仁) 즉 내가[吾] 어질어지는 것임을 깊이 살펴 새기고 헤아려 깨우치게 하는 말씀이 〈성기인야(成己仁也)〉이다.

註 "가언망유복(嘉言罔攸伏) 야무유현(野無遺賢) 계우중(稽于衆) 사기종인(舍己從人) 불학무고(不虐無告) 불폐곤궁(不廢困窮) 유제시극(惟帝時克)." 아름다운[嘉] 말이[言] 숨을[伏] 데가[攸] 없고[罔], 초야에[野] 현자를[賢] 버려둠이[遺] 없으며[無], 많은 이들[衆]에게[于] 물어[稽] 자기를[己] 버리고[舍] 남을[人] 따르며[從], 의지할 데 없는 이를[無告] 학대하지 않고[不虐], 곤궁한 처지를[困窮] 버려두지 않음을[不廢] 오직[惟] 요임금[帝] 때[時] 남김없이 다했다[克].

순(舜)임금이 위와 같이 우(禹)와 익(益)에게 말했다. 제시(帝時)의 제(帝)는 요(堯)임금을 말한다. 『서경(書經)』「우서(虞書) 대우모(大禹謨)」편(篇) 1단락(段落)

註 "안연문인(顔淵問仁) 자왈(子曰) 극기복례위인(克己復禮爲仁) 일일극기복례(一日克己復禮) 천하귀인언(天下歸仁焉) 위인유기(爲仁由己) 이유인호재(而由人乎哉) 안연왈(顔淵曰) 청문기목(請問其目) 자왈(子曰) 비례물시(非禮勿視) 비례물청(非禮勿聽) 비례물언(非禮勿言) 비례물동(非禮勿動) 안연왈(顔淵曰) 회수불민(回雖不敏) 청사사어의(請事斯語矣)." 안연이[顔淵] 어짊을[仁] 물었다[問]. 공자가[子] 말했다[曰]: 나를[己] 이겨[克] 예로[禮] 되돌아감이[復] 어짊[仁]이다[爲]. 하루라도[一日] 나를[己] 이겨[克] 예로[禮] 되돌아간다면[復] 온 세상이[天下] 어짊으로[仁] 돌아갈 것[歸]이다[焉]. 어짊은[爲仁] 나로부터[己] 비롯되지[由] 어찌[而] 남들로부터[人] 비롯되는 것[由]이겠나[乎哉]! 안회가[顔回] 아뢰었다[曰]: 청컨대[請] 그[其] 조목을[目] 여쭙니다[問]. 공자가[子] 말해주었다[曰]: 예가[禮] 아니면[非] 쳐다보지 말고[勿視], 예가[禮] 아니면[非] 듣지도 말고[勿聽], 예가[禮] 아니면[非] 말하지도 말고[勿言], 예가[禮] 아니면[非] 거동하지도 말라[勿動]. 안회가[顔回] 아뢰었다[曰]: 저[回] 비록[雖] 영민하지 못하지만[不敏] 분부하신 대로[請] 이[斯] 말씀을[語] 받들 것[事]입니다[矣]. 『논어(論語)』「안연(顔淵)」편(篇) 1장(章)

註 "자하왈(子夏曰) 감문하위삼무사(敢問何謂三無私) 공자왈(孔子曰) 천무사부(天無私覆) 지무사재(地無私載) 일월무사조(日月無私照) 봉사삼자이로천하(奉斯三者以勞天下) 차지위삼무사(此之謂三無私)." 자하가[子夏] 세 가지[三] 무사를[無私] 감히[敢] 여쭙겠다고[問] 아뢰자[曰] 공자께서[孔子] 말했다[曰]: 하늘은[天] 사사로이[私] 덮어주지[覆] 않고[無], 땅은[地] 사사로이[私] 실어주지[載] 않으며[無], 일월은[日月] 사사로이[私] 비춰주지[照] 않는다[無]. 이[斯] 셋을[三者] 받

듦[奉]으로[以] 천하를[天下] 애쓴다면[勞], 이를[此之] 삼무사라고[三無私] 한다[謂].

『예기(禮記)』「자공한거(孔子閒居)」편(篇) 7단락(段落)

成物知也(성물지야)

▶ {성기(成己)로} 온갖 것을[物] 갖추게 함은[成] 앎[知]이다[也].

이룰 성(成), 온갖 것 물(物), 앎 지(知), 조사(~이다) 야(也)

【읽기(讀)】

성물지야(成物知也)는 〈아지성물이성자지야(我之成物以誠者知也)〉에서 아지(我之)와 이성자(以誠者)를 생략한 구문이다. 〈내가[我之] 성자를[誠者] 본받아[以] 온갖 것을[物] 갖춤은[成] 지(知)이다[也]〉 이를 〈온갖 것을[物] 갖춤은[成] 지(知)이다[也]〉로 줄인 것이다.

성물지야(成物知也)의 성(成)은 〈갖출 비(備)〉와 같아 성비(成備)의 줄임이고, 물(物)은 기물(器物)의 물(物)이 아니라 문물(文物)의 물(物)을 뜻하며, 지(知)는 〈알 식(識) · 터득할 각(覺)〉 등과 같아 지식(知識) · 지각(知覺) 등의 줄임말로 여기면 되고, 야(也)는 종결어미로 조사(助詞 : ~이다) 노릇한다.

【풀이(繹)】

성물지야(成物知也)는 성자(誠者) 즉 천도(天道)를 진실로 본받아[法] 성기(成己)하면서 그 성자(誠者)를 본받아 사물(事物)의 본성(本性)을 치지(致知) 즉 남김없이 터득하고 깨우쳐 자신[己]을 스스로[自] 변화(變化)시켜 지자(知者)가 되게 함을 살펴 새기고 헤아리게 한다. 왜냐하면 성물(成物)이란 물진기성(物盡其性) · 치인(治人) · 애물(愛物) 등을 뜻하기 때문이다. 무엇보다 물물(物物)이 제[其] 본성(本性)을 다함[盡]이 곧 성물(成物)이다. 그러므로 성기(成己)와 같이 성물(成物) 또한 나[我]로 하여금 군자(君子)가 되게 함이다.

성물(成物)은 먼저 『논어(論語)』「헌문(憲問)」편(篇)에 나오는 〈지자불혹(知者不惑)〉을 떠올린다. 성기(成己)의 인자(仁者)가 되어야 불혹(不惑)의 지자(知者)로서 성물(成物)의 지자(知者)가 된다. 그 성물(成物)의 물(物)은 돈 주고 살 수 있는 기물(器物) 즉 외물(外物)의 물(物)이 아니라 수기(修己)로써 이루어 갖출 수 있는 문물(文物:禮樂刑政) 즉 문화(文化)의 것[物]이다. 성기(成己)의 인(仁)을 떠난 성물(成物)의 지(知)는 갖추어질 수 없다.

『논어(論語)』「헌문(憲問)」편(篇)에 **군자이불인자유의부(君子而不仁者有矣夫) 미유소인이인자야(未有小人而仁者也)**란 자왈(子曰)이 나온다. 군자(君子)는 성기(成己)하고 성물(成物)하여 지인(至仁) 즉 어짊[仁]에 이르는[至] 자(者)이지만, 인(仁)에 도달하지 못하는 수도 있다. 그러나 소인(小人)은 처음부터 사리(私利)만을 탐하고 인(仁)을 멀리하며, 지음지인(知音之人)으로 무기탄(無忌憚) 즉 거리낌[忌憚] 없는[無] 삶을 고집한다. 군자(君子)만이 지악지인(知樂之人) 즉 악(樂)을 아는[知之] 사람[人]으로서 치인(治人)·치세(治世)할 줄 알아 치도(治道)를 갖춘다. 지악(知樂)이란 예악형정(禮樂刑政)을 갖춘 앎[知]을 말한다. 그러므로 성물(成物)이란 이성자(以誠者) 즉 천도(天道)인 성자(誠者)를 본받아[法] 치도(治道)인 예악문물(禮樂文物)을 갖추는[成] 것임을 살펴 새기고 헤아려 가늠하게 한다.

본래 행인(行仁) 즉 어짊[仁]을 실행함[行]은 성물(成物)의 지(知)를 갖추어야 이루어진다. 그래서 성물(成物)의 지(知)는 『예기(禮記)』「악기(樂記)」편(篇)에 나오는 **심악이지정(審樂以知政) 이치도비의(而治道備矣)**란 말씀을 헤아려 가늠하게 한다. 악(樂)을 샅샅이 앎[審]으로써[以] 다스리는 일을[政] 알고[知], 다스리는 도[治道]가 갖추어지는 것[備]이다. 성기(成己) 즉 무사(無私)·무욕(無欲)·무아(無我)의 자신[己]을 완성하여 군자(君子)의 덕(德)을 쉼 없이 역행(力行)하는 인자(仁者)로서 치인(治人)·치세(治世)·인인(仁人)·애물(愛物)의 문물(文物)을 갖춘[成] 앎[知]인 〈오지예악형정(吾知禮樂刑政)〉 즉 내[吾] 자신이 예악형정(禮樂刑政)을 갖추는[成] 나의 지식(知識)임을 깊이 살펴 새기고 헤아려 깨우치게 하는 말씀이 〈성물지야(成物知也)〉이다.

註 "자왈(子曰) 군자이불인자유의부(君子而不仁者有矣夫) 미유소인이인자야(未有小人而仁者也)." 공자께서[子] 이르되[曰] 군자이면서[君子而] 어질지 못한[不仁] 이가[者] 있을 테[有]지[矣夫]. 소인이면서[小人而] 어진 자는[仁者] 여태껏 없는 것[未有]이다[也].

『논어(論語)』「헌문(憲問)」편(篇) 7장(章)

註 "지성이부지음자금수시야(知聲而不知音者禽獸是也) 지음이부지악자중서시야(知音而不知樂者衆庶是也) 유군자위능지악(唯君子爲能知樂) 시고(是故) 심성이지음(審聲以知音) 심음이지

악(審音以知樂) 심악이지정(審樂以知政) 이치도비의(而治道備矣).” 귀에 들리는 소리를[聲] 알면서도[知而] 마음에서 입으로 나오는 소리를[音] 모르는[不知] 것은[者] 짐승[禽獸] 그것[是]이고[也], 음을[音] 알면서도[知而] 악을[樂] 모르는[不知] 것은[者] 뭇사람들[衆庶] 그것[是]이다[也]. 오로지[唯] 군자만이[君子] 악을[樂] 알 수 있는 것[能知]이다[爲]. 그렇기[是] 때문에[故] 성을[聲] 살핌[審]으로[以] 음을[音] 알고[知], 음을[音] 살핌[審]으로[以] 악을[樂] 알며[知], 악을[樂] 살핌[審]으로[以] 정사를[政] 안다[知]. 그래서[而] 치도가[治道] 갖추어지는 것[備]이다[矣].

악(樂)이란 천지지화(天地之和) 즉 천지의[天地之] 화평(和平)을 말하고, 예(禮)란 천지지서(天地之序) 즉 천지의[天地之] 질서(秩序)를 말한다. 여기서 악(樂)은 예악형정(禮樂刑政)을 묶고 있는 자(字)로 여기면 된다. 『예기(禮記)』「악기(樂記)」편(篇) 6단락(段落)

性之德也(성지덕야)

▶ {성자(誠者)는} 본성의[性之] 덕(德)이다[也].

본성 성(性), 조사(~의) 지(之), 통할 덕(德), 조사(~이다) 야(也)

【읽기(讀)】

성지덕야(性之德也)는 〈성자성지덕야(誠者性之德也)〉에서 성자(誠者)를 생략한 구문이다. 〈성자는[誠者] 본성의[性之] 덕(德)이다[也]〉 이를 〈본성의[性之] 덕(德)이다[也]〉로 줄인 것이다.

성지덕야(性之德也)에서 성(性)은 천명지위성(天命之謂性)의 성(性) 즉 본성(本性)을 말하고, 지(之)는 조사(助詞:~의) 노릇하며, 덕(德)은 〈행할 행(行)〉과 같아 성행(性行)의 줄임말로 새기면 되고, 야(也)는 종결어미 노릇한다.

【풀이(繹)】

성지덕야(性之德也)는 성자(誠者)가 성통(性通) 즉 성(性)의 통(通)임을 살펴 새기고 헤아려 가늠하게 한다. 성지덕(性之德)의 덕(德)은 대덕(大德)을 말한다. 대덕(大德)이란 천덕(天德)·지덕(地德)을 본받는 인덕(人德)을 가리키며, 인덕(人德)이란 인지대덕(人之大德)의 줄임으로 그 큰 덕[大德]은 건생(建生)의 덕(德) 즉 삶[生]을 세우는[建] 덕(德)을 일컫는 말이다. 만물(萬物)이 저마다 간직한 목숨[命]의 기(紀) 즉 벼리[紀]가 성(性)이다. 그 성(性)의 행(行)함을 진실로 무사(無私)하게 함이 곧 성자(誠者)이니, 여기 성지덕(性之德)의 덕(德)은 곧 귀신지위덕(鬼神之爲德)

의 덕(德)이다. 물론 성지덕(性之德)인 성행(性行)의 행(行)에는 유길(有吉) 즉 길함[吉]이 있기도[有] 하고, 유흉(有凶) 즉 흉(凶)함이 있기도[有] 함을 주목하게 된다. 성정(性情)의 정(情)이 성(性)과 어울리면[和] 성지덕(性之德)의 덕(德)은 길(吉)하고, 어긋나면[不和] 그 덕(德)은 흉(凶)하다. 희로애락(喜怒哀樂) 즉 성지정(性之情)의 정(情)이 드러나서[發而] 모두[皆] 절도와[節] 알맞을[中] 때 어울림[和]이라 함을 상기(想起)한다면 〈덕유흉유길(德有凶有吉)〉이란 말씀을 살펴 헤아릴 수 있을 것이다.

성지덕(性之德) 즉 성행(性行)의 행(行)을 상화(常和)하게 하여 상길(常吉)하게 함이 성자(誠者)의 성지덕(性之德)이다. 성자(誠者)의 성지덕(性之德)이 성정(性情)의 정(情)으로 하여금 늘 성(性)과 어울리게[和] 함은『예기(禮記)』「악기(樂記)」편(篇)에 나오는 **인생이정천지성야(人生而靜天之性也) 감어물이동성지욕야(感於物而動性之欲也)**를 상기(想起)하여 성정(性情)의 화(和) · 불화(不和)를 살펴 새기고 헤아려 가늠하게 한다. 성(性)은 정(靜) 즉 고요[靜] 그것이다. 그러나 그 성(性)이 이것저것[物]을 느끼고 알면[感而] 동(動) 즉 움직인다[動]. 그 움직임[動]이 곧 본성의[性之] 욕(欲)이니 곧 정(情)이다. 그래서 성정(性情)을 정동(靜動)이라 하는 것이다. 정지동(情之動)을 성지정(性之靜)으로 복귀(復歸)하게 함이 성자(誠者)의 성지덕(性之德)임을 깊이깊이 살펴 새기고 헤아려 깨우치게 하는 말씀이 〈성지덕야(性之德也)〉이다.

註 "귀신지위덕기성의호(鬼神之爲德其盛矣乎)." 귀신의[鬼神之] 덕(德) 됨[爲] 그것은[其] 성대한 것[盛]이로다[矣乎]!

『중용(中庸)』 16장(章)

註 "인생이정천지성야(人生而靜天之性也) 감어물이동성지욕야(感於物而動性之欲也)." 사람이[人] 태어나[生而] 고요함은[靜] 천지의[天之] 본성(性)이고[也], {그 고요(靜)의 성(性)이} 사물을[於物] 느껴 알아서[感而] 움직임은[動] 본성의[性之] 바람[欲]이다[也].

『예기(禮記)』「악기(樂記)」편(篇) 8단락(段落)

合內外之道也(합내외지도야)

▶ {성자(誠者)는} 안팎을[內外] 합치는[合之] 도(道)이다[也].

합할 합(合), 안 내(內), 밖 외(外), 조사(~의) 지(之), 이치 도(道), 조사(~이다) 야(也)

【읽기(讀)】

합내외지도야(合內外之道也)는 〈성자합내외지도야(誠者合內外之道也)〉에서 주어 노릇할 성자(誠者)를 생략한 구문이다. 〈성자는[誠者] 안팎을[內外] 합치는[合之] 도(道)이다[也]〉 이를 〈안팎을[內外] 합치는[合之] 도(道)이다[也]〉로 줄인 것이다.

합내외지도야(合內外之道也)의 합(合)은 〈어울릴 화(和)〉와 같아 화합(和合)의 줄임이고, 내(內)는 내심(內心)의 줄임이며, 외(外)는 외물(外物)의 줄임말로 여긴다. 지(之)는 조사로 허사(虛詞) 노릇하며, 도(道)는 〈이치[理] · 가르침[教] · 이끌어감[導] · 방편[方]〉 등을 묶은 것이고, 야(也)는 종결어미(終結語尾) 노릇한다.

【풀이(繹)】

합내외지도야(合內外之道也)는 중용(中庸)하게 하는 도(道)의 바탕이 성자(誠者)의 성(誠)임을 일깨워 깨우치게 한다. 내외(內外)가 어울리게 하는[合] 이치[理] · 가르침[教] · 이끌어감[導] · 방편[方] 등을 살펴 새기고 헤아려 가늠하게 하는 길[道]이 곧 합내외(合內外)의 성자(誠者)이다. 합내외(合內外)는 화내외(和內外)이고, 이는 합심물(合心物) · 화심물(和心物)이다. 마음[心性]과 바깥 것[外物]이 상합(相合)하여 상화(相和) 즉 서로[相] 하나로[合] 어울림[和]이 중도(中道) 즉 중(中)의 이(理)이며, 교(教)이고, 도(導)이고, 방(方)의 길[道]이다. 물론 중도(中道)란 중용(中庸)하게 하는 길[道]이다. 그 길을 일러 불편(不偏) · 불의(不倚) 즉 한쪽으로 치우쳐 기울지 않는[不偏 · 不倚] 길[道]이고, 무과(無過) 즉 지나침이 없는[無過] 길이며, 불급(不及) 즉 모자라지 않는[不及] 도(道)라 한다. 그러므로 합내외(合內外)는 곧 중용(中庸)함이다.

군자(君子)는 중용(中庸)하는 자(者)이고, 소인(小人)은 반중용(反中庸) 즉 중용(中庸)하기를 어기는[反] 자(者)라고 함은 군자(君子)는 내외(內外)의 화합(和合)을 누리고자 수기(修己)하여 귀인천기(貴人賤己) 즉 남[人]을 높이고[貴] 자신[己]을 낮추고자[卑] 하기 때문이다. 중용(中庸)하는 군자(君子)가 유도자(有道者)가 된다. 반면 소인(小人)은 내외(內外)의 화합(和合)을 누리고자 수기(修己)함을 저버리고, 귀기천인(貴己賤人) 즉 자신[己]을 높이고[貴] 남[人]을 낮추고자[賤] 하므로 무도자(無道者)가 된다. 이처럼 군자(君子)는 합내외(合內外)의 길[道]을 지(知)·행(行)하고, 소인(小人)은 그 도(道)를 저버리는 까닭은 『예기(禮記)』「악기(樂記)」편(篇)에 나오는 **지유어외(知誘於外) 불능반궁(不能反躬) 천리멸의(天理滅矣)**를 상기(想起)하여 성정(性情)의 화(和)·불화(不和)를 살펴 새기고 헤아려 가늠하면 밝혀질 수 있다.

군자(君子)가 합내외(合內外)의 도(道)를 터득하여[知] 행(行)함은 온갖 사물(事物)을 치지(致知) 즉 샅샅이 알되[致知], 그 사물에[於物] 사로잡히지 않아[不誘] 성(性)·정(情)이 상합(相合)하여 상화(相和)하기 때문이다. 그래서 군자(君子)는 중용의[中庸] 길[道]을 지(知)·행(行)하는 것이다. 그러나 소인(小人)이 합내외(合內外)의 도(道)를 알지 못해[不知] 행하지 못함[不行]은 온갖 사물에[於物] 사로잡혀[誘] 성(性)·정(情)이 상합(相合)하지 않고 상화(相和)하지 않기 때문에 반중용(反中庸)의 길[道]을 피하지 못하는 것이다. 그러므로 성지욕(性之欲)인 정(情:喜怒哀樂)이 아직 드러나지 않음[未發]이 {본성(本性)과} 맞아듦[中]이고, 그 정(情)이 드러나되[發而] {그 희로애락(喜怒哀樂)이} 모두[皆] 절조와[節] 맞아들어[中] 어울림[和]이란 중(中)·화(和)로 오로지 성자(誠者)로써 이루어짐을 밝혀 깨우치게 하는 말씀이 〈합내외지도야(合內外之道也)〉이다.

註 "물지지지연후(物至知知然後) 호오형언(好惡形焉) 호오무절어내(好惡無節於內) 지유어외(知誘於外) 불능반궁(不能反躬) 천리멸의(天理滅矣)." 사물이[物] (사람의) 앎에[知] 이르러[至] {성지욕(性之欲)이 그 사물[物]을} 알게 된[知] 뒤에는[然後] 성지욕(性之欲)에[焉] 좋고[好] 싫음이[惡] 드러난다[形]. 좋고[好] 싫음의[惡] 절제가[節] 마음에[於內] 없다면[無] {성지욕(性之欲)의} 앎이[知] 바깥 것에[於外] 사로잡혀[誘] 제 마음으로[躬] 돌아올[反] 수 없다[不能]. 천지의 이치가[天理] 없어지는 것[滅]이다[矣]. 『예기(禮記)』「악기(樂記)」편(篇) 8단락(段落)

註 "희로애락지미발위지중(喜怒哀樂之未發謂之中) 발이개중절위지화(發而皆中節謂之和)." 희로애락(喜怒哀樂)의[之] 아직 드러나지 않음을[未發] {본성(本性)과} 맞아듦이라[中] 하고[謂], {희로애락(喜怒哀樂)이} 드러나되[發而] {그 희로애락(喜怒哀樂)이} 모두[皆] 절조와[節] 맞아듦[中] 그것을[之] 어울림이라[和] 한다[謂]. 『중용(中庸)』 1장(章)

故(고) 時措之宜也(시조지의야)

▶ 그러므로[故] {천지(天地)가 합내외지도(合內外之道)를} 언제든[時] 써도[措之] 마땅한 것[宜]이다[也].

그러므로 고(故), 때 시(時), 쓸 조(措), 그것 지(之), 마땅할 의(宜), 조사(~이다) 야(也)

【읽기(讀)】

고(故)는 〈성자합내외지도고(誠者合內外之道故)〉에서 성자합내외지도(誠者合內外之道)를 지시어 시(是)로 대신한 〈시고(是故)〉를 고(故)로 줄인 말투이다. 〈성자는[誠者] 합내외의[合內外之] 도(道)이기 때문에[故]〉를 〈이[是] 때문에[故]〉로 줄인 다음, 〈그러므로[故]〉로 다시 줄인 것이다. 물론 고(故)는 〈때문에 이(以)〉와 같다.

시조지의야(時措之宜也)는 〈합내외지도천지지시조지의야(合內外之道天地之時措之宜也)〉에서 합내외지도(合內外之道)와 천지지(天地之)를 생략하고, 술부(述部)로서 보어(補語) 노릇하는 시조지의(時措之宜)만 남긴 구문이다. 〈합내외지도(合內外之道)는 천지가[天地之] 언제든[時] 써도[措之] 마땅한 것[宜]이다[也]〉 이를 그냥 〈언제든[時] 써도[措之] 마땅한 것[宜]이다[也]〉로 줄인 것이다. 시조지의(時措之宜)에서 시(時)는 득기시(得其時)의 줄임으로 〈언제든 시(時)〉로 여기면 되고, 조(措)는 〈쓸 용(用)〉과 같아 시조지의(時措之宜)를 〈득기시이용지의(得其時而用之宜)〉로 여기고 〈제 때를[其時] 얻어서[得而] 씀이[措之] 마땅함[宜]〉이라고 새기면 된다.

【풀이(繹)】

시조지의야(時措之宜也)는 천도(天道) 즉 자연[天]의 이치[理] · 가르침[敎] · 이끌어감[導] · 방편[方] 등으로 천지(天地)가 그렇게 하는 성자(誠者)를 시조(時措)하여 마땅함[宜]을 살펴 새기고 헤아려 깨우치게 한다. 시조지의(時措之宜)에서 시조(時措)는 『중용(中庸)』 1장(章)의 〈도야자불가수유리야(道也者不可須臾離也) 가리(可離) 비도야(非道也)〉를 상기(想起)시킨다. 성(性)의 덕(德)이고 따라서 안팎[內

外]을 합하게[合] 하는 도(道)인 성자(誠者)는 잠시도[須臾] 떠날[離] 수 없는[不可] 도(道)이다. 그러므로 시조지의(時措之宜)는 항시(恒時) 성자(誠者)를 써서[措] 성(性)·정(情)의 마땅함[宜]을 수유(須臾)라도 떠나지 말라 함이다.

시조(時措)는 곧 시중(時中)이다. 여기서 마땅함[宜]이란 앞서 살핀 성지덕(性之德)·합내외지도(合內外之道)를 묶어 밝힌 것임을 알 수 있다. 마땅함[宜]이란 성(性)의 덕(德)인 합내외지도(合內外之道)를 떠나지 않음[不離]이다. 이처럼 시조지의(時措之宜)의 의(宜)란 성(誠) 즉 〈자연히 그렇게 하는 것[誠]〉을 본받아야 비롯되는 성정(性情)의 중화(中和)를 누림이니, 곧 인간이 천지(天地)의 성(誠)을 본받아[法] 써[措] 천지성(天之性)을 떠나지 않음을 뜻하기도 한다.

천지성(天之性) 즉 자연의(天地)의 성[性]은 천지(天地)가 인간을 포함해서 만물(萬物)에 품수(稟受)한 것이다. 천지(天地)가 주었다가[稟] 받아가는[受] 것이 만물(萬物)이 누리는 성(性)이다. 품성(稟性) 즉 천지(天地)가 성(性)을 줌[稟]도 성(誠)이고, 수성(受性) 즉 천지(天地)가 성(性)을 받아감[受] 또한 성(誠)이다. 품성(稟性)의 성(誠)이 생(生)이고, 수성(受性)의 성(誠)은 사(死)인 셈이다. 목숨이 있는 것이면 무엇이든 다 천지(天地)가 허락하는 동안 품수(稟受)의 성(性)을 누리는 시명(時命)이다. 그 시명(時命) 내내[恒]를 뜻함이 곧 시조지의(時措之宜)의 시(時)이니 시조(時措)는 〈항시조(恒時措)〉이다. 시조(時措)의 조(措)는 용(用)이니 시조(時措)는 〈항시용(恒時用)〉이고, 항시용(恒時用)은 곧 〈용(庸)〉이다. 그러므로 용성(庸誠) 즉 성(誠)을 늘 항시로 씀[庸]을 깊이 헤아리게 하여 천지(天地)가 그렇게 하는 것인 성자(誠者)를 본받아 받들어야 함을 일깨워 깨우치게 하는 말씀이 〈시조지의야(時措之宜也)〉이다.

지성(至誠)과 천지(天地)

일곱 단락(段落)으로 이루어져 있는 26장(章)은 중용(中庸)의 중(中)이 하나[一]로 어울려[和] 있는 성(性)·성(誠)·성(成)·성(聖)에서 〈성(性)·성(誠)〉을 이룬[成] 천지(天地)와 문왕(文王)을 들어 중용(中庸)의 〈성(性)·성(誠)·성(成)〉을 정리(整理)하는 장(章)이다. 천명(天命)의 〈성(性)〉을 천지지도(天地之道)가 그렇게 하는 것이 곧 지성(至誠) 즉 지극한[至] 성자(誠者)임을 분명하게 밝힌다. 천지(天地) 역시 생자(生者)로서 태극(太極)의 명(命)인 지성(至誠)을 다해야[盡] 함이 천지(天地)의 지성무식(至誠無息)임을 일깨워 깨우치게 하는 장(章)이다. 따라서 천지(天地)의 지성(至誠)이 불식(不息)하고 천지(天地)의 천(天)이 고명(告明)하여 부물(覆物)할 수 있으며 천지(天地)의 지(地)가 박후(博厚)하여 재물(載物)할 수 있음을 문왕(文王)이 그대로 본받아[法] 치인(治人)·치세(治世)의 문물제도(文物制度)를 이루었음[成]을 말하고, 성(性)·성(誠)·성(成)이 하나로 어울리는[和一] 중용(中庸)의 중(中)을 밝히고 있다. 이처럼 천지(天地)가 유구(悠久)하여 성물(成物)함이 즉 천명(天命)의 성(性)을 그대로 잇게 함이고 그 이음이 천지(天地)의 지성(至誠)이니, 이 지성(至誠)을 본받아[法] 그대로 성물(成物)함이 문왕(文王)의 덕지순(德之純)임을 터득하여 깨우치게 하는 장(章)이다.

【1단락(段落) 전문(全文)】

故로 至誠은 無息이라 不息則久하고 久則徵하며 徵則悠遠
고 지성 무식 불식즉구 구즉징 징즉유원

하고 悠遠則搏厚하며 搏厚則高明하다 搏厚는 所以載物也
유원즉박후 박후즉고명 박후 소이재물야

이고 高明은 所以覆物也이며 悠久는 所以成物也이다 搏厚
고명 소이부물야 유구 소이성물야 박후

는 配地하고 高明은 配天하며 悠久는 無疆하다 如此者는
배지 고명 배천 유구 무강 여차자

不見而章하고 不動而變하며 無爲而成한다
불현이장 부동이변 무위이성

그러므로 지극한 정성은 멈춤이 없다. {지성(至誠)은} 멈추지 않으니 곧 오래고, 오래이니 곧 징험되고, 징험되니 곧 장구하여 아득하며, 유원(悠遠)하니 곧 넓고 두텁고, 박후(博厚)하니 곧 높고 밝다. 박후(博厚)는 그로써 만물을 싣는 것이고, 고명(高明)은 그로써 만물을 덮는 것이며, 유구(悠久)는 그로써 만물을 이루는 것이다. 박후(博厚)는 땅과 짝하고, 고명(高明)은 하늘과 짝하며, {천지지성(天地之誠)의} 유구(悠久)함에는 지경이 없다. 이와 같이 하는 것은 보이지 않아도 드러나고, 출동하지 않아도 변화하며, 꾀함이 없어도 이룬다.

故(고) 至誠無息(지성무식)

▶ 그러므로[故] 지극한[至] 정성은[誠] 멈춤이[息] 없다[無].

그러므로 고(故), 지극할 지(至), 정성 성(誠), 없을 무(無), 멈출 식(息)

【읽기(讀)】

고(故)는 〈시고(是故)〉의 줄임이며, 시고(是故)의 시(是)는 〈시조지의고(時措之宜故)〉에서 시조지의(時措之宜)를 나타내는 지시어이다. 〈{천지(天地)가 지성(至誠)을} 내내[時] 써도[措之] 마땅하기[宜] 때문에[故]〉를 〈이[是] 때문에[故]〉로 줄인 다음, 시(是)마저 생략한 말투이다.

지성무식(至誠無息)의 무(無)는 자동사 〈없을 무(無)〉로 여기고 문맥을 잡으면 지성(至誠)은 무(無)를 꾸미는 부사(副詞) 노릇하고, 식(息)은 무(無)의 주어 노릇해 〈지성에는[至誠] 멈춤이[息] 없다[無]〉고 여기면 된다. 그리고 무(無)를 부정사(否定辭) 〈않을 무(無)〉로 여겨 문맥을 잡으면 지성(至誠)은 식(息)의 주어(主語) 노릇하고, 식(息)은 자동사 노릇해 〈지성은[至誠] 멈추지[息] 않는다[無]〉고 새기게 된다. 어느 쪽으로 문맥을 잡든 지성무식(至誠無息)의 문의(文意)는 달라지지 않는다.

지성무식(至誠無息)에서 지(至)는 〈더없을 극(極)〉과 같아 지극(至極)의 줄임이고, 성(誠)은 〈믿을 신(信)·순수할 순(純)·공경할 경(敬)·익을 실(實)·자상할 심(審)〉 등의 뜻을 간직하고 있다. 따라서 천지(天地)가 그렇게 하는 것을 천지지도(天地之道)의 성(誠)이라 하고, 천지지도(天地之道)의 성(誠)을 진실로 본받아[法] 인간이 그렇게 하는 것을 인지도(人之道)의 성(誠)이라 함을 유념(留念)해야 문의(文意)가 잡힐 것이다. 식(息)은 여기선 〈멈출 지(止)〉와 같아 식지(息止)의 줄임말로 여긴다.

【풀이(繹)】

지성무식(至誠無息)은 지성(至誠)이 곧 천지지행(天地之行) 바로 그것임을 살펴 새기고 헤아려 깨우치게 한다. 지성(至誠)은 천지(天地)가 그렇게 하는 바로 그것이기 때문에 무식(無息)한다. 거듭 밝히지만, 지성(至誠)의 성(誠)은 법자연(法自然) 그것이다. 천지(天地)가 그렇게 하는 것을 천지지도(天地之道)의 성(誠)이라 하고, 천지지도(天地之道)의 성(誠)을 진실로 본받아[法] 인간이 그렇게 함을 인지도(人之道)의 성(誠)이라 함을 명심(銘心)해야 〈지성(至誠)에는 멈춤[息]이 없다[無]〉는 말씀을 헤아려 가늠할 수 있다. 성(誠) 그것은 자연(自然)이며 태극(太極)이므로, 법성(法誠)은 곧 법천(法天)·법지(法地)로 이어져 일이관지(一以貫之) 즉 하나로 꿰뚫는다. 물론 성(誠) 그것은 중용지도(中庸之道)의 바탕임을 명심(銘心)하여 중용(中庸)의 중(中)과 용(庸)을 살펴야 한다. 그러면 지성(至誠)이 무식(無息)하기 때문에 천지(天地)의 행(行) 또한 멈춤이 없게 된다.

여기서 지성(至誠)이란 『주역(周易)』「계사전(繫辭傳) 상(上)」에 나오는 일음일양(一陰一陽)·생생(生生)을 상기(想起)시킨다. 지성(至誠)은 천지(天地)가 그렇게 하는 것이기 때문에 천지(天地)의 일음일양(一陰一陽) 또한 법성(法誠)의 별칭(別稱)인 셈이다. 일음일양(一陰一陽)을 이음[繼]이 선(善)이고, 일음일양(一陰一陽)을 이룸[成]이 성(性)이니, 따라서 지성(至誠)을 계(繼)함이 선(善)이고, 지성(至誠)을 성(成)함이 성(性)이다. 천지(天地)가 만물(萬物)을 생생(生生)함에 불식(不息) 즉 멈추지[息] 않음[不]을 밝힌 말씀이 〈지성무식(至誠無息)이다.

註 "일음일양지위도(一陰一陽之謂道) 계지자선야(繼之者善也) 성지자성야(成之者性也) 인자견지위지인(仁者見之謂之仁) 지자견지위지지(知者見之謂之知)." 한 번은 음기이고[一陰] 한 번은 양기임을[一陽] 도라[道] 하고[謂], 이 도(道)를[之] 계승하는[繼] 것이[者] 선(善)이며[也], 이 도(道)를[之] 이룩하는[成] 것이[者] 성(性)이다[也]. 어진[仁] 이는[者] 선성(善性)을[之] 보고[見] 그것을[之] 어짊이라[仁] 하고[謂], 아는[知] 이는[者] 선성(善性)을[之] 보고[見] 그것을[之] 앎이라[知] 한다[謂]. 『주역(周易)』「계사전(繫辭傳) 상(上)」 5장(章)

不息則久(불식즉구) 久則徵(구즉징)

▶{지성(至誠)은} 멈추지 않으니[不息] 곧[則] 오래고[久], 오래이니[久] 곧[則] 징험된다[徵].

않을 불(不), 멈출 식(息), 곧 즉(則), 오랠 구(久), 징험될 징(徵)

【읽기(讀)】

불식즉구(不息則久)는 〈지성불식(至誠不息) 즉지성구(則至誠久)〉에서 주어 노릇할 지성(至誠)을 생략한 구문이다. 〈지성은[至誠] 멈추지 않으니[不息] 곧[則] 지성은[至誠] 오래이다[久]〉 이를 〈멈추지 않으니[不息] 곧[則] 오래이다[久]〉로 줄인 것이다.

불식즉구(不息則久)에서 식(息)은 〈멈출 지(止)〉와 같아 식지(息止)의 줄임이고, 〈구(久)〉는 〈(시간으로) 오랠 영(永) · (공간으로) 길 장(長)〉과 같아 영구(永久) · 장구(長久)의 줄임말로 여긴다.

구즉징(久則徵)은 〈지성구(至誠久) 즉지성징(則至誠徵)〉에서 주어 노릇할 지성(至誠)을 생략한 구문이다. 〈지성은[至誠] 오래이니[久] 곧[則] 지성은[至誠] 징험된다[徵]〉 이를 〈오래이니[久] 곧[則] 징험된다[徵]〉로 줄인 것이다.

구즉징(久則徵)의 구(久)는 〈(시간으로) 오랠 영(永) · (공간으로) 길 장(長)〉과 같아 영구(永久)·장구(長久)의 줄임이고, 징(徵)은 〈일한 보람 효(效)·험(驗)〉 등과 같아 징험(徵驗)의 줄임말로 여긴다.

【풀이(繹)】

불식즉구(不息則久) 구즉징(久則徵)은 지성(至誠)의 덕(德)을 밝힘이다. 덕(德)이란 통어천지자(通於天地者) 즉 천지에[於天地] 통함[通]이니, 지성(至誠)의 덕(德)이란 곧 지성(至誠)의 성물(成物) 그것을 말한다. 여기서 불식(不息)은 지성(至誠)이 멈추지 않고[不息] 성물(成物)함이고, 구(久)는 일시(一時)의 불식(不息)이 아니라 그침이 없음이며, 징(徵)이란 멈춤이 없고[不息] 그침이 없는[久] 지성(至誠)의 덕(德)이 지성(至誠)의 성물(成物)로 드러나 징험(徵驗)됨이다. 그래서 지성(至誠)이 불식(不息)하여 구(久)하고 징(徵)함은 『예기(禮記)』「악기(樂記)」편(篇)에 나오는 유이불식(流而不息) 합동이화(合同而化)를 상기(想起)시킨다.

지성(至誠)이 불식(不息)함은 곧 천지(天地)의 유형(流形)이 불식(不息)함이다. 유이불식(流而不息)이란 유형이불식(流形而不息)과 같다. 유이불식(流而不息)이란 천지(天地)가 그렇게 하는 것을 음양(陰陽)으로 말함이니, 이는 곧 지성(至誠)을 일컬음과 같다. 지성(至誠) 또한 천지(天地)가 그렇게 하는 것이기 때문이다. 음기(陰氣)와 양기(陽氣)가 유행(流行)하며 멈추지 않고[不息] 합동(合同)하여 만물(萬物)이 이루어짐[化]은 곧 천지(天地)가 그렇게 하는 것이니, 이는 곧 천지(天地)의 지성(至誠)이 불식(不息)함이다. 이러한 지성(至誠)의 불식(不息)을 성인(聖人)이 본받아[法] 마음에서 지성(至誠)이 떠나지 않음이 인지도(人之道)인 성지자(誠之者)이다. 천지(天地)가 그렇게 함[誠]을 멈추지 않음[不息]인 지성(至誠)의 불식(不息)이란 일시적인 불식(不息)이 아니라 〈구(久)하다〉는 것이니, 구(久)란 항시(恒時) 즉 시(時)의 무궁(無窮)함을 말한다. 시간(時間)은 인간의 짓으로 시(時)를 초분(初分)의 장단(長短)으로 유한(有限)하게 나누어놓은 짓일 뿐, 우주(宇宙)에는 시간(時間)·공간(空間)은 없고 시공(時空)의 무한(無限)만이 있을 뿐임이 바로 구(久) 그것이다.

성인(聖人)은 지성(至誠)의 구(久)를 법(法)하여 마음 속 성지자(誠之者) 또한 유구(有咎)하다. 지성(至誠)의 그러한 구(久)가 징험(徵驗)된 것이 합동이화(合同而化)의 삼라만상(森羅萬象)의 유형(流形)이다. 유형(流形)이란 만물(萬物)이 천지(天

地)의 조화(造化)를 받아[受] 변화성(變化成) 즉 변화(變化)가 이루어져[成] 삼라만상(森羅萬象)의 형태(形態)가 밖으로 드러남이다. 참으로 성인(聖人)이 종천(從天)하여 악(樂)을 짓고[作] 종지(從地)하여 예(禮)를 지음[制] 역시 천지(天地)의 지성(至誠)이 삼라만상(森羅萬象)을 제작(制作)함을 본받은[法] 것이다. 그러므로 천지(天地)의 지성(至誠)이 한없이[久] 만물(萬物)을 이루어[成] 밖으로 드러냄을 거듭 일깨워 깨우치게 하는 말씀이 〈불식즉구(不息則久) 구즉징(久則徵)〉이다.

註 "천고지하(天高地下) 만물산수(萬物散殊) 예제행의(禮制行矣) 유이불식(流而不息) 합동이화(合同而化) 이악흥언(而樂興焉) 춘작하장인야(春作夏長仁也) 추렴동장의야(秋斂冬藏義也) 인근어악(仁近於樂) 의근어례(義近於禮) 악자돈화솔신이종천(樂者敦和率神而從天) 예자별의거귀이종지(禮者別宜居鬼而從地) 고(故) 성인작악이응천(聖人作樂以應天) 제례이배지(制禮以配地) 예악명비(禮樂明備) 천지관의(天地官矣)." 하늘은[天] 높고[高] 땅은[地] 낮다[下]. 온갖 것이[萬物] 흩어져 있으면서[散] 저마다 다르니[殊] {천지(天地)에 의해서} 예가[禮] 만들어져[制] 행해지는 것[行]이다[矣]. {음양(陰陽)이} 유행하여[流而] 멈춤이 없어[不息] {만물(萬物)이} 합동하고[合同而] 이루어져서[化而] 그 화성(化成)에서 악이[樂] 일어나는 것[興]이다[焉]. 봄에는[春] 싹트게 하여[作] 여름에[夏] 자라게 함은[長] 인(仁)이고[也], 가을에는[秋] 거두어들여[斂] 겨울에[冬] 간직하게 함은[藏] 의(義)이다[也]. 어짊은[仁] 악에[於樂] 가깝고[近], 옳음은[義] 예에[於禮] 가깝다[近]. 악이란[樂] 것은[者] {천지(天地)의} 어울림을[和] 도탑게 하고[敦] 하늘이 뻗쳐 변화하게 하는 짓을[神] 우러러 좇아[率而] 하늘을[天] 따름이고[從], 예란[禮] 것은[者] {천지(天地)의} 마땅함을[宜] 가름하고[別] 땅이 굽혀 변화하게 하는 짓을[鬼] 엎드려 좇아[居而] 땅을[地] 따름이다[從]. 그러므로[故] 성인은[聖人] 하늘을[天] 따름을[應] 써서[以] 악을[樂] 지었고[作], 땅을[地] 짝함을[配] 써서[以] 예를[禮] 지어[制], 예악이[禮樂] 밝게[明] 갖추어지고[備], 천지가[天地] 지극히 공평한 것[官]이다[矣].

솔신(率神)의 솔(率)은 앙천(仰天)하여 따름[順]이고, 신(神)은 양기(陽氣)의 짓을 뜻하며, 거귀(居鬼)의 거(居)는 부지(俯地)하여 따름[順]이고, 귀(鬼)는 음기(陰氣)의 짓을 뜻한다. 천지관의(天地官矣)의 관(官)은 『중용(中庸)』에 나오는 〈천지위언(天地位焉) 만물육언(萬物育焉)〉의 위(位)·육(育)이 지극히 공평하여 무사(無私)함을 나타낸다. 천지가[天地] 자리를 잡고 온갖 것이[萬物] 자라는 것을 천지(天地)는 공평(公平)하게 하고 무사(無私)하게 함이다.

『예기(禮記)』「악기(樂記)」편(篇) 18단락(段落)

徵則悠遠(징즉유원) 悠遠則博厚(유원즉박후) 博厚則高明(박후즉고명)

▶징험하니[徵] 곧[則] 장구하여[悠] 아득하며[遠], 유원하니[悠遠] 곧[則] 넓고[搏] 두텁고[厚], 박후하니[博厚] 곧[則] 높고[高] 밝다[明].

징험할 징(徵), 곧 즉(則), 멀고 오랠 유(悠), 아득할 원(遠), 넓을 박(搏), 두터울 후(厚), 높을 고(高), 밝을 명(明)

【읽기(讀)】

징즉유원(徵則悠遠)은 〈지성징(至誠徵) 즉지성유원(則至誠悠遠)〉에서 주어 노릇할 지성(至誠)을 생략한 구문이다. 〈지성을[至誠] 징험하니[徵] 곧[則] 지성은[至誠] 장구하고[悠] 아득하다[遠]〉 이를 〈징험하니[徵] 곧[則] 유원하다[悠遠]〉로 줄인 것이다. 징즉유원(徵則悠遠)에서 징(徵)은 〈일한 보람 효(效) · 험(險)〉 등과 같아 징험(徵驗)의 줄임이고, 유(悠)는 〈(시간으로) 오랠 구(久) · (공간으로) 길 장(長)〉과 같아 유구(悠久) · 유장(悠長)의 줄임이며, 원(遠)은 〈아득할 영(永)〉과 같아 영원(永遠)의 줄임말로 여기면 된다.

유원즉박후(悠遠則博厚)는 〈지성유원(至誠悠遠) 즉지성박후(則至誠博厚)〉에서 지성(至誠)을 생략한 구문이다. 〈지성은[至誠] 장구하고[悠] 아득하니[遠] 곧[則] 지성은[至誠] 넓고[搏] 두텁다[厚]〉 이를 〈유원하니[悠遠] 곧[則] 넓고[搏] 두텁다[厚]〉로 줄인 것이다. 유원즉박후(悠遠則博厚)의 유(悠)는 〈(시간으로) 오랠 구(久) · (공간으로) 길 장(長)〉과 같아 유구(悠久) · 유장(悠長)의 줄임이고, 원(遠)은 〈아득할 영(永)〉과 같아 영원(永遠)의 줄임이며, 박(搏)은 〈넓을 광(廣)〉과 같아 광박(廣博)의 줄임으로 여기면 되고, 후(厚)는 〈두터울 심(深)〉과 같아 심후(深厚)의 줄임말로 새긴다.

박후즉고명(博厚則高明) 역시 〈지성박후(至誠博厚) 즉지성고명(則至誠高明)〉에서 지성(至誠)을 생략한 구문이다. 〈지성은[至誠] 넓고[搏] 두터우니[厚] 곧[則] 지성은[至誠] 높고[高] 밝다[明]〉 이를 〈넓고[搏] 두터우니[厚] 곧[則] 높고[高] 밝다[明]〉로 줄인 것이다. 박후즉고명(博厚則高明)의 박(搏)은 〈넓을 광(廣)〉과 같아 광박(廣博)의 줄임이고, 후(厚)는 〈두터울 심(深)〉과 같아 심후(深厚)의 줄임이며, 고(高)는 〈높을 존(尊)〉과 같아 존고(尊高)의 줄임으로 여기면 되고, 명(明)은 여기선 〈밝을 광(光)〉과 같아 광명(光明)의 줄임말로 새긴다.

【풀이(繹)】

징즉유원(徵則悠遠) 유원즉박후(悠遠則博厚) 박후즉고명(博厚則高明)은 멈춤없이 장구(長久)하여 징험(徵驗)한 지성(至誠)이 유원(悠遠)하고 박후(博厚)하며 고명(高明)하다는 뜻으로, 이는 곧 천지(天地)가 그렇게 하는 것이니 유원(悠遠) · 박후(博厚) · 고명(高明)은 지성(至誠)의 덕(德)을 살펴 새기고 헤아려 가늠하게 한다. 물론 지성(至誠)의 덕(德)은 천지(天地)의 덕(德) 그것이며, 천지지도(天地之道)를 통(通)하게 된다. 그러므로 지성(至誠)은 유원(悠遠) 즉 유구(悠久)하고 영원(永遠)하다. 유원(悠遠)하여 무궁(無窮)한 지성(至誠)은 땅[地]과 같아 박후(博厚) 즉 넓고[搏] 두텁다[厚]. 박후(博厚)한 지성(至誠)은 그 드러남[發]이 하늘[天]과 같아 고명(高明) 즉 높고[高] 밝다[明]. 유원(悠遠)하여 박후(博厚)하고 고명(高明)한 지성(至誠)의 덕(德)은 성물(成物) 즉 삼라만상(森羅萬象)으로 징험(徵驗)하게 됨을 일깨워 깨우치게 하는 말씀이 지성(至誠)의 〈유원(悠遠) · 박후(博厚) · 고명(高明)〉이다.

博厚所以載物也(박후소이재물야)

▶ {지성(至誠)이} 넓고[搏] 두터움은[厚] 그로써[以] 만물을[物] 싣는[載] 것[所]이다[也].

넓을 박(搏), 두터울 후(厚), 바(것) 소(所), 써 이(以), 실을 재(載), 온갖 것 물(物), 조사(~이다) 야(也)

【읽기(讀)】

박후소이재물야(博厚所以載物也)는 〈지성지박후지성지소재물이박후야(至誠之博厚至誠之所載物以博厚也)〉에서 지성지(至誠之)를 생략하고, 이박후(以博厚)에서 되풀이되는 박후(博厚)를 줄이고 남은 이(以)를 동사 노릇하는 재(載) 앞으로 전치(前置)한 구문이다. 〈지성의[至誠之] 박후는[博厚] 지성이[至誠之] 박후를 이용하여[以博厚] 만물을[物] 싣는[載] 것[所]이다[也]〉 이를 〈박후는[博厚] 그로써[以] 만물을[物] 싣는[載] 것[所]이다[也]〉로 줄인 것이다.

박후소이재물야(博厚所以載物也)의 박(搏)은 〈넓을 광(廣)〉과 같아 광박(廣博)의 줄임이고, 후(厚)는 〈두터울 심(深)〉과 같아 심후(深厚)의 줄임이며, 소(所)는 여기선 〈것 소(所)〉로 새기면 되고, 이(以)는 〈써 용(用)〉과 같고, 재(載)는 〈실을 승(乘)〉과 같다. 물(物)은 만물(萬物)의 줄임말로 여기면 되고, 야(也)는 종결어미(終結語尾 : ~이다) 노릇한다.

【풀이(繹)】

박후소이재물야(博厚所以載物也)는 땅[地]이 그렇게 하는 것으로, 땅[地]의 지성(至誠)을 말해준다. 왜냐하면 소재물(所載物) 즉 만물(萬物)을 실어주는[載] 것[所]은 천지(天地)의 지(地)가 하는 것이기 때문이다. 땅[地]은 광박(廣博)하고 심후(深厚)하여 만물(萬物)을 실음[載]도 장구(長久)하니, 그렇게 징험(徵驗)되고 유원(悠遠)함은 곧 땅[地]의 지성(至誠)이 성물(成物)함이다. 지지지성(地之至誠) 즉 땅의[地之] 지성(至誠)은 곧 지도(地道)이다. 『주역(周易)』은 성인(聖人)이 역(易)을 지어 지지도(地之道)를 유여강(柔與剛) 즉 부드러움과[柔與] 굳셈[剛]이라 했다고 밝혔듯이, 『중용(中庸)』은 지지도(地之道)의 지성(至誠)을 성인(聖人)이 박여후(搏與厚) 즉 넓음과[搏與] 두터움[厚]이라 했다고 밝혔음을 상기(想起)한다면, 지성(至誠)이란 삼재(三才) 즉 천지인(天地人)을 겸(兼)하고 있음을 깨닫게 된다. 땅[地]이 그렇게 하는 것은 박후(博厚)의 지성(至誠)이고, 천지(天地)를 본받아[法] 사람이 그렇게 하는 것은 인의(仁義)의 지성(至誠)임을 또한 상기(想起)시켜 성지자(誠之者)가 곧 인의(仁義)의 지성(至誠)임을 깨우치게 한다. 따라서 지성(至誠)의 박후(博厚)가 지성(至誠)의 지도(地道)임을 밝히는 말씀이 〈박후소이재물야(博厚所以載物也)〉이다.

註 "석자성인지작역야(昔者聖人之作易也) 장이순성명지리(將以順性命之理) 시이립천지도(是以立天之道) 왈음여양(曰陰與陽) 입지지도(立地之道) 왈유여강(曰柔與剛) 입인지도(立人之道) 왈인여의(曰仁與義)." 옛적에[昔者] 성인이[聖人之] 역을[易] 만든 것[作]은[也] 장차[將] 그 역[易]을 이용하여[以] 성명의[性命之] 이치를[理] 따르게 하고자 함이다[順]. 이[是] 때문에[以] 하늘의[天之] 도를[道] 베풀어[立] 음과[陰與] 양이라[陽] 했고[曰], 땅의[地之] 도를[道] 베풀어[立] 부

드러움과[柔與] 굳셈이라[剛] 했으며[曰], 사람의[人之] 도를[道] 베풀어[立] 어짊과[仁與] 옳음이라[義] 했다[曰].

땅[地]이 그렇게 하는 것은 박후(博厚)의 지성(至誠)이고, 천지(天地)를 본받아[法] 사람이 그렇게 하는 것은 인의(仁義)의 지성(至誠)이다. 물론 인의(仁義)의 지성(至誠)을 성지자(誠之者)라고 한다. 『주역(周易)』「설괘전(說卦傳)」 2단락(段落)

高明所以覆物也(고명소이부물야)

▶{지성(至誠)이} 높고[高] 밝음은[明] 그로써[以] 만물을[物] 덮는[覆] 것[所]이다[也].

높을 고(高), 밝을 명(明), 바(것) 소(所), 써 이(以), 덮을 부(覆), 온갖 것 물(物), 조사(~이다) 야(也)

【읽기(讀)】

고명소이부물야(高明所以覆物也)는 〈지성지고명지성지소부물이고명야(至誠之高明至誠之所覆物以高明也)〉에서 되풀이되는 지성지(至誠之)를 생략하고, 이고명(以高明)의 고명(高明)을 줄이고 남은 이(以)를 동사 노릇하는 부(覆) 앞으로 전치(前置)한 구문이다. 〈지성의[至誠之] 고명은[高明] 지성이[至誠之] 고명을 이용하여[以高明] 만물을[物] 덮는[覆] 것[所]이다[也]〉 이를 〈고명은[高明] 그로써[以] 만물을[物] 덮는[覆] 것[所]이다[也]〉로 줄인 것이다.

고명소이부물야(高明所以覆物也)에서 고(高)는 〈높을 존(尊)〉과 같아 존고(尊高)의 줄임이고, 명(明)은 〈밝을 광(光)〉과 같아 광명(光明)의 줄임이며, 소(所)는 〈것 소(所)〉로 새기면 되고, 이(以)는 〈써 용(用)〉과 같고, 부(覆)는 〈덮을 개(蓋)〉와 같아 부개(覆蓋)의 줄임으로 보면 된다. 물(物)은 만물(萬物)의 줄임이고, 야(也)는 종결어미(終結語尾 : ~이다) 노릇한다.

【풀이(繹)】

고명소이부물야(高明所以覆物也)는 하늘[天]이 그렇게 하는 것으로, 하늘의[天] 지성(至誠)을 말해준다. 왜냐하면 소부물(所覆物) 즉 만물(萬物)을 덮어주는[覆] 것[所]은 천지(天地)의 천(天)이 그렇게 하는 것이기 때문이다. 하늘[天]이 존고(尊高)하고 광명(光明)하여 만물(萬物)을 덮음[覆]도 장구(長久)하니, 그렇게 징험(徵驗)되고 유원(悠遠)함은 곧 하늘[天]의 지성(至誠)이 성물(成物)하는 것이다. 천지지성(天之至誠) 즉 하늘의[天之] 지성(至誠)은 곧 천도(天道)이다. 『주역(周易)』은 성인(聖人)이 역(易)을 지어 천지도(天之道)를 음여양(陰與陽) 즉 음기와[陰與] 양기[陽]라 했다고 밝혔듯이, 『중용(中庸)』은 천지도(天之道)의 지성(至誠)을 성인(聖人)이 고여명(高與明) 즉 높음과[高與] 밝음[明]이라 했다고 밝혔음을 상기(想起)한다면, 지성(至誠)이란 삼재(三才) 즉 천지인(天地人)을 겸(兼)하고 있음을 깨닫게 된다. 하늘[天]이 그렇게 하는 것은 고명(高明)의 지성(至誠)이고, 천지(天地)를 본받아[法] 사람이 그렇게 하는 것은 역시 인의(仁義)의 지성(至誠) 즉 성지자(誠之者)가 곧 인의(仁義)의 지성(至誠)임을 깨우치게 한다. 따라서 지성(至誠)의 고명(高明)이 지성(至誠)의 천도(天道)임을 밝히는 말씀이 〈고명소이부물야(高明所以覆物也)〉이다.

悠久所以成物也(유구소이성물야)

▶ {지성(至誠)의} 유구함은[悠久] 그로써[以] 만물의 본성을[物] 갖추는 것[成]이다[也].

길고길 유(悠), 오랠 구(久), 것 소(所), 써 이(以), 갖출 성(成), 온갖 것 물(物), 조사(~이다) 야(也)

【읽기(讀)】

유구소이성물야(悠久所以成物也)는 〈지성지유구지성지소성물이유구야(至誠之悠久至誠之所成物以悠久也)〉에서 되풀이되는 지성지(至誠之)를 생략하고, 이유구(以悠久)의 유구(悠久)를 줄이고 남은 이(以)를 동사 노릇하는 성(成) 앞으로 전치(前置)한 구문이다. 〈지성의[至誠之] 유구는[悠久] 지성이[至誠之] 유구를 이용하여[以悠久] 만물의 본성을[物] 다하는[成] 것[所]이다[也]〉 이를 〈유구는[悠久] 그로써[以] 만물을[物] 이루는[成] 것[所]이다[也]〉로 줄인 것이다.

유구소이성물야(悠久所以成物也)에서 유(悠)는 〈(시간으로) 오랠 구(久) · (공간으로) 길 장(長)〉과 같아 유구(悠久) · 유장(悠長)의 줄임이고, 구(久)는 〈(시간으로) 오랠 영(永) · (공간으로) 길 장(長)〉과 같아 영구(永久) · 장구(長久)의 줄임이며, 소(所)는 〈것 소(所)〉로 새기면 되고, 이(以)는 〈써 용(用)〉과 같다. 성(成)은 〈다할 완(完)〉과 같아 완성(完成)의 줄임이고, 물(物)은 물지성(物之性)의 줄임말로 여기면 되고, 야(也)는 종결어미(終結語尾 : ~이다) 노릇한다.

【풀이(繹)】

유구소이성물야(悠久所以成物也)는 천지(天地)가 준[稟] 본성(本性)을 물물(物物)마다 그대로 받아[受] 누리게 하는 것이 지성(至誠)의 유구(悠久)임을 살펴 새기고 헤아려 깨닫게 한다. 성자(誠者)의 성(誠)은 천지(天地)가 그렇게 하는 것이다. 그 성자(誠者)가 성물(成物)하게 하는 것을 유구(悠久)하다고 밝힌 것이다. 성물(成物)은 물진기성(物盡其性)이다. 물물(物物)이 저마다 천지(天地)로부터 받은[稟] 제[其] 본성(性)을 다함[盡]을 성물(成物)이라 한다. 천지(天地)가 성(性)을 품(稟)하여 생긴 것이 만물(萬物)의 만상(萬象)이고, 그 만물(萬物)이 저마다 제 본성(本性)을 누림을 일러 성물(成物)이라 한다.

성물(成物) 그것은 『주역(周易)』 「계사전(繫辭傳) 상(上)」에 나오는 〈성성존존(成性存存)〉을 상기(想起)시킨다. 「계사전(繫辭傳)」에 나오는 역(易)의 성성존존(成性存存)은 『중용(中庸)』에 나오는 지성(至誠)의 성물(成物)이다. 천지(天地)가 그렇게 하는 것을 『주역(周易)』은 역(易)의 성성존존(成性存存)이라 하고, 『중용(中庸)』은 지성(至誠)의 성물(成物)이라 한 셈이다. 물론 사람이라고 예외일 수 없다. 금수(禽獸) · 초목(草木) · 충어(蟲魚) 등 온갖 목숨[命]들이 물진기성(物盡其性)하여 성물(成物)을 누리듯이 인간도 인진기성(人盡其性)하여 성물(成物)을 누린다. 인간이 정(情)의 욕(欲)을 절제(節制)하여 성(性) · 정(情)의 중화(中和)를 누리고자 수기(修己)하고 치인(治人)하며 인인(仁人)하고 애물(愛物)함이 곧 인간(人間)의 성물(成物)이다. 앞 장(章)에서 살핀 〈불성무물(不誠無物)〉 즉 정성이[誠] 없다면[不] 온갖 것도[物] 없다[無]는 말씀도 곧 지성(至誠)이 없다면 성물(成物)도 없다[無]는 말씀이다. 그러므로 지성(至誠)이 멈춤 없이[不息] 성물(成物)하게 함을 일러 유구(悠久)하다고 밝힌 말씀이 〈유구소이성물야(悠久所以成物也)〉이다.

博厚配地(박후배지)

▶ {지성(至誠)의} 넓음과[博] 두터움[厚]은 땅과[地] 짝한다[配].

넓을 박(搏), 두터울 후(厚), 짝할 배(配), 땅 지(地)

【읽기(讀)】

박후배지(博厚配地)는 〈지성지박후배지지박후(至誠之博厚配地之博厚)〉에서 지성지(至誠之)를 생략하고, 지지박후(地之博厚)를 지(地)로 줄인 구문이다. 〈지성의[至誠之] 박후는[博厚] 땅의[地之] 박후와[博厚] 짝한다[配]〉 이를 〈박후는[博厚] 땅과[地] 짝한다[配]〉로 줄인 것이다.

박후배지(博厚配地)에서 박(搏)은 〈넓을 광(廣)〉과 같아 광박(廣博)의 줄임이고, 후(厚)는 〈두터울 심(深)〉과 같아 심후(深厚)의 줄임이며, 배(配)는 〈짝할 우(偶)〉와 같아 배우(配偶)의 줄임말로 여기면 된다.

【풀이(繹)】

박후배지(博厚配地)는 태극(太極)이 땅[地]으로 하여금 그렇게 하는 것[至誠]을 살펴 새기고 헤아려 깨우치게 한다. 박후(博厚)는 땅[地]이 태극(太極)으로부터 받은[稟] 성(性) 즉 지성(地性)을 잘 보존(保存)하고, 지성(至誠)을 다해 이루어 갖춤이다. 지(地)의 지성(至誠)이 이룬 것[成]이 박후(博厚)의 재물(載物)이니, 그 재물(載物)은 땅[地]이 행(行)하는 중용(中庸)의 성(成)이다. 이는 나아가 지지소재물(地之所載物)의 재물(載物)을 거듭 살펴 새기고 헤아려 땅[地]의 지성(至誠)이 박후(博厚)로 무사(無私)하게 재물(載物)함이 땅[地]의 성물(成物)임을 깨우치게 한다. 그러므로 땅[地]과 짝하는[配] 지성(至誠)이 지도(地道) 즉 지리(地理)와 짝하고[配], 곤도(坤道)와 배(配)하여 음기(陰氣) 즉 귀(鬼)와 짝하여[配] 성물(成物)하게 함을 살펴 새기고 헤아려 깨우치게 하는 말씀이 〈박후배지(博厚配地)〉이다.

高明配天(고명배천)

▶ {지성(至誠)의} 높고[高] 밝음[明]은 하늘과[天] 짝한다[配].

높을 고(高), 밝을 명(明), 짝할 배(配), 하늘 천(天)

【읽기(讀)】

고명배천(高明配天)은 〈지성지고명배천지고명(至誠之高明配天之高明)〉에서 지성지(至誠之)를 생략하고, 천지고명(天之高明)을 천(天)으로 줄인 구문이다. 〈지성의[至誠之] 고명은[高明] 하늘의[天之] 고명과[高明] 짝한다[配]〉 이를 〈고명은[高明] 하늘과[天] 짝한다[配]〉로 줄인 것이다.

고명배천(高明配天)에서 고(高)는 〈높을 존(尊)〉과 같아 존고(尊高)의 줄임이고, 명(明)은 〈밝을 광(光)〉과 같아 광명(光明)의 줄임이며, 배(配)는 〈짝할 우(偶)〉와 같아 배우(配偶)의 줄임말로 여기면 된다.

【풀이(繹)】

고명배천(高明配天)은 태극(太極)이 하늘[天]로 하여금 그렇게 하는 것[至誠]을 살펴 새기고 헤아려 깨우치게 한다. 고명(高明)은 천(天)이 태극(太極)으로부터 받은[稟] 성(性) 즉 천성(天性)을 잘 보존(保存)하고, 지성(至誠)을 다해 이루어 갖춤이다. 천(天)의 지성(至誠)이 이룬 것[成]이 고명(高明)의 부물(覆物)이니, 그 부물(覆物)은 천(天)이 행(行)하는 중용(中庸)의 성(成)이다. 이는 나아가 천지소부물(天之所覆物)의 부물(覆物)을 거듭 살펴 새기고 헤아려 천(天)의 지성(至誠)이 고명(高明)으로 무사(無私)하게 부물(覆物)함이 천(天)의 성물(成物)임을 깨우치게 한다. 그러므로 하늘[天]과 짝하는[配] 지성(至誠)이 천도(天道) 즉 천리(天理)와 짝하고[配], 나아가 건도(乾道)와 배(配)하여 양기(陽氣) 즉 신(神)과 짝하여[配] 성물(成物)하게 함을 살펴 새기고 헤아려 깨우치게 하는 말씀이 〈고명배천(高明配天)〉이다.

悠久無疆(유구무강)

▶ {천지지성(天地之誠)의} 유구함에는[悠久] 지경이[疆] 없다[無].

길고길 유(悠), 오랠 구(久), 없을 무(無), 지경 강(疆)

【읽기(讀)】

유구무강(悠久無疆)은 〈천지지성지유구무강(天地之誠之悠久無疆)〉에서 천지지성지(天地之誠之)를 생략한 구문이다. 〈천지지성의[天地之誠之] 유구함에는[悠久] 지경이[疆] 없다[無]〉 이를 〈유구함에는[悠久] 지경이[疆] 없다[無]〉로 줄인 것이다.

유구무강(悠久無疆)에서 〈유(悠)〉는 〈(시간으로) 오랠 구(久) · (공간으로) 길 장(長)〉과 같아 유구(悠久) · 유장(悠長)의 줄임이고, 〈구(久)〉는 〈(시간으로) 오랠 영(永) · (공간으로) 길 장(長)〉과 같아 영구(永久) · 장구(長久)의 줄임이며, 무(無)는 〈없을 무(無)〉로 자동사 노릇하고, 강(疆)은 무(無)의 주어 노릇하고 〈지경 계(界)〉와 같아 강계(疆界)의 줄임말로 여기면 된다.

【풀이(繹)】

유구무강(悠久無疆)은 천도(天道) · 천덕(天德)이 하는 하늘[天]의 지성(至誠)이 유구(悠久)함과 지도(地道) · 지덕(地德)이 하는 땅[地]의 지성(至誠)이 유구(悠久)함을 가름하는 강(疆) 즉 지경(彊)이 없음을 살펴 새기고 헤아려 깨우치게 한다. 지경(彊)이란 그때와 이때를 가름하고, 여기와 저기를 가름하는 금[界]을 말한다. 천(天)의 지성(至誠)은 부물(覆物)함에 유구(悠久)하고, 지(地)의 지성(至誠)은 재물(載物)함에 유구(悠久)하여 서로 다를 바가 없음이다.

천지(天地)가 지키는 것[守者]은 지성(至誠)이고, 천지(天地)가 행하는 것[行者]은 역(易)이다. 이러한 지성(至誠)의 무강(無疆)은 『주역(周易)』「계사전(繫辭傳) 상(上)」에 나오는 **부역광의대의(夫易廣矣大矣)**를 상기(想起)시킨다. 역(易)과 같이 지성(至誠)도 유구(悠久)하고 무강(無疆)하여 광(廣)하고 대(大)하다. 여기서 광대(廣大)의 광(廣)은 땅[地]이 박후(博厚)함을 〈넓을 광(廣)〉 한 자(字)로 밝힘이고, 대(大)는 하늘[天]이 고명(高明)함을 〈큰 대(大)〉로 밝힌 것이다. 물론 지성(至誠)의 무강(無疆)은 지성(至誠)의 무식(無息)을 뜻하기도 한다. 멈춤[息]이 없으니 시(時) · 공(空)의 지경[疆]이 없음은 곧 멈춤이 없음[不息]이다. 그러므로 천지(天地)의 도덕(道德)대로 하는 지성(至誠)이란 불식(不息)하여 무강(無疆)하므로 고금래(古今來)로 나누어지지 않고 육극(六極 : 東西南北上下)으로 나누어 여기저기로 금 그어 천지(天地)의 도덕(道德)을 달리하지 않음을 살펴 새기고 헤아려 깨우치게 하는 말씀이

〈유구무강(悠久無疆)〉이다.

註 "부역광의(夫易廣矣) 대의(大矣) 이언호원즉불어(以言乎遠則不禦) 이언호이즉정이정(以言乎邇則靜而正) 이언호천지지간즉비의(以言乎天地之間則備矣) 부건기정야전(夫乾其靜也專) 기동야직(其動也直) 시이대생언(是以大生焉) 부곤기정야흡(夫坤其靜也翕) 기동야벽(其動也闢) 시이광생언(是以廣生言) 광대배천지(廣大配天地)." 무릇[夫] 역은[易] 넓은 것[廣]이고[矣] 큰 것[大]이다[矣]. 역(易)으로[以] 먼 것을[乎遠] 말하면[言] 곧[則] 막지 못하고[不禦], 역(易)으로[以] 가까운 것을[乎邇] 말하면[言] 곧[則] 고요하며[靜而] 바르다[正]. 역(易)으로[以] 천지의[天地之] 사이를[乎間] 말하면[言] 곧[則] {역(易)이} 갖추어지는 것[備]이다[矣]. 무릇[夫] 건(乾) 그것의[其] 고요란[靜也] 전일하고[專], 그것의[其] 움직임이란[動也] 곧다[直]. 이래서[是以] 큰 것이[大] 건(乾)에서 생기는 것[生]이다[焉]. 무릇[夫] 곤[坤] 그것의[其] 고요란[靜也] 닫힘이고[翕], 그것의[其] 움직임이란[動也] 열림이다[闢]. 이래서[是以] 넓은 것이[廣] 곤(坤)에서 생기는 것[生]이다[焉]. 광대는[廣大] 천지와[天地] 짝한다[配].

『주역(周易)』「계사전(繫辭傳) 상(上)」 6단락(段落)

如此者不見而章(여차자불현이장)

▶이와[此] 같이 하는[如] 것은[者] 보이지 않아도[不見而] 드러난다[章].

같이 할 여(如), 이 차(此), 것 자(者), 아니 불(不), 보일 현(見), 그러나 이(而), 빛날 장(章)

【읽기(讀)】

여차자불현이장(如此者不見而章)은 〈여차자불현(如此者不見) 이여차자장(而如此者章)〉에서 여차자(如此者) 한쪽을 생략하고, 두 구문을 하나로 묶은 것이다. 〈여차자는[如此者] 보이지 않는다[不見]. 그러나[而] 여차자는[如此者] 드러난다[章]〉 이를 〈여차자는[如此者] 드러나 보이지 않아도[不見而] 드러난다[章]〉로 줄인 말투이다.

여차자불현이장(如此者不見而章)의 여(如)는 〈같이할 사(似)〉와 같아 여사(如似)의 줄임이고, 〈이 차(此)〉는 〈저 피(彼)〉의 반대말이며, 자(者)는 여기선 지물(之物)을 나타내는 〈것 자(者)〉이고, 현(見)은 〈보일 시(示)〉와 같아 현시(見示)의 줄임말로 여기고 피동(被動)으로 새겨야 문의(文意)가 분명해진다. 이(而)는 〈그러나 이

(而)〉이고, 장(章)은 〈드러날 표(表)〉와 같아 장표(章表)의 줄임말로 새기면 된다.

【풀이(繹)】

여차자불현이장(如此者不見而章)은 지성배지(至誠配地) 즉 지성(至誠)이 땅[地]과 짝함[配]을 살펴 새기고 헤아려 깨우치게 한다. 박후(博厚)하여 재물(載物)하는 지지도덕(地之道德)대로 하는 땅[地]의 지성(至誠)은 결코 자현(自見)하지 않지만 드러나게[章] 된다. 지도(地道)는 지(地)의 형이상자(形而上者)이고 지(地)의 체(體)이다. 지덕(地德)은 지(地)의 형이하자(形而下者)이고 지(地)의 용(用)이다. 체(體)는 이(理)이고 용(用)은 기(器)이다. 형이상자(形而上者)란 불현자(不見者) 즉 보이지 않는[不見] 것[者]으로, 형이상자(形而上者)로서 지도(地道)는 감지(感知)되지 않는 것[理]이며, 지덕(知德)은 감지(感知)되는 것[器]이다. 지지지성(地之至誠) 즉 땅의[地之] 지성(至誠)은 땅의 도덕(道德)대로 하므로 불현이장(不見而章)하여 배지(配地) 즉 땅[地]과 짝한다[配]. 지(地)의 도기(道器)란 곧 지지지성(地之至誠)의 도기(道器) 바로 그것이기 때문에 지(地)의 지성(至誠)은 박후(博厚)하여 유구(悠久)하며 무강(無疆)하다. 이러한 지(地)의 도기(道器)인 지성(至誠)을 그대로 본받아[法] 종지(從地)하여 제례(制禮)하는 것이 곧 성인(聖人)의 성물(成物)이다. 지지지성(地之至誠)과 성인(聖人)은 동체(同體) 즉 한 몸[同體]이다. 그러므로 성인(聖人)은 땅[地]의 지성(至誠)을 본받아[法] 종지(從地)하여 제례(制禮) 즉 예(禮)를 짓는 것[制]이다. 땅[地]의 지성(至誠)은 여지자(如地者) 즉 땅[地]과 같이 하는[如] 것[者]이고, 성인(聖人)은 여지지지성자(如地之至誠者) 즉 땅의 지성(至誠)과 같이 하는[如] 분[者]이기 때문에, 지도(地道) · 지성지도(至誠之道) · 성지도(性之道)는 보이지 않지만[不見], 지덕(地德) · 지성지덕(至誠之德) · 성지덕(聖之德)은 만물(萬物)로 드러남[章]을 밝힌 말씀이 〈불현이장(不見而章)〉이다.

不動而變(부동이변)

▶ {이와[此] 같이 하는[如] 것[者]은} 출동하지 않아도[不動而] 변화한다[變].

아니 부(不), 나올 동(動), 그러나 이(而), 변화할 변(變)

【읽기(讀)】

부동이변(不動而變)은 〈여차자부동(如此者不動) 이여차자변(而如此者變)〉에서 여차자(如此者)를 생략하고 두 구문을 하나로 묶은 것이다. 〈여차자는[如此者] 출동하지 않는다[不動]. 그러나[而] 여차자는[如此者] 변화한다[變]〉 이를 〈출동하지 않아도[不動而] 변화한다[變]〉로 줄인 것이다.

부동이변(不動而變)에서 동(動)은 〈나올 출(出)〉과 같아 출동(出動)의 줄임이고, 이(而)는 〈그러나 이(而)〉이고, 변(變)은 변화(變化)의 줄임말로 여기면 된다.

【풀이(繹)】

부동이변(不動而變)은 지성배천(至誠配天) 즉 지성(至誠)이 하늘[天]과 짝함[配]을 살펴 새기고 헤아려 깨우치게 한다. 고명(高明)하여 부물(覆物)하는 천지도덕(天之道德)대로 하는 하늘[天]의 지성(至誠)은 결코 부자동(不自動)하지만 변화하게(變) 된다. 부자동(不自動) 즉 스스로[自] 내놓지 않음[不動]은 곧 부자현(不自見)과 같다. 천도(天道)는 하늘[天]의 형이상자(形而上者)이고 체(體)이다. 천덕(天德)은 천(天)의 형이하자(形而下者)이고 용(用)이다. 체(體)는 이(理)이고 용(用)은 기(器)이니, 형이상자(形而上者)란 부동자(不動者) 즉 나오지 않는[不動] 것[者]이다. 형이상자(形而上者)로서 천도(天道)는 감지(感知)되지 않는 것[理]이고, 천덕(天德)은 감지(感知)되는 것[器]이다. 천지지성(天地之誠) 즉 하늘의[天之] 지성(至誠)은 하늘의 도덕(道德)대로 하므로 부동이변(不動而變)하여 배천(配天) 즉 하늘[天]과 짝한다[配]. 천(天)의 도기(道器)란 곧 천지지성(天之至誠)의 도기(道器) 바로 그것이기 때문에 천(天)의 지성(至誠)은 고명(高明)하여 유구(悠久)하며 무강(無疆)하다. 이러한 천(天)의 도기(道器)인 지성(至誠)을 그대로 본받아[法] 종천(從天)하여 작악(作樂)한 것이 곧 성인(聖人)의 성물(成物)이니, 천지지성(天之至誠)과 성인(聖人)은 동체(同體) 즉 한 몸[同體]이다. 그래서 성인(聖人)은 하늘[天]의 지성(至誠)을 본받아[法] 종천(從天)하여 작악(作樂) 즉 악(樂)을 짓는 것[作]이다. 하늘[天]의 지성(至誠)은 여천자(如天者) 즉 하늘[天]과 같이 하는[如] 것[者]이고, 성인(聖人)은 여천지지성자(如天之至誠者) 즉 하늘의[天之] 지성(至誠)과 같이 하는[如] 분[者]이기 때문에, 천도(天道) · 지성지도(至誠之道) · 성지도(性之道)는 나오지 않지만[不動], 천덕(天德) · 지성지덕(至誠之德) · 성지덕(聖之德)은 만물(萬物)로써 변화합[變]을 밝힌 말씀이 〈부동이변(不動而變)〉이다.

無爲而成(무위이성)

▶{지성(至誠)은} 꾀함이[爲] 없어도[無而] 이룬다[成].

없을 무(無), 꾀할 위(爲), 그러나 이(而), 이룰 성(成)

【읽기(讀)】

무위이성(無爲而成)은 〈지성무위(至誠無爲) 이지성성물(而至誠成物)〉에서 주어 노릇할 지성(至誠)을 생략하고, 성물(成物)을 성(成)으로 줄여 하나로 묶은 구문이다. 무위이성(無爲而成)의 무(無)는 〈없을 무(無)〉로 자동사 노릇하고, 위(爲)는 무(無)의 주어 노릇하며 〈꾀할 작(作)〉과 같아 작위(作爲)의 줄임으로 여기면 되고, 이(而)는 〈그러나 이(而)〉이고, 성(成)은 앞 장(章)에서 살핀 성물(成物)의 줄임말로 여기면 된다.

【풀이(繹)】

무위이성(無爲而成)은 지성(至誠)이 배천지(配天地) 즉 천지(天地)와 짝하여[配] 천지(天地)의 도덕(道德)대로 하기 때문에, 땅[地]이 박후(博厚)하여 재물(載物)하고 천(天)이 고명(高明)하여 부물(覆物)함이 유구(悠久)하고 무강(無疆)함을 살펴 새기고 헤아려 깨우치게 한다. 천지(天地)가 무위(無爲)함은 지성(至誠)이 무위(無爲) 그것이기 때문이다. 지성무위(至誠無爲)는 곧 지성무강(至誠無疆)으로 통한다. 무강(無疆)은 이것과 저것 사이가 없으므로 무간(無間)하다. 어떤 사이[間]도 없으니 조작(造作)할 것이 없다. 지성(至誠)이 무위(無爲)하여 무강(無疆)함은 천지(天地)의 도덕(道德)대로 하기 때문이다. 천지(天地)는 만물지부모(萬物之父母)이다. 이를 두고 천(天)은 대시(大始)를 차지하고[知], 지(地)는 성물(成物)을 짓는다[作]고 한다. 천(天)은 씨를 뿌리고, 땅[地]은 그 씨를 받는다고 하는 것이다. 대시(大始)는 천(天)의 도덕(道德)대로 하는 천(天)의 지성(至誠)이고, 성물(成物)은 땅[地]의 도덕(道德)대로 하는 지(地)의 지성(至誠)이기 때문임을 살펴 새기고 헤아려 깨우치게 밝힌 말씀이 〈무위이성(無爲而成)〉이다.

註 "건지대시(乾知大始) 곤작성물(坤作成物)." 건은[乾] 대시를[大始] 차지하고[知], 곤은[坤] 성물을[成物] 짓는다[作].

건지대시(乾知大始)의 지(知)는 〈차지할 주(主)〉와 같고, 대시(大始)는 초생(初生) 즉 씨앗을 뜻하고, 곤작성물(坤作成物)의 성물(成物)은 물진기성(物盡其性) 즉 〈(태어날) 것이[物] 제[其] 본성을[性] 다함[盡]〉을 뜻한다. 말하자면 임부(妊婦)가 열 달 뒤에 적자(赤子) 즉 갓난애를 낳는 그것이 곧 성물(成物)이다. 『주역(周易)』「계사전(繫辭傳) 상(上)」 1단락(段落)

【2단락(段落) 전문(全文)】

天地之道는 可一言而盡也이다 其爲物은 不貳이니 則其生物은 不測이다 天地之道는 博也이고 厚也이며 高也이고 明也이며 悠也이고 久也이다
(천지지도 가일언이진야 기위물 불이 즉기 생물 불측 천지지도 박야 후야 고야 명야 유야 구야)

하늘 땅의 행함을 한마디로 말할 수 있다면 다하는 것이다. 그 도(道)가 물건이[物] 됨은 두 가지가 아니니, 곧 그 도(道)가 온갖 것을 낳음은 헤아릴 수 없다. 하늘 땅의 행함은 넓은 것이고, 두터운 것이며, 높은 것이고, 밝은 것이며, 멀고 먼 것이고, 오래인 것이다.

天地之道可一言而盡也(천지지도가일언이진야)

▶ 하늘 땅의[天地之] 행함을[道] 한마디로[一] 말할 수 있다면[可言而] 다하는 것[盡]이다[也].

하늘 천(天), 땅 지(地), 조사(~의) 지(之), 행할 도(道), 가할 가(可), 한 일(一), 말할 언(言), 조사(~즉) 이(而), 다할 진(盡), 조사(~이다) 야(也)

【읽기(讀)】

천지지도가일언이진야(天地之道可一言而盡也)는 〈가일언천지지도(可一言天地之道) 이기도진야(而其道盡也)〉에서 천지지도(天地之道)를 강조하고자 전치(前置)하고, 기도(其道)를 생략한 구문이다. 〈천지지도를[天地之道] 한마디로[一] 말할

수 있다면[可言] 곧[而] 그[其] 도는[道] 다하는 것[盡]이다[也]〉 이를 〈천지지도를[天地之道] 한마디로[一] 말할 수 있다면[可言] 곧[而] 다하는 것[盡]이다[也]〉로 줄인 것이다.

천지지도(天地之道)의 도(道)는 여기선 〈행할 행(行)〉과 같아 도행(道行)의 줄임이고, 이진야(而盡也)에서 이(而)는 〈곧 즉(則)〉과 같아 조사(助詞) 노릇하고, 진(盡)은 〈다할 갈(竭)〉과 같아 사무사(思無邪) 즉 〈진실로[思] 사악함이[邪] 없음[無]〉을 뜻한다.

【풀이(繹)】

천지지도가일언이진야(天地之道可一言而盡也)는 지성(至誠)을 거듭해 살펴 새기고 헤아려 깨우치게 한다. 천지지도(天地之道)는 바로 지성(至誠)의 행(行) 그것을 말하고, 그 지성(至誠)을 한 자(字)로 〈진(盡)〉이라 밝힌 것이다. 본래 도란 것[道也者]은 행어만물자(行於萬物者) 즉 만물에[於萬物] 행함[行]이니, 천지지행(天地之行)이 곧 지성(至誠) 그것이다. 천지(天地)가 그렇게 하는 것이 곧 지성(至誠)이라 함은 지성(至誠)이 천지(天地)를 본받아[法] 그렇게 한다는 것이 아니라, 천지(天地)가 지성(至誠)을 법(法)하여 그렇게 한다는 뜻이다. 천지(天地)란 법자연(法自然)이요, 『주역(周易)』의 역(易)으로 말한다면 천지지도(天地之道)란 음양지도(陰陽之道)이고 그 도(道)는 태극(太極)으로 말미암아 생긴 것이다. 천지(天地)보다 먼저인 것이 태극(太極)이고, 그 태극(太極)의 것이 성(誠)이다. 천지지도(天地之道)의 행(行)은 곧 성(誠)인 것이다. 천지지도(天地之道)의 도(道)는 행어만물자(行於萬物者)의 행(行)인 바로 그 도(道)이니, 천지지도(天地之道)란 천지가[天地之] 만물에[於萬物] 행(行)함이고 그 행(行)함이란 성(誠) 그것을 따름이다. 그 행(行)을 일음일양(一陰一陽)이라 하고 또는 생생(生生)이라고 한다. 천지(天地)가 만물(萬物)을 생생(生生)하는 그 이전의 것[太極]인 지성(至誠)을 따라 천지지도(天地之道)가 지공무사(至公無私)하게 만물(萬物)을 생(生)하게 하므로, 지성(至誠)을 다하는[盡] 천지지도(天地之道) 역시 한 마디로 말해[一言] 〈다할 진(盡)〉 그것이 된다. 그러므로 이 〈천지지도가일언이진야(天地之道可一言而盡也)〉는 『논어(論語)』「위정(爲政)」편(篇)에 나오는 시삼백(詩三百) 일언이폐지(一言以蔽之) 왈사무사(日思無邪)를 상기(想起)시킨다.

사무사(思無邪) 즉 사악함[邪]이 진실로[邪] 없음[無]이란 바로 지성(至誠) 그것이다. 이러한 천지지도(天地之道)를 성인(聖人)이 본받기[法] 함은 지성(至誠)을 법(法)함이고, 그 성인(聖人)의 마음[心]은 진심(盡心) 바로 그것이다. 진심(盡心)을 갈기심(竭其心)이라고도 함은 사욕(私欲)이 다 말라서 없어진 마음[竭其心]을 말한다. 지성(至誠)을 믿고 진실로 따르는 마음을 한마디로 〈진(盡)〉이라 한다. 그래서 **성신지위진(誠信之謂盡)**이라 한다. 진실로[誠] 따라 믿음을[信之] 다함이라[盡] 하니[謂] 이러한 진(盡)은 오로지 온전함(全)뿐이어서 『노자(老子)』 22장(章)에 나오는 **성전(誠全)** 역시 바로 지성(至誠)의 진(盡)임을 살펴 새기고 헤아려 깨우치게 하는 말씀이 〈천지지도가일언이진야(天地之道可一言而盡也)〉이다.

註 "시삼백(詩三百) 일언이폐지(一言以蔽之) 왈사무사(曰思無邪)." 시삼백(詩三百) 그것을[之] 한마디[一言]로써[以] 덮는다면[蔽] 진실로[思] 사악함이[邪] 없음[無]이다[曰].

『논어(論語)』「위정(爲政)」편(篇) 2장(章)

註 "신치기성신(身致其誠信) 성신지위진(誠信之謂盡) 진지위경(盡之謂敬) 경진연후(敬盡然後) 가이사신명(可以事神明)." 몸소[身] 그[其]를 믿어 착실함을[誠信] 지극히 하고[致], 믿어 착실함을[誠信] 다함이라[盡] 한다[謂]. 다함을[盡之] 공경이라[敬] 하고[謂], 공경을[敬] 다한[盡] 뒤에야[然後] 그로써[以] 신명을[神明] 섬길 수 있다[可事]. 『예기(禮記)』「제통(祭統)」 6단락(段落)

註 "고지소위곡즉전자(古之所謂曲則全者) 개허언재(豈虛言哉) 성전이귀지(誠全而歸之)." 옛적에 굽으면[曲] 곧[則] 펴져 온전하다고[全] 말한[謂] 바의[所] 것이[者] 어찌[豈] 헛된[虛] 말[言]이겠는가[哉]. 진실로[誠] 펴져 온전하다면[全而] 자연으로 돌아간다[歸之]. 『노자(老子)』 22장(章)

其爲物不貳(기위물불이) 則其生物不測(즉기생물불측)

▶ 그 도(道)가[其] 물건[物]이 됨은[爲] 두 가지가[貳] 아니니[不], 곧[則] 그 도(道)가[其] 온갖 것을[物] 낳음은[生] 헤아릴 수[測] 없다[不].

그 기(其), 될 위(爲), 물건(物件) 물(物), 아니 불(不), 두 가지 이(貳),
곧 즉(則), 낳을 생(生), 온갖 것 물(物), 못할 불(不), 헤아릴 측(測)

【읽기(讀)】

기위물불이(其爲物不貳) 즉기생물불측(則其生物不測)은 〈천지지도지위물불이

(天地之道之爲物不貳) 즉천지지도지생물불측(則天地之道之生物不測)〉에서 천지지도지(天地之道之)를 〈그 기(其)〉로 대신하여 줄인 구문이다. 〈천지의[天地之] 도가[道之] 물건이[物] 됨은[爲] 되풀이되지 않으니[不貳] 곧[則] 천지의[天地之] 도가[道之] 만물(物)을 생(生)함은 불측(不測)하다〉 이를 〈그것이[其] 물건이[物] 됨은[爲] 불이(不貳)이니 곧[則] 그것이[其] 만물[物]을 생(生)함이 불측(不測)하다〉로 줄인 것이다.

기위물불이(其爲物不貳)에서 위물(爲物)의 위(爲)는 〈될 성(成)〉과 같고, 물(物)은 개수(箇數)로 나누어볼 수 있는 것[物] 즉 물건(物件)을 뜻하고, 불이(不貳)의 이(貳)는 이것저것 나눌 수 있는 개수를 뜻한다. 즉기생물불측(則其生物不測)에서 생물(生物)의 물(物)은 온갖 것 물(物)로 만물(萬物)을 뜻하고, 측(測)은 여기선 〈헤아릴(잴) 탁(度)〉과 같다.

【풀이(繹)】

기위물불이(其爲物不貳)는 천지지도(天地之道)가 천지도(天之道)와 지지도(地之道)의 둘로 나누어질 수 없음을 말한다. 지성(至誠) 즉 천지지도(天地之道)가 위물(爲物) 즉 물건(物件)이 된다[爲]는 것은 천도(天道) · 지도(地道)가 두 갈래가 아니라는[不貳] 의미다. 천지지도(天地之道) 즉 지성(至誠)을 물(物)이라 할 때, 그 물(物)은 피시지물(彼是之物)이 아니어서 물건(物件)이 아님을 일러 〈불이(不貳)〉라 한 것이다. 지성(至誠)에서 천도(天道)와 지도(地道)는 피여시(彼與是)의 것[物]이 아니라 피역시(彼亦是)의 물(物)이라는 말이다. 저것 그리고 이것[彼與是]은 피(彼) · 시(是)가 두 가지[貳]로 나뉜다. 하지만 저것 역시 이것[彼亦是]이란 저것이 이것이고 이것이 저것이어서 두 가지[貳]가 아니므로[不] 나누어지지 않는다.

『주역(周易)』이 밝히는 역(易)의 일음일양(一陰一陽)이 바로 피역시(彼亦是)의 불이(不貳)이며, 불가(佛家)에서 밝히는 시비이거(是非已去)의 불이(不二)를 상기(想起)시킨다. 음양(陰陽)이 두 가지가 아니라 음(陰)이 양(陽)이 되고 양(陽)이 음(陰)이 됨이 그침 없고 쉼이 없어 유이불식(流而不息)의 것[物]이라 함은 천지지도(天地之道) 그것인 지성(至誠)도 그러하므로 태극생음양(太極生陰陽) 즉 음양(陰陽)을 내는[生] 태극(太極)처럼 이것저것 나눌 수 없어서 전일(專一)하다는 것이다. 지성(至誠)으로 말미암아 천(天) · 지(地)는 둘이 아니라[不貳] 전일(專一)한 것, 즉 오로지[專] 하나[一]의 것[物]임을 밝힌 말씀이 〈기위물불이(其爲物不貳)〉이다.

즉기생물불측(則其生物不測)은 앞서 25장(章)에서 살핀 〈불성무물(不誠無物)〉을 거듭 살피고 헤아려 가늠하게 한다. 지성(至誠)이 없으면[不誠] 만물(萬物)이 없다[無物], 이는 멈춤이 없어[不息] 유구(悠久)한 지성(至誠)이 생물(生物) 즉 만물(萬物)을 생산(生産)함은 불측(不測) 즉 헤아려 잴 수 없다 함이다. 지성(至誠)의 생물(生物)을 『주역(周易)』의 역(易)으로 말한다면 〈생생(生生)〉 그것이다. 지성(至誠)이 불이(不貳)하여 전일(專一)하다는 것은 오로지 생물(生物) 즉 만물(萬物)을 생산(生産)하기를 멈춤 없이[不息] 다하기[盡] 때문에 지성(至誠)이 온갖 것[物]을 냄은[生] 헤아려지지 않는다[不測]는 뜻임을 밝힌 말씀이 〈즉기생물불측(則其生物不測)〉이다.

註 "일음일양지위도(一陰一陽之謂道) 계지자선야(繼之者善也) 성지자성야(成之者性也) 인자견지위지인(仁者見之謂之仁) 지자견지위지지(知者見之謂之知)." 한 번은 음기이고[一陰] 한 번은 양기임을[一陽] 도라[道] 하고[謂], 이 도(道)를[之] 계승하는[繼] 것이[者] 선(善)이고[也], 이 도(道)를[之] 이룩하는[成] 것이[者] 성(性)이다[也]. 어진[仁] 이는[者] 선성(善性)을[之] 보고[見] 그것을[之] 어짊이라[仁] 하고[謂], 아는[知] 이는[者] 선성(善性)을[之] 보고[見] 그것을[之] 앎이라[知] 한다[謂].

『주역(周易)』「계사전(繫辭傳) 상(上)」 5장(章)

註 "도시(道是) 시무가시(是無可是) 언비(言非) 비무가비(非無可非) 시비이거(是非已去)." 시라고[是] 말하나[道] 시(是)에는 시(是)라 말할 것이[可] 없고[無], 비라고[非] 말하나[言] 비(非)에는 비(非)라 말할 것이[可] 없다[無]. 시비란[是非] 이미 없다[已去].

『벽암록(碧巖錄)』〈수시(垂示)〉 84칙(則)

天地之道搏也厚也高也明也悠也久也(천지지도박야후야고야명야유야구야)

▶ 하늘 땅의[天地之] 행함은[道] 넓은 것이고[搏也], 두터운 것이며[厚也], 높은 것이고[高也], 밝은 것이며[明也], 멀고 먼 것이며[悠也], 오래인 것이다[久也].

하늘 천(天), 땅 지(地), 조사(~의) 지(之), 행할 도(道), 넓을 박(搏), 두터울 후(厚), 높을 고(高), 밝을 명(明), 길고 길 유(悠), 오랠 구(久), 조사(~이다) 야(也)

【읽기(讀)】

천지지도박야후야고야명야유야구야(天地之道搏也厚也高也明也悠也久也)는 〈천지지도박야(天地之道搏也) 천지지도후야(天地之道厚也) 천지지도고야(天地之道高也) 천지지도명야(天地之道明也) 천지지도유야(天地之道悠也) 천지지도구야(天地之道久也)〉에서 되풀이되는 천지지도(天地之道)를 생략한 구문이다.

박야후야(搏也厚也)의 박(搏)은 〈넓을 광(廣)〉과 같아 광박(廣博)의 줄임이고, 후(厚)는 〈두터울 심(深)〉과 같아 심후(深厚)의 줄임이다. 고야명야(高也明也)의 고(高)는 〈높을 존(尊)〉과 같아 존고(尊高)의 줄임이고, 명(明)은 〈밝을 광(光)〉과 같아 광명(光明)의 줄임말로 여기면 된다. 유야구야(悠也久也)의 유(悠)는 〈(시간으로) 오랠 구(久) · (공간으로) 길 장(長)〉과 같아 유구(悠久) · 유장(悠長)의 줄임이고, 구(久)도 〈(시간으로) 오랠 영(永) · (공간으로) 길 장(長)〉과 같아 영구(永久) · 장구(長久)의 줄임말로 여기면 된다.

【풀이(繹)】

천지지도박야후야고야명야유야구야(天地之道搏也厚也高也明也悠也久也)는 천지(天地)에서는 천지(天地)가 둘[貳]이라 박(搏) · 후(厚)는 지(地)의 재물(載物)을 밝힘이 되고, 고(高) · 명(明)은 천(天)의 부물(覆物)을 밝힘이 되며, 땅[地]의 재물(載物)은 땅의 유(悠) · 구(久)이고, 하늘[天]의 부물(覆物)은 천(天)의 유(悠) · 구(久)이지만, 지성(至誠)에서는 그 재물(載物)과 그 부물(覆物)이 불이(不貳) 즉 둘[二]이 아니라 하나[一]임을 말한다. 물론 천지지도(天地之道)인 지성(至誠)의 불이(不貳)는 거듭되는 것[貳]이 아님[不]도 된다. 천지(天地)가 만물(萬物)의 부모(父母)이지만 같은 것을 반복해서 낳는 법이 없으니, 이는 지성(至誠)이 불이(不貳)인 까닭이다. 생생(生生)마다 그것은 하나[一]일 뿐이니 지성(至誠)의 성물(成物) 즉 생물(生物)은 헤아릴 수 없음[不測]을 일러 땅의 재물(載物)로 보면 후(厚)하고 박(搏)하며, 하늘의 부물(覆物)로 보면 고(高)하고 명(明)하여 유구(悠久)함을 거듭해 밝혀놓은 말씀이 〈천지지도박야후야고야명야유야구야(天地之道搏也厚也高也明也悠也久也)〉이다.

【3단락(段落) 전문(全文)】

今夫天은 斯昭昭之多이나 及其無窮也해서 日月星辰이 繫焉하고 萬物이 覆焉이다
(금부천 사소소지다 급기무궁야 일월성신 계언 만물 부언)

지금 무릇 하늘 이것은 희멀건 밝음이 많아져 그것이 무궁함에 이른 것이다. 해와 달과 별은 하늘에 매달린 것이고, 온갖 것은 하늘의 고명(高明)에 덮인 것이다.

今夫天斯昭昭之多(금부천사소소지다) 及其無窮也(급기무궁야)

▶ 지금[今] 무릇[夫] 하늘[天] 이것은[斯] 희멀건 밝음이[昭昭之] 많아져[多] 그것이[其] 무궁함에[無窮] 이른 것[及]이다[也].

이제 금(今), 무릇 부(夫), 하늘 천(天), 이 사(斯), 희미하게 밝을 소(昭), 조사(~이) 지(之), 많이 쌓일 다(多), 이를 급(及), 그 기(其), 없을 무(無), 다할 궁(窮), 조사(~이다) 야(也)

【읽기(讀)】

금부천사소소지다(今夫天斯昭昭之多)는 〈금천소소지다(今天昭昭之多)〉에서 금천(今天)을 강조하고자 어조사(語助詞) 노릇하는 〈무릇 부(夫)〉와 지시대명사로 가주어 노릇할 〈이 사(斯)〉를 더한 말투로 여기면 문의(文意)가 드러난다. 〈지금[今] 하늘은[天] 희미한 밝음이[昭昭之] 많이 쌓인 것이다[多]〉 이를 〈지금[今] 무릇[夫] 하늘[天] 이것은[斯] 희미한 밝음이[昭昭之] 많이 쌓인 것이다[多]〉라고 어조(語調)를 더해 강조한 것이다.

금부천사소소지다(今夫天斯昭昭之多)에서 금부천(今夫天)은 주부(主部) 노릇하

고, 소소지(昭昭之)는 술부(述部)이며, 다(多)는 보어(補語) 노릇한다. 금부천사소소지다(今夫天斯昭昭之多)의 금(今)은 자고지금(自古至今) 즉 〈예[古]부터[自] 이제[今]까지[至]〉를 한 자(字)로 줄인 것이고, 부(夫)는 〈무릇 범(凡)〉과 같고, 사(斯)는 〈이 차(此)〉와 같으며, 소(昭)는 〈밝을 명(明)·경(耿)〉 등과 같아 소명(小明) 즉 작은[小] 밝음[明]인 〈희미한 밝음[昭昭]〉으로 경경(耿耿)과 같고, 다(多)는 〈더할 종(緟)·증(增)·익(益)〉 등과 같아 〈많아져 쌓일 다(多)〉로 새기면 된다.

급기무궁야(及其無窮也)는 〈금부천급소소지무궁야(今夫天及昭昭之無窮也)〉에서 주어 노릇할 금부천(今夫天)을 생략하고, 소소지(昭昭之)를 관형사 노릇하는 〈그 기(其)〉로 대신한 구문이다. 〈지금[今] 무릇[夫] 하늘은[天] 희미한 밝음이[昭昭之] 무궁함에[無窮] 이른 것[及]이다[也]〉 이를 〈그[其] 무궁함에[無窮] 이른 것[及]이다[也]〉로 줄인 것이다. 급기무궁야(及其無窮也)에서 급(及)은 〈이를 지(至)〉와 같고, 궁(窮)은 여기선 〈다해질 진(盡)〉과 같다.

【풀이(繹)】

금부천사소소지다(今夫天斯昭昭之多) 급기무궁야(及其無窮也)는 천(天)이 멈춤 없이[不息] 다하는[盡] 지성(至誠)을 살펴[觀] 새기고[玩] 헤아려[擬] 깨우치게 한다. 소소지다(昭昭之多)는 하늘[天]의 지성무식(至誠無息)을 말한다. 일립소(一粒昭) 즉 한 알갱이의 밝음[昭]이 쌓이고 쌓여 많아지고[多] 천지고명(天之高明)에 이름[及]이야말로 더없는 지성지다(至誠之多)이니, 천(天)의 지성(至誠)이 곧 천생(天生) 즉 하늘[天]이 태어나는[生] 시초(始初)부터임을 또한 깨우칠 수 있다. 따라서 천생(天生)은 『노자(老子)』 42장(章)에 나오는 도생일(道生一) 일생이(一生二) 이생삼(二生三) 삼생만물(三生萬物)을 상기(想起)시킨다.

도(道)가 하나[一]를 낳는다[生]. 그 하나[一]는 『주역(周易)』의 역(易)으로 보면 태극(太極)이다. 그 일(一)인 태극(太極)이 둘[二]을 낳았다[生]. 그 둘[二]은 『주역(周易)』의 역(易)으로 보면 음(陰)과 양(陽)이다. 천지생(天之生)은 〈일생이(一生二)〉의 것이다. 왜냐하면 양(陽)은 천(天)이고, 음(陰)은 지(地)이기 때문이다. 천(天)은 태극(太極)이 낳은 양기(陽氣)로, 일립소(一粒昭) 즉 한 알갱이[一粒] 빛[昭]으로 태어났음이니 곧 천지고명(天之高明)의 고명(高明)은 그 태어남[生]이 지금[今]이다. 천지생(天之生) 즉 하늘이[天之] 태어남[生]의 처음[始]은 한 알갱이[一

粒]의 밝음[昭]이었다. 일립소(一粒昭)의 명(明)이 쌓이고 쌓여 많아져[多] 무궁(無窮)함에 이르러[及] 금천(今天) 즉 지금의[今] 하늘[天]이 되었다.

천(天)은 일생이(一生二)에서 이(二)의 한쪽이니, 천(天)은 생자(生者) 즉 태어난[生] 것[者]이다. 태어난 것[生者]은 사자(死者) 즉 죽는[死] 것을 면할 수 없다. 오로지 도(道)만이 불생불멸자(不生不滅者)일 뿐, 천(天)과 지(地)와 일월성신(日月星辰)과 그 안에 있는 만물(萬物)은 모두 다 생멸자(生滅者) 즉 있다가 없어지는 것[生滅者]일 뿐이다. 그러므로 급기무궁야(及其無窮也)의 무궁(無窮)은 소소지다(昭昭之多)의 다(多)가 무궁(無窮)함을 밝힌 것이지, 천(天) 그것이 무궁(無窮)하다는 것은 아니다. 천(天)은 생자(生者)이니 그 자체가 무궁(無窮)할 수 없다. 생자(生者)는 무엇이든 유종(有終), 즉 끝[終]이 있다[有].

작은 한 알갱이의 밝음[[昭]이 지금[今]의 천(天)이 된 것이지 처음부터 지금처럼 고명(高明)하여 크나큰 것은 아니었다. 생자(生者)는 무엇이든 그 처음[始]은 작은 것[小者]이다. 천(天)도 생자(生者)이니 작다[小]가 커져[多] 유종(有終) 즉 끝[終]이 있을[有] 수밖에 없다. 그리고 소소지다(昭昭之多)의 무궁(無窮)이 〈소즉다(小卽多)〉임을 살펴 새기고 헤아리게 하여 불가(佛家)의 『신심명(信心銘)』에 나오는 극소동대(極小同大)를 연상(聯想)하게도 한다. 일립지소(一粒之昭)로 생겨나[生] 소소지다(昭昭之多)가 무궁(無窮)하여 이루어지고 있는 지금[今]의 천지명(天之明) 즉 하늘의[天之] 밝음[明]을 살펴 새기고 헤아려 깨우치게 하는 말씀이 〈금부천사소소지다(今夫天斯昭昭之多) 급기무궁야(及其無窮也)〉이다.

註 "도생일(道生一) 일생이(一生二) 이생삼(二生三) 삼생만물(三生萬物) 만물부음이포양(萬物負陰而抱陽) 충기이위화(沖氣以爲和)." 도가[道] 하나를[一] 낳고[生], 하나가[一] 둘을[二] 낳고[生], 둘이[二] 셋을[三] 낳고[生], 셋이[三] 만물을[萬物] 낳는다[生]. 만물은[萬物] 음을[陰] 지고서[負而] 양을[陽] 안고[抱], 충기(沖氣)로써[以] {음양(陰陽)이} 어우러진다[爲和].

도생일(道生一)의 일(一)을 태일(太一)로도 부르고, 자무이유(自無而有) 즉 없음[無]으로부터서[自而] 있음[有]이라고 도생일(道生一)을 풀이한다. 일생이(一生二)의 이(二)를 분음분양(分陰分陽)으로 풀이하기도 하고, 이생삼(二生三)을 음양교이생화(陰陽交而生和) 즉 음양(陰陽)이 사귀어서[交而] 어울림을[和] 낳는다[生]고 풀이하고, 삼생만물(三生萬物)을 화기합이생물(和氣合而生物) 즉 음양의 어울림이[和氣] 하나 되어[合而] 만물을[萬物] 낳는다[生]고 풀이하기도 한다. 충기(沖氣)는 음양지화기(陰陽之和氣) 또는 허기(虛氣)로 풀이한다. 『노자(老子)』 42장(章)

註 "극소동대(極小同大) 망절경계(忘絶境界) 극대동소(極大同小) 불견변표(不見邊表) …… 일즉일체(一卽一切) 일체즉일(一切卽一)." 아주 작은 것은[極小] 큰 것과[大] 같아[同] 경계를[境界] 잊어[忘] 끊고[絶], 아주 큰 것은[極大] 작은 것과[小] 같아[同] 가장자리를[邊表] 볼 수 없다[不見]. …… 하나가[一] 곧[卽] 모두이고[一切], 모두가[一切] 곧[卽] 하나이다[一].

『신심명(信心銘)』 66~67단락(段落) …… 70단락(段落)

日月星辰繫焉(일월성신계언)

▶해와[日] 달과[月] 별은[星辰] 하늘에 매달린 것[繫]이다[焉].

해 일(日), 달 월(月), 별 성(星), 별 신(辰), 매달 계(繫), 어시(於是) 언(焉)

【읽기(讀)】

일월성신계언(日月星辰繫焉)은 〈일월성신계어천야(日月星辰繫於天也)〉에서 어천야(於天也)를 언(焉)으로 대신한 구문이다. 〈일월성신은[日月星辰] 하늘에[於天] 매달린 것[繫]이다[也]〉 이를 〈일월성신은[日月星辰] 하늘에 매달린 것[繫]이다[焉]〉로 줄인 것이다.

성신(星辰)의 성(星)은 태양계(太陽系)에 속하는 별들인 오행성(五行星)을 말하고, 신(辰)은 태양계(太陽系) 밖의 별들 즉 북극성(北極星) 같은 별무리를 말한다. 계언(繫焉)에서 계(繫)는 〈매달 현(懸) · 걸 괘(掛)〉 등과 같고, 언(焉)은 여기선 〈어시(於是) 언(焉)〉 노릇한다.

【풀이(繹)】

일월성신계언(日月星辰繫焉)은 천지고명(天之高明)의 고(高)가 또한 천지생(天之生) 즉 하늘의[天之] 태어남[生]임을 밝혀 깨우치게 한다. 하늘[天]이 높게[高] 태어났음[生]은 『노자(老子)』 21장(章)에 나오는 〈공덕지용(孔德之容) 유도시종(唯道是從)〉을 상기시킨다. 천고(天高)의 고(高)는 도(道)의 공덕지용(孔德之容)을 본받아[法] 태어났음을 살펴 새기고 헤아려 가늠하게 하기 때문이다. 공덕지용(孔德之容)이란 텅 빈 채로[孔] 멈춤 없이 변화(變化)하는[德之] 그릇[容]이라는 말이다. 그 그릇[孔德之容]을 태허(太虛)라고도 한다. 천고(天高)는 태허(太虛)이니, 천고(天高)의 태허(太虛)로 말미암아 일월성신(日月星辰)을 하늘[天]이 매달아두는 것[繫]

이다. 하늘[天]은 마치 태허(太虛)에서 일월성신(日月星辰)을 팽이 삼아 팽이 치고 노는 태극(太極)의 동자(童子)요, 도(道)의 손자(孫子) 같다. 일월성신계언(日月星辰繫焉)의 계언(繫焉) 즉 계어천(繫於天), 즉 하늘에[於天] 매달린다[繫]는 것은 천(天)이 태허(太虛)로 높기[高] 때문이다.

일월성신(日月星辰)은 하늘[天]에 매달린 모든 것들을 말하며, 달[月]은 지구(地球)에 매달린 셈이고, 지구(地球)와 성(星) 즉 오행성(五行星：水火木金土)은 해[日]에 매달린 것들이다. 해[日]는 천(天)에 매달린 작은 팽이 같을 뿐이니, 태양계(太陽系) 밖의 모든 별들[辰] 또한 태허(太虛)에서 하늘[天]이 치고 노는 팽이와 같다. 하늘[天]이 팽이채로 쳐주는 동안만 태허(太虛)에 매달린[繫] 생자(生者)가 되고, 천(天)이 쳐주기를 멈추면 일월성신(日月星辰)은 모두 사자(死者)가 되어 천(天)의 수자(受者) 즉 천(天)이 거두어가는 것[受者]이 되며, 나아가 천(天) 또한 태극(太極)의 품수자(稟受者)이니 태극(太極)이 천(天)을 거두어가면 천(天)도 멸자(滅者)가 된다. 물론 태극(太極)도 도생일(道生一)의 일(一)이니, 도(道)의 품수자(稟受者)로서 도(道)가 거두어들이면 태극(太極)도 멸자(滅者)가 되리라. 그러나 일생이(一生二)의 일(一) 즉 태극(太極)이 천(天)을 거두어들이지 않는 한, 일월성신(日月星辰)은 천고(天高)의 태허(太虛)에 매달려 쉼 없이[不息] 운행(運行)하고 있음을 살펴 새기고 헤아려 깨우치게 하는 말씀이 〈일월성신계언(日月星辰繫焉)〉이다.

萬物覆焉(만물부언)

▶ 온갖 것은[萬物] 하늘의 고명(高明)에 덮인 것[覆]이다[焉].

온갖 만(萬), 것 물(物), 덮일 부(覆), 어시(於是) 언(焉)

【읽기(讀)】

만물부언(萬物覆焉)은 〈만물부어시야(萬物覆於是也)〉에서 어시야(於是也)를 언(焉) 한 자(字)로 대신한 구문이다. 물론 여기서 어시야(於是也)는 〈어천지고명야(於天之高明也)〉로 여기고 새기면 된다. 〈온갖 것은[萬物] 하늘의[天之] 높고[高] 밝음[明]에[於] 덮인 것[覆]이다[也]〉 이를 〈온갖 것은[萬物] 이것에 덮인 것[覆]이다[焉]〉로 줄인 것이다. 만물부언(萬物覆焉)의 부(覆)는 〈덮을 개(蓋)〉와 같아 부개(覆蓋)의 줄임이고, 언(焉)은 여기선 〈어시(於是) 언(焉)〉으로 종결어미 노릇한다.

【풀이(繹)】

만물부언(萬物覆焉)은 앞서 살핀 〈일월성신계언(日月星辰繫焉)〉을 거듭 풀이하고 있다. 만물(萬物)은 천고(天高)의 태허(太虛)에 매달린[繫] 일월성신(日月星辰) 그리고 일월성신(日月星辰)이 간직하고 있는 모든 것을 말한다. 우리가 살고 있는 이 땅덩이[地]가 지니고 있는 것만을 두고 만물(萬物)이라 한 것은 아니다. 만물(萬物)이란 일월성신(日月星辰)과 그 안에 있는 온갖 것[萬物]과 우리가 살고 있는 땅[地]과 이 지구(地球) 안에 있는 모든 것을 한 묶음으로 몰아서 말한다. 일(日)에는 천일상합(天日相合)의 만물(萬物)이 있고, 월(月)에는 천월상합(天月相合)의 만물(萬物)이 있으며, 이 땅[地]에는 천지상합(天地相合)의 만물(萬物)이 있고, 성(星)에는 천성상합(天星相合) 즉 하늘[天]과 별[星]이 서로[相] 합일한[合] 만물(萬物)이 있으며, 신(辰)에는 천신상합(天辰相合) 즉 하늘[天]과 별[辰]이 서로[相] 합일한[合] 만물(萬物)이 있다.

일(日)에서는 일(日)대로의 만상(萬象)·만상(萬狀)을 하늘[天]의 명(明)이 덮어주고[覆], 달[月]에서는 월(月)대로의 온갖 짓[萬象]·온갖 꼴[萬狀]을 천지명(天之明)이 덮어주고[覆], 땅[地]에서는 지(地)대로의 온갖 짓[萬象]·온갖 꼴[萬狀]을 천지명(天之明)이 덮어주고[覆], 태양계(太陽系) 안의 별[星]에서는 성(星)대로의 온갖 짓[萬象]·온갖 꼴[萬狀]을 천지명(天之明)이 덮어주고[覆], 태양계(太陽系) 밖의 별[辰]에서는 신(辰)대로의 온갖 짓[萬象]·온갖 꼴[萬狀]을 천지명(天之明)이 덮어주고[覆], 이 땅[地]의 만물(萬物)도 천(天)과 지(地)의 상합(相合)으로 말미암아 생사(生死)를 누리는 것[物]을 천지명(天之明)이 덮어주어[覆] 생사(生死)를 누리고 있음을 살펴 새기고 헤아려 깨우치게 하는 말씀이 〈만물부언(萬物覆焉)〉이다.

【4단락(段落) 전문(全文)】

今夫地는 一撮土之多이나 及其廣厚也해서는 載華嶽而
금부지 일촬토지다 급기광후야 재화악이
不重하고 振河海而不洩하며 萬物이 載焉이다
부중 진하해이불설 만물 재언

지금 무릇 땅은 한 줌의 흙이 많아져 그것이 넓고 두터움에 이르러서는 화산과 악산을 실어주고서도 무겁지 않고, 하천과 바다를 받아들여도 새지 않으며, 온갖 것이 실려 있는 것이다.

今夫地一撮土之多(금부지일촬토지다) 及其廣厚也(급기광후야)

▶ 지금[今] 무릇[夫] 땅은[地] 한 줌의[一撮] 흙이[土之] 많아져[多] 그것이[其] 넓고[廣] 두터움에[厚] 이른 것[及]이다[也].

이제 금(今), 무릇 부(夫), 땅 지(地), 자밤 촬(撮), 흙 토(土), 조사(~이) 지(之), 많이 쌓일 다(多), 이를 급(及), 넓을 광(廣), 두터울 후(厚), 조사(~이다) 야(也)

【읽기(讀)】

금부지일촬토지다(今夫地一撮土之多)는 〈금지일촬토지다(今地一撮土之多)〉에서 금지(今地)를 강조하고자 어조사(語助詞) 노릇하는 〈무릇 부(夫)〉를 더한 구문이다. 〈지금[今] 땅은[地] 한 줌의 흙이[一撮土之] 많아진 것이다[多]〉 이를 〈지금[今] 무릇[夫] 땅은[地] 한 줌의 흙이[一撮土之] 많아진 것이다[多]〉라고 어조(語調)를 더해 강조한 것이다. 금부지일촬토지다(今夫地一撮土之多)의 금부지(今夫地)는 주부(主部) 노릇하고, 일촬토지(一撮土之)는 술부(述部)이고, 다(多)는 보어(補語) 노릇한다.

금부지일촬토지다(今夫地一撮土之多)의 금(今)은 자고지금(自古至今) 즉 〈예[古]부터[自] 이제[今]까지[至]〉를 한 글자[字]로 줄인 것이고, 부(夫)는 〈무릇 범(凡)〉과 같고, 촬(撮)은 〈자밤 촬(撮)〉로 양지취(兩指取) 즉 〈두[兩] 손가락으로[指]

잡음[取]〉을 뜻하고, 다(多)는 〈더할 종(緟)·증(增)·익(益)〉 등과 같아 〈많아져 쌓일 다(多)〉로 새기면 된다.

급기광후야(及其廣厚也)는 〈금부지급일촬토지광후야(今夫地及一撮土之廣厚也)〉에서 되풀이되는 금부지(今夫地)를 생략하고, 일촬토지(一撮土之)를 관형사 노릇하는 〈그 기(其)〉로 대신하여 줄인 구문이다. 〈지금[今] 무릇[夫] 땅은[地] 한 자밤의 흙이[一撮土之] 넓고 두터움에[廣厚] 이른 것[及]이다[也]〉 이를 〈그[其] 광후에[廣厚] 이른 것[及]이다[也]〉라고 줄인 것이다. 급기광후야(及其廣厚也)에서 급(及)은 〈이를 지(至)〉와 같고, 광(廣)은 〈넓을 박(搏)〉과 같으며, 후(厚)는 〈두터울 심(深)〉과 같아 심후(深厚)의 줄임말로 여기면 된다.

【풀이(繹)】

금부지일촬토지다(今夫地一撮土之多) 급기광후야(及其廣厚也)는 지(地)가 멈춤 없이[不息] 다하는[盡] 지성(至誠)을 살펴[觀] 새기고[玩] 헤아려[擬] 깨우치게 한다. 일촬토지다(一撮土之多)는 땅[地]의 지성무식(至誠無息)을 말한다. 일촬토(一撮土) 즉 한 줌의 흙[土]이 쌓이고 쌓여 많아져[多] 지지광후(地之廣厚)에 이름[及]이야말로 지극한 지성지다(至誠之多)이니, 지(地)의 지성(至誠)이 곧 지생(地生) 즉 땅[地]이 태어나는[生] 시초(始初)부터임을 또한 깨우칠 수 있다.

지생(地生) 역시 『노자(老子)』 42장(章)에 나오는 〈도생일(道生一) 일생이(一生二) 이생삼(二生三) 삼생만물(三生萬物)〉을 상기(想起)시킨다. 도(道)는 하나[一]를 낳는다[生]. 그 하나[一]는 『주역(周易)』의 역(易)으로 보면 태극(太極)이다. 그 일(一)인 태극(太極)이 둘[二]을 낳는다[生]. 그 둘[二]은 『주역(周易)』의 역(易)으로 보면 음(陰)과 양(陽)이다. 지지생(地之生)은 일생이(一生二)의 것이다. 왜냐하면 음(陰)은 지(地)이고, 양(陽)은 천(天)이기 때문이다. 지(地)는 태극(太極)이 낳은 음기(陰氣)로, 일촬토(一撮土) 즉 한 자밤[一撮] 흙[土]으로 태어났으니 곧 지지광후(地之廣厚)의 광후(廣厚)가 그 태어남[生]의 지금[今]이다.

지지생(地之生) 즉 땅의[地之] 태어남[生]의 처음[始]은 한 자밤[一撮]의 흙[土]이었다. 그 일촬토(一撮土)의 토[土]가 쌓이고 많아져[多] 무궁(無窮)함에 이르러[及] 금지지광후(今地之廣厚) 즉 지금의[今] 땅이[地之] 넓고[廣] 두텁게[厚] 되었다. 지(地)는 일생이(一生二)에서 이(二)의 한쪽이니, 지(地) 또한 생자(生者) 즉 태어난

[生] 것[者]이다. 태어난 것[生者]은 사자(死者) 즉 죽는[死] 것[者]을 면할 수 없다. 오로지 도(道)만이 불생불멸자(不生不滅者)일 뿐, 천지(天地) · 만물(萬物)은 모두 다 생멸자(生滅者) 즉 있다가 없어지는 것[生滅者]일 뿐이다. 그러므로 급기광후야(及其廣厚也)의 광후(廣厚)는 일촬토지다(一撮土之多)의 다(多) 즉 쌓이고 쌓여 넓고[廣] 두터운[厚] 지금[今]의 땅[地]이 된 것이지, 처음부터 광후(廣厚)했던 것은 아니다. 생자(生者)는 무엇이든 그 처음[始]은 작은 것[小者]이다. 지(地)도 생자(生者)이니 작다[小]가 커져[多] 유종(有終) 즉 끝[終]이 있게[有] 되기 때문이다. 일촬토지다(一撮土之多)는 〈소즉다(小卽多)〉임을 살펴 새기고 헤아리게 하여 불가(佛家)의 『신심명(信心銘)』에 나오는 〈극소동대(極小同大)〉를 연상(聯想)시키기도 한다. 그러므로 일촬토(一撮土)로 생겨나[生] 그 쌓이고 쌓임이 이루어져 금지(今地)의 광후(廣厚)에 이르렀음[及]을 살펴 새기고 헤아려 깨우치게 하는 말씀이 〈금부지일촬토지다(今夫地一撮土之多) 급기광후야(及其廣厚也)〉이다.

載華嶽而不重(재화악이부중) 振河海而不洩(진하해이불설)

▶화산과[華] 악산을[嶽] 실어주고서도[載而] (땅은) 무거워하지 않고[不重], 하천과[河] 바다를[海] 받아들여도[振而] 새지 않는다[不洩].

실어줄 재(載), 산이름 화(華), 산이름 악(嶽), 그러나 이(而), 아니 부(不), 무거워할 중(重), 받아들일 진(振), 내 하(河), 바다 해(海), 그러나 이(而), 아니 불(不), 샐 설(洩)

【읽기(讀)】

재화악이부중(載華嶽而不重)은 〈금부지재화악(今夫地載華嶽) 이금부지부중(而今夫地不重)〉에서 주어 노릇할 금부지(今夫地)를 생략하고 두 구문을 하나로 묶은 것이다. 〈지금[今] 무릇[夫] 땅은[地] 화산과[華] 악산을[嶽] 싣는다[載]. 그러나[而] 지금[今] 무릇[夫] 땅은[地] 무거워하지 않는다[不重]〉 이를 〈화산과[華] 악산을[嶽] 싣고서도[載而] 무거워하지 않는다[不重]〉로 줄인 말투이다.

재화악이부중(載華嶽而不重)에서 재(載)는 〈실어줄 승(乘)〉과 같고, 화(華)는 태화산(泰華山)이라고도 불리는 화산(華山)이며, 악(嶽)은 변산(峅山)이라고도 불리는 악산(嶽山)으로 중국(中國) 협서성(陜西省) 접경(接境)에 있는 산 이름(山名)이고, 중(重)은 여기선 〈가벼울 경(輕)〉의 반대말이다.

진하해이불설(振河海而不洩)은 〈금부지진하해(今夫地振河海) 이금부지불설(而今夫地不洩)〉에서 금부지(今夫地)를 생략하고 두 구문을 하나로 줄인 구문이다. 〈지금[今] 무릇[夫] 땅은[地] 내와[河] 바다를[海] 받아들인다[振]. 그러나[而] 지금[今] 무릇[夫] 땅은[地] 새지 않는다[不洩]〉 이를 〈내와[河] 바다를[海] 받아들여도[振而] 새지 않는다[不洩]〉로 줄인 것이다. 진하해이불설(振河海而不洩)에서 진(振)은 〈받아들일 수(收)〉와 같고, 설(洩)은 〈샐 루(漏)〉와 같다.

【풀이(繹)】

재화악이부중(載華嶽而不重) 진하해이불설(振河海而不洩)은 한 자밤의 흙[一撮土], 즉 알갱이의 흙[一粒土]으로 태어난 땅[地]이 쌓이고 쌓여 커져서[多] 광후(廣厚)한 지금의 땅[地]이 되었음을 화악(華嶽)과 하해(河海)를 들어 풀이하고 있다. 생자(生者) 즉 태어나는[生] 것[者]은 무엇이든 그 시(始)에는 작고[小], 그 종(終)에는 크다[大]. 그러므로 극소동대(極小同大)이고 극대동소(極大同小)이다.

지금도 우주(宇宙)는 팽창하고 있는 중임을 현대과학은 밝혔고, 우주(宇宙)의 근원(根源)이 된다는 소립자(素粒子) 알갱이 하나를 찾아내고자 노력하고 있다. 이러한 현대과학의 노력도 소즉대(小卽大)·대즉소(大卽小)의 주장에서 벗어날 수 없다. 『노자(老子)』의 〈도생일(道生一)〉의 도관(道觀)도 현대과학의 가설(假說)이 되어주고, 『주역(周易)』의 〈태극생음양(太極生陰陽)〉의 태극관(太極觀)도 현대과학의 가설(假說)이 될 수 있으며, 『화엄경(華嚴經)』의 〈일즉일체(一卽一切) 일체즉일(一切卽一)〉의 화엄관(華嚴觀) 또한 현대과학의 가설(假說)과 같은 셈이다. 흙[土] 알갱이 하나가 육대주(六大洲)를 싣고서도[載] 무거워하지 않고[不重], 오대양(五大洋)을 받아들이고도[振] 물 한 방울 새지 않을[不洩] 만큼 넓고[廣] 두터운[厚] 지금의 이 땅덩이[地]도 그 시생(始生)은 흙[土] 알갱이 하나[一粒]에 불과해 작은 것[微小者]이었음을 살펴 새기고 헤아려 깨우치게 하는 말씀이 〈재화악이부중(載華嶽而不重) 진하해이불설(振河海而不洩)〉이다.

萬物載焉(만물재언)

▶ 온갖 것이[萬物] 땅의 광후(廣厚)에 실린 것[載]이다[焉].

온갖 만(萬), 것 물(物), 실릴 재(載), 어시(於是) 언(焉)

【읽기(讀)】

만물재언(萬物載焉)은 〈만물재어시야(萬物載於是也)〉에서 어시야(於是也)를 언(焉)으로 대신한 구문이다. 물론 어시야(於是也)는 〈어지지광후야(於地之廣厚也)〉로 여기면 된다. 〈온갖 것은[萬物] 땅의[地之] 넓고[廣] 두터움[厚]에[於] 실린 것[載]이다[也]〉 이를 〈온갖 것은[萬物] 이것에 실린 것[載]이다[焉]〉라고 줄인 것이다.

만물재언(萬物載焉)에서 재(載)는 〈실릴 승(乘)〉과 같고, 언(焉)은 〈어시(於是) 언(焉)〉으로 종결어미 노릇한다.

【풀이(繹)】

만물재언(萬物載焉)은 지지광후(地之廣厚), 즉 우리가 살고 있는 이 지구(地球)의 넓음[廣]과 두터움[厚]을 〈재(載)〉 한 글자[字]로 풀이하고 있다. 여기서 만물(萬物)이란 우주(宇宙), 즉 천(天) 안에 있는 일월성신(日月星辰) 온갖 것[萬物]을 말하는 것이 아니라 우리가 살고 있는 이 행성(行星) 안에 있는 모든 것을 말한다. 이 땅[地]에 온갖 것[萬物]이 실린[載] 채로 있는 것은 지지광후(地之廣厚)함 때문임을 살펴 새기고 헤아려 깨우치게 하는 말씀이 〈만물재언(萬物載焉)〉이다.

【5단락(段落) 전문(全文)】

今夫山은 一卷石之多이나 及其廣大해서는 草木이 生之하고 禽獸가 居之하며 寶藏興焉이다
(금부산 일권석지다 급기광대 초목 생지 금수 거지 보장흥언)

지금 무릇 산은 한 주먹의 돌이 많이 쌓여 그것이 넓고 큼에 이르렀다. 풀과 나무가 (거기서) 살고, 새와 짐승이 (거기서) 머물러 살며, 매장된 보물들이 거기서 채굴되는 것이다.

今夫山一卷石之多(금부산일권석지다) 及其廣大(급기광대)

▶지금[今] 무릇[夫] 산은[山] 한 주먹의 돌이[一卷石之] 많이 쌓여[多] 그것이[其] 넓고[廣] 큼에[大] 이르렀다[及].

이제 금(今), 무릇 부(夫), 뫼 산(山), 주먹 권(卷), 돌 석(石), 조사(~이) 지(之), 많이 쌓일 다(多), 이를 급(及), 그 기(其), 넓을 광(廣), 큰 대(大)

【읽기(讀)】

금부산일권석지다(今夫山一卷石之多)는 〈금산일권석지다(今山一卷石之多)〉에서 금산(今山)을 강조하고자 어조사(語助詞) 노릇하는 〈무릇 부(夫)〉를 더한 구문이다. 〈지금[今] 산은[山] 한 주먹의 돌이[一卷石之] 많아진 것이다[多]〉 이를 〈지금[今] 무릇[夫] 산은[山] 한 주먹의 돌이[一卷石之] 많아진 것이다[多]〉라고 말한 것이다. 금부산일권석지다(今夫山一卷石之多)에서 금부산(今夫山)은 주부(主部) 노릇하고, 일권석지(一卷石之)는 술부(述部)이며, 다(多)는 보어(補語) 노릇한다. 금부산일권석지다(今夫山一卷石之多)의 금(今)은 자고지금(自古至今) 즉 〈예[古]부터[自] 이제[今]까지[至]〉를 한 글자[字]로 줄인 것이고, 부(夫)는 〈무릇 범(凡)〉과 같고, 권(卷)은 〈주먹 권(拳)〉과 같으며, 다(多)는 〈더할 종(緟) · 증(增) · 익(益)〉 등과 같아 〈많아져 쌓일 다(多)〉로 새기면 된다.

급기광대(及其廣大)는 〈금부산급일권석지광대(今夫山及一卷石之廣大)〉에서 되풀이되는 금부산(今夫山)을 생략하고, 일권석지(一卷石之)를 관형사 노릇하는 〈그 기(其)〉로 대신한 구문이다. 〈지금[今] 무릇[夫] 산은[山] 한 주먹의 돌이[一卷石之] 넓고 큼에[廣大] 이르렀다[及]〉 이를 〈그[其] 광대에[廣大] 이르렀다[及]〉로 줄인 것이다. 급기광대야(及其廣大也)의 급(及)은 〈이를 지(至)〉와 같고, 광(廣)은 〈넓을 박(搏)〉과 같으며, 대(大)는 〈높을 고(高)〉와 같아 고대(高大)의 줄임말로 여기면 된다.

【풀이(繹)】

금부산일권석지다(今夫山一卷石之多) 급기광대(及其廣大) 역시 산(山)이 멈춤 없이[不息] 다하는[盡] 지성(至誠)을 살펴[觀] 새기고[玩] 헤아려[擬] 깨우치게 한다. 일권석지다(一卷石之多)는 산(山)의 지성무식(至誠無息)을 말한다. 일권석(一卷石), 즉 한 주먹 돌[石]이 쌓이고 많아져[多] 산지광대(山之廣大)에 이름[及]이야말로 지극한 지성지다(至誠之多)이다. 이는 산(山)의 지성(至誠)이 곧 산생(山生), 즉 산(山)이 태어나는[生] 시초(始初)부터임을 깨우치게 한다.

그러나 이와 같은 산생설(山生說)은 이제는 설득력이 없다. 이 땅덩이[地]에 자리잡고 있는 산(山)은 시초부터 일권석(一卷石)의 소자(小者)로 태어난[生] 것이 아니라 지각(地殼) 변동(變動)으로 말미암아 융기(隆起)하여 조성된 것임을 과학(科學)으로 알게 되었으니, 땅 위에 있는 다른 만물(萬物)보다 넓고[廣] 높은[大] 것[物]일 뿐이지 일권석(一卷石)이 쌓이고 쌓여 많아져[多] 광대(廣大)한 산(山)이 된 것은 아니다. 다만, 지각(地殼)의 융기(隆起)에 관해 몰랐던 때 무릇 모든 생자(生者)의 도리(道理)를 비추어 사유(思惟)했던 것으로 이루어진 말씀이 〈금부산일권석지다(今夫山一卷石之多) 급기광대(及其廣大)〉라고 새겨들으면 될 것이다.

草木生之(초목생지) 禽獸居之(금수거지)

▶ 풀과[草] 나무가[木] (거기서) 살고[生之], 새와[禽] 짐승이[獸] (거기서) 머물러 산다[居之].

풀 초(草), 나무 목(木), 살 생(生), 조사 지(之), 새 금(禽), 짐승 수(獸), 머물러 살 거(居)

【읽기(讀)】

초목생지(草木生之)는 〈이기광대초목생지어산(以其廣大草木生之於山)〉에서 이기광대(以其廣大)와 어산(於山)을 생략한 구문이다. 〈그[其] 광대함[廣大] 때문에[以] 초목이[草木] 산에서[於山] 산다[生之]〉 이를 〈초목이[草木] 산다[生之]〉로 줄인 것이다. 초목생지(草木生之)에서 지(之)는 생(生)을 동사(動詞) 노릇하게 하는 조사(助詞)이다.

금수거지(禽獸居之)는 〈이기광대금수거지어산(以其廣大禽獸居之於山)〉에서 이기광대(以其廣大)와 어산(於山)을 생략한 구문이다. 〈그[其] 광대함[廣大] 때문에

[以] 금수가[禽獸] 산에서[於山] 산다[居之]〉 이를 〈금수가[禽獸] 산다[居之]〉로 줄인 것이다. 금수거지(禽獸居之)의 거(居)는 〈살 생(生)〉과 같고, 지(之)는 거(居)를 동사(動詞) 노릇하게 하는 조사(助詞)이다.

【풀이(繹)】

초목생지(草木生之) 금수거지(禽獸居之) 역시 산(山)이 광대(廣大)함을 빌려 지지광후(地之廣厚)를 살펴 새기고 헤아려 가늠하게 하는 말씀이다.

寶藏興焉(보장흥언)

▶매장된[藏] 보물들이[寶] 거기서 채굴되는 것[興]이다[焉].

보물 보(寶), 저장될 장(藏), 발굴될 흥(興), 어시(於是) 언(焉)

【읽기(讀)】

보장흥언(寶藏興焉)은 〈보장흥어시야(寶藏興於是也)〉에서 어시야(於是也)를 언(焉)으로 새기면 문의(文意)가 드러난다. 물론 어시야(於是也)는 〈어산지광대야(於山之廣大也)〉로 여기면 된다. 〈저장된[藏] 자원들이[寶] 산의[山之] 넓고[廣] 큼[大]에서[於] 발굴되는 것[興]이다[也]〉 이를 〈저장된[藏] 자원들이[寶] 이것에서 발굴되는 것[興]이다[焉]〉로 줄인 것이다.

보장흥언(寶藏興焉)에서 보(寶)는 〈보배 진(珍)〉과 같지만 자원(資源)으로 새겨도 되고, 장(藏)은 〈묻힐 매(埋)〉와 같아 매장(埋藏)의 줄임말로 여기며, 언(焉)은 〈어시(於是) 언(焉)〉으로 종결어미 노릇한다.

【풀이(繹)】

보장흥언(寶藏興焉)은 지지광후(地之廣厚), 즉 우리가 살고 있는 이 지구(地球)의 넓음[廣]과 두터움[厚]을 산(山)의 광대함[廣大]을 빌려 풀이하고 있다. 동시에 광대(廣大)한 산(山)의 내부(內部)에 매장(埋藏)된 지하자원(地下資源)을 채굴(採掘)할 수 있는 것 또한 〈만물재어지(萬物載於地)〉로 가능한 산지광대(山之廣大)임을 살펴 새기고 헤아려 가늠하게 하는 말씀이 〈보장흥언(寶藏興焉)〉이다.

【6단락(段落) 전문(全文)】

今夫水는 一勺之多이나 及其不測해서는 黿鼉蛟龍魚鼈이
금 부 수 일 작 지 다 급 기 불 측 원 타 교 룡 어 별
生焉하며 財貨가 殖焉이다
생 언 재 화 식 언

지금 무릇 물은 한 잔으로 많으나, 그것이 한량없음에 이르러서는 큰 자라나 악어니 교룡이니 용이니 물고기니 자라가 거기서 사는 것이고, 재화가 거기서 증식되는 것이다.

今夫水一勺之多(금부수일작지다) 及其不測(급기불측)

▶지금[今] 무릇[夫] 물도[水] 한 잔이[一勺之] 많아져 쌓여[多] 그것이[其] 한량없음에[不測] 이르렀다[及].

이제 금(今), 무릇 부(夫), 물 수(水), 잔 작(勺), 조사(~이) 지(之), 쌓여 많을 다(多), 이를 급(及), 그 기(其), 못할 불(不), 잴 측(測)

【읽기(讀)】

금부수일작지다(今夫水一勺之多)는 〈금수일작지다(今水一勺之多)〉에서 금수(今水)를 강조하고자 어조사(語助詞) 노릇하는 〈무릇 부(夫)〉를 더한 말투이다. 〈지금[今] 물은[水] 한 잔이[一勺之] 많아진 것이다[多]〉 이를 〈지금[今] 무릇[夫] 물은[水] 한 잔이[一勺之] 많아진 것이다[多]〉라고 말한 것이다. 금부수일작지다(今夫水一勺之多)에서 금부수(今夫水)는 주부(主部) 노릇하고, 일작지(一勺之)는 술부(述部)이고, 다(多)는 보어(補語) 노릇한다.

금부수일작지다(今夫水一勺之多)에서 금(今)은 자고지금(自古至今) 즉 〈예[古]부터[自] 이제[今]까지[至]〉를 한 글자[字]로 줄인 것이며, 부(夫)는 〈무릇 범(凡)〉과 같고, 작(勺)은 〈작은 양(量) 작(勺)〉으로 소량(小量)을 뜻하고, 다(多)는 〈더할 종(緟) · 증(增) · 익(益)〉 등과 같아 〈많아져 쌓일 다(多)〉로 새기면 된다.

급기불측(及其不測)은 〈금부수급일작지불측(今夫水及一勺之不測)〉에서 주어 노

릇할 금부수(今夫水)를 생략하고, 일작지(一勺之)를 관형사 노릇하는 〈그 기(其)〉로 대신한 구문이다. 〈지금[今] 무릇[夫] 물은[水] 한 잔이[一勺之] 한량없음에[不測] 이르렀다[及]〉 이를 〈그[其] 한량없음에[不測] 이르렀다[及]〉로 줄인 것이다. 급기불측(及其不測)에서 급(及)은 〈이를 지(至)〉와 같고, 측(測)은 〈잴 도(度)〉와 같다.

【풀이(繹)】

금부수일작지다(今夫水一勺之多) 급기불측(及其不測) 역시 물[水]이 멈춤 없이[不息] 다하는[盡] 지성(至誠)을 살펴[觀] 새기고[玩] 헤아려[擬] 깨우치게 한다. 일작지다(一勺之多)는 물[水]의 지성무식(至誠無息)을 말한다. 일작수(一勺水), 즉 한 잔의 물[水]이 쌓이고 많아져[多] 수지불측(水之不測)에 이름[及]이야말로 지극한 지성지다(至誠之多)인 것이다. 이는 물[水]의 지성(至誠)이 곧 수생(水生) 즉 물[水]이 태어나는[生] 시초(始初)부터임을 또한 깨우치게 하며, 수지불측(水之不測)이 지지광후(地之廣厚)를 가늠하게도 한다. 이 땅덩이[地]에 자리잡고 있는 물[水]은 소자(小者)로 태어난 것[生者]이 쌓이고 많아져[多] 한량없이[不測] 오대양(五大洋)을 이루고 있음이니, 그 하해(河海)를 돌이켜 지지광후(地之廣厚)를 살펴 새기고 헤아려 가늠하게 하는 말씀이 〈금부수일작지다(今夫水一勺之多) 급기불측(及其不測)〉이다.

黿鼉蛟龍魚鼈生焉(원타교룡어별생언)

▶큰 자라와[黿] 악어와[鼉] 교룡과[蛟] 용과[龍] 물고기와[魚] 자라가[鼈] 거기서 사는 것[生]이다[焉].

큰 자라 원(黿), 악어 타(鼉), 뿔 없는 용 교(蛟), 용 룡(龍), 고기 어(魚), 자라 별(鼈), 살 생(生), 어시(於是) 언(焉)

【읽기(讀)】

원타교룡어별생언(黿鼉蛟龍魚鼈生焉)은 〈이기불측원타교룡어별생어수(以其不測黿鼉蛟龍魚鼈生於水)〉에서 이기불측(以其不測)을 생략하고, 어수(於水)를 〈어시(於是) 언(焉)〉으로 대신한 구문이다. 〈그[其] 불측함[不測] 때문에[以] 원타교룡어별이[黿鼉蛟龍魚鼈] 물에서[於水] 산다[生]〉 이를 〈원타교룡어별이[黿鼉蛟龍魚

鼈] 거기서 사는 것[生]이다[焉]〉로 줄인 것이다. 〈큰 자라 원(黿)〉, 〈악어 타(鼉)〉, 〈뿔 없는 용(도롱뇽) 교(蛟)〉, 〈자라 별(鼈)〉은 예로 든 물 속의 만물이다.

【풀이(繹)】

원타교룡어별생언(黿鼉蛟龍魚鼈生焉)은 지지광후(地之廣厚), 즉 우리가 살고 있는 이 땅덩이[地]의 넓음[廣]과 두터움[厚]을 물[水]의 불측(不測)을 빌려 풀이하고 있다. 동시에 한량없는[不測] 물[水] 안에서 수많은 목숨들이 생사(生死)를 누리고 있는 것 또한 〈만물재어지(萬物載於地)〉로 가능한 수지불측(水之不測)임을 살펴 새기고 헤아려 가늠하게 하는 말씀이 〈원타교룡어별생언(黿鼉蛟龍魚鼈生焉)〉이다.

財貨殖焉(재화식언)

▶ 재화가[財貨] 거기서 번성하는 것[殖]이다[焉].

재물 재(財), 재물 화(貨), 번성할 식(殖), 어시 언(焉)

【읽기(讀)】

재화식언(財貨殖焉)은 〈재화식어시야(財貨殖於是也)〉에서 어시야(於是也)를 언(焉)으로 대신한 말투이니, 어시야(於是也)는 〈어불측지수야(於不測之水也)〉로 여기면 된다. 〈재화가[財貨] 한량없는[不測之] 물[水]에서[於] 번식하는 것[殖]이다[也]〉 이를 〈재화가[財貨] 거기서 번식하는 것[殖]이다[焉]〉로 줄인 것이다.

재화식언(財貨殖焉)에서 재화(財貨)는 재물(財物)과 같고, 식(殖)은 〈무성할 번(繁)〉과 같아 번식(繁殖)의 줄임말로 여기면 되고, 언(焉)은 여기선 〈어시(於是) 언(焉)〉으로 종결어미 노릇한다.

【풀이(繹)】

재화식언(財貨殖焉)은 지지광후(地之廣厚), 즉 우리가 살고 있는 이 땅덩이[地]의 넓음[廣]과 두터움[厚]을 물[水]의 불측함(不測)을 빌려 풀이하고 있다. 동시에 한량없는[不測] 물[水] 속에서 온갖 재화(財貨)가 번식(繁殖)할 수 있는 것 또한 〈만물재어지(萬物載於地)〉로 가능한 수지불측(水之不測)임을 살펴 새기고 헤아려 가늠하게 하는 말씀이 〈재화식언(財貨殖焉)〉이다.

【7단락(段落) 전문(全文)】

詩云 維天之命은 於穆不已라 하니 蓋曰天之所以爲天也
시운 유천지명 오목불이 개왈천지소이위천야

이라 於乎不顯인가 文王之德之純이여 蓋曰文王之所以
오호비현 문왕지덕지순 개왈문왕지소이

爲文也이고 純亦不已이라
위문야 순역불이

『시경(詩經)』의 시(詩)가 아아 하늘의 명은 아아 아름다움이 그지없다고 말했다. 대개 (이는) 하늘이 그로써 하늘로 되는 것이다. 아아 크나크게 드러남이로다! 문왕의 덕이 순일함이여! 대개 (이는) 문왕이 그로써 문덕이 되는 것이라고 말하니, 순일함 또한 그지없구나!

詩云(시운) 維天之命(유천지명) 於穆不已(오목불이)

▶ 『시경(詩經)』의 시[詩]가 이른다[云]: 아아[維] 하늘의[天之] 명이여[命]! 아아[於] 아름다움이[穆] 그지없구나[不已]!

노래 시(詩), 이를 운(云), 조사(~아아) 유(維), 조사(~의) 지(之), 명할 명(命), 조사(~아아) 오(於), 아름다울 목(穆), 아니 불(不), 그칠 이(已)

【읽기(讀)】

시운(詩云)의 시(詩)는 『시경(詩經)』「주송(周頌)」에 들어 있는 〈유천지명(維天之命)〉을 말한다. 운(云)은 〈이를 왈(曰)〉과 같으니 시운(詩云)은 시왈(詩曰)과 같다. 〈시경(詩經)의 시가[詩] 이르기를[云]〉이라고 옮기면 된다.

유천지명(維天之命) 오목불이(於穆不已)에서 유(維)는 조사(助詞)로 발어사(發語詞) 노릇해 〈아아 유(維)〉이고, 오(於) 또한 조사(助詞)로 감탄사(感歎詞) 노릇해 〈아아 오(於)〉이지만, 유(維)와 오(於)에는 뜻은 없고 다만 어조(語調)를 더할 뿐이다. 유천지명(維天之命) 어목불이(於穆不已)를 〈천지명불이목(天之命不已穆)〉으로 여기고, 〈천지명(天之命)은 아름다움을[穆] 그치지 않는다[不已]〉고 옮기면[譯] 시의(詩意)가 잡힌다. 어목불이(於穆不已)의 목(穆)은 〈아름다울 미(美)〉로 여기면 되고, 이(已)는 〈그칠 지(止)〉와 같다.

【풀이(繹)】

유천지명(維天之命) 오목불이(於穆不已)는 『시경(詩經)』「주송(周頌)」〈유천지명(維天之命)〉의 첫 장(章)이다. 이 시장(詩章)을 들어 앞서 살핀 〈지성무식(至誠無息)〉을 거듭 상기(想起)시켜 천지명(天之命), 즉 천명(天命)이란 천(天)이 인간에게 지성(至誠)을 다하도록 가르치는 것[命]임을 살펴 새기고 헤아려 깨우치게 한다. 천명(天命) 그것은 천지명령(天之命令)이며 천지명교(天之命教)로, 천명(天命)의 명(命)은 사령(使令)이며 교령(教令)이다. 하늘[天]이 가르쳐[教] 하게 함[令]이 곧 천명(天命)이니, 군자(君子)는 천명(天命)의 명(命)이 불이목(不已穆)이 가르쳐 시키는 것임을 안다. 이를 군자(君子)의 지명(知命)이라 한다. 군자는 지명(知命)하기 때문에 천명(天命)을 두려워하는[畏] 것이다. 물론 군자(君子)가 천명(天命)을 외(畏)하는 까닭은 불이목(不已穆) 그것 때문이다. 아름다움[穆]을 그치지 않는다[不已]고 함은 지어지선(止於至善)을 멈추지 않음을 뜻한다.

「주송(周頌)」〈유천지명(維天之命)〉에 나오는 오목불이(於穆不已)의 목(穆)은 〈미(美)〉로 석의(釋義) 즉 풀이하여[釋] 뜻함[義]이 통설(通說)이다. 여기서 미(美)란 선지충실(善之充實) 즉 선함이[善之] 온전함[充實]을 뜻하고, 일음일양(一陰一陽)을 계승(繼承)함이 선(善)이니, 지성(至誠)을 멈춤 없이 이어감[繼] 또한 선(善)이다. 이러한 선(善)은 천명(天命)을 계승(繼承)함이니 곧 성(性)이다. 그러므로 불이목(不已穆)의 목(穆)이란 성선(性善)의 미(美) 바로 그것이다. 성선(性善)이란 성여선(性與善) 즉 성(性)과 선(善)이 둘[二]이 아니라, 성역선(性亦善) 즉 성(性)과 선(善)이 하나[一]인 것이다. 그러므로 미(美) 즉 목(穆)을 그치지 않음[不已]이란 천명(天命)을 어기지 않음이다. 천명(天命)의 성(性)은 천도(天道)인 지성(至誠)의 무식(無息)을 따라야 함을 깊이 살펴 새기고 헤아려 깨우치게 하는 말씀이 〈유천지명(維天之命) 오목불이(於穆不已)〉이다.

註 "유천지명(維天之命) 오목불이(於穆不已) / 오호비현(於乎不顯) 문왕지덕지순(文王之德之純)/가이일아(假以溢我) 아기수지(我其收之)/준혜아문왕(駿惠我文王) 증손독지(曾孫篤之)." 아아[維] 하늘의[天之] 명이시여[命] 아아[於] 아름답기도[穆] 그지없네[不已]! 아아[於乎] 크게[不] 드러나누나[顯]! 문왕의[文王之] 덕이[德之] 순일함이여[純]! 그 덕으로[以] 우리를[我] 크게[假] 이

롭게 하니[溢] 우리는[我] 그것을[其] 받잡으니[收之], 우리[我] 문왕을[文王] 크게[駿] 따라[惠] 자손들은[曾孫] 이를[之] 잘 받들기를[篤].

오(於)는 조사(助詞)로 감탄사 노릇해 〈아아 오(於)〉, 목(穆)은 〈아름다울 미(美)〉와 같다. 비현(不顯)의 비(不)는 여기선 〈클 비(丕)〉로 여기고 풀이하면 된다. 순(純)은 오로지 천명(天命)일 뿐이란 뜻으로 순일(純一)을 뜻하고, 일(溢)은 〈이로울 익(益)〉으로 여기고 풀이하면 된다. 수(收)는 〈받을 수(受)〉와 같고, 준(駿)은 〈클 대(大)〉와 같고, 혜(惠)는 〈따를 순(順)〉과 같다.

『시경(詩經)』「주송(周頌)」〈유천지명(維天之命)〉 전문(全文)

蓋曰天之所以爲天也(개왈천지소이위천야)

▶ 대개[蓋] {천지명(天之命)은} 하늘이[天之] 그로써[以] 하늘로[天] 되는[爲] 것[所]이라고[也] 말한다[曰].

대개 개(蓋), 이를 왈(曰), 하늘 천(天), 조사(~이) 지(之), 것 소(所), 써 이(以), 될 위(爲), 조사(~이다) 야(也)

【읽기(讀)】

개왈천지소이위천야(蓋曰天之所以爲天也)는 〈개인왈천지명천지소이위천야(蓋人曰天之命天之所以爲天也)〉에서 일반주어 인(人)과 목적절의 주부(主部) 노릇할 천지명(天之命)을 생략한 것으로 여기면 문의(文意)가 드러난다. 〈대개[蓋] 사람들은[人] 천지명(天之命)은 하늘이[天之] 그로써[以] 하늘로[天] 되는[爲] 것[所]이라고[也] 말한다[曰]〉 이를 〈대개[蓋] 하늘이[天之] 그로써[以] 하늘로[天] 되는[爲] 것[所]이라고[也] 말한다[曰]〉로 줄인 말투이다. 개왈천지소이위천야(蓋曰天之所以爲天也)에서 천지소이위천(天之所以爲天)은 왈(曰)의 목적구(目的句)이고, 〈대개[蓋] 천지소이위천(天之所以爲天)을 말하는 것[曰]이다[也]〉로 문맥을 잡는다.

천지소이위천(天之所以爲天)을 〈A지소이위(之所以爲)B〉 상용구(常用句)로 암기해두면 편할 것이다. 〈A가[A之] 그로써[以] B를 하는[爲] 것[所]〉 또는 〈A가[A之] B를 하는[爲] 까닭[所以]〉 등으로 보면 된다. 소이(所以)는 보통 〈~하는 까닭[所以]〉이라고 옮기는 경우가 많다.

개왈천지소이위천야(蓋曰天之所以爲天也)에서 개(蓋)는 조사(助詞) 노릇하는 〈대개 개(蓋)〉이고, 이(以)는 〈때문에 고(故)〉와 같으니 〈그 때문에[以]〉처럼 옮겨도 되고, 〈써 용(用)〉과 같아 〈그로써[以]〉로 옮겨도 된다.

【풀이(繹)】

개왈천지소이위천야(蓋曰天之所以爲天也)는 천(天)이 위천(爲天) 즉 천(天)이 됨[爲]은 천명(天命) 때문임을 관완(觀玩)하여 의단(擬斷)하게 한다. 천명(天命)이란 만물(萬物)로 하여금 불이목(不已穆), 즉 아름다움[穆]을 그치지 않게[不已] 가르침[命]이다. 『대학(大學)』 첫머리에 나오는 〈명명덕(明明德)〉 즉 명덕(明德)을 밝힘[明]도 천명(天命)의 성(性)이 천도(天道)의 멈추지 않는[不息] 지성(至誠)에 순응(順應)하기를 다하라[盡] 함이다. 천(天)의 진명(盡命)함이 곧 천도(天道)가 행하는 하늘의[天之] 지성(至誠)이다. 천(天) 역시 천성(天性)으로 하여금 천도(天道)의 성(誠)에 순응(順應)하기 때문에 천(天)이 천(天)으로 됨[爲]을 『시경(詩經)』「주송(周頌)」에 있는 〈유천지명(維天之命)〉이란 송(頌)을 빌려 밝혀 성(性) · 성(誠)을 화일(和一)하는 중용(中庸)의 중(中)을 살펴 새기고 헤아려 깨우치게 하는 말씀이 〈개왈천지소이위천야(蓋曰天之所以爲天也)〉이다.

於乎不顯(오호비현) 文王之德之純(문왕지덕지순)

▸아아[於乎] 크나크게[不] 드러남이여[顯]! 문왕의[文王之] 덕이[德之] 순일함이여[純].

조사(아아) 오(於), 조사 호(乎), 클 비(不), 드러날 현(顯),
조사(~의) 지(之), 큰 덕(德), 조사(~이) 지(之), 순일할 순(純)

【읽기(讀)】

오호비현(於乎不顯) 문왕지덕지순(文王之德之純)에서 오호(於乎)는 조사(助詞)로서 발어사(發語詞) 노릇하고, 오(於)는 조사(助詞)로 발음은 〈오(於)〉이고, 오호(於乎)에서 호(乎)는 조사(助詞)로 허사(虛詞) 노릇해 어조(語調)를 더할 뿐이다. 오호비현(於乎不顯) 문왕지덕지순(文王之德之純)을 〈오호문왕지덕지순비현(於乎文王之德之純不顯)〉으로 여기고 〈아아[於乎] 문왕의[文王之] 덕이[德之] 순일함이[純] 크게[不] 드러나도다[顯]!〉로 옮기면[譯] 시의(詩意)가 잡힌다.

덕지순(德之純)의 순(純)은 〈하나 일(一)〉과 같아 순일(純一)의 줄임이고, 비현(不顯)의 비(不)는 〈클 비(丕)〉와 같고, 현(顯)은 〈드러날 현(見) · 현(現)〉 등과 같다.

【풀이(繹)】

오호비현(於乎不顯) 문왕지덕지순(文王之德之純)은 『시경(詩經)』 「주송(周頌)」 〈유천지명(維天之命)〉의 둘째 장(章)이다. 이 시장(詩章)을 들어 앞서 살핀 〈지성무식(至誠無息)〉을 거듭 상기(想起)시키고, 천명(天命)을 그대로 본받아 지성(至誠)을 다한[盡] 문왕지덕(文王之德) 즉 문왕의[文王之] 덕(德)을 살펴 새기고 헤아려 깨우치게 한다. 물론 문왕(文王)이 다한 지성(至誠)은 하늘[天]이 가르쳐[敎] 하게 한[令] 것이니, 문왕(文王)이 불이목(不已穆)의 시킴과 가르침[命]을 받들어 이루었음[成]을 말한다. 이는 곧 문왕(文王)의 지명(知命)인 동시에 성지자(誠之者)이며, 나아가 문왕(文王)이 중용(中庸)의 중(中)을 성(性) · 성(誠) · 성(成)으로 화일(和一)했음을 말해준다. 문왕(文王)은 지명(知命)하여 천명(天命)을 두려워하고[畏], 본성(本性)을 어기지 않았으며, 지성(至誠)을 다해[盡] 오로지 온 세상 백성을 위해 천명(天命)인 불이목(不已穆)의 목(穆)을 이루었음[成]을 칭송하여 〈오호비현(於乎不顯)〉이라 찬탄한다.

「주송(周頌)」 〈유천지명(維天之命)〉에 나오는 오호비현(於乎不顯)의 비현(不顯)은 천지성(天之誠)이 고명(高明)으로 드러나고[顯] 지지성(地之誠)이 박후(博厚)로 드러나듯이, 문왕(文王)의 덕(德)이 천지지덕(天地之德)과 같이 천명(天命)의 성(性)과 천도(天道)의 성(誠)을 이루었음[成]을 칭송(稱頌)한 것이다. 물론 이러한 문왕(文王)의 덕(德)은 천지지성(天地之誠)의 성물(成物)을 본받아[法] 이룬[成] 문(文) 즉 문물제도(文物制度)로 드러나는[顯] 바로 그것이다. 거듭 밝히지만 불이목(不已穆)의 목(穆)은 미(美)이고, 그 아름다움[美]이란 선지충실(善之充實) 즉 선함이[善之] 온전함[充實]을 뜻하니, 문왕(文王)의 덕(德) 역시 일음일양(一陰一陽)을 계승(繼承)한 성선(性善) 그것이다. 따라서 문왕(文王)의 지성(至誠) 또한 무식(無息) 즉 멈춤 없이[無息] 이어간[繼] 선미(善美) 그것을 이룬[成] 것이니, 드디어 성(性) · 성(誠)을 화일(和一)한 중용(中庸)의 길[道]을 이룸[成]이 문왕(文王)의 문(文)임을 살펴 새기고 헤아려 문왕(文王)의 덕(德)이 순일(純一)함을 깨우치게 한다. 문왕(文王)의 덕(德)이 순일(純一)하다는 것은 중용(中庸)의 중(中)인 성선(性善)을 하나[一]로 이룬 것[成]임을 깨우치게 하는 말씀이 〈오호비현(於乎不顯) 문왕지덕지순(文王之德之純)〉이다.

蓋曰文王之所以爲文也(개왈문왕지소이위문야)

▶ 대개[蓋] {문왕지덕(文王之德)은} 문왕이[文王之] 그로써[以] 문이[文] 되는[爲] 것[所]이라고[也] 말한다[曰].

대개 개(蓋), 이를 왈(曰), 글 문(文), 임금 왕(王), 조사(~이) 지(之), 것 소(所), 써 이(以), 될 위(爲), 조사(~이다) 야(也)

【읽기(讀)】

개왈문왕지소이위문야(蓋曰文王之所以爲文也)는 〈개인왈문왕지덕문왕지소이위문야(蓋人曰文王之德文王之所以爲文也)〉에서 인(人)과 목적절의 주부(主部) 노릇할 문왕지덕(文王之德)을 생략한 것이다. 〈대개[蓋] 사람들은[人] 문왕지덕은[文王之德] 문왕이[文王之] 그로써[以] 문이[文] 되는[爲] 것[所]이라고[也] 말한다[曰]〉 이를 〈대개[蓋] 문왕이[文王之] 그로써[以] 문이[文] 되는[爲] 것[所]이라고[也] 말한다[曰]〉로 줄인 것이다. 개왈문왕지소이위문야(蓋曰文王之所以爲文也)에서 문왕지소이위문(文王之所以爲文)은 왈(曰)의 목적구(目的句)로 여기고 〈대개[蓋] 문왕지소이위문(文王之所以爲文)을 말하는 것[曰]이다[也]〉로 문맥을 잡으면 문의(文意)가 잡힌다.

문왕지소이위문(文王之所以爲文)을 〈A지소이위(之所以爲)B〉 상용구(常用句)로 암기하면 문맥이 잡힌다. 〈A가[A之] 그로써[以] B를 하는[爲] 것[所]〉 또는 〈A가[A之] B를 하는[爲] 까닭[所以]〉 등으로 보면 된다. 소이(所以)는 보통 〈~하는 까닭[所以]〉이라고 옮긴다.

개왈문왕지소이위문야(蓋曰文王之所以爲文也)의 개(蓋)는 조사(助詞) 노릇하는 〈대개 개(蓋)〉이고, 이(以)는 〈때문에 고(故)〉와 같으니 〈그 때문에(以)〉처럼 옮겨도 되고, 〈써 용(用)〉과 같다 여기고 〈그로써[以]〉로 옮겨도 된다.

【풀이(繹)】

개왈문왕지소이위문야(蓋曰文王之所以爲文也)는 천명(天命) 즉 천지지명(天地之命)을 그대로 지성(至誠)껏 본받았던[法] 문왕(文王)이 위문(爲文) 즉 문(文)이 됨[爲]은 문왕(文王)의 성지자(誠之者) 그것 때문이었음을 관완(觀玩)하여 의단(擬斷)하게 한다. 천지(天地)가 만물(萬物)로 하여금 불이목(不已穆) 즉 아름다움[穆]을 그치지 않게[不已] 한 가르침[命]을 문왕(文王)은 어김없이 다했음을 밝힌 말씀이 〈위문(爲文)〉이다. 위문(爲文)의 문(文)은 자연(自然)의 문(文)이 아니라 인간(人間)의 문(文)이다. 자연(自然)의 문(文)은 자연(自然)이 만들어낸 문(紋) 즉 무늬[紋]이고, 채(彩) 즉 빛깔[彩]이다. 자연(自然)이 뜻을 드러내 돋보이게 하는 문(文)을 본받아[法] 인간이 치인(治人)·치세(治世)의 뜻을 드러내 돋보이게 하는 것이 곧 인간의 위문(爲文)이다.

문왕(文王)의 위문(爲文)이란 〈문왕(文王)이 덕(德)으로 베푼 치인(治人)·치세(治世)의 문물제도(文物制度)〉를 줄인 말씀이다. 물론 문왕(文王)의 위문(爲文) 역시 천(天)의 위천(爲天)과 마찬가지로 『대학(大學)』 첫머리에 나오는 〈명명덕(明明德)〉 즉 명덕(明德)을 밝힘[明] 바로 그것이다. 왜냐하면 문왕(文王)의 위문(爲文)이란 천명(天命)이 멈추지 않는[不息] 지성(至誠)을 법(法)하기를 다한[盡] 대업(大業)이기 때문이다. 그러한 지성(至誠) 때문에 문왕(文王)이 베푼 문(文)이 치인(治人)·치세(治世)의 문물제도(文物制度)가 되는 문(文)이 되었음[爲]을 『시경(詩經)』 「주송(周頌)」에 있는 〈유천지명(維天之命)〉이란 송(頌)을 빌려 밝힌 말씀이 〈개왈문왕지소이위문야(蓋曰文王之所以爲文也)〉이다.

純亦不已(순역불이)

▶ {문왕지덕(文王之德)의} 순일함[純] 또한[亦] 그지없다[不已].

순일한 순(純), 또한 역(亦), 아니 불(不), 그칠 이(已)

【읽기(讀)】

순역불이(純亦不已)는 〈문왕지덕지순역불이(文王之德之純亦不已)〉에서 문왕지덕지(文王之德之)를 생략한 구문이다. 〈문왕의[文王之] 덕의[德之] 순일함은[純] 또한[亦] 그지없다[不已]〉 이를 〈순일함은[純] 또한[亦] 그지없다[不已]〉로 줄인 것이다. 순역불이(純亦不已)에서 순(純)은 〈하나 일(一)〉과 같아 순일(純一)의 줄임이고, 역(亦)은 〈또 우(又)〉와 같고, 이(已)는 여기선 〈그칠 지(止)〉와 같다.

【풀이(繹)】

순역불이(純亦不已)는 문왕(文王)이 오로지 천명(天命)을 따라 천지지도(天地之道)를 인간세(人間世)에서 통(通)하게 했음을 살펴 새기고 헤아려 깨우치게 한다. 하늘 땅[天地]의 이(理) · 교(教) · 도(導) · 방(方)을 두루 통하게 함을 덕(德)이라 한다. 그래서 덕(德)을 일러 통어천지자(通於天地者)라 한다. 천지(天地)의 이치[理]를 통(通)하게 함이 도(道)의 덕(德)이고, 천지(天地)의 가르침[教]을 통(通)하게 함이 또한 도(道)의 덕(德)이며, 천지(天地)의 이끌어감[導]을 통(通)하게 함이 도(道)의 덕(德)이고, 천지(天地)의 방편[方]을 통(通)하게 함이 도(道)의 덕(德)이라는 말이다. 문왕(文王)은 이러한 천지지덕(天地之德)을 천명(天命)으로 본받기[法]를 그치지 않았음이 곧 문왕(文王)의 지성무식(至誠無息)이다. 그래서 『시경(詩經)』「주송(周頌)」〈유천지명(維天之命)〉에서 〈문왕지덕지순(文王之德之純)〉이라고 칭송(稱頌)한 것이다.

문왕(文王)의 덕(德)이 순(純)하다고 칭송(稱頌)함은 그 덕(德)이 천지지덕(天地之德) 바로 그것과 같음을 뜻한다. 그리고 천명(天命)의 성(性)을 지극히 지키고 천도(天道)의 성(誠)을 다해[盡] 성성(誠性)을 이루었음[成]은 문왕(文王)의 덕(德)이 누린 순일(純一)함 그것이다. 말끔하게 하나로 이룸[成]이 순일(純一)함이다. 따라서 문왕(文王)의 덕지순(德之純)은 『논어(論語)』「위령공(衛靈公)」편(篇)에 나오는 무위이치자(無爲而治者) 기순야여(其舜也與)를 상기(想起)시킨다. 왜냐하면 문왕지덕지순(文王之德之純)의 순(純) 즉 순일(純一)함이란 무위(無爲) 바로 그것과 같기 때문이다.

무위(無爲) 그것은 곧 중용(中庸)으로 드러난다. 성성(誠性)의 화일(和一)을 이룸[成]이 곧 무위(無爲)이다. 무위(無爲)란 무사(無私) · 무욕(無欲) · 무아(無我)를 묶어서 말한 것이다. 왜냐하면 천지지소위(天地之所爲), 즉 천지에 의해서[天地之] 하게 되는[爲] 것[所]이 무위(無爲)이기 때문이다. 무사(無私)하면 그것이 무위(無

爲) · 중용(中庸)이고, 무욕(無欲) · 무아(無我)하면 그 또한 무위(無爲) · 중용(中庸)이다. 문왕(文王)의 덕(德)은 천지(天地)의 도(道)와 덕(德)을 따라서 치인(治人) · 치세(治世)의 문물제도(文物制度)를 베풀었고, 그 베풂에 그치지 않고 후손(後孫) 대대로 이어져 오게 되었음을 살펴 새기고 헤아려 깨우치게 하는 말씀이 〈순역불이(純亦不已)〉이다.

註 "무위이치자(無爲而治者) 기순야여(其舜也與) 부하위재(夫何爲哉) 공기정남면이이의(恭己正南面而已矣)." 함이[爲] 없어도[無而] 다스리는[治] 사람[者] 그분은[其] 순임금[舜]이로다[也與]! 대체[夫] 어찌[何] 하는 것[爲]인가[哉]? 자신을[己] 낮추고[恭] 바르게[正] 남면했을[南面] 뿐이다[而已矣].

남면(南面)은 왕(王)의 자리를 말하고, 북면(北面)은 신하(臣下)의 자리를 말한다.

『논어(論語)』「위령공(衛靈公)」편(篇) 4장(章)

성인지도(聖人之道)와 군자(君子)

네 단락(段落)으로 이루어진 27장(章)은 성인(聖人)의 지도(至道) · 지덕(至德)을 남김없이 본받고자 하는 군자(君子)의 숭례(崇禮)를 살펴 군자중용(君子中庸)을 새기고 헤아려 깨우치게 하는 장(章)이다. 군자(君子)의 중용(中庸)은 존덕성(尊德性)하고 도문학(道問學)하며 도중용(道中庸)하여 흥례(興禮)와 용례(容禮)로 일상(日常)에 깃들고, 정도(正道)가 있는 치세(治世)에는 나아가 흥례(興禮) 즉 예(禮)를 발흥(勃興)하게 하고, 정도(正道)가 없는 난세(亂世)에는 용례(容禮) 즉 예(禮)를 함용(含容)하면서 수기(修己)를 다함을 밝히고 있다.

【1단락(段落) 전문(全文)】

大哉라 聖人之道여 洋洋乎發育萬物하여 峻極于天이로다
대재 성인지도 양양호발육만물 준극우천

優優大哉라 禮儀三百과 威儀三千이로다 待其人而後行하
우우대재 예의삼백 위의삼천 대기인이후행

니 故로 曰 苟不至德이면 至道不凝焉이라
고 왈 구부지덕 지도불응언

크도다! 성인의 도여. 넓고 크도다! {성인지도(聖人之道)는} 온갖 것을 내고 기른다. {성인지도(聖人之道)가} 높고 큼이 하늘에까지 닿았다. 넉넉히 남아 크도다! 예의(禮儀)는 삼백 가지라. 예의(禮儀)를 소중히 하기는 삼천 가지다. 이 사람을 기다린 뒤에야 쓰였다. 그러므로 말한다. 진실로 덕(德)에 다다르지 못한다면 도(道)에 다다름은 이루어지지 못할 뿐이다.

大哉(대재) 聖人之道(성인지도)

▶ 크도다[大哉] 성인의[聖人之] 도여[道]!

큰 대(大), 조사(~도다) 재(哉), 통할 성(聖), 조사(~의) 지(之), 길 도(道)

【읽기(讀)】

대재(大哉) 성인지도(聖人之道)는 〈성인지도대(聖人之道大)〉에서 대(大)를 강조하고자 감탄사(感歎詞) 노릇하는 조사(助詞) 재(哉)를 더해 대재(大哉)로 하여 전치(前置)한 구문이다. 〈성인의[聖人之] 도는[道] 크다[大]〉 이를 〈크도다[大哉] 성인의[聖人之] 도여[道]〉처럼 감탄문(感歎文)으로 어조(語調)를 더한 것이다. 대재(大哉)의 대(大)는 〈천지(天地) 같음〉을 뜻한다. 〈천지(天地) 같도다[大哉] 성인의 도여[聖人之道]!〉라고 옮겨도[譯] 된다.

【풀이(繹)】

대재(大哉) 성인지도(聖人之道)는 성인(聖人)의 도(道)는 천지지도(天地之道)와 다름없음을 살펴 새기고 헤아려 깨우치게 한다. 천도(天道)는 고명(高明)하여 크고[大], 지도(至道)는 박후(博厚)하여 크다[大]. 성인(聖人)의 도(道) 역시 그와 같다. 천(天)의 높고[高] 밝음[明]은 일월성신(日月星辰)을 무사(無私)하게 덮어줌[覆]이 큼[大]이고, 땅[地]의 넓고[搏] 두터움[厚]은 만물(萬物)을 무사(無私)하게 실어줌[載]이 큰[大] 것이다. 천도(天道)는 우주(宇宙)를 무사(無私)하게 덮어주니[覆] 크고[大], 지도(地道)는 만물(萬物)을 무사(無私)하게 모조리 실어주니[載] 크다[大]. 성인(聖人)의 도(道)는 천지지도(天地之道)를 그냥 그대로 본받기[法] 때문에 크다[大].

여기서 말하는 성인지도(聖人之道)란 문왕(文王)의 도(道)로, 유가(儒家)의 성인지도(聖人之道)는 요(堯)로부터 주(周)나라 문왕(文王)에 이르러 이루어진다고 볼 수 있다. 그러므로 성인지도(聖人之道)를 문왕지도(文王之道)로 여겨도 되며, 성인(聖人)의 도(道)로서 문왕(文王)의 도(道)를 중용(中庸)의 도(道)로 헤아려도 될 것이다. 문왕(文王)이 문(文)의 왕(王)이 된 까닭은 천도(天道)의 성(誠)을 지극하게 따르고 천명(天命)의 성(性)을 지극하게 지켜[守] 중용(中庸)의 중(中)으로 치인(治人) · 치세(治世)의 문물제도(文物制度)를 이루었기[成] 때문이다. 그리하여 문왕지도(文王之道)는 성(性) · 성(誠) · 성(成) · 성(聖)의 중(中)을 말끔히[純] 하나[一] 되게 하는 길[道]임을 살펴[觀] 새기고[玩] 헤아려[擬] 깨우치게[悟] 하는 말씀이 〈대재(大哉) 성인지도(聖人之道)〉이다.

洋洋乎(양양호) 發育萬物(발육만물)

▶넓고 크도다[洋洋乎]! {성인지도(聖人之道)는} 온갖 것을[萬物] 내고[發] 기른다[育].

넓고 클 양(洋), 조사(~도다) 호(乎), 낼 발(發), 키울 육(育), 온갖 만(萬), 것 물(物)

【읽기(讀)】

양양호(洋洋乎) 발육만물(發育萬物)은 〈성인지도지발육만물양양(聖人之道之發育萬物洋洋)〉에서 되풀이되는 성인지도지(聖人之道之)를 생략하고, 양양(洋洋)을 강조하고자 감탄사(感歎詞) 노릇하는 조사(助詞) 호(乎)를 더해 양양호(洋洋乎)로 하여 전치(前置)한 구문이다. 〈성인의[聖人之] 도가[道之] 만물을[萬物] 내고[發] 기름은[育] 넓고 그윽하다[洋洋]〉 이를 〈넓고 넉넉하도다[洋洋乎] 만물을[萬物] 내고[發] 기름이여[育]〉라고 감탄문(感歎文)의 어조(語調)를 더한 것이다.

양양(洋洋)은 광대(廣大)함을 뜻하므로 양양호(洋洋乎) 또한 〈천지(天地) 같도다[洋洋乎]!〉라고 옮겨도[譯] 된다. 발육만물(發育萬物)에서 발(發)은 〈낼 생(生)〉과 같아 발생(發生)의 줄임이고, 육(育)은 〈기를 양(養)〉과 같아 양육(養育)의 줄임말로 여기면 된다.

【풀이(繹)】

양양호(洋洋乎) 발육만물(發育萬物)은 성인지도(聖人之道)가 만물(萬物)을 발육(發育)하는 천지지도(天地之道)를 그대로 본받아[法] 온갖 것[萬物]을 내고[發] 기름[育]을 살펴 새기고 헤아려 깨우치게 한다. 천(天)이 만물(萬物)을 무사(無私)하게 발육(發育)함을 한마디로 부(覆) 즉 〈덮을 부(覆)〉라 한다. 성인(聖人)도 종천(從天) 즉 천(天)을 따라[從] 만물(萬物)을 무사(無私)하게 덮는[覆] 도(道)를 견색(見賾)하였다. 성인(聖人)이 종천(從天)하여 천지(天地)에 꼭꼭 숨은 것[賾]을 찾아낸[見] 것이 악(樂)이고 인(仁)이다. 그래서 『예기(禮記)』「악기(樂記)」편(篇)에 **인근어악(仁近於樂)·성인작악이응천(聖人作樂以應天)**이란 말씀이 나온다. 그리고 땅[地]이 만물(萬物)을 무사(無私)하게 발육(發育)함을 한마디로 재(載) 즉 〈실을 재(載)〉라고 한다. 성인(聖人)도 종지(從地) 즉 땅[地]을 따라[從] 만물(萬物)을 무사(無私)하게 싣는[載] 도(道)를 견색(見賾)하였다. 성인(聖人)이 종지(從地)하여 천지(天地)에 꼭꼭 숨은 것[賾]을 찾아낸[見] 것이 예(禮)이고 의(義)이다. 그래서 『예기(禮記)』「악기(樂記)」편(篇)에 **의근어례(義近於禮)·성인제례이배지(聖人制禮以配地)**란 말씀이 나온다.

이처럼 인의(仁義)의 도리(道理)를 인간(人間)이 만들어낸 것이 아니라 천지(天地)의 도(道)에서 찾아낸 것이 인도(人道)이며, 그 인의(仁義)를 누리게 하는 예악(禮樂) 또한 천지(天地)의 도(道)에서 성인(聖人)이 견색(見賾)한 사람의[人] 도(道)이다. 따라서 문왕(文王)이 문(文)이 된 까닭은 문물제도(文物制度)를 발육(發育)했기 때문이다. 문왕(文王)의 문(文)이 인간세(人間世)로 하여금 천지(天地)의 무사

(無私)한 도(道)를 따르는 인의예악(仁義禮樂)으로 만물(萬物)을 발육(發育)하게 하는 큰 길[大道]임을 지극히 살펴 새기고 헤아려 깨우치게 하는 말씀이 〈양양호(洋洋乎) 발육만물(發育萬物)〉이다.

註 "춘작하장인야(春作夏長仁也) 추렴동장의야(秋斂冬藏義也) 인근어악(仁近於樂) 의근어례(義近於禮) 악자돈화솔신이종천(樂者敦和率神而從天) 예자별의거귀이종지(禮者別宜居鬼而從地) 고(故) 성인작악이응천(聖人作樂以應天) 제례이배지(制禮以配地) 예악명비(禮樂明備) 천지관의(天地官矣)." 봄에는[春] 싹트게 하여[作] 여름에[夏] 자라게 함은[長] 인(仁)이고[也], 가을에는[秋] 거두어들여[斂] 겨울에[冬] 간직하게 함은[藏] 의(義)이다[也]. 어짊은[仁] 악에[於樂] 가깝고[近], 옳음은[義] 예에[於禮] 가깝다[近]. 악이란[樂] 것은[者] {천지(天地)의} 어울림을[和] 도탑게 하고[敦] 하늘이 변화하게 하는 짓을[神] 우러러 좇아서[率而] 하늘을[天] 따름이고[從], 예란[禮] 것은[者] {천지(天地)의} 마땅함을[宜] 가름하고[別] 땅이 변화하게 하는 짓을[鬼] 엎드려 좇아서[居而] 땅을[地] 따름이다[從]. 그러므로[故] 성인은[聖人] 하늘을[天] 따름을[應] 써서[以] 악을[樂] 지었고[作], 땅을[地] 짝함을[配] 써서[以] 예를[禮] 지어[制], 예악이[禮樂] 밝게[明] 갖추어지고[備], 천지가[天地] 지극히 공평한 것[官]이다[矣].

솔신(率神)의 솔(率)은 앙천(仰天)하여 따름[順]이고 신(神)은 양기(陽氣)의 짓을 뜻하며, 거귀(居鬼)의 거(居)는 부지(俯地)하여 따름[順]이고 귀(鬼)는 음기(陰氣)의 짓을 뜻한다. 천지관의(天地官矣)의 관(官)은 『중용(中庸)』에 나오는 〈천지위언(天地位焉) 만물육언(萬物育焉)〉의 위(位)·육(育)이 지극히 공평하여 무사(無私)함을 나타낸다. 천지가[天地] 자리를 잡고[位] 온갖 것이[萬物] 자라는 것[育]을 천지(天地)는 공평(公平)하게 하고 무사(無私)하게 한다는 뜻이다.

『예기(禮記)』「악기(樂記)」편(篇) 18단락(段落)

峻極于天(준극우천)

▶ {성인지도(聖人之道)가} 높고 큼이[峻] 하늘에까지[于天] 닿았다[極].

높고 클 준(峻), 다할 극(極), 조사(~까지) 우(于), 하늘 천(天)

【읽기(讀)】

준극우천(峻極于天)은 〈성인지도지준극우천(聖人之道之峻極于天)〉에서 성인지도지(聖人之道之)를 생략한 구문이다. 〈성인지도가[聖人之道之] 높고 큼이[峻] 하늘에까지[于天] 닿았다[極]〉 이를 〈높고 큼이[峻] 하늘에까지[于天] 닿았다[極]〉로 줄인 것이다.

준극우천(峻極于天)에서 준(峻)은 〈높을 고(高) · 클 대(大)〉를 뜻해 고대(高大)와 같고, 극(極)은 〈이를 지(至)〉와 같아 극지(極至)의 줄임말로 여기면 되고, 우(于)는 조사(助詞 : ~까지) 노릇한다.

【풀이(繹)】

준극우천(峻極于天)은 성인지도(聖人之道)가 천도(天道)와 다르지 않다 함이다. 여기서 준(峻)은 〈고대(高大)〉를 한 글자[字]로 말한 것으로, 고대(高大)란 천(天)을 풀이한 것이다. 이처럼 성인지도(聖人之道)의 고대(高大)는 천(天)의 그것과 같음을 거듭해 강조하고 있는 말씀이 〈준극우천(峻極于天)〉이다. 극우천(極于天)은 위천(爲天) 즉 〈하늘[天]이 됨[爲]〉이다. 성인(聖人)은 곧 천(天)이란 말이니, 성인(聖人)을 신인(神人)이라고 일컬음 역시 성인(聖人)이 하늘[天] 그것임을 말한 것이다. 문왕(文王)의 덕(德)이 순일(純一)하고 천도(天道)와 같아 천덕(天德)과 다름없음을 밝힌 말씀이 〈준극우천(峻極于天)〉이다.

優優大哉(우우대재) 禮儀三百(예의삼백)

▶넉넉히 남아[優優] 크도다[大哉]! 예의는[禮儀] 삼백이라[三百].

넉넉히 남을 우(優), 큰 대(大), 조사(~도다) 재(哉), 예악(禮樂) 례(禮), 법칙(法則) 의(儀)

【읽기(讀)】

우우대재(優優大哉) 예의삼백(禮儀三百)은 〈예의삼백우우대(禮儀三百優優大)〉에서 우우대(優優大)를 강조하고자 감탄사(感歎詞) 노릇하는 조사(助詞) 재(哉)를 더해 우우대재(優優大哉)로 하여 전치(前置)한 구문이다. 〈예의삼백은[禮儀三百] 넉넉히 남아[優優] 크다[大]〉 이를 〈넉넉히 남아[優優] 크도다[大哉]! 예의는[禮儀] 삼백이라[三百]〉고 감탄문(感歎文)의 어조(語調)를 더한 것이다. 우우(優優)는 남아돌 만큼 넉넉한 모습을 뜻하니 우우대재(優優大哉) 또한 〈천지[天地] 같도다[優優大哉]!〉로 옮겨도[譯] 된다. 예의삼백(禮儀三百)에서 의(儀)는 〈본받을 법(法) ·

칙(則) · 효(效)〉 등과 같다.

【풀이(繹)】

우우대재(優優大哉) 예의삼백(禮儀三百)은 예(禮)를 행(行)하게 하는 효칙(效則)이 삼백(三百) 가지가 있음을 밝혀 성인지도(聖人之道)를 칭송(稱頌)하고 있다. 예의삼백(禮儀三百)은 동시에 앞 장(章)에서 살핀 〈문왕지소이위문(文王之所以爲文)〉에서 위문(爲文)의 문(文)이 뜻하는 바를 구체적으로 살펴 새기고 헤아려 가늠하게 한다. 예의(禮儀)의 의(儀)는 예(禮)를 본받게[法] 하고 마땅하게[宜] 하는 법칙(法則)이다. 예의(禮儀) · 예법(禮法) · 예의(禮宜) 등은 다 같은 말씀이다.

유가(儒家)는 성인(聖人)의 작악(作樂)보다 제례(制禮)를 앞세운다. 그래서 우우대재(優優大哉) 예의삼백(禮儀三百)은『예기(禮記)』「예기(禮器)」편(篇)에 나오는 **군자욕관인의지도(君子欲觀仁義之道) 예기본야(禮其本也)**를 상기(想起)시킨다. 유가(儒家)에서는 예(禮)를 인의지도(仁義之道)의 본(本)으로 삼는 것이다. 예(禮)를 인의의[仁義之] 도(道)의 근본[本]으로 삼고, 이례(以禮) 즉 **예(禮)로써[以] 승천지도(承天之道)하고 예(禮)로써[以] 치인지정(治人之情)한다**는 치도(治道)를 왕도(王道)로 삼는다. 물론 도가(道家)는 이러한 유가(儒家)의 왕도(王道)를 인위(人爲)로 보고, 따라서 유가(儒家)의 예(禮) 또한 인위(人爲)로 본다. 그러므로 유가(儒家)의 중용(中庸)과 도가(道家)의 중용(中庸)이 상이(相異)함은 성(性) · 성(誠) · 성(成) · 성(聖) 중에서 성(成)과 성(聖)이 서로[相] 달라[異] 빚어진다. 유가(儒家)에서 중용(中庸)의 성(性) · 성(誠) · 성(成) · 성(聖) 중에서 성(成)은 성문(成文) 즉 성예악(成禮樂)이지만, 도가(道家)의 수중(守中)의 성(性) · 성(誠) · 성(成) · 성(聖) 중에서 성(成)은 성박(成樸) 즉 성천악(成天樂)이라고 볼 수 있다. 성박(成樸)의 박(樸)은 〈천지(天地) 그냥 그대로의 것[樸]〉을 뜻한다.

유가(儒家)는 예악문물(禮樂文物)을 이루어[成] 예의(禮義)의 기틀을 쌓게 한 주(周)나라 문왕(文王)을 위문(爲文)의 성인(聖人)으로 받들지만, 도가(道家)는 문왕(文王)을 성인(聖人)으로 여기지 않는다. 도가(道家)는 예의삼백(禮儀三百) 같은 예(禮)의 의칙(儀則)을 인위(人爲)로 볼 뿐이다. 그러나 유가(儒家)는 예(禮)를 인의(仁義)의 근본으로 삼고, 인정(人情) 즉 사람의 심사(心事)를 다스리는[治] 법(法)으로 삼기 때문에 예의삼백(禮儀三百)을 경례(經禮)라 칭한다. 예의삼백(禮儀三百)은 이전부터 전해온 것이 아니라 주(周)나라 성시(盛時)에 완비(完備)되어 예의(禮儀) 즉 예(禮)를 지키는 벼리(經)가 마련되었다가, 그 뒤 흐트러져 유가(儒家)가 이를 보전(保全)했던 셈이다. 예의삼백(禮儀三百)은 예(禮)의 변통(變通)을 일깨워 깨우치게 하는 말씀으로 〈우우대재(優優大哉)〉라고 찬탄(讚嘆)한 것이다.

註 "군자욕관인의지도(君子欲觀仁義之道) 예기본야(禮其本也)." 군자가[君子] 인의의[仁義之] 도를[道] 살필 때면[欲觀] 예가[禮] 그 도의[其] 근본[本]이다[也].

『예기(禮記)』「악기(禮器)」편(篇) 종(終)

註 "공자왈(孔子曰) 부례선왕이승천지도(夫禮先王以承天之道) 이치인지정(以治人之情) 고(故) 실지자사(失之者死) 득지자생(得之者生) …… 부례필본어천(夫禮必本於天) 효어지(殽於地) 열어귀신(列於鬼神)." 공자께서[孔子] 가로되[曰]: 선왕은[先王] 무릇[夫] 예(禮)로써[以] 하늘의[天之] 도를[道] 이었고[承], 예(禮)로써[以] 사람의[人之] 뜻을[情] 다스렸다[治]. 그래서[故] 예(禮)를[之] 잃은[失] 자는[者] 죽고[死], 예(禮)를[之] 취한[得] 자는[者] 산다[生]. …… 무릇[夫] 예는[禮] 하늘을[於天] 반드시[必] 근본 삼고[本], 땅을[於地] 본받고[殽], 귀신을[鬼神] 열거한다[列].

『예기(禮記)』「예운(禮運)」편(篇) 5단락(段落)

威儀三千(위의삼천)

▶ 예의(禮儀)를[儀] 소중히 하기는[威] 삼천 가지이다[三千].

소중히 할 위(威), 법칙(法則) 의(儀)

【읽기(讀)】

위의삼천(威儀三千)은 〈위례의자시삼천종(威禮儀者是三千種)〉에서 주부(主部) 노릇할 위례의자(威禮儀者)를 위의(威儀)로 줄이고, 삼천종(三千種)을 삼천(三千)으로 줄이고, 조사(助詞: ~이다) 노릇할 시(是)를 생략한 구문이다. 〈예의[禮] 의칙을[儀] 소중히 하는[威] 것은[者] 삼천(參天) 가지[種]이다[是]〉를 〈의칙을[儀] 소중히 함은[威] 삼천(三千)〉이라고 줄인 것이다.

위의삼천(威儀三千)에서 위(威)는 〈소중히 할 중(重)〉과 같아 위중(威重)의 줄임이고, 의(儀)는 〈본받을 법(法) · 칙(則) · 효(效)〉 등과 같다.

【풀이(繹)】

위의삼천(威儀三千)은 예(禮)를 지켜 행하게 하는 세칙(細則)이 삼천(三千) 가지임을 밝혀 성인지도(聖人之道)를 칭송(稱頌)하고 있다. 위의삼천(威儀三千)은 동시에 앞 장(章)에서 살핀 〈문왕지소이위문(文王之所以爲文)〉에서 위문(爲文)의 문(文)이 뜻하는 바를 구체적으로 살펴 새기고 헤아려 가늠하게 한다. 위의삼천(威儀三千)을 곡례삼천(曲禮三千)이라고도 한다. 위의(威儀)란 예(禮)를 준수(遵守)하는 세칙(細則)이기 때문이다. 위의(威儀)는 예(禮)의 치곡(致曲)이다. 위의(威儀)는 예(禮)의 미세함[曲]까지 지극히 하라[致]는 세칙(細則)이다. 지소(至小) 즉 작은 것[小]을 지극히 해야[至] 큰 것[大]을 이룬다[成]. 곡례(曲禮)를 지극히 해야 대례(大禮)를 다하는[盡] 것이다. 그래서 『예기(禮記)』는 「곡례(曲禮) 상하(上下)」편(篇)으로 시작된다.

「곡례(曲禮)」 즉 위의(威儀)를 살펴보면 그것이 곧 중용(中庸)의 지(知) · 행(行)을 밝히고 있음을 간파(看破)할 수 있다. 수기(修己)함에 불경함이[不敬] 없고[毋], 엄숙함[嚴]은 {천지지도(天地之道) 즉 지성(至誠)을} 생각함[思]과 같고[若], {심중(心中)이} 안정돼[安] 말[辭]을 정확히 하여[定] 백성[民]을 편안케 할[安] 것이라고 「곡례(曲禮)」는 시작한다. 이는 곧 군자중용(君子中庸)을 밝힌 것이다. 이어 「곡례(曲禮)」는 {예(禮)를 지키면} 모만(侮慢)이 자랄 수 없고[不可長], 욕심[欲]이 마음대로 할 수 없으며[不可從], 뜻[志]은 (제 욕심껏) 충족될 수 없고[不可滿], 환락은[樂] 다 할 수 없음[不可極]을 밝힌다. 이 또한 군자중용(君子中庸)을 밝히고 있음이다. 이러한 「곡례(曲禮)」처럼 위의(威儀)가 중용(中庸)의 지(知) · 행(行)을 다하게 하는 세칙(細則)으로 통하고 있음을 살펴 새기고 헤아려 가늠하게 하는 말씀이 〈위의삼천(威儀三千)〉이다.

註 "곡례왈(曲禮曰) 무불경(毋不敬) 엄약사(嚴若思) 안정사(安定辭) 안민재(安民哉)." 곡례에[曲禮] 이르기를[曰]: 불경함이[不敬] 없고[毋], 엄숙함은[嚴] {천지지도(天地之道)를} 생각함과[思] 같으며[若], 말을[辭] 흔들림 없이 하여[安定] 백성을[民] 편안케 하는 것[安]이다[哉].

『예기(禮記)』「곡례(曲禮) 상(上)」편(篇) 1단락(段落)

註 "오불가장(敖不可長) 욕불가종(欲不可從) 지불가만(志不可滿) 낙불가극(樂不可極)." {예(禮)를 따르면} 오만은[敖] 자랄 수 없고[不可長], 욕심은[欲] 멋대로 될 수 없으며[不可從], 뜻은[志]

다 채울 수 없고[不可滿], 환락은[樂] 지나칠 수 없다[不可極].

『예기(禮記)』「곡례(曲禮) 상(上)」편(篇) 2단락(段落)

待其人而後行(대기인이후행)

▶이[其] 사람을[人] 기다린[待] 뒤에야[而後] 쓰인다[行].

기다릴 대(待), 그(이) 기(其), 조사(助詞) 이(而), 뒤 후(後), 쓸 행(行)

【읽기(讀)】

대기인이후행(待其人而後行)은 〈대기인이후(待其人而後) 예의삼백여위의삼천행(禮儀三百與威儀三千行)〉에서 행(行)의 주부(主部) 노릇할 예의삼백여위의삼천(禮儀三百與威儀三千)을 생략한 구문이다.

대기인이후행(待其人而後行)에서 대(待)는 〈기다릴 사(俟)〉와 같고, 행(行)은 〈쓸 용(用)〉과 같아 행용(行用)의 줄임말로 여기면 된다.

【풀이(繹)】

대기인이후행(待其人而後行)은 『주역(周易)』「계사전(繫辭傳) 하(下)」에 나오는 〈구비기인(苟非其人) 도불허행(道不虛行)〉이란 말씀을 상기(想起)시킨다. 진실로[苟] 그[其] 사람이[人] 아니면[非] 도(道)는 허(虛)하게 행해지지 않는다[不行], 이는 그[其] 사람[人]만이 도(道)를 허행(虛行)함을 뜻한다. 여기서 허행(虛行)은 무사(無私)·무욕(無欲)·무아(無我)하게[虛] 행(行)함이다. 도(道)를 허행(虛行)하는 기인(其人)이란 다름 아닌 성인(聖人)이다. 그러니 대기인(待其人)의 기인(其人) 역시 다름 아닌 문왕(文王)을 일컫는다. 문왕(文王)이 출현해서야 예의삼백(禮儀三百)과 위의삼천(威儀三千)으로 치인(治人)·치세(治世)의 길[道]이 열리게 되었음을 말해 성인지도(聖人之道)를 밝히고 있다.

대기인(待其人)은 〈기시대기인(其時待其人)〉으로 살펴 새기고 헤아려 가늠하게 한다. 그[其] 시대[時]가 기인(其人) 즉 그[其] 사람[人]을 기다리는[待] 것이다. 문왕(文王)이 출현(出現)한 시(時)는 천명(天命)의 시(時)이지 인사(人事)의 시(時)가 아니란 것이다. 하늘이 성인(聖人)을 내려 난세(亂世)를 치세(治世)로 변화(變化)시키는 것은 하늘의 뜻[天命]이라는 말이다. 그러니 대성인(待聖人)은 천명(天命)

을 따라 기다리면서 천시(天時)를 마중하는 시운(時運)이다. 문왕(文王)의 출현(出現)은 천시(天時)의 운(運)이고, 그 운(運)이 도래(到來)한 것이 문왕(文王)이다. 이는『예기(禮記)』「예기(禮器)」편(篇)에 나오는 예시위대(禮時爲大)란 말을 상기(想起)시킨다. 예(禮)는 때[時]를 첫째로 한다. 문왕(文王)이 등장하기 전에는 예의삼백(禮儀三百) · 위의삼천(威儀三千)이 시행(施行)되지 않았다. 문왕(文王)으로 말미암아 주(周)나 성시(盛時)에 예(禮)가 완비(完備)되어 인지정(人之情) 즉 사람의[人之] 뜻[情]을 다스려[治] 성정(性情)의 중화(中和)로 이끄는 문물(文物)인 예(禮)가 구비(具備)된 것이다. 그러므로 문왕(文王)이 나타난 때[時]를 얻어서야 예의삼백(禮儀三百) · 위의삼천(威儀三千)이 두루 갖추어져[具備] 예(禮)가 시행(施行)되기 시작(始作)했음을 밝힌 말씀이 〈대기인이후행(待其人而後行)〉이다.

註 "예시위대(禮時爲大) 순차지(順次之) 체차지(體次之) 의차지(宜次之) 칭차지(稱次之) 요수순(堯授舜) 순수우(舜授禹) 탕방걸(湯放桀) 무왕벌주(武王伐紂) 시야(時也)." 예는[禮] 때를[時] 큰 것으로[大] 한다[爲]. 순이[順] 시(時)를[之] 다음 하고[次], 체가[體] 순(順)을[之] 다음 하고[次], 의가[宜] 체(體)를[之] 다음 하며[次], 칭이[稱] 의(宜)를[之] 다음 한다[次]. 요는[堯] 순에게[舜] {왕위(王位)를} 주고[授], 순은[舜] 우에게[禹] {왕위(王位)를} 주고[授], 탕이[湯] 걸을[桀] 내치고[放], 무왕이[武王] 주를[紂] 징벌함은[伐] {하늘이 명(命)한} 시(時)이다[也].

순(順) · 체(體) · 의(宜) · 칭(稱)을 경례불역(經禮不易)이라 하지만, 시(時)는 천도(天道)의 일[事]이고, 순(順) · 체(體) · 의(宜) · 칭(稱)은 인사(人事)이다.

『예기(禮記)』「예기(禮器)」편(篇) 1~2단락(段落)

故(고) 曰(왈) 苟不至德(구부지덕) 至道不凝焉(지도불응언)

▶ 그러므로[故] 말한다[曰]: 진실로[苟] 덕에[德] 다다르지 못한다면[不至] 도에[道] 다다름은[至] 이루어지지 못할[不凝] 뿐이다[焉].

그러므로 고(故), 말할 왈(曰), 진실로 구(苟), 아닌 것 부(不), 다다를 지(至), 큰 덕(德), 길 도(道), 아니 불(不), 엉길 응(凝), 조사(~뿐이다) 언(焉)

【읽기(讀)】

고(故)는 〈시고(是故)〉에서 〈이 시(是)〉를 생략한 말투이다. 물론 여기서 시고(是

故)는 〈대기인이후행고(待其人而後行故)〉에서 대기인이후행(待其人而後行)을 지시어 시(是)로 대신한 것이고, 그 시(是)마저 줄인 것이 고(故)이다.

구부지덕(苟不至德) 지도불응언(至道不凝焉)은 〈구인부지덕(苟人不至德) 인지지도불응언(人之至道不凝焉)〉에서 일반주어 인(人)과 지도(至道)의 의미상 주어인 인지(人之)를 생략한 구문이다. 〈진실로[苟] 사람이[人] 덕에[德] 다다르지 못한다면[不至], 사람이[人之] 도에[道] 다다름은[至] 이루어지지 못할[不凝] 뿐이다[焉]〉 이를 〈진실로[苟] 덕에[德] 다다르지 못한다면[不至], 도에[道] 다다름은[至] 이루어지지 못할[不凝] 뿐이다[焉]〉로 줄인 것이다.

구부지덕(苟不至德)에서 구(苟)는 〈진실로 성(誠)〉과 같고, 지(至)는 여기선 〈이를 도(到)〉와 같다. 지도불응언(至道不凝焉)에서 응(凝)은 〈모을 취(聚)〉와 같아 응취(凝聚)의 줄임말로 여기면 된다.

【풀이(繹)】

구부지덕(苟不至德) 지도불응언(至道不凝焉)은 위에서 살핀 내용들을 마감하고 정리하여 천명(天命)의 〈성(性)〉의 실마리[端]인 덕(德)이 아니면 천도(天道)의 〈성(誠)〉을 이루지[成] 못함을 거듭 살펴 새기고 헤아려 깨우치게 한다. 도(道)는 덕지본(德之本) 즉 덕(德)의 뿌리[本]이니, 성(誠)은 성(性)의 본(本)이다. 여기서 중용(中庸)이란 성(性)이 귀성(歸誠) 즉 성(誠)으로 돌아가[歸] 천지인(天地人)이 하나됨[爲一]을 누리게 하는 길[道]임을 깨우칠 수 있다.

물론 구부지덕(苟不至德)은 성인(聖人)의 출현(出現)을 암시하는 말씀이기도 하다. 왜냐하면 지덕(至德) 즉 천지의 덕(德)에 다다름[至]은 오로지 성인(聖人)의 덕행(德行)이기 때문이다. 군자(君子)는 성인(聖人)의 이러한 덕행(德行)을 본받기할[效] 뿐이다. 따라서 지덕(至德)이란 『대학(大學)』이 밝히는 명명덕(明明德)의 명덕(明德)을 성인(聖人)이 밝혀[明] 덕(德)에 다다름[至]을 뜻한다. 물론 명덕(明德)이란 〈명천지지도지덕(明天地之道之德)〉의 줄임으로 보면 될 것이다. 천지의[天地之] 도(道)를 밝히는[明] 덕(德)이 곧 명덕(明德)이고, 그 명덕(明德)을 진명(盡明) 즉 남김없이[盡] 밝힘[明]이 곧 성인지지덕(聖人之至德)이다. 성인(聖人)의 그러한 지덕(至德)이 아니면 지도(至道)가 응(凝)할 수 없음을 앞서 살핀 〈대기인(待其人)〉이 뜻함을 여기서 깨우치게 된다. 〈응(凝)〉이란 적소이광대(積小而廣大) 즉 작은 것[小]이 쌓여서[積而] 넓고[廣] 커짐[大]을 말한다. 앞서 살핀 〈소소지다(昭昭之多)·일촬토지다(一撮土之多)·일권석지다(一卷石之多)·일작지다(一勺之多)〉 등이 곧 응자(凝者) 즉 모여져 이루어진[凝] 것[者]을 말한다.

성인(聖人)의 지덕(至德)이 쌓이고 쌓여야 성인(聖人)의 지도(至道)가 응취(凝聚)된다. 성인지지덕(聖人之至德)은 천지지지덕(天地之至德)과 다름이 아니고, 성인지지도(聖人之至道) 역시 천지지지도(天地之至道)와 다름이 아니다. 지도(至道)의 행(行)인 행만물(行萬物)을 통(通)하게 하는 것이 지덕(至德)이다. 따라서 지덕(至德)이 아니면 지도(至道)가 응(凝)하지 못하는 것이다. 이처럼 문왕(文王)이 출현(出現)하여 그 지덕(至德)으로 말미암아 예의삼백(禮儀三百)·위의삼천(威儀三千)이 모여 이루어져[凝] 천명(天命)의 성(性)이 천도(天道)의 성(誠)에 다다르게[至] 하는 것임을 밝힌 말씀이 〈구부지덕(苟不至德) 지도불응언(至道不凝焉)〉이다.

【2단락(段落) 전문(全文)】

故로 君子는 尊德性而道問學이니 致廣大而盡精微하고
고 군자 존덕성이도문학 치광대이진정미

極高明而道中庸하며 溫故而知新하고 敦厚以崇禮한다
극고명이도중용 온고이지신 돈후이숭례

그러므로 군자는 덕성을 우러러 높이면서 묻고 배움을 다져가고, 넓고 큼을 {묻고[問] 배우기[學]를} 추구하여 남김없이 다하며, 정밀하고 미세한 것도 (묻고 배우기를) 추구하여 남김없이 다하고, 높고 밝음을 추구하여 다하면서 중용(中庸)을 다잡아간다. 옛 것을 익혀서 새 것을 알고, 넓고 두터움으로 예(禮)를 받들어 높인다.

故(고) 君子尊德性而道問學(군자존덕성이도문학)

▶그러므로[故] 군자는[君子] 덕성을[德性] 우러러 높이면서[尊而] 묻고[問] 배움을[學] 다져간다[道].

그러므로 고(故), 클 군(君), 존칭 자(子), 우러러 높일 존(尊), 큰 덕(德), 본성 성(性), 그리고 이(而), 갈 도(道), 물을 문(問), 배울 학(學)

【읽기(讀)】

고(故)는 〈시고(是故)〉에서 〈이 시(是)〉를 생략한 것이며, 시고(是故)는 〈지도불응고(至道不凝故)〉에서 지도불응(至道不凝)을 지시어 시(是)로 대신한 것이다.

군자존덕성이도문학(君子尊德性而道問學)은 〈군자존덕성(君子尊德性) 이군자도문(而君子道問) 이군자도학(而君子道學)〉에서 되풀이되는 군자(君子)와 도(道)를 생략하고 세 구문을 하나로 묶은 말투이다. 〈군자는[君子] 덕성을[德性] 높이 받든다[尊]. 그리고[而] 군자는[君子] 묻기를[問] 다져간다[道]. 그리고[而] 군자는[君子] 배우기를[學] 다져간다[道]〉 이를 〈군자는[君子] 덕성을[德性] 높이 받들면서[尊而] 묻고[問] 배우기를[學] 다져간다[道]〉로 줄인 것이다.

존덕성(尊德性)의 존(尊)은 〈귀할 귀(貴)〉와 같아 존귀(尊貴)의 줄임이고, 덕성(德性)은 성지성자(性至誠者) 즉 〈본성이[性] 정성에[誠] 이르는[至] 것[者]〉을 뜻한다. 도문학(道問學)의 도(道)는 동사(動詞) 노릇해 〈갈 행(行)〉과 같아 도행(道行)의 줄임말로 여기면 되고, 문(問)은 논난(論難) 즉 〈어려워 알지 못하는 것[難]을 풀어 밝힘[論]〉을 뜻하며, 학(學)은 〈본받을 효(效) · 터득할 각(覺) · 닦을 수(脩)〉 등과 같다.

【풀이(繹)】

군자존덕성이도문학(君子尊德性而道問學)은 잠시라도 도(道)를 떠나지 않는[不] 군자(君子)를 헤아려 가늠하게 한다. 군자(君子)가 천명(天命)을 두려워하고[畏] 성인(聖人)을 외(畏)하고 성인(聖人)의 말씀[言]을 외(畏)함은 군자(君子) 자신이 덕성(德性)을 높이 받들기[尊]를 잠시도 멈추지 않기 때문이다. 덕성(德性)이란 성지지성자(性之至誠者) 즉 본성이[性之] 천도(天道)의 성(誠)에 이르는[至] 것[者]이다. 군자(君子)의 존덕성(尊德性)은 『예기(禮記)』「악기(樂記)」편(篇)에 나오는 덕자성지단야(德者性之端也)이란 말씀을 상기(想起)시킨다. 군자(君子)가 덕성(德性)을 존중(尊重)하여 존숭(尊崇)하는 까닭은 덕(德)이 성(性)의 실마리[端]이기 때문이다. 덕(德)은 곧 성(性)의 단서(端緖)이다. 성(性)이 마음 안에서 드러나게 하는 실마리가 덕(德)이다. 부덕(不德)하면 성(性) 즉 천명(天命)을 내침이 되므로 군자(君子)는 덕성(德性)을 받들어 높이고자[欲尊] 성인(聖人) 본받기[效]를 멈추지 않음이 곧 군자중용(君子中庸)이며, 쉬지 않고 중용(中庸)함이 곧 군자(君子)의 도문학(道問學)이다. 군자(君子)는 존덕성(尊德性)하여 중용(中庸)하고자 도문(道問)하고 도학(道學)하기를 잠시도 멈추지 않는 것이다.

군자(君子)의 도문(道問)은 곧 도문덕성(道問德性) 즉 덕성(德性)을 묻기[問]를 다잡아감[道]이지, 시비(是非)를 논란(論難)하고자 도문(道問)함은 아니다. 그러므로 군자(君子)의 도문(道問)은 존덕성(尊德性)하여 성기(成己)하고 성물(成物)하려는 수기(修己)의 행정(行程)이다. 군자(君子)의 이러한 도문(道問)이야말로 『논어(論語)』「학이(學而)」편(篇) 첫머리에 나오는 **학이시습지(學而時習之)**의 시습(時習)인 것이다. 군자(君子)의 도문(道問)은 덕성(德性)을 자문(自問)하여 수시(隨時)로 성인(聖人)의 지덕(至德) 즉 성인(聖人)이 덕(德)에 다다른[至] 이치[理]와 가르침[教] 그리고 방편(方便) 등을 익히는 것[習]이다. 이러한 도문(道問)을 통해 군자(君子)는 도학(道學)한다. 군자(君子)는 학자(學者)가 되고자 배움[學]을 다잡아가지[道]는 않으니, 성인(聖人)의 지덕(至德)을 본받고[效] 터득하여[覺] 자신에게 천지(天地)가 품수(稟受)한 성(性)이 진실로 귀성(歸誠)하게 도학덕성(道學德性) 즉 덕성(德性)을 배우기[學]를 스스로 다잡아가는[道] 것임을 밝힌 말씀이 〈군자존덕성이도문학(君子尊德性而道問學)〉이다.

註 "덕자성지단야(德者性之端也) 악자덕지화야(樂者德之華也)." 덕이란[德] 것은[者] 본성의[性之] 실마리[端]이고[也], 악이란[樂] 것은[者] 덕의[德之] (보이고 들리게) 피어난 꽃[華]이다[也].

성(性)은 내심(內心)의 것이고, 그 성(性)이 마음에서 드러남이 덕(德)이다. 그러나 덕(德)은 보이고 들리는 것[物]은 아니어서 그 덕(德)을 보고[視] 듣게[聽] 하는 것이 악(樂)이다. 악(樂)을 덕지화(德之華)라고 함은 소리로 드러나 보게 되는 꽃[華] 같다고 비유(譬喩)한 것이다.

『예기(禮記)』「악기(樂記)」편(篇) 36단락(段落)

註 "학이시습지(學而時習之) 불역열호(不亦說乎)." 배우면서[學而] 때때로[時] 배운 것을[之] 익히니[習] 또한[亦] 즐겁지 않은가[不說乎]! 『논어(論語)』「학이(學而)」편(篇) 1장(章)

致廣大而盡精微(치광대이진정미)

▶{군자(君子)는} 넓고[廣] 큼을[大] {묻고[問] 배우기[學]를} 추구하여 남김없이 다하고[致而], 정밀하고[精] 세미한 것을[微] (묻고 배우기를) 추구하여 남김없이 다한다[盡].

남김없이 다할 치(致), 넓을 광(廣), 큰 대(大), 그리고 이(而),
남김없이 다할 진(盡), 자세할 정(精), 미세할 미(微)

【읽기(讀)】

치광대이진정미(致廣大而盡精微)는 〈군자치문학광대지덕성(君子致問學廣大之德性) 이군자진문학정미지덕성(而君子盡問學精微之德性)〉에서 되풀이되는 군자(君子)를 생략하고, 문학광대지덕성(問學廣大之德性)과 문학정미지덕성(問學精微之德性)에서 문학지덕성(門學之德性)을 생략한 구문이다. 〈군자는[君子] 광대의[廣大之] 덕성을[德性] 묻고[問] 배우기를[學] 추구하여 남김없이 다한다[致]. 그리고[而] 군자는[君子] 정미의[精微之] 덕성을[德性] 묻고[問] 배우기를[學] 추구하여 남김없이 다한다[盡]〉 이를 〈넓고[廣] 큼을[大] 추구하여 남김없이 다하고[致而], 미세한 것도[精微] 추구하여 남김없이 다한다[盡]〉로 줄인 것이다.

치광대(致廣大)에서 치(致)는 〈다할 극(極)〉과 같아 극치(極致)의 줄임으로 〈추구(推究)하여 다함에[致] 이른다[至]〉는 뜻이고, 광(廣)은 〈넓을 박(搏)〉과 같아 광박(廣博)의 줄임말로 여기면 된다. 진정미(盡精微)에서 진(盡) 역시 〈다할 극(極)〉과 같아 극진(極盡)의 줄임으로 〈추구(推究)하여 다함에[盡] 이른다[至]〉는 뜻이며, 정(情)은 〈작을 세(細)〉와 같아 정세(精細)의 줄임이고, 미(微) 또한 〈작을 세(細)〉와 같아 미세(微細)의 줄임말로 여기면 된다.

【풀이(繹)】

치광대이진정미(致廣大而盡精微)는 군자(君子)가 지도(地道)와 지덕(地德)을 묻고[問] 배워[學] 남김없이 존덕성(尊德性)함을 살펴 새기고 헤아려 깨우치게 한다. 치광대(致廣大)의 광대(廣大)는 땅[地]이 적소(積小)하여 모아 이룬[凝] 지지지성(地之至誠)이다. 처음부터 광대(廣大)한 것은 없다. 작은[小] 것[精微]이 쌓이고 쌓여[積] 큰[大] 것[廣大]이 된다. 물론 정미(精微)란 사물(事物)의 의미(意味)를 풀이함에 빈틈없고 자세함을 뜻하며, 성인(聖人)은 광대(廣大)를 남김없이[致] 살피고[觀] 정미(精微)를 남김없이[盡] 살펴[觀] 지도(地道) · 지덕(地德)이 숨기고 있는[賾] 덕성(德性)을 찾아낸다[見]. **그래서 곡능유성(曲能有誠)이니 치곡(致曲)하라**는 것이다. 군자(君子)는 이러한 성인(聖人)을 본받아[效] 치광대(致廣大)하고 진정미(盡精微)한다.

군자(君子)는 종용중도(從容中道)하는 성인(聖人)을 효(效)하기 위해 성지자(誠之者)로서 선(善)을 택해[擇而] 고집스럽게[古] 그 선(善)을 지키는[執] 성지자(誠之者)가 되고자 잠시도 중용지도(中庸之道)를 떠나지 않는다. 이와 같은 군자(君子)의 성기(成己) 즉 수기(修己)를 『중용(中庸)』 20장(章) 4단락(段落)에서 살핀 바 있다. 애쓰지 않고 자연스럽게[從容] 천지지도(天地之道)와 맞아드는[中] 성인(聖人)의 성자(誠者)를 본받기[效] 위해 군자(君子)는 **박학지(搏學之)**하고 **심문지(審問之)**하며 **신사지(愼思之)**하고 **명변지(明辨之)**하며 **독행지(篤行之)**하는 성지자(誠之者)가 되고자 잠시도 중용지도(中庸之道)를 떠나지 않고, 지지덕성(地之德性)을 도문학(道問學)한다. 그러므로 군자(君子)의 도문학(道問學)은 덕성(德性)의 문(問) · 학(學)이 덕성(德性)을 신사(愼思)하고 명변(明辨)하여 독행(篤行)함으로 이어지는 것이다. 이러한 군자(君子)의 도문학(道問學)이 땅의[地之] 덕성(德性)을 받들어[尊] 본받기[效] 위해 지지도덕(地之道德)의 광대(廣大)함뿐만 아니라 정미(精微)함을 남김없이 묻고[問] 배워[學] 삼가[愼] 생각하기[思之]를 다하고, 나아가 밝게[明] 가림하기[辨之]를 남김없이 다해 독실하게[篤] 실행하는[行之] 것을 밝힌 말씀이 〈치광대이진정미(致廣大而盡精微)〉이다.

註 "기차치곡(其次致曲) 곡능유성(曲能有誠)." 그[其] 다음은[次] 세미(細微)한 것을[曲] 추구(推究)하여 다한다[致]. 세미(細微)한 것에도[曲] 능히[能] 정성이[誠] 있다[有].

『중용(中庸)』 23장(章)

註 "성자천지도야(誠者天之道也) 성지자인지도야(誠之者人之道也) 성자불면이중(誠者不勉而中) 불사이득(不思而得) 종용중도(從容中道) 성인야(聖人也) 성지자(誠之者) 택선이고집지자야(擇善而固執之者也) 박학지(搏學之) 심문지(審問之) 신사지(愼思之) 명변지(明辨之) 독행지(篤行之)." 정성이란[誠] 것은[者] 하늘의[天之] 도(道)이고[也], 그것을[之] 정성껏 하는[誠] 것은[者]

사람의[人之] 도(道)이다[也]. 정성껏 하는[誠] 사람은[者] 힘들이지 않고서도[不勉而] {천지도(天之道)와} 응하고[中], 생각하지 않아도[不思而] {천지도(天之道)를} 터득하며[得], 하염없이[從容] 하늘의 도와[道] 맞으니[中] 성인(聖人)이다[也]. 그것(天道)을[之] 정성껏 하는[誠] 사람은[者] 선을[善] 택해서[擇而] 그 선을[之] 단단히[固] 지키는[執] 사람[者]이다[也]. {성지자(誠之者)는} 택선(擇善)하여 집선(執善)함을[之] 넓게[搏] 배우고[學], 그것을[之] 자상히[審] 묻고[問], 그것을[之] 삼가[愼] 생각하며[思] 그것을[之] 확실히[明] 가림하고[辨], 그것을[之] 독실히[篤] 시행한다[行].

천지도(天之道)의 성자(誠者)와 인지도(人之道)의 성지자(誠之者)를 늘 명심(銘心)하면서 유념(留念)해야, 중용(中庸)의 도(道)가 천명(天命)의 성(性)이 천도(天道)의 성(誠)으로 돌아가[歸] 인욕(人欲)인 정(情)이 성(性)과 화(和)하게 하는 이치이고 가르침이며 이끌어감이고 방편임을 간파할 수 있다. 그러기 위해서는 위의 내용을 숙지(熟知)하고 있어야 한다.

『중용(中庸)』 20장(章) 4단락(段落)

極高明而道中庸(극고명이도중용)

▶ {군자(君子)는} 높고[高] 밝음을[明] 다하면서[極而] 중용을[中庸] 열심히 실행한다[道].

다할 극(極), 높을 고(高), 밝을 명(明), 그리고 이(而), 갈 도(道), 중정 중(中), 크게 쓸 용(庸)

【읽기(讀)】

극고명이도중용(極高明而道中庸)은 〈군자극문학고명지덕성(君子極問學高明之德性) 이군자도문학중용지덕성(而君子道問學中庸之德性)〉에서 되풀이되는 군자(君子)를 생략하고, 문학고명지덕성(問學高明之德性)과 문학중용지덕성(問學中庸之德性)에서 문학지덕성(問學之德性)을 생략한 구문이다. 〈군자는[君子] 고명의[高明之] 덕성을[德性] 묻고[問] 배우기를[學] 추구하여 남김없이 다한다[致]. 그리고[而] 군자는[君子] 중용의[中庸之] 덕성을[德性] 묻고[問] 배우기를[學] 열심히 행한다[道]〉 이를 〈높고[高] 밝음을[明] 추구하여 남김없이 다해서[極而] 중용을[中庸] 열심히 행한다[道]〉로 줄인 것이다.

극고명(極高明)에서 극(極)은 〈다할 치(致) · 진(盡)〉과 같아 극진(極盡)의 줄임으로 〈추구(推究)하여 다함에[極] 이른다[至]〉는 뜻이고, 명(明)은 〈밝을 광(光)〉과 같아 광명(光明)의 줄임말로 여기면 된다. 도중용(道中庸)에서 도(道)는 여기선 동사(動詞) 노릇해 〈갈 행(行)〉과 같아 도행(道行)의 줄임이고, 중(中)은 중정(中正)·중화(中和)를 뜻하고, 용(庸)은 무위지용(無爲之用)·상용(常傭)·대용(大用)〉 등을 뜻한다.

【풀이(繹)】

극고명이도중용(極高明而道中庸)은 군자(君子)가 천도(天道)와 천덕(天德)을 묻고[問] 배워[學] 남김없이 존덕성(尊德性)함을 살펴 새기고 헤아려 깨우치게 한다. 극고명(極高明)의 고명(高明)은 천(天)이 적소(積小)하여 모아 이룬[凝] 천지지성(天之至誠)이다. 처음부터 고명(高明)한 것은 없다. 천지고명(天之高明)도 소소지다(昭昭之多)로 이루어지는[成] 것이다. 소소(昭昭)란 일립(一粒)의 빛[光]이라 희미한 한 알갱이의 곡광(曲光) 즉 미세한[曲] 빛[光]일 뿐이다. 천(天)의 고명(高明)도 작은[小] 것[精微]이 쌓이고 쌓여[積] 높고[高] 밝은[明] 것이 된 것이다. 그러므로 성인(聖人)은 고명(高明)을 추구(追究)하여 다하되[極], 그 고명(高明)을 이루어준 정미(精微)함도 극진(極盡)히 한다. 성인(聖人)은 천(天)의 고명(高明)을 남김없이[極] 살펴[觀] 천도(天道)·천덕(天德)이 숨기고 있는[賾] 덕성(德性)을 찾아낸다[見]. 그래서 곡능유성(曲能有誠)이니 치곡(致曲)하라는 것이다. 군자(君子)는 이러한 성인(聖人)을 본받아[效] 극고명(極高明)하고 진정미(盡精微)하여 도중용(道中庸)하니, 군자(君子)가 종용중도(從容中道)하는 성인(聖人)을 효(效)하기 위해 선(善)을 택하고[擇而] 고집스럽게[古] 그 선(善)을 지키는[執] 성지자(誠之者)가 되고자 잠시도 중용지도(中庸之道)를 떠나지 않음이 곧 도중용(道中庸)이다.

도중용(道中庸), 이는 중용지도(中庸之道)에 이르는[至] 중용(中庸)의 덕성(德性)을 잠시도 떠나지 않음이고, 동시에 군자(君子)의 성기(成己) 즉 수기(修己)이다. 이와 같은 군자(君子)의 수기(修己)를『중용(中庸)』20장(章) 4단락(段落)에서 살핀 바 있다. 애쓰지 않고 자연스럽게[從容] 천지지도(天地之道)와 맞아드는[中] 성인(聖人)의 성자(誠者)를 본받기[效] 위해 군자(君子)는 박학지(搏學之)하고 심문지(審問之)하며 신사지(愼思之)하고 명변지(明辨之)하며 독행지(篤行之)하는 성지자(誠之者)가 되고자 잠시도 중용지도(中庸之道)를 떠나지 않고 천지덕성(天之德性)을 도문학(道問學中庸), 즉 중용(中庸)을 묻고[問] 배우기[學]를 다잡아간다[道]. 그러므로 군자(君子)의 도중용(道中庸)은 중용(中庸)이 이루게 하는 덕성(德性)의 문(問)·학(學)이 그 덕성(德性)을 신사(愼思)하고 명변(明辨)하여 독행(篤行)함으로 이어진다. 이러한 군자(君子)의 극고명(極高明)·도중용(道中庸)이 천의[天之] 덕성(德性)을 받들어[尊] 본받기[效] 위해 천지도덕(天之道德)의 고명(高明)함을 묻고[問] 배워[學] 삼가[愼] 생각하기[思之]를 다하고, 나아가 밝게[明] 가림하기[辨之]를 다하며, 독실하게[篤] 실행하기[行之]를 다하고, 중용(中庸)의 덕성(德性)을 남김없이 실행함[道]을 밝힌 말씀이 〈극고명이도중용(極高明而道中庸)〉이다.

溫故而知新(온고이지신)

▶ {군자(君子)는} 옛 것을[故] 익혀서[溫而] 새 것을[新] 안다[知].

익힐 온(溫), 옛 것 고(故), 그리고 이(而), 알 지(知), 새 것 신(新)

【읽기(讀)】

온고이지신(溫故而知新)은 〈군자온고(君子溫故) 이군자지신(而君子知新)〉에서 군자(君子)를 생략하고 두 구문을 하나로 묶은 것이다. 〈군자는[君子] 옛 것을[故] 익힌다[溫]. 그리고[而] 군자는[君子] 새 것을[新] 안다[知]〉 이를 〈옛 것을[故] 익혀서[溫而] 새 것을[新] 안다[知]〉로 줄인 말투이다.

온고이지신(溫故而知新)에서 온(溫)은 〈익힐 습(習)·찾아 생각할 심(尋)〉 등과 같아 온습(溫習)·온심(溫尋) 등의 줄임이고, 고(故)는 〈옛 것 고(古)·구(舊)〉 등과 같아 고고(古故)·고구(故舊)의 줄임이며, 지(知)는 〈알 식(識)·득(得), 깨우칠 각(覺)·유(喩), 찾아낼 견(見)〉 등과 같아 지식(知識)·지각(知覺)·지유(知喩)·지견(知見) 등의 줄임말로 여기면 된다. 신(新)은 〈옛 것 고(故)·구(舊)〉 등과 대(對)가 되어 〈새 것 신(新)〉을 뜻한다.

【풀이(繹)】

온고이지신(溫故而知新)은 군자(君子)로 하여금 존덕성(尊德性)·도문학(道問學)·도중용(道中庸)하게 하는 변화지도(變化之道)를 살펴 새기고 헤아려 깨우치게 한다. 군자(君子)는 지변자(知變者)가 되기 위해서 존덕성(尊德性)·도문학(道

問學)·도중용(道中庸)함을 알 수 있다. 왜냐하면 존덕성(尊德性)의 덕성(德性)이란 성지성자(性至誠者)이기 때문이다. 천명(天命)의 성(性)이 천도(天道)의 성(誠)에 다다르는[至] 것[者]이란 곧 성정(性情)이 귀성(歸誠) 즉 천명(天命)인 성(性)이 천도(天道)인 성(誠)으로 복귀(復歸)하는 변화(變化)이다. 군자(君子)는 성정(性情)을 귀성(歸誠)하고자 온고(溫故)하여 지신(知新)하는 것이다. 성(性)이 정(情)의 고(故)이고, 정(情)이 성(性)의 신(新)임을 군자(君子)는 안다. 온고이지신(溫故而知新)은 곧 지변(知變) 즉 변화[變]를 앎[知] 바로 그것이다. 온고(溫故)의 고(故)는 간직될 것[藏者]이고, 지신(知新)의 신(新)은 올 것[來者]이다. 장자(藏者)로 말미암아 내자(來者)가 비롯됨이 곧 변화(變化)의 이치의 도(道)이고 가르침의 도(道)이며 방편(方便)의 도(道)임을 깨우치고 있으므로, 군자(君子)는 고(故)와 신(新) 어느 하나에 치우침 없이 옛 것[故]을 습득하고[溫] 새 것[新]을 알아내[知] 지변자(知變者)가 된다.

군자(君子)로 하여금 지변자(知變者)가 되게 하는 **온고이지신(溫故而知新)**이란 말씀은 『논어(論語)』「위정(爲政)」편(篇)에도 그대로 나온다. 「위정(爲政)」에 나온 온고(溫故)의 고(故)를 사서삼경(四書三經)의 말씀이 지닌 것으로 좁혀 새길 수도 있겠지만, 『중용(中庸)』의 온고(溫故)의 고(故)는 변화(變化)의 〈변(變)〉이다. 넓은 뜻에서 온고이지신(溫故而知新)은 천지(天地)가 만들어내는 변화(變化)를 각유(覺喩) 즉 깨우치게[覺喩] 하는 말씀이기 때문이다. 그러므로 온고이지신(溫故而知新)은 『주역(周易)』「계사전(繫辭傳) 상(上)」에 나오는 **지변화지도자(知變化之道者) 기지신지소위호(其知神之所爲乎)**란 자왈(子曰)을 상기(想起)시킨다. 천지지도(天地之道)는 늘 변화(變化)로 드러난다. 그 변화(變化)를 두루 통하게 하고 드러나게 하는 것이 곧 천지지덕(天地之德)이니, 덕(德) 그것을 통덕(通德)이라고 하는 것이다. 이런 연유(緣由)로 군자(君子)는 온고이지신(溫故而知新)으로 존덕성(尊德性)하여 도문학(道問學)하고 도중용(道中庸)하여 지변자(知變者)가 될 수 있음을 밝힌 말씀이 〈온고이지신(溫故而知新)〉이다.

註 "온고이지신(溫故而知新) 가이위사의(可以爲師矣)." 옛 것(古典)을[故] 습득해서[溫而] 새 것을[新] 알아야[知] 그로써[以] 스승이[師] 될 수 있는 것[可爲]이다[矣].

『논어(論語)』「위정(爲政)」편(篇) 11장(章)

註 "자왈(子曰) 지변화지도자(知變化之道者) 기지신지소위호(其知神之所爲乎)." 공자께서[子] 가로되[曰] : 변화의[變化之] 도를[道] 아는[知] 사람[者] 그는[其] 천지의 짓이[神之] 하는[爲] 바를[所] 알리라[知乎]. 『주역(周易)』「계사전(繫辭傳) 상(上)」 16단락(段落)

敦厚以崇禮(돈후이숭례)

▶{군자(君子)는} 넓고[敦] 두터움[厚]으로[以] 예를[禮] 받들어 높인다[崇].

넓을 돈(敦), 두터울 후(厚), 써 이(以), 받들 숭(崇), 예악(禮樂) 례(禮)

【읽기(讀)】

돈후이숭례(敦厚以崇禮)는 〈군자숭례이돈후(君子崇禮以敦厚)〉에서 군자(君子)를 생략하고, 이돈후(以敦厚)의 돈후(敦厚)를 강조하고자 돈후이(敦厚以)로 전치(前置)한 구문이다.

돈후이숭례(敦厚以崇禮)의 돈(敦)은 〈넓고 너그러울 관(寬) · 두터울 후(厚)〉 등과 같고, 후(厚)는 〈두터울 심(深) · 도타울 돈(敦)〉 등과 같으며, 이(以)는 〈써 용(用)〉과 같고, 숭(崇)은 〈받들어 높일 상(尙) · 존(尊)〉 등과 같아 숭상(崇尙) · 존숭(尊崇)의 줄임말로 여기면 되고, 예(禮)는 예악(禮樂)의 예(禮)이다.

【풀이(繹)】

돈후이숭례(敦厚以崇禮)는 군자(君子)가 예(禮)를 숭상(崇尙)하는 이치(理致)를 살펴 새기고 헤아려 가늠하게 한다. 군자(君子)는 왜 숭례(崇禮)하는가? **이례(以禮) 즉 예(禮)로[以] 천지도(天之道)를 잇고[承], 예(禮)로써 인지정(人之情) 즉 인욕(人欲)을 다스리기[治] 때문이다.** 그러므로 돈후(敦厚)로써[以] 예(禮)를 숭상(崇尙)한다고 함은 『중용(中庸)』 1장(章)에서 살폈던 〈희로애락지미발(喜怒哀樂之未發)〉의 중(中)이 발(發) 즉 드러나도[發], 그 중(中)이 중절(中節)하여 화(和)함을 항상[恒常] 실행함을 뜻한다. 이는 곧 숭례(崇禮)란 치심(治心)하여 성정(性情)을 공검(恭儉)하게 한다는 것이다. 공손하고[恭] 검소한[儉] 성정(性情)이 곧 돈후(敦厚)한 성정(性情)이다. 그러니 돈후이숭례(敦厚以崇禮)의 돈후(敦厚)는 〈관후(寬厚)〉와 같고, 이는 성정(性情)이 공검(恭儉)하여 너그럽고[敦] 도타움[厚]이다. 돈후(敦厚)는 너그럽고

[敦] 도타운[厚] 성(性)과 정(情)의 중화(中和)를 누림이니, 돈후이숭례(敦厚以崇禮)는 〈성정지돈후이숭례(性情之敦厚以崇禮)〉와 같은 말씀이다. 성정의[性情之] 돈후(敦厚)로써[以] 예(禮)를 숭상한다[崇]. 이는 성정(性情)의 정(情) 즉 성지욕(性之欲)이 성(性)과 어울림[和]을 누리게 됨을 말한다. 그 어울림[和]의 누림이 곧 중절(中節)이며, 그 중절(中節)을 마땅하게 함이 곧 예(禮)이다. 그리고 중절지화(中節之和)를 항상[恒常] 이행(履行)함이 군자중용(君子中庸)이다. 따라서 돈후이숭례(敦厚以崇禮)는 예(禮)를 받들어[崇] 군자(君子)가 중용(中庸)함이다.

돈후이숭례(敦厚以崇禮)의 돈후(敦厚)는 『예기(禮記)』「경해(經解)」편(篇)에 나오는 **온유돈후시교(溫柔敦厚詩敎)**의 돈후(敦厚)를 상기(想起)시킨다. 온유(溫柔)는 따뜻하고[溫] 부드러운[柔] 사기(辭氣) 즉 말씨[辭氣]를 뜻하고, 돈후(敦厚)는 너그럽고[敦] 두터운[厚] 성정(性情) 즉 성인(聖人)을 본받은[效] 마음씨[性情]를 뜻한다. 예(禮)는 인간의 성정(性情)을 늘 중절(中節)로 이끌어 돈후(敦厚)하게 한다. 그래서 **도덕인의비례불성(道德仁義非禮不成)**이라 하는 것이다. 예(禮)가 아닌 것[非]은 도덕인의(道德仁義)가 이루어지지 않기[不成] 때문에, 군자(君子)는 멈춤 없이 돈후(敦厚)한 성정(性情)으로 예(禮)를 받들고[崇] 존덕성(尊德性)하여 도중용(道中庸)함을 밝힌 말씀이 〈돈후이숭례(敦厚以崇禮)〉이다.

註 "공자왈(孔子曰) 부례선왕이승천지도(夫禮先王以承天之道) 이치인지정(以治人之情)." 공자께서[孔子] 가로되[曰]: 무릇[夫] 예를[禮] 써서[以] 선왕들은[先王] 하늘의[天地] 도를[道] 이었고[承], 예로써[以] 인간의[人之] 뜻을[情] 다스렸다[治].

치인지정(治人之情)은 치심(治心)·치인(治人) 등과 같은 말로, 성정(性情)이 중절(中節)하여 귀성(歸誠) 즉 성자(誠者)로 복귀(復歸)함을 뜻하며, 이러한 복귀(復歸)를 돈후(敦厚)한 성정(性情)이라 한다.

『예기(禮記)』「예운(禮運)」편(篇) 5단락(段落)

註 "공자왈(孔子曰) 입기국(入其國) 기교가지야(其敎可知也) 기위인야(其爲人也) 온유돈후시교야(溫柔敦厚詩敎也) 소통지원서교야(疏通知遠書敎也) 광박이량악교야(廣博易良樂敎也) 혈정정미역교야(絜靜精微易敎也) 공검장경예교야(恭儉莊敬禮敎也) 촉사비사춘추교야(屬辭比事春秋敎也)." 공자께서[孔子] 가로되[曰]: 그[其] 나라에[國] 들어가면[入] 그 나라의[其] 교육을[敎] 알 수 있는 것[可知]이다[也]. 그 나라 백성이[其] 인간됨이[爲人也] 온유하고[溫柔] 돈후함은[敦厚] 시경의[詩] 교육(敎)이고[也], 소통하고[疏通] 지원함은[知遠] 서경의[書] 교육[敎]이며[也], 광박하고[廣博] 이량함은[易良] 악경의[樂] 교육[敎]이고[也], 혈정하고[絜靜] 정미함은[精微] 역경의[易] 교

육[敎]이며[也], 공검하고[恭儉] 장경함은[莊敬] 예경의[禮] 교육[敎]이고[也], 촉사하고[屬辭] 비사함은[比事] 춘추의[春秋] 교육[敎]이다[也].

온유돈후(溫柔敦厚)의 온유(溫柔)는 사기(辭氣) 즉 말씨를 말하고, 돈후(敦厚)는 성정(性情) 즉 마음씨를 뜻한다. 소통지원(疏通知遠)의 소통(疏通)은 고사(故事) 즉 옛일을 통달함이고, 지원(知遠)은 선왕(先王)과 선대(先代)를 아는 것이다. 광박이량(廣搏易良)의 광박(廣博)은 천지(天地)의 의리(義理)를 널리 앎이고, 이량(易良)은 성정(性情)이 화이(和易) 즉 어울리기 쉽고[和易] 선량(善良)하여 거짓 없음이다. 혈정정미(絜靜精微)에서 혈정(絜靜)은 결정(潔淨)과 같은 말로 심성(心性)이 무사(無私)하여 안정(安靜)됨이고, 정미(精微)는 의미를 풀이하는 데 정밀(情密)함이다. 공검장경(恭儉莊敬)의 공검(恭儉)은 성격(性格)을 밝힘이고, 장경(莊敬)은 용모(容貌)를 밝힘이다. 촉사비사(屬辭比事)에서 촉사(屬辭)의 촉(屬)은 이어맞춤을 뜻하니 촉사(屬辭)는 말을 이어맞춤이고, 비사(比事)는 사실(事實)들을 견주어봄[比]을 뜻한다.

『예기(禮記)』「경해(經解)」 1단락(段落)

註 "도덕인의비례불성(道德仁義非禮不成) 교훈정속비례불비(敎訓正俗非禮不備)" 예가[禮] 아닌 것이면[非] 도덕인의는[道德仁義] 이루어지지 않고[不成], 예가[禮] 아닌 것이면[非] 가르침과[敎訓] 바른 풍속이[正俗] 갖추어지지 않는다[不備].

『예기(禮記)』「곡례曲禮) 상(上)」편(篇) 12단락(段落)

【3단락(段落) 전문(全文)】

是故로 居上不驕하고 爲下不倍한다 國有道엔 其言足以興하고 國無道엔 其黙足以容한다
시고 거상불교 위하불패 국유도 기언족이흥 국무도 기묵족이용

이렇기 때문에 {군자(君子)는} 윗자리에 있어도 교만하지 않고, 하위가 되어도 배반하지 않는다. 나라에 {성인(聖人)의} 도가(道) 있으면 그의 말은 {그 도(道)를} 써 {예(禮)를} 일으키기에 족하고, 나라에 {성인(聖人)의} 도가(道) 없으면 그의 침묵은 {그 도(道)를} 써 {예(禮)를} 간직해두기에 족하다.

是故(시고) 居上不驕(거상불교)

▶이렇기[是] 때문에[故] {군자(君子)는} 윗자리에[上] 있어도[居] 교만하지 않다[不驕].

이 시(是), 때문에 고(故), 있을 거(居), 윗자리 상(上), 아니 불(不), 교만할 교(驕)

【읽기(讀)】

시고(是故)는 〈숭례고(崇禮故)〉에서 숭례(崇禮)를 시(是)로 대신한 말투로 새기면 문의(文意)가 잡힌다. 〈예를[禮] 숭상하기[崇] 때문에[故]〉를 〈이[是] 때문에[故]〉로 줄인 것이다. 물론 시고(是故)는 고(故)로 줄이기도 한다.

거상불교(居上不驕)는 〈군자거상(君子居上) 군자불교(君子不驕)〉에서 군자(君子)를 생략하고 묶은 구문이다. 〈군자는[君子] 윗자리에[上] 있어도[居] 군자는[君子] 교만하지 않다[不驕]〉 이를 〈윗자리에[上] 있어도[居] 교만하지 않다[不驕]〉로 줄인 것이다.

거상불교(居上不驕)의 거(居)는 〈있을 재(在)〉와 같고, 상(上)은 상위(上位)의 줄임이고, 거상(居上)은 재상(在上)과 같으며, 교(驕)는 〈건방떨 만(慢)〉과 같아 여기선 무례(無禮)함을 뜻한다.

【풀이(繹)】

거상불교(居上不驕)는 군자(君子)는 예(禮)를 받들기[崇] 때문에 언제라도 교만(驕慢)하지 않음을 살펴 새기고 헤아려 깨우치게 한다. 불교(不驕)는 곧 숭례(崇禮)로 말미암은 존덕성(尊德性)의 덕성(德性)에서 비롯한다. 그래서 거상불교(居上不驕)는 『논어(論語)』「안연(顔淵)」편(篇)에 나오는 **비례물시(非禮勿視) 비례물청(非禮勿聽) 비례물언(非禮勿言) 비례물동(非禮勿動)**이란 말씀을 상기(想起)시킨다.

교(驕)는 방자(放恣)하고 경만(輕慢)하며 자긍(自矜)하고 자기(自欺)하여 무례(無禮)함을 말한다. 제멋대로 하고[放恣] 건방떨며[輕慢] 제 자랑하고[自矜] 스스로 속이는[自欺] 짓을 일러 교(驕)라 한다. 무례위교(無禮爲驕) 즉 예가[禮] 없으면[無] 교(驕)이니[爲], 교(驕)는 곧 무례(無禮)함이다. 상위(上位)에 있다 하여 교만(驕慢)하다면 중용(中庸)하는 군자(君子)가 아니라 반중용(反中庸)하는 소인(小人)일 뿐이다. 무례(無禮)란 반드시 반중용(反中庸) 즉 중용(中庸)을 어기고[反] 무기탄(無忌憚) 즉 거리낌[忌憚] 없는 것으로[無], 소인(小人)은 교(驕)를 마다하지 않아 숭례(崇禮)를 멀리한다. 그러나 군자(君子)는 돈후(敦厚)로써 숭례(崇禮)하여 존덕성(尊德性) · 도문학(道問學) · 도중용(道中庸)하여 온고이지신(溫故而知新)하는 지변자

(知變者)가 되고자 하므로 상위(上位)에 있다 할지라도 불교(不驕)하여 숭례(崇禮)함을 밝힌 말씀이 〈거상불교(居上不驕)〉이다.

註 "안연문인(顏淵問仁) 자왈(子曰) 극기복례위인(克己復禮爲仁) 일일극기복례(一日克己復禮) 천하귀인언(天下歸仁焉) 위인유기(爲仁由己) 이유인호재(而由人乎哉) 안연왈(顏淵曰) 청문기목(請問其目) 자왈(子曰) 비례물시(非禮勿視) 비례물청(非禮勿聽) 비례물언(非禮勿言) 비례물동(非禮勿動) 안연왈(顏淵曰) 회수불민(回雖不敏) 청사사어의(請事斯語矣)." 안연이[顏淵] 어짊을[仁] 물었다[問]. 공자가[子] 말했다[曰]: 나를[己] 이겨[克] 예로[禮] 되돌아감이[復] 어짊[仁]이다[爲]. 하루라도[一日] 나를[己] 이겨[克] 예로[禮] 되돌아간다면[復] 온 세상이[天下] 어짊으로[仁] 돌아갈 것[歸]이다[焉]. 어짊은[爲仁] 나로부터[己] 비롯되지[由], 어찌[而] 남들로부터[人] 비롯되는 것[由]이겠나[乎哉]! 안회가[顏回] 아뢰었다[曰]: 청컨대[請] 그[其] 조목을[目] 여쭙니다[問]. 공자가[子] 말했다[曰]: 예가[禮] 아니면[非] 쳐다보지 말고[勿視], 예가[禮] 아니면[非] 듣지도 말고[勿聽], 예가[禮] 아니면[非] 말하지도 말고[勿言], 예가[禮] 아니면[非] 거동하지도 말라[勿動]. 안회가[顏回] 아뢰었다[曰]: 저[回] 비록[雖] 영민하지 못하지만[不敏], 분부하신 대로[請] 이[斯] 말씀을[語] 받들 것[事]입니다[矣]. 『논어(論語)』「안연(顏淵)」편(篇) 1장(章)

爲下不倍(위하불패)

▶ {군자(君子)는} 하위가[下] 되어도[爲] 배반하지 않는다[不倍].

될 위(爲), 아래 하(下), 아니 불(不), 어길 패(倍)

【읽기(讀)】

위하불패(爲下不倍)는 〈군자위하(君子爲下) 군자불패례(君子不倍禮)〉에서 군자(君子)와 패(倍)의 목적어 노릇할 예(禮)를 생략하고 하나로 묶은 구문이다. 〈군자는[君子] 아랫자리에[下] 되어도[居] 군자는[君子] 예를[禮] 어기지 않는다[不倍]〉 이를 〈아랫자리가[下] 있어도[居] 어기지 않는다[不倍]〉로 줄인 것이다.

위하불패(爲下不倍)에서 위(爲)는 여기선 〈있을 재(在)〉와 같고, 하(下)는 하위(下位)의 줄임으로 위하(爲下)는 재하(在下)와 같고, 패(倍)는 〈어길 배(背)〉와 같다.

【풀이(繹)】

위하불패(爲下不倍)는 군자(君子)는 숭례(崇禮)하기 때문에 언제라도 불패례(不

倍禮) 즉 예(禮)를 어기지 않음[不倍]을 살펴 새기고 헤아려 깨우치게 한다. 군자(君子)의 불패례(不倍禮) 또한 숭례(崇禮)로 말미암은 존덕성(尊德性) · 도문학(道問學) · 도중용(道中庸)에서 비롯한다. 위하불패(爲下不倍) 또한 『논어(論語)』「안연(顔淵)」편(篇)에 나오는 〈비례물시(非禮勿視) 비례물청(非禮勿聽) 비례물언(非禮勿言) 비례물동(非禮勿動)〉이란 말씀을 상기(想起)시킨다. 예(禮)가 아닌 것[非]이면 보지도[視] 듣지도[聽] 말하지도[言] 거동하지도[動] 말라[勿]는 성인(聖人)의 말씀[言]을 어길[倍] 리 없음이 또한 군자(君子)의 숭례(崇禮)이다.

예(禮)의 가르침[敎]인 자비존인(自卑尊人)을 어김없이 실행함으로써 숭례(崇禮)는 이루어진다. 자신[自]을 낮추고[卑] 남[人]을 높임[尊]이란 극기(克己)를 떠나서는 불가능하다. 그래서 극기복례(克己復禮)가 곧 숭례(崇禮)이며, 숭례(崇禮)가 곧 어짊[仁]으로 이어지는 것이다. 자신[己]을 이겨서[克] 예(禮)로 돌아가는[復] 성정(性情)은 중용(中庸)하게 마련이다. 숭례(崇禮)로 중용(中庸)을 열심히 실행하는[道] 군자(君子)가 설령 위하(爲下)가 된다고 한들, 위상(爲上) 즉 윗사람[爲上]을 시샘하거나 배반할 리 없다. 군자(君子)는 극기복례(克己復禮)하여 인자(仁者)가 되고자 성인(聖人)을 본받아[效] 존덕성(尊德性)하고 도문학(道問學)하며 도중용(道中庸)하여 숭례(崇禮)하기 때문에, 어느 경우든 불패례(不倍禮) 즉 예(禮)를 어기지 않음[不倍]을 밝힌 말씀이 〈위하불패(爲下不倍)〉이다.

國有道(국유도) 其言足以興(기언족이흥)

▶나라에[國] {성인(聖人)의} 도가[道] 있으면[有] 그의[其] 말은[言] {그 도(道)를} 써[以] {예(禮)를} 일으키기에[興] 족하다[足].

나라 국(國), 있을 유(有), 도리 도(道), 그 기(其), 말씀 언(言), 족할 족(足), 일어날 흥(興)

【읽기(讀)】

국유도(國有道) 기언족이흥(其言足以興)에서 국유도(國有道)를 조건절로 여기고, 기언족이흥(其言足以興)을 주절로 여기면 문맥이 잡힌다. 국유도(國有道)의 국

(國)은 유(有)를 꾸미는 부사(副詞) 노릇하고, 유(有)는 자동사로 〈있을 유(有)〉이며, 도(道)는 유(有)의 주어 노릇해 〈나라에[國] 도가[道] 있으면[有]〉으로 새긴다.

기언족이흥(其言足以興)은 〈군자지언족흥례이도(君子之言足興禮以道)〉에서 군자지(君子之)를 관형사(冠形詞)인 기(其)로 대신하고, 흥례(興禮)에서 예(禮)와 이도(以道)의 도(道)를 생략하고 남은 이(以)를 동사(動詞) 노릇하는 흥(興) 앞으로 전치(前置)한 구문이다. 〈군자의[君子之] 말이[言] 도(道)를 이용하여[以] 예를[禮] 일으킬[興] 수 있다[足]〉 이를 〈그[其] 말을[言] 써[以] 일으킬[興] 수 있다[足]〉로 줄인 것이다. 기언족이흥(其言足以興)에서 족(足)은 〈가할 가(可) · 능(能)〉 등과 같고, 흥(興)은 〈일으킬 기(起)〉와 같아 흥기(興起)의 줄임말로 여기면 된다.

【풀이(繹)】

국유도(國有道) 기언족이흥(其言足以興)은 치세(治世)일 때는 군자(君子)의 숭례(崇禮)가 흥례(興禮) 즉 예(禮)를 일으키려는[興] 출세(出世)로 드러남을 살펴 새기고 헤아려 가늠하게 한다. 국유도(國有道)는 나라에 정도(正道)가 살아 있음을 말한다. 여기서 정도(正道)란 천지지도덕(天地之道德)을 본받는[法] 성인지도(聖人之道)를 말한다. 정도(正道)가 행해지는 세상을 치세(治世)라 한다. 치세(治世) 즉 정도(正道)로 다스려지는[治] 세상[世]은 치자(治者)들이 천명(天命)을 두려워하고[畏], 성인(聖人)과 성인(聖人)의 말씀[言]을 외(畏)하면서 치세(治世)하는 천하(天下)이다. 그래서 국유도(國有道)는 『맹자(孟子)』「이루장구(離婁章句) 상(上)」편(篇)에 나오는 천하유도(天下有道) 소덕역대덕(小德役大德) 소현역대현(小賢役大賢)이란 말씀을 상기시킨다. 세상[天下]에 도(道)가 살아 있으면[有] 덕(德)이 작은 자[小德]가 덕(德)이 큰 사람[大德]한테 부림을 받고[役], 현명함이 작은 자[小賢]는 현명함이 큰 사람[大賢]한테 부림을 받는다[役]. 군자(君子)는 대덕자(大德者)이며 대현자(大賢者)이다. 그래서 정도(正道)가 살아 있는 나라에서는 군자(君子)의 말[言]이 성인지도(聖人之道)를 이용하여[以] 치자(治者)들로 하여금 정도(正道)를 따르도록 예(禮)를 흥(興)하게 할 수 있다. 흥례(興禮)는 곧 도덕(道德)을 흥(興)하게 하고 따라서 인의(仁義)가 흥(興)하게 된다. 왜냐하면 예(禮)는 도덕인의(道德仁義)란 이례(以禮) 즉 예(禮)로써[以] 이루어지기 때문이다. 그러므로 치세(治世)이면 군자(君子)는 출세(出世) 즉 세상[世]으로 나가서[出] 예(禮)를 부흥(復興)시킴을 밝힌 말씀이 〈국유도(國有道) 기언족이흥(其言足以興)〉이다.

註 "천하유도(天下有道) 소덕역대덕(小德役大德) 소현역대현(小賢役大賢) 천하무도(天下無道) 소역대(小役大) 약역강(弱役强) 사이자천야(斯二者天也) 순천자존(順天者存) 역천자망(逆天者亡)." 세상에[天下] 정도가[道] 있으면[有] 작은 덕은[小德] 큰 덕에[大德] 부려지고[役], 작은 현명은[小賢] 큰 현명에[大賢] 부려진다[役]. 세상에[天下] 정도가[道] 없다면[無] 작은 나라가[小] 큰 나라에[大] 부려지고[役], 약한 나라가[弱] 강한 나라에[强] 부림을 당한다[役]. 이[斯] 두[二] 가지가[者] 세상이란 하늘[天]이다[也]. 하늘을[天] 따르는[順] 자는[者] 살아남고[存], 하늘을[天] 어기는[逆] 자는[者] 없어진다[亡]. 『맹자(孟子)』「이루장구(離婁章句) 상(上)」편(篇) 7장(章)

國無道(국무도) 其默足以容(기묵족이용)

▶나라에[國] {성인(聖人)의} 도가[道] 없으면[無] 그의[其] 침묵은[黙] {그 도(道)를} 써[以] {예(禮)를} 간직해두기에[容] 족하다[足].

나라 국(國), 없을 무(無), 도리 도(道), 그 기(其), 침묵 묵(黙), 족할 족(足), 써 이(以), 담을 용(容)

【읽기(讀)】

국무도(國無道) 기묵족이용(其默足以容)에서 국무도(國無道)를 조건절로 여기고, 기묵족이용(其默足以容)을 주절로 문맥을 잡으면 문의(文意)가 드러난다. 국무도(國無道)의 국(國)은 무(無)를 꾸미는 부사(副詞) 노릇하고, 무(無)는 자동사로 〈없을 무(無)〉이며, 도(道)는 무(無)의 주어 노릇해 〈나라에[國] 도가[道] 없으면[無]〉으로 새긴다.

기묵족이용(其默足以容)은 〈군자지묵족용례이도(君子之默足容禮以道)〉에서 군자지(君子之)를 관형사(冠形詞) 기(其)로 대신하고, 용례(容禮)의 예(禮)와 이도(以道)의 도(道)를 생략하고 남은 이(以)를 동사(動詞) 노릇하는 용(容) 앞으로 전치(前置)한 구문이다. 〈군자의[君子之] 침묵이[黙] 도(道)를 이용하여[以] 예를[禮] 간직해둘[容] 수 있다[足]〉 이를 〈그[其] 침묵을[黙] 써[以] 간직해둘[容] 수 있다[足]〉로 줄인 것이다. 기묵족이용(其默足以容)의 묵(黙)은 불어(不語) 즉 〈말하지 않음[不語]〉을 뜻하고, 족(足)은 〈가할 가(可)·능(能)〉 등과 같으며, 이(以)는 〈써 용

(用)〉과 같고, 용(容)은 〈품을 함(含)〉과 같아 함용(含容)의 줄임말로 여기면 된다.

【풀이(繹)】

국무도(國無道) 기묵족이용(其默足以容)은 난세(亂世)일 때는 군자(君子)의 숭례(崇禮)가 용례(容禮) 즉 예(禮)를 품는[容] 둔세(遯世)로 드러남을 살펴 새기고 헤아려 가늠하게 한다. 국무도(國無道)는 나라에 정도(正道)가 없음을 말한다. 즉, 천지지도덕(天地之道德)을 본받는[法] 성인지도(聖人之道)를 밀쳐내고 패도(霸道)가 행해지는 세상을 난세(亂世)라 한다. 난세(亂世) 즉 무도(無道)로 제압(制壓)되는 세상[世]은 치자(治者)들이 천명(天命)을 얕보고[狎] 성인(聖人)과 성인(聖人)의 말씀[言]을 업신여기면서[侮] 힘[力]만을 앞세우는 세상[天下]이다. 그래서 국무도(國無道)는 『맹자(孟子)』「이루장구(離婁章句) 상(上)」편(篇)에 나오는 **천하무도(天下無道) 소역대(小役大) 약역강(弱役强)**이란 말씀을 상기(想起)시키고, 나아가 『맹자(孟子)』「공손추장구(公孫丑章句) 상(上)」편(篇)에 나오는 **이력가인자패(以力假仁者霸) 패필유대국(霸必有大國)**을 떠올린다[想起]. 세상[天下]에 도(道)가 없으면[有] 소국(小國)이 대국(大國)한테 부림을 받고[役], 약(弱)한 나라가 강(强)한 나라한테 부림을 받는다[役]. 큰 나라[大國]가 작은 나라[小國]를 제압하고 강자(强者)가 약자(弱者)를 위협(威脅)하는 난세(亂世)에서는 패자(霸者)가 군림한다. 패자(霸者)는 힘[力]으로 인(仁)을 가장(假裝)하면서 대국(大國)을 탐(貪)하기 때문에 세상은 전란(戰亂)에 휘말리고 난세(亂世)를 불러온다.

이런 난세(亂世)에서는 군자(君子)의 말[言]이 성인지도(聖人之道)를 이용하여[以] 치자(治者)들로 하여금 정도(正道)를 따르도록 예(禮)를 흥(興)하게 할 수 없다. 흥례(興禮)할 수 없는 난세(亂世)를 당하면 군자(君子)는 둔세(遯世) 즉 세상[世]에서 물러나[遁] 침묵(沈默)하면서 용례(容禮)한다. 침묵(沈默)은 세상을 향해 불어(不語) 즉 말하지 않음[不語]을 말한다. 그러므로 기묵족이용(其默足以容)은 군자(君子)가 세상에 예(禮)를 말하지 않고[不語] 자신 속에 품어둠[容]을 뜻한다.

군자(君子)가 둔세(遯世)하여 침묵(沈默)으로 용례(容禮)함이 예(禮)의 포기(抛棄)를 뜻하는 것은 아니다. 오히려 군자(君子)에게 둔세(遯世)의 용례(容禮)는 존덕성(尊德性)하여 도문학(道問學)하고 도중용(道中庸)하는 수기(修己)를 치열하게 가다듬어 더욱 숭례(崇禮) 즉 예(禮)를 받들어[崇] 지키는 것이 되기도 한다. 군자(君

子)는 아무리 난세(亂世)일지라도 예(禮)가 도덕(道德)을 흥(興)하게 하고, 따라서 인의(仁義)가 흥(興)하게 할 시대(時代)가 도래(到來)함을 믿어 의심치 않는다. 왜냐하면 군자(君子)는 『예기(禮記)』「예기(禮器)」편(篇)에 나오는 예시위대(禮時爲大)란 말씀을 믿기 때문이다. 탕방걸(湯放桀)·무왕벌주(武王伐紂)의 시운(時運)을 군자(君子)는 천명(天命)으로 믿는다. 난세(亂世)는 망(亡)하여 반드시 치세(治世)로 거듭남이 천운(天運)의 반자(反者)임을 의심치 않는 것이다. 그러므로 난세(亂世)면 군자(君子)가 둔세(遯世)하여 침묵(沈黙)으로 용례(容禮)하여 더욱 치열하게 숭례(崇禮)하고 도문학(道問學) · 도중용(道中庸)함을 밝힌 말씀이 〈국무도(國無道) 기묵족이용(其黙足以容)〉이다.

註 "천하무도(天下無道) 소역대(小役大) 약역강(弱役强)." 세상에[天下] 정도가[道] 없으면[無] 작은 나라가[小] 큰 나라에[大] 부려지고[役], 약한 나라가[弱] 강한 나라에[强] 부려진다[役].

『맹자(孟子)』「이루장구(離婁章句) 상(上)」편(篇) 7장(章)

註 "이력가인자패(以力假仁者霸) 패필유대국(霸必有大國) 이덕행인자왕(以德行仁者王) 왕부대대(王不待大)." 힘으로[以力] 어짊을[仁] 가장하는[假] 것은[者] 패이고[霸], 패는[霸] 반드시[必] 큰 나라를[大國] 취한다[有]. 덕으로[以德] 인을[仁] 행하는[行] 것은[者] 왕이고[王], 왕은[王] 대국을[大] 바라지 않는다[不待]. 『맹자(孟子)』「공손추장구(公孫丑章句) 상(上)」편(篇) 3장(章)

註 "예시위대(禮時爲大)." 예는[禮] 때를[時] 큰 것으로[大] 삼는다[爲].

『예기(禮記)』「예기(禮器)」편(篇) 1단락(段落)

註 탕방걸(湯放桀)은 탕왕(湯王)이 하(夏)나라 폭군(暴君) 걸(桀)을 추방하고 상(商)나라를 세운 시운(時運)을 말하고, 무왕벌주(武王伐紂)는 주(周) 무왕(武王)이 상(商)나라의 폭군(暴君) 주(紂)를 정벌(征伐)했음을 말한다.

【4단락(段落) 전문(全文)】

詩曰 旣明且哲하야 **以保其身**이라 **其此之謂與**라
시 왈 기 명 차 철 이 보 기 신 기 차 지 위 여

『시경(詩經)』의 시(詩)가 이르기를 이미 밝고 또 어지니 그로써 제 몸을 보전한다고 했는데, 그것은 이것을 말한 것이로다!

詩曰(시왈) 旣明且哲(기명차철) 以保其身(이보기신)

▶『시경(詩經)』의 시(詩)가 이르기를[曰]: 이미[旣] 밝고[明] 또[且] 슬기로워[哲] 그로써[以] 제[其] 몸을[身] 지킨다[保].

노래 시(詩), 이를 왈(曰), 이미 기(旣), 밝을 명(明), 또 차(且), 슬기로울 철(哲), 써 이(以), 지킬 보(保), 그 기(其), 몸 신(身)

【읽기(讀)】

시왈(詩曰)의 시(詩)는『시경(詩經)』「대아(大雅) 탕지습(湯之什)」에 들어 있는 〈증민(蒸民)〉을 말한다. 왈(曰)은 〈이를 운(云)〉과 같으니 시왈(詩曰)은 시운(詩云)과 같다. 〈시경(詩經)의 시가[詩] 이르기를[云]〉이라고 새기면 된다.

기명차철(旣明且哲) 이보기신(以保其身)은 시구(詩句)이지만, 이 시구(詩句)를 〈보기신이기명차철(保其身以旣明且哲)〉의 평서문(平敍文)으로 여기고 〈이미[旣] 밝음과[明] 또[且] 어짊[哲]으로써[以] 제[其] 자신을[身] 보전한다[保]〉고 옮기면[譯] 시의(詩意)가 잡힌다.

기명차철(旣明且哲)의 기(旣)는 여기선 〈이미 이(已)〉와 같고, 명(明)은 〈밝을 효(曉)〉와 같으며, 차(且)는 〈또 우(又)〉와 같고, 철(哲)은 〈슬기로울 지(智)·현(賢)〉 등과 같아 현철(賢哲)의 줄임말로 여기면 된다. 이보기신(以保其身)의 이(以)는 〈써 용(用)〉과 같고, 보(保)는 〈지킬 수(守)〉와 같아 보수(保守)의 줄임말로 여기면 된다.

【풀이(繹)】

기명차철(旣明且哲) 이보기신(以保其身)은『시경(詩經)』「대아(大雅) 탕지습(湯之什)」에 들어 있는 〈증민(蒸民)〉 3장(章)의 3구(句)이다. 이 시구(詩句)를 들어 존덕성(尊德性)하여 도문학(道問學)하고 도중용(道中庸)하는 군자(君子)를 거듭 상기(想起)시켜 군자(君子)의 성기(成己) 즉 수기(修己)와 치인(治人)·치세(治世)를 살펴 새기고 헤아려 깨우치게 한다.

기명차철(旣明且哲)의 〈명(明)〉은 명어리(明於理) 즉 이치를[於理] 밝힘[明]이다. 여기서 명(明)이란 도덕(道德)을 밝히고[明] 인의(仁義)를 명(明)하여 스스로 선악

(善惡)을 밝힘[明]이다. 그러므로 기명차철(旣明且哲)의 기명(旣明) 즉 이미[旣] 밝음[明]은 곧 성기(成已) 즉 수기(修己)를 남김없이 다해왔음[盡]을 뜻한다. 그러므로 기명(旣明)은 존덕성(尊德性)하고 도문학(道問學)하며 도중용(道中庸)하여 성기(成己) 즉 자기(自己)의 완성(完成)을 멈춤 없이 다해왔음이다.

기명차철(旣明且哲)의 〈철(哲)〉은 철어사(哲於事) 즉 사물을[於事] 밝힘[哲]이다. 명(明)이 내성(內省) 즉 안[內]을 살피는[省] 밝힘[明]이라면, 철(哲)은 외관(外觀) 즉 밖[外]을 살피는[觀] 밝힘[哲]이다. 그러니 차철(且哲) 또한 존덕성(尊德性)하고 도문학(道問學)하며 도중용(道中庸)하여 성물(成物) 즉 문물(文物)의 성숙(成熟)을 멈춤 없이 다해왔음이다.

『시경(詩經)』의 시구(詩句)를 빌려 군자(君子)가 명(明)·철(哲)로써[以] 유도(有道)의 치세(治世)를 택(擇)하고 무도(無道)의 난세(亂世)를 피(避)함을 밝힌 말씀이 〈기명차철(旣明且哲) 이보기신(以保其身)〉이다.

註 "숙숙왕명(肅肅王命) 중산보장지(仲山甫將之) / 방국약비(邦國若否) 중산보명지(仲山甫明之) / 기명차철(旣明且哲) 이보기신(以保其身) / 숙야비해(夙夜匪解) 이사일인(以事一人)." 엄하신[肅肅] 임금의[王] 명령[命] 그것을[之] 중산보가[仲山甫] 도맡아 하고[將], 나라가[邦國] 잘되고[若] 못됨[否] 그것을[之] 중산보가[仲山甫] 밝히네[明]. 이미[旣] 밝고[明] 또[且] 어질게[哲] 그로써[以] 제[其] 몸을[身] 보전하며[保], 일찍부터[夙] 밤까지[夜] 게으름피우지[解] 않고[匪] 그로써[以] 한 사람만[一人] 섬기네[事].

중산보(仲山甫)는 상(商)나라 의왕(宜王) 때 사람이다. 숙숙(肅肅)은 엄한 모습이고, 장(將)은 일을 도맡아 함을 뜻하고, 약(若)은 여기선 〈따를 순(順)〉과 같아 잘됨을 뜻하고, 비(否)는 〈악할 악(惡)〉과 같아 잘못됨을 뜻한다. 숙야(夙夜)는 〈일찍부터[夙] 밤까지[夜]〉를 뜻하고, 비해(匪解)의 비(匪)는 〈않을 비(非)〉와 같고, 해(解)는 〈게으를 해(懈)〉와 같다.

『시경(詩經)』「대아(大雅) 탕지습(湯之什)」〈증민(烝民)〉 3장(章)

其此之謂與(기차지위여)

▶ 그것(國有道)은[其] 이것(詩句)을[此之] 말함이로다[謂與]!

그 기(其), 이 차(此), 조사(~을) 지(之), 일컬을 위(謂), 조사(~이어) 여(與)

【읽기(讀)】

기차지위여(其此之謂與)는 〈기위차(其謂此)〉에서 차(此)를 강조하고자 차지(此之)로 전치(前置)하고, 감탄문(感歎文)으로 하고자 조사(助詞) 노릇하는 〈~이어 여(與)〉를 더한 구문이다. 〈그것은[其] 이것을[此] 일컫는다[謂]〉 이를 〈그것은[其] 이것을[此之] 일컫도다[謂與]!〉라고 어조(語調)를 바꾼 것이다.

【풀이(繹)】

기차지위여(其此之謂與)는『시경(詩經)』「대아(大雅) 탕지습(湯之什)」에 실려 있는 〈증민(烝民)〉이란 시편(詩篇)의 〈기명차철(旣明且哲) 이보기신(以保其身)〉이란 3장(章) 3구(句)가 앞서 살핀 〈국유도(國有道) 기언족이흥(其言足以興)〉을 살펴 새기고 헤아려 가늠하게 하는 시구(詩句)임을 밝히고 있다.

기차지위여(其此之謂與)에서 기차(其此)의 기(其)는 〈국유도(國有道) 기언족이흥(其言足以興)〉을 나타내는 〈그것 기(其)〉이고, 기차(其此)의 차(此)는 〈증민(烝民)〉의 시구(詩句)인 〈기명차철(旣明且哲) 이보기신(以保其身)〉을 나타내서 군자(君子)의 흥례(興禮)를 다시 한번 더 거듭해 밝혀, 예(禮)를 발흥(勃興)시킴에 따라 국유도(國有道) 즉 나라에 치도(治道)가 이루어짐을 터득하게 깨우치게 한다.

예(禮)와 오종주(吳從周)

다섯 단락(段落)으로 이루어져 있는 28장(章)은 치도(治道)의 바탕이 예(禮)임을 살펴 새기고 헤아려 가늠하게 하는 장(章)이다. 주(周)나라 주공(周公)이 주(周)의 예법(禮法) 즉 예악(禮樂)의 제도(制度)를 창제(創制)한 점을 상기(想起)시켜 〈오종주(吾從周)〉의 자왈(子曰)을 가늠하게 하면서 치도(治道)의 바탕이 되는 예(禮)로 공자(孔子)께서 학례(學禮)를 밝히고 있는 장(章)이다.

【1단락(段落) 전문(全文)】

子曰 愚而好自用하고 賤而好自專한다 生乎今之世하여
자 왈 우 이 호 자 용 천 이 호 자 전 생 호 금 지 세

反古之道면 如此者는 裁及其身者也라
반 고 지 도 여 차 자 재 급 기 신 자 야

공자께서 가로되: 어리석으면 곧 제멋대로 쓰기를 좋아하고, 비천하면 곧 제멋대로 해치우기를 좋아한다. 지금 세상에 살면서 옛적의 도(道)를 어기고 자용(自用)·자전(自專)을 좇는 사람은 제 자신에게 재앙이 닥치는 것이다.

愚而好自用(우이호자용)

▶ 어리석으면[愚] 곧[而] 제멋대로[自] 쓰기를[用] 좋아한다[好].

어리석을 우(愚), 조사(~곧) 이(而), 좋아할 호(好), 멋대로 자(自), 쓸 용(用)

【읽기(讀)】

우이호자용(愚而好自用)은 〈우호자용(愚好自用)〉에서 우(愚)를 강조하고자 조사(助詞) 노릇하는 〈~면서도 이(而)〉로 어세(語勢)를 더해주는 구문이다. 〈어리석음은[愚] 제멋대로[自] 쓰기를[用] 좋아한다[好]〉 이를 〈어리석으면[愚] 곧[而] 제멋대로[自] 쓰기를[用] 좋아한다[好]〉로 강조한 것이다.

우이호자용(愚而好自用)의 우(愚)는 〈어리석을 매(昧)〉와 같아 우매(愚昧)의 줄임이며, 이(而)는 〈곧 즉(則)〉과 같아 조사(助詞) 노릇하고, 호(好)는 〈좋아할 애(愛)〉와 같아 애호(愛好)의 줄임이다. 자(自)는 〈제 기(己)〉와 같아 자기(自己)의 줄임이고, 용(用)은 〈쓸 사(使)〉와 같아 사용(使用)의 줄임말로 여기면 된다.

【풀이(繹)】

우이호자용(愚而好自用)은 우자(愚者)의 자용(自用)이 반중용(反中庸)임을 살펴 새기고 헤아려 가늠하게 한다. 자용(自用)하면 누구나 곧장 스스로 어리석어진다[愚]. 우이호자용(愚而好自用)을 〈반중용이호자용(反中庸而好自用)〉으로 여겨도 될 것이다. 우자(愚者)란 곧 반중용자(反中庸者)이기 때문이다. 그 우자(愚者)의 자용(自用)이란 기지재(己之才) 즉 자기의[己之] 재주[才]가 두루 통하는 지혜(智慧)라고 믿고 행동을 제 뜻대로 하면서, 불휼인언(不恤人言) 즉 남[人]의 말[言]을 아랑곳하지 않는[不恤] 짓이다. 우자(愚者)의 이러한 자용(自用)은 중용(中庸)을 어기는[反] 짓이기 때문에, 우자(愚者)는 천지(天地)가 행(行)하는 도(道)와 그 도(道)를 통하게 하는 덕(德)을 외면(外面)한다. 우자(愚者)는 천명(天命)이 무엇인지 몰라서 천지(天地)를 그대로 본받는[法] 성인(聖人)을 얕보고[狎], 성인(聖人)의 말씀[言]을 업신여기고[侮], 자용(自用)을 범하는 것이다. 그러므로 우이호자용(愚而好自用)의 우(愚)는 『논어(論語)』「양화(陽貨)」편(篇)의 불호학(不好學) 기폐야우(其蔽也愚)라는 말씀을 상기(想起)시킨다. 불호학(不好學)이란 성인지도(聖人之道)를 배워[學] 익히고[習] 본받기[效]를 좋아하지 않음[不好]을 말하며, 그리하면 존덕성(尊德性)하며 도문학(道問學)하기를 싫어하게 된다. 따라서 우자(愚者)의 자용(自用)은 중용(中庸)을 어기게[反] 되어 천지지도(天地之道)와 더불어 성인지도(聖人之道)를 모압(侮狎)한다.

우이호자용(愚而好自用)의 자용(自用)은 『서경(書經)』「상서(商書) 중훼지고(仲虺之誥)」편(篇)에 나오는 **호문즉유(好問則裕) 자용즉소(自用則小)**라는 말씀을 또한 상기(想起)시켜, 호인(好仁) 즉 어질기[仁]를 좋아하면서도[好] 왜 우자(愚者)가 되느냐는 반문(反問)이 생긴다. 이에 대해 불호학성인지언(不好學聖人之言), 즉 성인의[聖人之] 말씀[言]을 배워[學] 익히고[習] 본받기[效]를 좋아하지 않기 때문에 우자(愚者)의 자용(自用)이 빚어짐을 알 수 있다. 성인(聖人)의 말씀을 학(學)하고 습(習)하여 효(效)하면 스스로 성기(成己)해야 함을 깨닫고 수기(修己)하게 된다. 그러면 스스로 존덕성(尊德性)하고 도문학(道問學)하며 도중용(道中庸)하여 우자(愚者)를 면하고, 누구나 명철(明哲)해져 중용자(中庸者)로 거듭날 수 있을 것이다.

군자(君子)가 자명(自明)하여 현철(賢哲)한 까닭은 성인(聖人)의 말씀으로 말미암아 호문(好問) 즉 묻기[問]를 좋아하여[好] 명지(明知)를 넓고 깊게 하여 유지(裕知) 즉 앎[知]이 넉넉해지기[裕] 때문이니, 군자(君子)는 우자(愚者)와는 달리 자용(自用)이 곧 반중용(反中庸)임을 안다. 그러나 불호학(不好學)하는 우자(愚者)는 명철(明哲)하지 못해 앎[知]이 작아서[小] 자용(自用)을 범하고 마는 까닭을 살펴 새기고 헤아려 가늠하게 하는 말씀이 〈우이호자용(愚而好自用)〉이다.

註 "호인(好仁) 불호학(不好學) 기폐야우(其蔽也愚) 호지(好知) 불호학(不好學) 기폐야탕(其蔽也蕩) 호신(好信) 불호학(不好學) 기폐야적(其蔽也賊) 호직(好直) 불호학(不好學) 기폐야교(其蔽也絞) 호용(好勇) 불호학(不好學) 기폐야란(其蔽也亂) 호강(好剛) 불호학(不好學) 기폐야광(其蔽也狂)." 어짊을[仁] 좋아하면서도[好] 배우기를[學] 좋아하지 않는다면[不好] 그[其] 폐단[蔽]이란[也] 어리석음이고[愚], 알기를[知] 좋아하면서도[好] 배우기를[學] 좋아하지 않는다면[不好] 그[其] 폐단[蔽]이란[也] 허황하여 방탕함이고[蕩], 믿음을[信] 좋아하면서도[好] 배우기를[學] 좋아하지 않는다면[不好] 그[其] 폐단[蔽]이란[也] (남을) 해침이고[賊], 정직을[直] 좋아하면서도[好] 배우기를[學] 좋아하지 않는다면[不好] 그[其] 폐단[蔽]이란[也] 각박함이고[絞], 용기를[勇] 좋아하면서도[好] 배우기를[學] 좋아하지 않는다면[不好] 그[其] 폐단[蔽]이란[也] 난동에 빠짐이고[亂], 굳셈을[剛] 좋아하면서도[好] 배우기를[學] 좋아하지 않는다면[不好] 그[其] 폐단[蔽]이란[也] 광적

이다[狂]. 『논어(論語)』「양화(陽貨)」편(篇) 8장(章)

註 "능자득사자왕(能自得師者王) 위인막기약자망(謂人莫己若者亡) 호문즉유(好問則裕) 자용즉소(自用則小)." 스승을[師] 스스로[自] 얻을[得] 수 있는[能] 자는[者] 왕이 되고[王], 남이[人] 자기만[己] 못하다고[莫若] 말하는[謂] 자는[者] 망한다[亡]. 묻기를[問] 좋아하면[好] 곧[則] 넉넉하고[裕], (그러나) 제 뜻만[自] 쓰면[用] 곧[則] 작아진다[小].

『서경(書經)』「상서(商書) 중훼지고(仲虺之誥)」편(篇) 중간(中間) 단락(段落)

註 "부례자(夫禮者) 충신지박(忠信之薄) 이란지수(而亂之首) 전식자(前識者) 도지화(道之華) 이우지시(而愚之始)." 무릇[夫] 예란[禮] 것은[者] 충신이[忠信之] 엷음이고[薄], 그리고[而] 혼란의[亂之] 우두머리이다[首]. {예(禮)로} 앞서[前] 안다는[識] 자는[者] 도를[道之] 꾸밈이고[華], 나아가[而] 어리석음의[愚之] 시작이다[始].

도가(道家)는 인의(仁義)와 예(禮)를 알면 어리석다[愚]고 주장하고, 유가(儒家)는 인의(仁義)와 예(禮)를 모르면 어리석다[愚]고 주장하기 때문에 〈우(愚)〉에 대해 양가(兩家)의 생각이 상이(相異)함을 유념(留念)해야 한다. 『노자(老子)』 38장(章)

賤而好自專(천이호자전)

▶비천하면[賤] 곧[而] 제멋대로[自] 해치우기를[專] 좋아한다[好].

천할 천(賤), 조사(~곧) 이(而), 좋아할 호(好), 멋대로 자(自), 멋대로 할 전(專)

【읽기(讀)】

천이호자전(賤而好自專)은 〈천호자전(賤好自專)〉에서 천(賤)을 강조하고자 조사(助詞) 노릇하는 〈~면서도 이(而)〉로 어세(語勢)를 더한 구문이다. 〈비천함은[愚] 제멋대로[自] 해치우기를[專] 좋아한다[好]〉 이를 〈비천하면서도[賤而] 제멋대로[自] 해치우기를[專] 좋아한다[好]〉로 강조한 것이다.

천이호자전(賤而好自專)의 천(賤)은 〈천할 비(卑)〉와 같아 비천(卑賤)의 줄임이고, 이(而)는 〈곧 즉(則)〉과 같아 조사(助詞) 노릇하고, 호(好)는 〈좋아할 애(愛)〉와 같아 애호(愛好)의 줄임말로 여기면 된다. 자(自)는 〈제 기(己)〉와 같아 자기(自己)의 줄임이고, 전(專)은 〈멋대로 할 천(擅)〉과 같아 전천(專擅)의 줄임말로 여기면 된다.

【풀이(繹)】

천이호자전(賤而好自專)은 천자(賤者)의 자전(自專)이 반중용(反中庸)임을 살펴 새기고 헤아려 가늠하게 한다. 자전(自專)하면 누구나 스스로 비천해진다[賤]. 천이호자전(賤而好自專) 역시 〈반중용이호자전(反中庸而好自專)〉으로 여겨도 될 것이다. 천자(賤者) 또한 반중용자(反中庸者)이기 때문이다. 천자(賤者)의 자전(自專)이란 자행전천(自行專擅)의 줄임말이다. 제멋대로 행하면서[自行] 자의(恣意)대로 해버리는[專擅] 짓이 천자(賤者)의 자전(自專)이니, 천자(賤者)의 자전(自專)은 자현(自見) · 자시(自是) · 자벌(自伐) · 자긍(自矜) 등에서 비롯한다. 제멋대로 뽐내고[自見] 제멋대로 주장하고[自是] 제멋대로 자랑하고[自伐] 제멋대로 뽐내면서[自矜] 자비(自卑) 즉 자기(自己)를 낮춤[卑]은 자기(自己)를 천(賤)하게 하는 것으로, 스스로 자존(自尊) 즉 자기(自己)를 높여야[尊] 한다고 믿기 때문에 천자(賤者)는 자전(自專)한다. 천자(賤者)의 이러한 자전(自專) 역시 중용(中庸)을 어기는[反] 짓이어서 천자(賤者) 또한 천지(天地)가 행(行)하는 도(道)와 그 도(道)를 통하게 하는 덕(德)을 외면(外面)한다. 그래서 천자(賤者)도 우자(愚者)처럼 천명(天命)이 무엇인지 몰라서 성인(聖人)을 얕보고[狎], 성인(聖人)의 말씀[言]을 업신여기고[侮], 자전(自專)을 범한다.

천이호자전(賤而好自專)의 천(賤) 역시 『논어(論語)』「양화(陽貨)」편(篇)의 〈불호학(不好學) 기폐야우(其蔽也愚)〉라는 말씀을 상기(想起)시킨다. 불호학(不好學)은 성인지도(聖人之道)를 배워[學] 익히고[習] 본받기[效]를 좋아하지 않기[不好] 때문에 존덕성(尊德性)하며 도문학(道問學)하기를 싫어하게 되고, 천자(賤者)의 자전(自專)도 중용(中庸)을 어기게[反] 되어 천지지도(天地之道)와 더불어 성인지도(聖人之道)를 외면(外面)하게 한다.

천이호자전(賤而好自專)의 자전(自專) 역시 우자(愚者)의 자용(自用)처럼 『서경(書經)』「상서(商書)」편(篇) 〈중훼지고(仲虺之誥)〉에 나오는 〈호문즉유(好問則裕) 자용즉소(自用則小)〉라는 말씀을 떠올리게 한다. 불호학성인지언(不好學聖人之言) 즉 성인의[聖人之] 말씀[言]을 배워[學] 익히고[習] 본받기[效]를 좋아하지 않기 때문에 천자(賤者)의 자전(自專)이 빚어짐을 알 수 있다. 성인(聖人)의 말씀[言]을 저버리면 스스로 존덕성(尊德性)하고 도문학(道問學)하며 도중용(道中庸)하는 까닮을 알 수 없게 된다.

군자(君子)가 자명(自明)하여 현철(賢哲)한 까닭은 성인(聖人)의 말씀[言]으로 말미암아 호문(好問) 즉 묻기[問]를 좋아하여[好] 신사(愼思) 즉 생각[思]을 삼가면서도[愼] 명지(明知)가 넉넉해지기[裕] 때문이니, 군자(君子)는 자전(自專)이야말로 반중용(反中庸)임을 안다. 그러나 불호학(不好學)하는 천자(賤者)는 명철(明哲)하지 못해 앎[知]이 작아서[小] 자전(自專)을 범하고 마는 까닭을 살펴 새기고 헤아려 가늠하게 하는 말씀이 〈천이호자전(賤而好自專)〉이다.

生乎今之世(생호금지세) 反古之道(반고지도) 如此者(여차자) 烖及其身者也(재급기신자야)

▶지금 세상에[乎今之世] 살면서[生] 옛적의[古之] 도를[道] 어기고[反] 자용(自用)·자전(自專)을[此] 좇는[如] 사람[者] 제[其] 자신에게[身] 재앙이[烖] 닥치는[及] 것[者]이다[也].

살 생(生), 조사(~에서) 호(乎), 이제 금(今), 조사(~의) 지(之), 세상 세(世), 어길 반(反), 옛 고(古), 도리 도(道), 좇을 여(如), 이 차(此), 놈 자(者), 재앙 재(烖), 미칠 급(及), 그 기(其), 몸 신(身), 것 자(者), 조사(~이다) 야(也)

【읽기(讀)】

생호금지세(生乎今之世)는 재급기신자야(烖及其身者也)의 기신(其身)을 꾸며주는 형용사절 노릇한다. 〈지금의[今之] 세상에[乎世] 사는[生] 제[其] 자신에게[身] 재앙이[烖] 닥치는[及] 것[者]이다[也]〉 생호금지세(生乎今之世)를 금지생(今之生)으로 줄이기도 한다.

반고지도(反古之道) 역시 재급기신자야(烖及其身者也)의 기신(其身)을 꾸며주는 형용사절 노릇한다. 〈옛적의[古之] 도를[道] 어기는[反] 제[其] 자신에게[身] 재앙이[烖] 닥치는[及] 것[者]이다[也]〉 반고지도(反古之道)의 반(反)은 〈어길 배(背)·위(違)〉 등과 같아 배반(背反)·위반(違反)의 줄임이고, 고지도(古之道)를 성인지도(聖人之道)라고 새겨도 된다.

여차자(如此者) 또한 재급기신자야(烖及其身者也)의 기신(其身)을 꾸며주는 동격절(同格節) 노릇한다. 〈이[此]와 같이 하는[如] 사람[者] 제[其] 자신에게[身] 재앙이[烖] 닥치는[及] 것[者]이다[也]〉 여차자(如此者)에서 여(如)는 〈따를 수(隨)·종(從)〉 등과 같고, 차(此)는 〈자용여자전(自用與自專)〉을 대신하는 지시어 노릇한다. 그러므로 여차자(如此者)를 〈자용(自用)과[與] 자전을[自專] 좇는[如] 사람[者]〉이라고 옮기면[譯] 된다.

재급기신자야(烖及其身者也)의 재(烖)는 〈재앙 재(災)〉와 같고, 급(及)은 〈이를 지(至)〉와 같아 급지(及至)의 줄임이며, 기신(其身)의 기(其)는 앞에 있는 생호금지세(生乎今之世)·반고지도(反古之道)·여차자(如此者) 등을 나타내는 관형사 노릇하고, 기신(己身)의 신(身)은 〈자신 궁(躬)〉과 같다.

【풀이(繹)】

생호금지세(生乎今之世) 반고지도(反古之道) 여차자(如此者) 재급기신자야(烖及其身者也)는 앞서 살핀 우자(愚者)는 반고지도(反古之道) 즉 옛적의[古之] 도(道)를 어겨[反] 스스로 어리석은[愚] 자[者]가 되고, 천자(賤者) 역시 고지도(古之道)를 반(反)하여 스스로 비천한[賤] 자(者)가 됨을 살펴 새기고 헤아려 깨우치게 한다. 재급기신자야(烖及其身者也)의 기신(其身)은 앞서 살핀 우자(愚者)와 천자(賤者)를 말한다. 우천자(愚賤者), 이는 반중용자(反中庸者) 즉 중용(中庸)을 어기는[反] 자(者)이다. 이렇고 보면 우리는 모두 우천자(愚賤者) 즉 어리석고[愚] 비천한[賤] 자(者)가 되기를 자청(自請)하면서 살고 있는 셈이다. 왜냐하면 반고지도(反古之道)를 명백(明白)히 하면서 살고 있기 때문이다. 우리는 지금 반중용지생(反中庸之生) 즉 반중용의[反中庸之] 삶[生]을 고집(固執)하고, 중용지생(中庸之生)을 저버리며 사는 중이다.

반고지도(反古之道)의 고지도(古之道)란 성인지도(聖人之道)를 말하는 것으로, 하늘 땅[天地]은 성인(聖人)을 용(用)으로 삼고, 성인(聖人)은 천지(天地)를 체(體)로 삼는다. 말하자면 성인(聖人)은 천지(天地)의 머슴[用]이고, 천지(天地)는 성인(聖人)의 주인[體]이다. 성인(聖人)은 종천(從天)·종지(從地)하여 천지인(天地人)을 하나[一]로 사는 분이며, 이러한 성인지도(聖人之道)는 무사(無私)·무욕(無欲)·무아(無我)의 도(道)이다. 우천자(愚賤者)는 성인(聖人)의 이러한 도(道)를 어기기[反] 때문에 대용(大用)을 버리고 자용(自用)하며, 근신(謹愼)하지 못하고 자전(自專)한다. 어리석고[愚] 비천한[賤] 자(者)는 무사(無私)·무욕(無欲)·무아(無我)의 성인지도(聖人之道)를 팽개치고[放棄], 소은행괴(素隱行怪)를 앞세워 자현(自見)·자시(自是)·자벌(自伐)·자긍(自矜)의 자용(自用)·자전(自專)을 일삼아 번화(繁華)·번잡(煩雜)한 생(生)을 좇다가 스스로 고통(苦痛)의 덫에 걸리는 재앙(災殃)을 당함을 밝힌 말씀이 〈재급기신자야(烖及其身者也)〉이다.

註 "소은행괴(素隱行怪) 후세유술언(後世有述焉)." 뒷날에[後世] 은밀한 것을[隱] 찾아내거나[素] 남다른 짓을[怪] 행함을[行] 좇아서 드러내는 짓이[述] 있을 것[有]이다[焉].

소은행괴(素隱行怪)는 요즘 말로 하면 남달리 하여 남다른 것을 찾고 행하는 짓을 말한다. 좋게 말해서 혁신(革新)하여 창의력(創意力)을 발휘하겠다는 짓이라고 볼 수도 있다.

『중용(中庸)』 11장(章)

【2단락(段落) 전문(全文)】

非天子면 不議禮하고 不制度하며 不考文한다
비천자 불의례 부제도 불고문

천자가 아니라면 예를 의논하지 못하고, 법도를 만들지 못하게 하며, 문자를 고정하게 하지 못한다.

非天子(비천자) 不議禮(불의례)

▶천자가[天子] 아니라면[非] (그 누구도) 예를[禮] 의논하지 못한다[不議].

아닐 비(非), 하늘 천(天), 아들 자(子), 아니 불(不), 따져볼 의(議), 예악(禮樂) 례(禮)

【읽기(讀)】

비천자(非天子) 불의례(不議禮)를 복문(複文)으로 여겨 비천자(非天子)를 조건절로 삼고, 불의례(不議禮)를 주절로 삼아 〈비천자(非天子)라면 의례(議禮)를 못한다[不]〉고 문맥을 잡아 옮기면[譯] 문의(文意)가 드러난다.

주절 노릇하는 불의례(不議禮)는 〈수불의례(誰不議禮)〉에서 주어 노릇할 〈누구 수(誰)〉를 생략한 구문이다. 비천자(非天子)의 비(非)는 〈아닐 불시(不是)〉와 같아 천자불시(天子不是)로 여기고 〈천자가[天子] 아니다[不是]〉로 옮기기도 하지만, 여기선 조건절 노릇하므로 〈천자가[天子] 아니면[非]〉으로 역(譯)하면 될 것이다. 불의례(不議禮)의 의(議)는 〈살펴 따질 논(論)〉과 같아 논의(論議)의 줄임이고, 예(禮)는 예의범절(禮儀凡節) 또는 곡례(曲禮)의 줄임말로 여기면 된다.

【풀이(繹)】

비천자(非天子) 불의례(不議禮)는 앞서 살핀 〈예의삼백(禮儀三百) · 위의삼천(威儀三千)〉을 상기(想起)시켜 천자(天子)만이 예(禮)를 논의(論議)하여 개선(改善)하게 할 수 있음을 살펴 새기고 헤아려 가늠하게 한다. 물론 천자(天子)가 예악(禮樂)의 예(禮) 그 자체를 고칠 수 있는 것은 아니다. 왜냐하면 성인(聖人)이 종천(從天)하여 악(樂)을 지었고[作], 종지(從地)하여 예(禮)를 지었기[制] 때문이다. 한편, 천자(天子)는 예제(禮制)가 중용(中庸)을 잃지 않고 시행될 수 있도록 예악(禮樂)의 문(文) 즉 문장(文章)과 기(器) 즉 기물(器物)을 결정(決定)하는 조목(條目 : 器 · 文)들을 논의(論議)하여 개선(改善)할 수 있다.

삼백(三百) 가지 예의(禮儀)와 삼천(三千) 가지 위의(威儀) 등 예제(禮制)를 성인(聖人)이 지은 것은 아니다. 『예기(禮記)』「악기(樂記)」편(篇)에 나오는 **악유천작(樂由天作) 예이지제(禮以地制) 과제즉란(過制則亂) 과작즉태(過作則泰)**란 말씀을 상기(想起)하면, 천자(天子)가 천지(天地)를 따라서[從] 예악(禮樂)을 만든다는 것[作]은 아니다. 성인(聖人)이 제작(制作)한 예(禮)로써 치인(治人) · 치세(治世)의 예법(禮法)을 천자(天子)만이 의론(議論)하여 개선(改善)할 수 있는 것이다. 천자(天子)는 예법(禮法)이 지나치면[過] 세상이 혼란스럽고 악장(樂章)이 과(過)하면 또한 세상(世上)이 태만(泰慢)해지기 때문에, 예악(禮樂)의 제도(制度)가 중용(中庸)을 취하도록 예악(禮樂)을 시행(施行)하는 준칙(準則)을 논의(論議)하게 할 수 있다. 천하(天下)를 예(禮)로써 다스리기[治] 위해 치도(治道)로 예의(禮儀)와 위의(威儀)를 통일(統一)시켜 제후국(諸侯國)으로 하여금 동일(同一)하게 예제(禮制)를 시행(施行)하게 하고자 천자(天子)가 의례(議禮) 즉 예(禮)의 제도(制度)와 조목(條目) 등을 논의(論議)할 수 있음을 밝힌 말씀이 〈비천자(非天子) 불의례(不議禮)〉이다.

註 "악자천지지화야(樂者天地之和也) 예자천지지서야(禮者天地之序也) 화고백물개화(和故百物皆化) 서고군물개별(序故群物皆別) 악유천작(樂由天作) 예이지제(禮以地制) 과제즉란(過制則亂) 과작즉태(過作則泰) 명어천지연후(明於天地然後) 능흥례악야(能興禮樂也)." 악이란[樂] 것은[者] 하늘 땅의[天地之] 어울림[和]이고[也], 예란[禮] 것은[者] 하늘 땅의[天地之] 나란함[序]이다[也]. {천지(天地)가} 어울리기[和] 때문에[故] 온갖 것이[百物] 모두[皆] 태어나고[化], {천지(天地)가} 나란하기[序] 때문에[故] 이것저것들이[群物] 모두[皆] 남다르다[別]. 악은[樂] 하늘로[天] 말미암아[由] 지어지고[作], 예는[禮] 땅으로[地] 말미암아[以] 지어진다[制]. {예(禮)의} 지음이[制] 지나치면[過] 곧[則] (세상이) 혼란스럽고[亂], {악(樂)의} 지음이[作] 지나치면[過] 곧[則] (세상이) 태만해진다[泰]. 천지를[天地] 밝힌[明] 뒤라야[然後] 예악을[禮樂] 일으킬 수 있는 것[能興]이다[也].

『예기(禮記)』「악기(樂記)」편(篇) 15단락(段落)

不制度(부제도)

▶ {천자(天子)가 아니라면 누구도} 법도를[度] 짓지 못한다[不制].

못할 부(不), 지을 제(制), 법도 도(度)

【읽기(讀)】

부제도(不制度)는 〈비천자(非天子) 수부제정제도(誰不制定制度)〉에서 되풀이되는 비천자(非天子)와 주어 노릇할 수(誰)를 생략하고, 제정제도(制定制度)를 제도(制度)로 줄인 구문이다. 〈천자가[天子] 아니라면[非] 누구도[誰] 제도를[制度] 제정하지[制定] 못한다[不]〉 이를 〈제도를[度] 제정하지[制] 못한다[不]〉로 줄인 것이다. 부제도(不制度)에서 제(制)는 〈만들 작(作)·정할 정(定)·세울 립(立)〉 등과 같고, 도(度)는 〈본받을 법(法)〉과 같아 법도(法度)의 줄임말로 여기면 된다.

【풀이(繹)】

부제도(不制度) 역시 천자(天子)만이 모든 제도(制度) 즉 법도(法度)를 논의(論議)하여 개선(改善)할 수 있음을 살펴 새기고 헤아려 가늠하게 한다. 제도(制度)는 치세(治世)의 방도(方道)이다. 그러므로 부제도(不制度)의 제도(制度)는 『주역(周易)』「절괘단사(節卦彖辭)」에 나오는 절이제도(節以制度) 불상재(不傷財) 불해민(不害

民)이란 말씀에서 제도(制度)는 법제(法制)임을 가늠할(斷) 수 있으며, 『예기(禮記)』「악기(樂記)」편(篇)에 나오는 **보궤조두제도문장예지기야(簠簋俎豆制度文章禮之器也)**란 말씀에서 제도(制度)는 장척(丈尺)임을 또한 관완(觀玩)하여 의단(擬斷)할 수 있다. 천지(天地)의 절기(節氣)를 본받아[以] 재물[財]을 손상시키지 않고[不傷] 백성[民]을 해롭게 하지 않는[不害] 법도(法度)를 천자(天子)만이 제정(制定)할 수 있었다. 법도(法度)의 〈도(度)〉는 도량형(度量衡)의 준칙(準則)을 뜻하기도 한다. 즉, 분(分) · 촌(寸) · 척(尺) · 장(丈) · 인(引) 등의 장단(長短)을 제정(制定)하여 혼란(混亂)을 막는 치도(治道)를 법도(法度)의 도(度)가 뜻하기도 하는 것이다. 그러므로 모든 법도(法道)를 천자(天子)만이 제정(制定)하여 치세(治世)의 방도(方道)로 삼을 수 있음을 밝힌 말씀이 〈부제도(不制度)〉이다.

註 "천지절(天地節) 이사시성(而四時成) 절이제도(節以制度) 불상재(不傷財) 불해민(不害民)." 하늘 땅에[天地] 절기(節氣)가 있다[節]. 그래서[而] 네 계절이[四時] 이루어진다[成]. 그 절기를[節] 본받아[以] 법도를[度] 만들어[制] 재물을[財] 손상시키지 않게 하고[不傷], 백성을[民] 해롭지 않게 한다[不害]. 『주역(周易)』「절괘단사(節卦彖辭)」

註 "종고관경우약간척악지기야(鐘鼓管磬羽籥干戚樂之器也) 굴신부앙철조서질악지문야(屈伸俯仰綴兆舒疾樂之文也) 보궤조두제도문장예지기야(簠簋俎豆制度文章禮之器也) 승강상하주환석습예지문야(昇降上下周還裼襲禮之文也)." 종과[鐘] 북[鼓] 쌍피리와[管] 돌경쇠[磬] 춤추는 이가 들고 있는 장대깃과[羽] 피리[籥] 방패와[干] 도끼는[戚] 악의[樂之] 기물[器]이고[也], 굽히고[屈] 펴고[伸] 엎드리고[俯] 우러르고[仰] 춤추는 이들의 행렬과[綴] 춤터의 안[兆] 서서히 움직임과[舒] 빠른 움직임은[疾] 악의[樂之] 드러냄[文]이다[也]. 벼를 담는 제기와[簠] 기장을 담는 제기[簋] 오곡류를 담는 제기[俎豆] 제도와[制度] 문장은[文章] 예의[禮之] 기물[器]이고[也], 올리고[昇] 내리고[降] 위로 하고[上] 아래로 하고[下] 주변을 빙빙 돌고[周還] 위의 겉옷을 벗었다 걷었다 함은[裼襲] 예의[禮之] 드러냄[文]이다[也].

우약(羽籥)은 문무(文舞)를 나타내는 기물(器物)이고, 간척(干戚)은 무무(武舞)를 나타내는 기물(器物)이며, 굴신(屈伸) · 부앙(俯仰) · 서질(舒疾)은 춤사위를 말하고, 철조(綴兆)는 무장(舞場) 즉 춤터를 말한다. 보궤(簠簋)의 보(簠)는 도량(稻粱) 즉 벼[稻]와 기장[粱]을 담는 겉은 둥글고 속은 네모난[外圓內方] 제기(祭器)이고, 궤(簋)는 서직(黍稷) 즉 오곡류(五穀類)를 담는 겉은 네모이고 속은 둥근[外方內圓] 제기(祭器), 문장(文章)은 여기선 여러 가지 의식(儀式)과 절차(節次)를 말하고, 승강(昇降) · 상하(上下) · 주환(周還) · 석습(裼襲)은 제사(祭祀)를 올리는 예절(禮節)을 밝힘이다. 『예기(禮記)』「악기(樂記)」편(篇) 15단락(段落)

不考文(불고문)

▶{천자(天子)가 아니라면 누구도} 문자를[文] 살펴 정(定)하지 못한다[不考].

아니 불(不), 이룰(살필) 고(考), 글 문(文)

【읽기(讀)】

불고문(不考文)은 〈비천자(非天子) 수불고정문자(誰不考定文字)〉에서 비천자(非天子)와 주절의 주어 노릇할 수(誰)를 생략하고, 고정문자(考定文字)를 고문(考文)으로 줄인 구문이다. 〈천자가[天子] 아니라면[非] 누구도[誰] 문자를[文字] 고정하지[考定] 못한다[不]〉 이를 〈문자를[文] 고정하지[考] 못한다[不]〉로 줄인 것이다. 불고문(不考文)에서 고(考)는 〈살필 찰(察) · 이룰 성(成)〉 등과 같고, 문(文)은 문자(文字)의 줄임말이다.

【풀이(繹)】

불고문(不考文) 역시 천자(天子)만이 문자(文字)를 고정(考定)하게 할 수 있음을 살펴 새기고 헤아려 가늠하게 한다. 물론 천자(天子)일지라도 한문자(漢文字)의 육서(六書)마저 개혁(改革)할 수 있는 것은 아니다. 육서(六書) 안에서 한문자(漢文字)를 고정(考正) 즉 살펴 바르게 해서[考正] 문자(文字)의 활용(活用)을 천하(天下)에 고정(考定) 즉 살펴 결정함[考定]으로써 문자사용(文字使用)을 통일(統一)시키는 것이다. 천자(天子)는 모든 제후국(諸侯國)에 천자(天子)의 명(命)으로 해마다 신하(臣下)를 파견하여 문자(文字)를 바르게 하고, 문자(文字) 사용(使用)이 바르지 못하면 살펴[考] 바르게[正] 사용하도록 문자사용(文字使用)을 정(定)해서 통일(統一)시켰다. 그러므로 고문(考文)의 고(考)는 고핵론정(考核論定)을 묶어 말한 자(字)로 새기면 된다. 고핵(考核)은 고문자지핵(考文字之核)으로, 문자의[文字之] 핵심[核]을 살펴[考] 문자(文字)의 바름[正]을 논의(論議)하여 결정함[定]이 고문(考文)이 뜻하는 것이다. 이러한 고문(考文)을 통해 제후국(諸侯國)들 사이의 의사소통(意思疏通)이 혼란(混亂)을 일으키지 않아 문물제도(文物制度)를 일관(一貫)되게 펼칠 수 있게 하고자 한 것이 천자(天子)의 고문(考文)임을 밝힌 말씀이 〈불고문

(不考文)〉이다.

註 한문자(漢文字)의 육서(六書): 한문자(漢文字)는 뜻글자이기 때문에 문자(文字)가 성립(成立)되는 법칙(法則)을 저마다 지니고 있다. 그 법칙(法則)을 육서(六書)라 한다. 문(文)은 지사(指事)·상형(象形) 등으로 성립(成立)되고, 자(字)는 형성(形聲)·회의(會意)·전주(轉注)·가차(假借) 등으로 성립(成立)된다. 한문자(漢文字)는 저마다 육서(六書)의 한 법칙(法則)을 따라서 성립되어 뜻을 내기 때문에 고문(考文)이 필요한 문자(文字)이다.

【3단락(段落) 전문(全文)】

今天下에 車同軌하고 書同文하며 行同倫한다
금천하 거동궤 서동문 행동륜

{자사(子思)가 살았던 그때로서} 지금 세상에서는 수레는 궤도를 같이하고, 책은 문자를 같이하며, 행실은 윤리를 같이한다.

今天下(금천하) 車同軌(거동궤) 書同文(서동문) 行同倫(행동륜)

▶ 지금 세상에서는[今天下] 수레는[車] 궤도를[軌] 같이하고[同], 책은[書] 문자를[文] 같이하며[同], 행실은[行] 윤리를[倫] 같이한다[同].

이제 금(今), 하늘 천(天), 아래 하(下), 수레 거(車), 같이할 동(同), 길 궤(軌), 책 서(書), 글 문(文), 행실(行實) 행(行), 차서(次序) 륜(倫)

【읽기(讀)】

금천하(今天下)는 〈금지천하(今之天下)〉를 줄인 것으로 〈지금의[今之] 세상[天下]〉이다.

거동궤(車同軌)는 〈천하지거동거지궤도(天下之車同車之軌道)〉를 줄인 구문이다. 〈온 세상의[天下之] 수레는[車] 수레의[車之] 궤도를[軌道] 같이한다[同]〉 이를 〈수레는[車] 궤도를[軌] 같이한다[同]〉로 줄인 것이다. 거동궤(車同軌)의 동(同)은

〈한 가지로 할 일(一)〉과 같아 동일(同一)의 줄임이고, 궤(軌)는 〈길 도(道)〉와 같아 궤도(軌道)의 줄임으로 보면 된다.

서동문(書同文)은 〈천하지서책동서지문자(天下之書冊同書之文字)〉를 줄인 구문이다. 〈온 세상의[天下之] 책은[書冊] 책의[書之] 문자를[文字] 같이한다[同]〉 이를 〈책은[書] 문자를[文] 같이한다[同]〉로 줄인 것이다. 서동문(書同文)에서 서(書)는 〈책 책(冊) · 글 문(文)〉 등과 같아 서책(書冊) · 문서(文書)의 줄임이고, 동(同)은 〈한 가지로 할 일(一)〉과 같아 동일(同一)의 줄임이며, 문(文)은 문자(文字)의 줄임말로 여기면 된다.

행동륜(行同倫)은 〈만인지행실동만인지륜리(萬人之行實同萬人之倫理)〉를 줄인 구문이다. 〈온 사람의[萬人之] 행실은[行實] 온 사람의[萬人之] 윤리를[倫理] 같이한다[同]〉 이를 〈행실은[行實] 윤리를[倫] 같이한다[同]〉로 줄인 것이다. 행동륜(行同倫)에서 행(行)은 몸가짐을 뜻하는 행실(行實)의 줄임이고, 동(同)은 〈한 가지로 할 일(一)〉과 같아 동일(同一)의 줄임이며, 윤(倫)은 윤리(倫理)의 줄임으로 여기면 된다.

【풀이(繹)】

금천하(今天下) 거동궤(車同軌) 서동문(書同文) 행동륜(行同倫)은 앞서 살핀 천자(天子)만이 제례(制禮)할 수 있고, 제도(制度)할 수 있으며, 고문(考文)할 수 있음을 살펴 새기고 헤아려 가늠하게 한다. 여기서 금천하(今天下)의 금(今)은 『중용(中庸)』을 지은 자사(子思)가 살았던 그 당시를 말한다. 춘추시대(春秋時代)에 이미 중국(中國)이란 천하(天下)는 어디를 가나 천자(天子)가 정(定)한 제도(制度)의 도(度)가 통일(統一)되어 온갖 기물(器物)들이 동일(同一)하게 사용(使用)되고 있었고, 천자(天子)가 정(定)한 고문(考文)의 문자(文字)가 통일(統一)되어 온갖 서책(書冊)이 만들어져 천하(天下)에 두루 유통(流通)되었으며, 천자(天子)가 정(定)한 제례(制禮)의 예(禮)가 통일(統一)되어 천하(天下)의 인륜(人倫)이 확립되어 인간 사이의 차서(次序)가 이루어졌음을 자사(子思)가 밝히고 있다. 그리하여 예악문물(禮樂文物)이 온 천하에 두루 통용되고, 인지도(人之道) 즉 인간이 걸어가야 할 길[人之道]이 마련되어 천자(天子)의 치세(治世)로 말미암아 특히 인간세(人間世)의 행실(行實)이 차서(次序)의 조리(條理)를 갖추어 질서(秩序)를 누리면서 인간(人

間)의 도리(道理)가 윤리(倫理)로서 통일(統一)되었음을 사실(事實)로 밝힌 말씀이 〈금천하(今天下) 거동궤(車同軌) 서동문(書同文) 행동륜(行同倫)〉이다.

【4단락(段落) 전문(全文)】

雖有其位이나 苟無其德이면 不敢作禮樂焉이다 雖有其德이나 苟無其位면 亦不敢作禮樂焉이다
(수유기위 구무기덕 불감작례악언 수유기덕 구무기위 역불감작례악언)

그 자리를 가졌다 해도 진실로 그 덕이 없다면 감히 예악을 만들지 못한다. 그 덕을 갖추었다 해도 진실로 그 자리가 아니면 또한 감히 예악을 만들지 못하는 것이다.

雖有其位(수유기위) 苟無其德(구무기덕) 不敢作禮樂焉(불감작례악언)

▶비록[雖] 천자(天子)의[其] 자리를[位] 가졌다 해도[有] 진실로[苟] 천지(天地)의[其] 덕이[德] 없다면[無] 감히[敢] 예악을[禮樂] 만들지 못할[不作] 뿐이다[焉].

비록 수(雖), 가질 유(有), 그 기(其), 자리 위(位), 진실로 구(苟), 없을 무(無), 큰 덕(德), 아니 불(不), 감히 감(敢), 지을 작(作), 예악(禮樂) 례(禮), 예악(禮樂) 악(樂), 조사(~뿐이다) 언(焉)

【읽기(讀)】

수유기위(雖有其位) 구무기덕(苟無其德) 불감작례악언(不敢作禮樂焉)은 〈수천자유천자지위(雖天子有天子之位) 구천자무천지지덕(苟天子無天地之德) 천자불감작례악언(天子不敢作禮樂焉)〉에서 되풀이되는 천자(天子)를 생략하고, 천자지위(天子之位)를 기위(其位)로, 천지지덕(天地之德)을 기덕(其德)으로 줄인 구문으로 여기고, 수유기위(雖有其位)를 양보의 부사절(副詞節)로, 구무기덕(苟無其德)을 조

건의 부사절로, 불감작례악언(不敢作禮樂焉)을 주절(主節)로 문맥을 잡으면 문의(文意)가 드러난다. 〈비록[雖] 천자(天子)가 천자의[天子之] 자리를[位] 가졌을지라도[有], 진실로[苟] 천자(天子)에게 천지의[天地之] 덕이[德] 없다면[無] 천자는[天子] 감히[敢] 예악을[禮樂] 짓지 못할[不作] 뿐이다[焉]〉 이를 〈비록[雖] 그[其] 자리를[位] 가졌을지라도[有], 진실로[苟] 그[其] 덕이[德] 없다면[無] 감히[敢] 예악을[禮樂] 짓지 못할[不作] 뿐이다[焉]〉로 줄인 것이다.

수유기위(雖有其位)의 수(雖)는 조사(助詞)로 〈비록 수(雖)〉이고, 유(有)는 여기선 〈가질 유(有)〉로 〈가질 취(取)〉와 같이 타동사 노릇하고, 기(其)는 천자지(天子之)를 대신하는 관형사 노릇하고, 위(位)는 지위(地位)의 줄임말이다.

구무기덕(苟無其德)에서 구(苟)는 조사(助詞)로 〈진실로 성(誠)〉과 같고, 무(無)는 〈없을 무(無)〉로 자동사 노릇하며, 기(其)는 천지지(天地之)를 대신하는 관형사 노릇하고, 덕(德)은 대덕(大德) 즉 천지지덕(天地之德)의 줄임말이다.

불감작례악언(不敢作禮樂焉)은 〈천자불감작례언(天子不敢作禮焉) 이천자불감작악언(而天子不敢作樂焉)〉에서 주어 노릇할 천자(天子)와 되풀이되는 불감작(不敢作)을 생략하고 두 구문을 하나로 묶은 말투이다. 〈천자는[天子] 감히[敢] 예를[禮] 짓지 못할[不作] 뿐이다[焉]. 그리고[而] 천자는[天子] 감히[敢] 악을[樂] 짓지 못할[不作] 뿐이다[焉]〉 이를 〈감히[敢] 예악을[禮樂] 짓지 못할[不作] 뿐이다[焉]〉로 줄인 것이다. 불감작례악언(不敢作禮樂焉)의 감(敢)은 조사(助詞) 노릇하는 〈감히 감(敢)〉이고, 작(作)은 〈지을 제(制)〉와 같아 제작(制作)의 줄임말로 여기면 된다.

【풀이(繹)】

수유기위(雖有其位) 구무기덕(苟無其德) 불감작례악언(不敢作禮樂焉)은 천자(天子)일지라도 오로지 유덕자(有德者)라야 예악(禮樂)을 제작할 수 있음을 살펴 새기고 헤아려 가늠하게 한다. 천자(天子)의 자리[位]에 있다 할지라도 무덕자(無德者)라면 작례(作禮)할 수 없고, 작례(作禮)할 수 없다면 작악(作樂)할 수도 없다. 작례악(作禮樂)을 할 수 없다면 제도(制度)할 수 없고, 고문(考文)할 수 없다. 왜냐하면 치도(治道)는 먼저 지악(知樂)으로부터 비롯되기 때문이다.

유덕자(有德者)로서 천자(天子)의 치도(治道)는 『예기(禮記)』「악기(樂記)」편(篇)에 나오는 예악형정기극일야(禮樂刑政其極一也) 소이동민심이출치도야(所以同民心而

出治道也)란 말씀과 예악개득지위유덕(禮樂皆得之謂有德) 덕자득야(德者得也)란 말씀을 상기(想起)시킨다. 예악(禮樂)으로 말미암아 이루어지는 형정(刑政)이라야 왕도(王道)의 덕치(德治)가 이루어지고, 예악(禮樂)을 떠난 형정(刑政)은 패도(霸道)의 역치(力治)가 빚어질 뿐이다. 무덕(無德) 즉 덕(德)이 없는[無] 자[者]란 부지례악자(不知禮樂者) 즉 예악(禮樂)을 모르는[不知] 자[者]와 같은 말이다. 예악(禮樂)을 부지(不知)함이란 천지(天地)의 도(道)를 좇아 따를[順從] 줄 모르니 천명(天命)을 또한 모르는 것이다. 종천(從天) · 종지(從地)하지 않으면 부덕(不德)하고, 나아가 무덕(無德)해져 인의(仁義)를 파기(破棄)하게 된다. 왜냐하면 종천(從天) 즉 하늘[天]을 따름[從]이 곧 악(樂)이고 어짊[仁]이며, 땅[地]을 따름[從]이 곧 예(禮)이고 바름[義]이기 때문이다. 그러므로 무덕(無德)이란 종천(從天) · 종지(從地)가 없음[無]이니, 천지(天地)의 자리[位]를 가졌다고 할지라도 무덕(無德)하면 예악(禮樂)을 짓지 못함[不作]을 밝힌 말씀이 〈수유기위(雖有其位) 구무기덕(苟無其德) 불감작예악언(不敢作禮樂焉)〉이다.

註 "예이도기지(禮以道其志) 악이화기성(樂以和其聲) 정이일기행(政以一其行) 형이방기간(刑以防其姦) 예악형정기극일야(禮樂刑政其極一也) 소이동민심이출치도야(所以同民心而出治道也)." 예(禮)로써[以] 사람의[其] 뜻을[志] 이끌고[道], 악(樂)으로써[以] 사람의[其] 소리를[聲] 어울리게 하고[和], 정사[政]로써[以] 사람의[其] 행동을[行] 한결같이 하고[一], 형벌[刑]로써[以] 사람의[其] 간사함을[姦] 막는다[防]. 예악형정은[禮樂刑政] 끝내[極] 하나인 것[一]이다[也]. 예악형정(禮樂刑政)으로[以] 민심을[民心] 같이 해서[同而] 다스리는[治] 도를[道] 내는[出] 것[所]이다[也].

『예기(禮記)』「악기(樂記)」편(篇) 2단락(段落)

註 "심성이지음(審聲以知音) 심음이지악(審音以知樂) 지악이지정(知樂以知政) 이치도비의(而治道備矣) 시고(是故) 부지성자(不知聲者) 불가여언음(不可與言音) 부지음자(不知音者) 불가여언악(不可與言樂) 지악이기어례의(知樂而幾於禮矣) 예악개득지위유덕(禮樂皆得之謂有德) 덕자득야(德者得也)." 성을[聲] 살핌[審]으로[以] 음을[音] 알고[知], 음을[音] 살핌[審]으로[以] 악을[樂] 알며[知], 악을[樂] 살핌[審]으로[以] 정사를[政] 안다[知]. 그래서[而] 치도가[治道] 갖추어지는 것[備]이다[矣]. 이[是] 때문에[故] 성을[聲] 모르는[不知] 자와[者] 더불어[與] 음을[音] 말할 수 없고[不可言], 음을[音] 모르는[不知] 자와[者] 더불어[與] 악을[樂] 말할 수 없다[不可言]. 악을[樂] 알면[知而] 예에[於禮] 가까운 것[幾]이다[矣]. 예악을[禮樂] 모두[皆] 갖춤[得] 그것을[之] 덕을[德] 갖춘다고[有] 한다[謂]. 덕이란[德] 것은[者] {예악(禮樂)을} 갖추는 것[得]이다[也].

악(樂)이란 천지지화(天地之和) 즉 천지의[天地之] 화평(和平)을 말하고, 예(禮)란 천지지서

(天地之序) 즉 천지의[天地之] 질서(秩序)를 말한다. 여기서 악(樂)은 예악형정(禮樂刑政)을 묶고 있는 자(字)로 여기면 된다. 『예기(禮記)』「악기(樂記)」편(篇) 6단락(段落)

雖有其德(수유기덕) 苟無其位(구무기위) 亦不敢作禮樂焉(역불감작례악언)

▶비록[雖] 천지(天地)의[其] 덕을[德] 갖추었다 해도[有] 진실로[苟] 천자(天子)의[其] 자리가[位] 아니면[無] 또한[亦] 감히[敢] 예악을[禮樂] 만들지 못할[不作] 뿐이다[焉].

비록 수(雖), 가질 유(有), 그 기(其), 큰 덕(德), 진실로 구(苟), 아닐 무(無), 자리 위(位), 또한 역(亦), 아니 불(不), 감히 감(敢), 지을 작(作), 예악(禮樂) 례(禮), 예악(禮樂) 악(樂), 조사(~뿐이다) 언(焉)

【읽기(讀)】

수유기덕(雖有其德) 구무기위(苟無其位) 역불감작례악언(亦不敢作禮樂焉)은 〈수기인유천지지덕(雖其人有天地之德) 구기인지위무천자지위(苟其人之位無天子之位) 역기인불감작례악언(亦其人不敢作禮樂焉)〉에서 되풀이되는 기인지위(其人之位)와 기인(其人)을 생략하고, 천지지덕(天地之德)을 기덕(其德)으로 줄이고, 천자지위(天子之位)를 기위(其位)로 줄인 구문이다. 수유기덕(雖有其德)을 양보의 부사절(副詞節)로, 구무기위(苟無其位)를 조건의 부사절로, 역불감작례악언(亦不敢作禮樂焉)을 주절(主節)로 보면 문맥이 잡힌다. 〈비록[雖] 그 사람이[其人] 천지의[天地之] 덕을[德] 갖추었을지라도[有], 진실로[苟] 그 사람의[其人之] 자리가[位] 천자의[天子之] 자리가[位] 아니라면[無] 또한[亦] 그 사람이[其人] 감히[敢] 예악을[禮樂] 짓지 못할[不作] 뿐이다[焉]〉 이를 〈비록[雖] 그[其] 덕을[德] 갖추었을지라도[有], 진실로[苟] 그[其] 자리가[位] 아니면[無] 또한[亦] 감히[敢] 예악을[禮樂] 짓지 못할[不作] 뿐이다[焉]〉로 줄인 것이다.

수유기덕(雖有其德)의 수(雖)는 조사(助詞)로 〈비록 수(雖)〉이고, 유(有)는 〈가질 유(有)〉로 〈가질 취(取)〉와 같아 타동사 노릇하고, 기(其)는 천지지(天地之)를 대신하는 관형사이고, 덕(德)은 천지지덕(天地之德)인 대덕(大德)의 줄임말이다.

구무기위(苟無其位)의 구(苟)는 조사(助詞)로 〈진실로 성(誠)〉과 같고, 무(無)는 〈없을 무(無)〉로 자동사 노릇하며, 기(其)는 천자지(天子之)를 대신하는 관형사이고, 위(位)는 지위(地位)의 줄임말이다.

역불감작례악언(亦不敢作禮樂焉)은 〈역천자불감작례언(亦天子不敢作禮焉) 이역천자불감작악언(而亦天子不敢作樂焉)〉에서 주어 노릇할 천자(天子)와 되풀이되는 역(亦)과 불감작(不敢作)을 생략하고 둘을 하나로 묶은 구문이다. 〈또한[亦] 천자는[天子] 감히[敢] 예를[禮] 짓지 못할[不作] 뿐이다[焉]. 그리고[而] 또한[亦] 천자는[天子] 감히[敢] 악을[樂] 짓지 못할[不作] 뿐이다[焉]〉 이를 〈또한[亦] 감히[敢] 예악을[禮樂] 짓지 못할[不作] 뿐이다[焉]〉로 줄인 것이다. 역불감작례악언(亦不敢作禮樂焉)에서 감(敢)은 조사(助詞) 노릇하는 〈감히 감(敢)〉이고, 작(作)은 〈지을 제(制)〉와 같아 제작(制作)의 줄임말로 여기면 된다.

【풀이(繹)】

수유기덕(雖有其德) 구무기위(苟無其位) 역불감작례악언(亦不敢作禮樂焉)은 천자(天子)의 자리[位]에 있지 않고서는 천지(天地)의 대덕(大德)을 갖춘 성현(聖賢)일지라도 예악(禮樂)을 제작할 수 없음을 살펴 새기고 헤아려 가늠하게 한다. 예악(禮樂)이란 치세(治世) 치도(治道)이기 때문에 천자(天子)만이 예악(禮樂)을 제작(制作)할 수 있다. 만일 제후(諸侯)가 예악(禮樂)을 제정(制定)한다면 천자(天子)의 휘하(麾下)에 있는 제후국(諸侯國)들 사이가 혼란(混亂)을 면할 수 없기 때문이다. 그런 연유로 천자(天子)가 제례(制禮)·제도(制度)·고문(考文)하여 거동궤(車同軌)·서동문(書同文)·행동륜(行同倫)하게 하도록 예악(禮樂)을 제작(制作)하여 출치도(出治道), 즉 다스리는[治] 이치[理]·가르침[敎]·이끌어감[導]·방편[方] 등의 도(道)를 내어[出] 휘하(麾下)의 제후(諸侯)들로 하여금 치국(治國)하게 하는 것이다. 이러한 천하동민심(天下同民心)의 치도(治道)로 치세(治世) 즉 온 세상[世]을 다스리는[治] 예악(禮樂)은 오로지 천자(天子)만이 할 수 있음을 밝힌 말씀이 〈수유기덕(雖有其德) 구무기위(苟無其位) 역불감작례악언(亦不敢作禮樂焉)〉이다.

【5단락(段落) 전문(全文)】

子曰 吾說夏禮하나 杞不足徵也이고 吾學殷禮이나 有宋存焉이다 吾學周禮하여 今用之이니 吾從周한다
자왈 오설하례 기부족징야 오학은례 유송 존언 오학주례 금용지 오종주

공자께서 가로되: 내가 하(夏)나라의 예를 말하려 해도 기(杞)나라로는 그 증거가 부족한 것이고, 내가 은(殷)나라 예를 배웠지만 송나라가 존재하고 있을 뿐이다. 나는 주(周)나라 예(禮)를 배워 지금 그것을 쓰고 있으니, 나는 주례(周禮)를 따른다.

吾說夏禮(오설하례) 杞不足徵也(기부족징야)

▶내가[吾] 하(夏)나라의[夏] 예를[禮] 풀이하려 해도[說] 기(杞)나라는[杞] 징험할 것이[徵] 부족한 것[不足]이다[也].

나 오(吾), 풀어 알릴 설(說), 하나라 하(夏), 예악 례(禮), 나라 이름 기(杞), 충분할 족(足), 징험할 징(徵), 조사(~이다) 야(也)

【읽기(讀)】

오설하례(吾說夏禮) 기부족징야(杞不足徵也)는 오설하례(吾說夏禮)를 양보절로 여기고, 기부족징야(杞不足徵也)를 주절로 여겨 복문(複文)으로 문맥을 잡는다. 〈오설하례(吾說夏禮)해도 기부족징야(杞不足徵也)이다〉로 새기면 된다.

오설하례(吾說夏禮)는 〈오설하대지례(吾說夏代之禮)〉에서 하대지례(夏代之禮)를 하례(夏禮)로 줄인 구문이다. 〈내가[吾] 하대의[夏代之] 예를[禮] 풀이하려 해도[說]〉를 〈내가[吾] 하례를[夏禮] 풀이하려 해도[說]〉로 줄인 것이다. 오설하례(吾說夏禮)의 설(說)은 〈따져 가릴 론(論) · 알릴 고(告) · 풀이할 해(解) · 가르칠 교(敎)〉 등과 같고, 논설(論說) · 해설(解說) · 설교(說敎) 등의 줄임말이다.

기부족징야(杞不足徵也)는 〈기부족징하례야(杞不足徵夏禮也)〉에서 하례(夏禮)를 생략한 구문이다. 〈기나라에는[杞] 하례를[夏禮] 징험해줄 것이[徵] 부족한 것

[不足]이다[也]〉 이를 〈기나라에는[杞] 징험해줄 것이[徵] 부족한 것[不足]이다[也]〉로 줄인 것이다. 기부족징야(杞不足徵也)에서 기(杞)는 하(夏)나라를 이은 나라 이름이고, 족(足)은 〈충분할 충(充)〉과 같아 충족(充足)의 줄임이며, 징(徵)은 〈증거할 험(驗)〉과 같아 징험(徵驗)의 줄임말로 여기면 된다.

【풀이(繹)】

오설하례(吾說夏禮) 기부족징야(杞不足徵也)는 공자(孔子)께서 예(禮)를 따져 밝히고[論] 풀이하고[解] 가르치고[教] 알리려[告] 했음을 살펴 새기고 헤아려 가늠하게 한다. 오설하례(吾說夏禮)의 설(說)은 『논어(論語)』「술이(述而)」편(篇)에 나오는 **술이부작(述而不作) 신이호고(信而好古)**를 상기(想起)시킨다. 하례(夏禮)를 전해진 바를 바탕으로 설(說)하고자 하(夏)나라를 이은 기(杞)나라를 찾아갔지만, 하례(夏禮)라고 징험(徵驗)할 근거(根據)가 부족했던 사실을 『예기(禮記)』「예운(禮運)」편(篇)에서 다음과 같이 밝히고 있다. **아욕관하도(我欲觀夏道) 시고지기이부족징야(是故之杞而不足徵也)**. 기(杞)나라에서 하례(夏禮)의 증거(證據)를 충분하게 찾지 못했지만, 공자(孔子)께서 하시(夏時) 즉 하나라 시대(時代)의 물정(物情)을 살펴볼 수 있었다. 그러므로 전(傳)해온 바를 바탕으로 예(禮)를 따져 살펴보고[論] 풀이하여[解] 가르치고[教] 알리려고[告] 했지, 예(禮)를 자의(恣意)로 논설(論說)하지 않았고 해설(解說)하지도 않았으며 교설(教說)하지 않았고 설고(說告)하지 않았음을 밝힌 말씀이 〈오설하례(吾說夏禮) 기부족징야(杞不足徵也)〉이다.

註 "자왈(子曰) 술이부작(述而不作) 신이호고(信而好古) 절비어아노팽(竊比於我老彭)." 공자께서[子] 가로되[曰]: 전해온 바를 풀이했지[述而] (내 맘대로) 짓지 않았다[不作]. 옛 것을[古] 믿고[信而] 좋아한다[好]. (이런 점만은) 나는[竊] 나와[於我] 노팽을[老彭] 견주겠다[比].

절(竊)은 여기선 〈나〉를 낮추어 부르는 〈나 절(竊)〉이고, 노팽(老彭)은 노담(老聃) 즉 노자(老子)와 팽조(彭祖)라는 설(說)이 있다. 『논어(論語)』「술이(述而)」편(篇) 1장(章)

註 "공자왈(孔子曰) 아욕관하도(我欲觀夏道) 시고지기이부족징야(是故之杞而不足徵也) 오득하시언(吾得夏時焉) …… 오득건곤언(吾得乾坤焉) 건곤지의(乾坤之義) 하시지등(夏時之等) 오이시관지(吾以是觀之)." 공자께서[孔子] 가로되[曰]: 나는[我] 하나라의 도리를[夏道] 살펴보고 싶었다[欲觀]. 그래서[是故] 기나라로[杞] 갔지만[之而], 증거가[徵] 부족했던 것[不足]이다[也]. 나는[吾] 거기서 하나라 시대를[夏時] 알게 되었던 것[得]뿐이었다[焉]. …… (하지만) 나는[吾] 거기서 건곤을[乾坤] 알게 되었던 것[得]뿐이었다[焉]. 건곤의[乾坤之] 뜻은[義] 하나라 시대와[夏時之] 같

았다[等]. 나는[吾] 여기서 건곤의 뜻을[是] 가지고[以] 하도(夏道)와 은도(殷道)를[之] 살폈다[觀].

여기서 건곤(乾坤)은 『주역(周易)』에 앞서 있었던 하(夏)의 『연산(連山)』과 은(殷)의 『귀장(歸藏)』 등을 상기(想起)하면 된다. 『예기(禮記)』「예운(禮運)」편(篇) 6단락(段落)

吾學殷禮(오학은례) 有宋存焉(유송존언)

▶내가[吾] 은(殷)나라 예를[殷禮] 처음으로 익히려고 했지만[學] 송나라의[宋] 존재가[存] 있을[有] 뿐이었다[焉].

나 오(吾), 익힐 학(學), 나라 이름 은(殷), 예악 례(禮), 있을 유(有), 나라 이름 송(宋), 있을 존(存), 조사(~뿐이다) 언(焉)

【읽기(讀)】

오학은례(吾學殷禮) 유송존언(有宋存焉)에서 오학은례(吾學殷禮)를 양보절로 여기고, 유송존언(有宋存焉)을 주절로 여겨 복문(複文)으로 문맥을 잡으면 된다. 〈오학은례(吾學殷禮)해도 유송존언(有宋存焉)뿐이다〉

오학은례(吾學殷禮)는 〈오학은대지례(吾學殷代之禮)〉에서 은대지례(殷代之禮)를 은례(殷禮)로 줄인 구문이다. 〈내가[吾] 은대의[殷代之] 예를[禮] 배우려 해도[學]〉를 〈내가[吾] 은례를[殷禮] 배우려 해도[學]〉로 줄인 것이다. 오학은례(吾學殷禮)에서 학(學)은 〈본받을 효(效), 깨우칠 각(覺) · 오(悟), 처음 익힐 습(習)〉 등과 같아 초습(初習)으로 여기고 〈처음으로 익힐 학(學)〉으로 새기면 된다.

유송존언(有宋存焉)의 유(有)를 〈있을 유(有)〉 자동사로 여기면 〈송나라[宋]가 존재함이[存] 있는 것[有]뿐이다[焉]〉로 옮기게 되고, 유(有)를 어조(語調)를 더하는 조사(助詞)로 여기면 〈겨우[有] 송나라가[宋] 존재하고 있는 것[存]뿐이다[焉]〉로 옮긴다. 어느 쪽이든 문의(文意)는 달라지지 않는다. 유송존언(有宋存焉)의 존(存)은 〈있을 재(在)〉와 같아 존재(存在)의 줄임말로 여기면 된다.

【풀이(繹)】

오학은례(吾學殷禮) 유송존언(有宋存焉)은 공자(孔子)께서 은(殷)나라의 예(禮)를 처음으로 익히기[學] 위해 송(宋)나라로 갔지만, 송(宋)나라에도 은(殷)나라 예

(禮)를 익힐 수 있는 증거(證據)가 부족했음을 짐작하게 한다. 유송존(有宋存), 이는 송(宋)나라가 은(殷)나라 후속(後屬)이라고 하지만, 송(宋)나라에도 역시 은례(殷禮)를 징험(徵驗)할 수 있는 증거(證據)가 부족했음을 에둘러 밝힌 말씀으로 들린다.

그러나 공자께서 〈오욕관은례(吾欲觀殷禮)〉라고 하지 않고 〈오학은례(吾學殷禮)〉라고 밝힌 점에 주목하게 된다. 왜냐하면 오학은례(吾學殷禮)의 학(學)을 통해, 은례(殷禮)가 하례(夏禮)를 거친 바로 다음 후대(後代)의 것이므로 공자께서 탕왕(湯王)의 은례(殷禮)를 학습(學習)하여 우왕(禹王)의 하례(夏禮)를 살필[觀] 수 있기를 바랐으리라는 추정(推定)이 가능해지기 때문이다. 그리고 그러한 관찰(觀察)을 통해 순(舜)의 우(虞)나라 예(禮)를 헤아릴(擬) 수 있을 것이며, 나아가 요(堯)의 당(唐)나라 예(禮)마저 의단(擬斷) 즉 헤아려[擬] 가늠해[斷] 볼 수 있지 않을까 하는 기대를 추론(推論)하게 하는 것이 오학은례(吾學殷禮)의 학(學)이다.

『대학(大學)』이 밝히는 자수(自修) 즉 스스로[自] 닦기[修]는 학습(學習)을 전제로 한다. 초습위지학(初習謂之學)이고 중습위지수(重習謂之修)인 까닭이다. 초습(初習) 없이는 중습(重習) 즉 거듭해[重] 익혀[習] 깨우쳐가기는 불가능하다. 그러나 **송(宋)나라에 가서 건곤(乾坤)의 뜻[義]이 하(夏)·은(隱)을 거쳐 송(宋)에 이르러서도 변함없음을 살펴 알 수 있었음을** 『예기(禮記)』「예운(禮運)」편(篇)에서 밝힌 점을 상기(想起)하면, 유송존언(有宋存焉)의 송존(宋存)이란 말씀의 속뜻을 살펴 새기고 헤아려 가늠하게 된다. 공자(孔子)의 당시(當時)와 비교적 가까웠던 은례(殷禮)를 초습(初習)하려고 했던 공자(孔子)의 소망(所望)을 가늠하게 하는 말씀이 〈오학은례(吾學殷禮) 유송존언(有宋存焉)〉이다.

註 "공자왈(孔子曰) …… 아욕관은도(我欲觀殷道) 시고지송이부족징야(是故之宋而不足徵也) 오득건곤언(吾得乾坤焉) 건곤지의(乾坤之義) 하시지등(夏時之等) 오이시관지(吾以是觀之)." 공자께서[孔子] 가로되[曰]: …… 나는[我] 은나라의 도리를[殷道] 살펴보고 싶었다[欲觀]. 그래서[是故] 송나라로[宋] 갔지만[之而], 증거가[徵] 부족했던 것[不足]이다[也]. (하지만) 나는[吾] 거기서 건곤을[乾坤] 알게 되었던 것[得]뿐이었다[焉]. 건곤의[乾坤之] 뜻은[義] 하나라 시대와[夏時之] 같았다[等]. 나는[吾] 여기서 건곤의 뜻을[是] 가지고[以] 하도(夏道)와 은도(殷道)를[之] 살폈다[觀].

『예기(禮記)』「예운(禮運)」편(篇) 6단락(段落)

註 유송존언(有宋存焉)의 송(宋)은 10~13세기 송나라(宋 : AD 960~1239)를 말하는 것이 아니고 공자 당시 춘추시대(春秋時代)의 송(宋)나라를 말한다. 요(堯)의 당(唐) 역시 7~10세기 당나라(唐 : 618~907) 나라를 말하는 것이 아니고 상고대(上古代)의 당(唐)을 말한다.

吾學周禮(오학주례) 今用之(금용지)

▶나는[吾] 주(周)나라 예(禮)를[周禮] 배우고 익혀[學] 지금[今] 주례(周禮)를[之] 쓰고 있다[用].

나 오(吾), 익힐 학(學), 나라 이름 주(周), 예악 례(禮), 이제 금(今), 쓸 용(用), 그것 지(之)

【읽기(讀)】

오학주례(吾學周禮)는 〈오학주대지례(吾學周代之禮)〉에서 주대지례(周代之禮)를 주례(周禮)로 줄인 구문이다. 오학주례(吾學周禮)에서 학(學)은 〈본받을 효(效) · 익힐 습(習)〉 등과 같아 학효(學效) · 학습(學習) 등의 줄임이다.

금용지(今用之)는 〈이금오용주례(而今吾用周禮)〉에서 접속사 노릇하는 〈그리고 이(而)〉와 〈나 오(吾)〉를 생략하고, 용(用)의 목적어 노릇하는 주례(周禮)를 지시대명사 노릇하는 〈그것 지(之)〉로 대신한 구문이다. 〈그리고[而] 지금[今] 나는[吾] 주나라의[周國之] 예를[禮] 사용하고 있다[用]〉 이를 〈지금[今] 주례를[周禮] 사용하고 있다[用]〉로 줄인 것이다. 금용지(今用之)에서 용(用)은 〈쓸 사(使)〉와 같아 사용(使用)의 줄임말로 여기면 된다.

【풀이(繹)】

오학주례(吾學周禮) 금용지(今用之)는 먼저 『예기(禮記)』 「중니연거(仲尼燕居)」편(篇)에 나오는 **이례주류무불편야(以禮周流無不徧也) · 급탈자인(給奪慈仁) · 부례소이제중야(夫禮所以制中也)** 등등은 공자께서 예자하야(禮者何也)라 자문(自問)하고 즉사지치야(卽事之治也)라 자답(自答)한 내용을 떠올리게 한다. 주류(周流) 즉 두루두루[周] 걸림 없이 써도[流] 두루 하지 않음[不徧]이 없게 함이 예(禮)이다. 그러나 예(禮)에 알맞지 않으면[不中] 번지르르하게 말만 앞세워[給] 어짊과[仁] 사랑을[慈] 빼앗기도 하고[奪], 반대로 제중(制中) 즉 인사(人事)를 중정(中正)하게 하여 마땅하게 절제하게(制) 하는 것도 예(禮)이다. 인간사(人間事)를 다스림[治]이 곧 예(禮)라고 공자(孔子)께서 밝히는 예(禮)는 곧 주례(周禮)의 예(禮) 바로 그것이다. 물론 공자(孔子)는 『예기(禮記)』「예기(禮器)」편(篇)에서 **삼대지례일야(三代之禮一也)** 라고 말했지만, 주례(周禮)를 본받아[效] 익힐[習] 수 있는 징험(徵驗)의 증거(證據)가 충분했기 때문이다. 주례(周禮)를 통해 거슬러 올라가 하대(夏代) · 은대(殷代)의 예(禮)를 가늠할 수 있었던 셈이며, 공자(孔子)가 쓰고 있는 예(禮)가 주(周)나라 예(禮)임을 분명히 밝힌 말씀이 〈오학주례(吾學周禮) 금용지(今用之)〉이다.

註 "중니연거(仲尼燕居) 자장자공언유시(子張子貢言游侍) 종언지어례(縱言至於禮) 자왈거삼인자(子曰居三人者) 오오여례(吾語女禮) 사여이례주류무불편야(使女以禮周流無不徧也)." 공자께서[仲尼] 한가로워 무사했을 때[燕居] 자장(子張) 자공(子貢) 언유(言游) 세 제자가 {공자(孔子)를} 모시고 있었다[侍]. 이런저런 이야기를 나누다가[縱言] 예에[於禮] 이르게 되자[至] 공자께서[子] 가로되[曰]: 자[居] 세 사람인[三人者] 너희에게[女] 내가[吾] 예를[禮] 말해주마[語]. {예(禮)란 것은} 너희들로[女] 하여금[使] 두루두루[周] 걸림 없이 써도[流] 두루 하지 않음이[不徧] 없게 하는 것[無]이다[也].

자장(子張)·자공(子貢)·언유(言游)는 공자(孔子)의 제자이다. 언유(言游)는 자유(子游)를 말한다. 『예기(禮記)』「중니연거(仲尼燕居)」편(篇) 1단락(段落)

註 "자왈(子曰) 경이부중례위지야(敬而不中禮謂之野) 공이부중례위지급(恭而不中禮謂之給) 용이부중례위지역(勇而不中禮謂之逆) 자왈(子曰) 급탈자인(給奪慈仁)." 공자께서[子] 가로되[曰]: 삼가더라도[敬而] 예와[禮] 맞지 않는[不中] 그것을[之] 야함이라[野] 하고[謂], 공손하되[恭而] 예와[禮] 맞지 않는[不中] 그것을[之] 번지르르하게 말함이라[給]하고[謂], 용감하되[勇而] 예와[禮] 맞지 않는[不中] 그것을[之] 어김이라[逆] 한다[謂]. 공자께서[子] 가로되[曰]: {예(禮)와 알맞지 못하다면[不中]} 번지르르하게 말만 앞세워[給] 어짊과[仁] 사랑을[慈] 빼앗기도 한다[奪].

부중(不中)의 중(中)은 〈맞을 적(的)〉과 같아 적중(的中)을 뜻하고, 급(給)은 마음으로 예(禮)를 지키지 않으면서 겉으로(입으로)만 번지르르하게 예(禮)를 지키는 척함을 뜻한다.

『예기(禮記)』「중니연거(仲尼燕居)」편(篇) 2단락(段落)

註 "자왈(子曰) 예호례(禮乎禮) 부례소이제중야(夫禮所以制中也)." 공자께서[子] 가로되[曰]: 예는[禮] 예이로다[乎禮]. 무릇[夫] 예를[禮] 가지고[以] 중정으로[中] 걸맞게 하는[制] 것[所]이다[也].

제중(制中)은 인간사(人間事)를 알맞게 하도록 중정(中正) 즉 무사(無私)함으로 돌아가게 함이다. 『예기(禮記)』「중니연거(仲尼燕居)」편(篇) 3단락(段落)

註 "삼대지례일야(三代之禮一也) 민공유지(民共由之) 혹소혹청(或素或青) 하조은인(夏造殷

因).” 하은주의[三代之] 예는[禮] 하나[一]이다[也]. 백성이[民] 다 같이[共] 그 예(禮)를[之] 써왔다[由]. 혹[或] 희기도 하고[素] 혹[或] 파랗기도 했지만[青], 하나라가[夏] {예(禮)를} 지었고[造] 은나라가[殷] 따랐다[因].

혹소혹청(或素或青)은 조금씩 다르기도 하다는 뜻이다.

『예기(禮記)』「예기(禮器)」편(篇) 3단락(段落)

吾從周(오종주)

▶ 나는[吾] 주나라를[周] 따르고 있다[從].

나 오(吾), 따를 종(從), 나라 이름 주(周)

【읽기(讀)】

오종주(吾從周)는 〈오종주대지례악문물(吾從周代之禮樂文物)〉의 줄임으로 여기면 문의(文意)가 분명해진다. 〈나는[吾] 주대의[周代之] 예악문물을[禮樂文物] 따른다[從]〉 오종주(吾從周)에서 종(從)은 여기선 〈따를 순(順)〉과 같아 순종(順從)의 줄임이다.

【풀이(繹)】

오종주(吾從周)는 유가(儒家)가 이룩한 유교(儒教)의 시원(始原)을 연상(聯想)시킨다. 유교(儒教)를 일컬어 주공지교(周孔之教)라고도 한다. 주(周)나라 주공(周公)과 공자(孔子)의 가르침[教]이 곧 유교(儒教)라는 말이다. 공자(孔子)께서 오종주(吾從周)라고 주(周)나라의 예악문물(禮樂文物)을 따르겠다[從]고 단언(斷言)한 셈이다. 『논어(論語)』「팔일(八佾)」편(篇)에도 **오종주(吾從周)**란 말씀이 그대로 나온다. 왜 주(周)나라의 것을 따른다[從]고 하는가? **주감어이대(周監於二代)**이기 때문임을 분명히 하고 있다. 주(周)나라가 예악문물(禮樂文物)을 독자적으로 만든 것이 아니라 이대(二代) 즉 하(夏) · 은(殷)으로부터 내려온 예악문물(禮樂文物)을 살펴 본받아[監] 주(周)나라의 예악문물(禮樂文物)을 다듬어 이루었음을 공자(孔子)는 우러러본 것이다.

이는 **온고이지신(溫故而知新)·술이부작(述而不作)**이 공자(孔子)께서 넓혀 물려준 도문학(道問學)의 정신(精神)임을 밝혀주고 있다. 종주(從周)한다고 하여 그냥 그대로 본뜨는[模] 것은 아니다. 술(述)이란 〈식례악지문(識禮樂之文)〉의 순(循)을 한 자(字)로 뜻함이다. 예악문물(禮樂文物)을 알아서[識] 그 지식(知識)을 좇겠다[循]는 뜻을 술이부작(述而不作)의 술(述)이 간직하고, 그 순술(循述)의 지식(知識)이 법어(法語)일지라도 그것을 시대(時代)에 맞춰 고침[改]이 더 귀중함(貴)을 술이부작(述而不作)의 작(作)이 묵시(黙示)해준다. 여기서 술이부작(述而不作)의 부작(不作)은 부작(否作) 즉 작(作)의 부정(否定)을 뜻하지는 않는다. 술이부작(述而不作)은 〈술이개작(述而改作)〉으로 풀이될 수 있으니, 오종주(吾從周)의 종(從)은 주(周)나라 예악지문(禮樂之文)을 술(述)하되 개작(改作)하여 따른다는 뜻으로 관완(觀玩)하여 의단(擬斷)할 수 있다.

예악지문(禮樂之文)의 문(文)은 제도(制度)를 뜻한다. 여기서 술이부작(述而不作)이 주(周)나라 주공(周公)이 창제(創制)한 예악(禮樂)의 문(文) 즉 제도(制度)를 살펴[觀] 식별(識別)한 뒤에야 예법(禮法) 즉 예의(禮儀)·법도(法度)를 새롭게 가르쳤음[訓]을 알 수 있다. 주공(周公)은 주(周)나라의 관제(官制)를 개정했고 주례(周禮)와 주지문물(周之文物)을 창제(創制)한 까닭에 유가(儒家)에서는 성인(聖人)으로 받든다. 공자께서 밝힌 **술이부작(述而不作)·신이호고(信而好古)**를 〈술주공지예법(述周公之禮法) 이오부작예법(而吾不作禮法) 오신기예법(吾信其禮法) 이오호기고(而吾好其古)하여 춘추시대(春秋時代)에 알맞게 개선(改善)했다〉고 여겨도 될 것이다. 사물(事物)의 바른 뜻[義]을 훈(訓)함이 곧 술(述)이니, 예악제도(禮樂制度)의 의(義)를 공자(孔子)께서 자의(恣意)로 풀이한 것이 아니라 온고(溫故) 즉 옛 것[故]을 지극하게 살펴[溫] 새 것[新]을 알림[知] 또한 주공(周公)의 예법(禮法)을 온(溫)한 다음 다시 개작(改作)하여 그 새로움[新]을 알리게[知] 할 것임을 밝힌 말씀이 〈오종주(吾從周)〉이다.

註 "주감어이대(周監於二代) 욱욱호문재(郁郁乎文哉) 오종주(吾從周)." 주나라는[周] {하(夏)나라·은(殷)나라의} 이대를[於二代] 살펴 본떠[監] 문물제도가[文哉] 빛나고 빛나도다[郁郁乎]! 나는[吾] 주를[周] 따른다[從]. 『논어(論語)』「팔일(八佾)」편(篇) 14장(章)

註 "온고이지신(溫故而知新) 가이위사의(可以爲師矣)." 옛 것을[故] 충분히 알고[溫而] 새 것을[新] 앎[知]으로써[以] 스승이[師] 될 수 있는 것[可爲]이다[矣]. 『논어(論語)』「위정(爲政)」편(篇) 11장(章)

註 "자왈(子曰) 술이부작(述而不作) 신이호고(信而好古) 절비어아노팽(竊比於我老彭)." 공자께서[子] 가로되[曰]: 전해온 바를 풀이했지[述而] (내 마음대로) 짓지 않았다[不作]. 옛 것을[古] 믿고[信而] 좋아한다[好]. (이런 점만은) 나는[竊] 나와[於我] 노팽을[老彭] 견주겠다[比].

『논어(論語)』「술이(述而)」편(篇) 1장(章)

註 "법어지언(法語之言) 능무종호(能無從乎) 개지위귀(改之爲貴) 손여지언(巽與之言) 능무열호(能無說乎) 역지위귀(繹之爲貴) 열이불역(說而不繹) 종이불개(從而不改) 오미여지하야이의(吾未如之何也已矣)." 올바른[法語之] 말씀을[言] 따르지[從] 않을 수 있을 것[能無]인가[乎]? (그러나) 그 말씀을[之] 고쳐봄이[改] 귀중한 것[貴]이다[爲]. 타이르는[巽與之] 말씀을[言] 좋아하지[說] 않을 수 있을 것[能無]인가[乎]? (그러나) 그 말씀을[之] 새로 풀이함이[繹] 귀중한 것[貴]이다[爲]. 좋아만 하면서[說而] 새로 풀이해보지 않고[不繹] 좋아 따르면서[從而] 고쳐보려고 하지 않는다면[不改], 나도[吾] 어찌 해볼 수 없는 것[未如之何]뿐이다[也已矣].

『논어(論語)』「자한(子罕)」편(篇) 23장(章)

지천(知天)과 지인(知人)

네 단락(段落)으로 이루어진 29장(章)은 앞 장(章)에 이어서 군자(君子)의 도(道)를 거듭 밝히고 있다. 수기(修己)로써 덕(德)을 닦아[修] 세상을 다스릴 수 있는 사람이 군자(君子)이다. 군자(君子)는 본저신(本諸身)하여 징저민(徵諸民)하고 나아가 고저삼왕(考諸三王)하니, 군자(君子)의 도(道)를 세워 덕치(德治)의 바탕을 삼고자 지천(知天)하고 지인(知人)해야 한다. 이런 까닭으로 군자(君子)의 도(道)는 성인(聖人)의 도(道)를 본받고[法] 이어가며[傳受], 나아가 중용지도(中庸之道)로 갖추어짐을 살펴 새기고 헤아려 깨우치게 하는 장(章)이다.

【1단락(段落) 전문(全文)】

王天下有三重焉이니 其寡過矣乎로다 上焉者는 雖善해도
왕 천 하 유 삼 중 언 　 기 과 과 의 호 　 상 언 자 　 수 선

無徵이니 無徵이면 不信하고 不信하면 民弗從한다 下焉者는
무 징 　 무 징 　 불 신 　 불 신 　 민 불 종 　 하 언 자

雖善不尊이니 不尊하면 不信하고 不信하면 民弗從한다
수 선 부 존 　 부 존 　 불 신 　 불 신 　 민 불 종

세상을 다스림에는 세 가지 귀중한 것이 있다. 그 세 가지가 허물을 줄여줄 것인저! 비록 훌륭하다 해도 윗대의 것에는 증거가 없다. 증거가 없으면 믿지 않는다. 믿지 않으면 백성은 (믿지 않는 것을) 따르지 않는다. 아래의 것은 비록 잘한다 해도 존고하지 못하다. 존고하지 않으면 믿지 않는다. 존고하지 않으면 백성은 따르지 않는다.

王天下有三重焉(왕천하유삼중언)

▶세상을[天下] 다스림에는[王] 세 가지[三] 귀중한 것이[重] 있는 것[有]이다[焉].

다스릴 왕(王), 하늘 천(天), 아래 하(下), 있을 유(有), 세 가지 삼(三),
중요할 중(重), 조사(~이다) 언(焉)

【읽기(讀)】

왕천하유삼중언(王天下有三重焉)에서 왕천하(王天下)는 유(有)를 꾸며주는 부사구 노릇하고, 유(有)는 자동사로 〈있을 유(有)〉이며, 삼중(三重)은 유(有)의 주어 노릇하고, 언(焉)은 조사(助詞: ~뿐이다)로 종결어미 노릇한다. 〈왕천하에[王天下] 삼중이[三重] 있는 것[有]뿐이다[焉]〉

왕천하유삼중언(王天下有三重焉)의 왕(王)은 〈임금 노릇할 왕(王)〉으로 〈다스릴 치(治)〉와 같아 왕치(王治)의 줄임말로 여기면 되고, 중(重)은 〈소중할 귀(貴)〉와 같아 귀중(貴重)의 줄임말로 새기면 된다.

【풀이(繹)】

왕천하유삼중언(王天下有三重焉)은 치세(治世) 즉 세상을 다스림[治]에 세 가지 귀중(貴重)한 치도(治道)가 있음을 살펴 새기고 헤아려 가늠하게 한다. 그 삼중(三重)의 치도(治道)란 앞서 살핀 〈비천자(非天子) 불의례(不議禮)〉의 의례(議禮)와 〈비천자(非天子) 부제도(不制度)〉의 제도(制度) 그리고 〈비천자(非天子) 불고문(不考文)〉의 고문(考文)을 말한다. 의례(議禮) · 제도(制度) · 고문(考文)을 떠나서 왕치(王治)는 제대로 이루어질 수 없기 때문에 이 셋은 귀중(貴重)한 치도(治道) 즉 다스림[治]의 이치[理]도 되고, 가르침[教]도 되고, 방편[方]도 된다. 이 세 가지 치도(治道)는 곧 군자(君子)를 치자(治者)가 되게 하는 것이다. 군자(君子)는 수덕(修德) 즉 덕(德)을 닦는[修] 자(者)이므로 백성(百姓)을 다스릴 수 있는 치자(治者)가 될 수 있다. 수덕(修德)이란 끊임없이 덕(德)을 익힘[習]을 말한다. 군자(君子)는 덕(德)을 닦는 중습자(重習者)라야 치세(治世)의 치인(治人)이 될 수 있는 것이다.

왕천하(王天下)는 성왕(聖王)의 치세(治世)를 말하고, 성왕(聖王)이란 성인(聖人)을 지성(至誠)으로 본받아 군자(君子)의 도(道)를 다해서 왕(王) 노릇하는 치자(治者)를 일컫는다. 그러므로 왕천하(王天下)는 『맹자(孟子)』「공손추장구(公孫丑章句) 상(上)」편(篇)에 나오는 **행인정이왕(行仁政而王) 막지능어야(莫之能禦也)**란 말씀을 떠올려준다. 인정(仁政)을 베풀어서[行仁] 다스린다면[王] 그 다스림을 막을 수 있는 것이란 하나도 없다. 이러한 행인정이왕(行仁政而王)의 치세(治世)를 가능하게 하는 의례(儀禮) · 제도(制度) · 고문(考文)을 거듭해 살펴 새기고 헤아려 가늠하게 하는 말씀이 〈왕천하유삼중언(王天下有三重焉)〉이다.

註 "지불개벽의(地不改辟矣) 민불개취의(民不改聚矣) 행인정이왕(行仁政而王) 막지능어야(莫之能禦也)." 땅을[地] 다시[改] 넓힐 것도[辟] 없는 것[不]이고[矣], 백성을[民] 다시[改] 모을 것도[聚] 없는 것[不]이다[矣]. 어진[仁] 정치를[政] 베풀어[行而] 왕 노릇하면[王] 그 다스림을[之] 막을 수 있는 것은[能禦] 없는 것[莫]이다[也].

벽(辟)은 여기선 〈넓힐 벽(闢)〉과 같다.

『맹자(孟子)』「공손추장구(公孫丑章句) 상(上)」편(篇) 1장(章)

其寡過矣乎(기과과의호)

▶ 그 세 가지가[其] 허물을[過] 줄여줄 것[寡]인저[矣乎]!

그 기(其), 줄일 과(寡), 허물 과(過), 조사(~이다) 의(矣), 조사(~인저) 호(乎)

【읽기(讀)】

기과과의호(其寡過矣乎)는 〈기삼중과과의(其三重寡過矣)〉에서 삼중(三重)을 생략하고, 조사(助詞) 노릇하는 〈~이다 의(矣)〉에 조사(助詞) 〈~인저 호(乎)〉를 붙여 어조(語調)를 더한 구문이다. 〈그[其] 세 가지[三] 귀중한 것은[重] 허물을[過] 줄이는 것[寡]이다[矣]〉 이를 〈그 세 가지가[其] 허물을[過] 줄여줄 것[寡]인저[矣乎]!〉로 바꾼 것이다.

【풀이(繹)】

기과과의호(其寡過矣乎)는 의례(議禮)·제도(制度)·고문(考文)의 삼중(三重)이 군자(君子)로 하여금 더욱더 수덕(修德)하게 함을 살펴 새기고 헤아려 가늠하게 한다. 군자(君子)는 치세(治世)의 세 가지 귀중한 것[三重]으로 어질게 다스리고자 끊임없이 덕(德)을 닦는다. 그래서 군자(君子)를 **박문강지이양(博聞强識而讓)**하고 **돈선행불태(敦善行不怠)**한다고 하는 것이다. 의례(議禮)·제도(制度)·고문(考文)의 삼중(三重)을 널리 물어[博聞] 잊지 않고 오래오래 열심히 기억하면서도[强識] 겸양(謙讓)하고 선(善)을 행(行)하기를 돈독히 함[敦]을 게을리하지 않는[不怠] 자가 곧 군자(君子)이다. 그러므로 군자(君子)의 허물[過]이란 박문(博聞)을 게을리함이고, 강지(强識)를 게을리함이며, 나아가 선행(善行)을 게을리함이다. 이는 곧 수덕(修德)을 게을리함이다. 이러한 게으름[怠]이야말로 군자(君子)의 허물[過]로 드러나고 만다. 의례(議禮)·제도(制度)·고문(考文)의 삼중(三重)으로 군자(君子)가 박문(博聞)하고 강지(强識)하고 선행(善行)을 돈독히[敦] 함으로써 허물[過]을 줄일[寡] 수 있음을 밝힌 말씀이 〈기과과의호(其寡過矣乎)〉이다.

註 의례(議禮)는 예(禮)를 논의(論議)하여 개선(改善)할 수 있음을 뜻하고, 제도(制度)는 법도(法度)를 논의(論議)하여 개선(改善)해갈 수 있음을 뜻하며, 고문(考文)은 문자(文字)를 고정(考

正)하여 고정(考定)함을 뜻한다.

註 "박문강지이양(博聞强識而讓) 돈선행불태(敦善行不怠) 위지군자(謂之君子)." 널리[搏] 묻고[聞] 오래오래 열심히[强] 기억하면서도[識而] 나서지 않고[讓] 선행을[善行] 돈독히 하기를[敦] 게을리하지 않는[不怠] 그이를[之] 군자라[君子] 한다[謂].

『예기(禮記)』「곡례(曲禮) 상(上)」편(篇) 50단락(段落)

上焉者雖善無徵(상언자수선무징)

▶비록[雖] 훌륭하다 해도[善] 윗대의[上焉] 것에는[者] 증거가[徵] 없다[無].

위 상(上), 조사(~의) 언(焉), 것 자(者), 비록 수(雖), 훌륭할 선(善), 없을 무(無), 징험될 징(徵)

【읽기(讀)】

상언자수선무징(上焉者雖善無徵)은 〈수상언자선(雖上焉者善) 상언자무징(上焉者無徵)〉에서 되풀이되는 상언자(上焉者) 한쪽을 생략하고, 남은 상언자(上焉者)를 강조하고자 전치(前置)한 구문이다. 〈비록[雖] 상언자가[上焉者] 선하다 해도[善] 상언자에는[上焉者] 징험됨이[徵] 없다[無]〉 이를 〈비록[雖] 선하다 해도[善] 상언자에는[上焉者] 징험됨이[徵] 없다[無]〉로 줄인 것이다.

상언자(上焉者)에서 상(上)은 상대(上代)의 줄임말로 〈윗대 상(上)〉이고, 언(焉)은 발어사(發語詞)이며, 자(者)는 지례의(之禮儀)를 나타낸 것으로, 상언자(上焉者)를 상대지례의(上代之禮儀)로 여기고 〈윗대의[上代之] 예의(禮儀)〉라고 옮긴다.

수선무징(雖善無徵)에서 수(雖)는 발어사(發語詞) 노릇하는 〈비록 유(惟)〉와 같고, 선(善)은 〈훌륭할 량(良)〉과 같아 선량(善良)의 줄임이고, 무(無)는 〈없을 불(不)〉과 같고, 징(徵)은 〈증거할 증(證)〉과 같다.

【풀이(繹)】

상언자수선무징(上焉者雖善無徵)은 하(夏)·은대(殷代)의 예(禮)를 실증(實證)할 수 없음을 밝히고 있다. 여기서 상언자(上焉者)의 상(上)은 『논어(論語)』「팔일(八佾)」편(篇)에 나오는 주감어이대(周監於二代)의 이대(二代)를 말하는 것으로, 하대(夏代)와 은대(殷代)를 의미한다. 그 이대(二代)의 예(禮)와 제도(制度)와 문자(文字)가 훌륭했다고 하더라도 확인할 수 있는 증거가 남아 있지 않으니 이대(二代)의 예법(禮法)을 증명(證明)할 수 없음을 밝힌 말씀이 〈상언자수선무징(上焉者雖善無徵)〉이다.

註 "주감어이대(周監於二代) 욱욱호문재(郁郁乎文哉) 오종주(吾從周)." 주나라는[周] {하(夏)나라·은(殷)나라의} 이대를[於二代] 살펴 본떠[監] 문물제도가[文哉] 빛나고 빛나도다[郁郁乎]! 나는[吾] 주를[周] 따른다[從].

『논어(論語)』「팔일(八佾)」편(篇) 14장(章)

無徵不信(무징불신)

▶ 증거가[徵] 없으면[無] 믿지 않는다[不信].

없을 무(無), 징험될 징(徵), 아니 불(不), 믿을 신(信)

【읽기(讀)】

무징불신(無徵不信)에서 무징(無徵)을 조건의 부사절로 여기고, 불신(不信)을 주절로 여기면, 〈무징(無徵)하면 불신(不信)한다〉고 문맥이 잡힌다. 무징불신(無徵不信)은 〈하사무징(何事無徵) 민불실기사(民不信其事)〉에서 하사(何事)와 일반 주어 노릇할 민(民)과 목적어 노릇할 기사(其事) 등을 생략한 구문이다. 〈어떤[何] 일에[事] 증거가[徵] 없으면[無] 백성은[民] 그 일을[其事] 믿지 않는다[不信]〉 이를 〈증거가[徵] 없으면[無] 믿지 않는다[不信]〉로 줄인 것이다.

무징불신(無徵不信)에서 무(無)는 자동사로 〈없을 불(不)〉과 같고, 징(徵)은 〈증거할 증(證)〉과 같고, 신(信)은 〈믿을 충(忠)〉과 같다.

【풀이(繹)】

무징불신(無徵不信)은 징(徵)이란 어떤 것을 믿게 하는 것임을 살펴 새기고 헤아려 가늠하게 한다. 징(徵)이란 구(求)하게 하고 응(應)하게 하며 본받게[效] 하여 상서롭게[祥] 함이다. 어떤 일이 증명(證明)되고 증험(證驗)되었다고 함은 누구나 그 일을 추구(追咎)하고 순응(順應)하며 효법(效法)하여 따르게[從] 됨이니, 그 일이 믿음[信]을 주기 때문이다. 그러므로 의례(議禮)와 제도(制度) 그리고 고문(考

文)은 무엇보다 먼저 증거(證據)를 지니고 증명(證明)되어야 함을 살펴 새기고 헤아려 가늠하게 하는 말씀이 〈무징불신(無徵不信)〉이다.

不信民弗從(불신민불종)

▶ 믿지 않으면[不信] 백성은[民] (믿지 않는 것을) 따르지 않는다[弗從].

아닐 불(不), 믿을 신(信), 백성 민(民), 아니할 불(弗), 따를 종(從)

【읽기(讀)】

불신민불종(不信民弗從)에서 불신(不信)을 조건의 부사절로 여기고, 민불종(民不從)을 주절로 여겨 〈불신(不信)하면 민(民)은 불종(不從)한다〉고 문맥을 잡는다.

불신(不信)은 〈민불신문물(民不信文物)〉에서 주어 노릇할 민(民)과 목적어 노릇할 문물(文物)을 생략한 구문이다. 〈백성이[民] 문물을[文物] 믿지 않는다[不信]〉 이를 〈믿지 않는다[不信]〉로 줄인 것이다.

민불종(民弗從)은 〈민불종기문물(民弗從其文物)〉에서 종(從)의 목적어 노릇할 기문물(其文物)을 생략한 구문이다. 〈백성이[民] 그[其] 문물을[文物] 따르지 않는다[不從]〉 이를 〈백성이[民] 따르지 않는다[不從]〉로 줄인 것이다.

불신민불종(不信民弗從)에서 신(信)은 〈믿을 충(忠)〉과 같고, 불(弗)은 〈않을 불(不)〉과 같고, 종(從)은 〈따를 순(順)〉과 같아 순종(順從)의 줄임말로 여기면 된다.

【풀이(繹)】

불신민불종(不信民弗從)은 백성[民]의 심복(心服)을 살펴 새기고 헤아려 가늠하게 한다. 백성은 스스로 믿는 것을 따르고, 믿지 못할 것은 따르지 않는다. 왕자(王者)의 문물(文物)이라면 백성은 순종(順從)하지만, 패자(霸者)의 문물(文物)이라면 믿지 않고, 따라서 그것을 불종(不從)한다. 그래서 불신민불종(不信民弗從)이 『맹자(孟子)』「공손추장구(公孫丑章句) 상(上)」편(篇)에 나오는 **이력복인자**(以力服人者)와 **이덕복인자**(以德服人者)를 떠올리게 하는 것이다. 이력(以力) 즉 힘으로[以力] 굴종(屈從)하게 하는 것이면 힘이 없어서 억지로 따를 뿐이지 그것을 백성은 믿지 않는다. 그러나 이덕(以德) 즉 덕으로[以德] 복종(服從)하게 하는 것이면 성신(誠

信) 즉 진실로[誠] 믿고[信] 성복(誠服) 즉 진실로[誠] 따름[服]을 깊이 살펴 새기고 헤아려 가늠하게 하는 말씀이 〈불신민불종(不信民弗從)〉이다.

註 "이력복인자(以力服人者) 비심복야(非心服也) 역불섬야(力不贍也) 이덕복인자(以德服人者) 중심열이성복야(中心悅而誠服也) 여칠십자지복공자야(如七十子之服孔子也)." 힘으로[以力] 사람을[人] 복종시키는[服] 것은[者] 마음으로[心] 복종함이[服] 아닌 것[非]이고[也], 힘이[力] 모자라서인 것[不贍]이다[也]. 덕으로[以德] 사람을[人] 복종시키는[服] 것은[者] 마음 속으로[心中] 즐거워서[悅而] 진실로[誠] 복종하는 것[服]이다[也]. 칠십의 제자가[七十子之] 공자에게[孔子] 복종함과[服] 같은 것[如]이다[也].

『맹자(孟子)』「공손추장구(公孫丑章句) 상(上)」편(篇) 3장(章)

下焉者雖善不尊(하언자수선부존)

▶아래의[下焉] 것은[者] 비록[雖] 잘한다 해도[善] 존고하지 못하다[不尊].

아래 하(下), 조사(~의) 언(焉), 것(사람) 자(者), 비록 수(雖), 잘할 선(善), 아닐 부(不), 존귀할 존(尊)

【읽기(讀)】

하언자수선부존(下焉者雖善不尊)은 〈수하언자선(雖下焉者善) 하언자부존(下焉者不尊)〉에서 되풀이되는 하언자(下焉者) 한쪽을 생략하고, 남은 하언자(下焉者)를 강조하고자 전치(前置)한 구문이다. 〈비록[雖] 하언자가[下焉者] 선하다 해도[善] 하언자는[下焉者] 존귀하지 않다[不尊]〉 이를 〈비록[雖] 선하다 해도[善] 하언자는[下焉者] 존귀하지 않다[不尊]〉로 줄인 것이다.

하언자(下焉者)에서 하(下)는 하위(下位)의 줄임말로 〈아래 하(下)〉이고, 언(焉)은 여기선 발어사(發語詞)로서 뜻이 없으며, 자(者)는 지인(之人)을 한 자(字)로 나타낸 것이므로, 하언자(下焉者)를 하위지인(下位之人)으로 여기고 〈아랫자리의[下位之] 사람[人]〉으로 옮긴다.

수선부존(雖善不尊)에서 수(雖)는 발어사(發語詞) 노릇하는 〈비록 유(惟)〉와 같고, 선(善)은 〈훌륭할 량(良)〉과 같아 선량(善良)의 줄임이고, 부(不)는 〈아닐 비

(非)〉와 같으며, 존(尊)은 존자(尊者) 즉 〈존귀한[尊] 사람[者]〉으로 새기면 된다.

【풀이(繹)】

하언자수선부존(下焉者雖善不尊)은『중용(中庸)』을 지은 자사(子思)가 공자(孔子)를 일컫는 말이다. 하언자수선부존(下焉者雖善不尊)에서 하언자(下焉者)는 공자(孔子)를 일컫고, 수선(雖善)은 공자(孔子)께서 주(周)나라에서 예법(禮法)을 창제(創制)한 주공(周公)과 다를 바 없음을 나타낸 말이다. 그리고 부존(不尊)은 공자(孔子)께서 천자(天子)의 위(位)에 있지 않았기 때문에 의례(議禮)하지 못한 것이고, 제도(制度)하지 못한 것이며, 고문(考文)하지 못한 것임을 뜻한다. 부존(不尊)의 존(尊)은 존자(尊者)의 줄임이고, 여기서 존자(尊者)는 의례(議禮) · 제도(制度) · 고문(考文)할 수 있는 천자(天子)를 말한다. 공자(孔子)께서 의례(議禮) · 제도(制度) · 고문(考文)할 수 있는 성인(聖人)으로서 유덕자(有德者)였지만, 부존(不尊)이었기 때문에 그렇게 하지 못해 종주(從周) 즉 주(周)나라 주공(周公)을 따랐음[從]을 밝힌 말씀이 〈하언자수선부존(下焉者雖善不尊)〉이다.

不尊不信(부존불신)

▶ 존고하지 않으면[不尊] 믿지 않는다[不信].

아닐 부(不), 고존할 존(尊), 믿을 신(信)

【읽기(讀)】

부존불신(不尊不信)은 부존(不尊)을 조건의 부사절로 여기고, 불신(不信)을 주절로 여겨 〈부존(不尊)하면 불신(不信)한다〉고 문맥을 잡으면 된다. 부존불신(不尊不信)은 〈기인부존(其人不尊) 민불신기인(民不信其人)〉에서 기인(其人)과 민(民) 그리고 목적어 노릇할 기인(其人) 등을 생략한 구문이다. 〈그[其] 사람이[人] 존귀하지 않으면[不尊] 백성은[民] 그 사람을[其人] 믿지 않는다[不信]〉 이를 〈존귀하지 않으면[不尊] 믿지 않는다[不信]〉로 줄인 것이다.

부존불신(不尊不信)에서 존(尊)은 〈높을 고(高)〉와 같아 고존(高尊)의 줄임이고, 신(信)은 〈믿을 충(忠)〉과 같다.

【풀이(繹)】

부존불신(不尊不信)은 천지(天地)를 본받아 이덕(以德) 즉 덕(德)으로[以] 인정(仁政)을 베푸는 천자(天子)가 아니면 백성은 치세(治世)와 치자(治者)를 믿지 않음을 살펴 새기고 헤아려 가늠하게 한다. 부존불신(不尊不信)의 존(尊)은 천존지비(天尊地卑)의 존(尊)이다. 천존(天尊)은 천고(天高)이니, 여기서 부존(不尊)은 비천자(非天子)를 말한다. 본래 천자(天子)란 종천(從天)하고 종지(從地)하는 치자(治者)이기 때문에 천명(天命)을 통하게 하는 유덕자(有德者) 즉 덕(德)을 갖춘[有] 자(者)이다. 그러므로 유덕자(有德者)로서 천자(天子)가 아니면 백성은 믿지도 않고 따르지도 않음을 나타낸 말씀이 〈부존불신(不尊不信)〉이다.

不信民弗從(불신민불종)

▶ 믿지 않으면[不信] 백성은[民] 따르지 않는다[弗從].

아닐 불(不), 믿을 신(信), 백성 민(民), 아니할 불(弗), 따를 종(從)

【읽기(讀)】

불신민불종(不信民弗從)에서 불신(不信)을 조건의 부사절로 여기고, 민불종(民不從)을 주절로 여겨 〈불신(不信)하면 민(民)은 불종(不從)한다〉고 문맥을 잡는다.

불신(不信)은 〈민불신문물(民不信文物)〉에서 주어 노릇할 민(民)과 목적어 노릇할 문물(文物)을 생략한 구문이다. 〈백성이[民] 문물을[文物] 믿지 않는다[不信]〉 이를 〈믿지 않는다[不信]〉로 줄인 것이다.

민불종(民弗從)은 〈민불종기인(民弗從其人)〉에서 종(從)의 목적어 노릇할 기인(其人)을 생략한 구문이다. 〈백성이[民] 그[其] 사람을[人] 따르지 않는다[不從]〉 이를 〈백성이[民] 따르지 않는다[不從]〉로 줄인 것이다.

불신민불종(不信民弗從)에서 신(信)은 〈믿을 충(忠)〉과 같고, 불(弗)은 〈않을 불(不)〉과 같고, 종(從)은 〈따를 순(順)〉과 같아 순종(順從)의 줄임말로 여기면 된다.

【풀이(繹)】

불신민불종(不信民弗從)은 유덕자(有德者)이며 성인(聖人)으로서 천자(天子)가 아니면 백성은 믿고 따르지 않음을 살펴 새기고 헤아려 가늠하게 한다. 불신(不信)한다면 불명어천지(不明於天地) 즉 천지에[於天地] 밝지 못한[不明] 것이다. 명어천지(明於天地) 즉 천지(天地)에 밝다[明]고 함은 무사(無私) · 무욕(無欲) · 무아(無我)로 치세(治世)하는 치인(治人)이 될 수 있음이다. 그러므로 불신민불종(不信民弗從)의 불신(不信)이란 덕(德)으로 어진 정사를 베푸는 천자(天子)가 아님을 뜻하고, 인정(仁政)을 베풀지 못하는 치자(治者)의 예악문물(禮樂文物)이라면 백성은 믿고[信] 따르지[從] 않음을 밝힌 말씀이 〈불신민불종(不信民弗從)〉이다.

【2단락(段落) 전문(全文)】

故 君子之道는 本諸身하여 徵諸庶民하고 考諸三王而不謬하며 建諸天地而不悖하고 質諸鬼神而無疑하고 百世以俟聖人而不惑한다
고 군자지도 본저신 징저서민 고저삼왕이불류 건저천지이불패 질저귀신이무의 백세이사성인이불혹

그러므로 군자의 도(道) 그것을 자신에게 근본으로 삼고 그 도(道)를 백성에게 징험하며 삼왕과 그 도(道)를 고찰해도 어긋나지 않으며, 천지에 그 도(道)를 세워서 {그 도(道)를} 거스르지 않고, 귀신(鬼神)에게 그 도를(諸) 물어보아도 의심할 것이 없고, 백세(百世)를 지나 성인(聖人)을 기다려서도 {그 성인(聖人)은 중용(中庸)의 도(道)를} 의심하지 않을 것이다.

故(고) 君子之道本諸身(군자지도본저신)

▶ 그러므로[故] 군자의[君子之] 도(道) 그것을 자신에게[諸身] 근본으로 삼는다[本].

그러므로 고(故), 클 군(君), 존칭 자(子), 조사(~의) 지(之), 도리 도(道), 근본 삼을 본(本), 지어(之於) 저(諸), 자신 신(身)

【읽기(讀)】

고(故)는 시고(是故)의 줄임이다. 물로 시고(是故)의 시(是)는 〈불신민불종(不信民弗從)〉을 대신하므로 여기서 고(故)는 〈불신민불종고(不信民弗從故)〉를 줄인 것이다.

군자지도본저신(君子之道本諸身)은 〈군자본군자지도어신(君子本君子之道於身)〉에서 주어 노릇할 군자(君子)를 생략하고, 본(本)의 목적구 노릇할 군자지도(君子之道)를 강조하고자 전치(前置)하고, 허사(虛詞) 지(之)를 넣어 〈군자지도본지어신(君子之道本之於身)〉으로 줄인 구문이다. 여기서 다시 군자지도본지어신(君子之道本之於身)의 지어(之於)를 저(諸)로 줄여 군자지도본저신(君子之道本諸身)으로 한 것이다. 〈군자는[君子] 자신에게[於身] 군자지도를[君子之道] 근본으로 삼는다[本]〉 이를 〈군자지도(君子之道) 그것을[之] 자신에게[於身] 근본으로 삼는다[本]〉로 줄인 것을 〈군자지도(君子之道) 그것을 자신에게[諸身] 근본으로 삼는다[本]〉로 다시 줄인 말투가 곧 군자지도본저신(君子之道本諸身)이다.

군자지도본저신(君子之道本諸身)의 본(本)은 〈뿌리 근(根) · 비롯할 시(始) · 바탕 삼을 기(基)〉 등과 같아 근본(根本) · 본시(本始) · 기본(基本) 등의 줄임이고, 저(諸)는 조사(助詞)로서 〈지어(之於) 저(諸)〉 노릇한다.

【풀이(繹)】

군자지도본저신(君子之道本諸身)은 군자지도(君子之道)란 곧 중용지도(中庸之道) 그것임을 살펴 새기고 헤아려 가늠하게 한다. 군자(君子)는 중용지도(中庸之道)를 아는 것[知]만으로 그치지 않고 그 도(道)를 일상(日常)에서 반드시 스스로 행(行)한다. 그래서 군자중용(君子中庸) 즉 군자(君子)는 중용(中庸)한다고 이르는 것이다. 중용(中庸)하기 때문에 군자(君子)는 성지자(誠之者)로서 그 자신에게[於身] 중용(中庸)의 도(道)를 근본 삼아 수기(修己)하게 된다. 본저신(本諸身)은 『중용(中庸)』 첫 장(章)에서 살핀 〈도야자불가수유리야(道也者不可須臾離也)〉를 상기(想起)하게 한다. 자신[身]을 중용(中庸)의 바탕으로 삼는다[本]고 함은 잠시도[須臾] 중용(中庸)의 도(道)를 떠나지 않고[不離] 스스로 중습(重習)함을 말하기 때문이다.

물론 군자(君子)는 왕천하(王天下) 즉 세상[天下]을 다스리는[王] 성지자(誠之者)를 뜻한다. 성지자(誠之者) 즉 천명(天命)을 받들기를 다하는 자(者)라야 치인자(治

人者)가 되고, 그런 이를 군자(君子)라 하는 것이다. 끊임없이 중용(中庸)을 행하면 누구나 성지자(誠之者) 즉 정성된[誠之] 자(者)로서 치자(治者)가 될 수 있다. 성지자(誠之者)는 성자(誠者) 즉 천지(天地)를 본받아[法] 자성기(自成己) 즉 스스로[自] 자신[己]을 완성한다[成]. 그러므로 군자지도본저신(君子之道本諸身)은 앞 25장(章)에서 살핀 성자비자성기이이야(誠者非自成己而已也) 소이성물야(所以成物也)를 가능하게 한다.

군자(君子)는 자성기(自成己)하여 회덕(懷德)한다. 군자(君子)는 덕(德)을 늘 생각하면서[懷] 회인(誨人) 즉 사람[人]을 가르치고[誨] 다스려[治] 사람들을 중용(中庸)하는 생활로 이끌어간다. 이처럼 군자(君子)가 중용(中庸)을 행(行)함은 남이 시켜서 억지로 행(行)하는 것이 아니라 중용(中庸)의 중(中) 즉 중정(中正)을 스스로 행하여 자기를 완성하게 하는 것이다. 그 행(行)으로 군자(君子)의 덕(德)이 회인(誨人)·치인(治人)으로 이어짐을 살펴 새기고 헤아려 가늠하게 함을 밝힌 말씀이 〈군자지도본저신(君子之道本諸身)〉이다.

註 "성자비자성기이이야(誠者非自成己而已也) 소이성물야(所以成物也)." 정성이란[誠] 것은[者] 스스로[自] 나를[己] 완성하게 할[成] 뿐만 아니라[非~而已也] 그 성기(成己)로[以] 온갖 것을[物] 갖추게 하는[成] 것[所]이다[也]. 『중용(中庸)』 25장(章)

註 "군자회덕(君子懷德) 소인회토(小人懷土) 군자회형(君子懷刑) 소인회혜(小人懷惠)." 군자는[君子] 덕을[德] 생각하고[懷], 소인은[小人] 땅을[土] 생각한다[懷]. 군자는[君子] 벌을[刑] 생각하고[懷], 소인은[小人] 은혜입기를[惠] 생각한다[懷]. 『논어(論語)』「이인(里仁)」편(篇) 11장(章)

徵諸庶民(징저서민)

▶ {군자(君子)는} 그 도를 백성에게[諸庶民] 징험한다[徵].

징험할 징(徵), 지어 저(諸), 많을 서(庶), 백성 민(民)

【읽기(讀)】

징저서민(徵諸庶民)은 〈군자징군자지도어서민(君子徵君子之道於庶民)〉에서 군자(君子)를 생략하고, 군자지도어서민(君子之道於庶民)을 저서민(諸庶民)으로 줄인 구문이다. 〈군자는[君子] 군자의 도를[君子之道] 백성에게[於庶民] 징험한다[徵]〉 이를 〈군자의 도를 백성에게[諸庶民] 징험한다[徵]〉로 줄인 것이다.

징저서민(徵諸庶民)에서 징(徵)은 〈증거할 증(證)〉과 같고, 저(諸)는 조사(助詞)로 〈지어(之於) 저(諸)〉 노릇하고, 서(庶)는 〈많을 중(衆)〉과 같아 서민(庶民) · 중민(衆民)은 같은 말이다.

【풀이(繹)】

징저서민(徵諸庶民)은 군자(君子)가 먼저 중용(中庸)하여 스스로 자기를 완성한 다음에야 안인(安人)할 수 있음을 살펴 새기고 헤아려 가늠하게 한다. 수기(修己)를 떠나서는 안인(安人)할 수 없다. 안인(安人)은 군자(君子)의 치인(治人)을 말한다. 군자(君子)가 사람[人]을 다스림[治]은 사람[人]을 편안케[安] 함이니, 징저서민(徵諸庶民)은 『논어(論語)』「안연(顔淵)」편(篇)에 나오는 **군자지덕풍(君子之德風) 소인지덕초(小人之德草)**란 말씀을 떠올리게 한다. 군자(君子)의 덕(德)은 바람[風]이고 소인(小人)의 덕(德)은 풀[草]과 같아 그 덕풍(德風)이 불면 그 풀[草]은 바람을 따라 굽혀 따른다. 백성은 덕(德)으로 다스리면 심복(心服) 즉 마음으로 복종(服從)한다. 그러므로 이덕(以德) 즉 덕(德)으로써[以] **사람의[人] 마음[心]이 어짊[仁] 바로 그것이고, 사람이 가야 할 길[路]이 올바름[義] 바로 그것**임을 가르쳐[誨] 다스리는[治] 군자(君子)의 도(道)를 살펴 새기고 헤아려 가늠하게 하는 말씀이 〈징저서민(徵諸庶民)〉이다.

註 "군자지덕풍(君子之德風) 소인지덕초(小人之德草) 초상지풍필언(草尙之風必偃)." 군자의[君子之] 덕은[德] 바람이고[風], 소인의[小人之] 덕은[德] 풀이니[草], 풀은[草] 더해지는[尙之] 바람에[風] 반드시[必] 따라 굽힌다[偃].

상(尙)은 여기선 〈더해질 가(加)〉와 같고, 언(偃)은 〈복종할 복(服)〉과 같다.

『논어(論語)』「안연(顔淵)」편(篇) 19장(章)

註 "인인심야(仁人心也) 의인로야(義人路也) 사기로이불유(舍其路而弗由) 방기심이부지구(放其心而不知求) 애재(哀哉)." 어짊은[仁] 사람의[人] 마음[心]이고[也], 바름은[義] 사람의[人] 길[路]이다[也]. 그[其] 길을[路] 버리고[舍而] 경유하지 않고[弗由] 그[其] 마음을[心] 놓아두고[放而] 구할 줄[求] 모르니[不知] 슬픈 일이다[哀哉].

『맹자(孟子)』「고자장구(告子章句) 상(上)」편(篇) 11장(章)

考諸三王而不謬(고저삼왕이불류)

▶삼왕과[三王] 그 도를 고찰해도[考諸] {군자(君子)는 그 예(禮)와} 어긋나지 않는다[不謬].

상고할 고(考), 지어(之於) 저(諸), 임금 왕(王), 그리고 이(而), 없을 불(不), 어긋날 류(謬)

【읽기(讀)】

고저삼왕이불류(考諸三王而不謬)는 〈군자고지어삼왕(君子考之於三王) 이군자불류어삼왕(而君子不謬於三王)〉에서 되풀이되는 군자(君子)와 어삼왕(於三王)을 생략한 구문이다. 〈군자는[君子] 그것을[之] 삼왕에[於三王] 상고해본다[考]. 그리고[而] 군자는[君子] 삼왕에서[於三王] 어긋나지 않는다[不謬]〉 이를 〈그것을 삼왕에[諸三王] 상고해보아도[考而] 어긋나지 않는다[不謬]〉로 줄인 것이다.

고저삼왕이불류(考諸三王而不謬)의 고(考)는 〈살필 찰(察)〉과 같아 고찰(考察)의 줄임이고, 저(諸)는 〈지어(之於) 저(諸)〉 노릇하며, 불(不)은 〈없을 무(無)〉와 같고, 류(謬)는 〈그릇될 오(誤)〉와 같아 오류(誤謬)의 줄임말로 여기면 된다.

【풀이(繹)】

고저삼왕이불류(考諸三王而不謬)는 군자지도(君子之道) 즉 중용지도(中庸之道)가 상고대(上古代)부터 마련되어 있었음을 살펴 새기고 헤아려 가늠하게 한다. 여기서 삼왕(三王)이란 요(堯)·순(舜)·우왕(禹王)을 말한다고 볼 수도 있고, 하우(夏禹)·은탕(殷湯)·주문무(周文武)를 뜻한다고 보아도 된다. 삼왕(三王)은 덕치(德治)를 편 성왕(聖王)이었으니 중정(中正)·중화(中和)로 안인(安人)하고 덕치(德治)로 치세(治世)했음을 상기(想起)한다면, 삼왕(三王)을 상고(詳考)하는 까닭을 간파(看破)할 수 있다.

특히 고저삼왕(考諸三王)의 고(考)는 『서경(書經)』「우서(虞書) 대우모(大禹謨)」편(篇)에 나오는 윤집궐중(允執厥中)을 상기(想起)시킨다. 왜냐하면 요(堯)로부터 수명(受命)한 순(舜)이 요(堯)임금을 본받아 윤집궐중(允執厥中)으로 덕치(德治)하였듯이, 순(舜)으로부터 수명(受命)할 우(禹)도 윤집궐중(允執厥中)으로 덕치(德治)

하기 바란다는 순(舜)임금의 고(誥)를 고저삼왕(考諸三王)의 고(考)가 떠올려주기 때문이다.

나랏일에 근면하고[勤] 집안에서는 검소하여[儉] 스스로 만족하거나 뽐내지 않으니 현명하다는 순(舜)임금의 칭송은 곧 군자지도(君子之道) 즉 중용지도(中庸之道)를 칭송함이다. 스스로 뽐내지[矜] 않으니 세상이 우(禹)와 다툴 수 없음을 들어 우(禹)를 칭송함은 곧 군자부쟁(君子不爭)의 도(道)를 밝힘이니, 이 역시 군자지도(君子之道) 즉 중용지도(中庸之道)를 칭송함이다. 그리하여 우(禹)의 덕(德)을 크게 여기고[懋] 우(禹)의 공적[績]을 크게 기려서 임금의 자리를 물려준다고 하면서 순(舜)임금이 우(禹)에게 당부한 말씀이 윤집궐중(允執厥中) 즉 〈그[厥] 중(中)을 진실로[允] 지키라[執]〉는 것이었다.

여기서 중(中)은 도심(道心) 속의 인심(人心)을 밝힘으로, 『중용(中庸)』은 도심(道心)의 인심(人心)을 미발(未發)의 중(中)이라고 밝히고 있으며, 도심(道心)에서 인심(人心)이 드러남[發]을 다스리게[治] 한다. 그 치심(治心) 즉 심법(心法)을 기발(旣發)의 중절(中節)인 화(和)라고 밝힌다. 윤집궐중(允執厥中)을 떠올려 요왕(堯王)에서 순왕(舜王)으로 다시 순왕(舜王)에서 우왕(禹王)에게 이어졌음을 심사(深思)하게 하고, 중용지도(中庸之道)가 삼왕(三王)의 뜻을 전수(傳受)한 공자(孔子)의 심법(心法)임을 살펴 새기고 헤아려 깨우치게 하는 말씀이 〈고저삼왕이불류(考諸三王而不謬)〉이다.

註 "인심유위(人心惟危) 도심유미(道心惟微) 유정유일(惟精惟一) 윤집궐중(允執厥中)." 사람의[人] 마음[心]이야말로[惟] 위태롭고[危], 하늘의[天] 마음[心]이야말로[惟] 미묘하고 미세하니[微], 부디[惟] 꼼꼼하고[精] 부디[惟] 한결같이[一] 그[厥] 중을[中] 진실로[允] 지키시오[執].

유(惟)는 여기선 어조(語調)를 위한 어조사(語助詞)이니 무시하고 옮겨도[譯] 된다. 유정유일(惟精惟一)의 정(精)은 〈꼼꼼하게〉로 새기고, 일(一)은 〈한결같이〉로 새기면 된다. 윤집궐중(允執厥中)에서 궐중(厥中)은 기중(其中)과 같고, 중(中)은 중용(中庸)과 같다고 여기면 된다. 궐중(厥中)의 궐(厥)은 〈도심여인심지중(道心與人心之中)〉에서 도심여인심지(道心與人心之)를 〈그 궐(厥)〉로 줄인 것이다. 즉 〈도심(道心)과[與] 인심(人心)의[之] 중(中)〉이란 뜻이다.

『서경(書經)』「우서(虞書) 대우모(大禹謨)」편(篇) 2단락(段落)

建諸天地而不悖(건저천지이불패)

▶ 천지(天地)에 그 도를[諸] 세워서[建而] {그 도(道)를} 거스르지 않는다[不悖].

세울 건(建), 지어(之於) 저(諸), 그래서 이(而), 아니 불(不), 거슬릴 패(悖)

【읽기(讀)】

건저천지이불패(建諸天地而不悖)는 〈군자건지어천지(君子建之於天地) 이군자불패어천지(而君子不悖於天地)〉에서 군자(君子)와 어천지(於天地)를 생략한 구문이다. 〈군자가[君子] 그것을[之] 천지에[於天地] 세운다[建]. 그리고[而] 군자는[君子] 천지에[於天地] 어긋나지 않는다[不謬]〉 이를 〈그것을 천지에[諸] 세워서[建而] 어긋나지 않는다[不謬]〉로 줄인 것이다.

건저천지이불패(建諸天地而不悖)의 건(建)은 〈세울 립(立)〉과 같아 건립(建立)의 줄임이고, 저(諸)는 〈지어(之於) 저(諸)〉 노릇하며, 불(不)은 부정사(否定辭)로 〈않을 불(不)〉이고, 패(悖)는 〈거스를 역(逆)〉과 같아 패역(悖逆)의 줄임말로 여기면 된다.

【풀이(繹)】

건저천지이불패(建諸天地而不悖)는 군자(君子)가 지성(至誠)으로 순천지(順天地) 즉 천지(天地)에 순종하여[順] 군자지도(君子之道) 곧 중용지도(中庸之道)를 확립(確立)해감을 살펴 새기고 헤아려 깨우치게 한다. 중용(中庸)의 〈중(中)〉은 중정(中正)이니, 중용(中庸)이란 그 중정(中正)을 씀[庸]이다. 중용(中庸)의 〈용(庸)〉이란 지극히 공평(公平)해 무사(無私)하게 씀[庸]이다. 그러므로 중용(中庸)은 바로 덕(德)인 것이다. 덕(德)이란 천지지도(天地之道)를 두루두루 통하게 하니, 중용(中庸)은 천지지도(天地之道)를 막히지 않고 통하게 하므로 군자(君子)의 중용지도(中庸之道)에는 천지(天地)의 도(道)와 어긋남[悖]이 없다. 그러므로 군자(君子)가 오로지 천지(天地)를 따라 중용지도(中庸之道)를 건립해[建] 나가는 까닭을 깨우치게 하는 말씀이 〈건저천지이불패(建諸天地而不悖)〉이다.

質諸鬼神而無疑(질저귀신이무의)

▶귀신(鬼神)께 군자의 도를[諸] 질의하면서[質而] 의심함이[疑] 없다[無].

물어볼 질(質), 지어(之於) 저(諸), 귀신 귀(鬼), 귀신 신(神), 그래서 이(而), 없을 무(無), 의심할 의(疑)

【읽기(讀)】

질저귀신이무의(質諸鬼神而無疑)는 〈군자질중용지도어귀신(君子質中庸之道於鬼神) 이군자무의어귀신(而君子無疑於鬼神)〉에서 군자(君子)를 생략하고, 중용지도어(中庸之道於)를 저(諸)로 대신하며, 무의어귀신(無疑於鬼神)에서 어귀신(於鬼神)을 생략한 구문이다. 〈군자는[君子] 귀신에게[於鬼神] 중용지도를[中庸之道] 묻는다[質]. 그리고[而] 군자는[君子] 귀신을[於鬼神] 의심하지 않는다[無疑]〉 이를 〈귀신(鬼神)에게 그것을[諸] 물어보고[質而] 의심하지 않는다[無疑]〉로 줄인 것이다.

질저귀신(質諸鬼神)에서 질(質)은 〈물을 힐(詰)·문(問)〉과 같아 질문(質問)의 줄임이고, 이무의(而無疑)에서 무(無)는 〈없을 무(無)〉로 자동사 노릇하고, 의(疑)는 〈의심할 혹(惑)〉과 같아 의혹(疑惑)의 줄임말로 여기면 된다.

【풀이(繹)】

질저귀신이무의(質諸鬼神而無疑)는 앞에서 살핀 〈건저천지이불패(建諸天地而不悖)〉를 살펴 새기고 헤아려 가늠하게 한다. 중용지도(中庸之道)는 결코 천지(天地)를 어기지 않는[不悖] 길[道]이기 때문에 군자(君子)는 중용지도(中庸之道)를 귀신(鬼神)에게 묻는다[質]. 귀신(鬼神)의 〈귀(鬼)〉는 땅[地]이 만물(萬物)을 이루게[成] 하는 기운(氣運)의 짓[功用]이고, 〈신(神)〉은 하늘[天]이 온갖 것[萬物]을 성(成)하게 하는 기운(氣運)의 공용(功用)이다. 귀신(鬼神)이란 천지(天地)가 만물(萬物)로 하여금 변화(變化)하게 하는 짓이다. 이러한 귀신에게[於鬼神] 중용지도(中庸之道)를 묻는[質] 까닭은 귀신(鬼神)이 중용지도(中庸之道)의 성(性)이고, 본(本)이며, 성(誠)이고, 실(實)이며, 정(正)이고, 정(定)이며, 당(當)이고, 평(平)이기 때문이다.

군자중용(君子中庸) 즉 군자(君子)가 중용(中庸)할 때 중용지도(中庸之道)가 귀신(鬼神)의 성질(性質)에 마땅한지[當] 질문(質問)함이 질저귀신(質諸鬼神)의 질(質)이고, 중용지도(中庸之道)가 귀신(鬼神)의 본질(本質)에 올바른지[正] 질문(質問)함이 질저귀신(質諸鬼神)의 질(質)이고, 중용지도(中庸之道)가 귀신(鬼神)의 성질(誠質)을 이루었는지[成] 질문(質問)함이 질저귀신(質諸鬼神)의 질(質)이고, 중용지도(中庸之道)가 귀신(鬼神)의 실질(實質)에 공평한지[平] 질문(質問)함이 또한 질저귀신(質諸鬼神)의 질(質)이다. 따라서 군자(君子)가 질저귀신(質諸鬼神)함을 의심하는 것이란 없어[無疑] 귀신(鬼神)의 공용(功用)을 확신(確信)하는 것이다.

여기서 무의(無疑)는 충신(忠信)하여 불패(不悖) 즉 어기지 않음[不悖]이니, 군자(君子)는 지천명(知天命) 즉 천명(天命)을 알기 때문에 귀신(鬼神)이 조화(造化)하는 짓을 무의(無疑) 즉 진실로 믿는다[忠信]. 그러므로 천지(天地)에 따라 건립(建立)한 중용지도(中庸之道)를 군자(君子)가 다시 귀신(鬼神)에 비추어 중용지도(中庸之道)의 성질(性質)·본질(本質)·성질(誠質)·실질(實質) 등을 거듭 묻고[質] 확신함[無疑]을 밝힌 말씀이 〈질저귀신이무의(質諸鬼神而無疑)〉이다.

註 문저귀신(問諸鬼神) 또는 힐저귀신(詰諸鬼神)이라 하지 않고 질저귀신(質諸鬼神)이라 말하고 있음을 주목해야 한다. 여기서 질(質)은 성(性)·본(本)·성(誠)·실(實)·정(正)·정(定)·당(當)·평(平)·성(成) 등을 묶고 있는 자(字)이다. 즉 중용지도(中庸之道)의 성(性)을 묻고, 중용지도(中庸之道)의 본(本)을 묻고, 중용지도(中庸之道)의 성(誠)을 묻고, 중용지도(中庸之道)의 실(實) 등을 물어, 중용지도(中庸之道)의 정(正)·정(定)·당(當)·평(平)·성(成) 등을 확신(確信)하는 내용을 포괄(包括)하고 있다.

百世以俟聖人而不惑(백세이사성인이불혹)

▶백세(百世)를 지나[以] 성인을[聖人] 기다려서도[俟而] {그 성인은 중용(中庸)의 도(道)를} 헷갈리지 않을 것이다[不惑].

일백 백(百), 세대 세(世), 거칠 이(以), 기다릴 사(俟), 통할 성(聖), 그래도 이(而), 아니 불(不), 의심할 혹(惑)

【읽기(讀)】

백세이사성인이불혹(百世以俟聖人而不惑)은 〈군자지도사성인이백세(君子之道俟聖人以百世) 이성인불혹중용지도(而聖人不惑中庸之道)〉에서 군자지도(君子之道)를 생략하고, 이백세(以百世)를 강조하고자 백세이(百世以)로 전치(前置)하고, 불혹(不惑)의 주어 노릇할 성인(聖人)과 목적어 노릇할 중용지도(中庸之道)를 생략한 구문이다. 〈군자지도가[君子之道] 백세를[百世] 거쳐[以] 성인을[聖人] 기다린다[俟]. 그래도[而] 성인은[聖人] 중용지도를[中庸之道] 의심하지 않을 것이다[不惑]〉 이를 〈백세를[百世] 거쳐[以] 성인을[聖人] 기다려도[俟而] 의심하지 않을 것이다[不惑]〉로 줄인 것이다.

백세이사성인이불혹(百世以俟聖人而不惑)의 이(以)는 〈지날 유(由)〉와 같고, 사(俟)는 〈기다릴 대(待)〉와 같고, 혹(惑)은 〈의심할 의(疑)〉와 같아 의혹(疑惑)의 줄임말로 여기면 된다.

【풀이(繹)】

백세이사성인이불혹(百世以俟聖人而不惑)은 군자지도(君子之道)가 곧 중용지도(中庸之道)이고, 그 중용지도(中庸之道)가 인간(人間)이 떠날 수 없는[不可離] 상도(常道)임을 살펴 새기고 헤아려 깨우치게 한다. 이는 『중용(中庸)』 13장(章)에서 살핀 〈군자지도사(君子之道四)〉를 상기(想起)시킨다. 사부(事父)의 효(孝) · 사군(事君)의 의(義) · 사형(事兄)의 제(悌) · 붕우(朋友)의 신(信)이라는 군자(君子)의 사도(四道)는 인간이 지켜 나가는 상도(常道)인 인도(仁道) 바로 그것이다.

군자(君子)의 도(道)는 일상(日常)에서 인(仁)을 구현(具現)함에 있다. 효(孝)도 인지구현(仁之具現)이고, 제(悌) 또한 어짊의[仁之] 구현(具現)이며, 의(義)도 어짊의[仁之] 구현(具現)이고, 신(信) 역시 어짊의[仁之] 구현(具現)이다. 어짊[仁]을 일상(日常)에서 구체적으로 실행(實行)하는 길[道]의 근본(根本)인 효(孝) · 제(第) · 의(義) · 신(信) 등 넷[四]이 곧 군자무본(君子務本)의 본(本)이다. 인간됨[爲人]의 근본[本]이 인도(仁道)에 있음을 일상(日常)의 생활을 통해 구현(具現) 즉 구체적으로 실현(實現)함이 군자(君子)의 도(道)이다. 이처럼 군자지도(君子之道)는 인도(仁道)이며 동시에 인도(人道)이기 때문에 백세(百世) 뒤에 성인(聖人)이 나타나더라도 그 성인(聖人)은 군자지도(君子之道)를 의심하지 않을 것[不惑]임을 밝힌 말씀이 〈백세이사성인이불혹(百世以俟聖人而不惑)〉이다.

【3단락(段落) 전문(全文)】

質諸鬼神而無疑는 知天也이고 百世以俟聖人而不惑은 知人也이다 是故로 君子가 動而世爲天下道이니 行而世爲天下法이며 言而世爲天下則이다 遠之則有望이고 近之則不厭이다

질저귀신이무의 지천야 백세이사성인이불혹 지인야 시고 군자 동이세위천하도 행이세위천하법 언이세위천하칙 원지즉유망 근지즉불염

귀신에게 그 도를 물어도 의심할 것이 없음은 하늘을 아는 것이고, 백세로 성인을 기다려도 헷갈리지 않음은 사람을 아는 것이다. 이렇기 때문에 군자가 움직이면 세상에서 천하의 도리가 되고, 행하면 세상에서 천하의 본받기가 되며, 말하면 세상에서 천하의 준칙이 된다. 군자의 도를 멀리하면 곧 그리움이 생기고, 군자의 도를 가까이하면 곧 싫증나지 않는다.

質諸鬼神而無疑知天也(질저귀신이무의지천야)

▶귀신(鬼神)에게 그 도를[諸] 물어보아도[質而] 의심할 것이 없음은[無疑] 하늘을[天] 아는 것[知]이다[也].

물을 질(質), 지어(之於) 저(諸), 귀신 귀(鬼), 귀신 신(神), 그래서 이(而), 없을 무(無), 의심할 의(疑), 알 지(知), 하늘 천(天), 조사(~이다) 야(也)

【읽기(讀)】

질저귀신이무의지천야(質諸鬼神而無疑知天也)에서 질저귀신이무의(質諸鬼神而無疑)까지는 주부(主部) 노릇하고, 지천(知天)은 술부(述部)로 보어(補語) 노릇하며, 야(也)는 종결어미로 조사(助詞: ~이다) 노릇한다. 〈질저귀신이무의(質諸鬼神而無疑)는 지천(知天)이다[也]〉라고 문맥을 잡으면 문의(文意)가 드러난다.

질저귀신(質諸鬼神)의 질(質)은 〈물을 힐(詰) · 문(問)〉과 같아 질문(質問)의 줄임이고, 이무의(而無疑)의 무(無)는 〈없을 무(無)〉로 자동사 노릇하고, 의(疑)는 〈의심할 혹(惑)〉과 같아 의혹(疑惑)의 줄임이며, 지천(知天)은 지천명(知天命)으로 새기면 된다.

【풀이(繹)】

질저귀신이무의지천야(質諸鬼神而無疑知天也)는 군자(君子)가 왜 중용지도(中庸之道)를 귀신(鬼神)에게 묻는지[質] 그 까닭을 살펴 새기고 헤아려 깨우치게 한다. 군자(君子)의 지천(知天)이란 지천명(知天命)이다. 천명(天命)은 천지지명(天地之命)의 줄임이니, 하늘 땅의[天地之] 시킴과 가르침[命]을 깨우치는 것이 곧 군자(君子)의 지천(知天)이다. 이러한 지천(知天)은 지기(地氣)인 귀(鬼)의 공용(功用)을 아는 것[知]이고, 천기(天氣)인 신(神)의 공용(功用)을 아는 것[知]이다.

군자(君子)는 귀신(鬼神)의 공용(功用)을 좇아서[順] 지덕(至德)인 중용지도(中庸之道)를 알고 행하고자 한다. 그러므로 군자(君子)가 중용(中庸)할 때 중용지도(中庸之道)가 귀신(鬼神)의 성질(性質)에 마땅한지[當]를 질문(質問)하여 그 도(道)를 지행(知行)하여 순천(順天)하고 응천(應天)하며 종천(從天)함이 군자(君子)의 지천(知天)이며, 중용지도(中庸之道)가 귀신(鬼神)의 본질(本質)에 올바른지[正] 질문(質問)하여 그 도(道)를 지행(知行)하여 순천(順天)하고 응천(應天)하고 종천(從天)함 또한 군자(君子)의 지천(知天)이다. 그리고 중용지도(中庸之道)가 귀신(鬼神)의 성질(誠質)을 이루었는지[成] 질문(質問)하여 그 도(道)를 지행(知行)하여 순천(順天)하고 응천(應天)하며 종천(從天)함 역시 군자(君子)의 지천(知天)이고, 중용지도(中庸之道)가 귀신(鬼神)의 실질(實質)에 공평한지[平] 질문(質問)하여 그 도(道)를 지행(知行)하여 순천(順天)하고 응천(應天)하며 종천(從天)함 역시 군자(君子)의 지천(知天)임을 밝힌 말씀이 〈질저귀신이무의지천야(質諸鬼神而無疑知天也)〉이다.

百世以俟聖人而不惑知人也(백세이사성인이불혹지인야)

▶백세(百世)를 지나[以] 성인을[聖人] 기다려서도[俟而] {그 성인(聖人)이 중용(中庸)의 도(道)를} 의심하지 않는 것은[不惑] 사람을[人] 아

는 것[知]이다[也].

일백 백(百), 세상 세(世), 지날 이(以), 기다릴 사(俟), 성스러울 성(聖), 그래서 이(而), 아니 불(不), 의심할 혹(惑), 알 지(知), 조사(~이다) 야(也)

【읽기(讀)】

백세이사성인이불혹지인야(百世以俟聖人而不惑知人也)에서 백세이사성인이불혹(百世以俟聖人而不惑)까지는 주부(主部) 노릇하고, 지인(知人)은 술부(述部)로 보어(補語) 노릇하며, 야(也)는 종결어미로 조사(助詞 : ~이다) 노릇한다. 〈백세이사성인이불혹(百世以俟聖人而不惑)은 지인(知人)이다[也]〉라고 문맥을 잡으면 된다.

백세이사성인이불혹(百世以俟聖人而不惑)의 이(以)는 〈지날 유(由)〉와 같고, 사(俟)는 〈기다릴 대(待)〉와 같고, 혹(惑)은 〈의심할 의(疑)〉와 같아 의혹(疑惑)의 줄임이고, 지인(知人)은 지인도(知人道)로 여기면 된다.

【풀이(繹)】

백세이사성인이불혹지인야(百世以俟聖人而不惑知人也)는 중용지도(中庸之道)가 지천(知天)으로 말미암아 비롯된 중정(中正)의 도(道)를 무사(無私)하게 씀[庸]이니, 중용지도(中庸之道)란 천도(天道)이고 동시에 천도(天道)를 본받는[法] 성인(聖人)의 도(道)로부터 비롯됨을 일깨워준다. 그러므로 백세이사성인이불혹(百世以俟聖人而不惑)이 곧 지인(知人)이란 말씀은 『맹자(孟子)』「이루장구(離婁章句) 하(下)」편(篇) 1장(章)에 나오는 **선성후성기규일야(先聖後聖其揆一也)**란 말씀을 상기(想起)시킨다. 선성(先聖)은 우(虞)나라 순(舜)이고, 후성(後聖)은 주(周)나라 문왕(文王)이다. 그 두 왕(王) 사이에 천년 이상이 흘렀지만, 행인정(行仁政)의 왕도(王道)는 동일(同一)하여 문물(文物)의 법도(法度)마저 하나같았다. 선성(先聖)도 순천(順天) · 종천(從天) · 응천(應天)하여 군자지도(君子之道) 즉 중용지도(中庸之道)를 행했고 후성(後聖)도 그와 같았기 때문에, 천년이 지났지만 다를 바 없음을 알 수 있는 것이 〈지인(知人)〉이다.

여기서 지인(知人)이란 곧 〈지천(知天)〉임을 살펴 새기고 헤아려 깨우치게 된다. 지인(知人)은 지인도(知人道)이고 지인도(知人道)의 인도(人道)는 성인지도(聖

人之道)이니, 지인(知人)은 곧 지성인지도(知聖人之道)를 줄인 말이다. 그러므로 중용지도(中庸之道) · 군자지도(君子之道) · 성인지도(聖人之道) 등이 다 한 말씀임을 깨우칠 수 있고, 급기야 지인(知人)이란 지성인지도(知聖人之道)임을 알 수 있다. 사람의 길[人道]을 앎[知]은 곧 인도(仁道) 즉 어짊의 길[仁道]을 앎[知]이다. 물론 지인(知人) 또한 지천명(知天命)으로 말미암아 비롯된 길[道]이다. 그 인도(人道)는 인간이 효(孝)함으로써 인도(仁道)가 되고, 인간이 제(悌)함으로써 인도(仁道)가 되고, 인간이 의(義)함으로써 인도(仁道)가 되며, 인간이 신(信)함으로써 인도(仁道)가 된다. 이처럼 인도(人道)가 곧 인도(仁道)가 되는 것은 천지(天地)의 시킴[命]이고 가르침[命]이기 때문에 천년을 넘어 성인(聖人)이 나타나서도 천년 전의 성인(聖人)과 다른 것이 없으니, 중용지도(中庸之道)가 상도(常道)임을 아는 것[知]이 곧 지인(知人)임을 밝힌 말씀이 〈백세이사성인이불혹지인야(百世以俟聖人而不惑知人也)〉이다.

註 "순생어제풍(舜生於諸馮) 천어부하(遷於負夏) 졸어명조(卒於鳴條) 동이지인야(東夷之人也) 문왕생어기주(文王生於岐周) 졸어필영(卒於畢郢) 서이지인야(西夷之人也) 지지상거야천유여리(地之相去也千有餘里) 세지상후야천유여세(世之相後也千有餘歲) 득지행호중국(得志行乎中國) 약합부절(若合符節) 선성후성기규일야(先聖後聖其揆一也)." 순임금은[舜] 제풍에서[於諸馮] 태어나[生] 부하로[於負夏] 옮겼다가[遷] 명조에서[於鳴條] 생을 마치니[卒] 동쪽 오랑캐[東夷之人]이고[也], 문왕은[文王] 기주에서[於岐周] 태어나[生] 필영에서[於畢郢] 생을 마쳤으니[卒] 서쪽 오랑캐[西夷之人]이다[也]. 태어난 곳의[地之] 서로[相] 거리가[去也] 천리가 넘고[千有餘里] 세상의[世之] 서로[相] 뒤가[後也] 천년이 넘었으나[千有餘歲], 뜻을[志] 얻어[得] 중국에[乎中國] 행함은[行] 부절을[符節] 합침과[合] 같아[若] 앞의 성인과[先聖] 뒤의 성인[後聖] 두 분의[其] 법도는[揆] 똑같은 것[一]이다[也].

부절(符節)은 대쪽이나 나무쪽을 쪼개서 둘이 나누어 가졌다가 뒤에 서로 맞추어 서로를 확인하는 것을 말하고, 규(揆)는 여기선 〈헤아릴 규(揆)〉가 아니라 〈법도(法度) 규(揆)〉이다.

『맹자(孟子)』「이루장구(離婁章句) 하(下)」편(篇) 1장(章)

是故(시고) 君子動而世爲天下道(군자동이세위천하도)

▶이렇기[是] 때문에[故] 군자가[君子] 살아가면[動而] 세월이 가도[世] (그 삶은) 천하의[天下] 도가[道] 된다[爲].

이 시(是), 때문에 고(故), 클 군(君), 존칭 자(子) 움직일 동(動), 그리고 이(而), 세월이 갈 세(世), 될 위(爲), 도리 도(道)

【읽기(讀)】

시고(是故)는 〈백세이사성인이불혹고(百世以俟聖人而不惑故)〉에서 되풀이되는 백세이사성인이불혹(百世以俟聖人而不惑)을 지시어 시(是)로 대신한 것이다. 〈백세(百世)를 지나[以] 성인을[聖人] 기다려서도[俟而] 의심하지 않기[不惑] 때문에[故]〉를 〈이[是] 때문에[故]〉로 줄인 말투이다. 시고(是故)는 시이(是以)와 같다.

군자동이세위천하도(君子動而世爲天下道)는 〈군자동(君子動) 이세세기동위천하도(而世世其動爲天下道)〉에서 세세(世世)를 세(世)로 줄이고, 주어 노릇할 기동(其動)을 생략한 구문이다. 〈군자가[君子] 거동한다[動]. 그러면[而] 세월이 가도[世] 그[其] 거동은[動] 온 세상의[天下] 도리가[道] 된다[爲]〉 이를 〈군자가[君子] 거동하면[動而] 세월이 가도[世] 온 세상의[天下] 도리가[道] 된다[爲]〉로 줄인 것이다.

군자동이세위천하도(君子動而世爲天下道)에서 동(動)은 〈살 생(生)〉과 같아 생동(生動)의 줄임이고, 세(世)는 세세(世世)의 줄임말로 세상의 변천을 말하며, 도(道)는 〈이치 리(理) · 가르칠 교(敎) · 이끌어감 도(導) · 방편 방(方)〉 등과 같아 도리(道理) · 도교(道敎) · 도도(道導) · 방도(方道) 등을 묶고 있는 자(字)라고 여기면 된다.

【풀이(繹)】

군자동이세위천하도(君子動而世爲天下道)는 군자(君子)의 거동(擧動)이 온 세상의 본보기가 됨을 살펴 새기고 헤아려 가늠하게 한다. 군자(君子)는 천지(天地)를 본받는[法] 성인(聖人)을 본받아[效] 예(禮)로써 삶의 도리(道理)를 세우는 분이다. 군자(君子)의 도(道)는 군자(君子)의 생동(生動)으로 드러나게 마련이다. 군자(君子)의 삶[動]이란 도덕(道德) 그것이고, 군자(君子)의 도덕(道德)이란 인의(仁義) 그것이며, 인의(仁義) 그것은 예악(禮樂)이고, 예악(禮樂)은 천지(天地) 바로 그것이다. 그래서 『예기(禮記)』「곡례(曲禮)」편(篇)에 도덕인의(道德仁義) 비례불성(非禮不成)이란 말씀이 나온다. 예(禮)가 아닌 것[非]이면 도덕(道德)과 인의(仁義)를 이루지 못함[不成]을 군자(君子)는 자신의 삶으로 보여준다. 군자(君子)의 몸가짐 하나하나가 곧 예(禮)의 본보기가 되기 때문에 군자(君子)의 생동(生動)은 곧 온 세상 사람들의 도(道) 즉 삶의 이치[理]와 가르침[敎], 이끎[導]과 방편[方] 등이 됨을 밝힌 말씀이 〈군자동이세위천하도(君子動而世爲天下道)〉이다.

註 "춘작하장인야(春作夏長仁也) 추렴동장의야(秋斂冬藏義也) 인근어악(仁近於樂) 의근어례(義近於禮)." 봄에는[春] 싹트게 하여[作] 여름에[夏] 자라게 함은[長] 인(仁)이고[也], 가을에는[秋] 거두어들여[斂] 겨울에[冬] 간직하게 함은[藏] 의(義)이다[也]. 어짊은[仁] 악에[於樂] 가깝고[近], 옳음은[義] 예에[於禮] 가깝다[近]. 『예기(禮記)』「악기(樂記)」편(篇) 18단락(段落)

註 "도덕인의(道德仁義) 비례불성(非禮不成) 교훈정속(敎訓正俗) 비례불비(非禮不備) 분쟁변송(分爭辨訟) 비례불결(非禮不決)." 도덕인의도[道德仁義] 예가[禮] 아닌 것이면[非] 이루어지지 않고[不成], 교훈정속도[敎訓正俗] 예가[禮] 아닌 것이면[非] 갖추어지지 않으며[不備], 분쟁변송도[分爭辨訟] 예가[禮] 아닌 것이면[非] 결정되지 않는다[不決].

『예기(禮記)』「곡례(曲禮) 상(上)」편(篇) 12단락(段落)

行而世爲天下法(행이세위천하법)

▶ {군자(君子)가} 행동하면[行而] 세월이 가도[世] 온 세상의[天下] 법도가[法] 된다[爲].

행동할 행(行), 그러면 이(而), 세월이 갈 세(世), 될 위(爲), 법도 법(法)

【읽기(讀)】

행이세위천하법(行而世爲天下法)은 〈군자행(君子行) 이세세기행위천하법(而世世其行爲天下法)〉에서 세세(世世)를 세(世)로 줄이고, 주어 노릇할 군자(君子)와 기행(其行)을 생략한 구문이다. 〈군자가[君子] 행동한다[行]. 그러면[而] 세월이 가도[世] 그[其] 행동은[行] 온 세상의[天下] 법도가[法] 된다[爲]〉 이를 〈행동하면[行而] 세월이 가도[世] 온 세상의[天下] 법도가[法] 된다[爲]〉로 줄인 것이다.

행이세위천하법(行而世爲天下法)에서 행(行)은 〈거동할 동(動)〉과 같아 행동(行動)의 줄임이고, 세(世)는 세세(世世)의 줄임말로 세상의 변천을 말하고, 법(法)은 〈법도 도(度)〉와 같아 법도(法度)의 줄임말로 여기면 된다.

【풀이(繹)】

행이세위천하법(行而世爲天下法)은 군자지행(君子之行)을 살펴 새기고 헤아려 가늠하게 한다. 군자(君子)는 행동거지(行動擧止)가 분명하다. 행동해야 한다면 서슴없이 거(擧)함이 군자(君子)의 거행(擧行)이고, 행동하지 말아야 한다면 서슴없이 지(止)함이 군자(君子)의 지행(止行)이다. 그러므로 군자(君子)의 행(行)은『논어(論語)』에 나오는 **의지여비(義之與比)**와 **자절사(子絶四)**를 상기(想起)시킨다. 의와[義之] 더불어[與] 따름[比]이 군자(君子)의 행(行)이고, 자의(恣意)가 없음이 군자(君子)의 행(行)이고, 고집(固執)함이 없음이 군자(君子)의 행(行)이며, 기필(期必)이 없음이 군자(君子)의 행(行)이고, 제 주장만 앞세움이[無我] 없음이 또한 군자(君子)의 행(行)이다. 그러므로 언제 어디서나 군자(君子)의 행동(行動)은 **정이불량(貞而不諒)**하고, **주이불비(周而不比)**하며, **화이부동(和而不同)**하여 **유어의(喩於義)**하므로 어떤 세상으로 변화(變化)할지라도 온 세상의 법도(法度)가 됨을 밝힌 말씀이 〈행이세위천하법(行而世爲天下法)〉이다.

註 "군자지어천하야(君子之於天下也) 무적야(無適也) 무막야(無莫也) 의지여비(義之與比)." 군자가[君子之] 온 세상을[天下] 마주함이란[於也] 좋아하여 꼭 해야 하는 것도[適] 없는 것[無]이고[也], 결코 하면 안 되는 것도[莫] 없는 것[無]이다[也]. 오로지 옳음만을[義之與] 따른다[比].

의지여비(義之與比)에서 비(比)는 〈따를 종(從)〉과 같다.

『논어(論語)』「이인(里仁)」편(篇) 10장(章)

註 "자절사(子絶四) 무의(毋意) 무필(毋必) 무고(毋固) 무아(毋我)." 공자께서[子] 네 가지를[四] 끊었다[絶]. 자의(恣意)가[意] 없고[毋], 기필(期必)이[必] 없고[毋], 고집(固執)이[固] 없고[毋], 아집(我執)이[我] 없다[毋]. 『논어(論語)』「자한(子罕)」편(篇) 4장(章)

註 "군자정이불량(君子貞而不諒)." 군자는[君子] 굳게 바르지만[貞而], 약속한 것이 잘못된 것이면 그 약속을 지키지 않는다[不諒].

불량(不諒)의 양(諒)은 〈믿을 신(信)〉과 같지만, 여기선 약속했지만 그 약속이 잘못된 것이면 지키지 않음[不諒]을 뜻한다. 『논어(論語)』「위령공(衛靈公)」편(篇) 36장(章)

註 "군자주이불비(君子周而不比) 소인비이부주(小人比而不周)." 군자는[君子] 두루 하되[周而] 견주지 않고[不比], 소인은[小人] 견주되[比而] 두루 하지 않는다[不周].

『논어(論語)』「위정(爲政)」편(篇) 14장(章)

註 "군자화이부동(君子和而不同) 소인동이불화(小人同而不和)." 군자는[君子] 서로 어울리되

[和而] 패거리를 짓지 않고[不同], 소인은[小人] 패거리를 짓되[同而] 서로 어울리지 않는다[不和].

『논어(論語)』「자로(子路)」편(篇) 23장(章)

註 "군자유어의(君子喩於義) 소인유어리(小人喩於利)." 군자는[君子] 의를[於義] 밝히고[喩], 소인은[小人] 이익을[於利] 밝힌다[喩]. 『논어(論語)』「이인(里仁)」편(篇) 16장(章)

言而世爲天下則(언이세위천하칙)

▶ {군자(君子)가} 말하면[言而] 세월이 가도[世] 온 세상의[天下] 준칙이[則] 된다[爲].

말할 언(言), 그러면 이(而), 세월이 갈 세(世), 될 위(爲), 준칙 칙(則)

【읽기(讀)】

언이세위천하칙(言而世爲天下則)은 〈군자언(君子言) 이세세기언위천하칙(而世世其言爲天下則)〉에서 세세(世世)를 세(世)로 줄이고, 주어 노릇할 군자(君子)와 기언(其言)을 생략한 구문이다. 〈군자가[君子] 말한다[言]. 그러면[而] 세월이 가도[世] 그[其] 말[言]은 온 세상의[天下] 준칙이[則] 된다[爲]〉 이를 〈말하면[言而] 세월이 가도[世] 온 세상의[天下] 법도가[法] 된다[爲]〉로 줄인 것이다.

언이세위천하칙(言而世爲天下則)에서 세(世)는 세세(世世)의 줄임말로 〈세상의 변천〉을 말하고, 칙(則)은 〈표준 준(準)〉과 같아 준칙(準則)의 줄임말로 여기면 된다.

【풀이(繹)】

언이세위천하칙(言而世爲天下則)은 군자지언(君子之言)을 살펴 새기고 헤아려 가늠하게 한다. 군자(君子)는 언행(言行)을 하나[一]로 한다. 말[言] 다르고 행(行) 다르면 소인(小人)일 수밖에 없다. 그래서 군자(君子)는 욕눌언(欲訥言)한다. 군자(君子)의 말씀[言]은 곧 성인(聖人)의 말씀[言] 바로 그것이다. 그래서 군자(君子)는 외성인지언(畏聖人之言)한다. 『논어(論語)』 속에 있는 자왈(子曰)은 모두 군자지언(君子之言)이다. 공자(孔子)로부터 2500년이 더 지났지만, 『논어(論語)』의 자왈(子曰)은 변함없이 사람이라면 걸어가야 할 길[道]을 터주고, 그 도(道)가 곧 사람이 되는 준칙(準則)이 되고 있음을 지금 우리가 징험(徵驗)하고 있다.

특히 공자(孔子)께서 안연(顔淵)에게 전해준 말씀[言]을 상기(想起)하면 왜 성인지언(聖人之言) 즉 군자지언(君子之言)이 언제 어디서나 천하칙(天下則)이 되는지 살펴 새기고 헤아려 깨우칠 수 있다. **비례물시(非禮勿視)하고 비례물청(非禮勿聽)하여 비례물언(非禮勿言)하고 비례물동(非禮勿動)하라**는 자왈(子曰)이야말로 왜 한 인간(人間)에게 생활(生活)의 준칙(準則)이 될 수 있는지 저마다 깨우쳐 가늠할 수 있을 것이다. 예(禮)가 아닌 것[非]이면 보지도[視] 말라[勿]. 이는 인간과 온갖 문물(文物)을 바라볼[視] 때 그것을 바라보는[視] 준칙(準則)이 되는 말씀[言]이다. 예(禮)가 아닌 것[非]이면 듣지도[聽] 말라[勿]. 이는 인간과 온갖 문물(文物)을 들을[聽] 때 그것을 듣는[聽] 준칙(準則)이 되는 말씀[言]이다. 예(禮)가 아닌 것[非]이면 말하지도[言] 말라[勿]. 이는 인간과 온갖 문물(文物)을 말할[言] 때 그것을 말하는[言] 준칙(準則)이 되는 말씀[言]이다. 예(禮)가 아닌 것[非]이면 행동하지[動] 말라[勿]. 이는 인간과 온갖 문물(文物)을 행동할[動] 때 그것을 행동하는[動] 준칙(準則)이 되는 말씀[言]이다. 예(禮)란 위인(爲人) 즉 인간[人]이 되는[爲] 질(質)이기 때문이다.

『예기(禮記)』「곡례(曲禮)」편(篇)에 〈수신천언위지선행(修身踐言謂之善行) 행수언도례지질야(行修言道禮之質也)〉란 말씀이 나온다. 자신[身]을 닦고[修] 말[言]을 실천함[踐]이 선행(善行)이고, 닦은[修] 것을 손수 행(行)하여 도덕을[道] 말함[言]이 예(禮)의 바탕(質)이 된다. 군자(君子)의 모든 말[言]은 언제 어디서나 선행(善行)의 바탕[質]이 됨을 살펴 새기고 헤아려 깨우치게 하는 말씀이 〈언이세위천하칙(言而世爲天下則)〉이다.

註 "자왈(子曰) 비례물시(非禮勿視) 비례물청(非禮勿聽) 비례물언(非禮勿言) 비례물동(非禮勿動)." 공자가[子] 말했다[曰]: 예가[禮] 아니면[非] 쳐다보지 말고[勿視], 예가[禮] 아니면[非] 듣지도 말고[勿聽], 예가[禮] 아니면[非] 말하지 말고[勿言], 예가[禮] 아니면[非] 거동하지도 말라[勿動].

『논어(論語)』「안연(顔淵)」편(篇) 1장(章)

遠之則有望(원지즉유망)

▶ 군자(君子)를[之] 멀리하면[遠] 곧[則] 그리움이[望] 생긴다[有].

멀리할 원(遠), 그것 지(之), 곧 즉(則), 있을 유(有), 바라볼 망(望)

【읽기(讀)】

원지즉유망(遠之則有望)은 〈아원군자(我遠君子) 즉아유망군자(則我有望君子)〉에서 일반주어 아(我)를 생략하고, 군자(君子)를 〈그 지(之)〉로 대신하고, 망군자(望君子)의 군자(君子)를 생략한 구문이다. 〈우리가[我] 군자를[君子] 멀리하면[遠] 곧[則] 우리에게[我] 군자를[君子] 그리워함이[望] 있다[有]〉를 〈그를[之] 멀리하면[遠] 곧[則] 그리워함이[望] 있다[有]〉로 줄인 것이다.

원지즉유망(遠之則有望)에서 원(遠)은 〈멀 요(遙)〉와 같아 요원(遙遠)의 줄임이고, 지(之)는 군자(君子)를 나타내는 지시어 노릇하고, 망(望)은 〈바랄 희(希)〉와 같아 희망(希望)의 줄임말로 여기면 된다.

【풀이(繹)】

원지즉유망(遠之則有望)은 수신(修身)의 본보기[效]를 살펴 새기고 헤아려 가늠하게 한다. 수신(修身)이란 학군자(學君子)로부터 시작하여 수군자(修君子)로 이어지는 행수(行修) 즉 닦음[修]을 실행(實行)하는 것이다. 먼저 군자(君子)의 언행(言行)을 배우고[學] 본받아[學] 터득해[學] 그 언행(言行)을 거듭거듭 익히는 것[修]이 수신(修身)이다. 학(學)은 초습(初習) 즉 처음으로[初] 익힘[習]이고, 수(修)는 중습(重習) 즉 거듭해[重] 익힘[習]이다. 그러니 수신(修身)은 거듭해[重] 군자(君子)를 익힘[習]이다.

원성인(遠聖人) 즉 성인(聖人)이 멀면[遠], 즉 먼 옛 성인(聖人)이라면 군자(君子)는 그 성인(聖人)을 사숙(私淑)하고, 소인(小人)은 그런 성인(聖人)이 있다는 것조차 모른다. 물론 원지즉유망(遠之則有望)을 공자(孔子)의 손자(孫子)인 자사(子思)가 할아버지 공자(孔子)를 사모하는 말씀이라고 설(說)하기도 하지만, 꼭 그렇게 단정(斷定)할 것은 없다. 원지즉유망(遠之則有望)의 망(望)은 『맹자(孟子)』「이루장구(離婁章句) 하(下)」편(篇)에 나오는 **사숙저인(私淑諸人)**이란 말씀을 상기(想起)하면 더욱 절절해진다. 사람들[人]에게 공자(孔子)를 사숙(私淑) 즉 혼자서[私] 사모하여 익힌다[淑]고 맹자(孟子)는 공자(孔子)를 흠모(欽慕)함을 밝히고 있다. 이러한 그리움[欽慕]이 곧 원지즉유망(遠之則有望)의 망(望)이다. 그러므로 성인군자(聖人

君子)를 그리워함[望]은 아무리 세월이 흘러가도 누구나 사숙(私淑)할 수밖에 없음을 살펴 새기고 헤아려 사무치게 하는 말씀이 〈원지즉유망(遠之則有望)〉이다.

註 "군자지택오세이참(君子之澤五世而斬) 소인지택오세이참(小人之澤五世而斬) 여미득위공자도야(予未得爲孔子徒也) 여사숙저인야(予私淑諸人也)." 군자의[君子之] 은택도[澤] 오세면[五世而] 끊기고[斬], 소인의[小人之] 은택도[澤] 오세면[五世而] 끊어진다[斬]. 나는[予] 공자의[孔子] 문도가[徒] 될[爲] 수 없지만[未得], 나는[予] 사람들[人]에게서 공자를[諸] 혼자서[私] 사모하여 익히는 것[淑]이다[也].

여기서 군자(君子)는 요순우탕(堯舜禹湯)같이 천자(天子)의 위(位)를 갖춘 성인(聖人)을 말하고, 소인(小人)은 범인(凡人)의 소인(小人)이 아니라 천자(天子)의 위(位)가 없어도 성인(聖人)의 위(位)에 있는 공자(孔子)를 뜻한다고 보면 문맥(文脈)이 이어진다. 왜냐하면 이른바 소인(小人)에게는 본래부터 은택(恩澤)이란 없기 때문이다.

『맹자(孟子)』「이루장구(離婁章句) 하(下)」편(篇) 22장(章)

近之則不厭(근지즉불염)

▶ 군자(君子)를[之] 가까이하면[近] 곧[則] 싫증나지 않는다[不厭].

가까울 근(近), 그 지(之), 곧 즉(則), 아닐 불(不), 싫어할 염(厭)

【읽기(讀)】

근지즉불염(近之則不厭)은 〈아근군자(我近君子) 즉아불염군자(則我不厭君子)〉에서 일반주어 노릇할 아(我)를 생략하고, 군자(君子)를 〈그 지(之)〉로 대신하고, 불염군자(不厭君子)의 군자(君子)를 생략한 구문이다. 〈우리가[我] 군자와[君子] 근친하면[近] 곧[則] 우리는[我] 군자를[君子] 싫어하지 않는다[不厭]〉 이를 〈그를[之] 근친하면[近] 곧[則] 싫어지지 않는다[不厭]〉로 줄인 것이다.

근지즉불염(近之則不厭)에서 근(近)은 〈가까울 친(親)〉과 같아 근친(近親)의 줄임이고, 지(之)는 군자(君子)를 나타내는 지시어 노릇하고, 염(厭)은 〈싫어할 오(惡)〉와 같아 염오(厭惡)의 줄임말로 여기면 된다.

【풀이(繹)】

근지즉불염(近之則不厭) 역시 공자(孔子)의 손자(孫子)인 자사(子思)가 할아버지를 사모하는 말씀이라고 설(說)하기도 하지만, 꼭 그렇게 단정(斷定)해서 읽어야 하는 것은 아니다. 오히려 『맹자(孟子)』「공손추장구(公孫丑章句) 상(上)」편(篇)에 나오는 **학불염(學不厭)·교불권(教不倦)**이란 말씀을 상기(想起)하여 살피면 근지즉불염(近之則不厭)의 불염(不厭)이 간직한 깊은 뜻을 사무쳐 깨달을 수도 있다.

배우기[學]를 염증내지 않는[不厭] 선생(先生)을 가까이 모시면 처음 새로 익힐 것[習]을 본받게[學] 되고, 선생(先生)을 닮아 그 제자도 배우며 살아가는 사람[學人]이 되게 마련이다. 학불염(學不厭)의 스승 밑에는 학불염(學不厭)의 문인(門人)이 뒤따르게 되는 것이다. 무릇 성인군자(聖人君子)는 학불염(學不厭)의 스승이니, 그 스승은 지변화지도자(知變化之道者)이기 때문에 문하(門下)들로 하여금 변화(變化)의 도(道)를 아는[知] 학인(學人)이 되게 한다. 변화의[變化之] 도(道)를 아는[知] 자(者), 곧 성인군자(聖人君子)의 문도(門徒)이다. 그런 성인군자(聖人君子)를 가까이서 모실 수 있다면 어찌 염증(厭症)을 내겠는가? 염증(厭症)이란 변화(變化)가 없는 삶이 겪게 마련인 병(病)이다. 따라서 변화(變化)의 도(道)를 알아서[知] 삶을 누리는 자(者)에게는 그런 염증(厭症)이란 없다. 성인군자(聖人君子)를 근친(近親)하면 누구나 **일신성덕(日新盛德)**의 삶을 누릴 수 있게 되고, **일일신(日日新)**의 삶을 누릴 수 있기 때문에 불염(不厭)의 삶을 중용지도(中庸之道)로 누릴 수 있음을 살펴 새기고 헤아려 깨우치게 하는 말씀이 〈근지즉불염(近之則不厭)〉이다.

註 "공자왈(孔子曰) 성즉오불능(聖則吾不能) 아학불염(我學不厭) 이교불권(而教不倦) 자공왈(子貢曰) 학불염지야(學不厭智也) 교불권인야(教不倦仁也) 인차지(仁且智) 부자기성의(夫子旣聖矣)." 공자께서[孔子] 가로되[曰]: 성인이라면[聖則] 나는[吾] 그리될 수 없다[不能]. 나는[我] 배우기를[學] 싫어하지 않았고[不厭], 그리고[而] 가르치기를[教] 게을리하지 않은 것[不倦]이다[也]. 자공이[子貢] 아뢰었다[曰]: 배우기를[學] 싫어하지 않음은[不厭] 슬기로움[智]인 것이고[也], 가르치기를[教] 지겨워하지 않음은[不倦] 어진 것[仁]이며[也], 어지시면서[仁] 또[且] 지혜로우시니[智] 선생님께서는[夫子] 이미[旣] 성인[聖]이십니다[矣].

『맹자(孟子)』「공손추장구(公孫丑章句) 상(上)」 2장(章)

註 "고만물이불여성인동우(鼓萬物而不與聖人同憂) 성덕대업지의재(盛德大業至矣哉) 부유지위대업(富有之謂大業) 일신지위성덕(日新之謂盛德) 생생지위역(生生之謂易)." 만물을[萬物] 고무시키면서[鼓而] 성인과[聖人] 더불어[與] 함께[同] 걱정하지 않고[不憂], 덕을[德] 쌓고 쌓아[盛] 업적을[業] 크게 함이[大] 지극한 것[至]이로다[矣哉]. 만물의 풍성함[富有]을[之] 대업이라[大業]

하고[謂], 날마다 새로움[日新]을[之] 성덕이라[盛德] 하며[謂], 낳고 낳음[生生]을[之] 역이라[易] 한다[謂]. 『주역(周易)』「계사전(繫辭傳) 상(上)」 5단락(段落)

註 "탕지반명왈(湯之盤銘曰) 구일신(苟日新) 일일신(日日新) 우일신(又日新)." 탕의[湯之] 대야에[盤] 새겨진 글이[銘] 말하기를[曰]: 진실로[苟] 하루가[日] 새롭고[新], 나날이[日日] 새롭고[新], 또[又] 하루가[日] 새롭다[新]. 『대학(大學)』「전문(傳文)」 2장(章)

【4단락(段落) 전문(全文)】

詩曰 在彼無惡하고 在此無射이라 庶幾夙夜하여 以永終譽라
시왈 재피무오 재차무역 서기숙야 이영종예

君子未有不如此而蚤有譽於天下者也이라
군자미유불여차이조유예어천하자야

『시경(詩經)』의 시(詩)가 이르기를: 저쪽에도 미워함이 없고, 이쪽에도 싫어함이 없다. 바라노니 새벽부터 밤까지 일하여 영영 끝내 명예롭기를.
군자에게 이렇게 하지 않고서 일찍이 세상에서 명예를 얻었던 일은 아직 없는 것이다.

詩曰(시왈) 在彼無惡(재피무오) 在此無射(재차무역) 庶幾夙夜(서기숙야) 以永終譽(이영종예)

▶ 『시경(詩經)』의 시(詩)가 이르기를[曰]: 저쪽[彼]에도[在] 미워함이[惡] 없고[無], 이쪽[此]에도[在] 싫어함이[射] 없다[無]. 바라노니[庶幾] 새벽부터[夙] 밤까지[夜] 일하여[以] 영영[永] 끝내[終] 명예롭기를[譽].

시경 시(詩), 가로되 왈(曰), 조사 재(在), 저 피(彼), 없을 무(無), 싫어할 오(惡), 이 차(此), 싫어할 역(射), 여러 서(庶), 가까울 기(幾), 이를 숙(夙), 밤 야(夜), 할 이(以), 오랠 영(永), 끝내 종(終), 명예로울 예(譽)

【읽기(讀)】

시왈(詩曰)의 시(詩)는 『시경(詩經)』 「주송(周頌) 신공지습(臣工之什)」에 들어 있는 〈진로(振鷺)〉를 말한다. 왈(曰)은 〈이를 운(云)〉과 같으니 시왈(詩曰)은 시운(詩云)과 같다. 〈시경(詩經)의 시가[詩] 이르기를[曰]〉이라고 옮기면[譯] 된다.

재피무오(在彼無惡) 재차무역(在此無射)은 「주송(周頌) 신공지습(臣工之什)」에 있는 이 시의 3장(章)의 시구(詩句)이다. 재피(在彼)와 재차(在此)는 무(無)를 꾸며주는 부사(副詞) 노릇하고, 재(在)는 사언(四言)을 맞추기 위한 뜻 없는 조사(助詞) 노릇하며, 무(無)는 〈없을 무(無)〉로 자동사 노릇하고, 오(惡)와 역(射)은 무(無)의 주어(主語) 노릇한다고 보면 시의(詩意)가 드러난다. 각각 〈싫어할 오(惡)〉, 〈싫어할 역(射)〉이다.

서기숙야(庶幾夙夜) 이영종예(以永終譽)는 「주송(周頌) 신공지습(臣工之什)」에 있는 이 시의 4장(章)의 시구(詩句)이고, 이 시의 종장(終章)이다. 서기숙야(庶幾夙夜) 이영종예(以永終譽)는 시장(詩章)의 두 시구(詩句)이지만, 이 시구(詩句)를 〈서기영종예이숙야(庶幾永終譽以夙夜)〉의 평서문(平敍文)으로 여기고 〈새벽부터 밤늦게까지 제사를[夙夜] 올려[以] 영원히[永終] 기림 받기를[譽] 바라네[庶幾]〉라고 옮기면[譯] 시의(詩意)가 잡힌다. 서기숙야(庶幾夙夜)의 서기(庶幾)는 소망(所望)한다는 뜻이고, 숙야(夙夜)는 새벽부터 밤늦게까지 조제(助祭) 즉 제(祭)를 도움[助]을 뜻한다. 이영종예(以永終譽)의 이(以)는 〈할 위(爲)〉와 같고, 〈이숙야(以夙夜)〉에서 사언(四言)의 시행(詩行)을 짓기 위해 숙야(夙夜)를 도치(倒置)하여 서기숙야(庶幾夙夜)로 한 것이며, 영종(永終)은 영원(永遠)과 같고, 예(譽)는 〈기릴 영(榮)〉과 같아 영예(榮譽)의 줄임말로 여기면 된다.

【풀이(繹)】

재피무오(在彼無惡) 재차무역(在此無射)에서 재피(在彼)의 피(彼)는 하(夏)나라 후손(後孫)인 기(杞)나라 제후(諸侯)를 말하고, 재차(在此)의 차(此)는 은(殷)나라 후손(後孫)인 송(宋)나라 제후(諸侯)를 말한다고 『모시서(毛詩序)』가 밝히고 있다. 재피무오(在彼無惡)는 기(杞)의 제후(諸侯)가 조상(祖上)인 하(夏)의 우왕(禹王)을 성인군자(聖人君子)로 받들어 흠모(欽慕)함을 노래한 것이고, 재차무역(在此無射)은 송(宋)의 제후(諸侯)가 은(殷)의 탕왕(湯王)을 성인군자(聖人君子)로 받들어 흠모(欽慕)함을 노래한 것임을 알 수 있다. 따라서 기(杞)와 송(宋)의 제후(諸侯)가 먼 먼 옛날의 우(禹)·탕(湯)을 성인군자(聖人君子)로 모시고 숙야(夙夜) 즉 제사(祭祀)를 올림은 〈원지즉유망(遠之則有望)〉 바로 그것임을 살펴 새기고 헤아려 가늠할 수 있을 것이다. 따라서 원지즉유망(遠之則有望)의 유망(有望)을 하나의 실례(實例)로 든 말씀이 〈서기숙야(庶幾夙夜) 이영종예(以永終譽)〉이다.

君子未有不如此而蚤有譽於天下者也(군자미유불여차이조유예어천하자야)

▶ 군자에게[君子] 이와[此] 같이 하지 않고서[不如而] 일찍이[蚤] 세상에서[於天下] 명예를[譽] 얻었던 일은[有] 아직 없는[未有] 것[者]이다[也].

클 군(君), 존칭 자(子), 아닐 미(未), 있을 유(有), 않을 불(不), 같이 할 여(如), 이 차(此), 그래서 이(而), 일찍 조(蚤), 가질 유(有), 명예 예(譽), ~에서 어(於), 것 자(者), 조사(~이다) 야(也)

【읽기(讀)】

군자미유불여차이조유예어천하자야(君子未有不如此而蚤有譽於天下者也)에서 군자(君子)는 미유(未有)를 꾸며주는 부사(副詞) 노릇하고, 불여차이조유예어천하(不如此而蚤有譽於天下)는 자(者)를 꾸미는 형용사절 노릇하고, 자(者)는 미유(未有)의 주어 노릇하며, 야(也)는 종결어미 조사(助詞 : ~이다) 노릇한다고 보면 문의(文意)가 드러난다. 〈군자에게[君子] 불여차이조유예어천하(不如此而蚤有譽於天下)한 적은[者] 아직 없었던 것[未有]이다[也]〉면 문맥이 잡힌다. 그러므로 군자미유자야(君子未有者也)가 군자미유불여차이조유예어천하자야(君子未有不如此而蚤有譽於天下者也)의 골격이 되는 셈이다. 미유(未有)는 〈없을 무(無)〉와 같다고 여기면 되고, 조(蚤)는 〈일찍이 조(早)〉와 같다.

【풀이(繹)】

군자미유불여차이조유예어천하자야(君子未有不如此而蚤有譽於天下者也)는 성인(聖人)을 흠모(欽慕)하여 본받아[效] 수기(修己)하지 않고서는 어느 누구도 군자(君子), 즉 변화지도(變化之道)를 알아[知] 도덕(道德) · 인의(仁義)를 지행(知行)하는 군자(君子)가 될 수 없음을 살펴 새기고 헤아려 깨우치게 한다. 말하자면 공자(孔子)께서 요순(堯舜)을 〈원지즉유망(遠之則有望)〉으로 조술(祖述)하여 도덕인의(道德仁義)의 길[道]을 터놓은 성인(聖人)이 되었고, 맹자(孟子)는 〈원지즉유망(遠之則有望)〉으로써 공자(孔子)를 본받아[效] 아성(亞聖)이 되었음을 사무치게 하는 말씀이 〈군자미유불여차이조유예어천하자야(君子未有不如此而蚤有譽於天下者也)〉이다.

성인(聖人)과 대덕(大德)

두 단락(段落)으로 이루어져 있는 30장(章)은 공자지교(孔子之教)의 시원(始原)을 살펴 새기고 헤아려 가늠하게 하면서 공자(孔子)가 성인(聖人)인 까닭을 천지(天地)의 대덕(大德)을 들어 밝힌다.

【1단락(段落) 전문(全文)】

仲尼께서는 祖述堯舜하시고 憲章文武하시며 上律天時하시고
중니 조술요순 헌장문무 상률천시

下襲水土하시니라 辟如天地之無不持載하고 無不覆幬한다
하습수토 비여천지지무부지재 무불부도

辟如四時錯行하고 如日月之代明한다
비여사시착행 여일월지대명

중니는 요임금과 순임금을 조종으로 이어받고, 문왕과 무왕의 법도를 밝혔으며, 위로는 하늘의 때를 법으로 삼았고, 아래로는 물과 흙의 이치를 좇았다. 비유하건대 천지에 잡아주고 실어주지 않음이 없는 것과 같고, 덮어주고 감싸주지 않음이 없는 것과 같다. 비유하건대 계절이 번갈아 운행함과 같고, 해와 달이 번갈아 밝혀줌과 같다.

仲尼祖述堯舜(중니조술요순)

▶ 중니는[仲尼] 요임금과[堯] 순임금을[舜] 조종으로 삼아[祖] {요순(堯舜)의 심법(心法)을} 이어받았다[述].

버금 중(仲), 중 니(尼), 조상 조(祖), 이어 좇을 술(述), 요임금 요(堯), 순임금 순(舜)

【읽기(讀)】

중니조술요순(仲尼祖述堯舜)은 〈중니조요순(仲尼祖堯舜) 이중니술요순(而仲尼述堯舜)〉에서 되풀이되는 내용인 중니(仲尼)와 요순(堯舜) 한쪽을 생략한 구문이다. 〈중니는[仲尼] 요순을[堯舜] 조종으로 삼았다[祖]. 그리고[而] 중니는[仲尼] 요순을[堯舜] 이어 좇았다[述]〉 이를 〈중니는[仲尼] 요순을[堯舜] 조종으로 삼아[祖] 이어 좇았다[述]〉로 줄인 것이다.

중니조술요순(仲尼祖述堯舜)에서 중니(仲尼)는 공자(孔子)의 자(字)이고, 조(祖)는 〈뿌리 본(本) · 본받을 법(法) · 익힐 습(習)〉 등과 같아 〈뿌리로 삼아 본받고 익힐 조(祖)〉이며, 술(述)은 〈좇을 순(循)〉과 같아 순술(循述)의 줄임말로 여기면 된다.

【풀이(繹)】

중니조술요순(仲尼祖述堯舜)은 공자지교(孔子之教)의 시원(始源)을 살펴 새기고 헤아려 가늠하게 한다. 공자(孔子)의 심법(心法)은 요순(堯舜)으로부터 시작(始作)한다. 그 심법(心法)은 요(堯)가 순(舜)께 전(傳)한 것으로 『논어(論語)』「요왈(堯曰)」편(篇)에 **윤집기중(允執其中)**이라 나오고, 요(堯)의 심법(心法)을 전수(傳授)한 순(舜)이 우(禹)에게 전(傳)한 심법(心法)은 『서경(書經)』「우서(虞書) 대우모(大禹謨)」편(篇)에 **윤집궐중(允執厥中)**이라고 나온다. 그러므로 공자(孔子)께서 요순(堯舜)으로부터 전수(傳受)한 심법(心法)의 시원(始源)은 **윤집기중(允執其中)**이라 말할 수 있다. 이를 전수(傳受)하여 공자(孔子)께서 **중용지위덕(中庸之爲德)**이라고 『논어(論語)』「옹야(雍也)」편(篇)에서 전술(傳述)한 것이다. 『논어(論語)』에 공자(孔子)께서 〈중용(中庸)〉이란 말씀을 딱 한 번 하였다. 그러므로 유가(儒家)의 심법(心法)은 요순우(堯舜禹)로부터 전술(傳述)된 것이다.

중니조술요순(仲尼祖述堯舜)의 조술(祖述)이란 〈종전인지소위(宗前人之所爲)하여 봉전인지소위(奉前人之所爲)함〉이다. 옛사람이[前人之] 행했던 바를[所爲] 마루로 삼아[宗] 받들어 모심[奉]이 곧 조술(祖述)이다. 공자(孔子)께서는 요순(堯舜)을 모든 가르침의 조(祖) 즉 뿌리[本]로 삼아 받들고 이어 좇았다[述]. 조(祖)란 종(宗) 즉 대본(大本)을 본받아[法] 익힘[習]이다. 그러므로 공자(孔子)께서 요순(堯舜)을 으뜸 가는[宗] 뿌리[本]로 삼아 요순(堯舜)의 심법(心法)을 시원(始原)으로 삼고, 우(禹)·탕(湯)을 거쳐 문왕(文王)·주공(周公)으로 이어진 심법(心法)을 전술(傳述)했음을 밝힌 말씀이 〈중니조술요순(仲尼祖述堯舜)〉이다.

註 "요왈(堯曰) 자(咨) 이순(爾舜) 천지력수재이궁(天之曆數在爾躬) 윤집기중(允執其中)." 요임금이[堯] 가로되[曰]: 아[咨] 여보게[爾] 순[舜] 하늘의[天之] 역수가[曆數] 자네[爾] 자신에게[躬] 있네[在]. 진실로[允] 그[其] 중을[中] 지켜야 하네[執].

역수(曆數)는 하늘이 정해준 임금이 될 차례를 뜻한다.

『논어(論語)』「요왈(堯曰)」편(篇) 1장(章)

註 "인심유위(人心惟危) 도심유미(道心惟微) 유정유일(惟精惟一) 윤집궐중(允執厥中) 무계지언(無稽之言) 물청(勿聽) 불순지모(弗詢之謀) 물용(勿庸)." 사람의 마음은[人心] 오직[惟] 위태롭고[危], 도의 마음은[道心] 오직[惟] 미세하니[微], 그[厥] 중정을[中] 진실로[允] 지켜라[執]. 근거가[稽] 없는[無之] 말을[言] 듣지 말고[勿聽] 상의하지 않은[不詢之] 계략은[謀] 쓰지 말라[勿庸].

유(惟)는 여기선 조사(助詞)로 〈오직 유(唯)〉와 같다고 여기면 된다.

『서경(書經)』「우서(虞書) 대우모(大禹謨)」편(篇) 2단락(段洛)

註 "중용지위덕야(中庸之爲德也) 기지의호(其至矣乎) 민선구의(民鮮久矣)." 중용(中庸)이란[也] 덕이[德] 됨[爲]이다[也]. 그것은[其] 지극함[至]이로다[矣乎]! 사람들이[民] {중용(中庸)을} 소홀히 한 지[鮮] 오래[久]이다[矣]. 『논어(論語)』「옹야(雍也)」편(篇) 27장(章)

憲章文武(헌장문무)

▶ {중니(仲尼)는} 문왕과[文] 무왕의[武] 법을[憲] 밝혀 지켰다[章].

법 헌(憲), 밝힐 장(章), 문왕 문(文), 무왕 무(武)

【읽기(讀)】

헌장문무(憲章文武)는 〈중니장문무지헌(仲尼章文武之憲)〉에서 주어 노릇할 중니(仲尼)를 생략하고, 문무지헌(文武之憲)에서 헌(憲)을 맨 앞으로 전치(前置)하고 남은 조사(助詞: ~의) 지(之)를 삭제(削除)한 구문이다.

헌장문무(憲章文武)에서 헌(憲)은 〈법 법(法)·바를 정(正)·정성 성(誠)〉 등과 통하니 여기선 〈법(法) 헌(憲)〉으로 새기면 되고, 장(章)은 〈밝힐 명(明)·지킬 수(守)〉 등과 같아 〈지켜 밝힐 장(章)〉으로 여기면 되며, 문(文)은 주(周)나라 문왕(文王)을 말하고, 무(武)는 주(周)나라 무왕(武王)을 말한다.

【풀이(繹)】

헌장문무(憲章文武)는 앞 28장(章) 5단락(段落)에서 살폈던 오종주(吾從周)를 다시금 떠올려 깨우치게 한다. 공자(孔子)께서 문무지헌(文武之憲) 즉 문무지법제(文武之法制)를 따라[從] 지켜[守] 밝혔음[明]을 헌장문무(憲章文武)의 헌장(憲章)으로 더 분명하게 알 수 있을 것이다. 헌장문무(憲章文武)란 〈수문무지법제(守文武之法制)〉를 말한다. 물론 헌장문무(憲章文武)의 헌장(憲章) 역시 오종주(吾從周)의 종(從)과 마찬가지로 온고이지신(溫故而知新)과 술이부작(述而不作)이란 자왈(子曰)을 명심(銘心)하고 관완(觀玩)하여 의단(擬斷)해야 한다. 왜냐하면 오종주(吾從周)의 종(從)과 헌장문무(憲章文武)의 헌장(憲章)은 공자(孔子)께서 넓힌 전술(傳述)이기 때문이다.

군자(君子)는 이러한 전술(傳述)을 따라 존덕성(尊德性)·도문학(道問學)·도중용(道中庸)하여 군자지도(君子之道)를 넓히고 가늠하게 한다. 종주(從周)하고 헌장(憲章)한다고 하여 그냥 그대로 본뜨는[模] 것이 아님을 술이부작(述而不作)의 부작(不作)이 뜻함을 명심(銘心)하여 오종주(吾從周)의 자왈(子曰) 그리고 자사(子思)가 밝힌 헌장문무(憲章文武)의 헌장(憲章)을 음미(吟味)해야 한다. 조술(祖述)의 술(述)이란 술이부작(述而不作)의 술(述)과 같고, 헌장문무(憲章文武)의 헌장(憲章)은 명수문무지법제(明守文武之法制)를 뜻해 문왕과 무왕의[文武之] 예악문물(禮樂文物) 제도(制度)를 살펴 새기고 헤아려 가늠하게 하는 말씀이 〈헌장문무(憲章文武)〉이다.

註 "주감어이대(周監於二代) 욱욱호문재(郁郁乎文哉) 오종주(吾從周)." 주나라는[周] {하(夏)나라·은(殷)나라의} 이대를[於二代] 살펴 본떠[監] 문물제도가[文哉] 빛나고 빛나도다[郁郁乎]! 나는[吾] 주를[周] 따른다[從]. 『논어(論語)』「팔일(八佾)」편(篇) 14장(章)

註 "온고이지신(溫故而知新) 가이위사의(可以爲師矣)." 옛 것을[故] 충분히 알고[溫而] 새 것을[新] 앎[知]으로써[以] 스승이[師] 될 수 있는 것[可爲]이다[矣].

『논어(論語)』「위정(爲政)」편(篇) 11장(章)

註 "자왈(子曰) 술이부작(述而不作) 신이호고(信而好古) 절비어아노팽(竊比於我老彭)." 공자께서[子] 가로되[曰]: 전해온 바를 풀이했지[述而] (내 마음대로) 짓지 않았다[不作]. 옛 것을[古] 믿고[信而] 좋아한다[好]. (이런 점만은) 나는[竊] 나와[於我] 노팽을[老彭] 견주겠다[比].

『논어(論語)』「술이(述而)」편(篇) 1장(章)

註 "법어지언(法語之言) 능무종호(能無從乎) 개지위귀(改之爲貴) 손여지언(巽與之言) 능무열호(能無說乎) 역지위귀(繹之爲貴) 열이불역(說而不繹) 종이불개(從而不改) 오미여지하야이의(吾未如之何也已矣)." 올바른[法語之] 말씀을[言] 따르지[從] 않을 수 있을 것[能無]인가[乎]? (그러나) 그 말씀을[之] 고쳐봄이[改] 귀중한 것[貴]이다[爲]. 타이르는[巽與之] 말씀을[言] 좋아하지[說] 않을 수 있을 것[能無]인가[乎]? (그러나) 그 말씀을[之] 새로 풀이함이[繹] 귀중한 것[貴]이다[爲]. 좋아만 하면서[說而] 새로 풀이해보지 않고[不繹] 좋아 따르면서[從而] 고쳐보려고 하지 않는다면[不改] 나도[吾] 어찌 해볼 수 없는 것[未如之何]뿐이다[也已矣].

이 말씀을 통해 공자의 회인관(誨人觀) 즉 공자께서 사람[人]을 일깨워 스스로 새기고 헤아려 터득하게 일깨워주는[誨] 관점[觀]을 알 수 있다. 『논어(論語)』「자한(子罕)」편(篇) 23장(章)

上律天時(상률천시)

▶{중니(仲尼)는} 위로는[上] 하늘의[天] 때를[時] 법으로 따랐다[律].

위로 상(上), 법 률(律), 하늘 천(天), 때(사철) 시(時)

【읽기(讀)】

상률천시(上律天時)는 〈중니상률천시(仲尼上律天時)〉에서 되풀이되는 중니(仲尼)를 생략한 구문이다. 상률천시(上律天時)의 율(律)은 〈법 법(法)〉과 같아 율법(律法)의 줄임이고, 시(時)는 시절(時節) 즉 사계(四季)로 여기면 문의(文意)가 분명해진다.

【풀이(繹)】

상률천시(上律天時)는 사천(事天) · 순천(順天) · 응천(應天)을 살펴 새기고 헤아려 깨우치게 한다. 하늘[天]을 섬겨라[事]. 이는 천명(天命) 즉 천(天)이 가르쳐[敎] 시키는[令] 것[命]을 외면하거나 어기지 말라 함이다. 만물(萬物)이 천명(天命)을 받고 천도(天道)가 행함을 일러 〈춘작하장(春作夏長) · 추렴동장(秋斂冬藏)〉이라 한다. 봄[春]이면 싹트고[作], 여름[夏]이면 자라고[長], 가을[秋]이면 열매를 맺어 거두고[斂], 겨울[冬]이면 후손을 잇는 씨앗으로 물러가는[藏] 하늘의 명(命)을 어느 것이나 어길 수 없다. 이를 두고 공자(孔子)께서 **천무사부(天無私覆)**라고 하였다. 사람이 살 수 있게 해주는 먹거리도 천시(天時)를 벗어날 수 없으니 상률천시(上律天時)의 율(律)은 『논어(論語)』「향당(鄕黨)」편(篇)에 나오는 **공자(孔子)의 식사(食事)**를 상기(想起)시키기도 한다.

물론 사람의 일생을 생로병사(生老病死)라 하지만, 그것 또한 일년초(一年草)가 따라가는 춘하추동(春夏秋冬)의 한 둘레길의 천시(天時)이다. 이런 천시(天時)의 명(命)은 복종해야 하는 명령(命令)이 아니라 하늘의 도(道)를 따라가는[順] 교(敎)이고 영(令)이다. 그래서 사천(事天)은 곧 순천(順天)으로 이어진다. 순천(順天)의 순(順)은 어쩔 수 없는 따름[順]이 아니라 기꺼이 응(應)하는 따름이기 때문에 사천(事天) · 순천(順天) · 응천(應天)은 만물(萬物)로 하여금 하늘을 섬겨[事] 따르고[順] 응하게[應] 하는 천도(天道)이다. 천도(天道)란 하늘[天]이 가르치고[敎] 이끌어주는[導] 이치[理]이며 경천(敬天)의 줄거리이다. 이런 천도(天道)가 만물(萬物)에 두루 행(行)하는 법(律)을 어기지 말고 본받고 따라야[律] 함을 공자(孔子)께서 밝힌 천지사상(天地思想)의 천(天)을 빌려 살펴 새기고 헤아려 가늠하게 하는 말씀이 〈상률천시(上律天時)〉이다.

註 "공자왈(孔子曰) 천무사부(天無私覆) 지무사재(地無私載) 일월무사조(日月無私照) 봉사삼자이로천하(奉斯三者以勞天下) 차지위삼무사(此之謂三無私)." 공자께서[孔子] 가로되[曰]: 하늘은[天] 사사로이[私] 덮어주지[覆] 않고[無], 땅은[地] 사사로이[私] 실어주지[載] 않으며[無], 일월은[日月] 사사로이[私] 비춰주지[照] 않는다[無]. 이[斯] 셋을[三者] 받듦[奉]으로[以] 천하를[天下] 애쓴다면[勞] 이를[此之] 삼무사라[三無私] 한다[謂].

『예기(禮記)』「공자한거(孔子閒居)」편(篇) 7단락(段落)

註 "사불염정(食不厭精) 회불염세(膾不厭細) 사의이애(食饐而餲) 어뇌이육패(魚餒而肉敗) 불식(不食) 색악불식(色惡不食) 취악불식(臭惡不食) 실임불식(失飪不食) 불시불식(不時不食) …… 수소사(雖疏食) 채갱(菜羹) 과(瓜) 제(祭) 필재여야(必齋如也)." 먹거리는[食] 정성된 것을[精] 싫어하지 않았고[不厭], 회는[膾] 가늘게 썬 것을[細] 싫어하지 않았으며[不厭], 먹거리가[食] 쉬어서[饐而] 냄새가 나거나[餲] 생선이[魚] 썩거나[餒而] 고기가[肉] 뭉그러지면[敗] 먹지 않았고[不食], 빛깔이[色] 나빠도[惡] 먹지 않았고[不食], 냄새가[臭] 나빠도[惡] 먹지 않았고[不食], 알맞게 익지 않은 것을[失飪] 먹지 않았으며[不食], 제철이 아닌 것이면[不時] 먹지 않았다[不食]. …… 비록[雖] 간소한 밥[疏食] 야채국[菜羹] 오이라도[瓜] 고수레를 하고[祭] 반드시[必] 엄숙했던 것[齋如]이다[也].

食는 여기서 〈먹거리 사(食)〉, 〈먹을 식(食)〉으로 모두 쓰이므로 주의한다.

『논어(論語)』「향당(鄕黨)」편(篇) 8장(章)

下襲水土(하습수토)

▶ {중니(仲尼)는} 아래로는[下] 물과[水] 흙을[土] 이어 좇았다[襲].

아래 하(下), 이어 좇을 습(襲), 물 수(水), 흙 토(土)

【읽기(讀)】

하습수토(下襲水土)는 〈중니하습수토(仲尼下襲水土)〉에서 되풀이되는 중니(仲尼)를 생략한 구문이다. 하습수토(下襲水土)의 습(襲)은 〈이을 계(繼)〉와 같고, 수(水)는 수리(水理), 토(土)는 토리(土理)의 줄임말로 여기면 문의(文意)가 드러난다.

【풀이(繹)】

하습수토(下襲水土) 역시 사천(事天) · 순천(順天) · 응천(應天)을 살펴 새기고 헤아려 깨우치게 한다. 사천(事天)은 인지사천지(人之事天地)의 줄임이니 하늘[天]만을 섬기라[事] 함이 아니라 하늘 땅[天地]을 사(事)하라 함이고, 순천(順天) 역시 인지순천지(人之順天地)의 줄임이니 천(天)만을 따르라[順] 함이 아니라 하늘 땅[天地]을 순(順)하라 함이며, 응천(應天) 또한 인지응천지(人之應天地)의 줄임으로 천(天)만을 응하라[應] 함이 아니라 하늘 땅[天地]을 응(應)하라 함이기 때문이다.

천명사상(天命思想)이란 천명(天命)과 지명(地命)을 본받아[法] 섬기고[事] 따르고[順] 응해야[應] 인(人)의 용사(用事) 즉 만물(萬物)을 쓸[用] 수 있음을 밝히는 사상(思想)이다. 공자(孔子)께서는 이러한 천지인(天地人)을 융화(融和)하는 천명사상(天命思想)을 집대성(集大成)하여 유교(儒敎)의 도(道)를 넓혔다. 그러므로 하습수토(下襲水土)의 습수토(襲水土)란 〈습수리(襲水理)〉와 〈습토리(襲土理)〉로 살펴 새기고 헤아려 가늠하게 한다. 물[水]의 이치[理]와 흙[土]의 이(理)를 이어 좇아 본받음[法]을 뜻함이 곧 〈이을 습(襲)〉이다. 사람과 더불어 만물(萬物)은 이러한 습수리(襲水理)를 벗어나 생사(生死)를 누릴 수 없다. 이를 공자(孔子)께서는 **지무사재(地無私載)**라고 밝혔다.

하습수토(下襲水土)의 수리(水理)도 지무사재(地無私載)의 지도(地道)를 떠날 수 없고 토리(土理) 또한 그 무사재(無私載)를 떠날 수 없으니, 이런 지도(地道)의 명(命)은 복종해야 하는 명령(命令)이 아니라 땅[地]의 도(道)를 따라가는[順] 교(敎)이고 영(令)이다. 그러므로 사지(事地)는 곧 순지(順地)로 이어진다. 순지(順地)의 순(順) 또한 어쩔 수 없는 따름[順]이 아니라 기꺼이 응(應)하는 따름이므로 사지(事地) · 순지(順地) · 응지(應地)도 만물(萬物)로 하여금 땅[地]을 섬겨[事] 따르고[順] 응하게[應] 하는 지도(地道)이다. 지도(地道)란 것 역시 땅[地]이 가르치고[敎] 이끌어주는[導] 이치[理]이고, 경천지(敬天地)의 줄거리이다. 이런 지도(地道)가 만물(萬物)에 두루 행(行)하는 이치(理致)를 어기지 말고 본받고 이어야[襲] 함을 공자(孔子)께서 밝힌 말씀이 〈하습수토(下襲水土)〉이다.

註 "공자왈(孔子曰) 천무사부(天無私覆) 지무사재(地無私載) 일월무사조(日月無私照) 봉사삼자이로천하(奉斯三者以勞天下) 차지위삼무사(此之謂三無私)." 공자께서[孔子] 가로되[曰]: 하늘은[天] 사사로이[私] 덮어주지[覆] 않고[無], 땅은[地] 사사로이[私] 실어주지[載] 않으며[無], 일월은[日月] 사사로이[私] 비추어주지[照] 않는다[無]. 이[斯] 셋을[三者] 받듦[奉]으로[以] 천하를[天下] 애쓴다면[勞] 이를[此之] 삼무사라고[三無私] 한다[謂].

『예기(禮記)』「공자한거(孔子閒居)」편(篇) 7단락(段落)

辟如天地之無不持載(비여천지지무부지재) 無不覆幬(무불부도)

▶ 비유하건대[辟] {중니(仲尼)의 도(道)는} 천지가[天地之] 잡아주고

[持] 실어주지[載] 않음이[不] 없고[無], 덮어주고[覆] 감싸주지[幬] 않음이[不] 없는 것과[無] 같다[如].

비유할 비(辟), 같을 여(如), 조사(~가) 지(之), 없을 무(無), 잡아줄 지(持), 실어줄 재(載), 덮을 부(覆), 감싸줄 도(幬)

【읽기(讀)】

비여천지지무부지재(辟如天地之無不持載) 무불부도(無不覆幬)는 〈비중니지도여무지지부지재(辟仲尼之道如無地之不持載) 이비중니지도여무천지불부도(而辟仲尼之道如無天之不覆幬)〉에서 앞 문맥으로 보충할 수 있는 중니지도(仲尼之道)를 생략하고, 되풀이되는 여무(如無)의 여(如)와 비(辟)를 생략하고, 지지(地之)와 천지(天之)를 천지지(天地之)로 묶어 무(無) 앞으로 전치(前置)하여 줄인 구문이다. 〈비유컨대[辟] 중니의[仲尼之] 도는[道] 땅이[地之] 잡아주고[持] 실어주지[載] 않는 것이[不] 없는 것과[無] 같다[如]. 그리고[而] 비유컨대[辟] 중니의[仲尼之] 도는[道] 하늘이[天之] 덮어주고[覆] 감싸주지[幬] 않는 것이[不] 없는 것과[無] 같다[如]〉 이를 〈비유컨대[辟] 하늘 땅이[天地之] 잡아주고[持] 실어주지[載] 않는 것이[不] 없고[無], 덮어주고[覆] 감싸주지[幬] 않는 것이[不] 없는 것과[無] 같다[如]〉로 줄인 것이다.

비여천지지무부지재(辟如天地之無不持載)의 비(辟)는 〈비할 비(譬)〉와 같고, 여(如)는 여기선 〈같을 약(若) · 사(似)〉 등과 같으며, 지(持)는 〈잡아줄 집(執), 지킬 집(執) · 수(守)〉 등과 같고, 재(載)는 〈실을 승(乘)〉과 같다.

무불부도(無不覆幬)에서 부(覆)는 〈덮을 개(蓋) · 도(幬)〉 등과 같아 부개(覆蓋) · 부도(覆幬)의 줄임이며, 도(幬)는 〈덮을 부(覆)〉와 같다.

【풀이(繹)】

비여천지지무부지재(辟如天地之無不持載) 무불부도(無不覆幬)는 요순(堯舜)을 조술(祖述)로 삼아 주(周)나라의 문(文) · 무(武)를 계승한 중니지도(仲尼之道) 즉 공자(孔子)의 도(道)는 천지지도(天地之道)와 같음을 밝혀 살펴 새기고 헤아려 가늠하게 한다. 무부지재(無不持載) 즉 실어서 지켜주지 않는 것[不持載]이 없음[無]이란 지도(地道)를 말하고, 무불부도(無不覆幬) 즉 감싸서 덮어주지 않는 것[不覆

幬]이 없음[無]이란 천도(天道)를 말한다. 중니(仲尼)는 곧 성인(聖人)임을 밝힌 말씀이 〈비여천지지무부지재(辟如天地之無不持載) 무불부도(無不覆幬)〉이다.

辟如四時錯行(비여사시착행) 如日月之代明(여일월지대명)

▶ 비유하건대[辟] {중니(仲尼)의 도(道)는} 네[四] 철이[時] 번갈아[錯] 운행함과[行] 같고[如], 해와[日] 달이[月] 교대로[代] 밝혀줌과[明] 같다[如].

비유할 비(辟), 같을 여(如), 번갈아 착(錯), 움직일 행(行), 대신 대(代), 밝힐 명(明)

【읽기(讀)】

비여사시착행(辟如四時錯行) 여일월지대명(如日月之代明)은 〈비중니지도여사시착행(辟仲尼之道如四時錯行) 이비중니지도여일월지대명(而辟仲尼之道如日月之代明)〉에서 중니지도(仲尼之道)와 되풀이되는 비(辟)를 생략한 구문이다. 〈비유컨대[辟] 중니의[仲尼之] 도는[道] 사시의[四時] 착행과[錯行] 같다[如]. 그리고[而] 비유컨대[辟] 중니의[仲尼之] 도는[道] 일월의[日月之] 대명과[代明] 같다[如]〉 이를 〈비유컨대[辟] 사시의[四時] 착행과[錯行] 같고[如], 일월의[日月之] 대명과[代明] 같다[如]〉로 줄인 것이다.

비여사시착행(辟如四時錯行)에서 비(辟)는 〈비할 비(譬)〉와 같고, 여(如)는 〈같을 약(若) · 사(似)〉 등과 같으며, 착(錯)은 〈번갈아 교(交)〉와 같아 교착(交錯)의 줄임이고, 행(行)은 〈움직일 운(運)〉과 같아 운행(運行)의 줄임말로 여기면 된다.

여일월지대명(如日月之代明)에서 대(代)는 〈번갈아 교(交)〉와 같아 교대(交代)의 줄임이고, 명(明)은 〈빛 광(光)〉과 같아 광명(光明)의 줄임말로 여기면 된다.

【풀이(繹)】

비여사시착행(辟如四時錯行) 여일월지대명(如日月之代明)은 요순(堯舜)을 조술(祖述)로 삼아 주(周)나라의 문(文) · 무(武)를 계승한 중니지도(仲尼之道) 즉 공자(孔子)의 도(道)가 천도(天道)의 운행(運行)과 같음을 밝혀 살펴 새기고 헤아려 가늠하게 한다. 사시착행(四時錯行) 즉 계절(季節)이 오고가고 가고오고[錯行] 하는 것처럼 중니지도(仲尼之道)가 천하(天下)에 미치지 않음이 없음을 칭송(稱頌)하고, 하늘[天]이 부도(覆幬)해주기 때문에 낮이면 해[日]가 비춰주고[明] 밤이면 달[月]이 비춰주듯이 중니지도(仲尼之道)가 천하(天下)를 비추지 않음이 없음을 칭송(稱頌)하는 말씀이 〈비여사시착행(辟如四時錯行) 여일월지대명(如日月之代明)〉이다.

【2단락(段落) 전문(全文)】

萬物並育而不相害하고 道並行而不相悖니라 小德은 川流이고 大德은 敦化이니 此天地之所以爲大也니라
(만물병육이불상해 도병행이불상패 소덕 천류 대덕 돈화 차천지지소이위대야)

온갖 것이 아울러 자라지만 서로 해치지 않고, 도가 서로 행하지만 서로 어기지 않는다. 작은 덕은 시내처럼 흐르고, 크나큰 덕은 변화를 도탑게 한다. 이것이 천지가 크나큰 것이 되는 까닭이다.

萬物並育而不相害(만물병육이불상해)

▶ 온갖 것이[萬物] 함께[並] 자라지만[育而] 서로[相] 해치지 않는다[不害].

온갖 만(萬), 사물 물(物), 아울러 병(並), 자랄 육(育), 그러나 이(而), 아니 불(不), 서로 상(相), 해칠 해(害)

【읽기(讀)】

만물병육이불상해(萬物並育而不相害)는 〈만물병육(萬物並育) 이만물불상해(而萬物不相害)〉에서 되풀이되는 만물(萬物)을 생략하고 하나로 묶은 구문이다. 〈만물은[萬物] 아울러[並] 자란다[育]. 그러나[而] 만물은[萬物] 서로[相] 해치지 않는다[不害]〉 이를 〈만물은[萬物] 아울러[並] 자라지만[育而] 서로[相] 해치지 않는다[不害]〉로 줄인 것이다.

만물병육이불상해(萬物竝育而不相害)의 병(竝)은 〈아우를 병(竝)〉과 같고, 육(育)은 〈길러 자랄 양(養)〉과 같아 양육(養育)의 줄임이고, 상(相)은 〈서로 호(互)〉와 같아 상호(相互)의 줄임말로 여기면 되고, 해(害)는 〈해칠 위(危)〉와 같아 위해(危害)의 줄임이다.

【풀이(繹)】

만물병육이불상해(萬物竝育而不相害)는 천지지도(天地之道)를 지도(地道) 중심으로 살펴 새기고 헤아려 가늠하게 한다. 만물병육(萬物竝育)의 육(育)은 **춘작하장(春作夏長) 추렴동장(秋斂冬藏)**을 한 자(字)로 밝힌 것으로 여기고 관완(觀玩)하여 의단(擬斷)하면 된다. 성인(聖人)은 춘작하장(春作夏長)의 천도(天道) · 지도(地道)에서 인(仁)을 깨우쳤고, 추렴동장(秋斂冬藏)의 천도(天道) · 지도(地道)에서 의(義)를 깨우쳤다. 이처럼 천지지도(天地之道)가 행하는 만물병육(萬物竝育)에서 천지(天地)가 인의(仁義)를 성인(聖人)에게 가르쳐[敎] 성인(聖人)이 인도(人道)를 인의(仁義)로 풀이할 수 있게 되었음을 깊이 살펴 새기고 헤아려 깨우치게 하는 말씀이 〈만물병육이불상해(萬物竝育而不相害)〉이다.

註 "춘작하장인야(春作夏長仁也) 추렴동장의야(秋斂冬藏義也) 인근어악(仁近於樂) 의근어례(義近於禮)." 봄에는[春] 싹트게 하여[作] 여름에[夏] 자라게 함은[長] 인(仁)이고[也], 가을에는[秋] 거두어들여[斂] 겨울에[冬] 간직하게 함은[藏] 의(義)이다[也]. 어짊은[仁] 악에[於樂] 가깝고[近], 옳음은[義] 예에[於禮] 가깝다[近]. 『예기(禮記)』「악기(樂記)」편(篇) 18단락(段落)

道竝行而不相悖(도병행이불상패)

▶ 도가[道] 아울러[竝] 행하지만[行而] 서로[相] 어기지 않는다[不悖].

도리 도(道), 아우를 병(竝), 행할 행(行), 그러나 이(而), 아니 불(不), 서로 상(相), 어길 패(悖)

【읽기(讀)】

도병행이불상패(道竝行而不相悖)는 〈천지지도병행(天地之道竝行) 이천지지도불상패(而天地之道不相悖)〉에서 되풀이되는 천지지(天地之)를 생략하고 하나로 묶은 구문이다. 〈하늘 땅의[天地之] 도는[道] 아울러[並] 운행한다[行]. 그러나[而] 하늘 땅의[天地之] 도는[道] 서로[相] 어기지 않는다[不悖]〉 이를 〈도는[道] 아울러[並] 운행하지만[行而] 서로[相] 어기지 않는다[不悖]〉로 줄인 것이다.

도병행이불상패(道並行而不相悖)에서 병(並)은 〈아우를 병(竝)〉과 같고, 행(行)은 〈움직일 운(運)〉과 같아 운행(運行)의 줄임이고, 상(相)은 〈서로 호(互)〉와 같아 상호(相互)의 줄임말로 여기면 되고, 패(悖)는 〈어길 배(背)〉와 같아 패배(悖背)의 줄임이다.

【풀이(繹)】

도병행이불상패(道並行而不相悖)는 천도(天道)와 지도(地道)가 상호(相互) 응(應)해서 운행(運行)함을 살펴 새기고 헤아려 깨우치게 한다. 천도(天道)의 행(行)을 한마디로 신(神)이라 하고, 지도(地道)의 행(行)을 한마디로 귀(鬼)라고 한다. **만물(萬物)은 변화(變化)를 도탑게 하는 천도(天道)를 솔신(率神) 즉 신(神)을 우러러 좇고[率], 마땅함[宜]을 가려주는[別] 지도(地道)를 거귀(居鬼) 즉 귀(鬼)를 굽혀 따른다[居].** 성인(聖人)은 천도(天道)에 응(應)하여 악(樂)을 지었고[作], 지도(地道)에 응(應)하여 예(禮)를 지었다[制]. 그래서 천도(天道)를 솔신(率神)하는 인도(人道)를 악(樂)이라 하고, 지도(地道)를 거귀(居鬼)하는 인도(人道)를 예(禮)라고 하는 것이다. 이러한 작악(作樂) · 제례(制禮)의 조술(祖述)을 요순(堯舜)으로 삼고, 문(文) · 무(武)와 주공(周公)이 제정(制定)한 예악문물(禮樂文物)을 집대성(集大成)한 공자(孔子)가 성인(聖人)으로서 인도(人道)를 넓힌 것은 불상패(不相悖) 즉 서로[相] 어기지 않는[不悖] 천지지도(天地之道)의 운행(運行)을 본받았기 때문임을 살펴 새기고 헤아려 깨우치게 하는 말씀이 〈도병행이불상패(道並行而不相悖)〉이다.

註 "인근어악(仁近於樂) 의근어례(義近於禮) 악자돈화솔신이종천(樂者敦和率神而從天) 예자별의거귀이종지(禮者別宜居鬼而從地)." 인은[仁] 악에[於樂] 가깝고[近], 의는[義] 예에[於禮] 가깝다[近]. 악이란[樂] 것은[者] {천지(天地)의} 변화를[化] 도탑게 하고[敦] 하늘이 변화하게 하는 짓을[神] 우러러 좇아서[率而] 하늘을[天] 따른다[從]. 예란[禮] 것은[者] {천지(天地)의} 마땅함을[宜] 가려[別] 땅이 변화하게 하는 짓을[鬼] 엎드려 좇아[居而] 땅을[地] 따른다[從].

솔신(率神)의 솔(率)은 우러러 좇음[率]이고, 신(神)은 양기(陽氣)의 뻗어 나가는 기운(氣運) 즉 하늘[天]의 짓을 말한다. 거귀(居鬼)의 거(居)는 엎드려 좇음[居]을 뜻하고, 귀(鬼)는 음기(陰

氣)의 굽히는 기운(氣運) 즉 땅[地]의 짓을 말한다.

『예기(禮記)』「악기(樂記)」편(篇) 18단락(段落)

小德川流(소덕천류)

▶ 작은[小] 덕은[德] 시내처럼[川] 흐른다[流].

작을 소(小), 행위(行爲) 덕(德), 내 천(川), 흐를 류(流)

【읽기(讀)】

소덕천류(小德川流)에서 소덕(小德)은 주어 노릇하고, 천(川)은 유(流)를 꾸며주는 부사 노릇하며, 유(流)는 자동사 노릇한다. 〈소덕은[小德] 시내처럼[川] 흐른다[流]〉 소덕천류(小德川流)에서 덕(德)은 절조(節操) 없이 변덕스러운 사덕(私德)을 말한다.

【풀이(繹)】

소덕천류(小德川流)는 만물(萬物)이 저마다 하나하나 생사(生死)를 누리는 모습을 살펴 새기고 헤아려 가늠하게 한다. 소덕(小德)은 여기선 만물(萬物) 속의 하나하나[殊]를 말한다. 곡능유성(曲能有誠) 즉 사소한 것에도[曲] 능히[能] 성(誠) 즉 천도(天道)가 있음[有]을 상기(想起)한다면, 어떠한 미물(微物)이라도 그것은 자연(自然)의 하나로서 소덕(小德)이다. 그러므로 소덕(小德)을 일컬어 소절(小節)이라고도 한다. 소절(小節)은 전체지분(全體之分) 즉 전체 속의[全體之] 하나[分]를 말한다. 자연(自然) 속에서 사람도 하나의 소덕(小德)이요, 개도 하나의 소덕(小德)이요, 닭도 하나의 소덕(小德)이며, 소나무도 하나의 소덕(小德)이요, 억새풀도 하나의 소덕(小德)이다. 만물(萬物)치고 하나하나 소덕(小德) 아닌 것이란 없다. 어느 것 하나 목숨을 누리면서 오고가는 소덕(小德)이 아닌 것이란 없으니, 이를 천류(川流)라고 비유(比喩)한 것이다.

만물(萬物)을 하나하나 다른 모습을 들어 말하기를 만수(萬殊)라 한다. 만물(萬物)이 하나의 대해(大海)라면, 만수(萬殊)의 하나하나는 작은 내[小川]인 셈이다. 소천(小川)이 흘러 흘러[流] 대해(大海)로 가듯이, 만수(萬殊)도 생(生)에서 사(死)로 흘러간다[流]. 그래서 공자(孔子)께서도 서자여사부(逝者如斯夫)라 했다. 만수(萬

殊) 만물(萬物) 하나하나[殊]를 보면 어느 것이나 다 서자(逝者)로 흘러가는[逝] 것[者] 즉 천지(天地)의 뜻대로 변화(變化)하는 것임을 살펴 새기고 헤아려 깨우치게 하는 말씀이 〈소덕천류(小德川流)〉이다.

註 "자재천상왈(子在川上曰) 서자여사부(逝者如斯夫) 불사주야(不舍晝夜)." 공자께서[子] 냇가에[川上] 서서[在] 가로되[曰]: 가는[逝] 것은[者] 이와[斯] 같은가[如夫]! 흐르는 냇물은 밤낮으로[晝夜] 쉬지 않는다[不舍]. 『논어(論語)』「자한(子罕)」편(篇) 16장(章)

大德敦化(대덕돈화)

▶ 크나큰[大] 덕은[德] 변화를[化] 도탑게 한다[敦].

큰 대(大), 행위(行爲) 덕(德), 도타울 돈(敦), 될 화(化)

【읽기(讀)】

대덕돈화(大德敦化)는 〈대덕돈만물지화(大德敦萬物之化)〉에서 앞 문맥으로 보충할 수 있는 만물지(萬物之)를 생략한 구문이다. 〈대덕은[大德] 만물의[萬物之] 변화를[化] 도탑게 한다[敦]〉 이를 〈대덕은[大德] 변화를[化] 도탑게 한다[敦]〉로 줄인 것이다. 대덕돈화(大德敦化)에서 대덕(大德)은 주어 노릇하고, 돈(敦)는 타동사 노릇하며, 화(化)는 돈(敦)의 목적어 노릇한다고 새기면 문의(文意)가 드러난다.

대덕돈화(大德敦化)에서 돈(敦)은 〈두터울 후(厚)〉와 같아 돈후(敦厚)의 줄임이고, 화(化)는 변화(變化)의 줄임말로 여기면 된다.

【풀이(繹)】

대덕돈화(大德敦化)는 천지지도(天地之道)가 만물(萬物)을 변화(變化)하게 함을 살펴 새기고 헤아려 가늠하게 한다. 대덕(大德)은 여기선 행어만물자(行於萬物者) 즉 만물에[於萬物] 작용을 미치는[行] 것[者]을 말한다. 그러니 천지지도(天地之道)의 행(行)을 말하는 동시에 성인지도(聖人之道)를 아울러 이른다. 성인(聖人)은 곧 천지지인(天地之人) 즉 천지(天地)와 하나가 되어버린 사람을 말한다. 그래서 성자(誠者)는 곧 성인(聖人)이다[也].

성자(誠者)는 천도(天道) 즉 천지지도(天地之道)를 말한다. 성인(聖人)을 성자(誠者)라고 함은 천도(天道)의 행(行)을 본받아[法] 성인(聖人)이 그대로 행(行)함을 말한다. 그런 까닭에 천지(天地)가 대덕(大德)이듯 성인(聖人)도 대덕(大德)이다. 천지(天地)가 돈화(敦化) 즉 만물(萬物)에 두루두루 변화(變化)를 돈후(敦厚)하게 하는 것처럼, 성인(聖人)도 천하(天下)의 만사(萬事)를 돈화(敦化)하게 한다. 천지(天地)의 도(道)가 만물(萬物) 전체(全體)에 작용하는[行] 근본(根本)이라면, 성인(聖人) 또한 만사(萬事) 전채(前債)에 행(行)하는 근본(根本)이다. 이를 두고 천지(天地)도 대덕(大德)이고, 성인(聖人)도 대덕(大德)이라 하는 것이다. 그러므로 **성인(聖人)은 천지지도(天地之道)로써[以] 온 세상(天下)의 뜻[志]을 통(通)하게 하고, 온 세상의 일[大業]을 정(定)하며, 온 세상의 의문[疑]을 가늠한다[斷]**. 천지(天地)가 만물(萬物)에 행(行)함과 성인(聖人)이 만사(萬事)에 행(行)함이 다 같은 대덕(大德)임을 살펴 새기고 헤아려 깨우치게 하는 말씀이 〈대덕돈화(大德敦化)〉이다.

註 "성자(誠者) 불면이중(不勉而中) 불환이득(不思而得) 종용중도(從容中道) 성인야(聖人也)." 정성껏 하는[誠] 사람은[者] 힘들이지 않고서도[不勉而] {천지도(天之道)와} 응하고[中], 생각하지 않아도[不思而] {천지도(天之道)를} 터득하고[得], 하염없이[從容] 하늘의 도와[道] 맞으니[中] 성인(聖人)이다[也]. 『중용(中庸)』 20장(章) 4단락(段落)

註 "성인이통천하지지(聖人以通天下之志) 이정천하지업(以定天下之業) 이단천하지의(以斷天下之疑)." 성인은[聖人] 역(易)으로써[以] 온 세상의[天下之] 뜻을[志] 통하게 하고[通], 역(易)으로써[以] 온 세상의[天下之] 일을[業] 결정하며[定], 역(易)으로써[以] 온 세상의[天下之] 의문을[疑] 가늠한다[斷]. 『주역(周易)』 「계사전(繫辭傳) 상(上)」 18단락(段落)

此天地之所以爲大也(차천지지소이위대야)

▶이것이[此] 천지가[天地之] 크나큰 것이[大] 되는[爲] 까닭이 되는[以] 것[所]이다[也].

이 차(此), 조사(~가) 지(之), 바 소(所), 까닭이 될 이(以), 될 위(爲), 조사(~이다) 야(也)

【읽기(讀)】

차천지지소이위대야(此天地之所以爲大也)는 〈차소이천지지위대야(此所以天地之爲大也)〉에서 천지지(天地之)를 강조하고자 소(所) 앞으로 전치(前置)한 구문이다. 〈이것이[此] 천지가[天地之] 위대한[爲大] 때문인[以] 것[所]이다[也]〉

차천지지소이위대야(此天地之所以爲大也)의 차(此)는 〈이 시(是)〉와 같고, 이(以)는 〈까닭이 될 인(因)〉과 같다.

【풀이(繹)】

차천지지소이위대야(此天地之所以爲大也)는 만물병육이불상해(萬物並育而不相害) · 도병행이불상패(道並行而不相悖) · 소덕천류(小德川流) · 대덕돈화(大德敦化)를 묶어서 한번 더 천지(天地)가 위대(爲大)함을 강조하여 결론 내린 것이다.

성인(聖人)과 군자(君子)

세 단락(段落)으로 이루어진 31장(章)은 성인(聖人)의 덕치(德治)를 깊이 새기고 헤아려 깨우치게 한다. 성인(聖人)은 사덕(四德)으로 덕치(德治)한다. 성인(聖人)은 총명예지(聰明叡智)를 타고나 관유온유(寬裕溫柔)의 이인무욕(以仁無欲)으로 덕치(德治)하고, 발강강의(發强剛毅)의 이의무욕(以義無欲)으로 덕치(德治)하며, 제장중정(齊莊中正)의 이례무욕(以禮無欲)으로 덕치(德治)하고, 문리밀찰(文理密察)의 이지무욕(以智無欲)으로 덕치(德治)하여 〈배천(配天)〉 즉 하늘과[天] 짝함[配]을 밝혀, 군자(君子)가 성인(聖人)을 본받아야[法] 하는 까닭을 밝히는 장(章)이다.

【1단락(段落) 전문(全文)】

唯天下至聖이어야 爲能聰明叡智로 足以有臨也이고
유천하지성 위능총명예지 족이유임야

寬裕溫柔로 足以有容也이며 發強剛毅로 足以有執也이고
관유온유 족이유용야 발강강의 족이유집야

齊莊中正으로 足以有敬也이며 文理密察로 足以有別也이다
제장중정 족이유경야 문리밀찰 족이유별야

오직 온 세상의 지극한 성인이라야 능히 밝게 듣고 밝게 보며 밝은 지혜를 지녀서 그 총명지혜로 족히 {성인(聖人)께는 윗자리에서 아래를} 어루만져 살펴 다스림이 있는 것이니, {성인(聖人)께는} 너그럽고 넉넉하고 따뜻하고 부드러움으로 족히 기꺼이 품어줌이 있는 것이고, {성인(聖人)께는} 힘차고 굳셈으로 족히 집수(執守)함이 있는 것이며, {성인(聖人)께는} 한결같이 엄숙하고 바름의 적중으로 족히 공경(恭敬)함이 있는 것이고, {성인(聖人)께는} 밖으로도 빈틈없고 안으로도 빈틈없어 세밀한 살핌으로 족히 분별(分別)함이 있는 것이다.

唯天下至聖爲能聰明叡智(유천하지성위능총명예지)

▶ 오직[唯] 온 세상의[天下] 지극한[至] 성인이라야[聖] 능히[能] 밝게 듣고[聰] 밝게 보며[明] 밝은[叡] 지혜를[智] 지닌다[爲].

오직 유(唯), 지극할 지(至), 통할 성(聖), 간직할 위(爲), 능히 능(能), 귀 밝을 총(聰), 눈 밝을 명(明), 맑고 밝아 통할 예(叡), 슬기 지(智)

【읽기(讀)】

유천하지성위능총명예지(唯天下至聖爲能聰明叡智)는 〈유천하지성위능총(唯天下至聖爲能聰) 이유천하지성위능명(而唯天下至聖爲能明) 이유천하지성위능예지(而唯天下至聖爲能叡智)〉에서 되풀이되는 유천하지성위능(唯天下至聖爲能)을 생략하고 세 구문을 하나로 묶은 말투이다. 〈오로지[唯] 세상에서[天下] 지극한[至] 성인만[聖] 능히[能] 귀 밝음을[聰] 간직한다[爲]. 그리고[而] 오로지[唯] 세상에서[天下] 지극한[至] 성인만[聖] 능히[能] 눈 밝음을[明] 간직한다[爲]. 그리고[而] 오로지[唯] 세상에서[天下] 지극한[至] 성인만[聖] 능히[能] 밝은[叡] 지혜를[智] 간직한다[爲]〉 이를 〈오로지[唯] 세상에서[天下] 지극한[至] 성인만이[聖] 능히[能] 귀 밝음과[聰] 눈 밝음과[明] 밝은[叡] 지혜를[智] 간직한다[爲]〉로 줄인 것이다.

유천하지성위능총명예지(唯天下至聖爲能聰明叡智)의 유(唯)는 〈오직 독(獨)〉과 같아 유독(唯獨)의 줄임이고, 지(至)는 〈더없는 극(極)〉과 같아 지극(至極)의 줄임말로 여기면 되고, 성(聖)은 〈성인(聖人)〉의 줄임이며, 위(爲)는 〈간직할 득(得)〉과 같고, 능(能)은 여기선 〈능할 선(善)〉과 같아 선능(善能)의 줄임이다. 명(明)은 시사명(視思明)의 〈눈 밝을 명(明)〉이고, 총(聰)은 청사총(聽思聰)의 〈귀 밝을 총(聰)〉이다. 예(叡)는 예(睿)와 같이 〈통할 성(聖) · 통(通), 미세할 미(微), 슬기 지(智), 넓을 관(寬)〉 등과 같고, 지(智)는 명지(明知) 즉 밝게 앎을 뜻해 〈슬기 지(知)〉와 같으니, 예지(叡智)는 명달심효(明達深曉) 즉 〈마음의 밝음[明]이 깊은[深] 깨달음에[曉] 다다름[達]〉이란 의미로 성인(聖人)의 지혜(智慧)를 뜻한다.

【풀이(繹)】

유천하지성위능총명예지(唯天下至聖爲能聰明叡智)는 성인(聖人)의 타고난 본바탕을 살펴 새기고 헤아려 가늠하게 한다. 성인(聖人)은 배워서 총명(聰明)한 것이 아니라 총명(聰明)을 타고난다. 그러므로 성인(聖人)은 예지(叡智)를 타고난다. 성인(聖人)의 생이지지(生而知之)란 바로 총명예지(聰明叡智)를 말한다. 『주역(周易)』「계사전(繫辭傳) 상(上)」에서는 성인(聖人)을 일컬어 **고지총명예지(古之聰明叡智)**라 한다. 총명(聰明)의 총(聰)은 청사총(聽思聰)의 총(聰)이다. 듣기에는[聽] 귀 밝기[聰]를 생각하라[思]는 것이다. 그 총(聰)이란 심이(心耳) 즉 마음 속[心] 귀[耳]의 밝음[聰]을 말한다. 총명(聰明)의 명(明)은 시사명(視思明)의 명(明)이니, 보기에는[視] 눈 밝기[明]를 생각하라[思]는 것이다. 그 명(明)이란 심안(心眼) 즉 마음 속[心] 눈[眼]의 밝음[明]을 말한다. 마음의 귀가 밝고[聰] 마음의 눈이 밝아야[明] 명심(明心) 즉 밝은[明] 마음[心]을 간직한다.

성인(聖人)은 이러한 명심(明心)을 타고나기 때문에 성인지심(聖人之心) 즉 성인의[聖人之] 마음[心]은 예지(叡智) 바로 그것이다. 예지(叡智)란 온갖 사물(事物)을 명달(明達)하여 심효(深曉)함을 말한다. 그러므로 성인(聖人)의 예지(叡智)를 신무(神武)라고 한다. 성인(聖人)은 온 세상의 지(志) · 무(務) · 의(疑) 등에 밝게[明]

다다라[達] 깊고깊이[深] 깨닫고 밝히기[曉] 때문에 만사(萬事)를 신무(神武) 즉 신통하게 하고[神] 굳세게 하여[武] 죽이지 않는다[不殺]. 성인(聖人)이 만물(萬物)을 신무(神武)함은 성인(聖人)의 예지(叡智) 때문이다. 이러한 성인(聖人)의 예지(叡智)는 『노자(老子)』에 나오는 **습명(襲明)**과 같다. 예부터 내려오는[襲] 밝음[明] 즉 지혜(智慧)로써 성인(聖人)은 상선구인(常善救人) 즉 언제나[常] 잘[善] 사람[人]을 구제하여[救] 무기인(無棄人) 즉 사람[人]을 버림[棄]이 없고[無], 상선구물(常善救物) 즉 언제나[常] 잘[善] 사물[物]을 구제하여[救] 무기물(無棄物) 즉 사물[物]을 버림[棄]이 없다[無]. 이처럼 성인(聖人)이 천하만물(天下萬物)을 신무(神武)할 수 있는 것은 타고난 총명예지(聰明叡智) 때문임을 밝힌 말씀이 〈유천하지성위능총명예지(唯天下至聖爲能聰明叡智)〉이다.

註 "고지총명예지신무이불살자부(古之聰明叡智神武而不殺者夫) 시이명어천지도(是以明於天之道) 이찰어민지고(而察於民之故) 시흥신물(是興神物) 이전민용(以前民用) 성인이차재계(聖人以此齋戒) 이신명기덕부(以神明其德夫)." 옛 성인은[古之] {온 세상의 지(志)·무(務)·의(疑)를 들어} 밝고[聰] {온 세상의 지(志)·무(務)·의(疑)를 보아} 밝은[明] 분[者]이로다[夫]! {옛[古之] 성인(聖人)은 온 세상의 지(志)·무(務)·의(疑)들을 알아} 깊고 밝은[叡] 지혜를[智] 가진 분[者]이로다[夫]! {옛[古之] 성인(聖人)은 온 세상의 지(志)·무(務)·의(疑)들을} 신통하게 하고[神] 굳세게 해서[武而] {온 세상의 지(志)·무(務)·의(疑)들을} 해치지 않는[不殺] 분[者]이로다[夫]! 이[是] 때문에[以] {옛[古之] 성인(聖人)은} 자연[天]의[之] 도(道)에서[於] {만물(萬物)을} 밝히면서[明而] 백성[民]의[之] 일[故]에서[於] {만사(萬事)를} 살핀다[察]. {성인(聖人)이 천지도(天之道)를 밝히고[明] 민지고(民之故)를 살핀[察]} 이것이[是] 신통한[神] 물건을[物] 일으켰다[興]. 신물(神物)을 흥작(興作)하여[以] {성인(聖人)은} 백성이[民] 활용하기를[用] 앞장섰다[前]. 신물(神物)을 백성이 쓰게 앞장섰기[此] 때문에[以] 성인은[聖人] 마음을 다스리고[齋] 삼갔다[戒]. {성인(聖人)이} 재계(齋戒)하여[以] 신물의[其] 덕을[德] 신통하게 하면서[神] 밝힘[明]이로다[夫]!

『주역(周易)』「계사전(繫辭傳) 상(上)」 18단락(段落)

註 "성인상선구인(聖人常善救人) 고무기인(故無棄人) 상선구물(常善救物) 고무기물(故無棄物) 시위습명(是謂襲明)." 성인은[聖人] 늘[常] 선하게[善] 사람을[人] 구제한다[懼]. 그래서[故] 사람을[人] 버림이[棄] 없다[無]. {그리고 성인(聖人)은} 늘[常] 선하게[善] 사물을[物] 구제한다[懼]. 그래서[故] 사물을[物] 버림이[棄] 없다[無]. 이를[是] 예부터 물려받은[襲] 밝음이라[明] 한다[謂].

습명(襲明)과 예지(叡智)는 같은 말씀이다. 『노자(老子)』 27장(章)

足以有臨也(족이유임야)

▶ 그 총명과 지혜로써[以] 족히[足] {성인(聖人)께는 윗자리에서 아래를} 어루만져 살펴 다스림이[臨] 있는 것[有]이다[也].

족히 족(足), 써 이(以), 있을 유(有), 낮은 데로 향해 어루만져 다스릴 임(臨), 조사(~이다) 야(也)

【읽기(讀)】

족이유임야(足以有臨也)는 〈성인족유임이총명예지야(聖人足有臨以聰明叡智也)〉에서 성인(聖人)과 되풀이되는 총명예지(聰明叡智)를 생략하고, 남은 이(以)를 유(有) 앞으로 전치(前置)한 구문이다. 〈성인은[聖人] 족히[足] 총명예지(聰明叡智)로써[以] 임함이[臨] 있는 것[有]이다[也]〉 이를 〈족히[足] 그로써[以] 임함이[臨] 있는 것[有]이다[也]〉로 줄인 것이다. 물론 족이유임야(足以有臨也)의 유(有)를 어조(語調)를 더하기 위한 뜻 없는 조사(助詞)로 보고 〈족히[足] 그로써[以] 임하는 것[有臨]이다[也]〉로 새겨도 문의(文意)는 달라지지 않는다.

족이유임야(足以有臨也)의 족(足)은 〈가히 가(可)〉와 같고, 이(以)는 〈써 용(用)〉과 같으며, 유(有)는 〈있을 유(有)〉 또는 조사(助詞) 노릇하고, 임(臨)은 〈다스릴 치(治) · 살필 견(見) · 감(監)〉 등과 같고, 야(也)는 종결어미로 〈~이다 야(也)〉 노릇한다.

【풀이(繹)】

족이유임야(足以有臨也)는 성인(聖人)의 치세(治世)를 살펴 새기고 헤아려 가늠하게 한다. 성인(聖人)은 이력(以力) 즉 힘으로[以力] 세상[世]을 다스리지[治] 않는다. 오로지 성인(聖人)은 천지(天地)의 명(命)을 지성(至誠)으로 본받아[法] 총명예지(聰明叡智)로써[以] 덕치(德治)한다. 족이유임(足以有臨)의 임(臨)은 성인(聖人)이 행(行)하는 성인(聖人)의 치인(治人) · 치세(治世)를 밝힘이다. 임(臨)이란 〈거상이임하(居上而臨下)〉를 뜻한다. 성인(聖人)은 윗자리에[上] 있으면서[居而] 세상의 백성(下)을 이덕(以德) 즉 덕(德)으로[以] 살펴 다스릴[臨] 뿐, 결코 이력(以力)으로 군림(君臨)하지 않음을 밝힌 말씀이 〈족이유임야(足以有臨也)〉이다.

寬裕溫柔(관유온유) 足以有容也(족이유용야)

▶{군자(君子)한테는 성인(聖人)의} 너그럽고[寬] 넉넉하고[裕] 따뜻하고[溫] 부드러움[柔]을 본받아[以] 기꺼이 품어줌이[容] 족히[足] 있는 것[有]이다[也].

너그러운 관(寬), 넉넉할 유(裕), 따뜻할 온(溫), 부드러울 유(柔), 족히 족(足), 써 이(以), 있을 유(有), 품어줄 용(容), 조사(~이다) 야(也)

【읽기(讀)】

관유온유(寬裕溫柔) 족이유용야(足以有容也)는 〈군자족유용인이성인지관유온유야(君子足有容仁以聖人之寬裕溫柔也)〉에서 앞 문맥으로 보충할 수 있는 유(有)를 꾸며 부사(副詞) 노릇할 군자(君子)를 생략하고, 용인이성인지관유온유(容仁以聖人之寬裕溫柔)에서 인(仁)과 성인지(聖人之)를 줄이고, 관유온유(寬裕溫柔)를 강조하고자 전치(前置)하고 남은 이(以)를 유(有) 앞으로 전치(前置)한 구문이다. 〈군자한테는[君子] 성인의[聖人之] 관유온유를[寬裕溫柔] 본받아[以] 어짊을[仁] 포용함이[容] 족히[足] 있는 것[有]이다[也]〉 이를 〈관유온유를[寬裕溫柔] 본받아[以] 포용함이[容] 족히[足] 있는 것[有]이다[也]〉로 줄인 것이다.

관유온유(寬裕溫柔)에서 관(寬)은 〈너그러울 유(裕) · 용서할 서(恕) · 도울 유(宥)〉 등과 같고, 유(裕)는 〈너그러울 관(寬) · 넉넉할 요(饒)〉 등과 같으며, 온(溫)은 〈따뜻할 난(暖)〉과 같아 온난(溫暖)의 줄임이고, 유(柔)는 〈부드러울 약(弱)〉과 같아 유약(柔弱)의 줄임말로 여기면 된다.

족이유용야(足以有容也)의 족(足)은 〈가히 가(可)〉와 같고, 이(以)는 〈본받을 법(法) · 효(效)〉 등과 같으며, 유(有)는 〈있을 유(有)〉 자동사(自動詞) 노릇하고, 용(容)은 〈포함할 함(函) · 품을 함(含) · 기뻐할 열(悅)〉 등과 같아 함용(含容) · 용열(容悅) 등의 줄임말로 여기면 되고, 야(也)는 종결어미로 〈~이다 야(也)〉 노릇한다.

【풀이(繹)】

관유온유(寬裕溫柔) 족이유용야(足以有容也)는 성인(聖人)의 용인(容仁) 즉 어짊[仁]을 포용함[容]을 본받아[以] 군자(君子)가 수기(修己)하여 행(行)하는 인(仁)

의 덕(德)을 살펴 새기고 헤아려 가늠하게 한다. 군자(君子)는 오로지 이인(以仁) 즉 성인(聖人)의 어짊[仁]을 본받아(以) 치인(治人)·치세(治世)하고자 할 뿐이다. 오로지 성인(聖人)을 법(法)하여 천지(天地)의 명(命)을 지성(至誠)으로 좇아[率] 덕치(德治)하는 그 하나의 덕(德)이 성인(聖人)께서 용인(容仁)하는 관유온유(寬裕溫柔)를 본받는[以] 것이다.

여기서 관유온유(寬裕溫柔)란 성인(聖人)의 이인(以仁) 즉 성인(聖人)의 어짊[仁]을 본받아[以] 용인(容仁)하는 군자(君子)의 덕(德)을 말한다. 물론 이 용인(容仁)은 군자사덕(君子四德)의 하나이다. 성인(聖人)의 용인(容仁)은 군자(君子)가 본받는 용인(容仁) 그것이다. 성인(聖人)은 중민(衆民)을 인(仁) 그것으로 여기므로, 군자(君子)도 그렇게 치세(治世)하여 안백성(安百姓)하고자 한다. 여기서 거듭 말하지만 용(容)이란 용인(容仁) 그것이다. 용(容)이란 어미새가 포란(抱卵)하듯 기꺼이 어짊[仁]을 함용(含容)하여 심열(心悅)함이다. 성인(聖人)은 온 세상 중민(衆民)을 품어서[含] 기꺼이[悅] 이인(以仁) 즉 인(仁)으로[以] 살펴 껴안아 품는다[容]. 성인(聖人)의 이러한 이인(以仁)의 치인(治人)·치세(治世)는 군자(君子)가 본받는[法] 치인(治人)·치세(治世)이다. 성인(聖人)의 이인(以仁)은 인(仁)을 씀[以]이지만, 군자(君子)의 이인(以仁)은 성인(聖人)이 쓰는[以] 인(仁)을 본받아서[以] 씀[以]이다. 군자(君子)는 성인(聖人)의 인(仁)을 본받아[法] 써서[以] 온 세상 모든 사람(衆民)을 안평태(安平泰)하게 함을 밝힌 말씀이 〈관유온유(寬裕溫柔) 족이유용야(足以有容也)〉이다.

發強剛毅(발강강의) 足以有執也(족이유집야)

▶{군자(君子)한테는 성인(聖人)의} 힘차고[發強] 굳셈[剛毅]으로[以] 족히[足] 지킴이[執] 있는 것[有]이다[也].

내 발(發), 셀 강(强), 굳셀 강(剛), 굳셀 의(毅), 족히 족(足), 써 이(以), 있을 유(有), 지켜낼 집(執), 조사(~이다) 야(也)

【읽기(讀)】

발강강의(發强剛毅) 족이유집야(足以有執也)는 〈군자족유집의이성인지발강강의야(君子足有執義以聖人之發强剛毅也)〉에서 유(有)를 꾸며 부사(副詞) 노릇할 군자(君子)를 생략하고, 집의이성인지발강강의(執義以聖人之發强剛毅)에서 의(義)와 성인지(聖人之)를 줄이고, 발강강의(發强剛毅)를 강조하고자 전치(前置)하고 남은 이(以)를 유(有) 앞으로 전치(前置)한 구문이다. 〈군자한테는[君子] 성인의[聖人之] 발강강의를[發强剛毅] 본받아[以] 의(義)를 지킴이[執] 족히[足] 있는 것[有]이다[也]〉 이를 〈발강강의를[發强剛毅] 본받아[以] 지킴이[執] 족히[足] 있는 것[有]이다[也]〉로 줄인 것이다.

발강강의(發强剛毅)에서 발(發)은 〈드러낼 현(現)〉과 같아 발현(發現)의 줄임이고, 강(强)은 〈굳건할 건(健) · 무성할 성(盛) · 이로울 익(益)〉 등과 같아 강건(强健) · 강성(强盛) · 강익(强益) 등의 줄임이며, 강(剛)은 〈굳셀 강(强) · 의(毅)〉 등과 같다.

족이유집야(足以有執也)의 족(足)은 〈가히 가(可)〉와 같고, 이(以)는 여기선 〈본받을 법(法) · 효(效)〉 등과 같으며, 유(有)는 〈있을 유(有)〉 자동사 노릇하고, 집(執)은 〈지킬 수(守)〉와 같아 집수(執守)의 줄임이고, 야(也)는 종결어미로 〈~이다 야(也)〉 노릇한다.

【풀이(繹)】

발강강의(發强剛毅) 족이유집야(足以有執也) 역시 성인(聖人)의 집의(執義) 즉 의(義)를 지킴[執]을 본받아[以] 군자(君子)가 수기(修己)하여 행(行)하는 의(義)의 덕(德)을 살펴 새기고 헤아려 가늠하게 한다. 군자(君子)는 오로지 성인(聖人)의 이의(以德) 즉 옳음[義]을 본받아[以] 치인(治人) · 치세(治世)하고자 할 뿐이다. 성인(聖人)을 법(法)하여 천지(天地)의 명(命)을 지성(至誠)으로 좇아[率] 덕치(德治)하는 그 하나의 덕(德)이 성인(聖人)께서 집의(執義)하는 발강강의(發强剛毅)을 본받는[以] 것이다.

여기서 발강강의(發强剛毅)란 성인(聖人)의 옳음[義]을 본받아[以] 집의(執義)하는 군자(君子)의 덕(德)을 말한다. 물론 이 집의(執義)는 군자사덕(君子四德)의 하나이다. 성인(聖人)의 집의(執義)는 군자(君子)가 본받는 수의(守義) 그것이다. 성인(聖人)은 중민(衆民)을 의(義) 그것으로 여기므로 군자(君子)도 그렇게 치세(治世)하여 안백성(安百姓)하고자 한다. 여기서 거듭 말하지만 집(執)이란 집의(執義) 그것이다. 집(執)이란 어미가 제 새끼를 넘어지지 않게 잡아주듯이 의(義)를 집수(執守) 즉 의(義)를 지킴[執守]을 뜻한다. 성인(聖人)은 온 세상 중민(衆民)에게 집의(執義)의 강건(强健)함을 드러내[發] 꿋꿋함[剛毅]을 보인다. 성인(聖人)의 이러한 이의(以義)의 치인(治人) · 치세(治世)는 군자(君子)가 본받아[以] 쓰는[以] 이의(以義)의 치인(治人) · 치세(治世)이다. 성인(聖人)의 이의(以義)는 의(義)를 씀[以]이지만, 군자(君子)의 이의(以義)는 성인(聖人)이 쓰는[以] 의(義)를 본받아서[以] 씀[以]이다. 군자(君子)는 성인(聖人)의 의(義)를 본받아[以] 써서[以] 온 세상 모든 사람(衆民)을 안평태(安平泰)하게 함을 밝힌 말씀이 〈발강강의(發强剛毅) 족이유집야(足以有執也)〉이다.

齊莊中正(제장중정) 足以有敬也(족이유경야)

▶{군자(君子)한테는 성인(聖人)의} 한결같이[齊] 엄숙하고[莊] 바름[正]의 적중을[中] 본받아[以] 받듦이[敬] 족히[足] 있는 것[有]이다[也].

한결같은 제(齊), 정중할 장(莊), 알맞을 중(中), 바를 정(正), 족히 족(足), 본받을 이(以), 있을 유(有), 공경 경(敬), 조사(~이다) 야(也)

【읽기(讀)】

제장중정(齊莊中正) 족이유경야(足以有敬也)는 〈군자족유경례이성인지제장중정야(君子足有敬禮以聖人之齊莊中正也)〉에서 군자(君子)를 생략하고, 경례이성인지제장중정(敬禮以聖人之齊莊中正)에서 예(禮)와 성인지(聖人之)를 생략하고, 제장중정(齊莊中正)을 강조하고자 전치(前置)하고 남은 이(以)를 또한 유(有) 앞으로 전치(前置)한 구문이다. 〈군자한테는[君子] 성인의[聖人之] 제장중정을[齊莊中正] 본받아[以] 예를[禮] 공경함이[敬] 족히[足] 있는 것[有]이다[也]〉 이를 〈제장중정(齊莊中正)을 본받아[以] 공경함이[敬] 족히[足] 있는 것[有]이다[也]〉라고 줄인 것이다.

제장중정(齊莊中正)의 제(齊)는 〈한결같을 일(一)〉과 같아 제일(齊一)의 줄임이고, 장(莊)은 〈엄숙할 엄(嚴)〉과 같아 장엄(莊嚴)의 줄임이며, 중(中)은 〈맞을 적(的)〉과 같아 적중(的中)의 줄임말로 여기면 되고, 정(正)은 〈바를 직(直)〉과 같아 정직(正直)의 줄임이다.

족이유경야(足以有敬也)의 족(足)은 〈가히 가(可)〉와 같고, 이(以)는 〈본받을 법(法)·효(效)〉 등과 같고, 유(有)는 〈있을 유(有)〉 자동사(自動詞) 노릇하고, 경(敬)은 〈받들 숭(崇)〉과 같아 숭경(崇敬)의 줄임말로 여기면 되고, 야(也)는 종결어미로 〈~이다 야(也)〉 노릇한다.

【풀이(繹)】

제장중정(齊莊中正) 족이유경야(足以有敬也) 역시 성인(聖人)의 경례(敬禮) 즉 예(禮)를 받듦[敬]을 본받아[以] 군자(君子)가 수기(修己)하여 행(行)하는 예(禮)의 덕(德)을 살펴 새기고 헤아려 가늠하게 한다. 군자(君子)는 성인(聖人)의 이례(以禮) 즉 예(禮)를 본받아[以] 치인(治人)·치세(治世)하고자 할 뿐이다. 성인(聖人)을 법(法)하여 천지(天地)의 명(命)을 지성(至誠)으로 좇아[率] 덕치(德治)하는 덕(德) 중 하나가 성인(聖人)께서 경례(敬禮)하는 제장중정(齊莊中正)을 본받는[以] 것이다.

여기서 제장중정(齊莊中正)이란 성인(聖人)의 예(禮)를 본받아[以] 경례(敬禮)하는 군자(君子)의 덕(德)을 말하는 것으로, 군자사덕(君子四德)의 하나이다. 성인(聖人)의 경례(敬禮)는 군자(君子)가 본받는 숭례(崇禮) 그것이다. 성인(聖人)은 중민(衆民)을 예(禮) 그것으로 여기므로, 군자(君子)도 그렇게 치세(治世)하여 안백성(安百姓)하고자 한다. 거듭 말하지만 경(敬)이란 경례(敬禮) 그것이다. 경(敬)이란 사천(事天) 즉 천지(天地)를 받들듯이 예(禮)를 받들어 높임[恭敬]을 뜻한다. 온 세상 중민(衆民)에게 한결같이[齊] 엄숙하고[莊] 중정(中正) 즉 지극히 공평하여 무사(無私)함[中正] 바로 그것으로 중민(衆民)을 천지(天地)같이 받듦[敬]이 성인(聖人)의 경례(敬禮)이다. 군자(君子)는 성인(聖人)의 이러한 경례(敬禮)를 지성으로 본받아[以] 수기(修己)하여 치인(治人)·치세(治世)한다. 성인(聖人)의 이례(以禮)는 예(禮)를 씀[以]이지만, 군자(君子)의 이례(以禮)는 성인(聖人)이 쓰는[以] 예(禮)를 본받아서[以] 씀[以]이다. 군자(君子)가 성인(聖人)의 예(禮)를 본받아[以] 써서[以] 온 세상 모든 사람(衆民)을 안평태(安平泰)하게 함을 밝힌 말씀이 〈제장중정(齊莊中正) 족이유경야(足以有敬也)〉이다.

文理密察(문리밀찰) 足以有別也(족이유별야)

▶{군자(君子)한테는 성인(聖人)의 덕(德)이} 드러나는 문장과[文] 덕(德)이 내재(內在)하는 조리를[理] 세밀히[密] 살핌을[察] 본받아[以] 족히 변별(辨別)함이[別] 있는 것[有]이다[也].

문장(文章) 문(文), 조리(條理) 리(理), 세밀할 밀(密), 살필 찰(察), 족히 족(足), 써 이(以), 있을 유(有), 명변(明辨)할 별(別), 조사(~이다) 야(也)

【읽기(讀)】

문리밀찰(文理密察) 족이유별야(足以有別也)는 〈군자족유별지이성인지문리밀찰야(君子足有別智以聖人之文理密察也)〉에서 군자(君子)와 별지(別智)의 지(智) 그리고 성인지(聖人之)를 생략하고, 문리밀찰(文理密察)을 강조하고자 전치(前置)하고 남은 이(以)를 유(有) 앞으로 전치(前置)한 구문이다. 〈군자한테는[君子] 성인의[聖人之] 문리밀찰을[文理密察] 본받아[以] 지혜를[智] 변별함이[別] 족히[足] 있는 것[有]이다[也]〉 이를 〈문리밀찰을[文理密察] 본받아[以] 변별함이[別] 족히[足] 있는 것[有]이다[也]〉로 줄인 것이다.

문리밀찰(文理密察)의 문(文)은 〈무늬 문(紋)〉과 같지만 여기선 〈밖으로 조리(條理)가 있을 문(文)〉이고, 이(理)는 〈안으로 조리(條理)가 있을 리(理)〉이며, 밀(密)은 〈미세할 세(細)〉와 같아 세밀(細密)의 줄임이고, 찰(察)은 〈살필 관(觀)〉과 같아 관찰(觀察)의 줄임말로 여기면 된다.

족이유별야(足以有別也)에서 족(足)은 〈가히 가(可)〉와 같고, 이(以)는 〈본받을 법(法)·효(效)〉 등과 같고, 유(有)는 〈있을 유(有)〉 자동사(自動詞) 노릇하고, 별(別)은 〈가릴 변(辨)〉과 같아 변별(辨別)의 줄임이고, 야(也)는 종결어미로 〈~이다 야(也)〉 노릇한다.

【풀이(繹)】

문리밀찰(文理密察) 족이유별야(足以有別也) 역시 성인(聖人)의 별지(別智) 즉 슬기[智]를 가림함[別]을 본받아[以] 군자(君子)가 수기(修己)하여 행(行)하는 지(智)의 덕(德)을 살펴 새기고 헤아려 가늠하게 한다. 군자(君子)는 성인(聖人)의 이지(以智) 즉 슬기[智]를 본받아[以] 치인(治人) · 치세(治世)하고자 할 뿐이다. 성인(聖人)을 법(法)하여 천지(天地)의 명(命)을 지성(至誠)으로 좇아[率] 덕치(德治)하는 그 하나의 덕(德)이 성인(聖人)께서 별지(別智)하는 문리밀찰(文理密察)을 본받는[以] 것이다.

여기서 문리밀찰(文理密察)이란 성인(聖人)의 지(智)를 본받아[以] 별지(別智)하는 군자(君子)의 덕(德)을 말하며, 이 별지(別智) 또한 군자사덕(君子四德)의 하나이다. 성인(聖人)의 별지(別智)는 군자(君子)가 본받는 호학(好學) 그것이다. 성인(聖人)은 중민(衆民)을 지(智) 그것으로 여기므로, 군자(君子)도 그렇게 치세(治世)하여 안백성(安百姓)하고자 한다. 별(別)이란 별지(別智) 그것이다. 성인(聖人)은 이지(以智)로 변별(辨別)할 뿐이지 자의(恣意)에 꺼둘리면서 모의(謀議)로써 분변(分辨)하지 않는다. 별(別)이란 사천(事天) 즉 천지(天地)를 본받아[法] 무사(無私) · 무아(無我) · 무욕(無欲)으로 명변(明辨)함이지, 자의(恣意)로 도모(圖謀)하고자 시비(是非)를 분별(分別)함이 아님을 뜻한다. 그래서 문리밀찰(文理密察)의 문(文)은 『논어(論語)』「공야장(公冶長)」편(篇)에 나오는 **부자지문장가득이문야(夫子之文章可得而聞也)**란 말씀을 상기(想起)시키고, 문리밀찰(文理密察)의 이(理)는 『맹자(孟子)』「만장장구(萬章章句) 하(下)」편(篇)에 나오는 **시조리자지지사야(始條理者智之事也) 종조리자성지사야(終條理者聖之事也)**란 말씀을 떠올린다[想起]. 그리하여 문리밀찰(文理密察)은 성인(聖人)이 덕(德)을 안팎[內外]으로 밀찰(密察)하는 지혜(智慧)임을 살펴 새기고 헤아려 가늠하게 한다.

문리밀찰(文理密察)의 문(文)은 문장(文章)의 줄임이고, 이(理)는 조리(條理)의 줄임이다. 여기서 문장(文章)은 〈덕지현호외자(德之見乎外者)〉를 뜻하고, 조리(條理)는 〈덕지은호내자(德之隱乎內者)〉를 뜻한다. 성인(聖人)은 만사(萬事)에서 덕이[德之] 밖으로[乎外] 드러나는[見] 것[者]을 샅샅이[密] 살피고[察], 동시에 온갖 것에 덕(德)이 내재(內在)하는 맥락(脈絡)의 일관(一貫)을 밀찰(密察)하여 무엇 하나

버리지 않는다[不棄]. 맥락(脈絡)의 일관(一貫)이 곧 조리(條理) 즉 이(理)이다. 밀찰(密察)은 상찰(詳察)이니, 이는 곧 성인(聖人)은 덕(德)의 합내외(合內外)를 밀찰(密察)하여 집대성(集大成)하는 것으로 살펴 새기고 헤아려 가늠해 깨우치게 한다. 여기서 집대성(集大成)이란 사물(事物)의 밀찰(密察)을 시조리(始條理) 즉 도리에 맞게[條理] 시작하여[始], 종조리(終條理) 즉 도리에 맞게[條理] 끝맺음[終]을 뜻한다. 그러므로 성인(聖人)은 무사(無私) · 무욕(無欲) · 무아(無我)의 지공(至公)으로 변별(辨別)하지 결코 자의(恣意)로 도모(圖謀)하고자 분별(分別)하지 않음을 군자(君子)가 본받아[以] 문리(文理)를 밀찰(密察)함을 밝힌 말씀이 〈문리밀찰(文理密察) 족이유별야(足以有別也)〉이다.

註 "자공왈(子貢曰) 부자지문장가득이문야(夫子之文章可得而聞也) 부자지언성여천도불가득이문야(夫子之言性與天道不可得而聞也)." 자공이[子貢] 말하기를[曰]: 선생님의[夫子之] 예악문물을[文章] 알아서[得] 들을 수 있는 것[可聞]이지만[也], 선생님께서[夫子之] 천성과[性與] 천도를[天道] 말씀하심은[言] 알아서[得] 들을 수 없는 것[不可聞]이다[也].

『논어(論語)』「공야장(公冶長)」편(篇) 13장(章)

註 "백이성지청자야(伯夷聖之淸者也) 이윤성지임자야(伊尹聖之任者也) 유하혜성지화자야(柳下惠聖之和者也) 공자성지시자야(孔子聖之時者也) 공자지위집대성(孔子之謂集大成) 집대성야자금성이옥진지야(集大成也者金聲而玉振之也) 금성야자시조리야(金聲也者始條理也) 옥진지야자종조리야(玉振之也者終條理也) 시조리자지지사야(始條理者智之事也) 종조리자성지사야(終條理者聖之事也) 지비즉교야(智譬則巧也) 성비즉력야(聖譬則力也)." 백이는[伯夷] 성인으로서[聖之] 깨끗한[淸] 분[者]이시고[也], 이윤은[伊尹] 성인으로서[聖之] 자임한[任] 분[者]이시고[也], 유하혜는[柳下惠] 성인으로서[聖之] 화합하는[和] 분[者]이시고[也], 공자는[孔子] 성인으로서[聖之] 때에 맞게 하는[時] 분[者]이시다[也]. 공자를[孔子之] 집대성한 분이라[集大成] 일컫는다[謂]. 집대성했음이란[集大成也] 것은[者] 쇠가[金] 소리내면서[聲而] 옥이[玉] 소리를[之] 울림[振]이다[也]. 쇠[金]의 퍼짐이란[聲也] 것은[者] 조리 있게[條理] 시작함[始]이고[也], 옥이[玉] 소리를[之] 거두어들임이란[振也] 것은[者] 조리 있게[條理] 끝맺음[終]이다[也]. 조리 있게[條理] 시작하는[始] 것은[者] 지혜의[智之] 일[事]이고[也], 조리 있게[條理] 끝맺는[終] 것은[者] 성덕의[聖之] 일[事]이다[也]. 지혜는[智] 비유컨대[譬則] 기교[巧]이고[也], 성덕은[聖] 비유컨대[譬則] 힘[力]이다[也].

백이(伯夷) · 이윤(伊尹) · 유하혜(柳下惠) 등은 한 가지 덕을 갖춘 성인(聖人)이지만, 공자(孔子)는 모든 덕(德)을 두루 갖춘 성인(聖人)임을 〈집대성(集大成)〉이라고 밝히고 있다. 집대성(集大成)은 악기(樂器) 연주(演奏)의 술어(述語)이다. 악(樂)을 악기(樂器)로 연주(演奏)할 때 쇠북(鐘) 소리로 시작하여 경(磬) 소리로 끝맺는다. 악(樂)의 연주(演奏)는 중음(衆音)을 모아서, 즉

소성(小成)하여 모아[集] 대성(大成)한다. 이를 집대성(集大成)이라 한다. 악(樂)에서 〈성(聲)〉은 널리 편다[宜]는 뜻이고, 〈진(振)〉은 거두어들인다[斂]는 뜻이다. 시조리(始條理)의 시(始)는 연주(演奏)를 시작(始作)함이고, 종조리(終條理)의 종(終)은 연주(演奏)를 종료함[終了]이다. 조리(條理)란 모든 악기(樂器)의 음(音) 즉 중음(衆音)이 맥락(脈絡)을 이루어 문란(紊亂)하지 않음을 말한다. 『맹자(孟子)』「만장장구(萬章章句) 하(下)」편(篇) 1장(章)

【2단락(段落) 전문(全文)】

溥博淵泉하야 而時出之니라 溥博은 如天하고 淵泉은 如淵이라
부 박 연 천 이 시 출 지 부 박 여 천 연 천 여 연

見而民莫不敬하고 言而民莫不信하며 行而民莫不說이니라
현 이 민 막 불 경 언 이 민 막 불 신 행 이 민 막 불 열

{지극한 성인(聖人)은} 넓고 넓어 그윽하게 깊은 샘이며, 그리고 제때에 나타난다. {지극한 성인(聖人)의 사덕(四德)은} 두루 넓음이 하늘과 같고, {그 사덕(四德)의} 근원은 그윽이 깊은 연못과 같다. {지극한 성인(聖人)의 사덕(四德)이} 드러나면 백성한테는 {그 사덕(四德)을} 공경하지 않음이 없고, {지극한 성인(聖人)의 사덕(四德)이} 말하면 백성한테는 {그 사덕(四德)을} 믿지 않음이 없으며, {지극한 성인(聖人)의 사덕(四德)이} 행해지면 백성한테는 {그 사덕(四德)을} 즐겨 하지 않음이 없다.

溥博淵泉(부박연천) 而時出之(이시출지)

▶{지극한 성인(聖人)의 사덕(四德)은} 넓고[溥] 넓어[博] 그윽이 깊은[淵] 샘이며[泉], 그리고[而] {그 사덕(四德)은} 제때에[時] 나타난다[出之].

넓을 부(溥), 넓을 박(博), 그윽할 연(淵), 샘물(근원) 천(泉), 그리고 이(而), 때 시(時), 날 출(出), 조사(助詞) 지(之)

【읽기(讀)】

부박연천(溥博淵泉) 이시출지(而時出之)는 〈성인지덕부박연천(聖人之德溥博淵

泉) 이기덕시출지(而其德時出之)〉에서 앞 문맥으로 보충할 수 있는 성인지덕(聖人之德)과 기덕(其德)을 생략한 구문이다. 〈성인의[聖人之] 덕은[德] 부박하고[溥搏] 연천하다[淵泉]. 그리고[而] 그[其] 덕은[德] 제때에[時] 나타난다[出之]〉 이를 〈부박하고[溥搏] 연천하면서[淵泉而] 제때에[時] 나타난다[出之]〉로 줄인 것이다.

부박연천(溥搏淵泉)에서 부(溥)는 〈넓을 박(搏)〉과 같고, 연(淵)은 〈그윽이 깊은 심(深)〉과 같아 심연(深淵)의 줄임이며, 천(泉)은 〈근원 원(源)〉과 같아 원천(源泉)의 줄임말로 여기면 된다. 이시출지(而時出之)의 이(而)는 연접(連接)의 접속사로 〈그리고 이(而)〉이며, 시(時)는 이시(以時) 즉 제때에[以時]로 새기면 되고, 출(出)은 〈드러날 현(見) · 현(現)〉 등과 같아 출현(出現)의 줄임이다.

【풀이(繹)】

부박연천(溥搏淵泉) 이시출지(而時出之)는 성인(聖人)의 사덕(四德)이 모든 인덕(人德)의 근원(根源)이 됨을 살펴 새기고 헤아려 깨우치게 한다. 군자(君子)가 성인(聖人)을 본받는다고[效] 할 때 이는 곧 성인(聖人)의 사덕(四德)을 효(效)함이다. 성인(聖人)의 인(仁) · 의(義) · 예(禮) · 지(智)의 사덕(四德)을 본받아[效] 갈수록 성인(聖人)을 두려워하고[畏] 성인(聖人)의 말씀[言]을 외(畏)함이 도타워지며[敦], 따라서 그 돈(敦)의 까닭을 그윽이 깨우치게[曉] 된다. 참으로 성인(聖人)은 사덕(四德)을 끊임없이 흘러내리는 심장(深長) 즉 깊고[深] 긴긴[長] 샘[泉]이다. 이런 연천(淵泉)은 곧 근원(根源)이니 성인(聖人)의 사덕(四德)을 넓고[溥] 넓은[搏] 연천(淵泉)이라 한다. 연천(淵泉), 그것은 부박(溥搏)하되 심장(深長)의 근원(根源)으로 마치 숨어 있는 듯 은밀(隱密)하다. 하지만 성인(聖人)을 두려워하고[畏] 본받는[效] 사람의 심행(心行)에는 언제나 어김없이 성인(聖人)의 덕(德)이 나타나 그를 어질게도[仁] 하고, 의(義)롭게도 하고, 예(禮)를 따르게도 하며, 슬기롭게[智] 하기 때문에 시출지(時出之)라고 한다.

성인사덕(聖人四德)은 사람을 가리지 않는다. 다만 사람들이 성인사덕(聖人四德)을 본받기도 하고, 외면하기도 할 뿐이다. 그 사덕(四德)을 본받는 사람은 드물고 그렇지 않는 사람이 많아서 난세(亂世)가 이어질 뿐이지, 성인사덕(聖人四德)이 인색(吝嗇)하여 난세(亂世)가 빚어지는 것은 아니다. 성인사덕(聖人四德)은 부박연천(溥搏淵泉)이어서 언제 어디서나 그 연천(淵泉)의 덕수(德水)를 마시고자 한다면 넘쳐난다. 그래서 성인사덕(聖人四德)을 두고 시출지(時出之) 즉 언제나 늘 [時] 불현듯 나타나는[出之] 덕(德)이라 한다. 인(仁) · 의(義) · 예(禮) · 지(智) 성인사덕(聖人四德)의 시출지(時出之), 이것이 바로 〈시중(時中)〉 바로 그것이다. 때맞춰 드러남이 시중(時中)이요 시출지(時出之)이다. 성인(聖人)을 본받아[效] 순종(順從)하기만 하면 누구에게나 늘 홀연히 인(仁)이 걸림 없이 출지(出之)하고, 의(義)가 나타나며, 예(禮)가 드러나고, 지(智)가 솟는다. 여기서 군자(君子)는 삼외(三畏)하고 소인(小人)은 모압(侮狎)하다고 단언(斷言)한 자왈(子曰)의 깊은 뜻을 살펴 새기고 헤아려 가늠해 깨우치게 하는 말씀이 〈부박연천(溥搏淵泉) 이시출지(而時出之)〉이다.

註 "공자왈(孔子曰) 군자유삼외(君子有三畏) 외천명(畏天命) 외대인(畏大人) 외성인지언(畏聖人之言) 소인부지천명이불외야(小人不知天命而不畏也) 압대인(狎大人) 모성인지언(侮聖人之言)." 공자께서[孔子] 가로되[曰]: 군자한테는[君子] 세 가지[三] 두려워함이[畏] 있다[有]. 천명을[天命] 두려워하고[畏], 대인을[大人] 두려워하며[畏], 성인의[聖人之] 말씀을[言] 두려워한다[畏]. 소인은[小人] 천명을[天命] 몰라서[不知而] (천명을) 두려워하지 않는 것[不畏]이고[也], 대인을[大人] 얕보고[狎] 성인의[聖人之] 말씀을[言] 업신여긴다[侮].

대인(大人)은 성인(聖人)을 말한다. 『논어(論語)』「계씨(季氏)」편(篇) 8장(章)

溥搏如天(부박여천) 淵泉如淵(연천여연)

▶ {지극한 성인(聖人)의 사덕(四德)이} 두루[溥] 넓음은[搏] 하늘과[天] 같고[如], {그 사덕(四德)의} 깊고 긴긴[淵] 샘은[泉] 그윽이 깊은 연못과[淵] 같다[如].

넓을 부(溥), 넓을 박(搏), 같을 여(如), 하늘 천(天), 그윽할 연(淵), 샘물(근원) 천(泉)

【읽기(讀)】

부박여천(溥搏如天) 연천여연(淵泉如淵)은 〈성인지사덕지부박여천(聖人之四德之溥搏如天) 성인지사덕지연천여연(聖人之四德之淵泉如淵)〉에서 성인지사덕지(聖人之四德之)를 생략한 구문이다. 〈성인의[聖人之] 사덕의[四德之] 넓고[溥] 넓음은[搏] 하늘과[天] 같고[如], 성인의[聖人之] 사덕의[四德之] 근원은[淵泉] 그윽이 깊어 고요한 연못과[淵] 같다[如]〉 이를 〈넓고[溥] 넓음은[搏] 하늘과[天] 같고[如], 근원은[淵泉] 그윽이 깊어 고요한 연못과[淵] 같다[如]〉로 줄인 것이다.

부박여천(溥搏如天)의 부(溥)는 〈넓을 박(搏)〉과 같고, 여(如)는 〈같을 약(若)·사(似)〉 등과 같다. 연천여연(淵泉如淵)의 연(淵)은 〈그윽이 깊은 심(深)〉과 같고, 천(泉)은 〈근원 원(源)〉과 같아 원천(源泉)의 줄임이다.

【풀이(繹)】

부박여천(溥搏如天) 연천여연(淵泉如淵)은 성인(聖人)의 사덕(四德)이 그 넓기[溥搏]가 하늘[天]과 같고, 그 사덕(四德)의 심장(深長)함이 깊고 깊어 고요한 심연(深淵)과 같음을 살펴 새기고 헤아려 깨우치게 한다. 연천(淵泉)은 심장(深長)한 샘[泉]이 여천(如天) 즉 하늘[天] 같다[如]는 말이다. 천(天)은 그 넓기가 무우(無隅)·무방(無方)하다. 하늘[天]에는 모퉁이[隅]도 없고[無], 동서남북(東西南北) 좌우상하(左右上下)도 없으니 방향(方向)이 없다. 성인(聖人)의 사덕(四德)이 그처럼 한량없이 넓어 연천(淵泉) 즉 근원(根源)은 생천지(生天地) 즉 하늘 땅[天地]이 낳은[生] 도(道)에 있으므로 성인사덕(聖人四德)이야말로 무궁(無窮)한 도덕(道德) 바로 그것임을 밝힌 말씀이 〈부박여천(溥搏如天) 연천여연(淵泉如淵)〉이다.

見而民莫不敬(현이민막불경)

▶ {지극한 성인(聖人)이} 드러나면[見而] 백성에게는[民] 공경하지 않음이[不敬] 없다[莫].

드러날 현(見), 그러면 이(而), 백성 민(民), 없을 막(莫), 않을 불(不), 공경할 경(敬)

【읽기(讀)】

현이민막불경(見而民莫不敬)은 〈성인지사덕현(聖人之四德見) 이민막불경기사덕(而民莫不敬其四德)〉에서 현(見)의 주어 노릇할 성인지사덕(聖人之四德)과 경(敬)의 목적어 노릇할 기사덕(其四德)을 생략한 구문이다. 〈성인의[聖人之] 사덕이

[四德] 나타난다[見]. 그러면[而] 백성에게는[民] 그[其] 사덕을[四德] 공경하지 않음이[不敬] 없다[莫]〉 이를 〈나타나면[見而] 백성에게는[民] 공경하지 않음이[不敬] 없다[莫]〉로 줄인 것이다.

현이민막불경(見而民莫不敬)의 현(見)은 〈드러날 현(現) · 현(顯)〉 등과 같아 현현(顯見) · 현현(見現) 등의 줄임이고, 막(莫)은 〈없을 무(無)〉와 같고, 경(敬)은 〈공경할 공(恭)〉과 같다.

【풀이(繹)】

현이민막불경(見而民莫不敬)은 성인(聖人)의 사덕(四德)을 지성(至誠)으로 본받는[效] 군자(君子)가 등장하여 덕치(德治)를 베풂[施]을 살펴 새기고 헤아려 가늠하여 깨우치게 한다. 그래서 현이민막불경(見而民莫不敬)의 경(敬)은 『논어(論語)』「위령공(衛靈公)」편(篇)에 나오는 **공기정남면이이의(恭己正南面而已矣)**란 자왈(子曰)을 상기(想起)시킨다. 공기(恭己) 이는 자비(自卑)이다. 자신[自]을 낮춤[卑]이 곧 공기(恭己)이다. 공기(恭己) · 자비(自卑)는 곧장 존인(尊人) 즉 남[人]을 높임[尊]으로 드러난다. 그러므로 공기(恭己)는 곧 자비존인(自卑尊人)이고, 자비존인(自卑尊人)은 바로 예(禮) 그것이므로 공기(恭己)란 바로 경례(敬禮)가 된다. 경례(敬禮)하면 절로 성인(聖人)의 덕(德)을 본받아[效] 덕치(德治)는 이루어진다. 왜냐하면 〈도덕인의비례불성(道德仁義非禮不成)〉이고, 도덕(道德) · 인의(仁義)를 떠나서 성인(聖人)의 총명예지(聰明叡智)를 본받을 수 없으며, 예지(叡智)를 떠난 성인(聖人)의 슬기[智]란 본받을[效] 수 없기 때문이다. 성인(聖人)의 임(臨) 즉 치인(治人) · 치세(治世)를 본받아[效] 덕치(德治)를 베풀면[施] 백성[民]이 저절로 성인(聖人)의 사덕(四德)을 공경(恭敬)하게 됨을 밝힌 말씀이 〈현이민막불경(見而民莫不敬)〉이다.

註 "무위이치자(無爲而治者) 기순야여(其舜也與) 부하위재(夫何爲哉) 공기정남면이이의(恭己正南面而已矣)." 함이[爲] 없어도[無而] 다스리는[治] 사람[者] 그분은[其] 순임금[舜]이로다[也與]! 대체[夫] 어찌[何] 하는 것[爲]인가[哉]? 자신을[己] 낮추고[恭] 바르게[正] 남면했을[南面] 뿐이다[而已矣].

『논어(論語)』「위령공(衛靈公)」편(篇) 4장(章)

言而民莫不信(언이민막불신)

▶{지극한 성인(聖人)의 사덕(四德)이} 언급되면[言而] 백성한테는[民] {그 말[言]을} 믿지 않음이[不信] 없다[莫].

말할 언(言), 그러면 이(而), 백성 민(民), 없을 막(莫), 않을 불(不), 믿을 신(信)

【읽기(讀)】

언이민막불신(言而民莫不信)은 〈성인지사덕언(聖人之四德言) 이민막불신기언(而民莫不信其言)〉에서 언(言)의 주어 노릇할 성인지사덕(聖人之四德)과 신(信)의 목적어 노릇할 기언(其言)을 생략한 구문이다. 〈성인의[聖人之] 사덕이[四德] 말해진다[言]. 그러면[而] 백성에게는[民] 그[其] 말씀을[言] 믿지 않음이[不信] 없다[莫]〉 이를 〈말해지면[言而] 백성에게는[民] 믿지 않음이[不信] 없다[莫]〉로 줄인 것이다.

언이민막불신(言而民莫不信)의 언(言)은 발언(發言)의 줄임이고, 막(莫)은 〈없을 무(無)〉와 같고, 신(信)은 〈믿을 충(忠)〉과 같다.

【풀이(繹)】

언이민막불신(言而民莫不信)은 성인(聖人)의 사덕(四德)을 지성(至誠)으로 본받는[效] 군자(君子)가 등장하여 성인지언(聖人之言) 즉 성인(聖人)의 말씀[言]으로 덕치(德治)를 베풂[施]을 살펴 새기고 헤아려 가늠하여 깨우치게 한다. 언이민막불신(言而民莫不信)의 신(信) 또한 『논어(論語)』「위령공(衛靈公)」편(篇)에 나오는 〈공기정남면이이의(恭己正南面而已矣〉란 자왈(子曰)을 상기(想起)시킨다. 공기(恭己)는 무언(無言)이고 자비(自卑)도 무언(無言)이며, 따라서 존인(尊人)한다고 말함[言] 없이[無] 자신[自]을 낮추어[卑] 무언(無言)으로 남[人]을 높인다[尊]. 공기(恭己)란 바로 무언(無言)의 언(言) 바로 그것이다.

성인지어(聖人之語)라 하지 않고 성인지언(聖人之言)이라고 함을 주목하게 되며, 어이민막불신(語而民莫不信)이라 않고 언이민막불신(言而民莫不信)이라 한 것을 유의해야 한다. 성인(聖人)의 말씀[言]을 두려워한다[畏]고 함은 성인(聖人)이 말해주어서[語] 외(畏)함이 아니라, 성인(聖人)의 말씀[言]을 스스로 듣고[聽] 스스로 밝아져[聰] 성인(聖人)의 사덕(四德)을 스스로 좇게 되는 것이다. 따라서 성인(聖人)의 말씀[言]은 성인(聖人)의 총명예지(聰明叡智)가 스며 있다. 비가 내리면 만물(萬物)이 젖어들듯, 성인(聖人)의 말씀을 듣고 스스로 본받으면 그 말씀[言]을 본받아[效] 믿지 않을 수 없다. 그러므로 성인(聖人)의 임(臨) 즉 치인(治人)·치세(治世)를 본받아[效] 덕치(德治)를 베풀면[施] 백성[民]이 저절로 성인(聖人)의 사덕(四德)을 충신(忠信)하게 됨을 밝힌 말씀이 〈현이민막불경(見而民莫不敬)〉이다.

行而民莫不說(행이민막불열)

▶{지극한 성인(聖人)의 사덕(四德)이} 행해지면[行而] 백성한테는[民] {그 행(行)을} 즐겨하지 않음이[不說] 없다[莫].

행해질 행(行), 그러면 이(而), 백성 민(民), 없을 막(莫), 않을 불(不), 즐겨할 열(說)

【읽기(讀)】

행이민막불열(行而民莫不說)은 〈성인지사덕행(聖人之四德行) 이민막불열기행(而民莫不說其行)〉에서 행(行)의 주어 노릇할 성인지사덕(聖人之四德)과 열(說)의 목적어 노릇할 기행(其行)을 생략한 구문이다. 〈성인의[聖人之] 사덕이[四德] 행해진다[行]. 그러면[而] 백성에게는[民] 그[其] 행해짐을[行] 기뻐하지 않음이[不說] 없다[莫]〉 이를 〈행해지면[行而] 백성에게는[民] 기뻐하지 않음이[不說] 없다[莫]〉로 줄인 것이다.

행이민막불열(行而民莫不說)에서 행(行)은 〈베풀어질 시(施)〉와 같아 시행(施行)의 줄임이고, 막(莫)은 〈없을 무(無)〉와 같고, 열(說)은 〈즐겨할 락(樂)〉과 같아 열락(說樂)의 줄임이다.

【풀이(繹)】

행이민막불열(行而民莫不說)은 성인(聖人)의 사덕(四德)을 지성(至誠)으로 본받는[效] 군자(君子)가 등장하여 성인지덕(聖人之德)으로 덕치(德治)를 베풂[行]을 살펴 새기고 헤아려 가늠하여 깨우치게 한다. 그래서 행이민막불열(行而民莫不說)

의 열(說) 또한 『논어(論語)』「위령공(衛靈公)」편(篇)에 나오는 〈공기정남면이이의(恭己正南面而已矣)〉란 자왈(子曰)을 상기(想起)시킨다.

공기(恭己)는 절로 열인(說人)하고 자비(自卑)도 열인(說人)하며, 따라서 존인(尊人) 즉 자신[自]을 낮추어[卑] 남[人]을 즐겁게[說] 하는 것이다. 공기(恭己)란 바로 남[人]을 절로 즐겁게 하는 바로 그것이다. 성인지행(聖人之行)을 본받아[效] 행인정(行仁政)하여 왕(王) 노릇하면 그 왕도(王道)를 싫어할 백성(百姓)이란 천하에 없는 법이다. 성인(聖人)의 행(行)을 본받는 시행(施行)은 성인(聖人)의 총명예지(聰明叡智)가 저절로 스며들어 백성이 바라지 않는 치인(治人)·치세(治世)를 범하지 않는다. 성인(聖人)의 행(行)을 그냥 그대로 따라 본받아 시행(施行)하는 치인(治人)·치세(治世)를 백성[民]은 열락(說樂)하지 않을 수 없다. 그러므로 성인(聖人)의 임(臨) 즉 치인(治人)·치세(治世)를 본받아[效] 덕치(德治)를 행하면[行] 백성[民]이 저절로 성인(聖人)의 사덕(四德)을 열락(說樂)하게 됨을 밝힌 말씀이 〈행이민막불열(行而民莫不說)〉이다.

【3단락(段落) 전문(全文)】

是以聲名이 洋溢乎中國하여 施及蠻貊하니라 舟車所至와
시이성명 양일호중국 시급만맥 주거소지

人力所通과 天之所覆와 地之所載와 日月所照와 霜露所隊의
인력소통 천지소부 지지소재 일월소조 상로소대

凡有血氣者는 莫不尊親하리니 故로 曰 配天이니라
범유혈기자 막부존친 고 왈배천

이렇기 때문에 {성인사덕(聖人四德)의} 명성이 중국에 바다처럼 넘쳐 퍼졌고 베풀어져 변방까지 이르렀다. 배와 수레가 닿는 곳에, 인력이 통하는 곳에, 하늘이 덮고 있는 곳에, 땅이 실어주고 있는 곳에, 해와 달이 빛나는 곳에, 서리와 이슬이 맺히는 곳에, 무릇 목숨을 간직한 자들에게는 {성인(聖人)을} 받들어 가까이하지 않음이 없다. 그러므로 {성인(聖人)은} 하늘과 짝한다고 말한다.

是以聲名洋溢乎中國(시이성명양일호중국) 施及蠻貊(시급만맥)

▶이렇기[是] 때문에[以] {성인사덕(聖人四德)의} 명성이[聲名] 중국에[乎中國] 바다처럼[洋] 넘쳐 퍼졌고[溢] 베풀어져[施] 변방에까지[蠻貊] 이르렀다[及].

이 시(是), 때문에 이(以), 소리 성(聲), 이름 명(名), 넓을 양(洋), 넘쳐날 일(溢), 조사(~에서) 호(乎), 가운데 중(中), 나라 국(國), 베풀어질 시(施), 이를 급(及), 오랑캐 만(蠻), 오랑캐 맥(貊)

【읽기(讀)】

시이성명양일호중국(是以聲名洋溢乎中國) 시급만맥(施及蠻貊)은 〈시이성인지성명양일호중국(是以聖人之聲名洋溢乎中國) 성인지사덕시급만맥(聖人之四德施及蠻貊)〉에서 성명(聲名)을 꾸며줄 성인지(聖人之)와 시급(施及)의 주어 노릇할 성인지사덕(聖人之四德)을 생략한 구문이다. 〈이[是] 때문에[以] 성인의[聖人之] 명성이[聲名] 중국에[乎中國] 바다가 되어[洋] 넘쳐났고[溢], 성인의[聖人之] 사덕이[四德] 베풀어져[施] 변방에까지[蠻貊] 이르렀다[及]〉 이를 〈이[是] 때문에[以] 중국에[乎中國] 바다가 되어[洋] 넘쳐났고[溢] 베풀어져[施] 변방에까지[蠻貊] 이르렀다[及]〉로 줄인 것이다.

시이(是以)의 이(以)는 〈때문에 고(故)〉와 같고, 시이(是以)는 시고(是故)와 같다. 성명양일호중국(聲名洋溢乎中國)의 성명(聲名)은 명성(名聲)과 같고, 양(洋)은 〈바다 해(海)〉와 같아 해양(海洋)의 줄임이며, 일(溢)은 〈넘쳐 퍼질 람(濫)〉과 같다.

시급만맥(施及蠻貊)의 시(施)는 〈베풀어질 행(行)〉과 같아 시행(施行)의 줄임이고, 급(及)은 〈이를 지(至)〉와 같아 급지(及至)의 줄임이며, 만(蠻)은 중국(中國) 남쪽 변방의 부족(部族)을 말하고, 맥(貊)은 북쪽 변방의 부족(部族)을 말한다.

【풀이(繹)】

시이성명양일호중국(是以聲名洋溢乎中國) 시급만맥(施及蠻貊)은 성인(聖人)의 사덕(四德)이 명성(名聲)을 얻어 중국(中國) 모든 곳에 퍼져 나갔고, 이어서 중국의 주변으로 그 사덕이 시행(施行)되었음을 밝혀, 공자(孔子)께서 온 세상의 성인(聖人)이 되었다고 자사(子思)가 할아버지인 공자(孔子)를 칭송(稱頌)하고 있는 말씀이다.

舟車所至(주거소지) 人力所通(인력소통) 天之所覆(천지소부) 地之所載(지지소재) 日月所照(일월소조) 霜露所隊(상로소대) 凡有血氣者莫不尊親(범유혈기자막부존친)

▶배와[舟] 수레가[車] 이르는[至] 곳과[所], 인력이[人力] 통하는[通] 곳과[所], 하늘이[天之] 덮어주는[覆] 곳과[所], 땅이[地之] 실어주는[載] 곳과[所], 해와 달이[日月] 빛나는[照] 곳과[所], 서리와[霜] 이슬이[露] 내리는[隊] 곳에[所] 무릇[凡] 목숨을[血氣] 간직한[有] 자들한테는[者] {성인(聖人)을} 받들어 가까이하지 않음이[不尊親] 없다[莫].

배 주(舟), 수레 거(車), 곳 소(所), 이를 지(至), 힘 력(力), 통할 통(通), 조사(~가) 지(之), 덮을 부(覆), 실을 재(載), 비출 조(照), 서리 상(霜), 이슬 로(露), 무리지을 대(隊), 무릇 범(凡), 피 혈(血), 기운 기(氣), 사람 자(者), 없을 막(莫), 높일 존(尊), 가까이할 친(親)

【읽기(讀)】

주거소지(舟車所至)는 〈주거소지성인지사덕시(舟車所至聖人之四德施)〉에서 성인지사덕시(聖人之四德施)를 생략한 구문이다. 〈배와[舟] 수레가[車] 이르는[至] 곳에도[所] 성인의[聖人之] 사덕이[四德] 베풀어졌다[施]〉 이를 〈배와[舟] 수레가[車] 이르는[至] 곳에도[所]〉로 줄인 것이다. 주거소지(舟車所至)는 〈주거지소지(舟車之所至)〉에서 주격 토씨 노릇하는 조사(助詞 : ~가) 지(之)를 생략한 것으로, 〈소주거지(所舟車至)〉에서 주거(舟車)를 주거지(舟車之)로 하여 전치(前置)한 구문으로 새기면 된다. 〈배와 수레가[舟車之] 이르는[至] 곳[所]〉 주거소지(舟車所至)의 주(舟)는 돛단배를 말하고, 거(車)는 마차(馬車)나 우차(牛車)를 말하며, 소(所)는 〈곳 처(處)〉와 같아 처소(處所)의 줄임이고, 지(至)는 〈이를 급(及)〉과 같아 급지(及至)의 줄임말로 여기면 된다.

인력소통(人力所通)은 〈인력소통성인지사덕시(人力所通聖人之四德施)〉에서 성인지사덕시(聖人之四德施)를 생략한 구문이다. 〈사람의[人] 힘이[力] 통하는[通] 곳에도[所] 성인의[聖人之] 사덕이[四德] 베풀어졌다[施]〉 이를 〈사람의 힘이[人力] 통하는[通] 곳에도[所]〉로 줄인 것이다. 인력소통(人力所通)은 〈소인력통(所人力通)〉에서 인력(人力)을 인력지(人力之)로 하여 전치(前置)한 말투이다. 〈사람의 힘이[人力之] 통하는[通] 곳[所]〉 인력소통(人力所通)의 소(所)는 〈곳 처(處)〉와 같아 처소(處所)의 줄임이고, 통(通)은 〈통할 소(疏)〉와 같아 소통(疏通)의 줄임말로 여기면 된다.

천지소부(天之所覆)는 〈천지소부성인지사덕시(天之所覆聖人之四德施)〉에서 성인지사덕시(聖人之四德施)를 생략한 구문이다. 〈하늘이[天之] 덮어주는[覆] 곳에도[所] 성인의[聖人之] 사덕이[四德] 베풀어졌다[施]〉 이를 〈하늘이[天之] 덮어주는[覆] 곳에도[所]〉로 줄인 것이다. 천지소부(天之所覆)에서 지(之)는 주격 토씨 조사(助詞 : ~가) 노릇하고, 소(所)는 〈곳 처(處)〉와 같아 처소(處所)의 줄임이며, 부(覆)는 〈덮어줄 개(蓋)〉와 같아 부개(覆蓋)의 줄임말로 여기면 된다.

지지소재(地之所載)는 〈지지소재성인지사덕시(地之所載聖人之四德施)〉에서 성인지사덕시(聖人之四德施)를 생략한 구문이다. 〈땅이[地之] 실어주는[載] 곳에도[所] 성인의[聖人之] 사덕이[四德] 베풀어졌다[施]〉 이를 〈땅이[地之] 실어주는[載] 곳에도[所]〉로 줄인 것이다. 지지소재(地之所載)의 지(之)는 주격 토씨 조사(助詞 : ~가) 노릇하고, 소(所)는 〈곳 처(處)〉와 같아 처소(處所)의 줄임이며, 재(載)는 〈실어줄 승(乘)〉과 같아 재승(載乘)의 줄임말로 여기면 된다.

일월소조(日月所照)는 〈일월소조성인지사덕시(日月所照聖人之四德施)〉에서 성인지사덕시(聖人之四德施)를 생략한 구문이다. 〈일월이[日月] 비춰주는[照] 곳에도[所] 성인의[聖人之] 사덕이[四德] 베풀어졌다[施]〉 이를 〈일월이[日月] 비춰주는[照] 곳에도[所]〉로 줄인 것이다. 일월소조(日月所照)는 〈일월지소조(日月之所照)〉에서 지(之)를 생략한 것이다. 일월소조(日月所照)의 소(所)는 〈곳 처(處)〉와 같아 처소(處所)의 줄임이고, 조(照)는 〈빛날 조(照)〉로 발광(發光)의 뜻이다.

상로소대(霜露所隊)는 〈상로소대성인지사덕시(霜露所隊聖人之四德施)〉에서 성인지사덕시(聖人之四德施)를 생략한 구문이다. 〈서리와[霜] 이슬이[露] 모이는[隊] 곳에도[所] 성인의[聖人之] 사덕이[四德] 베풀어졌다[施]〉 이를 〈상로가[霜露] 모이는[隊] 곳에도[所]〉로 줄인 것이다. 상로소대(霜露所隊)는 〈상로지소대(霜露之所隊)〉에서 지(之)를 생략한 것이다. 상로소대(霜露所隊)의 소(所)는 〈곳 처(處)〉와 같아 처소(處所)의 줄임이고, 대(隊)는 〈무리 군(羣)〉과 같다.

범유혈기자막부존친(凡有血氣者莫不尊親)은 〈범유혈기자막부존성인지사덕(凡有血氣者莫不尊聖人之四德) 이범유혈기자막부친성인지사덕(而凡有血氣者莫不親聖人之四德)〉에서 되풀이되는 범유혈기자막불(凡有血氣者莫不)과 성인지사덕(聖人之四德)을 생략한 구문이다. 〈무릇[凡] 목숨을[血氣] 간직한[有] 사람한테는[者] 성인의[聖人之] 사덕을[四德] 높이지 않음이[不尊] 없다[莫]. 그리고[而] 무릇[凡] 목숨을[血氣] 간직한[有] 사람한테는[者] 성인의[聖人之] 사덕을[四德] 가까이하지 않음이[不親] 없다[莫]〉 이를 〈무릇[凡] 목숨을[血氣] 간직한[有] 사람한테는[者] 성인의[聖人之] 사덕을[四德] 높여 가까이하지 않음이[不尊] 없다[莫]〉로 줄인 것이다. 범유혈기자막부존친(凡有血氣者莫不尊親)의 범(凡)은 〈무릇 부(夫)〉와 같고, 혈기(血氣)는 생명(生命)과 같으며, 자(者)는 지인(之人)을 대신하고, 막(莫)은 여기선 〈없을 무(無)〉와 같다. 존(尊)은 〈받들 봉(奉)〉과 같아 존봉(尊奉)의 줄임이고, 친(親)은 〈가까이할 근(近)〉과 같아 근친(近親)의 줄임말로 여기면 된다.

【풀이(繹)】

주거소지(舟車所至) 인력소통(人力所通) 천지소부(天之所覆) 지지소재(地之所載) 일월소조(日月所照) 상로소대(霜露所隊) 범유혈기자막부존친(凡有血氣者莫不尊親) 또한 성인(聖人)의 사덕(四德)이 온 세상 곳곳에 퍼져 나가 시행되지 않는 곳이 없음을 밝혀, 공자(孔子)께서 온 세상의 성인(聖人)이 되었다고 자사(子思)가 할아버지 공자(孔子)를 칭송(稱頌)한 말씀이다.

故(고) 曰配天(왈배천)

▶ 그러므로[故] {성인(聖人)은} 하늘과[天] 짝한다고[配] 말한다[曰].

그러므로 고(故), 말할 왈(曰), 짝지어줄 배(配), 하늘 천(天)

【읽기(讀)】

고(故)는 시고(是故)의 줄임이다. 〈이렇기[是] 때문에[故]〉를 줄여 〈그러므로[故]〉로 줄인 것이다.

왈배천(曰配天)은 〈왈성인배천(曰聖人配天)〉에서 성인(聖人)을 생략한 구문이다. 〈성인은[聖人] 하늘과[天] 짝한다고[配] 말한다[曰]〉 이를 〈하늘과[天] 짝한다고[配] 말한다[曰]〉로 줄인 것이다. 왈배천(曰配天)에서 왈(曰)은 〈말할 운(云)〉과 같고, 배(配)는 〈짝할 우(偶)〉와 같아 배우(配偶)의 줄임말로 여기면 된다.

【풀이(繹)】

왈배천(曰配天)은 성인(聖人)은 곧 하늘[天]과 같음을 살펴 새기고 헤아려 깨우치게 한다. 성인배천(聖人配天)은『장자(莊子)』「소요유(逍遙遊)」편(篇)에 나오는 **지인무기(至人無己) 신인무공(神人無功) 성인무명(聖人無名)**이란 말씀을 상기(想起)시킨다. 참으로 성인(聖人)이야말로 삼무사지인(三無私之人) 바로 그분이다. 성인(聖人)께는 자기(自己)라 할 것이 없고 공명(功名)이랄 것도 없다. 그러니 성인(聖人)은 하늘[天]과 같이 모든 것을 덮어주고[覆], 땅[地]과 같이 모든 것을 실어주며[載], 일월(日月)과 같이 모든 것을 빛나게[照] 해준다. 성인(聖人)의 사덕(四德)이란 참으로 무사부(無私覆)의 인의예지(仁義禮智)이고, 무사재(無私載)의 인의예지(仁義禮智)이며, 무사조(無私照)의 인의예지(仁義禮智)이다. 성인(聖人)은 천지(天地)와 같아 오로지 지공무사(至公無私)할 뿐이다. 그래서『노자(老子)』에 **성인불인(聖人不仁) 이백성위추구(以百姓爲芻狗)**란 말씀이 나오는 것이다. 성인(聖人)에게 누구누구는 존귀(尊貴)하고 높아[高] 좋은 것[好]이고, 누구누구는 비천(卑賤)하고 낮아[下] 싫은 것[惡]이란 결단코 없다. 호오(好惡)가 없으니 무사(無私)한 신인(神人)이 성인(聖人)이고, 무사(無私)하여 무사(無邪)하므로 무욕(無欲)한 천인(天人)이 성인(聖人)임을 깊이 새겨 새기고 헤아려 가늠하여 깨우치게 하는 말씀이 〈성인배천(聖人配天)〉이다.

註 "지인무기(至人無己) 신인무공(神人無功) 성인무명(聖人無名)." 하늘에 닿은[至] 사람한테는[人] 자기가[己] 없고[無], 하늘이 된[神] 사람한테는[人] 공치사가[功] 없으며[無], 걸림 없이 통하는[聖] 사람한테는[人] 명성이[名] 없다[無].

지인(至人)·신인(神人)·성인(聖人)·천인(天人) 등은 모두 한 말씀으로 천지인(天地人) 삼재(三才)가 위일(爲一) 즉 하나로[一] 되어버린[爲] 사람을 말하며, 그분을 일컬어 성인(聖人)이라 한다.

『장자(莊子)』「소요유(逍遙遊)」편(篇) 7단락(段落)

註 "천지불인(天地不仁) 이만물위추구(以萬物爲芻狗) 성인불인(聖人不仁) 이백성위추구(以百姓爲芻狗)." 천지는[天地] 어질지 않다[不仁]. 만물을[以萬物] 풀강아지로[芻狗] 여긴다[爲]. 성인도[聖人] 어질지 않다[不仁]. 백성을[以百姓] 풀강아지로[芻狗] 여긴다[爲].

여기서 불인(不仁)이란 편애(偏愛)함이 없음을 말한다. 모든 것에 다 인자(仁慈)하니 특별히 인자(仁慈)하다고 할 것이 없음이 여기서의 불인(不仁)이다. 만물이 다 존귀(尊貴)하다면 존귀(尊貴)하고 만물이 다 비천(卑賤)하다면 비천(卑賤)한 것이니, 군왕(君王)도 추구(芻狗)이고 민초(民草) 또한 추구(芻狗)일 뿐이다.

『노자(老子)』 5장(章)

지성(至誠)과 성인(聖人)

세 단락(段落)으로 이루어진 32장(章)은 천지지도(天地之道)와 성인지도(聖人之道)가 하나임을 살펴 새기고 헤아려 가늠하게 한다. 대경(大經)을 바로잡고, 대본(大本)을 이룩하게 하고, 천지(天地)의 화육(化育)을 본받아 성인(聖人)이 세상을 화육(化育)함을 밝힌다. 대경(大經)은 오륜(五倫)이고, 대본(大本)은 천하(天下)의 정도(正道)를 이루는 본성(本性)을 말한다. 군신(君臣) 사이의 충(忠), 부자(父子) 사이의 효(孝), 부부(夫婦) 사이의 애(愛), 형제(兄弟) 사이의 경(敬), 붕우(朋友) 사이의 신(信)을 성인(聖人)이 바로잡을 수 있고 천명(天命)인 본성(本性)을 따라 정도(正道)를 이룰 수 있는 것은 성인(聖人)이 곧 천지(天地)와 같기 때문임을 깨우치게 하는 장(章)이다.

【1단락(段落) 전문(全文)】

唯天下至誠이어야 爲能經綸天下之大經하고 立天下之大本하며 知天地之化育한다 夫焉有所倚리오
유천하지성 위능경륜천하지대경 입천하지 대본 지천지지화육 부언유소의

오직 온 세상에 지극히 성실한 사람이라야 온 세상의 대경(大經)을 경륜(經綸)할 수 있고, 온 세상의 대본(大本)을 세울 수 있으며, 하늘 땅의 화육(化育)을 알 수 있는 것이다. (지극히 성실한 사람께) 무릇 어찌 기댈 바가 있겠는가?

唯天下至誠爲能經綸天下之大經(유천하지성위능경륜천하지대경)

▶ 오직[唯] 온 세상의[天下] 지극한[至] 정성만이[誠] 온 세상의[天下之] 대경을[大經] 경륜할[經綸] 수 있는 것[能]이다[爲].

오직 유(唯), 지극할 지(至), 정성 성(誠), 조사(~이다) 위(爲), 가능할 능(能), 날(간추려 나눌) 경(經), 벼리(간추려 합칠) 륜(綸), 조사(~의) 지(之)

【읽기(讀)】

유천하지성위능경륜천하지대경(唯天下至誠爲能經綸天下之大經)은 〈유천하지성위능경천하지대경(唯天下至誠爲能經天下之大經) 이유천하지성위능륜천하지대경(而唯天下至誠爲能綸天下之大經)〉에서 되풀이되는 유천하지성위능(唯天下至誠爲能)과 천하지대경(天下之大經)을 생략하여 줄인 구문이다. 〈유천하지성(唯天下至誠)이라야 천하지대경(天下之大經)을 간추려 나눌[經] 수 있는 것[能]이다[爲]. 그리고[而] 유천하지성(唯天下至誠)이 천하지대경(天下之大經)을 간추려 합칠[綸] 수 있는 것[能]이다[爲]〉 이를 〈유천하지성(唯天下至誠)이 천하지대경(天下之大經)을 간추려 나누고[經] 간추려 합칠[綸] 수 있는 것[能]이다[爲]〉로 줄인 말투이다.

유천하지성위능경륜천하지대경(唯天下至聖爲能經綸天下之大經)의 유(唯)는 〈오직 독(獨)〉과 같아 유독(唯獨)의 줄임이고, 지(至)는 〈지극할 극(極)〉과 같아

지극(至極)의 줄임이며, 성(誠)은 성자(誠者)의 줄임으로 여기면 되고, 위(爲)는 〈~이다 시(是)〉와 같고, 능(能)은 여기선 〈가할 가(可)〉와 같다. 경(經)은 〈벼리 강(綱) · 다스릴 리(理)〉 등과 같아 경리(經理)의 줄임말로 여기되, 경(經)의 원뜻은 〈길쌈할 때 실을 간추려 나눌 경(經)〉이다. 윤(綸)은 〈벼리 강(綱) · 다스릴 리(理)〉 등과 같아 윤리(綸理)의 줄임말로 여기되, 윤(綸)의 원뜻은 〈길쌈할 때 실을 간추려 합칠 륜(綸)〉이다.

【풀이(繹)】

유천하지성위능경륜천하지대경(唯天下至誠爲能經綸天下之大經)은 지성(至誠) 즉 지극한[至] 성자(誠者)란 곧 성인(聖人)임을 밝힌다. 천도(天道)를 성자(誠者)라 한다. 천도(天道)를 그대로 본받아[法] 지(知) · 행(行)하는 사람을 성인(聖人)이라 하여 천도(天道)의 성자(誠者)와 성인(聖人)을 동일시(同一視)하는 것이다. 따라서 자사(子思)가 공자(孔子)를 지성(至誠)이라 일컬어 칭송(稱頌)하는 까닭을 살펴 새기고 헤아려 가늠하게 한다.

경륜천하지대경(經綸天下之大經)이란 지성자(至誠者) 즉 지극히[至] 성실한[誠] 사람[者] 즉 성인(聖人)만이 행용(行用)할 수 있는 일[事]이다. 오로지 공자(孔子)만이 천하(天下)의 대경(大經)을 경륜(經綸) 즉 간추려 나누어 다스릴[經] 수도 있고, 간추려 합쳐 다스릴[綸] 수도 있다는 것이다. 물론 유가(儒家)는 이러한 자사(子思)의 칭송(稱頌)을 한 치도 의심하지 않는다. 그러나 『노자(老子)』에 나오는 **절성기지(絶聖棄智) · 절인기의(絶仁棄義)**란 말씀을 상기(想起)한다면 자사(子思)의 칭송(稱頌)은 수용(受容)할 수 없다. 자사(子思)가 칭송(稱頌)하는 대경(大經)의 경륜(經綸)이란 인위(人爲)의 것이지 천지(天地)의 것이 아니라는 도가(道家)의 주장 때문이다. 그러나 유가(儒家)에서는 성인(聖人)의 사덕(四德)으로 치인(治人)하고 치세(治世)하게 하는 대경(大經) 즉 상도(常道)야말로 천하(天下)를 다스리는 강(綱) 즉 벼리[綱]로 본다.

천하지대경(天下之大經)의 대경(大經)은 『중용(中庸)』 1장(章) 첫머리의 〈솔성지위도(率性之謂道)〉의 도(道) 바로 그것이다. 여기서 지성자(至誠者)의 경륜(經綸)이란 성(性)을 우러러 좇게[率] 하는 치도(治道)로 드러나고, 대경(大經)이란 솔성(率性)하게 하는 용사(用事)로서 치도(治道)임을 알 수 있다. 대경(大經)이 오품지인륜(五品之人倫) 즉 오륜(五倫)을 뜻하고 있음을 또한 깨우칠 수 있다. 오륜(五倫)이란 솔성(率性)하게 하는 예의(禮義)인 까닭이다. 그러므로 지성자(至誠者)인 성인(聖人)이 대경(大經)을 경륜(經綸)함이란 오륜(五倫)의 예의(禮義)로 덕치(德治)하는 치인(治人) · 치세(治世)임을 살펴 새기고 헤아려 깨우치게 하는 말씀이 〈유천하지성위능경륜천하지대경(唯天下至聖爲能經綸天下之大經)〉이다.

註 "절성기지(絶聖棄智) 민리백배(民利百倍) 절인기의(絶仁棄義) 민복효자(民復孝慈)." 성인을[聖] 끊고[絶] 지혜를[智] 버리면[棄] 백성의[民] 이로움은[利] 백배가 되고[百倍], 어짊을[仁] 끊고[絶] 옳음을[義] 버리면[棄] 백성은[民] 다시[復] 인자해지고[慈] 효도한다[孝].

『노자(老子)』 19장(章)

註 길쌈에서 실을 간추려 나눔을 〈경(經)〉이라 하고, 실을 간추려 합침을 〈윤(倫)〉이라 한다. 이러한 뜻을 지닌 경륜(經綸)을 빌려 정치(政治) 즉 다스리는 술어(述語)로 전용(轉用)하게 된 것이다. 천하지대경(天下之大經)의 대경(大經)은 춘추(春秋) 쪽보다 오륜(五倫)을 나타낸다고 보는 쪽이 더 많다.

立天下之大本(입천하지대본)

▶ 온 세상의[天下之] 대본을[大本] 이룰 수 있다[立].

세울 립(立), 조사(~의) 지(之), 큰 대(大), 뿌리 본(本)

【읽기(讀)】

입천하지대본(立天下之大本)은 〈유천하지성위능립천하지대본(唯天下至誠爲能立天下之大本)〉에서 유천하지성위능(唯天下至誠爲能)을 생략한 구문이다. 〈유천하지성(唯天下至誠)이라야 천하지대본(天下之大本)을 이룰[立] 수 있는 것[能]이다[爲]〉 이를 〈천하지대본(天下之大本)을 이룰 수 있는 것이다[立]〉로 줄인 말투이다.

입천하지대본(立天下之大本)의 입(立)은 〈이룰 성(成)〉과 같아 성립(成立)의 줄임이고, 본(本)은 〈뿌리 근(根)〉과 같아 근본(根本)의 줄임말로 여기면 된다.

【풀이(繹)】

입천하지대본(立天下之大本) 또한 지성(至誠)을 들어 성인(聖人)의 용사(用事)

를 밝힌다. 입천하지대본(立天下之大本) 역시 지성자(至誠者) 즉 지극히[至] 성실한[誠] 사람[者]인 성인(聖人)만이 할 수 있는 용사(用事)를 말한다. 오로지 공자(孔子)만이 천하(天下)의 대본(大本)을 이룩할[立] 수 있는 것이다. 여기서 대본(大本)이란 『중용(中庸)』 1장(章) 첫머리의 〈천명지위성(天命之謂性)〉의 천명(天命) 바로 그것이다. 지성자(至誠者)의 입(立)은 천명(天命)이 곧 성(性)임을 성립(成立)하게 하는 치도(治道)임을 알려주고, 대본(大本)의 입(立)은 인간이 천명(天命)을 이룸[立]이 곧 성(性)임을 또한 깨우치게 한다. 그러므로 지성자(至誠者)인 성인(聖人)이 대본(大本)을 이룩함[立]이란 인간으로 하여금 본성(本性)을 이루게 하는 치도(治道)임을 살펴 새기고 헤아려 깨우치게 하는 말씀이 〈입천하지대본(立天下之大本)〉이다.

知天地之化育(지천지지화육)

▶ 하늘 땅이[天地之] {온갖 것(萬物)을} 낳아[化] 기름을[育] 알 수 있다[知].

알 지(知), 하늘 천(天), 땅 지(地), 조사(~의) 지(之), 될 화(化), 기를 육(育)

【읽기(讀)】

지천지지화육(知天地之化育)은 〈유천하지성위능지천지지화육(唯天下至誠爲能知天地之化育)〉에서 유천하지성위능(唯天下至誠爲能)을 생략한 구문이다. 〈유천하지성(唯天下至誠)이라야 천지지화육(天地之化育)을 알[知] 수 있는 것[能]이다[爲]〉 이를 〈천지지화육(天地之化育)을 알 수 있는 것이다[知]〉로 줄인 말투이다.

지천지지화육(知天地之化育)의 지(知)는 〈알 식(識)〉과 같아 지식(知識)의 줄임이고, 화(化)는 〈낳을 생(生)〉과 같아 화생(化生)의 줄임이며, 육(育)은 〈기를 양(養)〉과 같아 양육(養育)의 줄임말로 여기면 된다.

【풀이(繹)】

지천지지화육(知天地之化育) 또한 지성(至誠)을 들어 성인(聖人)의 용사(用事)를 밝힌다. 지천지지화육(知天地之化育) 역시 지성자(至誠者) 즉 지극한[至] 정성

[誠]만이 천지(天地)의 화육(化育)을 안다[知]는 말이다. 오로지 공자(孔子)와 같은 성인(聖人)만이 천지지화육(天地之化育)을 본받아[法] 천하지화육(天下之化育)을 알[知] 수 있으니, 성인(聖人)만이 천명(天命) 즉 천도(天道)와 지도(地道)의 시킴[命]도 알고[知] 가르침[命]도 안다는[知] 뜻이다. 여기서 화육(化育)이란 『중용(中庸)』 1장(章) 첫머리의 〈수도지위교(修道之謂敎)〉의 수도(修道) 바로 그것임을 깨우쳐 수도(修道)의 도(道)가 천지지화육지도(天地之化育之道)임을 알 수 있다. 지성자(至誠者) 즉 성인(聖人)의 지(知)란 수도(修道)가 곧 교(敎) 그것임을 앎[知]이고, 화육(化育)이란 인간(人間)과 더불어 만물(萬物)이 솔성(率性)하는 것임을 또한 깨우치게 된다. 그러므로 지성자(至誠者)인 성인(聖人)이 천지지화육(天地之化育)을 앎[知]이란 인간으로 하여금 솔성(率性) 즉 본성(本性)을 좇게[率] 하여 천지(天地)와 부합(附合)하게 하는 것을 살펴 새기고 헤아려 깨우치게 하는 말씀이 〈지천지지화육(知天地之化育)〉이다.

夫焉有所倚(부언유소의)

▶ {이런 성인(聖人)께} 무릇[夫] 어찌[焉] 기대는[倚] 바가[所] 있겠는가[有]?

무릇 부(夫), 어찌 언(焉), 있을 유(有), 바 소(所), 기댈 의(倚)

【읽기(讀)】

부언유소의(夫焉有所倚)는 〈부언유지성지소의(夫焉有至聖之所倚)〉에서 의(倚)의 주어 노릇할 지성지(至誠之)를 생략한 구문이다. 〈무릇[夫] 어찌[焉] 지성이[至誠之] 의지할[倚] 바가[所] 있겠는가[有]?〉 이를 〈무릇[夫] 어찌[焉] 의지할[倚] 바가[所] 있겠는가[有]?〉로 줄인 말투이다.

부언유소의(夫焉有所倚)의 부(夫)는 〈무릇 범(凡)〉과 같고, 언(焉)은 〈어찌 안(安)·하(何)〉 등과 같고, 의(倚)는 〈의지할 의(依)〉와 같아 의의(依倚)의 줄임이며, 소의(所倚)·소의(所依)는 같은 말이다.

【풀이(繹)】

부언유소의(夫焉有所倚)는 자사(子思)가 공자(孔子)께서는 생이지지자(生而知之者)임을 밝혀 할아버지 공자(孔子)를 칭송(稱頌)하는 말씀이다. 이러한 칭송(稱頌)은 『중용(中庸)』 20장(章)에서 살핀 바 있는 생이지지(生而知之)란 말씀을 상기(想起)시킨다. 지성(至誠) 즉 성인(聖人)은 천지(天地)를 본받아[法] 스스로 알[知] 뿐 사람의 것을 통해 배워서 알지 않는다. 성인(聖人)은 스스로 천지(天地)를 견색(見賾)하여 그 명(命)을 알아낼[知] 뿐이다. 성인(聖人)은 천지(天地)가 숨겨둔 것[賾]을 스스로 찾아내[見] 천지(天地)의 명(命)이 화육(化育)함을 스스로 알[知] 뿐, 그 무엇에 소의(所倚) 즉 기대는[倚] 바[所]가 없다. 지성(至誠)의 호학(好學)은 절로 천지지도덕(天地之道德)을 알아[知] 깨우침이고, 지성(至誠)의 역행(力行)은 절로 천지지도덕(天地之道德)을 힘써[力] 행(行)함이며, 지성(至聖)의 지치(知恥)는 호학(好學)하여 역행(力行)하지 않음이 곧 부끄러운[恥] 것임을 알기 때문에 성인(聖人)께 지치(知恥)란 예(禮) 바로 그것이다. 그래서 성인(聖人)은 생이지지(生而知之) 즉 태어나면서[生而] 모든 것을 알고 있는[知之] 지인(至人) 또는 신인(神人)이라고 함을 살펴 새기고 헤아려 깨우치게 하는 말씀이 〈부언유소의(夫焉有所倚)〉이다.

註 "혹생이지지(或生而知之) 혹학이지지(或學而知之) 혹곤이지지(或困而知之)." 혹은[或] 태어나면서[生而] 그 지인용(知仁勇)의 쓰임이 하나임을[之] 알고[知], 혹은[或] 배워서[學而] 그 지인용(知仁勇)의 쓰임이 하나임을[之] 알며[知], 혹은(或) 애써서[困而] 그 지인용(知仁勇)의 쓰임이 하나임을[之] 안다[知]. 『중용(中庸)』 20장(章) 2단락(段落)

【2단락(段落) 전문(全文)】

肫肫其仁이고 淵淵其淵이며 浩浩其天이니라
순 순 기 인 연 연 기 연 호 호 기 천

그 어짊은 {경륜(經綸)함에} 간절히 정성스럽고, 그 깊음은 {입본(立本)함에} 그윽이 깊고 깊으며, 그 하늘은 {천지(天地)가 화육(化育)함을 앎[知]에} 넓고 크다.

肫肫其仁(순순기인)

▶ 그[其] 어짊은[仁] {경륜(經綸)함에} 간절히 정성스럽다[肫肫].

간절히 지극할 순(肫), 그 기(其), 어짊 인(仁)

【읽기(讀)】

순순기인(肫肫其仁)은 〈지성지인순순(至聖之仁肫肫)〉에서 순순(肫肫)을 강조하고자 전치(前置)하고, 지성지인(至聖之仁)을 기인(其仁)으로 대신하여 줄인 구문이다. 〈지극한[至] 성인의[聖之] 어짊은[仁] 간절히 정성스럽다[肫肫]〉 이를 〈그[其] 어짊은[仁] 간절히 정성스럽다[肫肫]〉로 줄인 것이다. 순순기인(肫肫其仁)의 순(肫)은 간성모(懇誠貌) 즉 간절히[懇] 정성스러운[誠] 모습[貌]을 말한다.

【풀이(繹)】

순순기인(肫肫其仁)은 지성(至聖) 즉 지극한 성인(聖人)은 인도(人道)를 간절하고 지극히 하여 오로지 이덕(以德) 즉 덕(德)을 베풀어[以] 천하(天下)를 경륜(經綸)함을 살펴 새기고 헤아려 가늠하게 한다. 경륜(經綸)은 치인(治人)하여 치세(治世)함이다. 물론 그 지성(至誠)은 공자(孔子)를 말한다. 공자(孔子)께서 경륜(經綸)함은 이인(以仁) 즉 인(仁)을 베풂[以]일 뿐이다. 이인(以仁)을 인(仁)으로[以] 새김은 곧 인(仁)을 베푼다[以]는 뜻이고, 이인(以仁)은 곧 행인(行仁)이다. 그러니 성인(聖人)의 다스림[經綸]은 오로지 행인정(行仁政) 즉 어짊[仁]을 베풀어[行] 정치하는[政] 것이다.

지성(至聖) 즉 지극한[至] 성인(聖人)을 지극한 정성(精誠)으로 본받는[法] 치자(治者)를 왕자(王者)라 하고, 지성(至聖)을 얕보는[狎] 치자(治者)를 패자(霸者)라 한다. 왕자(王者)는 성인(聖人)을 법(法)하는 군자(君子)로서 치자(治者)이고, 패자(霸者)는 성인(聖人)을 압(狎)하는 소인(小人)의 치자(治者)일 뿐이다. 성인(聖人)마저도 다스림[經綸]에 순순(肫肫)한데, 하물며 군자(君子)야 더더욱 순순(肫肫)히 법(法)해야 함을 알아 잠시도 떠나지 않고 중용(中庸)하게 될 것이다. 그러므로 지성(至聖) 즉 지극한 성인(聖人)께서도 경륜(經綸)함에 지극정성(至極精誠)을 다함을 밝힌 말씀이 〈순순기인(肫肫其仁)〉이다.

淵淵其淵(연연기연)

▶ 그[其] 깊음은[淵] {입본(立本)함에} 그윽이 깊고 깊다[淵淵].

그윽이 깊을 연(淵), 그 기(其), 연못 연(淵)

【읽기(讀)】

연연기연(淵淵其淵)은 〈지성지연연연(至聖之淵淵淵)〉에서 연연(淵淵)을 강조하고자 전치(前置)하고, 지성지연(至聖之淵)을 기연(其淵)으로 대신한 구문이다. 〈지극한[至] 성인의[聖之] 깊음은[淵] 그윽이 깊고 깊다[淵淵]〉 이를 〈그[其] 깊음은[淵] 그윽이 깊고 깊다[淵淵]〉로 줄인 것이다.

연연기연(淵淵其淵)에서 연연(淵淵)의 연(淵)은 〈깊은 심(深)〉과 같고, 연연(淵淵)은 간성모(懇誠貌) 즉 간절히[懇] 정성스러운[誠] 모습[貌]을 말하며, 기연(其淵)의 연(淵)은 〈못 담(潭)〉과 같아 입본(立本)을 비유(譬喩)한다.

【풀이(繹)】

연연기연(淵淵其淵)은 지성(至聖) 즉 지극한 성인(聖人)은 지도(地道)를 법(法)하여 오로지 덕(德)으로(以) 치인(治人) · 치세(治世)하고자 입본(立本) 즉 근본(根本)을 이룩함[立]을 살펴 새기고 헤아려 가늠하게 한다. 치인(治人) · 치세(治世)의 경륜(經綸)은 오로지 이인(以仁) 즉 인(仁)을 베풂[以]이지만, 그 이인(以仁)은 예(禮)를 바탕[本]으로 삼아 이루어진다.

유가(儒家)의 치도(治道)는 악(樂)과 예(禮)가 근간(根幹)을 이룬다. 앞서 살핀 **우우대재(優優大哉) 예의삼백(禮儀三百)**과 **입천하지대본(立天下之大本)**은 『예기(禮記)』「예기(禮器)」편(篇)에 나오는 **군자욕관인의지도(君子欲觀仁義之道) 예기본야(禮其本也)**를 상기(想起)시킨다. 유가(儒家)에서는 예(禮)를 인의지도(仁義之道)의 본(本)으로 삼는 까닭이다. 이례(以禮) 즉 예(禮)를 행하여[以] 승천지도(承天之道)하고 치인지정(治人之情)하는 것이 유가(儒家)가 왕도(王道)로 삼는 치도(治道)이다. 그러므로 성인(聖人)의 다스림[經綸]은 예(禮)를 근간(根幹)으로 하므로 행인정(行仁政) 즉 어짊[仁]을 베푸는[行] 치인(治人) · 치세(治世)의 덕(德)이 〈연연(淵淵)하다〉고 비유(譬喩)한 것이다. 물론 **성인(聖人)의 덕(德)이 연연(淵淵)하다** 함은 자사(子思)

가 공자(孔子)의 덕(德)은 마치 수지심(水之深) 즉 물이[水之] 깊음[深]과 같다고 칭송(稱頌)하는 말이다. 이처럼 성인(聖人)의 덕(德)이 예(禮)를 대본(大本)으로 삼아 치인(治人) · 치세(治世)로 베풀어짐은 마치 그윽이 깊은 물 속과 같다고 칭송한 말씀이 〈연연기연(淵淵其淵)〉이다.

註 "우우대재(優優大哉) 예의삼백(禮儀三百)." 넉넉히 남아[優優] 크도다[大哉]! 예의는[禮儀] 삼백이라[三百].

『중용(中庸)』 27장(章)

註 "입천하지대본(立天下之大本)." 온 세상의[天下之] 대본을[大本] 세울 수 있다[立].

『중용(中庸)』 32장(章)

註 "군자욕관인의지도(君子欲觀仁義之道) 예기본야(禮其本也)." 군자가[君子] 인의의[仁義之] 도를[道] 살필 때면[欲觀] 예가[禮] 그 도의[其] 근본[本]이다[也].

『예기(禮記)』「예기(禮器)」편(篇) 마지막 단락(段落)

註 "부박여천(溥搏如天) 연천여연(淵泉如淵)." {지극한 성인(聖人)의 사덕(四德)의} 두루[溥] 넓음은[搏] 하늘과[天] 같고[如], {그 사덕(四德)의} 깊고 긴긴[淵] 샘은[淵泉] 그윽이 깊은 연못과[淵] 같다[如].

『중용(中庸)』 31장(章)

浩浩其天(호호기천)

▶ 그[其] 하늘은[天] {천지(天地)가 화육(化育)함을 앎[知]에} 넓고 크다[浩浩].

넓고 클 호(浩), 그 기(其), 하늘 천(天)

【읽기(讀)】

호호기천(浩浩其天)은 〈지성지천호호(至聖之天浩浩)〉에서 호호(浩浩)를 강조하고자 전치(前置)하고, 지성지천(至聖之天)을 기천(其天)으로 대신한 구문이다. 〈지극한[至] 성인의[聖之] 하늘은[天] 크고 넓다[浩浩]〉 이를 〈그[其] 하늘은[天] 크고 넓다[浩浩]〉로 줄인 것이다.

호호기천(浩浩其天)에서 호호(浩浩)의 호(浩)는 〈넓을 광(廣) · 큰 대(大)〉와 같고, 호호(浩浩)는 광대모(廣大貌) 즉 넓고[廣] 큰[大] 모습[貌]을 말하며, 기천(其天)

의 천(天)은 성인(聖人)이 천지(天地)를 본받기[法] 함을 뜻하는 성인(聖人)의 천(天)을 뜻한다.

【풀이(繹)】

호호기천(浩浩其天)은 지극한 성인(聖人)은 천도(天道)를 본받아[法] 오로지 이덕(以德)하여 치인(治人) · 치세(治世)함을 살펴 새기고 헤아려 가늠하게 한다. 만물(萬物)을 화육(化育)하는 천도(天道)가 호호(浩浩)하듯이, 그 천도(天道)를 본받아 대경(大經)을 경륜(經綸)하고 대본(大本)을 이룩하는[立] 성인(聖人) 또한 하늘[天]같이 넓고 크다[浩浩]. 성인(聖人)이 넓히는 중도(中道) 역시 천도(天道)만큼 호호(浩浩)한 것이다. 그런 까닭으로 『중용(中庸)』 20장(章)에서 **성자(誠者) 불면이중(不勉而中) 불사이득(不思而得) 종용중도(從容中道) 성인야(聖人也)**라고 하여 성자(誠者)는 성인(聖人)이라 밝힌 것이다. 천지지도(天地之道)가 지공무사(至公無私)하듯, 성인(聖人)의 중도(中道) 즉 중용지도(中庸之道) 또한 지극히[至] 공평하여[公] 자기[私]가 없다[無]. 이처럼 지공(至公) · 무사(無私)한 천지지도(天地之道)와 성인지도(聖人之道)는 다 같이 넓고 큼[浩浩]을 살펴 새기고 헤아려 깨우치게 하는 말씀이 〈호호기천(浩浩其天)〉이다.

註 "성자(誠者) 불면이중(不勉而中) 불사이득(不思而得) 종용중도(從容中道) 성인야(聖人也)." 정성껏 하는[誠] 사람은[者] 힘들이지 않고서도[不勉而] {천지도(天之道)와} 응하고[中], 생각하지 않아도[不思而] {천지도(天之道)를} 터득하고[得], 하염없이[從容] 하늘의 도와[道] 맞으니[中] 성인(聖人)이다[也]. 『중용(中庸)』 20장(章) 4단락(段落)

【3단락(段落) 전문(全文)】

苟不固聰明聖知達天德者면 其孰能知之리오
구 불 고 총 명 성 지 달 천 덕 자 기 숙 능 지 지

진실로 정말 총명하고 성스럽게 알아서 천덕(天德)을 통달한 분이 아니라면 그 누가 그런 줄을 알리오?

苟不固聰明聖知達天德者(구불고총명성지달천덕자) 其孰能知之(기숙능지지)

▶ 진실로[苟] 정말[固] 총명하고[聰明] 성스럽게[聖] 알며[知] 천덕을[天德] 통달한[達] 분이[者] 아니라면[不], 그[其] 누가[孰] 그런 줄을[之] 알리오[知]?

진실로 구(苟), 정말(실로) 고(固), 귀 밝을 총(聰), 눈 밝을 명(明), 성스러울(통할) 성(聖), 알 지(知), 이를 달(達), 크나큰 덕(德), 사람 자(者), 그 기(其), 누구 숙(孰), 그것 지(之)

【읽기(讀)】

구불고총명성지달천덕자(苟不固聰明聖知達天德者)는 〈구불고총명자(苟不固聰明者) 이구불고성지자(而苟不固聖知者) 이구불고달천덕자(而苟不固達天德者)〉에서 되풀이되는 구불고(苟不固)와 자(者)를 생략하고 하나로 묶은 구문이다. 〈진실로[苟] 정말[固] 총명한[聰明] 분이[者] 아니라면[不], 그리고[而] 진실로[苟] 정말[固] 성스럽게[聖] 아는[知] 분이[者] 아니라면[不], 그리고[而] 진실로[苟] 정말[固] 천덕을[天德] 통달한[達] 분이[者] 아니라면[不]〉을 〈진실로[苟] 정말[固] 총명하고[聰明] 성스럽게[聖] 알고[知] 천덕을[天德] 통달한[達] 분이[者] 아니라면[不]〉으로 줄인 것이다.

구불고총명성지달천덕자(苟不固聰明聖知達天德者)의 구(苟)는 〈진실로 성(誠)〉과 같고, 불(不)은 〈아닌 것 비(非)〉와 같으며, 고(固)는 〈실로 실(實)〉과 같고, 총(聰)은 〈귀 밝을 총(聰)〉이고, 명(明)은 〈눈 밝을 명(明)〉이며, 성(聖)은 〈깊고 밝아 통할 예(叡)〉와 같다. 지(知)는 〈슬기 지(智)〉와 같아 성지(聖知)는 곧 예지(叡智)와 같고, 달(達)은 〈통할 통(通)〉과 같아 통달(通達)의 줄임말로 여기면 되고, 자(者)는 여기선 지인(之人)을 대신한다.

기숙능지지(其孰能知之)의 숙(孰)은 〈누구 수(誰)〉와 같고, 능(能)은 〈가할 가(可)〉와 같고, 지(知)는 〈알 식(識)〉과 같다.

【풀이(繹)】

구불고총명성지달천덕자(苟不固聰明聖知達天德者) 기숙능지지(其孰能知之)는 지성자(至誠者) 즉 지극한 성인(聖人)은 총명(聰明)하고 성지(聖知) 즉 예지(叡智)가 있어서 천덕(天德)에 통달(通達)하므로, 오로지 성인(聖人)만이 천하(天下)의 대경(大經) 즉 오륜(五倫)을 다스려[經綸] 중민(衆民)으로 하여금 인의예지(仁義禮智)를 좇게 하고, 천하(天下)의 대본(大本) 즉 본성(本性)을 이루게[立] 하여 인의예지(仁義禮智)를 좇게 하며, 천지(天地)의 화육(化育)을 본받아[法] 참으로 무사(無私)하게 천하(天下)를 교화(敎化)할 수 있다는 것이다. 따라서 성인(聖人)만이 대경(大經)을 경륜(經綸)하고 대본(大本)을 입(立)하여 세상(世上)을 교화(敎化)할 수 있기 때문에, 이덕(以德) · 이인(以仁)으로 치인(治人) · 치세(治世)하는 성인(聖人)의 화육(化育)을 알 수 있다. 그러므로 총명예지(聰明叡智)한 공자(孔子)께서 요순우탕(堯舜禹湯)과 문왕(文王)의 총명예지(聰明叡智)를 알았음[知]을 살펴 새기고 헤아려 가늠하게 하여 성인(聖人)이 성인(聖人)을 알 수 있다는 말씀이 〈구불고총명성지달천덕자(苟不固聰明聖知達天德者) 기숙능지지(其孰能知之)〉이다.

천도(天道)와 군자(君子)

일곱 단락(段落)으로 이루어져 있는 33장(章)은 『시경(詩經)』의 말씀들을 인용(引用)하여 군자지도(君子之道)는 중용지도(中庸之道)인 동시에 천지지도(天地之道)와 합일(合一)하고 있음을 살펴 새기고 헤아려 깨우치게 하는 장(章)이다. 그리하여 『중용(中庸)』 1장(章)의 첫머리[前首]에서 말한 천명(天命)의 성(性)과 솔성(率性)의 도(道) 그리고 수도(修道)의 교(敎)가 모두 천도(天道)와 인도(人道)가 위일(爲一) 즉 하나 되는[爲一] 이치(理致)이고 가르침[敎令]이며 말씀[言]임을 다시금 환기(喚起)시킨다. 군자(君子)가 중용지도(中庸之道)로 그 위일(爲一)을 이룩하여 갖출 수 있음을 깨우치도록 마감하는 장(章)이다.

【1단락(段落) 전문(全文)】

詩曰 衣錦尙絅이라 하니 惡其文之著也이다 故로 君子之道는 闇然而日章하고 小人之道는 的然而日亡한다 君子之道는 淡而不厭하고 簡而文하며 溫而理하다 知遠之近하고 知風之自하며 知微之顯이면 可與入德矣이다

시왈 의금상경 오기문지저야 고 군자지도 암연이일장 소인지도 적연이일망 군자지도 담이불염 간이문 온이리 지원지근 지풍지자 지미지현 가여입덕의

『시경(詩經)』의 시(詩)가 이르기를: 비단옷 입고 홑걸옷을 덧입는다. (그것은) 비단옷의 무늬가 드러나는 것을 싫어하는 것이다. 그러므로 군자의 도는 어스름하지만 날로 밝아지고, 소인의 도는 뚜렷하지만 날로 사그라진다. 군자의 도는 담담하되 (사람들이) 싫어하지 않고, 간결하면서도 아름답고 온화하면서도 다스린다. 먼 것이 가까움을 알고 바람이 말미암음을 알며 미세함이 드러남을 안다면, 그로써 덕으로 들어갈 수 있는 것이다.

詩曰(시왈) 衣錦尙絅(의금상경)

▶ 『시경(詩經)』의 시(詩)가 이르기를[曰]: 비단옷[錦] 입고[衣] 홑걸옷을[絅] 덧입는다[尙].

시경(詩經) 시(詩), 가로 왈(曰), 입을 의(衣), 비단 금(錦), 더할 상(尙), 홑걸옷 경(絅)

【읽기(讀)】

시왈(詩曰)의 시(詩)는 『시경(詩經)』「위풍(衛風)」에 들어 있는 〈석인(碩人)〉의 시행(詩行)을 말한다. 왈(曰)은 〈이를 운(云)〉과 같으니, 시왈(詩曰)은 시운(詩云)과 같다. 〈시경(詩經)의 시가[詩] 이르기를[曰]〉이라고 새기면 된다.

의금상경(衣錦尙絅)은 〈군자의금(君子衣錦) 이군자상경(而君子尙絅)〉에서 주어(主語) 노릇할 군자(君子)를 생략하고, 사언(四言)의 시구(詩句)로 쓴 구문이다. 〈군자가[君子] 비단옷을[錦] 입는다[衣]. 그러나[而] 군자는[君子] 홑옷을[絅] 덧입

는다[尙]〉 이를 〈비단옷을[錦] 입고[衣] 홑옷을[絅] 덧입는다[尙]〉라고 사언(四言) 시구(詩句)로 한 것이다.

의금상경(衣錦尙絅)에서 의(衣)는 〈옷을 입을 의(衣)〉로 동사 노릇하고, 금(錦)은 비단옷[錦]을 뜻하며, 상(尙)은 〈더할 가(加)〉와 같고, 경(絅)은 〈홑옷 경(褧)·단(禪)〉 등과 같다.

【풀이(繹)】

의금상경(衣錦尙絅)은 『시경(詩經)』「위풍(衛風)」〈석인(碩人)〉 1장(章)의 첫 행(行) 둘째 시구(詩句)인 〈의금경의(衣錦褧衣)〉를 떠올린다. 상경(尙絅)은 경의(褧衣)와 같은 말이다. 상경(尙絅)의 경(絅)과 경의(褧衣)의 경(褧)은 다 같이 〈홑옷 단(襢)〉과 뜻이 같은 자(字)이고, 〈덧입을 상(尙)〉과 〈입을 의(衣)〉 역시 같은 뜻으로 새길 수 있으니, 의금상경(衣錦尙絅)과 의금경의(衣錦褧衣)는 뜻이 같다. 비단옷[錦]을 홑옷[絅·褧]으로 덮어 드러나지 않게 한다는 뜻이 상경(尙絅)이고, 경의(褧衣)이다.

비단옷[錦]을 홑옷[絅]으로 가린다고 해서 금(錦)을 경(絅)으로 감추어 숨긴다는 뜻은 아니다. 비단옷의 문채(文彩)가 드러나 눈부시게 과시하지 않음이다. 여기서 금(錦)은 달도(達道)·달덕(達德)을 비유해주고, 경(絅)은 달도(達道)와 더불어 지인용(知仁勇)의 달덕(達德)을 과시하지 않는 자겸(自謙) 즉 스스로[自] 겸허(謙虛)함을 비유하고 있다고 생각하게 한다. 군자(君子)의 덕(德)인 신독(愼獨)을 깊이 살펴 새기고 헤아려 가늠하게 하는 시구(詩句)가 〈의금상경(衣錦尙絅)〉이다.

註 "석인기기(碩人其頎) / 의금경의(衣錦褧衣) / 제후지자(諸侯之子) / 위후지처(衛侯之妻) / 동궁지매(東宮之妹) / 형후지이(邢侯之姨) / 담공유사(譚公維私)." 높으신[碩] 이[人] 그분[其] 훤칠하시네[其]. 문채 나는 비단옷[錦] 입고[衣] 엷은 옷을[褧] 걸치셨네[衣]. 제나라[齊] 임금의[候之] 딸이요[子] 위나라[衛] 임금의[後之] 아내일세[妻]. 태자의[東宮之] 누이시고[妹] 형나라[邢] 임금의[後] 처제이시네[姨]. 담나라[譚] 임금은[公] 형부[私]이시네[維].

〈석인(碩人)〉은 대인(大人)과 같은 뜻이고, 4장(章)으로 된 시풍(詩風)이다. 제후지자(諸侯之子)의 자(子)는 여기선 딸을 뜻하고, 담공유사(譚公維私)의 사(私)는 여기선 형부를 뜻한다.

『시경(詩經)』「위풍(衛風)」〈석인(碩人) 1장(章)

註 달도(達道)는 대경(大經) 즉 오륜(五倫)을 말한다. 오륜(五倫)은 『맹자(孟子)』「등문공장구

(藤文公章句) 상(上)」편(篇) 4장(章)에 다음처럼 나와 있다. "부자유친(父子有親) 군신유의(君臣有義) 부부유별(夫婦有別) 장유유서(長幼有序) 붕우유신(朋友有信)." 이 다섯 가지를 오륜(五倫)·오상(五常)·오품(五品) 등으로 부른다.

惡其文之著也(오기문지저야)

▶ (그것은) 그[其] 무늬의[文之] 드러남을[著] 싫어하는 것[惡]이다[也].

싫어할 오(惡), 그 기(其), 무늬 문(文), 조사(~의) 지(之), 드러날 저(著), 조사(~이다) 야(也)

【읽기(讀)】

오기문지저야(惡其文之著也)는 〈군자오금지문지저야(君子惡錦之文之著也)〉에서 군자(君子)를 생략하고, 금지(錦之)를 관형사 노릇하는 기(其)로 대신하여 줄인 구문이다. 〈군자는[君子] 비단옷의[錦之] 문채가[文之] 드러남을[著] 싫어하는 것[惡]이다[也]〉 이를 〈그[其] 문채가[文之] 드러남을[著] 싫어하는 것[惡]이다[也]〉로 줄인 말투이다.

오기문지저야(惡其文之著也)에서 오(惡)는 〈싫어할 혐(嫌)〉과 같아 혐오(嫌惡)의 줄임이고, 문(文)은 여기선 〈무늬 문(紋)〉 또는 〈빛깔 채(彩)〉 등과 같아 문채(文彩)의 줄임말로 여기면 되고, 저(著)는 〈드러날 현(顯)〉과 같아 현저(顯著)의 줄임이며, 야(也)는 종결어미 조사(助詞)로 〈~이다 야(也)〉 노릇한다.

【풀이(繹)】

오기문지저야(惡其文之著也)는 군자(君子)는 신독(愼獨)하고 자겸(自謙)함을 살펴 새기고 헤아려 가늠하게 한다. 비단옷의 문채(文彩)가 화려하게 드러남[著]을 싫어한다는 것은 자신을 결코 과시(誇示)하지 않음이다. 소인(小人)은 자현(自見) 즉 자신[自]이 잘난 척하고[見], 군자(君子)는 부자현(不自見) 즉 결코 자신[自]이 잘난 척하지 않는다[不見]. 따라서 군자(君子)는 자시(自是)하거나 자벌(自伐)하거나 자긍(自矜)하지 않지만, 소인(小人)은 제 주장하고[自是] 제 자랑하며[自伐] 저만 아끼고[自矜] 우쭐거리면서 박덕(薄德)함을 부끄러워할 줄 모르고 경박(輕薄)함을 자랑거리로 삼는다. 그래서 **군자상달(君子上達) 소인하달(小人下達)**이라 하는 것이다.

군자(君子)는 자신의 본성(本性)을 진실로 믿고[誠] 따르기 때문에 고명(高明)하고, 소인(小人)은 오로지 외물(外物)을 좇기[從] 때문에 오하(汚下) 즉 자신을 더럽혀[汚] 추락한다[下]. 군자(君子)는 순인욕(徇人欲) 즉 제 욕심[人欲]을 자랑하기[徇]를 물리치면서 스스로 자비(自卑)하고, 순천지(循天地) 즉 천지(天地)를 좇아[循] 수기(修己)하여 정기(正己)함을 살펴 새기고 헤아려 가늠하게 하는 말씀이 〈오기문지저야(惡其文之著也)〉이다.

註 "군자상달(君子上達) 소인하달(小人下達)." 군자는[君子] 위로 향해[上] {도덕인의(道德仁義)에} 도달하고[達], 소인은[小人] 아래로 향해[下] {사리사욕(私利私慾)에} 도달한다[達].

『논어(論語)』「헌문(憲問)」편(篇) 24장(章)

故(고) 君子之道闇然而日章(군자지도암연이일장)

▶ 그러므로[故] 군자의[君子之] 도는[道] 어스름하지만[闇然而] 날로[日] 밝아진다[章].

그러므로 고(故), 클 군(君), 존칭 자(子), 조사(~의) 지(之), 길 도(道), 어두울 암(闇), 그럴 연(然), 그러나 이(而), 날 일(日), 밝을 장(章)

【읽기(讀)】

고(故)는 〈시고(是故)〉의 줄임이며, 시고(是故)는 또 〈오기문지저고(惡其文之著故)〉를 줄인 것이다. 〈그[其] 문채가[文之] 드러남을[著] 싫어하기[惡] 때문에[故]〉를 〈이[是] 때문에[故]〉로 줄이고, 다시 고(故)만 남긴 것이다.

군자지도암연이일장(君子之道闇然而日章)은 〈군자지도암연(君子之道闇然) 이군자지도일장(而君子之道日章)〉에서 군자지도(君子之道)를 생략하고 두 구문을 하나로 묶은 구문이다. 〈군자의[君子之] 도는[道] 어스름하다[闇然]. 그러나[而] 군자의[君子之] 도는[道] 날로[日] 밝아진다[章]〉 이를 〈군자의[君子之] 도는[道] 어스름하지만[闇然而] 날로[日] 밝아진다[章]〉로 줄인 것이다.

군자지도암연이일장(君子之道闇然而日章)에서 암(闇)은 〈어두울 암(暗)〉과 같고, 연(然)은 〈그럴 듯할 여(如)〉와 같으며, 장(章)은 〈밝을 명(明)〉과 같다.

【풀이(繹)】

군자지도암연이일장(君子之道闇然而日章)은 앞서 13장(章)에서 살핀 바 있는 **용덕지행(庸德之行) 용언지근(庸言之謹)**이란 말씀을 되살펴 새기고 헤아려 가늠하게 한다. 용덕(庸德) 즉 상덕(常德)인 지(知)·인(仁)·용(勇)을 행하되, 남보란 듯이 하지는 않는다. 오로지 군자지도(君子之道)가 곧 중용지도(中庸之道)임을 군자(君子)는 잠시도 잊지 않고 수기(修己)하면서 언고행(言顧行)하고 행고언(行顧言)하는 길[道]을 벗어나지 않는다. 군자(君子)의 말은[言] 행동을[行] 돌아보고[顧], 군자(君子)의 행동은[行] 말을[言] 돌아보니[顧], 군자(君子)는 언제 어디서나 조조(慥慥) 즉 착실할[慥慥] 뿐이다. 군자(君子)는 중용(中庸)하기 때문에 만사(萬事)에 묵직하여 착실하고[慥慥], 소인(小人)은 반중용(反中庸)하기 때문에 만사(萬事)에 조조(躁躁) 즉 경박하여 성급하다[躁躁].

군자(君子)가 호학(好學)하여 근호지(近乎知)함이란 오로지 수신(修身)함이고, 그 지(知)를 세상에 과시(誇示)하고자 함이 아니라 중용(中庸)하고자 함이다. 군자(君子)가 역행(力行)하여 근호인(近乎仁)함이란 오로지 수신(修身)함이고, 그 인(仁)을 세상에 과시(誇示)하고자 함이 아니라 중용(中庸)하고자 함이다. 군자(君子)가 지치(知恥)하여 근호용(近乎勇)함이란 오로지 수신(修身)함이고, 그 용(勇)을 세상에 과시(誇示)하고자 함이 아니라 중용(中庸)하고자 함이다. 그래서 암연이일장(闇然而日章)은 『논어(論語)』에 나오는 **고지학자위기(古之學者爲己)**란 말씀을 상기시킨다. 옛날에[古之] 배우던[學] 사람은[者] 수기(修己)하고자 학습(學習)했기에 일장(日章) 즉 날로[日] 밝아졌던[章] 것이다. 그러므로 군자(君子)는 늘 홀로[獨] 삼가면서[愼] 수기(修己)하여 정기(正己)함을 살펴 새기고 헤아려 가늠하게 하는 말씀이 〈군자지도암연이일장(君子之道闇然而日章)〉이다.

註 "용덕지행(庸德之行) 용언지근(庸言之謹) 유소부족(有所不足) 불감불면(不敢不勉)." 변함없는 덕을[庸德之] 행하고[行] 변함없는 말씀을[庸言之] 삼감에[謹] 부족한[不足] 바가[所] 있으면[有] {용덕(庸德)을 행(行)하고 용언(庸言)을 삼감[謹]에} 감히 힘쓰지[勉] 않으면 안 된다[不敢不].

『중용(中庸)』 13장(章)

註 "고지학자위기(古之學者爲己) 금지학자위인(今之學者爲人)." 옛날[古之] 학자는[學者] 수

기(修己)를[己] 위해 배웠고[爲], 지금[今之] 학자는[學者] 남에게[人] 과시(誇示)하려고 배운다[爲].
『논어(論語)』「헌문(憲問)」편(篇) 25장(章)

小人之道的然而日亡(소인지도적연이일망)

▶ 소인의[小人之] 도는[道] 뚜렷하지만[的然而] 날로[日] 사그라진다[亡].

작을 소(小), 사람 인(人), 조사(~의) 지(之), 길 도(道), 확실할 적(的),
그럴 연(然), 그러나 이(而), 날로 일(日), 흐릿해질 망(亡)

【읽기(讀)】

소인지도적연이일망(小人之道的然而日亡)은 〈소인지도적연(小人之道的然) 이소인지도일망(而小人之道日亡)〉에서 소인지도(小人之道)를 생략하고 하나로 묶은 구문이다. 〈소인의[小人之] 도는[道] 뚜렷하다[的然]. 그러나[而] 소인의[小人之] 도는[道] 날로[日] 사그라진다[亡]〉 이를 〈소인의[小人之] 도는[道] 뚜렷하지만[的然而] 날로[日] 사그라진다[亡]〉로 줄인 것이다.

소인지도적연이일망(小人之道的然而日亡)의 적(的)은 〈확실할 확(確)〉과 같고, 연(然)은 〈그럴 듯할 여(如)〉와 같으며, 망(亡)은 〈없어질 멸(滅)〉과 같아 멸망(滅亡)의 줄임말로 여기면 된다.

【풀이(繹)】

소인지도적연이일망(小人之道的然而日亡)은 앞서 2장(章)에서 살핀 바 있는 소인반중용(小人反中庸)이란 말씀을 되살펴 새기고 헤아려 가늠하게 한다. 소인(小人)은 용덕(庸德) 즉 상덕(常德)인 지(知) · 인(仁) · 용(勇)을 모압(侮狎) 즉 얕보고 업신여겨[侮狎] 무시(無視)하고 외면(外面)한다. 소인(小人)이 그러함은 달도(達道)와 달덕(達德)을 소중히 여기지 않는 까닭이다. 그래서 소인(小人)은 언불고행(言不顧行)하고 행불고언(行不顧言)한다. 말했으면[言] 말대로 행동했는지[行] 되돌아보지 않고[不顧], 행(行)했다면 말한[言] 대로 한 것인지 불고(不顧)하는 까닭에 소인(小人)은 기탄(忌憚) 없이 말하고 행동한다. 그러면서도 무엇이든 잘되면 제 덕이라고 자현(自見)하고 자시(自是)하며 자벌(自伐)하고 자긍(自矜)하기를 서슴치 않고, 무엇이든 잘못되면 세상 탓 남의 탓으로 돌려 성내기를 마다하지 않는다.

소인(小人)은 구저기(求諸己)하기를 마다하고 한사코 구저인(求諸人)하면서, 행험(行險) 즉 모험(冒險)을 감행(敢行)하면서 요행(徼幸) 즉 자신에게만 요행(僥倖)이 내리기를 바란다[徼]. 이런 까닭으로 소인반중용(小人反中庸) 즉 소인(小人)은 중용(中庸)하기를 어긴다[反] 하는 것이다.

소인(小人)은 반중용(反中庸)을 거리낌 없이 범하면서도 조금이라도 선행(善行)을 하면 그것을 세상에 서슴없이 알려 자신이 선자(善者)임을 과시(誇示)하고자 하지만, 그런 자기 과시는 번쩍하는 섬광(閃光) 같아 하루가 멀다 하고 사라져버림을 살펴 새기고 헤아려 깨우치게 하는 말씀이 〈소인지도적연이일망(小人之道的然而日亡)〉이다.

註 "군자중용(君子中庸) 소인반중용(小人反中庸) 군자지중용야(君子之中庸也) 군자이시중(君子而時中) 소인지중용야(小人之中庸也) 소인이무기탄야(小人而無忌憚也)." 군자는[君子] 중정을[中] 늘 쓴다[庸]. 소인은[小人] 중정을[中] 늘 쓰기를[庸] 어긴다[反]. 군자의[君子之] 중용(中庸)함이란[也] 군자로서[君子而] 때맞춰[時] 중용하고[中庸], 소인의[小人之] 중용(中庸)함이란[也] 소인(小人)으로[而] 거리낌이[忌憚] 없다[無]. 『중용(中庸)』 2장(章)

君子之道淡而不厭(군자지도담이불염)

▶ 군자지의[君子之] 도는[道] 담담하되[淡而] (사람들이) 싫어하지 않는다[不厭].

클 군(君), 존칭 자(子), 조사(~의) 지(之), 길 도(道), 묽을 담(淡), 그러나 이(而), 아니 불(不), 싫어할 염(厭)

【읽기(讀)】

군자지도담이불염(君子之道淡而不厭)은 〈군자지도담(君子之道淡) 이민불염군자지도(而民不厭君子之道)〉에서 일반주어 민(民)을 생략하고, 염(厭)의 목적어 노릇할 군자지도(君子之道)를 생략한 구문이다.

군자지도담이불염(君子之道淡而不厭)의 담(淡)은 〈맛이 진할 농(濃)〉의 반대말로 여기선 박미(薄味) 즉 연한[薄] 맛[味]을 뜻하고, 염(厭)은 〈싫어할 오(惡)〉와 같아 염오(厭惡)의 줄임말로 여기면 된다.

【풀이(繹)】

군자지도담이불염(君子之道淡而不厭)은 군자중용(君子中庸)을 〈담(淡)〉 한 자(字)로 비유하여 살펴 새기고 헤아려 가늠하게 한다. 군자(君子)가 중용(中庸) 즉 중정(中正)을 용(庸)하되 그 용(庸)은 담(淡)하다는 것이다. 용(庸)이란 무사(無私)하게 늘 씀[用]이다. 그래서 용(庸)을 무위지용(無爲之用)이라고 하는 것이다. 중정(中正)이란 지공무사(至公無私)함이니 곧 천지지도(天地之道)를 일컫는 말이다. 중용(中庸)이란 일상(日常)에서 천지지도(天地之道)를 늘 활용함이라고 가늠하게 된다. 말하자면 군자(君子)의 중용(中庸)은 달도(達道)의 오륜(五倫) 중에서 어느 하나에 치우치거나[過] 처짐[不及]이 없음이고, 달덕(達德)의 지인용(知仁勇) 중에서 어느 하나에 과(過)하거나 불급(不及)함이 없음이다. 이러한 군자(君子)의 중용(中庸)을 한 자(字)로 비유하여 〈담(淡)〉이라 한 것이다. 이는 곧 〈군자담이성중용지도(君子淡以成中庸之道)〉란 말이니, 군자(君子)는 담담하게[淡以] 중용지도(中庸之道)를 이룬다[成]는 것이다. 『노자(老子)』에도 담호기무미(淡乎其無味)라 하여 담(淡) 한 자(字)로 대도(大道)를 비유한다.

이처럼 군자지도(君子之道)의 담(淡)은 군자(君子)가 중용(中庸)하되, 그 행(行)이 지인용(知仁勇) 어느 하나에 치중(置重)하지 않음을 말한다. 담(淡)은 무주미(無主味) 즉 어느 한 맛[味]을 주(主)로 삼지 않음[無]이니, 담(淡)은 오미지중(五味之中)이라고 한다. 산함고감신(酸鹹苦甘辛) 즉 신맛[酸] · 짠맛[鹹] · 쓴맛[苦] · 단맛[甘] · 매운맛[辛]의 오미(五味) 중에서 어느 한 맛에 과불급(過不及)이 없음이 담미(淡味)이다. 군자(君子)의 중용(中庸)은 담미(淡味) 같아서 한 맛에 치우쳐 물리는 법이 없어 언제나 늘 군자(君子)의 중용지도(中庸之道)를 사람들이 싫어하지 않음을 밝힌 말씀이 〈군자지도담이불염(君子之道淡而不厭)〉이다.

註 "집대상(執大象) 천하왕(天下往) 왕이불해(往而不害) 안평태(安平泰) 낙여이(樂與餌) 과객지(過客止) 도지출구(道之出口) 담호기무미(淡乎其無味) 시지부족견(視之不足見) 청지부족문(聽之不足聞) 용지부족기(用之不足旣)." 크나큰[大] 도를[象] 지키면[執] 천하를[天下] 왕래한다[往]. 왕래해도[往而] 해를 입지 않고[不害] 편안하고[安] 태평하다[平泰]. 즐거움과[樂與] 음식은[餌] 길손을[過客] 멈추지만[止], 도의[道之] 출구는[出口] 담담하므로[淡乎] 그것엔[其] 맛이[味]

없고[無], 보아도[視之] 볼[見] 수 없고[不足], 들어도[聽之] 들을[聞] 수 없으며[不足], 써도[用之] 다 쓸[旣] 수 없다[不足].

담(淡)은 참으로 중용지도(中庸之道)를 절묘하게 비유해준다. 참으로 중용(中庸)하면 천하왕(天下往)이되, 언제 어디서나 불해(不害)하다. 『노자(老子)』 35장(章)

簡而文(간이문)

▶ 간결하면서도[簡而] 아름답다[文].

소탈할 간(簡), 그리고 이(而), 아름다울 문(文)

【읽기(讀)】

간이문(簡而文)은 〈군자지도간(君子之道淡) 이군자지도문(而君子之道文)〉에서 군자지도(君子之道)를 생략하고 하나로 묶은 구문이다.

간이문(簡而文)의 간(簡)은 〈소탈할 소(疎)〉와 같아 간소(簡疎)의 줄임이고, 문(文)는 〈아름다울 채(彩)〉와 같아 문채(文彩)의 줄임말로 여기면 된다.

【풀이(繹)】

간이문(簡而文)은 군자지도(君子之道)가 소대(疎大) 즉 소탈(疎脫)하고 대범(大凡)하면서도 아름다움[文]을 살펴 새기고 헤아려 가늠하게 한다. 간(簡)은 군자지도(君子之道)의 내용(內容)이 간명(簡明)함이고, 문(文)은 군자지도(君子之道)의 외용(外容)이 아름다움[文]이다. 간이문(簡而文)은 군자지도(君子之道)가 간소(簡疎)하되 문채(文彩)가 난다는 뜻이다. 군자(君子)는 은이현(隱而顯) 즉 숨는다 해도[隱而] 드러나고[顯] 만다.

『논어(論語)』「옹야(雍也)」편(篇)에 나오는 가야간(可也簡)이란 자왈(子曰)의 간(簡)을 상기(想起)한다면, 간이문(簡而文)의 간(簡)이 뜻하는 바를 짚어낼 수 있다. 가야간(可也簡)의 간(簡)은 소대무세행(疎大無細行) 즉 소탈하고[疎] 대범하되[大] 꼬치꼬치 함[細行]이 없음[無]이다. 군자지도(君子之道)가 중용지도(中庸之道)로 드러남 역시 간명(簡明)하고 간이(簡易)하며 간정(簡正)하여 오히려 그 모습이 문채(文彩)를 띈다. 이는 군자지도(君子之道)의 표리(表裏) 즉 겉과 속에 꾸밈이 없는 까닭이다. 군자지도(君子之道)는 꾸밈 없이 소탈하기[簡] 때문에 크게[大] 통하여[通] 성실하고[誠] 밝아[明] 아름다움[文]으로 드러남을 깊이 살펴 새기고 헤아려 가늠하게 하는 말씀이 〈간이문(簡而文)〉이다.

註 "중궁문자상백자(仲弓問子桑伯子) 자왈(子曰) 가야간(可也簡) 중궁왈(仲弓曰) 거경이행간(居敬而行簡) 이림기민(以臨其民) 불역가호(不亦可乎) 거간이행간(居簡而行簡) 무내대간호(無乃大簡乎) 자왈(子曰) 옹지언연(雍之言然)." 중궁이[仲弓] 자상백자를[子桑伯子] 여쭈었다[問]. 공자께서[子] 가로되[曰]: 좋다[可也]. 소탈하다[簡]. 중궁이[仲弓] 아뢰었다[曰]: 몸가짐이 공경스러우면서[居敬而] 소탈한 태도로[行簡以] 백성을[民] 임한다면[臨] 좋겠습니까[不亦可乎]? 몸가짐도 소탈하면서[居簡而] 소탈한 태도라면[行簡] 이에[乃] 너무나[大] 소탈함이[簡] 아니겠습니까[無乎]? 공자께서[子] 가로되[曰]: 옹야의[雍之] 말이[言] 옳다[然].

옹(雍)은 공자(孔子)의 제자이고, 중궁(仲弓)은 옹(雍)의 자(字)이다. 자상백자(子桑伯子)는 누구인지 알려지지 않은 인물이다. 『논어(論語)』「옹야(雍也)」편(篇) 1장(章)

溫而理(온이리)

▶ 온화하면서도[溫而] 조리(條理)가 있다[理].

부드럽고 어울릴 온(溫), 그리고 이(而), 조리가 있는 리(理)

【읽기(讀)】

온이리(溫而理)는 〈군자지도온(君子之道溫) 이군자지도리(而君子之道理)〉에서 되풀이되는 군자지도(君子之道)를 생략하고 하나로 묶은 구문이다.

온이리(溫而理)의 온(溫)은 〈어울릴 화(和) · 부드러울 유(柔) · 따를 순(順)〉 등과 같아 온화(溫和) · 온유(溫柔) · 온순(溫順) 등의 줄임이고, 이(理)는 〈조리 조(條)〉와 같아 문채(文彩)의 줄임말로 여기면 된다.

【풀이(繹)】

온이리(溫而理)는 군자지도(君子之道)가 온화(溫和)하면서도 섭리(燮理)함을 살펴 새기고 헤아려 가늠하게 한다. 온(溫)은 군자지도(君子之道)의 외용(外容)이 온화(溫和) · 온유(溫柔) · 온순(溫順)함이고, 이(理)는 군자지도(君子之道)의 내용(內容)이 덕(德)으로 일관(一貫)되어 시종(始終) 한결같음이다. 온이리(溫而理)는 군자지도(君子之道)의 드러남이 따뜻하게 어울리고 부드럽되, 그 속은 섭리(燮理)

즉 조리(條理)가 있어서 빈틈없이 사리(事理)를 조화롭게[燮] 다스린다는[理] 뜻이다. 그래서 군자(君子)는 불려이위(不厲而威) 즉 엄하지 않아도[不厲而] 위엄 있는[威] 것이다. 즉 군자지도(君子之道)가 드러남은 온화(溫和)하고 온유(溫柔)하지만, 앞서 살핀 대로 **문리밀찰(文理密察)**로[以] 온갖 사리(事理)를 족(足)히 분별함[別]이 있음[有]을 살펴 새기고 헤아려 깨우치게 하는 말씀이 〈온이리(溫而理)〉이다.

註 "문리밀찰(文理密察) 족이유별야(足以有別也)." {성인(聖人)께는} 밖으로도 빈틈 없고[文] 안으로도 빈틈 없어[理] 세밀한[密] 살핌[察]으로[以] 족히 분별(分別)함이[別] 있는 것[有]이다[也].

『중용(中庸)』 31장(章)

知遠之近(지원지근) 知風之自(지풍지자) 知微之顯(지미지현) 可與入德矣(가여입덕의)

▶ 먼 것의[遠之] 가까움을[近] 알고[知] 바람의[風之] 말미암음을[自] 알며[知] 미세함의[微之] 드러남을[顯] 안다면[知], 그로써[與] 덕으로[德] 들어갈 수 있는 것[可入]이다[矣].

알 지(知), 멀 원(遠), 조사(~의) 지(之), 가까울 근(近), 바람 풍(風), 좇을 자(自), 작을 미(微), 드러날 현(顯), 가할 가(可), ~로써 여(與), 들 입(入), 큰 덕(德), 조사(~이다) 의(矣)

【읽기(讀)】

지원지근(知遠之近) 지풍지자(知風之自) 지미지현(知微之顯) 가여입덕의(可與入德矣)는 〈인가입덕여지원지근의(人可入德與知遠之近矣) 이인가입덕여지풍지자의(而人可入德與知風之自矣) 이인가입덕여지미지현의(而人可入德與知微之顯矣)〉에서 일반주어 노릇할 인(人)을 생략하고, 여(與)의 목적어 노릇하는 지원지근(知遠之近)·지풍지자(知風之自)·지미지현(知微之顯)을 강조하고자 전치(前置)하고, 되풀이되는 가입덕여(可入德與)는 하나만 남기고 생략한 후 〈써 여(與)〉를 동사(動詞) 노릇하는 입(入) 앞에 두어 세 구문(句文)을 하나로 묶은 것이다. 〈사람은[人] 지원지근(知遠之近)함으로[與] 덕으로[德] 들어갈 수 있는 것[可入]이다[矣]. 그리고[而] 사람은[人] 지풍지자(知風之自)함으로[與] 덕으로[德] 들어갈 수 있는 것[可入]이다[矣]. 그리고[而] 사람은[人] 지미지현(知微之顯)함으로[與] 덕으로[德] 들어갈 수 있는 것[可入]이다[矣]〉 이를 〈지원지근(知遠之近)하고 지풍지자(知風之自)하며 지미지현(知微之顯)함으로[與] 덕으로[德] 들어갈 수 있는 것[可入]이다[矣]〉로 줄인 말투이다.

지원지근(知遠之近)의 지(知)는 〈알 식(識)〉과 같고, 원(遠)은 〈멀 요(遙)〉와 같아 요원(遙遠)의 줄임이다. 지(之)는 조사(助詞) 〈~의〉 또는 조사(助詞) 〈~이〉 노릇하며, 근(近)은 〈가까울 친(親) · 인(鄰)〉 등과 같아 근친(近親) · 근린(近鄰) 등의 줄임말로 여기면 된다.

지풍지자(知風之自)에서도 지(知)는 〈알 식(識)〉과 같고, 지(之)는 조사(助詞) 〈~의〉 또는 〈~이〉 노릇하며, 자(自)는 〈부터 유(由) · 종(從)〉 등과 같다.

지미지현(知微之顯)에서도 지(知)는 〈알 식(識)〉과 같으며, 미(微)는 〈작을 세(細)〉와 같아 세미(細微)의 줄임이다. 지(之)는 또한 조사(助詞) 〈~의〉 또는 조사(助詞) 〈~이〉 노릇하며, 현(顯)은 〈드러날 현(見) · 현(現)〉 등과 같아 현현(顯見) · 현현(顯現) 등의 줄임말로 여기면 된다.

가여입덕의(可與入德矣)에서 가(可)는 〈~알 수 있을 능(能)〉과 같고, 여(與)는 여기선 〈써 이(以)〉와 같아 가여(可與)는 가이(可以)와 같고, 의(矣)는 조사(助詞 : ~이다)로 종결어미 노릇한다.

【풀이(繹)】

지원지근(知遠之近) 지풍지자(知風之自) 지미지현(知微之顯) 가여입덕의(可與入德矣)는 군자(君子)가 입덕(入德)하는 방편(方便)을 살펴 새기고 헤아려 가늠하게 한다. 군자(君子)는 원지근(遠之近)을 알고[知], 풍지자(風之自)를 알며[知], 미지현(微之顯)을 알기[知] 때문에 입덕(入德)한다. 입덕(入德)은 진덕(進德)과 같으니 군자(君子)는 중용지도(中庸之道)로 덕(德)을 펼친다[進].

입덕(入德)은 순천지(循天地) 즉 천지(天地)를 좇아[循] 입어덕(入於德) 즉 덕으로[於德]에 들어감[入]이다. 어떻게 입어덕(入於德) 즉 입덕(入德)하여 행덕(行德)하는가? 원지근(遠之近)으로 입덕(入德)한다. 덕(德)이란 멀리 있는 것이 아니라 바로 자신(自身)이다. 원지근(遠之近), 이 말씀은 『노자(老子)』에 나오는 천리지행시어족하(千里之行始於足下)란 말씀을 상기시킨다. 이처럼 군자(君子)는 행원필자이(行遠必自邇) 즉 멀리[遠] 감은[行] 반드시[必] 가까운[邇] 데서부터임[自]을 안다[知]. 군자(君子)의 입덕(入德) 즉 진덕(進德)이란 오로지 자신(自身)으로부터 시작하는 것이다. 그러므로 원지근(遠之近)의 근(近)은 곧 다름 아닌 바로 자신(自身)이다. 수신(修身)함이 곧 근(近)이요, 치인(治人) · 치세(治世)함이 곧 원(遠)이다. 이처럼 입덕(入德) · 진덕(進德)이란 가까움[近] 즉 자신(自身)에서 시작하여 멀리[遠] 뻗쳐간다.

풍지자(風之自)는 『논어(論語)』에 나오는 **군자지덕풍(君子之德風)**을 상기(想起)시킨다. 군자(君子)의 바람[風]은 덕(德)이다. 그 덕풍(德風)은 바로 군자(君子) 자신으로부터 말미암는[自] 것이다. 군자(君子)의 중용지도(中庸之道) 바로 그것이 덕풍(德風)이니 군자(君子)의 입덕(入德)은 바로 군자(君子) 자신으로부터[自] 부는 바람[風]이다. 군자(君子)의 덕풍(德風)은 미풍(微風)으로 시작하여 암연(闇然)하게 더해지고[尙], 담담(淡淡)하게 더해지고[尙], 간이문(簡而文)하게 더해지고[尙], 온이리(溫而理)하게 더해져[尙] 온 세상 민초(民草)가 그 덕풍(德風)에 쏠려 따르게[偃] 되므로 미지현(微之顯)하는 것이다. 미미(微微)하게 불어오는 군자(君子)의 덕풍(德風)을 온 세상 민초(民草)들이 따르게 되므로 **초상지풍필언(草尙之風必偃)**이라 함을 살펴 새기고 헤아려 깨우치게 하는 말씀이 〈지원지근(知遠之近) 지풍지자(知風之自) 지미지현(知微之顯) 가여입덕의(可與入德矣)〉이다.

註 "합포지목생어호말(合抱之木生於毫末) 구층지대기어루토(九層之臺起於累土) 천리지행시어족하(千里之行始於足下)."

아름드리[合抱之] 나무도[木] 털끝만 한 것[毫末]에서[於] 나고[生], 구층의[九層之] 돈대도[臺] 한 줌의 흙[累土]에서[於] 솟고[起], 천리의[千里之] 길도[行] 한 걸음[足下]에서[於] 시작한다[始]. 『노자(老子)』 64장(章)

註 "군자지덕풍(君子之德風) 소인지덕초(小人之德草) 초상지풍필언(草尙之風必偃)." 군자의[君子之] 덕은[德] 바람이고[風], 소인의[小人之] 덕은[德] 풀이다[草]. 더해지는[尙之] 바람에[風] 풀은[草] 반드시[必] 따라 쏠린다[偃]. 『논어(論語)』「안연(顔淵)」편(篇) 19장(章)

【2단락(段落) 전문(全文)】

詩云 潛雖伏矣나 亦孔之昭라
시운 잠수복의 역공지소

故로 君子는 內省不疚하여 無惡於志니 君子之所不可及
고 군자 내성불구 무오어지 군자지소불가급

者는 其唯人之所不見乎이다
자 기유인지소불견호

『시경(詩經)』의 시(詩)가 이르기를: 잠겨 비록 엎드려 있지만 또한 몹시도 밝다. 그러므로 군자는 안으로 반성해도 허물이 없고 마음가기에 부끄러움이 없으니, 군자가 추구할 수 없는 바의 것 그것은 오로지 사람들이 알지 못하는 것인가?

詩云(시운) 潛雖伏矣(잠수복의) 亦孔之昭(역공지소)

▶ 『시경(詩經)』의 시(詩)가 이르기를[云]: 잠기어[潛] 비록[雖] 엎드려 있지만[伏矣] 또한[亦] 몹시도[孔之] 밝다[昭].

시경(詩經) 시(詩), 이를 운(云), 잘길 잠(潛), 비록 수(雖), 엎드릴 복(伏), 조사 의(矣), 또 역(亦), 클 공(孔), 조사 지(之), 밝을 소(昭)

【읽기(讀)】

시운(詩云)의 시(詩)는 『시경(詩經)』「소아(小雅) 절남산지습(節南山之什)」에 들어 있는 〈정월(正月)〉을 말한다. 운(云)은 〈이를 왈(曰)〉과 같으니 시운(詩云)은 시왈(詩曰)과 같다. 〈시경(詩經)의 시가[詩] 이르기를[云]〉이라 새기면 된다.

잠수복의(潛雖伏矣)는 〈수잠복의(雖潛伏矣)〉에서 잠(潛)을 강조하고자 전치(前置)한 것으로, 잠(潛)은 〈잠길 침(沉)〉과 같아 침잠(沉潛)의 줄임이고, 수(雖)는 양보절을 이끄는 〈비록 수(雖)〉이며, 복(伏)은 〈엎드릴 전(跧) · 언(偃)〉 등과 같고, 의(矣)는 조사(助詞: ~이다)로 종결어미 노릇한다.

역공지소(亦孔之昭)의 역(亦)은 〈또 차(且)〉와 같고, 공(孔)은 〈클 대(大)〉와 같으며, 역공지소(亦孔之昭)의 소(昭)가 소(炤)로 되어 있는 본(本)도 있으나 〈밝을 소(昭) · 밝을 소(炤)〉이므로 시의(詩意)가 달라지는 것은 아니다.

【풀이(繹)】

잠수복의(潛雖伏矣) 역공지소(亦孔之昭)는『시경(詩經)』「소아(小雅) 절남산지습(節南山之什)」에 있는 〈정월(正月)〉 11장(章)의 둘째 시구(詩句)이다. 〈정월(正月)〉은 1~8장(章)까지는 4구(句) 8행(行)이고, 9~13장(章)은 3구(句) 6행(行)으로 이루어진「소아(小雅)」이며, 소인배(小人輩)가 정권(政權)을 잡아 백성(百姓)이 고초를 겪게 됨을 한탄하는 장시(長詩)이다.

소인배(小人輩)의 학정(虐政)이 우심(尤甚)할수록 백성(百姓)은 군자(君子)의 덕치(德治)를 그리워한다. 마치 물고기[魚]가 못[沼]에 숨어 있더라도[雖潛伏] 뚜렷하듯이[昭], 설령 군자(君子)가 난세(亂世)에 은거(隱居)해도 드러나는[顯] 것이다. 그래서 공자(孔子)께서 **군자은이현(君子隱而顯)**이라고 단언(斷言)하셨다. 난세(亂世)에 군자(君子)가 숨어 살아도[隱居] 백성(百姓)은 그 군자(君子)가 뚜렷함[昭]을 알 수밖에 없음을 살펴 새기고 헤아려 가늠하게 하는 시구(詩句)가 〈잠수복의(潛雖伏矣) 역공지소(亦孔之昭)〉이다.

註 "어재우소(魚在于沼) 역비극락(亦匪克樂) / 잠수복의(潛雖伏矣) 역공지소(亦孔之昭) / 우심참참(憂心慘慘) 염국지위학(念國之爲虐)." 물고기가[魚] 못에[于沼] 있네만[在] 역시[亦] 즐길[樂] 수 없네[匪克]. 잠기어[潛] 비록[雖] 엎드려 있지만[伏矣] 또한[亦] 몹시도[孔之] 밝네[昭]. 시름한[憂] 마음[心] 슬프고 슬프네[慘慘]. 나라가[國之] 포학함을[爲虐] 생각하네[念].

여기서 정월(正月)은 하력(夏曆)의 정월(正月)을 말한다. 하력(夏曆)은 음력(陰曆)을 말하고, 그 하력(夏曆)에서 정월(正月)은 지금처럼 1월(月)이 아니라 4월(月)이다. 비극(匪克)은 불능(不能)과 같다. 『시경(詩經)』「소아(小雅) 절남산지습(節南山之什)」〈정월(正月)〉 11장(章)

註 "군자은이현(君子隱而顯) 불긍이장(不矜而莊) 불려이위(不厲而威) 불언이신(不言而信)." 군자는[君子] 숨어도[隱而] 드러나고[顯], 스스로 뽐내지 않아도[不矜而] {백성(百姓)에게} 장엄하고[莊], 심하게 굴지 않아도[不厲而] {백성(百姓)에게} 위엄이 있고[威], 말하지 않아도[不言而] {백성(百姓)은 군자(君子)를} 믿는다[信]. 『예기(禮記)』「표기(表記)」편(篇) 1단락(段落)

故(고) 君子內省不疚(군자내성불구)

▶ 그러므로[故] 군자는[君子] 안으로[內] 반성해도[省] 허물이[疚] 없다[不].

그러므로 고(故), 클 군(君), 존칭 자(子), 안 내(內), 반성할 성(省), 아니 불(不), 괴로워할 구(疚)

【읽기(讀)】

고(故)는 〈시고(是故)〉의 줄임으로 〈공지소고(孔之昭故)〉를 말한다. 〈크게[孔之] 뚜렷하기[昭] 때문에[故]〉를 〈이[是] 때문에[故]〉로 줄이고, 다시 고(故)만 남긴 것이다.

군자내성불구(君子內省不疚)는 〈군자내성(君子內省) 이군자불구(而君子不疚)〉에서 되풀이되는 군자(君子)를 생략한 구문이다. 〈군자는[君子] 자신을[內] 살핀다[省]. 그래도[而] 군자한테는[君子] 허물이[疚] 없다[不]〉 이를 〈군자는[君子] 자신을[內] 살펴도[省] 허물이[疚] 없다[不]〉로 줄인 것이다.

군자내성불구(君子內省不疚)의 내(內)는 자신(自身)을 뜻하고, 성(省)은 〈살필 찰(察)〉과 같아 성찰(省察)의 줄임이며, 불(不)은 〈없을 무(無)〉와 같고, 구(疚)는 〈번잡할 번(煩) · 걱정할 우(憂) · 허물 구(咎)〉 등과 같지만 여기선 〈허물 구(咎)〉와 같아 구구(咎疚)의 줄임말로 여기면 된다.

【풀이(繹)】

군자내성불구(君子內省不疚)는 끊임없이 군자(君子)가 구저기(求諸己)함을 살펴 새기고 헤아려 가늠하게 한다. 군자(君子)는 자신[己]한테서 만사(萬事)의 잘잘못을[諸] 찾아 책하지[求] 남의 탓으로 돌리지 않기 때문에 언제나 내성(內省)하기를 게을리하지 않는다. 그래서 군자(君子)는 지자(知者)가 되며, 이는 곧 자명자(自明者)를 말한다. 군자(君子)가 밝음[明]으로 말미암은[自] 자(者)가 되는 것은 끊임없이 내성(內省) 즉 자신[內]을 살피면서[省] 호학(好學)하여 지(知)와 친(親)하고, 역행(力行)하여 인(仁)과 친(親)하며, 지치(知恥)하여 용(勇)과 친(親)하고자 수기(修己)하여 정기(正己)하기 때문이다. 이처럼 군자가 자신(自身)을 돌이켜보아도[顧] 불구(不疚) 즉 허물[疚]이 없게[不] 신독(愼獨)함을 밝힌 말씀이 〈군자내성불구(君子內省不疚)〉이다.

註 "군자구저기(君子求諸己) 소인구저인(小人求諸人)." 군자는[君子] 자신[己]한테서 잘못을

[諸] 찾아 책하고[求], 소인은[小人] 남들[人]한테서 잘못을[諸] 찾아 책한다[求].

저(諸)는 〈지어(之於) 저(諸)〉이다. 『논어(論語)』「위령공(衛靈公)」편(篇) 20장(章)

無惡於志(무오어지)

▶ 마음가기에[於志] 부끄러움이[惡] 없다[無].

없을 무(無), 부끄러워할 오(惡), 조사(~에) 어(於), 마음가기 지(志)

【읽기(讀)】

무오어지(無惡於志)는 〈군자무오어군자지지(君子無惡於君子之志)〉에서 군자(君子)와 군자지(君子之)를 생략한 구문이다. 〈군자한테는[君子] 군자의[君子之] 뜻[志]에도[於] 부끄러움이[惡] 없다[無]〉

무오어지(無惡於志)에서 무(無)는 〈없을 무(無)〉로 자동사 노릇하고, 오(惡)는 무(無)의 주어 노릇하고 〈부끄러워할 수(羞)〉와 같아 수오(羞惡)의 줄임이며, 어(於)는 조사(助詞) 〈~에 우(于)〉와 같고, 지(志)는 〈뜻 의(意)〉와 같아 의지(意志)의 줄임으로 〈마음가기[志]〉로 새기면 된다.

【풀이(繹)】

무오어지(無惡於志) 역시 끊임없이 군자(君子)가 구저기(求諸己)하고 나아가 극기복례(克己復禮)하기 때문에 치인(治人) · 치세(治世)에 뜻을 두어도 무오(無惡)함을 살펴 새기고 헤아려 가늠하게 한다. 군자(君子)가 호학(好學)하여 지(知)와 친(親)하고 역행(力行)하여 인(仁)과 친(親)하며 지치(知恥)하여 용(勇)과 친(親)하고자 수기(修己)하여 정기(正己) 즉 자신(己)을 중정(中正)으로 이끌어감은 **극기복례(克己復禮)**하여 비례(非禮) 즉 예(禮)가 아닌 것[非]이면 물시(勿視)하고 물청(勿聽)하며 물언(勿言)하고 물동(勿動)하기 때문이다. 군자(君子)의 뜻[志]은 언제나 담담(淡淡)하고 온화(溫和)하며 공경(恭敬)하고 겸허(謙虛)하게 다스려져 자만(自慢)이나 교만(驕慢)이 깃들지 않아 군자(君子)의 심중(心中)에는 무오(無惡) 즉 부끄러워할[惡] 것이 없음을 밝힌 말씀이 〈무오어지(無惡於志)〉이다.

註 "자왈(子曰) 극기복례위인(克己復禮爲仁) 일일극기복례(一日克己復禮) 천하귀인언(天下歸仁焉) 위인유기(爲仁由己) 이유인호재(而由人乎哉) …… 비례물시(非禮勿視) 비례물청(非禮勿聽) 비례물언(非禮勿言) 비례물동(非禮勿動)." 공자가[子] 말해주었다[曰]: 자신을[己] 이겨[克] 예로[禮] 돌아감이[歸] 어짊[仁]이다[爲]. 하루라도[一日] 극기복례하면[克己復禮] 천하가[天下] 어짊으로[仁] 돌아오는 것[歸]이다[焉]. 어짊[仁]이란[爲] 자기[己]로부터 비롯되는 것이지[由] 어찌[而] 남들[人]부터 비롯되는 것[由]이겠나[乎哉]! …… 예가[禮] 아니면[非] 보지도 말고[勿視], 예가[禮] 아니면[非] 듣지도 말고[勿聽], 예가[禮] 아니면[非] 말하지도 말고[勿言], 예가[禮] 아니면[非] 거동하지도 말라[勿動].

『논어(論語)』「안연(顔淵)」편(篇) 1장(章)

君子之所不可及者(군자지소불가급자) 其唯人之所不見乎(기유인지소불견호)

▶ 군자가[君子之] 추구할[及] 수 없는[不可] 바의[所] 것[者] 그것은[其] 오로지[唯] 사람들이[人之] 알지 못하는[不見] 것[所]인가[乎]?

클 군(君), 존칭 자(子), 조사(~의) 지(之), 바 소(所), 아니 불(不), 가할 가(可), 추구할 급(及), 것 자(者), 그 기(其), 오로지 유(唯), 살필 견(見), 조사(~이로다) 호(乎)

【읽기(讀)】

군자지소불가급자(君子之所不可及者) 기유인지소불견호(其唯人之所不見乎)에서 군자지소불가급자(君子之所不可及者)는 주부(主部) 노릇하고, 기(其)는 가주어(假主語) 노릇하며, 유인지소불견(唯人之所不見)은 술부(述部)로 보어(補語) 노릇하고, 호(乎)는 조사(助詞:~인가)로 종결어미 노릇한다. 그러므로 〈군자지소불가급자유인지소불견호(君子之所不可及者唯人之所不見乎)〉에서 군자지소불가급자(君子之所不可及者)를 강조하기 위해 가주어(假主語) 노릇할 〈그것 기(其)〉를 더한 구문이라 여기면 다음처럼 문의(文意)가 드러난다. 〈군자가[君子之] 불가급하는[不可及] 바의[所] 것[者] 그것은[其] 오로지[有] 사람들이[人之] 불견하는[不見] 것[所]인가[乎]?〉

특히 군자지소불가급자(君子之所不可及者)는 〈A지소위(之所爲)B자(者)〉의 상용구문(常用句文)임을 상기(想起)하면 문맥(文脈)이 쉽게 잡힌다. 〈A가[之] B를 하는[爲] 바의[所] 것[者]〉

가급(不可及)의 급(及)은 여기선 〈추구할 추(追)〉와 같아 추급(追及)의 줄임이고, 불견(不見)의 견(見)은 〈알 식(識)〉과 같아 견식(見識)의 줄임말로 여기면 된다.

【풀이(繹)】

군자지소불가급자(君子之所不可及者) 기유인지소불견호(其唯人之所不見乎)는 범인(犯人)이 군자중용(君子中庸)을 알지 못해 반중용(反中庸)을 범하고 마는 안타까움을 에둘러 밝히고 있다. 군자(君子)가 왜 반중용(反中庸)을 추급(追及)할 수 없는지 사람들이 모르고 있음을 반어법(反語法)으로 안타까워하는 것이다.

왜 군자(君子)는 한사코 반중용(反中庸)을 추구하지[及] 않는가? 중용(中庸)을 어기면[反] 필연적으로 반도(反道) 즉 도덕인의(道德仁義)를 위반(違反)하고, 따라서 비례(非禮) 즉 예(禮)가 아닌 것[非]을 서슴없이 범하기 때문이다. 그래서 군자(君子)는 은거(隱居)하면서도 시중(時中)하고, 끊임없이 극기복례(克己復禮)하면서 신독(愼獨)한다. 그러나 소인(小人)은 무기탄(無忌憚) 즉 기탄(忌憚) 없이[無] 중용(中庸) 어김[反]을 주저하지 않고, 세상을 어지럽히기를 마다하지 않는다. 거리낌없이 반도(反道)하기 때문에 소인(小人)은 천명(天命)과 성인(聖人)과 성인(聖人)의 말씀[言]을 업신여기면서[侮狎] 세상을 가볍게 본다. 군자(君子)가 천명(天命) · 성인(聖人) · 성인지언(聖人之言)을 두려워하면서[畏] 담담(淡淡)하고 온유(溫柔)하고 조리(條理)를 갖춘 의지(意志)로 입덕(入德)함을 들어 범인(凡人)들이 외면(外面)하는 반중용(反中庸)의 무기탄(無忌憚)을 살펴 새기고 헤아려 깨우치게 하려는 말씀이 〈군자지소불가급자(君子之所不可及者) 기유인지소불견호(其唯人之所不見乎)〉이다.

註 "군자지중용야(君子之中庸也) 군자이시중(君子而時中) 소인지중용야(小人之中庸也) 소인이무기탄(小人而無忌憚)." 군자의[君子之] 중용(中庸)이란[也] 군자로서[君子而] 언제나[時] 중용하고[中], 소인의[小人之] 중용(中庸)이란[也] 소인(小人)으로[而] 거리낌이[忌憚] 없다[無].

『중용(中庸)』 2장(章)

【3단락(段落) 전문(全文)】

詩云 相在爾室함에 尙不愧于屋漏라
시 운 상 재 이 실 상 불 괴 우 옥 루

故로 君子는 不動而敬하고 不言而信한다
고 군 자 부 동 이 경 불 언 이 신

『시경(詩經)』의 시(詩)에 이르기를: 그대의 방에 있음을 보니 방구석에도 부끄러움이 없다.

그러므로 군자는 (세상에) 나타나지 않아도 존경받고, 말하지 않아도 믿어준다.

詩云(시운) 相在爾室(상재이실) 尙不愧于屋漏(상불괴우옥루)

▶ 『시경(詩經)』의 시(詩)에 이르기를[云]: 그대의[爾] 방에[室] 있음을[在] 보니[相] 오히려[尙] 방구석에[于屋漏] (있어도 너에게는) 부끄러움이[愧] 없다[不].

시경 시(詩), 말할 운(云), 볼 상(相), 있을 재(在), 너의 이(爾), 방 실(室), 오히려 상(尙), 아닐 불(不), 부끄러워할 괴(愧), 조사(~에서) 우(于), 집 옥(屋), 구석 루(漏)

【읽기(讀)】

시운(詩云)의 시(詩)는 『시경(詩經)』「대아(大雅) 탕지습(蕩之什)」에 들어 있는 〈억(抑)〉을 말한다. 운(云)은 〈이를 왈(曰)〉과 같으니 시운(詩云)은 시왈(詩曰)과 같다. 〈시경(詩經)의 시가[詩] 이르기를[云]〉이라고 새기면 된다.

상재이실(相在爾室)은 〈상이지재이실(相爾之在爾室)〉처럼 평서문(平敍文)으로 문맥(文脈)을 잡으면 시의(詩意)를 건질 수 있다. 〈네가[爾之] 너의[爾] 방에[室] 있음을[在] 본다[相]〉

상재이실(相在爾室)에서 상(相)은 〈바라볼 시(視)〉와 같고, 재(在)는 〈있을 존(存)〉과 같으며, 이(爾)는 〈너 여(汝)·이(而)〉 등과 같다. 물론 〈너 이(爾)·너의 이(爾) · 너를 이(爾)〉처럼 인칭(人稱)의 주격(主格) · 소유격(所有格) · 목적격(目的格)이 따로 없는 말투이다.

상불괴우옥루(尙不愧于屋漏)도 〈수이재우옥루(雖爾在于屋漏) 상불괴어이(尙不愧於爾)〉의 평서문(平敍文)으로 문맥(文脈)을 잡으면 된다. 〈비록[雖] 네가[爾] 방 윗구석[屋漏]에[于] 있다 해도[在] 오히려[尙] 너는[爾] 부끄러워하지 않는다[不愧]〉

상불괴우옥루(尙不愧于屋漏)의 상(尙)은 〈오히려 유(猶)〉와 같고, 괴(愧)는 〈부끄러워할 참(慙)〉과 같아 참괴(慙愧)의 줄임이며, 옥루(屋漏)는 방안의 서북(西北)쪽 가장 후미져 늘 어두컴컴한 구석인 방 윗구석을 말한다.

【풀이(繹)】

상재이실(相在爾室) 상불괴우옥루(尙不愧于屋漏)는 『시경(詩經)』「대아(大雅) 탕지습(蕩之什)」에 있는 〈억(抑)〉 7장(章)의 4~5행(行)이다. 〈억(抑)〉은 10행(行)을 1장(章)으로 하여 모두 12장(章)으로 이루어진 「대아(大雅)」로, 제후(諸侯)를 의계(懿戒) 즉 깊이[懿] 경계하여[戒] 깨우치게 한 장시(長詩)이다. 이 대아(大雅)는 군자(君子)가 은거(隱居)해도 끊임없이 수기(修己)하고 정기(正己)하므로 회린(悔吝) 즉 뉘우치고[悔] 부끄러워할[吝] 것이 없음을 살펴 새기고 헤아려 가늠하게 한다.

군자(君子)는 자신을 결코 과시(誇示)하지 않는다. 군자지도(君子之道)가 곧 중용지도(中庸之道)로 드러남은 호학(好學)하여 성인(聖人)의 지(知)와 친(親)하되 그 지(知)를 과시(誇示)하지 않음이고, 역행(力行)하여 성인(聖人)의 인(仁)과 친(親)하되 그 인(仁)을 과시(誇示)하지 않음이며, 지치(知恥)하여 성인(聖人)의 용(勇)과 친(親)하되 그 용(勇)을 과시하지 않음이다. 그러므로 군자(君子)는 부자현(不自見) 즉 스스로[自] 드러내지 않고[不見], 부자시(不自是) 즉 스스로[自] 주장하지 않으며[不是], 부자벌(不自伐) 즉 스스로[自] 자랑하지 않고[不伐], 부자긍(不自矜) 즉 스스로[自] 교만하지 않고[不矜], 언제나 상달(上達)하고자 은거(隱居)하면서도 신독(愼獨)한다. 군자(君子)는 자신의 본성(本性)을 진실로 믿고[誠] 따르기 때문에 도덕인의(道德仁義)를 좇아 다하고자 고명(高明)하면서도 자비(自卑) · 자겸(自謙)하면서 드러나지 않고[不顯] 은거(隱居)함을 살펴 새기고 헤아려 가늠하게 하는 시구(詩句)가 〈상재이실(相在爾室) 상불괴우옥루(尙不愧于屋漏)〉이다.

註 "시이우군자(視爾友君子) / 집유이안(輯柔爾顔) / 불하유건(不遐有愆) / 상재이실(相在爾室) / 상불괴우옥루(尙不愧于屋漏) / 무왈불현(無日不顯) / 막여운구(莫予云覯) / 신지격사(神之格思) / 불가탁사(不可度思) / 신가역사(矧可射思)." 그대와[爾] 벗[友] 군자에게[君子] 알리니[視] 그대[爾] 안색을[顔] 온화하고[輯] 부드럽게 하면[柔] 허물[愆] 있음에[有] 멀지 않으랴[不遐]. 그대의[爾] 방에[室] 있음을[在] 보니[相] 오히려[尙] 방 윗구석[屋漏]에[于] (있어도 너에게는) 부끄럽지 않네[不愧]. 어두우니[無日] 드러나지 않아[不顯] 그냥[云] 나를[予] 바라봄이[覯] 없겠는가[莫]. 천지신의[神之] 강림을[格思] 헤아릴[度] 수 없거늘[不可思], 하물며[矧] 싫어할[射] 수 있겠는가[可思].

시(視)는 〈보여줄 시(示)·알릴 고(告)〉 등과 같고, 집(輯)은 〈어울릴 화(和)〉와 같으며, 상(相)은 〈볼 시(視)〉와 같고, 상(尙)은 〈또 역(亦)〉과 같고, 막여운구(莫予云覯)의 운(云)은 어조(語調)를 위해 넣어둔 조사(助詞)이니 〈막구여(莫覯予)〉로 여기고 〈나를[予] 바라봄이[覯] 없다[莫]〉고 새긴다. 격사(格思)·탁사(度思)·역사(射思)에서 사(思)는 뜻 없는 조사(助詞) 노릇하고, 〈내릴 격(格)·헤아릴 탁(度)·싫어할 역(射)〉이다.

『시경(詩經)』「대아(大雅) 탕지습(蕩之什)」〈억(抑)〉 7장(章)

故(고) 君子不動而敬(군자부동이경)

▶ 그러므로[故] 군자는[君子] (세상에) 나타나지 않아도[不動而] 존경받는다[敬].

그러므로 고(故), 클 군(君), 존칭 자(子), 아니 부(不), 움직일 동(動), 그러나 이(而), 존경받을 경(敬)

【읽기(讀)】

고(故)는 〈시고(是故)〉로, 〈불괴우옥루고(不愧于屋漏故)〉를 줄인 것이다. 〈방 윗구석에서도[于屋漏] 부끄러워하지 않기[不愧] 때문에[故]〉를 〈이[是] 때문에[故]〉로 줄이고, 다시 고(故)만 남긴 것이다.

군자부동이경(君子不動而敬)은 〈군자부동(君子不動) 이민경군자(而民敬君子)〉에서 경(敬)의 주어(主語)인 민(民)과 목적어인 군자(君子)를 생략한 구문이다. 〈군자는[君子] (세상으로) 나타나지 않는다[不動]. 그래도[而] 백성은[民] 군자를[君子] 존경한다[敬]〉 이를 〈나오지 않아도[不動而] 받든다[敬]〉로 줄인 것이다.

군자부동이경(君子不動而敬)의 동(動)은 〈나타날 출(出)〉과 같아 출동(出動)의 줄임이고, 경(敬)은 〈높일 존(尊)〉과 같아 존경(尊敬)의 줄임말로 여기면 된다.

【풀이(繹)】

군자부동이경(君子不動而敬)은 〈상재이실(相在爾室)〉의 재실(在室)을 〈군자(君子)가 부동(不動)함〉이라고 풀이한 것이며, 경(敬)은 〈상불괴우옥루(尙不愧于屋漏)〉의 불괴(不愧)를 풀이한 것이다. 재실(在室)은 불출세(不出世) 즉 세상 밖으로 나오지 않고[不出] 군자(君子)가 은거(隱居)함을 말한다.

군자(君子)는 비례(非禮)면 부동(不動)한다. 비례(非禮)의 천하(天下) 즉 난세(亂世)일수록 군자(君子)는 지성(至誠)으로 수기(修己)하고 정기(正己)하여 중용지도(中庸之道)를 수유불리(須臾不離) 즉 잠시라도[須臾] 떠나지 않으면서[不離], 불인(不仁) · 불의(不義)는 반드시 쇠망(衰亡)함을 믿기 때문에 부끄러워할[愧] 것이 없다. 난세(亂世)에 시달릴수록 백성(百姓)이 군자(君子)를 존경(尊敬)하게 됨을 밝힌 말씀이 〈군자부동이경(君子不動而敬)〉이다.

不言而信(불언이신)

▶ {군자(君子)가} 말하지 않아도[不言而] {세상은 군자(君子)를} 믿는다[信].

아니 불(不), 말할 언(言), 그러나 이(而), 믿을 신(信)

【읽기(讀)】

불언이신(不言而信)은 〈군자불언(君子不言) 이민신군자(而民信君子)〉에서 군자(君子)와 민(民)을 생략한 구문이다. 〈군자가[君子] 말하지 않는다[不言]. 그래서[而] 백성은[民] 군자를[君子] 믿는다[信]〉 이를 〈말하지 않아도[不言而] 믿는다[信]〉로 줄인 것이다.

불언이신(不言而信)에서 신(信)은 〈믿을 충(忠) · 성(誠)〉 등과 같아 신충(信忠) · 성신(誠信)의 줄임말로 여기면 된다.

【풀이(繹)】

불언이신(不言而信)은 군자(君子)의 〈부동이경(不動而敬)〉을 말을 달리하여 거듭 밝힌 것이다. 군자(君子)의 부동(不動)이 군자(君子)의 은거(隱居)를 말하듯이, 군자(君子)의 불언(不言) 또한 은거(隱居)를 뜻한다. 왜 군자(君子)가 눌언(訥言)하고자 하는가? 성인지언(聖人之言) 즉 성인(聖人)의 말씀[言]을 헛되지 않게 하고자 하기 때문이다. 그래서 군자(君子)는 비례(非禮)면 불언(不言)한다. 비례(非禮)란 천명(天命)과 성인(聖人)과 성인(聖人)의 말씀[言]을 얕보고 업신여기면서[侮狎] 교만(驕慢)·오만(傲慢)·태만(怠慢)함을 일삼는 난세(亂世)를 말한다. 이러한 난세(亂世)에 부화뇌동(附和雷同)하지 않고 달도(達道)·달덕(達德)을 닦아 지키면서 은거(隱居)하는 군자(君子)를 백성(百姓)이 믿게[信] 됨을 살펴 새기고 헤아려 깨우치게 하는 말씀이 〈불언이신(不言而信)〉이다.

【4단락(段落) 전문(全文)】

詩曰 奏假無言하여 時靡有爭이라
시왈 주격무언 시미유쟁

是故로 君子는 不賞而民勸하고 不怒而民威於鈇鉞이라
시고 군자 불상이민권 불노이민위어부월

『시경(詩經)』의 시(詩)가 이르기를: {대악(大樂)이} 연주되고 {제중(祭衆)이 제사(祭祀)에} 이르니 말이 없도다! 그 때에 다툼이 있음이 없도다.
이렇기 때문에 군자가 권장하지 않아도 백성은 부지런하기를 좋아하고, 화내지 않아도 백성은 도끼보다 더 두려워한다.

詩曰(시왈) 奏假無言(주격무언) 時靡有爭(시미유쟁)

▶ 『시경(詩經)』의 시(詩)가 이르기를[曰]: {대악(大樂)이} 연주되고[奏] {제중(祭衆)이 제사(祭祀)에} 이르자[假] 말이[言] 없도다[無]! 그 때에[時] 다툼이[爭] 있음이[有] 없도다[靡].

시경 시(詩), 말할 왈(曰), 나아갈 주(奏), 이를 격(假), 없을 무(無),
말할 언(言), 때 시(時), 없을 미(靡), 있을 유(有), 겨룰 쟁(爭)

【읽기(讀)】

시왈(詩曰)의 시(詩)는 『시경(詩經)』「상송(商頌)」에 들어 있는 〈열조(烈祖)〉를 말한다. 왈(曰)은 〈이를 운(云)〉과 같으니 시왈(詩曰)은 시운(詩云)과 같다. 〈시경(詩經)의 시가[詩] 이르기를[曰]〉이라고 새기면 된다.

주격무언(奏假無言)을 〈대악주(大樂奏) 신명격(神明假) 무언(無言)〉처럼 평서문(平敍文)으로 새기면 시의(詩意)가 잡힌다. 〈대악이[大樂] 연주되고[奏] 신명이[神明] 이르자[假] 사람들은 말이[言] 없다[無]〉 주격무언(奏假無言)을 시장(詩章)을 이루는 사언(四言)의 시행(詩行)으로 구성(構成)하기 위해 〈대악주(大樂奏)〉에서 주어 노릇할 대악(大樂)과 〈신명격(神明假)〉에서 주어 노릇할 신명(神明)을 생략하고 사언시행(四言詩行)으로 줄인 것이다. 주격무언(奏假無言)의 주(奏)는 〈나아갈 진(進)〉과 같고, 격(假)은 〈이를 지(至) · 격(格)〉 등과 같아 격지(假至)의 줄임이다.

시미유쟁(時靡有爭)의 시(時)는 미(靡)를 꾸미는 부사(副詞) 노릇하니 즉시(卽時)의 줄임으로 〈곧 시(時)〉로 새기고, 미(靡)는 〈없을 무(無)〉와 같아 자동사 노릇하고, 쟁(爭)은 미(靡)의 주어(主語)로 여기면 된다. 〈곧장[時] 그냥[有] 논쟁이[爭] 없어졌다[靡]〉 시미유쟁(時靡有爭)의 유(有)는 사언(四言)의 시행(詩行)으로 맞추기 위해 넣은 뜻 없는 조사(助詞)로 〈그냥[有]〉 정도로 여기면 된다.

【풀이(繹)】

주격무언(奏假無言) 시미유쟁(時靡有爭)은 『시경(詩經)』「상송(商頌)」에 있는 〈열조(烈祖)〉 22행(行) 중에서 4~5째 행(行)을 인용(引用)한 것이다. 〈열조(烈祖)〉는 사언(四言) 22행(行)의 장시(長詩)로, 상(商) 즉 은(殷)나라 개조(開祖) 탕왕(湯王)을 제사(祭祀) 지내는 송(頌)이다. 열조(烈祖)란 덕(德)이 빛나는[烈] 조상(祖上)으로 탕왕(湯王)을 뜻하는 편이다.

주격무언(奏假無言)의 시행(詩行)은 『중용(中庸)』 16장(章)에서 살핀 **귀신지위덕기성의호(鬼神之爲德其盛矣乎)**를 돌이켜 살펴 새기고 헤아려 가늠하게 한다. 주격무언(奏假無言)의 주격(奏假)은 대악(大樂)이 연주(演奏)되자 신(神) 즉 천지신명(天地神明)의 조상신(祖上神)이 격지(假至) 즉 제사(祭祀)에 내임(來臨)함을 말한다. 주격(奏假)의 격(假)은 〈이를 격(格) · 지(至)〉 등과 같다. 종묘(宗廟)에서 제상(祭床)을 차리고 주악(奏樂) 즉 대악(大樂)을 연주하고[奏] 제중(祭衆)이 조상신(祖

上神)을 기리고자 제사(祭祀)를 올리려 함을 주격무언(奏假無言)의 주격(奏假)이 뜻한다. 주격무언(奏假無言)의 무언(無言)은 제사(祭祀)에 참여(參與)한 모든 상하(上下)가 상화(相和)하여 온갖 언쟁(言爭) 따위는 사라지고 정화(淨化)되어 자화(自化)하였음을 뜻한다. 주악(奏樂)하여 제중(祭衆)이 이르자[假] 말[言]이 없어지고[無] 미쟁(靡爭) 즉 다툼[爭]이 없어졌다[靡]고 함은 천지신명(天地神明)의 조상신(祖上神)을 성신(誠信)함이다. 이처럼 주격무언(奏假無言)과 미쟁(靡爭)은 제례(祭禮)의 성신(誠信)을 살펴 헤아려 가늠하게 한다.

천지신명(天地神明)과 더불어 조상신(祖上神)의 내임(來臨) 앞에 인간은 모두 사기(舍己) 즉 자기[己]를 버리고[舍] 조상신(祖上神)의 도움으로 천지신명(天地神明)을 믿고 믿어[誠信] 따라 좇음[順]을 드러냄이 미쟁(靡爭)의 뜻인 동시에 제례(制禮)의 다스림[治]이다. 이러한 제례(祭禮)의 예(禮)는 순천(順天)을 믿음[誠信]이지 결코 순천(順天)을 증명(證明)하는 것은 아니다. 그래서 시지이불견(視之而弗見)이고 청지이불문(聽之而不聞)이라 하는 것이다. 순천(順天)은 성신(誠信)하는 것이지 증명(證明)하는 것은 아니다. 귀신(鬼神)의 위덕(爲德)을 성신(誠信) 즉 믿고 믿어[至誠] 요순우탕(堯舜禹湯)이 베풀었던 무위(無爲)의 치세(治世)가 펼쳐지기를 기원(祈願)하는 제례(祭禮)의 예(禮)를 살펴 새기고 헤아려 깨우치게 하는 시구(詩句)가 〈주격무언(奏假無言) 시미유쟁(時靡有爭)〉이다.

註 『시경(詩經)』「상송(商頌)」〈열조(烈祖)〉의 4째 시행(詩行)은 〈종격무언(鬷假無言)〉으로 되어 있다. 종은(鬷) 〈한곳에 모여들 종(鬷)〉이다. 그런데『중용(中庸)』의 인용(引用)에서는 〈종격(鬷假)〉이 아니라 〈주격(奏假)〉으로 되어 있다.

제사(祭祀)에 참여(參與)한 모든 상하(上下)가 상화(相和)하여 제중(祭衆)에는 언쟁(言爭)하는 자(者)가 없음을 뜻하기도 하고, 대정(大政)을 모름지기 상하상화(上下相和)하게 한다는 뜻도 있으며, 대악(大樂)을 연주(演奏)하여 제중(祭衆)의 상하(上下)가 모두 강신(降神)을 감응(感應)한다는 설(說)도 있는 술어(述語)가 〈종격(鬷假)〉이다.

여기서는 『시경(詩經)』「상송(商頌)」〈열조(烈祖)〉의 종격(鬷假)을 따르지 않고, 『중용(中庸)』의 주격(奏假)을 따라 풀이하였다. 즉 〈열조(烈祖)〉 바로 앞에 있는 시편인 〈나(那)〉의 3~6행(行) 즉 〈주고간간(奏鼓簡簡) 간아열조(衎我烈祖) 탕손주격(湯孫奏假) 완아사성(綏我思成)〉을 따라서 주격(奏假)을 주악신격(奏樂神假) 즉 〈악(樂)을 올리니[奏] 신이[神] 내임(來臨)하심[假]〉으로 여기고 새긴 것이다. 〈크고 크게[簡簡] 북을[鼓] 울리니[奏] 우리[我] 조상님들[烈祖] 즐거워하시네[衎]. 탕왕의 후손이[湯孫] 악(樂)을 올리니[奏] {조상신(祖上神)이} 내임(來臨)하시고[假] 아아[思] 복이[成] 우리를[我] 편안케 하네[綏]〉 성(成)은 여기선 비(備)와 같아 복(福)을 뜻한다.

註 "귀신지위덕기성의호(鬼神之爲德其盛矣乎) 시지이불견(視之而弗見) 청지이불문(聽之而不聞) 체물이불가유(體物而不可遺)." 귀신의[鬼神之] 덕(德) 됨[爲] 그것은[其] 성대한 것[盛]이로다[矣乎]! (우리가) 그것을[之] 보려 해도[視而] (그것은 우리에게) 보이지 않는다[弗見]. (우리가) 그것을[之] 들으려 해도[聽而] (그것은 우리에게) 들리지 않는다[不聞]. {그 귀신(鬼神)이} 온갖 것의[物] 형상(形象)을 이루어주고[體而] {온갖 것(萬物)은 그 형상(形象)을} 버릴[遺] 수 없다[不可].

『중용(中庸)』 16장(章)

是故(시고) 君子不賞而民勸(군자불상이민권)

▶ 이렇기[是] 때문에[故] 군자가[君子] 권장하지 않아도[不賞而] 백성은[民] 부지런하기를 좋아한다[勸].

이 시(是), 때문에 고(故), 클 군(君), 존칭 자(子), 권장할 상(賞), 그러나 이(而), 백성 민(民), 부지런할 권(勸)

【읽기(讀)】

시고(是故)는 〈미쟁고(靡爭故)〉의 미쟁(靡爭)을 지시어(指示語) 노릇하는 시(是)로 대신한 것이다. 〈다툼이[爭] 없기[靡] 때문에[故]〉를 〈이[是] 때문에[故]〉로 줄인 것으로, 시고(是故)는 시이(是以)와 같다.

군자불상이민권(君子不賞而民勸)은 〈군자불상민(君子不賞民) 이민권(而民勸)〉에서 되풀이되는 민(民)을 생략한 말투이다. 〈군자가[君子] 백성을[民] 상찬하지 않는다[不賞]. 그러나[而] 백성은[民] 부지런해진다[勸]〉 이를 〈군자가[君子] 상찬하지 않아도[不賞而] 백성은[民] 부지런해진다[勸]〉로 줄인 것이다. 군자불상이민권(君子不賞而民勸)의 상(賞)은 〈권장할 권(勸)〉과 같고, 권(勸)은 〈부지런할 면(勉)〉과 같아 권면(勸勉)의 줄임말로 여기면 된다.

【풀이(繹)】

군자불상이민권(君子不賞而民勸)은 〈주격무언(奏假無言)〉의 무언(無言)과 〈시미유쟁(時靡有爭)〉의 미쟁(靡爭)을 들어 『논어(論語)』에 나오는 무위지치(無爲之

治)를 상기(想起)시킨다. 『논어(論語)』에 **무위이치자(無爲而治者)**라고 순(舜)임금을 칭송(稱頌)한 자왈(子曰)이 나온다. 「상송(商頌)」〈열조(烈祖)〉의 주격무언(奏假無言)의 무언(無言)과 시미유쟁(時靡有爭)의 미쟁(靡爭)은 무위지치(無爲之治) 즉 무위(無爲)의 다스림[治]을 환기(喚起)시킨다. 무위(無爲)의 다스림[治]은 곧 무언(無言) · 미쟁(靡爭)의 치(治) 바로 그것이다.

여기서 불상(不賞)이란 무언(無言) · 미쟁(靡爭)의 치(治)를 심사숙고(深思熟考)하게 하는 말씀으로 다가온다. 무언(無言) · 미쟁(靡爭)은 경쟁(競爭)이 없어짐이다. 무위(無爲)에 경쟁(競爭)이란 없으므로 상찬(賞讚)할 것도 없고 문책(問責)할 것도 없다. 그러므로 군자(君子)는 불상(不賞)한다. 잘하면[功] 상(賞) 주고 못하면 벌(罰) 주어 다스림[治]은 인위(人爲)의 치(治)일 뿐이다. 무위(無爲)의 치(治)는 곧 천치(天治)를 본받는[法] 성인(聖人)의 다스림[治]을 말하며, 성치(聖治)를 천치(天治)라 한다. 천지지치(天地之治) 즉 천치(天治)는 선치(善治)이고 덕치(德治)이며, 따라서 성치(聖治) 역시 덕치(德治)이며, 중용지도(中庸之道) 역시 이러한 덕치(德治)로 수렴(收斂)된다. 그러므로 무위지치(無爲之治)는 천치(天治) · 성치(聖治)와 다름 아니고, 중용지도(中庸之道) 역시 무위지치(無爲之治)를 좇아 따른다. 이처럼 군자(君子)의 불상(不賞)은 성치(聖治)를 본받아 지성(至誠)으로 중용(中庸)하여 시중(時中)함이다.

성치(聖治)를 심사(深思)하여 숙고(熟考)하자면 『노자(老子)』에 나오는 **상선구인(常善救人)·상선구물(常善救物)**이란 말씀을 상기(想起)하게 되고, 『논어(論語)』에 나오는 **공기정이남면(恭己正而南面)**이란 말씀도 떠올리게 된다. 『논어(論語)』에서 요(堯)임금이 자신을[己] 낮추고[恭] 바르게[正] 남면했을[正南面] 뿐이란[而已矣] 다스림[治]과 『노자(老子)』에 나오는 늘[常] 선하게[善] 사람[人]과 온갖 것을[物] 구제하는[救] 치(治)는 서로 다를 바 없는 무위지치(無爲之治) 즉 성치(聖治)이며, 덕치(德治)이고, 천치(天治)를 본받음[法] 그것이다. 그것은 또 중용지도(中庸之道)의 질(質) 즉 바탕[質]이다. 선치(善治)의 선(善)이란 천명(天命)을 계승(繼承)함이니 선치(善治) · 덕치(德治)는 곧 천치(天治) 즉 무위지치(無爲之治)를 말하고, 중용지도(中庸之道)의 질(質)을 늘 명심(銘心)하는 것이다. 다만, 유가(儒家)의 무위지치(無爲之治)는 선(善)한 군자(君子)가 백성(民)을 선(善)하게 함이고, 도가(道家)의 무위지치(無爲之治)는 성인(聖人)과 백성이 서로 선(善)하게 한다는 점만 다를 뿐, 양가(兩家) 모두 선치(善治)를 천치(天治)로 성신(誠信)함은 다를 바 없다. 그러므로 군자불상(君子不賞)의 불상(不賞)이 무위(無爲)의 다스림을 상기(想起)시켜 백성[民] 스스로 권면(勸勉)하게 하는 무위지치(無爲之治)임을 살펴 새기고 헤아려 가늠하게 하는 말씀이 〈군자불상이민권(君子不賞而民勸)〉이다.

註 "무위이치자(無爲而治者) 기순야여(其舜也與) 부하위재(夫何爲哉) 공기정이남면이이의(恭己正而南面而已矣)." 함이[爲] 없어도[無而] 다스리는[治] 사람[者] 그분은[其] 순임금[舜]이로다[也與]! 대체[夫] 어찌[何] 하는 것[爲]인가[哉]? 자신을[己] 낮추고[恭] 바르게[正] 남면했을[南面] 뿐이다[而已矣].

남면(南面)은 왕(王)의 자리를 말하고, 북면(北面)은 신하(臣下)의 자리를 말한다.

『논어(論語)』「위령공(衛靈公)」편(篇) 4장(章)

註 "성인상선구인(聖人常善救人) 고(故) 무기인(無棄人) 상선구물(常善救物) 고(故) 무기물(無棄物) 시위습명(是謂襲明)." 성인은[聖人] 늘[常] 선하게[善] 사람을[人] 구제한다[救]. 그래서[故] {성인(聖人)께는} 사람을[人] 버림이[棄] 없다[無]. {성인(聖人)은} 늘[常] 선하게[善] 온갖 것을[物] 구제한다[救]. 그래서[故] {성인(聖人)께는} 온갖 것을[物] 버림이[棄] 없다[無]. 이를[是] 습명이라[襲明] 한다[謂].

습명(襲明)은 밝음[明]을 이어받아[襲] 암자(暗者) 즉 어두운[暗] 것[者]으로 하여금[使] 밝게 함[明]이다. 습명(襲明)의 습(襲)은 불절(不絶) 즉 끊어지지 않음[不絶]이고, 명(明)은 선(善)하게 함이다. 습명(襲明)은 성인(聖人)은 인(人)·물(物)을 밝게 하고[明], 인(人)·물(物)은 성인(聖人)을 밝게 함[明]을 뜻한다.

『노자(老子)』 27장(章)

不怒而民威於鈇鉞(불노이민위어부월)

▶ {군자(君子)가} 성화부리지 않아도[不怒而] 백성은[民] 도끼[鈇鉞]보다 더[於] {군자(君子)를} 두려워한다[威].

아니 불(不), 화낼 노(怒), 그러나 이(而), 백성 민(民), 두려워할 위(威), 조사(~보다 더) 어(於), 도끼 부(鈇), 도끼 월(鉞)

【읽기(讀)】

불노이민위어부월(不怒而民威於鈇鉞)은 〈군자불노민(君子不怒民) 이민위군자어부월(而民威君子於鈇鉞)〉에서 노(怒)의 주어(主語) 노릇할 군자(君子)와 목적어 노릇할 민(民) 그리고 위(威)의 목적어 노릇할 군자(君子)를 생략한 구문이다. 〈군자는[君子] 백성에게[民] 성화부리지 않는다[不怒]. 그러나[而] 백성은[民] 도끼[鈇鉞]보다도 더[於] 군자를[君子] 두려워한다[威]〉 이를 〈성화부리지 않아도[不怒而] 백성은[民] 도끼[鈇鉞]보다도 더[於] 두려워한다[威]〉로 줄인 것이다.

불노이민위어부월(不怒而民威於鈇鉞)의 노(怒)는 〈성낼 분(忿)〉과 같아 분노(忿怒)의 줄임말로 여기면 되고, 위(威)는 두려워 멀리한다는 뜻이다.

【풀이(繹)】

불노이민위어부월(不怒而民威於鈇鉞) 역시 〈주격무언(奏假無言)〉의 무언(無言)과 〈시미유쟁(時靡有爭)〉의 미쟁(靡爭)을 들어 『논어(論語)』에 나오는 무위지치(無爲之治)가 중용지도(中庸之道)의 질(質)임을 상기(想起)시킨다. 무위(無爲)의 다스림[治]인 무언(無言) · 미쟁(靡爭)의 치(治)에는 노(怒)할 까닭이란 없다. 〈군자불로(君子不怒)〉란 말씀을 거듭하여 무언(無言) · 미쟁(靡爭)의 치(治)를 심사숙고(深思熟考)하게 하는 말씀으로 다가온다. 무언(無言) · 미쟁(靡爭)은 경쟁(競爭)이 없어짐이니, 도모(圖謀)함이 없는 다스림[治]으로 이어진다. 무위(無爲)에는 자기(自己)의 도모(圖謀)란 없다. 그래서 성치(聖治)는 무기(無己)의 치(治)이고, 무공(無功)의 치(治)이며, 무명(無名)의 다스림[治]이라 한다. 자기가 없고[無己] 공명이 없고[無功] 명성이 없는[無名] 치(治)는 무위(無爲)의 치(治)이고, 따라서 무망(無望)의 치(治)로 중용지도(中庸之道)는 종용(從容) 즉 절로[從容] 이루어진다. 따로 소망(所望)하는 것이 없으니 소로(所怒) 즉 노여움을 살 것[所怒]도 없으며, 절로 무위지치(無爲之治)로 드러나 중용(中庸)하여 시중(時中)하게 된다.

그렇다고 무위지치(無爲之治)가 그냥 방기(放棄) 즉 내버려두는[放棄] 다스림[治]이란 것은 아니다. 무위(無爲)의 다스림[治]이야말로 극기복례(克己復禮)의 치(治) 바로 그것이다. 극기복례(克己復禮)의 극기(克己)를 깨우치자면 『예기(禮記)』「표기(表記)」편(篇)에서 『서경(書經)』에 나오는 경기이망유택언재궁(敬忌而罔有擇言在躬)이란 말씀을 인용(引用)한 자왈(子曰)을 상기(想起)하면 족(足)할 것이다. 극기(克己)란 내 스스로 경기(敬忌) 즉 삼가[敬] 조심해서[忌] 자신에게 비례(非禮) 즉 예(禮) 아닌 것[非]이 없게 함이고, 복례(復禮)란 중용(中庸)하여 시중(時中)하라는 말씀과 다를 바 없다. 신궁무비례(身躬無非禮) 즉 자신에게[身躬] 비례(非禮)가 없음[無]은 곧 비례(非禮)를 범하려는 자신을 물리침[克己]이고, 극기(克己)하면 그것이 곧 복례(復禮)이고 복례(復禮)하면 그것이 곧 택선(擇善)이기 때문에 비례(非禮)는 없어지고 따로 도모(圖謀)할 까닭도 없어지니 노(怒)할 까닭도 없어 절로 중용(中庸)하여 시중(時中)하는 것이다. 때문에 군자(君子)는 불로(不怒)하는 것이니, 중용(中庸)하여 비례(非禮)하고 불로(不怒)하는 군자(君子)를 백성이 심복(心服)하여 두려워하게[威] 되는 무위지치(無爲之治)를 밝힌 말씀이 〈불노이민위어부월(不怒而民威於鈇鉞)〉이다.

註 "자왈(子曰) 군자불실족어인(君子不失足於人) 불실색어인(不失色於人) 불실구어인(不失口於人) 시고(是故) 군자모족외야(君子貌足畏也) 색족탄야(色足憚也) 언족신야(言足信也) 보형언(甫刑言) 경기이망유택언재궁(敬忌而罔有擇言在躬)." 공자께서[子] 가로되[曰]: 군자는[君子] 남에게[於人] (바른) 행동을[足] 잃지 않고[不失], 남에게[於人] (온화한) 안색을[色] 잃지 않으며[不失], 남에게[於人] (바른) 언행을[口] 잃지 않는다[不失]. 이러므로[是故] 군자의[君子] 용모는[貌] 두려워하기에[畏] 족하고[足], 안색은[色] 거리낌에[憚] 족하며[足], 언행은[言] 믿기에[信] 족하다[足]. 보형에[甫刑] 말하기를[言]: 삼가[敬] 경계해서[忌而] 가려야 할[擇] 말이[言] 자신에게는[在躬] 없다[罔有].

실족(失足)의 족(足)은 족적(足跡)의 줄임으로 행적(行蹟) 즉 행동(行動)을 뜻하고, 족외(足畏)·족탄(足憚)·족신(足信)의 족(足)은 〈가할 가(可)〉와 같아 조동사 노릇한다. 보형(甫刑)은 『서경(書經)』「주서(周書)」의 편명(篇名)인 〈여형(呂刑)〉을 말하고, 경기(敬忌)의 경(敬)은 여기선 〈삼갈 신(愼)〉과 같아 경신(敬愼)의 줄임이고, 기(忌)는 〈조심할 계(戒)〉와 같아 기계(忌戒)의 줄임이며, 망유(罔有)는 무유(無有)와 같아 〈없음〉을 강조하는 말투이다. 재궁(在躬)의 재(在)는 조사(助詞) 노릇해 어궁(於躬) 즉 〈자신[躬]에게[在]〉로 새기면 된다.

『예기(禮記)』「표기(表記)」편(篇) 2단락(段落)

【5단락(段落) 전문(全文)】

詩曰 不顯維德을 百辟其刑之라
시 왈 불 현 유 덕 백 벽 기 형 지

是故로 君子는 篤恭而天下平한다
시 고 군 자 독 공 이 천 하 평

『시경(詩經)』의 시(詩)가 이르기를: 아아 크게 밝은 덕을 온 제후 그들이 본받았노라.
이렇기 때문에 군자는 돈독하고 공손히 해서 온 세상을 화평하게 한다.

詩曰(시왈) 不顯維德(불현유덕) 百辟其刑之(백벽기형지)

▶ 『시경(詩經)』의 시(詩)가 이르기를[曰]: 아아[惟] 크게[不] 밝은[顯] 덕을[德] 온[百] 제후[辟] 그들이[其] 본받았노라[刑之].

시경 시(詩), 말할 왈(曰), 크나클 불(不), 드러날 현(顯),
조사(~아아) 유(維), 큰 덕(德), 온 백(百), 임금 벽(辟), 그 기(其),
본받을(따를) 형(刑), 조사(~고) 지(之)

【읽기(讀)】

시왈(詩曰)의 시(詩)는 『시경(詩經)』「주송(周頌)」에 들어 있는 〈열문(烈文)〉을 말한다. 왈(曰)은 〈이를 운(云)〉과 같으니 시왈(詩曰)은 시운(詩云)과 같다. 〈시경(詩經)의 시가[詩] 이르기를[曰]〉이라고 옮기면 된다.

불현유덕(不顯惟德) 백벽기형지(百辟其刑之)를 〈백벽형불현덕(百辟刑不顯德)〉처럼 평서문(平敍文)으로 새기면 시의(詩意)가 잡힌다. 〈온[百] 제후들이[辟] 크게[不] 빛나는[顯] 덕을[德] 본받았다[刑]〉 사언(四言) · 오언(五言)의 시행(詩行)으로 구성(構成)하기 위해 형(刑)의 목적구(目的句) 노릇하는 불현덕(不顯德)을 뜻 없는 조사(助詞) 유(惟)를 더해 불현유덕(不顯惟德)으로 하여 전치(前置)해 사언(詐言) 시행(詩行)으로 삼고, 백벽형(百辟刑)에 백벽(百辟)을 나타내는 가주어(假主語) 기(其)와 뜻 없는 허사(虛詞) 지(之)를 더해 오언(五言) 시행(詩行)으로 삼았다.

불현유덕(不顯惟德)에서 불(不)은 여기선 〈크나클 비(丕)〉로 새겨야 하고, 현(顯)은 〈드러날 현(見) · 현(現)〉 등과 같지만, 〈밝을 명(明)〉과 같은 뜻으로 옮기는 편이 시의(詩意)에 걸맞으므로 현덕(顯德)을 명덕(明德)으로 여기는 편이 낫다. 유(維)는 어조(語調)를 위한 조사(助詞)로 〈아아〉 정도로 보면 된다.

백벽기형지(百辟其刑之)의 백(百)은 〈모두 개(皆)〉와 같으며, 벽(辟)은 〈임금 후

(侯)〉와 같고, 기(其)는 백벽(百辟)을 나타내는 가주어(假主語) 노릇하고, 형(刑)은 〈본받을 법(法)〉과 같다. 지(之)는 불현덕(不顯德)을 전치(前置)하고 그 빈 자리에 둔 허사(虛詞)로 아무 뜻이 없다.

【풀이(繹)】

불현유덕(不顯惟德) 백벽기형지(百辟其刑之)는 『시경(詩經)』「주송(周頌)」에 있는 〈열문(烈文)〉 13행(行) 중에서 11~12째 행(行)을 인용(引用)한 것이다. 열문(烈文)의 열(烈)은 공덕(功德)이 많아 빛남을 뜻하고, 문(文)은 문조(文祖) · 문고(文考) · 문인(文人) 등의 예(例)로 보아 주(周)나라 선공(先公)들을 뜻한다고 보는 것이 통설(通說)인 송(頌)이다. 그러므로 열문(烈文)이란 덕(德)이 빛나는[烈] 선공(先公) 즉 문왕(文王) · 무왕(武王) · 주공(周公)을 주로 뜻하는 편이다. 그 선공(先公)들이 불현덕(不顯德) 즉 크게[不] 밝은[顯] 덕(德)으로 치인(治人)하고 치세(治世)했음을 찬송(讚頌)함은 곧 천치(天治)를 본받는[法] 성치(聖治)를 찬송(讚頌)하는 것이다. 이 찬송(讚頌) 또한 무위지치(無爲之治)를 찬송(讚頌)함이며, 이 또한 천지신명(天地神明)과 더불어 선공(先公)들의 공덕(公德)을 본받아[法] 무위(無爲)의 치세(治世)가 펼쳐지기를 기원(祈願)하는 것임을 살펴 새기고 헤아려 깨우치게 하는 시구(詩句)가 〈불현유덕(不顯惟德) 백벽기형지(百辟其刑之)〉이다.

是故(시고) 君子篤恭而天下平(군자독공이천하평)

▶이렇기[是] 때문에[故] 군자는[君子] 돈독히 하고[篤] 공손히 해서[恭而] 온 세상을[天下] 화평하게 한다[平].

이 시(是), 때문에 고(故), 클 군(君), 존칭 자(子), 돈독할 독(篤), 공손할 공(恭), 그리고 이(而), 하늘 천(天), 아래 하(下), 화평할 평(平)

【읽기(讀)】

시고(是故)는 〈백벽형불현덕고(百辟刑不顯德故)〉의 백벽형불현덕(百辟刑不顯德)을 지시어(指示語) 노릇하는 시(是)로 대신한 것이다. 〈백벽이[百辟] 불현덕(不顯德)을 본받았기[刑] 때문에[故]〉를 〈이[是] 때문에[故]〉로 줄인 말투이다. 시고(是

故)는 시이(是以)와 같다.

군자독공이천하평(君子篤恭而天下平)은 〈군자독형불현덕(君子篤刑不顯德) 이군자공형불현덕(而君子恭刑不顯德) 이군자평천하이기덕(而君子平天下以其德)〉에서 되풀이되는 군자(君子)와 형불현덕(刑不顯德)을 생략하고, 평(平)을 꾸며주는 부사구(副詞句) 이기덕(以其德)을 생략하며, 천하(天下)를 강조하고자 평(平) 앞으로 도치(倒置)하여 세 구문(句文)을 하나로 묶은 구이다. 〈군자는[君子] 돈독하게[篤] 크게[不] 밝은[顯] 덕을[德] 본받는다[刑]. 그리고[而] 군자는[君子] 공손하게[恭] 크게[不] 밝은[顯] 덕을[德] 본받는다[刑]. 그리고[而] 군자는[君子] 그[其] 덕을[德] 이용하여[以] 천하를[天下] 화평하게 한다[平]〉 이를 〈군자는[君子] 돈독하게 하고[篤] 공손하게 해서[恭而] 천하를[天下] 화평하게 한다[平]〉로 줄인 것이다.

군자독공이천하평(君子篤恭而天下平)의 독(篤)은 〈도타울 돈(敦)〉과 같아 돈독(敦篤)의 줄임이고, 공(恭)은 〈겸손할 손(遜)〉과 같아 공손(恭遜)의 줄임이며, 평(平)은 〈어울릴 화(和)〉와 같아 화평(和平)의 줄임말로 여기면 된다.

【풀이(繹)】

군자독공이천하평(君子篤恭而天下平)은 군자(君子)의 중용(中庸)은 성덕(聖德)을 지성으로 본받는[法] 수기(修己) · 정기(正己) · 공기(恭己)임을 살펴 새기고 헤아려 가늠하게 한다. 군자(君子)가 중용(中庸)의 시중(時中) 즉 언제나[時] 중정(中正)을 무위(無爲)로 상용(常傭)함은 체면치레로 그렇게 하는 것이 아니라 진실로 성덕(聖德)을 성신(誠信)하여 좇음[順]일 뿐이다. 참으로 군자의 중용(中庸)이란 천명(天命) · 성인(聖人) · 성인지언(聖人之言)을 좇아[順] 심복(心服)함이고, 순종(順從)함이 곧 군자(君子)의 수기(修己)이고, 수기(修己)로 말미암아 정기(正己)함이고, 정기(正己)로 말미암아 공기(恭己)하여 자비(自卑)함이다. 이를 두고 군자(君子)는 극기(克己)하여 복례(復禮)한다 하고, 수신(修身)하여 치인(治人)하고 안인(安人)하여 치세(治世)한다는 것이다. 그러므로 군자(君子)가 수기(修己) · 정기(正己)하면서 중용(中庸)함을 살펴 새기고 헤아리게 하는 말씀이 〈군자독공(君子篤恭)〉이고, 그 독공(篤恭)으로 말미암아 치인(治人) · 안인(安人) · 치세(治世)함을 살펴 새기고 헤아리게 하는 말씀이 〈천하평(天下平)〉이다.

【6단락(段落) 전문(全文)】

詩云 予懷明德하니 不大聲以色이라
시 운 여 회 명 덕 부 대 성 이 색

子曰 聲色之於以化民은 末也이다
자 왈 성 색 지 어 이 화 민 말 야

『시경(詩經)』의 시(詩)가 이르기를: 나는 밝은 덕을 바라네. 크게 소리내거나 또 안색을 짓지 않는다네.

공자께서 가로되: 성색(聲色)을 내고 이용해 백성을 화육(化育)함은 말단이다.

詩云(시운) 予懷明德(여회명덕) 不大聲以色(부대성이색)

▶ 『시경(詩經)』의 시(詩)가 이르기를[云]: 나는[予] 밝은[明] 덕을[德] 바라네[懷]. 크게[大] 소리내기와[聲] 함께[以] 안색을 짓지 않는다네[不色].

시경 시(詩), 말할 운(云), 나 여(予), 그리워할 회(懷), 밝을 명(明), 큰 덕(德), 아니 부(不), 크게 여길 대(大), 소리낼 성(聲), 조사(~과) 이(以), 얼굴 비칠 색(色)

【읽기(讀)】

시운(詩云)의 시(詩)는 『시경(詩經)』「대아(大雅)」〈황의(皇矣)〉를 말한다. 운(云)은 〈이를 왈(曰)〉과 같으니 〈시경(詩經)의 시가[詩] 이르기를[云]〉이라고 새기면 된다. 황의(皇矣)의 황(皇)은 위대함을 뜻하고, 의(矣)는 어조사(語助詞) 정도로 뜻은 없다고 보면 된다.

여회명덕(予懷明德)의 여(予)는 〈나 오(吾)〉와 같고, 회(懷)는 〈품을 포(抱)〉와 같아 회포(懷抱)의 줄임이고, 명덕(明德)은 천덕(天德)과 같은 말씀이다.

부대성이색(不大聲以色)은 〈여부대성(予不大聲) 이여부대색(而予不大色)〉에서 주어(主語) 노릇할 여(予)와 되풀이되는 부대(不大)를 생략하고, 조사(助詞) 노릇하는 〈또는 이(以)〉로 두 구문을 묶어 오언(五言) 시행(詩行)으로 한 것이다. 〈나는[予] 크게[大] 소리내지 않는다[不聲]. 그리고[而] 나는[予] 크게[大] 안색을 비치지 않는다[不色]〉 이를 〈크게[大] 소리내거나[聲] 또는(以) 안색을 비치지 않는다[不色]〉로 줄인 시행(詩行)이다.

부대성이색(不大聲以色)의 불(不)은 성(聲)과 색(色)의 부정사(不定詞)이고, 이(以)는 조사(助詞 : ~과) 노릇해 〈~과 여(與)〉와 같고, 색(色)은 〈비칠 색(色)〉으로 자동사 노릇한다. 성(聲)은 〈희로애락(喜怒哀樂)의 소리를 냄〉으로 새기면 되고, 색(色)은 〈희로애락(喜怒哀樂)의 얼굴빛을 비친다[色]〉고 새긴다. 〈A여(與)B〉와 〈A이(以)B〉를 함께 암기해두면 편하다. 〈A와[與] B〉 〈A와[以] B〉

【풀이(繹)】

여회명덕(予懷明德) 부대성이색(不大聲以色)은 『시경(詩經)』「대아(大雅)」의 〈황의(皇矣)〉 8장(章) 중에서 일곱째 장(章)의 2~3행(行)을 인용(引用)한 것이다. 여회명덕(予懷明德)의 여(予)는 제(帝) 즉 상제(上帝)로 천지(天地)를 나타낸다.

황의(皇矣)의 시의(詩意)는 〈제탁기심(帝度其心) · 제위문왕(帝謂文王)〉이란 시행(詩行)에 드러나 있다. 여기서 제(帝)는 상제(上帝) · 황제(皇帝)의 줄임으로, 천도(天道)를 인격화(人格化)한 것이다. 제탁기심(帝度其心)의 기심(其心)은 〈왕계지심(王季之心)〉을 말한다. 왕계(王季)는 주(周)나라 문왕(文王)의 부(父)이다. 그러니 황의(皇矣)는 주(周)나라 왕계(王季)와 문왕(文王)에게 인위지치(人爲之治) 즉 인치(人治)를 떠나서 무위지치(無爲之治) 즉 천치(天治)로 치민(治民)하여 화민(化民)할 것을 하달(下達)하는「대아(大雅)」의 시(詩)이다.

여회명덕(予懷明德)은 천지(天地) 즉 상제(上帝)는 천지지덕(天地之德) 즉 천덕(天德)으로 삼라만상(森羅萬象)을 화육(化育)함을 밝히는 시행(詩行)이다. 회명덕(懷明德)의 명덕(明德)이란 천덕(天德) 즉 무위(無爲)이고, 이 무위(無爲)의 치(治)를 잊거나 버린 적이 없음을 〈품을 회(懷)〉 한 자(字)로 왕계(王季)와 문왕(文王)에게 계시(啓示)하고 있다.

부대성이색(不大聲以色)의 성이색(聲以色)은 성여색(聲與色)과 같고, 줄여서 성색(聲色)이라고도 한다. 명덕(明德)은 무위지치(無爲之治)로 이어져 드러나고, 성색(聲色)은 인위지치(人爲之治)로 이어져 드러난다. 성색(聲色)의 성(聲)은 희로애락(喜怒哀樂)이란 정(情)의 소리 즉 인성(人聲)인 동시에 명성(名聲) · 출세(出世) 등을 뜻하고, 색(色)은 정(情)의 빛깔 즉 안색(顔色)인 동시에 여색(女色)을 뜻하기도 한다. 그러므로 명덕(明德)은 천심(天心)의 성(性)을 밝히는 무위(無爲)를 뜻하고, 성색(聲色)은 인심(人心)의 정(情)을 탐(貪)히는 인위(人爲)를 말한다.

여회명덕(予懷明德)은 덕치(德治)를 경진(敬盡) 즉 받들어[敬] 다하고[盡], 오로지 천치(天治)를 좇아 치인(治人) · 치세(治世)하여 천지인(天地人)이 하나가 되게 하라는 천명(天命)임을 깊이 새기고 헤아려 깨우치게 하는 시구(詩句)가 〈여회명덕(予懷明德) 부대성이색(不大聲以色)〉이다.

註 "제위문왕(帝謂文王) / 여회명덕(予懷明德) / 부대성이색(不大聲以色) / 부장하이혁(不長夏以革) / 불식부지(不識不知) / 순제지칙(順帝之則) / 제위문왕(帝謂文王) / 순이구방(詢爾仇方) / 동이형제(同爾兄弟) / 이이구원(以爾鉤援) / 여이림충(與以臨衝) / 이벌숭용(以伐崇墉)." 천제께서[帝] 문왕께[文王] 이르시네[謂]: 나는[予] 밝은[明] 덕을[德] 바라네[懷]. 크게[大] 소리내거나[聲] 또는(以) 안색을 비치지 않네[不色]. 늘[長] 회초리질이나[夏] 또는[以] 채찍질도 않는다네[不革]. 마냥 절로[不識不知] 상제의[帝之] 법칙을[則] 따르게나[順]. 천제께서[帝] 문왕께[文王] 이르시네[謂]: 자네의[爾] 이웃 나라를[仇方] 마음 쓰고[詢] 자네의[爾] 형제와[兄弟] 함께하여[同] 자네의[爾] 갈고리 사다리를[鉤援] 이용하고[以], 자네의[爾] 임거와[臨] 충거를[衝] 함께[與] 사용하여[以] 숭나라[崇] 성벽을[墉] 쳐부수게나[伐].

부장하이혁(不長夏以革)에서 장(長)은 〈늘(언제나) 상(常)〉과 같고, 하(夏)는 여기선 서당(書堂)에서 매로 사용하는 회초리를 뜻하고, 혁(革)은 형벌을 가할 때 쓰는 채찍을 말한다. 불식부지(不識不知)는 꾀하지 않아도 들어맞고 생각지 않아도 그리된다는 뜻이다. 구방(仇方)은 이웃나라, 구원(鉤援)은 성(城)을 공략할 때 성벽을 타고 올라가는 갈고리 사다리이며, 임충(臨衝)의 임(臨)은 성(城)을 공략할 때 쓰는 무기인 임거(臨車)를 말하고, 충(衝)은 충거(衝車)를 말한다. 숭용(崇墉)에서 숭(崇)은 폭군(暴君) 주(紂)를 따랐던 나라 이름이고, 용(墉)은 성벽(城壁)을 뜻한다.

『시경(詩經)』「대아(大雅)」〈황의(皇矣)〉 7장(章)

子曰(자왈) 聲色之於以化民末也(성색지어이화민말야)

▶ 공자께서 가로되[子曰]: 성색의[聲色之] 짓들을[於] 써서[以] 백성을[民] 화육함은[化] 말단[末]이다[也].

존칭 자(子), 가로 왈(曰), 소리 성(聲), 안색 색(色), 조사(~을) 지(之), 할 어(於), 써 이(以), 길러낼 화(化), 백성 민(民), 끝 말(末), 조사(~이다) 야(也)

【읽기(讀)】

성색지어이화민말야(聲色之於以化民末也)는 〈화민이성색지어말야(化民以聲色之於末也)〉에서 성색지어(聲色之於)를 강조하고자 성색지어이(聲色之於以)로 성색지어(聲色之於)를 도치(倒置)하여 전치(前置)한 구문이다. 〈성색의[聲色之] 짓들을[於] 이용하여[以] 화민함은[化民] 말(末)이다[也]〉

성색지어이화민말야(聲色之於以化民末也)에서 성색지어이(聲色之於以)는 화(化)를 꾸미는 부사구(副詞句) 노릇하고, 화민(化民)은 주어(主語) 노릇하며, 말(末)은 보어(補語) 노릇하고, 야(也)는 조사(助詞 : ~이다)로 종결어미(終結語尾) 노릇한다. 성색지어이화민말야(聲色之於以化民末也)의 성색(聲色)은 성음안색(聲音顔色)의 줄임이고, 지(之)는 조사(助詞 : ~의) 노릇하며, 어(於)는 여기선 〈짓[行爲] 위(爲)〉와 같고, 이(以)는 〈써 용(用)〉과 같고, 말(末)은 말단(末端)의 줄임말로 여기면 된다.

【풀이(繹)】

성색지어이화민말야(聲色之於以化民末也)는 공자(孔子)께서 천도(天道)를 떠난 인치(人治)를 경계(警戒)하고 있음을 살펴 새기고 헤아려 가늠하게 한다. 군자(君子)의 치인(治人) · 치세(治世)는 오로지 요순(堯舜)을 본받고[法] 무위지치(無爲之治)를 바탕[本]으로 삼아 이루어져야 함을 밝히고자 공자(孔子)께서 성색(聲色)의 치(治)를 말단(末端)이라고 단언(斷言)하고 있다.

화민(化民)이야말로 군자(君子)의 대업(大業)이다. 화민(化民) · 치민(治民) · 양민(養民) 등은 다 같은 대업(大業)으로, 그것은 『대학(大學)』이 밝히고 있는 **물유본말(物有本末) 사유종시(事有終始)**의 이교(理敎) 즉 이치(理致)와 교령(敎令)을 벗어날 수 없을 것이다. 화민(化民)은 천도(天道)를 본(本) · 시(始)로 삼고, 인도(人道)를 말(末) · 종(終)으로 삼는 덕치(德治)로 이루어지는 것임을 일러 **예악개득위지유덕(禮樂皆得謂之有德)**이라 한다. 예악(禮樂)의 악(樂)은 종천(從天) 즉 하늘[天]을 따르는[從] 덕(德)이고, 예(禮)는 종지(從地) 즉 땅[地]을 따르는[從] 덕(德)이므로, 예악(禮樂)은 천지지도(天地之道) 즉 천도(天道)를 따라 인간이 갖추는[備] 덕치(德治) 그것이다.

성색지어(聲色之於) 즉 성색의[聲色之] 짓[於]만으로는 예악(禮樂)의 덕치(德治)가 성취(成取)될 수 없다. 그러므로 덕치(德治)란 예악(禮樂)으로 중용지도(中庸之

道)를 지(知) · 행(行)하여 화민(化民)함이다. 화민(化民)이란 백성(民)을 잘살게 하는 안백성(安百姓)의 치세(治世)이며, 예악(禮樂)의 덕치(德治)를 떠난 성색지어(聲色之於)의 화민(化民)은 『맹자(孟子)』에 나오는 **패도(霸道)**를 연상(聯想)시킨다. 패도(霸道)란 이른바 역치(力治)의 인치(人治)이다. 반면 왕도(王道)는 예악(禮樂)의 덕치(德治)이다. 그러므로 군자(君子)는 **무본(務本)** 즉 근본(根本)을 애써서[務] 중용지도(中庸之道)로써 치인(治人) · 치세(治世)한다. 공자(孔子)께서 명덕(明德)의 다스림[治] 즉 예악(禮樂)의 덕치(德治)인 무위지치(無爲之治)가 다스림[治]의 근본(根本)이고, 성색(聲色)의 치(治)는 인위지치(人爲之治)로서 말단(末端)임을 단언(斷言)한 말씀이 〈성색지어이화민말야(聲色之於以化民末也)〉이다.

註 "물유본말(物有本末) 사유종시(事有終始) 지소선후(知所先後) 즉근도의(則近道矣)." {어떤} 것에든[物] 근본과[本] 말단이[末] 있고[有], {어떤} 일에든[事] 끝과[終] 처음이[始] 있다[有]. 먼저 하고[先] 뒤에 할[後] 것을[所] 안다면[知] 곧[則] 도에[道] 가까운 것[近]이다[矣].

『대학(大學)』「경문(經文)」1장(章)

註 "지악즉기어례의(知樂則幾於禮矣) 예악개득위지유덕(禮樂皆得謂之有德) 덕자득야(德者得也." 악을[樂] 알면[知] 곧[則] 예(禮)에[於] 가까운 것[幾]이다[矣]. 예악을[禮樂] 모두[皆] 얻음[得] 그것을[之] 덕이[德] 있음이라[有] 하고[謂], 덕이란[德] 것은[者] {천도(天道)를} 얻음[得]이다[也].

『예기(禮記)』「악기(樂記)」편(篇) 6단락(段落)

註 "이력가인자패(以力假仁者霸) 패필유대국(霸必有大國) 이덕행인자왕(以德行仁者王) 왕부대대(王不待大) 탕이칠십리(湯而七十里) 문왕이백리(文王而百里) 이력복인자(以力服人者) 비심복여(非心服也) 역불섬야(力不贍也) 이덕복인자(以德服人者) 중심열이성복야(中心悅而誠服也)." 힘으로[以力] 어진[仁] 척하는[假] 자는[者] 패이고[霸], 패자는[霸] 반드시[必] 대국을[大國] 차지한다[有]. 덕으로[以德] 어짊을[仁] 행하는[行] 자는[者] 왕이고[王], 왕자는[王] 대국을[大] 바라지 않는다[不待]. 탕왕의 나라는[湯而] 칠십 리이고[七十里], 문왕의 나라는[文王而] 백 리였다[百里]. 힘으로[以力] 사람을[人] 복종시키는[服] 것은[者] 심복이[心服] 아닌 것[非]이고[也], 힘이[力] 모자란 것[不贍]이다[也]. 덕으로[以德] 사람을[人] 복종시키는[服] 것은[者] 속마음이[心中] 기뻐서[悅而] 진실로[誠] 복종함[服]이다[也].

『맹자(孟子)』「공손추장구(公孫丑章句) 상(上)」편(篇) 3장(章)

註 "군자무본(君子務本) 본립이도생(本立而道生)." 군자는[君子] 근본을[本] 다하고자 애쓴다[務]. 근본이[本] 서야[立而] 도가[道] 산다[生]. 『논어(論語)』「학이(學而)」편(篇) 2장(章)

【7단락(段落) 전문(全文)】

詩云 德輶如毛라 하니 毛猶有倫이다
시 운 덕 유 여 모 모 유 유 륜

上天之載는 無聲無臭라 하니 至矣이다
상 천 지 재 무 성 무 취 지 의

『시경(詩經)』의 시(詩)가 이르기를: 덕의 가벼움은 터럭 같다. 터럭에는 오히려 (가벼움을) 견줄 것들이 있다.

상천의 일에는 소리도 없고 냄새도 없다. 지극함이로다.

詩云(시운) 德輶如毛(덕유여모) 毛猶有倫(모유유륜)

▶ 『시경(詩經)』의 시(詩)가 이르기를[云]: 덕의[德] 가벼움은[輶] 터럭[毛] 같다[如]. 터럭에는[毛] 오히려[猶] (가벼움을) 견줄 것들이[倫] 있다[有].

시경 시(詩), 말할 운(云), 큰 덕(德), 가벼울 유(輶), 같을 여(如), 터럭 모(毛), 오히려 유(猶), 있을 유(有), 견줄 륜(倫)

【읽기(讀)】

시운(詩云)의 시(詩)는 『시경(詩經)』「대아(大雅)」의 〈증민(烝民)〉을 말한다. 운(云)은 〈이를 왈(曰)〉과 같으니 〈시경(詩經)의 시가[詩] 이르기를[云]〉이라고 새기면 된다. 증민(烝民)의 증(烝)은 〈무리 중(衆)〉과 같아 증민(烝民)·중민(衆民)·백성(百姓) 등은 같은 말이다.

덕유여모(德輶如毛)는 〈덕지유여모(德之輶如毛)〉처럼 평서문(平敍文)을 사언(四言) 시행(詩行)으로 구성(構成)한 것이다. 〈덕의[德之] 가볍기는[輶] 터럭과[毛] 같다[如]〉 이를 〈덕의[德] 가벼움은[輶] 터럭과[毛] 같다[如]〉로 줄인 것이다. 덕유여모(德輶如毛)의 유(輶)는 〈가벼울 경(輕)〉과 같고, 여(如)는 〈같을 약(若)·사(似)〉 등과 같다.

모유유륜(毛猶有倫)은 모유유모지륜(毛猶有毛之倫)에서 되풀이되는 내용이므로 모지(毛之)를 생략한 말투이다. 유(猶)는 〈오히려 상(尙)〉과 같아 부사(副詞) 노릇하고, 유(有)는 〈있을 유(有)〉로 자동사 노릇하며, 윤(倫)은 〈무리 류(類)〉와 같고, 유(有)는 주어(主語) 노릇한다. 〈A유(有)B〉에서 유(有)가 자동사 노릇하면 〈A에 B가 있다〉고 옮기고, 타동사 노릇하면 〈A가 B를 간직한다〉고 옮기면 된다.

【풀이(繹)】

덕유여모(德輶如毛)는 『시경(詩經)』「대아(大雅)」〈증민(烝民)〉 8장(章) 중에서 여섯째 장(章) 둘째 행(行)을 인용(引用)한 것이다. 덕유여모(德輶如毛)는 덕(德)을 유거(輶車)로 비유(譬喩)하고, 그 가벼움[輶]을 다시 터럭[毛]에 비유(譬喩)하고 있다. 유거(輶車)란 임금이 탄 수레[燕居]를 뒤따라가는 시자(侍者)의 가벼운[輶] 수레[車]를 말한다. 천도(天道)가 연거(燕居)라면 천덕(天德)은 그 천도(天道)의 유거(輶車)와 같으니, 덕(德)은 도(道)의 시자(侍者)인 까닭이다. 도(道)의 행(行)을 통(通)하게 함이 바로 덕(德)이다. 덕(德)을 일러 통어천지자(通於天地者)라고 하고, 도(道)를 일러 행어만물자(行於萬物者)라고 한다. 도행(道行)을 천지(天地)에 두루 통하게 하는 덕(德)을 두고 터럭같이[如毛] 가볍다[輶]고 함은 천덕(天德)이란 천도(天道)를 따라 지극히 공평(公平)하고 무사(無私)하여 무욕(無欲)하기 때문이다.

무욕(無欲)은 무소유(無所有)를 누리고, 욕(欲)은 소유(所有)를 탐(貪)한다. 언제나 무소유(無所有) 즉 가진[有] 것[所]이 없으니[無] 가벼울[輕] 뿐이지만, 소유(所有) 즉 가진[有] 것[所]을 탐(貪)하는 욕(欲)이란 늘 무거울[重] 뿐이다. 무욕(無欲)이면 언제나 경(輕)하고, 유욕(有欲)이면 언제나 중(重)하다. 무욕(無欲)하여 가벼움[輶]을 크다[大] 하고, 유욕(有欲)하여 무거움[重]을 작다[小]고 한다. 그래서 『장자(莊子)』「제물론(齊物論)」편(篇)에 천하막대어추호지말(天下莫大於秋毫之末) 이대산위소(而大山爲小)란 말씀이 나온다. 털끝[毫末]은 가진 것이 없어 크고[大], 큰 산[大山]은 가진 것이 많아 작다[小]는 것이다. 소유(所有)는 작고[小], 무소유(無所有)는 크다[大]. 욕(欲)은 작고, 무욕(無欲)은 크다. 왜 가벼울수록 크고[大] 무거울수록 작다[小] 하는가? 이는 바로 소유(所有)의 욕(欲)을 두고 하는 말이다. 덕(德)이 털끝[毫末]같이 가볍다[輶] 함은 천덕(天德)이란 무욕(無欲) 바로 그것이어서 크다[大] 함이다. 그러므로 천덕(天德)을 대덕(大德)이라 찬송(讚頌)하여 〈덕유여모(德輶如毛)〉라고 노래한 것이다.

이 찬송(讚頌)에 만족하지 못한 자사(子思)가 천덕(天德)의 무욕(無欲)을 터럭[毛]으로도 비유(比喩)할 수 없다고 한 말씀이 〈모유유륜(毛猶有倫)〉이다. 터럭[毛]보다 더 가벼운[輶] 무리[倫]가 얼마든지 있으니 천덕(天德)의 가벼움[輶]인 무사(無私) · 무욕(無欲)을 터럭[毛]으로 비유(比喩)하여 그 크기[大]를 노래하지 말라는 것이다. 윤(倫)이란 무리[類]를 말한다. 그러므로 어느 무엇과도 비유(比喩)할 수 없이 무욕(無欲)하여 가볍고[輶] 큰[大] 천덕(天德)은 태허(太虛)의 무욕(無欲) 바로 그것이니, 천덕(天德)을 진실로 본받는[法] 중용지도(中庸之道)를 깊이 살펴 새기고 헤아려 깨우치게 하는 말씀이 〈덕유여모(德輶如毛) 모유유륜(毛猶有倫)〉이다.

註 "인역유언(人亦有言) / 덕유여모(德輶如毛) / 민선극거지(民鮮克擧之) / 아의도지(我儀圖之) / 유중산보거지(維仲山甫擧之) / 애막조지(愛莫助之) / 곤직유궐(袞職有闕) / 유중산보보지(維仲山甫補之)." 사람들한테[人] 역시[亦] 전해오는 말이[言] 있는데[有], 덕은[德] 가볍기가[輶] 터럭[毛] 같다[如]. 그 말을[之] 잘[克] 들어주는[擧] 백성은[民] 드물다네[鮮]. 내가[我] 헤아리고[儀] 헤아리건대[圖之], 실로[維] 중산보는[仲山甫] 그 말을[之] 들어주니[擧] {중산보(仲山甫)를} 좋아한들[愛] 그를[之] 도울 수[助] 없다네[莫]. 임금의 일에[袞職] 결함이[闕] 있다면[有] 실로[維] 중산보가[仲山甫] 그 결함을[之] 돕는다네[補].

유(輶)는 〈가벼울 경(輕)〉과 같고, 극(克)은 〈능할 능(能)〉과 같으며, 의도(儀圖)의 의(儀)와 도(圖)는 다 〈헤아릴 탁(度)〉과 같고, 유(維)는 어조(語調)를 돕는 조사(助詞) 노릇하고, 중산보(仲山甫)는 주(周)나라 의왕(宜王) 때 사람이고, 곤직(袞職)은 임금의 자리를 말한다.

『시경(詩經)』「대아(大雅)」편(篇) 〈증민(烝民)〉 6장(章)

註 "천하막대어추호지말(天下莫大於秋毫之末) 이대산위소(而大山爲小) 막수호상자(莫壽乎殤子) 이팽조이요(而彭祖爲夭)." 세상에서[天下] 가을 털의[秋毫之] 끝[末]보다 더[於] 큰 것은[大] 없고[莫], 오히려[而] 큰 산이[大山] 작은 것[小]이다[爲]. 어린 나이에 죽은 자식[殤子]보다 더[乎] 장수한 자는[壽] 없다[莫]. 오히려[而] (120년을 살다 간) 팽조가[彭祖] 요절한 것[夭]이다[爲].

상자(殤子)는 19세 이전에 죽은 자식을 말한다.

『장자(莊子)』「제물론(齊物論)」편(篇) 18장(章)

{詩云(시운)} 上天之載(상천지재) 無聲無臭(무성무취) 至矣(지의)

▶ {『시경(詩經)』의 시(詩)가 이르기를[云]} 상천의[上天之] 일에는[載]

소리도[聲] 없고[無] 냄새도[臭] 없다[無]. 지극함[至]이로다[矣].

위 상(上), 하늘 천(天), 조사(~의) 지(之), 일 재(載), 없을 무(無), 소리 성(聲), 냄새 취(臭), 지극할 지(至), 조사(~이다) 의(矣)

【읽기(讀)】

상천지재(上天之載) 무성무취(無聲無臭)는 『시경(詩經)』「대아(大雅)」〈문왕(文王)〉에 있는 시행(詩行)이다. 상천지재上天之載) 무성무취(無聲無臭)를 〈상천지재무성(上天之載無聲) 이상천지재무취(而上天之載無臭)〉의 평서문(平敍文)으로 여기고 문맥(文脈)을 잡으면 시의(詩意)를 건질 수 있다. 〈상천지재에는[上天之載] 소리가[聲] 없다[無]. 그리고[而] 상천지재에는[上天之載] 냄새가[臭] 없다[無]〉 이를 〈상천지재에는[上天之載] 소리도[聲] 없고[無] 냄새도[臭] 없다[無]〉로 줄인 것이다. 상천지재(上天之載)의 재(載)는 〈일 사(事)〉와 같다.

지의(至矣)는 〈상천지재上天之載) 무성무취(無聲無臭)〉를 자사(子思)가 평(評)한 것으로, 〈상천지재지의(上天之載至矣)〉에서 되풀이되는 상천지재(上天之載)를 생략한 것이다. 〈상천의[上天之] 일은[載] 지극한 것[至]이다[矣]〉 이를 〈지극한 것[至]이다[矣]〉라고 줄인 것이다. 지의(至矣)의 지(至)는 〈지극할 극(極)〉과 같아 지극(至極)의 줄임말로 여기면 된다.

【풀이(繹)】

상천지재(上天之載) 무성무취(無聲無臭)는 『시경(詩經)』「대아(大雅)」〈문왕(文王)〉 7장(章) 중에서 끝 장(章)의 5~6째 시행(詩行)이다. 〈문왕(文王)〉의 시편(詩篇)은 모두 7장(章)이고, 1구(句)에 2행(行)으로 4구(句) 8행(行)의 장(章)으로 된 대아(大雅)이다.

상천지재(上天之載)의 상천(上天)은 상제(上帝)를 달리 말한 것이니, 상제(上帝)가 하는 일[載]은 무성(無聲) · 무취(無臭)한 것으로 상제(上帝)의 재(載)에는 성색(聲色) 따위는 하나도 없음이다. 상천(上天) 즉 상제(上帝)의 재(載)란 곧 천치(天治) 그것을 말한다. 천치(天治)란 무위지치(無爲之治) 바로 그것이므로 다스림[治]의 낌새마저도 없는 다스림[治]임을 〈무성무취(無聲無臭)〉란 시행(詩行)이 살펴 새기고 헤아려 깨우치게 한다. 그러므로 상천지재(上天之載) 무성무취(無聲無臭)는

『논어(論語)』에 나오는 무위이치자(無爲而治者)와 『노자(老子)』에 나오는 선행무철적(善行無轍迹)이란 말씀을 상기(想起)시킨다.

성색(聲色)의 치(治)는 온갖 흔적들을 남긴다. 그러나 무위(無爲)의 치(治)인 상천(上天)의 일[載]에는 소리도 없고[無聲] 냄새도 없으니[無臭] 아무런 흔적이 없다. 이는 곧 무위지치(無爲之治)의 극치(極致)를 찬송(讚頌)함이고, 나아가 중용지도(中庸之道)가 본받아야[法] 하는 궁극(窮極)이 천도(天道)·천덕(天德)임을 밝혀 천도(天道)와 인도(人道)가 둘이 아니라 하나로 합일(合一)함을 깊이 살펴 새기고 헤아려 깨우치게 하는 말씀이 〈상천지재(上天之載) 무성무취(無聲無臭) 지의(至矣)〉이다.

註 "무위이치자(無爲而治者) 기순야여(其舜也與) 부하위재(夫何爲哉) 공기정이남면이이의(恭己正而南面而已矣)." 함이[爲] 없어도[無而] 다스리는[治] 사람[者] 그분은[其] 순임금[舜]이로다[也與]! 대체[夫] 어찌[何] 하는 것[爲]인가[哉]? 자신을[己] 낮추고[恭] 바르게[正] 남면했을[南面] 뿐이다[而已矣].

남면(南面)은 왕(王)의 자리를 말하고, 북면(北面)은 신하(臣下)의 자리를 말한다.

『논어(論語)』「위령공(衛靈公)」편(篇) 4장(章)

註 "선행무철적(善行無轍迹) 선언무하적(善言無瑕讁) 선수불용주책(善數不用籌策) 선폐무관건이불가개(善閉無關楗而不可開) 선결무승약이불가해(善結無繩約而不可解)." 선한[善] 행사에는[行] 자국이[轍迹] 없고[無], 선한[善] 말씀에는[言] 티가[瑕讁] 없으며[無], 선한[善] 셈에는[數] 주판을[籌策] 쓰지 않고[不用], 선한[善] 닫음에는[閉] 빗장이[關楗] 없어도[無而] 열[開] 수가 없고[不可], 선한[善] 맺음에는[結] 매듭이[繩約] 없어도[無而] 풀[解] 수가 없다[不可].

여기서 선(善)은 천도(天道)를 계승함을 뜻하니 무위(無爲)를 말한다고 여겨도 된다. 선행(善行)은 무위(無爲)의 행(行)이고, 선언(善言)은 무위(無爲)의 언(言)이며, 선수(善數)는 무위(無爲)의 수(數)이고, 선폐(善閉)는 무위(無爲)의 폐(閉)이고, 선결(善結)은 무위(無爲)의 결(結)인 셈이다.

『노자(老子)』 27장(章)